中国地产四十年

（1978—2018）

（上册）

姚育宾 ◎ 主编

经济管理出版社

图书在版编目（CIP）数据

中国地产四十年/姚育宾主编 . —北京：经济管理出版社，2018.11（2019.2 重印）
ISBN 978 - 7 - 5096 - 6137 - 6

Ⅰ.①中… Ⅱ.①姚… Ⅲ.①地产市场—历史—中国 Ⅳ.①F299.233.5

中国版本图书馆 CIP 数据核字（2018）第 258059 号

组稿编辑：曹　靖
责任编辑：曹　靖　郭　飞
责任印制：黄章平
责任校对：陈　颖　赵天宇

出版发行：经济管理出版社
　　　　　（北京市海淀区北蜂窝 8 号中雅大厦 A 座 11 层　100038）
网　　址：www.E-mp.com.cn
电　　话：(010) 51915602
印　　刷：三河市延风印装有限公司
经　　销：新华书店
开　　本：787mm×1092mm/16
印　　张：22.75
字　　数：511 千字
版　　次：2018 年 11 月第 1 版　2019 年 2 月第 3 次印刷
书　　号：ISBN 978 - 7 - 5096 - 6137 - 6
定　　价：198.00 元（上、下册）

·版权所有　翻印必究·
凡购本社图书，如有印装错误，由本社读者服务部负责调换。
联系地址：北京阜外月坛北小街 2 号
电话：(010) 68022974　　邮编：100836

序一
致敬改革开放，为共创美好生活继续奋斗

40年前，党的十一届三中全会作出把党和国家的工作重心转移到经济建设上来，实行改革开放的伟大决策，开启了中国改革开放的大幕。城镇住房制度改革作为整个改革大幕中的重要组成，涉及到国家、企业和职工切身利益的重大调整，涉及到财政、税收、土地、金融等诸多领域的相关改革，既是一项重大的经济体制改革，也是一项重大的社会改革。

40年城镇住房制度改革，在改善群众居住条件、促进城乡建设、拉动经济增长、扩大内需、增加就业等方面发挥的重要作用，基本解决了中国人"有房住"这一世界级难题。可以说，城镇住房制度改革取得了举世瞩目的成绩。

作为房改的参与者，我永远忘不了这中间遇到的重重困难和阻力，忘不了这中间的艰辛探索，忘不了突破利益藩篱束缚的喜悦，忘不了改革取得成果的每一个瞬间……

改革开放初期，中华大地百废待兴。1978年，城镇人均住房建筑面积6.7平方米，低于1949年8.3平方米的水平，由于当时的知青返城潮，城镇人口急剧增加，更加剧了住房严重短缺局面。"遍地茅草屋、到处棚户房"是40年前大多数人的生活写照，"三代同堂"——全家老小挤一间房的情况比比皆是，住房严重短缺让广大老百姓缺乏基本的尊严。住房成为当时十分突出的社会问题。

1978年9月，针对全国普遍存在的住房困难，小平同志指出："解决住房问题，能不能路子宽些，譬如允许私人建房或者私建公助，分期付款。把个人手中的钱动员出来，国家解决材料。建筑业是可以为国家增加收入、增加积累的一个重要产业部门。在长期规划中，必须把建筑业放在重要位置。"1980年4月2日，小平同志又指出："关于住宅问题，要考虑城市建筑住宅、分配房屋的一系列政策。城镇居民个人可以购买房屋，也可以自己盖。不但新房可以出售，老房子也可以出售。可以一次付款，也可以分期付款，10年、15年付清。住宅出售后，房租恐怕要调整。要联系房价调整房租，使人们考虑到买房合算，因此要研究逐步提高房租。房租太低，人们就不买房子了。繁华的市中心和偏僻地方的房子，交通方便地区和不方便地区的房子，城区和郊区的房子，租金应该有所不同。将

来房租提高了，对低工资的职工要给予补贴。这些政策要联系起来考虑。建房还可以鼓励公私合营或民建公助，也可以私人自己想办法。农村盖房要有新设计，不要老是小四合院，要发展楼房。平房改楼房，能节约耕地。盖什么样的楼房，要适合不同地区、不同居民的需要。"小平同志的两次谈话，明确了房改的总体设想，打破了住房公有制思想的长期禁锢，开辟了解决城镇住房问题的新道路，为房改奠定了理论基础。

40年的城镇住房制度改革，打破了传统的低租金福利分配制度，确立了市场机制配置资源的基础地位，实现了住房供应和分配制度的重大转变，为我国城镇住房建设和发展注入了巨大活力，为国民经济平稳健康发展、人民生活水平提高做出了重要贡献。主要体现在：

一是新的住房制度基本建立。住房制度改革打破了以住房实物分配、低租金使用为特征的住房旧体制，确立了住房社会化、市场化改革方向，形成了以居民自有产权为主、多种产权形式并存的产权格局。房地产市场从无到有，住房二级市场和租赁市场逐步发育，中介服务加快发展，房地产金融不断创新，专业化的物业管理基本建立，市场规则不断完善，市场体系逐步健全。目前正朝着十九大报告提出的"坚持房子是用来住的、不是用来炒的定位，加快建立多主体供给、多渠道保障、租购并举的住房制度，让全体人民住有所居"的新要求，完善各个方面的配套。

二是极大地改善人民群众的居住条件。城镇住房制度改革以来，在城镇人口大规模增加的情况下，城镇居民住房总体水平大幅提高，绝大多数家庭的住房条件得到明显改善。目前全国居民人均住房建筑面积40.8平方米，比改革之初翻了几番。广大群众纷纷告别漏屋危楼，入住舒适整洁楼房，生活质量得到全面提升。

三是房地产业成为国民经济的重要行业。通过住房制度改革，地方政府从土地出让金、房地产税收两项就获得占地方财政40%的以上收入，在财力增加的同时，各地就有条件进行城市建设，完善各种配套。改革开放40年来，我国城市面貌发生了翻天覆地的变化，城镇化进程大大加快。房地产业是钢铁、水泥、建材等行业关联度较高的行业，牵一发而动全身，已成为拉动国民经济增长的重要产业。

四是促进城镇居民家庭财产结构重大改变。许多城镇居民通过购买公房、商品住房或自建住房方式拥有了住房，我国城镇居民住房自有率达到80%以上。原来由于住房严重短缺，加上家庭支付能力不足，很多家庭都没有住房。现在随着经济发展和收入提高，老百姓基本实现有房住，有的拥有一套以上住房，房产价值占家庭财产达到70%以上，大城市则更高。

当然，40年的快速发展，也暴露了很多问题和不足，结合满足人民群众对美好生活需要和推动高质量发展的要求，我认为，有以下几个方面问题：

一是供需不平衡。房地产发展的矛盾突出表现为，供应不足与需求不足同时存在。这个现象的出现有三个原因：①对供需矛盾的认识不一致；②把市场的短期平衡视作长期平衡；③把市场平衡视作群众对美好居住生活需求的满足。

二是租售结构不合理。我国城镇租赁住房占比远远低于发达国家，城镇居民家庭主要依靠购置住房解决居住问题。在城镇化的进程中，新移民、新就业群体是城镇劳动力的主要补充和经济活力的重要来源，但这一群体初始积累少、收入较低、就业流动性大，难以通过购置获得合适住房。

三是住房属性被扭曲。住房既有经济属性也有居住属性，但核心价值是居住属性。由于房地产投资品属性过强，形成了普遍的社会心态——"买房就是投资"、"买房就能赚钱"。房价持续上涨，也削弱了居民的住房支付能力，扼杀了年轻人的创造力，导致城市竞争力下降。

四是杠杆率过高。房地产企业杠杆率过高，在宽松的货币政策下，一部分房地产企业采取了高杠杆扩张、高负债经营的战略。房地产企业的负债率连年高企。2018年上半年126家上市开发企业中，资产负债率超过80%的35家，约占27.7%，个别房企由于杠杆率过高，无法支撑企业的规模扩张，最终导致现金流断裂和债务违约。

五是品质提升缓慢。过去五年，我国城镇住房质量稳步提高，但也暴露了一些问题：①工业化建造水平低，施工现场湿作业占比较大；②住房建造精度低，各空间尺度误差较大；③适应家庭结构变化和住房空间的可变能力差；④房屋渗漏、开裂、串味等质量通病长期得不到根治。在我们与百度发布的《美好居住生活白皮书》里，消费者对房地产质量通病问题的投诉上升到17%。由于在热点城市实行严格的限价政策，也制约了利用新技术、新材料、新工艺提升住房品质。

还有，行业作用被放大、企业发展持续性差、资源能源浪费大也需要引起我们足够重视。

今后整个行业要围绕满足群众美好生活需要和高质量发展要求，在提高住房品质上下功夫：

一是要推进绿色健康住房的发展。住房需求已经不仅仅是满足睡眠的空间，而是满足绿色健康生活的需要。我认为，要能够体现"四个好"：①安居宜居，群众反映好；②经济适用，配套服务好；③性价比高，住房品质好；④绿色健康，人居环境好。让老百姓从"有房住"向"住好房"、"住得健康"转变。

二是要依靠数字化改善生产。进一步推广BIM技术，改变当前BIM技术相关单位各行其是的做法，由建设单位牵头，采用统一编码和代码建模，将建设、设计、施工、监理、运营单位等参与方的关注点和业务需求汇聚在同一平台上，实现项目的可视化、精细化管理，全面提高房地产的效率效能。

三是要依靠工业化提高精度。住宅质量通病得不到根治，很重要的原因是手工劳动比重大、产品精度低。但用工业化生产住宅，就能将施工的项目技术分级分类，提高装配率、集成率、标准化率，消除项目变更造成的资源能效和人力浪费。

四是要依靠信息化、智能化做好服务。对内，要把信息化贯穿于招投标、施工建设、竣工验收、项目销售、物业管理，形成与上下游的优势互补。对外，发挥互联网＋、大数据的作用，将教育、医疗、旅游、大健康等接入社区和家庭。

五是住房应该是成品，而不应该是半成品，要努力实现全装修一步到位；要从儿童到青年，从中年到老年，建立覆盖全生命周期不同人生阶段的居家生活，实现住房全寿命周期的经济适用和人居环境的可持续。

由姚育宾先生主编的这本大作，是中国首部全景式展现改革开放40年房地产发展成果的作品。该书囊括40年来中国住房制度改革、楼市调控、取消福利分房、房住不炒等里程碑式大事件，同时呈现杨国强、王石、许家印为代表的企业家拼搏奋斗历程，揭秘碧桂园、万科、恒大、保利、融创、绿地、中海等房地产企业披荆斩棘的成长轨迹。呈现房地产行业作为国民经济重要行业，为中国经济发展做出的贡献。

党的十九大报告指出，中国特色社会主义进入了新时代，我国社会主要矛盾已经转化为人民日益增长的美好生活需要和不平衡不充分的发展之间的矛盾。社会主要矛盾变化的重大判断，既是党和国家制定新时代大政方针的重要基础，也是指导房地产业发展的重要依据。习近平主席在2018年新年贺词中强调："幸福都是奋斗出来的！"十九大报告还多次谈到"永远把人民对美好生活的向往作为奋斗目标"。2018年既是改革开放40周年，同时也是贯彻党的十九大精神的开局之年，让我们把握机遇、转型创新，为房地产平稳健康发展，为社会做出更大的贡献，为共创美好生活继续奋斗！

中国房地产业协会会长
刘志峰

序二
愿家国兴旺发达，愿未来越来越好

公元1978年，中国发生了历史上最激动人心的巨变。一个全球人口最多、政治运动不断、几乎是最落后的国家，终于从阶级斗争的梦魇里解脱出来，走上了改革开放的康庄大道。经过整整40年的奋斗，到2018年的今天，我们终于站在了世界经济总量第二的高位。40年，对于人类历史来说，只不过是短短的一瞬。但对于中国这个有着5000年文明历史的民族来说，却是极其不平常的关键时期。中国基本上消灭了赤贫阶层，将近14亿人的温饱问题可以说基本解决。还培育了至少超过2亿人的中产阶层，中国人，从来没有如此接近文明发达国家的水平。这一切，都得益于发始于1978年的改革开放。

中国此轮改革开放，之所以能够取得如此巨大的成就，最根本的原因，是激发了千百年来国人对财富和幸福生活追求的欲望，并且拥有国际国内将近半个世纪的和平环境。同时，主要得益于在以下三个方面取得了历史性的突破：

第一，在经济领域，逐步建立起了市场经济的社会秩序。抛开古代不说，从晚晴至民国时期，虽然市场经济已经占有一定的份额。但由于整体上社会生产力极其落后，国家也一再陷入分裂内战状态，因此，无法在经济上真正的崛起。新中国成立后的30年，虽然政权统一，但计划经济一统天下，加上十年内耗，中国的国民经济基本上被扭曲和摧毁。改革开放以后，人们的物质生活发生了天翻地覆的变化，各行各业的生产能力和物质产出基本上达到饱和或者过剩的状况。同时，也涌现出了一大批如雷贯耳的民族品牌，大企业和大企业家，为国人创造了庞大的就业机会和社会财富。

第二，在政治文化领域，放弃了坚持多年的政治斗争哲学，回到人类社会发展的基本轨道，全民追求幸福生活。从1978年起，随着思想解放与国门打开，发型、服饰渐渐丰富多彩起来；也随着流行歌曲、电视、电影、文学的兴旺，国人的精神生活也终于渐渐丰富起来。从20世纪90年代末起，随着互联网与移动互联网的崛起与普及，信息的传播达到了无远勿界的程度。中国终于又赶上了历史的潮头。

第三，得益于学习近在咫尺的香港经验，我们终于慢慢明白。过去，在我们看来只能算是生产资料要素之一的广袤大地，原来分分钟都是可以变成真金白银的。政府几乎不需要任何资金投入，只需要打开我们自己束缚自己的制度枷锁就能换来工厂、机器、资金、技术、人才等所有我们迫切渴望的东西。通过对宪法的修改和土地政策的灵活运用，我们在960万平方公里的国土上，掀起了人类历史上最为壮观的建设高潮，创造了天文数字的钢筋混凝土建筑物和社会财富，包括让绝大多数老百姓过上了安居乐业的正常生活。根据最新数据统计，我们的国人已经达到人均拥有1.1套住房，人均居住面积35~40平方米的中等发达水平。中国的房地产行业，与国家的改革开放几乎是同步发展起来的。可以说，中国的房地产行业发展史，就是半部改革开放的历史。

《中国地产四十年》就是一部系统梳理中国房地产发展历史的鸿篇巨制。按照年代的顺序，尽可能全面、系统地收集从1978年至2018年40年来中国房地产行业发展的重要事件、政策、人物和数据资料。生动地描述了从香港、澳门成熟的房地产市场到内地房地产发展的缘起、初创、壮大、辉煌的每一步足迹。娓娓道来地讲述一个又一个房地产行业精彩故事。

古语云：土地生万物。中国有600多个城市，每一个城市都有至少上百平方公里的土地面积。在改革开放以前，土地都是国家的，也都是死的，人们不得以任何形式将土地出租、出售、变现。所有的住房，都由国家或者单位建设、分配。由于没有市场化的建设机制，而所有的投资建设都必须仰仗政府的资金投入。在一个号称一穷二白的国家里，只能以牺牲民众的利益为代价。所以，房屋永远都不够用。多少人三世同堂甚至四世同堂，一家几代人拥挤在几平方米、十几平方米的公房里，卫生间、厨房都是多户人家共用。"楼上楼下，电灯电话"是改革开放前人们心目中共产主义天堂才有的生活，离我们的现实生活，非常非常遥远。

随着1987年深圳第一声土地拍卖的锣声敲响，终于，在共和国脚下沉睡了30年一文不值的土地，演变成遍地的黄金。土地资源的流动，带动了加工工业、产业园区及各行各业的蓬勃发展。目前，各地政府每年通过土地拍卖得到的资金收益都保持在5万亿~10万亿元的水平。通过这些资金的发酵，使改革开放初期一穷二白的政府，拥有了用之不竭的滚滚财源。从而带动机场、地铁、高速公路等基础设施建设如雨后春笋般的迅猛发展，机场、地铁、高速公路的不断完善，又进一步带动土地和住宅价值的飙升。尤其是住宅产业的兴起、发展壮大，使得中国的房地产业成为一个年销售额达13万亿元左右庞大无比的市场。目前，中国的房地产市场已经达到总量超过400万亿元规模，是全球第一大房地产市场。

《中国地产四十年》的作者姚育宾、马执文、何缘，都是80后或者90后的青年才俊。他们勤奋好学，积极进取，文化功底扎实。虽然年纪轻轻，但都已经拥有将近10年的房地产媒体行业经验。经过多年的资料收集和充分准备，他们对中国房地产的发展脉络和走势起伏，如数家珍。同时，他们又是中国首屈一指的房地产专业媒体乐居控股有限公司的在职管理人员，平时承担了繁重的采编、策划或者其他工作。这本皇皇巨制，都是他们利用工作之余的休息时间，一个字一个字码出来的。许多章节，因为资料收集的不断增加和国家宏观政策的变化，他们都一再推倒重来，绝不敷衍将就。相比起来，目前许多行业书籍都流于资料的堆集和政策文件的抄袭，只有一部分严格治学的专家学者才会皓首穷经地收集资料，呕心沥血地追求原创。作者们可以骄傲地说，他们每一个章节、每一篇文章，都是原创和心血的结晶。

《中国地产四十年》即将面世。作为几位年轻作者的兄长，我以能够提前阅读这本含金量十足的行业专著而感到骄傲和自豪。

江山代有才人出，各领风骚数十年。房地产行业的发展，牵涉到上下游 50 多个行业的成长、发展、壮大，凝聚了从 20 世纪 40 年代到 80 年代无数企业家的心血，也牵动了千千万万老百姓的财富梦想和家国情怀。这是我们几代人的集体记忆和宝贵财富。

但愿，我们的家国继续兴旺发达；但愿，我们的未来越来越好。

乐居控股副总裁

王合群

序三
奋斗前行，致远美好

一个大时代的诞生，总是让我们肃然起敬！

全球瞩目的新锐历史学家尤瓦尔·赫拉利在《人类简史》中写道：想观察历史的方向，重点在于要用哪种高度。如果是普通的鸟瞰高度，看着几十年或者几世纪的发展走向，可能还很难判断历史走势空间是分是合。要看更长期整体的趋势，鸟瞰高度便有不足，必须拉高到类似太空间谍卫星的高度，看的不是几世纪，而是几千年的跨度。

虽然本书重点着墨的是中国改革开放40年房地产发展历程，但我们知道，任何一个历史阶段，都不是孤立的存在。借用尤瓦尔·赫拉利所提及观察历史的方法，我们将观察的周期拉长，从几千年、几万年甚至几百万年的维度来看，会发现人类的居住变迁史，同时也是一部社会文明进步史。

早在《周易》中就记载："上古穴居而野处，后世圣人，易之以宫室，上栋下宇，以待风雨。"居所，是人类进化史上最伟大发明创造之一，在人类数百万年的漫长进化中，始终占据着举足轻重的地位。随着远古先祖学会筑巢为室、造洞为穴，人类开始进入安居时代，实现拥有一方家园的梦想，不仅降低了遭受自然灾害侵袭的概率，也减少了被野兽毒虫攻击的威胁，生活质量大幅提升。

艰难挺过茹毛饮血的远古社会，人类开始进入有史可载的时代，对居住的追求也在不断提升。中国是全球农耕时期最为先进的文明国度，因此，国人对土地、对居所怀着极其深厚的感情。这一点，从中国历朝历代诗辞曲赋中也能窥见一斑。特别是唐朝杜甫《茅屋为秋风所破歌》那句"安得广厦千万间，大庇天下寒士俱欢颜！"堪称发出时代最强音，把平民百姓安居乐业的迫切热望，展现得淋漓尽致，成为千古绝唱。

当人类文明走到今天，房子已成为生活中不可或缺的组成部分，不仅仅是满足基础的居住功能，同时也在提升城市形象、增强经济实力方面有巨大贡献，更是美好生活的重要容器。尤其是历史洪流涌进1978年这个特殊年份时，改革开放的号角向世界宣示：在这片历经沧桑却又孕育希望的东方热土上，中国正勃然焕发新的生机！这一切，使沉寂多时的共和国重获荣光，为中华民族开启了伟大复兴的新篇章。与此同时，那令人心跳不已的日子里，中国房地产行业以崭新的面貌，迎着朝阳温润的光辉，闪耀着灵动身姿映日生长……

时光飞逝，历史的车轮驶入 2018 年，转眼间改革开放也走过 40 个年头。这 40 年里，中国日新月异，取得举世瞩目伟大成就，从改革开放之初贫穷落后、举步维艰，到现如今接连超越意大利、法国、英国、德国、日本等经济强国，跃升成全球第二大经济体，增长率长期保持世界第一，创造了让国际社会为之惊叹的"东方奇迹"。

伴随着共和国强势崛起，中国房地产在奋斗中前行。可以说，正是 40 年前那场大刀阔斧的巨大变革，让中国房地产行业从小到大、从弱到强，谱写出时代新传奇。回望 40 年来时之路，那些影响整个行业甚至中国历史进程的重大时刻、人物、事件总是在不经意之间上演，串联起了中国房地产整体历史脉络。

40 年来，中国房地产制度不断革新。从 1978 年开始，邓小平同志先后多次发表高瞻远瞩的讲话，拉开了房地产市场序幕。1984 年，中央明确"推行住宅商品化"思路，商品房从此登上历史舞台。1987 年，深圳为筹集资金开发特区，拍出了新中国第一幅土地。1988 年，国务院召开第一次全国住房制度改革工作议，启动中国第一次房改，这标志着住房制度改革进入了整体方案设计和全面试点阶段。进入 1998 年，中央做出取消福利分房的决定，更是划时代的里程碑，带动房地产行业全面走向市场化。

正是住房制度改革稳步推进，让国人的居住环境得到极大改善，每当提到中国改革开放 40 年房改成就时，经常有个数据被频频说起：40 年前，中国人均住房建筑面积仅有 6.7 平方米；40 年后，中国人均住房建筑面积增长至 40.8 平方米。从这组数据中可以看出，时间与空间产生奇妙的交织，经过住房改革，中国用 40 年时间换来了人均居住空间快速增长。改变了到处是茅草屋、棚户房的落后面貌，告别了曾经三代同堂一家老小挤在一起生活的窘境，搬入宽敞舒适的新房子。

虽然改革开放以来取得成就非常大，但房地产行业走过的历程并非一路坦途。在那野蛮生长的年代，荆棘遍地、变幻莫测。然而，正是在这种艰苦的环境下，涌现出杨国强、王石、许家印等一大批地产人，以坚韧不屈的拓荒精神，筚路蓝缕，栉风沐雨，勇立改革潮头。他们带领企业在复杂多变的经营环境中，创下了前所未有的卓越成绩，追求打造匠心品质，走出国门抢占海外市场，拓宽业务布局实现多元化战略，并以高度的社会责任感和优秀的创新精神，为中国房地产行业开启一片全新的天地。

与此同时，中国房地产企业茁壮成长。从改革开放早期的中海、招商蛇口、万科、华远等房企开始兴办，到碧桂园、雅居乐、保利地产、绿地等跟随南巡春风萌芽而出。再往后，恒大、富力、龙湖、绿城、融创、旭辉、泰禾、正荣、阳光城、华夏幸福等众多房企如雨后春笋般涌现，中国房企掀起一波又一波创立高潮。随后，这批快速崛起的房企竞相 IPO，登陆资本市场，成为中国现代化企业经营的典范。

迅速壮大的房地产企业，销售业绩也逐年攀升。2004 年，合生成为中国第一家销售业绩突破百亿房企。2010 年，万科成为全国首家跨越千亿大关的房企，同时跻身世界最大销售规模的房企。2014 年，绿地、万科销售业绩双双跨过两千亿大关。"称霸"全球的神话还在继续，2016年，恒大、万科、碧桂园三强联手把这一纪录刷新至三千亿。2017年，碧桂园、万科、恒大三大巨头再次携手，将全国甚至是全球的房地产行业带入了"五千亿"时代。

2018年刚公布不久的《财富》世界500强榜单中，恒大、万科、碧桂园、绿地等主营房地产业务的企业均在榜，除此之外，含有房地产业务的企业华润、中化、中粮、中国保利、招商、美的等也赫然在列，值得注意的是所有上榜的房地产行业企业均来自中国。如今，房企走出国门已经不是什么新鲜事，"中国建造"成为中国在世界舞台上又一张亮丽名片。

40年来，中国房地产行业平稳前行，离不开楼市调控。早在20世纪80年代，中国就启动了宏观调控。1993年，"国16条"重拳出击，开启了楼市调控先河，戳破了海南地产泡沫。此后多年，调控从"121"号文件，到"国六条"，以及新旧"国八条"，同步跟进的还有各地方政府纷纷出台限购、限贷、限售等新政……一系列调控政策，接踵而至，持续发挥作用，促使楼市向健康稳定的方向进军。

改革开放至今，中国房地产行业几乎从零开始，到现在房地产销售额突破13万亿元，成就有目共睹。然而，与美欧日等发达国家甚至我国的港澳台地区相比，中国内地房地产行业起步相对较晚，在这个狂飙突进过程中，不可避免也存在一些问题，包括在市场化过程中房价涨得过快，老百姓意见很大，甚至很多人买不起房。想租房子也不容易，小户型、中低价位出租屋相对较少。此外，质量问题仍时有出现，整个建筑行业的产业链条到施工过程较为粗放，住宅产业化推进未达到预期。

这也意味着，未来中国房地产行业还有很多问题需要解决。比如一二线城市房价居高不下、三四线城市库存去化难的问题有何化解之法？涨价风波之后，长租公寓如何适应市场需求？房企怎样实现"质变"，全面提升产品品质？美好生活社区如何打造……一系列问题仍在等待着人们去解决。

但是，不管道路有多么曲折艰险，前行的步伐已然迈出。习近平总书记特别强调："房子是用来住的、不是用来炒的。""房住不炒"的定位，也为房地产行业发展指明方向。与此同时，涉及中国楼市调控的长效机制正加速酝酿，被视为引导和推动房地产市场平稳健康的多项重要措施更是在紧锣密鼓地推进。

十九大报告提出，永远把人民对美好生活的向往作为奋斗目标！作为美好生活最重要的容器，房地产行业肩负着为人民实现美好生活做贡献的历史使命。从造房子到造生活，开发商围绕着以居住为核心，致力于为业主提供购物、教育、旅游、养生、保健、医疗、运动、娱乐等各种美好生活需求场景。

躬逢其盛，与有荣焉。中国改革开放，已然进入第40个年头。我们有幸生在这个伟大时代，投身经济建设，与地产共舞，实现个人追求。应该说，是这个时代给予我们千载难逢的契机，这是值得我们致敬的大时代。

古人云：以铜为鉴，可正衣冠；以古为鉴，可知兴替。历史是一面镜子，照出过去，照进现实，照亮未来。我们今天发生的很多事情，都可以在历史中找到影像。研究现实离不开回顾历史，善于总结过去才能更好地展望前路。回首过去 40 年走过征程，既有大量宝贵的经验，也有弥足珍贵的教训，值得我们业界好好梳理总结，以便更好地为今后做规划。

早在十余年前，笔者就有写一本关于中国房地产成长历程书籍的想法，记录这个行业曾经发生过的点点滴滴。由于房地产行业专业性很强，涉及的领域非常广。因此，酝酿十载，才有机会动笔。这部书写作过程异常艰苦，从 2017 年开始撰写，耗时一年多时间，多方收集素材，梳理资料，调查访问，才逐步形成《中国地产四十年》文稿。

本书写作前，研读了众多专家学者、业界专访、媒体报道等相关资料，在此表示衷心感谢！尤其是谢家瑾女士《房地产这十年》、吴晓波先生《激荡三十年》及《激荡十年》、冯邦彦先生《香港地产业百年》、高波先生《转型期中国房地产市场成长：1978～2008》、卜凡中先生《我们房地产这些年》等多部优秀作品，对本书编写具有不可估量的启迪作用。另外，本书各个篇章中，也有引用人民网、新华社、中央电视台等多家媒体重要报道内容，一并表示感谢！

《中国地产四十年》写成之后，有幸得到刘志峰先生亲自为本书作序。刘志峰先生是中国住房制度改革的见证者、参与者，对中国房地产行业有着深刻的认识和独到的见解。其序言高度总结了改革开放 40 年来中国房地产取得的巨大成就，同时也指行业存在的问题和不足，更为重要的是，提出了解决方案，为房地产行业将来发展提供宝贵建议。可以说，正是刘志峰先生的序言，令本书增色颇多，在此特别向这位德高望重的前辈致谢！

这部书稿创作之初，部分章节内容也曾在网络上发表过，受到广泛关注，多家媒体、互联网平台纷纷转载，受此鼓舞，也坚定了笔者继续写作的信心。同时，感谢周忻先生、贺寅宇先生、陈克逸先生、王合群先生一直以来对此次编撰工作的高度认可，并在百忙中抽空进行指导，使本书内容不断完善提升。

《中国地产四十年》是集体创作的成果，离不开马执文、何缘、黄银桥、罗金婷等团队同伴的通力协助，才促成本书撰写工作顺利完成。此外，还要感谢徐登峰先生、曹靖先生在本书出版过程中提供的大力支持！还有大量幕后参与人士，因篇幅有限，未能逐一提及，但也在此致以谢意！

最后，由于编写时间仓促，加之年代久远，部分资料信息源头难以甄别，以及作者水平所限，难免有疏忽、遗漏、不妥之处，敬请读者批评指正，同时也欢迎致信 realestate@sina.cn 邮箱，反馈修改建议。本书创作团队将虚心受教，在往后版本中更新改进，在此先行感谢！

乐居控股首席研究员

姚育宾

目 录

上 册

1978 年：改善居住环境　开启地产 40 年 ⋯⋯⋯⋯⋯⋯⋯⋯⋯⋯⋯⋯⋯⋯ 1

　　改革春风拂面 ⋯⋯⋯⋯⋯⋯⋯⋯⋯⋯⋯⋯⋯⋯⋯⋯⋯⋯⋯⋯⋯⋯⋯⋯⋯ 2
　　高考点金棒 ⋯⋯⋯⋯⋯⋯⋯⋯⋯⋯⋯⋯⋯⋯⋯⋯⋯⋯⋯⋯⋯⋯⋯⋯⋯⋯ 5
　　杨国强当建筑工 ⋯⋯⋯⋯⋯⋯⋯⋯⋯⋯⋯⋯⋯⋯⋯⋯⋯⋯⋯⋯⋯⋯⋯⋯ 8
　　传奇首富郭鹤年 ⋯⋯⋯⋯⋯⋯⋯⋯⋯⋯⋯⋯⋯⋯⋯⋯⋯⋯⋯⋯⋯⋯⋯⋯ 11
　　包玉刚入股九龙仓 ⋯⋯⋯⋯⋯⋯⋯⋯⋯⋯⋯⋯⋯⋯⋯⋯⋯⋯⋯⋯⋯⋯⋯ 13
　　477 亿建房目标 ⋯⋯⋯⋯⋯⋯⋯⋯⋯⋯⋯⋯⋯⋯⋯⋯⋯⋯⋯⋯⋯⋯⋯⋯ 15

1979 年：中海布局香港　李嘉诚吞和黄 ⋯⋯⋯⋯⋯⋯⋯⋯⋯⋯⋯⋯⋯⋯ 18

　　住建部诞生 ⋯⋯⋯⋯⋯⋯⋯⋯⋯⋯⋯⋯⋯⋯⋯⋯⋯⋯⋯⋯⋯⋯⋯⋯⋯⋯ 19
　　招商开发蛇口 ⋯⋯⋯⋯⋯⋯⋯⋯⋯⋯⋯⋯⋯⋯⋯⋯⋯⋯⋯⋯⋯⋯⋯⋯⋯ 22
　　霍英东建白天鹅 ⋯⋯⋯⋯⋯⋯⋯⋯⋯⋯⋯⋯⋯⋯⋯⋯⋯⋯⋯⋯⋯⋯⋯⋯ 24
　　中海立足香港 ⋯⋯⋯⋯⋯⋯⋯⋯⋯⋯⋯⋯⋯⋯⋯⋯⋯⋯⋯⋯⋯⋯⋯⋯⋯ 28
　　李嘉诚收购和黄 ⋯⋯⋯⋯⋯⋯⋯⋯⋯⋯⋯⋯⋯⋯⋯⋯⋯⋯⋯⋯⋯⋯⋯⋯ 30
　　"知青"返城住房难 ⋯⋯⋯⋯⋯⋯⋯⋯⋯⋯⋯⋯⋯⋯⋯⋯⋯⋯⋯⋯⋯⋯ 32

1980 年：允许私人买房　深圳特区诞生 ⋯⋯⋯⋯⋯⋯⋯⋯⋯⋯⋯⋯⋯⋯ 34

　　房子成为商品 ⋯⋯⋯⋯⋯⋯⋯⋯⋯⋯⋯⋯⋯⋯⋯⋯⋯⋯⋯⋯⋯⋯⋯⋯⋯ 35
　　中央批准设置经济特区 ⋯⋯⋯⋯⋯⋯⋯⋯⋯⋯⋯⋯⋯⋯⋯⋯⋯⋯⋯⋯⋯ 37
　　深港合建东湖丽苑 ⋯⋯⋯⋯⋯⋯⋯⋯⋯⋯⋯⋯⋯⋯⋯⋯⋯⋯⋯⋯⋯⋯⋯ 40

广州酒店开发井喷 ·· 42
　　怡和彻底退出九龙仓 ·· 44
　　建设小康之家 ·· 46

1981 年：中房集团成立　旅游地产先河 ··· 48
　　中房集团成立 ·· 49
　　旅游地产先河 ·· 52
　　香港卖地收入大增 ·· 54
　　汕头特区与潮商 ··· 57
　　地铁物业步入生活 ·· 59
　　女排与地产不解之缘 ·· 61

1982 年：四城售房试点　国有房企大增 ··· 63
　　中央重拳整顿经济 ·· 64
　　四城进行售房试点 ·· 66
　　国有房企应运而生 ·· 68
　　香港楼市危机 ·· 72
　　时间就是金钱 ·· 75

1983 年：产权登记确定　华远登上舞台 ··· 77
　　私人房产受保护 ··· 78
　　北京住建公司成立 ·· 81
　　证券市场萌芽 ·· 83
　　"逸夫楼"遍布中国 ·· 87
　　李嘉诚兴办汕头大学 ·· 89

1984 年：王石兴办万科　香港地产复苏 ··· 91
　　三天盖一层楼 ·· 93
　　王石创办万科 ·· 95
　　任志强加盟华远 ··· 99
　　新鸿基抄底廉价地块 ·· 101
　　郑裕彤请动英国女皇 ·· 104

1985 年：中国房协亮相　会德丰股权战 ··· 105
　　中国房地产行业协会成立 ··· 106

广州越秀初创 ……………………………………………………… 108
　　华侨城先规划后建设 …………………………………………… 111
　　香港重现排队抢房 ……………………………………………… 114
　　会德丰股权争夺大战 …………………………………………… 116
　　广场协议引发楼市泡沫 ………………………………………… 119

1986 年：土地法新出炉　刘銮雄购华置 …………………………… 122
　　首部土地管理法颁布 …………………………………………… 124
　　第一次全国住房普查 …………………………………………… 126
　　中信试水房地产 ………………………………………………… 128
　　华人置业收购战 ………………………………………………… 131
　　香港巨头跑马圈地 ……………………………………………… 134

1987 年：土地拍卖元年　黄光裕建国美 …………………………… 136
　　宋卫平到珠海编辑内刊 ………………………………………… 137
　　彭磷基开发广州工业村 ………………………………………… 140
　　中国土地出让第一拍 …………………………………………… 142
　　六运会带动天河腾飞 …………………………………………… 143
　　黄光裕的国美地产帝国 ………………………………………… 146
　　提高租金促进售房 ……………………………………………… 148

1988 年：首次房改启动　王健林掌万达 …………………………… 150
　　首次全国房改会议召开 ………………………………………… 151
　　土地第二拍福州落槌 …………………………………………… 152
　　万科股改进军房地产 …………………………………………… 154
　　王健林接掌万达 ………………………………………………… 157
　　冯仑闯荡海南 …………………………………………………… 160

1989 年：许荣茂进地产　日本楼市疯狂 …………………………… 163
　　广深引领住房改革 ……………………………………………… 164
　　炒楼花传入内地 ………………………………………………… 166
　　许荣茂转战房地产 ……………………………………………… 168
　　日本人买下美国 ………………………………………………… 171
　　人民日报评高房价 ……………………………………………… 173

1990 年：亚运社区建成　公积金渐萌芽 …… 175

　　北京亚运村诞生 …… 176
　　公积金制度上海萌芽 …… 178
　　郁亮加盟万科 …… 181
　　长实问鼎地产榜首 …… 183
　　住宅小区模式试点 …… 185

1991 年：万科挂牌上市　千亩大盘来了 …… 187

　　第二次房改稳步推进 …… 188
　　土地管理法条例出台 …… 189
　　台湾楼市营销进大陆 …… 191
　　千亩大盘模式开启 …… 194
　　万通六君子炒地皮 …… 196

1992 年：市场经济确立　地产掀创业潮 …… 199

　　"92 派"地产大佬下海 …… 200
　　房企如雨后春笋般诞生 …… 205
　　地产在变革中前行 …… 208
　　站在历史的交汇点 …… 211

1993 年：开启调控先河　分税制将登场 …… 215

　　炒地热席卷全国 …… 216
　　海南楼市泡沫破裂 …… 218
　　香港房企挺进北京 …… 220
　　万达南下广州 …… 223
　　朱孟依"地产航母" …… 226
　　分税制改革开始酝酿 …… 230

1994 年：汹涌创业浪潮　房改决策落定 …… 232

　　李思廉张力联手创业 …… 233
　　郭广昌兴办复地 …… 238
　　房改决定正式执行 …… 242
　　君万之争王石胜出 …… 244

1995 年：安居工程启动　万通正式分家 ... 246

    安居工程启动 ... 247

    从方兴到金茂 ... 250

    孔健岷创办合景 ... 252

    美的和海信进军地产 ... 254

    金地员工持股 ... 257

    福布斯地产富豪登场 ... 260

1996 年：经济新增长点　许家印创恒大 ... 263

    国民经济新的增长点 ... 264

    中国房企看广州 ... 265

    闽系房企发力 ... 268

    华远"借桥上市" ... 270

    罗康瑞打造上海新天地 ... 272

    房地产行业的工匠精神 ... 274

1997 年：香港楼市巅峰　广信溃败沉沦 ... 279

    国企职工房只售不租 ... 280

    地方诸侯群雄并起 ... 281

    奥园香港大获全胜 ... 284

    广信沉沦 20 载 ... 286

    全国推广上房置换模式 ... 289

    香港楼市巅峰时代 ... 291

1998 年：取消福利分房　亚洲金融危机 ... 293

    取消福利分房 ... 294

    房企派系接踵登场 ... 296

    云南地产四小龙 ... 300

    地产界潮汕帮 ... 302

    房改义无反顾 ... 304

1999 年：中关村大开发　互联网进楼市 ... 307

    郭英成盘活烂尾楼 ... 308

北科建开发中关村 310
　　王石任志强双双辞职 312
　　万达的"订单地产" 314
　　香港四大家族 315
　　贷款买房成主力军 317
　　房产互联网时代开启 319

2000 年：华南板块崛起　周忻创立易居 323
　　广州大盘模式风靡全国 324
　　金融街借壳上市 327
　　中国房地产最好的服务生 329
　　千禧年的房地产创新 333
　　家居行业搅局房地产 335

下　册

2001 年：上市禁令解除　粤派房企北伐 339
　　上市禁令全面解除 340
　　华润与华远分道扬镳 342
　　房企跑马圈地 344
　　粤军挥师北上 346
　　左晖正式开办链家 349
　　中国新世纪开门红 352

2002 年：借壳曲线上市　京基邀克林顿 354
　　新"土地革命" 355
　　房企找"金"故事 357
　　海航涉足地产开发 360
　　港资卷土重来 362
　　京基"克林顿秀" 364

2003 年："非典"重挫楼市　确立支柱地位 369
　　国民经济支柱 370

孙宏斌全新组建融创 ··· 372
　　首创香港挂牌上市 ··· 375
　　温州炒房团 ··· 377
　　战胜"非典" ··· 379

2004 年：协议出让叫停　百亿房企诞生 ·· 381
　　831 土地大限 ·· 382
　　福晟的粤闽双血统 ·· 384
　　外资基金收购烂尾楼 ··· 386
　　商业地产造 Mall 新纪元 ·· 388

2005 年：七部委控房价　房产信托旋风 ·· 392
　　七部委联手控房价 ·· 392
　　顺驰上市计划搁浅 ·· 394
　　张志铭另起炉灶 ··· 398
　　香港刮起 REITs 旋风 ··· 400

2006 年：整治地产腐败　顺驰卖身路劲 ·· 404
　　重拳整治地产腐败 ·· 405
　　"全民公敌"任志强 ··· 407
　　绿城上市融资买地 ·· 410
　　"地产二代"登场 ·· 413

2007 年：物权法终通过　楼股同步暴涨 ·· 416
　　中国物权法通过 ··· 418
　　碧桂园赴港上市 ··· 421
　　中铁建地产亮相 ··· 426
　　楼股齐飞陷疯狂 ··· 429
　　一个新王朝开始 ··· 433

2008 年：全球金融海啸　四万亿大救市 ·· 434
　　楼市从冰冻到大地震 ··· 435
　　开发商遭遇钱荒 ··· 438
　　"地王收割机"信达 ··· 442

次贷引发全球金融海啸⋯⋯⋯⋯⋯⋯⋯⋯⋯⋯⋯⋯⋯⋯⋯⋯⋯⋯⋯ 446

无与伦比的北京奥运⋯⋯⋯⋯⋯⋯⋯⋯⋯⋯⋯⋯⋯⋯⋯⋯⋯⋯⋯ 449

2009 年：楼市惊天逆转　亚运城大拍卖　　　　　　　　　451

楼市触底强势反弹⋯⋯⋯⋯⋯⋯⋯⋯⋯⋯⋯⋯⋯⋯⋯⋯⋯⋯⋯ 452

宋卫平豪言超越万科⋯⋯⋯⋯⋯⋯⋯⋯⋯⋯⋯⋯⋯⋯⋯⋯⋯⋯ 455

恒大成功登陆港交所⋯⋯⋯⋯⋯⋯⋯⋯⋯⋯⋯⋯⋯⋯⋯⋯⋯⋯ 459

城市群涌现带来新机遇⋯⋯⋯⋯⋯⋯⋯⋯⋯⋯⋯⋯⋯⋯⋯⋯⋯ 463

"楼脆脆"与"蜗居"⋯⋯⋯⋯⋯⋯⋯⋯⋯⋯⋯⋯⋯⋯⋯⋯⋯ 466

2010 年：国资委退房令　万科突破千亿　　　　　　　　　468

央企"退房令"⋯⋯⋯⋯⋯⋯⋯⋯⋯⋯⋯⋯⋯⋯⋯⋯⋯⋯⋯⋯ 470

地产借壳 ST 重组告吹⋯⋯⋯⋯⋯⋯⋯⋯⋯⋯⋯⋯⋯⋯⋯⋯⋯ 472

宗庆后欲建百个购物中心⋯⋯⋯⋯⋯⋯⋯⋯⋯⋯⋯⋯⋯⋯⋯⋯ 475

中海收购光大地产⋯⋯⋯⋯⋯⋯⋯⋯⋯⋯⋯⋯⋯⋯⋯⋯⋯⋯⋯ 477

宋广菊掌舵保利地产⋯⋯⋯⋯⋯⋯⋯⋯⋯⋯⋯⋯⋯⋯⋯⋯⋯⋯ 479

世纪超级大盘亚运城开售⋯⋯⋯⋯⋯⋯⋯⋯⋯⋯⋯⋯⋯⋯⋯⋯ 483

三大世界盛会推动城市发展⋯⋯⋯⋯⋯⋯⋯⋯⋯⋯⋯⋯⋯⋯⋯ 486

2011 年：保障房大建设　房产电商元年　　　　　　　　　488

史上最大规模保障房开建⋯⋯⋯⋯⋯⋯⋯⋯⋯⋯⋯⋯⋯⋯⋯⋯ 489

地产接班人走向前台⋯⋯⋯⋯⋯⋯⋯⋯⋯⋯⋯⋯⋯⋯⋯⋯⋯⋯ 491

周政接任中粮地产董事长⋯⋯⋯⋯⋯⋯⋯⋯⋯⋯⋯⋯⋯⋯⋯⋯ 493

华夏幸福借壳上市⋯⋯⋯⋯⋯⋯⋯⋯⋯⋯⋯⋯⋯⋯⋯⋯⋯⋯⋯ 496

中交系地产重组大变局⋯⋯⋯⋯⋯⋯⋯⋯⋯⋯⋯⋯⋯⋯⋯⋯⋯ 498

"鬼城"鄂尔多斯⋯⋯⋯⋯⋯⋯⋯⋯⋯⋯⋯⋯⋯⋯⋯⋯⋯⋯⋯ 501

乐居开启房产电商时代⋯⋯⋯⋯⋯⋯⋯⋯⋯⋯⋯⋯⋯⋯⋯⋯⋯ 503

2012 年：城镇化领风潮　多元化成主流　　　　　　　　　507

中国新型城镇化⋯⋯⋯⋯⋯⋯⋯⋯⋯⋯⋯⋯⋯⋯⋯⋯⋯⋯⋯⋯ 508

旭辉赴港挂牌⋯⋯⋯⋯⋯⋯⋯⋯⋯⋯⋯⋯⋯⋯⋯⋯⋯⋯⋯⋯⋯ 510

房企抢购矿业能源⋯⋯⋯⋯⋯⋯⋯⋯⋯⋯⋯⋯⋯⋯⋯⋯⋯⋯⋯ 512

越秀房托基金⋯⋯⋯⋯⋯⋯⋯⋯⋯⋯⋯⋯⋯⋯⋯⋯⋯⋯⋯⋯⋯ 515

年末楼市突现小高潮⋯⋯⋯⋯⋯⋯⋯⋯⋯⋯⋯⋯⋯⋯⋯⋯⋯⋯ 518

摩天大楼建设热潮 ... 520
莫言买房玩笑一场 ... 522

2013 年：房产税停扩围　掘金海外地产　524

房地产税的进与退 ... 525
房企扎堆出海掘金 ... 528
龙光敲响港交所铜锣 ... 531
房企与银行联姻 ... 535
温州楼市崩盘论 ... 537
蓝光重组迪康药业 ... 539
中国大妈抄底黄金 ... 541

2014 年：楼市白银时代　彩生活终上市　543

雷军"房价跌半论" ... 545
乐居纽交所上市 ... 549
城头变幻大王旗 ... 552
险资大举入侵房企 ... 555
易小迪港交所敲钟 ... 557
"90 后"压根不买房 ... 561

2015 年：股权收购迭起　李嘉诚大撤退　563

别让李嘉诚跑了 ... 565
收购狂人"三连击" ... 567
万宝之争开打 ... 570
雷军的小米公寓 ... 574
三大千亿房企抢头条 ... 577
社区 O2O 上市潮 ... 580
地王引发豪宅元年 ... 582
侠之大者为国接盘 ... 583

2016 年：房地产"去库存"　万宝股权激战　585

楼市加速"去库存" ... 586
万宝之争白热化 ... 589
中海并购中信地产 ... 596

房企更名"去地产化" ······ 600
两场重量级生日派对 ······ 602

2017年："房住不炒"定调　开启租售同权 ······ 605

中央定调"房住不炒" ······ 606
孙宏斌驰援乐视 ······ 611
王健林壮士断腕 ······ 615
深圳地铁入主万科 ······ 618
保利系整合地产业务 ······ 620
长租公寓风起时 ······ 623
人生赢家郑渊洁 ······ 626

2018年：40载峥嵘岁月　走向美好生活 ······ 628

深圳"二次房改" ······ 630
后五千亿时代 ······ 634
港交所改革红利 ······ 640
李嘉诚宣布退休 ······ 644
超级城市群版图 ······ 648
地产助力美好生活 ······ 651

附录 ······ 655

参考文献 ······ 696

1978 年：

改善居住环境　开启地产 40 年

1978 年，中国改革开放元年。这一年里，房地产行业正在加速酝酿，迎接即将破土而出的那一刻。

实际上，当时的中国一穷二白，百废待兴。1978 年中国 GDP 总量是 3645.2 亿元，1978 年城镇新建住房面积 0.38 亿平方米，人均住房建筑面积 6.7 平方米，人均可支配收入 343 元。

1978 年中国人均 GDP 仅有 156 美元，在当时全球 133 个国家和地区中，世界排名倒数第 4 名，仅比非洲布隆迪、几内亚比绍以及亚洲尼泊尔三个国家略高，比孟加拉国、印度、巴基斯坦、阿富汗等多个邻国都要低。

而这一年全世界人均 GDP 为 1992 美元，也就是说，中国还不到全球平均水平的 1/10，仅是世界人均 GDP 的 7.8%。与之形成鲜明对比的是，美国人均 GDP 为 10587 美元，日本也达 8776 美元，中国分别是美国和日本 1.4%、1.7% 的水准。

当时的中国，实在太穷了！据法国《解放报》网站报道称："1978 年，中国的绝对贫困人口高达 2.5 亿。"这个占了世界 1/5 人口的国家，却有超过四成的百姓吃不饱肚子，更别提居住条件与房地产行业刚萌芽。

1978 年 10 月 19 日国务院批转国家建委起草的《关于加快城市住宅建设的报告》显示，据 1977 年底统计，全国 190 个城市平均每人居住面积仅为 3.6 平方米，比解放初期的 4.5 平方米下降 0.9 平方米。同国外相比，中国的居住水平就显得更低了。

全国城市中，缺房户共 323 万户，占居民总户数的 17%。其中，夫妇不能同居，或住教室、车间、仓库、办公室等的无房户达 104 万户；二户同室、三代同室、大儿大女与父母同室居住的不方便户达 130 万户；平均每人居住面积不足两平方米的拥挤户达 89 万户。

报告同时指出，上海市还有棚户 500 万平方米，住着 100 多万人。广州市还有 3000 多户"水上居民"没有上岸。哈尔滨的"三十六棚"、"十八拐"，青岛的"菜市场"，西安的"豫民巷"，北京的"南营房"、"北营房"等地方，居住条件十分恶劣，广大群众迫切要求改造。

在高波等人所著的《转型期中国房地产市场成长：1978～2008》一书中，对那个年代进行了详细的阐述：在中国历史上，土地和房屋的租赁、买卖活动从来没有间断过，但现代意义上的房地产市场是在鸦片战争之后发展起来的。到新中国成立前，一些大城市的房地产市场已颇具规模。1949年以后，中国房地产市场进行了全面的整顿和严格管理，1956～1978年，随着对土地和房地产私有制的否定，中国的房地产业和房地产市场基本消失。

而这一切在1978年终于发生改变，这是源于思想理论界的突破。1978年5月11日，《光明日报》刊登了胡福明所著的题为《实践是检验真理的唯一标准》特约评论员文章。

文章论述了马克思主义"实践第一"的观点，正确地指出任何理论都要接受实践的检验。这篇文章引发了关于实践是检验真理的唯一标准问题的讨论，冲破了长期以来"左"倾错误思想的束缚，促进了全国性的马克思主义的思想解放运动，为党的十一届三中全会的召开准备了思想条件。

到了1978年12月18日，十一届三中全会做出了"改革开放"这一关乎当代中国命运的重要抉择，开启了中华民族走向伟大复兴的征程，成为载入史册的伟大日子。

2018年4月10日，第八任联合国秘书长潘基文在博鳌亚洲论坛上提到，40年前中国是世界上最贫穷的国家之一，如今，通过坚定不移地改革开放，中国已经发展成为世界上最大的两个经济体之一，而且中国的经济规模还会继续增长。

改革开放不仅改变了中国、发展了经济、增强了国力，同时也给予了中国房地产行业全新的成长空间。前文提到的高波在书中特别强调："1978年改革开放以来，中国房地产市场逐步形成并不断成长，不仅房地产业已经成为国民经济重要的支柱产业，也从根本上提高了资源配置的效率，改善了人们的生活水平。"

改革春风拂面

中国人自古以来讲究安土重迁、落叶归根，这一情怀更是把"房子"视为家的核心。然而在1978年前的中国，并没有真正意义上的房地产市场，更别提房地产行业和商品房等概念，当时的人们只知道自己住的房子太小、太挤。

更为直观的视觉冲击是遍地茅草屋、到处棚户房，成千上万的黎民百姓，仍继续住在数千年未变的茅棚屋里。在中国广大农村地区，农家赖以遮风挡雨的住所连片瓦都没有，墙顶基本是用芦苇建造，这种茅草屋没有窗户，甚至门还得用牛粪敷起来，遇到狂风暴雨，便只能眼睁睁看着房子倒掉。

不仅农村住房条件落后，连城市居所也异常简陋。1978年8月，美国知名建筑商伊莱·布罗德飞抵中国，先后参观北京、广州等中国重要城市，感叹道："我看到了一个令人印象深刻的不发达国家……中国人用黏土和稻草做砖，但也使用一部分预制混凝土板来建房。中国的住房是原始的，建成后的质量很粗糙，但非常实用。往往一个两居室的房子里要住四代人，从80岁的曾祖母到小孩。"

事实上，对于绝大多数中国人来说，当时能分到这样质量粗糙的房子已经不错了，住筒子楼，上公共厕所，挤公用厨房，去街道浴池，是那个年代里人们的生活常态。家家户户都在拥挤的空间里忙碌，连完整独立的地方都没有，更谈不上对家居的装饰装修了。

住房窘境并没有对任何人格外开恩，著名学者杨绛曾经回忆称，1977年她和钱钟书住在学部办公室已近三年，"我们住的房间是危险房，因为原先曾用作储藏室，封闭的几年间，冬天生了暖气，积聚不散，把房子胀裂，南北二墙各裂出一条大缝"。

美国弗吉尼亚大学历史系荣休教授John Israel（中文名：易社强）第一次来中国是改革开放之初的1978年，他在接受澎湃新闻采访里表示，当时人们的住所通常都很狭小、单调，除最基本的家具和生活用具之外什么也没有。

"我常常要坐在别人的床上吃晚饭——因为只有一间屋子，既是客厅，又是饭厅，还用作卧室。厨房和卫生设施一般来说是和邻居共用的。墙壁通常被刷成一种近似于鸭蛋青的颜色。这些情况都反映出经济发展水平的落后，尤其是对于消费经济而言，也展现出一种基于低价租赁的国有设施住房系统。"

1978年，改革开放的元年，在百废待兴之际，邓小平同志已经把关注的眼光放到了居住的问题上。这位身肩中华民族伟大复兴历史使命的国家领导人，深知改善人民居住条件的紧迫性。然而，中国家底单薄，财政捉襟见肘。

在这个异常棘手的难题面前，邓小平同志经过深思熟虑，做出重要指示。1978年9月，全国城市住宅建设会议在北京召开，会上国务院副总理谷牧传达了邓小平关于解决住房问题的指示，主要精神是：解决住房问题能不能路子宽些，譬如允许私人建房或者私建公助，分期付款。

这一精神令群众急需住房与财政缺乏资金两大问题迎刃而解，群众手里没有建筑材料，由国家来解决，国家财政不足，就动员个人把手里的钱调动起来。与此同时，通过住房市场带动建筑业发展，还能为国家增加收入，夯实家底，这个开创性的想法一举多得，极大地影响了中国建筑行业和房地产行业此后40年的发展。

然而，"房子可否成为商品"仍停留在疑问的阶段。

1978年10月20日，北京前三门十里长街沿街拔地而起的30多幢高层住宅楼正在进行紧张装修。上午10点，邓小平同志来到了前三门大街住宅楼工地视察。这是邓小平同志继东北三省和唐山天津后，再度亲自去视察新建居民住宅楼。

"前三门"上的住宅楼是新中国成立后北京最大的单项工程，也是当时最大的住宅群，据说可抗8级强震。1976年2月工程动工，1978年12月底建成。正是前三门大街30多幢"火柴盒子"，一度令北京引以为豪：中国大陆也能建高层住宅了。据悉，工程高峰期曾调集1万工人、45台起重机同时参与建设，堪称举国家之力兴建起来的住宅区。连香港霍英东看到这一幕也不禁惊叹："在香港即便倾家荡产，也盖不起这楼。"

邓小平同志参观过程中，用商量的口气提出："层高能不能降低些，把面积搞得大些？"实际上，邓小平同志并非随口提出，而是调研了京、津、唐等地住宅楼后的想法。

按照邓小平的建议，建筑师设计了一套新的住宅标准图，与传统的标准住宅设计相比，室内高度为 2.53 米，每户的面积则增加了 1.5 平方米，预算成本反而下降 77 元。此后，各地在规划住宅时，普遍采取降低层高、增加面积的思路。

邓小平同志在视察过程中，还问了一个没人敢回答的问题："居民住房可否成为商品？"而他老人家则自问自答说："如果房子算商品，我这几年还有点积蓄，想买套房子给朴方，我的其他孩子不需要照顾，只有这个朴方，是因为我致残的，我需要照顾他。"时任国家建委副主任的张百发感慨："小平同志是最早提出住宅商品化的国家领导人。"

既然中国没人敢回答，那就到国外去找答案。1978 年 11 月 5 日到 14 日，邓小平先后访问了泰国、马来西亚和新加坡。

邓小平同志访问新加坡期间参观了裕廊工业园区，并在新加坡住房和发展局听取了关于新加坡公共住房计划情况介绍。邓小平同志还饶有兴致地登上该局办公大厦的顶层，鸟瞰当地的住宅小区。并重点询问了新加坡每年住房建筑的总面积和其他有关问题，对新加坡的住房经验连连称赞。

随行翻译施燕华回忆，归国那天，邓办主任王瑞林突然走进来说：小施快准备一下，首长要看看你住的房子。邓小平同志来到这个新加坡盖的房子里，认真看了每个角落，特别是洗浴间。最后自言自语地说：很好，安排得很合理。

在接见中国驻新加坡机构主要负责人时，邓小平不忘强调，北京在前三门一带建了 30 栋房子，外面好看，里面就不行了。可派人出来看，学人家是怎么搞的。"要比就要跟国际比，不要与国内的比。"

瓜熟蒂落，水到渠成。1978 年 11 月至 12 月召开了长达 36 天的中共中央工作会议和为期 5 天的中共十一届三中全会，终于"拨乱反正"，统一了思想。其中，党的十一届三中全会标志着：中国从此进入了改革开放和社会主义现代化建设的历史新时期，中国共产党从此开始了建设中国特色社会主义的新探索。

一个伟大民族、一个伟大国家的春天来临了。自十一届三中全会后，全党工作重点转移到社会主义现代化建设上来，并在全国各地成立了住房统建办公室，着手改善人民居住环境。

《转型期中国房地产市场成长：1978－2008》一书中详细回顾了当时中国房地产市场的经济背景。"在计划经济时期，中国的财产权基本上是归国家和集体所有，个人和家庭的财产权被限制到了最新限度。人们对于财产和消费资料的获得主要是根据不同级别来进行分配。土地、房地产既不可能作为资产为个人或家庭所拥有的，也无法进行自由交易，因此，也就没有房地产市场存在的条件。"

当时，城镇住房主要由国家投资建设，建好的住房主要是通过职工所在单位，按照工龄、职务、学历等打分排队进行分配，对于分配后的住房，只收取象征性的、近乎无偿使用的低租金。

"1978年以来，中国房地产市场的发育有一个独特的背景，那就是经济社会的深刻转型。转型的实质是从计划经济体制向市场经济体制的全面转变，与此相适应，财产权制度也出现了重大变革，为房地产市场的发育创造了基础制度条件。"

在连房地产概念都还没有的1978年，人们无法想象未来40年中国房地产发展的走向。更无法预知此后40年间，无数地产人、普罗大众，创造了历史，也改变了历史。

中国的改变，既有走出去学习，也有请进来指导。1978年，时任副总理谷牧邀请誉满全球的著名设计师贝聿铭访问中国，希望他为城市规划和建设提供建议，为中国迈入现代化提供智力支持。

这位出生于广州、从小在苏州皇家园林狮子林长大的设计大师，拥有深厚的中国文化底蕴。他首先考虑的不是大拆大建，相反，贝聿铭建议不要在故宫附近建高楼，防止遮挡故宫视野，为紫禁城金黄色琉璃瓦屋顶上的开阔视野留一份历史的远景。

这个建议影响了北京此后数十年的城市规划思路，即便到今天，北京故宫仍实行限制高度与视野政策，可以说与1978年时贝聿铭的建议受到高层重视分不开。

此后一年间，贝聿铭又先后6次从大洋彼岸来到中国，并开始着手筹备北京香山饭店建设，这座凝聚了贝聿铭心血的首个大陆建筑作品，在1982年正式开业。北京香山饭店建筑别具一格，既有中国古典建筑的传统特色，又有现代化的服务设施。建筑面积三万五千平方米，整个饭店依凭山势，蜿蜒曲折，院落相间，成为北京城一座著名的文化建筑坐标。

一步一个脚印，1978年发生的每个故事，经历过的每位参与者，都是时代下一个小小的缩影，在这片古老而孕育生机的东方热土上，从萌芽到发展，走向稳定，走向成熟，走向强大。

四十年间，从贫穷到富强，从落后到繁荣，经济腾飞，国家富强，房地产行业功不可没。

这一切，在《中国地产四十年》后续篇章里都将逐一呈现，还原当年中国房地产行业筚路蓝缕的艰难创业过程，并最终一步步迈进成长的轨道，为中国经济发展、社会进步、百姓安居乐业做出巨大贡献！

高考点金棒

2018年7月22日，任志强在广州主题演讲中，回顾中国改革开放40年时特别提到："中国改革开放是从什么开始？中国改革开放很重要一个开始是恢复高考！高考是迈开中国经济改革前沿第一步，如果没有教育、没有思想开放，中国改革开放是不会成功的。"

1978年，中国改革开放后首批大学生正式走进校园。可以说，这是一群被高考点金棒选中的时代幸运儿，在后来人生发展道路上，不少人冥冥之中选择了进入房地产行业。

1977年12月15日，中国关闭了整整11年的高考闸门再次开启，这也是共和国历史上唯一一次冬季大规模高考。由于中国高考中断多年，积累了多届考生同时参与，因此这场吸引了全国2000万考生的考试，这也成为世界考试史上参加人数最多的一次。

后因人数众多，不得不分成了初试和正式高考两个阶段。最终，有570万名考生，正式走进考场，参加1977年这场改变人生的命运大抉择。1978年，顺利通过1977年冬季高考的27万幸运儿，迈进了梦寐以求的大学校园。

由于1977年恢复高考后，社会反响极其热烈，1978年4月6日《人民日报》报道，教育部决定当年高考在1977年各省命题的基础上，由全国统一命题，夏季再次招生，参加考试人数达610万，自此中国高考全面恢复。

很多人既惊喜又茫然。毕竟在此之前，高考对大多数人来说原本是遥不可及的目标，用鲤跃龙门来形容一点都不为过。就在恢复高考后，从各大乡下小厂走出了孟晓苏、冯仑、许家印、张艺谋、俞敏洪、徐小平、顾长卫、李东生、易中天、宋卫平等众多极具分量的人物。

据孟晓苏在《新京报》中的口述回忆称，在读初二时，高考中断，实行工农兵推荐上大学，但推荐的都是别人，自己慢慢就失去了希望，后来彻底绝了念头。"现在回想，恢复高考真是不可思议，我被北大录取，也不可思议。"

"1967年，初中毕业两年的我进入北京东方红汽车厂，成为一名工人。1977年，我已经是厂里的基层干部。"后来，工厂教育科科长和分厂党委副书记一起商量着帮孟晓苏报了名，厂里的每个人都觉得孟晓苏不上大学可惜了。"在填高考志愿时，教育科长毫不犹豫帮我填上了北京大学中文系新闻专业。"

于是，这位被高考改变生活轨迹的人，从一名普通的汽车工人摇身变为北京大学博士，自国务院领导人秘书到担任国务院直属局负责人，由党政官员转型成企业家，成为220多个城市中430多家房地产企业的领军人，孟晓苏被媒体誉为"中国房地产教父"。关于孟晓苏在房地产领域的学术、政界、商界的贡献，会在《中国地产四十年》后续多个篇幅中有更精彩呈现。

跟孟晓苏一起走进大学课堂的还有来自西安的冯仑。他是当时的幸运儿，作为大学班里年纪最小的学生，他没有经历过"知青"下乡，也没有被岁月蹉跎。当时，刚满18岁的冯仑正在西安市三中读高三，作为应届毕业生参加了高考。

据他本人回忆，"复习阶段很长一段时间都特别热，每到晚上，我就把脚放在凉水盆里，头上顶个凉毛巾，晚上在那儿复习，我母亲在旁边帮我赶蚊子"。

高考当天，冯仑骑了一辆借来的自行车跑到建国门的二十六中考场。后来，他如愿考上了西北大学政治经济学专业。有意思的是，这届经济学专业先后涌现了冯仑、张维迎、魏杰、刘世锦等一大批知名学者、企业政界人物。

许家印也在1978年考上了武汉钢铁学院（现武汉科技大学），这是他第二次参加高考。1975年在太康县第一高级中学毕业后，许家印干了两年农活，几乎做遍了所有的农村工种。

1977年恢复高考后第一年，许家印也参考了。但是因为时间仓促，只有一个多月的复习时间，他没有考上。第二年，许家印并没有放弃，还特意回到学校补课。

在何南所著的《传奇许家印》一书中提到，尽管条件非常艰苦，但是他还是坚持学习，靠着每周一筐地瓜和地瓜面饼填饱肚子。他的理科成绩非常突出，也深受这些科目老师的喜爱和器重。在当时人口达1000万的周口市，许家印的成绩位列前三，终于在1978年如愿以偿地考入大学。

毕业后，许家印被分配到舞阳钢铁厂，一干就是10年。后来，等他下定决心到深圳寻找机会的时候，已经是1992年的春天了。这一点，在《中国地产四十年》后续的文章中会详细阐述。

1978年，宋卫平进入杭州大学历史系，开始了为期4年的大学生涯。这所大学后来在全国院系大调整中，合并到浙江大学。有意思的是，原杭州大学历史系两个班70名学生，就诞生了多达十几位房地产大佬。1994年，宋卫平以15万元下海创业，开办绿城。4年以后，他的杭州大学同学寿柏年前来加盟，这对大学同窗组成了绿城"黄金搭档"，在此后的绿城发展中相扶相助。

寿柏年在2017年写的《1977高考杂忆》中透露，参加考试前，寿柏年是萧山农场知青，那一年农场2000多名"知青"，只有寿柏年一人考上了。"而今，我已年逾耳顺，老之冉冉而至矣！反观来路，参加1977年高考无疑乃我人生之最重要转折点，从那一刻起，个人的命运汇入了改革开放的时代洪流。因此，我们这一代人是幸运的，当祖国几千年难逢的大时代到来之时，我们正躬逢其盛，并深受其益。"

南都集团的创始人周庆治，也是宋卫平和寿柏年的同学。这里提到的南都不是广州南方都市报的简称，而是浙江一家开发商。周庆治1993年开始投资浙江房地产，创办了南都集团，只不过2007年，万科以17.65亿的价格收购南都集团持有的南都房产集团有限公司60%的权益以及南都集团在上海、江苏剩余地产业务的权益。

浙江中浙房地产开发有限公司董事长应忠良，也是在1978年来到杭州大学。他感慨道："1978年，既是我们国家改革开放、步入正轨的新起点，也是我人生的一个重要转折。那年，我以总分327分的成绩被杭州大学政治系录取，成了我们村历史上通过高考考取的首名大学生。"这位杭州大学政治系78级高才生，从农家子弟一跃成为天之骄子，几经努力，曾官至海宁市市长，后来转投房地产开发。

无数个孟晓苏、冯仑、许家印、宋卫平，做梦也没有想到自己就这样考上了大学，也没有想到自己后来会成为中国房地产行业的领军人物。

杨国强当建筑工

孟晓苏、冯仑等人还在高考中沉浮时,早在1974年就被选送读大学的王石,已经来到了改革开放最前沿阵地——广东。在王石的自传《道路与梦想》一书中提到,1977年,刚从兰州铁路学院给排水专业毕业的王石,被分配到广州铁路局工程五段做技术员。"那时的广东,正从昔日人们心目中的'化外之地'变成一片生机勃勃的热土。"

1978年的4月,王石第一次来深圳。他当时是广州铁路局工程五段的排水技术员,每月42元的工资。接手了笋岗北站消毒库项目后,王石对深圳的第一个印象并不好,"路轨旁抛扔着死猪,绿头苍蝇嗡嗡起舞;空气中弥漫着牲畜粪便和腐尸的混合臭气"。

然而,五年后他却主动杀回深圳。因为在广东省外经委干了五年的王石觉得,招商引资工作并不适合他。"应该去深圳特区施展个人的才干,实现个人抱负。"于是,他来到了深圳当时最有影响力的公司——深圳市特区经济发展公司谋求发展。

正如王石所说,"每一次时代的变迁,也都会改变无数人的命运,区别只在于改变的早晚。我,就属于被时代的波浪最早打湿衣襟的那批人"。

王石在《道路与梦想》一书中回忆,在广东的日子里,虽然对要选择的目标是什么仍混沌一团,但他清楚地意识到,在机会来临之前要学习,抓紧一切时间学习,做好知识储备,否则机会来了,也抓不住。于是,他在铁路沿线出差途中总会捧着一本书,晚饭后也独自关在房里做读书笔记。

不仅如此,王石节假日还去上英语课,因此结识了暨南大学外语系的主任曾昭科。这位暨大学者原在港英政府警署任高级督察,对香港的政治、经济、社会、人文环境了如指掌。王石在跟曾昭科学习过程中,也无意间打开了一扇了解香港社会的大门。

被改变命运的还有香港小提琴演奏家刘元生,《万科周刊》曾经撰文称,刘元生在20世纪70年代末就和王石认识了。虽然改革开放刚刚萌动,但广东与香港的往来已经日渐频繁。

这一年,刘元生来到广州演出,与广州乐团联袂演奏《梁祝》协奏曲,王石恰巧到广州友谊剧院听音乐会,立刻喜欢上这首爱情至上的协奏曲,演出结束后还专门跑到后台向演奏者祝贺,刘元生因此赠送了一盘个人演奏的《梁祝》录音带给王石。

王石与刘元生这次相遇,从此结下了不解之缘。1983年开始王石常去香港,见多识广的刘元生常常给王石讲国外的成功企业家、成功公司的案例。刘元生回忆,王石与众不同之处在于:不像一般去香港的内地人,喜欢吃吃喝喝喜欢玩,而是去图书馆或书局,买了很多企业管理和财务方面的书,感觉他是个有抱负的人。

机会总是留给有准备的人,五年之后的1988年12月末,王石启动万科股改,正式向社会发行股票，刘元生闻讯用 400 万港元认购了万科 360 万股，并长期持有。

一直到 2016 年，在万宝之争进入白热化之际，作为万科最大自然人股东，刘元生向中国证监会、中国银监会、中国保监会、国务院国资委、深圳证券交易所、香港联交所、深圳证监局等监管层实名举报宝能、华润，全力支持王石等万科管理层。此为后话，在《中国地产四十年》万宝之争篇章里将有详述。

1978 年，对杨国强来说也是个转机。杨国强是广东顺德北滘人，农民出身，年少时家境十分贫穷，曾在乡下耕田放牛，17 岁前未穿过鞋。然而，杨国强并没有向命运屈服，他抓住一切机会读书。

在北滘广教小学念书时为省 7 分钱饭钱，中午放学要走一个小时回家。高中时，由于交不起 7 元钱学费，杨国强为此退学一年。幸运的是，学校最后免了杨国强的学费，还发给他 2 元钱助学金才使他得以复学。杨国强说这是他"一生最重要的两元钱"。

1978 年，杨国强的哥哥杨国华担任顺德县第二建筑公司负责人，在哥哥帮助下，杨国强进了北滘公社房管所当施工员，干泥瓦匠。从此，杨国强开始进入建筑行业，在这个领域里他学会了如何盖房子。后来又到二建公司，1984 年升为建筑队队长，1992 年创立碧桂园，全面投入房地产开发。

可以说，1978 年前的这些经历，对杨国强影响深远，读书为杨国强日后的崛起打下坚实的基础，而杨国华则成为改变杨国强一生命运的重要人物。2002 年，杨国强捐资创办了全国唯一一所全免费民办高中——国华纪念中学，从全国贫困家庭中选拔成绩优异的孩子，资助这些优秀学子三年高中上学和在校生活的所需费用。学校名称的由来，则是杨国强感念兄长杨国华当年的提携之恩，因此，用兄长名字来命名学校。

1978 年，王健林迎来新的人生起点，他暂别军旅生涯，进入大连陆军学院深造。王健林原本是军人家庭出身，父亲王义全本是四川省苍溪县元坝镇的村民，1933 年红四方面军经过四川时，王义全参加红军，经历过长征，打过仗受过伤，曾在部队担任连长。新中国成立后，王义全转业回到四川老家，并在林业系统工作。

正因为王义全长期从事林业工作，1954 年王健林出生时，原名为"王建林"，意思是"建设林业"。后来，"王建林"才改名为"王健林"。1970 年，16 岁的王健林初中毕业，他像自己的父亲年轻时候一样，选择去参军，成为一名边防战士。1978 年，参军 8 年之久的王健林进入大连陆军学院学习。

大连陆军学院基层军官学习内容非常丰富，主要是海陆空各军种知识，还包括炮兵、工兵、防化兵、装甲兵等各兵种的课程。而王健林在学习方面非常认真主动，课堂上有不明白的地方会站起来提问。1979 年，王健林从 120 名同学中脱颖而出，成为 3 名留校工作的优秀毕业生之一。1986 年，王健林调任陆军学院管理处副处长。

1978 年，15 岁的潘石屹还在甘肃天水一个山沟里读中学，他的父亲刚刚平反。潘家祖先是天水一带读书人家，祖屋后门门楣还悬着"耕读第"牌匾。"我太爷爷是读书人，我爷爷是秀才，我父亲上过黄埔军校，我考上了大学，潘石屹也上过大学。我们家是读书人家，没有断代，传承下来了。"潘石屹的父亲潘诗麟曾自豪地说。

中国恢复高考的消息传来,也极大激励了出身于耕读之家的潘石屹的读书热情。从小吃尽苦头的潘石屹每天饿着肚子读书到深夜,先后考上了兰州培黎中专跟河北石油管道学院,从此走出了家乡那片贫瘠荒凉的甘肃山区。

大专毕业之后,潘石屹被分配到了廊坊石油部管道局经济改革研究室。从小饱受饥馑之苦、冰寒之痛,通过高考出人头地,终于吃上了"皇粮",是那个时代"鲤鱼跃龙门"的典型代表。

个头不高的潘石屹在求学期间并不出众。谁也没想到潘石屹在1987年勇敢辞职到了深圳、海南打拼,从体制内到建筑工地上干苦力搬砖,这一转变没有打击到潘石屹追逐财富的梦想。潘石屹回忆,曾经为了过深圳边关检查站,他花了50元找人带路,从铁丝网下面的一个狗洞爬到了对面的深圳,来到了改革开放最前沿。

1978年,大陆房地产虽然还处于萌芽期。但依然有两家企业成立,成为房地产行业的先行者。它们就是现在的上海中环投资开发(集团)有限公司和中天金融集团股份有限公司。

上海中环投资开发(集团)有限公司前身是上海市普陀区住宅建设办公室、普陀区城市建设综合开发总公司,1995年转制为集团公司。20世纪80年代,中环集团全力改造了闻名沪上的"药水弄""朱家湾"两大棚户区,还开发建设了甘泉北块、真光新村、清涧小区等一大批新型住宅区,成功奠定了自己在上海的地位。

目前,中环集团还布局了住宅、商务、写字楼等多业态,足迹遍至吉林、海南等地,还进入经济适用房、城中村改造等领域。根据克而瑞2017年销售排行榜,中环集团以72.2亿排行第156位。

与中环集团从始至终搞房地产开发不同,中天金融目前的业务主要涉及金融保险、证券等领域,房地产已不是主业,但中天金融却是一家从房地产起家的公司。

1978年,中天金融的前身"贵阳市统建指挥部"成立;1980年,"贵阳市统建指挥部"组建成立"贵阳市城镇建设用地综合开发公司",主要负责贵阳市城市基础建设,后经改制更名为贵阳中天(集团)股份有限公司,是一家国有控股且兼具法人、公众和职工持股公司。1994年在深圳证券交易所主板上市,成为贵州省第一家上市公司。尽管中天金融目前重点发力金融领域,但房地产业务依旧表现出色。2017年在克而瑞销售排行榜上,中天金融以246.6亿排在第74位。

作为最先涉足房地产的企业,中环投资集团和中天金融成为了改革开放的最早见证者和参与者。

传奇首富郭鹤年

1978年的香港，房地产已经进入黄金发展阶段，在这一年里，香港诞生了一家叫嘉里建设的开发商。也许有些人对嘉里建设还有点陌生，但如果提起香格里拉酒店、金龙鱼，相信很多人耳熟能详，其实嘉里建设和香格里拉酒店、金龙鱼都有一个共同的老板——郭鹤年。

郭鹤年，祖籍福建省福州市。由于生活所迫，父辈远赴东南亚谋生，因此，郭鹤年出生于马来西亚柔佛州新山市。经过多年打拼，郭鹤年成为马来西亚最杰出的企业家，业务遍布马来西亚、新加坡、泰国、印度尼西亚、斐济和澳大利亚等地。

郭鹤年开拓的产业包罗万象，包括甘蔗种植、面粉、饲料、油脂、矿山，到地产、金融、酒店、种植业、商贸和船运等各种行业。其中，郭鹤年最主要成就来自糖业和酒店业，被誉为"酒店大王"和"亚洲糖王"。

1959年，郭鹤年毅然与马来联邦土地发展局合资，在槟城创办了马来西亚第一家炼糖厂——马来亚糖厂，经过数十年发展，郭鹤年手握马来西亚原糖80%市场、世界20%糖市场。

1971年，他在新加坡创建了第一家豪华酒店，命名为"香格里拉"，这个名字源自1933年英国作家詹姆斯·希尔顿发表的传奇小说《消失的地平线》，在英文中是世外桃源的意思。郭鹤年由此也被称为"香格里拉酒店之父"。

目前，香格里拉酒店集团是世界上最佳的酒店管理集团之一，也是全亚洲最大的酒店集团，世界各地主要城市均能见到香格里拉酒店。而在中国大陆，已经开业和在建的香格里拉酒店多达56家，广泛分布在北上广深以及天津、杭州、沈阳、济南等重点城市。

郭鹤年，是一位精力充沛，时刻以饱满精神状态投入工作的人。2018年，已经90岁的香港"超人"——李嘉诚宣布退休时，高达95岁的郭鹤年仍然战斗在工作岗位上。凭着一辈子的打拼，郭鹤年多年蝉联马来西亚首富，他的传奇之处，不仅造就自己成为首富，还深刻影响着其他人。

2009年，备受亲人去世、金融危机、员工跳楼事件打击的郭台铭身心俱疲，不足60岁的他曾经一度计划退休。但他有一次在跟郭鹤年吃饭之时，发现已经86岁的郭鹤年神采奕奕，健步如飞。郭台铭自愧不如，吃完饭后，郭台铭马上回到公司，取消了退休计划，重新投入工作。很快，鸿海在重新振作起来的郭台铭带领下，发展迅猛，生意越做越大。特别是富士康上市之后，郭台铭从当年的百亿身家，跻身千亿身家。一顿饭局，造就了一位千亿富豪，郭鹤年的传奇可见非同一般。

郭鹤年名下资产大部分都在香港，包括豪宅、商场、酒店、办公室、南华早报集团、香格里拉酒店集团、嘉里建设等。在郭鹤年经营下，嘉里建设除了在香港积极拿地开发之外，改革开放之后，也开始积极开拓中国大陆市场。

嘉里建设在内地拓展房地产市场，与一位名叫黄小抗的人物密不可分。黄小抗祖籍在香港，但由于父母参与抗日战争，便在内地成长，值得一提的是，黄小抗是亲历了深圳整个发展历程的第一代建设者。

1979年，黄小抗作为深圳第一任市委书记张勋甫的秘书，开展特区建设的初期工作；1982年，黄小抗又受深圳招商局董事长袁庚的邀请，到蛇口开发赤湾，在此期间，黄小抗能力超群，成功引入挪威电化项目，为赤湾挖到第一桶金，还为赤湾带来几十年的长期收入。也正是因为在赤湾的成绩，让黄小抗与郭鹤年结缘。

1991年，黄小抗决定回到香港，郭鹤年便邀请黄小抗加入嘉里建设，负责在内地房地产项目。黄小抗接手以后，首个项目便是在深圳。如今，黄小抗仍出任嘉里建设的主席及执行董事。

嘉里建设擅长自持运营，旗下物业自持比例高达80%，因此嘉里建设开发物业在业内是出了名的精品。而且，嘉里建设所到之处，都会发展为城市商业出租旺地。嘉里建设项目遍布北京、上海、深圳、天津、杭州等二十多座重点城市，其中，北京国贸中心、北京嘉里中心、深圳嘉里建设广场、上海静安嘉里中心、浦东嘉里城等均为城市核心区域，也是当地标志性建筑群之一。

根据嘉里建设财报显示，2017年实现营业额355.48亿港元，折合人民币约283.57亿元，同比增长173.6%，增速惊人。净利润92.42亿港元，折合人民币约73.72亿元，同比增长41%。

嘉里建设营收主要来源其大本营香港，公告显示，2017年香港物业营收217.23亿港元，折合人民币约173.24亿元，同比增长133.92%。内地物业营收138.25亿港元，折合人民币约110.26亿元，同比增长21.5%。香港与内地营收占比分别是61.1%、38.9%。

1978年，年仅29岁的施永青与同学王文彦各出5000元，创立中原地产公司，双方各持50%的股份。创建初期，公司只有2位合伙人、5名员工，就连办公的地方也只是向别人租了一张桌子。多年后，施永青回忆起这段艰苦经历，强调"创业都是由小开始"。

施永青进入房地产行业，多少有些偶然。早在1976年，施永青离开了从业8年的教师岗位，到一家房地产公司当"练习生"，这一干就是两年，在这家公司，施永青利用每个机会学习，通过收发信件，他摸清了企业的组织架构，借助复印文件，他了解了房地产发展行情。

二手地产代理主要有两种模式：一种是以个人为主，一种是以公司为主。在欧美等国家，由于建立了联合放盘系统，可以多重挂牌，因此，代理人可以将自己开拓回来的房源放到系统上，让其他代理人共享房源，推荐给更多客户，从而极大提高了成交概率。

香港代理规模较小，甚至靠吃差价生存，更没有联合放盘系统，而且行家也不注重代理。因此，中原地产创立初期，就以此为切入口，强调不炒楼、不吃差价，只收佣金，减少公司和客户利益冲突，由此逐渐形成新的代理模式。

此后，中原地产在公司内部逐步建立起公盘制，要求员工将自己收录回来的房源放到公司内部系统，多重挂牌，跟其他同事共享，由此增加了成交机会，而且随着中原地产规模逐步扩大，匹配效果显著提升。这种制度后来也被中原地产引入内地，并成为代理行业主导模式。

包玉刚入股九龙仓

1978年，中国还在改革开放发轫之际，香港房地产已经进入竞争白热化状态。而在这一年，经过多年积累的华资开始对英资企业发起收购大战。

1978年初，已经在香港地产打拼多年的李嘉诚开始启动收购大战，首个目标锁定香港四大洋行之首的怡和，在不动声色中，暗中收购约2000万股散户持有的怡和旗下九龙仓股份。

怡和洋行，1832年7月1日成立于中国广州，由两名苏格兰裔英国人威廉·渣甸及詹姆士·马地臣创办。1842年受鸦片战争影响，怡和将总公司由广州南移香港。1912年以后，怡和总部北迁上海，随后发展成为英国在远东的最大财团。1954年，怡和集团总部重返香港。

虽然经历多次迁址，但怡和凭着上百年的发展历史底蕴，在香港地位超然，旗下拥有香港置地集团、牛奶国际、文华东方酒店集团、怡和太平洋、怡和汽车、九龙仓等子公司，还投资了金门建筑、香港空运货站、怡中机场服务、香港货柜码头、惠康超级市场、7-Eleven、必胜客、万宁药房、美心饮食集团等公司，员工超过数十万。

九龙仓是香港最大的货运港，拥有深水码头、露天货场、货运仓库。作为怡和系的一家上市公司，九龙仓与香港置地并称为怡和的两大支柱，只不过，怡和通过香港置地持有九龙仓股份，而香港置地又是香港当时首屈一指的房地产开发公司，堪称李嘉诚在地产领域的主要对手。

九龙仓手里拥有令人垂涎的土储：早年九龙仓货仓迁出的旧址将成为九龙地王。然而，怡和对九龙仓的发展策略趋于保守，虽然九龙仓有海港城、海洋中心大厦等一手好牌，但九龙仓局限于将自有资产兴建楼宇，只租不售。这导致资金回款周期漫长，深陷财政泥潭，此后又大举借债，导致信誉猛跌，股价贬值。

1977年12月中旬，香港财经评论家指出九龙仓如改变经营策略，充分发挥土地资源潜力，未来10年可以出现年增长20%的良好势头。彼时九龙仓股价仅13.5港元，而九龙仓因为将货运业务从九龙繁华地段搬迁至葵涌和半岛西，腾出来的地皮可开发地产，而按九龙周边地价来算，股价再涨四五倍都不成问题。在这种背景下，李嘉诚悄然出击，分多个户头暗中吸纳九龙仓股票。

九龙仓股票成交额持续上扬,很快引起证券分析员注意,与此同时,嗅觉敏锐的职业炒家也纷纷加入这场争夺战中,九龙仓股票价格一再被炒高。1978年3月,九龙仓股票迅速由13.5港元跳窜至46港元的历史新高,猛涨的股价打乱了李嘉诚计划,此时他还未购满2000万股,于是只能等股价回落后,在稍低的价格将九龙仓股票增持到接近20%。

而作为九龙仓的背后大股东,怡和对李嘉诚意图吞并九龙仓的举动异常警惕,很快布置反收购战,高价回购散户手中的九龙仓股票,以增强其对九龙仓的控股权。然而,怡和账面的资金并不足以增购已经昂贵的九龙仓股票,无法保障其大股东地位安然无损。于是,只好求助于汇丰银行。

在李忠海的《李嘉诚传》一书中描述,1978年7月,汇丰银行果断介入,汇丰大班沈弼亲自出马游说李嘉诚,劝其放弃收购九龙仓。由于收购计划已经泄露,李嘉诚自知与历史悠久、实力雄厚的怡和正面交锋并不占优势,加上九龙仓股价已经处于高位,而且也不想拂汇丰的面子。因此,暂停了九龙仓收购计划。然而,李嘉诚退出之后,九龙仓收购战并未因此结束;相反,引来当时如日中天的华资大鳄——包玉刚。

彼时,辗转从宁波到香港发展二十多年的包玉刚,凭借"二战"后世界航运迅猛发展势头,组建一支庞大的海上船队,业务遍及全球五洲四海。由于在世界航运、国际贸易等方面做出了巨大贡献,1976年,他被英国女王授予爵士,比利时国王、巴拿马总统及日本天皇授予其勋章、奖章。

1978年,包玉刚海上霸业达到了顶峰,不仅成为香港十大财团之一,更是连续多年稳坐世界十大船王的第一把交椅。高峰期,包玉刚拥有船只210艘,总载重吨位2100万吨。甚至连闻名世界的希腊船王奥纳西斯也自叹不如,奥纳西斯在美国拜访包玉刚时说:"搞船队虽然我比你早,但与你相比,我只是一粒花生米。"美国《财富》《新闻周刊》两杂志分别把他称为"海上的统治者"和"海上之王"。

在全球睥睨群雄的包玉刚意识到世界海运发展高峰期已过,决定转型,准备进军房地产,所以对九龙仓优质码头航运土地资源志在必得。冷夏、晓笛在《世界船王包玉刚传》一书中详细写道,1978年8月,香港两位举足轻重的华资巨头来到香港文华酒店。文华酒店也是怡和旗下物业,在怡和的地盘上洽谈收购怡和九龙仓,这等魄力背后,代表华资全面向盘踞香港百年的英资财团发起反攻。

双方见面后,李嘉诚便开门见山提出想将手中九龙仓股票转让给包玉刚,这个设想对包玉刚来说太有吸引力了,毕竟,九龙仓这种码头货仓将使他的航运事业如虎添翼,同时,九龙仓物业可以让包玉刚实现"减船登陆"的战略转型。当然,纵横商场数十年的包玉刚对这种天上掉下来的馅饼在激动之余也保持着冷静,他思索着李嘉诚的用意,很快想明白了李嘉诚实际上是醉翁之意不在酒,并不是想通过转让股票赚钱,而是借助包玉刚促成汇丰把和记黄埔的股票卖给李嘉诚。

各取所需,各得其利。于是,这两位华商杰出代表非常默契地达成协议,包玉刚出资3亿接手李嘉诚手中九龙仓股票,与此同时,李嘉诚借力包玉刚,从汇丰银行收购和记黄埔9000万股股票。双方这一次惊天大转让,一举奠定了华资对英资两场收购大战的胜局。

1978年9月5日，包玉刚公布已经购得九龙仓20%左右的股份，同时，九龙仓根据《公司法》持股16%的股东即可成为董事的规定，宣布包玉刚及其女婿吴光正加入九龙仓董事局。这场九龙仓的收购大战，以李嘉诚助攻，包玉刚一锤定音，先拔头筹，初战告捷。

然而，这只是一个开始，底蕴深厚的怡和显然不甘心就此让外人进入九龙仓，身兼怡和、香港置地、九龙仓三家公司主席之职的苏格兰人纽璧坚，处处与包氏翁婿为难，两大财团多次交锋，在《中国地产四十年·1980》中将描述九龙仓终极对决大战。此外，退出九龙仓战局的李嘉诚则转战和记黄埔，在1979年发起对和黄的收购大战，这一切，也将在《中国地产四十年·1979》中重点呈现。

继续来看看李嘉诚1978年的经历，这一年他重点筹建的华人行落成。1978年4月25日，李嘉诚参与建设的华人行大厦落成举行启用典礼，汇丰银行大班沈弼出席典礼讲话时强调："旧华人行拆除后，两年多时间便盖起全新的华人行大厦，这种速度和效率，不仅在香港，放眼世界也是堪称典范。"

旧华人行这个名字有一段来历，香港开埠后，洋人横行，特别是中环核心地带，更是外商的天下。当时皇后大道中有一栋写字楼建成后，华人纷纷入租。而外商自视甚高，不屑与华人为伍，所以竞相退租，撤离写字楼。此后这座大厦就成了只有华人入驻的楼宇，渐渐被人称为"华人行"。

1963年，香港股市大咖李福兆以华人行为基地，联合友人成立对抗香港会的证券交易所，并于1969年宣布远东交易所开业，华人行从此成了华商的大本营，具有独特的精神象征。因此，旧华人行拆除之后，为了尽快重建新华人行，李嘉诚旗下长江集团与汇丰共同组建华豪公司，联手开发建设新华人行大厦。项目投入资金2.5亿港元，共22层楼高。建成后，长江集团总部也搬进了新华人行大厦。

477亿建房目标

1978年，在中国温饱问题都难以解决的同时，美国、日本等发达国家已经完成第二个经济发展的"黄金时代"，正掀起新科技革命的浪潮，韩国、新加坡等国家也大都实现经济起飞，而中国香港和台湾，也在飞速发展中……

先来说说同期的香港，1978年香港GDP达183.15亿美元，人口约五百多万。从GDP总量看，比中国内地的一半还多；从人均GDP来说，香港的人均GDP是上海的2倍左右。

家喻户晓的企业家李嘉诚在这一年踏上了故乡的土地，这也是李嘉诚自1940年因战乱避走香港之后，时隔近四十年，重新回到祖国内地。1978年9月，李嘉诚作为港澳观礼团成员应邀到北京参加国庆典礼。来之前，他给自己定了"八字戒律"：少出风头，不谈政治。关于"超人"李嘉诚，在《中国地产四十年》后续诸多篇章中还会有详细介绍。

再来看1978年的中国台湾，GDP为272亿美元。第二年，国际经济组织将台湾列为全球新兴工业化国家与地区之一，后来因经济成功发展，中国台湾成功跻身亚洲"四小龙"之首，经济指标一度在中国香港、新加坡与韩国之上。

对比之下，甚为忧伤。然而，对于中国来说，1978年并不是终点，而是起点。

2006年5月25日，马丁·雅克在英国《卫报》上发表了一篇题为《如果20世纪止于1989年，那么21世纪则始于1978年》的文章称："你也许会问：为什么是1978年呢？1978年是邓小平在中国实行改革开放的年份，这开启了一个长达1/4个世纪之久、年均两位数经济增长率的年代，中国经济也得以转型。"

"1978年，一个社会主义国家开始从平均主义向市场经济走出了尝试性的一步。它创造了一个完全不同的历史。"是的，在40年过程中，中国经济发展几乎从零起步，一直发展到如今的世界第二大经济体；中国房地产行业也几乎从零开始，一直发展到如今房地产行业销售额突破"13万亿+"时代，成就有目共睹。

正如前文提到的美国学者John Israel曾感慨道：在我和中国将近四十年的接触中，我见证了量与质的变化，可以用一句话来总结。每当别人跟我说："易教授，你第一次来到中国是1978年，那真是另外一个时代！"我的回答总是："不是另外一个时代，是另外一个国家！"

无论是另外一个时代还是另外一个国家，不管是哪种表述，都说明了中国发生质的飞跃，四十年之间翻天覆地的变化，令全球为之瞩目。

带领中国开启改革开放的总设计师邓小平，为中国乃至世界的发展开辟了新的道路。《时代》周刊将邓小平评选为1978年的"全球年度人物"，还成为当时的封面人物。

《时代》周刊的序言这样写道："一个崭新中国的梦想者邓小平向世界打开了中央之国的大门，这是人类历史上气势恢宏、绝无仅有的一个壮举，然而打开国门绝非只是梦想，而是实实在在的壮举，三天后在中国这个大棋盘上，对外开放的第一颗棋子，落在了中国的南海边。"

2018年年初，奥地利《趋势》杂志官方网站特别刊登了《中国：龙的世纪》主题报道，该文章认为1978年启动的改革开放，是中国一次史无前例的经济崛起。中国在全球经济产出中所占的比例从1978年的2%升至2015年的15%，尽管同期它在世界人口中所占的比例从22%降至19%。

自改革进程开始以来，根据定义方式的不同，有3亿到7亿的中国人得以摆脱贫困，被带向中产阶层——当然还有真正的富裕。今天中国的人均国内生产总值（GDP）按购买力平价计算已经是40年前的近十倍。"这是人类发展史上最激动人心的例子。"研究不平等问题的世界银行首席经济学家布兰科·米拉诺维奇这样描述这一"中国奇迹"。

除了中国经济全面发力，房地产也开始启动，特别是针对广大群众住房难的问题，1978年，邓小平同志亲自做出指示：到1985年，城市平均每人居住面积要达5平方米。

国务院接到指示后,让国家建委制定发展规划,计划从1979年开始到1985年的七年时间里,共建房4.34亿平方米。其中,包括补还"欠账"、旧房拆迁面积补偿、七年城市净增人口及居住区内配套建设的建筑面积。

造价平均按每平方米100元计算,需投资434亿元。居住区内的道路、给水、排水、供暖、供电等设施建设费用,按住宅及配套建设投资总额的10%计算,需投资43亿元。总计七年共需投资477亿元,平均每年68亿元。

根据国家建委的建设报告,计划1979年建房4300万平方米,投资48亿元;1980年建房5200万平方米,投资57亿元。这两年的住宅建设投资,分别占七年总投资的10%和12%。着重用于解决无房户、居住面积在二平方米以下的拥挤户的住房问题,以及改造危房、棚户。

1978年,历经坎坷的中国终于迎来希望的曙光,由此步入发展正轨,并且开启了新一轮的飞速发展。与此同时,关系千千万万群众切身利益的居住问题,也受到中央高度关注,并制订了详细的改善居住计划,这对当时的每个人来说,不啻是个天大喜讯。

1979 年：

中海布局香港　李嘉诚吞和黄

"一九七九年那是一个春天，有一位老人在中国的南海边画了一个圈，神话般地崛起座座城，奇迹般聚起座座金山……"

春天的故事，唱响大江南北，改革一路前行。自 1978 年 12 月十一届三中全会后，整个国家的命运从"以阶级斗争为纲"转移到"以经济建设为中心"的轨道上。

1979 年 1 月 1 日，《人民日报》发表社论《把主要精力集中到生产建设上来》，为 1979 年奠定了主基调。社论提出，把全党工作的着重点转移到社会主义现代化建设上来，是一个伟大的战略转变。全体干部、全体党员和全国人民要动员起来，跟上客观形势的发展，在思想上来一个大解放。当前，摆在我们经济战线面前的任务，就是把主要精力集中到生产建设上来。在新的一年开始的时候，我们从第一天起就要抢时间，争速度，加快前进的步伐。

虽然找到了发展方向，但当时的中国与世界经济平均水平的差距依然明显，重任在肩。据国家统计局《新中国 50 年统计资料汇编》中提到的数据，1979 年中国 GDP 总量是 4062.6 亿人民币，增长率为 7.6%。同期的美国 GDP 总量是 2.63 万亿美元，据 1979 年美元对人民币汇率约 1∶1.5 来推算，相当于 3.94 万亿元人民币。两相对比，高下立见。

也许，美国离中国还比较遥远，但一衣带水的邻邦日本，对中国的刺激来得更为直接。著名经济学者傅高义在 1979 年 7 月出版了第二本研究日本经济的著作——《日本第一》，然而这本书并不是字面上理解的意思，傅高义在新版序言的开头澄清，日本的社会发展模式在诸多方面都很成功，例如质量管理、人均寿命，还有当时在世界上最低的犯罪率，因此，它才"堪称第一"。

《日本第一》回顾了当时美日双方的经济大背景称：日本地少人多，资源匮乏，在第二次世界大战中被美国击败且被美国军事托管，但战后日本却创造了一个经济神话，在许多方面超过以世界老大自居的美国。

知不足而后进，弥差距惟自强。无论是美国还是日本，抑或是德法英意等多个世界强国，都是中国奋力追赶的目标。1978 年，十一届三中全会的召开极大鼓舞了国人信心。

1979年，面对越南军队在边境的挑衅，虽然中国发动了对越反击战，但丝毫不影响中国加快改革开放的步伐，全力以赴进行经济建设，力图在一穷二白的基础上，发展经济、改善民生，实现国富民强的目标。

与此同时，中国房地产也在摸索中艰难前行。在改革开放之初的1979年，住房问题仍为困扰中国发展的难题之一。尤其是浩浩荡荡的"知青"返城大潮，令原本就已经异常紧张的住房更加窘迫。一时间，如何解决城市住房问题，成为摆在决策层面前的重大议事日程。

1979年7月1日，第五届全国人民代表大会第二次会议通过《中外合资经营企业法》，该法案以征收土地使用费为标志，由此拉开城市土地使用制度改革。

从此之后，各城城市土地无偿使用制逐步向有偿使用制转变。很快，多个城市先后出台地方性的土地使用权法规或条例，特别是对土地使用的收费标准进行规定。这些举措，极大地解放了各城土地使用权，也为引入外资创造了条件。

随着中央放权、外资进入，也给地方政府推动城市基础设施源源不断地提供资金支持，成为后来维持地方政府有效运作的土地财政萌芽。而与中国内地紧密相连的香港，成为这批政策红利的重要参与者，从1979年开始大规模进入中国市场，特别是在房地产领域，开启多项合作。

住建部诞生

1979年，住房和城乡建设部的前身诞生了。3月12日，国务院发出通知，中共中央批准成立"国家城市建设总局"，直属国务院，由国家基本建设委员会代管，邵井蛙担任局长一职。

国家城市建设总局虽是新创部门，但肩负多种职能。主管全国城市建设方面的立法性工作，包括制定制度、标准、法规等。同时，指导和组织城市规划工作，参与经济建设的区域规则工作。管理公用事业和市政工程，涉及城市供水、排水、煤气、供热、道路、桥梁、公共交通及防洪等的生产、建设与维护。尤其重要的是负责住宅建设和房产管理，并对城市园林绿化和自然风景区的建设与维护，城建专用机械设备的生产和分配，城市污水的处理和环境卫生。此外，负责组织协调城市建设方面的科学研究和学校教育工作，以及城建业务的对外交流和援外、出口等工作。

1982年5月4日，"国家城市建设总局"、"国家建筑工程总局"、"国家测绘总局"、"国家基本建设委员会"的部分机构和"国务院环境保护领导小组办公室"合并，成立城乡建设环境保护部。1988年5月，国务院机构改革方案出台，撤销"城乡建设环境保护部"，改设"建设部"，与此同时，将国家计委主管的基本建设方面的勘察设计、建筑施工、标准定额工作及其机构并入"建设部"。

2008年3月15日，国务院机构再次调整，"建设部"改为"住房和城乡建设部"，首次把"住房"放在中央职能部门命名之中。同月，根据第十三届全国人民代表大会第一次会议批准的国务院机构改革方案，将住房和城乡建设部的城乡规划管理职责整合，组建中华人民共和国自然资源部，并将部分职能划归自然资源部管理。

早期成立的国家城市建设总局，非常重要的一项职能是住宅建设和房产管理，特别与房地产相关事宜均与之有关。事实上，房地产变革每天都在悄然蜕变，1978年改革开放后，全国各地成立了类似的职能部门，比如首开的前身北京市建委统建办公室和北京市房地产管理局住宅建设办公室、越秀地产的前身广州住宅建设办公室。

1977年10月12日，经北京市革命委员会批准，成立北京市建委统建办公室。1980年9月30日，北京市人民政府决定以"北京市建委统建办公室"为班底，成立"北京市城市建设开发总公司"。1992年10月22日，北京市城市建设开发总公司演变为北京城市建设开发集团总公司。1998年9月25日，更名为"北京城市开发集团有限责任公司"。

1980年12月30日，经北京市编制委员会批准，成立北京市房地产管理局住宅建设办公室。1983年8月11日，北京市人民政府市政管理办公室将"北京市房地产管理局住宅建设办公室"改为"北京市房地产管理局住宅建设经营公司"。此后经过一系列演变，1998年7月28日，成立了北京天鸿集团公司。

2005年12月10日，经北京市人民政府批准，北京市国资委决定，"北京城市开发集团有限责任公司"与"北京天鸿集团公司"合并重组为"北京首都开发控股（集团）有限公司"，成为具有国家一级房地产开发资质的大型房地产开发经营企业。

早在1978年广州市就已经开设了"住宅建设办公室"。1983年，改制为"广州市城市建设开发总公司"，这也是广州市首家房地产综合开发企业。

这家被广州业内称为"城建总"的房地产企业，参与开发建设了全国首个大规模统一开发的江南新村商住区。重点建设的广州天河六运小区总栋数多达220栋，共计5472户。还兴建了广州市最顶级的别墅区二沙岛别墅区，在"新羊城八景"中也留下其手笔。

1996年，"广州市城市建设开发总公司"再次迎来新的发展，正式改制为"广州市城市建设开发集团有限公司"。2002年，广州市城市建设开发集团有限公司与越秀企业（集团）有限公司进行重组，成为香港上市公司"越秀投资"的主体，可以说越秀地产见证了广州房地产40年发展历程。

1979年，大连市住宅建设办公室建立，隶属大连市建委。主要负责大连住宅综合开发建设，另外也承接工程设计、公建配套建设、新旧住宅开发区建设及商品房、各种网点的建设与出售，甚至还承担绿化、房屋管理、维修、供暖等工程。

大连市住宅建设办公室先后开发建设春柳、金南路、转山屯等14个居住区和住宅小区，改造30余个危险片点，年住宅开发能力为80万平方米。其重点开发建设的春柳和石道街小区被评为"省优秀小区"。

中央在调整，地方也在变革。作为改革前沿地带广东省的省会城市——广州，在

1979年率先引进外资在东山区进行试点,实现了东湖新村的顺利落地。

虽然头上顶着国内第一个商品房小区的光环,但东湖新村的发展并不轻松。

根据时任东湖新村开发公司副总经理的李庆符回忆,当时广州市政府手上并没有资金,只有土地可供引进外资建设,尽管"政府出土地、外商出资金"的合作方式在现今看来理所当然,但在1979年的中国商品房开发建设市场中是破天荒头一遭。

李庆符作为谈判负责人,在3月23日开始了和香港宝江发展有限公司的第一轮谈判。他也没有想到,这一谈就是大半年。

一方面,这种合作方式属于国内首例,无章可循;另一方面,外方有着各种各样的担忧,包括政策、政局等,从后期外方所要求提供的"战争险、政变险"这类保险服务就足以明白拿下港商有多难。

李庆符在接受《南方都市报》采访时提到一个细节:"开始时谈判小组一分钱经费都没有,每次谈到中午时分便各自走人,双方联络不了感情,后来终于向区委财政借了500元钱,第一次请港商吃饭是到庙前直街一个饺子馆里每人点了一盘饺子外加一盘松子鱼便对付了。"

尽管进展不是那么顺利,但李庆符所在的谈判小组没有被现实的艰难所打倒。终于,在1979年10月15日当天,穗港双方签订了引进外资建房的合同。

这是中国第一份引进外资开发房地产的合同。上面记载着:由港方投资,引进办出土地、包拆迁、承建,在政府所批的位于大沙头处面积为6万平方米的开发土地中,以2万平方米为单位均分,宝江、引进办、回迁房各占一份。宝江公司的投资额为3600万元港元,首期开发用款为1000万元港元。

两个月的筹备期过后,东湖新村在12月21日正式举行了开工典礼,由香港著名建筑设计师李允鉌(读hé,古同"和")主持设计,意味着这个国内史无前例的纯商品房小区破土而出。

广州房地产市场的破冰之旅由此开启。要知道,在当时的广州,人均居住面积是3.82平方米,而人均居住面积在2平方米以下的达2万户以上,整个广州也才不过几十万户人家。三代同房的困难户比比皆是。

根据李庆符在南都采访中的回忆,可以清晰了解到1979年广州人民住房窘迫的画像。"在东川路上有一户人家,还曾三代同床:在仅能摆下一张床的几平方米房子内住了一家三代六口人,这床是三层的架子床,两位老人家睡底层,年轻的夫妻睡中层,顶层睡着两个小孩。"

在那个没有卫生间、没有厨房,连客厅都是公用的住房时代,东湖新村的出现,可谓石破天惊。

根据穗港双方的合同,东湖新村2万平方米由港方在香港发售,售价约为港币2500元/平方米(当时100港元约兑30元),其中在国内市场发售的2万多平方米,售价为700元/平方米。

一经推出,便抢购一空。大量有广州亲属的香港人,通过买房的方式解决了广州亲属的住房问题。在内地,部分企业如外轮供应公司、华侨公司、中国银行等单位一次性购入数层单位,解决了企业职工的住房问题。

按照当时一平方米的造价成本约为150元,700元的单价有不少的剩余利润。后来,广州市领导决定,用房子发售获得的利润进行新的开发,解决居民住房难问题,由此也诞生了后来的五羊新城。

至此,广州敢为人先的思想与气魄鼓舞了全国。从1980年到20世纪90年代初,来自全国各地的领导、学者和参观者络绎不绝,在很长一段时间里被全国各地所效仿。

东湖新村的出现,创造了多个全国第一:全国第一个引进外资开发的住宅项目、全国第一个商品住宅项目、全国第一个实施小区管理的项目,引领了中国房地产市场先河。

招商开发蛇口

1979年,改革开放催生了一家特殊的企业,这就是赫赫有名的招商蛇口。时至今日,招商蛇口股票代码仍是001979,用于纪念1979年招商局开发深圳蛇口工业区。招商蛇口是招商局集团旗下城市综合开发运营板块的旗舰企业,也是集团内唯一的地产资产整合平台及重要的业务协同平台。

招商局创建于1872年晚清洋务运动时期,是中国民族工商业的先驱,也是中国大陆现存唯一历经了三个朝代而屹立不倒的超级大型公司,已经有146年的悠久历史。招商局的成立,极大地推动了中国近代化进程,缔造了中国近代史上多个第一:中国第一支商船队、中国第一家银行、第一家保险公司等,见证了中国近代民族工商业从无到有的艰苦创业历程,促进中国民族航运、金融等诸多经济领域发展,在中国近现代经济史和社会发展史上有着举足轻重的地位。

1978年,招商局积极参与改革开放,又一次在国家、民族发展关键转折点做出了卓越贡献。特别是从1979年开始,招商局成立了招商局蛇口工业区控股股份有限公司,负责开发深圳蛇口工业区,这也是中国第一个对外开放的工业区,在海内外产生了广泛影响。

提到招商蛇口,袁庚是个至关重要的角色。事实上,袁庚不仅之于招商蛇口重要,对于深圳特区甚至中国改革开放,都是个绕不开的人物。袁庚,原名欧阳汝山,出生于广东省宝安县大鹏镇,也就是今天的深圳龙岗区大鹏街道。袁庚早年加入中国共产党,参加过抗日救亡运动和解放战争。1978年,袁庚成为招商局的第二十九任董事长,全面主持招商局工作。这对于袁庚来说,既兴奋又焦虑。情报科长出身的他,有着异于常人的敏感力,他敏锐地意识到,自己的家乡——深圳每一片土壤都散发出了春天的气息。

1979年1月31日,袁庚北上面见中央领导人。在涂俏所著的《袁庚传·改革现场》

一书中回忆了当时的细节：铁了心要在南方打开一扇门窗的袁庚，终于在大年初四接到通知，让他到中南海去汇报，接见他的是当年从军时的老上级、时任国务院副总理李先念。袁庚的包里带着这张香港出版的地图，他希望招商局能在广东沿海靠近香港的地方争取到一块工业用地，以期利用对岸香港的资金和技术。

当时李先念准备把整个宝安县给袁庚，但是袁庚出于各方面考虑，只要了很小一块土地。"他当时认为，地方小，实验起来相对来说万一失败的话，对国家冲击不大。"而这也成为袁庚晚年三大遗憾之一。"当年的圈画小了，没有拿下整个宝安县。"

1979年7月20日，在中央的首肯下，蛇口工业区正式运作。蛇口工业区地处深圳南头半岛东南部，东面是深圳湾，西面为珠江入海口，隔着一道狭窄的海湾与香港元朗相望。实际上，蛇口办工业区之前，还只是一片荒芜之地，成为那个年代海上偷渡香港的一道口子。然而，戎旅一生的袁庚并没有被困难吓倒，他说干就干了。

在蛇口工业区一没有被纳入国家计划、二没有财政拨款的情况下，袁庚硬是杀出一道血路。他力争了两个权利，一是可以自主审批500万美元以下的工业项目，二是允许向外资银行举债。这片仅有2.14平方公里的蛇口工业区选择的首个工程就是开发港运功能，招商局花了近一年时间建成600米的码头泊位，5000吨以下的货船可停靠于此。

蛇口工业区炸山填海、兴办实业、创新模式，打响了改革开放第一炮。蛇口工业区在中国大陆最早建立了全新的劳动用工制、干部聘用制、薪酬分配制、住房制度、社会保险制、工程招标制及企业股份制，方圆几公里范围内，承载着整个中国走向富强的重任，邓小平等中国领导人对蛇口的建设成就给予了充分的肯定，将其称为改革的"试管"、开放的"模式"，被誉为中国"希望之窗"。

吴晓波在《激荡三十年》一书中提到这段历史，用了"在1979年的中国，蛇口和袁庚的出现，让铁幕般的计划经济被捅开了一个再也补不回的大洞"的总结。"前后两年，招商局借进15亿元，这笔钱被用来平整土地、建设工业基础设施和生活设施，袁庚同时大大简化招商程序，外商到蛇口办公司，从土地、协议到招工，往往个把月便全部搞定。蛇口很快成为中国最开放的'工业区'，企业和人才蜂拥而入，两年多时间，蛇口的企业已超过百家，一片海涂沙滩顿时热闹非常。"

"向前走，别回头。"从袁庚接手招商局到75岁退休，整整十四年时间，袁庚带领蛇口冒险挑战过计划经济的"大锅饭"、顶着舆论压力喊出了"时间就是金钱、效率就是生命"的口号。到了1992年，蛇口人均GDP已经达5000美元，比肩"亚洲四小龙"。

经过数十年发展，深圳蛇口片区作为中国改革开放的发源地，为中国经济发展做出了不可磨灭的巨大贡献，并孵化培育了以招商银行、平安保险、中集集团、招商地产等为代表的知名企业。2015年12月30日，招商蛇口吸收合并招商地产，实现综合开发运营板块的整体上市，又一次引领新时代国企改革，成为中国资本市场创新标杆。

作为中国地产界首家城市运营商，招商蛇口将昔日南海边陲的小渔村，打造成世界级的深圳蛇口工业区，这段蛇口变革传奇，成为了招商蛇口发展的起点，也是其核心竞争力。

招商蛇口定位于中国城市及园区综合开发与运营服务商，并制定三大业务板块：园区开发与运营业务、社区开发与运营业务、邮轮产业建设与运营业务。其中，房地产社区开发已布局全国近 50 个城市，累计建成项目超 300 个，包括别墅、高端住宅、高层公寓、花园洋房、大型社区等多种产品，积累了全面的住宅开发经验。

霍英东建白天鹅

据《广东史志》刊登陈雷刚撰写的《港澳巨贾与改革开放之初的广东"洋酒店"》一文中提到，改革开放初，多位外商来到内地，参与兴建酒店，这是中国商业地产早期雏形，同时也促进中国商务贸易、旅游接待行业的发展。在《中国地产四十年》后续篇章中，都会详细呈现白天鹅宾馆、中国大酒店、广州花园酒店、北京香山饭店、北京兆龙饭店等多所酒店从筹备、动工、开业全历程，展现早年中国引入外资促进经济增长的地产发展脉络。

霍英东算得上是最先前往内地投资的香港企业家。1978 年 1 月，十一届三中全会提出准许吸收外资用于内地经济建设的改革开放政策后，霍英东就率先行动起来。中山温泉宾馆是霍英东在内地投资的第一个项目，也是中国第一家"中外合作"的宾馆。

《港澳巨贾与改革开放之初的广东"洋酒店"》还特别强调："十一届三中全会后，广东酒店业迎来了发展的第一个春天。一批中外合资的经典酒店和星级宾馆如雨后春笋般在南粤大地出现。这些酒店或宾馆是广东改革开放的先行者，是中国第一批具有现代意义的饭店，它们是中外合资（合作）的杰作和范本，凝聚了众多港澳华侨巨商不少心血。"

广东作为中国改革开放前沿，也是历史悠久的广交会举办地，常年有外商前来考察投资、洽谈合作。然而，由于广东省整体设施较为落后，让每年一度参加广交会的境外人士对广东、广州的接待服务颇有微词。而几乎每年都组织香港工商界的知名人士回内地考察的霍英东更是深有体会，他发现中国投资环境存在交通配套不完善和住宿接待差两大问题。

1979 年，霍英东接连到中山考察，时任中山县委统战部部长的李晃叠全程陪同了两个多月。霍英东听说三乡有个温泉，就跟着李晃叠去看，感觉环境各方面条件俱佳，"不错，这里空气清新，风景优美，上有罗三妹山，下有温泉，是疗养度假的好地方"。因此决定选择在中山三乡建温泉宾馆。

霍英东随后前往港澳地区，联合何贤、何鸿燊、马万祺等知名企业家，共同组建中澳投资建设有限公司，与广东省旅游局签署"补偿投资协议"，投资 4000 万港元兴建中山温泉宾馆。霍英东的创举，得到当时主管港澳台和侨务工作的廖承志以及在广东任职的杨尚昆的支持，于是，全国第一家中外合作宾馆就此诞生。

1979年，酒店在各方配合下，正式开建，其间为了克服物料不足、缺乏经验等问题，霍英东事事亲力亲为，直接战斗在工地督促赶工，临开业前最后关头，霍英东甚至将家里的管家、维修工、花匠都调来中山，参与到酒店建设中，争分夺秒抢进度，加快室内装修步伐。

1980年12月28日，中山温泉宾馆终于落成，并隆重对外开业，每天到中山温泉宾馆参观的群众多达数千人，周末更是高达上万人。1982年，中山温泉宾馆开始盈利，营业额蒸蒸日上，跻身中国内地五大宾馆之列。

继兴建中山温泉宾馆之后，1979年，霍英东又投资建设了广州白天鹅宾馆，成为改革开放的成功典范。

据廖琨、谭世桢发表于《广州日报》主题为《霍英东与白天鹅宾馆》的报道中写道：1978年12月18日，十一届三中全会在北京召开。国务院主管侨务工作的廖承志邀请霍英东、李嘉诚等一批香港工商界的巨子赴京参加了这场历史盛会。12月22日，会议结束后，霍英东等人被留了下来，与旅游部门商量制订一个计划：准备在北京、上海、广州、南京等地兴建八大中外合资酒店。

起初，霍英东心有顾虑，因为他自己在香港都从未兴建过宾馆，觉得与人打交道的生意最难赚钱，所以，打算捐钱算了。随后廖承志以及广东省地方政府领导接连给霍英东做思想工作，强调中国开放需要引进外资，然而很多外商仍处在疑虑观望状态，所以，想请霍英东起个带头作用。

盛情难却，而且作为改革开放前沿阵地的广州，急需具有国际水平的五星级酒店，因此霍英东最终同意开发宾馆。1979年1月，霍英东开始也与广州市洽谈合作建酒店事宜。关于宾馆的选址，霍英东颇费心思，经过多番考察，他最终选定广州的沙面岛。这里曾是外国租界和驻华领事馆集中地，在这里建设具有世界水准的高端宾馆，霍英东想借此大长民族志气。

但为了不破坏沙面岛环境，霍英东承诺，采用江面围堰造地的方式，把酒店建在江上，不占用沙面岛的地，这在当时中国内地也算是一个突破。1979年7月，终于谈妥合作条件，霍英东在白鹅潭边，投资中国内地第一家中外合资五星级宾馆，并正式开工建设。

宾馆命名为白天鹅，霍英东希望宾馆启用后，能像白天鹅振翅高飞，一鸣惊人。白天鹅宾馆建设投资近1.8亿元，其中，霍英东投资5000万港元。白天鹅宾馆建筑设计由中国人莫伯治、佘畯南等一代岭南建筑大师担纲，而室内设计，霍英东则力邀美国设计师负责。中外合璧，联手打造高规格的白天鹅宾馆，其先进理念和豪华程度远超国内水平。

然而，在20世纪物资匮乏的70年代末，建设一座宾馆可谓是项浩大工程，接近10万种建筑材料和酒店用品，中国内地几乎没有，甚至连适合的牙签都找不到。巧妇难为无米之炊，没有材料，盖楼无从下手。于是，霍英东自己想办法进口，设备、建材、家具等多种物料都从国外买回来，连木头都是从菲律宾进口。

1983年2月6日，经过将近四年的建设，白天鹅宾馆终于迎来开业。霍英东决定宾馆面向市民百姓全方位开放，感受改革开放成就，增强中国人对自己和国家前途的信心，同时，带旺人气，提高知名度，为日后营业创造机会。结果酒店上下一致反对，担心宾馆被破坏。后来在中央高层的支持下，才最终通过。

于是，开业当天，四门大开，白天鹅彻底火了！超过一万多名市民群众从四面八方涌入这座宾馆，连续十几天酒店都是人山人海，据说光市民因拥挤而挤掉的鞋子就有一箩筐，洗手间手纸每天用掉200多卷。这在当时国内引起巨大轰动，在相当长时间内，白天鹅宾馆都挤满了前来考察的全国各地酒店同行。火爆人气带旺业绩，白天鹅宾馆建成当年就开始盈利，获得纯利润1282万元。

据不完全统计，白天鹅酒店开业后，接待过40多个国家的150多位元首和王室成员，其中包括英国女王伊丽莎白二世、美国总统布什和尼克松、新加坡总理李光耀、德国总理科尔及古巴领导人卡斯特罗。除此之外，中国改革开放的总设计师邓小平更是三次莅临白天鹅宾馆，并亲笔题字，这在国内中外合作的众多五星级宾馆中是独一无二的荣耀。

白天鹅宾馆起到巨大的榜样作用，并且霍英东坚持让国内人员自己设计、自己施工、自己管理，为国内培养了一批优秀前沿的建筑设计师、酒店管理人员和采购人才，也让香港以及国外的先进建筑技术、理念由此传入内地，这在某种意义上也被视作住宅地产积累施工经验。

而白天鹅宾馆亮丽的业绩，更带动大批外资进入广州。于是，这座千年商都在短短几年时间里迅速建起中国大酒店、花园酒店等五星级酒店，当时全国8家五星级宾馆，广州就独占3家，接近半壁江山。

不仅如此，白天鹅宾馆还改变了中国开放进程。邓小平一直对白天鹅的法国面包念念不忘，1985年莅临白天鹅时还专门掏钱买了法国面包回去，同时不无感慨地说："看来我们要再开放一些城市。"很快，中央宣布再开放14个沿海城市。

白天鹅宾馆的成功，离不开霍英东的倾力相助，这位商业巨子，幼年丧父，家境贫困，早早辍学，为了生计当过渡轮加煤工、机场苦力、修车学徒、铆工等。靠船运贸易发家后，霍英东先后涉足地产、建筑、航运、旅馆、博彩、酒楼、百货、石油等业务，大家所熟知的"分期付款"、"按揭供房"就是霍英东发明的。

20世纪50年代，霍英东就已经进军房地产，巅峰时期，霍英东曾经拥有香港70%的建筑生意，是香港名副其实的"土地爷"。李嘉诚、李兆基、郭炳湘等都是在霍英东之后才慢慢发展起来的。

在20世纪70年代后，霍英东把自己的主要精力放在国内体育事业上，先后帮助中国重返"亚足联"、"国际足联"、"国际羽联"等国际组织。在体育项目捐赠上，霍英东也是不留余力，曾捐资2亿港元力助北京举办奥运会。

关于霍英东与他的南沙梦，在《中国地产四十年》后续的篇幅中，会有更详细的描述。2006年10月28日，霍英东因病在北京逝世。逝世前，霍英东曾总结自己的人生，称"回首往事，我仰不愧于天，俯不怍于人"。

1979年12月底，深圳市委出台了"房产补偿贸易法"政策，提出中外合资成立股价公司，深圳提供土地、厂房等资源入股，外商提供机器设备、募集资金，双方按比例分成。政策刚传出，香港妙丽集团董事长、《天天日报》社社长刘天就敏锐意识到这是个难得的发展契机，于是，他立刻前往深圳考察。

彼时的深圳，只是个小渔村，经济落后，没有主干道，车辆很少，招待场地仅有乡村旅舍，住宿条件恶劣。这一切，在刘天就看来，都是巨大的潜力市场。他认为中国将深圳建成第一个经济特区，未来发展速度会很快，因此，提供高端商务洽谈、旅游观光酒店具有广阔市场。当场决定首期投入1500万港元，与深圳合作，双方合资兴办当时深圳经济特区首家中外合作酒店。

1979年，刘天就与深圳市饮食服务公司签署《关于兴办经营竹园别墅的协议》，该协议签约比霍英东与广东旅游局共建中山温泉宾馆协议还要早，可以说是中国第一份中外合资建设酒店的协议。

1980年，深圳竹园宾馆动工，刘天就邀请高水平建筑师精心设计，将宾馆打造成一座园林，亭廊楼阁、曲径通幽、小桥流水点缀其间，整体风格雅致怡心，而地理位置便捷，邻近火车站和罗湖海关，方便港商往来。1981年，竹园宾馆开业后，借势深圳特区的快速发展，来自五湖四海的客商常年络绎不绝，客流火爆，特别是消费能力强的港商更是成为竹园宾馆的主要经济来源。

同在1979年，珠海首份中外合作合同诞生了，同样也是因为建设酒店项目，这就是珠海石景山旅游中心。珠海毗邻澳门，也是中国早期对外开放的经济特区之一。然而，落后的硬件条件，令珠海连招待外商住宿的地方都没有。

当时澳门地产商人吴福陪同一位葡萄牙桥梁专家在内地考察，原来想在珠海借宿一夜，结果却找不到适合的地点，无奈只好跑回澳门住了一晚。这件事情对吴福触动很大，他原本就是珠海人，结果自己家乡却连个接待场所都没有，想要招商引资都成问题。于是，吴福联系到珠海市委、市政府，主动提出在珠海兴建一座能接待中外人士的酒店。

几经努力，1979年，珠海旅游经理容原辉和吴福签署了中外合作创办酒店的合同。宾馆兴建期间，吴福倾注了大量心血，作为澳门有多年开发经验的地产商，他熟悉每个开发流程，重视产品质量，因此调动澳门建筑公司工程技术人员，参与酒店建设检查监督工作。在吴福的亲力亲为督促下，这所酒店仅用9个月时间就建成了，进展神速。

随着酒店建成，如何管理运营也提上议事日程，与当时内地普遍采用的平均薪酬制不同，吴福力排众议，提出董事会领导下的总经理负责制的领导体制，由珠海、澳门双方派人组成董事会，作为最高决策机构，聘用总经理负责日常运营，同时采用浮动工资、按劳分配、杜绝平均主义，鼓励员工积极工作、创造价值。

经过一系列努力，石景山旅游中心经营业绩日见成效，受到众多入住来宾广泛好评，甚至连外国媒体记者都认为服务比香港有过之而无不及。珠海石景山旅游中心建成后，曾接待多位国家领导人，以及澳大利亚前总理霍克等国际政要，名誉海内外，创造了众多"中国第一"。

珠海石景山旅游中心取得巨大成功，更是吸引了霍英东、何贤等外商竞相前往珠海投资,随后接连开发珠海宾馆、珠海度假村等一批中外合资酒店。珠海石景山成为中国中外合资旅游企业的里程碑,甚至可以说是首开中国旅游业和旅游地产先河。

中海立足香港

1979年的香港,出现了一支独特的企业战队,这就是中国海外。1979年6月1日,时任建委施工局局长肖桐等28位干将在香港正式获准注册成立了中国海外建筑工程有限公司,即中国海外集团前身。

说起中国海外建筑工程有限公司的创立,还有一段故事。肖桐1996年发表在《建筑》期刊主题为《成功的楷模——中国海外建筑集团有限公司的发展历程和对我们的启迪》一文中,详细介绍了当年创办的艰苦历程。

1978年启动改革开放之后,中央计划到境外开办企业,作为与中国内地关系最紧密的香港,自然成为首选。1979年,中资企业在香港掀起了兴办公司浪潮,从此拉开了中资进入香港,与英资、华资形成三足鼎立之势,在这种背景下,中海应运而生。

1978年,全国人大常委、香港大公报主任费彝民进京开会时,会议期间与时任国家建委主任韩光交流过程中,建议国家建委以香港为跳板,进军国际建筑承包业务。这个建议得到韩光认同,1979年1月12～25日,韩光将此重任交给时任建委施工局局长肖桐,由肖桐、刘云鹤、汪受衷、宿玉朴等人以国家建委的名义率先赴香港,进行实地考察。

然而,香港建筑市场门槛非常高,没有建筑牌照,就只能被排斥在门外。肖桐到香港后,多方联系,在加拿大海外发展有限公司董事长黄振辉等香港爱国人士的帮助下,建工总局终于获得参与建筑开发机会,建工总局核心技术骨干通过香港伟成建筑公司参与"锦绣花园"和"康乐花园"项目开发,虽然建工总局的人只是协助现场建筑工程的组织实施,处于分包地位,但正是这次经历,让建工总局进入香港有了一个立足之地,康乐花园也成了中国海外在香港的首个建筑项目。

1979年6月1日,中国海外建筑工程有限公司在香港注册成立,注册资金1000万港币,实收100万港币。肖桐多年后回忆称,这是进入香港后迈出的第一步,也是非常重要一步。从无到有是个根本转变,因为小可以变大,弱可以变强。

中建总局聘请黄振辉和华润集团旗下五矿公司经理王同善担任公司董事,任命原国家建委施工局计划处副处长宿玉朴任公司董事长兼总经理,创办之初,实际上就是香港一个承包商的"判头",也就是二包的角色,谈不上有什么地位。宿玉朴曾长期在建筑企业基层工作,熟悉业务,吃苦耐劳,带领着公司初创时的28名工作人员,开始了中国海外的漫漫征途。

1980年5月,宿玉朴返京治疗,因病医治无效逝世。1980年8月15日,刚从建工部建筑研究院副院长岗位卸任的顾天训，被任命为中国海外代理董事长、总经理，全面负责中海管理工作。作为总工程师出身的顾天训擅长英文，而且建筑技术和管理能力俱佳，在他带领下，中国海外公司初具规模。

1981年4月25日，依托母公司中国建筑在56个国家300多个项目的业绩背景，中海终于在香港集齐五张建筑C牌。C牌，相当于国际特级牌照，拥有这些牌照，可以参与楼宇建筑、海港建筑、道路与渠务、地盘开拓与水务工程等多项工程建设资格。彼时的香港，拥有5张C牌照的企业全部为国际顶尖级别大型建筑集团。

万事开头难，进军香港初期，中海曾因缺乏香港工程管理经验，错过了"信德中心"的大项目，这也令中海看到自身与香港、国际同行的差距。1981年，加之在承接华润大厦时缺少人手，中海决心加大人才培养力度。随后，从全国精心挑选了十八位根正苗红、专业基础扎实、英语水平高、年纪较轻的优秀干部，送往香港参与工程管理培训，火速支援前线，并迅速扭转了中海人才不足的局面，极大提高了中海业务水平，成为中海历史上赫赫有名的"十八罗汉"。

1981年，中海"由出口转内销"，在香港逐步站稳脚跟的中海，把眼光瞄上了深圳经济特区。刚成立不久的深圳特区政府，想借助港资企业投资房地产市场，带动特区发展。经过香港市场洗礼的中海，敏锐地意识到这是个发展的难得好机会，于是与深圳特区政府一拍即合，在罗湖区开发了中海首个地产项目——海丰苑。

海丰苑作为深圳第一个外销商品住宅，效仿香港卖楼模式，通过与香港汇丰银行合作，以按揭方式销售楼盘，这也大大降低了购房门槛，同时，由于价格实惠，质量过硬，海丰苑甫一开盘，便被市场抢售一空，异常火爆。经此一役，也奠定了中海作为中国内地房地产开发行业"祖师爷"的地位。

随着在内地房地产开发日现成效，中海也开始将样板房、物业管理、空中花园、楼书等香港先进的地产开发经验引入内地，促进内地住宅市场改革升级。此后多年，包括万科等多个内地开发商都以中海为学习的榜样，从建筑管理到利润水平以及低成本融资，都成为中海地产鲜明标签。万科甚至一度制订"海盗计划"，专门挖中海人才。

眼光重新放回香港，中海发展一步一个台阶。1982年，中海从香港公务局获得"木湖——大榄涌"输水管线工程。这项工程浩大，承载港九60%以上供水量需求，经历四年艰苦卓绝的奋战，于1985年年底正式交付使用。为表彰中海在此项目上的卓越贡献，港英政府水务署特地制作"驰誉遐迩"的锦旗颁赠中海。虽然，中海此后也在国内外频频获奖，但这个自进入香港以来摘得的首个荣誉，对早期创业中的中海人来说，更为弥足珍贵。此后，中海再接再厉，接连获得港府大量承建工程，巅峰时期，香港平均每15个人，就有1个人是住在中海建造的房子里。

除在内地开发项目之外，中海在房地产开发处于领先水平的香港市场也开始试水。虽然，中海开拓香港承建业务取得重大突破，但连续几年都处于亏损状态。1984年中英双方签订《中英联合声明》，香港归属问题得以明确下来，给市场极大信心，因此，香港房地产业重新迎来新一轮发展。

受此鼓励，中海决定开发"海宝花园"项目，这也是中海首次在香港独资开发房地产项目。经过中海人一年多争分夺秒建设，1986年8月，海宝花园建成发售。闻讯而来的购房者提前三天三夜排队抢购，首次开盘450套房源一天内全部售罄，轰动香港地产界。海宝花园成了中海业务转型关键，不仅还清了公司债务，还扭亏为盈。此后中海趁热打铁，接连打造了以"海"字打头的十来个项目，即是如今广为流传的"海军舰队"。

李嘉诚收购和黄

在《中国地产四十年·1978》中提到，李嘉诚在1978年初发起对九龙仓的收购，中途由于计划泄露，令九仓股价格大涨，而且引起怡和警惕，搬来汇丰大班沈弼担任救兵，前往说服李嘉诚取消对九龙仓收购计划。

李嘉诚权衡之后，觉得不宜与根基深厚的怡和正面开战，更没必要得罪汇丰这尊财神爷。1978年中，李嘉诚退出收购九龙仓战局，转而将手中九龙仓股卖给世界船王包玉刚。精明的包玉刚立刻投桃报李，承诺协助李嘉诚收购汇丰手中的和记黄埔股份。

1979年，李嘉诚秘密筹划，启动酝酿已久的和黄收购大计。李嘉诚收购标的——和记黄埔，与怡和、太古、会德丰并称香港四大英资洋行，历史悠久，地位超然。和记黄埔实际上由和记洋行与黄埔船坞公司两大公司合并而成，最早可追溯至一个多世纪前。

1860年英商沃克在香港创立和记洋行，初期主营布匹、杂货及食品的转口贸易。20世纪初进入中国内地，并在上海、广州等城市开设分行。20世纪50年代初，和记洋行撤出内地，重返香港。香港四大洋行之一的会德丰公司曾收购和记50%股权。当时，和记与会德丰商业往来频繁，会德丰持有和记大量股权，和记也持有会德丰部分股权，两大公司董事互为对方董事，关系密切。

1863年7月1日，香港四大洋行之首——怡和洋行，联合铁行轮船公司、德忌利士洋行等几家船东共同组建香港黄埔船坞公司。1865年，黄埔船坞出资并购石排湾船厂和贺普船坞，扩大业务范围。1866年，黄埔船坞正式在香港注册，资本75万元。1870年，黄埔船坞与红磡的联合船坞公司合并，一举跻身为香港当时最大的船坞公司。1880年，黄埔船坞合并四海船坞公司，晋升为香港修船和造船行业巨擘。

"二战"之后，英国人祈德尊接手了几经改组的和记洋行。在这位曾经参加过抗日战争的英国军人带领下，和记国际开始了大规模扩张，接连吞并一系列企业，巅峰时期和记国际旗下子公司高达360家，有84家广泛分布在海外。1969年，和记国际通过发行优先股募集7200万港元，收购当时已经名满香江的黄埔船坞30%股权，从此，和记国际与黄埔走到了一起携手发展，成为和记黄埔全新开始的标志。

1970年，和记国际通过黄埔船坞收购香港均益仓。黄埔船坞与均益仓在香港拥有大量廉价土地储备，使和记国际成为香港最大的地主。也是从这个时候开始，李嘉诚开始打起这次手握巨量土储英资洋行的主意。只不过，李嘉诚旗下的长江集团实力与和记国际相去甚远，因此，李嘉诚只能耐心等待机会。

收购狂人祈德尊擅长兼并，却不重管理。和记国际疯狂的扩张步伐，采用大量借贷进行投资支持，特别是一度借用风险极大的瑞士法郎，加上1973年香港股市从1774点的历史新高回落，持续冷却的资本市场，令和记原本紧张的财务资金更加紧张，内忧外患冲击下，关于和记倒闭的传言此起彼伏。

1975年9月，走投无路的和记国际召开股东大会，董事局希望股东提供1.75亿港元来缓解财政困局，然而，主要股东代表汇丰银行对此投下反对票，并要求和记清盘还债。无奈之下，和记国际董事局被迫接受汇丰银行注资1.5亿港元，收购和记33.65%的股权。和记国际由此易主，祈德尊倒腾二十多年后惨淡出局，汇丰银行成为其控股大股东。

接手和记之后，汇丰银行找来被誉为"企业医生"的韦理出任和记国际总裁，进行大刀阔斧的改革。1976年，换帅如换刀，韦理砍掉很多公司开支、外贷借债之后，和记国际重新步入正轨，录得1.07亿港元综合溢利。1978年1月3日，在韦理的提议下，和记与黄埔船坞正式合并，成立和记黄埔有限公司，并取代和记国际的上市地位。

随着和记黄埔经营日渐好转，汇丰银行作为金融机构，长期直接操控实体企业，显然不合理法，因此，汇丰银行也开始为和记黄埔寻找下家，以期转让控股权，这对蛰伏多时的李嘉诚来说是个好消息。1979年，李嘉诚秘密接触汇丰银行，并获得汇丰银行大班沈弼的全力支持。沈弼是汇丰难得一遇眼光长远的大班，他通过跟李嘉诚多次接洽，深知李嘉诚具有其他人身上少有的能力和远见，有能力管理好和记黄埔，保障汇丰的长远利益。

得到沈弼首肯后，李嘉诚加速收购步伐，重点与汇丰商谈收购事宜，同时通过分散账户在市场上暗中吸纳和黄股份。与此同时，身为汇丰银行董事的包玉刚，也因此前李嘉诚转让九龙仓股票时，承诺协助李嘉诚拿下和黄，积极游说汇丰董事局，全力促成此事。

1979年9月25日，在香港中环华人行长江总部，长江集团董事局主席李嘉诚面对各大媒体兴奋地宣布："长江实业以每股7.1港元，收购汇丰银行手中持有的和记黄埔有限公司22.4%股权。"这笔交易总计9000万普通股，总售价6.39亿港元，这几乎是市场价的一半，而且收购条件优厚，长江集团首期只需支付总价20%，剩余额度可延后偿付。另外，李嘉诚首付款1.28亿港元，其实是此前一天沈弼亲自批准贷款给李嘉诚的。

虽然入主和记黄埔，但李嘉诚仍未放弃对和黄股权的追求，持续一年多时间从市场收购和黄股票。1980年11月，长江实业及李嘉诚合计持有和黄股权增加到39.6%，巩固控股地位。1981年1月1日，已经取得绝对控制权的李嘉诚当选和记黄埔董事局主席，这是香港百年来第一位入主英资四大洋行的华人大班，长江集团正式将和黄纳入旗下子公司行列。

李嘉诚收购和黄，堪称教科书般经典，这是一场以小博大"蛇吞象"的收购战，彼时长江集团实际资产仅6.93亿港元，却成功地控制了市价62亿港元的英资巨无霸洋行和记黄埔。"李嘉诚仅用2400万美元订金，买下价值十多亿美元的资产。"和黄原行政总裁韦理心有不甘地评论道。

长江实业入主和记黄埔，震撼香港，带动资本市场股价狂升，本埠及海外多家媒体争相报道这一商界轰动性大事件。各大报纸媒体竞相在显眼的位置大标题报道，强调长江实业低价购得和记黄埔优质资产，堪称李嘉诚商战史上里程碑式的重大胜利，此战令李嘉诚声望剧增，成为地产界巨头，甚至影响股市翻云覆雨级别的人物。

"知青"返城住房难

1979 年，中国各个领域都在紧锣密鼓地进行改革，然而，意外的是，经济差异带来的吃穿问题，并不是那个年代最深切的记忆。千万"知青"返城在这一年里成为大事件，也是一代人心中的烙印。

"知青"历史，跨越了 20 世纪 50 年代到 80 年代，前后历经近 30 年。在顾洪章所著的《中国知识青年上山下乡始末》一书中提到，它是在城镇日益增大的就业压力和农业合作化运动蓬勃兴起的社会条件下提出来的。其根本出发点是试图把解决城镇失业问题同改变农业生产落后的状况结合起来，探索一条解决中国城镇就业问题的道路。

到 1978 年年底，全国下乡与支边的"知青"总数高达 2000 万人，其中尚在农村和边疆接受"再教育"的还有 1000 万。在经历多次抗争后，"知青"们终于为返城打开一扇畅通的大门。1979 年 1 月下旬，国务院"六条"精神下达各省市自治区。上山下乡运动，就此宣告终结。

上山下乡运动画上句号，但新的问题随之产生，首先是返城青年就业问题。原本上山下乡就是为了转移城市富余青壮年劳动力，但这批知识青年返城之后，使原本就紧张的就业问题更加突出。

为了解决返城青年就业问题，各地政府也推出各种解决对策，帮助这批青年就业。值得关注的是，在这波返城青年解决就业过程中，也促成了中国一家知名服装企业的诞生，并且这家服装企业在日后发展中跨界进军房地产，这就是雅戈尔地产。

1979 年，一群返城"知青"为了解决就业在宁波成立了青春服装厂，主要为其他厂加工背心、短裤等，这就是雅戈尔集团的前身。

然而一开始这家厂的经营并不好，很快就面临倒闭的风险，这时一个重要人物出现了，他就是李如成。李如成是上海人，1958 年父亲被打成"右派"，全家被下放到宁波南郊段塘镇，1980 年加入青春服装厂。在服装厂最困难时候，李如成主动寻找客户并争取到了业务，同时组织调度生产，最终当年将服装厂利润提升至 20 万元，帮助服装厂渡过难关，之后在职工提议下开始担任服装厂厂长。

1990 年，李如成成立"雅戈尔制衣有限公司"，1992 年在服装主业之外，开始涉足房地产开发。目前开发项目涉及上海、宁波、苏州、杭州等主要城市。尽管发展了多年，雅戈尔地产业务主要集中在长三角，集团一直计划进行全国扩张，但长三角仍是其大本营。在克而瑞发布的 2017 年 TOP200 房企排行榜上，雅戈尔以房地产销售额 87.3 亿元排名 147。

除返城青年就业问题之外，居住也是当时很多城市面临的难点。在卜凡中所著的《我们房地产这些年》一书当中回忆了 1979 年大批知青返城后，无房可住的社会状况。"城镇居民的住房矛盾，在 1979 年前后达到一个高峰期。居住拥挤结婚无房住房质量差等始终是中国城市生活的突出矛盾，特别是在大批'知青'回城后，住房紧缺的问题日益尖锐。住房问题逐步演变为天字第一号的社会问题。"

不可否认，住房紧缺的背后依然是"人民日益增长的物质文化需要同落后的社会生产之间的矛盾"。一鼓作气，成为 1979 年发展的关键词。

任重道远，且行且坚定。在 20 世纪 70 年代的最后一个年份，改革前路莫测，机遇与挑战并存，留给了中国人一个大世界、大梦想。

1980 年：

允许私人买房　深圳特区诞生

1980 年，这是改革开放后全新十年的开始。在这十年里，将见证中国富强和民族复兴，也将见证一流企业的崛起与商界领袖的诞生。也是从这 1980 年开始，房地产购房主力军"80 后"开始诞生了。

这一年，国际形势依旧动荡，联合国要求苏联从阿富汗全面撤军，伊朗和伊拉克打响了持续 8 年的"两伊战争"。中国刚刚结束"对越自卫反击战"，保卫了边境安全。外部障碍已除，对于当时的中国而言，对内急需稳定民心、"拨乱反正"，加快经济建设；对外要积极推进改革开放进程，实现国富民强的伟大目标。

1980 年 2 月 23～29 日，党的十一届五中全会在北京召开，总的来说，1980 年开启了改革开放另一段新旅程。不仅仅是政治经济局面，也包括社会思想领域，都在逐步走上正轨。

1980 年 5 月 15 日，中华人民共和国恢复了世界银行与国际货币基金组织的合法席位。1980 年 7 月 7 日，国际足联第四十二届代表大会批准了国际足联执委会作出的关于恢复中国足球协会在国际足联中合法权利的决定。至此，中国足球回归国际足球大家庭。

同样在 1980 年 7 月，江西电视台播出了一部以宣传庐山风光为主的电影《庐山恋》，这是中国第一部吻戏，在当时来说，可谓惊天动地。尽管定位于风景抒情片，但谁也没有想到这部电影会在一夜之间风靡全国，被当成爱情题材的代表广为流传，并引领了整个八十年代的风潮。值得一提的是，影片中有一段"美国外景"，而取景地就是《中国地产四十年·1979》里大篇幅描写过的广州东湖新村。

一路前行，一路回望。1980 年，中国正在拉近与世界的距离。而对于房地产发展而言，1980 年，邓小平同志提出"房子是可以卖的！"重要观点，为中国房地产发展奠定了坚实基础，自新中国成立后沿袭三十载的福利房制度有所松动，商品房开始进入寻常百姓家，从而开启了此后数十年楼市前行的序幕。

此外，中国经济特区的设立，更是极大地激发了沿海地区改革开放的热情，加速了制度创新、城市改造的步伐，而在这个史无前例的现代化进程中，建筑业、房地产业充当着先锋军作用，尤其是深圳特区早期建设，通过制度创新，借助毗邻中国香港优势，通过合作建房，有效盘活土地资源，快速实现资本对接，助力经济特区、中国经济的高速发展。

1980年3月5日，国务院发布了《关于用侨汇购买和建设住宅的暂行办法》，该文件明确提出鼓励华侨、侨眷用侨汇购买和建设住宅，是国家的一贯政策。侨汇建房有利于改善侨眷的居住条件，方便归侨安居乐业，减轻国家建设住宅的经济负担。同时对于团结华侨，调动广大华侨、侨眷为"四化"建设积极贡献力量，增加国家外汇收入，具有重要的意义。

房子成为商品

1980年4月2日，对于中国房地产行业来说，无疑是一个值得纪念的日子。

当时，党的十一届三中全会闭幕不久，邓小平同胡耀邦、万里、姚依林、邓力群在谈到建筑业和住宅问题时，小平同志作了重要指示，即是"房子是可以卖的"。

关于建筑业，邓小平表示，"过去，我们很不重视建筑业，只把它看成消费领域的问题，建设起来的住宅当然是为人民服务的。但是这种生产资料的部门，也是增加收入的重要产业部门"。

"要改变一个观念，就是认为建筑业是赔钱的。应该看到建筑业是可以赚钱的，是可以为国家增加收入、增加积累的一个重要的产业部门，要不然就不能说明为什么资本主义把它当成经济的三大支柱产业之一。所以，在长期的规划中必须把建筑业放在重要的地位。建筑业发展起来就可以解决大量的人口问题，就可以多盖房子，更好地满足城乡人民的需要。"

关于住宅，邓小平提到，要考虑城市建筑住宅、分配房屋的一系列政策，城镇居民可以自己购买房屋，也可以自己盖房。不但新房可以出售，老房子也可以出售；可以一次付款，也可以分期付款，十年、十五年付清。住宅出售以后，要联系房价逐步提高房租，使人们考虑到买房合算。繁华的市中心和偏僻地方的房子、交通方便和不方便地区的房子、城区和郊区的房子租金要有所不同，将来房租提高了，对低工资的职工要给点补贴。

"这些政策要联系起来考虑，建房可以鼓励公私合营，今后盖房要有新设计，不要老是小四合院，要发展楼房，平房改楼房能节约耕地，要适合不同地区和不同居民的需要。"

这就是邓小平具有划时代意义的《关于建筑业和住宅问题的谈话》。在某种程度上，这被视为住宅理念变革的开始。

1980年6月，中共中央、国务院在批转《全国基本建设工作会议汇报提纲》中将邓小平同志讲话的主要精神以中央文件的形式发到全国各地，提纲正式指出"去年（1979

年)的实践证明,要把住宅建设搞得快一点,必须充分发挥国家、地方、企业、职工个人四个方面的积极性,采取多种方法,把路子走宽一些"。由此提出实行住房商品化政策。

在这一精神的指导下,提纲要求"除由国家、地方、企业投资建设住宅外,还要调动私人买房、建房的积极性。要准许职工私人建房、私人买房,准许私人拥有自己的住宅。要有计划地由国家建设一批住宅,向私人出售。房价可以一次付清,也可以分期付清。一次付清的,应当享受优惠待遇。分期付款的,也要实行低利率,期限可为十年、十五年,不要超过二十年。不仅新建住宅可以出售,现有住宅也可以出售"。

中央正式出台规定:"准许私人建房、私人买房、准许私人拥有自己的住宅。"原国家建设总局也先后多次邀请部分省市以及中央相关部门,就实现住宅商品化问题,召开座谈会议传达中央指示精神。

房子商品化在今天看来好像理所当然,但在当时曾一度是敏感的话题。早在1979年9月,中国内地多个城市住房紧张局面日益加剧,而中央手里也没有足够的资金兴建住宅,因此,邓小平同志主动提出,要把个人手中的钱动员起来,国家解决材料,这方面潜力不小。

此前,我国的住房制度是福利制,人们把住房当成福利品。但是在邓小平这篇谈话中不难发现,"房子成为商品"已经不再是一个伪命题了,有关房地产业改革的一系列理论探讨由此展开。

随后,国务院办公厅向各地转发了由国家城市建设总局、全国总工会起草的《关于组织城镇职工、居民建造住宅和国家向私人出售住宅经验交流会情况的报告》(后文简称:报告),报告中提到截止到1980年10月,已经有26个省、市、自治区的128个城市和部分县镇开展了私人购买、建造住宅的工作,其中由国家建造住宅向私人出售的城市有50个,111个城市的私人建房面积达到332万平方米。

报告在总结1980年的交流经验上,重点提出,要消除"左"的错误影响,解放思想,积极扶助、支持和组织职工、居民建造住宅,继续进行国家建造住宅向私人出售的试点。要求各级工会把发动和帮助职工自建住房,作为关心职工生活的重要工作来抓。同时,要充分发挥企业自筹资金建造住宅的积极性。另外,企业自筹资金建造住宅和城镇职工、居民建造住宅所需的木材、水泥、钢材、玻璃等除要列入当地物资计划给予供应外,建议国家给予适当补助。

价格问题也是影响住房销售的重要因素,当时主要销售新建公有住宅价格在120~150元/平方米,这也意味着一套房子总价几乎是一个普通职工10年收入的总和,虽然也相应采取分期付款的方式,但房价仍然远高于当时的工资水平,以致大多数的居民还是买不起房子。

有鉴于此,报告特别强调,规定合理的住宅出售价格和一次付款的优惠条件,把住宅出售工作搞活。报告认为影响住宅出售的原因,除了低工资和低房租以外,还有售价、分期付款、利率等是否合适的问题。从实际情况出发,住宅售价应当只包括住宅本身的建筑造价（土建和室内设备），而征地、拆迁、配套、市政设施等建设费用应由各级政府统筹解决。

报告也明确了付款方式要灵活，可采取一次付款和分期付款相结合；提倡分期付款，薄利多销。分期付款和年限一般以 5～20 年为宜，年利率不要超过 2%。一次付款者，可以享受减价 20% 的优惠待遇。建造出售住宅所需资金、材料，在国家目前经济比较困难的情况下，可从原来国家补助的投资和地方自筹资金中解决。各地可以从这两项资金中划出一部分，作为住宅出售的固定周转金和补贴资金。

可以说正是 1980 年在邓小平同志的指示下，中国房地产市场迈出了关键一步，推动了中国住房制度改革的历史进程。1991 年 6 月 7 日，国务院发布的《关于继续积极稳妥地进行城镇住房制度改革的通知》中在回顾 1980 年中国住房制度改革时特别提到："我国城镇住房制度改革，自从邓小平同志 1980 年提出出售公房，调整租金，提供个人建房买房的改革总体设想以来，逐步在各地展开。"从中央的通知文件可见，邓小平同志在中国房地产发展史上做出的卓著贡献。

中央批准设置经济特区

1980 年，中国改革开放再次迈出关键一步，创造性地设立了经济特区，启动改革开放实践。而作为改革开放的窗口——广东、福建两省在起步阶段承担了当之无愧的排头兵角色。

早在 1978 年 4 月 10 日，国务院就派出以国家计委和外经贸部为主导组织的考察组，赴港澳地区调研。考察组回京后向中央提议，在靠近港澳的广东宝安、珠海兴办出口基地，力争建成内地对外生产基地、加工基地，并吸引港澳同胞游览观光。1978 年 4 月 19 日，邓小平在参加会议讨论时提到："广东搞出口基地，要进口饲料，应该支持，试一试也好嘛。"

1978 年 12 月 23 日，广东省革委会呈交中央的《关于宝安、珠海两县外贸基地和市政建设规划设想的报告》明确提出宝安、珠海发展目标："在三五年内把宝安、珠海两县建设成为具有相当水平的工农业结合的出口商品生产基地，成为吸收港澳游客的旅游区，成为新型的边防城市。"

根据中共党史出版社出版的《习仲勋主政广东》一书透露：1979 年 4 月 5 日至 28 日，中共中央在北京召开工作会议，主要讨论经济调整问题。在会议期间，习仲勋向中央提出希望下放若干权力，让广东在对外经济活动中有较多的自主权和机动余地；允许在毗邻港澳的深圳、珠海以及属于重要侨乡的汕头，各划出一块地方，单独进行管理，作为华侨港澳同胞和外商的投资场所，按照国际市场的需要组织生产，初步定名为"贸易合作区"。

据相关文献记载，1979年5月11日~6月5日，中央派出工作组前往广东、福建考察，指导两省起草向中央的请示报告。紧接着1979年6月6日、6月9日，中共广东、福建省委分别向中央上报《关于发挥广东优势条件，扩大对外贸易、加快经济发展的报告》和《关于利用侨资、外资、发展对外贸易，加速福建社会主义建设的请示报告》，正式提出了实行新体制和在深圳、珠海、汕头、厦门试办"出口特区"。

"经济特区"这个具有中国特色的概念，正式文件来源于1980年5月16日，中共中央、国务院发出《关于广东、福建两省会议纪要的批示》，批示里将原来的"出口特区"改为"经济特区"，由单纯的"出口"变"经济"，涵盖的范围更广，内涵也更丰富。与此同时，中央还根据广东、福建两省的财力、物力，制定优先集中力量主攻深圳特区建设，接着再发展珠海特区。

《深圳经济特区改革开放专题史》书中称，创办经济特区，在社会主义国家是一件新生事物。它和其他新生事物一样，在发展过程中不是一帆风顺的。但中央对于发展经济特区的基本政策和决心一直没有变，中央赋予经济特区在我国改革开放和现代化建设中的地位和作用没有变，而且对经济特区不断提出新的要求和赋予新的使命。中央领导同志多次指出，发展经济特区，是建设有中国特色社会主义事业的重要组成部分，将贯穿我国改革开放和现代化建设的全过程。

1980年8月26日，对中国经济特区来说，是具有里程碑意义的一天。经济特区的诞生，历时两年多，期间遇到各种难题，幸好在中央的大力支持下，最终得以面世。接下来《中国地产四十年》将系统回顾中国经济特区创立过程中的艰辛，展现当年历经困难而不折，想尽一切办法兴办特区的勇气。

这片热土见证了改革开放以来发生的沧桑巨变，也见证了人民生活质量的提高与居住水平的提升。开弓没有回头箭，历史性的步伐坚定而庄重。

在《中国地产四十年·1979》里便已经花了大段篇幅讲述了20世纪70年代末80年代初的深圳，特别是蛇口工业区开发。1980年本篇章还将会重点展现珠海、厦门两大特区。另外，在《中国地产四十年·1981》里也将详细介绍汕头特区的成立以及潮汕企业家对中国改革开放经济建设做出的巨大贡献。

虽然它们都是同年批准的经济特区，但是过去近三十年来的发展状况跟经济实力却不尽相同。

1979年，珠海GDP2.6亿，比深圳还高出30%；1980年，珠海先后引进了香洲毛纺厂、成立了石景山旅游中心。这分别是国内第一家补偿贸易企业、国内首家中外合资企业。1984年，改革开放"总设计师"邓小平第一次踏上珠海，留下了"珠海经济特区好！"七个大字，宣告了对珠海的褒奖。

珠海市位于广东省珠江口的西南部，是珠江三角洲重要城市之一，珠海的海岸线长604公里，有大小岛屿146个，被誉为"百岛之市"。作为东南沿海重要的风景旅游城市，珠海景色优美，环境宜人，海岛风情独具魅力。

多次荣获全省城市环境综合整治定量考核第一，获得"国家园林城市"、"国家环保模范城市"、"国家卫生城市"、"国家级生态示范区"、"中国优秀旅游城市"等称号，更被联合国人居中心授予的"国际改善居住环境最佳范例奖"，吸引众多游客前往观光度假。

当然，相对于深圳来说，珠海城市发展定位历经"三基地一中心"、"工业西进、城市西拓"、"三高一特现代产业体系规划"、"花园式海滨工业商贸城市或高科技城市"调整，实业经济布局较缓，导致后劲不足。此外，尽管珠海毗邻澳门，但是以博彩业为主的澳门，对珠海的辐射、产业拉动能力与当时被誉为"亚洲四小龙"的香港不可同日而语。

2008年，国务院颁布实施《珠江三角洲地区改革发展规划纲要（2008-2020年）》，明确珠海为珠江口西岸的核心城市。2010年10月1日，珠海经济特区范围扩展至全市，总面积达到7653平方公里。2015年3月24日，中共中央政治局审议通过广东自由贸易试验区总体方案，横琴被纳入广东自贸区范围。与此同时，随着珠港澳大桥的建成，粤港澳大湾区战略的提出，或将给珠海带来新一轮发展契机。

说完珠海，再来看看厦门。为了吸引广大中国台湾爱国企业家回大陆投资，1980年10月，中央在邻近台湾的福建厦门设立经济特区，最初面积约2.5平方公里。厦门地理位置优越，与中国台湾隔海相望，与台湾管辖的金门县更是近在咫尺，是海峡西岸重要中心城市。

1984年2月，邓小平同志前往厦门视察。随后，厦门特区范围扩大到全岛，面积猛增至131平方公里，并逐步实行部分自由港政策。紧接着，国务院相继设立海沧、杏林、集美半岛三个专门针对台商投资区，实行经济特区政策。

再回到20世纪80年代的特区发展历程。1981年5月27日~6月14日，国务院在北京召开广东、福建两省和经济特区工作会议指出：深圳、珠海的特区应建成兼营工、商、农、牧、住宅、旅游等多种行业的综合性特区。厦门、汕头的特区目前应建成以加工出口为主的、同时发展旅游等行业的特区。特区的建设首先要搞好基础设施，由小到大、逐步发展，量力而行。

1982年6月15日，邓小平在跟谷牧谈话中提到：现在，对特区说好话的多了。特区要坚决办下去，不能动摇。现在办得不错，中外承认，不存在抹掉不干的问题。

五年后，邓小平的言论更为大胆、乐观。邓小平在1987年6月12日会见外宾时说："深圳的同志告诉我，那里的工业产品百分之五十以上出口，外汇收支可以平衡。现在我可以放胆地说，我们建立经济特区的决定不仅是正确的，而且是成功的。所有的怀疑都可以消除了。"

千年大计，国之大事。事实证明，建立经济特区已然成为中国经济发展的关键战略举措。从深圳特区开始，到上海浦东新区，再到如今的雄安新区，通过建立经济特区带动整个国家经济发展已成为中国现代化建设的必然选择。

在《中国地产四十年》多篇文章中，创造中国房地产众多史上第一的案例，均来自广州、深圳等珠三角一带，作为改革开放的前沿阵地，广东承载着中国经济发展发动机的重任，同时也是房地产行业最早起步的区域，引领中国楼市此后数十年的发展。此外，近年来异军突起的闽系房企，也得益于早年福建开办经济特区带来的发展契机。

深港合建东湖丽苑

这无疑是一次历史性的飞跃。作为改革开放最前沿地区，深圳在房地产领域自然也是身先士卒，迎难而上。1980年1月8日，深圳经济特区房地产公司在深圳市委组织部批准下成立，负责与港商合作建房事宜。时任深圳市房地产管理局副局长的骆锦星兼任总经理。

骆锦星曾任广东惠阳地区邮政局副主任、工交计委办公室副主任，1979年调至深圳时，并没有让他继续从事熟悉的邮政工作，而是让他出任深圳市房管局副局长。当时，这位深圳房管局副局长新上任不久就接到艰巨任务"一年之内，按省科级以上干部住房标准，建好两万平方米300多套干部宿舍"。但是，深圳市只拨给他50万，这点钱根本不够建房子。

没钱建房这一难题，急煞骆锦星。在与中国香港朋友交流过程中，骆锦星吐露了心中这一压抑已久的棘手问题。谁知，中国香港朋友却笑起来，说你这个局长是端着金饭碗在要饭，为什么不像香港把土地变成黄金？由深圳政府出地，港商出钱，一起合作建房，双方利润分成。

一语惊醒梦中人，这在当时虽算不上石破天惊的想法，但也颇为敏感，一不小心就有可能惹上牢狱之灾。骆锦星虽然第一时间反应是："不行啊，法律规定不允许，宪法明文规定不能侵占、出租、买卖土地等，卖地是犯法的事。"但是，在深圳住房难的迫切现实面前，骆锦星还是决定寻找机会。

胆大心细如骆锦星，为了找到一个合理合法的解释，他跟深圳市委政策研究室一帮人连续翻阅了几天的《列宁选集》，终于在"住宅问题"一节中查出列宁引用恩格斯的一段话："……住宅、工厂等等，至少是在过渡时期未必会毫无代价地交给个人或协作社使用。同样，消灭土地私有制并不要求消灭地租，而是要求把地租——虽然是用改变过的形式——转交给社会。"

有了马克思和恩格斯的背书，骆锦星连夜向市委书记张勋甫作了汇报。张勋甫表态说："既然《共产党宣言》中还说'剥夺地产，把地租用于国家支出'，你们就先干着试试看吧。"

说干就干。《中国地产四十年·1979》里提到过第一位到深圳投资的外商刘天就，在1980年又找到了骆锦星。他说："只要你们划出一块合适的地皮就行，我来组织设计，出钱盖房，在香港销售。赚的钱你们得大头，我得小头。怎么样？"

经过一番协商，刘天就与骆锦星达成共识，在东湖公园附近划出一块地，以八点五比一点五的比例分成。

后面的进展其实比想象中的更顺利。规划局划地的批文一两天就批下来，刘天就在大年初四拿着图纸就跑来催开工。一边催，一边开始在香港准备卖房，均价2730港元/平方米，还不到香港楼价的一半。按当时的汇率，一平方米约1000元。

据了解，东湖丽苑地势较高，所以依山势而建。户型面积为50~60平方米，买房每户送三个户口，一经推出，5000多名港人排队购房，最后只好抽签，第一期108套新房一次性售罄，后来临时加推第二批108套房子，再次一售而空。由于买房还能迁户口，因此很多在内地有亲朋好友的香港人纷纷抢购，客户遍及珠三角、潮汕、上海等地。

火爆的销售行情，大大出乎骆锦星的意料，房子没建成，还在图纸上的时候，港商已经把建房的全部资金都收入囊中。当时的骆锦星才恍然大悟港商为什么愿意给深圳高达85%的分成。

小区早期业主多为香港人和一部分华侨，由此在东湖丽苑诞生了深圳乃至国内最早的投资客。另外，这也是全国第一个物业管理小区。目前，这个有着30多年楼龄的小区，二手房均价为5万元/平方米左右。

《我们房地产这些年》的作者卜凡中认为："东湖丽苑还不能算是完全意义上的商品房，因为土地是政府划拨的，到后来东晓花园的土地拍卖，才是真正完全意义上的商品房。但作为一个大胆的尝试，东湖丽苑的开发对深圳今后商品房市场的建立和完善，客观上的确起到了一定程度的积极作用。"

东湖丽苑的成功，让广东省委书记兼深圳市委第一书记吴南生感触颇深。穷则思变，"破釜沉舟才能有春天"，成为所有深圳人的共识。

他们准备开始进行土地资本化探索。第一步在罗湖开发0.8平方公里，拿出40万平方米土地作为商品住房用地，收取土地转让费。后来经资深领导建议，将土地转让费改为土地使用费。

《我们房地产这些年》一书中提到，在这一思想的指导下，深圳特区房地产公司单在罗湖小区就引进外商独资经营房地产项目10个，出租土地4.54万平方米，土地使用费达2.2亿港元，吸引外商投资达40亿港元。不到一年，昔日杂草丛生的罗湖地区，很快变成了高楼林立的商业、金融中心。

房地产商业开发的序幕由此拉开。1980年8月，全国第五届人大常委会通过的《广东省经济特区条例》中，"国有土地有偿使用"的原则和"以外商独资、合资、合作"等方式引进外资开发经营土地资源的做法得到了法律法规的肯定。

1980年，对于深圳来说是一个具有划时代意义的起点。因为，自此之后，以收取土地使用费为主要内容的土地使用制度改革影响了整个中国，赫赫有名的"中国土地第一拍"也将在七年后诞生于同一片土地。这在《中国地产四十年·1987》中将会详细讲述。

广州酒店开发井喷

进入 1980 年,继白天鹅酒店之后,广州又迎来一座酒店开建,这就是中国大酒店。中国大酒店的投资方阵容强大,由李嘉诚、郭德胜、冯景禧、郑裕彤、李兆基和胡应湘等香港知名地产商强强联手,香港地产"四大天王"悉数参与,各方联合集资 10 亿港元,组建新合成公司,并推举建筑师身份兼作地产商的胡应湘全权负责来到广州选址筹建酒店。

经过一番考察,胡应湘决定在象岗山兴建酒店,并提出由外商进行管理。象岗山,位于市中心,毗邻广交会展馆,与越秀公园隔街相望,距离广州火车站也就 1 公里多,去白云机场也不远,不到 5 公里,交通便捷。

1980 年 3 月,时任广州市市长杨尚昆和副市长梁湘正式批准象岗山作为酒店地址的方案。1980 年 4 月 12 日,在杨尚昆的见证下,广州羊城服务公司与新合成有限公司举办中国大酒店兴建合作签约仪式,正式宣告中外合资共建中国大酒店。

胡应湘,原籍广州花都,是改革开放初期首批积极参与国家建设的爱国人士,特别是对回到广州建大酒店尽心尽责,甚至为了培养国内设计人才,主动提出由广州市设计院参与,并邀请设计师到香港和国外考察学习,帮广州设计院顺利完成全部设计,更重要的是培养了一支国内具有现代设计精神的专业团队。

中国大酒店设计思路突破一系列观念、模式的局限,特别是功能齐全的用餐区,拥有高达 3000 多个餐位,这在当时吃饭还要交粮票的内地,数量多得不敢想象。但胡应湘却认为,随着中国经济的发展,国人的生活水平会迅速提高,因此,他强调:"他们总有一天会到我的酒店用餐,我要给老百姓预先留下座位。"

1983 年 11 月,酒店建设基本完工,1983 年 12 月 18 日中国大酒店部分开业。中国大酒店管理方是由新合成的其中一个股东郑裕彤负责。郑裕彤是香港新世界酒店的主席,具备丰富酒店管理经验。为了把中国大酒店管理做好,郑裕彤特别邀请了拥有多年星级酒店管理经验的法国人卜格,担任中国大酒店首任总经理,统筹整个酒店所有运营管理工作。由于准备充分,人才团队齐整,经验丰富,中国大酒店管理水平甫一投入使用,便获得各界广泛好评。

与中国大酒店同时启动的还有广州花园酒店,这座有中国旅游饭店的"黄埔军校"之称的酒店,由著名港商利铭泽重点参与建设。

早在 1978 年年底,利铭泽夫妇应邀赴京考察,当时主管港澳台和侨务工作的廖承志鼓励利铭泽带头回国投资。这位爱国人士也一直有心投资内地,回报祖国,因此,利铭泽提出在广州投资建设五星级酒店的想法。随后他多次来到广州实地考察,获得广东省热情招待,并将已经批出去的土地回收,转给利铭泽建酒店备选,这也让利铭泽感受到广东省、广州市诚意满满。

1980年3月28日,经过多轮洽谈之后,利铭泽代表香港花园酒店有限公司和广州岭南置业公司代表签署了《关于在广州合作建造与经营花园酒店协议书》。该协议书规定由广州提供土地,利铭泽、李兆基、郭炳联、黄球、叶谋遵、关超然、叶炳仁等港商联合筹集建设资金和负责酒店管理。1980年12月26日,筹备了近九个月的花园酒店正式奠基,时任市长杨尚昆出席奠基仪式。

1981年3月,在签约一年后,花园酒店正式开工。与白天鹅宾馆和中国大酒店不同,广州花园酒店没有聘用国内设计师,而是在利铭泽牵线下,邀请了世界著名建筑设计师贝聿铭主持设计。贝聿铭一边在北京设计香山饭店,一边在广州设计花园酒店,两大酒店采用了截然不同的设计风格,与北京香山饭店白墙褐瓦院落式设计不同,广州花园酒店设计成双Y型结构,这种设计更具现代感特点。

然而,由于物料采购、人员团队、设计施工等诸多环节都要用钱,港商募集的1亿港币很快就花完了。雪上加霜的是,中英就香港回归谈判处于紧要关头,加上当时香港经济本身也不太好,导致整体市场前景不明,因此,投资内地资金骤减。筹不到资、贷不了款,广州花园酒店建设陷入困境,一度宣布停工。

时任国务院副总理谷牧特别关注此事,专门做了批示:这个项目不能停工缓建,那将造成很不好的影响。与此同时,时任广州市市长梁灵光坚持要求项目继续施工,并亲自出面找办法解决资金问题。梁灵光致信香港中国银行,用广州市政府名义作担保,为广州花园酒店争取到7亿港元贷款,从而解了酒店建设经费的燃眉之急,促使项目重新复工。

1983年年底,花园酒店建设接近尾声,但如何管理这家酒店,成为摆在穗、港双方面前的又一道难题。利铭泽拥有香港客房数最多的酒店,原计划由自己的香港利园酒店团队来接管。但考虑到北京建国饭店由香港历史悠久的半岛集团经营后,获得空前成功,权衡再三之后,利铭泽决定引入半岛集团负责广州花园酒店管理。

至此,广州花园酒店无论是从建设还是管理,在遭遇一系列困难之后,通过政府与企业的共同努力,终于全面得到解决,并且逐步走上正轨,从而也为广州花园酒店投入使用奠定了坚实的基础。1984年10月,广州花园正式建成,并于1985年8月对外隆重开业。这家酒店被国家旅游局评为"最佳五星级酒店",国际机构认证组织将其列为"世界旅游饭店500强企业",更被境外权威机构评为"中国广州最佳商务酒店"。

广州白天鹅酒店、中国大酒店、广州花园酒店三足鼎立,共同构成广州三大顶级酒店阵容,不仅改善了中国酒店商旅接待条件,也在招商引资过程中起到重要推进作用,见证了改革开放发展历程。

怡和彻底退出九龙仓

在《中国地产四十年·1978》中写道，李嘉诚把手里20%九龙仓股票转让给世界船王包玉刚之后，包玉刚进入九龙仓董事局，与九龙仓原大股东怡和多次发生摩擦，双方矛盾持续升级。进入1980年，真正决定九龙仓命运的一战正式爆发。

为了进一步控制九龙仓，包玉刚在市场上接连吸纳九龙仓股票，1980年4月，包玉刚旗下的隆丰国际有限公司宣布，手里持有的九龙仓股票已经增至30%，这一比例，已经远超怡和仅有的20%九龙仓股权。如果再任由隆丰国际继续收购股票，怡和将面临全面出局的境地。

为了夺回主动权，1980年6月，怡和使出调虎离山计，趁包玉刚前往欧洲开会之机，怡和董事局主席纽璧坚悍然发动偷袭，命令怡和旗下的香港置地公司以换股方式，意欲增持九龙仓股票至49%，使包玉刚永远也无法达51%的绝对控股权，并令自己处于绝对优势地位，反过来逼包玉刚退出九龙仓，此举全面引爆九龙仓争夺大战。

很快香港置地用自己价值100元的置地股换取市值仅77元的九龙仓股，这让很多九龙仓股股民直呼捡到宝，一下子增值近30%，如此丰厚的条件，几乎令人无法拒绝。纽璧坚这场精心策划的逆袭战，令战争的天平向怡和倾斜，也让九龙仓归属变数陡增，一时之间，华英对决直接进入矛盾激化的局面。

后院起火，包玉刚接到战事传报之后，马不停蹄，火速乘机赶返香港。兵马未动，粮草先行，熟谙商战的包玉刚第一步先到汇丰银行，紧急申请高达22亿港元贷款保证。有了充足资金作后勤保障之后，包玉刚召开紧急会议，宣布决定以105元港币抢购市面九龙仓股，目标同样定在49%。

105元的高价，让股民已经不再需要思考和对比，直接由纽璧坚阵营转投包玉刚，双方力量对比又一次发生逆转。九龙仓开市不到两个小时，大批九龙仓股涌入包玉刚名下，其手里的九龙仓股迅速激增至49%，由此奠定胜局，彻底控制了九龙仓公司。

大势已去的纽璧坚已经无力挽回败局，与其跟包玉刚继续缠斗，不如转身离去，于是，香港置地将手中1000多万股的九龙仓股尽数卖给包玉刚，怡和套现获纯利7亿多港元离场。至此，这场延续两年多的九龙仓股权争夺大战，以包玉刚全面控股而告终，虽然，包玉刚付出的代价巨大，但从长远来看，包玉刚也借此战实现战略转移，将大量资金由航运转到地产开发，从而避免了20世纪80年代中期的空前船灾。

这次九龙仓收购大战轰动了整个香港，甚至震惊全球华人世界。香港百年发展史上，长期居于优势地位的英资财团依靠英方支持，一直控制着香港经济各个领域的主导权，华资备受打压，经历洋行九龙仓收购大战滑铁卢后，华人志气大长，特别是包玉刚奇迹般地在 3 天时间里征调 22 亿元现金巨款，2 小时翻盘锁定胜局的壮举，更令其成为一代华人心目中的英雄。

1980 年，包玉刚名下的香港环球航运集团拥有船数达 200 多艘，船舶总吨位一举突破 2000 万吨。1981 年，包玉刚船队再次创下全新纪录，船数增至 210 多艘，总吨位提升至 2100 万吨历史新高！2100 万吨是什么概念？这比当时全球两大超级强国——美国和苏联所属船队加起来的总和还要多，成了全球知名的"世界船王"，并且一骑绝尘、遥遥领先其他国际航运公司！

全球多家主流媒体报纸连篇累牍报道包玉刚的传奇经营历程，甚至标题直接写上《比奥纳西斯和尼亚科斯都大——香港包爵士》。奥纳西斯、尼亚科斯均为闻名世界的希腊船王，两人既是连襟关系，但也是全球航运竞争对手，长期霸占航运排名前列。而包玉刚崛起后，连长期称霸世界航运的希腊船王都自愧不如。

由于包玉刚在国际航运以及世界贸易中做出巨大贡献，英国前首相希思曾主动邀请包玉刚到别墅赴宴，相谈甚欢。1981 年，里根举行美国总统就职典礼时，特邀包玉刚作为贵宾出席。

在《中国地产四十年·1978》和《中国地产四十年·1979》中提到，1978 年李嘉诚、包玉刚联手进击九龙仓，1979 年李嘉诚收购和记黄埔，加上 1980 年这次包玉刚彻底控股九龙仓，两大华商翘楚先后告捷，双双入主英资大行，成为全球媒体瞩目的标志性事件。

英国知名媒体《泰晤士报》不禁写出英资企业对这种形势转变的心态："近一年来，以航运巨子包玉刚和地产巨子李嘉诚为代表的华人财团，在香港商界重大兼并改组中，连连得分，使得香港的英资公司感到紧张。"文章分析称，"二战"以来，华人的经济势力增长很快。特别是有强大的中国作靠山，华商新贵们也因此公然在商场与英商叫板，以获取原属英资的经济利益，令香港英资极其不安。

该报道对英资日渐式微惋惜道，连实力雄厚的怡和财团大股东，都有一种踏进雷区的感觉。英商莫不感叹世道的变化。但是，《泰晤士报》也不得不承认包玉刚、李嘉诚等杰出商界华人，已经具备与优秀英商相提并论的实力。

历经百年屈辱的中华民族，终于在商战中找回尊严，从此，中国人一次次在全球商业大战中证明自己，极大地激励了国民士气。《中国地产四十年》后续还会报道李嘉诚、包玉刚等华商趁热打铁，接连出手收购英资大型企业，全面扭转英资在香港统治地位的精彩故事。

建设小康之家

"小康"一词最早出自 1979 年 12 月 6 日,邓小平在会见日本首相大平正芳时使用"小康"来描述中国式的现代化。

当时,邓小平说:"我们要实现四个现代化,是中国式的现代化。我们的四个现代化的概念,不是像你们那样的现代化的概念,而是'小康之家'。"

到了 1980 年 1 月 1 日,邓小平在全国政协新年茶话会上强调,20 世纪 80 年代将是十分重要的年代,"我们还很穷,就是要老老实实地创业,就是要吃多点苦,否则不可能有今后的甜"。

邓小平提到,在坚持党的领导这一原则下,为把经济建设搞上去,20 世纪 80 年代需要做好四件事:①一定要坚持党的政治路线;②必须要有一个安定团结的政治局面;③要有艰苦创业的精神;④要建立一支坚持社会主义道路的、有专业知识的干部队伍。

基调定下了,发展的路怎么走,就显得有条有理。1980 年 1 月 11 日~2 月 2 日,国家农委在北京召开全国农村人民公社经营管理会议,会议上对"是否允许包产到户"展开了热烈讨论。安徽省代表周曰礼、陆子修以《联系产量责任制的强大生命力》为题,介绍了安徽农村特别是经营落后地区农民实行包产到户的情况和好处。

1980 年 1 月 31 日,邓小平再度提到"小康"二字,这一次的表述更为清晰。他说:"到本世纪末达到小康目标,每人收入一千美元。我们要按照这个目标,考虑我国经济发展的速度,考虑农村经济的发展。"

实际上,在当时的中国,一千美元简直是一个天文数字。1979 年中国农村人均收入为 83.4 元,全国所有制职工平均工资为 705 元,中国人均收入不及非洲国家平均水平的 1/3。

1980 年 12 月 25 日,邓小平第一次对实现小康目标后的发展战略做了设想,他提出,经过 20 年的时间,我国现代化经济建设的发展达到小康水平后,还要"继续前进,逐步达到更高程度的现代化"。

邓小平的目标是明确且坚定的。短短一年时间,中国人均收入水平就有较大幅度的提高。其中,城镇居民家庭人均可支配收入 477.60 元,比前一年的 387 元提高 23%,农村居民家庭人均纯收入 191.33 元,比前一年的 83.4 元提高 130%。

从整体来看,1980 年全年国内生产总值 4517.8 亿元,比上年增长 7.8%,其中,第一产业下降 1.5%,第二产业增长 13.6%,第三产业增长 5.9%。国有单位固定资产投资总额 745.90 亿元,完成基本建设投资 558.89 亿元。全国进出口贸易总额 570.0 亿元。

整个 20 世纪 80 年代,邓小平都在不断更新"小康"社会的标准。经过实地调研和各种条件研究，邓小平表示："达到一千美元也不容易，比如说八百、九百，就算八百，也算是一个小康生活了。"如果"到本世纪末人均国民生产总值达到一千美元"，"国民生产总值就要超过一万二千亿美元，因为到那时我们人口至少有十二亿"，"我们争取人均达到一千美元，最低达到八百美元"。

为了实现最低800美元这个目标，1982年9月，党的十二大正式确认今后20年中国经济建设总的奋斗目标，即：从1981年到21世纪末的20年，力争使全国工农业的年总产值翻两番，即由1980年的7100亿元增加到2000年的2.8万亿元左右。人民的物质文化生活达到小康水平。

关于800美元还是1000美元，1984年3月25日会见日本首相中曾根康弘时，邓小平把国民生产总值人均1000美元的"小康"指标最终确定为800美元。

吃穿不愁、日子好过，成为邓小平眼中的理想社会状态。从"翻两番"到"三步走"战略，再次见证了邓小平的伟大构想。1987年10月，党的十三大全面确认了邓小平提出的分三步实现现代化的经济发展战略。

"第一步在20世纪80年代翻一番，达到500美元。第二步是到本世纪末，再翻一番，人均达到1000美元。第三步是在下世纪用三十年到五十年再翻两番，大体上达到人均4000美元。做到这一步，中国就达到中等发达的水平。这是我们的雄心壮志。"

如今，距离1979年邓小平首次提出"小康"，已经走过40年不懈奋斗的历程。40年间，中国实现温饱到小康的跨越后，进一步提出全面"建成"小康社会。2017年10月18日，习近平指出，我们既要实现第一个百年奋斗目标，又要乘势而上开启全面建设社会主义现代化国家新征程，向第二个百年奋斗目标进军。

1981年：

中房集团成立　旅游地产先河

世界那么大，风就从来没停过。

1981年，世界仍然处于战争的威胁之下。为了表示追求和平的决心，联合国大会通过第36/67号决议，将每年9月的第三个星期二联大开幕的日子定为国际和平日。"战争与和平"成为贯穿20世纪的关键词。"我们珍视和平，但不乞求和平；我们反对战争，但不惧怕战争。"

和平与发展成为世界各国人民的共识，而中国也在这种背景下更加坚定走自己的路。改革开放并非一蹴而就，而需要全方位多维度的考虑，在国内外局势较为稳定的形势下，既要维持短期效益又要实现长期可持续发展。

值得注意的是，改革开放进入第四个年头，与前三年的高歌猛进相比，1981年迎来了改革开放后的首次宏观调控。本轮调控的起因是从1978年开始，中央接连出台各项政策，提高收入、安置就业、政策退赔、提高农产品价格，以及扩大企业和地方财权等举措，虽然极大地改善民生，但也引发了中央财政赤字。到了1980年，物价开始上涨，特别是城市商品价格猛涨8.1%，经济出现过热势头，于是中央启动宏观调控政策。

国务院发布《1981年政府工作报告》提到，1979年以来，国家用于改善人民生活的各种支出大大增加，尽管步子走得快了一点，但总的说是做得对的。在这同时，国家预算内安排的基本建设投资减得很不够，行政费用还继续增加，这就使各项开支的总和超过了财政收入。1979年、1980年两年，连续出现很大的财政赤字，货币投放量过多，物价上涨。

政府报告强调，根据中共中央的建议，1981年2月，国务院向人大常委会第十七次会议提出关于进一步调整国民经济的报告，对原定的1981年国民经济计划和国家概算进行必要的修订，以便在今年争取实现财政收支和信贷收支的基本平衡，并把市场物价基本稳定下来。1981年以来，各级政府坚决执行进一步调整国民经济的一系列紧急措施，取得了显著的成效。

政府报告特别指出，基本建设战线过长的问题正在逐步解决，投资的使用比过去合理了。基本建设投资总额，1981年2月修订计划时减少为300亿元，后来又追加了80亿元。这80亿元中，有35亿元是用于增加住宅建设投资，其余用于增加日用消费品的生产能力、增加石油和交通的建设，以及一部分必须恢复的国外引进项目的建设，等等。

在中央、地方的共同努力下，中国经济虚火苗头得到遏制，并重新回到发展正轨。据国家统计局年鉴数据显示，1981年国内生产总值为4860.3亿元，比上年增长5.2%。人均国民生产总值489元，同比增长6.3%。全国进出口贸易总额440.3亿美元，比上年增长15.4%，对外开放效果显著。全国职工年平均工资772元，指数为111.9。另外，建筑业产值达207.1亿元，是新中国成立后首次突破200亿大关。从总体来看，国民经济在稳步向前发展，人们生活继续改善。

把眼光放回房地产领域，延续四年的住房制度改革有了阶段性结果。改革开放初期，国务院确定了允许私人建房、买房的政策。据成思危主编的《中国城镇住房制度改革——目标模式与实施难点》一书中提到，1979年，国家分别拨款给广西柳州、梧州、南宁，以及陕西西安四个城市，要求由市政府统一建设住房，并以土建成本价向城镇居民出售。1980年，各省、市、自治区相继进行售房试点。

1980年年底，国家城市建设总局、中华全国总工会组织召开城镇职工、居民建造住宅和国家向私人出售住宅经验交流会，积极扶助、支持和组织职工、居民建造住宅，并建议住宅售价应当只包括住宅本身的建筑造价，付款方式可采用一次付款和分期付款相结合。

1981年4月，国务院办公厅将交流会情况报告转发全国，要求各地根据当地情况，研究执行。通知下发后，试点售房扩展到全国60多个城市及部分县镇，出售的住房也从开始时单一新建住房扩展到旧有住房。新建公房的出售价格每平方米建筑面积一般为120~150元，一套普通两居室住宅的总售价相当于家庭年收入的4~5倍。

遗憾的是，试点售房的成绩不甚理想，据不完全统计，到1981年年底，全国试点城镇售出住房只有3000余套，因此这类试点也就逐渐停止。当然，探索的步伐不会停止，新的模式将在1982年启动。

中房集团成立

为解决广大人民群众住房短缺问题，党中央领导煞费苦心。尤其是1998年房改之前，我国的房地产行业发展缓慢，以福利分房为主，中房集团就是在这样的背景下应运而生。

1980年11月，原国家建筑工程总局和中国人民建设银行总行联合签署《关于组建中国房屋建设开发公司的报告》。1981年1月16日，中国房屋建设开发公司在国务院批准下正式成立，开创了在社会主义市场经济条件下开发经营房地产的新途径。

中房担负着为推进房屋建设的社会化和商品化试点的历史使命，1987年11月，正式更名为中国房地产开发总公司。作为当时中国最大的房企，它主要是在各地建设福利房。"七五"、"八五"期间，中房及其所属企业每年开发房屋面积1200万~2100万平方米，约占当时全国商品房开发面积的1/5，并承担了全国住宅试点小区一半左右的任务。

随着国民经济的发展和建设事业的发展，1990年年底中房所属公司增加到146家。1993年1月，经国务院批准，再度更名为中国房地产开发集团公司。时任国务院总理的李鹏同志还亲自为中房集团题词："我国的房地产业，要为经济发展和对外开放服务，为住房制度改革作出贡献，特别要为改善人民住宅条件多做工作。国有大中型房地产企业要发挥骨干作用。"

1999年1月，按照中央精神，中房集团成为中央管理的以房地产为主的国有骨干企业。到了2003年，国务院国资委成立。自此，中房集团由国务院国资委直接管理。

然而，由于体制原因，中房集团摊子大，管理难，可支配优质资产有限。在2004年国务院勒令央企整合后，中房集团进入新一轮重整周期，历时多年。

直到2010年，国资委要求78家央企退出地产业务，仅保留16家央企从事房地产。中房集团就丧失了这一业务资格。同年8月，国资委以无偿行政划拨的方式把中房集团整体并入中交建集团。

这在《中国地产四十年·2011》中将重点写到，2011年3月6日，中交地产有限公司正式揭牌，这也代表着中交集团全面整合原中交和中房业务，以新的品牌进军房地产业，培育和发展中交房地产板块。

据悉，中交集团主要从事港口、码头、航道、公路、桥梁、铁路、隧道、市政等交通基础设施建设，是由中国港湾建设（集团）总公司与中国路桥（集团）总公司以新设合并方式于2005年组建。

此后，中交集团旗下地产业务整合的风声就没停下来过。直到2017年中房更名，才被外界视为取得阶段性进展。2017年9月13日，中房地产公告称，拟将公司名称由"中房地产股份有限公司"变更为"中交地产股份有限公司"，证券简称由"中房地产"变更为"中交地产"。

这也意味着中交集团旗下的房地产主业资产即将注入到中交地产。至此，中交房地产集团共有7家主要子公司，其中有6家房地产公司，分别包括中交地产、中房集团、中住地产、中国城乡建设发展有限公司、中交海外地产，以及在H股上市的绿城中国。

随着更名，老牌央企中房集团也随之在公众视线中消失。作为全国成立最早的房地产开发企业之一，它曾经盖了全中国1/5的福利房，也曾经因"中国房地产之父"孟晓苏的加入而备受全国瞩目。

孟晓苏，在《中国地产四十年·1978》中提到，他刚刚考入北京大学中文系新闻专业就读。1982年，大学毕业后的孟晓苏被分配到了中宣部新闻局。命运之神再次眷顾，在中宣部工作的第二年，33岁的孟晓苏被直接分配给中央政治局委员、国务院副总理万里同志当秘书。

1988年，孟晓苏在万里的支持下，再次考回北京大学，师从著名经济学家厉以宁，攻读经济学硕士研究生，与后来的国务院总理李克强和国家副主席李源潮成为同门师兄弟。当时厉以宁把孟晓苏、李源潮、李克强三位学生的硕士论文整理成一本书，定名为《走向繁荣的战略选择》。

八年后，孟晓苏离开中南海，调任国家商检局副局长。1992年年底，孟晓苏调往中国房地产开发集团总公司，担任总经理职务。在这里，孟晓苏迎来了人生另一个阶段，成为了家喻户晓的人物。

后来，孟晓苏在接受《中国新闻周刊》采访时回忆当年的情形："我在中房集团时，借助它当时全国第一的产业地位，提出了把住房建设作为国民经济新的增长点的建议，没想到被国务院采纳了。紧接着就在国家体改委、建设部、国家计委和国家科委的参与下，组织起课题组研究新的增长点课题，策划起房改方案。"

1996年，孟晓苏率先提出"住房建设是国民经济的新增长点"这一观点；1998年，孟晓苏担任房改课题组组长，参与了中国第一次房改的全部历程。

作为房改方案的设计者之一，孟晓苏的观点对中国房地产业发展产生了重要影响，也成为我国城镇住房制度改革的重要推动者，可谓高瞻远瞩。

2018年，孟晓苏应约为《证券时报》撰文，他提到，"今年恰逢中国改革开放四十年，又是中国城镇房改二十年。回顾二十年房改历程，我心头喜忧参半。喜的是看到房改作为一项重大改革，有力推动了国家经济发展和小康社会建设；忧的是当年房改任务还有好多没有完成，房改所指明的市场经济方向还在'调控'中经常发生迷离"。

无论如何，1981年成立的中房集团对中国的房地产发展进程有着不可磨灭的影响。卜凡中的《我们房地产这些年》中提到一个数据：这一年全国各地市有100多家房地产公司相继挂牌成立。

其中，包括1981年1月，宁波房地产总公司在"六统一"办公室的基础上成立；4月，荆州市房管局试行商品住宅建设，成立市住宅经营公司；5月，厦门经济特区工程建设公司成立；7月，大连运达房地产集团有限公司成立；8月，湖南省人民政府批准长沙、衡阳进行组建城市建设开发公司；11月，南京城市建设开发成立；12月，昆明市成立了住宅统建办公室，昆明房地产开发经营公司也同时挂牌，等等。

于1981年成立的还有天房集团的前身天津市建设开发公司，这是天津最早成立的房地产综合开发企业。1993年，天房发展改组为股份制企业，2001年9月，公司在上海证券交易所上市，成为天津行业首家上市公司。

作为天津市老资历国有地产企业，天房集团曾经风光无限，业务涉猎范围较广，包括房地产开发、土地整理、建筑施工、基础设施投资、新型建材等诸多领域。囊括天津人民日常生活多个方面，从燃气改造到建设公园，从兴建大桥到修缮校园，从建保障房到防洪工程，甚至还有引滦入津项目。

值得一提的是，天房集团主要业务还是以房地产为主，并于2015~2016年拿下了天津多宗地块，牢牢占据天津市场，2018年上半年天房集团位列天津房企销售金额榜第一位。

只不过，从2017年6月开始，就有天房混改重组的消息传出，当时天津市国资委公布了天津房地产集团有限公司国有企业混改的信息后，关于天房集团的混改工作已经持续了一年多时间，其间多次挂牌交易延期。

当然，1981年还有一家重量级企业要提，这就是葛洲坝集团。1981年1月4日，万里长江第一坝——葛洲坝水利枢纽工程大江截流工程胜利合龙。这是中国半个多世纪以来，在长江建设水电站、把丰富水资源转化为电能设想得以实现的第一步。葛洲坝工程建设也诞生了一家知名央企——葛洲坝集团，其前身是成立于1970年12月的三三零工程指挥部。

随后，葛洲坝集团南征北战，先后在全国20多个省、市、自治区整体或部分承建金沙江溪洛渡、向家坝和金安桥、清江隔河岩和水布垭、澜沧江漫湾等100余座大型水电站和核电、机场、路桥、堤防等工程2000多项。当然，最知名的是承担了世界最大的水利工程——三峡工程65%以上的工程量。由于过硬的建筑质量，业务更是走出国门，遍及东南亚、南亚、中东、非洲等60个国家和地区。

葛洲坝集团由工程建设起家，此后也进军地产开发，旗下的房地产开发业务是国务院国资委确定的16家以房地产为主业的央企之一，重点开发了上海浦东"葛洲坝大厦"、华中第一高楼——武汉"葛洲坝国际广场"及武汉"葛洲坝世纪花园"等一系列商用、民用地产，300多万平方米的高档楼盘已经建成或正在建设与销售中。

目前，中国葛洲坝地产重点布局国内一线及二线核心城市，战略布局囊括京津冀、长江经济带、泛珠三角等经济和社会发展前沿地区。

房地产企业纷纷创立、成长无疑推动了房地产快速发展，以此为突破口，《我们房地产这些年》中还列举了两个数字来进行对比。"从1979年到1981年，全国城镇共建成的职工住宅面积近2.2亿平方米，相当1966年到1977年12年的总和。1981年年底，职工家庭平均每人居住面积5.27平方米，比1978年增加近1平方米。"

改善住房，正逐步显现成效。

旅游地产先河

改革开放后，一个亟待解决的瓶颈就是酒店业不发达，无法承载海外客商和迅速增加的旅游者的入住需求。当时的中国，没有一家称得上现代化的饭店，更不要谈国际化的酒店管理与服务。国人对酒店的认识也还停留在政府机构"招待所"和小型社会旅馆的印象之中。

窥一斑可知全豹。以北京首都为例，仅仅只有北京饭店、友谊宾馆、前门饭店、华侨饭店、新侨饭店等八家饭店具备接待能力，其他省份城市的饭店或者旅馆、招待所要么设施陈旧，要么条件简陋，房间里没有风扇，连卫生环境都令人忧虑，远远达不到接待外商的水平。

1978年10月9日，邓小平同志在会见美国泛美航空公司董事长西威尔后，认为民航、旅游这两个行业有值得开发的潜力。"利用外资建旅馆可以干嘛！应该多搞一些。"随后，邓小平同志又接连出访了新加坡、马来西亚和泰国。"新马泰"东南亚三国的旅游业给他留下了深刻印象，尤其是新加坡虽然国土面积仅有719平方千米，还不如北京现在一个通州区面积大，但每年却吸引200万国外游客，旅游收入高达10亿美元。

邓小平同志算了一笔账：一个旅行者花费1000美元，一年接待1000万旅行者，就可以赚100亿美元，就算接待一半，也可以赚50亿美元。因此，他回国后，先后召见了国家旅游总局领导、国务院负责人和工商界人士谈如何加快旅游业发展进程。强调中国发展旅游业，对吸引外资，赚取外汇具有重大意义。邓小平同志明确要求"搞旅游业要把旅馆盖起来。下决心要快，第一批可以找侨资、外资，然后自己发展"。

为落实"利用外资建旅馆"的指示精神，国务院迅速组建了以副总理谷牧、陈慕华，全国人大常委会副委员长、国务院侨办主任廖承志等组成的"利用侨资、外资建设旅游饭店领导小组"，著名爱国华侨庄希泉之子庄炎林则出任领导小组办公室"常务副主任"。谁能想到，利用外资建旅馆的设想，却开启了日后中国商业地产、旅游地产开发的先河。

由于庄炎林在海外侨界有崇高威望，后来成功牵线搭桥参与了北京地区丽都饭店、建国饭店、长城饭店、兆龙饭店，华东地区南京金陵饭店以及上海虹桥饭店、华亭饭店，广东地区中山温泉宾馆以及广州白天鹅宾馆、中国大酒店、花园大酒店等多家旅游饭店项目。

《中国地产四十年·1979》里曾详细描述过霍英东主导兴建的白天鹅宾馆，经过两年多的筹备建设，在1981年12月27日，酒店正式封顶。除此之外，广州花园酒店在1981年3月动工，这座贝聿铭参与设计的花园酒店被称为业界的"黄埔军校"。深圳，竹园宾馆也在1981年落成开业。这是第一个在深圳大规模投资的港商——香港妙丽集团董事长刘天就主持投资的。

在《中国地产四十年·1980》中提到建国饭店在北京举行奠基仪式，正式开工。那其实也意味着中国饭店业迎来了发展的第一个春天。

这个新中国成立以来获得巨大成功的建国饭店，拥有当时一流的酒店设施，包括游泳池、喷泉，和北京第一家法国餐厅，一度被称为北京的"华尔街"。1981年，皮尔·卡丹还在这里举办了第一次面向公众的时装秀。

除了建国饭店建成，北京另一座酒店在同年开始兴建了。丽都饭店，于1981年12月17日开工，庄炎林和罗新权分别就任丽都饭店的首任正、副董事长。

丽都饭店的进展并非一帆风顺。当时，华裔新加坡富豪罗新权遵照父母的遗愿，来到了祖国希望做些投资贡献。然而罗新权与中方的商谈过程几经周折，谈判一度陷入僵局，无法进行下去。后经反复商谈确定，初定选址雅宝路建饭店。

没想到，在雅宝路建饭店遇到阻力，导致工程下马。为了维护信誉，履行合作，中方决定建造1500间客房规模的太阳宫饭店；但好事多磨，1981年3月13日，国家建委、计委和北京市人民政府本着"紧缩基建支出"的精神，将"太阳宫饭店"列为"缓建工程"，罗新权的筹建之路再一次戛然而止。

最后，经过一系列具体的谈判，中外双方于1981年5月16日签订丽都饭店公司章程。同年5月30日庄炎林和罗新权共同签署的《协议书》规定"为发展旅游事业，双方同意在北京合作建造2000～3000间客房的快速拼装旅游饭店"。

在1981年前后，一批中外合资的酒店如雨后春笋般腾空出世。他们既是中外合资（合作）的杰作和范本，也是中国第一批具有现代意义的饭店，为经济发展、建设运营提供了不可多得的宝贵经验。

这其中，还包括了"世界船王"包玉刚在北京兴建的兆龙饭店，1985年10月25日，邓小平还亲自出席了该饭店的开业典礼，这等荣耀是其他饭店不具备的；中国最早的3家五星级酒店之一，中国大酒店也是中国酒店史上一个小小的里程碑。

一路狂奔，群领风骚。1984年假日集团登陆中国，1985年国际酒店集团雅高进入中国，此后国际酒店纷纷在中国跑马圈地。然而，这些都是受当年外商投资从零开始平地起高楼风潮带动。因此，早年酒店建设，在改革开放初期的中国开启了一场建筑和社会的双重实验，给人们带来新的思考。

1981年，中国酒店行业迎来新的高峰，随着北京、广州、深圳、珠海等地多座高规格的酒店相继落成，并先后投入使用，不仅极大地改善了各地接待外商、旅游观光等设施条件，也带动了当地经济的发展，吸引更多外商前往投资贸易、兴建工厂，对中国改革开放注入了强大的资金支持和先进管理经验。

除此之外，随着外商全方位参与酒店建设，不仅改变了内地对居住、酒店等需求的认识，而且改变了国人的观念，酒店不仅成为展示改革开放成果的窗口，增强了人们对改革开放的信心，提高了民族自尊心。更是接轨国际先进理念的枢纽，认识到不足，从而加倍努力，提升水平，勇追时代潮流。

与此同时，对于中国房地产来说，这波酒店兴建热潮，客观上，也是中国商业地产、旅游地产的起点，开创酒店宾馆、旅游观光的地产开发先河，中国房地产也随着经济发展，由最早期单一的住宅功能，向商务洽谈、招商引资、旅游文化等多元化领域开拓，丰富了房地产的发展内涵和模式。

香港卖地收入大增

1981年8月26日，为妥善解决港澳台问题，中央正式提出"一国两制"构想，这也是中国政府为实现国家和平统一而提出的基本国策。"一国两制"是指在一个中国前提下，国家的主体坚持社会主义制度，香港、澳门、台湾保持原有的资本主义制度长期不变。

"一国两制"伟大构想提出之后，对于促进两岸关系和平发展，加快实现祖国统一大业，有着重大的现实意义。同时，为国际社会解决类似问题贡献出的大智慧和新思路，给世界各国解决国内国际争端树立了光辉的榜样。受到世界舆论的广泛赞誉，对推动建设一个持久和平、共同繁荣的和谐世界，极具当代意义，被认为是解决当今世界难题的一个最佳办法，足以开创未来世界的新局面，是中国为世界和平发展做出的卓著贡献。

香港回归总体思路得到明确，但世界经济衰退对香港的影响却迫在眉睫。1981年，香港出台了两个政策让房地产行业备受打击。

一是7月港府实行金融三级制，加强对财务公司管制，结果令财务公司的短期存款大减，加速信贷收缩。

这个背景源自增长率惊人的地产贷款。这一年分期付款买楼的贷款达155.56亿元，比上一年度增加30%。到了第四季度，银行几乎没有额度放在分期付款方面，有的银行甚至还给出新的楼宇估值办法，不再按建筑面积计算，而是以实用面积计算，按揭成数压缩到六成。

同时，当时的香港出现了大批信贷财务公司无法还款，被迫清盘的局面，这也是整个横贯在80年代中期的银行危机症结所在。先后包括恒隆、海外信托等8家银行被接管或收购，对房地产市场造成不小的冲击。

二是修订卖地政策，取消"分期付款买地"，无形中增加发展商购买土地的成本（利息）。

在冯邦彦所著的《香港地产业百年》一书中提到一个数据，地产业对香港财政收入的贡献首先表现在卖地收入上。据统计，从1971~1972年度到1997~1998年度的27年间，香港政府的卖地收入累计高达2554.23亿元，在同期财政总收入中所占比重达13.5%。

"其中，1980~1981年度，卖地收入占财政总收入的比重一度高达35.6%，其比率如此之高，这在西方经济中比较罕见。"

这一年，有两宗土地的成交可以成为房地产市场调整的信号。一宗是香港政府与发展商巍城公司达成协议，以22.58亿元价格，收回元朗天水围土地，面积达488公顷。

七天后，香港政府再次在土地市场上露出了大动作。当时，香港政府与中国银行洽谈，以10亿元价格出售中区美利道停车场，即新中银大厦。这就是后来中国银行在香港的总部，由贝聿铭建筑师事务所设计。1989年竣工，1990年启用，建成时是香港最高的建筑物，也是除美国地区以外最高的摩天大厦。

调整，对于商人来说，既是风险，也是机遇。1981年港岛地铁沿线9个地铁站上盖物业的发展权招标大会，成为香港商界史上一场十足的大戏。

当时，参与竞标的有三个关键人物。一是置地集团；二是太古集团和会德丰联手；三是在恒隆集团的牵头下，组成了三大财团：包括新世界发展、信和地产、廖创兴企业、华懋集团、凯联酒店，等等。

最后的胜利者是恒隆牵头的三大财团，但他们也为此付出了高昂的代价。以金钟二段地铁站上盖物业为例，恒隆给出的价格是18亿港币，这对于当时的市场来说简直是天价。他们还准备大干一场，预计投入70亿元建筑成本，在这9个地铁上，修建8幢商业大厦、8000个高级住宅单位，总楼面面积突破700万方呎。

恒隆押宝的是未来短时间内地价便会翻倍。然而，因为立项手续繁多，港英政府审批挑剔，金钟二段部分项目一拖再拖。到了1982年，撒切尔夫人访问北京，中英谈判拉开序幕，香港前景不明朗成为压倒房地产这只骆驼的最后一根稻草。

在香港地价普遍下跌40%～60%不等的情况下，恒隆向香港政府建议将地价从18.2亿港元减至14亿港元水平，但不获接纳。日资银行原已签约向恒隆贷出15亿元最高信贷，也临时撤回承诺。到了年底，恒隆向港府再次申请延期补地价不遂之后，恒隆不得不宣布退出金钟二段的开发。

有人欢喜有人忧，1981年的香港房地产市场，行业排名已经初显。

1981年1月，长实发行新股664.64万股拿下利兴发展39.3%股权。比起1972年11月刚上市时仅约1.26亿元的市值，到1981年年底，长实市值已增加到78.77亿元，仅次于置地。

跟长实同年上市的新地，市值从4亿元一路上扬，到1981年底已增至43.77亿元，成为仅次于置地、长实、新世界发展的第四大地产公司。

1981年8月，置地与佳宁组成财团，以28亿元购入尖沙咀旅游中心区美丽华酒店旧翼，计划发展成置地广场式的高级商厦。这一年，也是佳宁发展的巅峰时刻，年底市值达39.21亿元，成为香港股市中仅次于置地、长实、新世界、新地的第五大地产公司。

同年，新加坡首富黄廷芳家族旗下香港地产公司信和置业在香港上市，以作为集团地产发展的主力。年底市值达33.81亿元，已超过恒隆、合和、大昌等，一跃成为香港第九大地产上市公司。

这位祖籍福建，在60年代与父亲南下新加坡，一手建立了"新加坡远东机构"，同时创办香港信和集团的企业家，在1994年香港《资本家》杂志推出的"香港、台湾、东南亚华人富豪榜"中，以23亿美元的身家处在第34位，位列新加坡富豪的榜首。

1981年，还有不少值得一提的香港房地产企业，利氏家族的希慎集团算是一个。这一年9月，利氏家族将位于铜锣湾的5栋收租物业，包括希慎道1号，礼顿中心、兴利中心、新宁大厦及新宁阁等组成希慎兴业有限公司，并在香港上市，集资5亿元。

这时候的希慎兴业，可谓风光无限，手握123万方呎出租物业，堪称"铜锣湾地王"。

汕头特区与潮商

在《中国地产四十年·1980》中提到，中国改革开放迈出关键一步，中央批准在深圳、珠海、厦门、汕头设立经济特区，前面三个特区在1980年就成立了。而汕头则在1981年11月14日正式创办，成为四大城市里最后一个设立的经济特区。

改革开放之后，大量爱国华侨均表达了积极参加祖国、家乡建设的强烈愿望。因此，中央在中国著名侨乡汕头特别设立了经济特区，借助广大分布在东南亚、欧美等地区的潮汕华侨资金、技术、管理经验等多种优势，参加祖国经济建设。

汕头位于广东省东部，韩江三角洲南端，依山面海，是中国著名侨乡，也是潮汕地区重要的政治、文化、经济中心。雄踞粤东、闽西南、赣南交通要道，与中国台湾隔海相望，地理位置优越，自古是中国东南地区重要出海口。

汕头商业贸易发达，早在一百多年前，就已经闻名全球。1858年11月18日，恩格斯于《纽约每日论坛报》发表的文章——《俄国在远东的成功》中特别提到："由于开放五个通商口岸，使广州的一部分贸易转移到了上海。其他的口岸差不多都没有什么贸易，而汕头这个唯一有一点商业意义的口岸，又不属于那五个开放的口岸。"

在160年前，恩格斯就对汕头有如此高的评价，显然当时的汕头已经在国际上极具知名度。实际上，汕头所在的潮汕地区两千年前就已经具有海上商业行为。李宏新编撰《潮汕华侨史》一书，依据科学考古结论及原始材料等研究，证实了公元前112年，即汉武帝期间，就有正史记载潮汕地区存在大型船队集结。最早实证在西汉中期至东汉，潮汕参与海上丝绸之路活动。

最晚于610年，也就是隋朝时期，潮汕海外通商已经开始。此外，宋代便有外商经常往来潮汕通商等记录。到了明朝期间，汕头名为厦岭，归潮州府澄海县鮀浦司管辖，当时已经是海上丝绸之路重要港口。1684年，清朝康熙二十三年收复台湾之后解除海禁，潮汕航运贸易迅速得到恢复，并发展成繁忙港埠。

清朝嘉庆年间，欧洲各国前往潮汕贸易日益频繁，只不过，原先传统贸易中心由潮州向汕头迁移，潮汕地区进出口贸易大多改走汕头港。经过多年发展，汕头与中国沿海包括天津、中国台湾、厦门等多地均有航线，而与新加坡、暹罗、苏门答腊等东南亚地区贸易往来更是络绎不绝，彼时汕头港已是中国十分繁华重要的商品进出口岸。

1842年8月，第一次鸦片战争清政府战败后，中英签署《南京条约》被迫开放广州、福州、厦门、宁波、上海五处为通商口岸后，汕头虽未列为通商口岸，但对外贸易往来较之其他港口城市相对活跃繁荣。1858年，第二次鸦片战争再次失利后，清廷被迫签署《天津条约》，同意增开汕头等十座城市为通商口岸。

自明代中后期开始，由于地少人多，潮汕人民难以维持生计，数百年来，潮汕一批又一批出外谋生，由此形成了在海外数量庞大的华侨群体。据不完全统计，在潮汕地区生活的潮汕人1000多万，而在潮汕以外的中国地区生活的潮汕人有1000多万，海外同样高达1000多万潮汕人，也就是说在外地发展的潮汕人已经是原籍地的潮汕人的两倍。

虽然当年很多潮汕人因为生计被迫背井离乡赴外地谋生，但以敢于闯荡、团结和气、爱拼才会赢著称的潮汕人，无论在哪儿往往都能获得较好的发展空间，再加上天生具有商业头脑，诞生了一大批商贾巨富、知名企业家，形成具有鲜明特色的潮商群体，与徽商、晋商、浙商等并称中国历史上十大商帮，而且历经数百年而不衰，迄今仍是中国、世界一股强大的经济力量，为中国经济、全球商业文明创造了巨大贡献。

综观全球，多个国家、地区首富均有潮汕人，2018年胡润全球富豪榜中，潮汕富豪就有82人上榜，超两万亿总财富，堪称富可敌国。曾经长期称霸全球华人首富长江实业创始人李嘉诚，泰国两任首富正大卜蜂集团谢国民、泰国酿酒业大王苏旭明，全球涂料巨子新加坡立邦漆吴清亮，新加坡最大银行、大华银行连瀛洲，马来西亚"最佳银行"——大众银行创始人郑鸿标，均为潮汕人。

除了海外，中国各地也活跃着不少潮汕人的身影。香港生活着超百万的潮汕人，而且在各界均有杰出人物，商界除李嘉诚之外，还有放弃华人首富地位将2000亿资产捐给国家的南洋商业银行创办人庄世平，股坛狙击手、华人置业刘銮雄，香港丽新集团主席、亚视董事局主席林百欣，玩具大王、香港旭日国际集团主席蔡志明，以及英皇集团主席杨受成等诸多富豪也是来自潮汕地区。文化娱乐圈蔡少芬、郑秀文、孙燕姿、周华健等多位影视明星祖籍也是潮汕。

更难能可贵的是，潮汕人无论走到天涯海角，都保持着浓郁的乡土情结，拥有一颗回报乡梓的赤诚之心。因此，在汕头设立特区，可以吸引当时在港澳台、东南亚甚至全球的潮汕人支持家乡经济建设。同时，激发本地潮汕人的经商基因，为中国改革开放经济建设注入新的活力。事实证明，汕头经济特区的建立，吸引了大量境外潮汕人返乡投资建厂、兴办教育、改善医疗、扶贫帮困，促进内地经济、民生诸多领域提升完善。

汕头经济特区的设立，除了吸引广大海外潮汕企业家回乡投资之外，更带动了内地潮汕人经商创业的热情。改革开放后，本地潮汕人也将足迹印遍大江南北，创立了一大批全国知名企业，极大地推动了中国经济发展，包括《时代周刊》评选的2018年全球最具影响力人物、腾讯创始人马化腾，曾经多次夺得中国内地首富的国美创始人黄光裕，全球玩具之王、奥飞动漫总裁蔡东青，风行全世界的姚记扑克创始人姚文琛，CCTV中国经济年度人物、TCL集团董事长李东生，汤臣倍健创始人梁允超，打破国际大牌垄断的民族日化品牌旗手、拉芳董事长吴桂谦。

当然，回到房地产领域，潮汕创办的房企更是数不胜数，尤其是在中国香港、深圳、广州等地。据不完全统计，跻身2018年胡润全球富豪榜之列的潮汕地产商就有：长江实业李嘉诚，华人置业刘銮雄，宝能集团姚振华，合生创展朱孟依，龙光地产纪海鹏，富德张峻，观澜湖地产朱鼎健，国美黄光裕，星河集团黄楚龙，茂业集团黄茂如，侨鑫集团周泽荣，鸿荣源赖海民，鹰君罗嘉瑞，恒裕龚俊龙，仁恒置地钟声坚，大中华黄世再，联美苏素玉，瑞安集团罗康瑞，利福国际刘銮鸿，顺风郑建明，海雅地产涂辉龙，保利达柯为湘，国瑞置业张章笋，玉湖投资黄向墨，佳兆业郭英成……这批地产商均有一个共同标签——潮汕人。

毫不夸张地说，在中国地产版图里，潮汕地产商占据举足轻重的重要地位，除家喻户晓的李嘉诚之外，国美黄光裕虽然做家电渠道起家，但凭在家电销售资金积累，囤地无数，一度成为中国最大的"地主"。而在万宝股权大战中，姚振华更是成为万科第一大股东，连王石都对姚振华背后庞大的潮汕财团雄厚资本颇为忌惮，在股权之争白热化阶段，王石甚至紧急表态："潮汕商帮是中国传统商帮的一支，聪明吃苦善经营，其足迹遍布五湖四海，至今更在商场上扮演重要角色，成果累累。我佩服潮汕商人，万科不乏优秀的潮汕员工，老王（王石）亦有许多潮汕朋友。"

由此可见，汕头经济特区不仅吸引爱国潮汕同胞、华侨回乡投资，也激发内地潮汕人的拼搏热情。当然，也有些观点认为，汕头特区在最早成立的第一批特区里并没有脱颖而出，甚至发展缓慢，但实际上，汕头原先起步低、基础差，更缺少深圳毗邻香港、珠海毗邻澳门、厦门邻近台湾等优势，而且，汕头由于人口众多、土地贫乏，历史上经济长期处于落后地位，如果没有经济特区加持，发展更无从起步。因此，汕头特区创立仍具有重要历史意义。

地铁物业步入生活

中国在一步步接轨西方世界，但是1981年同期的西方世界却陷入了一场经济危机。

生产停滞跟通货膨胀，成为美国和西欧国家1981年的关键词。中国社会科学院世界经济与政治研究所李徐认为，"这次危机，可以回溯到1979年第二季度，从那时起，美国的工业生产就开始缓慢下降，到1980年2月开始猛烈下降，到7月降至最低点，共下降了8.2%"。

"9月开始回升，到1981年第一季度末，已恢复到下降前的最高水平。但到二、三季度，生产量又连续下降，失业人数增加，以致里根于10月不得不承认，美国又陷入了新的衰退。"

当时，里根上台后正在进行大刀阔斧的改革，包括减税、降低社会福利、放松对部分行业的管制、推进利率市场化改革等。1981年8月通过《1981经济复苏税法》，个人所得税最高税率从50%降为35%，企业所得税率从46%降低到34%。同时，增加军备支出，与苏联进行军备竞赛。不可避免地，美国财政赤字大幅走高，1983年美国联邦财政赤字规模接近1980年的三倍，为2078亿美元。

西欧国家也过得并不轻松。1981年第二季度，英国的工业生产同期相比已下降了11.5%，到了10月，英国失业率达11.5%，创下了三十年代大危机以来的最高纪录。

此外，新华通讯社国际部李长久、郭勇在《美欧国家在滞胀中艰难地度过了1981年》中还提到，"欧洲共同体的工业生产自1980年第二季度开始下降，二、三、四季度的工业生产指数分别下降了1.2%、2.6%和2%。共同体委员会于1980年11月正式承认，西欧经济陷入一场新的衰退"。

"1981年以来，法国、西德、意大利和荷兰的工业生产分别下降了5.4%、6.2%、3.4%和6.6%。1981年第二季度，这四个国家的工业生产又分别下降了1.2%、4.8%、10%和14.6%。"

这一切的根源在于对美欧经济影响巨大的汽车和钢铁行业。日本汽车价格低又省油，大举涌进美国和西欧，加剧了各国之间的贸易摩擦。

李长久、郭勇在文章中给出了一组详细的数据，"美国1980年的汽车产量由1979年1148万辆减至800.1万辆，下跌了30.3%。到了1981年10月，汽车产量又比上年同期减产了20.7%，成为十多年来汽车产量最低的一个月，汽车销量则猛跌了26%，成为23年来汽车销量最少的一个月"。

令人触目惊心的是，"1981年10月美国的失业人数从1月的784.7万人增至852万人，失业率达8%，成为1975年以来失业率最高的一个月，欧洲共同体国家的失业人数已达970万人，比上年同期增加了31.4%"。

西方国家的衰退，却是日本强势崛起的反衬。日本提出，80年代将向"技术立国"发展，走向"建立自主技术时代"。可以作为佐证的《科技白皮书》提出：科研费用到20世纪80年代中期把技术开发费用由现在占国民生产总值的1.7%，提高到2.5%，达到目前美欧的最高水平，80年代末期将达到3%。其中政府负担从现在的30%上升为50%。

作为长远战略，日本决定对内走一条高精尖的技术道路，对外加强与世界主要经济区尤其是东南亚国家的"相互依赖"关系，使日本经济发展处于有利地位。

美欧日形势风云际变，中国则坚定不移坚持改革开放。时逢中国共产党成立60周年，中共十一届六中全会审议和通过《关于建国以来党的若干历史问题的决议》，对毛泽东的功过是非和毛泽东思想的基本内容与指导意义作出总结和评价。

这一年的思想开放还表现在对"个体户"的态度转变上。1981年4月，全国工商局长会议提出要在政治上、政策上支持个体户经营。对饮食、服务、修理、工艺品等几个行业可放宽一些，准许带帮手，准许多带几个徒弟，以扩大待业青年就业。7月，国务院正式发布了《关于城镇非农业个体经济的若干政策规定》，指出个体经济是国营经济和集体经济的必要补充。至此，个体户终于得到官方正式认可。

十一届三中全会前，我国的非公有制经济几乎绝迹。1978年，在工业总产值中，全民所有制工业占80.8%，集体所有制工业占19.2%，私营工业为0。到了1981年，我国全年个体工商户为182万户，从业人员227万人，注册资本金4.6亿元，年创产值1.5亿元，营业收入达19.7亿元。个体户有效缓解失业难题，也带动就业者逐步实现温饱，促进社会稳定，为经济、房地产发展奠定基础。

同月，北京地铁第一期工程从北京站到西郊苹果园，经国家验收正式交付运营。全长23.6公里，共17个车站。这也是北京第一条地铁首次对外运营，标志着北京地铁开始为人民服务，地铁沿线居民开始享受交通便利。

从此之后，地铁物业开始走入百姓生活，并深刻影响此后数十年城市发展。中国各大城市竞相开建地铁，而地铁所到之处，地价、房价均应声上涨，地铁物业成为不愁卖的香饽饽。

这一切，都证明中国正在稳步向前发展。

女排与地产不解之缘

改革开放伊始，国门初开，重新开眼看世界的中国人，突然发现外部世界已经改天换地，取得飞速发展，科技领先、经济发达，相比之下，中国落后现状令人多少有些自卑。在这种背景下，一支传奇球队诞生了，也激发了国人自信心和自尊心，这就是中国女排，世界绝无仅有的五连冠霸主，在国人最需要的时候出现了，一时之间，成为中国人顽强拼搏、自强不息的精神象征。

1981年11月，第三届世界杯女子排球在日本东京举行。中国女子排球队以七战七捷的佳绩首次获得世界冠军，这是中国女排夺得的第一个世界冠军，为祖国赢得了荣誉。消息传回国内的当晚，居民、学生自发聚集在天安门广场上，彻夜高呼"中国万岁，女排万岁！"

这是中国三大球首次夺得世界冠军，也由此拉开了中国女排五连冠霸业，从1981年至1986年，中国女排在主教练袁伟民的带领下，以及孙晋芳、郎平等女排球员奋勇拼搏，先后斩获世界杯、世界锦标赛和奥运会共5次世界冠军，成为世界排坛史无前例的首支蝉联"五连冠"的队伍。

在当时国家仍处于经济落后的情况下，"五连冠"极大振奋国人信心，坚定了改革开放信念，每当中国女排有重大比赛时，国人竞相围着电视机、收音机，收看、收听比赛实况。那时候，以郎平为旗帜的中国女排成为中国人的精神图腾，极大鼓动国人的热情，无数国人成为她的铁杆粉丝，后来的首富许家印也不例外。

就在中国女排在世界赛场上挥洒汗水与青春的时候，许家印则在武汉钢铁学院（现武汉科技大学）组织同学生收看"铁榔头"郎平率领的中国女排比赛，特别是女排第一次夺冠时，学生们点燃扫帚、草席当火把，全校陷入狂欢。"学习女排，振兴中华"的口号响彻校园每个角落，成为那一代学子的集体记忆。许家印的大学同学俞斌回忆说："《排球女将》就是那个时候看的，许家印很崇拜铁榔头嘛！"

2009年，恒大力邀当年"五连冠"核心球员"铁榔头"——郎平回国执教广东恒大女排，在新闻发布会上，恒大许家印谈及邀请郎平初衷里特别提到，当年女排五连冠精神对他的巨大鼓舞作用。郎平入主广东恒大女排之后，迅速带领这支中国女排联赛B组球队夺冠，并升入A组联赛，随后又赢得A组联赛两次亚军、一次冠军。

2013年，中国女排跌入谷底，在各种大赛中接连折戟，面临巨大压力。女排主管领导多次南下广州，争取郎平加盟。而许家印从国家需要出发，又全力支持郎平出任中国女排国家队教练。郎平到任后迅速带领中国女排走出低谷，在2015年世界杯上，重夺世界桂冠。随后，又在2016年奥运会上，力克群雄，再次荣膺奥运金牌，由此开启了中国女排夺冠新旅程。在举国欢腾之余，国人也不忘许家印、恒大女排为国家队做出的贡献。

除郎平与恒大的故事之外，当年五连冠女排多位主力队员也与房地产结下不解之缘。其中，当时球队中有"老大"之称的曹慧英，曾在球队中担任队长、主力副攻手。

这位"大姐大"曾为夺世界冠军三次延后婚期，终于在两次将世界冠军收入囊中之后，1983年初结婚。随后从北京体院毕业，被分配到国家体委工作。1985年迎来新的人生角色，出任中国体育旅游公司副总经理。

20世纪90年代初，曹慧英顺应时代潮流下海，与丈夫殷勤以及夫弟殷俭，一起创办龙德行，她担任公司副董事长兼总经理。龙德行公司由殷勤、殷俭兄弟俩负责日常管理，但也有不少客户冲着曹慧英的名气上门洽谈合作。龙德行公司也经营房地产，完成多个居民小区建设。

龙德行发展迅速，1996年便在北京鼓楼外大街，北二环和北三环之间，盖起一座气势非凡的"龙德行大厦"，建筑面积14690.5平方米。虽然面积不算大，但地理位置优越，大厦位于北京奥运大道，与天安门、故宫等古老建筑同处北京中轴线上，离奥运主会场鸟巢仅1公里。

首次夺得世界冠军的主力球员之一杨希明眸皓齿，特别是高雅的气质颇受日本球迷崇拜，被称为"排坛山口百惠"。由于形象出众，甚至北京青年电影制片厂准备拍摄排球主题电影《沙鸥》时，多次想邀请杨希出演，只不过队里没同意。

杨希在夺冠第二年便从国家队退役，1985年杨希毕业于北京体院，随后由八一体工大队借调国家体委训练局，负责中国女排领队，先后辅佐邓若曾、张蓉芳等人，是中国女排夺取"四连冠"、"五连冠"的幕后英雄。

1989年，杨希获得美国西肯塔基大学奖学金，于是她赴美攻读心理学研究生。在美求学的两年多时间里，杨希勤学苦读，接连拿下各科目，最终揽得硕士学位。

有意思的是，学成归国后，杨希既没有回到体育行业，也没有从事心理学领域，而是投身中国刚刚起步不久的房地产事业，创办了腾达房地产开发有限公司，任董事长兼总经理。据传其参与合作开发了北京城著名豪宅"贡院六号"等多个项目，名下还有多家豪华会所，成为老女排当中公认的首位富姐。

1982年：

四城售房试点　国有房企大增

千百年来，农民与土地世代相依，他们面朝黄土背朝天，劳劳碌碌，辛辛苦苦，他们对土地怀有着深厚的感情，他们有着一个共同的梦，那就是有块自己长期耕种的土地。

1982年，这个流转了千百年的梦，总算迎来了实现的那一天。

1982年1月1日，中央1号文件《全国农村工作会议纪要》指出，目前农村实行的各种责任制，包括小段包工定额计酬，专业承包联产计酬，联产到劳，包产到户、到组，包干到户、到组等等，都是社会主义集体经济的生产责任制。

这是党第一次在正式文件上承认"包产到户"的社会主义性质，打破了"包产到户"等于资本主义复辟的僵化思想，让"包产到户"得以在全国推广，从而极大地解放了农村生产力。

据《邓小平文选》第三卷记录，1982年9月1日，在党的十二大会议上，邓小平在各方争议中为新中国定下了前进方向："走自己的道路，建设有中国特色的社会主义，这就是我们总结长期历史经验得出的结论。"即一方面要坚持马克思主义的基本原理，走社会主义道路；另一方面必须从中国的实际出发，不照抄、照搬别国经验、模式，而是走具有中国特色的路。

从此，建设有中国特色的社会主义成为国家战略。这是一种全新的思维，也是一条全新的发展道路。

1982年，中国发展道路每一步都具有深刻意义，不仅内部发展厘清了思路，而且对外原则也表明了态度。在确定建设有中国特色的社会主义国家战略的同时，中国也明确对外表态将收回香港。

1982年9月24日，英国首相"铁娘子"撒切尔夫人正式访华。邓小平同志在中国人民大会堂与撒切尔夫人就香港主权问题进行了一场针锋相对的谈判。

当时，英国刚刚赢得与阿根廷的马岛争夺大战，这让撒切尔夫人更添一份优越感，谈判过程中咄咄逼人，甚至威胁说："要保持香港的繁荣，就必须由英国来管治。如果中国宣布收回香港，就会给香港带来灾难影响和后果。"

当然，邓小平态度也是强硬且坚决。据《邓小平文选》第三卷记录，邓小平说："关于主权问题，中国在这个问题上没有回旋余地。坦率地讲，主权问题不是一个可以讨论的问题。现在时机已经成熟了，应该明确肯定：一九九七年中国将收回香港。"

这话分量极重，意味着中英如果双方无法谈妥，将会采取其他更为有力的手段收回香港。因此，连素以强硬著称的撒切尔夫人听完后都脸色凝重。谈判结束后，撒切尔夫人在人民大会堂外的阶梯摔了一跤。撒切尔夫人这一摔，经外国媒体拍摄报道出去后，被解读为英国妥协的先兆。

值得一提的是，继1981年邓小平首倡"一个国家，两种制度"构想后，在与撒切尔夫人见面时，邓小平同志再次明确了按照一国两制的方针解决香港问题，也为香港十五年后的和平交接奠定了重要基础。

既然选择了远方，便只顾风雨兼程，新中国始终有着自己的坚持，走中国特色社会主义之路如是，收回香港主权如是，自1978年以来的改革开放和房地产改革亦如是。

1982年，推进住宅商品化的脚步并没有因为此前受挫而停下，常州、郑州、沙市、四平被定为新一轮住宅出售试点城市，住宅商品化的探讨再进一步。深圳首度对外资企业收取土地使用费，迈出了土地市场化的重要一步。中国房地产在曲折中前进、成长。

正如《人民日报》1982年的元旦社论所言："我们今天确实处在一个由乱到治、由穷到富的大变化、大发展的历史潮流中。我们坚信，没有什么缺点是不能克服的，没有什么困难是不能战胜的。在新的一年里，我们一定能赢得比去年更大的胜利。"

中央重拳整顿经济

尽管改革开放大势所趋，但实施期间也遭受过不少非议。1982年，当时主政广东的任仲夷，在一片批判开放的质疑声中被迫写了生平第一份检讨书。但对于已经推行的开放政策，任仲夷始终没有动摇，坚持"排污不排外"。

因为任仲夷的坚持，特区开放的阵地得以保全。任仲夷也抓紧机会，在广东出台各项新规，风风火火推进开放政策。回忆往事，任仲夷曾言："若非邓公支持，我早就过不了关。"

为了摆脱贫穷，为了让中国强大起来，"一心一意搞经济建设"已经成为全中国人民的共识，在那个一无所有的年代里，他们热情高涨，他们士气高昂。然而，那也是一个野蛮生长的年代，难保一切都是按理想的方向前进。

在改革开放初期，伴随着经济快速发展滋生的是越来越多的经济犯罪行为。早在1979年10月，中央纪委已经提出要纠正经济领域中的不正之风。之后在1981年，中央纪委又把这项工作列为端正党风的重点工作之一，同时要求各级纪委应当特别抓紧检查和严肃处理经济领域中违法乱纪案件,加强同各种不正之风的斗争。

1982年1月11日,中共中央发出《紧急通知》,指出有一些干部,甚至是担负一定领导职务的干部,不同程度地存在着走私贩私、贪污受贿,把大量国家财产窃为己有等严重的违法犯罪行为。《通知》强调,对于这个严重损坏党的威信,关系到党生死存亡的重大问题,全党一定要抓住不放,雷厉风行加以解决。

随后1982年3月,对经济犯罪的打击上升到法律层面,全国人大常委会通过了《关于严惩严重破坏经济的罪犯的决定》,对我国《刑法》的有关条款作了相应的补充和修改。1982年4月,打击经济犯罪真正落到实处,不再停留在理论阶段。中共中央、国务院作出《关于打击经济领域中严重犯罪活动的决定》,对打击经济领域犯罪活动做出周密部署。

中央重拳打击经济犯罪,使得很多个体户和私营老板都噤若寒蝉、人人自危,这严重影响了民营经济的活跃性。吴晓波在《激荡三十年》书中指出,此次经济整肃让民营经济遭遇第一次寒流,大大延缓了它的成长势头,特别是先发的浙南和珠江三角洲地区承受巨大的冲击和压力。

前文提到的任仲夷,就是在这种背景下坚持推行开放政策的,难度是可想而知的。据悉,在2月召开的广东、福建两省座谈会上,原本是对走私贩私等问题进行研究,但后来讨论着却变成了对开放政策的批判。会上甚至有人指出:"广东这样发展下去,不出三个月就得垮台。"

尽管举步维艰,但幸运的是,任仲夷最终还是把开放政策坚持下来了,也正是因为有了这份坚持的护航,才有了尚志安创造厂房预售模式的条件。

1982年,有一个人在不经意间为中国房地产的发展带来一次重大突破。据《房地产江湖》记载,这年年初,一个叫尚志安的山西人来到深圳淘金,他走进深圳市政府,放出话来:"给我政策,不要一分钱拨款,我就能在荒山野岭上开辟出一个工业区来。"

结果,深圳市政府几位领导开会协商,考虑到反正也不用投钱,如果能闯出一条路来,可算意外之喜,就算没做成,感觉也没什么损失,于是真的给了尚志安一块地,让他自己去折腾。

尚志安如愿获得的这块地方叫"上步",改革开放之前的上步村,由巴登、埔尾、向东围、祠堂村、沙埔头、旧墟、赤尾七个自然村组成,毗邻深圳河。隔河看过去,就是山峦叠翠的香港新界。上步村曾有深圳河上唯一的码头——上步码头,新中国成立前,每年端午节还会组织龙舟赛:焚香跪拜,抬出20多米长的龙舟,锣鼓喧天,龙舟竞渡,令深圳河热闹非凡。

就是这样一块充满乡土气息的地块,成为尚志安打造工业区的起点。尚志安手握政府土地批文,找到银行,成功贷出2300万,便风风火火的开始盖厂房。很快,第一栋厂房接近完工,闻讯而来的香港企业已经迫不及待找上门来交钱买厂房。

起初,尚志安还有点不知所措,他认为厂房未建好,不应该先收钱,这是一个老实商人应该的坚持,毕竟一手交钱一手交货是天经地义的经商惯例。只不过,这种想法在香港企业主看来已经落后了。香港企业主向尚志安解释称:"在香港都是先交钱认购,再收房的。"尚志安为此还专门跑了趟香港考察,发现香港市场普遍采用这种先付款再收楼的模式,于是,恍然大悟的尚志安从此开启了预售厂房的模式。

后面的房子还没建成就开始预售,然后拿了预付款再去建房子,资金很快滚动起来,高效盘活建房速度。1983 年,深圳第一个工业区——上步工业区建成,包含 17 幢标准厂房,3 幢职工宿舍,1 幢管理大楼,1 座仓库,还有餐厅、变电站和运动场等一批设施,竣工面积达 21 万平方米。

凭借着这种资金快速回笼的预售模式,上步工业区成为中国最早的工业房地产,同时也成为国内房地产预售的起点,对后续房地产开发经营有着重要的参考意义。

值得一提的是,当年位于上步村的工业区,经过数十年发展已经成为市中心,而工业区所在的华强北也逐渐成为中国最大的电子市场,甚至闻名世界的电子产品集散地。深圳市区政府从 1998 年开始,逐步对华强北商业街进行产业升级,改造为深圳最传统、最具人气的商业旺地之一。

四城进行售房试点

伴随着经济建设的艰难前行,中国住房制度的改革也是一刻没有怠慢。自 1978 年邓小平提出"居民住房可否成为商品"的疑问后,中央就一直在寻找答案。"实践、认识、再实践、再认识"同样是住房制度改革的基本方法论。

1981 年,住房制度改革试点因售房效果未达预期而暂停,但新的探索重新开始。前文提到 1982 年 4 月,中央在总结前期实践经验的基础上,启动了新一轮的住宅出售试点,并选定了常州、郑州、沙市、四平这四个城市作为试点城市。

《中国地产四十年·1981》中写道,自改革开放后,中央启动试点售房。1979 年,国家城建总局决定在西安、南宁、柳州、梧州这几个试点城市把新建住房以土建成本价向居民出售,售价为 120~150 元/平方米。

但改革开放初期,中国居民工资水平普遍偏低,加上公房租金也低,这直接影响了居民购房的积极性,所以这轮试点并没有取得实质性进展。据陈国强著的《房地产江湖》一书显示,直到 1981 年,全国 23 个省、自治区、直辖市共 60 多个城市进行了新建住房出售试点,仅仅卖出了 36.6 万平方米的房子。

前车之覆,后车之鉴。1982 年,在启动新一轮住宅出售试点的时候,中央为更好地调动居民的购房积极性,相应地推出了"三三"制优惠政策,即原则上个人负担售价的 1/3,职工所在单位及地方政府各补贴 1/3,售价依然是以土建成本价为标准,约 150~200 元/平方米。除此之外,地方上也采取了一定的优惠措施,如一次性付款折减优惠、分期付款等。

"三三"制的出台，大大减轻了居民购房压力，个人负担部分仅相当于家庭年收入的2倍，亦因此，这一轮试点取得了显著效果。1984年10月，在总结四市试点经验的基础上，国务院决定在全国扩大城市公有住宅补贴出售试点。《房地产江湖》一书中透露，直到1985年年底，试点城市推广到全国160个城市和300个县、镇，共卖出1092.8万平方米的房子。

尽管成效显著，但这样大力度的补贴并不是长久之计，一方面由于地方政府给出了大量补贴，无法形成资本的有效循环，财政压力也明显加大；另一方面给企业造成了沉重的负担，遭到企业反对。成思危在《中国城镇住房制度改革》一书中就特别提到这两点带来的影响：由于2/3的购房款需要企业和地方政府补贴（地方政府提供的补贴多数转由企业承担），因而遭到一些企业与地方政府的强烈反对，1985年补贴售房被视为低价售房而取消。

住宅商品化在艰难推进中，土地改革则相对落后了一点。从整体上看，1982年，国家对于土地使用权的把控非常严格，离市场化还有很长一段路要走。

1982年2月13日，国务院发布了《村镇建房用地管理条例》，规定村镇建房必须统一规划、节约用地，凡能利用荒地的，不得占用耕地；凡能利用坡地、薄地的，不得占用平地、好地、园地；凡是就地改造的，应充分利用原有的宅基地和村镇空闲地。严禁买卖、出租和违法转让建房用地。

1982年5月14日，国务院又颁布了《国家建设征用土地条例》，禁止任何单位直接向农村社队购地、租地或变相购地、租地。农村社队不得以土地入股的形式参与任何企业、事业的经营。国家建设征用土地，凡符合本条例规定的，被征地社队的干部和群众应当服从国家需要，不得妨碍和阻挠。

之后在1982年12月4日通过的新《宪法》中，又再次对土地问题做出明文规定：任何组织或者个人不得侵占、买卖、出租或者以其他形式非法转让土地。一直到1988年，土地制度才有所放松，这一年《宪法》把"不得出租土地"的规定删除，转变成"土地使用权可以依照法律的规定转让"。

当然，以上谈论的只是1982年国内的总体情况，在改革开放的前沿阵地——深圳特区，土地改革还是相对快一点的，很多当时无法立刻在全国推广的制度，都首先在深圳做了尝试。

早在1980年，国务院就颁布了《关于中外合营企业建设用地的暂行规定》，要求经济特区和沿海开放城市制定和颁布相应的地方性法规，对外资企业用地征收土地使用费，深圳特区首先于1982年实行。

经过两年时间酝酿，深圳于1982年1月1日宣布正式实施《深圳经济特区土地管理暂行规定》，规定了不同用途土地各自使用最长年期和不同用途不同地区每年每平方米土地使用费标准，土地使用费可一次性付款，也可分年付款，按年息八厘加收利息。该《暂行规定》适用于在特区兴办企业、事业的所有单位。

这对于外资，尤其是港资来说是一个巨大的利好消息。美国的《商业周刊》指出，这是自 1949 年以来，外国人第一次被允许在中国长期租用土地。

吴晓波在《激荡三十年》书中也提到，1982 年，深圳特区每平方米的工业用地年租金为 10～30 元人民币，商业用地的年租金为 70～300 元人民币，平均比香港低了 90% 左右。对于港深悬殊的租金差距，香港《南华早报》直言，这是让所有香港商人梦寐以求的。

伦敦《经济学人》一篇报道指出："在深圳投资的客商十有八九是从大陆移居香港或者澳门的中国人，他们比西方投资者更容易适应中国模糊的法律，考虑到香港的前景，他们中的许多人把这块地方投资当作赌博……然而，这些华人投资者仍旧小心谨慎，深圳将近 70% 的外资投资都集中在写字楼、宾馆以及其他旅游设施上，仅仅只有 7.3% 是投资于工业项目。"

不管怎样，土地新政的出台和低廉的租金成本，确实给港资带来了很大诱惑，随着港资纷纷挺进，对深圳经济的推动作用也是巨大的，这也为深圳未来的腾飞奠定了重要基础。

惊喜接连不断，在这片敢为人先的土地上，1982 年，深圳，乃至新中国第一个房地产广告诞生了。

1982 年 5 月 24 日，承载着特区报道重任的深圳市委机关报——《深圳特区报》首次发行，在创号头版底端，大概 1/4 版的面积，友谊大厦、怡景花园等四家楼盘像对联一样排列在版面上，一边两个，横批是一句简单朴素的广告语"为欲在深圳特区置业、设厂、经商及为国内外亲友迁居深圳之各界人士，提供最佳置业良机"。

这不仅仅是新中国第一个房地产广告，也是 1982 年所有广告中，唯一一个房地产广告。这是一个好兆头，是房地产迈向商品化的一个重要象征。

又是在 1982 年，一本名为《城市开发》的杂志正式创刊，这是一本由住建部住宅与房地产业司指导，中国房地产业协会城市开发专业委员会和北京金融街商会承办的面向行业、面向政府、面向国家的一级房地产开发企业的房地产专业期刊。

一开始，《城市开发》杂志仅是一本内部刊物，主要是搜集、翻译国外大城市发展的资料供政府部门参考，后来在 1985 年，杂志开始公开发行，自此，杂志的报道方向转为以国内房地产综合开发为主。很大程度上，这本杂志就是中国房地产发展的见证者。

国有房企应运而生

中国房地产改革势不可当，在那个大力扶持国营企业，个体经济还不是很活跃的年代里，国营房企成为改革的先行军。回顾历史，可以发现，中国最早成立的一批房企，绝大部分都是"国字号"。

1982年,在杭州、上海、深圳这几个沿海城市,四家国有房企在改革大潮中应运而生。

1982年,杭州市城建开发集团的前身——杭州中东河综合治理总指挥部(下称总指挥部)正式创建,是杭州市政府直属单位。成立之初,总指挥部主要负责市政项目的建设,包括中东河治理、桥梁和公路建设、污水处理厂建设等,而房地产开发在当时算是副业。

1983年3月,位于杭州拱墅区的叶青兜住宅小区正式开工,这是总指挥部开发的第一个房地产项目。之后,随着第二个房地产项目——采荷小区一期开标,总指挥部开始成立专门的房地产开发公司。1985年1月31日,杭州市政府发文同意建立"杭州市城市建设开发公司",隶属于总指挥部。

五年后的1990年,一直表现优异的总指挥部,正式更名为"杭州市城市建设综合开发公司"(下称综合开发公司),与此同时,旗下的杭州市城市建设开发公司予以撤销,在职人员并入到综合开发公司。同年,杭州市城市建设综合开发公司被国家建设部批准为具有城市综合开发一级资质的开发企业。

也正是从1990年开始,综合开发公司的房地产开发业务逐渐增多,陆续又开发了朝晖七区、商检培训中心大楼、富春大厦、观音塘小区、西湖新城、义井小区、中北小区等一系列房地产项目。

1996年,杭州市城市建设综合开发公司更名为"杭州城建开发集团有限公司"。1998年,随着国家取消福利分房,杭州城建开发集团销售有限公司相应成立。1999年,城建开发集团注册并推出"大家房产"服务商标和服务标识,这个朗朗上口的服务商标显然传播度和知名度都更高。如今,行业内大部分或许都只闻"大家房产",不知杭州城建开发集团。

尽管在1998年已经成立销售公司,在1999年推出新商标的时候也牵手绿地成功走出杭州,但杭州城建开发集团真正意义上走向市场化是在2004年,这年1月,杭州城建开发集团正式退出事业编制,转变成企业单位。

走过近四十年风雨,杭州城建开发集团以"大家房产"的名称为市场熟知,版图也从当初的杭州一路扩张到上海、安徽、湖州、绍兴、台州、温州等省外城市。不过,作为国有企业,大家房产这么多年来的发展一直保持平稳,由克而瑞发布的《2017年度中国房地产企业销售排行榜TOP200》显示,2017年大家房产销售额70.8亿元,排名第160位。

不同于大家房产,上海老牌房企"中星集团"成立的初衷就单纯很多,就是为了住宅开发,而且规模也大很多。

1982年8月23日,根据沪府(82)78号文,原上海市住宅建设办公室与上海房地产管理局合并,建立上海市住宅基地开发公司,下设十个居住区开发分公司。1984年住宅基地开发公司划归上海市建委直接领导,更名为上海市居住区综合开发中心,下设八个分公司。1994年，公司再度更名为上海中星（集团）公司，1998年改制为上海中星（集团）有限公司。

作为上海的一家老牌房企，中星集团20世纪八九十年代在上海房地产市场的地位可谓举足轻重，是名副其实的"大哥大"。

据《上海住宅》杂志记载，20世纪八九十年代上海的新建小区，几乎每一个都与中星集团紧密相连。伴随着1982年中星集团的创立，上海市区城乡结合部的长白、曲阳、仙霞、彭浦、上南、上钢、德州、潍坊、田林、沪太等一批大型居住区就随之拉开建设序幕，中星集团旗下开发分公司全体出动，投入到轰轰烈烈的建设浪潮中。

中星集团开发建设的这些居住区在当时的中国是非常具有借鉴意义，多位中央高层领导都亲自到场视察。

进入21世纪后，经过市场经济的洗礼，加上更名和改制成功，中星集团在市场上变得更加活跃，并由此开发建设了一大批以"中星"为品牌的经典楼盘，如中星广场、中星康乐城、中星城、中星美华村、中星海上名邸、中星海上名庭、世嘉名苑，等等。

2016年11月，在上海国企混改，以及母公司上海地产（集团）解决同业竞争的需求下，中华企业发布了重组方案，中华企业将以185亿购买中星集团100%股权，后来交易价格改为174.72亿元，交易完成后，中华企业将获得中星集团分布于6个城市约200万平方米土地储备。该笔交易已于2018年1月31日获证监会批准。

最后，把坐标定在深圳，在这个改革开放的最前沿阵地，1982年有两家房企诞生了，一家是深圳市物业发展（集团）股份有限公司，另一家是中国南山开发（集团）股份有限公司。

先来看看深物业集团。1982年11月，这家企业刚刚创立的时候，名字还叫"深圳市物业发展公司"，1985年改成"深圳市物业发展总公司"，在1990年正式更名为"深圳市物业发展（集团）股份有限公司"。

根据深物业集团招股书显示，该公司成立之初，只是一个总承包建设深圳国际贸易中心大厦的单一性公司。后来到1988年6月，深物业集团又成立了皇岗口岸工程总承包公司，参与如今全国最大的陆路口岸之———深圳市皇岗口岸的建设。

这两个项目，称得上是深物业集团最出名的代表作。当年，深圳国际贸易中心大厦创造了三天一层楼的奇迹，被誉为神州第一楼，一度成为"深圳速度的体现，改革开放的象征"。

深圳国际贸易中心大厦的建设被各界寄予厚望，1982年深圳市政府开始筹建国贸大厦，目标是建一座在全国乃至亚洲排得上号的标志性建筑。彼时，中国内地南京金陵饭店计划建成37层的中华第一高楼，而香港最高的建筑是合和大厦，高达65层。于是，为了争取向香港看齐，深圳国贸大厦规划建设53层。

这个艰巨的任务交由深圳市物业发展公司负责，重点组织筹建集商业、贸易、办公、饮食于一体的多功能超高层现代建筑。原深物业集团董事长马成礼曾两度坐镇国贸大厦建设，回忆起当年热火朝天的建设场面，马成礼如数家珍。早在1979年，马成礼随基建工程兵部队开拔进深圳,成为深圳最早的一批拓荒者和建设者。

深圳国际贸易中心大厦是中国内地最早启用建筑工程招标的工程,由中建三局一公司负责施工。在1982年11月至1985年12月的37个月间,中建三局一公司在标准层的施工中大胆研究新工艺,采用自己独创国内第一套大面积内外筒整体同步滑模的建筑新技术——滑模法,平均4.8天一层,最快达3天一个结构层,这在当时的中国是绝无仅有的速度。

这一速度居世界领先地位,被特区人赞誉为"深圳速度",曾成为特区突飞猛进的代名词,被常用来形容速度特别快,效率非常高。后来也变成深圳特区的精神图腾,响遍全国,也被作为一段城市记忆,铭刻在深圳的成长史中,更深深植入到深圳人的开创精神里。

马成礼在接受《深圳特区报》采访时曾特别强调,"三天一层楼"的"深圳速度"并不是由哪个人或哪个单位创造,而是靠改革开放政策,靠市委市政府各部门对深物业的支持,靠参加建设的工程技术人员、施工工人和深物业员工拼搏努力,才合力创造出了"深圳速度"。这个词,在《中国地产四十年·1984》中也会再做展开论述。

1992年,邓小平同志还亲自登上这座深圳地标建筑,发表了振奋人心的南方谈话。深圳国际贸易中心大厦既是中国改革开放参与者,也是见证者,更是成就者。

深物业集团建设的另一重要工程——皇岗口岸,位于深圳福田区。1985年5月,为配合广深高速公路建设新开设口岸,皇岗口岸正式开工建设,1989年12月29日货运部分启用通车,1991年8月8日客运部分开通使用。

皇岗口岸与香港新界落马洲口岸隔深圳河相望,中间有桥廊衔接,目前中国规模最大的客货综合性公路口岸,同时也是全国唯一全天候通关的陆路口岸。该口岸的开通,极大地缓解了罗湖口岸客货流的压力,大大方便了香港与内地的经济、生活往来。

虽然深物业集团早期以工程建设、地产开发为主,但到1992年成功登陆深交所时,其集团业务已经不再单一。招股书显示,当时深物业集团旗下主要产品及提供的服务有商品房、针织毛衣、时装、铜版纸、皮鞋、塑料、房产交易和楼宇管理服务、饮食服务、汽车服务、商业服务等。

一直到今天,深物业集团依然坚持多元化经营,但业务范围已经有所缩减。2017年年报显示,目前深物业集团旗下业务仅包括房地产、物业管理、租赁、仓储、餐饮。

一直作为主业的房地产,业务占比当然最大。年报显示,截至2017年年底,深物业集团旗下一共持有四家地产公司(皇城地产公司、东莞公司、徐州公司、扬州公司)5个在建地产项目,这5个项目总建筑面积74.31万平方米。

改革潮头竞风流,创新的力量也在不断地迸发。

1982年6月14日,在香港招商局、中国海洋石油总公司、广东省国资委、深圳市国资委及华润集团六家股东的发起下,中国南山开发股份有限公司〔1994年更名为中国南山开发(集团)股份有限公司〕正式成立,袁庚被公推为董事长兼总经理。

南山集团的成立,创造了多个"中国第一",它是中国第一家中外合资股份制企业,第一家实行政企分离、无直接上级主管单位的股份制企业,第一家无国家拨款、以企业集资开发经营港口的企业,第一家无国家计划调配货源、以完全市场机制参与全球港口竞争的企业……南山集团创造的这些"中国第一",无疑都对后来的中国企业体制改革有着重要参考作用。

成立之初,南山集团主要负责开发建设和经营赤湾深水港口和海洋石油后勤服务基地,但很快,南山集团就成立了房地产事业部,并于1985年开始全面开发赤湾港内的房地产项目。1994年,南山集团走出深圳,在广州开发了新康花园,之后又在1997年建立了深圳赤晓工业园,同年由其开发的上海海湾大厦封顶。

2003年,南山集团的房地产业务发展迎来重大转折,从原来的一个事业部变成了专业公司。这一年,深圳市南山开发实业有限公司(2009年更名为深圳市南山房地产开发有限公司)成立,成为南山集团旗下的专业房地产开发平台,并且有了自己的地产品牌——"南山地产"。

据官网介绍,发展十余年,南山地产开发项目已经拓展至广州、上海、惠州、长沙、苏州、南通等城市。

2015年,在母公司南山集团的支持下,南山地产与南山集团旗下一上市公司"雅致股份"完成重大资产重组,此举意味着南山地产成功借壳上市。自2015年11月4日起,"雅致集成房屋(集团)股份有限公司"变更为"深圳市新南山控股(集团)股份有限公司",主营业务亦由之前的集成房屋业务变为以房地产开发业务为主的多元化发展。

据南山控股年报显示,2017年该公司房地产业务顺利实现三个50亿目标:销售金额超50亿,营业收入超50亿,回笼资金超50亿。

近年来,随着房地产行业的发展,南山控股也在积极谋求转型,寻找新的利润增长点,除传统住宅业务外,还先后开发了以合肥南山健康小镇为代表的文旅类项目、以武汉光谷自贸港为代表的产业地产项目,以及以南山维拉邻里中心为代表的商业地产项目。

如果放在今天的中国房地产市场上,由于销售规模并不大,这四家诞生了36年的国有房企几乎没有多少人能注意到。但是,在1982年,在中国房地产还刚刚起步的时候,它们都无一例外地充当着重要的角色,一方面它们对城市建设有着很大推动,另一方面它们的探索也为后来者提供了宝贵经验。

香港楼市危机

1982年,尚处于成长期的国内房地产市场,算得上风平浪静。但在隔岸的香港,一个发展相对成熟的房地产市场,却刮起了"台风",破坏力不容小觑。

受20世纪70年代末80年代初欧美国家爆发的经济危机影响,以及1982年撒切尔夫人访京，英方不配合，引发港人对香港前景的担忧，加之银根紧缩，香港房地产市场泡沫开始破裂，并最终引发了1982年的楼市崩盘，这也是香港有史以来第一次楼市大崩盘。

这一年，香港地价、房价、租金全面大幅下跌。据《香港地产业百年》一书中记载，1982年全年香港市道低迷，成交萎缩，各类契约（包括楼宇及私人土地买卖）登记总数为16.5万宗，总金额为994.7亿元，分别比1981年下跌13%和21%。

住宅价格比高峰时期下跌三成至四成，投资者买地兴趣低落，土地流拍不断，地价普遍下跌40%至60%不等。由于地价大跌且土地成交量减少，香港政府财政收入也大打折扣，1982/1983年度港府财政收支出现39.35亿元赤字，售地收入占政府财政收入的比重，亦从1980/1981年度的35%，降至1981/1982年度的29%，及1982/1983年度的15%。

此外，数据还显示，1982年年底，香港私人住宅空置单位为3.17万个，空置率达6%，其中大型住宅单位更达9.1%；商业楼宇空置面积达586.6万方尺，空置率为10.7%，其中办公室更达17.6%；工业大厦空置面积达1312.1万方尺，空置率达10.5%。

土地市场也并不好过。1982年11月，港府将金钟道域多利兵房地段推出，但是只有3个财团入标，其中，长实出价6亿元，新世界发展出价4亿元，后来港府因出价过低将其收回。

楼市崩盘，首当其冲的便是一众香港房企。在这场危机中，有不少香港房企摔得头破血流，筋断骨折，更甚者，遭遇的是灭顶之灾。

香港四大洋行之首——怡和集团旗下香港置地的遭遇与恒隆集团颇为相似。或是想弥补怡和集团子公司九龙仓控股权被包玉刚夺走的遗憾，香港置地从1981年开始一改以往的稳健风格，走上激进发展的道路。1981年初至1982年2月，在一年多的时间里，置地豪掷88.63亿港元购入三宗地块，并以35亿元代价买入香港电话及港灯集团各34.9%股权，接连进行大手笔操作。

但很快，香港置地就为自己的激进付出了代价。1982年9月以后，置地旗下的中区交易广场、美丽华酒店旧翼、白笔山发展计划三大项目，损失就超过30亿港元。1983年，形势进一步恶化，置地总债务增加到150.7亿港元，成为香港最大的负债公司。

另一老牌房企鹰君集团损失也不少，受楼市崩盘影响，鹰君集团也一度陷入财务危机。1983年9月，鹰君集团旗下的鹰君、富豪酒店、百利保投资三家上市公司亏损超过20亿元，并最终被迫断臂求生，出售富豪酒店、百利保投资部分股权。

算是不幸中的万幸吧，尽管遭受重创，但恒隆集团、置地、鹰君集团起码是活下来了，虽然不像以往风光，但至今在香港仍占有一席之地。

只不过，也不是每一家房企都这么幸运，《香港地产业百年》透露，在1982年这场楼市危机中，就有包括嘉年地产、佳宁集团、益大集团等房企没能渡过难关，最终走向破产清盘的命运。

在这场危机中，业内还有一个非常有名的例子。据说，当年，英皇集团老板杨受成由于投资过度，最终资不抵债导致破产，汇丰银行上门清算将其名下所有的财产全部没收，包括上市公司好世界、英皇钟表、豪宅、游艇、信用卡等，同时要求杨受成八年内还清3.2亿债款。

当时的杨受成，用他自己的话来说，就是"除了身上一只手表、一套衣服、一副眼镜，再也没有属于自己的东西"。

因着这位祖籍来自潮汕的商界精英与生俱来的经商基因，他并未从此一蹶不振，很快杨受成以其敏锐的商业头脑找到了东山再起的机会。1984年中，杨受成说服汇丰，贷款1000万元，创办"宝石城"。在杨受成的用心经营下，"宝石城"成了日本、内地游客珠宝零售最旺的市场。短短三年时间里，杨受成偿还了近亿元的债款，还盈余4000万元。

常言道，有危就有机。当其他同行备受煎熬的时候，香港著名的"四大家族"并未受到太大冲击，还趁着楼市、地市低迷跑马圈地。

在1980年至1983年间，李嘉诚没有盲目扩张，而是有选择性地进行合作开发，长江实业先后与南海纱厂、南洋纱厂、怡南实业、广生行、会德丰系的信托置业、联邦地产以及港灯集团等，共建联营公司，发展对方所拥有的土地或买卖对方所拥有的物业，降低风险。

李嘉诚是何等精明，当同行们都在大手笔砸钱买地的时候，他选择与非地产企业加大合作，这样既不需要支付高昂的土地款，保证现金流，同时又可以获得大量土地以供发展，一举两得。

现金流充足的新鸿基，1982年斥巨资在沙田做大规模发展，成为香港首家在新界进行巨额投资的地产发展公司。

经过近十年的精雕细琢，"香港新世界中心"全部工程在1982年完成，这个全世界超一流的豪华建筑是郑裕彤最引以为傲的作品，凭借此项目，新世界发展一举奠定了其在香港地产界的"大哥"地位。

据了解，"香港新世界中心"前身为太古集团的"蓝烟囱"码头，1971年新世界用1.3亿港元从太古集团手中买得该地皮。1973年，新世界中心开始投入建设，分两期开发，首期包括一幢14层高甲级写字楼、5层商场及拥有800多间客房的新世界酒店。第二期包括一幢700多个住宅单位的豪华大厦及拥有650间客房的丽晶酒店（即如今的洲际酒店），总投资高达14亿港元。

后来在2009年，新世界发展宣布分阶段清拆重建新世界中心，2011年元旦正式开拆。目前新世界中心重建项目已更名为Victoria Dockside。

"四叔"李兆基旗下的恒基地产虽然在1982年没有大动作，但也算是平稳渡过了难关，这主要得益于四叔在1981年作出的一个抉择。1981年，香港股市、楼市一片向好，四叔趁机将恒基地产公司上市，募资10亿港元，大大增强了公司的资金实力，让恒基兆业在1982年的楼市危机中游刃有余。

一子错，满盘皆落索。经历了1982年楼市崩盘的洗礼，香港房地产市场也完成了一轮洗牌，那些错判形势者，无奈从高位跌落甚至被市场淘汰，而那些抓住机遇者，则继续发光发热。商业战场,既让人体验失败的残酷,也给人品味成功的喜悦,或许,这就是房地产市场的魅力。

时间就是金钱

1982年,深圳一句"时间就是金钱,效率就是生命"的标语响彻神州大地,被誉为知名度最高、对国人最有影响的口号。数十年后的今天,这可能看起来平常得不能再平常的口号,在那个时代却引起一场轩然大波。而这一切,还有位人物不得不提,他就是被视为中国改革开放的"马前卒"、香港招商局第29代掌门人、时任蛇口工业区管理委员会主任的袁庚。

袁庚,在《中国地产四十年·1979》中提到,在一没有被纳入国家计划、二没有财政拨款的情况下,袁庚硬是杀出一道血路,创办蛇口工业区的事迹。袁庚之所以能在如此艰苦卓绝的环境下开发好工业区,不仅仅是有中央的支持和政策,更主要是其自己有着无比强烈的时间效率观念。

早在1978年10月,袁庚调任交通部香港招商局常务副董事长。当时为了业务发展,招商局需要在香港购买一栋大楼。袁庚物色好楼宇后,与卖主进行多轮谈判,终于商妥价格,约定在星期五下午2时预付定金2000万港币。袁庚和卖主双方均如约到达律师楼,签署合同交付定金。但袁庚却发现一个细节,卖主的汽车停在门外都没熄火,只等双方在律师楼办完交易手续拿到支票,就立即安排专人坐汽车直奔银行。

后来袁庚几经打听,才了解到这位卖主争分夺秒的原因。原来,交付定金当天是周五,也就意味着第二天是星期六,银行不对外开放。因此,假如星期五下午3点之前支票不能交给银行,卖主就要损失2000万港币存款3天利息。"当时浮动利息是14厘,3天的利息就是几万港币。"日后,袁庚每次回忆起这段往事,总是引发诸多感慨。相比之下,当时在内地的很多人完全没有时间观念和理财观念。

1979年8月,交通部四航局承建蛇口工业区首项工程蛇口港。然而,与招商局着急工程进度不同,四航局施工队工作起来慢条斯理,短短一二十米远的距离,一天就开泥头车也将就给拉二三十车。这种低效工作,什么时候才能把这个码头填好成为无法预测的未知数,这也意味钱什么时候能收回来也变得漫漫无期,但是问题在于,这些建设港口的钱是从香港贷款回来,每拖过一天,就要多交一天的利息。

于是,袁庚要求提高工作效率,为了调动工人的积极性,四航局工程处决定实行超产奖励。奖励机制按每部车每天的劳动定额为55车,完成定额后每车奖2分钱,超出定额部分则每超一车,奖励4分钱。此举出台后,工人劳动积极性空前高涨,主动要求加班加点,每天工作12小时,每人每天能够运八九十车。

激励机制出台后，工期大大缩短，而且还使工业区增创130万元产值。这一切，让袁庚意识到改变思想观念的重要性，他认为蛇口急需富有凝聚力和号召力的口号，不能假大空，要符合蛇口特色，推动蛇口建设，激励蛇口持续高速发展。

1981年3月，袁庚乘船由香港返回蛇口，他在船上琢磨良久，终于写下了"时间就是金钱，效率就是生命，顾客就是皇帝，安全就是法律，事事有人管，人人有事管"这6句口号。随后，袁庚在工业区干部大会上宣读这6句口号，并要求将口号制成标语牌竖在工业区里亮相，让大家都能看到，都能引发思考。就这样，一块由美工制作的三合板上用红油漆写上"时间就是金钱，效率就是生命"，在蛇口竖立起来。只不过，由于争议较大，这个标语牌经历了四次竖起、三次撤除的曲折过程。

1982年11月22日，《深圳特区报》在报道各省市外贸代表团参观深圳时提到，外贸代表团参观的第一站是蛇口工业区，代表们为一幅巨型标语所吸引，北京市代表大声念出："时间就是金钱，效率就是生命；人人有事管，事事有人管"，有的人赶忙掏出钢笔把这几句话记在小本子上，大家七嘴八舌地议论说："这就是蛇口精神，也是特区建设的写照，令人耳目一新。但愿这种精神遍地开花，结出累累硕果。"

在媒体宣传报道下，"时间就是金钱，效率就是生命"的口号获得空前关注，并迅速广泛地传播开。1984年，邓小平同志视察深圳时，对"时间就是金钱，效率就是生命"的口号表示肯定和赞许，从此该口号更是传遍大江南北。甚至在当年共和国35周年国庆活动中，被印在游行彩车上。这个口号通过电视荧屏，进入亿万中国人的视野之中，也进入中国人的脑海，改变了国人对时间、效率的思想认识，激励着改革开放大步前行。

"时间就是金钱，效率就是生命"这句话背后折射的蛇口精神，体现在袁庚开发蛇口工业区每个领域中。比如，1981年，蛇口第一批职工住宅竣工，开始采用成本核算的办法，由职工自由选租，从国家包供给、低房租制度转变到按成本计租。1984年12月，蛇口工业区在全国率先实行租售结合的住房商品化改革，鼓励职工购买住房并将回笼的资金投入建造新房，实现资金良性滚动。甚至1984年蛇口的房改文件中已经出现了首付、月供、土地使用年份、房产权等新名词。

1982年，蛇口在海滨兴建了一座座独具风格的别墅，这是顶着压力建设新中国第一个市场化的"碧涛苑别墅区"，由于位置坐落在海边，很多到特区的投资者刚上蛇口码头，就能够看到这些崭新的建筑物。这批房子主要提供给外国专家、港澳商人及部分内地商人居住。有意思的是，这批建筑是没有"围墙"的别墅，但更为重要的是，这些房子开创了中国住房商品化的先河。

在中国内地，首创综合海上旅游中心模式——"海上世界"，这是由一艘豪华游轮"明华轮"改装而成。"明华轮"由法国制造，因戴高乐总统曾坐过而闻名于世，后来被广州远洋公司买下。1983年8月，袁庚用300万元将它买到蛇口，经过整修改造，成为集酒店、娱乐于一体的国内第一座综合性海上旅游综合体。"海上世界"项目一经推出，旋即风靡深圳，成为来深游客必到的重要景点，是深圳主题旅游地产的先锋。

1983年：

产权登记确定　华远登上舞台

1983年1月12日，为了进一步推动改革开放，据《邓小平文选》第三卷记录，邓小平在"各项工作都要有助于建设有中国特色的社会主义"谈话中指出，农村、城市都要允许一部分人先富裕起来，勤劳致富是正当的。一部分人先富裕起来，一部分地区先富裕起来，是大家都拥护的新办法，新办法比老办法好。

自此，"先富带动后富"成为改革开放其中一个重要思想基础。一些体制外的小人物抓住机会，投身到造富运动中，成为那部分先富起来的人，民营经济变得愈加活跃。特别是在广东、浙江、江苏等东部沿海地区，经济发展迅猛，很快成为中国先富地区。

1983年2月，邓小平同志前往经济发展较快的江苏苏州、浙江杭州进行实地调研，现场考察"小康"目标的可行性。有关于小康社会在《中国地产四十年·1980》有详细描述过，未来20年实现小康社会，这显然是个艰巨的任务。

《百年潮》期刊2008年第8期发布曹普撰写的《"小康"构想与1983年邓小平苏杭之行》一文中透露，1983年苏杭之行，给邓小平留下了深刻印象。特别是亲眼看见苏杭农村翻天覆地的变化，更加坚定了邓小平同志对"翻两番"、实现"小康"目标的信心。在苏州考察中，邓小平还特别问道："人均800美元，达到这样的水平，社会上是一个什么面貌？发展前景是什么样子？"

苏州负责接待的工作人员告诉邓小平同志，若达到人均800美元水平，可以实现以下六点内容："第一，人民的吃穿用问题解决了，基本生活有了保障；第二，住房问题解决了，人均达到20平方米，因为土地不足，向空中发展，小城镇和农村盖二三层楼房的已经不少；第三，就业问题解决了，城镇基本上没有待业劳动者了；第四，人不再外流了，农村的人总想往大城市跑的情况已经改变；第五，中小学教育普及了，教育、文化、体育和其他公共福利事业有能力自己安排了；第六，人们的精神面貌变化了，犯罪行为大大减少。"

据《邓小平文选》第三卷记录，1983年3月2日，邓小平结束苏杭考察回京，在召开会议时发表的"视察江苏等地回北京后的谈话"中称："这次，我经江苏到浙江，再从浙江到上海，一路上看到情况很好，人们喜气洋洋，新房子盖得很多，市场物资丰富，干部信心很足。看来，四个现代化希望很大。"

中共十二大提出的工农业年总产值翻两番、达到"小康"水平战略目标，也给中国房地产带来巨大机遇，各地经济突飞猛进，富裕起来的老百姓也在追求改善生活水平，特别是大量兴建住宅，解决居住难题。

改革开放后全国各地住宅紧缺，中央和地方也在紧锣密鼓完善住宅制度法律法规。《中华人民共和国住宅法》也在1983年被正式纳入全国人大常委会的立法计划。1985年，《住宅法》试拟稿出炉，涵盖了住宅建设、住宅所有权、住宅买卖、住宅分配、住宅租赁、住宅拆迁等12章内容。

然而，计划赶不上变化，后来由于住房制度不断深入，新情况不断出现，那些拟好的条文很快又不适用了，所以最终《住宅法》始终未能出台。尽管如此，《住宅法》这项立法计划，仍在很大程度上说明了我国在房地产领域已经有比较强的法律意识，而法制的完善，也将更好地推动整个房地产行业的繁荣发展。

私人房产受保护

自1980年《关于建筑业和住宅问题的谈话》中提出"房子是可以卖的"思路之后，中央就一直在尝试住宅商品化，只不过当时社会环境下，"私人房产"还是一个相对敏感的话题，"买房就是有私产，谁还敢买房子"是20世纪80年代中国人民的普遍思想。

但坚冰总需要攻破。继1982年推出"三三制"鼓励人民购房之后，1983年2月，《经济日报》再度援引时任中国人民银行负责人的话称，国家鼓励私人购房、修房，同时要求试办购买住房储蓄、修房储蓄等项业务。

中央不仅鼓励老百姓购房，而且还鼓励城镇个人建造住宅。1983年6月4日，经国务院批准，城乡建设环境保护部发布《城镇个人建造住宅管理办法》，规定凡在城镇有正式户口、住房确有困难的居民或职工，都可以申请建造住宅；但夫妇一方户口在农村的，一般不得申请在城镇建造住宅。

尽管对象仅限于城镇居民或职工，但该《办法》的出台意味着中央从法律上赋予城镇居民个人建造住宅的权利，私人建房得到了认可。

及至1983年12月17日，国务院又颁布《城市私有房屋管理条例》，这是新中国第一部保护城镇房屋私有权的法规。《条例》中的第一条就明确指出，为了加强对城市私有房屋的管理，保护房屋所有人和使用人的合法权益，发挥私有房屋的作用，以适应社会主义现代化建设和人民生活的需要，特制定本条例。

《条例》同时还强调，国家依法保护公民城市私有房屋的所有权。任何单位或个人都不得侵占、毁坏城市私有房屋。

《条例》中还要求，城市私有房屋的所有人，须到房屋所在地房管机关办理所有权登记手续，经审查核实后，领取房屋所有权证。自此之后，各大城市的房地产产权交易机构相继成立。卜凡中所著的《我们房地产这些年》当中提到一个数据，到1990年，全国基本完成了房屋所有权登记工作，并为80%以上所有权人办了房屋权属证书。

房屋产权登记制度的确立是该《条例》出台的另一大贡献，这为房地产交易和中介行业的发展创造了重要条件。

提及私人房屋产权，1983年还有一个更加引人注目的事情，那就是处理历史遗留的华侨私房问题再获突破。

新中国成立后，国内经历了多次政治运动，由于种种原因，侨房在政治运动中往往成为被"侵犯"的对象，于是出现了"土改被没收，私改被经租，文革被挤占"等现象。

中共十一届三中全会后，中央已经开始着手解决侨房问题，各地为清退"文革"期间被挤占的华侨私房也是做了不少工作。

1982年4月，国务院侨务办公室、原国家城建总局召开了北京等二十个城市和广东、福建两省落实华侨私房政策座谈会，同年10月，中共中央办公厅、国务院办公厅转发《关于落实华侨私房政策座谈会纪要》等三个文件。

文件显示，参加4月座谈会的二十个城市在"文革"期间共挤占了侨房共5715户，面积50.2万平方米，截至1982年2月底，已退还使用权3745户，退还面积28.6万平方米。

其中，退还面积已达70%以上的有梅州、福州、汕头、厦门四个城市；退还面积在50%以上、不足70%的有漳州、济南、无锡、湛江、南京、广州、上海、泉州、佛山、宁波、天津、苏州十二个城市；退还面积在50%以下的有青岛、杭州、北京、武汉四个城市。

1983年，又是一个重要分水岭。这年11月3日，中共中央办公厅、国务院办公厅又转发国务院侨务办公室和城乡建设环境保护部《关于落实华侨私房政策情况的报告》，要求各级党委、政府必须进一步采取有效措施，抓紧落实华侨私房政策。

在落实侨房政策上，华侨众多的广东、福建两省一直都是全国的桥头堡。

事实上，福建省在改革开放之前已经零星处理华侨私房的问题，据王盛泽的《福建省侨房问题的由来及政策落实》一文指出，截至1982年年底前，福建全省清退完毕"文革"中挤占华侨房屋506户，5.4万平方米；归还统管华侨房屋1075户，22.1万多平方米。

1983年，在中央要求和督促下，福建省开始大规模处理华侨私房问题。1983~1990年，福建省进入处理侨房问题的第二阶段，由于措施到位，处理速度明显加快，《福建省侨房问题的由来及政策落实》数据显示，到1990年年底，福建省农村土改中被没收、征收的华侨私房已退还产权的占总数的99.8%，已退还使用权144.41万平方米，占总数的90.9%；但城市退房进度较慢，退还侨房产权51.63万平方米，占总数的83.5%，已退还使用权 16.26 万平方米，仅占总数的 50.8%。

1990 年之后，是第三阶段，这个阶段主要处理一些老大难的问题，被称为"攻坚阶段"和"扫尾阶段"。

广东省清退被挤占侨房的行动始于十一届三中全会，1980 年开始，清退侨房被省级及各级党委视为工作重点；1980 年至 1984 年，广东省委及侨务部门差不多每年都要出台一个专门针对清退侨房的专项文件，就此类工作中不断出现的新问题，提出针对性的指导办法。

据黄仁生的《解决侨房问题关键所在》一文显示，从 1983 年至 1993 年，广东全省共清还了 1676 万平方米的农村侨房，占应清还总数的 99%。城镇侨房与福建省一样，清还较为缓慢，至 1993 年年底，城镇侨房已清还了 351 万平方米，占应清还总数的 45%。

中央大力推动侨房问题，一个很重要的背景就是改革开放需要吸引海外投资。

改革开放初期，百废待兴，国家需要吸引大量海外资金进行投资建设。可惜的是，几年来，中国政府在吸引外资方面一直不尽如人意。吴晓波在《激荡三十年》中指出，1983 年 6 月的《经济学人》在题为《中外合资企业的官样文章》的文章中直言不讳地指出中国的合资企业法很失败，文中用数据证明，自 1979 年中国合资企业法出台以来，中国官方批准了 105 家合资企业，引进外资约 2 亿美元，但 1982 年只有 10 项新交易签署，大多数合资企业都停留在照相室等小规模项目上，对现代化进程没有太大帮助。

1983 年 9 月 20 日，为了改善引进外资面临的困境，千呼万唤的《中外合资经营企业法实施条例》正式出台，为外资公司在中国的合资和经营活动提供指南，且尺度更为宽松，此举受到了不少海外资本的欢迎。

《激荡三十年》一书中记载，当年美国 3M 公司在新条例出台后就派代表到中国谈判，他提出了投资建厂的三个原则：不搞合资，不转让技术，产品不出口。与以往一口拒绝的态度不同，这一次，负责谈判的上海投资信托公司委婉提出，可否先搞一个试验项目，等到中央政府允许外国公司搞单一所有制的公司时，就把股权全部转让出来。

在中央政府吸引海外投资中，华人华侨自然也是一个重要群体，那么清还侨房就成为了一项很重要的举措，这不仅仅是给华人华侨，同时也给众多海外投资者一个重要信号——中国政府是尊重私人财产权的，这在一定程度上消除了外资来华投资的顾虑。

据悉，在落实侨房政策较为充分的广东省，在 20 世纪 80 年代初就吸引了不少华人华侨与广东政府主动接触，一些知名人士和商人纷纷回国考察，探索回国投资的渠道。

综观 1983 年全年，中央在保护私人房产方面做了大量工作，这一方面促进了住宅商品化的发展，另一方面对吸引外资、推动改革开放也起着重大作用。

北京住建公司成立

地产圈正在变得越来越热闹。

自改革开放中国诞生第一家房企之后，中国房企这支队伍就在不断成长壮大，1983年，又有四位新成员加入到队伍中来，它们依然清一色是国有企业。20世纪80年代的初期，中国房地产行业大有一副国有企业一统天下的架势。

这一年，来自北京的新成员有两位。1983年5月，北京市住宅建设总公司（北京住总集团有限责任公司前身）成立。1992年11月，已经具备集团核心企业条件的住总公司，经北京市政府批准后，定名为"北京住宅开发建设集团总公司"，1996年，改制为国有独资公司后，正式更名为"北京住总集团有限责任公司"。

作为住总集团的主业，房地产开发业务是在1988年才独立出来。1988年，北京住总综合开发部（北京住总房地产开发有限责任公司前身）成立，此后，又有多家房地产企业相继成立。

官网资料显示，目前，北京住总集团旗下从事房地产主业开发的有北京住总房地产开发有限责任公司、北京住总集团房地产经营部（祥业公司，1993年成立）、北京金第房地产开发有限责任公司（1995年成立）、天津京城投资开发有限公司（2009年成立）和北京住总绿都投资开发有限公司（2014年成立）五家全资或控股公司。

在北京房地产市场，住总集团也曾经显赫一时，先后开发建设了太阳宫、木樨园、恩济里、安翔里、惠忠里、慈云寺等住宅小区，同时还承担了吉市口、法华寺、安化寺、德外大街、朝内大街等危旧房改造任务。1988年初，为了迎接北京亚运会的到来，住总集团还积极参与到北京亚运村的开发建设中。此外，住总集团还是北京市保障性住房建设的主力军，从1998年开始先后开发了翠城馨园、旗胜家园、丰台东铁营、通州马驹桥等多个保障房项目。

如今，据克而瑞数据显示，2016年北京住总集团销售额为106.1亿元，全国排名134；2017年业绩销售额仅为76.6亿元，全国排名第154。

改革之初，许多事情都无先例可循，只能靠摸索前行，华远就是在这种背景下成长起来的。

1983年，北京市西城区希望做一个改革试点，于是向市政府申请成立了一家计划外的全民所有制企业，叫"华远公司"，由时任西城区计经委副主任戴小明负责筹建。

带着从区联社借来的20万注册资金，以及区里划拨给华远公司的13家经营情况不好的区属企业，戴小明开始了华远公司的创业之路。

1984年，华远公司开始跑马圈地，华远技术公司、华远信息技术公司、华远信德开发公司、华远旅游公司、华远新产品贸易公司……各式各样的分公司如雨后春笋般涌现。每一家分公司就相当于一个试点，在各行各业中寻找机会，任志强就是在这样的背景下加入华远公司的。

1984年初，任志强所在的北京青年服务社开始整顿学习，在此期间，戴小明找到了任志强，希望他加入华远公司。彼时任志强加入的条件就是要有一家完全独立自主经营的公司，于是，戴小明在1984年7月成立了一家"华远人才交流开发公司"，任志强任经理。

当时"华远人才交流开发公司"可谓一无所有，连注册资本都是任志强靠着倒卖录像机赚来的。不从华远领工资，反而给华远赚了钱的出色表现让任志强一下子成为了华远公司的"大红人"。

1984年春天，北京西城区准备对西单老商业区进行拆除重建，这项基建任务最终落到了华远公司头上，随后又分配给了"华远人才交流开发公司"，任志强成为项目负责人。尽管西单改造项目不是商业性、市场化的房地产项目，但却是华远公司涉足房地产领域的开始，同时也是任志强进入房地产行业的开始。

在之后的1987年，北京市西城区华远建设开发公司成立，并被列为全北京市第一批城建开发公司。1993年2月，北京市西城区华远建设开发公司实行股份化，改组为北京市华远房地产股份有限公司，同年9月华远公司组建集团，更名为北京市华远集团公司。

从1993年开始，华远地产进入了快速发展的轨道，先后完成了中外合资、境外上市等动作，并在2000年成为全国最大的房地产公司之一。之后，又遭遇了与万科重组失败与华润分家等变故，这些故事在《中国地产四十年》后续篇章中将重点描述。

深业（集团）有限公司于1983年9月在香港注册成立。这是深业集团的前身，它是深圳市人民政府全资拥有，深圳市国资委直管的大型综合性企业集团。截至2018年6月底，集团资产总额1118亿元，净资产418亿元，土地储备近1300万平方米。

深圳控股有限公司（HK.0604）是深业集团的核心企业，于1997年在香港联合交易所上市。值得一提的是，深业集团还是路劲基建有限公司（HK.1098）、沿海绿色家园有限公司（HK.1124）、中国平安保险（集团）股份有限公司（SH.601318）、恒大地产集团有限公司4家企业的主要股东。

1983年，广州也迎来一家房地产公司的正式成立，这家公司就是在《中国地产40年·1979》中提到过的越秀地产。1983年2月22日，广州市于1978年设立的"住宅建设办公室"改制为"广州市城建开发总公司"（下称城建总），成为广州市最早成立的房地产综合开发企业。

位于广州海珠区的江南新村是城建总成立之后开发的第一个项目，同时也是当时广州乃至全国第一个按照"统一规划、统一征地、统一设计、统一施工、统一配套、统一管理"的"六个统一"要求来开发的大型居住小区，这种统筹规划的开发模式后来吸引众多同行争相模仿。

在江南新村之后，城建总又陆续参与开发了二沙岛别墅区、天河建设区等项目。1986

年,为配合广州城市中心向东移的战略,城建总承担起了占地 5.2 平方公里的天河新区建设项目,维多利广场、城建大厦、越秀城市广场、西塔等一幢幢摩天大楼均出自城建总之手。可以说,城建总是广州城市变迁的见证者和参与者。

1996 年,"广州市城建开发总公司"再次改制为"广州市城市建设开发集团有限公司"(下称城建集团),把过去一些二级部门改为子公司,同时实行法人治理结构,成立董事会、监事会、股东大会。自此,城建集团走上了现代企业制度之路。

城建集团最大的一次变革发生在 2002 年。这一年,经国务院批准,城建集团与香港越秀集团实施资产重组,香港越秀集团将城建集团全部资产的 95% 以及香港越秀地产的全部资产捆绑起来注入香港上市公司——越秀投资有限公司。由此,城建集团成为越秀投资的主体,相当于城建集团实现了借壳上市。

后来,越秀投资相继剥离造纸业务和分拆公路业务,并于 2009 年更名为"越秀地产股份有限公司",成为专注于地产业务的房地产公司。到了 2011 年,城建集团的企业品牌名称也宣布更名为"越秀地产"。从此,"城建集团"、"城建地产"、"越秀城建"等称谓成为历史。

同年,东莞市光大实业总公司成立,也即是光大集团的前身。不过,在成立后的 9 年间,这家公司并没有什么动静。直到 1995 年才开始进驻涉足房地产行业,东城红荔路"光大物业商住楼"开始动工。

还有一位来自厦门的新成员。1983 年 10 月 18 日,肩负着开发厦门经济体特区的联发集团在中外记者的见证下正式宣告成立,时任厦门市长邹尔均担任公司董事长,时任厦门市副市长江平担任公司总经理。

与众多同期诞生的房企一样,联发集团一开始都不是直接参与住宅开发。联发集团投资建设的第一个项目是"湖里 4 号厂房",当年,联发集团仅用了 143 天就把厂房建成了,被誉为厦门特区建设的"湖里速度"。

2002 年,随着"桂林联达商业广场"的签约,联发集团踏出了异地扩张的步伐,之后又陆续进军南昌、南宁、重庆、武汉、天津等城市。多年来,联发集团一直保持着不温不火的发展节奏,2017 年,该公司实现营业收入 128.75 亿元,同比增长 15.23%;净利润 12.39 亿元,同比增长 23.36%。

六位新成员的加入,无疑为中国房地产行业注入了一股新活力,他们都是领航中国房地产一路前行的重要成员。

证券市场萌芽

历史上很多第一次,都是在偶然的机会下成就的,新中国第一只股票的诞生就存在一定的偶然性。

事实上，关于新中国第一只股票这个历史问题，目前国内有两个版本，一个就是上文的"深宝安A"，另一个则是"小飞乐"。"小飞乐"更符合现代股票的性质，"深宝安A"公开招股的时间更早。无论谁是第一，"深宝安A"和"小飞乐"这两只股票的出现，对推动中国股市的发展都起着举足轻重的作用。接下来重点来看与房地产相关的"深宝安A"诞生过程。

1979年3月，经国务院批准，深圳市正式成立，宝安县被撤销，在此之前，深圳归宝安县管辖。1980年8月，深圳划出327.5平方公里试办经济特区，1981年9月，宝安县恢复建制，管辖深圳经济特区以外的1577平方公里土地。

刚刚恢复建制的宝安县，眼见之处基本都是农田、荒地、山地，深圳市政府拨出1000万元，要求宝安县在西乡建一个新的县城，只不过，对于这个一年财政收入只有2000万元左右的县城来说，要执行这个任务难度也是相当之大，这成为时任县长李广镇的心头大石。

面对着县委只给政策不给钱，资金短缺的困境，李广镇最终给出的"药方"就是向群众集资办企业，把农民手上的闲散资金集聚起来，以此扩大融资渠道，从而推动经济发展。

1983年7月，在李广镇的带领下，宝安县联合投资公司（中国宝安集团股份有限公司前身）正式成立，之后，李广镇又主导制定了宝安县联合投资公司章程，规定每股股金人民币10元，群众入股秉承"入股自愿，退股自由，分红派息，年终结算"的原则，股东的亲属有股份继承权和股份转让权。

紧接着，李广镇又专门请美术专家设计股票样本，1982年调入宝安县文化局的国家一级美术师骆文冠奉命接受了该任务。当时的骆文冠根本不知道股票为何物，只知道这是一张价值1000元的证券。

尽管对股票毫无概念，但骆文冠还是顺利完成了任务，闭关15天之后，骆文冠就完成了创作，成品完全符合领导提出的"不容易被仿冒，设计思路表现改革开放，同时能够突出表现工业、农业建设的景象"要求，一次就通过了。

1983年7月8日，宝安县投资公司的股票正式向社会公开发行，新中国成立后的第一只股票就此诞生。宝安县投资公司也成为新中国第一家以发行股票筹资的公司。

为了动员群众出资，增强群众的投资信心，李广镇首先要求宝安县财政局拿出200万元，作为主要股东参股，占股20%，接着又动员党员干部带头购买股票，每位县领导认购1000元。

1983年7月25日，为了号召更多群众购买股票，宝安县投资公司在《深圳特区报》第四版的醒目位置上刊登招股启事："欢迎省内外国营集体单位、农村社队和个人（包括华侨、港澳同胞）投资入股，每股人民币10元。实行入股自愿，退股自由，保本付息，盈利分红。"

公开登报之余，宝安县投资公司还全体总动员，或步行或骑自行车在大街小巷推销股票。据现任宝安集团主席陈政立回忆："当时的深圳、宝安到处尘土飞扬，正在修的公路也坑坑洼洼、高低不平，时常要把骑的自行车扛在身上前行，赶上下雨就在泥浆水中跋涉。我们采取先外围后中心，先乡村后机关。提包里都是小绿本公司章程，向人们反复讲解公司的前景、具体要办的事，集资的意义，讲企业以后的发展、入股的好处。"

辛勤付出最终换来了收获。公开资料显示，当时宝安县投资公司累计吸引了全国20多个省市的人入股，一些华侨、港澳同胞也成为股东，最终成功集资450多万元，这笔资金也成为宝安县投资公司的发家之本。

回忆起当初募集资金的过程，陈政立透露了一个有趣细节。他称："由于当时人民币最大面额仅为10元，而当时直接收到的流动现金太多，又没有现在的点钞机，当时公司财务曾伟利为点钞票把手指头都磨破了，只能用胶布贴上接着数钱。那年的农历大年二十九，正好收了几十万元现金，但恰逢过节银行都提前关门了，我们只能将收到的几十万元现款放在床下，战战兢兢地守着大笔钱过年。"

宝安县投资公司的创新还不仅仅限于发行了新中国第一张股票，成为新中国第一家股份制公司。在此之后，宝安县投资公司还先后发行了新中国第一张可转换债券、新中国第一张中长期认股权证，此外还策划武汉商场成为深交所第一家异地上市公司、开办了新中国第一家财务顾问公司等，创下了多个新中国第一。

1991年6月25日，更名为宝安企业（集团）股份有限公司的宝安县投资公司成功登陆深交所，股票代码000009，股票简称"深宝安A"，总股本2.64亿元，成为当时全国最大的上市公司。1993年，宝安企业集团进行了创办以来的第一次分红，总分红金额5万元。

经过30多年发展，作为广东省和深圳市重点发展的大型企业集团之一，中国宝安在产业经营与资本经营领域均取得了快速成长。历经开拓之后，中国宝安形成了以高科技产业为主导，以股权投资、生物科技、城市运营开发等为辅的产业集群，拥有A股中国宝安、马应龙，H股国际精密，新三板贝特瑞、大地和、永力科技、大佛药业、成都绿金等多家上市公司，以及二十多家全资、控股企业。

中国宝安在持续进行资本扩张的同时，也在逐步实现产业整合。在中国宝安的产业体系中，马应龙、贝特瑞、宝安地产的产业整合效果显著，不仅完成了产业与资本的良性嫁接，实现了企业并购后持续、快速的发展，同时也成为中国宝安的三大产业经营平台。

作为三大产业经营平台之一的房地产开发领域，中国宝安集团的开发足迹遍及全国13个省、25个大中城市，开发项目近百个。早在1994年，在全国最大300家股份制业综合评比活动中，中国宝安集团就被评为建筑房地产类企业第一名，后来在2006年还入选沪深房地产上市公司综合实力10强。

值得一提的是，具有显著中式风格的宝安·江南系列产品，已成为宝安地产最具代表性品牌，宝安"中式江南建筑"曾连续三年被评为"中国房地产专业领先品牌TOP10"。

就在深圳中国宝安集团上市之际，王石再次来到了深圳。据王石、缪川所著的《道路与梦想：我与万科20年》一书中记载，1983年春，深圳皇岗村村长庄顺福夫妇带着打捞的鲜虾、一箱新奇士橙、一箱加州红苹果,来广州探望王石的岳父母。庄顺福告诉王石,整个深圳成了大工地,罗湖区的两座山头都被铲平了,山头铲下来的土方都用来填深圳罗湖区的洼地。曾经在深圳工作过的王石,对深圳短短几年发生如此巨变向往不已。

1983年5月7日,怀着不甘于平庸、以个人之力奋斗拼搏野心的王石,乘广深铁路抵达深圳。看到深圳热火朝天的建设场面,王石兴奋异常,多年后回忆称:"满目吊塔林立,头顶安全盔的施工队伍如同人龙;柴油发动机声震耳欲聋;土黄色的载重翻斗车一辆接一辆,烟尘滚滚遮天蔽日。鼻腔蒙上一层灰尘;舌头舔舔嘴唇,是涩涩的土腥味。兴奋、狂喜、恐惧的感觉一股脑儿涌了出来,手心汗津津的,肾上腺素猛增。"

王石到深圳发展,是冲着当时最有影响力的公司——深圳市特区经济发展公司(简称深特发)而来。这家企业前身是深圳经济特区管理委员会,在深圳早期发展中,起到招商引资项目谈判、签约具体实施工作,另外还肩负着部分特区政府的职能。特区政府成立后,由原班人马组成深特发,手握深圳进出口审批权限,地位超然。

进入深特发后,王石没有随大流去卖台湾折叠伞或者日本味精,而是到蛇口考察。发现蛇口码头有一排玉米储藏仓。好奇之下,王石多方打听,终于了解到是泰国正大集团、美国大陆谷物公司与深圳养鸡公司合资举办的饲料生产企业——正大康地,主要是生产养鸡玉米饲料。

泰国正大集团,这家企业的名字并不陌生,早在《中国地产四十年·1981》中写道汕头特区设立与潮汕商人遍布全球时,特别提到来自潮汕的泰国首富谢国民便是正大集团的董事长。谢国民从父辈手中接过正大集团后,积极开拓,特别是在20世纪80年代初,中国刚刚开放之际,便率领正大集团成为首个来到中国投资的外资集团。

王石了解到,这家企业由于没有办法解决运输问题,只能通过香港采购美国、泰国、中国东北玉米,成本较高。于是,王石自告奋勇,帮正大康地联系好海运,开始了倒卖玉米生意。他的运气不错,刚开始就赚了一笔。

由于生意越做越大,很多玉米饲料需要运送到内地,离不开铁路,他一度给负责货运主任送了两条烟。结果被退了回来,货运主任告诉王石,之所以愿意无偿帮他,是看出王石是个想干一番事业的年轻人,所以,也就没有收他送的香烟。这也成为后来王石绝不行贿的企业经营底线。

然而,就在王石刚小有成就之际,1983年8月,香港媒体一则鸡饲料含有致癌物的报道,令整个香港瞬间陷入恐慌,一时间,内地供港的鸡全部滞销。连带影响了养鸡饲料生产,于是王石从中国北方运来的玉米也没了销路。一度濒临破产边缘,亏本了110万元,把之前赚的40万元全部倒贴回去。

但是,王石并没有气馁,他随后火速前往中国北方,将各地库存积压的玉米低价收购。回深圳后,天天盯着香港新闻,盼望港人恢复吃鸡。终于等到香港发布澄清报道,宣布之前报道有误,鸡饲料并无致癌物。消息一出,香港人又重新恢复吃鸡,于是,鸡饲料又成抢手货,玉米也供不应求,此前王石豪赌低价收购囤积的玉米也卖出好价钱,足足赚了300多万元。

虽然王石依靠倒卖玉米赚了不少钱，但他清醒认识到，饲料行业风险大利润低，空间较小，于是转向科学仪器领域，做起电脑、复印机进口业务。多年后，王石曾开玩笑地对希望集团创始人刘永行、刘永好说："如果当年坚持做饲料生意，中国饲料大王应该是我！"

"逸夫楼"遍布中国

名誉全球的邵逸夫老先生在1983年迎来了人生中两个重大转折。从事业来看，当时邵逸夫的邵氏兄弟影视公司正陷入与嘉禾的竞争拉锯战之中，形势并未明朗，且有节节败退之意。可能邵逸夫也没想到，四年后邵氏就正式关闭了。

不过好在1983年邵氏旗下的TVB闯出了一片新天地。《射雕英雄传》第一次引入内地电视台，一时间翁美玲、黄日华成为家喻户晓的明星，但凡谁家有电视，必定成为晚上大聚会的场所。正是这套剧集，金庸的名字也在内地开始广为传播，TVB自制剧也逐渐风靡内地。

这成为邵逸夫关闭邵氏后，在香港的下一个发光发热的平台。

另一个重大转折点是，1983年邵逸夫三哥邵山客中风，陷入昏迷的状态，只能靠药物维持生命。邵逸夫见此感慨人生匆匆，钱财是身外物，于是开始了不遗余力的慈善之路。

1985年1月，也就是邵山客去世前两个月，邵逸夫捐出1.06亿港元作慈善用途，中国保护敦煌莫高窟壁画工程便是其捐赠项目之一。

自此之后，邵逸夫对内地的捐助更是数不胜数。1985年，邵逸夫捐资1000万港元在浙江大学玉泉校区兴建了中国最早的"逸夫楼"——邵逸夫科学馆，浙江也是邵逸夫的故乡；1987年，邵逸夫又向内地捐出第一笔教育款项1亿港元，帮助内地10所大学兴建图书馆或科技馆。

后来，连续二十余年，邵逸夫为内地大、中、小学教育项目做大笔捐款，历年捐助各项社会公益、慈善事务超过100多亿港元。由邵逸夫捐建的"逸夫楼"更是遍布全国各大校园，有力地推动中国教育事业发展。2014年1月7日，邵逸夫逝世，享寿107岁。

1983年，创业多年的刘銮雄迎来了人生的一个小高潮。

这年8月，刘銮雄旗下的爱美高公司在香港成功上市，刘銮雄出任公司主席。当时的爱美高以生产吊扇为主，总资产达5亿港元，被称为第一只新兴工业股，备受基金公司青睐，上市共发行7500万股，募资1.5亿港元。

爱美高的成功上市，让年仅32岁的刘銮雄一跃成为亿万富翁。意气风发的刘銮雄不惜一掷千金，在一个星期内买了5辆法拉利，不过去车行提车的时候，他突然又想坐公交回家了。当时的心态，用刘銮雄自己的话来说，就是"像个暴发户一样无所适从，大把花钱，却觉得没什么意思，找不到方向和动力。"

刘銮雄，人称"大刘"，是香港人尽皆知的城中富豪，因为与众多香港女星有过感情瓜葛，他又被香港媒体誉为"香港有钱人里最有故事的，也是香港最有故事的人里最有钱的"。

1983年之后的故事更加精彩。1984年，刘銮雄与爱美高另一创始人梁英伟不合，大幅抛售爱美高股票并离开公司，之后爱美高股价一路狂泻，从4港元跌至0.7港元。1985年，刘銮雄趁机疯狂扫货，一举拿下34%股权，半年后重新执掌爱美高。这一抛一吸之间，刘銮雄获利千万港元。

正是从爱美高事件开始，刘銮雄开展了他股坛狙击的生涯。1985年到1987年，刘銮雄还先后狙击过庄氏家族的能达科技、有着60年历史的华人置业、"四叔"李兆基的中华煤气以及嘉道理家族的大酒店，全部大胜而归。

在股市的凶猛表现，让刘銮雄获得了"股市狙击手"的称号。不过，刘銮雄并不承认这个外号，他表示，每一次有这些行动，百分之一千都是被迫的。"没有一仗我是觉得打得漂亮的，也没有一单是我觉得满意的，因为我根本不想的。那为什么要做，可能当时有人看不起我，认为我没有能力挑战他们，所以每次都逼我出手。"

或许真是为了一时面子，刘銮雄并没有在股市留恋太久，在股市赚得盆满钵满之后，刘銮雄就开始转战房地产，收购回来的华人置业成为刘銮雄发展房地产业务的主要平台。1987年末，华人置业在铜锣湾、湾仔、尖沙咀等地买下众多写字楼及购物中心，包括铜锣湾地带、湾仔电脑城、新港中心、怡东商场、The One、美国万通大厦等。

在布局香港房地产市场的同一年，刘銮雄还把目光放在了内地，第一个项目是与保利合作开发的北京首个外销住宅单位——北京丽京花园及其后的北京希尔顿酒店。

1992年，随着华人置业在北京和上海设立办事处，刘銮雄开始加大在内地的投资，先后在北京、上海、深圳、广州、天津等城市跑马圈地，开发建设了北京东方国际大厦、深圳罗湖商业城等项目。

2012年由于地价太贵，华人置业开始停止在内地买地。2015年7月，华人置业又以65亿港元将成都三项目出售予恒大，进一步缩减内地投资。

1983年，83岁的何善衡辞去了恒生银行董事长的职务。这位一手创办了恒生银行、支持了郑裕彤起家的人物，一直被媒体誉为香港富豪背后的大佬。

1985年，热心社会公益的他，出资2000万元成立了中山大学的何氏基金。1997年，何善衡在香港去世，代表了一个时代的结束。

太古地产在1983年迎来发展的巅峰时期。这一年年底，太古地产市值升至40.1亿元，已成为香港仅次于置地的第二大地产上市公司。当时，太古地产拥有可出租楼宇面积380万方尺，同年租金收入1.69亿元。

然而，不过一年时间，1984年股市低迷，太古地产最后还是选择了私有化，成为太古集团旗下的全资附属公司。

浮城大亨，不论少时叱咤风云，抑或老时看淡繁华三千，都为人所津津乐道。

李嘉诚兴办汕头大学

20世纪80年代初，受香港回归问题谈判影响，再加上世界经济衰退严重，局势动荡不安，各行各业倒闭现象此起彼伏。1983年，香港房地产也受到很大冲击，长江实业等房地产公司遭受重大打击。就在这种严峻市场环境下，李嘉诚仍坚定不移地全力支持汕头大学建设。

1983年秋，汕头大学首期工程开工，并首次对外招收学生。同年，教育部批准原汕头医学专科学校成建制并入，并改建为汕头大学医学院。汕头大学的兴建，得益于李嘉诚的鼎力支持。早在1978年9月，邓小平、廖承志等中央领导接见前来中国内地参观的侨胞时，李嘉诚主动提出希望在潮汕地区兴办一所大学，这个想法得到国家领导人高度赞赏与全力支持。1979年初，汕头大学开始筹办。

1980年5月，汕头大学筹备委员会宣告正式成立，以广东省委书记吴南生同志为主任。李嘉诚在与杰出爱国侨领庄世平商谈时，毅然决定捐巨资促成在潮汕地区兴办大学的义举。并且，两人联袂赴汕头考察选址，从1980年开始捐款3000万港元，到1983年李嘉诚捐款高达1.1亿港币。

即便这一年，香港经济不明朗，市场动荡，李嘉诚旗下的长江实业等上市公司也遭遇经济衰退打击，但李嘉诚也从未停止过给汕头大学的资金支持。包括李嘉诚的夫人庄月明，也是汕头大学建设的坚定支持者，在李嘉诚公司经营最为困难之际，她曾诚恳地跟李嘉诚说："我除留下一身换洗的衣服外，其余衣服你都可以拿去卖掉，哪怕是我们住的地方卖掉，我的金银首饰也可以卖掉，都一定要建成汕头大学。"

1983年5月23日，有了夫人的理解与支持之后，李嘉诚亲自给汕大筹委会主任吴南生写信，郑重表态一定不让汕头大学建校工程停顿，继续不遗余力捐款。李嘉诚在信中写道："近年世界经济衰退，影响所及，本人面临十年来的最困难处境。各行业倒闭及亏损者甚多，本人所经营业务亦深受打击。上述捐献，在个人今后数年之现金收入，已达饱和。但鉴于汕头大学创办成功与否，较之生意上以及其他一切得失，更为重要。而站在国民立场，能在此适当时间，为国家桑梓竭尽绵力，即使可能面对较为困难之本港经济情况下，仍属极有意义及应勉力以赴之事。"

时任中国教育部副部长黄辛白出国考察时，途经香港，会见李嘉诚谈及汕头大学施工和资金问题时，黄辛白劝李嘉诚先顾全公司，让企业顺利渡过难关之后，再考虑创办汕头大学，如有必要，汕头大学暂缓建设。然而，李嘉诚在感谢国家关心自己困难的同时，仍坚持继续资助汕头大学，他向黄辛白表态说："我的事业可以破产，我的一切可以失败，但汕头大学一定要办，一定要办成。"

为了汕头大学建设和发展，李嘉诚称得上呕心沥血。从学校选址、开工奠基、规划设计、施工建设、院系设置、聘请老师、选购设备、招生宣讲等多个方面注入大量心血。即便在香港经济严重困难时期，李嘉诚还在公司内组织专门负责汕头大学事务的工作班子。经常派专家、建筑师到学校现场进行指导，对学校工程质量要求非常高。还多方收集世界顶级知名学府教学、科研、行政、管理等资料，送给汕头大学教职人员学习参考。

1986年6月20日，邓小平同志接见李嘉诚，对他慷慨解囊、无私捐建汕头大学的爱国壮举高度肯定，他连声称赞："创办汕头大学，这是一件好事！"邓小平还对李嘉诚和国家教委主任李铁映表示："汕头大学要办，就一定要办好。在全国，要调一批好的教员到那里去，把汕大办好！汕大应该办得更开放些，办成全国重点大学。"

在中央高层的支持下，1990年2月8日，汕头大学隆重举行全面落成典礼。汕头大学校长在致答谢辞时，特别提到："李嘉诚先生为了创办汕头大学，他不但慷慨解囊，捐献近6亿港元巨款，而且亲自参与筹划，为解决汕大的种种问题而竭诚尽力。李嘉诚先生捐资兴学、育才强国的义举，将在我国高等教育史上留下光辉的一页！"

汕头大学成立后发展迅猛，2007年，在《中国大学科技创新竞争力排行榜》中，汕头大学列全国第53名、综合性大学第14名。2010年，获教育部高等学校科学研究优秀成果奖自然科学一等奖，入选国家教育部"卓越工程师教育培养计划"首批高校。2012年9月，汕大化学、临床医学学科进入ESI全球1%行列，其商学院工商管理大类本科专业通过EPAS国际认证，为亚洲首家。2013年9月，以色列理工学院与汕头大学签署合作备忘录，计划在广东省汕头市创办"广东以色列理工学院"。

2018年2月27日，汕头大学商学院全部本科专业（含工商管理和经济学两个大类本科专业）再次获得EFMD专业认证体系的官方认证。

经过多年发展，汕头大学已经成为潮汕地区首屈一指的高等学府，为潮汕地区甚至全国各地源源不断培养人才，推动中国内地经济、文化发展，提高科学技术水平。

1984年：

王石兴办万科　香港地产复苏

1984年，对中国来说喜事连连。先是在美国洛杉矶奥运会上，实现中国金牌"零"突破。紧接着，中英两国政府在北京草签关于香港问题的联合声明和三个附件，通过和平谈判顺利地解决了香港问题。与此同时，震撼人心的国庆阅兵式隆重举行，极大地增强了国人信心。

1984年7月28日，第二十三届夏季奥运会在洛杉矶开幕。这是中国代表团首次参加奥运会，现场直播的CNN播音员极富煽情地介绍："来自东方的巨龙———中国代表团。"东方巨龙在这次洛杉矶奥运会上，共获得十五枚金牌，首次参赛便高居世界第四，令全球为之惊叹。

家喻户晓的许海峰就是在洛杉矶奥运会上拔得头筹，在射击项目中率先夺冠，成为本届奥运会的第一枚金牌得主，也是中国在奥运会历史上的首枚金牌获得者。体操运动员李宁一举夺得三金两银一铜，是本届奥运会中国获得金牌最多的选手。中国女排再现称霸世界排坛的气势，将世界杯、世界锦标赛和奥运会冠军集于一身。

同样值得欣喜的是，这一年中国终于基本解决温饱问题，过上了暖衣余食的生活。中华人民共和国国务新闻办公室发布《中国的粮食问题》文件指出，1978年中国粮食总产量为3.048亿吨，1984年这个数字达4.073亿吨，六年间平均递增4.9%，是1949年以来数量增长最快的时期。

好运不断，社会领域的安定和谐促进了经济的稳步增长。据国家统计局统计数据显示，1984年全年国内生产总值为7171亿元，比上年增长15.2%；全社会固定资产投资总额1832.87亿元，比上年增长28.2%，其中，国有单位完成基本建设投资743.15亿元，比上年增长25.1%。全国职工年平均工资974元，指数为132.1。

这一年，已经是改革开放的第六个年头。但是，人们仍然还没想清楚究竟是要搞"商品经济"还是"计划经济"。

1984年10月20日，中国共产党第十二届中央委员会第三次全体会议通过《中共中央关于经济体制改革的决定》。明确提出：进一步贯彻执行对内搞活经济、对外实行开放的方针，加快以城市为重点的经济体制改革步伐，是当前我国形势发展的迫切需要。同时，也特别强调商品经济的充分发展，是社会经济发展不可逾越的阶段，是实现我国经济现代化的必要条件。

这也是商品经济第一次被写进党的决议中，文件明确提出了中国要实行"有计划的商品经济"，改变了原来"计划经济为主、市场调节为辅"的提法，成为改革开放的纲领性文件之一。

1984年，对于房地产行业来说，也是一个值得纪念的年份。因为这一年，"房地产"终于被当成一个行业来进行命名。当时，国家计委、经委、统计局、标准局等批准颁布了《国民经济行业分类标准和代码》，首次正式将房地产列为独立的行业，为房地产业发展提供新的契机。

1984年5月，在第六届全国人民代表大会第二次会议上，政府工作报告明确提出："城市住宅建设，要进一步推行商品化试点，开展房地产经营业务，通过多种途径，增加资金来源，逐步缓和城市住房的紧张状况。"

此外，报告也提出了新的设想："要着手组建多种形式的工程承包公司和综合开发公司。城市住宅区、新建工矿区及其公共设施工程的建设，由开发公司承包，按照城镇总体规划，统一办理土地征用事宜，进行设计和配套建设。"

1984年10月，国务院批转了原城市建设环境保护部《关于扩大城市公有住宅补贴出售试点报告》。1982年，国家开始试行共有住宅补贴出售政策，采用"三三制"原则，《试点报告》对郑州、常州、四平、沙市4座首批试点城市给予肯定。同时，原城市建设环境保护部批准了包括北京、天津、上海及全国23个省的82座城市作为第二批试点城市。

另外，在报告中还特别强调：试点城市的人民政府要加强领导，及时解决试点中的问题，不断总结经验，为在全国全面开展住宅补贴出售创造条件。这在当时看来，把城市公有住宅补贴出售给个人，是逐步推行住宅商品化、全面改革中国住房制度的重要步骤。

公有住宅补贴出售对当时住房制度形成巨大冲击，意义重大，影响深远。打破"职工建房、购房是发展私有制"的思想束缚，推动了住房制度改革，验证职工购房需求和支付水平，加快售房回笼资金速度，进一步改善广大职工的居住环境。

1984年10月，主管房地产业的国家计划委员会和城乡建设环境保护部出台了《关于城市建设综合开发公司暂行办法》，对组建房地产公司——"城市建设综合开发公司"做了明确的规定："城市建设综合开发公司是具有独立法人资格的企业单位，实行自主经营，独力核算，自负盈亏，对国家承担经济责任。"其主要任务是"经营城市土地开发和房地产业务"。

从中央鼓励商品经济发展，到国家明确支持住宅建设商品化试点，从增加公有住宅补贴出售试点，到推进房地产公司组建……房地产行业跟随着中国改革的步伐，全面进入重要转折阶段，逐渐发展成为中国国民经济新兴领域，掀起转轨时期中国房地产行业发展高潮，也由此孕育了一大批房地产综合开发公司，成为房企诞生的重要推动力。随着商品经济的魅力显现，住宅商品化的道路也似乎指日可待。在中国人的记忆里，也终于有了"房地产"的概念。

三天盖一层楼

改革开放 40 年，每座城市都发生了巨大的变化。以 GDP 为例，1984 年香港 GDP 已经高达 2870 亿，而中国内地 GDP 总量只有 7208 亿，香港一座城市的经济总量就占内地的 39.8%！可想而知，当时内地面临的发展压力有多大。

不过，基数低也意味着发展空间大。当时上海的 GDP 是遥遥领先的，为 791.7 亿元，北京 GDP 还不足上海一半，天津靠着地域优势挤进了前三甲，但只有 281.3 亿元。

1984 年的中国，没有人能想到 GDP 仅 20.2 亿元的深圳是此后数十年间的黑马，一路飙升，成为全国排名第三的一线城市。

这跟改革开放密切相关，政策有力推动了经济特区的发展。1980～1984 年的短短四年间，经济特区取得了突飞猛进的发展。不过欲戴王冠必承其重，特区同时也受到了巨大的压力跟困惑："经济特区除了五星红旗外，都是资本主义的东西。"除此之外，甚至还有人把特区跟租界相提并论。

自然而然，人们对邓小平的视察抱了极大的希望。1984 年元旦后不久，"告深圳市委，邓小平同志及其他中央领导将于 1 月 24 日抵达深圳"。这样的一则通知在深圳市委接待处炸开了锅。

时任市委常委的刘波回忆，"对我们来说，这是天大的一件事情。特区是小平同志提议建立的，我们当然相信他是支持特区的，所以都希望他到深圳后给我们打打气，也帮我们撑撑腰"。

1984 年 1 月 24 日，邓小平如期抵达深圳。时任特区的党委书记梁湘为他介绍了特区开发建设的情况，提到 1983 年深圳的工农业总产值比上一年翻了一番，比办特区前的 1979 年增长了 10 倍。

而后，邓小平视察了深圳国商大厦，还来到了 22 层的顶楼天台，在各个角度俯瞰这个崭新的罗湖城区。在得知罗湖城区将计划兴建 100 多幢高楼，是目前全国高楼群最集中的地方后，邓小平的眼神渐渐流露出喜悦，但他依然没有发表任何讲话。

在国商大厦对面，是正在如火如荼建设中的深圳国贸大厦，当时的他们，还不知道这座大厦将在半年后演绎出"三天盖一层楼"的深圳速度。在《中国地产四十年·1982》中曾提到，深圳国贸大厦从 30 层开始，采用创新技术，以三天一层的速度上升，创造了世界第一流水平。

邓小平同志所参观的深圳罗湖地区，在此前几年还是一片低洼地带，改革开放初期，每逢下大雨，整个罗湖就变成水乡泽国，污水横流，脏乱不堪。很多从罗湖桥过关来到深圳的香港人，也只能挽起裤脚在泥泞中小心前行。作为改革开放的窗口，罗湖形象关系着整个深圳特区的建设成败，甚至影响中国改革开放招商引资的进展。因此，如何对罗湖进行整改，被提上议事日程。

早在1980年，当时广东省委书记兼深圳市委第一书记吴南生安排分管基建的深圳副市长罗昌仁治理水患，并提出建议："搬掉罗湖山，土方正好来填平那些洼地。"这个一举两得的建议虽好，但实际操作起来资金成本却也不低。经过工程师们专业估算，第一期开发4平方公里，"五平一通"处理起来最少也要投资近20亿元。除此之外，还有根治罗湖水患需要的巨额资金，加起来比当时深圳一年的GDP还要多。

没钱怎么办？于是，深圳借助毗邻香港的优势，以远低于香港地价的方式出租土地，将收取的土地使用费投入罗湖整治工程。深圳出租土地，客观上，也催生了房地产行业的发展。尤其是通过引进外商独资经营的房地产项目就多达10个，出租土地4.54万平方米，土地使用费达2.2亿港元，吸引外商投资达40亿港元。

可以说，深圳的崛起，离不开房地产。特别是在深圳创立最初的几年时间里，以有偿使用、合作开发，收取逾十亿元的土地使用费，这些资金被投入到深圳城市建设急需的交通、能源、通信等各项基础设施工程，为深圳强劲发展打下了坚实基础。与此同时，也拉开了深圳房地产商业开发的序幕。

土地盘活，资金有着落，深圳发展自然就快了。因此，1984年当邓小平同志来到深圳时，罗湖已经发生翻天覆地的变化，短短几年时间里，曾经脏乱差的罗湖，变成了高楼林立的商业、金融旺地。

1984年1月26日，邓小平又来到蛇口工业区。在《中国地产四十年·1982》中提到，当时，蛇口工业区门口"时间就是金钱，效率就是生命"这十二个大字赫然醒目，袁庚很想知道邓小平对这句话的态度，几番旁敲侧击，邓小平仍然没有表露明显的态度。

随后，邓小平直接乘海军的炮艇到了珠海。最后，在离开珠海前写下"珠海经济特区好"的题词，算是给特区经济下了结论。

1984年2月1日，已经回到广州的邓小平，经不住广东省和深圳领导的再三恳请，终于提笔写下了这样一段话："深圳的发展和经验证明，我们建立经济特区的政策是正确的。"

值得注意的细节是，邓小平在落款日期上面特意写了1984年1月26日，那是他离开深圳的日子，这也表示实际上在视察深圳的最后一天邓小平就有了这样的结论。这是邓小平对特区改革开放给予的政治结论，至此，有关特区的非议终于告一段落。

据《邓小平文选》第三卷中记录，回到北京后，邓小平在2月24日的"办好经济特区，增加对外开放城市"讲话中强调，"我们建立特区，实行开放政策，有个指导思想要明确，就是不是收，而是放。特区是个窗口，是技术的窗口，管理的窗口，知识的窗口，对外政策的窗口。从特区可以引进技术，获得知识，学到管理。管理也是知识。沿海特区搞好了，经济发展了，有了条件，收入就可以高一点，要让一部分地方富裕起来，搞平均主义不行"。

与此同时，邓小平还说，"除现在的特区之外，可以考虑再开放几个港口城市，如大连、青岛。这些地方不叫特区，但可以实行特区的某些政策。我们还要开发海南岛，如果能把海南岛的经济迅速发展起来，那就是很大的胜利"。

1984年5月4日，中共中央发出《沿海部分城市座谈会纪要》的通知，确定进一步开放14个沿海港口城市。包括：大连、秦皇岛、天津、烟台、青岛、连云港、南通、上海、宁波、温州、福州、广州、湛江、北海。

沿海地区的开放，海南是绕不过的地方。1984年，一曲《请到天涯海角来》在中央电视台春节晚会上播出后，风靡大江南北。

1984年5月31日，全国人大六届二次会议决定设立海南行政区，同年10月，海南行政区正式挂牌。《中央扩大海南对外经济贸易主权八项规定》出台，进一步扩大了海南的自主权限。

也就是在那个时候，海南岛成为全国炒卖汽车的"天堂"，光是1984年一年，海南就进口了89000多辆汽车。当然，比起炒车，海南更大的泡沫是炒房，在海南省成立之后，房地产市场一度疯狂，击鼓传花式的频繁炒楼更是引发了海南房地产危机，这在《中国地产四十年》后续的篇章中将会展现。

总的来说，对于全国而言，改革开放正在一路向前，由点及面铺开，最终形成全面开放的战略新格局。而在这个过程中，房地产与整个国民经济共成长，并且起着举足轻重的作用，为中国改革开放添砖加瓦，做出巨大贡献。

王石创办万科

在吴晓波《激荡三十年》一书中曾重点写到，1984年是中国很多公司创立元年。诚然，如果要说起中国最早一批下海经商创办企业的浪潮，肯定非1984年莫属。这一年从年头到年尾，释放出来的每一个信号都是对中国经济的刺激。有一大批不安于现状，扔掉"铁饭碗"的有志之士正准备创造中国商业史上的新纪录。

这里面，有万科、联想、海尔、健力宝、天桥百货等多家企业在80年代便已经是驰骋风云的名字。但是，在《中国地产四十年》一书中，将会看到一个有趣的现象是：不管是卖电脑，还是制冰箱，不管是生产饮料，还是做百货，最后都走上房地产道路，冥冥之中，颇有殊途同归之妙。

在《中国地产四十年·1983》中曾提到，1983年通过倒卖玉米狠赚了一笔的王石，未雨绸缪，从竞争日益激烈的饲料市场转投科教仪器领域。1984年，王石着手组建深圳现代科教仪器展销中心，这就是万科的前身。根据他后来的回忆称，当时看到邓小平来深圳，"我感觉干大事情的时候好像到了"。王石在《道路与梦想：我与万科 20 年》一书中，详细讲述了这段下海的经历。

万科就是在这样的背景下成立的。这一年，王石 34 岁，按他自己的话来说，"当过兵，做过工人，在政府机关工作了三年，有一定的阅历，有一定的信心，更有我所喜欢的《红与黑》一书中主人翁于连的那种不甘于平庸，以个人之力奋斗拼搏的野心。我相信，自己将在深圳实现个人的梦想"。

1984 年 5 月 30 日，"深圳现代科教仪器展销中心"在深圳市工商局正式注册，这就是万科的前身。值得注意的是，公司为国营性质，法人代表为王石，主营业务为自动化办公设备及专业影视器材的进口销售。"中心"是深圳经济特区内最大的摄录像专业器材供应商。

根据《万科周刊》的记载，1984 年 9 月 21 日，"深圳现代科教仪器展销中心"正式对外营业，营业地址位于深圳市罗湖区建设路 1 号。年底，公司与北京市协和医学科学技术开发公司共同投资成立"深圳现代医学技术交流中心"，主要代理进口国内医疗市场需要的诊疗设备。

虽然展销中心的发展看起来不错，但始终面临着和深圳特区发展公司的矛盾。在王石自传书中如实记录了当时发生的事情，1984 年夏天，深圳特区发展公司决定兴建高达 165.3 米的特区发展大厦，钢结构、玻璃幕墙，由美国 C. R. S. 设计公司设计，投资贷款来自日本北海道拓殖银行。

一年后，还款期到了，特发总部财务上却没有多少外汇。得知展销中心在中国银行里有 800 万美元额度以后，特发公司孙凯峰总经理跟王石说，希望把展销中心的 800 万美元额度先调拨给总公司。王石的回复斩钉截铁，"只要我一天是法人代表，就一天不同意调拨外汇"。

这事最后不了了之，王石不愿意调拨，特发也不同意展销中心动用 800 万美元外汇。后来王石决定在科学仪器科的基础上创建新一代企业有限公司，由张西甫任总经理，王石兼副总经理。从行政上，展销中心归属新一代公司。

几年之后，深圳万科股份有限公司成立，公开向社会发行 2800 万股股票，并正式涉足地产业。万科后来是怎么股改，怎么走上地产专业化道路的，会在《中国地产四十年》后续的文章中再一一提及。

除王石外，还有几个耳熟能详的名字也在这一年面临着重大的人生转折。联想在 1984 年创立。当时，中科院的科研人员下海在中关村创办科技企业已经不是什么新鲜事。信通、四通、京海、科海等企业称得上其中的佼佼者。

这股时代潮流感染了柳传志，他当时已经在中科院干了整整 14 年了。1984 年 10 月份，中国科学院创办的北京计算机新技术发展公司诞生在一间 20 平方米的传达室里——这就是联想集团的前身。

"它的位置在计算所西大门的东边，房子是砖头砌起来的，外面是深灰色的，里面被隔成两间，水泥地面，石灰墙壁，房子里没有写字台也没有电脑。外屋有两个长条凳，沿墙角一字排开，里屋有两张三屉桌，桌子条凳都不用花钱买，是人家不要的破东西。"柳传志回忆称。

在上任前，中科院副院长周光召曾经跟柳传志有过一段对话，问他对公司有什么打算，他信誓旦旦地说："将来我们要成为一家年产值 200 万元的大公司。"当时 40 岁的柳传志在后来也提到，"只是想试一试自己的人生价值，看看我到底能做些什么"。

一不小心，做成了中国商业史上的奇迹，这也是柳传志意料之外的。毕竟在创办联想后的四年间，他的科研产业化道路并没有实质性推动，纯粹只是在做些简单的工作包括卖旱冰鞋、卖电子手表、检修机器等积累资金。

皇天不负苦心人。在接下来的 20 世纪 90 年代，是联想大放异彩的辉煌时期。"人类失去联想，世界将会怎样？"在这句家喻户晓的广告语背后，折射出联想当时的企业价值与行业地位。

在《中国地产四十年·1994》中还会提到，在联想成立十年之后，开始涉足房地产开发。作为中国民族工业佼佼者，联想进军地产率先以工业地产为切入口。1994 年，联想工业实业有限公司就在广东惠阳进行联想科技园大亚湾园区的开发建设。

2001 年 6 月，联想控股有限公司投资于房地产行业的全资子公司——融科智地正式成立，并挺进房地产写字楼和住宅开发。2017 年，融创孙宏斌正式并购联想地产业务，将融科智地纳入融创旗下。这一切，将在《中国地产四十年·2017》的篇章中详细讲述。

除了联想，另外一家中国知名制造业公司也在 1984 年迎来新生。这家公司位于山东青岛，在张瑞敏上任厂长前，这家日用电器厂已经濒临倒闭，一年之内换了三个厂长。

青岛日用电器厂主要生产一种名为"白鹤"的洗衣机，曾经也生产过电动机、电葫芦、民用吹风机、小台扇等，但是技术不精、外观粗糙、工厂员工懈怠。为了整治工厂，张瑞敏上任后就制定了十三条规章制度，还当场开除了一名不遵守制度的工人，这才得以在全体员工面前站稳脚跟。

张瑞敏决定，退出洗衣机市场转而生产电冰箱，并把工厂名字改成"青岛电冰箱总厂"。后来，引进了德国"利勃海尔"冰箱技术，使工厂成为定点生产厂。关于张瑞敏的经典创业故事非常多，其中砸毁 76 台有缺陷冰箱广为流传。张瑞敏接手工厂没多久，有用户向海尔反映：工厂生产的电冰箱有质量问题。于是张瑞敏紧急检查了仓库，发现存在缺陷冰箱多达 76 台！按常规的办法处理是，将缺陷冰箱当成福利处理给本厂员工。

然而，张瑞敏却做出异乎寻常的举动，召集全体员工，当场将 76 台冰箱全部砸掉！更触动人心的是，由生产这些冰箱的员工亲自来砸！那砸向冰箱的大锤，真正砸醒了海尔人的质量意识！从此以后，海尔人彻底转变观念，强化产品质量关。与此同时，砸毁 76 台次品冰箱的故事就传开了！

这家中国知名制造业公司，在往后的日子也将走上房地产开发之路。在《中国地产四十年·2002》中，将会讲述海尔进军地产，成立海尔地产，专业从事房地产投资、开发和经营。

海尔地产成立后提出"3 年 16 倍，5 年 30 倍，用 6 年时间超过万科"，由此可见海尔集团董事长张瑞敏曾经对地产业务板块的期望有多大。然而事与愿违，海尔地产后来非但没有超越万科，反而与万科的距离越拉越大。

无论是万科还是联想，抑或是海尔，在当年名气并不大；相反，1984年真正传遍中国的品牌企业是位于当时广东省佛山市三水县一家饮料公司。当时，李经纬正沉浸在成功研制出新型电解质运动饮料的欣喜当中。

更让人意想不到的是，这款后来命名为"健力宝"的运动型饮料成为中国奥运代表团的首选饮料，随着许海峰勇夺中国首枚金牌、中国女排夺冠等佳绩涌现，一时间，"中国魔水"——健力宝一炮而红。

健力宝成功打造成为一个民族品牌，1984年，健力宝销售额达345万元；第二年这个数字上涨5倍，达1650万元；第三年飞升至1.3亿元。1994年，年销售达18亿元的健力宝远远把其他饮料甩在背后。

健力宝随后开始一系列扩张，进军地产、医药、快餐、体育服装、汽车维修、酒店、证券、旅游、媒体等，甚至大举借债10亿元，在广州建设高达39层的健力宝大厦，1997年广州健力宝大厦落成。然而，作为佛山三水地方政府最大的财政来源，健力宝大厦的建设事先未获三水市政府的批准，随后，政府收紧健力宝资金管理权。

2002年，三水区政府将每况愈下的健力宝75%的股份作价3.38亿元卖给浙江国投。自此，健力宝由李经纬时代进入张海时代。然而，在张海入主健力宝后，投资受挫、资金危机、销售乏力等情况相继而来，健力宝由此衰败。

健力宝鼎盛时期兴建的广州健力宝大厦经历十余年时间发展，被公认为广州市中心东风路上最闪亮的地标名片。2008年10月，时代地产收购健力宝大厦作为时代地产总部基地，并对健力宝大厦进行翻新。2009年11月27日，"健力宝大厦"正式更名为"时代地产中心"，并被越秀区政府授予"总部经济发展基地"。

时代地产方面在谈及收购案时特别强调，十年来，时代地产非常看好健力宝大厦和越秀区的发展。经过时代地产和健力宝集团多次沟通，最终达成正式收购健力宝大厦，作为时代地产的总部基地。

除兴建广州健力宝大厦之外，健力宝还开发了占地314亩天鹿湖山庄，这个项目是集居住、度假、休闲娱乐于一体的高尚别墅区。此外还在佛山三水兴建最具特色的休闲、度假胜地——健力宝山庄。

顺便说一声，前文提到的佛山三水，在十年之内，也完成众多中国县级城市从"县"向"区"转变。1983年6月1日，撤销佛山地区建制，建置佛山市，三水县受佛山市管辖。20世纪90年代初，全国兴起撤县设市高潮，1993年5月28日，撤销三水县，建置三水市，属于县级市，直隶属广东省，由佛山市代管。进入21世纪，县级市又纷纷改成区，2002年12月8日，撤销三水市，建置三水区，受佛山市管辖。

1984年的转变，还表现在社会的方方面面。这一年还成立了中国第一家股份制企业——北京天桥百货股份有限公司。这寓示着，中国市场经济的深化、商业企业股份制的改革以及中国金融市场的起步，被誉为"全国第一面商业红旗"。

改制后，天桥百货实行董事会领导下的总经理责任制。公司成立之初，就由当年新成立的中国工商银行总代理，开始发行第一期股票。

有意思的是，"天桥百货"实行全员劳动合同制，择优汰劣，视情况不同与职工分别签订短期、中期、长期合同；推行干部聘任制；总经理同中层经理签订任期目标责任书；打破原来的级别工资制，实行效益与奖金（工资）挂钩的分配制度。

1988年，"天桥"又发行了第二期700万元股票；1993年5月，"天桥"在上海证券交易所上市。"天桥"也成为中国第一家正式注册的股份制企业、第一批规范化股份制企业、第一批异地上市的股份制企业……

作为中国首家股价制公司，天桥百货注定是一家有故事的企业。这在《中国地产四十年·2008》中将会提到，1998年北大青鸟入主北京市天桥百货股份有限公司，运作借壳上市，并更名为青鸟天桥。

2008年年底，青鸟天桥将原有的软件资产置出，同时置入地产资产。随后，青鸟天桥将所持有18家与主业经营有关的子公司的股权，全部剥离给北大青鸟集团。并置入中国信达下属11家房地产企业，同时将公司更名为信达地产。

任志强加盟华远

1984年，中国一南一北两"强"都成为建筑施工队长，这就是广东杨国强，以及北京任志强。

在《中国地产四十年·1978》中提到杨国强在其兄长杨国华帮助下，进入北滘公社房管所当施工员，从泥瓦匠工做起，这份工一干就是四年，到了1984年，杨国强迎来人生中新的转折。

虽然有兄长带入门，但家庭赤贫的杨国强深知修行靠个人，只有学好手艺，才能改变生活。24岁的他跟着哥哥学起了建筑瓦匠活，干起活来非常注重细节，工作时一丝不苟，对自己要求严格，哪里的墙面抹不平，即使不睡觉，也要继续再抹。

有一次，正在梯子上干活的杨国强，遇到包工头巡场。包工头仔细检查墙面后，说了一句："这是我见过的抹的最平的墙面。"听到这句有分量的话之后，杨国强兴奋异常，就是这种极致的工作干劲，令杨国强获得更大的发展空间，他被提升为建筑队队长。

1984年，杨国强凭着一枚公章、一间办公室，开始自己拉业务。那个年代，只要能赚钱，即使修猪圈的工程他都接。据他回忆，除了睡觉、吃饭、上厕所，所有的时间都在工作。就是在这种艰苦环境下，杨国强想尽一切办法，努力把接回来的工程做好。

许多年以后，杨国强回忆起当年工作时曾表示，"1984年我白手起家，当时没读过大学，没有财富，一步步地成长起来了，是这个社会才让我有了今天。我总想着能够贡献给世人一个更好的作品，一个五星级的家，希望社会因为我们的存在而变得更加美好"。

同样有当过建筑施工队队长经历的人，除了杨国强，还有任志强。在《中国地产四十年·1983》中提到，北京市西城区成立了一家叫"华远公司"的全民所有制企业，由时任西城区计经委副主任戴小明负责筹建。

1984年初，任志强所在的北京青年服务社开始整顿学习，在此期间，戴小明找到了任志强，希望他加入华远公司。转业三年的任志强开始琢磨着自己接下来要做什么，摆在他面前的是三个选择。一是整顿之后重干青年服务社；二是调入农科院，继续当服务公司经理；三是调入华远公司争取一个更大的平台。

最终任志强选择了华远，他负责的第一个专项任务就是地安门商场三楼的改造，改造完的商场也将成为华远多家公司的办公地点和经营场所。

没想到，从未接触过房地产的任志强接过施工队队长的活以后，干得相当出色，一举成名。从此，任志强便跟房地产结下了不解之缘。

任志强加入华远，开始从事房地产之际，潘石屹刚毕业踏足社会。1984年，潘石屹在石油管道学院修完学业，正式毕业。随后，分配至河北廊坊石油部管道局经济改革研究室工作。

在苏文所著的《潘石屹：永远不做大多数》一书中曾记载，从甘肃小山村走出来的潘石屹，终于过上当时令人艳羡的铁饭碗生活。刚进入机关，潘石屹感觉非常新鲜，没有太多工作，但收入却不低，而且还经常能收到下级单位送上来的礼品，衣食无忧，悠闲轻松。

潘石屹天生对数字敏感，他发现，石油部管道局汇报工作，都需要用数字说话，但局里很多领导却难以记住那些繁杂冗长的数字，因此，潘石屹每天下班后，主动将各种计划样本拿出来背诵，甚至连小数点之后好几位数都能记得一清二楚。

于是，领导向上级汇报工作时，都会带上潘石屹，很快，科长、处长、主任等领导都非常赏识他，潘石屹也因此成为局里的红人、单位的重点培养对象，还获得外出进修的特殊待遇，仕途一片光明。然而，潘石屹却慢慢发现，机关里很多部门实际上无所事事，并没有创造效益。

潘石屹还在石油部背数据的时候，深圳正在发生前所未有的巨大变革，这是三年之后潘石屹将来闯荡的第一站，1987年他将目睹这个改革开放最前沿翻天覆地的变化。而在1984年，整个深圳就已经变成一个超级大工地，大量人才、企业涌入深圳，参与经济建设。在这个过程中，也陆续诞生了一批土生土长的深圳本地房地产企业。

1984年，经深圳市人民政府批准，深圳市工程开发公司成立，为市属全民所有制国营企业，这也是中洲控股的前身。1994年经股份制改造成为公众上市公司，是首批获得国家房地产开发一级资质的企业。中洲控股以长城大厦项目开启了房地产专业发展道路，早期开发了深圳白沙岭住宅区（长城大厦）产品，成为国内最早规模化住宅片区。

中洲控股经过三十多年发展，目前已经拥有丰富的房地产开发经验，同时具备五星级酒店管理经验，业务范围涉及酒店经营、高端商业运营、城市建筑施工、物业管理等多个领域，其母公司中洲集团还在产业园区建设、企业孵化、股权投资、市政工程建设等多个产业开展跨区域跨行业多元运营。中洲控股已全面改制转型，完全实现市场化，业务遍布珠三角、长三角、环渤海和成渝四大经济圈。

再来看看同在1984年成立的另外两家房地产公司：亿达和宋都。其中，亿达集团成立于1984年，以建筑队和装修队起家，四年后以大连软件园为开端进入软件服务业。

2014年6月27日，亿达中国控股有限公司（股票代码：3639.HK）在香港联交所主板上市，是集园区开发、园区运营、工程建设、物业管理等业务于一体的综合性集团化企业。

宋都股份旗下的地产集团创立于1984年，是杭州最早"老十八家"知名专业房地产开发企业之一，前身为江干区住宅统建办公室。宋都基业投资股份有限公司为宋都控股旗下上市公司（证券代码：600077），于2011年登陆A股，总部坐落于杭州钱江新城CBD核心区域。

在克而瑞2017年房地产企业销售排行榜上，亿达中国排名159名，销售金额71亿，宋都股份排名第162，销售金额69.9亿元。

新鸿基抄底廉价地块

据《邓小平文选》第三卷中记录，邓小平在1984年6月22日发表"一个国家，两种制度"的讲话中提到，北京除派军队以外，不向相关特区政府派出干部，这也是不会改变的。我们派军队是为了维护国家的安全，而不是去干预相关的内部事务。我们对香港的政策五十年不变，我们说这个话是算数的。

1984年9月26日，中英两国政府在北京草签关于香港问题的联合声明和三个附件。声明宣布，1997年7月1日中国政府将对香港恢复行使主权，英国同时将香港交还给中国。

联合声明还宣布了中国政府对香港恢复行使主权后，设立直辖于中央人民政府的香港特别行政区。在具体细节方面，声明还指出，除外交和国防事务属于中央管理外，特别行政区享有高度自治权，包括行政管理权、立法权、独立的司法和终审权，现行法律基本不变；特别行政区政府由当地人组成，生活方式不变；保持自由港、独立关税地区和国际金融中心的地位等共12条。

中英公布《联合声明》草签第二天，香港高德测计师行高级合伙人杜家麟9月27日表示："中英协议内容中有关土地契约的最重要一项，便是承认现行土地契约及新界土地毋须补地价，续期至2047年。这项决策当可增强各界对地产市道的信心，并有利地产业的发展。"

他说得不无道理，1984年四季度开始香港房地产市场真的迎来了复苏。这一点，在新鸿基地产身上表现得尤其明显。

作为香港地产界的巨无霸房地产企业，新鸿基地产长期看好香港地产业的发展，其创始人郭得胜更是香港发展坚定信仰者，他在外界担忧香港前途、投资信心不足时，都会明确表态：无须担心1997。在接受媒体采访时，郭得胜特别指出："对于1997年新界租约问题或者地契年期问题，不用担心，有关政府会为照顾我们而作出最圆满的决定。作为地产商，我们只要努力去干，为市民提供更理想的居所。"

1982年至1984年期间，香港房地产市场萎靡不振，新鸿基旗下地产物业市值大跌三四成。但是，新鸿基却借着市场下行机会，不断收购廉价地块，截止到1984年，新鸿基名下土储多达1140万方尺，单价低至200港币/平方尺。随着中英联合声明发布，香港楼市应声上扬，新鸿基此前低价吸纳的地块市值飞涨，收益高到令人艳羡。

同样在1984年，新鸿基在20世纪80年代初兴建的新城市广场落成。新城市广场是新鸿基为配合新市镇发展大型住宅屋邨计划，于沙田中心建设的首个大型综合商场。项目首期总楼面面积100万方尺，投资超过10亿港币，建设有百货、电影院、餐厅、溜冰场等各类休闲娱乐设施。投入使用后，成为香港人气爆旺的重要商场，也吸引了众多海外、内地游客前往观光购物。

如果要说1984年的香港房地产市场哪家企业最活跃，信和集团算得上其一。但是，在地产低迷的80年代初期，信和集团从1981年6月到1984年6月的3个财政年度里所遭受的损失估计超过10亿元，几近破产。

好在，1984年中英谈判告一段落，经济重新进入上升轨道，加上大股东黄氏家族的财政支持，信和才安然渡过难关。

所谓有失必有得。在1983年至1984年间，信和购入的地皮多达10余幅。在《中国地产四十年·1981》篇章中提到的"香港金钟二段"地铁上盖物业发展权，于1984年重新推出市场，结果被以信和为首的财团拿下，发展为财经广场，也就是后来的奔达中心。通过这个项目，信和赚取了丰厚的利润。

1985年，信和再次以3.89亿元拿下尖沙咀海旁中港城地皮，后来在这里建成了"城市中的城市"——中港城，也是全球最大的金色玻璃幕墙建筑物，香港的中国客运码头亦设在这里。

信和集团此后也进军中国内地市场，最新消息显示，信和2017年卖掉成都一个项目就赚了64亿元。2018年3月，信和集团发布2017年下半年中期报告，在2017年12月31日往前的6个月内，集团未经审核纯利润103.666亿港元。

1984年还有几个数据值得注意。这一年，据田土注册处的登记，该年各类房地产买卖契约，达17.7万宗，其中，楼宇买卖契约的数目，是3万宗。这两个数字到了1985年分别是26.3万宗、5.4万宗，增长49%、82%。到1988年高峰期，这两个数字更达35.6万宗、6.7万宗，分别比1984年增加101%和124%。

这一切都在显示，沉寂已然是过去式。在冯邦彦所著的《香港地产业百年》中提到一个细节,"以1984年第三季推出的康怡华远为例,当时每方尺楼价不过560元左右,但到了1986年初楼宇建成入伙时,平均每方尺楼价已升至800元,一年半内售价升幅达40%以上"。

1984年,中海在香港进军住宅开发业务,成为中国内地房地产行业的开拓者和引领者。在《中国地产四十年·1979》里提到,1979年中海在香港诞生,最早是从学徒做起,通过香港爱国人士介绍,到香港工地学习,参与建筑开发机会。经过几年时间积累,中海逐步在香港建筑市场站稳了脚跟,于是,中海开始涉足房地产领域。

1984年,随着一国两制基本国策稳定了香港投资环境,香港经济扭转了下跌势头,日益复苏,中资企业在有利的形势下,放开手脚,竞相在香港市场大干一场。而中海也不例外,作为改革开放后首批进军香港的中资公司,更是在原有的建筑业务基础上,跨入香港火爆的房地产开发行业,进一步拓展了业务,增强市场竞争力,获得全新的成长空间。

作为中海早期重要的创办人,肖桐在《成功的楷模——中国海外建筑集团有限公司的发展历程和对我们的启迪》回忆到:"近几年,海外公司有了很大发展。可能是1978年年底,我初次来香港,谈定来人到港开展业务;1980年路过这里,开始有了个窝,有3个立足之地;现在来,办公室已经很阔气,打开了局面。抚今追昔,十分感兴。"

1984年3月18日,肖桐参加了在香港经营房地产的爱国人士黄振辉举办的锦绣花园中心典礼,并发表了简短的祝辞。肖桐除了向锦绣花园中心开业表示祝贺外,还赞扬了香港同胞对中海的帮助,并着重阐述了"星星之火,可以燎原"的道理。肖桐特别提到,1979年进入香港,中海不过七八个人,而到了1984年,则成了一个有相当规模的公司,这与香港朋友的帮助是分不开的。

中海之所以在香港发展迅猛,除爱国友人帮助之外,更重要的是自身过硬的专业基础。彼时中国海外建筑有限公司的董事长张显庭,同时也是中海总工程师,这位从事土石方工程的专家,直接负责木湖到大揽涌输水管线的项目建设,由他管理这项工程,专业技术知识是绰绰有余。中海在对外承包工程上,采用了杀鸡要用牛刀的方法,为的是要树立信誉,创出牌子,这才是开拓业务的真正基础。

事实上,中海进入香港市场,并不是依靠资本去做生意,而是凭借承包工程起家。香港是个自由经济市场,因此,越是重大的工程,对承包商的实力和要求越高。所以,能在香港充分竞争的市场生存下来的企业,无不是办实业、重效益的公司。而中海也是在一步步积累中,通过辛勤努力,打造样板工程,树立良好信誉,注重业绩增长,从而在香港激烈的竞争中杀出一条血路。

郑裕彤请动英国女皇

20世纪80年代，郑裕彤领导的新世界发展迅猛，也正式确立新世界在香港的地位。其中，最为引人注目的当数香港会展中心的兴建。1984年12月，郑裕彤同香港贸易发展局签署合作协议，将在港岛湾仔核心地段建设"香港国际会议展览中心"，投资额高达27.5亿港元，这在当时是笔巨资。

根据规划，"香港国际会议展览中心"占地33.5万方尺，底层基座是7层楼高的会展中心，在基座上建造两幢酒店、一幢写字楼、一幢酒店式豪华住宅大楼，总面积约41万平方米，建成后，将是亚洲同类设施中规模最大、设备最完全、现代化水平最高的会议展览场所。

如此庞大的项目，新世界如何开发？成为很多人心目中的疑问，特别是合作协议签署之后的几年时间里，香港国际会议展览中心仍停留在图纸上。然而，面对外界的质疑，郑裕彤却岿然不动。直到1986年10月，英国女皇出访香港的消息传遍世界。这是香港在中英联合声明之后，又一震撼全球的重大新闻。

就在世人都在猜测中英关系走向何方之际，郑裕彤突然宣布，香港国际会议展览中心将在英国女皇抵港当天动工！1986年10月21日，英国女皇伊丽莎白二世在皇夫爱丁堡公爵陪同下，参加了会展奠基仪式，这个世界级的重大事件立刻成为国际各大媒体重磅报道，而郑裕彤也由此声名大噪。

1989年11月，英国王储查尔斯携夫人戴安娜到香港访问时，出席刚刚建成的香港国际会议展览中心揭幕仪式。这座规模宏伟、气势磅礴的建筑，体量是交易广场的2倍、汇丰银行大厦的近6倍，与汇丰银行大厦、中国银行大厦、交易广场、奔达中心一同被列为20世纪80年代香港五大建筑，名列亚洲同类建筑之首。

1997年全球瞩目的香港回归交接仪式，就是在香港会议展览中心隆重举行。1997年7月1日零点整，香港会议展览中心灯火辉煌，中华人民共和国国旗和香港特别行政区区旗在会场升起，中英两国政府香港政权交接仪式在香港会议展览中心五楼大会堂举行。经历了百年沧桑的香港回到祖国的怀抱，香港的发展从此进入一个崭新的时代。

这场世纪盛典，吸引了全球700多家新闻媒体、8000多名记者组成的庞大阵容参与报道，会议现场照相机、摄像机的镜头频繁闪动，记录下这一庄严的历史时刻。香港会议展览中心作为会场主办地，见证了香港里程碑式的腾飞。

1985 年：

中国房协亮相　会德丰股权战

1985年1月1日元旦这天，《人民日报》发表的献词满腔热忱地写道："建设四化的事业，和扫荡旧社会的壮举一样伟大。伟大的事业呼唤我们积极投身于改革的实践。处在这样一个社会大变革的时期，要站在改革的前列，我们的思想就不能停顿。停顿就意味着落后。人们的思想必须随着情况的发展而发展，敢于在实践中创新，敢于吸收国内外一切先进经验，敢于丢掉陈腐的东西，改变那些观念上、体制上、政策上、作风上不适应新形势的东西。"

1985年2月5～14日，在天津举办的全国经济工作会议上提到："1985年要紧紧围绕增强企业活力，特别是增强国营大中型企业活力这个中心环节，搞好城市改革和其他各项工作，进一步提高经济效益。"

紧接着，国务院批转了《长江、珠江三角洲和闽南厦漳泉三角地区座谈会纪要》，并发出通知指出：将在长江三角洲、珠江三角洲和闽南厦漳泉三角地区开辟沿海经济开放区。这是中国实施对内搞活经济、对外实行开放的又一重要步骤，也是社会主义经济建设中具有重要战略意义的布局。

改革路上总是千沟万壑，这一年中国遇到了一道自1978年以来从未有过的大难题。从1984年10月开始，由于银行信贷增长严重失控、投资猛烈，通货膨胀开始逐渐显露。这种"过热"的现象一直持续到1985年。在国家统计局关于1985年国民经济和社会发展统计公报中也提到，这一年存在的主要问题表现在固定资产投资规模过大、社会购买力超过商品供应量、进口增加过快、物价上涨幅度较大。

公报数据能明显看出，1985年全国城乡固定资产投资完成2475亿元，比上年增加642亿元，增长35%；社会商品零售总额4305亿元，比上年增长27.5%；市场物价方面，农副产品收购价格总指数比上年平均上升8.6%；零售物价总指数比上年平均上升8.8%，职工生活费用价格总指数比上年平均上升11.9%。

当然，除了经济改革，这一年中国在教育、工资、科技、医疗等方面都做出重大的变革，并发布了相关的红头文件。比如，在工资改革方面，国务院就连续发布《关于国营企业工资改革问题的通知》、《关于国家机关和事业单位工作人员工资制度改革问题的通知》等多个文件，这些改革文件，彻底终结实行了几十年的行政级别工资模式。

1985年的房地产行业好消息也不断。中国房地产行业协会的成立，城乡人民居住条件进一步改善，城镇新建住宅约1.3亿平方米，农村新建住房约7亿平方米。建设银行按照国务院支持城市土地、房屋综合开发的要求，率先在全国设立土地开发和商品房贷款，拉开了我国房地产开发贷款业务改革和发展的序幕。

伴随着改革开放的脚步不断前进，香港与内地的交流和发展也越来越顺畅。1985年，香港拍摄的《上海滩》出现在内地千家万户的电视荧幕上。

更让举国欢庆的事情是中英《联合声明》的正式生效和香港基本法起草工作的正式启动。1985年5月27日，中英两国政府在北京互换了《关于香港问题的联合声明的批准书》，并宣布自当日起生效；1985年6月，香港特别行政区基本法起草委员会成立，并开始着手拟订基本法草案。

这一切，都为1997年香港的平稳过渡和政权交接提供了指导和保障。在此背景下，香港房地产市场在这一年开始复苏，太古、新世界等巨头积极扩充土地储备、房价和租金开始回升、各类物业交投活跃……

中国房地产行业协会成立

1985年，房地产有了自己的组织，并作为一个单独的产业部门，纳入中国国民经济体系。

从1978年开始，中央逐步启动住房制度改革，着手改善人民住房问题，加快房屋建造和出售进程，孕育中国房地产雏形。直至1984年，房地产业的概念才被正式提出，被中央多部委列为独立行业。至此，房地产行业萌芽破土而出，各地房地产公司如雨后春笋般涌现，房地产行业从此全面登上历史舞台。

春意萌动，在对外开放、对内搞活经济的形势下，1985年的房地产业又迈向一个新的阶段。从年初开始，为促进行业更好发展的各项工作陆续展开。

1985年1月17~20日，四个经济特区以及十四个开放沿海港口城市、海南岛、北京等地房地产企业和房地产管理部门就率先行动，在浙江宁波召开了首届中国对外开放沿海港口城市房地产业协会大会。

当时，应邀出席的单位也都是重量级，包括国务院技术经济研究中心、国家经委体改局、建设部住宅局、中国房屋建设开发公司、中国国际信托投资公司、中国工商银行总行、中国银行等多个中央部委和相关央企。

对于房地产行业来说，这无疑是一大盛事，这也是新中国成立以来全国房地产部门和企业首次大规模相聚的盛会。

实际上，中国对外开放沿海港口城市房地产业协会1984年8月在建设部批准下就已成立，首批参加协会的单位共119个，这些单位均为从事城市、房屋或土地综合开发与经营的企业。

时任上海市房地局局长蒋如高透露了筹备协会的经过，他表示，"成立这个协会是在1984年6月由建设部城市住宅局召开的'对外开放沿海港口城市搞活房地产业座谈会'上提出来的。其目的是通过协会来联合房地产业同行，沟通信息，交流经验，开展业务协作，做好外引内联，搞活房地产业"。

在1985年房地产业协会大会上，除了选举了协会领导机构、讨论工作计划，还就如何搞活房地产业进行经验交流。

值得关注的是，会议还组织了新中国成立以来房地产业史上第一次有组织的业务洽谈。当时，各地各单位带到会上洽谈的项目有近百项，内容涉及基础建设、装饰维修、设备供销、人才和技术引进、综合性贸易等。仅两三天时间，就签订了50份意向书，资金总额达4.9亿元。

会议有了如此成效，时任建设部住宅局局长刘挥在会上总结时大胆地预测："在我国社会主义制度下一个新兴的行业——房地产业，就要出现了。房地产业是一个大有希望，大有作为，大有前途的大行业，它将在发展国民经济和四化建设中越来越显示出其重要地位和作用。"

刘挥甚至还信心十足地说："房地产业的春天到了，我们要大显身手，大展宏图，迎接房地产业春天的到来。城市住房以及估计五十年以内其他住房需要量大，房屋产品是不会过剩的，大的需求还在后面。房地产行业是有希望、有潜力的行业，这个行业将越来越被重视，将是容量大、经久不衰的市场，是能为国家做出贡献的行业。"

这次会议还有一个更重要的事情是，宣布成立了中国房地产协会筹备组，并把时间定在年内，这为接下来中国房地产业协会的正式成立奠定了良好的基础。

一方面，搞活房地产业的实质工作在有序推进；另一方面，利好消息也在不断传来。

1985年4月5日，国务院办公厅转发国家统计局《关于建立第三产业统计的报告》，房地产业被列入第三产业的第二步类中第一个产业部门。

经过9个月时间的筹备，1985年9月20～23日，中国房地产业协会在山东省烟台市召开成立大会，这个对房地产行业具有里程碑意义的大会终于开幕。出席这次大会的有各大、中城市首批参加中国房地产业协会的164个从事房地产综合开发和经营的企业、事业单位和部门的代表340人。

经过充分酝酿及民主协商，这次大会选举产生了由67名理事组成的首届理事会，时任城乡建设环境保护部副部长的肖桐当选为理事长。在《中国地产四十年·1979》里有提过，肖桐也是创办中海的重要推动者。

此外，大会还一致通过了中国房地产业协会章程。该章程指出，协会的宗旨是推动房地产业的改革和发展，提高经济效益，充分发挥房地产业在城市建设和国民经济应有的作用；同时，协会的作用是传达政府的政策意图，反映企业的愿望，维护企业的合法权益，为企业服务。

中国房地产业协会作为从事房地产开发经营、市场交易、流通服务、投融资、法律咨询、修建装饰等企事业单位、地方房地产业协会及有关院校、科研、部品（部件）生产单位和个人自愿参加组成的全国性行业非营利性社会组织，在行业具有举足轻重的地位，为改善城乡人民居住水平，实现"住有所居"，发挥房地产业在国民经济中的支柱产业作用服务。

与年初中国对外开放沿海港口城市房地产业协会一样，这次也举行了业务洽谈，成效更为显著。各地带来合作的项目数达 66 个，房地产投资额超 10 亿元。

对于房地产行业的形势，才上任的协会理事长肖桐也同样看好。他在这次大会上提到，"房地产业形势很好，但任务很重，要坚持改革，开拓经营，提高质量，搞好服务。"

1985 年 11 月 8 日，国家经委正式发文批准成立中国房地产业协会。至 2018 年，中国房地产业协会已走过近 33 个年头。

据中国房地产业协会官方资料显示，中国房协是世界不动产联盟直属会员，十分重视开展同各国和港澳台地区房地产行业社团组织和房地产企业之间的友好往来，积极开展经济、技术、学术等方面的交流合作，与美国、日本、韩国等房地产行业组织签订了合作协议，与 20 多个国家和地区的房地产行业协会和企业保持经常性的友好往来。

几番风雨，暑来寒往，作为中国房地产业的最高行业组织，它服务、引导、创新、推动了房地产行业的发展，也见证了房地产对中国经济社会的巨大影响和中国数亿人住房的变革。

广州越秀初创

1985 年，中国房地产市场还在探索前进，不少企业也在此时吹响创业的号角。

现在看到依旧活跃在房地产行业的企业，如越秀企业、珠江实业、中航地产等，都在 1985 年成立了创始公司。珠海市的"招牌"格力集团，其前身珠海经济特区工业发展总公司也在 1985 年诞生。

先将目光放到广东。1985 年 4 月，广州政府以 500 万美元作为发展创业的启动资金，在香港注册成立越秀企业有限公司，这便是越秀集团的前身。越秀企业有限公司的作用是为广州政府在港澳地区经济贸易工作提供一个"窗口"，在当时，是内地第六家地方驻港窗口公司。

这里值得一提的是"窗口公司"，是指"内地省、自治区、直辖市人民政府或中央部门直接出资在港澳地区注册成立的、对本地区本部门或本行业驻港澳企业行使行政管理职能的经济实体。"

"窗口公司"产生的背景也比较特殊，1984年中英签署联合公报，宣布中国政府将于1997年7月1日恢复对香港行使主权后，英资企业陆续撤离。为了稳定和繁荣香港经济，同时推进国内改革开放，内地企业拉开驻港大潮。在此背景下，各部门、各省市纷纷在香港设立贸易公司，也就是"窗口公司"。

当时的"窗口公司"主要有三个功能：招商引资、进出口贸易、内外联络与接待。

《香港中资财团》文中有一个数据值得关注，"据不完全统计，到了1989年，驻港中资企业达2500家，其中地方驻港企业约2200家，而在近30年后，这2200家地方企业绝大多数已不知所踪。"

而本篇章要说的越秀企业，当时就是在这样的背景下应运而生。在创建初期，担负起广州招商引资和探索发展的使命。在杜博奇所著的《越秀三十年》书中提到，公司成立后，越秀通过合作引资、引进人才和技术，先后投资60多个项目。集团参与轻工、化工、机械、电子、运输、纺织、仓储等行业的合作项目，改造广州老企业。

1986年，越秀企业通过与香港商人参股合作的方式涉足房地产业务，成为最早在港经营房地产业务的中资企业。成功获得第一桶金后，又在中国澳门、中国香港、广州等地投资房地产，这为后来越秀集团以房地产为核心业务奠定了基础。

在《中国地产四十年·1979》里，提到过1978年广州市成立"住宅建设办公室"。1983年，广州"住建办"改制为"广州市城市建设开发总公司"，也就是广州地产圈熟悉的"城建总"，成为广州市首家房地产综合开发企业。2002年，广州市城市建设开发总公司和越秀企业（集团）有限公司实施资产重组后。越秀集团与"城建总"联合变身为"越秀城建地产"，也更加牢固了其在房地产业的地位。

截至2017年年底，越秀集团总资产接近4800亿元人民币，年营业收入稳定在400亿元以上，利润总额稳定在100亿以上。

在越秀集团核心产业中，越秀房地产业务发展迅猛。历年来开发了60余个住宅项目和以广州国际金融中心为代表的20多个商业地产项目；随着近年全国扩张步伐的启动，越秀地产已经在珠三角、长三角和环渤海及中部地区共15个城市实现重点布局。其2017年年报显示，越秀地产实现营业收入约237.9亿元，同比上升14%。而根据最新数据，截至2018年6月30日，越秀地产累计合同销售金额约279.77亿元，同比上升约40%，已完成年度目标的51%。

与越秀集团的初创公司一样，珠海格力集团的前身在诞生时同样具有特殊的使命。

1985年3月，拱北将军山下的北岭还是一片荒地，珠海市政府自筹10万元资金，决定以公司为主体开发北岭工业区，因此成立了珠海经济特区工业发展总公司。顾名思义，当时这家公司的使命就是要发展特区的工业，壮大经济实力。

5月后，这家总公司相继创立了冠雄塑胶有限公司和海利空调器厂。1991年，珠海经济特区工业发展总公司将"冠雄"和"海利"合并，并成立格力电器公司，也就是如今名列前茅的珠海企业名片。

身处特区的特殊环境，格力不仅仅在家电行业发展壮大，还逐渐形成了工业、房地产、商贸"一体两翼"的产业结构。

北岭工业区那片荒地的开发和建设，正是格力在地产行业的实验田。据官网资料显示，格力在1985年到2004年期间，建设了一大批工业厂房、配套用房、大型社区、生活小区、安居房、民生房以及商业地产项目。

2004年，格力集团提出了新的发展战略，决定创立房地产板块，时任格力集团副总裁的鲁君驷出任房地产专责工作小组组长。当时，这个小组仅有7名员工，办公环境也十分简陋，仅有9平方米。

2005年2月，格力房产有限公司创立，并提出"传承格力工业精神，建造格力品质生活"的发展理念。同年5月，格力启动总建筑面积3万平方米的住宅项目。

2009年，格力地产借壳海星科技成功上市，这一动作，被看作格力地产走向市场化运作的重要一步。上市后的格力地产呈现强劲的发展势头，大举扩张。同年，格力耗资近70亿元拿下珠海唐家湾情侣北路南段地王，震惊业内。这一地块后来被开发为格力海岸。

尽管格力地产已上市，但此后的几年业务发展和业绩都没有太大突破。因此，格力又谋划一次变革。2015年，格力地产正式脱离格力集团，纳入全新的国资平台——珠海投资控股有限公司。

这一次股权变换后，格力地产业务也开始转型，发展不仅仅是固守地产。而是逐步发展由房地产业、口岸经济产业、海洋经济产业，以及现代服务业、现代金融业组成的"3+2"产业格局。

根据官网资料显示，目前格力地产在珠海、上海、重庆、香港、美国、英国等国家和地区已拥有60余家成员企业，80余项已建、在建项目，业务涵盖房产、口岸、海洋、旅游、金融、教育、农业、酒店等多个领域。

不过，与其他地产巨头相比，格力地产的规模有点微不足道，从2015年后公司股权调整后的业绩来看，整体也呈现停滞的趋势。

据其年报数据显示，格力地产在2012年、2013年、2014年的营业收入分别为16.2亿元、21.64亿元、14.7亿元，2015年其营业收入则上升为25.4亿元，2016年为31.22亿元，2017实现为31.30亿元，同比增长0.27%。

与越秀地产和格力地产相比，珠江实业和中航地产的前期发展道路另有不同。

1985年4月，广州珠江实业总公司成立了一家全资附属企业——广州珠江房地产公司，这也是目前珠江实业的前身。

作为广州市成立最早的房地产综合开发企业之一，珠江实业也曾有过辉煌时期。1993年，珠江实业成为广州本地第一家上市房企，那时候，保利才刚成立一年时间，恒大、富力也还没有登场。

成立一年后，珠江实业完成广州昌岗中路、站前路、华乐路地块土地施工前准备工作，之后几年陆续为广州提供了50余万平方米商品楼房和2700余米市政道路。

20世纪90年代，珠江实业与越秀城建、广信房产并称为广州房地产市场的"三大巨头"。在此期间，珠江实业在广州老城区开发了淘金北、站前路等多个小区，同时还承建了多个地标建筑，如白天鹅宾馆、中国大酒店、花园酒店、广州体育馆等，辉煌一时。三十多年后，珠江实业2017年年报显示，营业收入仅为42.4亿元。

另一家同样在1985年创立的公司，背景显赫。1985年5月29日，隶属于中国航空工业集团公司的中航地产股份有限公司在深圳市市场监督管理局福田局登记成立。时隔9年后，中航地产在深交所上市。

因为拥有央企背景，中航地产也成为新一轮央企重组中的一员。2016年12月6日，中航地产与保利地产公告称，保利地产以20.3亿元的价格收购中航地产9个房地产项目。在此之后，中航陆续出售房地产开发业务相关资产，物业资产管理业务已成为公司主要收入来源。

2017年，中航地产营业收入为58.93亿元，同比减少6.88%，全年净利润1.51亿元，同比减少6.74%。

中航地产曾在2017年年报中表示，"重大资产出售后，项目开发服务业务积极配合完成资产移交工作，克服重重困难，确保剩余房地产开发项目的正常运营，并根据实际情况推动后续处置工作"。

有快速成长有缓慢徐行，有高潮亦有低谷，这便是1985年成立的这批房地产企业往后的状态。这些在1985年应运而生的企业，与一个个标志性事件、一拨拨改革人物、一系列闪光数据等一起，推动着中国改革开放的车轮滚滚向前。

华侨城先规划后建设

改革春风吹遍大江南北，率先起跑的深圳特区格外引人注目。

1985年，深圳大规模的城市开发和建设热火朝天，到处是隆隆炮声和忙碌的推土机。蛇口工业区建设如火如荼，罗湖区已崛起60栋18层以上的高层楼宇，当时，"三天一层楼"的速度震惊了全国，更是创造中国建筑史上的新纪录。

然而，在深圳湾畔的一片4.8平方公里滩涂却显得十分平静，这里是原属华侨农场沙河分场的地盘，尽管开发已经获批，但却迟迟未见动工。

在深圳这个激情飞扬的大工地，华侨农场为何还守得住寂寞？因为，它正在谋划一场巨大的蝶变。

华侨农场的建立本身很特殊。这要追溯到新中国成立之初，当时，东西方正在发生冷战，"反华排华"事件时有发生，这迫使大量华侨不得不回国避难。为了更好地安置他们，中国从1958年起在广西、福建、广东等地建立了数十个华侨农场，深圳的华侨农场也在此时建立。

身处深圳特区，又赶上改革开放的浪潮，华侨农场也不免成为一方试验田。1979年，国务院侨办主任廖承志决定在华侨农场建立沙河分场，面积比蛇口工业区还要大，达12平方公里。

1982年，廖承志又提出将沙河农场划归国务院侨办直属管理，并将之建成一个吸引华侨投资，引进人才和计划，以及开展侨务工作的窗口和基地。

廖承志的设想并没有马上付诸行动。因为，要在深圳再建一个类似蛇口的工业区，在当时是一件需要深思熟虑的事。高层都担心定位与蛇口太相似，会为深圳整体规划带来麻烦和困扰。

1983年6月，廖承志逝世，这一设想也就成了"遗愿"。不过，在1984年年底，事情迎来了转机。当时接替廖承志工作的叶飞在深圳参观时，又重提廖承志的创意，并将沙河分场改叫"华侨城"，在同意将占地面积缩小为4.8平方公里后，华侨城的设想终于得到认可。

1985年8月，经国务院领导授权批准，国务院侨办和国务院特区办发出了开发建设深圳特区沙河华侨城的通知。

一纸通知后，工作便紧锣密鼓地开展起来。1985年11月11日，深圳特区华侨城建设指挥部成立，香港中旅副董事长、总经理马志民担任指挥部主任。

中央对华侨城也非常重视，时任中共中央总书记胡耀邦还亲笔题名"深圳特区华侨城"。

按照最初的设想，华侨城是想搭建平台，吸引如李嘉诚、包玉刚等这些大咖加入，但最终结果是，华侨城并没有什么"惊天动地"的动作，只是吸引了一批小企业落户，在建设方面也毫无大的进展。

议论声也随之而来，有人认为，华侨城太过平静。不过，这时的马志民已经心里有谱，并且正在酝酿一个异乎寻常的计划。

但华侨城建设的第一场大战不是大兴土木工程。马志民认为，观念比物质重要，建设应当规划先行！为此，华侨城花费11万美元的"天价"，请来了新加坡泰斗级规划师孟大强设计规划华侨城。

这位重磅级大师的确来头不小，新加坡的地标圣淘沙、新加坡大学等都出自他手，在德国、英国、西班牙等数十个国家也留下过不少经典之作。

孟大强和马志民的想法如出一辙，他们都很赞同"先规划，再建设"。于是，也就有了前文提到的华侨城久未动工那一幕。

孟大强果然不负众望，他为华侨城设计了一个超前的总体规划。即便是现在看来，这个规划也不落后。他的规划理念是，"将华侨城建成一个相对独立的城中之城，城市机能和各项设施都独立完善；强调保护自然环境，充分利用原有地形原貌，交通道路也围绕地势来建，避免出现十字路口；严格控制建筑高度和密度……"

一个有意思的番外是，孟大强因为华侨城的规划，声名大噪。当年，王石敏锐地意识到华侨城的规划价值，并找到孟大强的合作伙伴取经。两三年后，王石还想邀请孟大强在北海建造一个比华侨城大八倍的"大城",不过,因为画的这个"饼"太大,最终没有实现。

华侨城规划蓝图已绘就,先建什么又成了一大难题。指挥部大多数人的意见是先搞工业。但马志民依旧是不按套路出牌,并大胆地提出,先搞旅游!他觉得,与其百家争鸣,不如独树一帜。

在当时,深圳各个开发区都在疯狂招商引资、兴建工厂,马志民这一想法又遭到众人质疑,原因主要有两个,一是没有跟上开发潮流,二是深圳在旅游资源上并没有突出的优势。

"没有旅游资源,就自己创造!"马志民下定决心,甚至提出建"小人国"的创意。不得不说,在当时的环境下,马志民的智慧与胆量确实过人。

实际上,马志民想法并非凭空而来。他的灵感来自一次欧洲考察,在荷兰马德罗丹看到一座面积仅为1.8万平方公里"微型城市"时深受启发:"微缩景观既然能装下荷兰名胜,为何不能把中华五千年文明和名胜古迹也浓缩到一地?"

顶着质疑声和压力,想法逐渐变为现实。一个名叫"锦绣中华"的主题公园有了雏形。当时,对于中国人来说,主题公园还是一种新鲜事物,也因此,与《中国地产40年·1982》中提到深圳招商蛇口将豪华游轮"明华轮"改装的"海上世界"项目相比,"锦绣中华"可以算是中国更具规模的主题公园,成为旅游地产发展新的趋势。

既然决定要建,就建精品。"锦绣中华"的建造非常严格和苛刻。一砖一瓦,都要求尽量还原建筑,保证景观的品质。

经过精雕细琢,1989年9月,占地30万平方米,有74个微缩景观的"锦绣中华"建成并正式开放。"一步跨进历史,一日畅游中国"开业当天,入园人数就超过3000人。一炮而红,到年底,"锦绣中华"接待游客超过300万人次,并创造了9个月收回全部投资的奇迹,在当时引起轰动。

"锦绣中华"大获成功,主题公园的建设热潮也由此拉开大幕。马志民又提出,要将世界各地的名胜也放在深圳,让中国人了解各国文化。

于是,华侨城又斥资5.8亿元,建造了浓缩了世界各地地标的微缩景区"世界之窗",并在1994年6月对外开放。与"锦绣中华"一样,"世界之窗"也一炮打响。"您给我一天,我给您一个世界"的口号,被许多人所熟知。

这个项目在当时同样取得不错经济效益,据《人民日报》报道的数据,"世界之窗"开业当年入园游客人次超过300万,赢利1.1亿元。次年各项指标冲向顶峰,入园游客达389万人次,利润1.61亿元。

值得一提的是,至今,"锦绣中华"和"世界之窗"这两个主题公园还在盈利,而且还成为了深圳的名片。

在主题公园开发和城区建设领域取得成就的基础上,华侨城1997年成立了华侨城控股股份有限公司,并于当年9月在深圳证券交易所挂牌上市。

有了钱,也就有了扩张的野心。可是,当时接任了马志民位置不久的任克雷十分困惑："世界之窗"后，下一步发展什么？是守业还是创业？这位曾有过中央、省、市三级从政经历的官员，下海后也选择了一条不安稳的路。

他组织华侨到世界各地的主题公园参观学习，从迪士尼、环球影城到华纳兄弟，他们把这些经典案例研究透后发现，主题公园的走向有两个，一个是用故事包装成的游乐设备，另一个是向更现代的影视发展。由此，他们最终决定在深圳打造一个"欢乐谷"。

1998年，华侨城新一代主题公园"深圳欢乐谷"开业，实现从静态景观欣赏型到参与体验型的转变。欢乐谷的开业，也标志着全国规模最大、门类最全的主题公园集群在深圳华侨城正式形成。

在往后的时间，华侨城也在不断进行产品创新，开始走出深圳，走向全国。先后开发了东部华侨城、欢乐海岸等一系列项目，其中欢乐谷已在深圳、北京、上海、成都、武汉、天津、重庆等中国主要中心城市落地，是我国第一个连锁主题公园品牌。

官方资料显示，经过30多年的发展，华侨城产业布局遍布20多个城市，拥有全国数量最多、规模最大、效益最好的主题公园群，累计接待游客3亿人次，领跑亚洲，跻身于世界主题公园集团四强。

据世界主题公园权威研究机构美国主题娱乐协会（TEA）与第三方旅游行业研究及咨询机构联合发布的2017年全球主题公园调查报告显示，华侨城以全年4288万游客位居世界第4位，领跑亚洲同行，其增速也最为强劲，达32.9%。

实际上，在开发主题公园的同时，华侨城也有涉足房地产。并在1986年成立深圳华侨房地产公司。华侨城还在房地产开发业务找出一条制胜之道，并成为中国首个提出"旅游+地产"模式的企业。

香港重现排队抢房

1985年的香港有两件值得庆祝的大事，一是中英签署的《联合声明》正式生效，二是基本法草案着手拟定。这两件事都为1997年香港的平稳过渡和政权交接提供了指导和保障。

1985年5月27日，中英签署的《联合声明》正式生效，这份声明中规定，中国政府决定于1997年7月1日对香港恢复行使主权，同时，英国政府将把整个香港交还中国。恢复行使主权后，中国根据"一国两制"的方针，设立香港特别行政区，香港享有高度自治权，并且原有的社会、法律、经济制度、生活方式在50年内不变。

毫无疑问，这份声明将为香港的长期繁荣和稳定提供坚实基础，而敏锐的香港开发商们却在其中发现了"宝藏"。

《联合声明》附件三中明确规定，"1997年7月1日到期的土地契约可以自动延长到

2047年,并且不用补地价",这给予开发商们更加坚定的信心。

此外,《联合声明》附件三还规定,"在过渡时期港英政府每年批出的新土地,只限50公顷"。限制土地供应,这一规定不仅给开发商造成紧迫感,而且还大大地刺激了当时的市场心理预期。《联合声明》签署后,香港房地产市场从1985年开始进入一个较长的上升期。

1985年,香港房地产市场转活跃,房价和租金开始回升。在冯邦彦的《香港地产业百年》一书中所列数据可明显看出,"1985年各类房地产买卖契约,达26.3万宗,比1984年的17.7万宗增加49%,其中,楼宇买卖契约的数目,创下历年最高纪录,达5.4万宗,比1984年的3万宗大幅增加82%。私人住宅楼价平均升幅已达2成至3成,大型住宅楼宇售价升幅更接近五成"。

一系列飙涨的数据背后,是1985年香港楼市炒房风的余烬复燃,多个楼盘开售现场出现排长龙、秩序混乱的景象。根据《香港地产业百年》描述,1985年7月,位于香港岛柴湾西北的大型私人屋邨杏花邨首次开盘,推出448个单位,在开盘前8天,就有数百买家到售楼中心大排长龙、日夜轮候去填申请表,这其中包括大量的代人排队者、中介、炒家等。各种乱象也同时滋生,有炒家甚至将申请表以每张5万元价格出售。

无独有偶,另一屋邨康泽花园在9月推出时,同样出现申请抽签人秩序混乱的情况。为了不让现场恐慌和混乱继续蔓延,开发商不得不暂停发申请表,并让申请人以邮寄方式寄回申请表。

楼市炒风盛行,各开发商们也在积极跑马圈地、兴建项目。

1985年4月18日,金钟地王拍卖轰动一时,这宗底价6亿元、面积约为1.15万平方米的土地,吸引了长实、新世界、信和、新地、太古等众多地产财团参与竞价。这次拍卖备受关注,当天现场场面相当壮观,云集了香港各大房地产商和银行、政府要员,以及媒体记者约700多人,其中包括郭得胜父子、郑裕彤、李兆基等大佬。

拍卖竞争尤为激烈,各家出价十分积极,最终,太古地产以志在必得的姿态击败多个实力对手,以7.03亿元夺得地块。太古地产董事经理在拍地以后表示,"如价钱再高,也会继续出价"。

据当年的《文汇报》相关报道表示,这次拍卖表明投资者对香港房地产市场前景的一致看好,宣告着持续数年的地产衰退终于结束。

太古拍下地王赚足眼球,新鸿基地产等多家开发商拿地也毫不手软,耗资10亿元拿下8宗地块,可建筑面积达285万方尺;信和集团则以3.89亿元拿下尖沙咀海旁中港城地块。

土地市场狂热,组团建设新项目也热火朝天。1985年,郑裕彤领导的新世界就分别与九广铁路和美国加德士石油公司合作,修建屯门轻铁总站上盖的两个项目——海翠花园和荃湾海滨花。

恒隆在80年代间最大的地产项目也在1985年诞生。这一年,恒隆联手新世界、廖创兴企业、万邦投资及中建企业组建财团,并与地铁公司合作,耗资20亿元修建香港剩余的 5 个地铁站上盖物业，总建筑面积达 270 万方尺，其中住宅楼宇 160 万方尺。这些项目包括上环果栏、海事处、湾仔修顿花园、天后站和炮台山站上盖物业。

1985 年，香港还有不少地标建筑动工或落成，比如 80 年代香港最具代表性的五大建筑汇丰银行大厦、中国银行大厦等均在此期间建设。

会德丰股权争夺大战

在《中国地产四十年·1979》里曾详细地讲述了李嘉诚如何鲸吞香港四大英资洋行之一的"和记黄埔"，这一场以小博大"蛇吞象"收购战堪称经典。而在《中国地产40年·1980》里又写道，世界船王包玉刚紧急调集 22 亿港元，对九龙仓发动决定性大战，彻底掌控了管理权，将九龙仓收入囊中。

到了 1985 年，又一场精彩的收购大战在香港上演。这一次，被收购的主角仍是来自香港四大英资洋行之一，由英籍犹太商人乔治·马登于 1925 年在上海成立的会德丰。

这是一场龙争虎斗的大战。争夺会德丰的两方皆为重量级人物。一个是香港"坐山虎"，已经收编九龙仓的包玉刚；另一个则是来自南洋的"过江龙"，大富豪邱德拔。

会德丰之所以能吸引巨头为之"厮杀"，无疑与它自身的资源及发展历史有很大关系。1949 年，新中国成立期间，会德丰将业务转移至香港。十年后，59 岁的乔治·马登宣布退休，其子约翰·马登子承父业，出任会德丰董事局主席。约翰·马登上任后，逐渐改变集团的经营方向，不再将业务局限于航运，转而加大在香港地产、零售等方面的投资。

20 世纪 60 年代到 70 年代期间，会德丰通过一系列收购和扩张动作，逐渐发展成为香港最大的企业集团之一，经营业务涉及地产、航运、零售业、制造业及贸易等。旗下附属及联营公司多达 200 多家，其中上市公司就有 9 家，在四大英资洋行中，数量居首。其中包括会德丰、会德丰船务、置业信托、联邦地产、夏利文发展、连卡佛、联合企业、宝福发展及香港隧道。

如此庞大的规模布局，各家公司的发展有好有坏也属正常。可没料到的是，由航运起家的会德丰，竟然会被这个驾轻就熟的业务板块拖了后腿。20 世纪 70~80 年代初，会德丰看好航运业的前景，不惜重金大量购买船只，扩充船队。反观当时的"世界船王"包玉刚，正在进行"弃船登陆"的系列动作——收购九龙仓，进军房地产。

资料显示，到 1983 年年底，会德丰船务共拥有 29 艘船，负债高达 21.8 亿港元。债台高筑的会德丰还遇上航运业整体发展市道不佳。受此影响，会德丰的业务和盈利大受打击，上市公司的股票价格在四大英资洋行中表现最差。

对此情境，约翰·马登并没有力挽狂澜的决心，他甚至对香港的发展前景都失去信心，于是萌生了卖掉会德丰的念头。其实，约翰·马登这种念头在1976年时就出现过，当时，他有意将会德丰售予怡和集团，只不过因为和记国际的介入，最后收购一事便没有了后续。

约翰·马登这次十分坚定，并秘密筹谋，会德丰收购大战如平地一声雷，迅猛来袭。1985年2月，人们突然发现，会德丰这只常年处于"冬眠"状态的股票，如梦初醒，股价一路高歌，掀起一阵股市高潮。

1985年2月8日，会德丰股价突然由4.1港元涨至4.5港元，4天后，又升至4.9港元，再过了两天，股价涨势依旧，当天上午飙至5.4港元。下午，会德丰股票宣布停牌，并传出收购的确凿信息。

对此，市场掀起一番热论，多数人都认为，这是李嘉诚收购港灯股份后又一大作，但谁也不曾料到，这次收购，竟然半路杀出一个"程咬金"，一家名为FALWYN的公司赫然在目，并且已从马登家族手上收购了13.5%的股票权。

更让人惊讶的是，其幕后金主大有来头——是来自南洋的富豪邱德拔，当时他已是著名星马酒店大王，并为马来亚银行创办人及文华国家银行大股东。邱德拔来势汹汹，在会德丰股票停牌当日还提出将以每股现金6港元收购会德丰A股，每股0.6港元现金收购B股，收购共涉资金19亿港元。

这时，戏剧性的一幕上演。会德丰背后第一股东张玉良浮出水面，作为大股东的他，竟全然不知马登家族已将股权转至邱德拔。

说到张玉良，如不是这场收购大战爆发，或许很多人都不知道他与会德丰还有这段渊源，更不知道香港还有这么一个富豪家族的存在。1971年，会德丰旗下的置业信托以发新股及换股方式，收购华商张玉良家族的联邦地产，使会德丰拥有国际大厦和联邦大厦两处物业，而张氏家族也成为会德丰主要股东。此外，张玉良还陆续以联邦地产股权以及半山梅道、花园台等多处物业换取会德丰股权，逐渐成为最大股东。

尽管张玉良手握会德丰最多的股权，但他只担任董事，对于公司的决策，也参与较少。不过，这次马登与邱德拔的所作所为，实实在在地惹怒了张玉良，他觉得自己被马登出卖，并发誓一定不会让邱德拔收购计划得逞。

实际上，张玉良当时34%股权相较邱德拔来说，还是占有相当优势，如果要反收购也是易如反掌。不过，张玉良并没有继续做大会德丰的野心；相反，他已经有意要退出香港，迁往澳洲发展。

情急之下的张玉良立马找救兵，他找到了李嘉诚，希望将手中股份全部转卖，不过，当时李嘉诚刚斥资29亿港元收购港灯不久，或许也是心有余而力不足。李嘉诚给张玉良推荐了包玉刚。

1985年2月15日，会德丰股票复牌，股价立马飙涨至6.4港元，市场上都认为应该是张玉良的反击。直到当晚邱德拔宣布所持股份已增至23.5%，这时大家才恍然大悟，这条"过江龙"看来势必要吞下会德丰。

15日当晚，心急如焚的张玉良在李嘉诚的安排下，与包玉刚见面。张玉良直截了当说明自己的要求，如果要收购会德丰，就要做到完全收购，不给对方反击的余地。包玉刚也很爽快，与张玉良一拍即合。

实际上，在张玉良找到包玉刚之前，包玉刚并没有觊觎会德丰之意，一是因为与乔治·马登有30年的交情，二来会德丰在包玉刚的环球巴哈马及亚洲航业等主要航运公司都占有不少股份。不过，对送上门来的"香饽饽"，包玉刚还是抵挡不住诱惑，更何况，这场战役实际已经与马登家族没有太大关系，对手只是邱德拔。

1985年2月16日，尽管是周六股市休市，但包氏集团财务顾问获多利的一则收购建议又让市场再次沸腾。这个建议宣布，包氏集团九龙仓将全面收购会德丰，出价A股每股6.6港元，B股每股0.66元，比邱氏的出价高出10%。同时，还宣称，已经间接和直接拥有会德丰共计34%的股权。

包玉刚的加入，将这场股权争夺战推向高潮。1985年2月18日周一开市，会德丰股票就出现6.8港元的暗盘，联交所随即宣布会德丰停牌。这个价格均高于包氏和邱氏的价格，有人认为，这是邱氏在"暗中操作"。

到了1985年2月19日，除夕前日，也是这一年最后一个交易日，罗富齐代表邱氏财团宣布提高收购价格，A股7港元、B股0.7港元，整个收购涉及资金达24.3亿港元。

春节来临，股市休市5天。但交战的两方可没有过节的闲情，都在秣马厉兵，准备来年再战。

果不其然，1985年2月25日春节后一开市，包氏就立马放出大招。代表包氏集团的获多利宣布停牌，以每股11港元，溢价26%的价格收购会德丰旗下的联合企业。联合企业的部分资产是船只，这似乎违背包氏"弃船登陆"的计划。显然，包氏看中的并不是船只，而是联合企业拥有的6.8%会德丰股权。

这一举动，让人不得不承认包氏的高明。当时，邱氏与联合企业还处在收购洽谈阶段，包氏快人一步，不仅获得会德丰股权，更是抽薪止沸。25日这天，会德丰股价狂飙，A股最高升至7.5港元、B股0.75港元，出现了市价高出收购价的罕见局面。

1985年2月26日，包氏不等邱氏还击，收购价格直接打破历史纪录，A股达7.4港元、B股0.74港元，涉及资金达25亿港元，这一价格无疑以绝对优势压倒对方。

市场静候邱氏反击，不过，邱氏却再没有任何动静。1985年3月15日，获多利代表包氏宣布，九龙仓已持有50%以上的会德丰股权。而邱德拔则放弃收购，将所持的25%股权出售给九龙仓，获利1.1亿港元打道回府。

1985年3月15日下午，会德丰召开董事局会议，包玉刚被选举为主席兼总经理，而原主席约翰·马登留任董事并被选为名誉主席。

从1985年2月15日，李嘉诚牵线，张玉良求助包玉刚。到1985年3月15日，包玉刚当选会德丰董事局主席兼总经理。短短一个月的时间里，"世界船王"就将香港四大洋行之一的会德丰纳入麾下，包玉刚因此威名大作，冲上巅峰。

收购会德丰大获成功，加之九龙仓一役，"世界船王"实现"弃船登陆"的战略大转移，成功规避此后世界经济通缩导致航运业务萎缩而资产贬值，同时，也为包玉刚集团成为香港第二财团奠定了厚实基础。

广场协议引发楼市泡沫

1985年9月22日，美国、日本、联邦德国、法国以及英国的财政部长和中央银行行长在美国纽约举行会议，并最终签署了联合协议。这份协议主要是为五国政府联合干预外汇市场，使美元对全球主要货币有秩序地下调，以解决美国巨额贸易赤字问题而签署的联合文件。五国会议在广场饭店举办，因此签署协议被称为"广场协议"。

广场协议签署背景，是从20世纪80年代开始，全球通货紧缩严峻，而美国财政赤字也在急剧增加，与此同时，住房金融领域危机频发，社会信用问题日趋严重，尤其是对外贸易逆差越来越大、失业率升高。因此，美国计划通过美元贬值，提升自身产品出口竞争力，从而扭转美国国际收支不平衡问题。

而当时的日本，在"二战"结束后，在美国扶持下经过四十年发展，其国家经济获得飞速发展，从原来战败贫困的发展中国家，一举跻身发达国家之列。特别1980年至1985年期间，日本的经济增长率、劳动生产率等多项目指标已远远超过美国，当时美国经济增长率平均仅为1.5%，日本同期增长率约为4.8%，超过美国的三倍。日本制造产品以物美价廉的优势，风靡世界，甚至抢占了美国市场，对美贸易连续多年顺差，日本由此成为全球最大债权国，对外净资产1298亿美元。

由此可见，美日经济形势已经发生逆转，美国作为世界老大地位受到挑战。因此，为了改变不利地位，美国召集日本、联邦德国、法国、英国到纽约开会，这五大全球主要经济发达国家联合干预外汇市场，大量抛售美元，继而带动市场投资者一起形成抛售狂潮，从而致使美元持续贬值。

广场协议签署后，日元持续升值，日经指数大升，而最令人触目惊心的是日本房价疯狂暴涨。日本汇率从240日元：1美元左右上升到一年后120日元：1美元，直接翻倍，大量避险资金蜂拥进入日本市场。同时，日本政府为了补贴因为日元升值而受到打击的出口产业，开始实行金融缓和政策。此外，日本还不断下调利率，甚至降到了历史最低点的2.5%。

多种因素相互叠加于一体，日本很快聚焦了大量过剩流通资金。由于日元升值导致日本企业的国际竞争力下降，实业投资吸引力不大，因此，日本兴起了投机热潮，过剩资金相继转战股市和楼市，尤其在股票和房地产交易市场上兴风作浪。

很快日经指数从1985年年底的13083点，一路狂涨至1989年年底收于38916点，四年时间里，累计上涨2.97倍。而且在1987年年末，还一度超过美国，成为全球第一大股票市场，日本股票市值占世界总市值的41.7%。到了1989年12月29日，日经指数已达到历史巅峰，日本市值暴增至896万亿日元，占当年国民生产总值的六成。

比股票更疯狂的是房地产市场，日本人对楼市表现出前所未有的投资热情，几乎达到人人炒楼的地步，房地产泡沫急剧膨胀。日本房价从广场协议签署之前1984年的40万日元/平方米，一路飙升至1990年的190万日元/平方米，几乎翻了五倍。其中，日本首都东京房价更是进入狂躁状态，从1984年的146万日元/平方米直接冲到1990年的916万日元/平方米，六七年间增长了6.27倍。

这在《中国地产四十年·1987》《中国地产四十年·1988》《中国地产四十年·1989》等篇章里，还将详细介绍。在20世纪80年代末，由于美苏争霸，苏联发起阿富汗战争，东欧剧变，国际社会秩序混乱环境中，日本一枝独秀。在股市、楼市加速催化下，日本人的心态疯狂膨胀，认为日本将成全球第一，世界都将进入日本时代，甚至1989年还出版了《日本可以说不》的书籍，公开向美国等世界强国叫板。

然而，从1987年开始，日本危机开始出现。为了应对因为世界经济快速增长，而可能带来的通货膨胀，美国、西德等相继提高利率，日本却继续维持低利率，导致加速股市、楼市飙涨。1989年，日本股市开始下跌，1991年，日本楼市也加入下跌行列，日本经济泡沫全面破裂。

日本这场经济泡沫影响深远，日本人曾经信仰的股市长虹、房价不跌神话彻底打破，大量参与炒股、炒楼的日本人、日本公司，一夜之间破产，经济受到重创，离婚、失业、自杀等社会问题严重，也导致了日本持续二十多年滞涨。

2010年3月，中国网络上流传一张"中日楼市崩盘时间表"，通过对比日本房地产的崩盘历史，与中国房地产走势极为相似：1985年日元开始升值，1986年资金流入日本楼市，1987年日本房价飙升，1988年日本房价下降、地王拉升房价，1991年房价再次下降、日本房地产崩盘。20年后，中国遇到类似的情况，2005年人民币开始升值，2006年资金进入中国楼市，2007年房价飙升，2008年房价下降、地王拉升房价，因此预测2010年之后中国楼市也将像日本一样面临崩盘。

中日楼市崩盘时间表选取几个代表年份作为关键节点发生过重大事件，表面看起来似乎有相似之处，但实际上中国、日本两国本身差别较大，可比性较小。从经济体量上来看，中国经济在2010年正好超越日本，成为世界第二，仅次于美国，看起来世界排名与当时日本类似，但是，中国区域面积更广，而且发展不平衡，房地产的地域属性较强，一二线城市房价较高，不代表整体市场，毕竟中国还拥有三四五六线城市甚至乡镇等广阔空间，所以，中国回旋余地更大。

另外，中国拥有世界第一的人口规模，内需旺盛，是中国经济的主要动力。而且，中国城镇化率远低于日本，每年源源不断从农村转化为城市的人口规模非常庞大。根据国家统计局数据显示，城镇化每提高一个百分点，可拉动GDP增长1.5个百分点，推动投资增长3.7个百分点，促使消费增长1.8个百分点，带来4%~5%经济增速，居民消费总额增加1200亿元，带动就业增长约2.4个百分点。特别值得一提的是，将有近2000万农村人口进入城镇居住、生活、就学、就业。以人均居住面积33平方米计算，中国需要高达66000万平方米居住面积来安置新增城镇人口。

当然，作为中国一衣带水的邻邦，日本从发展中国家跻身到发达国家的经验和教训，也确实有值得中国借鉴的意义，尤其是日本房地产泡沫对中国有很大的警示作用。日本人一度迷信房价不会跌，特别是东京等核心都市的房地产价格由于稀缺性，还会持续上涨，于是疯狂买房，但最终残酷的事实却无情打脸，此后连跌三十年，仍没有复苏迹象。这一切，将在《中国地产四十年》后续多个篇章中继续呈现。

另一个值得中国借鉴的国家是德国，日本没能躲过广场协议引发的经济泡沫，而同样作为"二战"后崛起的德国，在广场协议之后，没有像日本一样疯狂地降准降息、扭转汇率，而是把存款利率提高到了5.5%以上，同时M2增速却温和下降。一系列举措，令德国避开危机，不仅没有导致过剩资金、出现资产泡沫，而且，德国始终保持对实体经济的支持，而不是过度炒股炒楼。因此，德国未出现股市、楼市暴涨大跌的"过山车"局面，更没有经济连续30年滞涨，甚至成为世界工业4.0时代的标杆。

顺便说一声，1985年签署举世闻名广场协议的"纽约广场酒店"，在三年之后，也就是1988年，被美国一位地产大亨以3.9亿美元的价格收购。这位地产商的名字是唐纳德·特朗普（Donald Trump）。没错，29年后，也就是2017年1月20日，特朗普宣誓就职美国第45任总统。

随后，特朗普安排其妻子、伊万卡生母——伊凡娜·特朗普（Ivana Trump）担任酒店总裁。纽约广场酒店创建于1907年，位于曼哈顿中城的中央公园东南端，靠近大军广场，地理位置优越。在与伊凡娜离婚后，1995年特朗普以3.25亿美元将广场酒店转卖给一位沙特王子以及千禧国尊酒店集团。2004年，曼哈顿开发商埃尔·艾德又将酒店收入囊中，四年后花了4亿美元修葺翻新，由费尔蒙莱佛士国际酒店集团负责运营。

1986 年：

土地法新出炉　刘銮雄购华置

1986年1月6日，中国再次吸引世界的关注。最具影响力的美国《时代》周刊，将邓小平作为1986年首期封面人物，同时评选他为1985年的"年度风云人物"。

值得一提的是，这是邓小平第二次成为"年度风云人物"，上一次还是在1978年，那时他获选的理由是启动了中国经济改革和对外开放，促成中美关系的正常化。而7年后，再次获选的理由则是"同其他国家的领导人相比，邓小平在更大程度上改变了中国人民的日常生活。给世界上其他社会主义国家和第三世界国家带来深远的影响"。

据了解，当时在"年度风云人物"评选过程中，《时代》周刊的总编辑亨利·格伦沃德对推荐邓小平的高级编辑们提了几个问题。他问：邓小平政策会不会失败？高级编辑们回复：中国人民支持他。亨利·格伦沃德又问：人民的支持有什么征象？得到答复是：中国农村新房屋的建造是人民生活改善的明证之一。

从上述对话中可以看出，《时代》周刊对人民生活改善很重要的一个参考标准就有普通百姓的房屋居住状况。同时也可以看出，中国经过改革开放大力发展经济，不仅是城市，连农村的居住条件都得到了明显改善，这也成为广大人民群众拥护邓小平改革开放政策的重要原因。

世界看中国，而中国也希望与世界的联系更紧密。1986年7月，中国正式提出恢复在关贸总协定缔约方地位的申请，从此开启长达15年的艰难谈判历程。

而为了与世界先进水平缩短差距，在1986年3月，王大珩、王淦昌、杨嘉墀、陈芳允几位德高望重的老科学家联名上书中央，提出"关于跟踪研究战略性高技术发展的建议"。这一提议随即得到中央和邓小平的高度重视，根据人民网记载，仅两天时间，邓小平就亲自做出批示："此事宜速决断，不可拖延。"1986年11月，中央、国务院就批准了《高技术研究发展计划（863计划）纲要》，中国的高技术研究发展也由此进入了一个新阶段。

其实，做出这样的决定与当时的国际形势分不开。20世纪80年代初，世界新技术革命蒸蒸日上，不少国家都投入大量人力物力发展高新技术。前有美国推出"星球大战计划"、后有欧共体17国决定实施"尤里卡计划"。甚至邻邦日本都提出"今后10年科学技术振兴政策"。

迎头赶上,奋起直追。庆幸的是,在面临巨大压力和挑战下,中国仍有"自我觉醒"的意识。

再回头看中国改革事业,尽管有所成绩,但依旧任重道远。1986年是执行"七五计划"的第一年,《人民日报》元旦社论《让愚公精神满神州》中表露出当时对改革的信心,它提到,"今后五年是执'七五'计划的五年,完全有条件比前五年干得更好。关键在于尽最大努力,实事求是、扎扎实实地干,把宏伟的蓝图变成灿烂的现实。当前,主要是巩固、消化、补充已有的改革成果,兴利除弊,解决突出的问题,使改革发挥出更好的效益;同时要认真调查研究,进行探索试点"。

正如社论中提到的"人心齐,泰山移"。1986年的中国,在思想认识统一的背景下,改革上又迈出新的步伐。

1986年一项重要的改革是推动了"横向经济联合",1986年3月23日,国务院发布的《关于进一步推动横向经济联合若干问题的决定》,使得地区、部门之间开始打破封锁,企业之间出现了不同内容和形式的横向经济联合,同时也为后来中国企业的兼并和企业集团的创建提供了基础和指导。这种模式,在日后房地产行业发展过程中也屡见不鲜。

的确,改革就是不断突破界限,所以在1986年,还能看到的还有:新中国从成立以来一直保持的一次分配定终身的"铁饭碗"用工制度被打破,劳动合同制登上舞台;年底,国务院发布了深化企业改革增强企业活力的若干规定,这些规定使企业自主权进一步提高,调动了经营者和生产者的积极性。

不同于在原有制度上的改革,房地产作为新兴的行业仍在探索之中,很多事还都是第一次。

1986年房改已经在萌动,年初,国务院成立住房制度改革领导小组,提出调整公有住房租金、发放住房补贴,逐步推动出售公有住房等内容的住房制度改革思路。这为1988年房改试点工作做出了充分准备。

1986年6月25日,《中华人民共和国土地管理法》颁布,这部基本法具有标志性意义,它是新中国成立后第一部关于土地管理的法律,自此中国土地管理工作正式进入有法可依的阶段。

1986年9月15日,国务院正式发布了《中华人民共和国房产税暂行条例》,并决定在同年10月1日实施。2018年,关于房产税是否会落地的话题甚嚣尘上,人们蓦然发现,其实"房产税"已实施了31年,只不过征收对象不同。

1986年12月,建设部与国家统计局共同组织的第一次城镇房屋普查结果公布,这份数据摸清了我国城镇住宅的现状,并为住房改革提供了比较权威的数据。

1986年,中国城乡居住条件进一步改善。根据1986年国民经济和社会发展统计公报数据显示,1986年城镇新建住宅1.8亿平方米,农村新建住房8亿平方米,住宅投资达181亿元。

首部土地管理法颁布

1986年，把这个年份称为改革史上的"土地年"再不为过，因为在这一年，一部影响中国土地管理的法律重磅颁布，同时，土地使用权也首次开启了有偿转让之路。

改革开放后，社会建设驶入快车道。随着生产力的不断释放、城市的不断扩张、乡镇企业规模的不断扩大，土地的用地需求也在日益膨胀。由于土地管理机构不健全，并且没有完整的管理体系，乱占乱用土地的现象屡禁不止。

这种滥用和乱占土地的现象到底有多严重？在1987年，农牧渔业部、国家土地管理局发布的《关于在农业结构调整中严格控制占用耕地的联合通知》中有一个数据显而易见，"六五计划期间（1980—1985年），全国耕地减少3680万亩，年均减少700多万亩，是1970—1980年10年间平均每年减少274万亩的2.7倍。尤其是1985年，这一数字史无前例地超过了1512万亩，相当于当时22个中等县的耕地面积"。

所幸的是，国家已经意识到问题的严重性。1986年3月21日，中央、国务院发出《关于加强土地管理、制止乱占耕地的通知》，其中提到："乡镇企业和农村建房乱占耕地、滥用土地的现象极为突出。许多地方耕地大量减少，有的省一年减少一个中等县的耕地面积，有的城镇郊区农民几乎已无地可种。这种情况如果继续发展下去，将会给国家建设和人民生活造成严重后果，贻害子孙后代。"

这次通知除了指出问题所在，更重要的是做出两个决定。第一是要抓紧制定《中华人民共和共土地法》，第二是为了加强对全国土地进行统一管理，决定撤销分设在其他政府部委的土地管理机构，成立国家土地管理局作为国务院的直属机构。

快刀斩乱麻，《土地法》很快就提交至全国人大，后来将之改为《土地管理法》。

1986年6月25日，在第六届全国人大常委会第十六次会议上，《中华人民共和国土地管理法》通过，并决定在1987年1月1日起正式施行。

作为中国第一部关于土地资源管理、全面调整土地关系的法律，其历史意义不言而喻。《土地管理法》的颁布，是中国在土地管理工作和制度上的重大改革，自此中国土地管理工作也开启新纪元，主要体现在两方面，一方面是不仅实现了全国城乡土地管理制度的统一，而且让土地利用开始走向有法可依的有序轨道；另一方面是中国土地管理法律法规体系的框架初步形成。

随着一部新法律的颁布，一个全新的机构也由此诞生。1986年8月，国家土地管理局正式挂牌，出任第一任局长的是从吉林省调来的省委副书记王先进。

这里提到的王先进，正是1987年"中国土地第一拍"这一历史性事件的主要推动者之一。1986年12月，才刚上任4个月的王先进到深圳调研，在听完深圳特区发展报告后,其中一句"没有土地市场就没有完整的商品经济体制"让他深受启发。

实际上,深圳之所以能说出这样的话,甚至能在1987年敲下中国土拍"第一槌",与它在1986年对土地改革的探索和尝试紧密相连。

然而,值得关注的是,深圳卖地能生财的思路,是受到香港的启蒙。

1986年3月,深圳领导邀请香港人士前来考察,并顺道对如何更好引进外资的问题向他们"取经"。没想到的是,当时随行的霍英东一语道破天机,他指着土地说:"这不就是钱吗?连马克思都承认土地就是财富。"

想法很美好,但现实却是困难重重。自从新中国成立后,城镇土地一直由政府划拨、无偿无限期使用。与此同时,宪法还规定,"任何组织或者个人不得侵占、买卖、出租或者以其他形式非法转让土地"。但随着1978年改革开放后,原来的规定和法律已经显露出不合理和矛盾,因为越来越多外资在中国建厂,但又不可能像国企一样无偿使用土地,更不能触犯宪法。

于是,在1979年出台的《外资法》中,有一条规定,"政府向合资企业收取土地使用费,并且一年交一次"。不过,这种做法在实践中也凸显出问题。对于追求长期收益的投资者来说,缺乏保障,因为可以使用年限没有明确的规定;此外,对于城市来说,土地使用费的收入也只是一星半点。

就拿深圳来说,1985年深圳搞"七通一平"(土地前期开发)需要支出很大一笔费用,便向银行举债6.5亿元,每年利息达5000万元。而在那一年,土地使用费收入仅有1200万元,要还利息都成问题,值得一提的是,这已经是深圳土地收入最多的一年。

深圳高层为此也焦头烂额,一方面要搞开发,另一方面又缺钱。所以才会有前文提到的,深圳大力邀请香港知名人士前来传授经验。

有了香港指点迷津,深圳也找到了方向。一个月后,深圳便成立了调研组,专门针对土地制度改革和土地能否拍卖的问题进行研究。

深圳似乎对香港制度情有独钟,在1986这一年里与香港的交流也甚是频繁,调研组不仅邀请香港知名经济学家张五常前来深圳做报告,而且亲自前往香港考察,其间还观摩了香港的官地拍卖。这些行为都让深圳收获满满,并且为1987年土地"第一拍"埋下了伏笔。

1986年12月28日,深圳土地调研组一份名为《深圳市房地产改革赴港考察报告》出炉。这份报告中提到:"香港政府十分珍惜1066平方公里的弹丸之地。把全港土地收归政府。在全面规划和初步开发的基础上,采取高地价政策。通过政策和公开拍卖的形式,为香港政府获取巨额收入。在高峰年代的1980~1981年度的卖地收入占当年总收入的37%。进入80年代也平均达17%。更为重要的是,香港政府通过供应和拍卖经过规划的土地,有效地控制了整个城市建设,控制了基建规模,刺激并带动了金融(房地产贷款占全部银行贷款的31.6%)、股市(房地产股票和与房地产有关的股票占所有上市公司股票的70%以上)和香港整体经济的发展。"

实际上在1986年,除了深圳,还有另一支队伍也前往香港"取经"。1986年9月,由上海市委领导带队的高规格房地产学术考察团奔赴香港，这支队伍的成员来自规划、土地、社会科学院等部门。

上海考察回来后，他们便立即启动研究起草土地使用权有偿转让的办法，并聘请了 7 名香港顾问。这其中有一名重量级人物——曾任香港特首的梁振英。经过一年的研究和准备，上海在 1987 年 11 月 29 日出台了《上海市土地使用权有偿转让办法》及其配套的六个"实施细则"。

时代在不断的变化与发展，法律不可能一成不变。1986 年颁布的这部土地管理法，在往后的时间里，也经历过几次修改。

1988 年时，《土地管理法》删除了"禁止出租土地"，并增加"国有土地和集体所有的土地使用权可以转让"等内容，这些内容使中国土地管理步入市场化轨道，为之后经济转型释放了巨大能量。

10 年后，也就是 1998 年，《土地管理法》经由全民参与讨论与修改，最终明确了"十分珍惜、合理利用土地和切实保护耕地是我国的基本国策。"

第三次修订则是在 2004 年，这一次只是修改了个别条例，主要是明确征地制度的内涵。

最近的一次修订则是在 2017 年，在 2017 年 7 月 17 日，中国国土资源部政策法规司司长魏莉华曾对新的《土地管理法》进行解读，他提到四个亮点："一是删除了农村集体建设用地进入市场的法律障碍；二是对农村土地征收制度进行多方面完善；三是完善农村宅基地制度，保障和落实农民宅基地用益物权；四是将多年来土地管理改革的成熟做法吸收至法律草案中。"

无可否认，土地管理法的每一次修改都代表着每个阶段中国的发展现状，同时也展示了我国土地管理不断完善和成长的历程。

第一次全国住房普查

1986 年 12 月 2 日，由城乡建设环境保护部和国家统计局组织开展的第一次全国城镇房屋普查结果出炉。

这次历时两年的普查意义重大。它标志着中国完成了一项具有重大意义的基础工作和国情国力的调查研究。同时，这份数据填补了统计资料库中的空白，为城镇规划、防区管理、住宅建设以及住房改革等都提供了比较准确的依据。

普查工作在 1984 年 7 月就开始部署，并在 1985 年 7 月开始实施。共对 28 省、自治区、直辖市（西藏自治区暂缓普查，台湾省未普查）的 323 个市、1951 个县（旗）、5270 个城镇与工矿区的房屋和 1.5 亿人（城镇人口）的住房情况进行了普查。

从范围来看，这的确是一次复杂而繁重的工作。当时，共动员了73万人成为普查人员，为了确保资料的准确性，普查人员都按照全国统一制定的办法进行培训，最后对普查的房屋进行逐幢、逐户的测绘、丈量和登记。

这次普查收获颇丰。不仅涉及范围广，而且资料丰富，根据这次普查，基本上搞清了当时中国城镇房屋的现状。

普查资料显示，普查范围内的住户共有3977万户，共15034万人。截止到1985年年底，全国城镇共有房屋46.76亿平方米，其中新中国成立前留下的旧房屋只占9%，91%是新中国成立以后建设的。在全部房屋中，住宅面积22.91亿平方米，户均24.04平方米，人均6.36平方米。

数据反映了当时问题症结，其中一个便是缺房。统计的结果显示，缺房户数还有1054万户，占总调查户数的26.5%。

同时，城镇住宅设备简陋、居住环境不善也占相当大的比重，30.5%的住宅房屋内没有厨房，27%的住宅内没有自来水，66%的住宅内没有厕所。这些都说明在当时，改善住房问题的任务之艰巨，但也为解决住房问题提供了方向。

无可否认，这次普查的数据十分宝贵，为房改工作也提供了可靠的基础。值得一提的是，这次普查后至今30多年，就再也没有进行过全国性的城镇住房普查，尽管各城市都自己组织调查，但还是缺乏具有统一性和可比性的数据。

近年来，房价上涨、房屋空置率等引起大众关注，不少专家都呼吁应该尽快进行第二次全国性普查，业内认为，"住房普查可以掌握居民特别是家庭真实住房状况和住房需求。摸清全国住房'家底'，不仅可以为楼市调控政策、发展规划提供重要依据，也可以破解目前全国住房信息联网难题"。

中国社科院世界经济与政治研究所世界经济统计研究室副主任刘仕国曾在接受媒体采访时分析多年来没有开展普查的原因，他认为主要有两方面原因，"一方面，上世纪80年代进行住房普查，那时房子的社会价值远低于现在，在反映居民社会财产、财富中的作用还不是很强，因此就没有继续统计下去；另一方面，调查难度比较大，一般民众都有怕露富心理，虽然调查有签保密协议，但是也不愿配合"。

不仅仅是专家，全国人大代表也在倡议。2017年，全国人大代表赵静也在第十二届全国人民代表大会第五次会议上提交议案，建议开展全国住房普查。赵静表示，"2017年中央经济工作会对我国房屋的权威定调——房子是用来住的！中央的这一决策是否行之有效，只有通过摸清家底，搞清楚目前我国有多少住房，其中有多少是可以使用，多少是正在使用，多少空置，搞清楚在区域布局、城乡布局上，哪里短缺、哪里过剩，才能精准施策，有效调控居住需求和投资需求"。

中信试水房地产

前文讲述中国是如何突破旧制度，让土地使用权从不能买卖变成有偿转让。接下来，将从个例看房地产项目如何变成商品来经营。

1986年，中信房地产公司成立，成为中国内地首批具有一级房地产开发资质的企业。提起中信，不得不说中信集团这样一个特殊的企业。1979年，中国改革开放正式启动，国家之门大开，百业待兴。在邓小平的支持和邀请下，富有企业经营实际管理经验的原工商界人士荣毅仁创办了中国国际信托有限公司，这是中信集团的前身。

值得一提的是，在1979年成立公司之时，中信就前瞻性地设立了房地产部，并明确要把房地产作为商品来经营。中信对于房地产商品化经营的探索，比在《中国地产40年·1981》中提到的中国房屋建设开发公司还要早三年。所以，中信所成立的房地产部应该算得上中国最早的房地产公司雏形。

中信房地产部成立后，就着手准备建设中信的第一个项目——北京国际大厦。

在改革之初，每走一步似乎都在挑战制度的极限。实际上，中信房地产部的做法在当时是不被允许的，正如前文关于土地管理章节中所提到的，新中国成立后到1979年，宪法明确规定土地不能转让。在此制度下，房地产更没有作为商品来经营的依据。

荣毅仁曾经回忆到这段历史时谈道："国内的办公楼、宿舍楼一般都是国家计划拨款盖的，搞房地产经营被人认为类似资本主义的'房产主'、'大房东'，与社会主义大相径庭。"

不过，这不影响荣毅仁说干就干的决心。他开始在北京到处寻找合适的项目，最后看中了建国门外大街的一个地方。当时，这一片大多数还是工业区，更没有什么高级建筑。但敏锐的荣毅仁还是看到了它未来的潜力，因为，在地块以东的300米，中国第一家中外合资饭店已经在施工，同时，由于历史原因，这个地方还云集了不少国家驻华使馆以及国际俱乐部。30多年后，这里已经建设成为北京CBD，不得不说，当时荣毅仁的眼光的确独具前瞻性。

在国际大厦建立之前，荣毅仁提出建设的两个方针，第一是项目的资金筹集、经营、建造都由自己负责；第二是项目要建成办公和公寓综合大楼。

方向有了，重要的是如何去实施。有意思的是，中信房地产在准备建设国际大厦项目时第一件事就是到香港学习。1980年，中信前后组织了200多人去香港。边学边做才完成了大厦初步设计方案、施工方案等。就连后来大厦的租约，都是由香港实业公司专门派人到北京拟定的。

经过一年多的考察、研究、设计、修改等工作，国际大厦设计规划高度为31层，在当时是北京最高的高楼，结构分为东西两区，东区为办公用房，西区为公寓。

1982年，国际大厦正式动工，在奠基当天，开国元帅叶剑英还为大厦题字。王伟群撰写的《艰难的辉煌：中信30年之路》一书中提到一个细节，叶剑英当时已82岁高龄，身体不适，也久未为任何人题字，但还是破例慨然提笔，分别用繁体和简体为国际大厦书写了几个版本的"中国国际信托投资公司大厦"的字样，这足以看出他对中信的支持。

在国际大厦动工的同时，中信也开展了一系列的市场营销工作。其中最重要的就是招租，中信的租金采用了市场定价，定价也与国际大都市相当的水平。据《艰难的辉煌：中信30年之路》提到数据显示："写字楼每平每天1.2美元，公寓房每平每天1.3美元。"很多人都担心租金太高昂，会影响招租，但事实却是，"询租者非常活跃，甚至还供不应求，超过大楼可以供的数量一倍还多"。

1985年，国际大厦顺利交付使用。大厦成功签约了98家租户，其中包括了外国商社、银行及其他各类公司，高额的租金更让中信快速收回了投资。

中信这次地产项目的试水无疑是成功的，它让中信有了安身立命之本。而对于房地产行业而言也具有几个标志性的意义，正如王伟群在书中描述，"它在客观上让中国其他城市都看到了房地产的力量；它冲破了房产不能作为商品买卖的限制；同时，中信完全自营的模式还冲破了房地产投资的渠道限制。"

作为一家综合集团大企业，中信集团旗下涉及房地产及基础设施业务分别有中信地产、中信泰富地产、中信和业、中信兴业及新香港隧道五家公司，其中前三家公司以房地产为主营业务，而三者之中，又以中信地产在中国内地布局最广，开发规模较大。

首先来看看中信地产，其早期由中信房地产、中信华南、中信深圳三大一级子公司组成。中信房地产位于北京，占据先天总部优势资源支持。中信华南与中信深圳分处广州和深圳，这两家公司只能依靠自身资源拓展，特别是中信华南与中信深圳长期在南中国区域存在同业竞争，在市场激烈拼杀中野蛮生长。

中信华南办公地点位于广州曾经的最高写字楼——中信大厦，拥有中信华南深圳公司、中信汕头公司、中信华南上海公司、（香港）中信建设发展有限公司、中信华南成都有限公司、天津中信地产投资有限公司及多家全资项目公司、酒店、高尔夫球场和多家控股子公司，布局广州、上海、深圳、东莞、汕头、天津、成都、珠海、中山、长春等地投资房地产项目达80余个。

1987年11月中信在深圳设立全资子公司的中信深圳，同样拥有北京信融置业有限公司、中信惠州房地产有限公司等多家子公司，中信深圳曾以1.283亿元收购明思克中信深圳（集团）公司，将中国首个航母军事主题公园收入囊中。

进入21世纪之后，中国房地产行业迎来高速发展契机，中信集团也开始重视起房地产业务。2001年年底，中信集团召开重要会议，首次明确将全面整合旗下地产业务。不过，此后为优先发展中信旗下银行业务，地产整合事宜被延迟。

整合搁置后，中信华南、中信深圳同业竞争加剧，双方布局速度明显提升。中信深圳走出深圳，挺进内地，落子江西、湖南等地。而中信华南却杀入深圳，2001年更是一举夺得当时深圳红树湾项目，项目所在位置深圳湾现如今成为深圳超级总部基地，吸引了恒大、万科等知名企业的新总部竞相入驻，地理位置十分优越。

2002年，中信地产整合再次被提上议程，而中信华南也脱颖而出，中信房地产、中信深圳以及其他地产业务均置入中信华南平台。2007年年底，中信确立"中信地产"为房地产公司主体，注册资本高达67.9亿元，并首次提出上市目标。2010年，新成立仅三年的中信地产，接连出手，在中国经济最为发达的珠三角、京津冀、长三角等区域收购多个项目，土地储备高达3000万平方米，销售额增长近9倍，2010年时增至383亿元。

然而，2011年中信集团因整体赴港上市，中信地产单独上市计划终止。这也导致前几年中信地产巨额的土地储备未能很好发挥做大资产包作用，因此，中信地产接连抛售手中项目，缓解资金和营销压力。

与此同时，中信地产与中信泰富地产同业竞争也成为中信集团需要着手解决的问题。2008年，中信集团接手中信泰富之后，开始加快整合速度。中信集团兼中信泰富主席常振明也明确表态，仅会有中信地产作为中信集团唯一地产平台。

谈到中信泰富，这里也有一段故事可说。中信泰富也是中信集团旗下的一个地产公司，它与中信地产几乎是同时起步。不过最终命运却是，中信地产"消失"，中信泰富成为中信集团整体上市的"跳板"。

资料显示，中信泰富的前身是泰富发展，由香港"股神"香植球在1985年创立。1986年，泰富发展通过收购新景丰公司在香港上市。1987年，荣毅仁的独子荣智健分管中信在香港的子公司——中国国际信托投资（香港）有限公司。并在1991年收购了泰富发展49%权益，将泰富发展易名中信泰富。

中信泰富主要以商业地产和城市综合体开发为主。比如在1993年3月时，就与太古集团合资共同开发香港又一城，同年5月，中信泰富在上海获得内地第一幅地块，由此开启了在内地的房地产业务。

中信集团酝酿将中信地产和中信泰富整合，但由于业务盘根错节、竞争激烈等因素，整合之事并不容易，难以达到预期。

至于为何不能将两家整合起来。中信集团董事长常振明曾对媒体解释："整合一家这么大的公司不是一件简单的事情，毕竟两家公司的员工和资产都主要在内地，人员方面需要一段时间来磨合；同时，内地房地产和香港房地产在公司在运作模式、会计准则上也有所不同。"

作为最早成立的一批房地产企业，中信地产虽"天生丽质"，但却在运营30年后，以"卖身"收场。这在《中国地产四十年·2016》里，还会重点讲述中海收购中信地产后的发展。

2016年，在央企整合大潮中，中信地产被中海收购一案轰动全国。2016年3月14日，中信股份和中海地产同时发布的一纸公告，拉开两大央企整合巨幕。历经半年，整合顺利落幕，最终的结果是，中海收购中信地产楼面面积3155万平方米土地资源，共涉及中信在25个城市的126个项目。中海为此桩收购支付310亿元人民币，并以股份增发和转让 4 宗商业物业的方式进行。

值得关注的是，中海此番收购，涉及的均是中信的住宅业务，商业地产资产则都被保留，中信反而还从中海获取了上海、南京、沈阳、济南的四个商业物业项目，这些项目随后都转入中信泰富。中信泰富也因此成为中信运营商业地产的主要平台。

在外界看来，中信地产之所以发展至此。首先因为相比金融、实业等板块来说，集团对地产业务的重视程度不高；其次，中信集团内部竞争激烈，地产业务存在各自为王，各自为战的现象；最后，中信地产在发展过程中拿地成本过高，比如在 2009～2010 年，中信就在北京、天津等地拿下多宗高价地块，但最后多个项目都去化周期较长。

据易居克而瑞研究中心数据显示，中信地产被中海整合前的一年——2015 年销售额为 231.3 亿元，排名全国第 41 位。其业绩远不及华润置地、保利等央企。地产业务增长乏力。只不过，身披"光环"的中信地产，在房地产的大浪中被吞噬，不免令人唏嘘和惋惜。

同样是国企，发展的际遇大不相同。1986 年，招商地产开发鲸山别墅，此后三十多年时间里陆续完成了九期工程。鲸山别墅可以说几乎是中国别墅区发展的活体博物馆。与这个别墅区隔海相望是香港元朗，随着西部跨海大桥落成，蛇口与香港近在咫尺。招商地产还在鲸山别墅区建立了深圳市第一个由外国人管理的"国际学校"、"国际诊所"，得以使之成为全国首批物业管理先进小区。不仅如此，该别墅区还附设小区教堂等体贴入微的服务。

便捷交通配套，优美社区环境，以及国际化居住氛围，吸引了美国、英国、法国、德国、瑞典、挪威等来自 40 个国家和地区万余名外籍人士居住。鲸山别墅长期由外籍人士租住，以至于每逢社区居民聚会之际，来自全球各种面孔的国际人士都有，俨然如同"小联合国"，堪称地产租赁界成功的经典案例。

华人置业收购战

1986 年，对于刘銮雄来说，是至关重要的一年，他成功收购华人置业，一战扬名。这一场时达 3 个多月的股权争夺战，涉及几个家族的恩怨情仇，其中牵扯的利益更是错综复杂。种种事件，足以拍成一部精彩商战电视剧。

事件开头，有必要说下华人置业。这是香港一家老牌华资公司，由香港赫赫有名的两大世家冯平山和李冠春在 1922 年创立。

冯平山出生于广东新会，15 岁时他就跟随叔父赴暹罗谋生，10 年后回国去内地发展，在重庆和广州等地经营药材贸易，这期间积累了不少财富。在 20 世纪初，冯平山将发展重心移至香港，并创办兆丰行，主要经营各类山珍海味。由于经营有方，兆丰行生意兴隆，很快便在南北行中声名鹊起。

此后，冯平山又涉足金融业，在香港开设维吉利银号、亦安银号等。1918年，冯平山与李冠春、简东浦、周寿臣创立香港东亚银行，成为这家银行大股东兼董事。也因此冯平山与李冠春有了交情，为此后创立华人置业奠定基础。

1931年冯平山逝世后，其子冯秉芬继承父业。冯秉芬多财善贾，将冯氏业务扩展到地产、贸易、运输、工业等，创建了冯秉芬集团公司。不仅如此，他还热衷政治，长期出任香港多个政务职位。20世纪60~70年代，冯秉芬将公司逐步交由他的两个儿子打理。

与冯平山白手起家不同，华人置业的另一个创始人李冠春，7岁时候就来到香港，来港时其父李不朋已为他打好一定基础。李冠春不仅跟着父亲学习做生意，还有过银行工作经历。经过数十年发展，李氏家族的资产也在香港开枝散叶，不仅控有东亚银行，还有维记牛奶、香港马会等。

冯氏和李氏创立华人置业后，其业务主要是地产和金融。1968年，华人置业上市，并投资大量优质物业和证券，其中最主要的资产是位于中区的华人行。1975年，华人置业以1.3亿港元的价格，将华人行售予李嘉诚，并收购了中华娱乐五成股份，从而拥有了皇后大道中的优质资产娱乐行大厦。

很长一段时间，冯、李两大家族在管理华人置业时都分工明确，两家轮流担任公司董事，各司其职，有重大决策也共同商议。不过，这种和谐的关系最终还是被打破。

据悉，华人置业上市后，股票关注度一直不高，股价低迷，交易也不活跃。但从1985年下半年开始，华人置业股票出现异动，在所有的地产股中表现抢眼，一直到1986年2月底，股价暴涨了一倍。

这时，市场开始猜测，应该是有人在谋划操控华人置业的股权，同时，冯李两家不和的传言也甚嚣尘上。

正如市场猜测，冯李两家的关系已不同往常。在1986年3月21日华人置业举办的股东大会上，就能明显看出。这一届董事局出现重大调整，李氏家族成员全部出局，取而代之的是冯氏家族多个成员。甚至，还突然冒出一个特殊的外来者——被誉为"企业医生"的韦理。

李家之所以在华人置业董事局中全线败北，实际上与他们内部出现矛盾不无关系。当时，身为联交所主席的李福兆因不满李福深被委入东亚银行董事局，一气之下联合好友将所持华置股份转售予韦理。这一举动，李福兆不仅使自己退出董事局，还让李家在选举时失去关键票数。

这里提到的韦理，同样是一个厉害角色，他在香港商场身经百战，曾让和记洋行、百利保、富豪等多家濒临破产的公司起死回生，战绩十分显赫。

而这个人在《中国地产四十年·1979》里就曾提过，和记国际由于大股东祈德尊经营不善，1975年被汇丰接管。汇丰随后找来了韦理出任和记国际总裁，韦理将和记国际与黄埔船坞正式合并，成立和记黄埔有限公司，经过韦理大刀阔斧改革，和记黄埔渐渐步入正轨。和记黄埔经营状况好转之后，汇丰开始寻找买家接手。这也为1979年，李嘉诚从汇丰收购和记黄埔创造了条件。

这次，韦理接手李福兆转卖的股权后，便立即与冯秉芬合组司马高公司，成为接近35%股权的大股东身份。显然，韦理有着更大的野心。

李家其他成员眼见时下局势心急如焚，他们自然不想将祖业拱手相让。于是，就联合新鸿基公司主席冯永祥合组巴仙拿公司，在股东会两天后，提出以每股16港元全面收购华人置业。当时，巴仙拿已拥有李家在华人置业28.5%的股权，加上其他2.8%的股东支持，共有31.3%股权。

至此，股权旗鼓相当的巴仙拿和司马高两家公司，代表李家和冯家开始一轮新的争夺战。然而，让李家和冯家都没想到的是，华人置业股价在1986年4月4日突然飙升到每股19.8港元，他们这才意识到，应该是有第三方介入了。

螳螂捕蝉，黄雀在后，号称"股市狙击手"的刘銮雄登场了。1986年4月11日，刘銮雄的爱高美集团突然举牌，宣布以每股16.5港元的价格收购华人置业，条件是必须持有超五成股权。

爱高美的突然杀入，让李家和冯家仓促间感到惊愕。当时，市场上对爱高美动机不甚了解，其掌舵人刘銮雄行事作风更是变幻莫测。关于刘銮雄和爱高美的故事，在《中国地产四十年·1983》中也有讲述，靠着做爱高美风扇起家，随后运作爱高美上市，之后又通过先抛售股票、再低价吸纳，一出一进全面掌控爱高美而尝到资本游戏甜头的刘銮雄，此后对股坛"狙击"模式情有独钟。

面对爱高美的介入，巴仙拿首先做出应对，在爱高美举牌当晚就宣布以每股16港元的价格收购各股东股份，并承诺未来半年内如有第三者无条件收购华置，而价格又高出16港元时，巴仙拿将补付给股东差额。不过，这个看似美好的计划，因违反了香港收购守则，股东没有买账。

反观冯家的司马高，事隔一天后，宣布委任标准、渣打为财务顾问，以每股17.2港元的价格收购华人置业。

从当时的态势来看，司马高的出价和控股量都占上风，爱高美并没有什么优势。然而，出人意料的是，当初信誓旦旦要夺回股权的李家，突然在1986年4月18日宣布放弃股权争夺，同时将所持的25.8%股权转让给爱高美。因此，李家彻底退出大战，而爱高美则从第三者变为主角。

1986年4月19日，爱美高再次出招，将收购价提高到每股18港元。形势突变，司马高开始商量对策反击。1986年4月21日，司马高宣布将收购价再提高到每股18.5港元。1986年4月29日，已从部分股东手上买入股权，持股量继续增多。

面对司马高步步紧逼，爱高美按兵不动。因为此时的爱高美，预料司马高还会提高收购价，已心生退出的念头。这时，戏剧性的一幕又出现了，冯秉芬胞弟也出让所持股份。冯家眼看大势已去，决定宣布退出，并将手上所持司马高股份售予韦理的亚洲投资，韦理也因此拥有了华人置业29.5%的股份。

至此，华人置业两大创始家族冯家和李家全部退出，两虎相斗的战役告一段落。而韦理和刘銮雄之争，没有太多跌宕起伏的剧情，因为距离两家所剩的收购建议截止时间并不多，最终决出胜败的，无非是看谁的持股量多。

最后的结局是，两家都宣布全面收购失败。但爱高美成为大股东，持股43.5%，司马高持股36.4%。两家达成协定，共同掌管华人置业，韦理出任董事局主席，刘銮雄则以大股东身份出任董事总经理。

刘銮雄因这一场股权战，在房地产江湖的地位大大提升。拥有华人置业的他，开始了在香港商业市场的征途。往后的故事，多到可以写成书，但不管如何，华人置业一直以来都是刘銮雄的得意之作，更是他庞大商业布局中的大型航母。而韦理虽然是第二股东，但也结束多年来为其他企业打工的经历，终于修成正果，自己也当上老板。

无疑，香港资本市场跌宕起伏的故事都精彩绝伦。而这些经历，在后来为内地提供了一个极佳的样本。

香港巨头跑马圈地

前文中提到，不管是土地有偿转让或是房地产项目的运营模式，中国内地都深受香港启发。那么在1986年，香港有哪些事值得关注呢？

1986年，香港证券市场风云大变，联合交易所宣布在4月2日成立，这是香港唯一一个交易所，首届主席由李福兆担任。

实际上，早在1891年，香港就成立了第一家"香港股票经纪协会"，后在1914年易名为香港证券交易所。随着经济的快速发展，在20世纪70年代，香港形成了香港证券交易所、远东交易所、金银证券交易所及九龙证券交易所这四家交易所鼎立的格局。

1986年四大交易所合并成为香港联合交易所后，意味着证券交易所春秋战国时代终结。由此，香港证券市场也逐渐开始趋于稳定。联交所成立后，香港所有的股票代码都进行新的排号。其中，李嘉诚的长江实业就成为"0001"。这个符号代表着特殊的含义，因为在当时，人们都认为，只有长江实业才是最能代表香港的公司。

作为面向全球开放的国际金融中心，香港联合交易所相对于中国内地来说，具有产品结构更加多样、融资渠道更多元、限制条件较少等优点，因此，这也成为不少内地企业寻求资本的"天堂"。据统计，截至2017年年底，内地在港交所主板及创业板上市公司数达2118家，市值约34万亿元，比2016年增加37%，其中，房地产企业就有100多家。

从1982年开始引发的香港银行业危机，在1986年达到高潮，一大批香港本地银行陷入困境或被政府清算。其中包括海外信托银行、新鸿基银行、嘉华银行、永安银行、友联银行等。

这次危机的导火索，与20世纪80年代初香港房地产市场的剧烈波动不无关系。1978

年，香港为了推动国际金融中心的建立，取消了银行牌照的限制。这一闸门打开，许多跨国银行便争相涌入。恰好，这一时期香港地产业发展异常繁荣，于是，部分华资银行将大量贷款流向地产，这些举动都为危机爆发埋下了种子。

其中不得不提的是创办于1935年的恒隆银行，就是在地产高潮中过度投入，导致1983年时陷入绝境，银行亏损额高达3.36亿元。最终，恒隆银行被香港政府接管。

危机也意味着机会，在这一年，两家内地企业拉动了收购香港银行的大旗。曾创办过中国第一家银行和保险公司的招商局，其合资公司新思想有限公司斥资收购了上市公司友联银行的控股权；同年，中信香港公司也斥资3.5亿元收购了香港嘉华银行。

这场持续多年的银行危机，暴露了香港政府在监管上的漏洞。因此，香港立即对1982年颁布的银行业条例进行修订，并在1986年5月29日颁布了新的《银行业条例》。

与银行业的危机四伏不同，1986年的香港房地产市场正处于上升期，各类物业交投活跃，炒房之风盛行。

市场交易火爆，几大地产巨头也在到处跑马圈地。1986年5月，太古地产斥资10亿港元，投得金钟域多利兵房2号地段，这是太古地产第二次在该地段拿地。1985年4月，太古经过长达1小时20分钟的激烈角逐，以志在必得的姿态击败对手，耗资7.03亿港元夺得金钟域多利兵房1号地段，比底价高出4倍。

太古地产接连两次拿地，使它在金钟的布局面积达28.7万方尺，后来，太古地产又耗资共50亿元，打造了今日无人不晓的金钟太古广场。

新鸿基也在这一年购入了一宗新地块，这宗地位于旧山顶道，后来被打造成为香港标杆性豪宅帝景园及晓峰阁。

与太古和新鸿基拿地不一样，希慎和新世界选择的是收购和合作模式。1986年，希慎就收购了四个项目，其中包括铜锣湾两个地盘、花园台、乐源道38号柏乐苑，总投资接近9亿港元。新世界发展则是与查济民家族的香港兴业联手发展大屿山愉景湾第三期。

1986年，香港两大地产巨头企业都迎来新的接班人。在1980年已经彻底将九龙仓收入麾下的包玉刚，于1986年安排其二女婿吴光正，出任九龙仓集团主席，在九龙仓成立100年后，他带领九龙仓驶入一个新的发展阶段。恒隆主席陈曾熙逝世，其弟陈曾焘则接任恒隆主席之位，由此开启了连串集团架构重组的动作。

1987 年：

土地拍卖元年　黄光裕建国美

1987 年，全球人口突破 50 亿。人口数量剧增，也令世界居住问题日益突出。这个问题其实早在 1982 年就被重视起来，当时的第三十七届联大宣布将 1987 年列为"安置无家可归者年"，简称"国际住房年"。1987 年 1 月 3 日，国际住房年中国委员会正式宣告成立，时任主任委员叶如棠向新华社记者发表书面谈话，介绍中国 2000 年住房发展战略设想，要求发挥中央、地方、企业和个人的积极性，加快住宅建设步伐。

"国际住房年"作为联合国在 1982 年通过重要决议，宗旨主要是让各国政府和人民集中思考住房问题并为解决问题提供相关方案和措施。作为占据全球人口 1/5 的人口大国，中国的住房问题尤其突出，中国政府也一直在思考，寻求解决方式。

中国委员会先后在昆明、深圳、南京三地举办了国际住房政策讨论会和研讨会，邀请国际专家和中国学者代表齐聚一堂，共同探讨中国的住房未来。为了提高住宅质量和加强宣传，中国委员会举办了"七五"更新城镇住宅设计竞赛，组织拍摄了《中国住房》《中国民居》录像片。

1987 年 8 月，为了宣传国际住房年的意义，中国邮电部还特地发行了一套《国际住房年》纪念邮票，邮票主要采用红白灰三色，设计简洁大方，突出表现中国住房建筑民族风格，表达人民对美好建筑、美好生活的期待。

1987 年 7 月 1 日，城乡建设环境保护部发布《住宅建筑设计规范》，这是中国首次发布的住宅建筑设计规范要求，适应了时代的需求同时也加快推进了产业发展。该规范对住宅层数的划分是：1～3 层建筑为低层住宅，4～6 层建筑为多层住宅，7～9 层建筑为中高层住宅，10～30 层为高层住宅。在那个年代，10 层楼的高层住宅凤毛麟角，而今全国各大城市二三十层高的住宅楼随处可见。

与此同时，《住宅建筑设计规范》还要求每套住宅必须独门独户，并应设有卧室、厨房、卫生间及贮藏空间。在《中国地产四十年·1978》篇章里提到，改革开放初期，中国很多旧式住宅没有厨房、卫生间，都是一家老小、几代同堂挤在一起住，邻里街坊共用厨卫，生活极度不便。随着住宅规范出台，新建起来的住宅逐步完善各项生活功能。

1987年，居民住房居住形势依然很严峻，但国家也在努力，据统计1987年全国城镇预计可建成住宅一亿多平方米，有八百多万人住进新房。这一年，全国城镇住宅销售面积2377万平方米，增长29.54%，其中，个人购买面积达到426.66万平方米，个人购房占比升至17.95%。

而从当时官方统计的全国数据来看，房价已经是408元/平方米。这是什么概念？当时白菜、萝卜是1~3分钱一斤，看病、住房还是由国家负担的完全计划经济时代。

1987年，在中国地产史可以说是划时代的一年，这一年也被称为中国房地产土地拍卖元年。深圳经过将近十年的发展，借助毗邻香港的地缘优势，在土地使用方面积累了丰富经验，于是，这座南海边陲城市迎来了中国内地历史上首次土地出让，从而令1987年在中国地产发展史上增添了浓厚的一笔，也全面拉开了中国房地产行业发展的序幕。

30年，足以令一个呱呱坠地的婴孩步入不惑之年；也足以令一个迷茫无序的市场成熟壮大乃至引领行业。国家统计局报告显示，2017年，商品房销售面积169408万平方米，比1987年的2697.2万平方米增长62.8倍；商品房销售额是133701亿元，比1987年的110.1亿元增长1214.35倍。

不可否认的是，1987年这一年，从无到有，注定成为中国房地产市场起步的注脚。历史上每个不经意发生的瞬间，最后都串成了一段宏伟的篇章。

宋卫平到珠海编辑内刊

英雄不问出处。不同的起点，一样的方向。

历史浪潮来临的时候，并不是每个人都做好了全副准备。有人乘舰艇，有人划小舟，但也有人只能徒手裸泳。

历史之河，浩浩荡荡，有急浪也有细流。宋卫平、朱孟依、潘石屹、任志强等人成为当中的幸运儿，因为他们在这波浪潮到来之前，已经迈出第一步。

1987年，宋卫平迎来人生重大转折。1978年，参加当年高考的宋卫平顺利考入杭州大学历史系。1982年，宋卫平毕业后，到杭州舟山党校当起老师，给党政干部教授历史课程。在党校工作的宋卫平日常生活安逸，每周上两节课，除此之外，钓鱼、打牌打发时间。业余还办了份《冲浪》的报纸，发表一些对体制、社会现象评论，也因此事，宋卫平受到批评，被迫离开。

1987年，宋卫平南下到珠海一家名为南方四通的电脑公司工作，从负责编制内部刊物开始，随后又因能力突出，接连被提拔。宋卫平接受采访时曾说："我把公司主要职位都做过一遍，总裁秘书、企业发展部部长、常务副总等职务都做过，最后做成了一把手。人只要认真，脑子不笨，绝大部分的事情是可以做好的。"

从 1987 年到 1994 年，在南方四通期间，宋卫平应对了不少危机，充分体会到谋生之艰难，但也让宋卫平在改革开放的浪潮中，经历市场经济洗礼、企业管理等变革之后，仍然能够保持着积极向上正能量。这段宝贵的工作历练为宋卫平 1994 年返回杭州创立绿城，打下坚实基础。

广东省丰顺县人朱孟依在建筑工地里长大，十几岁就开始外出闯荡。20 世纪 80 年代中期，朱孟依敏锐地意识到商品经济契机的到来。他发现，自己家乡镇里，很多人"住改商"，把自家门口改成商铺。朱孟依大胆设想，如果把这些商贩集中在一条街上的话，既方便管理，又容易形成市场，吸引更多人流。

朱孟依毛遂自荐，向当地政府主动提出商业街开发思路：由政府供地，朱孟依出资建设商业街，租给个体小商贩自主经营。政府同意了朱孟依的建议，由此朱孟依从包工头，转投商业地产开发，并且一发不可收拾，华丽转身地产商，并于 1992 年与港商合作，创建合生创展。

一股奋斗中的力量，从中国大地的四面八方涌来。

1987 年，许家印获得多项大奖。早在 1982 年，许家印从武汉钢铁学院毕业后，分配到舞阳钢铁公司工作。由于大学专业是冶金系金属材料及热处理，因此，许家印到舞阳钢铁公司后，主动申请去轧钢厂热处理车间当工人。

作为轧钢厂的第一个大学生，勤奋能干的许家印学历高，心思细，又善于总结，凭着"点子多"、"会管理"的悟性，受到单位重点提拔。许家印认为舞阳钢铁公司当务之急是要建立起规章制度，仅仅两个月后，他就牵头制定出了"生产管理 300 条"，坚持用制度去管人。

这个方法很奏效，凭着这股干劲，许家印工作期间没有休息过，每天 7 点出门，7 点半到车间，检查一遍全部的生产工艺，8 点整参加安全会。到了下午 4 点，参加上面的会，监督生产流程。一年时间已经当上车间副主任，三年后又从副主任变成主任，成为舞阳钢铁公司年轻有为的中层干部。

敬业的许家印即便周末、春节他也要值班，正是这种以身作则的精神，使许家印管理方面效果日益显现，他在短短几年时间成就了舞阳钢铁厂最有活力的车间。付出总有回报，1987 年，冶金工业部颁发给舞钢公司 23 个奖项，许家印自己一个人就独揽 6 项。

郭宏文、徐亚辉著的《恒大许家印：苦难是我珍贵的财富》一书中提到，舞阳钢铁公司轧钢厂厂长陆岳璋感慨道："实际上，许家印参与获得的奖项远不止 6 项，因为所有的重要产品，都要通过热处理车间，当时讲究谦让，许家印实在是不好意思再多拿奖项了。"

命运这条单行道，有人慢，有人快。当陈劲松还在攻读同济大学工程管理专业硕士学位、姚振华还在高三的教室里为了理想中的华南理工大学苦读之时，潘石屹、任志强等人早已在市场上打拼。

1984 年，任志强加入刚刚成立两年的华远公司。在华远公司工作三年之后，1987 年任志强已经升任为北京市华远经济建设开发总公司建设部经理。

1987年，北京市西城区华远建设开发公司成立。同年，北京市建委、计委下发联合通知，核准"北京市西城区华远建设开发公司"列为全市第一批城建开发公司。1993年改组为北京市华远房地产股份有限公司，这也即是原华远房地产，华远地产开发了西单文化广场、华威大厦、华南大厦、华亭嘉园、华清嘉园、凤凰城等北京地产界知名项目。

1994年，原华远房地产成功吸收外资入股，由华润集团旗下的华润创业与另外几家外资公司一同入股原华远房地产，将公司改组为中外合资股份公司，成为国内首家中外合作股份制房地产公司。这段故事将在《中国地产四十年》后期的文章中一一提及。

已经在河北廊坊石油部管道局经济改革研究室工作了三年的潘石屹，工作表现优秀，获得领导赏识，被确定为单位重点培养的"第三梯队"。虽然工作轻闲且前途光明，潘石屹还是选择在1987年下海。

那一年，单位分配来一位女大学生，潘石屹陪她去仓库挑选办公桌椅。没想到这位女生特别挑剔，选了半天，也没挑中桌椅。潘石屹实在忍不住地说了句："不就一套桌椅嘛，赶快挑完抬回去用就得了。"结果这位女生却说："小潘，这套桌椅可是要用一辈子啊，怎能不好好挑挑。"

言者无心，听者有意。女大学生的话，深深触动了潘石屹原本就已经不安分的心，他真的不想在日复一日百无聊赖的单位里生活一辈子。于是，他决定下海。然而，这个设想甫一提出，立刻受到各方劝阻。在别人看来，潘石屹前途光明，是单位重点培养人才，却选择弃职而去，踏上前途未卜的下海之路，这在当时是多么冒险甚至极为不明智的决定。

旁人的看法在当时看来不无道理，就在潘石屹困惑之际，他向正在深圳创业的牟其中请教。牟其中很直观地告诉潘石屹深圳机会多，而且能赚到更多的钱。从小就缺衣少食的潘石屹深刻感受到骨子里那股希望改变贫穷命运的强烈意识。从而彻底下定决心，毅然决然前往深圳闯荡。

1987年年底，潘石屹第一次南下广州、深圳。潘石屹坦言："我到深圳去的时候也很惨，因为我给单位打了一个停薪留职的报告。报告没有批，几个月后，我接到党组织颁发给我的第一个红头文件——关于潘石屹除名的通知。在这个地方连副科长都没有混上，就被除名了。"

潘石屹往深圳走的时候，遇到海关过不去。于是潘石屹花了50块钱，找人带着他从铁丝网下钻过去，从此潘石屹就下海了。但是，不管有多么艰难，从体制束缚里释放出来的潘石屹对充满改革开放气息的广东备感振奋，他回忆道："从冰天雪地的北方来到鸟语花香的广州，突然觉得这真是天堂，尤其是深圳，每个人都过得那么开心。"

1987年，颇有经商头脑的周忻，在上海工业大学（现上海大学）创业，他开了间学生咖啡厅，自任咖啡厅老板。当时上海大学校刊主编朱旭东时常跑来咖啡厅开编辑会议，一来二往，成了咖啡厅常客。周忻索性邀请充满文艺气息的朱旭东，一起包装推广自己设计的一款新奇趣饮料。

周忻将生蛋黄倒入雪碧里，在气泡作用下就好似跃然而上的小太阳。朱旭东灵机一动，说道就叫"SunRise"吧。于是，在两人的合力推广下，很快成了上海大学校园里的

"网红饮料"。此后，朱旭东还亲笔把太空时代喝果珍和雀巢咖啡的广告画在了咖啡馆的墙上。同时，通过校刊采访周忻，作为大学生创业榜样广为传播，成为当时上海大学校园里的知名弄潮儿。

正是在上海大学这段合作经历，让周忻和朱旭东结下了深厚情谊，后来周忻无论是工作还是创业，都会拉朱旭东入伙。在《中国地产四十年》后续多个篇章里都将提到，周忻 1992 年进入房地产，从品牌策划到营销代理、从新媒体到房产电商、从上海房屋销售有限公司到上市公司易居中国等历程，在这个过程中，朱旭东一直都是周忻的好搭档。

谁曾想到，这些都是接下来地产时代中的弄潮儿！

彭磷基开发广州工业村

很多时候，对机会的嗅觉是商人的本能。1987 年，众多外企纷纷进军中国，以求分一杯羹，如达能、雀巢、联合利华、摩托罗拉、肯德基等。

以众人皆知的肯德基为例，1987 年 11 月 12 日，第一家中国餐厅在北京前门繁华地带正式开业。它的第一任中国公司总经理是一位出生于中国、求学于美国，又在肯德基工作多年的职员，这些都无形中透露了肯德基渴望打入中国的决心。

有趣的是，3 年后，另一家美国快餐巨头麦当劳也进入了中国，但或许它做梦也没有想到，后来花了近 20 年都没能追上比肯德基慢了的这三年。

与外资巨头进入中国市场受到多方限制不同，香港地产商进入内地则有一个相对轻松的开始，他们成为首批发现"商机新大陆"的幸运儿。

早在 1980 年，第一个吃螃蟹的港资开发商新世界发展来到了中国内地，在广州建设了中国大酒店项目。1984 年，瑞安（中国）有限公司成立，主要发展内地业务。1985 年，嘉里集团与国家经贸委合作，斥资 3.8 亿美元，兴建北京国际贸易中心（北京国贸）。

不得不提的大人物是，李嘉诚虽然于 1989 年才正式进入内地发展业务，可一点也没有妨碍他自 1987 年开始就在福布斯的全球亿万富豪榜上屹立不倒。1987 年后的短短数年时间，李嘉诚就成为香港在内地的最大投资者。

有个小插曲是，已退出地产生意的霍英东彼时正准备开始在广东南沙埋头造城。早在 1978 年，国内实行改革开放后，时年 55 岁的霍英东就知道"机会来了"，一心想把南沙打造成一个连接香港和广东的经济纽带。他曾说过，"这将是我人生一个重要的里程碑"。

日后创建了中国第一邨的香港商人彭磷基，此时正在房地产混得风生水起，同时也已经进入了工业制造产业。1987 年初，在家乡广州钟村，他提出要投资 1 亿港元建立一个工业村，生产电子系列产品，这就是广州有名的隆辉工业村。隆辉工业村占地 360 亩，员工数千，是当时全世界电脑磁头三大制造商之一。

尽管恒隆投资内地始于1992年，但在更早前的1986年，陈启宗和弟弟陈乐宗在美国创立晨兴集团，用家族资金投资大陆新媒体等产业。

1986年香港股坛狙击手刘銮雄出手收购华人置业后，在1987年重磅出手。华人置业从香港置地物业有限公司以23.99亿港元收购铜锣湾皇室大厦和湾仔夏悫大厦两幢高级商业大厦。鼎盛时期，华人置业一度拥有皇室大厦、湾仔夏悫大厦、美国万通大厦、新港中心、铜锣湾地带等物业，刘銮雄也被誉为"铜锣湾铺王"。

华人置业的核心业务包括投资物业的租赁及销售发展物业，以香港为基地，在中国内地、英国等地也有项目投资、开发。其中，香港物业主要位于铜锣湾、湾仔等核心地段，地理位置优越。刘銮雄收购华人置业后，开始加速投资、开发扩张。易主3年后，华人置业的市值直接由4亿港元暴增至58亿港元，膨胀之快，令人咂舌。

也是从1987年开始，刘銮雄将业务扩展至内地，参与开发丽京花园、北京希尔顿饭店、北京东方艺术大厦等项目。刘銮雄进军内地首个项目是与保利集团合资，联合开发北京丽京花园、北京希尔顿饭店。一直为刘銮雄津津乐道的是，刘氏旗下的丽京花园项目国有土地证编号为0001，堪称当时北京一号项目。

1996年，华人置业在内地已经布局12个城市，共计23处物业投资开发，同时在北京、上海、福州、广州四地开设代表办事处。除此之外，华人置业也是恒大、佳兆业等中国内地多家房地产企业的主要股东。

2017年9月，华置发言人透露，包括刘銮雄妻子甘比在内的刘氏家族、华置连同几位投资好友合共持有12亿美元佳兆业债券。截至2017年12月31日，华人置业累计出资132亿港元，购买中国恒大8.58亿股股份，账面市值为231亿港元。

1987年，国贸地产在厦门正式成立。这家地产公司是厦门国贸集团旗下房地产开发子公司，厦门国贸控股集团是一家国有控股上市公司，在改革开放之初的1980年创立，并于1996年在上海证券交易所上市，厦门国贸控股集团重点发展供应链管理、房地产经营和金融服务三大核心业务，国贸地产便是厦门国贸集团核心业务的重要一环。

国贸地产主推开发住宅社区，把项目开发融入厦门城市发展脉络之中，经过多年的开拓与创新，参与了厦门城建的成长与变迁。2007年开始，国贸地产集团先后走进上海、杭州、合肥、芜湖、南昌、龙岩、漳州等多个城市，不断深化以海西经济区为主导，辐射长三角经济区、中三角城市群的全国化战略布局。在建及储备项目达数百万平方米，形成多条住宅产品线，此外还有城市综合体、商业街区、写字楼等业态。

2018年7月19日，美国《财富》杂志发布的2018年度《财富》世界500强排行榜，国贸控股继2017年跻身世界500强之后，再度登上2018年的榜单，以2017年营业收入329.02亿美元位居第360位，比去年排名上升134位，位列上榜的厦企首位。

中国土地出让第一拍

在《中国地产四十年·1986》篇章里提到，《中华人民共和国土地管理法》正式出炉，并决定在1987年1月1日起正式施行。也正是这个文件，让土地利用开始走向有法可依的有序轨道，这也为1987年中国土地第一拍奠定了基础。

1986年12月，国家土地管理局刚上任的首位局长王先进便马不停蹄前往改革前沿阵地深圳调研。尽管王先进此前对于土地管理一无所知，但他对土地改革却具有强烈的敏感性，他意识到建设土地市场的重要性，"土地使用制度改革有出路了"，回京后，就立马对各地对土地使用制度改革的研究试验情况进行深入调研。

在1987年2月国务院召开的外资领导小组会议上，王先进提出三个意见："第一，出让的是土地使用权，不是所有权；第二，出让土地要有一定年期，不是无限期的，到时无偿收回；第三，要按不同年期收取一定的租金。"这些意见在会上得到一致赞同，因此，会议最后决定由国家土地管理局和国务院法制办组织试点。

快马加鞭，国家土地管理局随后展开历时9月的反复调研、专家研讨等系列工作，并在1987年11月向国务院提交了试点报告。这份报告提到七个原则："一是土地所有者与使用者的基本权利法律关系；二是土地最高使用年限以50年为宜，到期无偿收回，使用者也可申请继续使用；三是土地取得方式为招标、拍卖、协议出让；四是确定地价的原则；五是土地转让收税，增值时收增值税；六是土地使用权必须登记方受保护；七是国有土地所有者代表为市、县政府，土地管理部门是土地所有者代表的办事机构。"值得一提的是，这些原则后来都纳入了土地管理的法律条款。

在这份报告中，同时还公布了试点城市，其中包括深圳、上海、天津、广州、福州、厦门等。报告在得到国务院的批准后，试点工作也快速启动。深圳雷厉风行，有了香港模式的参照，同时还有政策的支持，在1987年12月1日便敲下了新中国历史上土地拍卖的"第一槌"。

据当时媒体记载，有44家企业举牌竞投，拍卖从200万元起叫，一共叫了20多轮，17分钟后，随着拍卖师的槌音落定，深圳经济特区房地产公司以525万元中标。一个小细节是，这场即将在中国房地产市场上掀起巨浪的拍卖会，甚至还用上了由香港测量师协会赠送、专门从英国定制的枣红色拍卖槌。

这次拍地的历史意义非同凡响，不仅开创了中国内地楼市土地出让模式，更是中国改革开放的里程碑。在土地出让次日，报纸的头版评论是："这是新中国自1949年成立以来的空前壮举，也标志着中国大陆的改革开放进入了历史新时期。"

拿下新中国首宗出让地块的深圳经济特区房地产公司，就由《中国地产四十年·

1980》篇章里提到过的骆锦星创办。1987年，当时身为深圳经济特区房地产公司（深房）总经理的骆锦星，代表公司参与了此次拍卖会。骆锦星此前为了解决两万平方米干部住房，与港商合作开发了东湖丽苑。

"中国第一拍"过后，当天的举槌人、彼时的深圳市规划国土局局长刘佳胜后来也回忆说："如今，如此高规格的土地拍卖仪式，后无来者。"关注者众。时任中共中央政治局委员李铁映、国务院外资领导小组副组长周建南、中国人民银行副行长刘鸿儒以及来自全国17个城市的市长都来到了拍卖现场。

有趣的是，这次拍卖用的是"双语"：两名深圳当地官员，一个讲普通话，一个讲粤语。因为闻风而至的还有28位香港企业家和几位经济学家，以及60多个记者。

一个月后，广东省人大通过《深圳经济特区土地管理条例》，规定土地使用权可以有偿出让、转让。又过了四个月，北京通过《宪法修正草案》，把禁止出租土地的"出租"两字删去，规定"土地的使用权可以照法律的规定转让"。

这个变化引起了国内不少人的注意，王石便是其中之一。那是王石创办万科前身"现代科教仪器展销中心"的第三个年头，他意识到，土地制度的松动是一个机会，新产业或将来临。1988年，公司完成股份制改造，并正式更名为"万科"。万科发行A股，募集到股金2800万元，成为万科进行工业生产、进出口贸易和房地产开发的资金来源。同年，万科高价拍下深圳威登别墅地块，正式开展房地产业务。这一点，在《中国地产四十年》后续的篇幅中将会进一步展开。

六运会带动天河腾飞

在改革开放前沿阵地广东，涌现出不少房地产创新模式，广州以六运会带动城市建设，同时诞生了六运小区，是中国最早体育盛会带动地产开发的典范。而东莞兴建的宏远工业区，更在中国早期工业地产模式下，催生了一家房地产上市公司。

在《中国地产四十年》中，不乏大型活动带动城市发展、地产开发的鲜活案例，其中，1987年广州六运会可以说是首开先河，也为后来北京、上海等城市举办重大国内外大型盛会积累了经验。

当时，全运会作为国内级别最高的体育盛会，前四届全部在北京举行，第五届才开始从北京转到上海。在第六届全国运动会花落广州前，此前五届全运会筹办资金全部来自中央和地方财政，由政府包办一切，没有亏钱也没有赚钱的说法。

在《中国地产四十年·1984》篇章里提到，中国代表团在洛杉矶奥运会上实现金牌零的突破、女排夺冠等盛举，同样值得注意的是，洛杉矶奥运会是历史上第一次实现市场化运作的奥运会。3年之后，在改革开放前沿阵地广东，也开始借鉴市场化办赛尝试，通过广泛发动社会参与办赛，减轻政府财政支出压力。

1987年11月20日至12月5日，第六届全运会在广州举行。广州成为首个吃螃蟹的城市，在1987年有限的条件下进行了一段值得骄傲的体育探索之路。广州依靠举办大型运动会配合城市规划建设，同时通过市场运作为运动会筹集资金。

六运会上还出现了许多中国体育史上的"第一个"，包括：第一个吉祥物"阳阳"；第一次有了会歌，由郑秋枫作曲、瞿琮作词的会歌《中华之光》；第一次发行体育彩票，在22期发售里共卖出7000万张，筹集3000万元；六运会会徽、吉祥物的专利权第一次以商品经营的形式出现在各大公司产品的包装上……

从赛事本身来看，第六届全运会是规模空前的一次体坛盛会，共有37个代表队7228名运动员参加比赛，设44项比赛项目。同时，有多个项目打破了世界纪录。改变正在发生的时候，往往没有多少人能够注意到。六运会给广州带来的不仅仅是一场成绩卓越的体育赛事，还有城市区域的繁荣。

经六运会一役，催生了天河体育中心，成就了东部天河崛起，加速了广州城市中心东移，以六运会为标志，广州中心由越秀区、荔湾区向天河区迁移。20世纪80年代，天河区还是"农村"，到处都是农田、河涌、村屋，一片田园风光，唯一现代化建筑就是为举办第六届全国运动会而建造的天河体育中心，广州"城里人"根本不愿意到这里来。

作为六运会主要组织筹办者的广东省原体委主任魏振兰回忆说："作为目前广州经济火车头的天河区，也是为了承办六运会需要而设立的。"魏振兰的言语中并没有夸张的成分，可以说，天河区是为六运会而生。六运会的举办和天河体育中心的落成给这个区域带来了跨越式发展，打造了一个全新的天河。

借助六运会契机，广州在天河体育中心周边兴建六运小区。六运小区所处地段是天河中心的核心地段，北起天河南一路，南至黄埔大道西，东抵体育东路，西至体育西路。作为第六届全运会的"官员村"，早期小区管理水平较高，绿化园林齐全，整体环境上佳。

在《中国地产四十年·1983》篇章里提到，越秀城建参与了六运小区开发。特别是从1985年开始，越秀地产不仅兴建天河体育中心，还修建周边四条主干道的配套设施，随后无偿转交广州政府管理使用。除此之外，越秀城建还开发了荟雅苑、星汇园、漾晴居，以及市长大厦、大都会广场、城建大厦，总建筑面积超过380万平方米。城市规划和地产开发无缝结合，带动天河成为广州最有经济活力的核心区域。

如今，天河已车水马龙、高楼林立，是广州当仁不让的中心，GDP长期居广州之首，往日市郊田地成为广州的商业中心，更是广州新城市中轴线上最为璀璨的亮点。每座城市举办国内外各类大型活动，都为当地经济带来繁荣。

在《中国地产四十年》后续篇章还将提到1990年北京亚运会、2008年北京奥运会、2010年广州亚运会、2010年上海世博会等多个大型活动给城市规划带来的巨大改变以及房地产发展契机。比如，北京奥运会大力地推动了北京的建设，也加速了北京向国际化大都市的迈进；上海世博会不仅提升了上海的城市形象，也促进了上海的城市建设。

大型盛会在对一个城市的整体发展有巨大的促进作用的同时，对整个房地产行业而言重要性也是不言而喻,建材行业、建筑行业、装修行业等都得到重要发展,当然最重要的还是楼盘项目开发。

六运会推动了六运小区、体育东小区等开发,六运会之后,2001年广州九运会也带旺了奥体、东圃、白云大道等多个区域。其中,中海在广州奥林匹克体育中心附近成功开发了中海康城,2014年奥体板块内的天河华美牛奶厂地块出让,更是吸引了华润、招商、龙湖、金地等多家开发商进驻;2010年广州亚运会启动了广州南拓的步伐,富力、碧桂园、雅居乐、中信、世茂五大开发商更是联手开发亚运城项目……

作为改革开放前沿,珠三角一直是中国楼市的先锋军,其中工业区开发也是独树一帜,不仅深圳特区吸引了众多外商大规模兴建工业区,同样处于珠三角的东莞,也迎来工业区开发热潮,这股浪潮里,陈林是重要代表。

1957年,陈林考入莞中,读完初一后,就辍学回家务农。改革开放的春风吹遍珠三角,借着这股东风,1983年,务农二十多年的陈林担任篁村生产队大队长,在他带领下,很快与村民用了三年时间赚到第一桶金。

1987年12月,广东宏远集团在东莞正式成立。宏远集团最早从事的业务是工业区开发,先后开发了宏远工业区、宏远长安沙头工业区、宏远大岭山工业区三个工业区。其中,宏远工业区是陈林曾经战斗过的篁村380亩低产坡地,经过宏远集团统一规划开发,配套设施齐全,成为东莞早年规模最大的工业区。

在陈林统领下,宏远形成以工业区开发经营为基础,房地产开发、药业为龙头,体育产业、服务业、国际贸易等产业配套发展,跨地域、多元化经营的发展格局。

1992年5月,以工业区经营与房地产开发为主营业务的东莞宏远工业区股份有限公司由宏远集团发起成立,属下有全资子公司广东宏远集团房地产开发有限公司、东莞市宏远水电工程有限公司及控股公司威宁县结里煤焦有限公司、威宁县煤炭沟煤矿,是一家以房地产开发为主营业务,同时经营煤炭开采与销售、工业区开发及水电工程建设的上市公司。

1994年8月,以"粤宏远A"在深交所挂牌,成为东莞第一家上市公司,开启了东莞企业在股市交易的先河,填补了东莞当时上市公司为"零"的空白。粤宏远旗下"宏远地产"开发众多为东莞市民耳熟能详的高档小区,包括宏远花园、金丰花园、活力康城、江南世家等多个楼盘,成为东莞市实力雄厚、品牌影响力较大的本土地产品牌。

当然,提到宏远,更广为人知的是体育。挚爱运动的陈林先后打造了广东宏远足球队和广东宏远篮球队,这两支球队成为中国体坛不可小觑的势力,分别在足坛、篮坛打出一片天地。

早在20世纪90年代,广东宏远足球队就已经誉满大江南北,是中国甲A足球联赛早期劲旅。广东宏远的前身是广东省队,组建于1958年,它是新中国最早组建的足球队之一。1992年9月15日,广东宏远集团与广东省足协共同组建广东宏远足球俱乐部。广东宏远是中国足坛首吃职业化螃蟹的球队,1994年在中国足坛首开引进内、外援的先河。宏远足球素有"华南虎"的美誉,1995年夺得中国足球甲A联赛殿军。

只不过，与广东宏远足球相比，广东宏远真正称王称霸的领域是篮球，广东宏远篮球多次在中国篮球联赛中折桂。1993年，陈林创立了广东宏远篮球俱乐部。广东宏远篮球队战绩彪炳，曾勇夺2003~2004、2004~2005、2005~2006CBA联赛冠军，奠定了球队史上第一个三连冠。又在2007~2008、2008~2009、2009~2010、2010~2011赛季接连斩获四次冠军，成就球队首个四连冠。2012~2013年CBA联赛又一次获得冠军，成就中国篮坛"八冠王"壮举。

陈林打造的宏远篮球队，以8个CBA总冠军和2个全运会冠军称霸中国篮坛，开创了广东宏远王朝，实现了广东篮球几代人的梦想。更为中国篮坛培养出易建联、朱芳雨、杜锋、王仕鹏、陈江华等优秀球员，这批球员代表中国征战国际大赛，多次立下汗马功劳。2017年10月，中国篮协主席姚明为广东宏远集团董事长、宏远集团及广东宏远篮球俱乐部创始人陈林先生颁发了"中国篮球职业俱乐部突出贡献奖"。

黄光裕的国美地产帝国

1987年另外一位不得不提的人物是黄光裕，这一年他才刚满18岁，但已经在北京珠市口开了第一家"国美电器店"。这位出生于潮汕的商人，与生俱来的勇于闯荡的潮汕精神在他身上体现得淋漓尽致。

早在1985年，年仅16岁的黄光裕跟着20岁的哥哥黄俊钦北上跑江湖。他们首先到东北、内蒙古一带闯荡，兄弟俩从广州采购小电器，倒卖到北方。那个年代交通落后，黄氏哥俩扛着两大背包，跑一趟包头要折腾一个多月。到了内蒙古后，两人不敢多停歇片刻，而要抓紧时间走街串巷赶快卖货，否则，住旅店费用成本高昂，会把利润蚀掉大半。

在包头推销电器的日子无比艰苦，哪怕生病了也无法休息。有一次，黄光裕患上重感冒，直接倒在去推销产品的老乡家里，幸亏老乡搭救，黄光裕才回过神来。为答谢救命之恩，黄光裕赠送手电筒给老乡，并与之成为好友。两年时间，黄氏两兄弟跑了十几次包头，好不容易靠卖电器攒下4000多块钱。

1986年夏天，黄光裕兄弟与内蒙古老乡喝酒，席间有感于奔波包头艰辛，内蒙古老乡提点他们："在乡下能挣几个钱，真想挣钱，为什么不去北京？"酒后，黄光裕也动了去北京发展的念头。说走就走，于是，哥俩背起行囊，跑到北京。

到北京后，黄光裕决定做服装，他觉得广东的服装时尚又便宜，如果拿到北京肯定能卖个好价。1986年8月，两兄弟把内蒙古辛辛苦苦赚来的4000多块钱，加上东拼西凑借来3万块，在北京前门的珠市口东大街租了个店面，开始卖服装生意。开店节点很好，恰巧赶上秋款上市，加上价格便宜，每天出货十几套，一个月就赚了2000多元，比在内蒙古倒卖小电器来钱快得多。

但是，好运才没走几天，北京就进入寒冬。黄光裕的秋款服装积压成堆，只能降价甩卖，亏损了3000多块。这次教训，也客观地促进了黄光裕转型。他听说家用电器店一天就能赚上千块，比之前自己跑包头卖电器一个月赚得还多，于是想继续做回老本行，重新贩卖电器。

在吴阿仑所著的《105亿传奇：黄光裕和他的国美帝国》一书中提到，黄光裕特别解释自己为什么由服装转向家电："我心太粗，布料、季节性等问题让我头疼，我干不了。而电器，大家都要用，风险也不大，作为当时的几大件，电器比较昂贵，也不会很快被淘汰，比较定型，我做起来比较合适。"

1987年1月1日，黄光裕把服装店改成"国美电器店"，在北京卖起电器产品。当时社会物资匮乏，电器供应严重不足，然而，与主流行情囤货奇居、售卖高价商家不同的是，黄光裕决定走低价策略——"坚持零售，薄利多销"。黄光裕还在《北京晚报》中缝打广告，从此"买电器，到国美"的广告让整个北京人都知道了国美，吸引大量市民蜂拥购买家电。

靠着这种经营理念，国美一路做大，1999年国美在全国88个城市开店330家，2004年，国美成功在香港借壳上市。自此后，2004年、2005年、2008年，黄光裕三度问鼎胡润百富榜之大陆首富，在2006年福布斯中国富豪榜亦排名第一。值得一提的是，国美接连收购永乐、大中等当时全国排名第三、第四的家电零售商后，更是一跃成为家电零售领域的巨无霸，外界一致认为苏宁已经败下阵来，国美将坐稳头把交椅。

人算不如天算。2008年黄光裕因商业犯罪被刑拘，这成为国美从巅峰走向衰落的一大转折点。在黄光裕入狱的十年间，家电市场风云际会，早已不知轮换了多少场创富神话。十年之间，可以改变的事情很多，国美的才对手们已经在电商征途上一路狂飙，迅速建立起O2O线上线下新的商业模式，而国美还在继续往线上发展探索过程中。

曾经被黄光裕寄予厚望的国美旗下地产板块——鹏润地产，一度在全国大规模扩张。只不过，在黄光裕入狱后，鹏润地产在很长一段时间内都没有通过任何形式购得任何地块，反而在大量出售此前储备的土地和物业。

这一情况直到2016年才有所转变。2016年8月，鹏润地产与国美以底价9.86亿元拿下了广州海珠区琶洲电商区最后一宗商业用地，占地面积9380平方米，计容后楼面价为1.3万/平方米。2017年，鹏润地产拿下长沙望城经开区地块，计划打造总投资5亿元的国美（长沙）电商运营中心。据悉，该区域已经聚集了三大电商巨头，包括京东、苏宁和唯品会。

最新消息指出，2018年4月西安鹏润悦秀城招商中心、重庆鹏润悦秀城招商中心开放。除此之外，基本再无相关新闻。关于鹏润地产的创立，《中国地产四十年·1996》将还会有提及。

提高租金促进售房

1987年，大象举足，在中国房地产发展之路上，迈出坚实的一步。这一步跨出了时代最强音，就这样，中国土地第一拍以十分惊人的手法深深印刻于中国现代房地产发展史上。

这表明，历史已经走向一个关键转折点。其后30年的事实是，这场由土地为基底的房地产市场变革，甚至以改宪的形式，为其前行扫清了最后的阻碍，对中国社会所造成的制度冲击、观念颠覆和经济腾飞等方面的影响，是前所未有且不可复制的，这种影响持续了数十年，恒久不绝，回响悠远。

除了土地改革，房改的历史显得更加有迹可循。1979~1981年，国家在全国60多个城市及部分县、镇推行全价售房，结果不尽如人意。1982~1985年，国家在160个城市及300个县进行试点，推行补贴售房，因未触及低租金制等原因不了了之。1987年，国务院住房制度改革领导小组在总结前一段售房试点经验的基础上，把提租补贴作为住房制度改革的基本环节。

1987年5月，中央办公厅、国务院办公厅转发《关于落实华侨私房政策的补充意见》，在全国范围内，开展了史无前例、声势浩大的落实华侨私房政策工作。这一具有重大现实意义与深远历史意义的工作，在中国侨务史上，发挥了极为重要的作用，产生了极为重要的影响，极大地增强了海外华侨对祖国的向心力，激发了他们的爱国爱乡情怀。

1987年8月1日起，在烟台、沈阳、蚌埠、唐山和常州等城市开始试点。其基本思路是"提高租金，增加工资"，变暗补为明贴，变实物分配为货币分配，通过租金的提高，促进售房。

其中，烟台市城镇住房制度改革试行方案，是我国城市住房制度改革试点城市中出台的第一个方案。

1987年8月2日，国家计委、建设部、国家统计局联合发出《关于加强商品房屋建设计划管理的暂行规定》，决定自1987年起，各地区的商品房屋建设纳入国家计划。

中国商品房处于探索阶段的同时，大洋彼岸的日本正在酝酿一场房地产泡沫！

据媒体报道记载，1987年，东京的房价涨了53%。买涨不买跌，焦虑的日本国民因害怕房价继续上涨买不起，纷纷向银行贷款买房，掀起了一场全民购房运动。

当时的日本甚至还出现了摇号买房，1987年东京一商品房摇号抽签，摇号率1/3700，到了1988年，摇号率到了1/6200！

三年后，在东京买一间60平方米的小户型都要5千万日元以上，而当时的工资标准年收入只有4百万日元。1991年，噩梦来了，政府调控之后，日本房价暴跌，从1990年至 2006 年，日本平均房价下跌了 49.56%，基本回到了地产泡沫发生前 1986 年的水平。

即便中国楼市目前处于较为稳定状态，但日本房价崩盘对中国发展仍有借鉴意义。知昨日历史，方能解明日担忧。正如 1987 年的人们也无法意识到房地产一旦撕开一道口子，便如洪流倾泻而出。

40 年后的今日，中国各地的房地产部门光 2018 年上半年，就陆续出台了超过上百则政策。越调越高的怪圈成了现实。

从 2004 年开始，房价开始如脱缰的野马，全国平均房价单价一路跃过 3000 元、4000 元、5000 元、6000 元关口，时至今日依然高居不下。住房大数据联合实验室于 2018 年 5 月 25 日发布的《中国住房市场发展月度分析报告》显示，2018 年 4 月主要城市大数据房价中位数：北京、深圳、上海均突破 5 万元，其中北京均价 55589 元/平方米；上海均价 50986 元/平方米；广州均价 29962 元/平方米；深圳均价 51902 元/平方米。

不过，调控持续发酵，龙头房企业绩却普遍在逆势增长，包括碧桂园、恒大、万科等在内的 40 家龙头房企。2017 年，碧桂园、万科、恒大三家企业都纷纷迈向五千亿俱乐部。到了 2018 年上半年，碧桂园更是半年突破 4000 亿元，而恒大、万科也突破 3000 亿元，与其他企业的差距进一步拉大，行业寡头初现。

尽管业绩不退反进，但是大环境显示房地产市场调控政策依旧趋严，这似乎已经成为行业共识。

在房地产市场博弈中，最直观的三方就是：开发商、政府和购房者。这场没有硝烟的战争，是无数购房者挥洒的青春与汗水，同时也推动了国民经济的大变革与国际化进程。

1988 年：

首次房改启动　王健林掌万达

1988年新春，北京国际旅游年的第一天，天安门城楼正式向中国、向世界的广大游客开放。1988年整整一年，这个数字达60多万人次，全年参观票款收入近780万元。

有专家学者敏锐地意识到，一扇门的开启，让整个世界看到了中国对外开放的决心和力度。蝴蝶扇动翅膀，周边的空气漪涟向八方漾去。改变世界的细微萌动，正于不经意间，渐渐加速。而这一切，最初仅有少数人能感受到。

这是一个新开始，利益游戏的前景未明，规则尚无界定。然而，很多年后，当人们回忆起1988年的时候，会更多地谈论当年惊骇一时的大佬奋斗闯关史和席卷全国的房地产浪潮。

扳指算下来，改革开放已经走过第十个年头，中国发生了巨大的变化，人民的生活水平有了进一步的提升。越来越多的年轻人决定干一番事业，他们纷纷下海经商，个体户也陆续出现，粮票这种东西也渐渐消失。

与此同时，各种商品涨价的消息从新春伊始便在坊间流传。出于担忧，国内的食盐、食油、肥皂等日用消费品均在短时间内被抢购一空，就连火柴也不例外。

甚至有人回忆称，"武汉有人买200公斤食盐，南京一市民一下子买了500盒火柴，广州一女士则扛回了10箱洗衣粉。还有的地方为了抢购毛线而在大街上大打出手"。

当年8月，价格闯关波及面之广、抢购商品种类之多、商品零售总额增幅之大，都堪称新中国历史之最。统计局1988年8月数据统计，扣除物价上涨因素，商品零售总额增加了13%，其中粮食增销30.9%，电冰箱增销82.8%，洗衣机增销130%。

尽管突如其来的抢购风使物价秩序混乱，但也无法阻挡这一年房地产声势浩大的前行之路。这一年，大多数人都住着单位分的房子，房子大小要取决于在单位职务的高低，尽管那时候在南方已经有了最早的外销房，但对中国的大多数人来讲，房地产行业还是一个非常非常陌生的行业。

而事实上，1988年对房地产行业来说，是极具分量的一年。这年1月，国务院召开了"第一次全国住房制度改革工作会议"。历史上每个"第一次"都具有不可替代的重要地位，中国第一次房改启动，也标志着住房制度改革进入了整体方案设计和全面试点阶段。

全国首次房改会议召开

当时的中国，距离1978年改革开放首次提出关于房改的问题已经过去整整十年，提租补贴政策也已经摸索了两年，土地出让也有了案例，商品房也从法律层面进入了流通领域。这一切，似乎万事俱备只欠东风。

1986年2月，中央正式成立了"国务院住房制度改革领导小组"，下设办公室，负责领导和协调全国的房改工作，此阶段的房改重心放在了改革低租金、提租补贴、租售结合、以租促售和其他配套改革。

1988年1月，国务院召开了"第一次全国住房制度改革工作会议"。这是国务院住房制度改革领导小组成立两年来，首次召开的"房改"全国性会议。会上，时任国务院秘书长陈俊生宣布："住房制度改革，从现在起正式列入中央和地方的改革计划，并在全国分期分批展开。"

1988年2月，国务院批准印发了"房改领导小组"的《关于在全国城镇分期分批推行住房制度改革的实施方案》，并提出住房制度改革基本思路是"提高工资，增加工资，变暗贴为明补，变住房实物分配为货币分配，通过提高租金促进售房"。从而实行住房商品化，将实物分配逐步改变为货币分配，使住房这个大宗商品进入消费市场。

该《实施方案》的出台，标志着中国住房制度改革进入全面试点阶段，也掀起了国内第一轮的房改热潮，城市综合开发迎来了历史性机遇。

据相关统计资料显示，截止到1988年年底，全国共有432个城市成立了3124家开发公司，职工人数达12.71万人，商品房屋开发施工面积1.03亿平方米，同时全年商品住宅竣工面积3617万平方米，占全国城镇住宅竣工面积1.34亿平方米的27%。

令人遗憾的是，刚刚准备大干一场的房改，遇到了中国改革以来最大的一次危机。物价闯关时期价格飞涨，职工纷纷提储变现，在这样的背景下，国家为了回笼一部分资金而急于出售公房，结果造成重新回到低价出售公有住房的老路上，提租补贴的模式就此夭折。原先使用权分配不公的问题，变成财产占有不公的困局，由此加剧了住房分配上的不公平，却不能解决住房的绝对短缺。

但不可否认的是，房地产行业即将开始出现前所未有的变化。在中国房地产及住宅研究会张元端的一篇文章中提到一个可以作证的数字是，到1988年，全社会住宅建设投资从1978年的70.01亿元提高到1136亿元；占国民生产总值的比重从1978年的2.06%提高到7.61%。始料未及的是，往后数年，房地产业将伴随并助力中国经济、民生的历史性跨越。

如果说1987年，房地产行业主题是"第一拍"，中国内地第一次进行土地拍卖。那么，1988年，房地产行业主题是"第一改"，中国第一次全面启动住房改革。

第一次住房改革为什么会选择在1988年？不要小看这个第一次，为了这一刻，历史足足酝酿了十年。

1978年，改革开放之初，邓小平在中央召开的城市住宅建设会议上就提示："解决住房问题能不能路子再宽些？"第二年，中国开始试点实行向居民全价售房。

进入1980年，邓小平再次为城镇居民购房发声，明确表态支持居民购买房屋、盖房。甚至提出"可以一次付款，也可以分期付款，十年、十五年付清"。随后中央发布"准许私人建房、买房，准许私人拥有自己的住房"的通知，拉开了中国房改序幕。

1982～1985年，开始补贴出售住房，全国共出售住房1093万平方米。这股热潮使1986年中央出台政策，坚决制止低价出售旧房，各地也停止了补贴售房。

也在这一年，住房制度改革取得重大突破，成立了"国务院住房制度改革领导小组"，负责领导和协调全国的房改工作。两年之后的1988年，这个房改小组制定的房改方案在全国实施，十年积淀，终成现实。

跨出了第一步的房改引发了房地产行业的蓬勃成长，这个过程也许并不完善，还有诸多不足。但开弓的箭不会回头，房改全面启动，虽发展之路才刚刚开始，此后历史上多次进行住房改革，为这个行业的成长进行引导。

土地第二拍福州落槌

1988年，就在中国住房改革在推进的同时，土地市场也逐步放开。自1987年"中国第一拍"深圳出让内地首宗地块之后，第二槌紧接着在1988年的福州敲响。

1988年2月11日，福州以458万元成功拍出五四路一幅写字楼用地，这是国内首次向外商公开拍卖土地使用权。这也令福州成为继深圳之后，全国第二个尝试以拍卖形式出让土地的城市。

历史资料记载，该地土地位于福州市区五四路西侧、福州大戏院南面，地块总面积4.63亩，也即是如今的国际大厦。

福州新闻网后来报道称，据当年的拍卖主持人回忆，"拍卖会场设在原五一广场展览馆二层（现为于山堂），这是当年福州最大的会场，一般都是省市重要的会议才在这举行。会场的布置比深圳简陋点，没有现成的拍卖槌，就从茶亭街的杂货店买来木槌代替；为了让外商看到改革开放后福建时尚的一面，他还特意到台江服装裁缝店，订制了一套当时福州非常少见的小翻领便西装"。

这是原福州国土局的一位老干部。有限的录像资料记录着,他双手高高举起了标有"458万元"拍卖价的大纸牌,大声念了三遍后,见无人继续应价,站在他身旁的国土局局长,一槌敲了下去——以458万元成交,福建土地第一拍成功了!

虽然是国内第二场拍卖会,但是当时的中国内地,没有土地拍卖会的规范性流程,也没有土地拍卖师的培训。"各级领导都很重视,总不能让外商看笑话,我们就派人从深圳市借来录像带,看人家怎么拍的,看了一整天,学是学会了,但还是很紧张。"

媒体是这样记载这场拍卖会的:当天一大早,大厅内就聚集了很多人,有的是来竞买的外商,有的是来看热闹的商界人士和群众。现场共有海内外30多家客商参与竞投,外商主要以香港和澳门为主,每个人领到标有号码的木牌,每举牌一次加价2万元。

经过近一小时的轮番举牌后,香港永升发展有限公司、香港华榕有限公司、澳门(华榕)工程有限公司3家联合成立的竞买人,报出了人民币458万元的竞买价。

时间再往后推移,土拍从深圳到福州到上海,政策也随着做了相应的调整。第七届全国人大一次会议对宪法进行了修改,将宪法中禁止出租土地的规定删去,改为"土地的使用权可以依照法律的规定转让"。紧接着,《土地管理法》也进行了修改,土地禁锢终于完全放开。而这,也为房地产在市场上的流通进一步创造了条件。

历史的抉择有时看似不经意,事后却又让人回味无穷。

1987年第一场土地拍卖诞生于深圳,1988年第二场土地拍卖发生在福州。那么,为什么会是在这两个城市而不是别的地方呢?

中国改革开放,就是从东南沿海开始,其中地产行业也不例外,从地缘来看,这里是离港澳台最近的地方,也是最容易接受外来文化、市场经济新潮的区域。

以深圳为例,毗邻香港,具有得天独厚的地理优势。昔日南海边陲小镇,经过一百多年的洗礼,已经成为亚洲金融中心,是世界连接大陆的桥头堡,特别是在香港高速前行中,房地产行业得到前所未有的发展。而台湾,也借改革开放挺进大陆,福建就是其登陆的第一站。

港台资金对中国改革开放早期经济发展有重大推动作用,尤其是香港深刻影响了后来内地楼市数十年的成长。近水楼台先得月,离香港最近的广东,诞生了万科、保利、中海、恒大、碧桂园、雅居乐、富力、合生、珠江等赫赫有名的地产巨头,几乎占据房地产行业半壁江山,引领整个中国房地行业发展方向。

后起之秀福建房地产企业也不甘示弱,特别是最近几年,世茂、阳光城、融侨、旭辉、泰禾、正荣等闽系房企迅速崛起,成为房地产业近年来发展最为快速的一股力量,地产闽商的出现,显著改变着中国房地产市场的格局。

万科股改进军房地产

前文提到，以广东深圳、福建福州等东部沿海为代表的区域，成为中国房地产发展先锋军。在1988年，中国东部沿海多个城市相继诞生一批房地产企业，也迎来部分企业转型高潮。

王石带领的万科，实现了企业改制，同时也开始进军房地产。已于香港开发多年的中海也转战内地，在深圳拿下首宗以美元作价出让的地块，开发海富花园。金地从代收水电费等服务起家，迈出了创业第一步。福建三盛集团、江苏中南集团、上海大华集团等房地产开发企业也相继诞生，加入中国房企大军之中，参与房地产开发建设之中。

在陈海和金凌云所著作的《一九八四：企业家归来》一书中提到，1984年，邓小平站在深圳国商大厦楼顶眺望时，王石正骑着自行车途经楼下。他看到很多警车、警察和聚集的人群，一打听才知是邓小平来到了深圳。他在后来回忆说，"我好像感到干大事情的时候到了"。

用王石的话说，四年时间，除黄、赌、毒、军火不做之外，其他业务都涉及了。1988年，王石完成了万科历史上两项里程碑重大决定：启动股改和进军房地产行业。

1988年年底，深圳市政府批准万科股份化改造方案。股改并非一帆风顺，王石在《道理与梦想：我与万科》书中提到，作为国营公司，即使是特区新建立的企业，员工仍不愿放弃旱涝保收的"大锅饭"和"铁饭碗"，老员工甚至发出了"先于股改进行住宅私有化"的呼声。然而，根据蛇口中华会计事务所的审计报告（截至1988年10月），万科净资产为1300万元，其中住宅资产占了500万元。

若当时依老员工的要求，将住宅这部分资产分了，万科资产将大幅缩水，不利于增资扩股。因此，王石明确表态不同意。王石回忆称，当时通过轰炸式的宣讲、恳谈会等形式进行解释说服后，尽管仍旧有些老员工持不同看法，但大多数人还是愿意公司进行股改。最终，在顾问公司香港新鸿基证券的指导下，万科反复酌协，前后经历17轮修改，招股通函才最终敲定。

根据股改方案，原现代企业公司以净资产1324万元折合1324万股，国家占60%，职员占40%，公开募集社会资金2800万元，发行股票2800万股，每股一元。吴晓波在《激荡三十年》一书中提到，当时王石亲自带队上街推销股票，他在深圳的闹市摆摊设点，走街串巷，对居民区进行地毯式搜索，有几次甚至跑到菜市场里和大白菜摆在一起叫卖。

王石还请工商局帮忙，由个体协会出面邀请个体户开会，他在会上反复宣传股票发行的意义和股票的投资价值，台下的人不耐烦了，便站起来大声说："不用讲那么多，该摊多少我们就捐多少吧。"

这其中还埋下一个伏笔，王石主动放弃公司股权，股权改制后，万科成为一个奉行混合所有制的公司，同时也是一家股权相对分散的上市企业，可谓是当时市场上的"异类"。那一年，王石 37 岁。

股权分散的万科，此后数十年里，先后遭遇君万之争、万宝之争两次重要股权大战。尤其是，放弃公司股权的王石，也许未曾预料到，27 年后，同样从深圳发家的姚振华，对他的万科领导权发起前所未有的挑战，甚至发出罢免檄文，差点将他逼下神坛。

当然，这些都是后话，彼时王石率领企业股份制改造还是顺利完成了，公司正式更名为万科，王石任董事长兼总经理。至此，万科全面登上历史舞台，不仅是深圳股改先锋代表，也将全面进军房地产行业。

从 1984 年起，到 1988 年前后，全国各地像万科这样发行股票和债券的企业并不在少数。1990 年 12 月 1 日，深圳证券交易所成立，1991 年，万科以 0002 号正式上市。《经济参考报》的报道称"全国已经有 6000 家企业实行了股份制"。商业作家王安在《股爷，您上座》一书中感慨说，第一个吃螃蟹的人，要么死去，要么免费。

1988 年 11 月，万科参加了深圳威登别墅地块的土地拍卖。拍卖场上，万科与深圳争华实业公司轮流叫价，互不相让，最后时刻，王石不仅亲自举牌，而且喊了一个跳升的报价。凭着王石跳价抢地的狠劲，万科最终以 2000 万元的天价拿下地块，自此万科迈进了全新的地产领域。

一个小细节是，在签订土地出让合同时，负责拍卖的官员望着王石，劈头就是一句："怎么出这么高的价？简直是瞎胡闹。不管怎么说，还是祝贺你们。"王石后来回忆说："万科是志在必夺！"按照拍卖的价格计算，楼面价格已经高于周边地块的住宅平均价格，也就是说，把周边的住宅买下来，拆掉腾出来重建的土地成本，都低于万科新购的土地。

在公司内部人员纷纷建议毁约交罚金的时候，王石毅然拒绝，并在一个月之后，再次拿下天景地块，并开发出万科首个住宅房地产项目天景花园，万科房地产业务由此拉开序幕。

是的，你没看错，这就是二十多年后那个一直喊着坚决不拿地王的万科，事实上，他们才是中国楼市地王的"始作俑者"。万科，以看似鲁莽之姿态，实际黑马之效应，犹如新生的一股激流，在中国地产业内开始畅游不止。

1988 年除万科之外，如今在深圳本土赫赫有名的中海、金地也在房地产行业大展身手。

1979 年就已经在香港打拼的中海，经过近十年的磨砺，已经积累了丰富的建筑、开发经验，并开始转战内地。1988 年 8 月，中海地产深圳公司正式成立。中海深圳公司成立伊始，即中标深圳第一块以美元作价的拍卖地块，成交价 816 万美元，并在此地块上建成海富花园，开启了中海地产内地地产开发的征程。

而后的事实也证明，该时期香港房地产开发模式对内地的引导借鉴作用。1990 年 5 月，海富花园富明阁住宅楼花七天售罄；7 月 12 日，富怡阁住宅楼花三天售罄；8 月 23

日,富春阁住宅楼花一天半售罄;9月15日,富丽阁住宅楼花一天售罄。

媒体称之"得益于公司引进了中国海外在香港建筑地产市场上所积累的经验和管理办法,运用了售楼实体样板房展示、楼宇按揭、物业管理等香港房地产经营模式"。

1988年,金地(集团)股份有限公司初创。尽管它还没正式经营房地产业务,这也无法阻止它在后来与"招商、保利、万科"齐名。最巅峰的时候,"招保万金",被称为中国房地产上市公司"四强",也被认为是中国房地产企业的第一梯队,规模和业绩均相似。

2015年10月24日,金地集团高级副总裁徐家俊在哈佛大学中国论坛上回忆金地初创历史,"1988年,我们在深圳创立,当时金地的规模还十分有限,员工仅有十余名,业务范围也仅限于在金地工业区提供代收水电费等服务。那个时候我们就发现,工业园区很多人在工作,但是他们中的很多人,没有地方去住,我们那时候就想建造一些住宅,去满足人们居住的需求"。

徐家俊坦言,金地还是非常幸运的。"三十年前,在中国,不是有钱有地,想做房地产就做房地产。必须需要经营许可证,我们很幸运地拿到了政府的许可,所以我们开发了我们住宅历史上第一个产品,金地花园,成为最先有资质的房地产企业。"

"金地的企业理念就是科学筑家,在开始的十年,那时我们创造了很多优质的项目。在那个年代,地产界有一句话,文科万科,理科金地。所以我们每次的建房子,做项目,我们都希望有精确的计算。"

说完金地,再来看看万科。深圳,始终是一个诞生希望与传奇的地方。1988年,北京大学毕业后,郁亮被分配到深圳外贸集团公司,这也许是他人生中最大的转折,因为他人生中最辉煌的一段岁月即将在这座城市起步。

最初,郁亮的月薪是298元。这家深圳当地最重要的进出口公司,涉及业务较多,旗下既有深圳土畜产茶叶进出口公司这样常规业务的公司,也有对港提供生鲜食品的天俊实业。

然而,当郁亮在多年后回想起这段深圳打拼最初的职场岁月,他说:"我内心里一直在追求变化,所以不断在想,不断在变。那时我觉得变化就是理想。"

位于福建的三盛集团也在1988年成立了。目前已经在全球布局超过20座城市,开发超过60个项目,服务超过50万业主。根据克而瑞2017年房企TOP200排行榜,三盛集团排名87,实现销售额203.3亿元。

2017年,三盛地产业务重要上市平台三盛控股(02183.HK)成功登陆香港主板市场。官网指出,截至2017年年底,三盛地产开发总面积约1500万平方米,土地储备1000多万方,货值近2000亿元,2020年销售目标700亿元。

中南创始人陈锦石出生于江苏常乐农民家庭,自幼家境贫困,从16岁开始打工,先后从事过的工作有泥工、钢筋工、木工、技术员、生产经理、项目经理等多个岗位,几乎把建筑项目所有工种都轮了个遍,正是这种扎实的实践积累,为其后来创业奠定了坚实基础。

1988年2月，陈锦石以5000元为启动资金，正式创业。他带领着28个农民工组成的施工队，从家乡小镇常乐出发，来到山东东营胜利油田做"清包工"。当时的陈锦石每天工作差不多都在15个小时以上，连周末也很少休息。

凭着这股拼搏精神，中南逐步成长壮大，目前发展为中南置地、中南建筑、中南土木、中南资本、中南金融、中南建投、中南工业七大产业板块及中南高科、中南教育、中南园林三大事业部。2017年总营收达1535亿元，是江苏南通市首个综合总营收超千亿的企业。中南置地是中南集团旗下房地产旗舰品牌，根据克而瑞2017年房企TOP200排行榜，中南集团排名18，实现销售额963.2亿元。

1988年，大华集团创立，总部位于上海，以房地产开发为主，集房地产投资、开发、建设、物业管理等业务为一体的，兼及投资管理和商业运营等多元化经营的企业集团。大华集团是国内第一批拥有房地产开发国家一级资质的房地产开发企业，擅长于大地块开发的运作能力，包括城中村改造、新农村建设、成片旧区开发等的一二级联动开发模式，逐步形成了大型社区的总体投资运营能力。

王健林接掌万达

到了1988年，相较于前一年，人物故事出现了些许变化。

在北方，王健林弃政转商，接任西岗区住宅开发公司总经理一职。而任志强所在的华远分家，为建设人才团队，他花重金"购买"五名大学生。

1988年，大连万达集团正式成立。早在1986年，王健林从辽宁大学毕业，同年正式从部队转业，7月进入大连市西岗区人民政府任办公室主任。虽然办公室主任这个岗位在当时是个"铁饭碗"，各方面都有保障，基本衣食无忧，但没过多久，原本仕途无量的王健林还是决定弃政从商，在他看来，就算混上了一个区长、副市长，也没有什么意思。

这个机会在1988年降临了，辽宁大连西岗区政府的下属企业西岗区住宅开发公司遇到了重大的经营困难，欠债多达149万元，企业挣扎在破产边缘。如何摆脱这个"烫手山芋"，成为当地政府亟待解决的难题。1988年，西岗区政府公开招贤，向全西岗区的官员们发出启事，征招能人治理公司，为区政府分忧。

面对这家债台高垒的公司，几乎没有人敢接手，然而，在这关键时刻，王健林毛遂自荐，主动出任西岗区住宅开发公司总经理。王健林这种做法在当时很多人无法理解，但他却有自己的想法，"赶上经商热，想改善个人的生活，当时有一句口号叫'争当万元户'。我就觉得，别人能当万元户，我凭能力应该不止万元户"。

王健林接手西岗区住宅开发公司时，全公司只有20多人，办公条件艰苦，上班时就挤在快废弃的楼内办公，楼下是锅炉房，到处是煤灰。外出没有公务车，唯一的交通工具就是租来的破面包车。尽管处境不容乐观，但王健林还是毅然决然接过重任，他上任伊始，就进行大刀阔斧改革。首先要求严守纪律，军人出身的王健林要求员工做到令行禁止，否则处以重罚。

通过整顿纪律，团队精神面貌有了较大改观，但开发资金来源仍是个大问题。虽然西岗房地产公司土地是可以抵押的，证照也是齐全的，可是没有一家银行愿意贷款给他。

历经奔波后，有人给王健林出主意，"发债券"。说来也是机遇，如今的大连一方集团老板——孙喜双当时觉得王健林这个人是退伍军人，特别的踏实，便拿了一笔巨款认购了王健林发行的债券。也因此，王健林的房地产之路才没有在一开始就夭折。

随后，王健林把钱投入首个项目——南山住宅开发中。南山住宅项目一战成名，推出之后大获成功，为公司获利200多万元。这也使王健林接手西岗区住宅开发公司当年就盈利，为了表彰王健林的突出表现，区政府重奖他15万元。

这在当时堪称是笔巨款，但王健林却没有据为己有，而是分给一起奋战的员工，这令王健林在员工心目中威望与日俱增。素有雄心的王健林目标不仅仅只是15万元，而是希望将事业做得更大，几年之后，西岗区住宅开发公司将改制为万达，成就未来中国首富王健林的梦想。

对了，顺便说一声，王健林的儿子，也就是现在被网络上誉为"国民老公"的王思聪，于1988年1月3日出生在辽宁省大连市。对于王健林来说，一年之内，完成了生子、办公司，好事成双。

1988年，对于华远来说，正在逐步走向正轨，这一切，是从房地产公司成立以后开始。1985年华远以经营为主的同时，就开始向"资源"转化了，重点放在银行和土地。通过银行，可以参加金融市场；通过土地，参与房地产开发。在企业经营早期，华远集团和华远房地产是一套人马两块牌子，直至1987年底才把人马分开，牌子分开。

1988年3月，正式注册了华远房地产。这也意味着，华远房地产公司与总公司正式分家。分家之后，任志强非常重视加强自身的队伍建设，不断从社会和大学招募人才。他从清华大学土木和建筑系等"购买"了5名大学生，每个名额5万元，但一个也没留住。

在他的回忆录《野心优雅》一书中，详细提到了这段过往。"第一个被我开除退回学校的是个学生会的副主席，也是个桥牌爱好者，但进入华远不到一个月的时间，本来准备请园林局吃饭，客人没来，他自己拿着支票几个人大吃大喝了一顿，严重违反了公司纪律，也成了一种腐败，我没想到清华大学居然能培养出这种大学生，就将该学生退回了学校。"任志强透露。

素来心直口快的任志强还强调，有的早就申请出国的大学生利用华远公司的人性化管理特点，拿华远当跳板的做法也令他很烦恼，此后才有了"不招清华毕业生"的管理怪癖。

在南方，张力、黄楚龙还在摸索中，寻找道路。这一年，张力终于辞去公务员岗位下海，黄楚龙则创办星河地产前身。

1988年10月，当了两年公务员的张力决定弃政从商，辞职下海。张力1973年开始当工人,那年才20岁。后来在广州郊区二轻局担任团委副书记,二轻局解散后,张力就到乡镇局当副科长。

恰巧乡镇局要筹建梅花村酒店,张力当任筹备组长,边干边学。1986年,酒店正式开业,而张力也因此被提拔为梅花村酒店总经理。总经理的位置还没坐多久,1986年,张力又被调去建设白云区政府办公楼,成为公务员。

1988年,从人人看好的"铁饭碗"公务员岗位上,下海经商自谋生路,在当时周边很多亲朋好友都无法理解。张力坦言,其实经商也是被迫无奈之举。父母辈并无特殊背景,家庭贫困,而且公务员收入低,不够家用。因此,为了养家糊口,只好下海经商。

最为关键的是,张力认为:"我个人觉得自己也不适合做公务员,因为当公务员要机变、圆滑,这些都不是我具备的。相反,我倒是个做生意的料。考虑到下海后那些竞争对手实力都很有限,于是决心跳出来。"张力在当梅花村酒店总经理时,汽车、电话都配了,而跳出来创业后,则什么都没有,只能自己骑着单车到处跑。

然而,机会是给有准备的人,张力下海也并非头脑发热之举。"做公务员的时候特别清闲,没有事情做,我开始阅读大量书本。"张力称,"也是在那时,我发现了自己做生意的天赋。"于是,在35岁的时候,张力口袋揣着200块钱就开始打天下了。

在做工程之初,张力碰壁不少,但从接三四万元小工程起步。当时公司规模小,张力把合同、文件都随身携带,堪称典型的皮包公司。每次应酬谈合作,回家手写合同,第二天一大早就要去买装修材料,下午再到工地做监工。忙碌起来,张力每天睡觉不超过五个小时。

有一段时间,张力还办了家瓦片厂。哪知由于技术不过关,没销路,把装修赚来的钱全赔光了。后来又因全国经济收紧,很多工程下马,差点没撑下去。幸亏遇到有个香港老板要在花县投资建牛肉干厂,于是,张力紧紧抓住这个机会,坚持把工程做下来,才保住了公司。

通过搞装修工程,张力用5年的时间积累了几百万元。这在当时算是一笔很可观的收入,但这并不足以满足张力的雄心。也就是在做工程的这5年里,性格外向率直的张力结识了内敛含蓄的李思廉,两人在1994年联合成立富力地产,并由此开启数十年的合作。

潮汕人黄楚龙,早在1979年就来到深圳创业。1988年12月,黄楚龙创立深圳市怡和企业公司,这家公司就是现今星河地产的前身。1994年4月,成立深圳市新怡和实业发展有限公司,先后开发了祥和花园、怡和楼等多个项目。2016年,星河集团正式更名为星河控股集团,拥有地产、金融、置业、产业四大集团,成为国内大型综合性投资集团。

黄楚龙为人低调,极少接受媒体采访。但黄楚龙在深圳地产界被尊为"龙哥",为人豪爽重义气,朋友众多人脉广,这种江湖情绪也奠定了其在深圳地产圈里的地位。2003年9月,黄楚龙捐赠深圳红十字会上千万豪宅,一时引起轰动,成为地产界与红十字会的首次结合,不仅在地产界,整个社会都强烈关注。

潮汕出身的黄楚龙非常重视中国传统文化,特别注重孝道。花样年集团董事会主席潘军就曾表示，他对星河集团董事长黄楚龙的企业文化非常推崇："'不孝敬父母的人，不准进星河'，我就很赞同，只有爱父母，你才有可能爱家、爱公司。"

就在张力、黄楚龙还在一步步打拼江山的时候，广州最早开发房地产的开发商之一，广信房产已经率先以 2.808 亿元中标芳村花地大道两侧 1.07 平方公里商品住宅用地，手握这幅约 1500 亩庞大地块，广信正准备大干一场。

这是广州第一个通过招标转让形式出让的用地项目，成交额创了当时的纪录。按照广信的初衷，该地将被打造成芳村新中心城区。然而后来广信母公司广东国投破产事件让花地湾地块从此没落，烂尾二十年。直到 2017 年，万科以 551 亿元拿下该地块，使这幅千亩地块涅槃重生。

到了 1988 年底，故事更多了。12 月 28 日，桂强芳在深圳创办了中国首家内资房地产中介代理企业——深圳市国际地产咨询公司，他被誉为"中国房地产中介代理行业教父"。有意思的是，这家公司后来也培育了如今的世联行掌门人——陈劲松。

同样在深圳大地上崛起的还有一家来自台湾的企业——富士康。这一年，郭台铭决定在深圳地区投资建厂，由此拉开了这家公司从珠三角到长三角、环渤海地区的战略布局。富士康后来与地产结下不解之缘，在中国大陆多次拿地，兴建厂房，打造科技小镇。

2016 年年底，富士康董事长郭台铭宣布在广州投资 610 亿元人民币建设 10.5 代面板生产线。富士康落户广州增城，这既是富士康近十年在大陆最大的投资项目，也是广州改革开放以来最大的单笔投资项目。2017 年初，富士康仅以 10 亿元就在广州增城拿到占地 126 万平方米的巨无霸地块。2018 年，又与碧桂园联手，豪掷 39 亿元拿地，联合开发科技小镇。

冯仑闯荡海南

1988 年，中国农历龙年。粤语中"8"和"发"同音，正好赶上香港流行的"发财"文化，1988 年堪称是个无比吉利的年份。

这一年里，有两首歌曲，火遍整个中国。一首是央视春晚流行起来的《龙的传人》，另一首是天才歌手张雨生的处女作《我的未来不是梦》。前者唤起了爱国自豪感，后者激发了个人奋斗信念，让那个时代从国家到个人，都充满前行的力量。

在这个洋溢着奋斗气息的年份里，一个崭新的省份成立了。1988 年，海南脱离广东独立建省，成为中国第 31 个省级行政区。

海口，这个原本人口不到 23 万、总面积不足 30 平方公里的海滨小城一跃成为中国最大经济特区的首府，也吸引了大批的人来到此处淘金。他们中有的是辞去公职的热血青年，有的是刚毕业的大学生，有的是国家任命的干部。

"十万人才过海峡",便是对当时的真切描述。据知情人回忆,当年海口汽车站利用候车室的长椅,每人发一床蚊帐就当床铺,每晚收1.5元人民币住宿费。

真正让这个小岛雀跃起来是在1988年2月11~14日,著名相声演员侯宝林、歌唱家郑绪岚、电影演员肖雄等国内16位当红明星登陆海口,庆祝《海南开发报》创刊。这一次演出持续4天共4场,让无数闯海人为之振奋。

一时之间,海南吸引力,有如革命圣地延安,吸引了全国无数有理想的年轻才俊蜂拥而至。

这批脑袋迸发着激情与迷茫的年轻人,如果你问他们来海南做什么?恐怕他们自己也没有想清楚,只是一个简单的想法:"必须要去海南!不管做什么!"

也许,1978年错过了深圳,1988年不能再错过海南。同样是特区,深圳奇迹,让整个国家渴望复制到海南身上,更让那个时代的年轻人迫切渴望能赶上新的一波创梦潮。

于是,海口街头出现了前所未有的景象,一大批文史哲音乐美术外语出身的年轻人在路边开大学生饭馆、擦皮鞋、卖报纸、卖唱、变戏法、画画、弹吉他等。因为这座刚开放的岛屿并没能提供他们想象中的就业机会,无法接纳这么多优秀的文科人才。

根据广东作家雷铎当年的报道,从数量上来讲,整个文科人才占求职者的70%,光是汉语文学专业的就多达14000多人!

这也与海口街头一遍又一遍循环播放《我的未来不是梦》有种莫名的契合,当年的他们,大多到广州洲头咀客运站,排长队乘坐玉兰号的客轮,前往海口。这艘船,见证了1988年前后各方人才下海南的历史壮景,也见证了这波人才涌入浪潮的消退。从一批又一批闯海人来海南寻梦到激情退去落荒而逃……

因为,尽管体制开放、创新,环境轻松自由,也掩盖不了刚建省的海南是一个经济总量不及内地发达市县的小省事实。

冯仑没有错过这波"闯海潮"。据他在《野蛮生长》一书中的回忆,"1988年我受国务院体制改革委员会下属中国经济体制改革研究所委派,去海南筹建海南改革发展研究所,体改办主任迟福林当所长,我做常务副所长。我当时档案在北京,人调到海南。开办之初,海南省委给了我们5万块钱、一辆车、一台电脑,我们就靠这些办一个副局级研究所。有意思的是省政府还给了我们1万台彩电的批文,让我们把倒批文的钱作为开办经费"。

"倒批文"这项生意就这样如火如荼干起来了。冯仑说,当时改革发展研究所的业务分成三部分,一部分搞研究,一部分搞经营,另一部分是杂志。

"我负责招人组织研究队伍并管理《新世纪》杂志,另一个人负责经营,招来的人里就有潘石屹。经营部门在'倒批文'的过程中还干点别的生意,比如潘石屹开了一个砖厂,还做会计培训,以至于我一直以为他是学会计的,其实不是。我当时提出,选人必须选跨两个专业以上的,单一专业背景的人知识面和能力比较狭隘,不大有发展。"

故事中的"万通六君子"就是在这样的情况下相遇。由于一批又一批的"冯仑们"来到海南岛,据《中国房地产市场年鉴》(1996)统计,这个小岛的房价均价直接由1988

年 1350 元/平方米，涨到了 1992 年的 5000 元/平方米，甚至飙升至 1993 年上半年的 7500 元/平方米。泡沫破裂、土地闲置、烂尾楼遍地、银行坏账等，在那个群情激昂的 1988 年，都是无法想象，也无法预见的历史走向。

龙年里的地产人，仍在为生计奔波，然而很多人并不知道，在无论是中央推进房改，还是深入探索，抑或是海南开发潮，到处都涌现着地产人的身影。他们在接下来数十年里，将扮演着中国经济建设的重量级角色。是的，作为龙的传人重要组成部分，他们的未来，真的不是梦！

剑出鞘，帆已扬，古老的东方有一群龙的传人，正流着汗水默默辛苦的工作。那一刻，地产的巨龙已擦亮眼，未来不是梦！

1989 年：

许荣茂进地产　日本楼市疯狂

1989 年，中华人民共和国成立 40 周年，正所谓四十不惑。中华人民共和国成立 40 年时间里，新中国经历过狂风暴雨，也见证过阳光彩虹。走到第四十个年头，注定不会是平淡的一年。

1989 年国内外发生的重大事件，很多很多……多到无从下笔。打开尘封的历史，一件件影响深远的大事扑面而来，求索与前行交织成一幅华丽而又宏大的时代画作。

1989 年，中国第一次作为正式代表参加了联合国人类住区委员会第十二届会议，并在会议上先后进行六次正式发言，首次在联合国人居会议上介绍了中国住宅建设、住房制度改革所取得成就以及住宅发展战略设想和相应措施。此外，郑重承诺与世界各国一道致力于完成"2000 年的全球住房战略"目标。

与此同时，经过 1987~1988 年连续两年土地出让，中国房地产市场化趋势日益明显，尤其以万科、中海等开发商为代表，在开拓商品房市场上大刀阔斧进行变革，为行业带来全新的营销观念。

1989 年，中国房地产才刚起步，但日本楼市却已如日中天。所以，本篇章将把目光放在这个邻国身上，重点谈谈日本房地产，因为这里面有太多值得中国楼市借鉴之处。一个巨大而又快速膨胀的世界级经济体引发的房地产泡沫正越吹越大，这道魔咒在日后中国楼市快速发展过程中常被拿来当作参照系。

历史的时间轴轻轻拨动到 1989 年，新年的头一天，《人民日报》就给这一年定了个并不轻松的基调。一篇题为《同心同德，艰苦奋斗——1989 年元旦献词》的社论指出：在改革的第十年，我们遇到了前所未有的严重问题，最突出的就是经济生活中明显的通货膨胀、物价上涨幅度过大。

风云起、波澜急，房地产行业这艘尚未起航的巨舰注定一开始就历经波折。好在，这一年的政策给予了市场足够的生存和发展空间。

在政府的引导下，8 月 1 日，全国物价工作会议宣布：1989 年上半年，全国物价涨势逐步趋缓，市场状况逐步趋稳。全国零售物价总指数 1~6 月的上升幅度逐月减少，共下降了 6.4 个百分点,其中 35 个大城市上半年的物价上涨幅度平均降低了 9.8 个百分点。

到了 11 月,在北京举行的中共十三届五中全会给出的信号更为明显。会议审议并通过《中共中央关于进一步治理整顿和深化改革的决定》。全会决定:包括 1989 年在内,用三年或者更长的时间,基本完成治理整顿任务。治理整顿的主要目标是:逐步降低通货膨胀率,使全国零售物价上涨幅度逐步下降到 10% 以下。

这也使前一年因价格闯关、通货膨胀而中途夭折的房改政策有了喘息的余地。当时刚刚准备大干一场的提租补贴模式,遇到了职工提储变现危机,国家为了回笼一部分资金而急于出售公房,结果造成重新回到低价出售公有住房的老路上。

道路是曲折的,前途是光明的。这一年的中国大地正在消化过去两年土改、房改带来的各种后续效应;这一年,北上广深四个城市的政策与市场有了新变化;这一年,大家都在摸索着前行。

广深引领住房改革

这一年,广州成为全国第一个全面实施住房制度改革的省会城市。

1989 年 8 月 16 日,经省政府批准,广州市政府公布了《广州市住房制度改革实施方案》。这距离广州南沙区的珠江华侨农场启动住房货币化分配改革已经三年了,当时广州也是广东省最早的试点之一。

据《房地产导刊》2005 年 8 月 15 日刊发的"广州地产二十年大事记浓缩版"记载,1989 年 8 月,广州市政府召开了新闻发布会,公布广州首次实行有期限、有偿土地使用权的 3 块土地。这 3 块土地分别位于东风东路福今路口对面,面积为 2968 平方米;三元里广花公路和机场路交叉口,面积为 17191 平方米;天河区天河体育中心东南角天河主干道南侧,面积为 21987 平方米。

事实上,中国房地产改革路上,可以说广州每一步都走在探索的前列。早在改革之初,广州兴建的东湖新村小区已经 10 岁了。这是一个被历史成就的项目,在新中国住房革命中有里程碑式的意义。它创造了多个全国第一:全国第一个外销项目,第一个商品住宅项目,第一个引进外资开发的住宅项目,第一个实施物业管理的住宅小区,等等。

同样于 1989 年,建设部房地产业司副司长刘洵蕃在全国房地产企(事)业管理经验交流会的讲话中提到,他们特意邀请了广州东华公司过来介绍经验。

"东华公司是我们房地产业改革起步最早的单位之一。他们在起步的时候是很艰难的,特别是发展房地产外向型经营方面受到了很多责难,遇到了很大阻力。甚至有的报纸批评他们是卖国卖地。但是他们终于闯出了一条发展外向型房地产的路子。"

"现在他们又提出搞股份制的问题,这是很超前的,到现在为止大概还没听说有搞股份制的房地产业,这是第一家。"

历史选择了广州,也成就了广州。正是因为先人一步的政策引导、东南沿海的地域优势等,广州房地产行业才能在日后的90年代大放光彩,并涌现出一批规模大、实力强的房地产开发企业如保利、恒大、富力、越秀等,甚至一度成为全国房地产行业的发展典范区域。

一百公里以外的深圳,同样在进行自我革命。

1989年7月27日,深圳市政府颁布《深圳经济特区居屋发展纲要》,这是市房产管理部门考察、借鉴了香港及新加坡住房发展经验而制定的,该纲要提出住房供求"双轨三类"制。双轨即市房管局组织建房和房地产开发公司投资建房,三类即福利商品房、微利商品房和市场商品房。

1989年8月,深圳市召开了房地产市场整顿大会,并提出7项整顿措施。后经数月的努力,市场比以前规范多了,地价房价暴涨的势头初步得到控制,房屋的出售、出租、转让、抵押的管理有所加强。

同月,深圳市房屋交易所正式成立,这是我国第一家房地产交易所。

广深在探索,中央也在前行。这一年中央下了一个政策目标:加强房地产市场管理;发布《关于加强房地产市场管理的通知》,规范市场行为,整顿市场;压缩固定资产规模,紧缩银根。

在众多政策的引导下,彼时之中国社会,缓慢而坚定地前进着。尽管房地产业还处于初期阶段,但当时也已经有颇具见解的想法。吴荣根、罗志年在《香港房地产业给予我们的启迪》一书中提到,"深圳、厦门、福州、上海等四个城市已公开拍卖的9块土地,售价最高的是上海,每平方米达8000元;最低的是厦门,每平方米达1200元。这种地价,远远超过了我国现阶段房屋建筑的单位面积造价"。

"可以设想,以如此高地价买来土地,再加上建筑费建造住房,是难以去解决占全国城镇四分之一的无房户、困难户、不方便户的住房问题的。因此,高地价只能作为特殊情况下的特殊政策,决不能视为普遍的规律广而用之。"

从整体数据来看,潘其源在联合国人类住区委员会第十二届会议上的发言中提到,"1949~1988年全国城镇新建住房近18亿平方米,农村新建住房90亿平方米。尤其是1979年以来住宅建设发展较快,平均每年城市新建住房1亿多平方米,城乡人民的居住水平和居住环境都有了较大改善"。

从外部条件来看,1989年这个被中房集团理事长孟晓苏称为"中国内地房地产业低落期"的一年,非但没有吓跑外资企业,还有一家中国企业悄悄进入了世界500强。

《激荡三十年》一书中提到,当时几乎全球重要的媒体都在评论中认为"中国改革不可能倒转"。美国的一家独立调研公司对《财富》500强CEO开展了一次调查,其中涉及对中国未来的看法,调查结果显示,尽管经济改革似进展困难,但西方的投资者们仍然把赌注下在长远的发展上。

一些已经在中国开展业务的跨国公司也表明了自己留守的决心,意大利菲亚汽车制造公司的驻华首席代表亲诺迪对国务院副总理李岚清说，"我们从来没有想到过要撤离。"

同时，这一年中国银行进入了当年度《财富》评选出的世界500强排行榜，成为首家入选《财富》世界500强的中国内地企业。这意味着在全球的商业观察家眼中，中国企业已经成为一个不容被忽视的群体。

30年后，2018年度《财富》世界500强企业排行榜公布，中国公司猛增至120家，仅次于榜首美国126家，是第三位日本52家的两倍还要多。值得注意的是，跻身全球500强的房地产企业全部来自中国，包括恒大、万科、碧桂园、绿地等房地产开发商均入围500强榜单，而这些房企，大多数在1989年还未诞生，也就是说，中国房地产企业几乎在不到三十年的时间里，创造了从零冲进世界500强的纪录。

另外一个番外篇是，1989年是在第一个全国城镇房屋普查基础上开展的全国城镇房屋所有权登记发证工作的第3个年头。产权不清，产籍不明，管理混乱的情况开始好转。通过登记发证，大批产权单位和房产主领取了全国统一的房屋所有权证，他们的房屋产权得到了国家法律和行政的保护。

通过房屋所有权登记，对促进房地产市场的发展，以及房地产纠纷的处理，维护安定团结的社会秩序所起的重要作用，正逐渐显示出来，并为各级领导和广大群众所认识和重视。

内调外养，强筋健骨。中国房地产业从井喷式发展到细水长流，刻在骨子里的中庸之道或许会指导这个行业走向另外一个拐点。

炒楼花传入内地

1988年刚刚完成股份制改造的万科，2800万元资金已经到位。拿着这笔钱，王石开始闯荡天下了。特别需要提到的是，1989年在深圳连拿两地的万科，已经成为行业内小有名气的黑马。

这一切，被记录在如今万科深圳大梅沙总部一个近两百平方米的展厅内。展示厅有一份土地出让书，下面的介绍卡片中写着这样一行小字："1989年初，继威登后万科再次夺魁天景地块，深圳地产界的同行再也不敢轻视万科这只不怕虎的初生牛犊……"

这个有着近30年历史的天景花园，位于深圳市黄贝路口，项目规模并不大，占地面积1.2214万平方米，建筑面积2.09万平方米，总户数190户。该项目从一开始就进行得略微坎坷，据说打造样板房的100万元是向铁路支行借来的救济款，地块开发的初始资金是从茶馆里找来的……

1989年初，万科派出香港物业考察团，团长是冯佳，据说当时一人发了2000块钱，到香港进行见习。这是中国较早的公派香港房地产考察团，初衷是为了把天景花园打造成为精品社区。

媒体记载,当时考察团到了香港后,最主要的任务就是偷师香港的房地产经验——公寓,工地,成熟的住宅小区,甚至楼书。

归来后,万科在天景花园这个项目做了许多个堪称国内首创的模式。比如在工地导入了 VI 系统,成为中国大陆地区第一个进行工地包装的楼盘;在项目工地现场建起了一套样板房,成为内地楼市最早的样板房。

不过,也有历史资料指向,中海地产是中国内地第一个引入样板房营销概念的房地产企业,也是中国内地第一个开始应用工程样板房展示的房地产企业。不论如何,这都表明了深圳这座城市是中国房地产发展模式的起源地,各类成熟的开发模式与运营制度离不开深圳地产先驱的探索与创新。

还有两点需要引起重视的是:楼书的引进以及小区概念规划的诞生。

回忆 20 世纪 80 年代,中国内地的报纸尚不允许随便投放房地产广告,凡打广告都要通过非常严格的审查。

天不遂人愿,当时的天景花园正在面临严峻的危机。项目周边房价约 1800 元/平方米,而天景花园的楼面地价已超过 2800 元/平方米,面粉已然贵过面包。也就是说,万科至少要卖 4300 元/平方米才能收回成本。

急于把项目快速地以理想价格售出的万科,不得不把目光投向香港的广告。1989 年 7 月 22 日,香港《文汇报》出现了一版地产广告——"天景花园"。至此,新中国成立以后的第一本楼书应运而生。

于是,在中国房地产营销史上,天景花园留下了浓墨重彩的一笔。它是中国较早以概念规划方案与概念规划总体为基础进行公开招标的项目。技术人员第一次与开发商走在一起,与开发商进行沟通对话,开发商介入项目的前期,对项目的定位和规划起着重要作用。

同时,天景花园的设计,也是中国房地产行业第一次完整借用华侨城旅游区的规划概念,来规划住宅小区。

在这样的背景下,建设部第一批 3 个"城市住宅小区试点":天津川府新村、无锡沁园新村、济南燕子山新村,刚刚建成就成了国内业界关注的样板工程与话题焦点。

1989 年 8 月 18 日,建设部作出《关于表彰无锡、济南、天津三个优秀实验住宅小区的决定》。此后,城市住宅小区建设试点工作,在全国范围内迅速铺开。

1989 年年底,全国人大于 12 月颁布了《中华人民共和国城市规划法》。这是我国在城市规划、城市建设和城市管理方面的第一部法律,是涉及城市建设和发展全局的一部基本法,它对于我国建设具有中国特色的社会主义现代化城市,不断改善城市的投资环境和劳动、生活环境,具有重大的指导意义。

窥一斑而见全豹,彼时之中国,香港似乎成为一个绕不过的学习对象。如今来看,甚至可以说港资开发商,是曾经中国地产大讲坛的座上宾,也是曾经内地房地产行业起步和发展的带路人。他们具备的专业管理、营销团队、标准开发模式、细则条例、资源渠道和资金等，给懵懂的中国内地房地产市场，打开了一扇大门。

以"楼花"跟"售楼模型"为例，他们都经由香港引入中国内地。当中，"楼花"一词早在1953年业已出现。它是指如果把已建成的房屋看成建设完成后的果实，楼的果实尚未结出，那么能买到的只是"楼花"。楼花买卖也称商品房预售，是指房地产开发企业与购房者约定，由购房者交付定金或预付款，而在未来一定日期拥有现房的房产交易行为。

这是当时年仅30岁的霍英东提出的设想。1953年，他成立了立信置业有限公司，一改当时的现楼销售政策，提出"预售楼花"，并提倡分期付款。

这一方法，随后被其他地产商纷纷仿效，成为香港地产一大经营特色。炒楼花也因此被老外戏称为"中国人的第五大发明"，并波及东南亚，之后传入中国内地。

此外，售楼处楼盘模型最早期是20世纪80年代，置业国际在考察加拿大房地产营销时发现该展示方式，后由地产人士从香港传到深圳。但在中国历史上，最早出现在东汉时期的沙盘模型可以说是今天楼盘模型的雏形，当时其作用主要是用于军事战略的策划上。直到广泛应用于建筑行业，才成为现在售楼处的楼盘模型。

许荣茂转战房地产

如今已经成为中国商界中的一支劲旅的福建商帮，在这一年走出了一个房地产界的重要人物，他就是许荣茂。

1989年之前，许荣茂玩过金融、做过纺织生意。早在20世纪70年代他就从福建去到香港寻求发展。当时，他打的第一份工是在药店里当伙计，因为听不习惯粤语，只几天的时间，就又跑到工厂去了。随后，机缘巧合下，他当上了证券经纪人。

几经周折后，在1981年到1983年短短两年光景，他便赚得人生的第一桶金。身家千万的许荣茂，时年32岁。据他本人的回忆称，"在金融市场我比较顺利。很多人第一桶金可能要经过长期的拼搏，我运气稍好一点。不过我对经济非常感兴趣，如今还一直阅读经济方面的书籍"。

然而，真正让许荣茂有了更厚实的经济积累，还是20世纪80年代中期在香港、内地开设工厂所取得的成果。"70年代初，我赤手空拳到了香港，起先是靠证券交易获得最原始的积累，但这笔钱绝没有外界传说的5个亿那么多。事实上，我后来的资金主要还是靠实业积累起来的，这就是深圳和兰州的制衣厂。"

1989年，许荣茂在39岁时迎来命运更大的转折，因为他决心投身于中国房地产事业。"1989年我转做房地产，以前做服装特别累，员工多，业务量大，但利润微薄。帮美国人做加工，等于为他人作嫁衣，成衣后贴上他们的标签，没有自己的品牌。这虽然也是实业,但缺少满足感。现在我们建一幢幢雄伟壮丽的大厦,既能美化城市,改善人们的生活,又给自己带来事业成功的欣慰。"

许荣茂为稳妥起见,把首次房地产开发项目放在福建石狮市,这是许荣茂自己家乡,熟悉程度高,风险和成本相对低。中国房地产早期,很多城市的地产开发是从酒店、工业开发区起步,这是地方招商引资、商务洽谈、开办厂房重要基础设施工程,因此,对各地经济有重要推动作用。

许荣茂也不例外,他选择当地急需的酒店、工业开发区入手,先后兴建了振狮大酒店和振狮经济开发区。石狮振狮大酒店坐落于市中心,距离历史文化名城泉州20公里。振狮经济开发区回报率超过50%。接着,又投资开发"闽南黄金海岸度假村",这个项目占地高达6000亩,海岸线12公里,位于福建省泉州市石狮永宁镇,台湾海峡西岸,是福建省十大重点旅游景区之一。通过一系列地产项目布局,许荣茂也因此成为石狮地区最大的房地产投资商。

同样在南方,在广州登上历史舞台的是三位大佬,在深圳则是两家企业。

先来看还在佛山顺德打拼的杨国强,刚刚正式踏上了他事业新的起点——成为北滘镇建筑工程公司的法定代表人兼经理。这位未来碧桂园创始人,自幼家境赤贫,从小就放牛种田,后来由大哥杨国华带入建筑行业,他从泥瓦匠开始,经历了包工头、卖房者到开发商的身份嬗变。

1989年对他来说,至关重要,从一名基层泥瓦工,变成建筑公司经理,获得更大的发展空间,也为此后碧桂园的创立,积累了管理经验,奠定了团队基础。

富力集团的两位传奇人物,李思廉、张力也正式于这一年结识。李思廉,1957年出生于香港,毕业于香港中文大学数学系,学业优异,早年曾在证券金融工作,后来逐步经营国内贸易。也正是与内地有了频繁的经济往来,让他对中国内地发展以及内地文化有了非常深刻了解,并在1989年结识了事业和人生中最为重要的合作伙伴张力。四年之后,也就是1993年,李思廉和张力联手创业,进军房地产,并在富力成立后,合作数十年。

其实从张力和李思廉的成长经历、教育背景看,二人性格反差很大,动静迥乎异同,李思廉性格内敛含蓄,而张力则外向率真。可以说,张力是个不安分的人,在生意场上生龙活虎,勇于开拓,人送绰号"豹子头"。而李思廉儒雅温厚,善于理性分析思考,熟谙金融资本运作。两个人一冷一热,尽管性格相异,但一点也不妨碍他们携手共进数十载,这也得益于两人身上有认真踏实、遵守信诺、务实肯干、杜绝空谈浮夸等共同品格,因此,才能够长期友好相处,通力合作。

李思廉和张力合作之后,分工明确,李思廉主管公司财务和市场营销,张力统筹项目开发和工程管理,一个在运作资金、策划销售,另一个在一线主抓项目、建设楼盘,各自恪守自己的职责范围,从不干扰对方决策,尊重彼此权利和判断。两人合作赚到钱之后,外界有人曾分别拉拢张力、李思廉,试图怂恿分家争产,均被他们两人严词拒绝。

很多企业创建过程中,有过父子兵、夫妻档、兄弟连等组合,即便有血亲关系,仍有不少最后闹得分崩离析,但李思廉和张力这对没有任何血缘关系的组合,却能保持长期合作，实属不易。张力在接受媒体采访时曾特别强调："我和李思廉20多年没红过脸，在商界也是绝无仅有的。我们之间没有签署过任何一份文字的东西，大家讲的都是信用。"成为中国商界极为罕见的企业运作案例。

在深圳，中海也面临发展的关键节点。1989年4月29日，中海地产深圳公司第一个地产项目海富花园正式破土动工，标志着中国海外开始大规模投资内地房地产。

有趣的是，后来的中海地产集团董事长颜建国，这一年刚刚从重庆建筑工程学院（现重庆大学）工业与民用建筑专业毕业，并顺利进入了中国建筑工程总公司工作。

或许他自己也不曾想过，这一开始，便是25个年头。在2014年赴任龙湖前，他分别担任过中海地产苏州、上海公司总经理、中海地产集团董事副总经理、中国建筑股份有限公司首席信息官、助理总经理、中建总公司办公厅主任等多个职位。

不过，他最终还是回归了中海。2017年5月8日，中海地产公布人事任命，颜建国正式接班执掌中海。

同样在深圳，深振业A成立于1989年5月，1992年在深交所上市，是深圳市国资委旗下最大的房地产上市平台。近10年来，深振业营收最高的数字是2013年度的46.1亿元。2017年年度，深振业实现营业总收入29.69亿元，营业利润9.29亿元。

融侨集团成立了。它的官网信息显示，1928年，林文镜出生于福建省福清县溪头村，8岁下南洋。20世纪60年代末期，他创建了当时世界第一的INDOCEMENT水泥厂和INDOFOOD面粉厂，成为著名华人企业家。

后来，林文镜毅然放下当时印度尼西亚如日中天的事业，执着地回家乡兴建工业区、引进外商投资……从根本上改变了家乡福清的面貌。

"一个成功的企业家，不能置家乡贫穷落后于不顾，否则就是失职，就是人生的失败。"这是林文镜对自己的要求。

如今，在地产领域，融侨已拓展至福州、上海、南京、武汉、合肥、天津、重庆、成都、苏州、广州、深圳、厦门等城市。同时涉及中国香港、中国台湾及新加坡、印度尼西亚、英国等海外城市的全球化布局。截至2018年6月底，融侨集团上半年销售额近400亿元。

祖籍同样是福建福清、著名港籍华侨实业家黄祖仕，于这一年在香港创办了融汇集团。

20世纪80年代，黄祖仕加盟印尼林氏集团，与华侨实业家林绍良等人一起到大陆投资，共同创立福建冠顺房地产有限公司和福建元洪房地产有限公司，深耕东南沿海福州地区的房地产市场。

21世纪初，黄祖仕以其敏锐的商业洞察力紧紧把握祖国西部大开发的商机，以福建为根据地，挥师重庆，并于2006年创办了重庆融汇地产（集团）有限公司，占得先机的黄祖仕气势如虹，短短数年内便奠定了在重庆的市场地位。

创始于1989年的海亮集团是浙江第二大民营企业，旗下有海亮股份（002203.SZ）、四川金顶（600678.SH）、海亮国际（2336.HK）和海亮交易（NSDKAQ：HLG）四家上市公司。海亮地产是海亮集团旗下地产业务旗舰,在克而瑞2017年房企销售排行榜上,位列175,实现销售62.1亿元。

日本人买下美国

1989年,当中国楼市还蹒跚学步的时候,日本房地产正在以狂飙突进的态势,冲向颠狂的顶峰。然而,也是这场房地产泡沫狂欢,让日本在高房价的盛世幻境中迷失未来。正如古希腊历史学家希罗多德所说,上帝欲使之灭亡,必先使之疯狂。1989年,迅速飙升的经济地位,也让日本人心态急剧膨胀。

经过"二战"之后40多年快速发展,日本经济在20世纪80年代末跃居世界第二,仅次于美国。野心勃勃的日本企业大肆开拓全球市场。当时,世界随处可见Made in Japan的产品。尤其是汽车、家电等行业,为日本创汇源源不断输出拳头产品,并一举带动钢铁、电子等上下游产业快速发展。

为了遏制日本长期的贸易顺差,1985年,美国、英国、法国、西德联合与日本在纽约广场饭店举行会议,迫使日本签署了广场协议,同意美元贬值。协议签署后,日元兑美元汇率持续走强,迅速从240∶1飙升至120∶1。

汇率激涨导致日本企业出口压力猛升,为了支持企业出口,日本政府大幅降低利息,连续5次下调利率,从1985年的5%降至1987年的2.5%。此举确保了日企出口份额,外汇仍持续涌入日本银行。拥有海量资金的银行业,为了扩大利润,绞尽脑汁拼命放款。扩大贷款,进一步加剧国内市场流动性过剩。

房地产抵押贷款作为风险较低的业务,成为日本银行资金投放的重点领域。大量资金疯狂涌进房地产市场,整个日本房价直接暴涨。1989年日本房价冲向峰顶,以最具代表性的东京银座为例,据当时日本国土交通厅公布的土地公示价格1平方米1.1亿日元,折合约97万美元,这获得了全球最高地价的吉尼斯世界纪录!

1平方米近百万美元的天价,迄今仍是个匪夷所思的高点。但在狂热的1989年,却被日本人视为理所当然的价位。日本,单以房价论,早就是宇宙中心。这个纪录,哪怕二十多年后火爆的中国楼市,先后号称宇宙中心的北京、深圳,也没有哪个地段能卖出这个价格的一半。

日本房地产的疯狂,开始从本地向全球蔓延,"卖掉东京房子的钱,可以把整个美国都买下",这个段子对日本人而言,不是说说而已,而是很快被日本人付诸实践。

1989年,日本三菱集团宣布,以14亿美元购买美国纽约洛克菲勒中心大厦。消息传出,美国震惊,世界哗然!洛克菲勒中心大厦被美国政府称为"国家历史地标",是20世纪最伟大的都市计划之一,在美国人心目中已然成为国家象征。因此,三菱集团收购举动,被视为日本"入侵"美国的惊世之举。

然而,这一切并没有结束,作为全球经济中心、世界最安全的资金避风港,美国成为日本企业围猎的首选目标,在最高峰时期,日本企业购买了全美国近10%的不动产。

1989年,日本房地产的畸形膨胀,并没有引起日本人的警惕,反被视为日本崛起的精神鸦片。一切,看起来都是那么美好,以至于没有人愿意去戳破这个泡沫。

20世纪80年代开始,美国、日本贸易摩擦频现,包括彩电、汽车、半导体等领域多次出现贸易战。针对当时愈演愈烈的美日贸易纠纷,日本社会各界虽一直对美国持批判态度,然而,即便经济实力大增的日本,仍未是美国的对手,因此,经历多次抗争后,仍不得不对美国提出种种要求也几乎只能照单全收。

在20世纪80年代最后一年,日本全面进入令人炫目的鼎盛时期。日本经济成为全球第二,仅次于美国,但在诸多领域,已经超越欧美,特别是汽车和家用电器产业,更是称霸世界,涌现出丰田、本田、日产、索尼、三洋、日立、松下、佳能、奥林巴斯等多个跨国知名品牌。同时,日本掌握当时全球最为尖端的半导体和物料技术,可以左右计算机、军事装备、机械制造等多个产业发展。

更令日本人自信心膨胀的是,日本是世界最大债权国,美国是全球最大债务国,在国际贸易中,日本创造了巨量贸易顺差,以致美国各界纷纷喊出要对日实施贸易政策,以保护美国产业发展。在工商管理方面,一直处于世界领先的美国工商界,都纷纷提出向日本学习。

1989年,日本出版了一本书,就叫《日本可以说不》,代表了战后强势崛起的日本不甘于寄人篱下,开始向美国等世界强国叫板。自信心爆棚的日本人,觉得世界上没有什么他们办不到,哪怕楼价涨上天,也不需畏惧。

然而,现实终归是现实,日本这段房地产泡沫历史,还没有到破裂的时候。在1989年之后两年内,疯狂的日本楼市终于尝到自己埋下的苦果。只是,那个年份,他们还沉醉在盲目的乐观之中。

从日本的遭遇来看,先是经济发展迅猛,接连超越西方经济强国,跻身全球第二位置,对排名榜首的美国紧追不舍,大量工业产品打入美国市场,贸易顺差猛增,并在多个中高端科技领域对美国形成威胁。

为了应对日本赶超之势,美国先是通过要求日元升值,随后发动贸易大战,打击日本工商业在国际贸易中的竞争力,迫使日本大量实体经济资金脱实向虚,疯狂涌入金融、房地产行业,催生股市爆升、房价疯涨,从而在此后数十年时间里,经济长期低迷。

日本发生的一切,之于中国而言,就如同一把悬在头顶的"达摩克利斯之剑",此后二十多年时间里,无时无刻不提醒中国楼市如何规避重蹈日本覆辙。当然,此为后话,在接下来的《中国地产四十年》系列篇章里,还会不断看到日本楼市的身影。

是的,幻象很美好,现实很残酷,当时日本很多人宁愿沉睡在美梦里,不敢清醒面对现状,大抵人性皆如此,中国岂能独善其身?

人民日报评高房价

1989年，共和国已成立40周年。在这个漫长历程里，房地产也在同步成长，特别是在改革开放之后，逐步形成包括"生产、流通、消费"三大环节在内的产业运行机制，为中国社会发展、经济建设提供大量物质基础保障。更难能可贵的是，经过数十年建设，中国房地产积淀为一笔巨额的社会财富。

《中国房地产》杂志刊发的《中国房地产业的发展——建国四十周年的回顾》文章中提到，1989年，中国房屋面积估计已经达55亿平方米，价值8500亿元，另外，全国城市建成区总面积1万余平方公里，以每平方公里7000万元计，有7500亿元资金蕴藏在现在城市土地中。全国城镇房地产总价值超过16000亿元。

从数据不难看出，彼时的房地产行业，已经积蓄巨额资产，初显财富增值王者风范。文章还指出："房地产业发展的战略目标应将巨额财富投入社会生产、流通、消费的商品经济循环中去，使其不断增值，使房地产业这个生产要素在国民经济的发展中。"那个年代，也许没有人想到，房地产不仅可以增值，而且增值的速度远超国人预料。

1989年2月15日，北京首次公开出售建在黄金地段的商品房350套，每平方米最高2000元，但只被预订了250套。无独有偶，同期在上海出售的1.1万套住房中，成交也不到1/10。这些房子卖不出去的原因，都是太贵了。

1989年2月20日，人民日报发布题为《房价猛涨百姓望楼兴叹，势在必控国家正拟法规》的报道。文章指出："1989年1月，上海住宅市场年初出售11000套住房，成交不到1/10，幢幢楼房无人买，几十万平方米新住宅空空荡荡。原因是价格昂贵，每平方米最高价已达2300元，令人咋舌。"

究竟有多贵？该报道还以北京为例，给大家算了一笔账，"北京最近提供2万多平方米住房，每平方米1600～1900元。若买两居室，少说也要6万多元。一名大学生从参加工作起就日日节衣缩食，每月存储50元，已是极限，100年才能买上两居室。"

要知道，1989年北京的平均月薪175元，上海的平均月薪217元。那时候的房地产，还没有首付、没有贷款这一说法。因此，买房都是全额付款。所以，人民日报认为，很多大学生毕业要工作100年才买得起房，最根本原因在于房价太高。

至于房价为何高的原因，人民日报认为有两方面的因素：首先，经营房地产被视为最肥行当，部分房产公司贪图享利、干坑骗消费者勾当，遍地拉线，到处拆建，违法违纪严重。其次，制订价格构成缺乏相应的政策法规，基本造价之外，还有居委会、派出所、商店、中小学、幼儿园、公园、卫生所、道路等的配套设施费用竟相当于基本造价的2倍甚至3倍多。

然而，即使销售与现实有差距，这也不影响中国已经进入一个住房的新历史时期。与老百姓生活息息相关的房地产市场化，使少数人富裕的房地产开发，就要从这里开始了。

许多年以后，人民日报这则报道，在网络上疯狂传播。形成鲜明对比的是，截至2017年，北京城区房价已达到10万元/平方米以上，偏远地区房价也有2万~3万/平方米，均价已超过5万/平方米，涨了30倍。

也许，房价和很多影视剧不同，看到开头，却猜不透结尾。但不可否认的是，这几十年的发展中，房地产在房价接连上涨与居住环境改善中并行。除此之外，早期很多买房的家庭，资产大幅飙涨，远超同龄人。

除了为国内经济建设沉淀巨额财富，1989年，中国房地产开始走出国门，首次亮相联合国，代表着中国也参与到国际人居建设进程中。联合国人居大会声明指出，住房与食品、服装一样都是人类基本的、直接的需求，对保持健康与社会和平、对维持家庭康乐都是不可或缺的。

然而，世界仍有10亿多人继续生活在恶劣的住房环境中。因此，联合国制定了解决问题多项应对措施，并号召世界各国联合起来共同迎接挑战，最终让每个人都享受住房梦想在20世纪末成为现实。中国作为全球战略重要组成部分，此后十几年一直致力于实现居者有其屋目标。

1989年，对于经历过那个时代的人来说，是无法轻易忘却的年份，有太多的事、太多的人值得我们缅怀。彼时，一度迷茫，甚至挫折，但都未曾减缓历史车轮滚滚行进的节奏。不管如何，生活总要往前走。

1989这个蛇年里，中国房地产正斗折蛇行，蜿蜒向前。

1990年：

亚运社区建成　公积金渐萌芽

1990年，一个全新的十年开始了。

虽然进入20世纪最后一个十年，但世人显然并没有太多经验和准备应对即将发生的新十年，因为最后十年里所发生的一系列重大事件，都太过于超乎人类当时的想象力。

时代剧变的上映，不像演戏，没有任何彩排就开场了。来看看，这一年，国内外都发生了哪些震惊世人的大事件。

两德走向统一，立陶宛、摩尔多瓦等国先后宣布脱离苏联独立，斯洛文尼亚独立，纳米比亚独立，伊拉克武装侵略科威特，英国"铁娘子"撒切尔夫人谢幕……

全球政坛局势风云变幻，快得令人应接不暇，经济领域也不甘寂寞。这一年，日本泡沫经济崩溃，首先发难的是股市。到年底，东京股市断崖式下跌了38%，300万亿日元（折合2.07万亿美元）股票市值瞬间消失，房地产价格从投机巅峰陡降下来，从而使日本经济陷入了"泡沫经济"破灭后的萧条之中，至今仍未恢复。

"亚洲四小龙"之一的台湾地区也在经历着一样的痛苦。1990年1月，台北股市开始了最后的疯狂，创下了12495点的历史新高，之后一路崩盘，一直跌至2485点才止住，用时仅八个月。一夜之间，多少人的暴富神话破灭。

在国内，房地产市场遭遇了房改以来的第一个难关。受限当时政治环境，房地产市场从1989年下半年开始进入低潮。及至1990年，负面效应扩到最大。《中国统计年鉴》显示，1990年，全国房地产开发投资增长速度-7.1%，固定资产投资增长速度为0。

《中国工业经济》刊发主题为《21世纪初期房地产业展望》文章中提到这样一个数据：1990年房地产开发房屋竣工面积4196万平方米，占全国房屋竣工面积14.2%。住宅竣工面积3327万平方米，占城镇住宅竣工面积20.3%。

前一阶段初步发展起来的房地产业受到巨大冲击，一些房地产开发公司、经营公司被纷纷撤销，继续保留的公司也因银根紧缩而无法继续运转。大量楼盘由于资金不济形成烂尾，中国出现第一次烂尾潮。

幸运的是，低迷并没有持续多久，特别是借助亚运会的举办，中国经济逐步回归正轨。1991年下半年开始，随着全国政治稳定、社会稳定、经济形势好转，房地产市场迅速回升。

潮起潮落，潮水总归要退去。日子还是要一天一天过，经济还是要发展。在这停滞的1990年，全国第一个现代高端住宅小区在北京亚运会热潮中诞生，中国公积金制度的雏形出现了，土地市场进一步放开。与此同时，奋勇前行的开发商也不在少数。

北京亚运村诞生

1990年9月22日，亚运会来到了中国北京。这是中国在自己的土地上第一次承办综合性国际体育大赛。亚运会宣传曲《亚洲雄风》、吉祥物熊猫盼盼、采自喜马拉雅山的圣火、气势恢宏的开幕式，成了亿万国人对那个充满自豪感的时代集体记忆！

作为东道主，中国队缔造了亚运会历史上的多项纪录，累计获得了183金、107银、51铜共341枚奖牌，成为单届亚运会上获得金牌和奖牌最多的代表团。这个成绩冠绝所有参赛代表团，远超日韩，遥遥领先，雄踞亚洲霸主地位。

这样的荣耀与骄傲，足以让一代人泪流满面。事实上，当时国人对于北京亚运会的关注度绝对不亚于18年后的北京奥运会。

这真的是一场全民参与的盛事。历史资料记载，当时为了北京亚运会的顺利举办，全国数千万人慷慨解囊，共捐款2.7亿元，占全部投入的1/10。老太太把积攒多年的养老金拿出来捐了，小孩子把零花钱贡献了，一袋一袋的，全是毛票、钢镚儿，一数好几天。"今天你捐了没有"一度成为当年的流行语。

本届亚运会志愿者参与人数空前，时任国家体委主任、亚组委执行主席的伍绍祖提到，当时的志愿者被称作"义务服务人员"，北京亚运会期间，实际服务亚运会的"义务服务人员"超过40万人。这个人数规模不仅在亚洲，就算放在全世界也极其罕见。

为了办好亚运会，中国集全国之力支持北京。自1984年9月28日在亚奥理事会会议上，北京获得了1990年亚运会主办权开始，在六年时间里，北京兴建了以奥林匹克体育中心为主的大量亚运会场馆，以及用于参赛人员居住的亚运村，同时扩建、改善了一大批道路交通设施，使整个北京市容市貌焕然一新。

1985年4月，北京亚组委成立。1986年2月开始，征用大屯乡农地和水稻地3900多亩，撤销慧中寺、鱼池村、药王庙、娘娘坟、干杨树、华严厂、真武庙、苇子坑、双旗杆、小营10个自然村，用于兴建亚运村及其各项配套工程。随后，在北京中轴线北端上百公顷土地摇身变为大型工地，与此同时，一大批交通配套工程相继上马，各种机械设备纷纷入场，大量工人全身心投入亚运建设中。

据《人民日报》在主题《总设计师的奥运情怀》的报道中特别提到，北京亚运会从决策到筹备的全过程，一直都得到了邓小平的鼎力支持。北京亚运会的筹办曾在社会上引发争议，有人甚至说这是"劳民伤财"。邓小平听说后，让家人拿出他一个月的工资，捐给了组委会。

1989年4月2日，邓小平和家人来到建设中的亚运村工地，参加义务植树日活动。在种下一棵白皮松后，邓小平仔细询问了亚运村的建设情况、工程进度、资金筹措、赛后利用等。1990年5月，在国家奥林匹克体育中心场馆竣工之际，邓小平亲笔题写了"国家奥林匹克体育中心"的馆名。

1990年邓小平再次来到亚运村，《瞭望新闻周刊》发布的《邓小平四大历史贡献》回顾了视察过程中，邓小平指着周围的高大建筑物说："亚运会建筑这么多，这么好，证明社会主义好。应该让大家特别是青年人都来看看。如果不是社会主义好，北京能改造得这么快啊？社会主义能够集中力量办事，什么困难的事都能搞成。"

历时4年、投资20多个亿，借助亚运会场馆兴建，北京城迎来改革开放后新一轮现代化城市建设高潮，这也是继20世纪50年代兴建人民大会堂等"十大建筑"以来的又一次大规模建设。可以说，北京亚运会是中国全新崛起的标志性事件，也同样是北京进行现代化城市建设的开端。

20世纪80年代中期，北京的主城区仍局限于现在的三环以内，一南一北仍然发展相对滞后。北京亚运会使北京的城市建设与城市格局发生巨大变化。亚运村坐落在北京市朝阳区北三环与北四环之间，在此之前，北京城市建设一直集中在三环以内，随着亚运村的兴建，整个北京城市建设的轴心第一次大规模向北迁移。

在亚运会大规模建设之前，亚运村一带所属的大屯乡极为荒僻，甚至有很多坟堆。然而，亚运会举办过后，这里华丽变身，成为集奥体中心、五洲大酒店、北辰购物中心、名人广场、远大中心、炎黄艺术馆等众多现代公共建筑的大型高档住宅社区。

从坟堆漫野的荒芜小村落蜕变成繁华的大商圈，当时这一切，对中国人来说俨然"神话"一般，北京亚运村更成为全国乃至全球有钱人的"朝圣地"。

在北京亚运会后相当长的时间里，亚运村成为北京最具代表性的高档住宅区，当初的运动员公寓——汇园公寓成了全国最值钱的公寓。

外国人和明星成为亚运村的首批业主。"那时候，住亚运村是身份的象征，住的都是风口浪尖上的人物。"媒体报道，1990年北京亚运会宣传曲《亚洲雄风》、2008年北京奥运会主题曲《我和你》主唱歌手刘欢是最早的买房人之一，当时拿到1200元/平方米价格，后来知名歌手毛阿敏也在此买房，不过房价已涨到4000元/平方米。到1995年前后，汇源公寓的销售价已涨到1800美元/平方米，在当时绝对称得上是天价。

就这样，北京乃至全国第一个富人区应运而生了。一时间，"拿大哥大，开汽车，住亚运村"成了北京有钱人的标准。

如果说，亚运会是中国崛起获得世界认同的盛会，那么，亚运村则是国人富起来寻求归属感的标签。

在《中国地产四十年·1987》里提到，全国六运会在广州举办，促使广州中心城区东移,成就了天河区此后成为广州各区中"一哥"的地位,由此可见,大型体育赛事往往会对一个城市的发展起到推波助澜的作用。1990年北京亚运村的成功,对后续的广州亚运会产生了深远影响。20年后的2010年,广州亚运会开幕,这是中国第二次取得亚运会主办权。

与当初北京亚运村选址的出发点是带动新片区发展一样,广州将亚运村建在了番禺,命名为"广州亚运城",目的是带动广州新城的发展。广州亚运城自此成为城市"南拓"发展战略的重要组成部分。

在房地产市场表现上,广州亚运城也曾经像北京亚运村那样,风光无两。

2009年12月22日,广州亚运城整体出让,最终以255亿元成交,跻身"全国总价地王";2010年9月26日,广州亚运城正式入市,开盘当日吸引了近5000市民排队抢房,创下一天卖掉1000套的神话,全年累计销售3900套。

不难发现,历史总是相似的。历经数十年的岁月洗礼,无论是赛事本身,还是由此带来的城市大规模改造和建设,北京亚运会有广州六运会的影子,而广州亚运会的身上,还是能找到不少当年北京亚运会的痕迹。

公积金制度上海萌芽

进入1990年,上海充当着中国房地产行业改革的先锋,开启了住房公积金制度序幕。如果说内地房地产开发以香港为借鉴模板,那么公积金制度则是向新加坡学习。

作为中国屈指可数的大城市,上海居民住房紧张程度已经空前严峻,一家几代挤在几平方米的小屋子状况比比皆是。早在1979年10月,上海市建委发布的《关于在三年调整时期加快住宅建设解决居住困难的报告》披露:上海居住矛盾十分尖锐,结婚无房户29200多户,人均居住面积2平方米以下16600户。到了1985年,全国住房困难户平均比例是26.5%,而上海却高达50%左右。上海全市180万户家庭中,人均居住面积2平方米以下的近27万户,占了15%。另外,还有近2万户无房可住居民。

由此可见,随着城市的发展,上海面临住房日益紧缺难题,因此,住房制度改革迫在眉睫。从20世纪80年代初,上海就开始酝酿,同时推进多种单项改革的试点。

为了汲取香港、新加坡在解决住房问题方面的成功经验对方案进行优化,1990年上海住房研究小组赴香港、新加坡作了考察。时任方案组组长戴晓波等人在香港考察了10天,由当时香港仲量行董事梁振英陪同。之后又在新加坡考察了一周,重点放在公积金制度。

回国后,上海召开16次有全市各方面代表250多人参加的论证会,广泛听取意见后,住房研究小组起草了《上海市住房制度改革实施方案》,其内容概述为五句话:"推行公积金、提租发补贴、配房买债券、买房给优惠、建立房委会"，并把方案上报给领导决策。

1990年9月，上海市第九届人大常委会第二十一次会议讨论决定，将《上海市住房制度改革实施方案（草案）》组织全市人民讨论。方案在内部17家单位先行讨论完善后，通过《解放日报》发布，通过发动市民广泛参与，上海约有80%的职工和居民参加了讨论。通过充分调动群众参与，起到集思广益作用，并把讨论中提出的住房解困和旧房改造两项内容充实了房改方案。

南方周末刊发的《公积金往事：因房改缺钱诞生》对上海这段历史进行详细回顾，作为方案主要起草者，戴晓波认为"五句话中，四句都是钱"。他在接受《南方周末》记者采访时透露："朱镕基当时提出，之前改革走不通，核心问题是钱的问题，因此这个方案'着力点是搞钱'。"

《公积金往事：因房改缺钱诞生》一文提到："设计该方案时，戴晓波测算当时上海全市职工工资总额每年是50亿元，按照新加坡公积金模式，若个人交工资的5%，企业也补贴5%，可筹措5亿元；其次，上海的职工住房租金当时是一年1亿元，为促使职工买房，将租金提高一倍，可再筹措1亿元；8亿元缺口还剩下2亿元，上海想的办法是分到房者每平方米须购买500元债券，共可筹集2亿元。为鼓励市民购买债券，朱镕基还带头购买了上海住房债券。"

在解决房改缺钱思路中，住房公积金是最为重要也是最为创新的一项，这是公积金第一次出现在我国房改的政策文件中。《方案》规定凡在上海市工作，具有城镇常住户口的国家机关、群众团体、事业单位和企业的固定职工、劳动合同制工人，均实行公积金办法。

1991年2月，国务院正式批复了上海市的住房改革方案。同年5月1日，《方案》正式出台。

历史资料记载，住房公积金制度在实施当年就取得了很大进展，累积4.53亿元，发放贷款0.44亿元。在短短几年时间内，上海居民住房由每人平均只有4平方米迅速达到8平方米。此外，住房建设还大大降低了工程造价，进入良性循环。

上海试点成功之后，北京、天津、南京、武汉等城市相继效仿。直至1994年国务院发布《关于深化城镇住房制度改革的决定》，明确提出全面推行住房公积金制度。

就这样，这项脱胎于新加坡的公积金制度模式，成为上海乃至于全国住房改革取得成功的突破口。

当时，普遍观点认为，住房公积金制度建立的最初动因，是国家要搞住房商品化改革，但住房建设资金短缺，于是强制性从职工工资中抽取5%，单位补贴5%，归集为公积金资金池，用于发放住房建设贷款。

早在1955年，新加坡就建立中央公积金制度，要求雇主和雇员依法按工资收入一定比例缴纳公积金，该制度成为居者有其屋的基本保障，为普通人购房提供支持。中国住房公积金制度经过20多年发展，深刻影响国人购房行为，也成就无数人拥有一个家的梦想。

1990年，注定主角属于上海，除了住房改革大步向前之外，上海浦东也迎来大开发契机。

浦东是指上海黄浦江以东地区，东抵太平洋，西靠黄浦江，南临杭州湾，北接长江口，总面积约2000平方公里，比深圳全市总面积1997平方公里还要大。浦东优越自然条件和地理位置，使它成为东部沿海地区极有经济开发潜力的地区，同时对也带动整个长江流域经济发展起到巨大作用。

浦东开发实际上酝酿多年，早在1984年，上海制定的《上海经济发展战略汇报提纲》，首次提出开发浦东。1988年5月，上海市政府召开"开发浦东新区国际研讨会"。

沙麟于1990年5月被任命为上海市浦东开发领导小组成员、上海市人民政府浦东开发办公室副主任。他在《难忘从事浦东开发开放的激情澎湃岁月》一文中回忆：1988年朱镕基同志当选上海市市长后，继续筹划开发开放浦东，并对如何开发浦东提出了自己的设想。

1990年2月26日，中共上海市委、上海市政府正式向中共中央、国务院提出《关于开发浦东的指示》。沙麟回忆称，1990年3月底，时任国务院副总理的姚依林带了包括国务院特区办、国家计委、财政部、中国人民银行、对外经贸部、商业部、中国银行等多个部委办的负责同志，专程前往上海协调浦东开发开放的相关问题，朱镕基同志还作了几次陈述、讲话和汇报。

1990年4月18日，国务院总理李鹏在上海宣布："中共中央、国务院同意上海市加快浦东地区的开发，在浦东实行经济技术开发区和某些经济特区的政策。"这也全面宣告了浦东开发的帷幕就此拉开了！

浦东开发开放事业推出来，意义重大，也进一步彰显了中国坚定不移地推进改革开放的决心。上海浦东开发的号角强势吹响，中国改革开放的重心由原来的珠三角向长三角转移。如果说20世纪80年代是"广东时代"，那么20世纪90年代则是"上海时代"。浦东开发起点非常高，在总结广东改革开放的经验基础上，提出浦东开发的总体规则目标是着眼于下世纪中叶，瞄准世界一流水平而设定。

进入开发实质阶段的浦东，成为上海经济的引擎，亦带动整个长三角地区成为中国三大增长极之一，地区面貌日新月异，昔日的农田菜地逐渐被高楼大厦取代，"浦东看楼"，一度成为上海最吸引人的城市现代化旅游景点。与此同时，一个堪称国内技术先进、装备精良、面向国内外两个市场的现代工业基地，也在迅速崛起，为上海经济贡献力量。

浦东开发对房地产业的带动作用是巨大的。"宁要浦西一张床，不要浦东一间房"的观念在这一年开始扭转。在陈国强著作的《房地产江湖》一书中提到：整个20世纪90年代，浦东动迁居民10万户，拆除旧房近千万平方米，新建住宅2000万平方米。

郁亮加盟万科

1990年,万科迈入发展的第六个年头。尽管20多年后,王石公开向万科高管团队喊话,就算死了也会从骨灰盒伸出手来反对万科搞多元化,但当年的王石可是视多元化为万科的制胜武器。

在万科拟定的第二个五年计划中,其重点是继续开拓远洋贸易,稳步发展印刷、服装等加工业,大力开发房地产,努力拓展大众传播,争取介入金融业。

彼时,王石为万科提出的目标是,借助于多元化的经营架构、规范化的管理系统和高素质的人才资源,运用整合优势,力争在20世纪90年代中期发展成为具有相当规模、跨国经营的集团企业。

同年,万科决定向连锁零售、电影制片及激光影碟等新的领域投资,初步形成了商贸、工业、房地产和文化传播四大经营架构。

冥冥之中,一切自有安排。正是当时投资连锁零售这一决定,让王石遇到了郁亮,让万科开启了今天的"郁时代"。

1990年12月的一天,万科位于深圳市罗湖区和平路50号的董事长办公室接待了一位颇具书生气的年轻人,他便是郁亮。

这一年,郁亮25岁,从北京大学毕业两年,原本在深圳外贸集团拿着一个月298元的高薪,但在屡次建言领导拓展商业连锁遭否决后,毅然辞职,另谋高就。

带着自己的履历和一份"商业连锁模式"建议书,郁亮来到了"小公司"万科面试。当时万科已经成功买下罗湖商业大厦的四层作为大卖场,准备进军连锁超市。双方不谋而合,郁亮自此加盟万科,与王石一起开始征战商场。

回想当初,王石一定未曾料到,这位与自己性格完全相反的年轻小伙会成为自己的接班人,而郁亮也许更不会想到,自己的命运从今以后将与万科紧紧捆绑。

1990年,万科还有一件大事发生:收购深特发旗下"深圳发展中心大厦"失败。

由于万科天景花园销售的成功,深特发特意委托万科销售深圳发展中心大厦。万科为此专门组织专业小组对项目进行了仔细勘查、研究,甚至从江西景德镇军用飞机制造厂租来直升机,接连数天围绕着特发大厦航拍。

根据测算,发展大厦的销售可以为万科带来近1000万元的利润。不过,这到嘴的鸭子还是飞了,就在报纸广告刊登前一天,深特发突然撤回对万科的委托,决定自己销售。

性格火爆的王石被激怒了。据王石在《道路与梦想》一书中回忆,"特发的变卦,刺激我做出了令特发意外的反应:你不是自己卖吗?好,成全你,万科这次是买家,购买你整栋大厦"。

万科自身筹措资金有限，便联手香港新鸿基证券、香港天安中国和泰国正大集团一起向深特发发出收购大厦邀约。当时，参与收购的还有香港的一家财团。

当然，深特发也不是好惹的。宁赠友邦，不卖家臣！最终，深特发将发展大厦的90%产权卖给了香港财团，留下10%的物业作为集团的新总部。万科反向收购宣告失败。

历史总在偶然与必然之间巧妙建立平衡点，王石与郁亮在这一年相聚到一起，围绕两代核心制定的万科发展战略也越来越有故事。

依靠多元化起家的万科，虽在深圳发展中心大厦收购战失利，但这并不妨碍万科继续拓展房地产业务的决心。甚至在4年之后，王石果断做减法，砍掉与房地产无关的业务，专注住宅市场，彼时郁亮是该战略坚定的执行人之一。

然而在19年之后，当年郁亮这位冲着万科"商业连锁模式"而来的北大高才生，小心翼翼地重启已成为全球最大住宅开发商——万科的多元化。但却换来了王石"就算我死了，你们搞多元化，我还是会从骨灰盒里伸出手来干扰你"的惊人语论。

而对于中海地产来说，1990年算得上是一个丰收年。凭借着在香港市场所积累的先进经验和管理方法，中海地产在深圳可谓如鱼得水。5月，海富花园富明阁住宅楼花七天售罄；7月12日，富怡阁住宅楼花三天售罄；8月23日，富春阁住宅楼花一天半售罄；9月15日，富丽阁住宅楼花一天售罄。

千里之外的四川，一家当时看来比较"异类"的房企在这一年诞生了。作为川派房企的代表，蓝光地产当年是以商业地产项目起家的，这在同行中相对比较少见。

在成立5年后，蓝光地产第一个地产项目蓝光大厦正式亮相。到了2004年，蓝光地产开发的商业项目达到7个，年销售额超10个亿，堪称业界奇迹。

在商业地产领域大获成功之后，蓝光地产开始将触角伸至住宅市场。就在2004年，蓝光地产第一个住宅项目——御府花都亮相。一年之后（2005年），蓝光地产正式将战略重心转移为从"商业开发"到"住宅开发"。

如今，商业、住宅"双箭齐发"的蓝光地产，已经从当初的成都小房企跃升为西部龙头房企，2017年蓝光地产销售金额581.52亿元，同比增加92.97%。

宝龙集团于1990年在澳门成立。旗下宝龙地产自2003年起专注开发运营综合性商业地产项目，2009年在香港主板成功上市（股票代码：HK.1238），成为中国首家商业地产上市企业。

目前，宝龙商业项目涵盖宝龙一城、宝龙城、宝龙广场三大产品系列，已开业36座商业综合体，运营面积达350万平方米。在《中国地产四十年》后续的篇章我们还会专门提及宝龙集团的二代接班人许华芳。

同样在海外，傅军用了1000美元起家，1990年傅军创建新华联控股，公司在马来西亚吉隆坡注册成立。这位在资本市场长袖善舞的创始人，很快就把公司的业务发展到地产、化工、矿业、陶瓷、酒业等多个产业板块。2017年企业总资产超过1176亿元，年营业收入达833.78亿元。

长实问鼎地产榜首

1990年,对于香港来说,是里程碑式的一年。

1990年,距离香港回归还有七年之久,但在这之前的几年,邓小平已经明言,从1990年起,香港人就要参与香港行政、司法、经济、金融等各方面的管理,不然政权怎么能一下子接过来。

邓小平从来就是个雷厉风行的人。1990年2月13日至17日香港特别行政区基本法起草委员会第九次会议在北京举行。会议审议和通过体现"一国两制"伟大构想的《香港特别行政区基本法(草案)》,评选出香港特别行政区区旗和区徽图案(草案),并决定把基本法(草案)、区旗和区徽图案(草案)提交全国人大常委会审议。

在会见出席会议的委员时,邓小平如此评价:你们经过将近五年的辛勤劳动,写出了一部具有历史意义和国际意义的法律著作。这是一个具有创造性的杰作。

1990年4月4日,七届全国人大三次会议通过《中华人民共和国香港特别行政区基本法》,同日公布,自1997年7月1日起施行。《基本法》明确指出,香港特别行政区将实行"一个国家,两种制度"的方针,香港特别行政区是中华人民共和国不可分离的部分。全国人民代表大会授权香港特别行政区依照本法的规定实行高度自治,享有行政管理权、立法权、独立的司法权和终审权。

《香港大公报》写李嘉诚回忆与邓小平的1990年单独会面提到:在邓小平看来,真正能稳定香港的,有几个重要因素。"第一是大陆政策不变,第二是华资强大起来,与国内取得共识,包括推荐管理香港人才。要有才干的人管理香港,才能稳住香港的局面。爱国,就是爱整个中国,爱中国香港。"邓小平对李嘉诚说:"这个力量怎样凝聚起来,采取什么形式,要考虑。希望你同接触到的有影响的人取得共识,搞好香港的过渡。"

李嘉诚对邓小平表示,自己和广大香港同胞对香港回归充满信心,长江集团及他名下的分公司未来几年在香港的投资将进一步增加。李嘉诚称自己的事业"正如一棵大树,根扎在香港。"

1990年,邓小平已届85岁高龄,李嘉诚邀请其到香港看一看,邓小平说争取活到1997年,等中国收回香港之后,到香港自己的土地上走一走,看一看。令人感慨的是,邓小平这个愿望最后没有实现。

1990年,李嘉诚还有一件值得高兴的事。由金虎主编的《从推销员到华人首富》一书中提到,上市18年的长江实业市值超越了置地公司,登上香港上市地产公司榜首,为281.28亿港元。

市值攀升至榜首的背后,是长江实业在香港市场占有率不断提升的表现。在李忠海著的《李嘉诚传》中提到，1990年的长江集团，已经在整个80年代完成了60多项地产发展计划，除黄埔花园之外，尚有城市花园、嘉云台、乐信台、瑞峰花园、银禧花园，以及丽城花园，所提供的住宅单位超过5.25万个。其间，长实发展的物业，约占香港整个物业市场的20%，长实已经成为香港地产业的龙头企业。

1990年，香港地产界热闹非凡。这年里，中银大厦正式启用，李嘉诚拿下中银大厦与汇丰银行大厦之间的空地，准备筹建长江集团中心，作为长江实业总部大楼。

中银大厦找来贝聿铭担任设计师，这背后有一段故事。贝聿铭来自苏州名门望族，出生于广州，其父贝祖贻曾任中华民国中央银行总裁，是中国银行创始人之一，参与创立了中国银行香港分行。可以说，贝聿铭本身也与中国银行颇有渊源。因此，当时已经名誉全球的现代建筑大师贝聿铭出任中银大厦设计，他把大厦外型设计得像竹子"节节高升"之态，象征着力量、生机、茁壮和锐意进取的精神。大厦于1989年竣工，并在1990年正式启用。

长江集团中心于1995年12月兴建，1999年落成，地处花园道及皇后大道中交界，高283米，有62层楼。由Cesar Pelli和Leo A Daly等多位世界级设计师和建筑顾问联袂设计的杰作。长江集团中心大量采用光纤科技，其充满时代感的玻璃幕墙，入夜后发出柔和的光芒，在一些节庆时更会展示特别的图案。长江集团中心的升降机，是亚洲最高速的升降机之一，最快的升降速度是每秒9米。

关于中银大厦和长江集团中心，坊间流传最多的是其设计风水理念。在讲究风水的香港人看来，中银大厦外形设计宛如一把三面钢刀，其中一面指向汇丰银行大厦。据说汇丰颇有创意地在楼顶架起两个"大炮"，与中银形成"刀炮之战"以化解。因此，长江集团中心夹在"刀炮"之间，为了避煞，外观设计成四面环盾，整栋楼全部采用防弹玻璃，建成密不透风堡垒状，长江集团中心的高度上也巧妙地避开了"刀炮"对冲之位，以四平八稳之势"抵挡"中银的"刀砍"和汇丰的"炮轰"的煞气。

中银大厦设计师贝聿铭长期在西方工作生活，并非迷信风水之人。面对风水的传闻，贝聿铭回应道："我怎么能相信那些东西？"除此之外，汇丰银行大厦楼顶的"大炮"实际上是擦窗户用的吊车，一般人们只注意到最高对准中银大厦的两部，而在低几层反方向还有两台，也就是说，汇丰银行大厦并非专门针对中银大厦风水而设。这场所谓的"风水大战"，更多的是香港人对地产建筑的民间演绎，香港中环一带现代化的摩天大楼也成为吸引众多外地游客前往观光旅游的胜地。

1990年素有"鲨胆彤"之称的郑裕彤又做了一个大胆决定。在外资不看好内地形势、内地房地产市场一度低迷之际，不少港商对内地投资降温，郑裕彤偏偏反其道而行。1990年6月，新世界同时和广州签了三个项目，涉及公路、电厂和房地产，总投资约4亿美元。

同在1990年，中原地产的施永青找到了进入内地市场的契机。当时，中原获委托独家策划及销售由恒基兆业地产及粤海地产等发展商牵头发展兴建的番禺大型楼盘"洛溪新城"，这是中原首次涉足内地房地产市场。

"洛溪新城"的销售获得空前成功,此后中原积极开拓国内业务。两年后,中原在上海开设内地的第一间合资公司,踏出内地发展的第一步。

有人欢喜,也有人愁。对于新鸿基来说,这是伤感的一年。1990年10月,新鸿基创始人郭得胜因心脏病复发去世。作为城中名人,包括李嘉诚、包玉刚、郑裕彤、李兆基等工商业巨子都出席了他的葬礼。

郭得胜去世后,家族二代郭炳湘、郭炳江、郭炳联兄弟三人上位继承父业。兄弟同心,其利断金。在老大郭炳湘掌舵的7年间,新鸿基迎来了另一个高峰。

湾仔新鸿基中心、中环广场、IFC……四处开花,到1992年年底,新鸿基地产市值超越李嘉诚的长江实业地产,成为当时香港市值最大的地产公司,堪称地产巨无霸。

可惜的是,当初为世人称道的兄弟齐心,最终因为大哥郭炳湘的一宗绑架案,这个香港豪门还是难逃兄弟反目成仇争家产的厄运。不过,这都是后话了。

住宅小区模式试点

1990年,与房地产改革轰轰烈烈进行着的,还有城市住宅小区的试点工作。在建设部房地产业司1990年工作重点中,其中一项便是加强综合开发管理,提高住宅小区建设水平。

时任建设部副部长谭庆琏在小区试点办公室汇报会上特别指出,现在第一批完成的三个小区试点,已经显示了生命力,我们应当坚定不移地把第二批、第三批试点继续抓下去,宁可数量少一点,也要在功能质量上提高水平。

事实上,小区模式在中国由来已久,但到真正推广已经是20世纪80年代的事了。

历史资料记载,小区模式最早来源于1935年的"莫斯科计划"。1956年,小区模式因一篇俄语译文被引入中国,1957年作为概念性规划方案提交给政府,1958年《建筑学报》第一期上的4篇文章有涉及小区模式,小区模式的理念还被纳入人民公社的计划中。

虽然20世纪50年代到70年代,确实有大城市建成了一些小区,例如北京的夕照寺小区,但小区模式还是没有发展起来,这是因为在当时,最广受人接受的居住区规划模式是单位大院。

再之后到1986年至1990年代末,建设部才在全国开展"城市住宅小区试点"及"小康住宅示范小区"等项目。天津、济南、无锡的三个小区成为第一批试点。

"在当前经济条件允许的情况下,通过依靠技术进步,加强科学管理,精心规划,精心设计,精心施工使小区建设达到一个新的水平,通过试点摸索出小区综合开发建设的新经验。"谭庆琏一句话,道出了经济发展和科技进步是小区模式普及的缘由。

而今,随着中国房地产开发不断推进,小区模式遍地开花,各地纷纷兴建住宅小区,与之同步而生的还有小区物业管理行业，也在日益升级的房地产服务中逐步完善。

1990年5月，《城镇国有土地使用权出让和转让暂行条例》出台，为土地使用权有偿出让提供了具体依据，为建立可流转的房地产和房地产市场的形成奠定了基础。

有分析指出，该政策的出台，催生了海南的"地皮热"。据冯仑回忆，那时在海南，炒地皮是最快的暴富手段，一些从北京南下的人，靠政府背景拿到一块地，仅凭一纸批文就可以获利上千万元。而导致1994年海南房地产泡沫爆发的一个主要原因便是"炒地皮"。

对了，特别需要提醒的是，1990年，现在常说的"90后"开始登场了。现如今这个充满青春活力的群体，曾一度让地产界为之震惊。

这一切，源于2014年万科一场内部分享会，应邀嘉宾90后话题人物马佳佳在演讲过程中一语惊人，声称：90后压根就不买房！此语一出，立刻在整个社会引起轩然大波，各界人士纷纷参与到90后买不买房的讨论中。

转眼之间，马佳佳"90后不买房"的言论已经多年。回过头来看这场全民大讨论，无论是赞成也好，反对也罢，作为全新一代消费群体，90后已经成为各行各业不得不重视的主流消费趋势人群。尤其是房地产行业，更是未雨绸缪，重新审视这批可能不再缺房，又或不需要买房的90后，未来将对中国房地产带来哪些影响？

那么，90后到底买不买房？这个群体究竟与80后、70后等人群有什么不同之处？这要从90后所经历的时代说起来。过滤掉曾经妖魔化或者神话的有色眼镜，从这篇文章开始，《中国地产四十年》将进入90后的时代，会持续讲述90后成长时代背景，还原90年代真实生活场景以及楼市发展历程。

最后，想说的是，无论是亚运会还是公积金，无论是上海浦东开发还是香港房地产风云变幻，中国房地产每一次探索，都在漫长的酝酿过程中艰毅前行。

马年，前途未必一马平川，但并不影响每个人策马扬鞭自奋蹄。是的，只有开始走了，才知道路在何方。正是这一年所有的努力，才成就了今天的中国，成就了今天这个更加规范、成熟的房地产市场。

成长是一个不断尝试、试错、纠正的过程。不进则退，在这市场不断探索的1990年，各种探索并没有因此止步，勇敢者在奋力前行。

1991年：

万科挂牌上市　千亩大盘来了

1991年降临时，全球局势加剧震荡。1991年两大震惊全球的大事件，发生在年头和年尾，以海湾战争开头，用苏联解体结尾，历史在这一年给对抗多年的冷战画上终止符，也在不经意间拉开新时代的序幕。

海湾战争和苏联解体，宣告了两极争霸格局终结，结束了数十年东西方对抗，促进世界向多极化趋势发展。客观上，也给中国发展开启一个新的时代。

立于潮头方知风急浪高，登临险峰才见前路艰辛。尽管国内外各种声音不绝于耳，中国前进的步伐愈发坚定。

"你可以逃离它，但你躲不掉！不管你认为你离现代世界的舒适与便利有多远，迟早，可口可乐会找到你。登上喜马拉雅山麓的小丘，或远赴尼加拉瓜沿岸暴风雨肆虐的小岛——到文明诞生之处，如果你愿意的话，可口可乐会在那里等着你……"

这是1991年《纽约时报》对可口可乐的一段表述。多年以后，当我们回看中国社会的发展进程，会惊奇地发现对这段可口可乐的描写其实与中国房地产行业日后面临的状况惊人暗合。换个主语，竟也毫无违和感。随着经济发展，人民生活水平提高，对居住需求越来越紧迫，住房问题成为当时国人无法回避的话题。

是的，这是一个躲不开的新时代。1991年，全国第二次住房制度改革工作会议时隔3年再次召开，确定城市土地转让制度正式实施。此后，国务院先后批复了24个省市、自治区的房改总体方案，房改工作进入全面推进实施阶段。1991年试点主要在上海、北京开始，两地相继出台了住房制度改革实施方案。

过往的历史经验指出，不能小看每项政策带来的后续效应。自1991年城镇住房制度改革取得了重大突破后，住房货币化、住房公积金等也陆续成为人们耳熟能详的词语。一批又一批的城镇居民，摆脱了拥挤的居住环境，拥有了自己的住房，真正实现了"居者有其屋"。

1990年受限当时国内外特殊环境影响，国民经济陷入低潮，房地产市场跌落谷底。1990年全国房地产开发投资增长速度-7.1%，固定资产投资增长速度0。然而到了1991

年,这种局面正在悄然打破。1991年固定资产投资同比增长18.6%,GDP增长率达9.2%。1991年年末,房地产业各项经营指标接近1988年的水平。

第二次房改稳步推进

不管国际、国内形势如何变化,中国房地产行业改革的步伐仍大跨步向前。1991年,中央继续积极稳妥推动住房改革,从上一阶段的试点,到进入综合配套改革。除此之外,土地管理也日益完善,整个房地产行业全面走向成熟。

1991年6月7日,国务院发布《关于继续积极稳妥地进行城镇住房制度改革的通知》(以下简称《通知》)。《通知》提出,根据党的十三届七中全会精神,今后要动员各方面的力量加快住房建设,把进一步改善居民的居住状况,作为实现我国现代化建设第二步战略目标,使人民生活达到小康水平的重要内容之一。进一步完善住房制度改革的有关政策和措施,按照国家、集体和个人共同负担的原则,积极稳妥,因地制宜,方式多样地继续推行住房制度改革。

《通知》针对住房制度改革提出采取分步提租,新建公有住房实行新租金标准。此外,继续出售公有住房,售房价格由所在省、自治区、直辖市人民政府审批,严禁以过低的价格出售公有住房。同时,发展住房金融业务,开展个人购房建房储蓄和贷款业务,实行抵押信贷购房制度,从存贷利率和还款期限等方面鼓励职工个人购房和参加有组织的建房。另外,加强房地产市场管理,认真查处倒卖房地产、牟取暴利的各种非法活动。

考虑到住房制度改革涉及面广、政策性强,是一项长期的工作。《通知》要求加强宣传工作,使广大干部和群众充分认识实行住房制度改革的目的、意义和有关政策。另外,各地要因地制宜,分散决策,抓紧制定实施方案,并报国务院住房制度改革领导小组和国家体改委备案。

1991年10月7~11日,第二次全国住房制度改革工作会议在北京举行。来自中央有关部委、部队及各省、市、自治区的300余名代表,就房改措施及重点工作安排进行了讨论和部署。

早在1991年初举办的七届全国人大四次会议李鹏总理报告中就提到:"要从温饱走向小康,人民生活的提高,将较多地体现在居住条件的改善方面。"李鹏总理对开展房改的方针、原则,作了重要指示,并阐述了房改与加快住房建设的关系。李鹏总理指出:加快住房建设,就必须进行房改,而房改的目的,就是加快住宅建设。

国务院副总理邹家华在第二次全国住房制度改革工作会议闭幕会上发表讲话强调,住房制度改革贵在起步,贵在坚持。房改对促进消费结构的调整,减轻财政负担,完善社会主义市场体系,促进产业结构的调整等有积极作用。要逐步实现住房商品化,使住房成为消费领域中最大的商品，住房市场成为消费市场中最大的市场。从而构成社会主义市场体系的重要组成部分。

国务院住房制度改革领导小组组长、国家体改委主任陈锦华在第二次全国住房制度改革工作会议透露，全国住房制度改革实施方案全面改革出台的已经有12个城市，加上北京、上海有14个大中城市，13个县镇，还有300多个城镇进行了单项改革。同时提出把提租作为房改的起点，出售住房加快资金循环，加强住房金融体制配套改革，发展集资建房、合作建房，建立住房基金等多项举措。

国务院住房制度改革领导小组副组长、建设部部长侯捷还特别提到，1979～1990年这12年当中，全国城镇住宅建设累计投资2800多亿元，是前30年的6倍多；新建住宅15亿平方米，是前30前的近3倍；新建5万平方米以上的住宅小区2500多个。城镇居住的人均居住面积已由1978年的3.6平方米，提高到1990年的7.1平方米。建房数量和居住水平提高的速度都居于世界前列。

根据党的十三届七中全会和七届人大四次会议提出了到2000年实现小康生活水平的战略目标，把改善城镇居住条件作为提高城镇人民生活水准的重要内容。所谓小康居住水平，一个是面积指标，要求达到人均居住面积8平方米，或折合成人均使用面积为12平方米；另一个是成套率指标，要求全国住房成套率达到60%以上。

第二次房改会议提出了十年内分两步走的设想：第一步，"八五"（1991～1995年），以解危、解困为主，重点解决人均居住面积在3～4平方米以下的住房困难户，使人均居住面积达7.5平方米，住房成套率达到40%～50%，平均每年要新建住宅1.5亿平方米。第二步，"九五"（1996～2000年），以改善、提高为主，重点解决人均居住面积在5～6平方米以下的住房困难户，使人均居住面积达到8平方米，住房成套率达到60%～70%，平均每年要新建住宅1.8亿平方米。按1990年不变价格计算，十年共需住宅建设投资4950亿元，平均每年住宅建设投资为495亿元。

到了1991年11月，信号更加明显。国务院办公厅下发了《关于全面进行城镇住房制度改革的意见》，这是城镇住房制度改革的一个纲领性文件，明确了城镇住房制度改革的指导思想和根本目的，这标志着城镇住房制度改革已从探索和试点阶段，进入全面推进和综合配套改革的新阶段。

土地管理法条例出台

与房改同步进行的还有土地管理制度，1991年1月4日，国务院发布的《中华人民共和国土地管理法实施条例》（以下简称《实施条例》），自2月1日起施行。《实施条例》是根据《中华人民共和国土地管理法》第五十六条的规定而制定，同时明确国家土地管理局主管全国土地的统一管理工作。

在开发规模审批上,《实施条例》要求一次性开发一万亩以上二万亩以下土地的,须经国家土地管理局批准;一次性开发二万亩以上土地的,须经国务院批准。关于建设用地的申请,依照法定批准权限经县级以上人民政府批准后,由被征用土地所在的县级以上人民政府发给建设用地批准书,土地管理部门根据建设进度一次或者分期划拨建设用地。

《实施条例》实行了8年时间,1999年1月1日新版《中华人民共和国土地管理法实施条例》施行,1991年1月4日国务院发布的《中华人民共和国土地管理法实施条例》同时废止。

总的来说,这一年对中国楼市而言,是特殊意义的一年。1991年,原建设部房地产业司编写出版了《中国房地产业指南》大型工具书,系统地阐明了房地产业的地位、作用、产业框架、四大政策支柱以及生产、流通、消费各个环节的理论和实务,进一步奠定了房地产业的理论基础。

随着住房改革稳步推进,土地管理逐步完善,以及房地产业指南出版,使中国房地产行业日趋规范,在这一年走上发展快车道的同时,也不可避免地造成了商品房销售价格的快速上涨。

读史使人明智,20世纪90年代日本、海南、香港三个不同房地产市场相继产生泡沫,而这三场楼市崩盘都在1991年开始爆发或者显现征兆。时至今日,这三场危机依然有深刻的借鉴意义。

首先出现楼盘崩盘的是日本房地产市场。在众多报道日本楼市崩盘的媒体中,都不约而同地引用了一句话:"1991年,日本人相信两个神话,第一个是土地不会贬值,第二个是房价不会下跌。"

然而,1990年日本股市断崖式暴跌40%,近乎腰斩,人们还未回过神来,楼市大崩盘却悄悄来临。1991年,东京房价3个月暴跌65%,成交消沉、银行贷款断供,一夜间,拥有房产的千万富翁成了"千万负翁"。

有几个关键数字更加触目惊心。房价下跌后,股票进一步暴跌,跌幅超过80%;日元也进一步暴跌,当年日元兑美元跌幅甚至超过了30%,他们或许没想到,日元的贬值路还将继续20余年;企业大量破产,银行、房地产公司破产数量超过3000家。

甚至有媒体报道称,"在1991年,日本离婚率暴涨,超过了正常水平的2.5倍,这其中不乏破产的中产家庭,很多户主通过离婚的形式保全妻子与孩子的财产,自己则选择了流浪之路"。

这一情景与1929年的美国如出一辙。1929年美国股市的崩溃和随后十年的经济萧条是整个20世纪世界历史中的重大事件。20世纪20年代后期的美国,迈阿密市7.5万人口中就有2.5万名地产中介,两千多家地产公司。

随后爆发危机的是海南楼市。海南建省、设立特区后,大量外来人口、资金涌入海南岛,倒地、炒楼一夜暴富刺激更多的炒资涌入楼市。到了1991年,房地产泡沫已经酝酿成型,并开始更加疯狂膨胀。海口市地价从1991年最高为98万元/亩,到1993年涨至最高位为680万元/亩。更加离奇的是,当时海南城市人口100多万,房地产公司就1.3万,平均80人一家地产公司。

根据周诚主编《中国房地产市场年鉴(1996)》数据显示,1988年房地产平均价格为1350元/平方米,1991年为1400元/平方米,1992年则猛增至5000元/平方米,比1991年增长257%。1993年上半年飙至7500元/平方米,达到顶峰。此后海南泡沫开始破裂,这样的代价是600多栋烂尾楼、18834公顷闲置土地和800亿元积压资金,仅四大国有商业银行的坏账就高达300亿元。

第三场楼市泡沫来自香港。随着香港经济发展和前途日渐明朗,香港房地产市场在20世纪80年代得到进一步发展。到了1990年,港岛区的房价已经比1981年上升了一倍以上,特别是在1989年之后,香港楼市形势一片火热,价格急涨。

从1991年开始,香港房地产加速增长,各类资金以及银行贷款蜂拥进入房地产市场,房子最主要的居住功能变成投资功能,房价接连猛涨。特别是在国际游资和本地炒家的竞相炒作下,香港房价、地价齐齐上升,并开始脱离普通市民购买力,香港楼市这轮涨势一直持续至1997年东南亚金融危机。

在席卷东南亚的金融风暴影响下,香港汇市、股市暴跌,银行相继提高按揭、收紧楼宇放款,导致房地产市场大幅度降温。在1997~1998年亚洲金融危机期间,香港楼价急剧下跌50%~60%,成交大幅萎缩,房屋空置率上升。

尽管已经过去20余年,这一段历史仍然无法被人们所忘却。铭记历史,才能减少走弯路,才能让发展的步伐找准方向,更加坚实,一往无前。

台湾楼市营销进大陆

在南国广州,诞生了中国房地产界聘请专业中介售楼的先例。1990年至1992年间,珠江实业高薪聘请了一位来自台湾的销售专业人士仇福宪,主管广州世界贸易中心大厦的营销。

仇福宪早期曾在台湾担任过售楼小姐,从基础销售岗位做起,经过多年发展,逐步成为房地产营销领域行家里手。在她的带领下,珠江实业建立起了中国大陆第一个漂亮的售楼部,还组建了大陆第一批专业的楼盘销售队伍。彼时媒体记载,"仇福宪亲自进行十分系统的培训,培训内容不仅包括楼房推销技巧、房产营销策划,还细致到怎样着装、怎样打领带、怎样礼貌用语……"

这也是广州第一个"卖楼花"的成功个案,这群堪称当年国内最高素质的楼盘销售队伍,成功将广州世界贸易中心大厦以2000多美元/平方米的"天价"售出。

而后,仇福宪再度策划了淘金花园的开发销售工作,使该项目在广州和香港市场大为热销。在当时名噪一时的是：淘金花园首创住宅屋顶配置游泳池，之前只有国内少数五星酒店才有类似的建筑设计。

两个楼盘的成功运作，带来了全新的销售风格和销售技巧，可以说是房地产策划的滥觞，也令广州房地产业界大开眼界。自此，广州楼市开始迈出了专业化营销之路。

提到淘金花园，还要说说开发该项目的金马创始人冯地。冯地祖籍江苏省，1954年出生于广州，曾当过兵，参加过自卫反击战。后就读于华南师范大学中文系，毕业便进入广州新闻传媒界当记者。1987年，冯地移居香港，并出任日本日中广告株式会社中国部经理，同年，在香港注册成立金马国联联合公司。1991年，回到广州，成立金马中国境内首家外资独资房地产开发公司，冯地就任董事长总经理。

1991年11月18日，由金马集团投资建设的淘金花园正式奠基。冯地把香港房地产的先进理念带回内地，他建造的淘金花园成为广州首个配套有"花园、泳池、车库"的项目。此后，金马集团再接再厉，接连开发淘金路片区的淘金大厦、恒福路的金怡楼、十八甫路的西关大厦、南浦岛的比华利花园以及五羊新城的两栋商住楼。与此同时，金马还把业务范围开拓到旅游和休闲度假领域，进军杭州开发30万平方米未来世界游乐主题公园。

如今活跃在广州房地产行业另一家老牌国企——越秀集团，这一年正在面临危机后的反思。集团认为，必须坚持"3年打个翻身仗"的目标。同时也必须做好两件与房地产有关的事情：一是抓住内地房地产即将兴起的良机，大力发展房地产业务；二是筹建以地产经营为主体的"越秀投资有限公司"，申请在香港联交所上市。

越秀集团押宝成功了！一年以后，越秀投资（0123.HK）以穗港澳三地房地产项目资产在香港联交所上市，成为第九只香港上市的红筹股。

再来看看深圳，1990年12月1日，深圳证券交易所成立，并进行试营业。中国首个上市的房地产企业——万科，开始迎来新的舞台。

《中国房地产报》在题为《1991年万科挂牌上市》的文章中提到，1991年1月初，万科在深圳蛇口菜市场摆摊叫卖股票。时任万科集团副总经理孙璐回忆称："当时我找到菜市场工商管理所的同志，人家都觉得奇怪，没听说过上这儿摆一摊位卖股票的。"

事实上，万科从1988年开始发行股票，每次销售都非常不易。2018年王石在回忆早期股票卖不出时，自己母亲把退休金都拿出来买了万科股票，无条件支持儿子的事业。

由杨少龙、冀勇庆撰写的《华为靠什么》一书中提到，早期万科股票无人问津之际，王石曾派助手找到任正非。任正非通过发动员工和亲朋好友，东拼西凑，一次性地购买了20万股万科股票。没想到1991年万科上市后股票一路飙升，到了1992年无论股价还是送配股，均翻了数十倍，任正非和他的伙伴们当然也是狂赚一笔。

任正非这位除了只跟柳传志、王石玩，不跟中国其他企业家交往孤独寂寞的华为教父，当年就是用这种简单、粗暴的砸钱方式，对万科发售股票伸出援助之手。

通过到菜市场摆摊、家人支持、任正非援助等多种方式，万科一步一步完成了股票的推介认购。经过努力，1991年1月29日，万科A以14.58元的价格挂牌深交所，代码

0002，成为深市最早期的"老八股"之一。

在那个年代，万科的放手一搏于自身而言具有里程碑性质，于房地产行业而言更有现实指导意义。正因如此，每当我们探讨中国房地产行业历史进程的时候，万科总是成为绕不开的对象。

接受过资本洗礼的万科，从此在这个光环的指引下越走越远。1991年6月，万科通过配售和定向发行新股2862万股，再次集资1.27亿元。与上次不同的是，这笔钱最终投向了一千多公里以外的上海。

以这笔资金为原点，万科的半径从深圳画到了上海滩。万科在上海成功开发了第一个项目——上海西郊花园，艰难挤进上海市场。至此，万科也开始了第一轮全国化的跨地域扩张，在北京、天津、沈阳、深圳先后推出万科城市花园项目，开启了中国房地产行业第一品牌的全国扩张。

被冠以多个"第一"殊荣的万科，在这一年里不光完成了上市，还成立了中国第一个业主管理委员会。

1991年12月，中国第一个业主管理委员会——深圳万科天景花园业主管理委员会成立。这代表着中国的房地产走向市场化后，广大业主真正开始冲破计划经济的传统思想，从市场角度，有组织地开始对自己的物业提出管理和监督的要求。

而后，这种模式逐渐被人们所认同，并获得了政府主管部门的肯定。1994年，深圳将这一管理模式纳入地方性法规《深圳经济特区物业管理条例》中，成为其中的重要内容之一向全市推广。随后，全国各地陆续通过的物业管理条例都吸收了这一模式，业委会成为物业管理法规的重要内容。

"天景花园业委会"的成功，不是一个偶然事件。它从深圳走向全国，对整个物业管理领域的规范、健康发展起到很大的推动作用。

另外一个细节是，这一年万科威登别墅入伙。它位于深圳罗湖区红桂路，由一组错落有致的城堡式建筑构成，是欧陆风格与中国园林艺术的结合体。彼时，这里修建了中国房地产早期的会所，还建设了中国内地最早一批配电梯的6层商品公寓，也是大陆最早拥有架空层车库的商品物业之一。

凭借在多个领域的成功运营，万科在1991年交出了一份漂亮的年报。当时的万科还不是以房地产为主业，年报涉及进出口贸易、房产、工业、连锁商业、影视广告五大业务板块。

其中，进出口贸易囊括了纺织服装、轻工产品、电子产品、仪器仪表、化工原料及产品、医疗器械，营业规模分别为1500万元到4000万美元不等；在工业领域，如今耳熟能详的"怡宝"蒸馏水当年还是万科旗下的品牌。

除了怡宝，如今赫赫有名的华润万佳超市，也曾经是万科商业板块之一。1991年，万佳前身深圳万佳连锁商业有限公司成立。1994年，万佳百货完成股份制改造，万科增持股份至60%。2001年8月，万科将其全部持的72%股份转让给华润。

尽管两年后房地产开发才真正成为核心业务，这一年的万科也相继开发了深圳威登别墅、深圳荔景大厦、深圳万景大厦、上海西郊花园、厦门富豪花园五个项目，这一成就在房地产行业尚未大规模起步的中国内地，也算是一枝独秀。

就在万科持续探索之际，中海、珠江实业也在不断创新，并激发了"物业管理"与"销售策划体系"两大房地产新的服务领域。

五年前成立于香港的中海物业由深圳全面进入内地物业管理市场。7月18日，中海物业管理（深圳）有限公司正式成立，首任总经理为丁步华。自此，中海成为第一个将"物业管理"的概念引进中国内地的企业，开启了中国大陆房地产物业规范化、流程化管理的先河。

时至今日，中海物业俨然成为物业管理行业的翘楚，并成为物管行业上市公司先行者之一。2017年，公司实现营业收入、归属上市公司股东净利润34.06亿港元、3.07亿港元，分别同比增长32.8%、40.7%。

千亩大盘模式开启

就在国内大多数房企徘徊于市场边缘的时候，香港开发商却于不动声色中加大了国内的布局。

其中，最为突出的是祖籍番禺钟村的彭磷基。虽然出生于香港，但是他一直怀抱为家乡做实事的愿望。1991年，已经在房地产行业浸淫近20年的彭磷基，应广州番禺领导之邀，到了市桥附近看地。

媒体资料记载称，当时的番禺县城3公里外有块山冈叫佛子岭，番禺县人民政府希望吸引外资成片开发，但几经磋商，均未达成意向。大多数人都认为这块土地不宜开发，一是与城区有一段距离，二是因为那是一块荒岗。还有人说，在佛子岭能做什么？养蚊子、养老鼠还差不多。

久经历练的彭磷基却不以为然。过去数十年见惯大风大浪起起落落的他，决定要停下来干点什么事。他并不是一个天生爱冒险的人，却是一个认准了便能坚持下去的人。

1973年那场中东石油危机，香港恒指暴跌至150点，彭磷基在这样90%多的跌幅背景下失去了人生中第一个一百万，不仅梦碎，还得卖车卖房还债。后来，合伙成立房地产公司的几个股东相继退出，彭磷基便买下他们三个的股份，开始自己经营。这个公司就是祈福房地产有限公司的前身。

其间他吃了很多苦，甚至辛苦到自己还要去卖楼。好在，1978年经济复苏，彭磷基也算苦尽甘来。到了1980年前后，他的事业开始如日中天。在香港，他承建了锦绣花园工程；在澳门，他作为总策划师跟总设计师，参与建设了世界闻名的回力球场；在台湾，他选择了在一块山岗地建成别墅式屋村"台北小城"。

正是基于在港澳台的项目经验，1991年，彭磷基凭着敏锐的商业头脑和超前意识，只用了半年时间就实现了祈福新邨的三通一平、建成样板房、开盘售楼的全过程。这个有"中国第一邨"美誉的祈福新邨，整体规划占地6500亩，是独一无二的低密度大型屋苑。

祈福新邨风格颇似新加坡和香港，非常具有国际范，祈福新邨是内地首个提出"港人度假屋邨"的社区，早期就吸引了众多香港人前来置业，掀起港人内地购房热潮。1991年11月26日，该项目开始预售住宅楼，引发了广州香港两地的追捧。仅当天，便售出500多套别墅，一个亿的成绩，在那个年代，这可是个天文数字。

经过二十多年的建设，祈福新邨拥有全国社区罕见的庞大体量配套。"中国第一邨"聚焦了11所国际及省级学校、一家国际JCI认证及国家三甲医院、祈福月子中心、华南首家祈福护老公寓、自成体系的社区交通系统、34万平方米祈福湖及环湖公园、大型现代化超市、约230万平方米城市综合体等日常生活配套，还有大型度假俱乐部、星级酒店、国际公寓、5A级高端写字楼、国际旅游体验中心等商务、度假设施。

直到该盘开发将近十年之后，番禺华南板块多个千亩大盘才得以陆续全面发展，大盘开发模式才真正成为全国房地产开发的潮流。可以说，在全国房地产开发当中，祈福新邨最早认识到千亩大盘的市场发展趋势与市场意义，整整领先整个市场10年之久。

祈福新邨的成功，是当年香港开发商进军内地房地产市场的一个缩影。

1991年，新世界中国集团也开始开发在国内的首个房地产项目——位于广州动物园旁的福莱花园。它首次将海外高层屋苑规划带进广州市场，其创新设计及工程质量管理开创广州高层建筑之先河。

同年，新世界中国集团又启动了上海浦东金融综合大楼以及广州二沙岛新世界花园别墅两个项目。甫一面世，便受到热捧。四年后，新世界花园别墅项目更是以45000元的单价创出90年代内地房地产最高纪录，由此奠定了二沙岛豪宅区域价值。

与新世界同属香港四大家族之一的恒基兆业，也在1991年进入内地。恒基兆业先后在深圳、广州、番禺、顺德等城市买了大量土地，后来发展到上海、杭州、苏州等长三角城市。在由南向北的发展路线图上，恒基兆业的战略选择相当明确，无一不是沿海经济圈的城市。

提到香港开发商，不得不提到新鸿基地产，这家在香港具有举足轻重的房地产公司于1991年建成半山帝景园，开创了香港豪宅的新标准。借此，新鸿基还成为香港最早在社区内修建功能完善的会所的开发商，一度引领了地产发展的潮流。

不久，新鸿基又首创了对单元房附送全套厨房设备的新服务。颇有回味的是，当年的郭炳湘兄弟还提出"以心建家"的口号，为企业树立了良好品牌形象。只不过，2008年郭氏家族争产风波之后，一场集合了权力、亲情、爱情、同行竞争和兄弟阋墙的香港豪门大戏愈演愈烈。

作为豪门中一股清流的恒隆家族，这一年是陈启宗接班的时刻。他在稳健发展的基础上，开始在全球范围内推广恒隆，在资本市场上大量融资，并且开始快速购地扩张。在此之后的第二年，他即将进军上海滩，布子"恒隆广场"。

这家规模上不占优势的企业,却走出了一条最有个性的发展道路,20多年来专业开发购物中心,并成为其中的佼佼者。一个有趣的细节是,自1991年担任主席后,陈启宗每年亲自撰写《致股东函》。据他本人透露,20多年来已经写了100多篇,写得最长的有两万多字。

万通六君子炒地皮

历史,总会在冥冥之中呈现交集。

同年,一群年轻人正在天涯海角掘金。他们是万通六君子——王功权、冯仑、刘军、王启富、易小迪、潘石屹。

1991年,万通的前身——海南农业高技术联合开发投资公司正式成立。王功权担任法人代表、总经理,冯仑、王启富、刘军、易小迪也担任职务。也就在这一年,从深圳跑来海南管理砖厂的潘石屹,在折腾了半年之后,遭遇海南经济第一次低潮,终于关门大吉,随后也加入了万通行列,主管财务中心。

他们几个人很快就卷入到海南的房地产炒作浪潮中去,两万元的注册资本,到了第二年已经变成了5000万元。

国际局势剧变一环扣一环,从年头到年尾几乎不给世人喘息的机会,就这样应接不暇地上演着。无论是海湾战争,还是苏联解体,终于尘埃落定。冷战落幕,两极瓦解,世界由动荡进入相对稳定期。中国外部环境压力减缓,给国内经济发展创造了契机。

前面提到的苏联解体,无意中成就中国经济界一位迄今仍备受争议的人物,他干了件空手套白狼的惊天传奇贸易,这就是牟其中和他那个罐头换飞机的故事。

早在1989年,南德创办人牟其中,就在火车上认识一个河南人,从对方口中获悉正面临解体的苏联准备出售图-154飞机的想法。言者无心,听者有意,这位天才倒爷牟其中立刻打起了飞机贸易的主意。随后通过各种途径,终于打听到当时刚成立不久的四川航空急需购买飞机的想法。

经过两年多折腾,1991年中,牟其中终于促成川航和苏联达成协议,中国用价值4亿人民币的500车皮罐头、服装等日用小商品,从苏联换回4架图-154飞机。

消息传出,举世轰动,一时之间,牟其中名声达到顶峰。如日中天的牟其中加速了他一系列眼花缭乱的商业计划,发射卫星、开发满洲里、炸开喜马拉雅、制造芯片、研发"牟氏火锅"、投资陕北等,但这一切并未成就其神话,换来的却是锒铛入狱。

牟其中是中国早期知名的企业家,对中国经济界有深远影响,前文提到的"万通六君子"有四位就在南德工作过,其麾下包括王功权、冯仑、王启富、刘军,后来王功权成为知名风险投资人、冯仑创办万通、王启富成立富鼎和基金、刘军从事农业高科技,都成各领域赫赫有名的大佬级人物。

牟其中是位天马行空的人物,但也为日后身陷囹圄埋下伏笔。多年以后,当冯仑在回忆南德工作经历时,不禁感慨:"最早的一代民营企业当中,牟其中是最有创造力、想象力的。"

作为中国最早民营企业家,牟其中具有时代鲜明特色。牟其中入狱后,王石曾前往探访。2015年,万宝股权争夺战发轫之际,王石通过媒体透露,看望牟其中,首先是因为"同病相怜,惺惺相惜"。

2016年9月27日,一代商业狂人、中国前首富牟其中出狱。随后牟其中唯一指定代理人夏宗伟发布的《关于牟其中先生刑满释放的声明》:"目前南德集团已经被夷为一片废墟,连北京总部的264套家属住宅也已被'哄抢'一空,真可谓上无片瓦,下无立锥之地。"

然而,《每日经济新闻》记者实地采访的北京门头沟264套房子所在地住户却表示,之前南德集团因为欠款较多,所以,倒闭后,法院把这批房子拍卖了。因此,北京264套产权已经变更,不再是牟其中名下南德集团的产业。

在福州,刚刚进入不惑之年的黄如论已经从菲律宾回到老家三年时间了。他计划要干一番大事业,正如同当年远下南洋一般决绝。

黄如论,1951年出生在福建连江一个小渔村,刚刚读到小学六年级就因为家境贫寒而被迫辍学,丧失了继续念书的机会。穷人的孩子早当家,他35岁之前一直在家乡做小买卖。1986年,黄如论只身前往菲律宾淘金,其间创办了菲律宾友福投资等公司。

根据作家王朝柱在其撰写的《我心目中的黄如论》所言,黄在菲律宾打拼几年慢慢融入当地上层社会。转折点是经由菲律宾一位"高干子弟"牵线,黄如论参股并游说一位华侨巨富,一同参与了濒临苏比克海湾的美国原海军基地地块的竞拍,这幅将被用于旅游建设的地块被黄等人拿下后,又进行了土地运营,黄因此在菲律宾淘得了第一桶金。

5年后,也就是1991年。黄如论以归侨身份回到家乡福建,成立福州金源房地产有限公司。当时的福州全市还没有一座高档写字楼,黄如论以此为突破口,开拓自己在中国的事业。

时势造英雄。黄如论抓住了福州旧城改造的绝好机会,此后他的企业迅速发展,很快成为福州最大的私营房地产企业。而后,他更是将事业重心转向北京市场。他开发的楼盘主要利用自有资金,几乎没有贷款的案例,并大都实行现楼销售的方式。这被视为极具黄如论个人特色的运营方式。

据世纪金源官网数据显示,目前,世纪金源集团在中国大陆已投资2390亿元人民币,开发各类商品房7100万平方米。集团属下拥有9个区域集团,3个行业集团,其中包括福建、北京、上海近百家子公司,集团现有员工两万余名。

当然,还有多个历史关键人物正在迈入商界的步伐。其中刚刚获得北京大学经济学硕士学位的孟晓苏在1991年走出中南海,担任国家进出口商品检验局副局长。

在不久的将来,他与房地产行业会展开千丝万缕的联系。来年,孟晓苏正式出任中国房地产开发总公司总经理，兼任中国房地产开发集团总裁。

这是个充满历史色彩的人物，从他登场之日起，便自带"中国房地产教父"主角光环，原因有二：

第一，他是中国最大的房地产国企的掌门人——国务院直属企业中国房地产开发集团公司董事长，中国房地产开发集团总裁。要明白，中字头房企舵手，可不是一般人能当的。

第二，他是中国房地产政策的主要制定者——他曾多年担任由国家体改委、计委、建设部等几部委组成的房改课题小组组长。他是中国房地产界屈指可数的权威理论家和一系列房地产理论与政策的提出者、制定者。

可以说，1991年，中国房地产行业乃至中国社会都处在一个突变的前夜。从1992年开始，将涌现出大批房地产企业，而且实力惊人，其中不乏多家数百亿、数千亿量级房企。因此，1991年是个酝酿能量的年份。

也就在1991年，中国共产党迎来了成立70周年。举国弥漫着新生的气息，积聚着变革的力量。过不了多久，时间轴将走到关键年份。1992年春天，改革的风声会传到每个人的耳边，会造就一大批民营房地产企业的异军突起，碧桂园、保利、雅居乐、合生创展、绿地等众多重量级发展商将喷涌而出。

1991年，破晓而出的那缕光在酝酿，呼之欲出的希望正加速凝聚能量。

1992 年：

市场经济确立　地产掀创业潮

1992 年的春风，吹醒了东方神州。

这个不平凡的年份，从年初开始，就展现出不同寻常的一面。1992 年 1 月 18 日～2 月 21 日，邓小平谈话视察武昌、深圳、珠海、上海等地并发表重要谈话。"改革开放胆子要大一些"等讲话精神一时之间传遍大江南北。

1992 年 10 月 12～18 日，中国共产党第十四次全国代表大会在北京举行。党的十四大明确指出，我国经济体制改革的目标是建立社会主义市场经济体制。这是社会主义经济体制的一次真正变革，是中国特色社会主义道路探索中的一个伟大创举。

小荷才露尖尖角，早有蜻蜓立上头！1991 年世界格局剧变给中国带来的影响，在 1992 年终于重新找准方向。中国加快推进改革开放的消息甫一传出，全国立刻闻风而动。

一股创业热潮蓬勃兴起。据统计数据显示，从 2 月开始，北京市的新增公司以每个月 2000 家的速度激增，比过去增长了 2～3 倍。其中，从事房地产业的企业数目从 1991 年的 3700 家暴增 4.5 倍，年底达 17000 家。

中国命运迎接大转折的同时，房地产界也兴起了建设狂潮，一时间，房地产开发投资被推上风口浪尖。

数据反映出的狂热更为直观：1992 年全国房地产开发投资比 1991 年同期增长了 117%，地方房地产投资普遍增长 50% 以上，其中海南暴增 211%；土地方面，1992 年全国共出让土地使用权 3000 幅共 22 亿平方米，分别为 1991 年以前所有出让土地的 3 倍和 11 倍。

南方谈话、市场经济地位确定，昭示着经济、社会全方位发展大时代的到来，新一代企业家以其艰苦奋斗的精神风貌、敢闯敢试的精神气质，给那个伟大的时代留下了一笔宝贵的企业家精神财富。

时代给予的契机，让个人和如今活跃在房地产市场中的关键人物，都与这一年休戚相关。1992 年，有个特殊的群体登上舞台，他们被人称为"92 派"。这是一群从体制内勇于出来闯荡的追梦者。

他们此前或在政府机关，或在科研院所，或在国企厂矿，或在乡镇基层捧着令人艳羡的"铁饭碗"，受"南方谈话"的影响，纷纷离开赖以为生的体制生活，主动下海创业。

大浪淘沙，经过轰轰烈烈的下海潮洗礼，杨国强、许家印、张玉良、冯仑、潘石屹、胡葆森等企业家逐渐闯出中国房地产独特发展之路。

这一年，一大批重量级房企应运而生，碧桂园、雅居乐、保利地产、合生创展、绿地、建业地产、华发实业、宝能、金融街、北大资源、泰达股份……这些在中国风云驰骋的房地产企业不约而同地在1992年登上历史舞台。

热闹非凡的1992年是知名房企诞生井喷的时代，这批企业的出现，不仅影响了中国房地产行业发展，甚至其中的佼佼者更是跻身全球500强，成为中国企业走向世界的代表，是中国在国际上一张张亮丽名片。

经过一整年热火朝天的建设，中国房地产行业取得喜人成绩。1992年，全国房地产市场交易额达185.4亿元，交易面积4154万平方米，分别比1991年同期增长48.7%和63%；房地产价格也比1991年末上涨了51%。

与此同时，全国各地的房地产改革和创新也在同步进行。上海借鉴新加坡的成功经验，在1991年率先在中国建立了住房公积金制度。1992年2月，国务院正式批复了上海市的住房制度改革方案，5月1日上海实行了"五位一体"的房改实施方案。北京市政府公布《北京市住房制度改革实施方案》以及其他七个配套办法，并于7月1日全面实施。

作为曾经引领了经济领域许多个"第一"的经济特区——深圳，再一次开创中国房地产展先河，1992年举办了第一届深圳商品房展销会。中国房地产市场从此进入了快速扩张期，这场以城市为开端的居住变革，正在改变人们的居住模式和居住观念。

"92派"地产大佬下海

1992年，一大批从体制内走出来的政府官员、知识分子、厂企职工、乡镇干部响应时代号召，积极投身到市场经济建设大潮之中，开启了"92派"企业家创业之路，也为中国房地产行业重要参与者。

任志强的《野心优雅》书中特别提到："1992年之后，大量的下海人员、新生的企业则多集中于第三产业的领域。正是因为改革开放，中国也放开了一些过去被严格控制和垄断的行业领域，如保险业、金融业、物流业、高科技产业、咨询、律师、会计师、评估师等，而那些本就拥有一定知识、理论和眼光的改革者，就有了施展才能的机会，也因此诞生了一批自称为'九二派'的下海者。"

春天的旖旎风光渐渐远去，迎来了盛夏的蓬勃。1992年，36岁的张玉良闻到了这股不安分的气息，他决定下海经商。

与其他白手起家的创业者不同，张玉良手握"总经理"任命书和上海市政府划拨的2000万元，开始了绿地创业历程。

虽然贵为"总经理"，但这家公司人手不足，张玉良只好自己租借了场所，再花4000元一个月租了一辆桑塔纳，就这样，张玉良正式走上创业之路。

时势造英雄，发酵多年的市场经济给整个社会带来难以言喻的发展机遇。这时候的张玉良，将要拿下了自己的第一桶金。上海开始第一轮大规模城市旧区改造，需要大量动迁房，他在上海近郊拿到了3个项目，由此获得绿地的2000多万净利润。

回忆绿地的第一个项目，是在上海浦东的六里，1万多平方米的动迁房；第二个在宝山大场镇，也是1万多平方米；第三个在当时的嘉定县、现在的普陀区桃浦镇，已经有5万多平方米。

那个时候，没有多少人能预见到，后来就是这家"奉旨创办"的房企，一举冲进了世界500强之列。

把眼光放回到房地产重镇——华南。1992年9月，广州市沙河路17号望星楼附二楼的一间20多平方米的办公室，见证了千亿房地产央企的诞生。当时，身居高位的李彬海放弃了令人艳羡的广州军区参谋部后勤部长之职，在已过不惑之年后仍毅然奉命去打造保利地产。

当时，他所拥有的启动资金是12万元。虽然在很多人看来，这笔赌上自己军人荣誉的买卖并不划算。可是历史证明，不被看好的李彬海居然赌赢了。当时的他筹备了三年后，以保利红棉花园的成功，打响了保利地产在广州的第一炮。从此，保利一路狂奔，成为"万保招金"上市房企领军企业之一。

历史资料记载，首批筹建保利地产的八名职员都是转业军人，对房地产几乎一无所知。后来成为保利地产董事长的宋广菊便是第七个去报到的员工。据她回忆，"1992年，保利地产紧跟南巡的时代步伐，敏锐地把握行业脉搏，以军人特有的智慧和勇气，毅然投身于中国城市化进程中，踏上了艰苦创业的光辉征途"。

这位保利"铁娘子"作风迅猛，意志坚定，却又细腻极致。据其员工介绍，每天七点半当别人还在被窝或者奔波在上班的路上时，宋广菊已经准时坐在办公室开始工作，这个习惯保持至今，成为她个人的铁律。2018年3月，宋广菊被任命为中国保利集团有限公司党委常委、副总经理。

在李彬海、宋广菊等军人作风的高管带领下，这家拥有军队基因的公司，自带高效执行战斗力。从创业初期的门路不通、资金短缺到如今2017年全年实现3092亿元的销售额，稳居行业前列。没有一条路，是不需要脚踏沙砾、身跨荆棘。

就在1992年各路诸侯纷纷涌现的时候，许家印却才刚刚辞掉处级干部的职务，下海到深圳，准备大干一番事业。促成许家印南下的原因，正是因为"南方谈话"吹动了许家印的心，他才砸掉自己在舞阳钢铁公司端了十年的"铁饭碗"，想要在中国经济体制改革这条风生水起的大河之中，找到自我实现的舞台。

当时，许家印揣着一份三十几页纸的简历，频繁奔波在深圳的各个招聘市场，东奔西跑了三个月，却一点消息也没有。就这样，一位舞钢处级干部在深圳不但找不到工作，甚至连落脚点都没有。

后来听了朋友的劝导，把简历改成两页。毕竟，在时间就是金钱的深圳，没有人会花大量时间看完应聘者的三十多页简历。也就是这个小小的变通，这才让许家印进入一家名叫"中达"的贸易公司。许家印说，若干年后自己回忆起第一个老板，仍然心里充满感激。"我从他的身上学到了很多管理公司的经验。"

尽管深圳是追梦者的天堂，但在打拼起步阶段，工作异常艰辛。许家印在深圳做业务员那阵子，他在朋友家的走廊住了3个月。后来当了办公室负责人，也只能睡在了公司一间不用的小厨房里。

那时的许家印，还不知道自己后来将转战广州——这个实现他人生重要转折的根据地，去涉足刚刚快速发展中的房地产行业。

就这样，1992年还未涉足房地产的许家印，开始人生转型之旅。24年之后，就在万科深陷股权之争乱局时，许家印带领的恒大一路披荆斩棘，以所向披靡之势，将多年王者万科拉下马，登上2016年中国房地产第一的宝座。

1992年，碧桂园创始人杨国强开始为卖房绞尽脑汁。这位来自朴实农民家庭的包工头，18岁之前没有穿过新衣服，20岁加入镇政府属下的北滘建筑工程公司，可以称得上中国最基层的"体制人"。

1992年，北滘镇政府旗下的北滘经济发展总公司与另外两家公司联合成立顺德三和物业发展有限公司，计划开发北滘镇附近的碧江及三桂两个管理区内的地块，这一片土地多达1300亩，项目取名叫作"碧桂园"。

万事总是开头难，顺德碧桂园的开发商由于第一期销售情况并不理想，导致有股东萌生退意。股东猝不及防的退出，让项目陷入困境，在这种背景下，当时还是一名建筑承包商的杨国强毅然接盘。低价买下顺德碧江及桂山交界的大片荒地，兴建4000套别墅和洋房，开始进军房地产。

尽管杨国强的房地产之路一开始并不顺畅，碧桂园还是成功找到了一个属于自己的独特发展模式。

1993年，房地产泡沫严重，招致国家调控。一时之间，4000套房只卖出了3套，几乎成为烂尾楼。杨国强找到新华社记者出身的策划人王志纲，他建议杨国强以兴办碧桂园学校为切入点，引进北京重点学校，创办广东分校，吸引急剧富裕起来的家庭子女就学，从而带动有钱人来城乡接合部买房置业。

杨国强随后通过各种关系联系到北京名校景山学校，在碧桂园兴建广东分校。景山学校不仅在北京，在全国都是叫得出名的重点学校，就读家庭非富即贵。买房能获得中国顶级名校学位，瞬间购房人群蜂拥而至。

碧桂园借学校一炮走红，更绝的是，碧桂园学校还向学生收取30万元教育储备金，同时保证毕业后可以取回。杨国强这种零息融资的创举，给陷入资金困境的碧桂园引入一笔巨额的流动现金。

无巧不成书。这也成为中国"复合地产"概念的由来。这种模式将一个全新的领域，通过房地产加以跨界整合、对接乃至联姻，提高房地产的附加值和竞争力。数年后，"运动/教育/旅游/文化/养老＋地产"各种复合地产经营模式便是这一概念的实践应用。

回忆起早年做包工头的日子，杨国强不无感慨。他说："你们不知道做建筑多难，到处打听哪家公司要建房，然后跑到人家门口问，是不是可以给个工程做？"

杨国强坦言，自己在建筑公司当了十年经理，画图、预算、买材料，什么活都干，一天假都没放过。正所谓，天道酬勤，杨国强十年如一日的努力终于获得回报，最后打败了镇上另一家老牌的建筑公司。"他们说我是一只老虎带着一群羊，能打败一只羊带着一群老虎。"

这就是那个时代的企业家精神，靠着这股吃苦耐劳的拼劲，踏实肯干的执着，25年的时间，碧桂园从顺德走向全球，经历了四分之一个世纪的风雨历练。2017年，它率先突破5000亿元销售规模，成为行业龙头企业。

1992年，也是胡葆森创立河南建业的元年。胡葆森早年在中国纺织品进出口公司河南分公司工作，1982年被派往香港工作。

谁曾想到，胡葆森这一派就是十年，时间拨到1992年，已经在香港工作和生活10年的胡葆森，带着在香港炒楼花赚到的一两千万元回到河南，和建行合资成立建业房地产开发有限公司，注册资金800万元。

有着家乡情结的胡葆森，在河南那片土地上一干就是24年。如果不是扑面而来的房地产企业转型浪潮和规模生存压力，恐怕他也不会选择妥协，选择在2016年时冲出河南、进军海南市场。

1992年，正在发生故事的还有远在北京的孟晓苏。他刚刚结束了国家进出口商品检验局副局长的任期，为期一年半。

时任建设部部长的侯捷感到房地产行业急需管理人才，经中央领导同意后，将孟晓苏调往中国房地产开发集团公司任总经理。这一转身，正式迈入房地产行业。

在往后数十年的日子里，这位被称为"中国房地产教父"的人物，执中国最大的房地产国企之牛耳，在宏观理论、具体政策措施等方面对中国房地产有诸多创造性建议，孟晓苏的历史贡献还会在《中国地产四十年》中有所提及。

这一年，海南脱离广东独立建省已经有四个年头了。一年多前，已是处级干部的冯仑，选择了弃官下海。

曾经作为牟其中的幕僚长冯仑，受海南建省契机启发，决定到海南闯荡。1991年，在这个建设得热火朝天的海岛上，冯仑和陆续前来的王功权、刘军、王启富、易小迪、潘石屹相聚在一起，成立了万通公司，他们六人后来成为地产界赫赫有名的"万通六君子"。

"万通六君子"个个都是人才，能力超强，所以，彼时的万通公司无所不通，什么都能干。折腾到了1992年，在公司成立一周年之际，万通终于干了票大的！

1992年5月，囊中羞涩的冯仑，揣着仅有的3万元，找到一家信托公司老总，绘声绘色地给对方讲起海南房地产开发大形势，特别是自己也才刚学来的新名词"按揭"，更被冯仑说得天花乱坠。

就在对方听得云里雾里的时候，冯仑迅速地抓住对方希望以小博大"赚大钱"，却又希望稳妥起见的心理，告诉信托老总：自己愿意出 1300 万元，再加上信托公司 500 万元，一起干！冯仑这种自己出大头、合作方出小头，有钱了还一起赚的建议，立刻吸引了信托老总。

在得到对方同意的答复之后，冯仑和王功权拿着 500 万元，又跑到银行贷出 1300 万元，然后将这 1800 万元买了 8 栋别墅，经过一系列包装之后快速转手卖出，这一倒手，净赚 300 万元。万通就通过炒房发家了。

来得快，撤得也快。当时的他，也许并不知道 3 个月后，自己就决定撤离该地。后来冯仑回忆那段日子说，"一些从北京南下的人，靠政府背景拿到一块地，仅凭一纸批文就可以获利上千万元，看得让人心惊胆战。很多楼盘一拿到报建批文就登广告，连地基还没有开始打，价格已经驴打滚一样地翻了几倍"。

"要挣钱，到海南；要发财，炒楼花。"在当时的中国大地广为流传。用潘石屹的话来说是，当年坐船来海南的时候，还是黑蒙蒙的一片。第二天醒来，发现一夜之间，岛上涌进了 15 万人。

这是一场击鼓传花的游戏。

1992 年 8 月，冯仑、潘石屹几个人最终还是撤离了海南。因为潘石屹在一次查阅资料的过程中意外发现，当时海口市在建人均住房面积已达 50 多平方米，而同期北京人均住房面积才 7 平方米，前者竟是后者的七八倍。

也许是商人的直觉，潘石屹意识到"海南的房地产要出事了"。彼时的海南楼市已经进入疯狂状态，于是，包括冯仑、易小迪、王功权在内的 6 位合伙人商量之后，果断决定离开。后来，潘石屹从开发 SOHO 现代城开始，成为中国地产业的标志人物。

后来的历史也充分证明，冯仑、潘石屹等人的第六感无比准确。一年后的 6 月 24 日，国务院发布《关于当前经济情况和加强宏观调控意见》，16 条整顿措施招招致命。

调控重压之下，海南房地产热潮瞬间转冷，数千家开发商卷款而逃，留下 600 多栋"烂尾楼"、18834 公顷闲置土地和 800 亿元积压资金，仅四大国有商业银行的坏账就高达 300 亿元，一时之间，海南楼市满目疮痍，从此一蹶不振。

海南房产泡沫从疯狂到奔溃，有追逐者，也有见证者，还有失败者。而万通六君子是幸运者，他们就在这个背景下，完成人生第一桶金的原始积累。海南作为他们创业之路踏出的第一步，这段传奇的起点，为之后六君子成为各自领域的一方诸侯奠定了基础。

房企如雨后春笋般诞生

一切美好的事物,都会经历破裂,也会经历新生。海南泡沫发酵的同时,海这边的房地产市场积蓄已久的力量正在慢慢显现。

1992年,可以说迎来中国房地产发展史上第一波房企创立大潮,除92派企业家兴办的绿地、保利、建业等房地产公司之外,在这年里,金融街、北大资源、天津泰达、高新地产、新湖中宝、杭州滨江、嘉和集团、云南城投、桂林彰泰、珠海华发、卓越集团等多家房地产企业竞相成立,组成了92届房企阵容。这批企业,为中国波澜壮阔的房地产发展势头增添一道亮丽的风景线。

因为涌现的房企太多,也许会看得眼花缭乱,接下来将就从北向南,一个个故事来讲。看看这些房地产企业如何借着1992年这个春天,一并爆发了。

1992年,北京第一个大规模整体定向开发的金融产业功能区——北京金融街建设正式启动,北京金融街建设开发公司注册成立。

北京金融街位于西二环路东侧,规划区总占地面积103公顷。这里日后聚集了"三行一会":中国人民银行、银监会、证监会、保监会,发展成中国金融核心决策监管中心。

此外,金融街区域吸引了中国华融、中国工商银行、中国建设银行、中国民生银行、汇丰银行、花旗银行、星展银行、中国平安、太平洋保险、中国人寿、中国移动、中国电信、中国铝业集团等金融证券保险等知名企业入驻。

金融街区域内企业管理的资产达18万亿元,其中,金融资产总额达到16.2万亿元,占全国金融资产总额的60%,控制着全国90%以上的信贷资金、65%的保费资金,堪称全国首屈一指的资本金融中心,媲美纽约华尔街。

而运营这一区域的北京金融街建设开发公司于2000年收购重庆华亚,完成资产整体置换与主营业务变更。同年,正式启用金融街控股股份有限公司名称,股票简称为"金融街",大力发展房地产业务,并于2002年成立十周年之际,房产开发收入首次超过土地开发收入。

时代浪潮扑面而来,作为中国顶级学府的北京大学也不甘落后,于1992年成立了北大房地产开发部。一年之后,北大资源开发公司成立,并着手启动北大南街开发。1996年,又更名为北京北大资源集团。

至此,依托北京大学深厚学术底蕴和方正集团的产业平台,北大资源全面开启了房地产开发、教育投资、商业地产运营和物业经营管理等业务序幕,向着资源整合型城市运营商目标冲刺。

金隅股份成立于1992年8月，其前身是1955年成立的北京市建筑材料工业局，历经60多年沧桑巨变，从北京市建材工业局逐步演变和成长壮大，2005年12月，北京金隅集团有限责任公司等5家单位发起设立北京金隅股份有限公司。

1992年改制的还有天津泰达，这家企业的前身是天津美纶化纤厂。在获得天津市经济体制改革委员会津体改委批准后，开始股份制试点，设立天津美纶股份有限公司。

五年之后，也就是1997年，这家公司全部国有股份无偿划归天津泰达集团有限公司经营管理，后更名为天津泰达股份有限公司，并开拓房地产业务。

1992年，由上海信托、中国工商银行、交通银行、上海汽车等七家单位共同发起组建的天地源股份有限公司应运而生，并于当年12月在上海注册登记。这家公司前身是沪昌特钢，在此前的一年，经上海政府批准，以上海第五钢铁厂第四轧钢厂为基础创办的公司。

这家起源于上海的企业，后来经资产重组，西安高新地产成为公司大股东，由此成为西北最大的以房地产开发为主业的上市公司。随后，以西北为大本营，开始挺进长三角与珠三角市场，实现了从区域性地产公司摇身变成全国性地产公司质的飞跃。

1992年，上海城投（集团）有限公司的前身上海市城市建设投资开发总公司成立，于2014年改制为有限责任公司，由上海市国有资产监督管理委员会全资拥有。上海城投成立以来，着力发挥政府投融资主体、重大项目建设主体和城市安全运营主体作用，聚焦路桥、水务、环境、置业四大业务板块，发展成为专业从事城市基础设施投资、建设、运营管理的国有特大型企业集团。

还是在上海，这一年上海市张江高科技园区成立，坐落于上海浦东中部，被誉为中国硅谷。1996年4月，作为张江园区开发的主力军，上海张江高科技园区开发股份有限公司（以下简称"张江高科"）顺时而生，正式于上交所挂牌上市，系采用公开募集方式设立的国有股份制上市公司，目前已形成了生物医药、房产物业、通信信息和海外投资四个投资集群。

1992年8月，经浙江省人民政府批准，新湖中宝股份有限公司诞生了。这家公司一开始以港口开发经营为主导产业，2007年开始以房地产为主营业务，除此之外，还在金融、科技等各方面均有涉猎。且这家公司非常善于融资，特别是通过股权质押—解押—再质押的循环过程，新湖中宝巧妙地利用资本的杠杆效应，最大限度地获取项目开发资金。

1992年11月，恒泰集团的前身安徽合肥泰利美术装饰公司成立，1996年11月成立安徽省恒泰集团，正式进军房地产行业，业务涉及地产、云商产业城、房车特色小镇、物业、金融、教育等多个板块。2017年恒泰总部落户上海，并在北京、深圳设立副总部，相继进驻苏州、无锡、徐州、重庆、成都、西安、西宁、惠州等重点城市，完成全国布局。

1992年，中国城市建设处于一片火热进程中，在杭州江干区，杭州滨江房屋建设开发公司悄然出现了，这家公司成立之初，缺乏资金，只能向相关部门借款8万元，作为启动资金。8月正式挂牌之时，这家集体所有制的房屋开发公司，场地也是租来的，包括创办人戚金兴在内，也就 7 名员工。

戚金兴在 20 世纪 80 年代的时候，就选择了从事建筑业，那时他还不足 20 岁。但短短几年内，迅速晋升为管理层。滨江房屋建设开发公司创立时，他被推选到董事长、总经理位置。滨江房屋建设开发公司主要业务是参与城市建设综合开发，戚金兴带领团队接手公司成立后第一个项目是"近江苑"，这还是个代建工程。

小试牛刀之后，滨江房屋建设开发公司积极参与旧城改造，戚金兴和他的团队在南萧埠小区、景芳五区三期、濮家东村等项目中屡现身手。1996 年，杭州滨江房产集团有限公司成立，1999 年，公司完成转制，成为杭州首家成功转制房地产企业。2008 年，滨江经过两年多的筹备，甚至处于房地产企业 IPO 闸门收紧、全球次贷危机影响中，在深圳成功上市，成为当年度唯一国内 IPO 上市的房地产企业。

上市后的滨江集团，实现了华丽转身，跻身全国民营企业 500 强，中国房地产企业 50 强，也奠定了长三角房地产领军企业的地位。

把眼光放到中国西南，位于云南昆明的嘉和集团也在 1992 年问世了。只不过，这家企业早期并非以房地产为主营业务，其业务范围非常广，从泵产品研发销售，到旅游产业开发，从市场租赁，到建材，甚至连贸易也涉足，几乎无所不包。直到 2004 年，旗下才成立丽江嘉和房地产开发公司，主攻房地产开发业务。

1992 年 12 月，云南城投的前身云南光明啤酒股份有限公司以定向募集方式成立。这家以啤酒为主营业务的公司，1998 年更名红河股份，1999 年实现上市。

2007 年 10 月 24 日，在云南省工商行政管理局变更名称为云南城投置业股份有限公司，并如期借壳上市。云南城投成为是云南第一家以房地产为主营业务的上市企业，它对云南房地产业上市开辟融资渠道也同样具有开创性的意义。

20 世纪 90 年代初，中国房地产行业发展迅速，广西也涌现开发大潮。1992 年，台湾彰泰集团应邀，前往桂林参加洽谈，成立了桂林彰泰实业开发有限公司，并投资开发桂花园项目。

只是公司发展进程并不理想，加上后来席卷亚洲的金融危机爆发，对桂林市场水土不服的台商渐渐失去信心。于是原台商股东将公司转让给了时任桂林彰泰总经理黄海涛。

黄海涛一方面卖掉公司进口汽车，换来现金维持员工工资发放；另一方面，台商股东也以购买住宅的形式，将购房款转化为项目启动资金，最终才让使桂花园这个屡受磨难的小区脱颖而出，走出低谷，开始步入正轨。

此后，这家桂林房企获得快速发展，15 次夺得当地年度销售冠军，2016 年以年销售 120 多万平方米跻身全国百强房企。2017 年全年累计销售面积 175.2 万平方米，销售金额 128.4 亿元，2018 年销售目标剑指 200 亿元。

珠海华发，这家早在 1980 年就已经诞生的珠海企业，在 1992 年也翻开新的篇章。1980 年，经中央批准，珠海跻身经济特区行列，成为中国最早实行对外开放政策的四个经济特区之一。为了推动经济特区发展，珠海成立了珠海经济特区华发集团。

进入 1992 年，珠海华发实业股份有限公司成立，成为华发集团房产开发板块的专业平台。历经 20 多年励精图治，华发股份也从偏安珠海一隅的小房企，跃升为全国知名房企，2017 年更凭借 350.2 亿元的销售总额一举迈入全国房企 60 强行列。

在深圳，力高地产集团也于这一年成立了，力高集团是一家专注于开发与管理中、高端住宅物业及商业物业的综合性房地产发展商，拥有全国房地产开发一级资质、全国物业管理一级资质。2014 年 1 月，力高集团正式在香港联交所主板上市，股票代号 1622.HK。目前，集团已成功进驻以粤港澳大湾区、长三角区域、环渤海区域内的多个极具发展潜力的重点一二线城市。

地产在变革中前行

1992 年，就在"92 派"企业家踊跃下海、92 届房企竞相诞生之际，王健林、王石、陈卓林、朱孟依等已经打下一定基础的地产大佬也没闲着，他们借着"南方谈话"的春风，纷纷推进企业改制、转型升级，为进军地产发展，夯实基础。

而姚振华、郭广昌两位天之骄子走出校园开始创业。孙宏斌则被一纸宣判书打入狱中，却迎来了人生最黑暗时刻。张力不满足继续小打小闹，谋划着与李思廉合作开拓地产业务。至于龙湖吴亚军、绿城宋卫平，1992 年还都在做文字工作者。许荣茂转战澳大利亚开发地产，大获成功。

中海地产启动资本运营，整合内地与香港业务。新世界发展（中国）正式成立，快进军内地步伐。陈启宗同样瞄准内地市场。中原地产、美联物业也不甘落后，纷纷挺进内地。

总之，一股变革的力量，席卷大江南北，为房地产行业注入新的活力，成为蔚为壮观的改革浪潮。

先从北方靠海的大连说起，西岗区住宅开发公司迎来了改制机会。也许很多人对这个公司很陌生，但如果提到万达，可谓家喻户晓。没错，西岗区住宅开发公司就是万达的前身。

1991 年，国家体改委和大连市体改委准备在大连选三家企业作为东北地区首批股份制试点，就在别人还犹豫不决之际，王健林却率先提出申请。于是，1992 年，大连西岗区住宅开发公司改制成立大连万达房地产集团公司。

从"西岗"变成"万达"，这里面也有一段故事。据后来王健林回忆，当时觉得原来的名字太土了，所以，就报纸上打广告，花 2000 元人民币在征集新名字和 LOGO。最后应征入围的是位二十来岁名不见经传的小伙子。

他为王健林的企业起的名字叫"万达"，即万事皆通达之意，设计的 LOGO 外围是个圆圈，里边由波浪和船帆组成 W 英文。据小伙子解释，W 象征海浪，代表万达是一家滨海城市诞生的企业,圆圈喻义地球,立志走向世界。

王健林感慨道,在1992年的时候,很多企业别说走向世界,连走向全国都没有。所以,看到这位年轻设计师万达创意方案之后,立刻决定启用万达这个新名字和LOGO。王健林认为,万达就应该有这种走向全球的志向。

即便是王健林,当时可能也未曾预料到在20年后的2012年,万达通过收购美国AMC影院公司,实现了走出去的第一步,由此开启了琳琅满目的全球买买买节奏。

在深圳,王石已经在奔走全国各地,跑遍了大半个中国,一是推广股份制,二是找地。

当时,万科成立了个股份制改造小组,到处动员人家改制上市。前前后后,万科共参股30多家企业,总投资1.3亿元。同时,万科先后在全国东南西北中13个城市开发房地产项目。

那时候的王石,踌躇满志,连走路的步伐都快了起来。只是,他日后异常强劲的对手也在这一年踏足深圳,跟他生活在同一片天空下。

1992年,20岁出头的姚振华,完成了华南理工大学工业管理工程和食品工程双专业课程。毕业后的姚振华,只身奔赴深圳创业,靠着卖蔬菜起家。

广为流传的版本是,当时深圳市政府正在搞"为民办实事"的菜篮子工程,姚振华兄弟成立新宝康蔬菜公司。

姚振华发迹与他的潮汕背景也有关系,据悉,他通过当领导的同村老乡帮忙,以菜篮子工程用地名义拿地。姚振华创新的净菜超市模式在惨淡经营一段时间之后,关门大吉。但重要的是,土地拿到手了。

姚振华才刚开始在深圳创业,同样为潮汕人的朱孟依已经完成资本原始积累。朱孟依在20世纪80年代,通过开发广东丰顺镇里的商业街,把盖房与租铺捆绑起来经营,这种租金分成开发模式,帮他赚到人生第一桶金。

20世纪90年代初,朱孟依来到香港,顺利获得香港永久居住证。1992年,朱孟依与张荣芳、陆维玑夫妇一起在香港创办合生创展集团,进军房地产业,并发展为以开发住宅地产、商业地产、酒店地产、旅游度假产业和物业管理产业等泛地产事业的大型综合性企业集团。

基于当时境外投资者不能在内地开发房地产的政策,1993年,朱孟依在广州创办了珠江投资,旗下的业务包括房地产、公路桥梁、通信网络、煤炭能源、电力水利、商贸物流、管理咨询、教育、证券等行业。

作为朱孟依掌控的两大公司,合生创展于1998年在香港联交所主板上市,珠江投资则长期未上市。自此,朱孟依借助合生创展作为境外融资平台,把珠江投资作为国内开发实体,合生珠江模式成为中国房地产早期境外上市房地产公司与境内实体开发房企有机结合的样板。

陈卓林,这位从中山三乡镇走出来的企业家,已经不再满足于家具的生产、销售、批发,他和一起创业兄弟决定正式涉足房地产。1992年,陈卓林在广东省中山市创办雅居乐地产，正式进军房地产行业。教师出身的陈卓林，则给雅居乐添上了几分儒雅的风骨。

作为雅居乐的开篇之作——中山雅居乐花园，这个面向港澳客户的大型度假社区，一度成为港澳人士的度假天堂，也是珠三角地区著名的外销楼盘。最辉煌的时候，雅居乐在当地的市场占有率曾一度达70%，成为中山最具垄断势力的房地产企业。陈卓林还率先在全国引入港式物业管理，率先聘请国际知名设计团队为项目做规划、建筑、园林及室内装饰设计，是当时中国房地产业的佼佼者。

对了，在举国上下受到南风吹拂的时刻，并购狂人孙宏斌却迎来了人生最黑暗的时刻。1992年8月22日，他在北京海淀看守所经过漫长的27个月后，接到了刑事判决书，将被判处有期徒刑5年，罪名是挪用公款13万元。

监狱生活没能磨灭这位出类拔萃的年轻人的斗志。相反，对于孙宏斌而言，这个与联想柳传志之间的陈年旧事，某种程度上成就了日后的顺驰、融创。也没人能预想到这位关入监狱的孙宏斌，20多年后，会成为中国商界"并购狂人"，接连出手收购多家企业。

1992年，郭广昌与梁信军等人用3.8万元开始创业，共同兴办了一家市场调研机构——广信科技发展有限公司。可以看出，这家公司命名是从郭广昌和梁信军姓名中各取一个字组成。广信科技是复星集团的前身，也是郭广昌的第一个100万元的由来。

当复星郭广昌已经开始在上海滩搅弄风云的时候，旭辉的林中先生年仅24岁。1992年，他已在福建厦门创办了"永升物业服务公司"。

利嘉实业成立于1992年，由陈隆基创办。如今房地产项目遍及福建、上海、台湾、北京等地，陈隆基本身就是福建人，因此在福州一地就建设有大利嘉城20多个项目。陈隆基综合能力强，是投资和资本运作高手、拿地天才，房地产只是陈隆基其中一项业务，但也不乏经典之作。

1997年12月，大利嘉城电子电器专业市场开业，被媒体誉为"东南第一商城"。2002年2月，中亭街改造工程举行盛大的开街典礼，这项福建省最大的旧城改造项目，邀请联合国、世界贸易组织有关官员、美国、澳大利亚、新西兰、新加坡等十八个国家的高级官员、省市领导，以及法国、韩国、德国等国际大企业的商家参加，名享海内外。

2002年10月，利嘉总部正式迁址上海，并更名为利嘉（上海）股份有限公司。2006年6月，利嘉（上海）股份有限公司通过股改，公司名称再次变更为上海多伦实业股份有限公司。

时间往后，涌现出的人跟事越来越多。下海四年的张力，已经不满足于当一个装修工程的小包工头了。他发现，"做地产机会更多一点"，就开始考虑并最终下定决心转而投身房地产。

正是1992年这个决定，使他开始了与香港人李思廉筹备合作，并从1993年开始合资创办公司，一步步坚持至今，创造出了"富力地产神话"。

再来看看后来中国豪宅教父黄文仔，1992年还在钢材贸易市场中醉心不已。他从来都不缺钱，早在1984年万元户刚刚出现的时候，他就已经是百万身家。同于1992年，龙湖吴亚军还在报社当记者；绿城宋卫平则在珠海一家电脑公司负责编制内部刊物。

大浪淘沙。这批尚未挺进房地产行业的大佬，正游离在各行各业。但随着时间推移，命运大潮的同心圆已经一步步落笔，一切终将相遇。

如今在深圳房地产市场赫赫有名的中海地产，这一年进入资本运营的时代。1992年，中国海外决定将公司最优质的业务——内地、香港两边地产业务重组，打包到"中国海外发展有限公司"里，运作上市。

这家企业成功实现在香港联合交易所挂牌上市，成为第一家以香港本地业务资产直接上市的中资企业，此举也为中海开辟新的融资渠道，获取充足资金，推动中海管理与国际接轨，实现跨越式发展。

1992年，香港房地产界也发生了几件大事。不管是开发商，还是代理商，都不约而同地瞄准内地市场，纷纷抢占先机，开拓内地业务。

新鸿基地产迎来了风光的巅峰。当年市值超越李嘉诚的长江实业地产，成为香港市值最大的地产公司，堪称"地产巨无霸"。

1992年，向来敏锐的港企也加快进军中国内地的步伐，新世界发展（中国）正式成立。香港四大家族之一的郑裕彤，把业务重点向内地房地产市场倾斜。

事实上，新世界蛰伏内地已久。早在1980年就已经开发广州中国大酒店项目。1991年又开发了首个住宅项目广州东山福莱花园，同在1991年还在上海开发浦东金融综合大楼。

还有一位如今活跃在地产界的领军人物，也几乎在同一时间瞄准了内地市场。恒隆集团在主席陈启宗的带领下，率先在上海打造了恒隆广场和港汇恒隆广场两个标杆式项目，大获成功之后，逐步扩大在内地多个城市布局，主要发展高端商业地产项目。

那是一个属于港企的繁荣年代，刚刚起步的内地房地产竞相学习香港的先进模式与经验。其中，也包括刚刚萌芽的中介代理行业。

施永青创办的中原地产凭借在香港14年的经验，1990年初步涉足内地房地产市场。1992年正式成立合资公司，大规模进军内地。他在上海开设内地第一间合资公司的同时，也大规模引入珠三角楼盘到香港销售。

正所谓英雄所见略同。一前一后，香港美联物业也在内地成立了美联（中国）有限公司，专门负责国内房地产买卖及租赁服务。

站在历史的交汇点

历史的魅力在于，那些看似没有交集的人总会在某一点上相遇。

1992年，冯仑三十二岁，王石四十岁。冯仑与王石第一次见面，冯仑告诉王石，他办企业满腹情怀，"为了理想"。王石说，你这样不行，"企业要以利益驱动"。两人讨论了好几个小时，互相较劲。就在王冯为"理想与利益"争辩之际，姚振华刚到深圳，卖菜拿地忙得欢腾。

二十多年后，当宝能系悍然对万科发起收购大战发轫之际，冯仑作为调停人，在自己办公室组织王石、姚振华会谈。王石的较劲对象由冯仑换成姚振华，谈论的焦点由"理想与利益"变成"收购与反收购"。

王姚会进行了长达四个小时的夜谈，会谈过程中，姚振华明确将入主万科，但表态会继续让王石当旗手，然而王石一口回绝："不欢迎。"就这样，会谈最后不欢而散。双方主帅回营后，各自重整人马，整军备战。

说到王石和姚振华，不得不提许家印。1992 年，挥别河南舞钢的许家印和刚走出华南理工大学校门的姚振华同时来到深圳，与王石在同一个城市打拼。这三个男人日后的命运，冥冥之中已经呈现交集。

2015 年，姚振华调动巨额资金，开始对万科围猎。长期游学、登山、划艇的王石仓促应战，开局阶段一度被动挨打。王石、姚振华、许家印命运交织的第一个具有代表性的日子是 2016 年 6 月 26 日。这一天，许家印大宴宾客举办恒大 20 周年庆，当天宝能系发出罢免王石的檄文。

就在恒大把国内外政要、知名学者、顶级企业家、娱体明星请到现场举办 20 周年生日派对之际，宝能罢免万科管理层的战斗檄文传遍全国。办完生日派对后，恒大豪掷 362.73 亿，紧急建仓，狂揽万科 14.07% 股票，一跃成万科前三大股东之一。

1992 年，海南楼市改变了冯仑、潘石屹、李书福等人的人生轨迹。急速升温、无序开发、投资过热的房地产市场暴露了这个新兴行业的众多问题。在短短三年，海南房价增长超过 4 倍。这座总人数不过 655.8 万的海南岛在高峰时期竟然出现了两万多家房地产公司，平均每 300 个人一家房地产公司。

而就在万通六君子齐聚海南时，准备先下海挣钱再回去拍电影的张宝全也来到了此地。他注册了一家公司，相比冯仑等人的风风火火，张宝全则显得形单影只。因为他的公司从总经理到打扫卫生其实只有他一个人。

不过，在那个异常离奇的年代里，张宝全通过炒房地产、做船务生意，也很快完成了资本的原始积累。

后来的故事我们都知道，张宝全完成自己的电影梦已经是 2009 年了。他投资拍摄了电影《叶问》，该电影获得 2009 年香港金像奖最佳影片。

海南房地产泡沫虽然破裂了，但也并非一无是处，至少成就了万通六君子，成就了一代电影制片人的成长，成就了那个年代但凡有所想法，并愿意为之付诸实践的追梦者。

嗅到危机的万通六君子当机立断，分好钱之后，撤离海南。很快，潘石屹转战北京。在 1992 年某个冬夜，凌晨一点钟潘石屹站在市计委门外等候刘晓光。那时是潘石屹在北京开发的第一个房地产项目，急需批文。

上文提到的刘晓光，彼时是北京政坛一颗新星，30 多岁就当上北京市副局级干部，甚至一度曾成为北京市副市长人选。但 3 年之后，他命运出现重大转折。1995 年，刘晓光调任重建首创集团，从此成为房地产发展商的一员。

刘晓光在地产圈的分量极重，甚至被任志强戏称为北京地产真正的"带头大哥"，据说，每次任志强开炮时，也只有他是唯一能将任志强劝和的人。此外，包括王石、冯仑、潘石屹等"大佬"都十分尊敬他，以果敢勇进著称的孙宏斌也称赞他"敢为天下先"。

就在万通六君子借海南炒房赚了人生第一桶金，分钱撤退之际。李书福来了！只是，他选择的时间节点不太好，1992年是海南房地产冲到顶峰期，李书福带着数千万来海南，准备趁这个开发热潮捞一把。

理想很丰满，现实却很残酷。李书福淘金没淘成，却成这轮楼市击鼓传花的最后接盘侠。之前几年辛辛苦苦攒下的几千万资金全部打水漂，愤恨无奈地回到浙江。

炒楼失败的遭遇对李书福打击非常大。回到浙江之后，李书福潜心反思，对投资战略重新调整，寻找事业新起点。最后终于沉下心来，扎扎实实做实业，减少了盲目跟风投资，由此成就了其转身变为杰出企业家的代表，带领吉利汽车成为中国汽车知名品牌。

他们的名字，在过去20多年间的某一时刻会如流星般闪过，未必是最亮眼的那一颗。但，就是这样一个充满了起点感的年份，中国房地产行业和房企的成长故事都在路上。

以史为鉴，可知兴衰。1992年，注定是一个跨越荒芜与野蛮的时代，也注定是一个承担惊喜与蜕变的时代。

1992年，这是个五百年一遇的年份。把时间从1992年往前推500年，那是1492年，也是哥伦布扬帆起航，发现新大陆的一年。

500年前的15世纪，富饶、发达的东方文明古国——中国吸引了西方人的无比向往，无奈西欧及亚洲间陆上贸易通道被盛极一时的奥斯曼帝国垄断。

于是，1492年，受《马可·波罗游记》感召的哥伦布，带着对中国的憧憬，在西班牙皇室支持下，扬帆西航，这个原本想从海上打通前往东方中国、印度之路的探索，却意外发现新大陆，更将人类带入史无前例的大航海时代，把世界五大洲四大洋融入了全球化进程，开启人类历史上全新纪元。

1992年，古老而崭新的中国，又一次面临难得的发展契机，美苏争霸格局瓦解，东西对抗消散，冷战终结，全球化新浪潮扑面而来，在这种背景下，中国主动敞开胸怀，以极大的魄力开启新一轮改革开放的序幕，同时也引领着世界向前发展。

500年前，中国触发了人类历史上第一次全球化进程，500年后，中国再次成为全球化不可或缺的核心组成部分，也正是中国的全面融入，世界才具有真正的全球化意义。

1992年，世界和平的力量在积聚。克林顿成功当选为美国总统，他把美国从冷战思维中拖了出来，将重点投入经济发展中，并借助互联网经济崛起契机，引领美国经济重现繁荣。日本明仁天皇也在这一年正式访问了中国，这是中日两国交往史上日本天皇首次访问中国，其意义之重大不言而喻。

1992年，中国国内生产总值的增长达到了前所未有的12.8%，远高于原先估计的6%。中国经济进入显著加速发展阶段，也是从这一年起，中国的经济增长率开始一直高居世界首位，成为全球经济发展引擎。

跨国企业看到中国的巨大发展潜力，大胆进入中国市场，给许多中国企业带来了挑战。中国东风汽车公司与法国雪铁龙公司合资成立了神龙汽车有限公司，开始生产东风雪铁龙汽车产品。

连美国通用公司的 CEO 杰克韦尔奇都亲自来到中国。这位美国商界的传奇人物认为，当时的中国是世界上最激动人心的市场，所以通用将在 80 多年后重返中国。

远在大洋彼岸的微软，比尔·盖茨正在指挥一场进入中国的里程碑战役，第一步在北京设立代表处，希望以此作为大规模挺进中国的桥头堡。两年之后，比尔·盖茨首次访华，加大开拓中国市场。顶着全球首富头衔的他，也成为中国很多年轻人的偶像。

在这个伟大的年份，中国与世界的交流在加速，中国在走向世界，世界也在走近中国。在这个伟大的年份，中国诞生了众多企业，尤其在房地产领域，更是活跃着众多实力雄厚的地产发展商。20 多年后的今天，中国房企已经是世界 500 强的重要组成部分。

从 1978 开始萌芽，到 1992 年全面觉醒，中国房企逐渐形成中国乃至世界的重要力量。众多早期地产企业家敏锐地把握到时代发展脉搏，带领着创办起来的企业为中国经济建设注入强大动力，并走出国门布局全球，甚至位居世界级 500 强之列。

致敬 1992，这是一个值得永远铭记的伟大年份！

1993年：

开启调控先河　分税制将登场

1993年，虽说比之1992年，少了众多轰动性事件，但并不妨碍这一年给人留下深刻独特的记忆。

1992年春风，开启了中国改革开放新一轮浪潮，压抑已久的中国经济如雨后春笋般，迅速崛起。进入1993年，经济发展速度之快已经超乎想象，甚至到了几乎失控的地步。

据《1993年国民经济和社会发展统计公报》显示，1992年中国GDP增幅高达14.2%，其中，工业总产值增长就有24.7%，而全社会固定资产投资也出现44.8%的涨幅，这一切，已成为1993年经济虚火的前奏。

果不其然，1993年的经济火爆态势不期而至。上半年各项数据屡创新高，全社会固定资产投资同比增长率高达61%，远超1992年。而工业增加值的增长率达到30.2%，另外，35个大中城市居民消费价格同比上涨17.4%，进入6月更是高达21.6%。

国民经济甚至出现"四热"现象：开发区热、房地产热、股票热、集资热，无论是风暴中心的海南还是整个中国房地产市场，都迎来了巅峰时刻。房价、房企数量、投资额、商品销售额都刷新了纪录。

中国经济历史上曾多次出现"救市—过热—调控—偏冷—救市"的循环怪圈。也就在同一年，从春天到冬天，中间是可以没有过渡的，而且速度之快让人措手不及，无所适从。

"国16条"的横空出世，给一路高歌猛进的房地产狠狠地泼了一盆冷水，中国楼市在20世纪90年代初狂飙突进期，直接踩了急刹车，虚火局面迅速叫停。

然而，即便1993年的日历翻完最后一页时，也无法说清有多少人因为房地产而大发横财，更无法数清有多少人因为房地产而倾家荡产。

奔流不息的历史浪潮中，一波接一波的浪潮，把时代的弄潮儿推向浪尖。在这个高歌猛进的年份里，龙湖地产、远洋集团、保利置业、五矿地产、敏捷地产、珠江投资、天力地产、新城控股等众多房企相继成立，并逐渐成长为如今的行业中坚力量。

炒地热席卷全国

从巅峰跌落到谷底,很多时候只是一瞬间的事。

自1988年建省以来,海南就一直是中国开发热土。1993年上半年,海南房地产市场进入最后狂欢,据《中国房地产市场年鉴(1996)》统计,海南房地产价格从1988年建省之初的1350元/平方米,飙升至1993年上半年的7500元/平方米。

不到五年时间,房地产价格增长已经超过5倍。与此同时,海南土地价格从1991年的每亩几十万,攀升到1993年的最高600多万元/亩。

上半年,这场击鼓传花的游戏还玩得正酣,一夜暴富的神话还在上演。

与此同时,海南房地产的热浪大规模席卷全中国。1993年3月,八届全国人大一次会议上,兰州市市长称:大搞房地产开发是兰州市1993年工作重点之一。同年1~4月,北海市平均每3天就有1亿元资金涌入。

原四川省委主要领导人要求四川的企业到上海搞房地产开发,不能"提篮小卖"。云南瑞丽,地价由过去的"送人不要"开始狂升猛涨。贵州人也离乡别井,奔往广西炒起了地皮。

历史数据显示,1993年1~6月,全国房地产业完成开发投资274亿元,较1992年同期增长143.5%;新开工商品房面积比上年同期增长136%;商品房销售额增长55.6%;开发企业由1992年的1.24万家上升到近2万家,有权威人士私下估计,甚至可能超过3万家。

对土地市场推波助澜的还有开发热,全国各地开发区为了招商引资,在优惠政策上拼命下血本。据《中华工商时报》报道称:"每年土地黑市交易流失的国家收益,估计就有200亿之巨。"媒体同时披露,有些外商以极其低廉的价格拿下数百亩甚至几平方公里土地,然后进行土地平整,以几倍的售价转手卖出去可以获利。

低价出让土地或者豁免土地使用费的优惠政策,让中国土地市场成为一个灰色地带,也催生了畸形的房地产市场。据中国台湾《联合报》描写的中国现状已经到了"无处不见房地产开发公司的招牌,无处不谈土地买卖"的境况。

这场以开发区为名义的"圈地运动"泛滥潮横扫全国,特别是1993年年底,开发区数量猛增至8700多个,而这一数字在1991年、1992年分别是117个、1951个。国务院调查报告显示,截至1993年4月,全国开发区开工面积307平方公里,仅占规划总面积2%,超过90%的耕地并未落实到开发环节,造成1000万亩耕地流失。

暴风雨前夕往往是平静的,甚至是安乐的,让人毫无察觉。当所有人都沉醉在这场财富巨变的狂欢时,谁也不曾想到,寒冬骤然而至。

面对着过热的经济,时任副总理朱镕基担当起了调控的"主刀手"。1993年6月23日,朱镕基发表讲话宣布,终止房地产公司上市、全面控制银行资金进入房地产业。

1993年6月24日,国务院《关于当前经济情况和加强宏观调控意见》(通称"国16条")出台。《意见》包括严格控制信贷总规模、提高存贷利率和国债利率、限期收回违章拆借资金、削减基建投资、清理所有在建项目等一系列宏观调控措施。

对于海南房地产来说,上述政策几乎招招致命,银根全面紧缩,让房产泡沫在急剧膨胀后瞬间破碎。

泡沫破裂之后,海南房地产可谓哀鸿遍野。全省1.3万间房地产公司中95%陷入倒闭,数千家开发商卷款逃离。占全国总人口数仅0.6%的海南省留下的积压商品房数量占全国总量的10%。

全省"烂尾楼"高达600多栋、1600多万平方米,闲置土地18834公顷,积压资金800亿元,仅四大国有商业银行的坏账就高达300亿元。海口市地价从1993年最高的680万元/亩一路狂泻,到1996年年初已经跌至约100万元/亩,跌幅达85%,基本上回落到1991年的水平。

从此,良辰美景变成了断壁残垣,"天涯、海角、烂尾楼"成为海南三大"景观"。

邢增仪是海南省颇有名气的作家,也是发展商的一员。1987年重庆建筑工程学院派邢增仪到海南工作,而她却选择了在房地产泡沫即将破灭的1992年下海,创办了海南省海狮房地产(新加坡)有限公司,并出任总经理。然而,她的公司很快遇到1993年的宏观调控。当时,连不少资产雄厚大公司都折戟沉沙,邢增仪的公司却顽强生存下来。

回忆起当年海南那个惊心动魄的时代,邢增仪用颇具文学色彩的笔调描述:"海南走过了很多弯路,可也是必须付出的代价,世上本没有一帆风顺的事。我亲眼看着很多人为了建设海南付出了很多代价甚至生命,有的人带着千万家产而来,两手空空离去;有的人黑着头发、白着面孔而来,白着头发、黑着面孔离开。海南每一幢高楼里都有一个悲壮的故事,每一根桩基下都有一个可歌可泣的灵魂。"

海南巨量的房地产库存,一直到1999年才清理完成。海口市的房价,在2010年前后才重新回到1993年上半年的高点。

唇亡齿寒,海南房地产崩盘,让整个中国房地产市场都受到直接牵连,其中广西北海、广东惠州成为全国另外两个"重灾区"。

一海之隔的北海,当年房地产火爆程度与海南相比可谓不分伯仲,以至于1993年1月朱镕基前来视察时,也忍不住警告:北海不同于上海,北海建设要量力而行。

数据显示,1991年以前,北海的房价还只有500~600元/平方米,到1993年上半年已经涨到3000多元/平方米。但1993年下半年开始,随着海南房地产崩盘,北海市房地产市场也直线下滑,土地降到8万元一亩仍难出手,楼价跌到500~1000元/平方米还是没人要。

据房产部门2000年的调查,人口不过30来万的北海市在"房地产热"中共造成闲置土地1887公顷,积压空置房107万平方米,停缓建工程108个,"烂尾楼"建筑面积

121万平方米，被套资金超过220亿元。那时的北海，"半拉子"工程随处可见，别墅区草比人高，野狗乱窜，一片荒芜，以致许多经济学家将其称为"房地产泡沫经济博物馆"。

在20世纪80年代末，惠州曾高喊"80年代看深圳，90年代看惠州"的口号。这个踌躇满志的城市，在1992年曾经吸引超过260亿元的热钱涌入。但1993年的调控，让惠州叫板深圳的美梦一朝破灭。

房地产泡沫破灭之后，惠州城市信用社的总损失超过60亿元，遗留了55万平方米的烂尾楼，52万平方米空置商品房。作为惠州当时重点开发的南部新城区，大亚湾在整整10年间，犹如一个"鬼城"。

海南房地产泡沫破裂之前，在陈国强所著的《房地产江湖》一文中提到：曾经有一家香港媒体评论如此说："在改革路线上高速驰骋的中国经济，是一匹强壮彪悍的神驹；但它带有几分野性，并且它从来未曾在这条路线上跑过，而目前是晨光熹微、雾气重重的光景。这匹马是能够疾驰的千里驹，可是在驱策前进的时候，必须注意：既要马儿跑，又要马儿不摔倒。"

可惜的是，在1993年，这匹高速奔跑的千里马还是摔倒了，而且摔得很重。正所谓，吃一堑，长一智。多年之后，海南房地产泡沫沉痛的教训，一直是中国房地产发展的警钟，时刻提醒人们警惕楼市泡沫危害。

海南楼市泡沫破裂

在这世界上，幸运儿永远只是少数。海南房地产泡沫让很多人"身受重伤"，从此一蹶不振，即便有人东山再起，风头也大不如前。像万通六君子这样全身而退的，屈指可数。

在《中国地产四十年·1992》篇章里，已经讲过关于万通六君子从海南胜利大逃亡，背后故事其实很多，本篇接着继续讲述六君子有如神助般的海南淘金历险故事。

有一个说法是，潘石屹用5斤橘子向规划局办事员换来了海口住房建设数据：海口市总报建面积除以该市常住人口和暂住人口，人均达50多平方米，而当时北京的人均住房面积才不过7平方米。

"我的第一个感觉就是天要塌下来了！没有任何需求支持的供给，这不就是泡沫吗？"意识到危机即将到来的潘石屹，成为六君子得以及时抽身而退的关键。

另一个说法则是冯仑提前获得了政策层面的消息。据悉，1992年年底，冯仑在北京和朋友聊天时得知国家要进行宏观调控，即将出台文件。于是，对政策极其敏感的冯仑下定决心，从海南撤退。

无论是潘石屹用5斤橘子换回来的数据，还是冯仑通过北京朋友圈提前获悉调控的内幕，总之，万通六君子认为，海南是不能待了。从虎口脱险之后，六君子从海南出发，冯仑和潘石屹北上京城，易小迪到了广西，王启富去了深圳，王功权则去了美国。在广西，易小迪成功开发了南宁万通空中花园、新万通购物广场、新万通宾馆等，在北京，冯仑和潘石屹凭借"万通新世界广场"一战成名。

而在六君子开疆拓土的众多城市中，北京万通算是最具代表性。1993年1月18日，万通前身"海南农业高科技投资公司"增资扩股，改制为有限责任公司形式的企业集团，即万通集团。1993年6月，万通集团发起组建北京万通实业股份有限公司，成为北京最早成立的以民营资本为主体的大型股份制企业。

不过，当初完成股份制改造的北京万通，虽拿到了资金，却苦于没有项目。无巧不成书，当年同样完成股份制改造的华远，则手握大量土地资源，尽管已经签订一系列合资、合作合同，但资金压力并未完全缓解，仍然要靠出让土地和项目换取更多的资金。

一个有钱没项目，一个有项目不够钱，互补的双方就这样找到了合作的机会。北京万通和华远合作的第一个项目便是位于北京阜成门的"新世界广场"，这个项目曾经被潘石屹戏称为"任志强废纸篓里的项目"。而任志强和潘石屹这对欢喜冤家的姻缘也是从这次合作开始。

据任志强在《野心优雅》一书中回忆：当时和潘石屹就新世界广场的土地进行谈判时，潘石屹甚至不知这个行业的通用术语，不知道什么叫"七通一平"。这一次，潘石屹又当了一回幸运儿。在北京重新出发的潘石屹，不仅没受宏观调控的影响，甚至因为宏观调控捡了个便宜。

任志强在书中写道，与潘石屹谈判接近尾声时，我得到了内部消息：新的一轮调控将开始了，于是我将报价减了2000万元，给了小潘一个惊喜，小潘仍然不放心，又让我在新公司中加入5%的股权，终于我们签订合约。

据任志强书中透露，当时为募集更多开发资金，除降价出售项目外，华远还希望股票能在市场上流动，通过增资扩股获得更多的市场直接融资，但天不逢时，华远的股票仅在NET系统流通了一天，朱镕基就下令关闭了法人股流通市场并在紧缩政策中明确表示禁止房地产企业上市。

而被抛弃的"新世界广场"，在成功转手后，反而创下了北京市场的一个销售神话。当年，还不太懂房地产的潘石屹，接受了有中国地产"概念营销"第一人之称的香港利达行邓智仁的建议，由其负责万通新世界广场的推广和销售工作。

邓智仁最终也没让潘石屹失望。经过一系列包装推广，万通新世界广场卖出了每平方米3600美元到5000美元的天价，相当于当时市价的3倍。仅销售了6天，就拿到5亿港元的回款。

这样的成功，或许潘石屹他们都是始料未及的。据潘石屹回忆，在庆功宴上，邓智仁唱歌唱得声嘶力竭，完全是疯了一样。而冯仑更是喝酒喝进了医院，打完吊针，还躺了两三天。

万通新世界广场赚了几个亿，给了冯仑继续加大投资的底气和信心，之后，万通集团相继收购了贵州航空公司、武汉国投、陕西证券，并成为民生银行的大股东。

到1995年，万通集团发展到达高峰时刻，先后涉足房地产、通信、服装、商业、信息咨询、银行、保险、证券等多个领域，布局广及北京、海南、西安、沈阳、武汉等城市，控制的资产高达70亿元。

20年后，一部叫《中国合伙人》电影上映了，片中黄晓明有一句台词被奉为经典：千万别跟最好的朋友合伙开公司。

之所以成为经典，大概是因为引起了很多的共鸣吧。在万通集团风光的背后，六君子之间的分歧也越来越大，冯仑想在各行各业、全国各地发展，而潘石屹就想在北京做房地产；冯仑需要钱，潘石屹不肯给……

最终，这六位曾经共过患难，也享过富贵的君子，还是迎来了"分家"的结局。

在海南完成资本原始积累并成功逃离海南房地产崩盘，是万通得以蓬勃发展的重要基础。但是在这场灾难中"牺牲"的人不在少数，曾经的海南首富冼笃信便是其中一个。

靠倒卖汽车赚到第一桶金的冼笃信在1989年进军房地产，1992年开始在海南各地大量买地，高峰时手握5000亩土地，总值超过10亿，成为又一个暴富神话的主人公。

但1993年的宏观调控，将他从顶峰打入十八层地狱。尽管在宏观调控政策出台之前和之后，时任人民银行海南省分行行长的马蔚华都给冼笃信提过醒，但冼笃信始终没当回事儿，拒绝将手中价值10多亿元的地皮出手，连拿着几千万支票找上门来买地的客户都被他拒之门外。

"我买土地是对的，没有卖是错误的。"这是冼笃信对当年失败的最简单总结。

冼笃信失误远不止这个。据说，当时北京市海淀区政府曾经邀请冼笃信去做房地产，并承诺地块随便挑。但冼笃信拒绝了，反而去了湖南衡阳。若干年后，在谈及当初投资衡阳的决定时，冼笃信说，是因为他爱的一个人在衡阳。

人的命运往往就是一念之差决定的。自此之后，冼笃信的事业开始走下坡路，一年不如一年。

在2004年的博鳌房地产论坛上，冼笃信见到了当年从海南"脱险"的冯仑、潘石屹，以及北京来的任志强。他第一个发言：今天坐在台上，他们三个是以成功者的身份回答问题，我是以失败者的身份和你们对话。

香港房企挺进北京

1993年，在北京，冯仑和潘石屹奠定了他们在房地产行业的"江湖地位"。而李嘉诚则在这个城市落地了他在内资投资最大的一个房地产项目——东方广场。

这个被李嘉诚视为"最棘手、最反复"的项目坐落在北京城最繁盛的东长安街和王府井交界处，毗邻天安门广场，占地10万平方米，总建筑面积达80万平方米，是目前亚洲最大的商业建筑群之一。

按照最初的构思，李嘉诚将在这个最好的地段，用最好的设计，兴建一座世界一流的单一体积最大建筑物。一开始，李嘉诚以为会进展很顺利，希望用最快的速度完成。李嘉诚甚至将完工日定在了1997年7月1日，这一天，是香港正式回归的日子，东方广场无疑将成为李嘉诚献给祖国的最好礼物。

只可惜，最终事与愿违。1993年，东方广场由北京政府批准兴建，次年动工，但动工三个月后，项目便因审批手续、建筑设计以及开发中撞见古迹等一系列问题而暂缓开发，并进行规划调整，一直到1997年8月才全面复工。

为推进项目继续开发，开发方采取一个折中的办法，第一，改变体积，减少百分之三十。第二，由单一座建筑变成十一座大厦，高度由70米，改为地上30米，地下20米。第三，股权方面增加了中资机构股比。经过一系列调整，新的东方广场规划包括8幢写字楼、2座豪华公寓、1座大型开放式商场，以及1间豪华五星级酒店。

东方广场东西跨度达到五六百米，几乎横跨北京地铁1号线的王府井和东单两大地铁站，是长安街上颇为雄伟壮观的现代建筑。

2003年8月，东方广场竣工，投入使用之后，吸引众多高端科技、证券投资、银行金融、会计律师、媒体广告等行业入驻，并发展成为龙头公司与世界500强企业的汇聚地，成为北京重要的国际化商圈。

无疑，这个巨无霸项目无论之于北京，还是之于李嘉诚，都是举足轻重的。以至于多年之后，在谈及李嘉诚撤资内地的话题时，任志强发出了"只要李嘉诚没有把东方广场卖了他就没有撤资"的言论。

关于东方广场，有位传奇女子起到举足轻重的作用，她就是周凯旋。当年，在时任东方海外董事长董建华的建议下，周凯旋与董建华表妹张培薇北上京城寻找到东方广场项目。王旻的著作《一代船王董建华》中记载：东方广场是东方海外迄今投资中国大陆最大的项目。

周凯旋找的这个项目当时曾在香港引起轰动，东方海外也因此邀请了多家香港地产地产商合作，其中就包括李嘉诚。

更令人想不到的是，周凯旋仅仅用了5分钟便说服李嘉诚做出了投资决定。周凯旋向李嘉诚承诺，12万平方米的动迁、平整土地以及一系列建设手续都一力承担，交给李嘉诚的保证会是手续齐备的"熟地"。

之后，周凯旋用了五年时间向李嘉诚兑现了承诺，周凯旋的工作能力及商业眼光也获得了李嘉诚的充分肯定和信任，由此两人开始了长达数十年的合作。

后来，李嘉诚在互联网行业的几笔重大投资，都深受周凯旋影响，包括成立TOM公司，2007年投资几乎没有盈利的脸书等。据悉，2012年Facebook上市时，李嘉诚的投资翻了五倍。

这边厢，李嘉诚通过旧改分羹北京商业地产市场，那边厢，香港地产界"四大天王"之一的新鸿基则借助与北京东安集团合作开发新东安广场进入内地商业地产。

1993年，北京东安集团公司与香港新鸿基地产有限公司合资对百年历史的东安市场旧址进行改扩建，这个新的商场被称为新东安广场。

据说，1998年1月，新东安广场开业时曾轰动北京，建筑本身被评为20世纪90年代北京十大建筑之一，地下一层的"老北京一条街"因再现了民初东安市场景图，一度成为王府井大街的旅游名片之一。

不过，后来因为管理理念不一致，合作双方选择了"和平分手"，新鸿基接手了东安集团的50%股权，实现百分百控制。新鸿基为统一公司的购物中心品牌线，从2008年开始，将"新东安广场"更名为"北京apm"。

北京旧城的巨大商机，郑裕彤自然也不甘缺席。1993年，新世界集团与当时的北京崇文区政府达成合作协议，双方将成立一系列合资公司在崇文区做旧城改造的一个试验性项目。作为合作方，崇文区政府将享有该项目的30%利润。

崇文门外1、2、5、6号地被捆绑在一起进行集中改造，对当时的崇文区来说，这是难度极大、困难极多的四块地。首先是政府基础设施条件极差，其次是人口密度大，拆迁成本高，另外，由于部分地块邻近天坛，建筑高度受限，容积率也较低，导致整个开发建设很难做到资金平衡。

这个说法并无夸张，一直到2007年，新世界才基本完成1、2、5号地块的全部开发，历时14年之久。其中1号地开发为新世界商场一期、三期及新怡家园，2号地为新世界商场二期、新世界家园及回迁房都市馨园，5号地为新景家园。

但改造还远远没有结束，剩下的6号地成为最棘手的。由于距离天坛较近，加上文物保护、限高、外迁房源不足，回迁困难等种种因素，该地块至今仍未完成拆迁开发工作。

在2017年棚改计划大本中，6号地块也没有在列。又一个十年即将过去，姑且不论资金成本，就时间成本而言，新世界付出的估计也是无法估量的。

同在1993年，看准市场契机的新世界集团还创立了新世界百货有限公司，并于翌年在武汉经营管理了第一间百货商场。从此，新世界百货拉开了全力进军中国零售业市场的帷幕。

在最高峰时，新世界百货在国内持有41家百货店和两家购物中心。遗憾的是，之后随着电商冲击和百货业态式微，新世界百货业绩从2013年开始一路下滑，最高跌幅达到43.4%。2017年6月，新世界百货正式提出私有化，这也是新世界集团继新世界发展之后，再一次将旗下上市公司私有化。

1993年，也是胡葆森从香港转战内地房地产市场之后接受检验的一年。

郑州东郊，在一片与市区完全分割开来的盐碱地上，胡葆森要建造一个面积为360亩的超级大盘——金水花园，并且价格很贵。

可上市之初，恰逢宏观调控政策出台，让这个被胡葆森寄予厚望的项目一下子陷入滞销的泥潭。后来，胡葆森向《中国周刊》记者回忆，那段时间，每天都要吞两片舒乐安定才能睡着。

而最后帮助胡葆森走出泥潭的恰恰是从香港地产学到的营销理念。彼时，胡葆森在河南推出"按揭贷款"的售楼方式，同时策划了一场金水花园"十年还本"的活动。根据承诺，1993年6～12月购买金水花园一期的业主，在一次性付清所有房款的情况下，10年之后，建业房地产公司在保证其产权的基础上将这批业主的购房款悉数退还。

消息一出，全国震惊，此举在中国内地并无先例。但"十年还本"的承诺相当奏效。1993年6月19日，"金水花园"成功售出第一套商品房，此后销售一路走高。

2003年，胡葆森兑现了自己"十年还本"的承诺。建业通过报纸媒体刊发广告，告知1993年参加返本活动的业主们办理退款手续。据了解，参与活动的业主有40余名，返还总金额1000余万元，平均25万元/位，最高业主可获30余万元，最低业主也能得到14万余元。

建业通过这个十年之约，不仅在1993年成功吸引了眼球，带旺项目，卖出房子，而且在2003年退还本金，树立了信守承诺的诚信形象，堪称成功的楼市营销，也赢得众多消费者对建业品牌的认可。

回想起当初这个轰动一时的壮举，胡葆森却带有几分唏嘘。"首先要想办法活下来，要忍辱负重，即使明知道五年或十年之内不可能有一个规范的市场，你还是要坚持，只要生存下来就会有机会。"

万达南下广州

在深圳，房地产行业迎来了一个重大变革。7月24日，深圳市第一届人民代表大会常务委员会第十七次会议通过《深圳经济特区房地产转让条例》，10月1日正式实施。

在《条例》中，深圳市首开先河，对房地产预售做了专门规定，成为大陆最早立法并推行商品房预售制度的城市。

1992年开始，万科就在酝酿转型。到了1993年，曾经推崇多元化的王石开始向专业化转轨。"专攻房地产项目成为1993年万科的战略决定！"

"当时，万科决定只做房地产，不做其他项目真是下了狠心的！可以说，这是我人生中面对的第三次放下。当时国家进行了宏观调控，房地产市场的大环境极端不好，而你还要放弃其他可能带来大利润的项目，这要大魄力。"王石如此回忆道。

在定下"专攻房地产"的主基调之后，万科想要加快跨地域拓展房地产项目的节奏，筹措资金成为当务之急。

一开始，万科希望发行可转债，当时与万科一同申请可转债的还有宝安股份有限公司，总可分配指标20亿元。结果在北京、深圳均有良好公共关系的宝安股份一个申请就批到了 10 亿元。

时任人民银行深圳分行行长王喜义跟王石说："可转债不可能了。发 B 股吧，新品种，你们回去研究一下。"

无奈之下，万科只能选择发行 B 股。彼时，主管此事的是中国人民银行深圳分行金融管理处副处长张国庆，张国庆告诉王石，一个月后，我就要离开人行了，运作一家证券公司，万科的 B 股就由我来承销吧。

张国庆所说的证券公司就是君安证券，正是这家证券公司，成为万科历史上第一次股权之争的主角。

5 月 28 日万科 B 股正式挂牌交易，万科首发 4500 万股，每股港币 10.53 元，筹资 4.5 亿港元。

虽然最后成功挂牌交易，可当时市场并不看好 B 股，有相当比例的股票还没有被认购，而作为主承销商的君安证券只能自己消化，君安证券亦因此被迫成为万科的大股东之一。

王石在《道路与梦想》一书中曾如此描述：当时，君安承销万科 B 股，有 1000 万股仍压在手上，成本在 12 元每股，而目前市场价只有 9 元每股。按市场价售出将亏损 3000 万元。

股票被套，君安证券的偿付能力也出现了问题。据说，当时，张国庆建议万科反贷给君安证券一笔费用，以解决短期资金拆借的燃眉之急。

不过，张国庆的建议被王石以"挪用筹资款借贷给证券公司是违规的，也违背发行 B 股的初衷"为由拒绝了。

B 股发行成功，让万科在宏观调控政策的阴影下有了明显的资金优势，万科借机攻城略地，地产项目遍地开花：上海万科广场、深圳荔景大厦竣工；鞍山东源大厦封顶，沈阳城市花园开工，深圳海神广场破土……

此次发行 B 股，让万科在市场低潮时过了春风得意的一年，可也正是因为这次发行 B 股，引发了次年的君万之争。

就在王石忙着资本市场运作的时候，张力和李思廉也没闲着。

这对"地产双雄"一起出资 2000 万元，成立了天力地产公司——富力集团的前身，从此，两个没有血缘关系的人开始了他们人生中最重要的合作。

当张力和李思廉这对"好基友"开始搅动广州楼市之际，上海同样有一对"好哥俩"也在酝酿一场楼市营销变革。

1993 年，易居控股创始人周忻在房地产行业摸爬滚打已有一年，而且似乎已经摸着了门道，由周忻主导的上海好莱坞时代即将到来。

彼时，被称为最懂策划的销售大师周忻负责好莱坞花园项目营销，这位精明而大气的上海人，在业界素以创新著称，他对之前小打小闹的地产营销并不感冒，于是找来了上海大学校友朱旭东，准备联手干件震撼上海滩的大事件。

于是，就在这年 11 月 3 日，《新民晚报》上刊登了一则具有划时代意义的地产广告。

打出"三万元拥有一个家"的好莱坞花园地产广告,这句脍炙人口的广告语一时之间风靡整个大上海。而这句广告语,出自周忻的绝佳搭档——朱旭东手笔。据说,连报纸上刊登的广告图样都是朱旭东自己一笔一划画出来的。

广告打响之后,周忻带领营销团队立刻进入全面战斗,短短时间内迅速让好莱坞花园这个项目空前热销,一炮而红,由此奠定了其在房地产行业的发展基础。

经此一役,周忻收获的不仅是一战成名,更巩固了他与此后几十年老搭档朱旭东的合作模式:一个把方向,管经营,另一个做品牌,搞营销。周忻与朱旭东这种合作模式,从两人一起工作到后来一起创业都始终坚持着,配合得天衣无缝、游刃有余。

1993年,周忻在上海一飞冲天之际,在大连已经小有成就的万达,也不甘于现状,王健林实施了创立以来的第一次转型,开始从大连走向全国。

多年之后,王健林谈及万达多次转型的初衷就是因为老处于如履薄冰的状态。"住宅做得如火如荼的时候,我就隐约感觉到游离,我说不行,哪一天大连的市场垮了,我们弟兄们怎么办,我们得走出去。"

跨区域发展的第一站,王健林选在了广州番禺,通过收购获得了现在的侨宫苑项目。随后,万达到成都、长春多个城市进行开发,开始大规模进军全国。

不过,王健林这第一步,走得并不容易。据王健林在《杨澜访谈录》节目中透露,当时刚来广州,还栽了跟头,被人骗了几千万。而且头两年也不成功,房子卖不动。"头两年很多人都怀疑我,我自己也自责,哎呀,看来这一步弄不好整错了。"

有时,命运的转折总是来得那么不经意。在进入广州的第三年,侨宫苑突然就好卖了。也正是这个转机,让王健林坚定了在广州的投资,至今,万达广场已经先后落地白云、番禺、增城、萝岗、南沙,第四代产品——万达文化旅游城在花都落地。

1993年千辛万苦走出大连,第一步就踏入广州的王健林,24年后,当他把自己一手建立的77家万达酒店以199亿的价格卖给广州开发商富力时,整个市场都震惊了。

中海在广州的第一步则相对顺利多了。1993年8月,中海首入广州,参与开发的第一个项目——东山广场,获得了中国建筑工程最高荣誉的"鲁班奖"。1996年东山广场竣工时,租售率高达70%。

同年9月中海收购承建业务,实现了集团公司业务整体上市的目标。

金地集团在这一年取得房地产经营权,正式经营房地产。许荣茂从澳大利亚归来,以投标方式购得500亩土地,以2亿元资金投资开发旅游度假区。

在房地产行业打拼多年的陈劲松夫妇,开始瞄准地产中介代理行业,于1993年创建世联地产顾问(深圳)有限公司。

朱孟依"地产航母"

1993年,继1992年后,又一波眼花缭乱的房企诞生潮扑面而来。这一年里,也是央企抢滩布局房地产行业的一年,远洋地产、保利置业、五矿地产等央企背景的房地产公司接连登场亮相。

1993年,保利控股收购香港上市公司新海康航业投资有限公司。新海康成立于1973年,收购之后,被更名为保利香港。2003年,保利以保利香港为班底,正式注册成立保利置业。保利置业与保利地产成为兄弟单位,双方存在同业竞争,于是通过划地盘策略实现共同发展。

以一线城市为例,北京属于保利地产的"势力范围",深圳则是保利置业的"领地",而上海、广州(含佛山)两者皆有涉足,双方的总部恰好布局这两座城市,广州是保利地产大本营,上海则是保利置业的总部所在地。

另外,重庆、武汉两座重量级城市,双方也同城PK。但是除了上述四城之外,保利地产和保利置业高层在多个场合明确表态,为避免同业竞争,双方将不会再有新的重叠区域。然而最终保利置业还是并入保利地产,关于他们整合的故事我们在后面的章节也会提到。

中国五矿是中国较早进入房地产业务板块的央企之一,自20世纪80年代开始,就在国内外陆续开发北京香格里拉饭店、美国特拉华"威明顿假日酒店"、上海金茂大厦等一批持有型物业。

1991年12月,国务院决定,组建中国五矿集团,它是全国首批55家试点企业集团之一。目前有六大业务组合,分别为房地产开发、产业地产、建筑安装、资产管理、地产服务和地产金融。1993年4月,五矿房地产公司成立,母公司中国五矿股份有限公司持有五矿地产控股有限公司100%股权。

2015年12月8日,国资委公告称,经报国务院批准,中国冶金科工集团有限公司(中冶集团)整体并入中国五矿集团公司,成为其全资子企业。作为国资委首批确定的16家以房地产为主业的央企之一,中国五矿集团旗下的五矿地产,于2015年年底开始和中冶集团旗下房地产板块中冶置业进行战略重组。

1993年6月,进军房地产板块的央企还有中远集团,中远出手阔绰,豪抛一个亿,远洋地产的前身——中远房地产公司,伴随着中远集团多元化战略悄然诞生。中远房地产公司负责管理中远集团房地产投资开发项目,属于最早一批央企旗下的房地产开发企业,起初主攻北京市场。

2002年1月,中国中化集团入股,与中远集团各占50%股权,两大重量级央企加持的远洋地产开启了全国化战略布局。2007年远洋地产在香港上市后，中化和中远逐渐退出，代替他们的是中国人寿和南丰集团。

1993年，吴亚军开始涉足房地行业，在龙湖地产前身——重庆佳辰经济文化促进有限公司担任董事长。两年之后，吴亚军和中建科产业有限公司合资成立了重庆中建科置业有限公司。

据传，由于一次糟心购房经历让吴亚军萌生自己盖房想法。当时吴亚军新买的房子不仅延迟交楼，入住后电力短路，天然气不通，房子采光差。吴亚军于是决定自己开发，盖重庆最好的房子。后来，吴亚军将中建科置业更名为重庆龙湖，开始地产生涯。

1993年，除了张力、李思廉创办富力的前身天力地产之外，广州有两家神秘、低调的开发商也在同年成立。先来看看房地产界独一无二的朱氏三兄弟庞大的商业帝国。

《中国地产四十年·1992》里提到，1992年朱孟依联合张荣芳、陆维玑夫妇在香港创办合生创展。1993年，朱孟依在广州又注册了一家房地产公司——广东珠江投资公司。

与保利地产、保利置业同业竞争的微妙关系不同，合生创展和珠江投资这对兄弟公司则配合默契，合生创展借助香港得天独厚的资本市场，成为朱孟依主要的融资平台。珠江投资主要负责在内地市场拿地，帮朱孟依攻城略地。

朱孟依眼光独到，刚踏入广州，立刻出手，拿下天河、海珠、番禺多幅核心地块。位于广州新城区的华景新城奠定了合生创展江湖地位。

随着广州向东、向南扩张，朱孟依名下多幅地块区域位置迅速成为广州市内最繁华的商住区，朱孟依的开发步伐也助推了城市东扩南拓，包括骏景花园、暨南花园、华景新城、珠江帝景、华南新城等多个项目均成广州房地产界典范。

朱孟依也凭借旗下多个热销楼盘，成为中国第一家百亿级地产企业的缔造者，多年之后，连地产霸主万科的掌舵人王石都盛赞合生创展才是真正的"地产航母"。王石的赞誉并非毫无根据，其实早在20世纪90年代后期，合生创展在广州一个城市的开发规模，跟万科在全国五大城市的发展总规模旗鼓相当。在1998~1999年，合生创展在广州一地的利润比万科在全国五个城市的利润总和还要多。经过20多年开发之后，朱孟依手里仍有相当大的土储量。

值得一提的是朱孟依不是一个人在战斗，作为潮汕人，朱氏三兄弟都具有非常高的经商头脑。

1994年，朱孟依的大哥朱拉伊创办了广东新南方集团有限公司。广东新南方集团以房地产为起始业务，先后开发了南兴花园和珠江广场，项目上市立刻受到市场的热捧，当时仅珠江广场这一项目销售额就超过20亿元，朱拉伊因此一炮而红。

朱孟依的三弟朱庆依则于1996年成立了珠光控股，随后广东新南方集团与珠光地产进行战略合作，合力构筑、打造"珠光新南方地产"品牌，在做好广州房地产市场的同时，也大力进军北京等市场。

至此，朱氏三兄弟商业帝国初步成型，朱氏三兄弟之间的公司交叉持股，名下多家公司业务彼此有着千丝万缕的关联。

与赫赫有名的朱氏三兄弟商业帝国相比,敏捷地产则更加低调,创立之初可供查阅的信息非常少。

据敏捷集团官方资料显示,该司成立于 1993 年,自 1998 年进入房地产开发领域。1998 年是个广州华南板块萌芽期,此后两年时间里,华南碧桂园、广州雅居乐花园、广州星河湾等粤派开发商便成为全国名震一时的华南板块八大金刚,而同年涉足房地产的敏捷地产,则较少引起人的注意。

据可查阅到的信息显示,2000 年,敏捷地产从广州市番禺区钟村房地产开发公司购入一幅面积达 2 万平方米的地块,敏捷自此也开始番禺落子多个项目。作为本地开发商,敏捷地产主要地块布局在广州番禺、增城两个区域,这也是广州城市向南、向东发展的主轴,可见其拿地策略具有相当前瞻性。

有新加坡背景的仁恒置业开发房地产始于 1993 年,仁恒以开发高端豪宅产品为主,虽没有大陆传统豪宅奢华感,但却自带东南亚、香港开发商特有的精致清水气质。

其中,上海是仁恒投资中国房地产的战略起源地之一,仁恒置地以华东为起步,随后西进成都,2005 年扩展到珠三角和环渤海经济圈,2010 年又横渡琼州海峡进军三亚,最终形成在中国五大区域的布局。

景瑞地产,创立于 1993 年 9 月。成立十年之后,景瑞于 2013 年 10 月在香港主板上市,登陆国际资本市场,开拓多元化融资渠道。

景瑞地产同样源自上海,并先后进入苏州、无锡、常州、扬州、南通、泰州、杭州、宁波、绍兴、舟山、台州、湖州 12 个长三角区域核心城市。并打入天津、重庆,策略性布点环渤海、西南区域。

1993 年 1 月 4 日,光明房地产集团股份有限公司在上海成立。作为光明食品集团旗下支柱企业,光明地产以房地产综合开发经营、物流产业链两大板块为主业,发展成房产开发、施工、物业、冷链物流及产业链等为一体的国内大型国有综合房地产集团型公司。

中梁地产集团成立于 1993 年,起家于浙江温州,以房地产开发为主业,多元化、综合性的集团公司,总部于 2016 年由浙江温州移师上海,是一家总部在上海的浙派房企。

经过 20 多年发展,中梁地产已在上海、浙江、江苏、福建、山东、安徽、江西、湖南、湖北、四川、河南等地投资开发了 180 多个地产项目,开发面积 2000 多万平方米。

三盛宏业投资集团,1993 年创立于浙江舟山,以房地产开发为主营业务,涵盖城市开发、金融投资、海运海工、智慧城市、科创大数据、文化传媒等产业领域。

2002 年 9 月,上海三盛宏业投资有限责任公司成立,三盛宏业总部也迁往上海。项目遍及上海、浙江、广东、江苏、辽宁、山东、安徽等地。

新城控股在江苏常州正式登场,这家集团总部设于上海的房企目前已经在全国 81 个大中城市实现布局,以"住宅+商业"双轮驱动,2017 年销售破千亿。

银城地产 1993 年创建,早期开发区域以南京为主,相继进入无锡、苏州、合肥、重庆等地区。产品涵盖长租公寓、青年公寓、中高端住宅、养老健康社区、商务写字楼、五星级酒店等多种业态,截至 2016 年共投资开发 33 个房地产项目,累计完成开发面积 567

万平方米。

1993年12月，联泰地产的母公司广东省联泰集团有限公司在汕头成立，以城市基础设施投资建设、高速公路投资及营运、城市污水处理和房地产开发为主要产业的综合型企业。

1996年，在深圳成立合资控股子公司联泰地产，重点发力房地产开发，重点进军汕头、深圳、南昌、武汉、九江等城市，累计开发了数十个住宅小区和商住物业，开发规模600多万平方米。

1993年1月，史英文在南宁创立了广西荣和企业集团有限责任公司。史英文20多年前来到南宁时，广西正好是海南泡沫的大陆翻版，烂尾楼比比皆是。但他却在大家都不看好的荒凉凄冷的滩涂地——白沙半岛干了十年之久，最终杀出一条血路。

1993年6月8日，福星股份在湖北成立。2001年，福星股份创办全资子公司福星惠誉房地产有限公司，重点从事房地产开发。以旧城改造为基点的开发思路，累计投入改造资金超500亿元人民币，完成拆迁面积超过1300万平方米。从武汉起步，先后进入孝感、恩施、咸宁、汉阳等城市地块，并挺进全球，在澳大利亚、美国均有项目落地。

位于安徽的国购集团，1993年起步于中国新兴资本市场，早期以产业投资、资本运营为主。经过20多年发展，已经转型为综合地产为主体，辅以医疗健康、现代金融为两翼的集团公司。在房地产领域，国购集团开发天和大厦、安徽科技大厦、汇金大厦、国购广场、东方广场、大润发超市、奥林花园、鳄城花园及多个城中村改造等项目。

1993年3月，亚星集团成立于郑州市上街区，1998年改制更名为郑州市亚星房地产开发有限公司，2007年组建成立亚星集团。从1994年开发首个项目——亚星新村开始，亚星集团形成房地产开发、建筑安装、物业管理、商业管理、园林景观、型材加工、教育文化等房地产相关产业链条业务体系。

1992年年底，由山东省商业厅整建制转体组建的大型国有企业——山东省商业集团有限公司（以下简称"鲁商集团"）成立，1993年，由鲁商集团控股的"鲁商置业股份有限公司"成立，注册资金人民币10亿元，下设40余家权属公司，公司业务范围包括房地产开发销售、物业服务、工业园区经营管理等。

福信集团于1993年创建于厦门，2011年2月，福信集团整合地产板块三家开发主体，确定统一以"大唐地产"为公司地产品牌，目前开发区域包括厦门、深圳、南宁、天津、西安、南京等15省20余市，形成了全国性布局。在克而瑞2017年TOP 200房企排行榜上，大唐地产以144.7亿元位列109。

在重庆，由重庆大学与香港迅晖发展有限公司共同发起的新鸥鹏集团也于1993年成立，在"教育为主体，产业为龙头，地产和金融为两翼"的多元化战略推动下，新鸥鹏总资产规模超过500亿元，业务领域涉及教育小镇（城）运营、教育产业园投资、教育发展、房地产开发、商业管理、物业服务等。

分税制改革开始酝酿

1993年,金鸡唱晓,中国经济闻鸡起舞,只是舞得有点疯狂,好在及时出台的"国16条",让中国经济重回正轨。

1993年,中国在毅然选择继续改革放开的道路上快速发展。只不过,历史上每次前行的路途都不会是平坦顺畅,在探索奔跑过程中,遭遇坎坷挫折在所难免。只不过,在这些困难面前,中国再次展现其坚韧的突破力,披荆斩棘,闯过一个又一个难关。

1993年,中国经历申奥失败的重大挫折。举办完1990年亚运会,中国信心满满,对2000年奥运会志在必得,各大媒体全程报道申奥过程。

然而,当时任奥委会主席的萨马兰奇宣布悉尼击败北京,获得2000年奥运会主办权那一刻,多少国人对奥运的热情从巅峰瞬间被打落谷底。

1993年,虽然申奥未能如愿,但并不妨碍世界众多跨国公司竞相把中国作为全球战略布局首选,中国成为世界最有吸引力的投资热土。1992年,全国新批合同外资金额达到历史顶峰,单年外资超过此前13年的总和,然而1993年实际吸收外资又比1992年增长1.5倍,再创历年新高。

继前一年微软、通用等公司进军中国后,国际顶级巨头无不狂热地畅想着中国市场巨大的消费空间。以柯达为例,1993年开始进军中国胶片市场,到2002年已经占领了中国胶片零售市场的63%。

1993年,中国经济虚火过旺。到处都在出现经济躁动,各地自行上马的投资项目,已经超过中央。通货膨胀卷土重来,原材料价格暴涨。全民抢购商品潮日益汹涌,贮备美元、黄金和优质耐用消费品成为普遍现象。严重程度,连世界银行都紧急向中国发出预警信号。

其中,房地产成为这轮经济过热的主要推手之一。据国家统计局发布的《1993年国民经济和社会发展统计公报》显示,全年国内生产总值31380亿元,比上年增长13.4%,但是,商品房建设投资1138亿元,增长124.9%。

1993年,中国紧急出台调控政策。震撼全国的"16条"就这样出台了,号称"国16条",主要内容包括严格控制货币发行、坚决制止各种乱集资、严格控制信贷总规、加强房地产市场宏观管理、严格控制新开工项目、抑制物价总水平过快上涨等。

这十六条调控措施迅速扭转了经济乱象,及时给经济虚火降温。到了年底,拆借资金收回来了,储蓄增加了,股市止跌趋稳了,城乡居住条件改善了,房地产稳定了。

到了1993年年底,分税制改革开始酝酿。"国16条"的出发点是快速治标,分税制的目标则是治本。1993年12月15日国务院作出《关于实行分税制财政管理体制的决定》，从 1994 年 1 月 1 日起改革现行地方财政包干体制，对各省、自治区、直辖市以及计划单列市实行分税制财政管理体制。

自此，分税制改革从 1994 年逐步推进，并在 1995 开始政府间财政转移支付制度上建立规范体系。新中国成立以来政府间财政关系方面涉及范围最广、调整力度最强、影响最为深远的重大制度创新，分税制让中央在经济方面重新获得主导权，成为中国改革开放 30 余年中经济结构的一个"分水岭"。

分税制启动后，中央为了帮助地方解决财政收入减少的问题，1994 年 7 月 5 日，全国人大常委会颁布了《中华人民共和国房地产管理法》。规定国有土地使用权地方政府可以进行征收并拍卖，这为地方政府缓解财政压力提供了制度依据。由分税制引发的土地财政将在此后 20 多年时间里，对房地产发展产生深远影响。

1993 年，在经济狂飙与调控中，不经意间成为改革开放中的"分水岭"，给中国前行之路埋下注脚，也深刻影响着房地产行业未来数十年的发展。

1993 年，狂风暴雨与阳光彩虹并存，这轮调控大潮之中，有的人春风得意，有的人水深火热，有的人黯然出局，有的人强势入局。

但不管怎么说，中国房地产加速向前发展的动能已然形成，涌现一大批房地产企业，不管路途有多坎坷，这些企业历经市场洗礼，逐步成长壮大，为日后中国房地产行业发展贡献力量。

1994 年：

汹涌创业浪潮　房改决策落定

　　1994 年，经过前两年预热，中国全面进入了改革开放攻坚阶段的关键年。在接下来的两年里，中国宏观调控成功实现，创造了举世瞩目的经济软着陆奇迹。

　　1994 年，作为承前启后的重要年份，每个脚印，都承载着中国为发展经济而做出的艰辛努力。

　　1994 年，经济制度得到了重大突破，中国市场希望与国外信息有所交流，这是早期互联网的需求。接纳、拥抱、接入互联网，大胆地试，大胆地闯，种种举措无一不体现中国与世界接轨、与先进文化联姻的渴望。

　　这股渴望，也流入了正在发展中的房地产行业。《中外房地产导报》在 1994 年第 20 期中提到，1994 年 5 月 28 日 ~ 6 月 1 日，深圳市政府在香港成功地举办了"94 深圳房地产（香港）展销会"。这次展销会成交总金额达 11.15 亿港元，成交总面积达 8.85 万平方米。

　　尽管此举出于解决深圳房地产供大于求的市场现状，以及迅速回笼资金的需要，却也在另一程度上开创了房地产营销的先河，为走出国门，面向国际做好了一定的前期铺垫。

　　就在香港展销会成功落幕的第六天，中国房地产业首次进入由联合国亚太经协会和中国贸促会主办的第五届亚太国际贸易博览会。

　　当时资料记载，"此次博览会是中国房地产首次参加的国际性展览会。中国有 100 多家房地产企业参加，并且有土地使用权转让出让、租售楼宇物业代理、项目开发等多角度、深层次的交流与合作。在此次博览会上，中国的房地产展获得了圆满成功"。

　　然而，1994 年的中国房地产之路看似康庄大道，实则处处荆棘密布、时时有暗流涌动。我们从年初《人民日报》的两篇评论员文章：《防止房地产业盲目发展》、《基础建设也要量力而行》，便不难看出这一年的政策调控基调了。

　　从数据来看，1994 年的楼市刚刚走出前一年"国 16 条"、"海南泡沫"的影响，承接 1993 年下半年的调整而继续收缩。

　　根据香港联想控股有限公司投资发展部的一份报告指出，1994 年国内房地产市场 1~

6月平均增长率为43.9%，比1993年同期下降近100个百分点；7、8月间有所回升，四季度又趋淡静。全年增长率为40%左右，相对1992年、1993年三位数字的增长速度有相当幅度的回落。

不过，"1994年房地产业虽仍有40%~50%的增长，但主要投资为1992年、1993年结转的在建工程，新开工项目为负增长。从统计资料看1~9月商品房完成投资增长58.1%。施工面积增长36.7%。销售额增长63.8%，自3月以来新开工面积出现负增长。9月份新开工面积增长率为负9.4%"。

除宏观层面环境变化之外，1994年房地产行业有两个现象也引起世人关注。

第一个现象是闽企崛起。继广东开发商大量涌现之后，福建房企也迎来诞生井喷潮。世茂、禹州、明发先后登上历史舞台，此外，包括丰隆这类由福建人创办的海外公司也加快在中国房地产行业布局。

另一个值得注意的现象，自从改革开放重新恢复高考后，为社会经济发展培养大量人才，大学已然成为创业搭档主要平台。从郭广昌到周忻，从宋卫平到叶惠全，很多地产公司核心高管团队都以高校校友为班底。

李思廉张力联手创业

沧海横流，方显英雄本色。大戏登场，富力、星河湾、华润、复地、凯德置地等房企正式上台。对了，还有刚刚出狱的孙宏斌和他创立的顺驰，将驰骋江湖，与此同时，路劲和绿城这两家跟孙宏斌命运有着密切关系的企业也相继诞生。另外，林龙安、许荣茂、黄焕明等福建人创办的房地产企业，成为1993年的别样风光。

继1993年合伙成立天力地产之后，李思廉与张力于1994年又一次联手，这次他们终于正式创立富力地产，以收购旧工厂等项目起家。当时的大背景是，广州政府鼓励一些污染企业和解困厂搬离市区。李思廉与张力看好其中的机会，买下广州荔湾区嘉邦化工厂的一块地皮，打造第一个项目——富力新居。

据张力回忆，当时那块地靠着煤厂，又挨着铁路，谁都看不上眼。"地上面的煤还有一寸多厚，我们把煤一点点铲起来，再用水冲干净。等房子一开卖，每平方米要3000多元，买房的人都排起队来了。"

有了咬下旧房改造这块同行不敢啃的硬骨头的成功经验，富力一鼓作气，在旧改路上一往直前，先后又陆续收购了铜材厂、殡仪馆、建材厂、硫酸厂、风机厂和锅炉厂等多幅地块，也就是今天富力的代表作——富力广场、御龙庭、富力半岛花园、富力千禧花园、阳光美居和富力现代城等多个项目。

业界甚至流传着这样一句话，"每一根烟囱的倒下，都有富力的一份功劳"。这种勇猛带来的结果是，1999 年，成立刚满 5 年的富力成了广州市民企纳税冠军；2001 年，富力地产建设的大型旧厂改造项目，总面积超过 250 万平方米。

从 1982 年下海，到 1994 年，此时的黄文仔已经整整做了 12 年钢材贸易。也就在这一年，黄文仔全面投身于房地产开发业务。

1994 年 6 月，黄文仔决定推行"资源共享，共同作战"的经营方针，对集团化公司进一步改组。同年 7 月，黄文仔正式创立宏宇企业集团，自任董事长兼总经理。

宏宇成立之后第一个项目是建筑面积 20 多万平方米的宏宇广场，于 1996 年推向市场。同年，星河湾成为广州市第一家私营股份制企业集团。只不过，相较于 2000 年令黄文仔声名鹊起的广州星河湾，宏宇广场仅仅是小试牛刀，而黄文仔的房地产开发天赋将在此后的星河湾项目上大放异彩。

1994 年，北京。香港华润创业有限公司注资当时的北京市华远房地产股份有限公司，由此开始了华润集团在内地拓展地产业务的历程，并在 1996 年 10 月以华润置地的名义赴港上市。这是华润置地的由来，华润通过华远获得了进军内地房地产市场的平台，而华远则通过华润打通了境外融资平台。

七年后，华润想通过将手里的万科、华远股份通过整合，打造地产航母，然而，此举未能如愿，最后，华润集团及其关联公司通过协议方式收购北京市华远集团公司及其下属公司和其他部分法人股东所持有的股权，公司亦正式更名为"华润置地（北京）股份有限公司"。

而任志强则仅带着华远地产品牌，走上一条重新创业之路，打造新华远地产公司。万科借助新的大股东华润支持，实现国内资本市场多次融资，并且未让华润实现对万科相对控股并绝对控制的目标，从而使万科管理层获得较大自主权。这在《中国地产四十年·2001》还将详细展现。

歌德曾经说过："决定人的一生，以及整个命运的系统的，在那一瞬间。"在往后孙宏斌的每一次回忆中，多多少少都带了点对联想时代的缅怀。

1994 年，孙宏斌再次回归墙外的世界。出狱后孙宏斌找了柳传志，向这位前领导诚心诚意认个错，同时争取柳传志支持他东山再起。一笑泯恩仇后，拿着柳传志赞助的 50 万元，风风火火回到了天津，成立了顺驰。

没多久，顺驰就成为地产中介老大。至于顺驰的疯狂、融创的崛起，生意场上的收购巨人，这些都是后话。孙宏斌，这位"要输，就输给追求"的人，在往后《中国地产四十年》的记录中，定当毫不吝啬给予大篇幅的镜头。

1994 年，孙宏斌才刚创办顺驰，巧合的是，日后收购顺驰的企业也在同年诞生了。

1946 年出生于上海的单伟豹，16 岁随父母移居香港，1982 年回内地投资。1994 年，单伟豹之父早年创建香港惠记集团与 AIG（美国国际集团）亚洲基础设施基金合作成立路劲基建，单伟豹担任董事局主席，其弟单伟彪担任执行董事。这家主营收费公路起家的公司，在中国拥有 5 条高速路，总里程约 340 公里。

2003 年，单伟豹成立了路劲地产集团有限公司，进军房地产。第二年，路劲地产投资第一个房地产项目——广州隽悦园,开始迈出大陆房地产市场第一步。

2006年7月,被大举扩张击垮的顺驰已经到了弹尽粮绝的地步,资金缺口5亿~6亿元,负债高达30多亿元。2006年9月孙宏斌将顺驰卖给了单伟豹,路劲以12.8亿元将顺驰旗下55%的股份尽数收入囊中,这场当年"中国房地产业有史以来最大并购案",也一举巩固了路劲地产全国化发展布局的道路。

耐人寻味的是,在签约仪式上,孙宏斌对志得意满的单伟豹说了句:"你买了个便宜货。"只不过,故事还没有结束,在之后《中国地产四十年》后续篇章里还将详述。

人生是一场有规律的阴错阳差。另一位在数十年后同样与孙宏斌有着并购纠葛的人物也在1994年选择了创业,他就是宋卫平。他在这一年从珠海回杭州,当时他身无分文。

珠海七年,并没有磨平宋卫平的斗志;相反,他的人生目标越发明确。他后来以"充分体会到谋生之艰难"10个字来概括这7年的心路历程。

1994年,宋卫平回到杭州,筹备创业。他从朋友处借了15万元,于1995年1月6日正式成立绿城。后来又向朋友借了300万元来投标项目和买地,并以丹桂花园起家。五年后,绿城开发了九溪玫瑰园别墅,并由此奠定了绿城在高端房地产领域的地位。

对了,1998年,与宋卫平同年毕业于杭州大学的老同学寿柏年将加盟绿城,他俩组建成绿城一致行动人,寿柏年也因此成为后来与宋卫平共同抵御孙宏斌收购绿城的坚定同盟。

1994年12月,陈华注册成立的京基集团。这位湛江人童年生活坎坷,1984年,18岁的陈华带着比他小三岁的弟弟陈辉,背着简单的行囊,怀里揣着借来的10块钱,就到一海之隔的海南谋生,1985年春节后又辗转到创业热土深圳打工。

在这段艰苦的日子里,陈华打石头、卸水泥、搬钢筋、推车子什么活都干,终于攒了7000元的原始积累。在深圳建筑工地干活时,商业头脑灵活的陈华曾为工程队拉来造价10万元的活。创办京基集团的时候,注册资金已经达8888万元。公司成立后便开发了第一个住宅项目——金梅花园。事实上,这个项目是京基集团董事长陈华当初进入房地产行业的重要契机。

1993年年底,已经在深圳打拼多年的陈华遇到贵人,有位朋友跟他说:深圳梅林有一幅地块,业主方想找人合作开发,问陈华有没有兴趣?精明的陈华立刻意识到这是个难得机会,于是赶快与业主联系,敲定合作开发这幅地块。1994年,这幅地块拿到手,没有钱的陈华将"空手套白狼"发挥到极致,他先是找到设计师帮忙做设计,没钱支付设计费,就承诺盖好楼之后送一套房子。

搞定图纸之后,陈华又让大型材料供应商先供货后付款,用赊账的方式把主材确定。然后再各个出击,跟中小材料商达成合作:你借我十万,半年后还二十万,或者送一套房。就这样,陈华依靠人脉资源整合,推动了整个项目开发,也正是这个金梅花园让陈华一战成名。

陈华扬名地产界,还有赖于克林顿助攻。2002年,京基碧海云天筹划开盘的时候,策划团队原想邀请娱乐明星担任项目代言人。但陈华力排众议,提出邀请前美国总统克林顿。于是，这位前美国总统就来到中国，做了一场主题为"WTO与中国经济"的演讲，在《中国地产四十年·2002》里将会详述。

是金子，总会发光的。这句话用在今日闽系高歌猛进的抱团打法身上，再合适不过了。这一年，禹洲地产在厦门成立。

它的创始人林龙安，刚刚迎来了自己三十岁生日。过去的六年，他从集美财经毕业，又在中国科技大学深造并获得工商管理硕士学位后，被分配到厦门市财政局工作。

而立之年，林龙安意识到，自己该干点什么事了。下海后，他从南山路的禹洲新村淘到了平生以来的第一桶金，下一步便是收购华侨海景城，从此走上一条优等生之路。

林龙安回忆，早期的住宅产品并不注重小区的园林和绿化，禹洲新村率先打出"推窗一片绿，我家在禹洲"的理念，首开护坡垂直绿化先河。

"公司起步时只有七八个人，那时候房子不好卖，刊登的广告都是我自己构思、推敲的，我既是策划员也是营销员，带着楼盘宣传单到街上发。"最难过的时候已然过去，如今，禹州地产正式向千亿规模发起冲击，蒸蒸日上。

1994年，同为福建人的许荣茂毅然挥师北上，在北京房地产低谷徘徊之际，他迅速逆势布局，一举拿下多个项目，紫竹花园、亚运花园、华澳中心、御景园等项目后来都成为北京家喻户晓的高档外销公寓。另一个经典之作是他拿到了让其他房企梦寐以求的亚运花园，这是一幅多达10万平方米的地块，堪称"钱"途无量。

或许是在北京亚运花园的成功，让许荣茂念念不忘，以致多年之后，他旗下的世茂联手中信，于2010年一齐入主广州亚运城，跟富力、雅居乐、碧桂园组成联合体，共同开发当时总价高达255亿元的中国最大地王项目。

在《中国地产四十年·1989》里提到，许荣茂的崛起并非偶然，早在20世纪70年代他就跑去香港发展，白手起家，从药店伙计，到工厂打工仔，一直到证券经纪人，几经周折，终于自己开了家金融公司。1981～1983年，他只用了两年时间，就赚到人生第一桶金，身家上千万。1989年，许荣茂转型做房地产，投巨资在自己的家乡启动一系列开发，兴建了振狮开发区、振狮大酒店、福建武夷山度假村、闽南黄金海岸度假村等多个标志性项目。

1994年，上海世茂股份有限公司的前身"上海万象（集团）股份有限公司"于1993年拿到上海批文，批准采用社会募集方式成立股份公司，1994年2月4日在上海证券交易所挂牌上市。对于上海万象也许很多人会觉得比较陌生，但如果说起中国百年老店品牌恒源祥，可能就无人不晓。

1994年，凭借"恒源祥，羊羊羊"这句简单粗暴的广告语，恒源祥出乎意料地异军突起，这个万象旗下子品牌一时之间传遍大江南北，迅速让国人记下这个靠做羊毛起家的服装企业。

2000年8月24日，许荣茂以1.44亿元从万象股份第一大股东黄浦区国资局购买26.43%的股权，成为万象股份的第一大股东。此后万象更名为世茂股份，从此这家以恒源祥闻名的公司将过去的主业转型为房地产业。随后，恒源祥业务从世茂版图中剥离。

从香港回福建创办企业的人里,不止有许荣茂,还有黄焕明。1963 年出生的黄焕明,是福建泉州人,家中兄弟四人,他排行第二。考上大学后,黄焕明来到厦门大学念书。1985 年刚毕业,他就只身前往香港发展,成立了明发集团。1994 年,已经在香港小有成就的黄焕明,回到福建,与弟弟黄庆祝成立了厦门明发集团。

凭借黄焕明特有的商人敏感,他提前察觉到厦门房地产市场的商机,逐步以厦门为大本营,开始在大陆的发展。1998 年,厦门前埔规划还未清晰,黄焕明便抢先布局开发了 13 万平方米的明发国际新城。

2002 年,厦门莲坂旧城改造地块出让,地块要求受让人须引进 4 家国际连锁知名企业,该条款被外界解读为是为大连万达量身订制,但出人意料的是,明发半路杀出,一举拿下这个后来被开发成明发商业广场的项目。为此,明发也将战略重点由住宅地产转向商业地产的开发和运营。

2009 年 11 月 13 日,明发集团在香港上市。这也是继宝龙地产、禹洲地产之后,厦门第三家在香港上市的民营房企。

1994 年,中国东部热闹非凡,西部也不甘寂寞。

1994 年 6 月 28 日,协信集团的前身重庆协信实业总公司成立。翌年其开发的首个项目重庆纺织宾馆南楼建设工程竣工。1998 年 6 月,重庆协信实业总公司更名为重庆协信(集团)有限公司,进入规模集团化的发展阶段。

在重庆本土房地产巨头龙湖、金科相继上市后,作为重庆前三的房地产企业之一,协信上市进程一直备受关注。2016 年 11 月,绿地集团公司董事长张玉良和协信集团董事长吴旭联手筹划收购重组,前者以"股权收购+增资"的方式取得协信远创 40% 的权益。

2017 年 7 月 4 日,太原历史悠久的上市公司狮头股份公告显示,第一大股东陈海昌将其持有的上市公司 11.7% 的权益全数转让给了协信远创,协信一举成为狮头股份大股东。

这桩交易,让绿地在重组完成后,把部分商业地产和产业地产运营交给协信远创,而协信则凭借绿地的优势完成资本市场对接,也向上市迈出坚实一步。

1994 年,由苏州国家高新技术产业开发区管理委员会发起成立了苏州新区高新技术产业股份有限公司(以下简称苏州高新),苏州高新 1996 年于上交所挂牌上市,是苏州高新区首家、苏州市首批上市公司。截至 2018 年一季度,公司直接控股子公司 11 家,间接控股子公司 39 家,参股企业 22 家。

这一年,国瑞置业有限公司起步于广东汕头,国瑞置业专注于开发大型城市综合体及精品住宅,并长期持有部分优质商业物业。2014 年 7 月 7 日,在企业创始人、董事长张章笋先生的带领下,国瑞置业在香港证券交易所挂牌上市,进入新的发展里程。数据显示,2018 年上半年,国瑞置业的合约销售额达到人民币 68 亿,同比增长 32%。

1994 年,祥生房地产开发有限公司成立,项目遍布华东、华中及华南地区,初步形成了全国化布局。目前祥生地产规划总建筑面积超 2000 万平方米,土地储备超千万余平方米。其总公司祥生实业集团成立于 80 年代的浙江,是集地产开发、小镇开发、建筑安装、物业服务、酒店旅游等事业板块于一体的多元化产业集团。

北京天恒置业集团有限公司，为西城区国资委管理的国有独资公司，也于1994年成立，2001年原西城区住宅建设开发公司、西城区城市建设开发公司合并成立天恒置业集团，2013年由原北京天恒置业集团与北京华兴新业商贸有限责任公司合并成立有限责任公司。

天恒置业目前已经形成了房地产一、二级开发、城市更新、物业经营管理、产业运营及房地产金融全面发展的业务格局，市场类地产开发业务站稳北京房企第一阵营，棚改疏解业务处于北京领先地位。

这一年成立的还有银亿集团，是一家以工业制造、房地产开发、国内外贸易和现代服务业为主的综合性跨国集团。2017年，集团实现销售收入783亿元，创利税40多亿元。集团旗下的银亿股份有限公司（股票代码：000981）拥有国家一级房地产开发资质，以宁波为总部，跨区域发展，20多年来成功开发90个项目，建筑面积超过1250万平方米。

郭广昌兴办复地

年年岁岁花相似，岁岁年年人不同。在自然界里，每个时节都会有新生力量涌现。这个规律在地产界，也一样适用。

杨国强、许家印在摸索中前行，前者找到碧桂园独特的地产+教育发展模式，后者找到其扬名立万的创业城市——广州。而周忻、郭广昌、叶惠全，则把大学认识的好兄弟、好伴侣发展成创业搭档。

创办两年的碧桂园，解决了当初的"围城之困"后，逐渐摸索出自己的一套营销法则。为促进项目销售，杨国强提出针对未来业主的核心需求，建设一所高品质的社区学校。

这就是位于顺德的广东碧桂园学校的由来。1994年9月1日，该校正式开学。这也是中国大陆最早一批引入IB国际教育的学校之一。同时，这种名盘+名校的模式也开创了中国教育地产的先河。

这一年，碧桂园还创办了两个"第一"：碧桂园车队组建成立，开通了顺碧—锦汉停车场、顺碧—南沙港两条线路；碧桂园也是第一个将"五星级的酒店式服务"引进楼盘小区管理中。

同样在这片南粤大地上，还有一个值得书写的人物。1994年，许家印终于来到广州，涉水刚刚兴起的房地产业。他带上一部标致车，跟司机、出纳、业务人员等4个人，踌躇满志地来到了广州，成立了一家名为鹏达的房地产公司。

经过不到3个月的努力，许家印完成了两件大事。一是通过银行贷到了2000万元的启动资金；二是收购了一家公司，取得了一个名为珠岛花园的地产项目。

这个项目有两个亮点：一是"小面积、低价格"，在当时以大户型为主流的广州楼市独树一帜；二是速度快，效率高。据当时媒体报道称，"项目需要的108个要盖的公章，当年全部搞定，实现当年开工，当年销售，当年售罄"。

这时候距离许家印与他的恒大帝国成立，还有两年时间。许家印说，"先前一点都没有过房地产经验，连什么是容积率我都不懂，就这么边学边干起来了"。

1994年，在许家印转战广州之际，凭上海好莱坞项目一炮而红的周忻心血来潮，跟他的老搭档朱旭东提议："不如我们一起开家公司卖房子吧。"从此，这对"好基友"就风风火火投身到房地产创业大潮中。

为了给公司起个好名字，两人也颇费心思，用各自己名字中一个字的谐音，来命名即将诞生的企业。于是，"万欣房地产咨询公司"和一家"旭阳广告公司"应运而生，这也是现在"旭阳万欣"公司的前身。

周忻赚取人生中第一桶金的过程跟冯仑、潘石屹早期发家有点类似，来钱快得出人意料。新公司成立不久，周忻找到一个台湾客户，一边应酬一边谈合同，随后让朱旭东带着台商去现场看地。

就这样，他俩联手把这张大单签了下来。有意思的是，当时的周忻已经喝醉了，以致多年以后，也没真正弄清楚那块地究竟在哪。

1994年，与周忻同在上海滩的郭广昌创立复地。1989年从复旦大学毕业后的郭广昌一直在静待时机，南巡之后，他敏锐意识到机会来了，他找来梁信军等人，说服老师借来8万元，开始创业之路。郭广昌和梁信军创立的第一家企业，取名上海广信科技发展有限公司，"广信"之名，分别从两位创始人名字中各取一字。

有"中国巴菲特"之称的郭广昌确实眼光独到，公司成立没多久，就赚到第一桶金。1993年，台湾元祖食品公司进入上海，想找专业咨询公司为其发展出谋划策。广信最终获得合同，并出色地完成合作任务，彼时仅25岁的郭广昌赚到了人生第一个100万。

初战告捷之后，汪群斌、范伟、谈剑陆续加入郭广昌和梁信军的团队，由此"五剑客"正式成型。因为这五人都是复旦大学毕业，所以，广信也由此改名为复星，外界解读为"复旦之星"，简称为"复星"。

1993年，刚刚组建的复星代理主打"留学家庭"概念的第一个楼盘鲜有人问津。郭广昌灵光一闪，想到相关机构有老同学关系，可以拿到留学人员的详细家庭住址。于是，他就这样把广告挨个送上门去，开启了房地产行业的精准营销。

到了年底，这个项目为复星赚到了第一个1000万元。房地产高额利润，让郭广昌做出重要抉择，主攻地产领域。1994年，郭广昌正式创办复地集团，重点开展房地产业务。

周忻和郭广昌各自在大学时遇到创业好兄弟，叶惠全则在大学里结识创业好伴侣。1994年，叶惠全刚从暨南大学毕业没多久就选择创业。专业国际经济出身的叶惠全在校时，就利用每个周末到学校附近的西餐厅做服务员，赚生活费。

这种"炒更"的做法在1990年代初中国大学里还是相当少见，但是在暨南大学这所拥有众多港澳台学生多元文化交汇的高校里，这种经济独立意识却是普遍现象。

得益于学生时代的历练，24岁的叶惠全从广州回到家乡东莞，创办了东莞市惠美装饰工程有限公司，从装饰行业切入，逐步向房地产开发挺进，并于1999年开始加入房企大军行列。2006年，他正式成立了中惠房地产集团有限公司，2008年叶惠全将公司更名为中惠熙元房地产集团有限公司。2016年，叶惠全把企业总部从东莞迁至广州。

叶惠全在艰辛的创业历程上，最后能闯出一条路，更重要的是在暨南大学期间结识了余丹云。叶惠全认为这是母校赐予他人生"最大的收获"。余丹云之于叶惠全不仅是生活中的夫人，更是创业上的伙伴，这对夫妻档分任中惠熙元董事长和总裁重要职务。

1994年，另一家同叫"中惠"的公司诞生了，这就是翠屏国际的前身香港中惠集团成立，当年在内地设立首家公司——中惠（江苏）装饰园林工程有限公司，以建筑装饰工程业务为核心。

1995年翠屏国际在内地设立第一家房地产公司——中惠（南京）房地产开发有限公司，正式进军房地产行业。2008年，中惠更名为翠屏国际控股有限公司。目前，翠屏国际业务已经覆盖江苏、广东、海南三大区域，近10个大中城市。

在深圳，与房地产有关的故事很多。其中，1989年南下广东，供职于深圳市政府的李晓平下海了，1994年开始从事房地产行业，出任卓越集团总经理，如今已晋升为卓越集团副董事长兼总裁。

1994年1月，招商地产与蛇口中建发展有限公司在深圳蛇口联合开发海景广场，这其中创造出了市场公认的生活与产业结合互动的"蛇口模式"。因为，该项目运用了集公寓式办公单元与商贸娱乐为一体的高层建筑模式。

另外，创办于1994年的京基地产也慢慢步入正轨，从深圳第一个岭南风格住宅典范项目碧云天，到深圳新地标建筑京基100，先后开发了一系列大型高尚住宅和五星级度假酒店，并积极开拓商业地产。

同在深圳，1994年中航地产在深交所改组上市，并先后完成了物业、酒店、地产三大业务的整合重组工作。然而，连续数年的战略错步导致该公司只能依靠剥离非核心资产，提振业绩。最后，以23亿元的对价被保利地产收购，令人唏嘘不已。

对岸的香港，四大家族的故事，从来都是挨着个发生。1994年，李泽楷正式与家族事业分道扬镳。后来他回忆，当年他选择独立门户时，父亲曾以和黄行政总裁的职位挽留他，但被他拒绝。

早年一度盛况辉煌的新鸿基在1994年香港经济有所起伏的时间段，竟也使自身的毛利率始终稳定在40%左右，堪称房地产业的"模范生"。这一年，它的盈利高达103亿港元，员工人数超过1万人。

值得注意的是，当时香港房地产历经周期性泡沫与低迷的沉浮，新鸿基却利用逢低收购土地的手法进行土地储备，这被认为是新鸿基最成功的发展战略。

有意思的是，恒隆地产的陈启宗在一次偶然参观故宫后，决定修复建福宫花园。而在他之前，还没有私人出钱修复故宫的先例。没想到的是，从1994年决定复建这座建福宫花园，一建就是18年，直至2012年中正殿才修复完工。人生能有几个18年？陈启宗这份坚持，确实令人起敬！

也许正如汪国真所言，"到远方去，熟悉的地方没有风景"。远隔重洋的新加坡凯德集团看好中国市场，于1994年进军中国，目前在38座城市有60余家购物中心。上海来福士广场是其最具代表性的项目。

1994年，新加坡嘉德置地集团在中国开设了全资子公司——凯德置地，开始进军中国内地房地产市场。这家公司核心业务包括房地产、服务公寓以及房地产金融，不仅房地产开发能力强，其公寓业务也是独具特色。

凯德置地有限公司旗下的全资子公司雅诗阁，是全球最大的国际服务公寓业主和运营商。雅诗阁在全球22个国家、67个城市拥有近25000套公寓单位。雅诗阁旗下共有三大品牌：雅诗阁、盛捷以及馨乐庭。

1994年，同样有海外背景的国浩中国成立了，国浩中国的海外背景要追溯到新加坡丰隆集团。新加坡丰隆集团被国内熟知，可能还与新飞有关。凭借在央视狂砸广告，让一句"新飞广告做得好，不如新飞冰箱好"火遍全国各地。

也是在1994年，新飞集团与新加坡丰隆亚洲的子公司丰隆电器私人有限公司合资，组建新飞电器。其中新飞集团占49%，丰隆电器私人有限公司占45%，而新加坡豫新电器公司占6%。

2000年，丰隆亚洲收购了豫新电器公司的母公司豫新控股公司，新加坡丰隆遂取代新飞集团成为新飞电器新的控股股东。2004年，新飞电器将49%的国有股权转让给新加坡丰隆亚洲股份有限公司。至此，丰隆全面控制了新飞电器。

新加坡丰隆集团由福建人郭芳枫创建，早在1928年他就到新加坡发展。"二战"前，他的另外三个兄弟郭芳来、郭芳改、郭芳良也陆续到新加坡，于是几个人合伙开了间"丰隆公司"，从事五金、建材、胶园等经销行业。"二战"后，在新加坡恢复建设过程中，丰隆依靠收购、转卖剩余军需用品迅速完成原始资本积累，成为当地知名企业。

1963年，马来西亚联邦成立，郭氏兄弟设立了"马来西亚丰隆有限公司"，主要业务包括建材贸易、生产制造及经销、银行及金融服务、房地产开发及投资、酒店和休闲服务业、资本投资等。1965年，新加坡脱离马来西亚独立，于是，新加坡丰隆和马来西亚丰隆就此分家。

马来西亚丰隆集团在当地扎下根之后，开始向海外扩展。20世纪70年代末80年代初，成立了海外丰隆（香港）公司，并将收购回来的道亨银行和恒隆银行合并为国浩集团，并在香港上市。

国浩集团随后又在新加坡设立国浩房地产公司，重点主攻房地产开发。随后，国浩房地产业务遍及新加坡、中国、马来西亚和越南。而国浩中国便是国浩房地产在中国开设的房地产开发公司。

房改决定正式执行

如果按时间轴来看，1994年这一个年份更加有趣。

1994年7月1日，中国第一部公司法——《中华人民共和国公司法》正式实施，核心内容就是厂长、经理要按照公司法来管理企业和建立新的管理制度。

1994年7月5日，《中华人民共和国城市房地产管理法》千呼万唤始出来。该法对房地产开发用地、房地产开发、房地产交易、房地产权属登记管理等都作了详细的规定，为房地产走上法治轨道提供了法律依据。

1994年7月18日，《关于深化城镇住房制度改革的决定》正式颁布执行。至此，由国务院直接领导下的全国城镇公有住房制度改革，使1994年成为中国房改决策年。

综观改革开放之后中国房改之路，从1979~1985年的试点售房，至1988年中国第一次全面启动住房改革；自1990年上海房改、公积金制度萌芽、提租补贴模式渐晰，到1991年第一次全国房改工作的全面推进、国务院先后批复24个省、自治区、直辖市的房改总体方案，进入以售带租阶段，这期间历经的故事远比历史资料记载的来得更多。

回到1994年7月，18天内，两部法律、一项决定的连续推出是一个非常敏感的信号。它似乎在昭示着人们，接下去的日子将会发生一点变化。

在这一信号的影响下，有三个新型观念正在产生。一是房改房。私房可以上市买卖，公房作为计划经济的产物退居幕后。随着人民生活水平的提高，以旧换新、以小换大、入住新房成为老百姓购房自住的最佳选择。

二是住房公积金制度开始全面建立。住房公积金稳定的储存积累，增强了职工购房的支付能力和消费信心，改变了解决住房"靠政府、靠单位、靠企业"的观念，攒钱买房、贷款买房观念深入人心。

三是随着公司法出台，房地产企业日益规范化，在整个20世纪90年代，是中国房地产行业诞生高峰期，同时公司改制也接连发生，可以说，经历了90年代的洗礼之后，中国房企进一步成长壮大，并成为中国经济力量重要组成部分。

然而，政策的推行在当时的中国仍然是一个大问题。以《城市房地产管理法》为例，该政策本意是抑制暴利投机活动，规定超过出让合同约定的动工开发日期满一年未动工开发的，可以征收相当于土地使用权出让金20%以下的土地闲置费；满二年未动工开发的，可以无偿收回土地使用权。

实际上，这在某些地区根本行不通。香港联想控股有限公司投资发展部的报告指出，"凡土地供应过量的多为当年出现投机狂潮的南方沿海地区，泡沫破灭后无一例外陷于萧条，征收闲置费对被套在地产上的投资者已雪上加霜，而无偿回收更难以实行"。

尽管如此，到了 1994 年 8 月，国务院在北京召开了全国土地使用制度改革工作会议。这次会议是对近几年来我国土地使用制度改革工作的一次大检阅，它通过总结近几年来土地使用制度改革所取得的经验，研究和解决在市场经济条件下如何深化改革，提出了加强土地管理切实保护耕地等六大问题。

时间往后挪到年底，终于可以歇口气。1994 年 9 月 18 日，"中国房地产估价师学会"在深圳宣布成立，对房地产价格的规范、约束体系将起到重要作用。

同期的世联，也在这一年举办了"1994 年深圳小套型住宅展销会"，是早期展销会营销的代表。历史资料记载，当时世联制作了一批名片大小的广告卡片，内容是世联集中推出多套实用的小户型。

还有，来年即将入市的"凡在关外购房，能够随房子带一个深圳户口"这一政策，持续了整整八年，才在 2003 年宣告终止。

在广州中介市场热闹非凡，1989 年成立于香港的经纬物业，1993 年成立的同创卓越、珠江恒昌，1994 年成立的广州中原地产，这些房地产中介公司早已在行业内搅弄风云。

再往后，1995 年成立的合富辉煌、1997 年成立的中地行也即将亮相。其中经纬、中原、珠江恒昌等早期的主要人马大多来自香港，他们也把香港房地产中介的成功运作经验带入广州乃至内地楼市。

年尾的北京，中华工商时报披露，北京首次房地产拍卖会在北京亚运村国际会议中心举行。这次拍卖的是北京工业大学经济管理学院原址，面积 9677.6 平方米，土地用途为写字楼、公寓兼商业、餐饮、娱乐业，土地使用期为 50 年。这次不动产拍卖之所以引起大家广泛关注是因为，竞得人在获得该处房地产后，还可以按照新的规划重新建设。

从年头到年尾，一系列宏观紧缩政策使内资房地产企业压力颇大。这也使外资成为 1994 年各地房地产业的活跃力量。其中，北京房地产业在利用外资数量方面得到飞速发展，于 1994 年达到了历史性高峰；往后三年共批准外商投资房地产企业 164 家，总投资额 34.66 亿美元。

最为知名的便是中国和新加坡两国 1994 年在苏州共同设立的苏州工业园区。这个中、新两国间最大的政府合作项目，从一片荒地发展至今，苏州工业园区连续多年名列中国开发区利用外资第一位。

震撼全球的世纪工程开建，1994 年 12 月 14 日，中国正式动工修建的世界上最大的水利枢纽工程——长江三峡大坝，也引起众多投资者到湖北投资的兴趣。

早在百年前的 1918 年，孙中山先生便于《建国方略》提到开发三峡设想。然而，在战乱频发、贫穷落后的旧中国，无法实现孙中山先生的宏伟梦想。新中国成立后，在中央部署下，三峡工程开始大规模的勘测、规划、设计与科研工作。改革开放之后，中国启动三峡开发。

三峡大坝工程全长约 3335 米，坝高 185 米，动态投资 2485 亿元，从 1994 年 12 月 14 日动工，至 2006 年 5 月 20 日全线修建成功，历时十二载。三峡水电站装机容量达到 2240 万千瓦，为全世界最大的水力发电站和清洁能源生产基地。参与兴建三峡工程的中国葛洲坝集团公司,日后也进军房地产开发领域,成为国务院国资委确定的 16 家以房地产为主业的央企之一。

君万之争王石胜出

房地产与资本对接的时刻,如约而至。

1994 年 7 月 30 日,中国证监会会同国务院等有关部门,强力出台一系列激励资本市场的新措施。受重大利好政策刺激,8 月 1 日中国股市经历了近乎疯狂的一天。当天,沪、深两市飙升均达 30% 以上。

然而,资本市场的游戏规则无疑是一场博弈。选择了它,也意味着与虎谋皮、刀尖上跳舞。这一年万科爆发"君万之争"就是一个典型。

刚刚完成 B 股上市的万科,并没有当初 A 股的一帆风顺。当时,市场对 B 股并不看好,承销又采用包销制,认购寥寥。万科 B 开盘后,上市价仅为每股 9 元,而成本是每股 12 元。它的主承销商便是张国庆领导的君安证券,后面积压了 1000 万股在手上。

这为后来的"野蛮人入侵"埋下了伏笔。为了拉高出货,君安证券选择制造万科"被收购"题材,以推高股价,然后趁机出货减亏。

1994 年 3 月 30 日上午 10 点半,张国庆亲自上门告诉王石,君安已经联络了万科的部分股东准备对万科的经营战略投不信任票,并建议改组董事会,两个半小时后召开新闻发布会。

君安证券在全文一万多字的《告万科全体股东书》中,指出了当时万科存在的经营弊端:万科的产业结构"分散了公司的资源和管理层的经营重心",已经不能适应现代市场竞争。君安证券等股东要求对万科业务、管理层进行重组,并推荐 8~10 位董事候选人进入董事会。

万科股票停牌的四天后,王石查出君安高层在暗中建"老鼠仓",总计购买了 2000 万元的万科股票,想通过炒作套利,这一发现让君安发难的正当性受到了质疑,王石从而争取到北京证监会的关键一票。

1994 年 4 月 4 日,万科召开新闻发布会宣布战斗结束,万科在深交所复牌,万科股票涨停。由此,中国企业史上股东与董事会的第一次直接对抗,以君安证券落败结束。然而,王石恐怕怎么也想不到,这仅仅只是万科在资本狩猎场上战争的开始。这个中国企业发展史上最值得骄傲的公司标本之一,在日后遭受了更为严峻的情怀与资本双重拷问。

回到 1994 年的资本大戏,君安因自身的破绽,夺取万科控制权的图谋未能得逞的同时,也迫使了王石正视万科的多元化与专业化战略选择。然而实际上,王石早在万科 B 股上市的筹划会上,对这问题已经有了自己的想法。时任香港渣打银行的一个年轻基金经理曾经瞪着大眼睛问王石:"王总,你们万科到底是做什么的?"

"我回家拿计算器好好算了一下账,把万科1984年到1994年的贸易盈亏相加,结果得出来是负数。"谈不上主动或者被动,在以后几年,王石给出了这道选择题的答案。他卖掉了饮料公司、扬声器厂和供电服务公司,一心只做房地产业务。

宁高宁曾经对此评价,"在成长的道路上,万科几乎犯过所有可能犯的错误,可是它是幸运的,幸存者的幸运在于,他们在错误还没有把他们毁灭的时候醒悟了。"

除资本市场带来的契机之外,1994年一场来自互联网的旋风闯入中国。1994年,互联网终于来了,中国成为国际上第77个正式真正拥有全功能Internet的国家。

中关村地区教育与科研示范网络(简称NCFC)工程在1994年4月20日这一天,通过美国Sprint公司连入Internet的64K国际专线开通,实现了与Internet的全功能连接,这也是我国最早的国际互联网络。

一年后,中国第一家网站"瀛海威时空"的广告牌出现在北京中关村白颐路南端的街角处。广告牌上赫然写着:"中国人离信息高速公路有多远?——向北1500米。"

这也是一场恰逢其时的巨变。互联网进入中国,也深刻改变中国房地产在设计、建造、营销、社区等诸多领域。20年之后,中央提出互联网思维,一场围绕各行各业的"互联网+传统行业"席卷整个中国经济各个领域,"互联网+房地产"也随之发生重大变革。

对了,1994年4月17日,全国足球甲级A组联赛开始,大连万达队荣获该年度甲级A组联赛冠军,开启了此后无人能及的中国顶级联赛八冠王序幕。一夜之间,大连万达从一个区域公司,变成全国甚至全亚洲知名企业,足球效应功不可没。受大连万达成功的影响,中国房地产企业竞相投资足球,这股热潮持续二十多年。

2018年中国足球联赛,在大连万达、广州恒大、广州富力、河南建业、河北华夏、北京国安、山东鲁能等房企的带动下,中国足球联赛最后演变成中国房地产企业联赛,超过10家顶级联赛俱乐部背后的金主,无一不是主营房地产或者涉猎房地产开发业务。这道连放眼国际足坛都极其罕见的独特风景线,在往后的《中国地产四十年》里还将重点描绘。

总的来说,这一年中国处于攻坚关键节点,这个古老的东方国度,正在以越来越开放的心态、越来越国际化的胸怀拥抱这个世界,而中国房地产也迎来了一个崭新的经济环境。

1995 年：

安居工程启动　万通正式分家

1995 年，大多数研究报告及媒体把这一年的房地产主题定位为"消化年"。在"国 16 条"宏观调控政策进入实施第三个年头，中国房地产市场从高峰陡然掉落之后，进入了漫长的调整期。这一年，对房地产影响最大的政策主要是控制固定资产投资政策和金融紧缩政策。

在 1994 年年底召开的全国计划工作会议上，国家计委明确表示，1995 年将继续加强对固定资产投资的控制，严格控制新开工项目，继续清理在建项目，从严控制房地产开发规模，控制土地批租等。其内容主要是加强立项管理，清理在建项目及会同银行对贷款实行额度控制。

从具体数据来看，在上述政策影响下，这一年房地产投资增长速度明显放缓。据建设部统计资料报告，1995 年全年房地产开发投资与 1994 年相比，仅增长 23.3%，增幅明显回落；1995 年商品房销售额比上年增长 27.8%，新开工面积增长 14.12%，止住了负增长的势头。

这一年，全国房地产开发投资完成 3151.51 亿元，占全社会固定资产完成投资规模的比重基本保持稳定，为 16.%，保持在较低水平。各类商品房施工、竣工面积增长速度低于 1994 年，销售面积和销售额的增长速度亦较上年有所降低，但下降速度较缓。数据显示，1995 年商品房销售面积较上年同期增长 20.1%，增幅比上年下降了 6.1 个百分点。

1992~1993 年的野蛮生长一度让市场陷入混乱无序的状态，"治乱"——成为房地产步上健康发展轨道的重中之重。

1995 年 1 月 1 日，《中华人民共和国城市房地产管理法》正式实施，从这天起房地产行业有了自己的"准绳"，这也是继《土地管理法》之后规范房地产市场的第二部重要法律。同日实施的还有《商品房预售管理办法》。

与此同时，全国土地利用计划正式下达，国家将开发区新征用地和土地使用权出让新征用地正式纳入计划，并制定了 1995 年各项建设用地指标。

而物业管理在经过多年努力之后，也逐渐走出了一条专业化道路。继 1994 年深圳率先颁布城市小区管理相关法规之后,1995年青岛、北京、沈阳、天津、常州、上海等大中城市也相继颁布地方行政规章,使我国物业管理逐渐形成一定规模。

1995年,中国房地产市场依然在"消化"着过去的疯狂,称不上恢复元气,但一系列的法律法规出台,正在让这个行业进一步走上法制化轨道,让这个市场秩序得到进一步规范和控制。

安居工程启动

1995年,《读者》杂志刊登的第一个广告引起了国人注意,这是一个小康之家的形象广告。很快,"小康"一词变成了老百姓的口头禅,一场如火如荼的奔小康运动快速展开。

千百年来,中国人对于"拥有一套属于自己的房子"的追求从来没有改变。从唐朝杜甫"安得广厦千万间,大庇天下寒士俱欢颜"的忧国忧民到现代对"房奴"的调侃,无不透露着中国人对房子的执念。

要成就一个小康之家,房子似乎一直都是标配。这一年,为了老百姓心中的小康之家,为了解决中低收入者的住房问题,为了促进城镇住房建设,国务院于1995年2月6日正式出台了《国家安居工程实施方案》。安居工程指的是由政府负责组织建设,以实际成本价向城市的中低收入住房困难户提供的具有社会保障性质的住宅建设示范工程。

根据计划,从1995年开始,全国用5年时间,在原有住房建设规模的基础上,为住房困难户新建建筑面积1.5亿平方米的"安居住宅"。1995年作为计划实施的第一年,安居工程建设规模为1250万平方米,拟投资125亿元。

1995年安居工程58个试点城市

城市名称	建设规模（万平方米）	总投资（亿元）	其中：银行贷款（亿元）				其中：自筹（亿元）
			合计	建设银行	工商银行	农业银行	
合计	1294.5	119.25	47.7	34.42	12.78	0.5	71.55
北京	48.0	7.50	3.0	3.00			4.50
天津	61.0	7.50	3.0	3.00			4.50
上海	55.0	7.50	3.0	3.00			4.50
哈尔滨	40.0	3.50	1.4	1.00	0.40		2.10
齐齐哈尔	22.0	1.75	0.7	0.40	0.30		1.05
牡丹江	10.0	1.00	0.4	0.20	0.20		0.60
长春	26.0	2.50	1.0	1.00			1.50

续表

城市名称	建设规模（万平方米）	总投资（亿元）	其中：银行贷款（亿元）				其中：自筹（亿元）
			合计	建设银行	工商银行	农业银行	
吉林	17.0	2.00	0.8	0.80			1.20
四平	9.0	0.75	0.3	0.30			0.45
沈阳	37.0	3.25	1.3	1.30			1.95
大连	27.0	3.00	1.2	0.60	0.60		1.80
太原	18.0	2.00	0.8	0.40	0.40		1.20
郑州	33.0	3.00	1.2	0.55	0.65		1.80
开封	17.0	1.25	0.5	0.20	0.30		0.75
洛阳	20.0	1.50	0.6	0.30	0.30		0.90
呼和浩特	19.0	1.25	0.5	0.25	0.25		0.75
包头	19.0	1.25	0.5	0.30	0.20		0.75
石家庄	32.0	2.50	1.0	0.50	0.50		1.50
张家口	7.0	0.50	0.2	0.10	0.10		0.30
秦皇岛	9.0	1.00	0.4	0.20	0.20		0.60
济南	33.0	3.00	1.2	1.20			1.80
青岛	30.0	3.00	1.2	0.80	0.40		1.80
烟台	8.0	0.75	0.3		0.30		0.45
合肥	25.0	2.00	0.8	0.16	0.64		1.20
马鞍山	7.0	0.50	0.2	0.12	0.08		0.30
福州	15.0	1.50	0.6	0.60			0.90
厦门	17.5	1.75	0.7	0.70			1.05
泉州	7.0	0.75	0.3	0.30			0.45
广州	28.0	2.50	1.0	1.00			1.50
南昌	24.0	2.00	0.8	0.50	0.30		1.20
九江	7.0	0.50	0.2	0.14	0.06		0.30
杭州	32.0	2.50	1.0	0.60	0.40		1.50
宁波	25.0	2.00	0.8	0.45	0.35		1.20
湖州	10.0	0.75	0.3	0.20	0.10		0.45
武汉	41.0	3.50	1.4	1.12	0.28		2.10
武昌	13.0	1.25	0.5	0.25	0.25		0.75
南宁	19.0	1.50	0.6	0.30	0.30		0.90
柳州	21.0	1.50	0.6	0.40	0.20		0.90
桂林	12.0	0.75	0.3	0.15	0.15		0.45
南京	23.0	2.75	1.1	0.70	0.40		1.65
徐州	18.0	1.25	0.5	0.50			0.75
常州	15.0	1.25	0.5	0.50			0.75

续表

城市名称	建设规模（万平方米）	总投资（亿元）	其中：银行贷款（亿元）				其中：自筹（亿元）
			合计	建设银行	工商银行	农业银行	
苏州	13.0	1.25	0.5	0.50			0.75
镇江	11.0	1.00	0.4	0.23	0.17		0.60
长沙	25.0	1.75	0.7	0.30	0.30	0.1	1.05
湘潭	16.0	1.00	0.4	0.20	0.10	0.1	0.60
海口	16.0	1.50	0.6	0.35	0.25		0.90
昆明	28.0	2.50	1.0	0.50			1.50
贵阳	20.0	2.00	0.8	0.80	0.50		1.20
成都	26.0	2.50	1.0	0.50	0.30	0.2	1.50
重庆	42.0	3.25	1.3	0.65	0.65		1.95
西安	34.0	3.00	1.2	0.60	0.60		1.80
宝鸡	9.0	0.75	0.3	0.15	0.15		0.45
银川	13.0	1.00	0.4	0.22	0.18		0.60
兰州	37.0	2.00	0.8	0.48	0.32		1.20
西宁	10.0	1.00	0.4	0.25	0.15		0.60
乌鲁木齐	22.0	2.00	0.8	0.40	0.40		1.20
石河子	8.0	0.50	0.2		0.10	0.1	0.30
枣庄局	8.0	0.50	0.2	0.20			0.30

图片来源：《中国国情国力》期刊李俊波《"安居住宅"有戏——1995年国家"安居工程"试点进展概况》。

在中央经济工作会议上，时任国务院总理李鹏指出，必须把房地产发展的重点放在解决广大居民的住房上。国家建设部明确，在1995年内不再批准新的高档建筑和高消费项目。时任建设部副部长李振东甚至指出，高档商品房与普通住宅要保持在2∶8甚至更少的比例上。

为了让广大工薪阶层、中低收入的住房困难户买得起房，安居工程在实施中也是出台了大量优惠政策。除建设用地实施计划划拨外，还将享受贷款倾斜、建材优先供应，税费减免等政策，开发商可获相当于总造价3%~5%的回报。

据有限资料显示，新世界集团是当年安居工程的积极响应者。在天津参与了和平区、南开区及红桥区共250万平方米的旧城改造。

其中，南开区的天华里项目成为当时全国最大的教师村，在落成后被评为1998年全国优秀物业管理小区。同时新世界还负责开发了武汉市最大的"安居工程"——总占地4500亩的常青花园。

安居工程的用意是从中国国情出发，照顾那些实际收入远低于商品房房价，根本无力买房的中国绝大部分普通群众，同时又带有一定的福利色彩，它与香港地区、台湾地区的某些计划类似，但香港地区、台湾地区的此类计划往往效果不尽理想，并有某些预料不到的负面效应。

而在中国内地,这项工程进展也称不上理想。由于建设资金主要由地方财政承担,政策出台后,安居工程在不少城市并未能顺利推行。另外,由于开发商获利较少,建筑质量成为了另一个问题。

之后的1998年,国家全面施行住房改革,房改23号文件明确提出"经济适用房"这一概念,开始实施"对不同收入家庭实行不同的住房供应政策"。自此,安居工程逐渐被经济适用房所取代。

总的来说,1995年的安居工程让普通住宅建设成为房地产开发建设的主流,对改善人民居住水平起到不可磨灭的作用,让成千上万百姓能够有房子居住。

从方兴到金茂

1995年,曾一度成为北京市副市长人选的刘晓光结束了他的政治生涯,被调任重建首创集团。历史资料记载,当时的首创集团就如一盘散沙,业务凌乱,毫无章法,净资产只有15亿元,经营十分困难。

当时的情形,用刘晓光自己的话来说是:没有资源,没有金钱,只有一颗火热的心,只有一双紧握的拳。在首创集团,刘晓光倾注了他全部心血。在职20年,刘晓光将首创从一个濒临倒闭的企业发展成为一个2000亿元资产的有竞争力的国际集团。

其中,首创集团旗下的地产平台首创置业在刘晓光的领导下实现了快速成长,并于2003年成功登陆港交所,此后首创置业迅速扩张,近年来更是凭借"住宅+X"的创新模式,实现了大幅度增长。截至2017年年底,首创置业总资产达到1414.21亿元。

除了首创,另一家重量级国企地产公司也在同年诞生了。1995年6月,中国中化集团公司主导创办的方兴地产正式成立,方兴地产于2007年8月17日在香港联合交易所上市。时间到了2015年,方兴地产把原来的企业名称更改为中国金茂。

作为大型央企旗下的房地产开发平台,中国金茂早在20世纪90年代末就已经扬名上海滩。1999年,上海金茂大厦落成,以420米的楼高一举刷新了此前由广州中信大厦保持的中国内地第一高楼391米纪录。

金茂大厦早于20世纪90年代初就已经立项规划,1990年中央宣传开发浦东,并在陆家嘴成立中国首个国家级金融开发区。作为早期陆家嘴规划重点建设的项目,金茂大厦于1992年通过政府审批,1994年开始动工兴建,1997年封顶,1999年8月28日正式对外营业。

据了解,之所以取名"金茂",是因为与"经贸"谐音,另外,"金茂"两个字都是八划,暗含了金茂大厦设计建造的88层。在那个全球大规模兴建摩天大厦的时代,金茂大厦被视为中国国力崛起的象征，成为上海地标性建筑，不仅上海本地人竞相登楼参观，时至今日，这座大楼仍是导游重点向外地游客推荐的景点。

当然，中国金茂在上海成名不仅仅只有一座金茂大厦，其投资并参与开发的上海星外滩，体量高达150万平方米，囊括了上海港国际客运中心、上海国际航运服务中心、上海星港国际中心三大超级大型项目，在上海的核心区域，属于中国金茂投资开发的项目就多达45个。

2009年，在北京蛰伏已久的中国金茂一鸣惊人。在与大批知名开发商多轮角逐之后，以40.6亿元一举拿下北京东四环广渠门15号地块，创下北京楼面地价新纪录。

有意思的是，拍地前志在必得的SOHO中国董事长潘石屹偶遇方兴地产拿地代表，他主动上前打招呼问对方背景时，方兴地产代表低调回答："我们是小公司。"结果这家"小公司"先是击退SOHO中国，随后在与另一家央企保利地产一决雌雄过程中，笑到了最后，成为北京新地王的优胜者，名震京城。

顺便提一句，方兴地产与远洋地产可以算兄弟单位，因为方兴地产母公司中化集团同时也是远洋地产股东。

1995年3月，万通六君子进行了第一次分家，王启富、潘石屹和易小迪首先选择离开。家是分了，但情义依然在。

潘石屹离开时，冯仑对他说："我会骂你三个月，骂完之后，我就会说你好话，你是总经理，你走了，还带上几个人，我要是不骂你，我的正确性在哪儿？这里我没法管了。"但冯仑同时也向潘石屹强调："你新做公司需要品牌，万通以前所做的无论多伟大的事情，你都可以说是你做的。"

离开万通半年后，潘石屹便与新婚不久的妻子张欣共同创立了北京红石实业有限责任公司（SOHO中国前身）。冯仑说，红石实业开发的第一个项目——SOHO现代城，就是潘石屹从万通带走的。这之后，两人又共同开发了一系列高知名度的项目，包括博鳌蓝色海岸、长城脚下的公社、建外SOHO、朝外SOHO、光华路SOHO……

形单影只的易小迪则没那么顺利，单飞的头两年，是易小迪的困难时期，当时他经手的百货公司倒闭，涉及债务问题，压力很大。尽管这笔债务可以通过一些技术层面的操作不了了之，但易小迪却认为这是最简单的诚信问题，钱必须还回去。

这之后，走出困境的易小迪于1999年创建阳光100，同年在北京CBD成功开发阳光100国际公寓，到2000年后，阳光100已经成功进入十几个城市，基本完成全国布局。

王启富则由国际贸易向地板行业进军，如今担任海帝木业董事长。2010年，王启富又创立富鼎和股权投资基金管理（天津）有限公司，主营他所熟悉的房地产领域投资，这也是中国内地首批房地产投资基金公司，投资业务分布于中国房地产业、高新技术产业、新能源、公用事业等领域。

由冯仑、刘军、王功权留守的万通，则在1995年攀上了发展高峰，业务涵盖地产、通信、服装、商业、信息咨询、银行、保险、证券等，资产规模高达70亿元。

再后来，刘军于1998年也选择离开去从事农业高科技，如今担任成都农业高科技有限公司执行董事、总经理。2003年，王功权最后一个离巢，与合伙人创始了鼎晖创业投资基金，成了风险投资家。自此，万通集团由当初的六人共事变为冯仑独掌船舵。

1995年，离开中宣部在一家出版社待了一段时间之后，不断追求变化的黄怒波决定下海经商。1995年4月，黄怒波创建北京中坤投资集团，任董事长。

1997年，靠着与中欧商学院的同学李明合作的一个楼盘——都市网景，黄怒波赚取了人生第一桶金。之后，又陆续开发了北京西直门的长河湾和位于北三环的大钟寺国际广场，借此巩固其在地产江湖的地位。

不过，这位兼任中国诗歌学会会长的黄怒波最钟爱的还是充满诗意的旅游地产，从安徽黄山的宏村，到北京门头沟古村落、湖南岳阳古村落、安徽桐城古商业街改造，再到投资日本北海道度假村，在冰岛、挪威买地等，黄怒波率先完成全球布局的正是旅游地产项目。

《中国地产四十年·1994》提到1994年从珠海回到杭州的宋卫平，尽管身无分文，但并没有打击他创业的决心。1995年，问朋友借了15万元后，宋卫平开始投资房地产，并于1995年1月6日注册创立了"绿城"。

宋卫平曾经说过，在创立之初，"绿城"并不是他的第一选择。"蓝比绿好，大海的蓝好过树上的绿。"一开始，宋卫平希望用"蓝城"这一名字。不过，当时支持宋卫平想法的人占少数，更多人喜欢"绿城"，于是，宋卫平妥协了。于是，"绿城"诞生了。

成立第一年，绿城便在杭州开发了丹桂花园、金桂花园、银桂花园、丹桂公寓、月桂花园等一系列项目，早早奠定了其在杭州市场的地位。

说到绿城，不得不提日后与宋卫平纠葛颇深的孙宏斌。虽然在使用"绿城"和"蓝城"这个名字上有些纠结，但20年后，宋卫平还是有机会用上了"蓝城"这个名字。只是后来"蓝城"这个名字，发生在宋卫平和孙宏斌的收购和反收购大战背景下匆促上阵。

同在1995年，停不下来的孙宏斌，出狱还不到一年时间，便已经向市场展现出其惊人的谷底反弹能力，第一次涉足房地产中介业务，就获得了比常规更快的发展。这时候，孙宏斌开始觊觎房地产开发。

1995年1月23日，在柳传志和中科集团周小宁的帮助下，顺驰和联想集团、中科集团成立天津中科联想房地产开发有限公司，正式进军房地产。三年后，孙宏斌回购了联想和中科集团持有的全部股份，将中科联想更名为天津顺驰投资有限公司，独掌大权的孙宏斌自此带领着顺驰一路狂奔。

孔健岷创办合景

广东、福建迎来了房企创立潮，大批新生代开发商登上历史舞台。这批新力军为迅速提高知名度，甚至有的请前美国总统来中国代言。

1995年，年仅26岁的孔健岷拉上哥哥孔健楠、弟弟孔健涛一起创办了合景泰富地产。

这位暨南大学计算机专业毕业的技术男，曾任职于工商银行的信贷部，工商银行后来也成为合景泰富旗下项目的最大贷款银行。1994年，孔健岷下海经商，当年11月与合伙人联合成立新恒昌公司，成为他创业的开端。

1995年，一个很偶然的机会出现了，据孔健岷回忆称，当时有朋友随口问他："有一块地，你要不要做？"直觉告诉孔健岷这个事可行，于是孔氏三兄弟联手创业，成立合景房地产公司，从此一头扎进了房地产行业。

合景开发第一个楼盘是位于天河北的御晖园，此后接连开发御华苑、叠彩园、盈彩美居、国际金融广场等项目。"非典"之后，合景泰富以当年"天价"将珠江新城两幅"地王"收入囊中，紧接着大手笔开发了珠江新城住宅誉峰和写字楼国际金融广场。

这两个广州CBD项目令合景泰富一战成名，在地产界名气剧升，随后进入高速发展期，并于2007年7月3日在香港联合证券交易所主板上市。

与粤派地产老板风格类似，孔健岷异常低调。但与其他经常亲力亲为的老板不同的是，孔健岷比同行大佬们显得更加"清闲"。

周末一般不加班，若非重大事情，下属不能随意打扰他的休息时间，否则会被他"训"一顿。工作日"朝九晚九"，很少通宵达旦，中午也不去应酬，每晚还要留出时间来喝茶、听音乐、散散步，生活潇洒得令人艳羡。

在低调方面，高德置地董事长苏萌比孔健岷有过之而无不及。1995年，低调的苏萌在广州成立了高盛企业集团（高德置地集团前身），这是一家专业的商业地产开发商及营运商。2007年9月，高盛集团正式更名为高德置地集团。

历经20多年发展，高德置地在广州商业地产领域已经占据重要一席，由其营运和开发的项目主要分布在广州CBD中央商务区及经济发达的天河核心区，包括甲级写字楼、大型购物中心、五星酒店、主题MALL与高级公寓等。其中最为知名的当属位于珠江新城的高德置地广场。

诞生于1989年的侨鑫，终于在1995年正式成立侨鑫集团，旗下业务由高端房地产业逐步拓展至酒店、教育、金融、健康、传媒及文化等多个领域。

侨鑫集团创始人周泽荣为澳籍华人，1952～1989年居住在香港。1989年前后，当海外对中国市场还犹豫不决之际，刚刚来到广东投资的周泽荣，却豪掷巨资开发当时广东最豪华的"外商活动中心"。进入20世纪90年代初，市场风云突变之时，周泽荣再次逆势而动，投重金建造广州国际贸易中心，该写字楼后来与同处天河北路的中信广场、市长大厦并称为广州地标性建筑群。

1995年，广州市场步入低谷，在各大开发商犹豫观望时，周泽荣调动16亿元开发总面积达120万平方米的汇侨新城，该项目创下了广州市1996～1998年连续3年销量第一纪录。2000年开始，侨鑫接连投资80多亿元，筹建占地1300多亩的汇景新城。其在广州从化开发的从都项目,成为接待国内外政要之地,更是让侨鑫一举奠定了在地产界的地位。

周泽荣不仅在地产大力布局,在媒体领域也有诸多举措。2001 年周泽荣投资羊城晚报集团旗下的《新快报》。

随后,又于 2004 年在澳洲发行《澳洲新快报》。作为澳洲的中文报纸,这份报纸在创刊时获得了澳大利亚总理等众多政要的祝贺,这在澳大利亚的报业史上还是首次。2005 年,侨鑫集团又与香港大公报合作,双方联手发行《大公报澳洲版》。

周泽荣除了是澳洲中文报纸媒体大亨身份外,还是位高档餐饮投资人。作为潮汕人,周泽荣投资开设的高档餐饮店"潮皇餐厅"主打潮菜。

潮菜号称处于中国菜系生态链顶端,长期是各界招待贵宾首选,"潮皇餐厅"也因此成为广州高档餐饮的标志,其单店年销售额就高达 1 亿元,这在当年比很多楼盘销售额还高。

1995 年,福州人林腾蛟回国了,他刚从新加坡留学归来,一踏足中国大陆便开始了他的创业之路。1995 年福建阳光集团在福州成立,福州阳光假日大酒店是林腾蛟的第一个作品。随后在厦门开发了"阳鸿新城",紧接着在福州马尾创建阳光国际学校。

这位北京大学毕业的创始人对教育非常重视,他把早年做的三个项目进行整合,逐步探索出一条地产+教育/酒店的复合地产之路,这种模式与早期碧桂园在大盘里创办学校、酒店的模式有异曲同工之处。

1997 年,在福州市中心开发了地产与教育相结合的阳光城小区,逐步成长为福建本土的地产教育巨头。2002 年,林腾蛟收购上市公司"石狮新发",后来正式更名为阳光城集团。十年之后,也就是 2012 年,阳光城把总部从福建迁至上海,加速布局全国。

1995 年创办的房企还有新天地产,这家广州地产公司成立之后相继开发了天誉花园、新天希尔顿、峻林、天伦花园、君汇世家、新天半山等项目,重点布局珠三角地区,逐步辐射全国。2010 年,新天地产赴港上市,正式登上国际资本市场,新天战略发展目标也由传统房地产开发转变为城市更新发展。

美的和海信进地产

1995 年,有两大家电巨头进军房地产,这个不经意的举动,当时并未引发太多的舆论漪涟,只是日后当越来越多各行各业公司进军房地产的时候,才让人惊觉房地产的巨大魅力,竟已达到殊途同归的地步。

1995 年 1 月 13 日,广东美的置业有限公司。这是中国知名家电品牌企业美的控股旗下公司,重点开拓美的集团的房地产开发业务。

美的地产虽是后起之秀，但其母公司则是赫赫有名全球500强——美的集团。早在1968年，年仅26岁的广东顺德人何享健冒着风险，带领23人，集资5000元，在顺德北滘开始了创业生涯，从塑料生产起家，制造些工艺相对简单的玻璃瓶、塑料盖、发电机小配合等产品。

20世纪80年代初，珠三角抓住全面对外开放的契机，短短几年时间里，举办了数千家家电厂。在这种背景下，1980年何享健转向制造风扇，正式进入家电行业。起初美的为当时已经成为名牌的"钻石"电风扇生产零配件，一度还仿造过港澳市场上流行的"鸿运扇"，直到1981年，才注册"美的"商标，开启了中国家电品牌冲刺世界500强之路。

顺德是中国家电品牌云集之地，90年代初，就已经聚集了容声、万家乐、格兰仕、科龙等一系列知名品牌。1992年，广东省试点股份制改革，当容声等其他企业还在犹豫之际，何享健争取到顺德唯一试点名额，抓住了这个难得契机，一举实现弯道超车。

1993年，美的顺利上市，成为中国第一家由乡镇企业改组实现上市的公司。1995年美的进军房地产行业。1998年，开发美的集团一路之隔的美的海岸花园，该项目占地700亩。2004年，正式成立美的地产发展集团。2010年，加速全国化布局，走出广东，在贵阳、株洲、徐州等地拿地开发项目。

提到顺德北滘镇，也许很多人不一定了解，但如果说这个镇里同时诞生了碧桂园和美的这两家鼎鼎大名的全球500强企业，不禁令人肃然起敬。作为同镇的世界级企业，两家公司的创始人也是多年深交。有意思的是，何享健与杨国强生肖同属马，只不过，前者比后者大了12岁。

据杨国强回忆，碧桂园曾经有过一段艰辛的岁月，那些日子里，杨国强甚至登门拜访老大哥，向何享健请教公司经营的经验。双方的密切联系，也让彼此在智慧家居、科技小镇、智能社区等领域一直保持着合作。

除美的进军房地产之外，另一知名家电企业巨头海信也不甘落后，于1995年7月，正式成立了青岛海信房地产股份公司。

海信，与美的同样创办于20世纪60年代末，前者比后者晚了一年，成立于1969年9月。其前身是青岛无线电二厂，主要生产半导体收音机，员工仅十余人。建厂十年之后，更名为青岛电视机厂，成为国家认定的定点生产单位。

1993年，通过在全体员工中发起征名活动，最后由总工程师钱钟毓提名的"海信"中标，名字取自"海纳百川、信诚无限"的含义。1994年，公司正式更名为海信，借此更名也代表着海信彻底告别计划经济，开启了市场化运作，并很快参与全球竞争。

1995年，原海信总经理周厚健调至青岛仪表局任职，彼时仪表局下属有众多困难企业，于是周厚健想通过成立房地产公司，来盘活困难企业手里的土地，达到养活员工的目的。在这种背景下，海信地产应运而生了，并迅速发展成青岛当地最大的房地产企业。

1997年，海信正式上市。随后十几年时间里，海信接连发起并购大战，将美的在顺德的两大主要竞争对手科龙和容声悉数收入囊中，甚至把夏普美国也一齐吞并，成为家电行业巨无霸级别企业。

1995年，随着美的地产和海信地产相继成立，也开启了家电行业跨界开拓房地产业务的序幕，此后包括海尔、格力、格兰仕、TCL、长虹、康佳等家电名企也相继涉足地产业。

1995年，在河南河北，有两家经历颇为相似的公司诞生了。这两家公司创始人都在1979年这一年命运发生转折，又都在1995年创办公司，2015年其公司同时在香港借壳上市。

作为恢复高考之后新三届大学生，1979年张敬国入读郑州大学，毕业后被分配到省直部门供职。在20世纪90年代初期，机缘巧合之中，他进入房地产开发行业。1995年，张敬国在郑州创办公司——河南正商置业有限公司，此后，张敬国在这个被他称为"第二故乡"的郑州深耕二十多年。

截至2016年，正商开发的70个楼盘有90%是在郑州。曾有媒体统计，正商开发并交付的项目，入住家庭15万户，每户按三口之家来计算，业主人数至少也有45万人。而郑州城区户籍仅350万，全市总人口近千万，也就是说光户籍正商业主就占了全市12%以上，如果加上外地常住人口和流动人口，正商也能占到1/20的比例。

2015年借壳组建正恒国际控股公司，登陆香港资本市场。2016年正商集团旗下GlobalMedical RELTS Inc.（全球医疗房地产投资信托，以下简称GMRE）也在纽约证券交易所主板上市。至此，正商作为郑州最大的本土开发商，在两年之内接连运作两家公司上市。

河南的正商借壳上市成功，在河北同样也有一家借壳上市的公司，这就是隆基泰和。跟正商一样，这家公司也成立于1995年，比同省广为人知的河北华夏幸福还要早成立三年。

1979年，年仅17岁的魏少军只身前往北京闯荡，从泥瓦匠做起，一步步成长为包工头。1995年，小有成就的魏少军正式创办了隆基泰和，全面进军房地产行业。

隆基泰和的总部位于河北保定，也就是中央提出千年大计之称的雄安新区所在地。在保定城里，还有另外一家知名企业——长城汽车。隆基泰和的魏少军与长城汽车董事长魏建军在保定知名度极高，当地人称他俩为"保定双雄"。

2014年，隆基泰和筹划上市，2015年5月，借壳开世中国，隆基泰和得以在香港运作上市，正式登陆国际资本市场。此后，隆基泰和在国内则增持通达动力股份，并逐步控制该公司，希望实现A股上市。

虽然2016年A股IPO放宽，但在房地产企业迄今仍未有上市成功案例。事实上，自2011年华夏幸福基业借壳上市以来，A股市场仅有绿地、京汉、蓝光等极个别房企上市的案例，中央也先后出台了一系列更为严厉的楼市宏观调控政策，A股上市门槛越来越高。

1995年，除了冀豫大地正商置业与隆基泰和诞生之外，在长江的两头，也有两家房企开始萌芽，这就是长江上游的重庆华宇集团和长江下游的杭州德信地产。

华宇集团创始人蒋业华在观察国外和港澳地区经济发展历程以及商界巨头的成长经历中，敏锐洞察到中国房地产的发展潜力。

1995年3月，蒋业华创办了重庆华宇物业（集团）有限公司，进军房地产行业。随后华宇集团先后在重庆高新区、陈家坪、渝州路等地开发项目，由此也奠定了华宇在重庆西部城区房地产开发的地位。

1995年，德信地产成立。德信集团创始人胡一平出身德清农村，白手起家。德信起源可追溯到1993年，胡一平从浙江湖州市德清发展开始，逐步打造德信雏形。

1995年，胡一平在德清小有成就之后，终于决定自立门派，正式成立德信地产。2006年来到浙江省城杭州，短短几年之后，销售业绩便跻身杭州本土房企前三名，次于绿城和滨江。

中国房地产行业的蓬勃发展，吸引了越来越多的海外背景公司纷纷前来淘金。

1995年，吉宝置业进军中国内地，扩大在华房地产业务，第一个房地产开发项目在上海开始开建。同年，吉宝置业在云南省昆明市开发附带住宅的高尔夫度假村也签署合作合同。吉宝置业是新加坡老牌跨国企业吉宝集团旗下房地产上市公司。吉宝集团是新加坡最大的跨国企业，历史悠久，可追溯到一百多年前。

"吉宝"一词源自英国船长亨利·吉宝。一个多世纪之前的1848年，他首次来到新加坡，在丹戎巴葛地区发现了一个天然的深水港，亨利·吉宝立刻意识到这是个罕见的战略要地。这个战略要地后来被建设成新加坡吉宝港，经过数十年发展，成为沟通东西方文明的交通枢纽。

1968年，吉宝船厂（私人）有限公司成立，新加坡港务集团成立船坞部门，并交由英国修船集团Swan Hunter负责管理。1975年，首次进军海外市场，与菲律宾南投资者设立吉宝菲律宾船厂。

1983年，吉宝通过收购实得力公司进军房地产开发业务。1995年，吉宝挺进中国大陆。此外，中国与新加坡政府合作的中新苏州工业园区和中新天津生态城，也由吉宝集团带领新方联合体参与开发。

金地员工持股

1995年9月底，在向深圳市体改办提出加入现代企业制度改革试点行列后一年多后，金地正式实施《员工持股制度实施方案》，这在全国首开先河。根据方案，金地本次设计了2530万股作为内部员工持股份总额，员工持股股份总额不超过公司总股本的30%。

在员工持股总额中，70%供现有员工认购，另外30%作为预留股份，用于奖励公司优秀员工红股和供符合持股资格的新来员工认购。而员工所持股份将通过工会——社团法人集中托管运作。

方案甫一出台，金地的领导班子和中层干部便带头足额认购，有的甚至借款认购，在领导的带头作用下，绝大部分员工也跟着认购了股份。最终，在规定的半个月时间内，员工的认购率达93%。1996年2月，完成股份改造后，金地实业开发公司定名为"金地（集团）股份有限公司"，其中代表员工持股的金地公司工会成为第二大股东，持股23%。

紧跟着金地的脚步，万科于1995年10月召开第二届特别股东会议，通过了关于修订"职员持股计划"认股权行使价及章程及细则作相应修改的议案。根据首期职工持股计划第一阶段方案，万科拟向737名在册职工及董事、监事共计发行8826500股，每股发行价格为人民币3.01元。

万科年报显示，截止到1995年12月31日，该公司总股本为288225136股，企业职工集体股（不包含董事、监事）为8352535股，占比2.9%。

与众多现代管理理念一样，员工持股同样是舶来品。历史资料记载，员工持股最早兴起于20世纪50年代的美国，早期是作为员工退休福利计划的一部分。后来，随着相关理论的逐渐完善，员工持股计划在美国快速发展，越来越多企业将其视为公司治理的重要制度，英国、法国、日本等发达国家纷纷效仿。

在中国，员工持股计划最早始于1992年，主要面向上市公司，但一直到1995年金地、万科实行后才崭露头角。由于当时的制度设计不完善、市场不成熟等原因，员工持股演变成了一种短期的员工福利，甚至在上市过程中出现了利益输送现象，最后在1998年被叫停。

这之后的10多年中，员工持股制度发展基本停滞，只有少数非上市公司实行过。一直到2014年6月银监会发布《关于上市公司实施员工持股计划试点的指导意见》，上市公司开展员工持股计划才正式重启。

万科的事业合伙人制度正是在2014年推出，当然这与1995年首次实行相比，已经大相径庭，在最新的版本中，除了员工持股部分外，万科还新增了跟投制度及事件合伙人管理两部分。

也正是从2014年，由万科开始，员工持股计划逐渐在房地产行业流行起来，包括绿地、泰禾、复星、新城控股、招商蛇口等同行都纷纷推出了属于自己的员工持股计划。

1995年，在推出首期员工持股计划之外，万科内部也进行了一系列调整。年初，万科贸易经营方面进行机构调整和资源整合，原深圳万科贸易有限公司、深圳万科协和有限公司、深圳现代企业有限公司合并为万科贸易有限公司。与此同时，万科总部完成职能部门管理架构调整，明确经营与管理的分离，形成集团管理模式。

胆识过人，敢于冒险的张力，这一年带领富力地产迈上了一级新台阶。

开发富力新居旗开得胜，奠定了富力地产"搬迁老城工厂，建设宜居社区"的战略方向。1995年，富力地产将目光瞄向了如今的广州中山八路富力广场，这个占地12万平方米的项目，原为广州铜材厂和同济化工厂所在地。

据富力集团副总经理吕劲回忆，当初要拿下这个项目风险很大。"那时候要买这块地必须先给工厂付3000万定金,这笔钱对当时的富力来说可不是小数目,况且还没有得到政府的正式批准前,就把钱打到对方账户保不保险?谁的心里都没底。"

高层们的讨论一直持续到晚上12点半才结束,最终,为了把这个大项目争取回来,富力决定即使不确定因素很多,但还是先把定金给工厂,以表达合作诚意。这一次,张力的冒险又成功了。1996年富力广场亮相,无论社区环境还是户型都是当时老城区最漂亮的,均价卖到每平方米6000多元。

"拿铜材厂那块地时,看到'满目疮痍'的烂地,很多发展商都选择了退出,我们和厂方商量,看能不能分期付款,晚一点给钱。我们一个月后就开工,两个月后就卖楼。项目资金流动很快,结果付款很顺利,前后只用了8个月就交楼了。"张力透露称。

而成功开发富力广场至今仍被富力上下视为公司发展历程上的一大转折点。这个项目奠定了富力在广州市场的地位,令老广们对这家原来并不起眼的开发商刮目相看,同时还创造了房地产开发史上最快征地、建设、销售纪录。

上篇《中国地产四十年》里面提到的许荣茂在1994年北上京城。进入1995年,对他来说,是个至关重要的转折年。

低买高卖是商人投资的重要准则。上篇文章里提到,许荣茂来到京城的时候,恰逢北京房地产市场一片低迷,令不少开发商望而却步。许荣茂偏偏反其道而行之,于1995年一举拿下北京亚运村北面四环外一幅占地10万平方米的地块,开发亚运花园。

当时有媒体报道称:"那块地许荣茂拿得很便宜,可能只花了几百万,建筑成本最多就5000元/平方米。"此外还有消息指出,当时身为港资的许荣茂并不具备独立开发整块物业的资格,于是拉来了北京首创集团共同合作。"估计在北京拿地、立项,都是首创在背后支持的。"

1996年,亚运花园正式推出,以每平方米888美元低价入市,用时仅两个月便售罄。这样一张亮丽的成绩单,让萎靡的北京房地产市场为之一振,亚运花园迅速成为当时北京名盘的风向标。

首开告捷之后,许荣茂乘胜追击,继续大手笔投资,20万平方米的华澳中心、16万平方米的紫竹花园、20万平方米的御景园相继上马,几个项目的累计投资超过了40亿元。就这样,许荣茂渐渐在京城站稳了脚跟。

就在许荣茂打响亚运花园战役之际,华远却打了一场官司。

华远地产在这一年接到了一个大单。经北京市国土局史全英处长介绍,华远地产与国家土地管理局达成协议,由华远地产代建国土局办公楼,每平方米造价8900元。

但事情进展并没有华远地产想的那么容易,国土局从一开始想找的就是"免费劳动力"。据任志强在《野心优雅》一书中回忆,当时国土局只按合同支付了第一笔881.1万元的首付款,之后一直拖欠应付款项,至1997年4月华地大厦正式竣工验收时,国土局仍拖欠巨额款项未支付,并希望在不支付全款的情况下提前交楼,一直到1999年,在多次催款之下仍不支付欠款。

多次催款未果之后,"任大炮"一怒之下,于1997年7月7日将国土资源部告上法庭，要求法院判决国土资源部支付工程款。消息一出，轰动了整个北京城，一个区属企业将国土局告上法庭，这在北京是从来没发生过的事。

最终，任志强的坚持取得了胜利。国土部与北京市政府协商之后决定各退一步，用付款还账的办法庭外和解。一是国土部支付了 1000 多万零头，二是北京市国土局在华远其他的一个项目中名义上核减了 2000 万元的土地出让金。

较劲、较真的任志强就这样带领着华远地产一路披荆斩棘，成为中国房地产行业中一股不可阻挡的力量。

保利地产成立三年之后，终于迎来了第一个房地产项目开售。1995 年，保利地产开始专注于自己开发住宅项目的尝试，保利红棉花园正式动工，这个项目占地 15 万平方米，总建筑面积 20 万平方米，是当时广州最大的楼盘。

1995 年 9 月 28 日，就在保利地产成立三周年之际，保利红棉花园第一期预售被抢购一空，为保利地产送上一份最大的生日礼物。亦正是红棉花园的成功，让保利地产奠定了专注房地产开发的发展战略。

招商局地产在 1993 年成功发行 A 股、B 股之后，又将融资渠道开拓到境外。1995 年 7 月，招商局地产将部分 B 股以新加坡托管收据（Singapore Depository Receipts）形式在新加坡证券交易所上市，成功搭建了首个境外融资平台。

1995 年港资大鳄新世界集团在广州最尊贵的二沙岛上，推出了新世界花园别墅，售价高达 4.5 万元/平方米，创下 20 世纪 90 年代内地房地产最高单价纪录。同年 10 月，郑裕彤还将新世界集团旗下的香港新世界基建有限公司分拆上市，后者成为在港上市的第一只基建公司股。

从 1995 年开始，新鸿基参与了香港有史以来最大规模的商业发展计划，建成国际金融中心和两座顶级酒店，其中一栋成为全港最大的六星级酒店之一。国际金融中心（IFC）是新鸿基旗下最高档的购物商场，也是其在商业领域最具代表性的项目。目前，这个系列的产品只有三个，其余两个位于上海和南京。

福布斯地产富豪登场

1995 年，全球都在关注一件大事：世界贸易组织正式开始运作，全球经济和贸易秩序有了一个"管家"，跨国界、跨区域的经济发展迈上一级新台阶。

六年之后，也就是 2001 年，中国正式加入世界贸易组织。从此，中国企业日后也多了一个走向世界、参与全球竞争的保障。也是从那时起，全球化成为中国各行各业领军企业的奋斗目标。

在全球化浪潮下，中国企业家也开始被世界关注。1995 年 2 月，美国《福布斯》首次发表中国内地亿万富豪榜，列入富豪榜的共有19人，当年中国最大的本土饲料企业集团——希望集团的创始人刘永好兄弟荣登首富之位，同时上榜的还有张宏伟、冼笃信、牟其中、张果喜、罗忠福、罗西峻、李晓华、宗庆后等人。

这个首富榜单里，有多位富豪发家之路与地产有不解之缘。先来看东方集团张宏伟，他从1978年改革开放开始，手握仅有的700元，带领几十名农民，跑到哈尔滨市承包建筑工程，建造首个项目是哈尔滨动力正酱菜厂厂房。张宏伟从房地产起家，紧接着扩展到国际贸易、建筑材料，到后来开拓金融、电信以及家居饰品零售。

冼笃信，1989年建立海南腾龙房地产开发有限公司并任总经理，2004年成立海南龙华开发有限公司任董事长。在《中国地产四十年·1993》里就有提过，冼笃信是海南房地产先行者，手中一度握有价值10多亿元的地皮。然而，他在海南泡沫中损失惨重，后来北京海淀区政府曾邀请其赴京开发地产，结果也没把握住。

张果喜从1966年参加工作，起家于木雕工艺品，以及木制工艺品的海外出口。把一个仅有21名工人的木工小作坊发展成为涉及工艺美术品、化工合成材料、高科技电机、高档保健酒、酒店旅游、房地产经营与开发、金融保险、玉矿资源开发与经营等多种综合业务大型集团。在他带领下，江西果喜实业集团有限公司也成为江西省重点企业。

罗忠福也是借助地产开发迅速实现财富膨胀，1988年初珠海公开拍卖国有土地使用权。罗忠福押上自己所有资本，同时从妹妹处借来大量资金，把拱北海关边上、拱北边防检查站边上、吉大珠海宾馆边上、香州百货商店边上的四块地皮全部收入囊中，此举为罗忠福带来了逾千万元计的利润。

李晓华早年通过贩卖"101毛发再生精"到日本发了一笔大财，随后转战香港楼市，在港人抛售房产时，大举收购物业，香港房地产一战，李晓华大获全胜，这次香港房地产的胜利又在李晓华的经商史上浓浓地画上了精彩的一笔。

《福布斯》榜单上富豪与地产有千丝万缕联系，并非1995年独有现象，此后每年发布的富豪榜单中，地产商始终是一个非常重要的组成群体，甚至多次蝉联榜首，人数规模也经常位列各行业之最，可见地产造富功能之强大。

1995年，世界除关注世界贸易组织成立之外，也对互联网发展翘首以盼。1995年8月24日，Windows 95正式发布，这是一项划时代的伟大杰作，是互联网发展史上最重要的、影响最深远的划时代之作。随着世界互联网技术的进步，中国互联网行业迎来加速发展趋势，一批互联网先行者竞争进军互联网行业。

1995年，丁磊离开体制下海。这一年，他从宁波电信局辞职时，却遭到家人强烈反对。只是，丁磊去意已定，一心想到外面的世界闯一闯。很快丁磊来到广州，加盟新成立的广州Sybase，工作一年后选择离开。广州成为丁磊的福地，在这里待了两年之后，网易诞生了。

1995年，马云从杭州电子工业学院辞职，把自己攒的六七千元拿出来，又从亲戚处借了一万多，凑了两万元准备创业。1995年4月，中国第一家互联网商业公司在杭州成立。这家公司只有三名员工，分别是马云、马云夫人张瑛，还有马云合作搭档何一兵。5

月,中国黄页正式上线,马云开始从身边的朋友做生意。

互联网是继房地产之后,中国另一个强大的造富领域,同在 1995 年创业的丁磊、马云很快也成为《福布斯》富豪榜的常客,与地产界许家印、王健林、杨惠妍等地产商轮流成为中国首富。

相对之前几年,1995 年,是淡静的一年,世界在自顾自地不停转动,而中国仍在为前几年的"疯狂"买单,只是没有波澜壮阔,没有大起大落,这一切,都在淡静之中演进。

在这个房地产消化年内,中国以沉稳的耐心,用一系列的法律法规让这个市场、让这个行业变得更加健康、更加规范。

总之,在这一年里,房地产不再孤独,互联网与房地产共同成为中国创业热土,绵延数十载,带动中国经济快速发展和转型升级,并走向全球化。在 20 多年后这两个行业产生交集,"互联网+房地产"成为一种新趋势,继续引领着中国前行之路。

1996年：

经济新增长点　许家印创恒大

1996年，虽然美国大选、亚特兰大奥运会热火朝天，但中国老百姓最关心的还是自己国家的经济建设。这一年，值得国人兴奋的重大事件是：在中央领导下，历经三年努力，中国经济终于在1996年成功实现"软着陆"，通货膨胀率从1994年的24.1%降到1996年的8.3%。

"从执行效果来看，1993年下半年到1996年下半年非常成功，软着陆的成果有目共睹。"这是来自日本亚洲经济研究所海外研究员、著名经济学家袁钢明的评价。

但世事难有百分百完美，通胀膨胀率是降下来的，而代价是经济增长率也跟着下滑，从1994年的11.6%回落到1996年的9.7%。面对经济偏冷，央行先后于5月、8月宣布降息，寄望放松银根以刺激经济，但是最后陷入疯狂的反而是股市，经济依然不景气。

伴随着经济由热转冷，房地产市场也在宏观调控影响下逐渐沉寂。可以说，1996年的中国房地产行业陷入了发展低谷，行业出现大量亏损，开发商一度举步维艰。在这种背景下，国家提出把房地产培育成新的消费热点和经济增长点的重大战略思路，从而带动建筑、建材、家电、家具等多个行业发展，进而引导中国经济走出低迷。

1996年，随着中央对房地产行业的发展定调，房地产的春天又一次降临，一大批企业竞相涌现。这一年，许家印在广州注册成立恒大，姚振华开始进军房地产，奥园、龙光、泰禾、卓越、珠光、金辉、中骏、弘阳、保集、恒盛、奥宸、荣盛等行业新生企业相继亮相。

无疑，1996年，对于房地产行业来说会是一个触底反弹的年份，一方面是因为它此时此刻跌入了前所未有的低谷，另一方面是因为它肩负起了提振国民经济的重任。当然，在一年之后，转变了身份地位的中国房地产行业将翻开新篇章。

国民经济新的增长点

数据显示,1996年房地产投资规模仅比1995年增长1.5%,1997年则与1996年持平。更为严重的是,在任志强《野心优雅》书中还指出,1996年房地产行业平均利润率仅0.91%,全行业出现大量亏损。全国的房地产开发企业数量锐减至21269家。

1996年,是"九五"计划的开端之年,经济实现"软着陆"之后如何再度起飞成为关键任务。自诞生以来,房地产行业对于中国经济的影响就不容小觑。也因此,这个处于疲软状态的行业必须重新"振作"起来。

原建设部总经济师、住宅与房地产业司司长谢家瑾在《房地产这十年》一书中回忆:1996年7月11日,时任副总理朱镕基在听取国务院房改领导小组汇报时指出,目前国有企业亏损增加,经济效益下降。现在的关键是打开市场,搞活流通,培育新的消费热点和经济增长点,当前最有可能形成消费热点的是住宅,因此要推进房改,盘活存量,搞活流通,促进住宅建设,带动相关产业发展。

朱镕基明确提出,住宅建设是个大的需求,也是可以解决、能够办到的。发展住宅建设,不仅能满足老百姓的住房需求,还可以刺激钢铁、建材、化工、电子、装饰材料等相关行业的发展。

对此,朱镕基也特别强调,发展住宅建设,一要推进住宅商品化,二要有个好的规划。住宅建设离不开城市基础设施,要方便群众,方便生活,房子建得再好,交通条件不好也卖不出去。

朱镕基发表讲话五天后,建设部于1996年7月6日向国务院上报了《关于加快住宅建设,加速培育房地产市场,推动国民经济持续快速健康发展的请示》。在这份请示中,旗帜鲜明提出"住宅建设与消费完全有可能、有条件成为一个新的经济增长点。"

同时,也分析了当时房地产行业存在的六大问题,包括:潜在需求大而有效需求不足,商品房空置量加大,在房地产呆滞的资金影响金融资本正常流动,商品房价格构成不合理抑制了房地产市场的有效需求,住房金融服务不配套制约了居民购买住宅的支付能力,住房供应体制尚未理顺增大了消化空置商品房的难度。

1996年10月,国家体改委、建设部、国家计委、国家科委及中国房协等单位商定,以中房集团发展研究所为主,成立了《住宅建设成为国民经济新增长点的研究》课题组。

经过一系列紧锣密鼓地研究,报告重点强调,住宅发展与建筑、建材、冶金、纺织、化工、机械、仪表、森工等50多个物质生产部门密切相关,同时推动电器、家具、装饰、金融、园林、运输、商业、服务业等产业发展。

此外,发展城镇住房所牵动的国家配套投入少而效益大,同时有利于钢材、水泥、玻璃等长线产品消化，带动社会商品消费，可以有效回笼个人消费资金，促进消费结构调整。

至此，住宅建设一举奠定了其在国民经济中的重要地位，成为经济发展全新的增长点。因1993年经济过热被无情"打入冷宫"的房地产行业，在1996年经济偏冷时又得宠。命运的转折有时就是这么让人措手不及。

中国房企看广州

1996年，在房企创业大潮中，主角光环毫无疑问落在许家印头上。这位白手起家，一手缔造了恒大庞大商业帝国的地产巨头，在这一年里迎来了人生中一次艰难的抉择，也是命运转折的关键节点。

许家印，是在《中国地产四十年》各个篇章里，都不会缺席的重要人物，借1996年恒大创立的年份重新梳理一遍。

1958年，许家印诞生于河南周口一个小乡村。他的父亲早年参军入党，担任抗日部队骑兵连的连长。许家印的母亲在他出生不到1年时，得到了败血病撒手而去。许家印幼年的生活异常艰苦，但却并未因此沉沦。相反，他从小坚持念书，凭着家人省吃俭用，得以读到高中。

到了1977年，获悉中国恢复高考，许家印立刻报考，由于准备仓促，遗憾落榜。他没有放弃，靠着地瓜、面饼、盐凑成的口粮，坚持苦读，最终在1978年，如愿跃入武汉钢铁学院的龙门。在武汉钢铁学院，他学了四年钢铁专业。

1982年，毕业之后，分配到了河南省舞阳钢铁公司，许家印一路从基层干到车间主任。这位工作狂，在当主任的七年时间里，没有休息过一天，连大年三十都会跑回厂里。

1992年，也就是许家印参加工作十年之际。改革之风吹遍大江南北，他也被当时火热的氛围所感染，毅然决然下海，跑到中国改革开放最前沿阵地——深圳找工作。最后，许家印挑选了一家成立不足一年的连锁贸易企业——中达公司。他很快展现出惊人的商业能力，签下第一个单子就为公司带来10万元的业务额，借此受老板赏识，坐上了办公主任一职。

在《中国地产四十年·1992》里，笔者详细描述了当年的房地产发展盛况：王健林借改制创立了万达，杨国强被迫接盘开办了碧桂园，李彬海从军队转业奉命创建保利地产，张玉良刚成立的绿地已经拿下上海改造项目，陈卓林转投房地产打造雅居乐，刚毕业的姚振华创办了宝能，朱孟依在香港注册了合生创展，胡葆森的建业也来了，万通六君子冯仑、潘石屹等人早已赚到第一桶金……

可以说，与上述地产大佬相比较，1992年才刚下海的许家印其实并不占优势，他甚至连房地产为何物尚且不了解，更别说从事房地产开发。但是，他并不满足于办公主任的位置。1993年，许家印主动向老板提议跟自己熟悉的舞阳钢铁公司合作，征得同意之后，在中达旗下注册了一家叫"全达"的贸易公司，并出任总经理。

1994年，中达老板本想派许家印前往长春担任总经理，但许家印却把拓展的目光放在广州。当年国庆节，许家印带着司机、出纳、业务人员组成的一支小分队，来到有"千年商都"之称的羊城，成立了一家名为鹏达的房地产公司。

不得不说，许家印确实很有眼光，他挑中的这座城市，诞生了众多优秀的房地产公司，包括保利地产、富力、合生创展、珠江投资、珠江实业、越秀地产、合景泰富、时代地产、珠光控股、中国奥园、海伦堡地产、敏捷地产、星河湾、方圆地产、实地集团等一大批跻身中国前200强的重要房地产公司。此外，碧桂园、雅居乐等企业也是以广州为大本营，进行全国扩张。

另外，广州在楼市营销、大盘开发、产品定位等诸多领域均居全国领先位置，曾长期是中国各地房地产学习的楷模。广州在中国房地产界拥有举足轻重的地位，而房地产企业也给广州带来巨大知名度，以致有人称："央企在北京，外企聚上海，民企跑深圳，房企看广州。"

1995年，许家印操盘的第一个项目珠岛花园开建了。在大户型当道的住宅市场，珠岛花园祭出"小面积、低总价"的营销策略，迅速激活市场潜在需求，首期未售已火，刚上市便脱销。只不过，项目成功之后，许家印的收入却没有相应体现。鹏达旗下的珠岛花园项目为母公司中达净赚两个多亿，形成鲜明对比的是，许家印的工资却依旧低得离谱，一个月竟然才3000多元。

1996年，许家印正式离开老东家深圳中达。离开的原因用许家印的话说：一个人的价值，应该体现出他的能力水平与贡献。这次选择，某种程度上来说是种无奈，他后来回忆，假如当年把他的年薪提到10万元或者20万元，那也不会去想创业。毕竟创业有风险，更有艰辛。只不过，3000多元的工资，养活家庭都困难，更别说体现价值。

这个追求实现自身价值的男人，开始了创业生涯。1996年6月26日，恒大在广州注册成立。如同所有白手起家的企业家一样，许家印创业之初也走过一段艰难岁月。幸运的是，无论是在中达还是鹏达，许家印的能力都得到体现和认可，创业之后，很多人追随他一起打拼，并在1997年打响了恒大第一枪。

1997年，恒大首个开发项目金碧花园创下当年拿地、当年开盘、当年售罄等"八个当年"纪录，从此奠定了许家印在地产江湖的地位。2016年6月26日，当恒大成立20周年之际，庆典现场星光熠熠，马云、李思廉、郭广昌、许荣茂、杨国强等各界名人均到场祝贺，见证了恒大20年前的艰辛，也见证了恒大20年后的辉煌。

1996年，许家印的故事暂且告一段落，但地产江湖关于许家印和恒大的传奇在后面的《中国地产四十年》篇章里还在继续。

前面提到，中国房企看广州。与恒大同在1996年诞生的广州房企，还有中国奥园和珠光集团。

先来看看中国奥园，人称"郭承包"的郭梓文，在 1996 年结束了所有承包企业，开始将目光瞄向房地产开发，在香港注册创办中国奥园前身香港金业集团，同年 10 月金业别墅花园正式立项。

这个决定对于郭梓文来说，颇需要一番勇气。在正式涉足房地产之前，郭梓文做的是承包生意。1991 年，郭梓文问人借了 5 万元承包了当时负债累累的番禺建安装饰公司，挖到了人生的第一桶金，之后，他又承包了五家国企，成为当时番禺最早承包国营企业和承包企业最多的人。

郭梓文的毅然转身成功了，在 1997 年，郭梓文的金业花园与许家印的金碧花园成为市场黑马，轰动穗港。1998 年，郭梓文借奥运热潮将金业更名奥园。

在《中国地产四十年·1993》里，曾经写过朱氏三兄弟创业的故事，其中，朱孟依率先于 1992 年创建合生创展，1993 年又成立了珠江投资。

紧接着 1994 年，朱孟依的兄长朱拉伊开办广东新南方集团有限公司。又过了两年，1996 年时，朱孟依的三弟朱庆依成立了珠光控股。到此，朱氏三兄弟开办的公司全部面市，成为地产界独具特色的"联合舰队"。

中国房地产除广州别样精彩之外，改革开放前沿的深圳，同样在发力。

在 1996 年之前，中国所有房屋的建设面积大小、户型配比都必须由政府部门按照以前为国家干部开发福利房所参照的数据来定义，不容许有丝毫的变动，这套固守多年的法则最终被深圳益田花园首先打破。

1996 年，深圳益田花园开工建设，户型大小和面积全部由开发商根据市场需求来设定，部分户型面积甚至达到 200 多平方米。深圳益田花园这项破天荒的举动，被市场誉为"中国房地产市场的供应与需求第一次达到了匹配"。

尽管 1996 年对于中国房地产行业来说是艰难的一年，但逐渐变得规范的市场，也为房企的生长提供了更加健康的土壤，有志之士在不断涌现。

在深圳这片特区热土上，靠卖蔬菜起家的姚振华开始不满足于这份"小生意"，他想谋求更多。自 1996 年开始，姚振华开始频繁出现在深圳的土地市场。有报道称，在 1996~1998 年期间，姚振华旗下的新保康连续三年都有在深圳多处获取土地的记录。

根据《深圳市宝安区 1996 年土地出让一览表》显示，1996 年，姚振华旗下的新保康公司在宝安区拿到了 5 块共计约 14 万平方米土地，土地用途为"其他"。而且，新保康还是当年在宝安区拿地面积排名第二的企业。

1996 年，李华也嗅到了房地产的商机，在深圳成立了卓越实业发展有限公司，即卓越集团的前身。相较于住宅领域，卓越集团在商务办公领域的表现更为人称道，由其开发的写字楼在深圳福田中心区、后海中心区、前海中心区、宝安中心区都有分布，是深圳四大中心区最大的商务地产开发商，被称为"深圳 CBD 写字楼之王"。

1996 年，在深圳诞生的还有一家房企叫奥宸集团，这是一家以房地产开发为龙头，集商业运营、物业管理于一体的大型民营企业集团，房地产项目遍及深圳、北京、昆明、洛杉矶等地。其中，云南子公司奥宸地产在开发规模、销售收入及业界影响力等方面已在云南省名列前茅。

1996年，龙光集团前身汕头龙光建安成立，次年开发阳光花园一期，正式踏足房地产行业，不过当时的龙光并没有什么名气，一直到2000年在汕头因城中村改造项目才稍微被外界关注。

真正让龙光集团名声大振的是2003年以2.86亿元拿下深圳宝安中心区一宗地王，之后，龙光集团在拿地王的路上一发不可收拾，分别于2014年夺下龙华白石龙地王、2016年斩获当年全国总价地王，号称"地王专业户"。

2018年初，龙光公布的数据显示，土地储备货值达5200亿元，通过公开市场获得项目占42%；并购及城市更新项目占58%。粤港澳大湾区是龙光重点布局的核心区域，土地储备超过八成位于粤港澳大湾区，主要位于深圳、珠海、佛山、惠州等城市。2018年可售货值约1300亿元，粤港澳大湾区占65%。

1996年，天誉置业成立。从居住到商业，再到天誉花园、天誉大厦、天誉威斯汀酒店……目前，公司于广州在建项目有天誉半岛，位于广州市海珠区滨江西洲头咀公园旁。

2006年2月，天誉置业（控股）有限公司正式成立，成为香港联交所主板上市公司，证券代码：00059。截至2017年12月31日，经审计，其总资产为163亿元人民币，净资产为24亿元人民币。

闽系房企发力

闽系房企，是中国除了以广州、深圳为代表的粤派开发商外，另一支源自民间的房企大军。1996年，福建人集体发力，创办了泰禾、金辉、中骏、弘阳等多家知名房地产公司。

1996年，黄其森30岁了，在而立之年，他希望人生能有点改变，于是毅然离开建设银行福建分行，放弃体制内的身份，投身到浩浩荡荡的创业大潮中，在福州创建了泰禾。

"当时的时代主旋律是解放思想、加快改革步伐，可以说，和所有受此感召、纷纷主动下海的创业者一样，在这样一个巨大的历史机遇面前，我内心充满热情与激情，深信奋斗可以改变命运。"若干年后，黄其森在谈到当年下海创业的初衷，不无感慨。

金融出身的黄其森，有一股浓厚的文化情怀，而且，他还把这股情怀注入泰禾的产品中去，集中体现了中国院落文化、中式园林之美的"院子系"产品便是出自其手。如今"院子系"产品不仅仅成为黄其森的得意之作，也成为中国中式别墅的代表。

1996年，在闽南这个崇尚"爱拼才会赢"的地方，诞生的还有金辉集团。这一年，港商林定强回到福建家乡，创办金辉集团，这是一家集房地产开发、工程建筑、物业服务三大业务板块为一体的外商独资企业。

成立21年来，金辉集团的项目遍布北京、上海、苏州、南京、福州、重庆、西安、沈阳、合肥、成都等城市，成为闽系房企里的一股中坚力量。

1996年，中骏置业控股有限公司成立了，这是中骏集团旗下以地产开发为主的子公司。中骏集团，由印尼归侨子弟黄朝阳创办。黄朝阳原籍福建泉州，20世纪80年代初，黄朝阳响应中国改革开放政策号召，在家乡投资兴办实业，投身内地经济建设。

1984年高中毕业后，年仅18岁的黄朝阳远赴东北，以机械零配件经营起家，开始创业生涯，并独资创办泉州汽车材料工业公司。1987年，开设中骏集团，主营建筑机械、电力设备的制造和销售等。此后还与两家世界500强企业——日本住友重工、日本石川岛重工在中国合资设厂，并探索重型建机国产化之路。

祖籍同为福建人的曾焕沙早年参军，16岁时就到了海南，成为海军航空兵。有一次，曾焕沙的表哥到部队探望他，临走时给了曾焕沙几块瓷砖，让他有空就去部队周边镇上，看看有谁需要瓷砖。曾焕沙抱着试试看的心情往镇上跑了一趟，出乎意料的是，居然很多人需要瓷砖。就这样，他开始经营起瓷砖生意。

1988年，从部队退伍之后，曾焕沙没有返乡，而是留在海南，继续他的瓷砖建材批发业务，先后创办海口龙华商行、海口沙龙实业有限公司。1990~1994年，曾焕沙还到海南大学学习。那几年时间里，海南楼市大起大落，特别是经历了房地产泡沫打击，但曾焕沙还是积攒下人生第一笔财富，只不过要继续发展，还是受当地经济环境的影响。

于是，在1995年，曾焕沙经过实地考察之后，毅然下定决心，带着500万元资金前往大陆发展，他首站选择到南京，还是做他熟悉的建材批发。1996年5月，曾焕沙联合4名同乡股东，把位于南京长江大桥北堡附近一块占地110亩的庄稼地拿下，随后开发建成"红太阳装饰城"。借助火热的建材生意势头，红太阳也迅速扩建，并从南京浦口信用联社贷来70万元，补充开发资金。

随着南京红太阳商业大世界建成开业，曾焕沙创业也正式步入正轨。1999年12月，南京红太阳房地产开发有限公司成立，全面进军房地产领域。2009年，红太阳集团正式更名为弘阳集团，确立了"商业+地产"双轨并行的发展模式，以开发建设城市新区的商业生活中心为主营业务。

面对热闹非凡的闽系，江浙人也不甘寂寞，趁着1996年的楼市利好政策，竞相涌入房地产行业。

保集控股集团成立于1996年，总部设在上海，其创始人裘东方早年曾是宁波化工局最年轻的处长，后来成为化工部科技总院、浙江省化工厅和宁波市有关部门合作创办的一家科工贸一体化股份公司的负责人。

20世纪90年代，这个合办的股份企业转战上海。不久，化工部随着部委机关调整，撤并分流，裘东方所在的企业转制成为民营企业，并在上海迅速发展，一跃成为当地重要的房地产开发商。裘东方为人低调，罕有接受媒体采访，但却是典型的宁波商帮代表，热衷参与各种宁波商会活动，并担任上海宁波商会会长。

宁波帮也是中国商界一股不可小觑的力量，甚至连改革开放总设计师邓小平都充分肯定宁波帮的作用，1984年8月1日，邓小平在北戴河听取时任中共中央书记处书记、国务委员谷牧关于宁波的工作汇报后说："要把全世界的'宁波帮'都动员起来建设宁波。"

宁波帮之所以受到重视，是因为诞生了一大批行业精英，商界包括清末上海巨富叶澄衷、银行大佬虞洽卿、香港娱乐大王邵逸夫、世界船王包玉刚、航运大亨董浩云等著名商人。其中，包玉刚更是接连收购九龙仓、会德丰，成为香港地产巨头。

除了工商界，宁波人在科学界也人才济济，宁波籍的两院院士多达85人，居全国各城市之首。另外，作家余秋雨、已故著名艺术家陈逸飞等，祖籍都是宁波。而知名娱乐明星周星驰、洪金宝等也都是宁波人。

1996年，恒盛地产诞生于上海。创办人张志熔少年时期，随父亲从江苏前往上海。1990年，18岁的张志熔用打工挣来的3万元开办了自己的公司，随后投入上海房地产市场。1996年，恒盛地产成立后，张志熔开发了几个在上海享有较高知名度的房地产项目，逐步在地产界立稳脚跟。

中国南方忙碌在一片创业热潮中，北方开办企业的萌芽也在破土而出。

1996年，也是荣盛房地产发展股份有限公司的初创年，注册资本43.3亿元。2007年8月8日，荣盛发展成功在深交所上市，成为河北省首家通过IPO上市的房地产公司。历经20多年发展，荣盛发展早已走出河北，杀入海南、辽宁、浙江、四川等在内的35个城市，开发项目超过170个。

1996年，首富黄光裕的地产事业终于启动了，鹏润地产前身北京国美房地产开发有限责任公司正式成立，法定代表人为黄光裕。鹏润地产一度在市场上异常活跃，2008年对外披露土地储备超过1亿平方米，超越其他房企成为最大地主。可惜因为2009年黄光裕事件，鹏润地产在市场上也趋于低调。据统计，鹏润已建成的项目包括鹏润家园、鹏润大厦、大康鞋城、国美第一城、明天第一城、鹏润蓝海、国美商都等。

华远"借桥上市"

作为传统的重资产行业，房地产对于资金的渴求从来没有停止过，资金量的多少可以说直接决定着一家企业的发展速度和规模大小。

1993年"国16条"的出台一下子将境内融资通道堵死，自求多福的开发商将目光转向了境外。1994年，通过吸收外资入股，华远地产踏出了境外融资第一步，成了国内首家中外合作股份制房地产公司。但这并不够，合资完成后，华远地产便紧锣密鼓地开展境外上市的准备。

1996年3月，华远地产外资股东坚实公司向港交所提出在香港资本市场上市的申请。

由于坚实公司注册在英属维尔京群岛不符合港交所要求，三名外资股东按同等持股比例在开曼群岛注册了华润（北京）置地公司，并以华润置地的名义向港交所提交上市申请。华润置地持有坚实公司100%股权。

在一系列上市准备工作之余，坚实公司股权结构发生了变化，香港太阳世界出让其在坚实公司持有的股份，其份额分别由华润创业以及新加盟的美国高盛认购，交易完成后，华润创业占坚实公司73.5%股权，美国国泰财富占14%，美国高盛占12.5%。华润创业成为华远地产间接控股股东。

任志强将此次上市称为"借桥上市"，因为华远地产并没有全部在香港上市，仅仅是持有华远地产52%股权的外资部分在香港上市，而外资公司拥有的全部资产就是华远地产的资产。

初次登陆资本市场，华远地产获得了充分认可。1996年10月29日，华润置地在香港正式发布已定价的招股说明书，拟以2.36港元/股增发3亿股，其中15%在香港对个人公开发售，85%在全球配售。时至11月1日中午认购截止时间，华润置地在香港获得了高达125.7倍的超额认购，创造了当年香港上市发行认购倍数的最高纪录，向全球配售的部分也获得了高达50倍的超额认购。

乘胜追击的华润置地，于是又增发了15%的股票，总计发行了3.45亿股股份，募集资金8.142亿港元。

不过，事情进展并没有想象中的那么顺利。据任志强在《野心优雅》一书中回忆，当年股票发行大获成功的华润置地，在上市前夕却遭到了中国证监会的非议。以华润置地未经批准而违规在香港上市为由，中国证监会向国务院上报了此案，要求国务院限制和撤销这次上市的行为。

屋漏偏逢连夜雨，证监会尚未摆平，任志强又遭匿名信举报，称其1985年被区检察院抓捕进行审查，被判刑和服刑。尽管最后成功辟谣，但国务院始终未松口批准华润置地赴港上市。任志强透露，一直到11月8日凌晨1点多，时任华润集团副总经理宁高宁才接到可以敲钟挂牌交易的命令。

从地狱到天堂，可以想象，1996年11月8日，对于任志强和宁高宁来说，会是多么惊心动魄的一天。任志强称，他们事后才知道，时任外贸易经济合作部部长吴仪是当年华润置地获准上市的关键人物，吴仪在与时任国务院副总理朱镕基斡旋数小时后，终于换来了一句"下不为例"放行了。

1996年11月8日，华润置地在香港联交所敲响了上市的钟声。当日股票交易的收盘价为4.05港元/股，比发行价上涨了60%之多。华润置地成功登陆港交所，为华远地产打开了境外融资大门。从1994年引入外资，到1996年借桥上市，再到1997年发债及扩股，华远地产累计从境外融资约5亿美元。

借助巨大的资金优势，华远地产得以在行业内一路高歌猛进，注册资本从当初的1500万元飙升至10亿元，业务也扩大到年开工交工300多万平方米。至2001年，华远地产股本从合资前的3.75亿股增加到13亿股，总资产约80亿元，成为全国最大的房地产公司之一。

可惜的是，华远和华润这段甜蜜的姻缘最终还是没能躲过"七年之痒"。2001年，华远集团和华润集团宣布分手，华润集团将持有90%股权以上的老华远地产更名为"华润置地"，而任志强则带着"华远"品牌和五名老华远人一起打造了一个新的华远地产。

不过，新的华远地产在时代与市场的变迁中，一切又从零开始。华润与华远这两家越走越远的房企，在规模上的差距也越来越悬殊。过去的2017年，华远地产销售金额仅77.2亿元，而华润置地销售金额达1521亿元，两者已经不可同日而语了。

1996年，华远地产先人一步登陆境外资本市场，另一国有企业绿地则在忙着进行股权改革。

紧跟金地、万科的脚步，绿地也在1996年推出了自己的员工持股计划。这一年，绿地员工持股会正式成立。按照当时的股权设置方案，改制后，绿地最初的4家投资单位上海中星有限公司占股权的40.56%、上海市农业投资公司占24.33%、上海市联农股份有限公司占12.17%、上海市农口住宅建设办公室占4.06%，职工持股会占18.88%。

此后，职工持股会的股权占比发生多轮变化，到2010年一度高达46%，后来随着国资出钱补配以及安创新资本、鼎晖嘉熙、宁波汇盛、上海国投、中国证券等社会资本入股，职工持股会持股数有所减少，但话语权却在不断增强。

2015年8月18日，绿地借壳金丰投资成功登陆上交所，而当年这家市值超3000亿元，一度号称"宇宙最大房企"，第一大股东便是绿地职工持股会——上海格林兰投资企业（有限合伙），持股比例28.79%。最新消息显示，截至2017年上半年，上海格林兰的股权比例微升至28.99%。

根据绿地官方资料介绍，上海格林兰是为了吸收合并绿地职工持股会而设立的有限合伙企业，由绿地集团管理层43人出资10万元共同设立，法定代表人是张玉良。有数据显示，截至2014年6月，绿地职工持股会成员多达982人。这也就不难理解，当初上市的时候，为何市场会流传"绿地上市是一部教科书级别的混改案例"这样一种说法了。

罗康瑞打造上海新天地

1996年，北京著名烂尾项目——玫瑰园迎来了一位新主人，他的名字叫梁希森。

1996年，梁希森在商场已经奋战多年，功成名就。希森集团的年产值达近4亿元人民币，梁希森也已身家过亿，这放在90年代的中国绝对称得上是"巨富"。但梁希森并没有安于现状，他开始思考企业的下一步发展，并最终决定杀入房地产行业，且决定到最具潜力的北京发展，玫瑰园是其开发的第一个地产项目。

彼时的玫瑰园，一方面因为与明皇陵地脉相连而被视为北京难得的风水宝地，另一方面却因该地块项目此前三任开发商接连出事,导致项目一而再、再而三开发受挫,销售不畅,甚至业界无人再敢接手。

初生牛犊不怕虎,刚刚进入房地产行业的梁希森偏偏就选择了这样一个不被市场看好的项目。在梁希森看来,玫瑰园知名度高、影响力大,如果成功,希森集团便可一战成名。命运又一次眷顾了这位曾经一度落魄到以讨饭为生的汉子。在成功解决玫瑰园的开发资金问题后,又恰逢北京不再审批别墅项目,玫瑰园成了北京最后的别墅群,加之2000年后房地产市场回暖,玫瑰园一下子奇货可居。

凭借着玫瑰园,梁希森赚了整整17个亿,希森集团从此在地产界奠定了江湖地位,在2005年胡润富豪榜中,梁希森以20亿元的身家排名第66位,可谓名利双收。有人说是因为梁希森命硬,镇住了皇陵地脉上的这座凶宅,也有人说他虽然没上过学,但极具商业头脑。

这个世界永远不缺传奇故事,这一年,在上海滩,香港商人罗康瑞打了一场让他扬名立万的战役。1996年,受上海市政府邀请,罗康瑞接手了位于上海市中心体量达52公顷的太平桥地区旧改项目。

当时的太平桥地区由成片的石库门建筑里弄构成,这片颇具欧式风格的建筑群既是上海海派文化的一部分,更是上海城市建筑的独特印记,尽管没有排水系统、卫生间的设计已经适应不了新时代,但罗康瑞不忍心拆,更舍不得拆。

拆旧建新是旧城改造的普遍思路,当时大部分都建议罗康瑞直接推倒重建,但罗康瑞铁了心要开创一条"整旧如旧"的新路,他要求尽可能保留地区历史特色,同时又要不失现代化。为此,他还特意邀请了美国旧房改造专家本杰明·伍德建筑设计事务所和新加坡日建设计事务所为自己的改造计划提供咨询建议。

"整旧如旧"让罗康瑞付出了比别人更昂贵的代价,据称,上海新天地改造成本高达每平方米2500美元,比建新房子的成本都高出1.5倍,整个项目投资14亿元人民币,相当于罗康瑞当年全部资产的一半。

与梁希森的豪赌一样,罗康瑞最终大获全胜。精明的罗康瑞把新天地的竣工日期定在了2001年6月30日,之所以选择这个时间点,是因为中共一大会址就在新天地项目里,而2001年7月1日便是中国建党80周年,中共一大会址作为历史性地标,自然吸引全国关注。再之后的10月,上海召开APEC会议,新天地又成为普京、吴作栋等国际政要的"观光地"。

回忆起当初这个决定,罗康瑞解释说:"庆祝建党80周年,中央的高级领导都会到一大会址,不用宣传全国都会知道;APEC在上海开,各国总统元首会到上海来,有6000多名外国记者,不用宣传你也宣传了。"

一时间,上海新天地声名鹊起。上海新天地的成功,让上海收获了一个世界级的新地标,让罗康瑞收获了"上海姑爷"的美誉,也让中国旧城改造收获了一个新思路。

在上海尝到甜头之后,罗康瑞又继续将这种旧城改造模式向更多城市复制,先后打造了武汉天地、重庆天地、杭州西湖天地、大连天地、佛山岭南天地,影响力虽不如上海新天地，但都成为当地有名的地标建筑。

只不过，这种旧城改造模式并不是百利而无一害，由于拆迁难度大，加之选择自持商业，项目开发后期往往面临着资金压力，资金周转期长。最终，为加快企业资产周转率，罗康瑞选择了"断臂求生"，2011年出售佛山岭南天地18地块49%股权，2014年放手西湖天地，2015年出让上海企业天地，2017年又转让重庆天地79.2%股权予万科……

罗康瑞表示："我是不会愿意看到公司停滞不前的，所以一定会有些改变，包括业务、策略等各方面都会有所改变的。"

房地产行业的工匠精神

历史总是惊人的相似。2016年在"两会"政府工作报告中，李克强总理提到"要鼓励企业开展个性化定制、柔性化生产，培育精益求精的工匠精神"。

在步入白银时代的今天，每一家房企都扬言要弘扬工匠精神，回归到产品本身，专心做好产品，用产品说话。而这一切，追溯到20年前，房地产发展早期就已经烙下深刻的印迹。

在杭州，被誉为中国产品教父的宋卫平，创业已有一年。1996年，由他打造的丹桂花园、金桂花园等五个项目陆续推向了市场，尤其值得一提的是，绿城的成名作九溪玫瑰园也在这一年破土动工。

坐落在杭州西湖区的九溪玫瑰园，是绿城打造的第一个别墅项目，由于优越的自然环境和精美的建筑，该项目被誉为国内别墅开发的经典佳作。因为这个项目出色的品质，让绿城在全国开始有了知名度，中国房地产界开始认识宋卫平。

宋卫平最为人熟知的标签就是"工匠精神"，改革开放后，宋卫平作为恢复高考首批杭州大学历史系学生，他深受杭州千年文化底蕴熏陶，决心建造一批在人类历史中长久传承的经典建筑。正是这种追求产品品质的情怀，成为宋卫平与众不同的精神符号。

据说，每个想入职绿城的员工，都需要经过古文诗词的考查。在宋卫平看来，只有中国传统文化内涵深厚的人，才会对这个时代负责，从而用心打造出传世之作。关于宋卫平对产品要求，流传着各种段子，比如因为颜色不好看，敲掉重做。比如因为窗户弧度不够好，敲掉重做。比如地砖不对头，强令换掉。如此严格的要求，导致绿城员工最怕宋卫平到项目视察，因为宋卫平眼光最毒、看得极细，几乎每次检查项目都能发现问题，而且要求立马现场整改。

宋卫平对于项目品质的极度偏执，令绿城在业界具有非常高的品质声誉，但也让绿城开发承受极高的造价成本，以及漫长的建造周期。绿城此后发展中，项目进展缓慢，再加上调控影响，市场变幻，导致多次遭遇风险。

黄文仔也是一个对产品有极致追求的人，这一年他很忙，一边忙着将进军房地产行业的第一个项目——宏宇广场推向市场，一边又忙着对宏宇集团进行规范化的股份制改组。1996年12月，宏宇集团的股份制改组获得广州市政府批准，成为广州市第一家私营股份制企业。

黄文仔日后开发的星河湾项目，也是以品质著名，尤其在对建材选取方面，星河湾在全球搜罗数千种材料，对石材、木料、金属、蚕丝、玻璃等都要求真材实料，同时，星河湾的工艺也独树一帜，在处理复杂纹理方面，手工占比达到70%～80%。星河湾一度成为地产界学习标榜，更被列为行业标准。

2004年，北京规划委员会、北京规划学会、北京城市综合开发办等权威部门发布《解读广州星河湾》，对广州星河湾的总体开发理念、建筑规划布局、住宅设计、绿化景观建设、交楼标准等多个方面对星河湾进行深度剖析。这是中国城市建设主管部门首次以出书的形式，将星河湾作为标准与典范在行业内推广。

2005年，北京市规划委员会、北京市城市建设综合开发办公室、北京城市规划学会联合推出《走近北京星河湾》，再次把北京星河湾从产品理念、用材用料、规划设计、施工工艺等方面进行了多维度、全方位解读，将星河湾新一代产品展现给地产人。

除此之外，龙湖的产品也是业界称道的匠心之作，作为后起之秀，在往后的《中国地产四十年》篇章里也将会详述。

同样以品质出名的地产商还有中海地产，这位房地产界出了名的"优等生"1996年表现继续优秀，作为唯一一家中资公司，成功跻身香港二十大市值地产上市公司行列，位列第14。不仅如此，中海地产还成了"恒生中型股指数成份股"中五十只中型成分股之一。此外，中海物业管理（深圳）有限公司经深圳质量认证中心认证，成为全国服务行业首家通过ISO 9002质量认证的企业。

作为房地产品质保证的其中一项，大部分开发商都会选择成立自己的物业公司管理旗下房地产项目。1995年，保利地产推出第一个住宅项目——红棉花园，1996年，保利物业发展股份有限公司正式成立。发展至今，保利物业的业务规模已经从当年管理一个项目到如今承接400余个项目，管理面积超过1亿平方米。更值得一提的是，在物业管理备受资本追捧的今天，保利物业也于2017年8月29日在新三板挂牌上市，成功接轨资本市场。

1996年，房地产行业出现大量亏损，比之日后房地产的黄金时代、白银时代，或许当时就要被称为烂铜时代了。就在这个萧条年代，万达推出保护消费者利益的"三项承诺"：第一，保证商品房不渗不漏，发现渗漏，赔款三万元；第二，保证商品房销售面积与产权证面积相符合，面积不符，缺一赔三；第三，竣工入伙后六十天内自由退换房。

那边厢，万科也将公司的主题年确定为"质量管理年"，这是万科第一次将公司工作聚焦于建筑质量，王石的初衷是希望凭此尽快超越竞争对手，缩小与同行的差距。

同样在这一年，高喊要走房地产专业化道路的万科终于狠下心来实施自己的"瘦身计划"。年内转让深圳怡宝食品饮料有限公司、北京比特实业股份有限公司及汕头宏业房地产股份有限公司等公司的股权。

时任华润创业执行董事黄铁鹰后来回忆，当年与王石洽谈收购"怡宝"蒸馏水一事，用了不到10分钟就在价格上达成了一致。而香港公司在企业并购上的专业和细致，也让王石获益匪浅。"签字时，王石当着他的一群下属，盯着我的眼睛说，我们今后收购和兼并企业，也要向你们学。你让我们知道了专业和非专业的区别，我想专门请黄先生给我们讲讲企业并购的问题。"

而王石谦虚好学态度也得到了黄铁鹰的赞赏，在收购"怡宝"完成后，面对媒体采访，黄铁鹰给万科作出了这样一个评价：这是一个可怕的公司，因为他们不拒绝学习。

1996年6月，完成股份制改造的浙江广厦建筑集团股份有限公司规范经营满3年了，楼忠福等这一天的到来已经等了很久，他要让广厦集团上市，他开始行动了。

尽管当时上市指标都掌握在各省级政府和各部委手里，尽管当年建筑企业上市指标只有一个，尽管广厦集团的规模只有8亿元，尽管所有人都认为广厦集团上市是异想天开，但在楼忠福彪悍的人生里，从来就没有放弃二字。

为求见大权在握的主管领导，楼忠福不惜从杭州赶到宁波，又从宁波折返杭州，最终在领导开会前的5分钟间隙向领导表达了广厦集团强烈的上市愿望。1996年12月，广厦集团上市申请终于获得建设部同意，之后，广厦集团又成功跨越中国证监会这道关口，拿下了唯一一个上市指标。

1997年4月1日，"浙江广厦"A股3500万股股票成功发行，每股面值1.00元，每股发行价5.7元。4月15日，"浙江广厦"在上海证券交易所正式上市交易，融资近2亿元。

越秀地产继1992年登陆港交所之后，又于1996年在美国市场柜台交易，在新加坡第二上市。借此，越秀地产打通了香港、新加坡两地的资本市场。但由于股份在新交所估值低且成交量不大，越秀地产在2016年宣布于新交所自愿除牌。至此，在新交所上市二十载的越秀地产将从这个平台名单中正式除牌。

作为世界级的金融中心，香港是全球资本运作的好地方。1996年，李嘉诚也与时俱进，将长实旗下的基建业务分拆上市，组成了"长江基建集团"，并交由长子李泽钜打理。

李泽钜没有辜负父亲的厚望，长江基建的股份最终获得了25倍的超额认购。在长江基建上市后，李嘉诚曾表示，李泽钜的表现可得90多分，"如果他不是我的孩子，更会给他100分"。

二十多年来，在李泽钜的带领下，长江基建始终保持着利润增长，业务跨越全球四大洲，遍及香港和内地、澳大利亚、英国、加拿大及菲律宾等。截至2018年6月30日，长江基建市值已经高达约1300亿元。

1996年，来自香港的中原物业将更为先进的"港式物业"带到了内地。1995年，中原的物业管理业务在北京建立，1996年，中原物业成功拿取北京市的"物业管理资质合格证书",开始大展拳脚,而北京也成为中原物业规模最大的一个市场。据中原集团介绍,现时中原的物业管理业务约有50%在北京,其他的管理项目和客户分布在沈阳、哈尔滨、大庆、青岛、天津、郑州、太原、石家庄等地方。

1995年,《中华人民共和国城市房地产管理法》正式实施,让一度陷入混乱的房地产行业有了自己的"准绳"。1996年,根据这部法律,建设部又出台了《城市房地产中介服务管理规定》,以加强房地产中介服务管理,维护房地产市场秩序。

自此,中介行业也有了属于自己的"准绳",中介行业的地位也逐渐为社会所承认,尤其是1996年上海市房地产经纪人协会的成立,更标志着中介服务行业的发展进入一个新阶段。

上海的先锋带头作用并不局限在中介行业。1996年7月28日,上海长宁区房地产交易中心挂牌成立,这是上海乃至中国第一家成立的房地产交易中心,集房地产交易、信息、服务、管理功能于一体。该交易中心的成立为中国建立一个公开、公平、公正的房地产市场起到重要示范意义。

20世纪90年代,随着中国经济发展和国力增强,一股压抑已久的民族自信心瞬间爆棚。在这种氛围下,1996年,一本《中国可以说不》的书籍横空出世,这本书发表了对中国国际关系和国内时政的各种看法,成为中国民族意识觉醒的标志,吸引了全球100多家新闻媒体报道,成为1996年最轰动欧美等西方国家的中国书。

也就在1996年,新崛起的中国企业家突然发现,世界并不像想象中那么遥远,跻身全球500强不是梦。于是,自从知名企业家张瑞敏提出海尔要进入"世界500强"之后,中国从政府到企业,掀起一股冲刺全球500强的热潮。这股热潮持续数十年,一直延续到今天,仍是诸多中国企业奋斗目标。房地产企业也不甘落后,多家房企相继跻身全球500强之列,成为"中国建造"在世界上的一张亮丽名片。

与蓬勃向上的中国经济和企业家相比,1996年的房地产行业却在经历大低谷时期,据相关数据显示,1995年年底,全国商品房累计空置建筑面积已经达到5031万平方米,比1994年底增加了53%。到了1996年,全国商品房空置量进一步提升为5612万平方米。

幸运的是,1996年作为"九五"计划新的起步年份,因此,提振经济,再度腾飞,成了新的五年计划任务重中之重。而自诞生以来,房地产行业对于中国经济就具有举足轻重的影响,这也令房地产在新一轮经济发展计划中占据重要地位。

发展房地产行业,激活中国经济,成为管理层主导思路。因此,中央正式提出,把住宅建设培育成新的经济增长点和消费点。由此引发房地产行业新一轮重大转折,也翻开新篇章。

虽然,房地产行业在1996年尤其低迷,但随着一个个涌现出来的强人、一间间创立的房企,无疑给悲观的市场带来了希望之光。也正是他们的坚毅,他们的无畏,让他们一路前行,回顾今天的中国房地产市场,这些在艰难时代诞生的房企,无一不成为行业中不可或缺的力量。

这一切,在《中国地产四十年》后续的篇章里,将会看到,改革开放后才刚刚诞生的企业，一个个成长为"世界500强"，他们的名字包括：碧桂园、恒大、万科、绿地、万达等房地产公司。

二三十年间，从无到有，从有到强，中国房地产企业以超乎寻常的速度在向前奔跑，成为中国经济甚至世界经济罕见的风景线。

对于中国新生的房企来说，世界500强不是梦！

1997年：

香港楼市巅峰　广信溃败沉沦

1997年，之于国人来说，最为深刻的记忆就是香港回归。

香港，地处华南沿海，位于珠江口东岸，由香港岛、九龙半岛、新界内陆地区以及262个岛屿组成，自古以来就是中国神圣不可分割的领土。香港北连深圳，南望珠海、澳门，距广州仅130公里，是粤港澳大湾区重要组成部分。

香港经济发达，特别是"二战"后，由于发展迅猛，被称为"亚洲四小龙"之一，并与纽约、伦敦合称为"纽伦港"，跻身全球三大金融中心之列，成为国际金融、贸易、航运中心和国际创新科技中心，是全球最富裕、经济最发达和生活水准最高的地区之一。香港拥有中西方交融文化，是全球最自由经济体和最具竞争力城市之一，在世界享有极高声誉，有"东方之珠"、"美食天堂"和"购物天堂"等美誉。

1997年7月1日，时任中华人民共和国主席江泽民庄严宣告："中国对香港恢复行使主权。中华人民共和国香港特别行政区正式成立。这是中华民族的盛事，也是世界和平与正义事业的胜利。"经历了百年沧桑的香港回归祖国，标志着香港的发展从此进入一个崭新的时代。

香港回归也极大促进了与内地交流，以1997年为例，香港财团开始大规模投资内地。在《中国房地信息》1997年第10期发表的《深圳引入港资60亿发展住宅》一文中提到，"深圳福田新市区中心，是深圳未来几年发展的重点，那里40万平方米的住宅用地今年已被几个香港大财团'抢购'完毕。这些香港财团计划投资60亿巨资建造大型住宅群。他们认为深圳作为最邻近香港的城市，其房地产开发市场发展潜力巨大"。事实上，这种香港投资内地的案例在当时比比皆是。

1997年，一场令人始料未及的人为灾难发生了，这就是东南亚金融危机。这场金融风暴扑面而来，起因是泰国宣布放弃固定汇率制，实行浮动汇率制。当天，泰铢兑换美元的汇率下降了17%，外汇及其他金融市场一片混乱。

看过《中国地产四十年》的朋友便知道，经济领域与地产行业向来荣辱与共。1929年的美国如是，1991年日本泡沫亦同，1993年海南泡沫也不例外。彼时，业内无不为中国房地产发展担忧。然而，历史依然傲娇地走出自己的路。东南亚金融风暴肆虐以及国内市场遭受冲击的情况下，却意外突然加速了中国房改进程。

1997年11月，时任国务院副总理的朱镕基到深圳调研，并与多名出口企业和房地产企业开展座谈会，当中便有王石。而这次会面也促成了王石一度以房地产顾问的身份奔赴北京各部委参加会议的缘分。

彼时，朱镕基坦言，将在未来两年内把住宅行业做成支柱产业。尽管时人并未能领悟到中央此举重大意义，但是中国的房改经过近20年的波折坎坷，也已进入迫在眉睫的倒计时阶段。通过房改来启动住房消费，拉动内需，是当时中央管理层的共识。

而后的历史，也证实了1997年处于中国房地产行业伟大变革的前夕。一梦二十年，智研咨询发表的《中国房地产从起步到初兴》（1992~1998年）报告提到，1997年全国房地产行业房地产销售面积为7864.30万平方米，销售收入1407.56亿元。这两个数字到了2017年则是16.94亿平方米，13.37万亿元，进步之神速，举世罕见。

数字里看江湖。武汉大学经济发展研究中心《市场集中度与市场绩效的悖论》一文中提到：1997年，全国房地产业实现经营总收入2218亿元，建立起房地产开发公司21286家，从业职工人数为68.32万人。

国企职工房只售不租

1997年，中国再一次站在改革的关口，向前走一步便是激情澎湃的1998年。

1997年1月6~8日，根据《朱镕基讲话实录》第二卷所记载：国务院在北京召开全国国有企业职工再就业会议。朱镕基在会上强调，帮助困难企业摆脱困境主要采取以下三种形式：一规范企业破产；二鼓励企业兼并；三是减员增效。"我相信，经过采取规范破产、鼓励兼并、减员增效、实施再就业工程等措施，1997年在好的宏观经济形势下，我们的国有企业改革与发展一定会取得更大的进展。"

这一精神在后来十五大会议上体现为——建立现代企业制度，中国国有企业的市场化改造进程由此进入快车道。这是我国企业制度的重大变革，也促进众多房地产企业创建、改制，日趋规范化。与此同时，更重要的变化是，对于当时的企业来说，已经慢慢意识到住宅建设在今后一段时间内，都将成为我国经济的新增长点和新消费热点，也为房地产企业发展提前做了准备。

《中国房地产》杂志1997年第8期《新房分配只售不租是加快解决职工住房的好方法》一文中提到，天钢集团有限公司有职工1.5万人，退休职工3000余人，企业自管产住房24万平方米。1992年以来，公司积极推进住房制度改革，实行新房分配"只售不租"取得明显效果。

1992～1996年,公司有789名职工购买新建住房4.2万平方米。新房分配只售不租,引导了职工住房消费,推进了住房商品化,加快改善了职工住房条件,调动了职工生产积极性。

在历史的车轮尚未驶入1998年取消福利分房的伟大轨道时,中国房地产仍在不懈探索之中。在这样的背景下,各方认为,只有深化房改,才能加快住宅建设。因而许多城市当时就积极主动地推行了许多有创造性的房改措施,掀起了房改新高潮。

尽管中国在这场亚洲金融风暴中承受了巨大的压力,但仍然坚持人民币不贬值。由于内地实行比较谨慎的金融政策和此前采取了一系列防范金融风险的措施,才避开了直接冲击,得以继续保持金融和经济稳定。

然而,这场风暴意料之中地席卷了香港。香港股市暴跌,银行相继提高按揭、收紧楼宇放款,导致房地产市场大幅度降温,房地产"泡沫"终于破裂。

当时,香港甚至出现了一个全新词汇——"负资产阶级"。有专家统计,"在这场泡沫中,香港平均每位业主损失267万港元,他们手中的股票、房子统统成了负资产"。

官方数据称,"1984～1997年,香港房价年平均增长超过20%。以炒楼高潮1997年4月前后为例,当月送交土地注册处登记的楼宇买卖合约共25572宗,比前一年同期9606宗增加了近两倍,比上一个月的16124宗也增加了五成多"。

风暴过后,《香港地产业百年》一书中提到一个数字,楼价从巅峰时刻1.3万港元/平方英尺,逐年下降至四五千港元每平方英尺。更有数据指出,从1997年到2002年的5年时间里,香港房地产和股市总市值共损失约8万亿港元,比同期香港的生产总值还多。

这一颓势在往后数年都未能扭转过来。直到2003年,中国房地产开发集团宣布,拟在港购置2万套空置居屋,定向销售给内地居民,部分用于分时度假之用。这一消息传出后,香港楼市触底反弹,有效减轻居民对于香港房价下降的担心,增强对香港房地产市场的信心,后被称为"中央救市"。

地方诸侯群雄并起

1997年,房企创立高峰期正在逐步消退,但在中国楼市版图上,还是涌现出方圆、君华、鑫苑、众安、中庚、正弘等区域性品牌房地产企业,这些"诸侯"各据一方,深耕当地房地产市场,成为本土开发商重要组成力量。

1997年在广州成立的君华集团、方圆地产,成长历程则不尽相同。其中,根据方圆提出雄心勃勃的计划:2018年将力求实现200亿元销售目标,2020年冲刺实现500亿销售目标。而君华却一度陷入"退出房地产"的传闻,直至2017年借着母公司雪松控股集团在萝岗拿地兴建总部大楼,君华才重新回归人们的视线。2018年,雪松更是跻身全球

500强,君华强势逆袭令业界惊叹。

据了解,方圆一直以来倡导的文化地产、打造东方社区的理念为其加分不少。从广州金桂园的开发,到第一个独立开发的房地产项目——白云高尔夫花园,陆续再到荷塘月色、东山水恋等项目,都或多或少带有东方风格。

真正给方圆树立鲜明特色的是其"云山诗意"项目,该小区主打徽派建筑风格,打破了地产界一度盲目追求欧美风格的传统。此后,方圆地产在多个项目中大量采用中国古典建筑设计风格,在楼市充斥着南加州风格、地中海风格、英伦风格等五花八门欧美设计仿造抄袭之风中,堪称建筑领域一股清流。

总的来说,方圆虽然没有成为行业黑马,但也始终保持了一定的曝光度。这或许也跟方圆创始人方明有关。他为人低调,风格扎实稳健,而这也不妨碍方明曾在2006年与2007年登陆"胡润百富榜"。

再看看君华地产,虽不是地产第一梯队,但在母公司雪松控股支持下,也是风光无限。君华的创始人,张劲可不是一个没有故事的富豪。

1989年,年仅18岁的张劲,是一名深圳大学金融系的学生,但也是股市里的老手。据他本人的回忆,"我第一桶金来自资本市场。我入市的时候,刚好深金田挂牌,市场非常火爆。我经历了上证综指从100点左右涨到1000点之上的过程,可以说看着中国资本市场一步步发展起来,也亲身经历了很多次传奇,例如深发展暴涨1000多倍"。

赚得第一桶金后,在1997年亚洲金融危机前夕,张劲撤离资本市场,成功抄底房地产市场,收购了位于广州南湖国家级旅游区的烂尾项目——华达山庄,正式进军房地产。之后,君华又收购原恒骏花园三、四期项目和后续开发土地,开发君华又一城及君华香柏广场。然而,从2011年开始,张劲逐步进军实业。

经过多年发展,由张劲实际控制的产业平台——雪松控股逐步浮出水面,其业务则覆盖了大宗商品供应链金融、房地产及PPP平台、金融、物业运营、社区O2O平台、汽车产业链综合服务、文化旅游等多个领域。目前,雪松旗下拥有供通云供应链集团、化工集团、文化旅游集团、君华地产集团、社区生态运营集团、金融服务集团六大板块,以及两家A股上市公司,业务齐全,实力雄厚。

2018年7月19日晚,《财富》2018年世界500强排行榜正式发布,其中雪松控股成唯一新上榜内地民营企业,而且一鸣惊人,首次上榜即位列第361名。雪松控股2017年营业收入达327.1亿美元,比2016年增长38.4%;资产规模达207.38亿美元,员工总数31065人。

1997年,河南鑫苑和杭州众安,两家节奏类似的公司诞生了。这两家企业创始人皆出生于1963年,1997年创办公司,2007年在国际资本市场上市。

1997年,鑫苑中国的前身河南鑫苑置业有限公司成立,随后总部迁往北京。创始人张勇自1992年创业,辗转五年进入房地产行业。

与其他开发商创始人不同的是,张勇拥有同行罕见的国际企业家眼光,从2004年开始便飞赴美国,跟国际金融巨头美林银行、国际知名房地产基本资本EI(Equity International) 等洽谈合作，成功引入多笔债权融资。

2007 年，在张勇带领下，鑫苑在美国主板上市，成为中国首家登陆纽交所的房地产开发企业，一时轰动地产界和国际资本市场。

除了上市，鑫苑在项目开发运营方面，也有独特优势。以"鑫苑名家"为代表，鑫苑在社区环境、社区管理、物业服务方面受到各方关注。2007 年，先后有多位国家及省市领导莅临视察"鑫苑名家"，并对小区的环境与和谐社区建设给予了很高评价。"鑫苑名家"也因此成为河南省、郑州市的样板社区，跻身"和谐社区"建设的典范。

与张勇一样，众安房产创办人施侃成同是 1963 年出生。创业之前，施侃成是一位公务员，1985 年 9 月开始在杭州萧山区担任财政税务局税务专员职位，后转杭州萧山银河房地产开发有限公司出任总经理一职。

1997 年 12 月，施侃成离开老东家，在杭州市成立浙江众安房地产开发有限公司。第二年，取得众安花园土地使用权，这也是众安首个房地产开发项目。2007 年，众安房产有限公司于香港联交所主板上市。

上市之后的众安，一度手握重金。尤其是在 2009 年，同期多家房地产企业都还在为融资奔波之际，彼时的众安据说坐拥数十亿现金。只是当时的众安选择了观望，未在一二线城市拿地、扩张的千载良机，而前往郊区副城或小城市，配置多幅地块。

2012 年，施侃成重启众安扩张策略，随后几年时间里以浙江本土市场为核心，辐射长三角地区。施侃成称，除了长三角之外，众安接下来还会向其他人口规模较大的城市扩张，并计划进入重庆、武汉、成都等准一线城市。

1997 年，福建中庚实业集团有限公司的前身——福建泰盛实业发展有限公司在福州成立。这家低调的公司，不仅在全国，哪怕在福建本地，也从未张扬。这从中庚集团董事长梁衍锋个人风格可见一斑，梁衍锋为人低调，关于其个人公开信息非常少。

但低调的中庚却在市场上屡有斩获，其拿手好戏便是联手国企共同开发。2009 年，中庚北上京城，首先选择与北京首农集团合作，联手出资成立北京亿本房地产开发有限公司，运作开发了千余亩的保障性住房项目。尝到甜头之后，中庚集团又与首农集团联袂出征东北，在大连旅顺共同开发，收获颇丰。

除此之外，中庚集团还先后与首开集团、保利等有国字号背景的企业合作，在福州本地拿地开发。进军上海滩时，与上海老牌国资房企上海实业城市开发集团结盟，以近 20 亿元接手上海城开龙城 40% 股本权益。

与国企的合作，也为中庚集团在市场上博得"国企合作王"的称号，更为重要的是，该举措也让中庚一直处于比较稳健的发展节奏中。

与梁衍锋相似，正弘置业的创始人李向清也是一位异常低调的企业家。李向清原本做服装起家，随后转战高端精品百货，并于 1997 年注册了河南正弘置业有限公司。2000 年，又从商业地产全面进军房地产，开发住宅小区。

与低调的李向清相比，其兄长李向阳则在河南省颇有知名度，这位华信集团创始人在中原地位非同一般，旗下拥有教育、医院、制药、地产、酒店等诸多产业。李向阳创办的郑州华信学院，被教育部批准设立为本科院校，并更名为郑州工业应用技术学院。

1997年初，李向清，这位当年隐身时装界的年轻人，开始启动百货梦。对于内陆省份而言，当年尚无人敢看好高端消费，李向清却敏锐察觉到奢侈品行业机会的到来，抢先出手，在河南创立首家精品时尚机构——正弘国际名店。

凭着对时尚界的知根知底，李向清掌舵的正弘国际名店汇集了欧洲、北美、亚洲等国际上百个知名服装服饰品牌，成为中原大地时尚购物品牌集大成者。

商业百货的成功，也让李向清开始向地产全面进军。2000年，正弘开发的首个项目"锦绣正弘国际公寓"面市，该公寓同样汇集了精装修领域各大知名品牌，成为当年郑州豪宅的高层住宅的代表产品。

李向清在地产界扬名之战，是解救思达系。2009年，思达高科公告：正弘置业以4.2亿元购入思达高科合计9200万股股权，占思达高科总股本29.24%，正弘置业控股思达高科，李向清也成思达高科实际控制人。

思达置业曾在郑州以天价摘得中心区430余亩的地王，但由于缺乏大盘操作经验，最后被拖入债务危机，当时恰逢2008年全球金融危机，中国房地产也不景气，思达置业只能卖身给正弘。

李向清接手之后，寻求政府支持，对思达系各个业务板块分块激活，并与建业、万达、丹尼斯等地产或商业巨头合作，将原来的烂尾工程改造成正弘"惊世之作"——蓝堡湾。解决这个思达老大难问题之后，李向清又开始了思达保壳战，并转让部分股权。

2016年，在正弘瓴的全系产品发布会上，李向清高调宣布：正弘将实现高端商业和精装住宅两条腿走路，未来5~8年，商业项目营业额将占公司营业额的50%。时隔20年，李向清在经历一系列摸索之后，又一次重新回到商业这条路上来。

安徽置地在1996年成立了。目前，公司已形成"品质住宅"、"商务办公"、"文化旅游"三条成熟的产品线，先后开发建设了安徽邮电大厦、柏景湾、财富广场、置地投资广场等项目。业务方面，涉及合肥、黄山、铜陵、安庆、海宁、杭州、六安、芜湖、阜阳9座城市，完成了超700万方品质开发，在《克而瑞2017年房企销售排行榜》上，安徽置业排名172位，销售金额62.7亿元。

奥园香港大获全胜

一群敏感的等风人正准备下海捞大鱼。恒大创下"八个当年"纪录、保利底价拿地融入广州、奥园香港卖楼大获全胜……一大批新生的房企在市场上迅速掀起浪潮。

这场大戏首先登场的是1996年刚注册成立恒大，许家印将要在1997年大干一场了！

由许家印的同乡、知名作家何南写的《传奇许家印》一书中，详细描绘了恒大创业初期的艰难历程。据许家印本人回忆，当时的恒大只有七八个员工，挤在不到100平方米的民房里办公。

为了找到合适的项目，许家印几乎踏遍广州每一寸土地，最后他的眼光盯上了位于广州海珠区的工业大道原农药厂地块上。这里已经是广州早期房价过万的区域，但工厂杂乱、污染严重、配套落后。而即便是这种存在硬伤的地块，要价也不便宜。

据了解，这是广州第一块通过招拍挂出让的土地。当时广州市政府顶住不少压力作出决定，地产开发用地突破传统的行政划拨、协议出让的方式，实行公开招标、拍卖方式出让。

然而，广州本地的房地产公司大多是通过协议出让拿地，只有没有根基的企业才会招拍挂拿地。没有背景的许家印得拿出500万首期地款。他没钱买地，就从银行贷款300万元先行支付了部分土地定金。首期没有钱开工建设，就找施工单位先垫资。

1997年6月8日，经过紧张筹备，金碧花园终于破土动工，两个月之后——8月8日正式公开发售。为了快速回款，金碧花园仅以每平方米2800元的优惠价开盘，比周边动辄上万的价格便宜许多。

开盘当天，许家印推出的323套住宅直接成为日光盘，一口气回款8000多万元。有了充足的现金流，第二期开发的时候，恒大开始注重环境和配套。硬件条件好了，房价也水涨船高，第二期的售价涨到了3500元/平方米。

经过珠岛花园、金碧花园实战考验，许家印逐步在广州立稳脚跟，而他和团队创下的"当年征地、当年报建、当年动工、当年竣工、当年售罄、当年轰动、当年入住、当年受益"等"八个当年"执行方针也成为恒大日后开发管理的准则，也成就了恒大快速发展的奇迹。

同样在广州，保利地产、中国奥园都动静不小，尽管他们都刚刚成立不久。

其中，保利地产这家被广州人视为"陌生的外来国有企业"正式走向市场的聚光灯，是在1997年11月20日越秀区北京南路和荔湾区上九路两块旧城改造用地的招标大会上。

当时，广州市国土房管局礼堂一片寂静，距离招标截止只剩下三分钟，但是依然无人应标。最后一刻，保利地产以招标底价8798万元拿下该3944平方米土地，成为唯一支持政府招标出让旧城区闲置土地的投标者，顺利融入大广州。

《中国地产四十年·1996》中提到广州新成立的金业集团，在1996年立项的金业别墅花园开发项目进展顺利。

进入1997年，其开发的首个项目金业别墅花园正式公开发售。1997年10月，金业集团与香港中原地产达成战略合作，联袂拓展香港市场。凭着价格上的巨大优势，金业别墅花园大受追捧，这一战金业和中原大获全胜，销售取得巨大成功。

金业别墅花园销售一空之后，金业集团迅速着手准备第二个项目——位于广州番禺洛溪大桥桥头的"金业体育花园"。也正因为这个项目，让金业后来改名为奥园，这里面的故事，在《中国地产四十年·1998》里将重点展现。

除了人物，除了企业，这一年还有多个项目值得载入史册，他们分别来自五湖四海。

其中，合生位于广州的骏景花园、雅居乐的中山雅居乐雍景园，两项目在各自的企业发展史上都具备着里程碑式的意义，为企业豪宅时代的开启奠定基础。

另外，1996 年发家于汕头的龙光地产，于 1997 年开发阳光花园一期，迈向独立经营房地产业务的第一步；同年，龙湖也在重庆开发了龙湖花园南苑，逐渐形成了高周转、复合性地产开发能力；招商地产则在深圳蛇口开发了新时代广场，采用"5A"智能技术，被业内称作深圳写字楼智能化的里程碑。

1997 年，还有一家来自京城的房地产公司成立并在香港挂牌上市。他就是北京北辰实业股份有限公司，而后又在 2006 年于上海证券交易所挂牌上市，成为国内首家 A + H 股地产类上市公司。

让业界全面重视起北辰的是长沙地王项目，自 2007 年 92 亿元吞下曾经的"全国总价地王"长沙地块开始，长沙项目就成为北辰实业的关键词。

这家一度成为国内最大的房地产综合运营企业之一，净资产规模曾于 2006 年居行业上市公司第二位。因拿下地王项目后，北辰把大量资源投入长沙项目开发中，也减少其他区域投入力度。

广信沉沦 20 载

1997 年，对于万科来说是一段新的开始。自此之后，万科的"地产一哥"位置保持了十多年。王石说过，"1997 年亚洲金融风暴，当时中国最大的房地产公司倒下了，所以万科成了中国第一"。

新王朝崛起，必然有旧王朝的倒下。万科崛起前那家倒下的房地产公司，便是中国第二大信托投资公司——广东国际信托投资公司，也就是业界常提起的"广信"。

广信曾是一家拥有外汇经营权的非银行金融机构，于 1980 年经广东省政府批准成立，到 20 世纪 80 年代末期，经营规模不断扩大，逐渐从单一经营信托业务发展成为以金融和实业投资为主的企业集团，并凭借其"窗口公司信用"在世界范围融资。同时，广信在房地产业倾注巨资，一度成为广东省最大的"地主"。

但进入 20 世纪 90 年代，特别是 1997 年下半年亚洲金融危机爆发以后，由于经营管理混乱，出现了严重的外债支付危机。而后两年都在奔走、还债、清算中度过，最终于 1999 年正式进入破产程序。

白天与黑夜、春夏与秋冬，世间的一切本来就是一场有意思的轮回。2017 年 6 月 29 日，广信破产财产整体处置项目在南方联合产权交易中心正式拍卖，标的整体挂牌价高达 446.772 亿元。最终万科以 551 亿元的总价独吞该资产包，成为广州产权交易史上的史诗级案例。

这场资产包世纪大拍卖，距离1997年地产一哥交接，恰好20年。广信在沉寂了20多年后，借拍卖史无前例的巨额资产包，再度成为市场热点。然而，此时的广信早已物是人非，令人唏嘘不已。

与之形成鲜明对比的是，在这20年楼市黄金周期里，万科一刻也没有停歇，当众多公司还在盲目崇拜多元化战略的时候，万科却毅然决然加速做"减法"。

自1996年转让深圳怡宝食品有限公司后；万科在1997年继续转让深圳万科工业公司；1998年转让从事地产策划业务和广告业务的国际企业服务公司；1999年转让万科贸易公司；2001年向华润出售其控股72%的万佳百货股份有限公司的全部股权……万科由此退出了与房地产无关的领域，全面走上专业化发展道路。

这也是王石给出的一个信号，基于对中国房地产走势的判断，他把地产业看作万科未来数十年发展的根基。

在中国房地产陆续走上正轨的同时，不得不提的是，有一位为之前后奔走的人物，他就是孟晓苏。

在陈国强著的《房地产江湖》一书中提到，"当年银行业对按揭贷款心存疑虑，担心老百姓借钱后不会偿还，为了推动住房抵押贷款的实施，时任建设部部长的俞正声带孟晓苏参加工商银行全国行长会议，为银行家们上了一课。"

"孟晓苏告诉在座的银行家，在美国，华人是住房抵押贷款还款情况最好的人群，这是因为华人是历史上最早的定居民族。也正因如此，中国老百姓对土地和房屋有着格外深厚的感情，非常珍惜自己的房屋所有权，不会冒着丢掉自己房屋所有权的风险而不还贷。这番话打消了行长们的思想顾虑，住房抵押贷款开始推进"。

"由于采取了取消福利分房和引起住房抵押贷款等一系列措施，中国内地的房地产市场迅速启动，强劲拉动了内需，使中国在金融风暴的冲击下仍然保持了国民经济的高速增长。"当然，这是后话了。

孟晓苏的贡献不仅于此。1997年孟晓苏还在各种会议场合，反复强调"房地产业是国家支柱型产业"。其中，最为关键的便是北戴河研讨会，课题组组长便是孟晓苏。这被视为日后房地产业被列为国家支柱产业的前奏。

据孟晓苏回忆，"在这之前都没有召开过研究房地产的会，那次会议也没有提房地产业，只是说住房建设。在会上，专家们正式提出把住宅建设列为国民经济新的增长点"。

最终，这一提法写入2003年国务院第十八号文件。从此房地产业作为拉动中国经济发展的支柱产业的地位逐步得到确立。

内地房地产行业稳步前行，楼市日趋规范。而此时正在经历金融风暴的香港开发商又是一副怎样的景象？事实上，尽管风暴肆虐，也无法打乱他们前往内地的节奏。

颇具规模的新鸿基，则在1997年主攻以广州为核心的珠三角城市、以上海为核心的长三角城市以及北京、成都等热点城市，在内地开发高端综合体。来年，他与北京东安集团合资开发的新东安广场即将开业；而他进军上海的首个项目——上海中环广场也将于两年后面世。

说到新鸿基，李兆基是个绕不开的人。李兆基与郑裕彤皆是广东顺德人，也都从内地前往香港发展，早期均从事过黄金业务，后来相继进入房地产行业，成为香港地产巨头。梁凤仪著的《李兆基博士传记》书中对李兆基的成长、发展有详细介绍，这位房地产巨头从小就有神童美誉，年轻时只身到香港打拼，转战地产一战成名，成就亿万身家，跻身世界富豪榜。

1928年，出生于广东顺德的李兆基，自幼熟读四书五经，由于聪明好学，心算能力强，被人称为神童。为了让李兆基开阔眼界，父亲专门礼聘中山大学文学系教授梁惠民先生担任李兆基老师。6岁时，李兆基就被父亲带到自家开办的商铺里学习做生意。李家店铺经营着黄金、汇兑、外币买卖生意，因此，李兆基从小就学习铸金技术。少年时的李兆基已熟练掌握了看金、化金、熔金的核心技术及知识，成为顺德黄金奇才，鉴别黄金的眼光和炼制黄金的技术独树一帜。

1948年，李兆基刚满20岁，他随身携带1000块钱，独闯香港。当时的香港已有不少金铺银店，业务性质跟李氏顺德商铺差不多。于是，李兆基由于精通货币兑换业务，便在几间银铺挂单，从事买卖外汇和黄金的生意。聪明勤奋再加上精通业务，李兆基到香港不足一年，已经站稳脚跟，甚至还可以汇款回乡接济家人。

20世纪50年代初，随着中英建立外交关系。李兆基敏锐意识到香港国际贸易地位越来越重要，制造业和进出口贸易必然有很大空间，于是，决心放手一搏。很快，李兆基从五金行业着手，同时从事进出口贸易，生意非常火爆，为李兆基赚了不少钱。

1958年，郭得胜、冯景禧、李兆基、郭锦涛、吕贤藻、胡兆炽、黄少轩、戚宗煌八人，决心合资经营地产，他们联合成立永业公司，进军房地产。公司成立后，首个项目从沙田酒店开始，为永业打响头炮。随着香港房地产市场发展，永业公司业务蒸蒸日上。

1963年，李兆基与郭得胜、冯景禧三位永业主力干将重新创办了新鸿基企业有限公司。"新鸿基"也是三人合作的鲜明体现，"新"字代表冯景禧名下"新禧公司"，"鸿"字取自郭得胜创办"鸿昌行"，"基"字便是李兆基之名。由于郭得胜年纪最大，被推选为集团主席，李兆基担任副主席兼总经理。新鸿基的股份郭得胜占40%，李兆基和冯景禧各分30%。

郭得胜则是实干派，也是位工作狂，每天以工作为乐，性格稳健和坚定，是位称职的新鸿基掌舵人。冯景禧负责主理新鸿基外联工作，生性活泼，言语风趣，擅长打好各方面的人际关系。李兆基数字敏感性强，办事细致，主要负责建楼的图则设计，专攻土地买入，同时统筹楼宇销售工作。三人各施所长，互补性强，成为香港地产界有名的"三剑侠"组合。

1973年7月10日，李兆基正式成立恒基兆业有限公司，独立开拓地产业务。公司成立之后，李兆基筹划将恒基兆业上市。他采用买壳上市的方法，用恒基兆业收购上市公司——永泰股份50%以上股份，成为其控股公司，实现曲线上市。至此，李兆基终于在香港自创门户，成为地产巨头。

改革开放之后，李兆基积极进军内地，1980年与胡应湘、冯景禧、郑裕彤等联袂投资广州中国大酒店。随后更加快步伐，大规模布局内地，投资额达上百亿元。到了1996年，恒基已在内地拥有22个项目，资产估值137亿港元，同时李兆基也将内地业务交由长子李家杰管理。1997年，在李兆基运作下，恒基兆业成为首只在日本上市的香港股票，这个历史性突破，不仅为恒基兆业，也为港企赢得国际赞誉。

美国《福布斯》杂志公布数据显示，来自恒基中国的李兆基于1997年的资产达150亿美元，是当时亚洲最富有的人，也是世界第四大富翁，这也是此前福布斯历届世界富豪排行榜名次最前的华人首富。

全国推广上房置换模式

回过头重新把眼光放到内地，上海房屋置换、深圳明星代言、广州解困房等城市房地产探索趋势仍在跨步向前。

先看上海，20世纪90年代，政府官员、国企事业单位等体制内人员下海蔚然成风，然而，在上海滩却有一个人反其道而行之。就在1997年，已经小有成就的私企老板周忻转型了，从自己开公司变成国有企业的管理者。

1997年，周忻的老领导原上海房地集团董事长、上海房屋置换股份有限公司（以下简称上房置换）董事长徐林宝接到一个关于置换的产学研课题，当时需要选一位干部重点来负责打造置换平台。推荐上来的人选有两位，徐林宝跟周忻面谈之后，发现周忻对置换课题非常熟悉，更具有发展潜质。

于是，周忻迎来人生关键的转折点，他转身一变，成为上房置换总经理。徐林宝没有看走眼，勤奋的周忻有非常强烈的使命感，就像心里装了一台发动机一样，从来没有停下来过。

到新东家上房置换报到后，周忻发起了一场又一场楼市经典战役。据乐居财经《周忻：服务生的冠礼》的报道中提到：在那个年代，谁敢将房子的使用权推向市场，是一件"掉脑袋"的事情。以至于领导亲自到办公室，拍着周忻的肩膀鼓励道："不要有压力，这是集体的决定。"

受到鼓舞的周忻通过举办房交会，加快业务开展步伐。同时别出心裁策划的"小小补贴换新家"宣传口号，吸引大量市民涌进展览馆。然而，意想不到的事情发生了，参观市民把他的场子给砸了。由于没有换房子的"底料"，参展的新房价格是40万元左右，但老百姓手上的老房子大部分值三五万，甚至是5000元，根本买不起，这应该叫"大大补贴换新家"。

"这是一次失败的展会。"周忻沉下心来想，如何让老百姓能够真正换房。时任上海市委副书记孟建柱来视察，要求一个社区开一家二手门店。雷厉风行的周忻，仅仅用了半年时间，就开出 108 家门店。到了 1999 年，上房置换在全国拥有 400 多家店，成为中国最大的二手房中介。

恰逢建设部推行房改，"上房置换模式"成为全国推广的典型，周忻"给 386 个地级市以上的房地局局长，开了 8 次培训班"。当年在人民大会堂开会，建设部部长俞正声讲完话后，是周忻和陈劲松接着做主题演讲。

有幸能够参与房改，周忻十分感谢那个时代和当时的领导们，能让他有一个规模化、规范化、市场化地带领企业的机会。可以说，在中国房改大潮中，周忻是实践派重要代表人物之一。

2017 年 1 月，在周忻荣膺中国"2016 十大经济年度人物"颁奖典礼上，上房置换董事长徐林宝回忆 20 年前场景称，跟周忻差不多合作了十年，发现他身上那种勤奋是浸透在骨子里面的一种勤奋，作为有成就感的企业家，有条件更上一层楼。

说完上海，继续来看深圳。身处改革开放前沿的经济特区又一次率先开发了明星营销的卖楼案例。1997 年 4 月，香蜜湖片区的东海花园一期开售，因香港影视明星任达华担任形象代言人而备受热捧。

这是出自当时戴德梁行华南及华西区董事总经理程家龙的手法。为此，东海花园成了当年的明星楼盘，平均售价超过 11000 元/平方米。当时深圳房价均价 5470 元/平方米，职工平均月工资是 1378 元。由此可见，东海花园能够热销，营销效果来之不易。

在这个项目背后，同样声名大噪的还有刚刚成立的深圳中原地产。这家代理公司拿下了东海花园一期及汇展阁的独家代理权，首创以抽签认购方式推售国内豪宅单位，揭开港人深圳置业风。其中，东海花园以中国第一个 3A 住宅的身份创造了月成交额 7 亿元的神话。汇展阁绝处重生，因其开创性改造成豪华酒店式公寓而称为市场聚光灯。

1997 年，深圳还出现了"研讨会"、"策划招标"这样的新形式。当时深圳田面的"国际文化大厦"封顶时，世联将大厦 3 楼整个包装起来，组织了第一个研讨会。另外，国内第一个项目全程策划招标——"深圳特力花园项目策划方案招标会"也应运而生。当时，中标的同样是世联。

在广州，有一个现象引起了各方面的关注，那就是解困房滞销。

解困房，按字面上不难理解，也就是为了解决中低收入住房困难户而建造的房屋。然而，根据赵卓文刊登在《中国房地产业》杂志上《广州解困房为何滞销》一文中提到，"广州市政府 1996 年 12 月推出的解困房意外出现了滞销的局面。"

"三大解困小区（同德、大塘、棠下）共推出 7025 套解困房，仅发售申请表 6500 份，经过摇珠对号，最后成交仅 1772 套，销售率仅 26%。其中棠下小区推出多层住宅 5000 套，仅有 840 户申请，推出高层住宅 500 套，仅有 28 户申请"。

早在 1986 年，广州就筹建解困房，最初目的是解决人均住房面积不足 2 平方米的特困家庭。1995 年改为安居房，解决人均居住面积 7 平方米以下的双特困户住房困难。

1997 年解困房的滞销有诸多原因，除要求一次性付款或者缴纳 75% 以上首付导致门槛过高之外，还有一个非常严重的问题是位置偏远与配套设施不齐全。广州兴建的三大解困小区当时全部处在城市边沿地区，道路交通不畅，市场、学校、绿化等配套设施建设未能跟上。不少特困家庭直言，解困房生活不便，出入不便，即使无房住，也不考虑。

从解困房滞销可以看出，交通出行对于房地产的重要程度。也就在1997年，广州地铁一号线（黄沙—西朗段）建成投入试运营，这使广州成为中国大陆第四个，广东省第一个建有地铁的城市。

从此，广州楼市多了一种新的产品，叫"地铁物业"，而且成为房地产市场里的硬通货，地铁所到之处，房价应声上涨。特别是在北京、上海、广州、武汉等特大城市，房地产对地铁依赖性越来越强。据传，在上海，只要在楼盘宣传广告上注明属于轨道交通物业，就没有卖不出去的房子。

同在1997年，中国铁路第一次提速：提速主要在京广、京沪、京哈三大干线进行。由此，城市与城市之间的距离越来越短，无论是从时间上，还是心理上。而这也为往后数十年的房地产跨步埋下伏笔，城市群距离的缩近，"高铁物业"也继"地铁物业"之后成为楼市宠儿。

香港楼市巅峰时代

一个有意思的现象是，1997年香港回归中国时，香港房地产行业攀上历史顶峰。香港股市市值最大的10家企业分别是和黄、新鸿基、恒生银行、汇丰银行、长实、恒基、中电、太古、中信泰富以及新世界。市值TOP10名单里，房地产企业公司占七成，是香港房地产黄金时代的巅峰标志。

到了2017年，这个名单已经变成了腾讯、工商银行、中移动、中石油、建设银行、汇丰银行、农业银行、英特尔、思科和中国银行。其中，腾讯控股以26462亿港元的总市值雄踞港股总市值第一名。

20年间，资本市场TOP10榜单有三大显著变化，且皆与香港开发商有关。

首先，香港资本市场开发商已经销声匿迹。作为中国内地楼市的学习榜样，香港房企曾经借助香港经济崛起、城市发展获得令人炫目的成就，然而，随着香港经济转型，以及居民房屋持有率饱和，香港房地产行业的经济地位也日趋式微。

其次，中国内地公司成长迅猛。20年前，中资公司在香港资本市场并无太多地位，连香港市值前十强一席之地都没有。然而二十年后，中资企业以全球罕见的速度狂飙突进，在新的座次表中占据七席，一举抢占原本属于香港开发商的七个席位。

最后，互联网科技类企业成为资本市场新宠。以腾讯、英特尔、思科为代表的互联网科技类企业跻身世界级榜单前十，填补了20年前的空白，特别是中国土生土长的腾讯更是风头正劲，一举取代香港地产巨头和黄，成为互联网接棒房地产的缩影。

互联网市值超越房地产并非一蹴而就，事实上，从 1997 年开始，中国互联网就迎来第一次热潮，由新浪、搜狐、网易等三大门户的创建开始发端。他们的集体出现，宣告了中国互联网元年的到来。

1997 年 1 月初，张朝阳创办了他的网站爱信特 ITC，第二年推出了第一家全中文的网上搜索引擎——搜狐；1997 年 5 月，26 岁的丁磊创办了网易公司，半年后他写出了网易免费邮箱系统；1997 年 10 月，29 岁的软件工程师王志东成功地为四通利方引入 650 万美元国际风险投资，成国内 IT 产业引进风险投资的首家企业，第二年成功地并购美国华渊资讯网，并更名为新浪网。

当时的人们或许不能想象，互联网发展即将颠覆人们的日常生活与传统行业。人们也无法想象房地产业会跟互联网行业扯上什么关系。或许在那个风摇雨坠，漫天找土地、找客户、卖房子的年代，地产大佬们也想不到数十年后，他们会在每个大讲坛上振臂一呼，宣布"互联网+房地产"，并且时刻把拥抱互联网几个大字挂在嘴边。

毕竟对于那个 1997 年来说，甚至都还没有人能够看懂，房地产究竟是"大江东去"，还是"春风得意马蹄疾"；也没人能够看懂互联网究竟是昙花一现，还是躲不开的宿命。

岁月带不走丰碑，浪花却可以淘走英雄。

风雨之 1997 年，高山大海、惊涛拍岸，有数不过来的企业巨人一夜之间轰然崩塌，诸如史玉柱败走珠海、太阳神陨落、三株失控、秦池溃败，但也有铺天盖地从零开始的标杆样本，诸如丁磊、王志东和张朝阳联袂开创的"互联网元年"，还有恒大的发迹、奥园的进击、万科的超车。

总之，过去发生的每一件事，都令人回味良久。未来的路还很长，地产 40 年当中的他们，走过的每一个关键脚步，都在中国房地产发展史上留下了深刻的烙印。

1998 年：

取消福利分房　亚洲金融危机

1998 年，国内外经济形势变化快到令人喘不过气，亚洲金融危机、人民币不贬值、香港金融大战、取消福利分房等一系列重大事件接踵而来。

进入 1998 年，亚洲金融危机全面恶化，金融巨鳄索罗斯接连重创泰国、马来西亚、菲律宾、印度尼西亚、韩国、新加坡等国之后，亚洲黄金时期高速发展所积累下来的各种矛盾集中暴露，世界贸易和国际投资增长放慢，全球经济形势急剧变化。

与此同时，香港一场史无前例的金融保卫战一触即发。1998 年 8 月初，国际货币炒家发动了继 1997 年 10 月以来对港元的第四次大规模冲击。

1998 年 8 月 5 日，战斗全面打响后，索罗斯等人抛售 400 多亿元港币，香港金管局照单全收。香港政府连续数日通过吸纳港币，以此稳定拆借率、稳定股市，致使索罗斯等遭受初步重击。但是，从 1997 年 8 月 7 日到 1998 年 8 月 13 日，恒生指数还是不可避免从 16673 点跌到 6660 点。

在中央的力挺下，时任香港财政司司长曾荫权做了个艰难的抉择：调用外汇储备，放手一搏。港府大胆出手，征调七分之一的外汇储备，紧急投入不断缩水的股市中。从 8 月 14 日至 8 月 28 日，在短短两周之内，调用 1180 亿港元，接连投资 33 只蓝筹股。

尤其在 1998 年 8 月 28 日当天，是港府和国际炒家首个正面激战之日，经过一整天多空对决，最终恒指、期指、成交金额分别定格在 7829 点、7851 点、790 亿这一组数据之上，港府初战告捷。

然而，狡猾的金融巨鳄不甘罢手，继续在 1998 年 9 月兴风作浪。1998 年 9 月 28 日，对于香港而言，注定是个不眠之夜，当天双方再次经历大决战，最终创下高达 970 亿港元的交易纪录，时任香港特首董建华在会展中心宣布：香港守住了！

经此一役，港府持有的股票市值高达 1465 亿港元，此前并不被看好的港府救市行动，终于大获全胜，账面利润达 284 亿港元，为香港纳税人获得 24% 的回报率。曾荫权作为香港金融保卫战的功臣，一战成名，成为港人金融战的英雄。股市也重新恢复元气，1999 年恒生指数逐步回到 10000 点以上。

就在香港击退金融巨鳄索罗斯之际，国内也并不轻松。由于亚洲金融危机超乎想象的巨大破坏力，导致中国陷入外需低迷、内需不足、产能过剩等诸多困境，致使内地经济在1997年第四季度直线下滑，这种低迷一直延续到1998年。

1998年，中国经济告别接近双位数的快速增长率，全年增长率跌至8.8%，明显低于上一年的9.7%，"保8"成为新经济时代开始的标志。尽管人们对1993年以来的经济过热仍然心有余悸。

1998年，中国的城市化率只达到30.4%，远远低于发达国家，甚至连很多发展中国家也比不上。更严重的是，农村收入和消费水平只相当于城市的1/3，因此，加快城市化率，成为激活中国内需的重要举措。

1998年，中国人开启了幸福与挣扎并存的进程。当时的人们还没意识到这将会是一场最大规模的城乡人居迁徙，甚至也没来得及想好该用什么姿势迎接这个来自21世纪的大礼包。

的确，在地产40年的改革实践中，1998年住房制度改革无疑是当中极其关键的角色。从筒子楼到现代化社区、从郊区到城中心、从农村到都市，跨越的不仅仅是居住水平，还有政策、制度以及整个社会环境的变化，更有国人的观念和意识。

举国上下对房改所抱期望也显而易见。时任建设部部长俞正声在全国建设工作会议上的讲话摘要指出，"1998年房屋建筑施工面积达到13亿平方米，为实现中央扩大内需，拉动经济增长做出了贡献，为进入下世纪我国经济持续保持快速健康发展和社会全面进步打下了基础。"

追本溯源，中国房地产及住宅研究会原常务副会长包宗华曾在公开场合强调，"1998年住房建设大发展，发挥主要作用的有三个因素，一是住房货币化分配加补贴的突破作用；二是房改的全国推进；三是按原房改方案出售公房继续实行一年"。

这一年，作为房地产历史又一个全新房改时代的开篇，人们对这场即将来临的世纪之交，有期待，也有焦虑。

取消福利分房

1998年，中央正式发布《关于进一步深化城镇住房制度改革，加快住房建设的通知》，该通知决定自当年起停止住房实物分配，建立住房分配货币化、住房供给商品化、社会化的住房新体制。

这一年，国家取消福利分房，成为中国房地产发展历史上至关重要的环节，也成了当时刺激中国经济消费的唯一出路。彼时，内需不足、产能过剩，社会渴望改变。除此之外，1988年以来启动的第一次房改，就因最终效果不显著而未能继续推进。

新旧交替之际,躁动不安是常事。但从时间轴来梳理1998年房改历程后发现,中央的决心异常坚定。

在《朱镕基答记者问》一书中提到,1998年3月19日,时任国务院总理朱镕基在回答记者问及住房制度改革时表达得更为具体:"住房的建设,将要成为中国经济新的增长点。我们准备今年下半年出台新的政策,停止福利分房,住房分配一律改为商品化。"1998年3月24日,朱镕基主持召开的新一届国务院第一次全体会议上,他再次强调"房改的重要性"。随后,一系列相关措施相继出台。

1998年4月28日,央行以"特急件"的方式将《个人住房担保贷款管理试行办法》发往各商业银行,正式宣布全面执行:贷款期限最长可达20年、贷款额度最高可达房价的70%。1998年5月9日,中国人民银行出台《个人住房贷款管理办法》,倡导贷款买房,该文件的突破性意义不言而喻。

1998年7月3日,房改如约而至,中央终于放出大招。国务院正式宣布福利分房年代的结束、住宅商品化时代的开启。同时,"建立和完善以经济适用住房为主的多层次城镇住房供应体系"被确定为基本方向。截至1998年末,全国已经有19个省区出台了深化房改的政策,另有6个省区的方案正在审批中。

十年房改终取得实质性突破,中国福利分房制度,在历经了近半个世纪的演变之后,彻底变为历史。这件新中国成立以来的大事,不仅仅成为经济发展的推动力量,也在不经意间成为社会阶层分化重组的催化剂。

1999~2007年,中国房地产和住房投资取得长足进步,以每年百分之十几至百分之二十几的高速度增长。中国城镇住宅建设面积在往后数年也得到飞速发展,1997年才刚刚跨过4亿平方米大关,然而,仅仅过了两年时间,1999年就越过5亿平方米门槛,紧接着,2001年这个数字又一举突破6亿平方米新纪录。

根据国家统计局年鉴数据显示,商品房成交量更是从1997年的9010万平方米一跃为1998年12185万平方米,商品房屋销售额也由1997年1799亿元激增到1998年2513亿元,涨幅高达39.6%。房地产行业的增加值占GDP的比重已经上升到4.2%,如中央所愿,对国民经济起到了明显的拉动作用。

值得注意的是,1998年中央下达了第三批也是当时规模最大的一批经济适用住房建设计划,该方案总投资高达1703亿元,总建筑面积2.1亿平方米。对比此前安居工程规模,第三批适用房在计划投资、建筑面积上,分别是此前三年总和的2.7倍和2.9倍。

同步推进的还有住房公积金制度,完善步伐加快,从1994年到1997年,全国住房公积金累计归集额增长速度显而易见,四年的数值分别为110亿元、210亿元、393亿元、797亿元,年均涨幅将近一倍。

到了1998年末,累计归集额更是猛增至1231亿元,比上年提升了54%,北京、重庆、湖北等地区,更是在当年住房公积金累计归集额增长1倍以上。这对提高城镇居民的居住水平发挥了重要的作用。

沿用了五十年的住房体制,就此大改。最早从1978年改革开放算起,至1988年首次房改全国会议召开,再到房改突破性启动,整个过程耗时20载,经历百般挫折、万分艰辛,并非每个人都能体味。

是的,在那个悲喜交加的年代,一个国家跟个体的命运从未联系得如此紧密。或许很多人不知道为了打赢香港金融保卫战,曾荫权也曾在那个做完决定的深夜痛哭,因为他知道,一旦输了,自己将万死也难辞其咎。

更没有人知道,在那场世界罕见的亚洲金融危机中,坚持人民币不贬值的朱镕基,需要顶住多少压力和不解。同时,在经济持续下行的背景下,他毅然发起一场阻力巨大的改革大战,最终推动了整个中国改革的发展进程,也开辟了中国住房改革的前行之路。

无论如何,1998年的香港保住了,1998年的内地也完成了历史性的转折,1998年的中国住房体制迎来翻天覆地的变化。这个充满未知和挑战的世界,每一次前行,都并不容易,但不管有多少困难,历史的车轮仍一路向前。

房企派系接踵登场

市场犹如江湖,房企自有"派系",粤商、闽系、京派、渝企等各区域品牌发展商竞相登场,演绎一出出创业大片。

1998年,粤派开发商依旧耀眼夺目,深圳出现了两家企业——深圳地铁集团、花样年集团;而在广州,海伦堡地产诞生了,奥园、敏捷也迎来其发展史上的重要转折点;还有如今凶猛的闽系——建发、正荣;毫不逊色的京派——华夏幸福、北京城建;渝系房企——金科、新希望……这些都是足以刻在1998年回忆录当中的名字。

曾经有人开过一句玩笑话,在深圳,开飞机的、修地铁的、做激光的、卖医疗器械的,都在卖房子。是的,而且"修地铁的"在地产界搅弄风云的手段令人刮目相看。当回顾1998年房地产企业发展状况的时候,有些历史反转着实令人始料未及。

例如,1998年的万科成为中国屈指可数的房地产开发公司,当年营收22.6亿元,净利2亿元。与此同时,与万科未来命运休戚相关的深圳地铁却刚好在这一年成立。

多年来,深铁向港铁学习"以地养铁"模式,确立了"轨道+物业"发展模式,经过多年发展,深圳地铁已经深得香港地铁真传,深耕物业开发,手握大量优质土储。截至2018年一季度末,深圳地铁集团累计获取12个项目土地开发权,规定建筑面积合计约450万平方米,目前在建项目面积达300万平方米。

在2015~2016年,深圳地铁连续实现地产销售额过百亿元。2017年6月,深铁更是以292亿元的价格买下恒大所持有的万科A股份。由此,深铁以29.38%的股份,超过宝能的25.4%,成为万科第一大股东,为持续两年多的万宝股权大战画上句号。

这种巧合,出现在特定的90年代,企业野蛮生长、竞相诞生的背后总会有各种机缘。

时间再往后，可遇不可求。

1998年，在深圳起步的还有一家叫作花样年的企业。如其名，这家企业一贯"花样百变"。尽管他们在地产开发的盘子不大，可是他们的集团主席是可以请得动美国总统的潘军。这一点，在《中国地产四十年·1995》里有谈到京基创始人陈华力排众议，于2002年筹办了那场扬名地产界的"克林顿秀"。

潘军是一位很善于讲故事的领导者。为此，他一手把旗下的彩生活送上港交所。作为内地物管第一股，彩生活2017年收入16.3亿元，归属股东的净利润3.2亿元，同比分别增长21.4%与70.8%，毛利率同比上升1.2个百分点至44.9%。平台服务面积达9亿平方米，其中自管4.4亿平方米，合约管理面积增至4.6亿平方米。

《中国地产四十年·1996》里提到当年刚成立的金业集团，于1997年开发首个项目金业别墅花园在香港销售一空后，紧接着又开发了金业体育花园。

关于开发"体育花园"的缘由，据奥园董事长郭梓文回忆称，"当时广州运动场馆缺乏，很多广州人要运动都只能到番禺等郊区去；另一方面伴随着中国申奥，奥运和体育已激起了全国人民的爱国情怀和民族情感"。

于是，在1998年，受1984年洛杉矶奥运会承包商杰伯·罗斯开发奥运场馆的启发，郭梓文提出了"体育休闲+地产"的复合地产开发理念。

1998年5月，郭梓文与时任国家体育总局局长的伍绍祖深度交流之后，奥园与国家体育总局达成了战略合作，取得在中国范围内的房地产领域独家使用"奥林匹克"名称和徽标的官方授权，开启了体育健康之路。

取得"奥林匹克"正式授权之后，郭梓文着手打造出第一个复合地产项目。1998年6月，广东金业集团向广州番禺地名办提出申请，将"金业体育花园"更名为"广州奥林匹克花园"；1998年8月，伍绍祖在人民大会堂亲笔为广州奥林匹克花园题词。

广州奥林匹克花园的成功，为中国奥园的后续发展奠定了基础，郭梓文亦被誉为"体育复合地产"创始人，"运动就在家门口"的居住方式由此深入人心。

梅州，是个好地方。在这个地方走出了开国元帅叶剑英、新加坡国父李光耀、泰国总理他信，也走出了慈善楷模田家炳、爱国诗人黄遵宪、金利来曾宪梓、香港明星四大天王之一的黎明等人物。

其中，跟1998年搭上关系的是敏捷集团。在《中国地产四十年·1993》里提到，敏捷于1993年开始创业，直至1998年，才进入房地产开发领域。番禺锦绣生态园，便是其在广州的第一个项目。当时，番禺钟村有一块面积2万平方米的地块，广州市番禺区钟村房地产开发公司以320元/平方米的价格卖给了敏捷集团。

为了开发该地，项目公司锦绣地产应运而生。而后，锦绣地产所开发的锦绣系列产品也成为敏捷集团的招牌，接连推出的锦绣华庭、锦绣新城、锦绣商贸城、锦绣趣园也相继发售。

1998年成立于广州的海伦堡地产，前身为广东中颐投资集团有限公司，第一个项目为番禺南区的华景新城，由此确定住宅地产经营方向和欧式产品风格定位。海伦堡地产业务主要涉及住宅及商业地产开发、物业管理、商业运营和文化创意产业四大板块。

2005年，海伦堡在广州、开平、中山、肇庆等项目全面铺开，迅速布局珠三角。2009年，随着昆明海伦国际、武汉海伦堡·千鹭湾相继上市，海伦堡走上向全国的外拓战略。从此，海伦堡立足于深耕广东、西部、华中、华东的发展战略。

同样起家于番禺的海伦堡地产与敏捷地产，在《克而瑞2017年度房企流量金额排行榜单》上，他们两个分别名列第57位、第85位，金额是351.1亿元、211.6亿元。

1998年，方直集团诞生，从房地产装饰、园林产业起步，到2006年全面进军房地产行业。目前已经形成地产集团、投资集团双核驱动的发展战略。麻雀虽小，五脏俱全。2015年，方直正式进入深圳坪山市场，全力布局一线城市。如今，深耕粤港澳大湾区的方直集团，已经着手布局产业地产板块。

说完粤派开发商，再来看闽系房企。1998年，福建的正荣集团与建发房产相继成立。

广东地产界有朱氏三兄弟创业故事，大哥朱拉伊成立新南方集团，二哥朱孟依创办合生创展、珠江投资，三弟朱庆依兴办珠光集团。无独有偶，在福建地产圈里，也有类似的三兄弟创业故事。

关于正荣集团，又是一个白手起家、艰苦创业的欧氏三兄弟故事。大哥欧宗金，创建了福建欧氏投资集团；二哥欧宗荣，执掌正荣集团；三弟欧宗洪则是融信的创始人。在2017年福布斯中国富豪排行榜上，欧宗荣以92.7亿元身家排在第275位，欧宗洪夫妇则以78.1亿元名列第343位。

1996年，欧宗荣因被欠工程款，获赔一宗地块。从此，欧宗荣在承建路桥、市政工程以外，也转战房地产，把手头的地皮进行开发利用。1998年，为了更好地发展，欧宗荣将分布于福建、江西等地的8家企业进行整合，随后在福州成立了正荣集团。近年来，正荣在市场上极其活跃，百强名次一路上升，业已进入房企TOP 20，并在2018年剑指千亿目标。《中国地产四十年·2003》篇章还将讲述融信诞生历程。

另一个与厦门特区同龄的国有房企——建发集团的发展便显得稳健许多。

1980年，伴随着厦门经济特区的成立，建发集团前身——厦门经济特区建设发展公司诞生了。1998年6月，建发集团设立股份公司在上交所挂牌上市，即厦门建发股份有限公司。

如今，在《克而瑞2017年度房企流量金额排行榜单》，建发以341.3亿元名列第61位。泰禾、阳光城、正荣、融信、融侨等房企都走在榜单前头。

从南方到北方，其实并不需要多少笔墨来过渡。在那个风云际会的年代，英雄不论出处。京派的地产商，也一直是中国房地产领域的重要组成部分。

起家于河北、总部位于北京的华夏幸福，也成立于1998年，20年间已经跻身中国房企TOP 10之列。1998年开发的华夏花园，是华夏幸福创始人王文学地产事业的开端。随后，他在廊坊和燕郊各拿一块地，决心专注做房地产项目开发。

谁也没有想到，曾经偏安廊坊固安一带的华夏幸福，凭借产业运营商的定位脱颖而出，目前已在全国布局50余座产业新城。从一家年销售额只有几十亿元的地区型公司变身为如今规模庞大的"华夏系"。

1998年，北京城建成立。作为北京市国资委100%控股的老牌国企、北京棚改第一股，多年来依靠一二级联动开发的地产盈利模式，业绩稳定。2016年更是拿下了北京东城最大的棚改项目——望坛棚改，计容建面80万平方米，可自持物业价值156.9亿元。

在960万平方公里的中国，时光变迁的痕迹刻在每一寸土地。1998年，远在中国西南方的金科集团、新希望集团业务开始与房地产行业挂钩。

关于金科，他们的创始人黄红云也是一位充满戏剧色彩的主人公。1984年到1998年，黄红云在重庆涪陵城区从建筑学徒做起到工程处处长，建筑公司总经理，整整花了14年时间。已过而立之年的黄红云想要赌一把更大的。1998年在重庆主城江北区的一间租用房办公室里，诞生了金科股份。

当时，黄红云身边只有一辆普桑跟三个合伙人。黄红云成功了，金科花园一战成名！从生死赌注到一路前进至房企TOP 40，黄红云目标明确，战略清晰。然而，知天命之年，摆在黄红云面前的是一场更残酷的战斗。

2015年5月，中国A股冲上大牛市顶部之际，黄红云接连减持金科股份。随后中国股市大跌，金科股价也一路下滑，2015年8月，金科以"向地产和能源行业输血"为由启动增发方案。然而，这次"竞价定增设认购限额"的漏洞给了孙宏斌进入金科创造了绝佳机会。融创中国在所有报价给出最高价，由于没有认购限额，因此，根据竞价规则，融创中国一举将金科16.96%的股份收入囊中，直接跻身为金科第二大股东。

2018年1月5日，金科公告显示，黄红云在2017年12月25日至29日累计增持金科1930.8万股，占总股本比例约0.37%，成交金额约9480.3万元，预计黄红云及其一致行动人持股至少在26.38%以上。《中国地产四十年·2018》篇章里会提到，2018年10月25日，融创再次增持金科达27.6783%，超过黄红云持股量。三天之后，也就是10月28日，黄红云与黄斯诗签署《一致行动协议》，两人持股占比29.99%，黄红云重新夺大股东席位。

黄红云PK孙宏斌，两者差距存在变数，尽管这场狙击战，结局尚未有定论。但对于1998年的黄红云来说，也许想到了创业艰辛，也想到过遭遇挫折，却怎么也想不到会在金科发展如日中天之际面临控制权之争。

同在川渝大地，始创于1982年的新希望集团有限公司，在1998年涉足房地产行业，成立新希望房地产开发有限公司。而后，由于集团战略目标偏向农产业，决定减缓在地产领域的扩张步伐。因此在2008年以后，几乎没有在土地市场见到这家房企。

直至2012年，这一局面才有所改变。10月14日，新希望集团董事长刘永好在集团全球经营管理大师峰会上表示，"未来3年，新希望准备投资30亿元发展房地产"，正式向外界宣布了新希望重回地产开发的道路，新希望地产进入快速变化时期。

再来看看山东的房地产企业，银盛泰集团成立于1998年，以城市地产开发为基石，金融投资、国际贸易、文化产业为支撑，致力于发展成为国际化、复合型的现代企业集团。1998年6月26日，银盛泰集团旗下的青岛银盛泰房地产有限公司成立，初始注册资金500万元，拥有四级开发资质。银盛泰创始人任军曾在政府机关工作，1998年放弃机关工作的"铁饭碗"投身房地产,筹备创建了银盛泰集团。

银盛泰在任军的带领下已经在青岛地产行业占据一席之地,销售业绩长期位居当地行业TOP10。银盛泰深耕山东多年,打造青岛、济南双核都市圈,烟威、潍淄、临沂等六大战区辐射布局以及烟台、威海、济宁等八大主力城市重点推进,累计开发面积逾1000万平方米,预计2018年销售金额在200亿元以上,三年内将达500亿元规模。

然而,时不与我。和同期成立的地产企业相比,新希望地产快马加鞭,奋起直追。如今,新希望地产以141.5亿元的业绩,位列克而瑞2017年房企销售排行榜第112名。

接下来要提到的三家开发商在房地产市场上也鲜为人注意。分别是天津住宅集团、上海建工、宏立城,它们都成立于1998年。

其中,天津住宅集团是天津市建设系统国有大型骨干企业,开发建设了梅江华厦津典、华城领秀、梅江会展中心、津湾广场、海河剧院、棉3创意街区、民园体育场改造等一大批在全国和天津具有影响力的大型住宅小区、公共建设项目及全市重点工程。在克而瑞2017年房企销售排行榜中排名第195位,销售额48.9亿元。

上海建工集团是中国建设行业的龙头企业,1998年7月该公司作为14家先进单位之一,还受到国务院表彰。多年来,上海建工在全球30多个国家和地区,承担了近百项工程,不少成了当地的标志。2018年上半年度,上海建工营业收入782.9亿元,同比增加18.08%,归属上市公司股东的净利润12.89亿元,同比增加1.86%。

说起宏立城集团,可能大部分人不熟悉,但是提到"贵阳花果园",想必基本都知道。

这个项目被媒体冠上了"中国第一大盘""中国神盘"的名号,建面1830万平方米,2012年单盘销售近300亿元,60万人入住,均价3980元/平方米。它已经不仅仅是一个楼盘、一个社区,而是一座"新城"。

云南地产四小龙

每一年,都有企业诞生,也有故事发生。除粤、闽、京、渝、鲁各派房企之外,这一年还有许多散落的企业信息,将一点一滴梳理成篇。

1998年,跟同学一起创业多年的郭广昌,终于迎来旗下复星系的第一家上市企业——复星医药,当时它在上交所上市,之后的2012年成功在H股发售,业务涉及医疗全产业链。

1998年8月,复地成立,当时公司名为上海复星房地产开发有限公司。后于2001年经过股份制改造组建成"复地(集团)股份有限公司"。2002年7月,复地进入武汉市场,开始全国拓展战略,随后接连落子北京、南京、无锡、重庆、天津、杭州、西安、成都、长春、太原、长沙、大同、三亚、宁波等城市。

2004年2月，复地H股在香港联交所主板上市。只不过，七年之后，2011年5月复星主动要约收购复地，复地放弃上市公司地位，开启复地发展新里程。2009年3月，复地开始承建上海世博民企馆。2010年5～10月世博会，复地作为上海世博民企馆总运营商，完成民企馆超过200万人次的接待运营任务。2012年11月，复地战略由"住宅为主"明确为"住商协同"。

前有黄浦江，后有彩云之南。1998年，当时仅23岁的李俊跟他的俊发集团热火朝天地开干了。外界对李俊的记载少之又少，这是一位低调且少年老成有悟性的企业家。根据有限的报道称，李俊出生商业世家，其父开办过家具厂、涉足过地产领域。

无从得知俊发创办的最初获得多少助力，然而俊发数十年来实打实的数字与产品却是有口皆碑。作为"云南房企一哥"的俊发地产，多年来在万科的影响下受益匪浅，发展中多少带了点万科的影子。

万科的精神领袖王石，曾经是俊发的独立董事，后来又成为俊发的地产顾问。2001年，王石前往云南攀登梅里雪山。俊发高层因此结识了王石，在交流过程中，王石做"减法"的战略深刻影响了俊发。俊发创业早期也是开拓了多种业务，受万科启发后，毅然砍掉与地产无关产业，专注地产。

大浪淘沙，昆明——这座滇南春城存留过江东、官房、银海、城建股份这老牌"四小龙"的痕迹，也涌现过俊发、城投、同德、诺仕达这新晋"四小龙"。只不过在地产40年进程中，能活下来的仅仅是少数。

尽管如此，他们的贡献也是不可磨灭的。早年，很多城镇是比较破烂的，房屋供应严重不足。但是通过发展房地产，这些县城才开始有了新房子、住宅小区，不再是单门独户。由此可见，本土中小房企在推动城镇化进程中发挥了中流砥柱的作用。

视野回归全国，除正在诞生的企业以外，究竟整个房地产行业发展到哪一个阶段？大鱼小虾浮现之际，大佬们又面临着什么，思考着什么，这是值得我们关注的一件事情。

还是从王石说起吧。也就在1998年，因为疾病之扰，王石制订了自己的登山计划，此后一发而不可收拾。他一跃成为各种极限运动的爱好者、中国人登顶珠峰最大年龄纪录的创造者，登顶过全球7大洲的最高峰，到达过南北两极，酷爱滑翔伞运动，等等。

尽管王石退居二线，但他因此给万科留下的企业文化却是更耀眼的存在。受此影响，万科是首个将管理层的奖金与员工健康挂钩的企业，如果员工的体测指标出现下降或不及格，管理层要相应扣减奖金。

曾经与之齐名的金地，在1998年对外承接了福涛东园、茂恒花园等4个小区的物业管理业务，使物业公司对外拓展取得突破。

到了1998年，初具规模的企业已然不少。碧桂园、富力、合景正加速成长。

1998年，碧桂园进军广州，首个项目"广州碧桂园"取得了巨大的成功，以低价的优势创造了两个多月七十栋楼销售一空的奇迹。同年，其大本营所在地顺德碧桂园成功开拓了香港市场，吸引了近3万港人入住。时间推后两年，华南碧桂园在2000年也打响了

"大盘概念"的第一枪。此后,以碧桂园命名的大盘以铺天盖地之势,席卷全国。

进入了迅猛发展快车道的富力地产,在 1998 年动工了盈泽苑、富力半岛花园、富力环市四苑三个楼盘。已经成立三年的合景泰富,在 1998 年推出了 W 酒店这个品牌,成为合景商业地产代表作。

在福建,中骏、泰禾动作频频。刚刚成立两年的中骏置业成功开发了泉州商住"骏达中心"项目,自此扎根泉州。

泰禾集团则创立了豪宅开山之作——半坡式住宅。也即是住宅依山而建,随地势起伏自然错落,其间茂林、修竹、溪流、叠泉、花园等景致沿着山坡地蜿蜒分布,营造出中国山水画卷的独特空间感受。

根据当地媒体的报道称,"这种开发方式开启了福州建筑界坡地建筑之先河。天元山庄也成为福州市建筑标志群之一,至今仍是福州地产史上的传奇。"初战告捷的泰禾,一鼓作气,在短短几年时间又开发了天元·美树馆、天元·荷塘月舍等一系列高品质的"天元"楼盘,并在福州立稳了脚跟。

1998 年,新城控股由武进区进入常州市区,推出第一个市区住宅项目。这一年,建业集团掌门人胡葆森正在高呼"建业不会走出去,我的战略就是聚焦河南"。同年,易小迪则进军北京房地产,成功投资了北京现代城 1 号公寓楼。

地产界潮汕帮

在中国房地产界,有一个规模庞大的潮汕"胶己人"群体。潮汕人创办的房地产企业广泛分布在香港、广州、深圳、潮汕等区域,他们是地产发展史上一股不容忽视的力量。

除李嘉诚、刘銮雄、黄光裕这些高光人物之外,还有侨鑫集团周泽荣、合生珠江朱孟依、宝能姚振华、佳兆业郭英成、星河地产黄楚龙、龙光集团纪海鹏、观澜湖朱鼎健、茂业集团黄茂如、鸿荣源赖海民、中信地产李康、东海黄楚标、中洲黄光苗、华南城郑松兴等,他们无一例外都是"潮汕人"。

1998 年,万科放弃了福田中心区地块的开发,项目接手的是深圳城建和潮汕房企深圳泰华。紧接着,泰华又通过竞标拿下中心区购物公园地块和红树湾三块当时被称作深圳地王的土地。

再往后,泰华旗下的部分地产项目卖给了另一个潮汕开发商——星河地产。据经济观察报的报道称,当时"很长一段时间里,深圳中心区难见万科的踪影,取而代之的是卓越、星河、龙光、金光华、佳兆业等潮汕民营开发商。更重要的是,这些企业频繁地出现在深圳旧城改造项目中。"

以星河地产为例，黄楚龙 1979 年到深圳创业，1988 年 12 月，创立星河地产的前身深圳市怡和企业公司。1994 年 4 月，成立深圳市新怡和实业发展有限公司，先后开发了祥和花园、怡和楼等多个项目。

后于 1998 年开发星河明居，星河系列化产品开始萌芽。再推后一年，公司更名为深圳市星河房地产开发有限公司，开发星河雅居，星河产品系列化迈出重要的一步。

近年来将总部迁往深圳的龙光地产，于 1998 年开发阳光花园二期，创造了"当年开工、当年竣工、当年售罄、当年交房、当年办证"的奇迹，开创了汕头地产界的先河，创下了独特的龙光快速流转经营模式。如今，也许很多人也许不一定对龙光地产有了解。但或许对中国最年轻的女富豪——纪凯婷有所耳闻。她便是龙光地产董事长纪海鹏的女儿。

这位年轻的 90 后纪凯婷拥有伦敦大学经济学和金融学学位，同时通过各种公司及家族信托持有龙光地产 85% 的股权。2014 年，她登上 2014 年胡润女富豪榜，成为上榜中最年轻的女富豪，也是全球富豪榜上最年轻的富二代。2016 年，纪凯婷以 80 亿元财富居 2016 年"中国 90 后富豪榜"第一位。2017 年，纪凯婷位列 2017 年胡润女企业家榜第八。

作为起家于汕头的房企，龙光拥有纯正的潮汕基因。早年在汕头因城中村改造项目发家，后于 2013 年 12 月成功登陆港交所。2016 年 6 月，龙光地产以 140.6 亿元拿下深圳光明新区一宗"巨无霸"商住用地，一举成为当时深圳最新总价地王。

在汕头，还有一家企业——联泰。自 1998 年投资房地产行业以来，联泰在深圳开发了多个经典项目，如香域中央花园、联泰大厦等。

从基建施工员起步，到联泰集团董事长，黄振达身价不菲。他曾经在公开场合表示，"我生在这里，长在这里，无论走到哪里，都不会忘记家乡的一点一滴、一山一水。在外地的潮商都有一个共同点：一有了成就，第一个想到的就是如何帮助家乡发展。今天、明天、后天，我们都会永远地回报家乡"。

的确，潮商给人的一贯印象便是在商场上敢立潮头唱大歌，同时又团结协作，互帮互助。20 世纪 90 年代，被称为"深圳李嘉诚"的东海集团董事长黄楚标，已经数度向社会捐出一千多万港元。目前，他旗下的东海国际公寓，号称亚洲最贵公寓。

与此同时，黄世再已经从新加坡回到深圳投资多年，他拿下了如今福田区的大中华国际交易广场，被称为"进军中心区第一人"；黄茂如夫妇已经主导了两个项目落地，一个是茂业百货东门店，另一个是都市花园地产项目；赖海民继成功开发了弘雅花园 2 期项目后，再度合作开发雅豪轩南区项目；李华的卓越集团成功开发了第一个住宅项目——卓越蔚蓝海岸。

他们充满着欣欣向荣的朝气，尽管当中绝大部分并非房企的第一梯队，但深耕区域，成为当地开发商重要组成部分。

宝能，1998 年启动总建筑面积约 10 万平方米的福田中港城项目，这是宝能第一个商品房项目，而后成为福田区的住宅标杆和首席社区购物中心。

不过，将在《中国地产四十年》2015～2017 年篇章当中留下浓墨重彩一笔的宝能，于企业云集的 1998 年，并未显露出过人之处。相反，同为潮汕出身的这个背景，却在往后的宝万之争中被屡屡提及。

观澜湖，这家不走寻常路的企业，如果将其纯粹定义为房地产开发公司想必也是委屈了它。在深圳与东莞交界的一片荒芜之地，朱树豪一手缔造了他的高尔夫王国。2011 年后，长子朱鼎健挑起集团重担，大手笔打造了如今众人皆知的海口观澜湖。

对了，早在 1992 年进军房地产行业的合生创展，1998 年上市了。他成为国内第一个到香港上市的内地开发商，只不过，合生珠江系并不急着为冲规模而跻身中国房企千亿军团之列，但其名下的土地储备却多得令人艳羡，货值高达上万亿。

房改义无反顾

1998 年，中央对房地产的政策出现重大转变，特别是取消福利分房、推进房改进程方面，做出了变大变革。地产界有两位重要人物，亲身经历了这一段别具意义的历史，他们是：王石、潘石屹。

王石回忆录《道路与梦想》中详细描写了 1997 年 11 月朱镕基到深圳考察时，王石作为企业家代表，被安排向总理汇报工作的情形。当时，王石别出心裁准备的《分税制前后对企业影响》主题汇报受到朱镕基认可。受此鼓舞，王石趁机向朱总理请教："不知道朱总理怎么看住宅市场？"

朱镕基不答反问："如果取消福利房分配制，房地产行业能成为支柱产业吗？"王石想都没想就直接答道："不能！"朱镕基再问："如果金融市场开放，房地产行业还不能成为支柱产业吗？"耿直的王石还是给予否定答复。

朱镕基又问："消费信贷放开，还不行？"王石仍坚持回答："两年内不行。"没想到的是，朱镕基却斩钉截铁地告诉王石："我两年内一定要把住宅行业促成支柱产业。"看到朱镕基如此坚决，王石才答道："既然总理说行，就一定能行。"

由于在这次汇报上受到朱镕基赏识，王石成为中央房地产编外顾问，1998 年获邀赴北京，参与了建设部、国务院住房办、国家体改委、土地总局等国务院各部委组织的有关内部研讨会。值得一提的是，朱镕基说到做到，1998 年，房地产行业被中央作为支柱产业重点扶持，一系列重磅政策竞相出台，全面引燃了房地产市场。

正所谓春江水暖鸭先知！第一时间对中央房改政策最有直观感受的人，自然是来自市场一线的开发商。

1998 年，同样在京城，潘石屹开发的 SOHO 现代城先是贷款无着落，紧接着项目又遭遇销售困境，销售中心门可罗雀。无奈之下，潘石屹邀请了曾经创办过香港最大代理公司利达行的邓智仁来操盘。邓智仁来了之后，把 SOHO 现代城广告打得震天响，可就是丝毫不见起色。

然而，就在潘石屹与邓智仁分道扬镳之后，随着中央扶持房地产行业政策接连出台，市场在不经意间火了起来。从1998年11月开始，没有香港营销大师操盘的SOHO现代城在此后的日子里，竟迅速出货，销售火爆。潘石屹意想不到的楼市好行情就这样从天上砸下来了，而且这一砸，就将近二十年！

SOHO现代城的热售，也成为1998年房地产政策转型效果的一个有力佐证。随着福利分房终结，金融市场解禁，消费信贷松绑，房地产潜在需求彻底被激发，迅速转化成市场有效需求。更为重要的是，通过住宅市场，带动了中国多个行业发展，极大刺激内需，为中国经济注入全新动力。

早在1978年，中国正式启动国人期盼已久的改革开放，也就在这一年，中央也在同步推进住房改革工作。当年，决策层就已经在思考"解决住房问题能不能路子宽些"的重要问题，此后，中央正式提出探索住房问题出路，就此全面拉开了中国房地产改革的序幕。

直至1988年，中央终于召开第一次全国住房改革会议。经历早期诸多坎坷与挫折，酝酿整整十年之后，1988年房改提出提租补贴、租售结合政策，同时调整工资，将住房补贴纳入工资。遗憾的是，此后改革进程又多次陷入停滞，效果有限。

进入1998年，在又耗费了十年之后，中国以前所未有的魄力强力推进房改的车轮向前行，彻底告别近五十年的福利分房制度，开启住房全面商品化市场。中国房地产由此进入快车道，加速奔跑，地产行业迅速成为中国支柱产业，有力地改善了人民的居住环境，同时也推动中国经济稳步向前。

十年一轮回，中国历史进程中的每一次变革，都在巨大的阻力与挑战中破浪前行。1998年，作为划时代的历史年份，房改被列为中国房地产发展史上的里程碑事件。

到了1998年底，中国绝大部分地区停止了实物分房，住房制度的根本性改变就此确立。然而，在这轮住房货币化体系改革中，购房首付款的筹备、高额的房贷压力等诸多难题仍困扰着买家，除此之外，住房补贴发放的公平性，还有群众对住房需求程度，都很难立刻得到匹配。

同在1998年，广州率先在公务员体系中尝试货币分房，本来寄希望于取消福利分房后，引导公务员购买私房消费。然而，事与愿违，广州房地产市场由于缺少了政府机关单位这支消费主力军，成交量直接腰斩。广州被迫紧急重启福利分房，并将福利分房制度延长至1999年年底。

更深层次的原因还在于，由于整个经济大环境行情持续走弱，社会失业率普遍高涨，特别是刚刚遭遇国企下岗潮的冲击，生活在不确定经济环境下的广大城镇居民对购房持观望态度。另一个引人注意的难题是，楼价与居民收入出现脱节现象，常规的加薪方式，对增加楼市成交量的影响并不显著。

除此之外，1998年留给中国人的记忆除了国际金融危机的冲击，还有那滔天的洪水，长江、嫩江、松花江在这场大灾害面前纷纷告急，全国共有29个省（区、市）遭受严重灾害，对国民经济造成重大损失。然而这一切并不能打倒正在飞速发展的中国，在中央领导下，广大军民团结一致，奋勇抗洪，终于取得胜利。

这是多灾多难的一年，金融危机、经济低迷、自然灾害频发，整个中国，特别需要有勇气、更需要有担当，才能携手闯过这个世纪关口。也就在这一年，房地产在无形之中被赋予了国民支柱产业的地位，充当起引领中国经济再次腾飞的重要角色。

虽说国人对房改充满期待，但执行的过程中，还是不可避免遇到各种难题，更有数不清的陷阱、荆棘，但开弓的箭永不回头！也许用朱镕基的一句话可以完全诠释1998年："不管前面是地雷阵还是万丈深渊，我都将勇往直前，义无反顾，鞠躬尽瘁，死而后已。"

在此后的二十年里，中国楼市突飞猛进，房地产开发面积迅速扩大，带动钢铁、水泥、建筑等多个行业齐飞，刺激了内需释放，改善人民生活水平。同时，助力中国经济实现高速增长。这一切，都成为日后中国人生活中必谈的话题，也是必须面对的问题。

是的，不管前路有多艰难，中国房改将义无反顾，勇往直前！

1999 年：

中关村大开发　互联网进楼市

1999 年，中华人民共和国迎来成立五十年华诞，历经半个世纪的洗礼，新中国从诞生到成长，从挫折到突破，从迷茫到进取，从落后到崛起，昔日积贫积弱的中国发生了翻天覆地的历史巨变。

1999 年，澳门回归，这是继香港之后，中华民族在实现祖国统一大业中又一次迎来载入史册的盛事。澳门回归，也彻底标志着外国人占据和统治中国领土的屈辱历史走向终结。

这是个值得举国欢腾的年份，当时间的车轮驶到旧千年最后一个年份时，中国已经成为世界举足轻重的大国，吸引了世界各国关注的目光。

1999 年，由金融大鳄索罗斯掀起的东南亚金融风暴终于告一段落，中国终于从 1997~1998 年的亚洲金融危机中缓过一口气。然而，中国内地虽未爆发金融风暴，但受其冲击，波及面极广。特别是周边国家经济一落千丈，加之人民币坚持不贬值，外贸出口压力陡增，众多企业面临前所未有的挑战。

总体而言，国内外形势依旧不容乐观，经济下行压力如影随形。与此同时，国际舆论却不约而同把中国视为重振亚洲经济的发动机，寄希望于中国能带领亚洲走出经济泥潭。

为了破解经济增长困境，中国继续加紧推进经济建设。1996 年中央提出把住宅建设作为国民经济新的增长点，1999 年，继续助力房地产市场发展，加快将潜在需求转化成有效需求，促进楼市成交成为刺激经济发展的重要手段。

1999 年，是国内取消福利分房的第二年，房地产市场全面进入个人消费时代。但受传统消费习惯及预期收入降低的影响，居民购房并不踊跃。为鼓励居民购房，扩大国内需求，开拓国内市场，1999 年从中央到地方都出台了大量利好政策刺激消费。

1999 年，中国各地的房展会特别热闹，没有了单位团购利好的开发商卖力吆喝，只为争取更多的个人购房者。此外，曾经遭遇重创的海南也迎来了"新生"。

1999 年，上至中央，下至地方，再到开发商都在为中国房地产市场新的发展而出力。借着房改政策重大利好的势头，佳兆业、升龙集团、时代地产、电建地产、鸿荣源、北科建、和裕地产、上实城开、阳光100、东原地产等多家房企应运而生。

郭英成盘活烂尾楼

在新千年来临前的一年，中国房地产大军的队伍还在不断壮大。1999年，已经移居香港的郭英成，与大哥郭俊伟、弟弟郭英智一起创办了佳兆业集团控股有限公司，总部位于香港。

郭氏三兄弟均极其低调，很少接受媒体采访，郭英成公开信息也不多。据悉，郭氏三兄弟出生于广东揭阳，早年移居香港。郭英成工作勤奋，以工作为乐，虽然家住香港，但每天都跑回佳兆业总部工作，周一到周日基本没有休息日。精力旺盛，经常开会到深夜。决策果断，为人仗义。早年郭英成在潮汕一带做贸易及工业生意，后来看到同乡房地产开发做得风生水起，他也加入其中。

精明的郭氏兄弟，在一开始就深知房地产与金融的紧密联系，1999年在创办佳兆业的同时，三兄弟在香港成立了富昌金融集团，现总部坐落于香港中环核心商业区——中远大厦。佳兆业前期的高速发展很大程度得益于富昌金融为其提供源源不断的资金。

被誉为"深圳旧改大王"的佳兆业早年在深圳靠盘活烂尾楼起家，之后一路扩张，进驻广州、上海、成都等全国近50个城市，是地产圈内又一匹"黑马"。虽然2014年一度出现房源被锁，但历经风波，佳兆业还是挺了过来，浴火重生，2017年佳兆业重新复牌并公布业绩，2017年销售467.1亿元，创历史新高。

1991年，年仅26岁的潮汕人赖海民就一手创立了鸿荣源集团，1998年，鸿荣源集团来到了深圳，开发了第一个房地产项目——雅豪轩。雅豪轩位于深圳宝安区，当时市场对于赖海民选择宝安区的决定有非常大的质疑。"那时没有人去开发宝安的，谁去那里都被骂傻。"

做大事的人，总会有自己的坚持与想法。赖海民没有理睬外界的意见，选择"一意孤行"。1999年，雅豪轩第一次在宝安采用全架空式双层绿化广场布局和地下采光车库，被深圳市政府评为第一批"花园式、园林式社区"，后来，这个项目还被市场誉为"宝安中南海"，是宝安地产升级的先锋。

雅豪轩的成功证明了赖海民独到的眼光，也给了赖海民深耕房地产的信心。1999年，鸿荣源房地产公司正式成立，在宝安这个发家地，赖海民一待就九年，被业界奉为"宝安三巨头之一"。后来，有业内人士感叹道："宝安的开发绝对有赖海民的功劳。而且现在看来，这是他积累原始资金最成功的一笔。"

做房地产，赖海民一直非常谨慎。2005年以前，鸿荣源基本保持一年一个楼盘的开发节奏，一直到2006年，西城上筑和西岸观邸两个项目同一年上市才打破这个局面。楼盘数量改变的同时，鸿荣源的开发规模也从以前每个楼盘建筑20万平方米左右，升级到开发前海壹方中心、前海鸿荣源金融中心这些百万平方米级的超大项型目。

由于开发项目不多且不大，早期鸿荣源在市场上其实名气并不大。真正让其一夜成名的是2006年7月深圳发布的《2006年房地产开发企业年审排名》，在这份名单上，鸿荣源超越招商地产、华侨城、中海等大房企位居榜眼。不过，鸿荣源的崛起并没有让赖海民变得高调，他极少出席公开活动，从来不接受媒体采访。

1999年，岑钊雄已经参加工作9年了。这一年，他迎来了人生的一个重大抉择：由于所服务的那家公司准备退出中国市场，岑钊雄要么退下去等待，要么跳出来搏一搏。最后，岑钊雄选择了后者，下海创业。前东家从事房地产投资，岑钊雄顺理成章也选择了房地产，于1999年创立时代地产。

2000年，时代地产开发的首个项目广州翠逸家园入市，2006年开始，时代地产在珠三角强势扩张，以并购、合作等方式进入佛山、中山、珠海、清远等城市。2013年12月11日，时代地产在港交所挂牌上市，同年销售金额首次突破百亿元。

2017年时代地产全年销售金额428.6亿元，居于中国房地产企业销售金额TOP50之列。发展19年来，除了长沙一个省外城市外，时代地产布局基本集中在广东珠三角地区。岑钊雄说，即使专注珠三角发展，时代地产也不会构成规模瓶颈。

无论哪个国家，房地产市场基本都是男人的世界，但在中国重庆是个特例，在这个号称"山城"的地方，先后诞生了两位女掌门人，一个是龙湖的吴亚军，另一个则是东原地产的罗韶颖。

根据企业工商信息，重庆东原房地产开发集团有限公司早于1999年已经成立。不过，在成立很长一段时间，这家公司都没有真正进入房地产，一直到2004年，首个开发项目——中央美地亮相，东原地产才算是正式涉足房地产，或因此，在其官网上，2004年也被东原地产定为自己的生日年份。

东原地产这位女当家有非常丰富的金融经验。公开资料显示，罗韶颖1998年从美国留学归来，曾在深圳先后担任国泰证券投资银行部项目主办、华夏证券投资银行部业务董事。2004年，罗韶颖被哥哥罗韶宇"安排"回重庆担任东原地产的总经理助理，负责房地产营销。自此，一干就是13年。

13年来，在罗韶颖的带领下，东原地产发展迅猛，2014年重组置入迪马股份，曲线进入资本市场，借资金优势进一步拓疆。2017年移师上海，冲击千亿。如今，东原地产已经成为中国房企中不容忽视的一员。

有的人开始创业，有的人则在悄悄转行。1999年，福建平潭人林亿开始从电梯行业转行做房地产。1999年，升龙集团成立，"升龙"这个名字原来是林亿的电梯品牌，寓意"升起的巨龙"，后来也直接成为他的地产品牌。

2005年，升龙集团开始走出福建，布局全国，同时，还在澳洲、北美、欧洲等海外市场设立事业部。2017年，升龙集团实现149.3亿元销售金额，全国房企排名105位。

离开万通的易小迪在1999年创办了阳光100，同年在北京CBD成功开发阳光100国际公寓，之后又相继在天津、重庆、济南、南宁、沈阳、成都、柳州、桂林、潍坊等十几个城市成功开发了20多个项目，开发面积超过1000万平方米。

领地集团也在1999年成立。2018年5月，领地集团提出全新品牌语，把房地产产业与健康产业进行高度融合，将"健康、平安、幸福"三大指数作为衡量"健康美好生活"的服务标准。在《克而瑞2018年上半年房企业绩排行榜》中名列80，销售金额124.3亿元。上半年领地集团新增28个项目示范区，16个项目开盘，在攀枝花、承德、成都、商丘、乐山、库尔勒、西昌、雅安等城市竞得新地。

北科建开发中关村

这样热闹的创业浪潮并不是处于改革前沿的南方独有，这个时候，北派房企也在不断增员。在北京，1999年，有四家房企诞生了。

在美国，有一个地方叫硅谷，被誉为科技牛人的"温床"。在大洋彼岸的北京，有一个与之媲美的地方，它叫中关村。在中关村的发展历史中，有一家不得不提的房地产公司，它就是北京科技园建设（集团）股份有限公司。这家房企是1999年北京市政府为了落实《国务院关于建设中关村科技园区有关问题的批复》精神，为了承接国家科技产业发展，专门建立的一个平台化企业。

成立之初，北科建的主要目的就是开发建设中关村的科技园区。数据显示，从1999年到2011年，北科建累计开发中关村占地面积51万平方米的核心区，其中地上建筑面积100万平方米，地下70万平方米，总共170万平方米。如今，北京中关村不仅在中国拥有极高知名度，甚至在全世界也享有盛誉，这与其开发者北科建有不可磨灭的功劳。

凭借着北京中关村的成功，北科建在行业内奠定了科技地产的领先地位。在开发建设中关村核心区之外，北科建还承建了中关村软件园、中关村生命科学园，这两个园区在软件、生物医药领域都发挥着重要作用。区域成功吸引了中国化工、中国机械工业集团等数十家大型企业集团总部和微软、IBM、新浪、生物芯片国家工程研究中心等4000多家IT、生物医药等高新技术企业进驻。

后来，这种开发模式开始在全国复制。北科建嘉兴智富城、无锡中关村软件园、青岛蓝色生物科技园、中关村·虹桥创新中心、长春北湖科技园、天津中加生态城项目等都是北科建的代表作品。

2016年，北科建先后与隆基泰和、中基太业签订管理运营协议，踏出轻资产运营的第一步。在科技地产之外，北科建在住宅地产也有一定涉猎，开发了领秀慧谷、领秀翡翠山、领秀雁栖小镇等一系列"领秀"系产品。

与林亿一样，孙绍先也在1999年开始转行，从原来的汽车修理行业进入房地产行业，创办北京和裕房地产开发有限公司。

不过，虽然和裕地产在1999年已经成立，但由其开发的第一个项目——林肯公园一直到2008年才开盘。位于亦庄核心的林肯公园是和裕地产最重要的一个项目，这个130万平方米的超级大盘，2013年成交58.16亿元，摘下北京楼市亚军。林肯公园之后，和裕地产又陆续开发了林肯公寓、宾仕国际、宾仕大道等多个项目。

直属于中国电力建设集团的水电地产（电建地产前身）与和裕地产的经历也有几分相似。1999年7月8日，水电地产注册成立，但一直到2005年9月经国务院国资委将"房地产开发与经营"核准为中国水利水电建设集团（中国电建集团前身）主营业务之一，才正式涉足房地产，并先后在北京、上海、南京、长沙、武汉等地落子。

2014年，水电地产迎来发展的关键一年。这年6月，水电地产完成对南国置业的要约收购，正式拿下后者的控制权，南国置业成为水电地产的商业地产发展平台。同年10月16日，水电地产宣布更名为"电建地产"。

电建地产集团总经理刘国栋表示，更名标志着电建地产开启了新篇章。此言不差，2014年凭借着168.6亿元的销售业绩，电建地产首次进入全国房企50强，2015年突破200亿元大关，2016年销售233.13亿元，2017年销售365.2亿元。

同在1999年，曾在原国家建设部和原国家物资部任职的郦松校离开体制，下海创业，成立中新地产集团（控股）有限公司，前身为北京新松投资集团有限公司。

成立之初，中新地产是一间不起眼的房地产公司，主要项目集中在北京朝阳区，开发有后现代城、青年汇等多个住宅项目。主席郦松校行事也是非常低调，连公司员工都很少见到这位"神秘"老板。

2003年，借壳科建集团在港交所上市，不起眼的中新地产开始被市场关注。而真正让中新地产进入大众视野的是它2007年以来的疯狂扩张。数据显示，2007年，中新地产旗下项目从原来6个增加至11个，土地规模增加至1000万平方米。至2008年，中新地产土地储备达到1482万平方米，项目达16个，遍布于北京、天津、上海、沈阳、重庆等11个城市，闯入全国"十强"地主行列。

但这样的疯狂，中新地产很快就吃不消了。大肆扩张带来的过度杠杆化，加上2008年金融危机带来的冲击，中新地产的资金链开始出现问题。2009年6~8月，中新地产接连出售了5个项目公司股权，部分甚至亏本甩卖。与此同时，中新地产的债务危机开始爆发，更糟糕的是，郦松校在这个时候又因被调查，被迫辞去中新集团董事局主席一职。群龙无首的中新地产，瞬间陷入一片混乱。

最终，千疮百孔的中新地产被迫出售。2010年1月19日上实控股发布公告称，将收购中新地产前执行董事及主席郦松校所持有的5亿股旧股及由中新地产发行的6.84亿股新股，收购价为27.46亿港元。收购完成后，上实控股将占中新地产扩大股本后的45%，成为中新地产单一最大股东。同年8月，中新地产宣布更名为"上海实业城市开发集团有限公司"。

变故来得太快，令人不禁感叹，很多时候，荣誉与耻辱仅仅是一线之间，稍不留神，就身败名裂。

王石任志强双双辞职

当房地产很多同行还没崛起的时候,万科、华远称得上是20世纪90年代房地产行业的两大巨头了,江湖人称"南万科、北华远"。巧合的是,同在1999年,这两大地产公司都发生了一场人事巨震,王石辞任万科总经理,任志强辞任华远总经理。

1999年,王石48岁,对于大部分企业家来说,这个年纪或许正值职业生涯的高峰期,而王石偏偏在这个时候宣布辞职。王石说,辞职是为了重拾少年梦,把更多精力投入自己的兴趣爱好中,但更重要的原因是以此为契机,与管理层疏离。"一个人再神通广大也总要离开,我不希望自己不在的时候万科走下坡路。越早放手,对我和万科就越有利。"

就这样,万科迎来了史上第一次交接班。王石的首位接任者是姚牧民,同时已经在万科工作九年的郁亮则被聘任为常务副总经理兼财务负责人。姚牧民被称为"王石第二",同样个性极强。或正因为性格太相似,两人在公司决策上很难统一意见,最终难以合作,姚牧民选择离开。

公开资料显示,姚牧民1988年已经加入万科,对万科早年那些事他是王石之后,第二清楚的人。两人共事十多年,虽最终遗憾"分手",但情谊依然深厚。据说,后来姚牧民相继在中信地产、珠江地产、合生创展集团、佳兆业集团等房企任职都是王石帮忙撮合的。再后来,当万科与宝能深陷股权之争的时候,姚牧民也力挺王石称:"跟王石交过手的恶人多半落荒而逃。"

2001年,郁亮接替姚牧民成为万科新一任总经理。当年,生性谨慎的郁亮表示,"我心里知道自己在见习,万一我做得不好,王石主席也会把我换了"。后事郁亮坚持下来了,成功过了见习期,并一路攀上万科的权利巅峰。2017年6月30日,郁亮接替王石成为万科新一任董事长。

而退居幕后的王石,开始寻求新的精神寄托,慢慢地,登山、跳伞这些极限运动成了他的"正事"。王石如其所愿闲下来了,但他的好友反而看不惯了。1999年,建业地产董事长胡葆森找来万通董事长冯仑一起商量,希望给王石找点事做。

几番说辞下来,三人一起发起成立了"中国城市房地产开发商协作网络"(简称"中城房网"),后更名为"中国城市房地产开发商策略联盟",这是中国房地产企业联盟合作的一个里程碑。中城联盟采用欧洲模式,实施轮值主席,王石毫无悬念地成为第一任轮值主席。

如今,中城联盟的队伍已经越来越庞大,已成为拥有67家企业、项目分布在全国

100多个主要城市的行业联合体。18年间,包括冯仑、胡葆森、任志强、天泰集团主席王若雄、新地集团董事长漆洪波等行业大佬都担任过主席,最新一届主席为朗诗绿色集团董事长田明,任期为2018年4月~2020年4月。

相较于王石为追梦而让贤,任志强的离开则因小股东一封投诉信引起。1999年,华润置地一名小股东专门给时任华润集团总经理宁高宁写了一封信,指责华润置地管理层对公司业绩下滑、股价低落束手无策且无动于衷。当时,华润置地的唯一资产便是持有华远地产的股权,那么华远地产的掌舵人任志强自然成为最主要的责任人。

在《野心优雅》一书中,任志强回忆,当时宁高宁亲自飞赴北京找他约谈并提供了两种解决方式,一是不理睬股东意见,继续执行公司原有政策,二是总经理辞职,靠变更管理层来满足股东意见。

任志强深知小股东的信只是最直接的导火索而已,所以很"听话"地接受了辞职的安排。他说:"即使没有小股东的这封信,大约大股东也认为该换个总经理了,如果能找到一个合适的并能由他们直接指挥的总经理,当然更有利于他们对企业的控制。"

"我确实在这一两年中感到累了,从建设部的领导到市政府的领导,从国土部到相关单位,我几乎都给得罪光了,这些主管房地产的相关部门手中都握有决定企业生死的大权,这些领导对我的意见不仅在北京市也在香港流传着,当然也影响着华润的领导们。"

在1999年底,任志强正式辞任华远地产总经理一职,但与王石一样,仍留任公司董事长。而任志强的接班人,最后敲定的是万科天津分公司的总经理郭钧,2000年3月初到岗。值得一提的是,郭钧与华润置地签的是聘用合同,相当于是由华润置地任命,而且又是万科的前员工。可见,华润对华远、万科的整合思路已经埋下伏笔,关于这三家企业的故事,将在《中国地产四十年·2001》里继续呈现。

任志强的"老友"潘石屹1999年也过得不太安稳。1998年11月,潘石屹与曾经协助万通新世界广场一战成名的邓智仁大吵一架,分道扬镳。结下梁子的两人在1999年公开宣战。1999年8月,邓智仁采用高额报酬等手段将SOHO现代城的几十个销售人员挖走,还专门召开新闻发布会宣称SOHO现代城已经垮了,客户赶紧去退房。

不甘示弱的潘石屹也决定借媒体力量进行反击,一封《现代城的四个销售副总监被高薪挖跑了!》的信以广告形式登上了《北京晨报》、《北京晚报》、《北京青年报》等主流媒体,随后各大电视台也介入报道,事件迅速发酵,成为当年房地产热点新闻。

有趣的是,被推上舆论风口浪尖的SOHO现代城反而因祸得福,从此名声大振,销售异常火爆,到1999年底销售额达到18.9亿元,这一个项目的销售额甚至超过一些房地产公司全年的销售额。事后潘石屹回忆称,我花两千万元做了SOHO还没多少人知道,一起人事纠纷却让它红遍全中国。

但这个项目注定不让人省心。安全渡过人事纠纷之后,SOHO现代城项目又于2000年遭到任志强炮轰,说北京长安街旁边不应该有这种东西,最好马上炸掉。几乎就在任志强炮轰的同时,这个项目又碰上"氨气事件",被业主投诉并要求退房。到后来的收楼阶段,又因为公共空间摆放的前卫艺术作品引起业主反感。

万事开头难，SOHO 现代城是 SOHO 中国的第一个项目确实遭遇众多挑战，潘石屹当然不能让它垮掉，尽管争议不断，但后来都被他想尽办法——摆平了，这个项目最后为 SOHO 中国带来了 40 亿元的销售额，给了 SOHO 中国进一步发展的资本。

万达的"订单地产"

王健林总是希望快人一步。就在全行业都为国家取消福利分房而积极投身住宅地产的时候，他反而做出了一个大胆决定——进军商业地产。尽管到 2000 年，万达才公开宣布向商业地产转型，但在 1999 年，王健林已经在未雨绸缪。

1999 年，万达在全国首创了商业和地产相结合的"订单地产"。所谓的"订单地产"，就是招商在前，建设在后，万达将与国内、国际一流商家共同选址、共同设计、先租后建。王健林分析称："不能建好房子再招商，而是要先把大租户的需求搞清楚，按照租户的个性要求量身定做。我要把房子租给商户，就必须先替商户考虑能不能挣到钱。如果挣不到钱，我也就收不到租金"。

2001 年，"订单地产"的基本模式确定。这一年，万达投资建设长春重庆路万达广场，这是全国第一座万达广场，在开业前已经成功引进了沃尔玛、苏宁电器等商家。而这种商业地产运营模式，在万达之后的发展中也一直被沿用，同时也被不少同行效仿。

除了万达，恒大也是地产界出了名的高效企业。这与两家公司创始人风格有关，军队出身的王健林办事雷厉风行，而军人家庭出身的许家印执行效率也相当惊人。

1997 年，刚刚成立一年的恒大，就定下了第一个"三年计划"，时间跨度为 1997 年至 1999 年，指导思想是"艰苦创业、高速增长"，发展策略是"短、平、快"。据说，当年许家印对项目开发的要求是当年征地、当年报建、当年动工、当年竣工、当年售罄、当年轰动、当年入住、当年受益。

这一年，许家印用自己的勤奋和眼光证明了自己。1999 年，才成立三年的恒大已经位居广州房地产企业综合实力 30 强第七名，超越了很多老牌发展商，在群雄逐鹿的广州市场站稳了脚跟。

在成立之初，主要开发"单体楼"的合景泰富，在 1999 年推出了公司第一个小区型项目"叠彩园"，这个项目的成功，让合景泰富收获了诸多荣誉，而且还给广州市场开辟了一个全新的热点居住板块——广州大道南板块。

在上海，中国金茂用一个项目证明了自己。1999 年，420 米高的金茂大厦在还是一片荒地的浦东新区拔地而起，刷新广州中信大厦 391 米的纪录，问鼎全国第一高楼。

这座集现代办公楼、五星级酒店、会展中心、娱乐、商场等于一体的摩天大楼，是比肩东方明珠的招牌景点，每年接待中外游客近 150 万人次，更是成为中国金茂崛起的代表之作。

靠建设动迁房于上海发家的绿地集团，在住房商品化的浪潮下也表示要不甘人后，于1999年在上海市中心建设了第一个商品房项目——虹桥新城。

1999年，北京低迷的楼市给了冒险家们抄底的好机会。这一年，世纪金源董事长黄如论踏出全国扩张关键一步，首站选址北京，开发的第一个项目就是位于北京亚运村核心区的"世纪嘉园"。同年圣诞前夕，世纪嘉园首次开盘，当天就卖出了50多套，之后销售一路走高，成为2000年"十大热销楼盘"。

打响头炮之后，信心满满的黄如论决定要在北京干一番更大的事业。后来，黄如论又投资170亿元在北京西山脚下打造了建筑面积百万平方米的北京世纪城，该项目连续四年夺得北京市销冠。此外，还陆续投资建设了北京金源时代购物中心、北京世纪金源购物中心等多个商业地产项目。

旅游地产急先锋华侨城在这一年出资9235万元向母公司华侨城集团收购了深圳世界之窗有限公司20%股权，持股比例上升至49%。作为华南地区极负盛名的旅游景区，世界之窗的盈利能力不容小觑。1999年世界之窗营业收入2.5亿元，净利润6499.52万元。

香港四大家族

1999年，对于香港四大地产家族来说，是个特殊的年份。20世纪90年代中期开始，李兆基与李嘉诚在亚洲富豪榜上接连称霸，为华人赢得荣誉。这一年，郑裕彤成立了新世界中国地产有限公司，主攻内地房地产市场。这一年，新鸿基挺进上海，商业物业中环广场及住宅名仕苑相继落成。

在20世纪末，香港受金融危机冲击，房地产市场并不景气。而恒基兆业擅长从萧条的市场中寻找为数不多的机会，特别是1999年后期，香港写字楼大幅跌价，经过谈判，李兆基把香港国际金融中心工程的税收争取到最低，通过这座位于香港核心区88层标志性建筑，获得8000万美元收益。

李兆基是富豪榜上的常客，而且经常名列前茅。早在1995年、1996年、1997年的《福布斯》富豪榜上，李兆基连续三年被评为华人首富、亚洲首富，1996年、1997年更攀升至榜单第四位，这也是迄今为止华人在《福布斯》富豪榜上最高的一个名次。

对于李嘉诚来说，1999年是值得铭记的一年。因为在这一年，李嘉诚攀上了亚洲财富的最高峰，从此，其华人领袖的江湖地位，至今仍无人能撼动。哪怕近些年来，接连受到王健林、许家印、马云等大陆富豪冲击，也丝毫改变不了李嘉诚在国人心目中的华人富豪领袖地位。

1999年，李嘉诚在《福布斯》世界富豪排名榜中位列第十，成为华人首富。而将李嘉诚推上巅峰的则是其早年投资的科技产业。1999年10月21日，和黄宣布出售其持有的当时英国第三大移动电话运营商 Orange plc 总计49.01%的股权给曼内斯曼。

从2000年财报中可以看到，这笔交易为和黄带来1180亿港元的净利润，成为香港开埠以来企业的最大盈利纪录创造者。正是凭借着这笔让无数人垂涎的交易，李嘉诚一举夺下香港首富、华人首富、亚洲首富的宝座。

说到李嘉诚，不得不提他在香港另一位至交——郑裕彤。郑裕彤，人称"彤叔"，不仅位居香港四大家族之列，同时跻身全球华人十大富豪榜。郑裕彤与李嘉诚的经历颇有相似之处，均出生于20世纪20年代，郑裕彤于1925年出生于广东顺德，1928年李嘉诚出生于广东潮州。

因为躲避战乱，两人同于20世纪30年代末投奔了后来的岳父。1938年，郑裕彤去了澳门，在其父亲好友周至元旗下的澳门周大福珠宝店打工。18岁时，与周至元女儿周翠英结婚，并在1956年继承了周大福家业。

1939年，李嘉诚去了香港，在舅父庄静庵的中南钟表公司当泡茶扫地的小学徒。与郑裕彤早婚不同，李嘉诚与表妹庄月明的婚姻受到庄静庵和自己母亲的反对，一直拖到35岁，才最终与庄月明喜结连理。

几乎都是在20岁出头的年纪，郑裕彤和李嘉诚创业成功了。

1946年，年仅21岁的郑裕彤在岳父支持下，离开澳门，单独赴港创办周大福香港旗舰店，开拓个人事业新天地。随后，老丈人逐步将产业交给了郑裕彤打理，而郑裕彤不负众望，带领周大福开启了全新的黄金时代。

1950年，22岁的李嘉诚，把平时节俭攒下来的7000美元作为启动资金，在香港开办长江塑胶厂。好学的李嘉诚为了办好公司，主动到意大利考察，回港后自主研发，在香港率先推出塑胶花，填补了市场的空白。很快，塑胶花便成为爆款。

完成原始资本积累的郑裕彤和李嘉诚，在1967年香港发生社会动乱过程中，趁诸多富豪低价抛售土地、房产之际，大量收购，迅速成为香港"地主"，随后，大规模进军房地产，转型成为开发商。

1972年，李嘉诚名下的长江实业上市。1979年，长江实业斥资6.2亿元，从汇丰银行收购"和记黄埔"22.4%的股权，李嘉诚因而成为收购老牌知名英资商行的首位华人，这也让长江实业成为当时仅次于怡和的香港第二大房地产公司。

1970年，郑裕彤与杨志云、冼为坚等珠宝同业合作，创办新世界发展，其中，郑裕彤为第一大股东，占57%股权。1971年，新世界发展从太古洋行手中收购九龙尖沙咀"蓝烟囱"旧址，并建成新世界中心和今日洲际酒店。

可以说，郑裕彤带领的新世界发展集团，是进入国内最早的港资开发商之一，也是投资最多的港资开发商之一。多年的开发经验，让郑裕彤意识到这是一个不可错过的市场。在《中国地产四十年》多个篇章也对80年代初的港资进入内地有描述，这对于内地的房地产市场产生了深远的影响。

到了1999年，为更专注投资国内房地产业务，郑裕彤专门成立了新世界中国地产有限公司,这是新世界集团的内地物业旗舰平台。同年7月,新世界中国在港交所上市。之后,新世界中国完成对上海、北京、广州、深圳、天津、珠海、惠州等城市布局,旗下项目涵盖住宅、写字楼、购物中心、综合体等。

其中,1999年新鸿基终于把战旗插入了上海。这一年9月9日,新鸿基房地产(上海)有限公司注册成立,注册资本为1000万元。同年,新鸿基在上海开发的商业物业中环广场及住宅名仕苑相继落成。名仕苑是新鸿基在上海开发的首个高档住宅物业,由2幢服务式公寓"帝景阁"和"帝庭阁",以及1幢住宅楼"帝逸阁"组成。这个被誉为"徐家汇绝代住宅"的项目,有一部分始终被新鸿基握在手中,只租不售,出租率长期保持逾95%。

中环广场则是新鸿基进入上海的首个商业项目,原址为法式建筑,在后期开发过程中,新鸿基效仿了上海新天地的做法,尽量保留原有特色,将古典建筑融合为商场一部分,外部历史韵味十足,内部则采用现代化设计。

贷款买房成主力军

1998年,中央为把房地产培育成支柱产业,做出放开消费信贷的决定,这个想法很快在1999年成为现实。1999年2月,为了进一步扩大国内需求、开拓国内市场,中国人民银行下发《关于开展个人消费信贷的指导意见》,积极稳妥地扩大消费信贷,鼓励商业银行提供全方位优质金融服务。

1999年6月,央行启动了自1996年以来的第七次降息,降息后,贷款利率比1996年(1~3年期)减少了一半以上,随后又下调了住房贷款利率,使住房买家贷款成本降低。1999年9月,中国人民银行决定将个人住房贷款最长期限从20年延长到30年,从而减轻了购房者月供还款压力。

至此,放开消费信贷通过完善金融服务、降低贷款成本、延长贷款年限,彻底打破房贷禁锢,使贷款买房、按揭等新概念在中国内地迅速铺开。中央在积极鼓励个人消费信贷刺激商品房市场的同时,保障房工作也在同步推进。5月,建设部出台《已购公房和经济适用房上市出售管理暂行办法》,允许已购公房和经济适用房上市。

在北京,为推动商品房交易,政策性贷款的首付款比例降到了10%,年限放宽至25年期,单笔贷款最高额度上限也由原来的30万元上浮到39万元。此外,在房地产展览会期间,建行北京分行将首付款比例由原来的30%降到20%。

在深圳,该市政府10月颁布《深圳市国家机关事业单位住房制度改革若干规定》,从2000年1月1日起,职工将所购安居房补交全成本微利差价和缴纳有关税费后,便可拥有全部产权,并可进入市场交易。福利分房时代,开发商拿地开发项目,很多时候在规划阶段就被单位团购了。1999 年，当团购变成散售，开发商的营销思路也开始转变。

1999 年，北京房展会异常热闹，开发商像小贩一样，把房子拿到市场上去推销，人们像赶集一样，逛房展会买房子。本来，北京已经有春秋两大房展会，1999 年，北京又推出冬季房展会，并于 2001 年推出了夏季房展会，这就是北京有名的"四季房展"。

在住房商品化更加充分的深圳市场，中国房地产会展第一品牌横空出世。1999 年 11 月 26 日，第一届"住交会"在深圳开幕，这是新中国成立以来首次以住宅产业为主题的大型展会。在往后的发展中，"住交会"又先后移师北京、上海等城市。

在一系列政策利好和开发商的卖力吆喝下，房地产市场逐渐升温。据国家统计局数据显示，1999 年全国房地产开发完成投资 2952 亿元，比上年同期增长 17.9%，其中，商品住宅完成投资 1974 亿元，增长 29.1%。

商品房销售面积 14556.53 万平方米，住宅 12997.87 万平方米，同比分别增长 19.46%、20.05%。但在买方市场主导下，价格并未增长，全年房屋销售价格微降 0.1%，土地交易价格持平。

这些亮眼的数据给了政府、开发商满满的信心，一切努力没有白费。我们可以看到，这个承担着中国经济增长重担的行业在逐渐恢复元气，茁壮成长是可以预见的事，中国经济亦将借此腾飞。

而福利分房时代的远去，让中国房地产行业变得更加商业化、市场化，同时也变得更加公开透明。这个活力十足的市场，见证着越来越多的财富奇迹诞生。

在地方层面上，海南则在加速处置烂尾楼。1993 年，以海南为触发点，过热的经济催生了第一轮宏观调控。1999 年，当一轮又一轮政策出台寄望启动房地产成为国民经济新的增长点时，曾经被重创的海南再一次成为焦点。

数据显示，1993 年海南房地产泡沫破裂后，全省"烂尾楼"高达 600 多栋、1600 多万平方米，闲置土地 18834 公顷，积压资金 800 亿元。《朱镕基讲话实录》第三卷提到，1998 年，朱镕基总理在考察海南时就已经提出要"海南保持青山绿水，对三亚的城市建设，我就担心乱盖房子"。

1999 年 7 月 15 日，被时任海南建设厅副厅长林克昌誉为海南烂尾工程再生的"救命文件"《处置海南省积压房地产试点方案》获批，该方案从基本原则、方法步骤、政策措施到实施计划都做出了详细规定。不仅如此，中央财政还专门给予海南省处理积压房地产一笔专项补助，累计 5 亿元。

1999 年下半年，海南专门成立了海南省处置积压房地产办公室，林克昌任专职副主任，大规模的积压房处置工作就此拉开帷幕。同年 9 月和 11 月，海南省人大又分别出台《关于加快积压房地产产权确认工作的决定》、《海南经济特区换地权益书管理办法》，解决了积压房地产悬而未决的确权问题以及闲置土地的矛盾。

三年后，为更好地解决试点过程中遇到的困难，国务院 2002 年又印发了《处置海南省积压房地产补充方案》（国办发〔2002〕60 号），进一步推动积压房地产的处置。多年的付出最终得到了回报。

2003年年底,三亚处置了所有的停缓建工程,成为海南省第一个没有烂尾项目的城市。2007年6月30日,海南省处置积压房地产办公室宣告解散,这意味着,经过八年"抗战",海南的烂尾楼基本已经处置完毕。

房产互联网时代开启

1998年,新浪、搜狐、网易等互联网公司的相继成立,在国内掀起了一股互联网狂潮。同年,福利分房制度终止,日益商品化的中国房地产迎来一个全新时代。

这两大鲜明时代特征催生了无数商机,有的人紧跟丁磊、马化腾、张朝阳的步伐,投身到互联网大潮中,有的人追随王石、杨国强、许家印等人的脚步,进军房地产。还有的人,希望一箭双雕,分食互联网和房地产两个大蛋糕。

于是,1999年,中国房地产迎来了具有颠覆性的一年。这一年,互联网、房地产这两个原本毫不相关的行业走到了一起。

曾在美国最大房地产信息互联网公司Teleres担任信息分析员的莫天全,回国后在中国房地产指数系统出任秘书长之职,但没多久,他决定出来创业。于是,1999年6月,莫天全获得IDG资本合伙人周全、林栋梁支持之后、找了几个员工,在北京创立搜房控股,域名"sofun.com"。

搜房控股成立之后,多次获得资本支持。2000年3月,高盛投资银行投资500万美元。2005年7月,法国传媒巨头Trader Classified Media(TCM)注资2250万美元,成为房天下控股15%股权的拥有者。

2006年8月31日,澳大利亚电讯以2.54亿美元的价格收购搜房51%的股份,成为搜房第一大股东。澳大利亚电讯收购回来的51%股份里面,有15%的股份是从TCM购得。完成收购后,搜房网创始人兼CEO莫天全仍持有30.9%股份。此外,IDG占股14.7%,搜房网其他管理层占股3.4%。

澳洲电信是世界上盈利情况最好的电信公司之一,也是全球500强企业。澳大利亚电讯透露,搜房将与澳洲电讯属下的Sensis公司的业务单元链接。莫天全表示,澳大利亚电讯将作为战略投资者,不干涉搜房网现有业务架构。

有了资金作后盾,搜房网开始全国扩张。2001年,搜房初次扩张,收购香港地产快讯网、台湾家天下网、深圳房地产交易网等,北京、上海、深圳、香港等城市公司由此相继成立。2004年,搜房业务拆分为新房集团、二手房集团、家居集团和中国指数研究院,四大集团业务已成长为其重要业务。2005年搜房启动百城战略,把力量渗透到国内各地,在各个城市建起地方搜房网基地。短时间内,迅速成为一家业务覆盖全国的垂直房地产网站。

除了布局全国，莫天权对搜房最大的规划是赴美上市。然而，搜房发展壮大过程中，先后于2004年、2006年、2008年有机会上市，但最后由于种种原因都放弃了。澳大利亚电讯入股搜房后，也希望通过上市IPO高位退出，这是投资方最佳选择。而对于搜房而言，借道IPO引进新的投资人，莫天权为代表创始管理团队也能增强公司话语权。因此，搜房上市成为多方一致目标。

2010年9月17日，搜房控股在美国纽交所上市。上市首日开盘价67美元，收盘价73.50美元，较发行价42.50美元上涨72.9%。只不过，"搜房"这个名字，后来引发一起商标纠纷问题，2014年，莫天全运营的搜房网全面改名为"房天下"，启用全新LOGO，网址也变更为"fang.com"。房天下由1.0时代的信息平台，延伸到媒体平台、交易平台和金融平台。

1999年，还有一家房地产网站诞生了，这就是焦点房地产网。这家网站的创始人吴波跟莫天全一样，同为清华大学毕业，也都曾到美国留过学。

吴波，堪称中国互联网领域传奇人物。他拥有多家公司创办、运营经验，精通互联网及移动终端软件技术及服务，甚至协助过信息产业部创立VCD 3.0和超级VCD国家标准，万利达、新科、步步高这些耳熟能详的企业，就是借助这些标准规范最后实现腾飞。

与吴波联手创办焦点网的人还有龚宇。1996年，龚宇从清华大学自动化专业博士毕业。作为龚宇的师兄，吴波邀请龚宇到美国发展，但龚宇更想自己创业。最终，龚宇为吴波的影立驰技术公司在中国开设了一家分公司，并担任总经理，负责将影立驰公司的消费类电子产品技术带到中国市场。

1998年，张朝阳从美国回到中国发展，并创办了搜狐。受此影响，吴波和龚宇也投身互联网大潮。1999年，他俩创办焦点网，也走上综合门户网站发展道路，对标新浪和搜狐。然而，焦点网起步毕竟晚了一年，因此被新浪和搜狐远远甩在背后，面临发展前途的抉择。

2001年，龚宇跟着一家房地产公司去海南了解当地的房地产市场。看着满目疮痍的海南烂尾楼，龚宇发现有特长或优势的烂尾楼可以生存，比如说地段非常好、环境非常好的烂尾楼有存在价值。这说明具备特长或者优势的项目才有生存的可能。同样，焦点网要在激烈的竞争中生存下来，必须要有特长或者优势。考虑到焦点网里的房地产频道技术和编辑是公司最优秀团队，于是，焦点网被改造成焦点房地产网。

焦点房地产网没有让市场失望，很快，就迅速吸引了大量房地产用户，成为互联网房地产行业里大型垂直网站。2003年，已经颇具规模的焦点房地产网卖给了张朝阳，网站名字也改成"搜狐焦点"，成为搜狐旗下的房产频道。焦点房地产网原董事长吴波选择离开了，再次走上创业之路。而焦点房地产网原CEO龚宇则带着创业团队加入搜狐，后升任搜狐公司高级副总裁、首席运营官。

2005年，吴波继续创业，推出了视频搜索、分享平台Tvix。然而，吴波更为人所关注的是，2009年他率领原焦点房地产网部分团队，参照美国热门电子商务网站Groupon和Foursquare，创办拉手网。后来，吴波又把拉手网转让给了宏图三胞。2014年，这位号称

"风投最爱投的人"重新杀回房地产领域,上线新的房地产网站美澳居,在美国做房地产买卖,并且获得DCM等知名风投。

而龚宇则在北京奥运会结束之后萌生去意,向搜狐提出辞职。2009年2月,龚宇加盟无限讯奇,也就是当时各类广告频繁推广的12580业务,任总裁兼首席运营官。不到一年时间,龚宇又一次跳槽。2010年1月,龚宇出任百度投资组建独立高清正版视频网站奇艺首席执行官。2011年11月,奇艺宣布启动"爱奇艺"品牌并推出全新标志。在龚宇领导下,爱奇艺迅速发展成为中国第一影视门户。

房天下、焦点房产网的成立,以及后来强势崛起的新浪乐居,共同开启了房地产互联网的先河。随着房地产市场商品化、市场化的深入,购房者对于房地产信息的需求变得越来越迫切,而房地产与互联网的结合,无疑打破了此前封闭的信息渠道。

曾经,购房者要买房必须借助熟悉市场信息的经纪公司或代理人,某种程度上,购房者在交易中常常处于信息不充分的弱势地位。但互联网的出现,将房地产信息搬到网上,为市场增加了大量资讯,信息也变得更加公开透明。

这是一个巨大的需求,也是一个巨大的商机,没有人愿意错过。在房天下和焦点房产网之后,新浪、网易、腾讯等综合门户网站也纷纷开设地产板块,新浪乐居更是后来居上,开启了中国房产电商时代,更成为中国首家在美国资本市场上市的房地产互联网公司。再往后,安居客、爱屋吉屋、房多多、我爱我家、Q房网等一大批房产互联网站如雨后春笋般涌现。

在近20年的发展历程中,房地产与互联网的结合模式也在不断演进。第一代模式主要继承了美国20世纪90年代互联网大潮的信息资讯平台思路,通过提供海量的信息服务获得线上流量,再将流量导入广告和端口费来变现,早期新浪乐居、房天下、搜狐焦点等网站均为此类代表。

第二代模式则从原来的单纯免费提供信息赚取流量演变成电商平台,2011年4月,新浪乐居与SOHO中国合作推出网上卖房,开创了房产电子商务先例,房地产进入了以线上推广、线中蓄客、线下拓客相结合的O2O电商模式。之后,万科、保利、恒大、碧桂园、金茂等多家房企也纷纷触网,试水O2O电商售房模式。

2014年,中央大力提倡"互联网+",众多企业开始启动"互联网+房地产"第三代模式。以中介为例,房天下、房多多、爱屋及屋等公司打着"佣金减半、不要门店"旗号的互联网公司纷纷进军中介行业。而在社区领域,拥有众多社区的开发商企业,也不甘落后,围绕社区开发APP平台,重点运营与业主衣食住行等生活息息相关的电商购物、网上交费、物业报修等服务,包括万科、雅居乐、中海等公司,都有自己的社区运营平台。此外,易居旗下的实惠社区平台也是此类代表。

2016年底,随着DT时代来临,房地产互联网领域变革正在悄然发生,由此迎来第四代模式:房产DT。正如马云所言,信息IT是以昨天的总结为主,而数据DT是对未来的研判和预判。乐居推出了自主研发的房地产家居行业首个营销引擎——"云眼营销引擎",并宣布与腾讯、微博和分众建立深度平台合作伙伴关系,为房地产家居行业提供基于大数据的智能化、精准化、场景化、效果化的整合营销解决方案。

1999年，中华人民共和国迎来了第50个生日，盛大的阅兵仪式在北京天安门举行，举国沸腾。同在这一年，中国政府对澳门恢复行使主权，建立澳门特别行政区。继香港之后，在外漂泊数百年的澳门也回到了祖国的怀抱。

然而，中国崛起的道路并非一路坦途，就在这个建国50载和澳门回归的喜庆年份，美国轰炸中国驻南斯拉夫大使馆事件，震惊世界，也激起国人极大愤慨，中美关系一度因此陷入僵局。但到了1999年年底，中国与美国在北京签署了关于中国加入世界贸易组织的双边协议，此举也加速了两年之后中国成功"入世"。

1999年，一位才30岁出头的英国人，编写出中国百富榜，他就是胡润。这位令中国富豪又爱又恨的胡润百富榜创办人，犹如古龙笔下的百晓生，特立独行，却又通晓江湖万千事，擅长发布各种排行榜。

1999年，胡润发布了"中国内地50强"，这份榜单契合了新中国成立50年盛大背景，用胡润的话来说"中国就要成立50周年了，如果把成功以拥有财富来定义的话，这50人就是中国内地最成功的人。"

带上新中国成立50年光环的胡润榜单，赚足了世界眼光，胡润榜单迅速登上了《福布斯》全球版的封面，中国企业家也由此走向世界。时间再往后，具有跨国视野的胡润发现，美国富豪中最多的是IT新贵，而中国富豪中最多的是房地产商。

全球两个最大的经济体，富豪的分野可称得上是泾渭分明。在中央支持下，已经成为国民经济支柱产业的房地产，也成了造富机器，涌现大量富豪，杨惠妍、许家印、王健林、许荣茂、姚振华、孙宏斌、吴亚军等房地产企业家竞相进入榜单，成为中国富豪最主要群体。但是，随着时间推移，中国IT新贵也迅速成长，榜单结构也在向美国靠拢，马云、马化腾、李彦宏、丁磊跻身富豪榜前十。

1999年，《财富》杂志主办的论坛首次在中国上海举行，其主题也非常应景，专门定为"中国：未来50年！"也是借新中国成立50周年，把世界的眼光吸引到中国。同年，该杂志发布的世界500强名单上，有5家中国企业入选，分别是中石化、中国工商银行、中国银行、中化公司和中粮集团。

中国，五十华诞之际，加速融入世界，而世界也更加将中国视为不可或缺的重要组成部分。

2000年：

华南板块崛起　周忻创立易居

2000年，传说中"千年等一回"的千禧年终于来了！这是万众期待的一年，在1999年最后一天，北京中华世纪坛，数万名各界人士载歌载舞迎接新千年的到来。

关于房地产的许多重要故事，也是从新千年开始。2000年，时任建设部部长俞正声公开宣布，住房实物分配在全国已经停止，中国房地产行业进入全面商品化。

2000年，在全国房地产消费总量中，个人消费上升到了70%，单位占30%，上海、江苏、广东更是接近90%。个人消费的增加推动了房贷的迅猛增长，2000年建行北京分行及工行北京分行个人住房贷款都突破了200亿元。要知道，自1992年发放首笔个人贷款以来，建行北京分行用了八年时间才实现第一个100亿，而第二个100亿，仅仅用了五个月时间。

更值得高兴的是，这一年，长达七年的房企上市禁令终于解冻。2000年4月，建设部有关官员透露，政府允许房地产企业试点上市，天鸿宝业、天房发展、金地集团成为首批试点上市房企。同年，金融街通过借壳率先接轨资本市场，而万科则更换了个大股东。

2000年，香江集团开始了它的房地产征途；林中离乡别井去了上海，决意为旭辉找一个更高更大的舞台；张雷开始真正做房地产，创建当代置业，希望靠绿色科技地产突围；姚振华正式成立宝能集团；又一家知名家电行业巨头——奥克斯，跨界进军房地产。

2000年，中国物业管理行业协会在北京成立。随着房地产突飞猛进，国人对居住的需求已经不满足于有一套房子，而同步关注小区整体管理服务，这也给予物业管理行业全面发展的机会。

广州大盘模式风靡全国

2000年，中国经济在亚洲经济危机重压之下，终于有所转机。这一年，消费始终是拉动中国经济增长重要的内在主动力，尤其1997年金融危机发生之后，外部经济环境急剧恶化，导致中国外贸遭遇重创，与此同时，国内投资也受到影响，使中国经济"三驾马车"中的外贸、投资动力不足。幸运的是，消费展示出强大的活力，强势拉动着中国经济走出泥潭。

到了2000年年底，国家统计局迫不及待公布GDP比1999年增长8.5%，超过10万亿元，即新中国成立以来，GDP历史上第一次突破1万亿美元大关，人均GDP也终于迈过800美元门槛。这意味着在新千年来临的第一年，中国彻底甩掉了此前人均GDP 800美元以下"低收入国家"的帽子，开始进入人均GDP 800~3000美元阶段的"中等和中低等收入国家"行列。

2000年，一项数据值得关注，根据国家统计局年鉴报告显示，2000年全国施工房屋建筑面积151691.3万平方米，比1999年施工房屋建筑面积144319.3万平方米增长了5.1%。2000年全国商品房销售额3935亿元，逼近四千亿大关，比前一年的2987亿元激增31.7%。

同时，个人购买商品住宅则呈现大规模上升趋势。2000年，全国个人购买商品住宅面积为14464.38万平方米，已经连续三年实现高速增长。相比未取消福利分房之前，1997年个人买房仅有5233.72万平方米，也就是三年时间里激增了176.36%。

个人购房也点燃了房贷市场，各大银行对这一市场表现出异乎寻常的关注，纷纷加大对个人房贷政策倾斜力度，发放商品房贷款总量持续攀升，贷款门槛一再降低，甚至出现互相"拆台"现象，建设银行、工商银行等多家银行竞相将住房贷款作为主攻业务。

从香港引进的按揭买房方式日益深入人心，成为众多购房者实现置业梦的捷径。这种以买家购置的房屋作为抵押物而获得由银行放贷的模式，被称为"个人购置商品房抵押贷款"。这种贷款方式极大地降低了购房门槛，把一次性还款压力分解成分期还款的形式，瞬间将压抑已久的购房潜在需求转化成有效需求，刺激了房地产销售量急剧攀升。

房地产销售迅猛增长，对整个国民经济拉动作用显而易见，一方面推动了全社会投资大幅增长，另一方面也直接助力GDP增长冲上8%的关键节点。2000年住宅市场的快速成长，为中国经济形成新的增长动力提供稳定的支撑点，也为此后数年中国经济长期保持领先提供源源不断的支持。

与此同时，房地产的市场发展，也加快了中国城镇化进程。彼时，中国众多城市老城区面积狭小，已经处于开发饱和状态，无法满足激增的住房消费需求。于是，向城市近郊挺进，开拓全新的发展空间，成为众多开发商的首选。

在这一年里，中国房地产出现大盘开发热潮，这场楼市变革风暴的中心就在广州。2000年5月21日，国务院正式批复撤销番禺市和花都市，改设番禺区和花都区，全面并入广州市直管体系。番禺撤市设区前后，先知先觉的开发商竞相布局番禺，纷纷抢滩圈地，一时间，动辄几百亩上千亩的大盘林立。

此前一年，也就是1999年，贯穿广州南北的大动脉——华南快速干线开通，这条交通主干道自北向南，跨越珠江重重阻隔，连通番禺到海珠、天河，降低了番禺到主城区的时间成本。

华南干线投入使用，彻底改变了番禺南村的命运，这座名不见经传的小村落，成为地产商围猎的目标。从此，这片区域以华南快速干线命名为"华南板块"，也成为中国楼市闻名遐迩的"大盘模式"最为重要的发源地。

2000年前后，以华南快速干线为中心线，区域里迅速聚集了包括祈福新邨、南国奥园、锦绣香江、华南碧桂园、星河湾、广地花园、华南新城、广州雅居乐八大项目，被业界誉为华南板块八大金刚。

2000年"五一"黄金周，华南碧桂园开盘，当天上百部看楼大巴从市区拉来一车车看楼客，大量的客流使售楼大厅、样板房一度人满为患。这种震撼场面，令买家迅速路转粉，纷纷下单抢购。华南碧桂园以中国此前罕见的力度，对整个小区进行全盘规划统一开发，配套一步到位，并且现楼销售。

在《中国地产四十年》多个篇章里曾提到过，华南板块的出现，成为中国楼市标杆区域，吸引着全国各地成千上万的地产人前来偷师；也成为中国城镇化的典范，不少地方政府负责招商引资、城市规划的官员纷纷莅临观摩。一时间，"中国楼市看广州，广州楼市看华南"的说法传遍大江南北。

从此，这片有千年历史底蕴的岭南小镇注定不再平静，随着后续多个项目相继开售，华南板块成为广州个人住房消费的热门区域。这是个未完待续的故事，在《中国地产四十年》后续的篇章里，还将有诸多篇幅写到这片传奇的土地。

随着中国房地产迎来开发热潮，以及楼市持续旺销，大批量崭新楼盘投入使用，入住社区的新居民很快对小区物业管理提出更高要求，物业管理成为开发商和业主都无法绕开的全新课题。

这种居住需求的提高，也是中国商品房市场不断完善的过程。在福利分房时代，老百姓关注更多的是能否分到房，对小区地段、交通、学位、环境等别无选择。而在市场经济时代，选择的主动权交到购房者手里，因此，传统的住宅产品已经不适应市场需求，开发商也在户型、装修、朝向、园林绿化、学校配套等方面下足功夫，以吸引消费者关注。除在硬件设施上升级之外，后续的物业服务也日益受到重视，成为项目重要卖点。

"物业"一词译自英语property或estate，物业管理起源于19世纪60年代英国，20世纪初诞生于美国，20世纪80年代由香港传入大陆。

提到物业管理起源，不得不说起一个跟"包租婆"有关的故事。早在19世纪60年代，被誉为"物管之母"的英国人奥克维娅·希尔为了方便管理名下诸多出租物业，系统地制定一系列规范租客行为的管理条例。租客管理条例推出之后，效果远超预期，不仅降低了业主管理成本，也改善了租客居住环境，同时让业主和承租人双方都受益。于是，周边众多业主竞相效仿，租客管理条例风靡一时。

1908年，芝加哥大楼的业主乔治·A.霍尔特心血来潮，将芝加哥建筑物管理人员组织起来，一起召开了全国大会。这个不经意的举动，后来成为世界上第一个物业管理行业组织诞生的标志。

相较于世界发达国家而言，中国物业管理起步较晚，市场化程度不高。最早期从19世纪中叶到20世纪20年代，在上海、广州、天津等重要城市的8~10层高楼宇里，出现清洁卫生、巡逻安保等基础服务的物业公司，成为早期中国物业管理雏形。

改革开放之后，随着房地产迅速发展，物业管理由香港传入内地。近水楼台先得月，紧临香港的深圳成为首个吃螃蟹的城市。1981年3月10日，深圳物业管理公司成立，虽然最初只是对涉外商品房进行管理，但这也成为中国物业管理诞生的标志。1993年6月30日，深圳物业管理协会成立，成为中国首家地方物业管理协会。

1994年4月，为规范管理住宅社区，建设部专门颁发了《城市新建住宅小区管理办法》，旗帜鲜明地提出："住宅小区应当逐步推行社会化、专业化的管理模式，由物业管理公司统一实施专业化管理。"这一管理办法的出台，也给中国整个物业管理行业带来前所未有的发展空间。

同为1994年，第一个地方性物业管理法规——《深圳经济特区住宅区物业管理条例》颁布施行，继深圳之后，广州、北京、青岛、厦门等多个城市也颁布了各自地方性物业管理法规和办法。从此，物业行业真正进入有法可依的时代。

2000年10月15日，中国物业管理协会在北京宣布成立，刘志峰担任名誉会长，谢家瑾就职会长，959家物业管理公司申请入会成为首批会员。在成立大会上，中国物业管理协会会长谢家瑾透露，据不完全统计，2000年中国物业管理企业已超过20000家，从业人员超过200万，不少省市实施物业管理的覆盖面已达50%以上。

2000年，为了配合物业管理就业准入制度实施，提高从业人员的专业素质，促进物业管理规范化运作，劳动和社会保障部重磅发布了物业管理员国家职业标准。随着相关物业管理规范法律法规逐步实施，中国物业管理协会成立，以及从业人员职业标准发布，2000年成为中国物业管理具有里程碑意义的一年，中国社区服务管理也由此走上更为规范专业的道路。

总的来看，2000年购房需求旺盛背后，实际上也是国人观念发生了质的转变，彻底改变了半个世纪以来依靠福利分房的被动思维模式，开始主动购置物业，打造属于自己的美好生活。一时之间，创造财富、积累财富并使财富持续升值的创富热情得到空前激发，促使更多人投身到市场经济建设当中，积极提高生产力，努力改善自身生活水平。

在房地产为核心的行业带动下，物业管理日益走向专业化，再加上智能家居的崛起，极大改善了国人生活居住水平，逐步满足了美好生活的愿景。这在《中国地产四十年》

后续篇章里还会有所提及。

金融街借壳上市

1993年6月23日,面对着国内"失控"的房地产市场以及经济过热的形势,时任副总理朱镕基重拳出击启动宏观调控,一声令下宣布终止房地产公司上市、全面控制银行资金进入房地产业。自此,房地产企业一直被拒绝在资本市场大门之外。到了2000年,这道紧闭的大门终于敞开。

1996年,为了让过冷的经济恢复活力,时任国务院副总理的朱镕基提出要将房地产培育成新的消费热点和经济增长点。1998年,福利分房制度宣告终止,房地产行业迈上商品化、市场化的新台阶。种种迹象表明,曾经沉寂的房地产市场开始活跃起来了。

众所周知,作为传统的重资产行业,房地产要真正活跃起来,首先必须满足的就是资金。于是,房企上市禁令解封就变成水到渠成的事。1999年7月,建设部出于拉动内需、拓宽房地产企业融资渠道的需要,经国务院批准,拟推荐三家房地产企业上市试点。

2000年4月,证监会公布,北京天鸿宝业房地产股份有限公司、天津市房地产发展(集团)股份有限公司,以及深圳的金地(集团)股份有限公司被确定为解禁后首批在证券市场发行股票的三家房地产企业。顺便提一句,2008年北京本地最大房地产公司首开集团借壳上市的企业就是天鸿宝业。

在正式上市前,金地集团首先完成了一轮股东变更。2000年7月,根据股东大会决议,金地集团工会将其持有4480万股全部股份,分别转让2240万股给深圳市中科讯实业有限公司、1120万股给深圳市福田投资发展公司和1120万股给深圳市深业投资开发有限公司。

至此,金地集团股东及持股数量变更为:深圳市福田投资发展公司持有6520万股,占比36.22%,为第一大股东;香港深业控股有限公司持有5040万股,占比28%;深圳市中科讯实业有限公司持有2240万股,占比12.45%;深圳市深业投资开发有限公司持有1120万股,占比6.22%;深圳市投资管理公司持有1100万股,占比6.11%;美国UT斯达康有限公司持有1100万股,占比6.11%;深圳市方兴达建筑工程有限公司持有880万股,占比4.89%。

作为首批获准试点上市的三家房企,天鸿宝业、天房发展、金地集团无疑是令人羡慕的幸运儿。而没赶上首批试点的房企,则选择另辟蹊径敲开资本市场的大门。在前述三家房企实现上市之前,金融街已经通过借壳率先登陆深交所。

2000年5月23日,金融街集团与重庆华亚现代纸业股份有限公司达成了通过资产置换使金融街借壳上市的协议。根据协议,金融街集团将重庆华亚原有资产及对应债务置出，并将金融街集团拥有的北京金融街区域的物业资产和其全资附属企业"北京金融街房地产经营公司"的全部股权置入上市平台。

2000年5月24日，重庆华亚母公司华西包装集团公司将其所持重庆华亚的4869.15万股全部转让给金融街集团，交易完成后，华西包装集团不再持有重庆华亚股票，金融街集团成为重庆华亚新的控股股东。

2000年6月26日，重庆华亚选举产生了新的董事、监事及高管人员。8月8日起，重庆华亚正式更名为"金融街控股股份有限公司"，股票简称由"重庆华亚"变更为"金融街"。2001年4月，金融街将注册地由重庆迁至北京。

登陆资本市场打通融资渠道后，金融街获得了异地扩张的资本。2002年，金融街重庆置业有限公司成立，金融街开始实施"立足北京，面向全国"的战略布局。2005年，金融街进军天津，开发天津环球金融中心。同年，金融街南下惠州，成立金融街惠州置业有限公司，全面启动金海湾国际滨海旅游区的建设。2014年，金融街进入上海、广州，进一步完成一线城市的布局。

金融街忙着借壳上市时，万科则给自己换了个大股东。2000年，眼红华远多年的王石，终于为万科找到了一棵可以依靠的大树。这年8月10日，经过多番博弈，深特发与华润集团签订了股权转让协议，将其持有万科8.11%的股权全部转让予华润集团。股权转让后，华润集团及其关联企业合计持有万科15.08%股权，取代深特发成为万科第一大股东，深特发与万科维持了15年的主仆关系宣告终结。

华润入主并未改变万科股权分散的问题，为了拿下万科的绝对控股权，华润集团需要进一步增持。2000年12月，万科宣布拟向华润定向增发4.5亿B股，以提高华润对万科的持股比例。然而，这个计划最终因小股东反对而流产。这次定增失败后，华润集团持股比例就一直维持在15%左右的水平，未能如愿成为绝对控股的大股东。

常言道，人才是一家企业最宝贵的资源。就在实现"背靠大树好乘凉"梦想的这一年，为了谋求更大发展的万科专门针对中海的优秀人才制定了名为"海盗行动"的挖角计划。在三年时间内，万科先后引入了杜晶、刘爱明、袁伯银等近60位原中海高管。有统计数据显示，彼时在万科20多个一线公司负责人中，高峰时约1/3来自中海。

有新人加入，也有旧臣离巢。2000年，林少洲、林汉彬这两位万科元老级人物，由于不满调任安排，双双离职。老臣子林少洲在任时，也曾就股权问题与王石做过探讨。2016年在一个论坛上，林少洲公开谈到，曾经就股权问题和王石争论了4次，当时，以他为代表的一批高管团队认为应该采用管理层持股方式，以此来维持万科持续的发展。而王石，显然是未认同。

谁也不是神仙，无法预知未来。就2000年而谈，万科引入华润，应该是个不错的选择，如果没有华润这棵大树庇荫，恐怕万科也难以维持行业一哥的地位那么多年。而万科分散的股权结构也为2015年"宝万之争"的爆发埋下伏笔，这是后话了。

历史总在冥冥之中，有奇妙的巧合。就在王石为万科找到好婆家的同一年，宝能集团正式成立了。有意思的是，时间推到15年之后，宝能将取代华润，一度成为万科第一大股东。

2000年，已经创业多年的姚振华，在深圳正式成立宝能集团。据可查询的资料显示，这家公司的股东只有姚振华一人，注册资本金为3亿元。

随后，姚振华的弟弟姚建辉也开始进入宝能系的核心管理层，担任宝能集团的法人代表、董事长、总经理等诸多职务。至此，姚振华、姚建辉这两位曾经在国企深业集团工作过的潮汕兄弟，联手创业。多年来，这对好哥俩始终保持着对宝能系的绝对控制权，两人还不断对换董事长、总经理职位。

宝能集团成立之后，开始了一系列多元化、跨产业拓展，启动了眼花缭乱的收购兼并大战，整个宝能帝国迅速膨胀，囊括了深业物流、创邦集团、深圳建业、丰泰格瑞、兆都投资、前海人寿、钜盛华等众多产业。在分工上，姚振华主要负责前海人寿等金融业务、姚建辉重点负责宝能系地产业务。

中国房地产最好的服务生

2000年，周忻在千禧之年，也迎来人生中最重要转折点：他下海了！这一年，周忻告别体制生活，正式离开上房置换，创办了上海住宅消费服务有限公司（易居中国前身），同步推出购房中心模式——"易居会"，旨在提供全程一站式住宅消费服务。

之所以离开上房置换创办易居，周忻解释道："专注于新房，这是因为当时我看到了中国新一轮房地产市场的起步与发展。"

周忻强调，从成立的第一天，公司理念就已经确定为"做中国房地产最好的服务生"。"易居刚成立的时候，定位是做房地产营销代理行业的整合者和领导者，当时主要是卖新房子。"

彼时，周忻原本有机会做甲方，上海安亭有一块500亩的地，单价16万元/亩。面对诱惑，周忻最终放弃了这条可能让他走上房地产开发的道路。如果与地产开发相比，地产服务堪称"苦活累活脏活"，很多企业不愿意干，但这个领域却是一片蓝海。

周忻做地产商乙方的定位一直没有改变，于是，从2000年始，周忻正式开启了他的"易居时代"。"服务生"也从此成为周忻和易居的最为鲜明的标签，作为中国房地产服务领域开创者和引领者，周忻自创办易居之后十几年如一日，始终坚持不忘初心，并且逐步构建出独具特色的房地产服务生态体系。

周忻认为：一个优秀的服务生首先就得勤奋。正是周忻这种价值观，令易居从诞生之始就在企业基因里注入勤奋的特质，并且整个公司都形成勤快肯干的踏实作风。而且，身居领导之位的管理层更是要甩开膀子带头干。易居首席服务生这个位子，周忻更是当仁不让。周忻每天工作超过16小时，精力十分旺盛，不仅是公司里的"劳模"标杆，更是商界有名的拼命三郎。

关于周忻勤快的例子很多，业界流传多年前，广东有开发商老总半夜两点半打电话来说找他商量事。第二天一早，当这位老总到办公室上班时，惊讶地发现周忻已经在公司等他。开发商老总错愕之际问道："你昨天也在广东？"周忻笑答："在上海，不过我坐了六点钟的飞机赶来。"从凌晨两点半接电话，到六点乘机由上海飞广东，周忻的拼劲大大超乎客户的想象，对此，周忻解释称，想做最好的服务生，就是要超出客户预期。

作为勤奋的服务生，周忻是位名副其实的"空中飞人"，经常为了见客户到处飞。2013年3月12日，周忻凌晨1点到香港，早上7点还是搭这班飞机回上海。除了经常乘机之外，周忻还有抢搭高铁赴北京谈合作的案例。有一次，周忻准备由上海赶去北京见客户，遭遇雷暴，他自机场转奔火车站，争分夺秒赶上高铁，差点被乘警和列车长赶下车。他好话说尽，最后才答应站票到京。

曾有媒体报道称，如果把在美上市的中国企业老板兼CEO列个勤奋排行榜，周忻和江南春无疑将名列前茅。有意思的是，这两人不仅勤奋，而且是生意上的多年的合作伙伴。2016年9月2日早上6点，周忻和江南春在机场相遇。周忻在微信上发朋友圈称："一个飞郑州，一个飞上海，我俩真是劳碌啊。"

正是这种勤奋的服务生精神，周忻做到一切以客户为中心。凭着这股做中国房地产最好服务生的劲头，易居很多从激烈的竞争中脱颖而出，在上海独占鳌头，长期占据上海销售量最多的代理商位置，成为上海房地产腾飞受益者。与此同时，伴随中国城市化的进程，易居也把服务房地产的星火，从上海燎原到全国。

房地产从1978年改革开放之后发展到2000年，其间经历22年时间，地产开发已经日益成熟，但地产服务仍处于起步阶段。随着易居的创立，为地产服务注入一股全新的力量。易居成立后18年时间里，周忻始终不忘初心，为了达成这个目标，周忻几乎把房地产所有相关的活都包揽了。

从一手房代理到二手房销售，从房企咨询研究到项目广告公关，从互联网创新到房地产金融，从走进社区到文化宝库，可以说，只是房地产行业需要的业务，周忻都会想尽一切办法给予满足。业务做起来了，公司也成长了，周忻先后将易居中国、中房信、乐居控股、钜派投资、筑想科技、太德励拓、易居企业集团等运作登陆资本市场。

2007年8月8日，易居（中国）控股有限公司在纽交所正式挂牌，成为在美国上市的首只中国房地产经纪概念股，易居也由此夯实了中国房地产服务领军企业地位。2018年7月19日，也就是易居企业集团赴港上市的前一天晚上，周忻满怀深情地给全体员工写了一封长信，题目是《再上市，我们依然是"服务生"》，特别提到，要继续低调谦卑、会弯腰做事。

如今，易居服务的领域进一步拓宽，从传统的新房代理业务，发展成"1+4+1"企业族群，分别是易居控股、"交易服务、金融服务、生活服务、文化服务"、易居创研六大服务板块。易居紧紧围绕着做中国最好的服务生理念，开创出中国房地产服务全新模式，周忻也成为中国房地产服务领域的领军人物。

2000年，周忻迎来了职业生涯的关键一年。那边厢，王健林掌舵的万达也踏出了发展历程中具有里程碑意义的一步。

2000年，经过董事会和集团高层反复讨论，万达做出了关于调整产业机构的决定，最终明确了以住宅和商业房地产开发作为集团发展的支柱产业。这次会议，被王健林称为万达发展史上的"遵义会议"，意义非凡。

而王健林这个决策，柳传志评价其"极具前瞻性而且决策果敢"。柳传志认为"2000年万达开始做商业地产，当时国内还没有商业地产概念，不仅外人看不懂，企业内反对声音也很多。但健林一旦看到住宅地产的局限，就坚决转型做商业地产"。

目前，万达广场已经在全国建成212座，万达集团也成为全球最大的商业地产企业。在选择专注住宅和商业地产的同时，就意味着需要放弃其他产业。2000年，万达集团对其他产业做出调整，卖掉了足球队、监理公司、药业公司等很多产业，同时还卖掉了一部分工业产权。

在《中国地产四十年·1994》里提到，1994年是全国足球甲A联赛启动元年，当年万达集团正式入主大连足球，组建大连万达足球俱乐部，并于当年一举夺得甲A冠军，在此后接连称霸，1996~1998年更是实现三连冠，创下了职业联赛连续主客场55场不败的神话。1998年，一度还成为亚洲俱乐部冠军杯亚军，并在远东杯上夺得亚军。

1999年，在球队如日中天之际，万达集团将30%股份转让给同城的大连实德。2000年1月9日，万达集团将球队剩下所有股份，以1.2亿元的价格全部卖给大连实德集团，俱乐部和球队正式更名为"大连实德"。至此，万达集团正式退出中国足球。

大连万达足球队是早期中国足球霸主，建立了中国职业化联赛第一个王朝。即便万达退出之后，接手的实德继续加大投入，其霸主地位一直延续到2005年，"大连万达+大连实德"两个时期共收获了8个联赛冠军，成为中国足球早期当之无愧的一面旗帜。

大连万达足球队的辉煌历史，与后来屡弱的中国足球形成鲜明对比，特别是大连万达足球队在与韩国、日本、西亚、欧洲等多个国家俱乐部比赛中分庭抗礼，斩获亚洲足坛多项大奖，振奋人心，成为国人的集体记忆。足球的成功，也给万达带来巨大声誉，甚至可以说，国人之所以认识万达，不是因为其地产主业，而是因为足球。

对于逐渐剥离了副业的万达，王健林曾说，以前"五指张开"，什么产业都做，反而影响了主业发展，影响集团成长壮大。

有舍才有得，王健林做了一个正确的决定，开启了万达集团的第二春。而生性彪悍的楼忠福，在2000年开启新一轮豪赌，浙江广厦重金开发天都城。

2000年始，浙江广厦与杭州余杭市星桥镇签约，拿下了被号称为"中国第一卫星城"的天都城，这个项目占地面积达6579亩，预计投资80亿元，建成后可容纳10万人居住。楼忠福对这个项目期望非常高，甚至特地请来帮杨国强盘活碧桂园的王志纲做策划，希望天都城能一战成名。

后因宏观调控、土地审批等一系列问题，天都城自2005年暂缓开发节奏。2015年浙江广厦发公告正式对外宣布，未来三年逐步退出房地产行业，进入有发展前景和增长空间的新领域，实施产业转型。

同在这一年，地产界里另一位性格鲜明的牛人开启了属于他的梦幻时刻。2000年8月，天津市举办了史上规模最大的一场土地招标会，顺驰砸下1.72亿重金一举夺得3块地中的两块，轰动一时。就在市场质疑孙宏斌无法在一个月缴足这1.72亿元土地金的时候，他靠着自己那三寸不烂之舌四处游说，最后准时上缴了土地款。

在庆功宴上，孙宏斌喜极而泣。随后在这两块地上，顺驰开发了蓝水项目，这个项目尽管卖得一平方米比周边贵600元，但销售异常火爆，而顺驰也凭借着这个项目奠定了其在天津市场的地位。

虽然房地产开发迈上了一个新台阶，但孙宏斌并不急于退出中介代理市场，他坚持中介代理和房地产开发两条腿快跑的策略。从2000年开始到2003年，孙宏斌在天津开出了60家中介连锁店，基本覆盖了整个天津市场。

不仅如此，孙宏斌还乘着互联网的东风，创办了中国第一个基于互联网的房产服务网顺驰天津置业网。这是孙宏斌亲自指导开发出的一个网上交易软件，旗下所有的中介连锁店都可以借此实现网络联结和信息共享。

在南方，一批粤派房企正在走出原来的根据地，开始布局全国市场。深耕中山市场八年后，雅居乐已经成功奠定了在当地市场的龙头地位，并完成了在房地产业务上的资金、人才、管理能力的原始积累。但雅居乐雄心不止于此。

2000年，雅居乐开始对外扩张，第一站是广州。陈卓林速度很快，一下子就启动了广州雅居乐花园、南湖半岛花园、南海雍景豪园、花都雍华庭四个项目，前三个项目的施工几乎同步进行。这三个同步施工的项目，在2002年又实现了同一年开盘。

很快，广州市场的表现就超越了中山大本营。据雅居乐透露，2003年雅居乐广州地区销售额为17亿元，进入2004年，中山、广州两地销售总额达45亿元，其中广州就占了30亿元。

作为广州知名的老牌房企，越秀地产在2000年敢为人先，一举拿下南沙300万平方米的土地，开发了南沙滨海花园项目，成为第一家进入南沙的房地产企业。到如今，越秀地产已经在南沙扎根了17年，区域"领头羊"的地位不容撼动，由其打造的南沙滨海花园连续热销多年。

2000年12月，通过竞拍，招商地产拿下了深圳湾填海区两块土地，开发了阳光带海滨城项目，这是招商地产第一次走出蛇口工业区。尽管这一步走得不是特别远，但这个项目的成功给了招商地产后来布局全国的信心。

中海地产在国内的业务基地——深圳中海大厦在2000年终于落成启用了，中海地产乘胜追击，将触角深入西南市场。2000年9月12日，中海成都子公司正式开业，开发的第一个项目名为中海名城。

花样年开发的第一个住宅项目深圳碧云天也在2000年落成了，位于罗湖区的芳邻亦开始施工。与房地产开发同步的是，花样年在这一年开始从事物业管理业务了。

经过第一个"三年计划"，恒大很快奠定了其在广州市场的地位，但许家印意识到企业高速发展往往容易带来管理滞后的问题。于是，在第二个"三年计划"，许家印提出了要"苦练内功、夯实基础"，通过整合资源、规范流程、提升管理，企业品牌和实力实现突飞猛进，这个计划时间跨度为2000年到2002年。

千禧年的房地产创新

中国有句古话叫"以史为鉴，可以知兴替"，意思是把历史当作一面镜子，就可以知道历史兴盛衰亡的规律。这句古话，后来被冯仑用一句更有现代气息的表述讲解过："未来是什么？未来是历史的影子，未来你不要以为你都能创造，事实上大部分历史都是重复，所以当你拥有充分的历史知识，对过去的事情越来越熟悉的时候，其实未来就在你的手中。"

综观中国房地产发展的这四十年，我们可以发现，最近几年在市场上风行的互联网卖房、房地产定制、无理由退房、零首付等不少现象，早在2000年已经发生过。

1999年搜房网、焦点房产网的成立，拉开了房地产与互联网联姻的序幕。在莫天全和吴波还旨在提供免费房地产信息的时候，素有"营销奇才"之称的潘石屹就敏锐地发现，其实互联网还可以是一个很好的营销平台。

2000年，在房地产网站才刚刚起步的时候，潘石屹就宣布要在互联网上开展一场竞拍活动，初步进行网络拍卖地产项目尝试。2011年，潘石屹与新浪乐居联手，一口气在网上拍卖15套房源，囊括商铺、写字楼及公寓。2014年始，互联网售房不再是潘石屹的独角戏，包括万科、金茂、碧桂园等在内的同行都纷纷效仿。

而在2011年与潘石屹合作网拍的新浪乐居，也顺应时势，将网络拍卖升级为房产电商，开创全新的O2O电商模式，因此，2011年也被视为房地产O2O电商元年，此为后话，在《中国地产四十年·2011》里将会详细描述。

就在潘石屹初涉网上拍卖房地产项目的2000年，他的"铁哥们"冯仑借着互联网的东风推出了一种全新的住宅开发模式，这种全新的模式，放在今时今日的房地产行业被称为"房地产定制"。

2000年，万通迎来了转型的第一阶段，冯仑表示，戴尔将是万通学习的榜样，万通要成为房地产行业的戴尔，充分演绎住宅DIY。承载着冯仑的戴尔梦，"筑巢网"应运而生。

根据冯仑的设想，消费者可以在筑巢网上选好地，订好户型、材料、装修风格、用途等，其余包括征地、报批设计、施工、采购、装修、贷款等就交由万通负责。签好合同，付完定金60天后，消费者就可以搬到一套由自己定制的独立式住宅里。这项业务被冯仑称为"创新业务"，并表示将逐渐成为未来十年万通的招牌菜。凭借着这一项创新，冯仑被誉为房地产网络定制化开发第一人。

任何一个新生事物开始时都不会一帆风顺，冯仑的出发点是好的，而且思想相当超前，但放在房地产网站刚刚起步的 2000 年，要消费者在网上完成如此巨额的一笔交易，显然是不太实际。即使到了互联网已经无处不在的今天，房地产网络定制化也仍然是一件难以普及的事。

互联网的到来，给了房地产营销无限的想象。而个人住房贷款的放开，也给了银行很大的发挥空间。

2000 年 7 月 6 日，工商银行、建设银行上海分行正式推出"零首付"个人住房贷款，来自上海徐汇区的陈幼平与工商银行上海市第二支行签约，没有准备一分钱的首付款，他就圆上了住房梦，成为首批使用"零首付"的市民之一。

当年，所谓的"零首付"，是指借款人在购买商品房时，不必在首期一次性支付 20% 以上的房款，而只要以自有产权房作抵押，来申请用于支付所购商品房首期房款的个人住房商业性贷款。

具体来看，建行"零首付"的细则比工行更为宽松。上海市工行规定，首付款贷款额度一般不超过抵押物评估价的 50%，而上海市建行首付款贷款额度则可达抵押房评估价的 60%；工行还要求抵押物必须是自有产权房，贷款额不超过新购商品房价的 20% 至 30%，首付款期限最长为 15 年，同时抵押房产的房龄不能超过 15 年。而建行提出，抵押房既可以自有产权房，也可以父母的住房作抵押，贷款年限最长达 30 年，旧房年限亦无规定。

自此，每当楼市陷入低迷时，"零首付"便屡屡重出江湖，这已经成为开发商促销的重要手段。而且，参与的金融机构已经不仅仅是银行，还有各种小额贷公司或者开发商提供的各类金融产品，同时，申请"零首付"或者"低首付"的门槛也从 2000 年的需要自有产权房做抵押，演变成要有稳定经济收入、还贷能力等更低的标准。

但不管怎么演变，"零首付"这种购房方式背后隐藏的巨大市场风险注定其没有成长的空间。亦因此，它的每一次出现，都会引起市场的质疑，最终被迫叫停。最鲜明的一个例子便是 2016 年 3 月 1 日沈阳政府发布的一则"大学生可零首付买房"的楼市新政，最终该政策尚未正式实施便已夭折，历时仅 5~6 小时。

周期性出现的现象还有一个，就是"无理由退房"。1999 年年底，SOHO 中国开发的第一个项目"SOHO 现代城"在交楼之际推出无理由退房，掀起了有史以来"无理由退房"的第一个高潮，并从北往南蔓延。

2000 年初，成都有三家开发商也推出了这项服务，在广州，城启、粤泰集团也是旗帜鲜明地打出了"无理由退房"的口号。最终，由城启、粤泰集团开发的荔港南湾在实施"无理由退房"后，一个月内便成交了 300 多套房子，但仅两户提出退房要求。之后，在 2008 年楼市低迷期，由北京东亚三环中心牵头，多个项目纷纷跟进，国内形成了第二波"无理由退房"高潮。

当然，真正把无理由退房做成全国性重大营销事件的房企，当数恒大！2015 年 4 月

15 日,恒大将全国 600 多家媒体召集到总部所在地——恒大中心,高调宣布旗下全国所有项目实行"无理由退房"政策,消息甫一传出,立刻轰动地产界。这次营销的巨大成功,也让"无理由退房"成为恒大长期保持的销售策略,由此形成了第三波"无理由退房"高潮。

总体来看,无论是互联网卖房,还是房地产定制,或者是零首付、无理由退房,我们都可以发现,在将近二十年的发展过程中,都曾多次兴起,但又多次消沉,始终没有形成行业内的主流,市场尚未成熟当然是一方面,但更重要的或是,这些举措本身就有很大的局限性。

家居行业搅局房地产

在《中国地产四十年》系列篇章中可以看到,多位地产大佬职业生涯的起点都不是房地产,比如王石曾经卖过玉米、杨国强曾经当过包工头、许家印曾经是工人、宋广菊曾经是军人、陈卓林曾经是家具厂的老板……2000 年跨界主角光环落在了香江和奥克斯头上,前者是卖家具的刘志强、翟美卿夫妇,后者郑坚江从电能表到空调转型成功之后,又一头扎进房地产。

先来说说刘志强、翟美卿夫妇。即使在创业过程中,两人有明确的"女主内政,男攻外交"的分工,但位居幕后的翟美卿反而更为外界所熟悉,丈夫作为外交能手反而显得尤其神秘。

翟美卿,中国商界里的一个传奇女子,是一个天生的商人。在十几岁还是花季少女的时候,翟美卿就深信,不管现在干啥,那都不是她的未来,她将来是要当老板的。

第一次创业,翟美卿问母亲借了 2000 块,在火车站摆摊卖牛仔裤,但由于进的货不对卖不出去,结果全亏了。后来,一个香港远房亲戚在内地寻找顺德家具进货渠道,翟美卿当了中间人,30 万元的货按照 10% 的折扣,翟美卿挣下了 3 万块。

1985 年,已经在华侨宾馆打了三年工的翟美卿决定到北京闯荡。她想弄懂别人把她的家具买过去运到北京后是怎么赚钱的,于是翟美卿辞掉在宾馆的工作。后来她发现,原来那些人是把从广州买过来的家具放在展馆里摆摊来卖。摸到门道后,翟美卿决定自己单干。

在独自拼搏期间,翟美卿终于体会到了创业的喜悦,23 岁时,她赚到了人生第一个 100 万。但与此同时,她也饱尝创业艰辛。1990 年,刚刚结婚一年的翟美卿,因为怀孕加上沈阳生意难做,决定与丈夫刘志强回深圳发展,创办香江集团。同年第一家商场"宝安海马"在深圳开业,香江集团从此踏上了家居零售业的发展之路。

1993 年,香江集团开始在华南地区扩张,以每月一家商场的速度相继在广州、珠海、江门、中山、南海、河源等城市开设了数十家大型家居商场。1994年,香江集团开始走出广东布局全国。三年后,香江集团基本实现全国布局,形成了广州、深圳、华中、华东、华北、东北六大区域,成为中国家居行业第一大连锁商业企业。

在家居商场业务如日中天,全国遍地开花之际,翟美卿夫妇又不安定了,他们决定开辟一片新天地——进军房地产。2000年,香江集团组建成立了南方香江集团,开始涉足房地产与商贸建设行业。香江首个项目就是位于番禺华南板块中心地段的锦绣香江项目,体量超百万平方米,同年翡翠绿洲项目落户广园东板块,占地8000亩。

其中,锦绣香江与前文提到的祈福新村、星河湾、华南碧桂园、广州雅居乐花园、南国奥林匹克花园、华南新城和广地花园并称为"华南八大金刚"。凭借这两个项目的成功,香江集团成功奠定了其在广州房地产市场的地位。"锦绣香江"、"翡翠绿洲"自此成为香江集团两大住宅品牌,并开始在全国复制。

2003年,香江集团收购重组山东临工,更名为"香江控股",旗下房地产业务和商贸建设业务被注入上市平台。借助资本市场的融资,房地产业务率先腾飞,并在2012年达到顶峰,实现销售额42.99亿元。

及至2016年,上市平台香江控股正式宣布,将由目前主要以住宅类房地产开发销售业务为主、商贸物流地产开发销售业务为辅的定位,逐步向商贸物流地产开发销售与运营为主转型。

在转型的同时,香江控股还表示,将新增家居流通等商贸运营业务,与现有商贸物流地产开发销售业务形成互补,提高商贸物流项目的运营效率和效益。公开资料显示,目前,香江控股已经在成都、香河、南京湾及长沙等城市建立起了商贸物流平台。而历经商海沉浮的翟美卿也已经从初出茅庐蜕变成亿万富豪。2017年胡润中国富豪榜中,翟美卿夫妇以155亿元人民币的身家排名第209位。

2000年,翟美卿夫妇从家具行业转型做房地产,而同一年,郑坚江则从家电行业进军房地产。浙江宁波人郑坚江,出生于1961年。郑坚江成长在一个贫寒家庭,初中后便辍学,17岁当起了汽车维修工,开始自谋生路。

1986年,年仅25岁的郑坚江就毛遂自荐,带领七个人联合承包了濒临破产的龙观乡钟表零件厂,开启了创业之路。万事开头难,这家初创小厂负债20万元,郑坚江甚至要住牛棚。但三年之后,就是这个原本不起眼的小工厂,成功研制出国内首款全塑型电度表罩底壳,大大降低了生产成本。靠着这款产品,郑坚江把价格降了三分之一,迅速抢占了市场。

1991年,而立之年的郑坚江创办宁波三星仪表厂,注册了"三星"品牌,自主研发生产电能表。当然,此三星非彼三星,这家中国"三星"厂商,与韩国巨无霸三星集团没有任何关系。

1993年,郑坚江再接再厉,在原有宁波三星仪表厂的基础上,成立宁波三星集团。"三星"电能表成为当时国内最大的电能表企业,并使宁波三星进入国家级乡镇企业行列。1994年在格力、美的、春兰空调大战进入白热化阶段,郑坚江引进国外技术和设备,以中美合资的形式建立宁波 AUX 电器有限公司，进军空调制造业，开始生产奥克斯空调，并在短短几年时间里一举挤进全国空调行业前四强。

1999 年，郑坚江开始试水地产开发，建设占地 500 亩的自用三星奥克斯智能工业城。2000 年，郑坚江正式组建宁波奥克斯置业有限公司，全面进入房地产业。2009 年，开发建设成都奥克斯广场，进军商业地产。2011 年，组建地产集团，成为涵盖商业、住宅、工业、旅游的全业态综合型地产开发商。奥克斯置业也成为奥克斯集团三大业务板块之一。

不安分是商人的天性。在厦门，90 年代末，林中已经从中介转型当开发商 6 年了，他创办的厦门永升旭日置业公司生意蒸蒸日上，并已成功跻身厦门房地产市场的前三名。但还没来得及好好享受成功的喜悦，林中就已经产生了危机感。一次到上海参观的机会，让林中产生了改变的念头。

据林中回忆，当时在上海参观时，看到一些开发商朋友的公司规模和他差不多，可是三四年之后，这些企业已经成倍增长了。落后于人是林中不愿意看到的，再三思量之后，他得出一个结论：得到北京上海这些更大的市场去。

最后，经过一番考察，林中选择了国际化程度更高的上海。2000 年 8 月 15 日，上海永升置业有限责任公司（旭辉集团前身）在上海成立，这一日，被林中定为旭辉集团的生日。有了在厦门积累的丰富经验，林中在上海并没有走太多弯路。在进入上海市场两年后，永升置业就已经获得"上海市桃浦镇人民政府 2002 年度百万元纳税户"称号。

在上海这个更高更大的舞台，林中也实现了企业做大做强的梦想。2004 年 11 月，上海永升旭日置业有限公司正式更名为旭辉集团有限公司，并于 2012 年登陆港交所。如今的旭辉是房地产界一匹有名的黑马，业绩突飞猛进，2017 年正式迈入千亿阵营。

2000 年，被张雷定义为其真正开始做房地产的年份。这一年 9 月，张雷组建了当代置业（中国）有限公司，并担任董事长、总裁。但在此之前，张雷已经在房地产行业浸淫了五年时间。

1995 年，张雷从国家某部委辞职下海经商。在 1995~1999 年，张雷先后以参股、控股和独立开发的方式在北京开发了亮甲店小区危改、广义街 10 号院危改、华兴园小区、龙潭湖小区、濠景阁、新华联小区、满庭芳园等项目。

对于过往这些从业经历，张雷如此描述：1995 年，我开始涉足房地产咨询服务领域。此后三年，我作为房地产业的学生，开始学习、研究房地产。我真正开始做房地产是 2000 年。

不知道是北京的环境问题给了张雷灵感，还是张雷确有超前的产品思维。在当代置业创立之初，张雷就表示要投身舒适、节能住宅产品的研发与建造，希望打造一套先进的科技系统，使一座房子不用空调、不用暖气、不用开窗，依然能够保持 24 小时恒温恒氧，而"MOMΛ"便是当代置业绿色科技地产领域的品牌系列。

官网显示，目前"MOMΛ"这个产品系列已经先后在北京、太原、西安、长沙、武汉、上海、苏州、南京等 19 个国内城市，以及休斯顿、温哥华、西雅图这三个海外城市落地。经过大力拓展，全球布局，当代置业业绩稳步提升，2017年当代置业实现221.86亿元销售额，在克而瑞《2017年度中国房地产企业销售TOP200》中位列81。

客观来看，对于绿色科技地产的坚持，让当代置业战略放弃做大规模机会，但只比创始人张雷晚一年进入当代置业执行董事兼总裁张鹏认为："选择了规模就有了规模。但如果没有选择规模，留下一套完整的公司运营机制，和对绿色、科技战略的坚持，不也很好吗？"

无论是做人还是做企业，有舍有得似乎都是一个永恒道理。香江集团舍弃了住宅地产的做大做强，得以转型拓展商贸物流；郑坚江舍弃了自我满足单一发展模式，积极开拓地产业务，成就了奥克斯全新地产板块；林中舍弃了厦门的安稳日子，选择到上海重新开始，才有了旭辉的今天；而张雷舍弃了规模，但找到了对绿色科技地产的坚持。

中国地产四十年

（1978—2018）

（下册）

姚育宾 ◎ 主编

经济管理出版社
ECONOMY & MANAGEMENT PUBLISHING HOUSE

图书在版编目（CIP）数据

中国地产四十年/姚育宾主编 . —北京：经济管理出版社，2018.11（2019.2 重印）

ISBN 978 - 7 - 5096 - 6137 - 6

Ⅰ. ①中… Ⅱ. ①姚… Ⅲ. ①地产市场—历史—中国 Ⅳ. ①F299. 233. 5

中国版本图书馆 CIP 数据核字（2018）第 258059 号

组稿编辑：曹　靖
责任编辑：曹　靖　郭　飞
责任印制：黄章平
责任校对：陈　颖　赵天宇

出版发行：经济管理出版社
（北京市海淀区北蜂窝 8 号中雅大厦 A 座 11 层　100038）

网　　址：www.E-mp.com.cn
电　　话：（010）51915602
印　　刷：三河市延风印装有限公司
经　　销：新华书店
开　　本：787mm×1092mm/16
印　　张：23.25
字　　数：522 千字
版　　次：2018 年 11 月第 1 版　2019 年 2 月第 3 次印刷
书　　号：ISBN 978 - 7 - 5096 - 6137 - 6
定　　价：198.00 元（上、下册）

·版权所有　翻印必究·

凡购本社图书，如有印装错误，由本社读者服务部负责调换。

联系地址：北京阜外月坛北小街 2 号

电话：（010）68022974　　邮编：100836

目 录

上 册

1978 年：改善居住环境　开启地产 40 年 ·········· 1

 改革春风拂面 ·········· 2
 高考点金棒 ·········· 5
 杨国强当建筑工 ·········· 8
 传奇首富郭鹤年 ·········· 11
 包玉刚入股九龙仓 ·········· 13
 477 亿建房目标 ·········· 15

1979 年：中海布局香港　李嘉诚吞和黄 ·········· 18

 住建部诞生 ·········· 19
 招商开发蛇口 ·········· 22
 霍英东建白天鹅 ·········· 24
 中海立足香港 ·········· 28
 李嘉诚收购和黄 ·········· 30
 "知青"返城住房难 ·········· 32

1980 年：允许私人买房　深圳特区诞生 ·········· 34

 房子成为商品 ·········· 35
 中央批准设置经济特区 ·········· 37
 深港合建东湖丽苑 ·········· 40

广州酒店开发井喷 ··· 42
　　怡和彻底退出九龙仓 ··· 44
　　建设小康之家 ·· 46

1981 年：中房集团成立　旅游地产先河　　　　　　　　　　48

　　中房集团成立 ·· 49
　　旅游地产先河 ·· 52
　　香港卖地收入大增 ·· 54
　　汕头特区与潮商 ··· 57
　　地铁物业步入生活 ·· 59
　　女排与地产不解之缘 ··· 61

1982 年：四城售房试点　国有房企大增　　　　　　　　　　63

　　中央重拳整顿经济 ·· 64
　　四城进行售房试点 ·· 66
　　国有房企应运而生 ·· 68
　　香港楼市危机 ·· 72
　　时间就是金钱 ·· 75

1983 年：产权登记确定　华远登上舞台　　　　　　　　　　77

　　私人房产受保护 ··· 78
　　北京住建公司成立 ·· 81
　　证券市场萌芽 ·· 83
　　"逸夫楼"遍布中国 ·· 87
　　李嘉诚兴办汕头大学 ··· 89

1984 年：王石兴办万科　香港地产复苏　　　　　　　　　　91

　　三天盖一层楼 ·· 93
　　王石创办万科 ·· 95
　　任志强加盟华远 ··· 99
　　新鸿基抄底廉价地块 ·· 101
　　郑裕彤请动英国女皇 ·· 104

1985 年：中国房协亮相　会德丰股权战　　　　　　　　　　105

　　中国房地产行业协会成立 ·· 106

广州越秀初创	108
华侨城先规划后建设	111
香港重现排队抢房	114
会德丰股权争夺大战	116
广场协议引发楼市泡沫	119

1986年：土地法新出炉　刘銮雄购华置　　122

首部土地管理法颁布	124
第一次全国住房普查	126
中信试水房地产	128
华人置业收购战	131
香港巨头跑马圈地	134

1987年：土地拍卖元年　黄光裕建国美　　136

宋卫平到珠海编辑内刊	137
彭磷基开发广州工业村	140
中国土地出让第一拍	142
六运会带动天河腾飞	143
黄光裕的国美地产帝国	146
提高租金促进售房	148

1988年：首次房改启动　王健林掌万达　　150

首次全国房改会议召开	151
土地第二拍福州落槌	152
万科股改进军房地产	154
王健林接掌万达	157
冯仑闯荡海南	160

1989年：许荣茂进地产　日本楼市疯狂　　163

广深引领住房改革	164
炒楼花传入内地	166
许荣茂转战房地产	168
日本人买下美国	171
人民日报评高房价	173

1990 年：亚运社区建成　公积金渐萌芽 ... 175

　　北京亚运村诞生 ... 176
　　公积金制度上海萌芽 ... 178
　　郁亮加盟万科 ... 181
　　长实问鼎地产榜首 ... 183
　　住宅小区模式试点 ... 185

1991 年：万科挂牌上市　千亩大盘来了 ... 187

　　第二次房改稳步推进 ... 188
　　土地管理法条例出台 ... 189
　　台湾楼市营销进大陆 ... 191
　　千亩大盘模式开启 ... 194
　　万通六君子炒地皮 ... 196

1992 年：市场经济确立　地产掀创业潮 ... 199

　　"92 派"地产大佬下海 ... 200
　　房企如雨后春笋般诞生 ... 205
　　地产在变革中前行 ... 208
　　站在历史的交汇点 ... 211

1993 年：开启调控先河　分税制将登场 ... 215

　　炒地热席卷全国 ... 216
　　海南楼市泡沫破裂 ... 218
　　香港房企挺进北京 ... 220
　　万达南下广州 ... 223
　　朱孟依"地产航母" ... 226
　　分税制改革开始酝酿 ... 230

1994 年：汹涌创业浪潮　房改决策落定 ... 232

　　李思廉张力联手创业 ... 233
　　郭广昌兴办复地 ... 238
　　房改决定正式执行 ... 242
　　君万之争王石胜出 ... 244

1995年：安居工程启动　万通正式分家 …… 246

- 安居工程启动 …… 247
- 从方兴到金茂 …… 250
- 孔健岷创办合景 …… 252
- 美的和海信进军地产 …… 254
- 金地员工持股 …… 257
- 福布斯地产富豪登场 …… 260

1996年：经济新增长点　许家印创恒大 …… 263

- 国民经济新的增长点 …… 264
- 中国房企看广州 …… 265
- 闽系房企发力 …… 268
- 华远"借桥上市" …… 270
- 罗康瑞打造上海新天地 …… 272
- 房地产行业的工匠精神 …… 274

1997年：香港楼市巅峰　广信溃败沉沦 …… 279

- 国企职工房只售不租 …… 280
- 地方诸侯群雄并起 …… 281
- 奥园香港大获全胜 …… 284
- 广信沉沦20载 …… 286
- 全国推广上房置换模式 …… 289
- 香港楼市巅峰时代 …… 291

1998年：取消福利分房　亚洲金融危机 …… 293

- 取消福利分房 …… 294
- 房企派系接踵登场 …… 296
- 云南地产四小龙 …… 300
- 地产界潮汕帮 …… 302
- 房改义无反顾 …… 304

1999年：中关村大开发　互联网进楼市 …… 307

- 郭英成盘活烂尾楼 …… 308

- 北科建开发中关村 ……………………………………………………………… 310
- 王石任志强双双辞职 …………………………………………………………… 312
- 万达的"订单地产" ……………………………………………………………… 314
- 香港四大家族 …………………………………………………………………… 315
- 贷款买房成主力军 ……………………………………………………………… 317
- 房产互联网时代开启 …………………………………………………………… 319

2000 年：华南板块崛起 周忻创立易居 …………………………………… 323

- 广州大盘模式风靡全国 ………………………………………………………… 324
- 金融街借壳上市 ………………………………………………………………… 327
- 中国房地产最好的服务生 ……………………………………………………… 329
- 千禧年的房地产创新 …………………………………………………………… 333
- 家居行业搅局房地产 …………………………………………………………… 335

下 册

2001 年：上市禁令解除 粤派房企北伐 …………………………………… 339

- 上市禁令全面解除 ……………………………………………………………… 340
- 华润与华远分道扬镳 …………………………………………………………… 342
- 房企跑马圈地 …………………………………………………………………… 344
- 粤军挥师北上 …………………………………………………………………… 346
- 左晖正式开办链家 ……………………………………………………………… 349
- 中国新世纪开门红 ……………………………………………………………… 352

2002 年：借壳曲线上市 京基邀克林顿 …………………………………… 354

- 新"土地革命" …………………………………………………………………… 355
- 房企找"金"故事 ………………………………………………………………… 357
- 海航涉足地产开发 ……………………………………………………………… 360
- 港资卷土重来 …………………………………………………………………… 362
- 京基"克林顿秀" ………………………………………………………………… 364

2003 年："非典"重挫楼市 确立支柱地位 ………………………………… 369

- 国民经济支柱 …………………………………………………………………… 370

孙宏斌全新组建融创 372
　　首创香港挂牌上市 375
　　温州炒房团 377
　　战胜"非典" 379

2004 年：协议出让叫停　百亿房企诞生 381
　　831 土地大限 382
　　福晟的粤闽双血统 384
　　外资基金收购烂尾楼 386
　　商业地产造 Mall 新纪元 388

2005 年：七部委控房价　房产信托旋风 392
　　七部委联手控房价 392
　　顺驰上市计划搁浅 394
　　张志铭另起炉灶 398
　　香港刮起 REITs 旋风 400

2006 年：整治地产腐败　顺驰卖身路劲 404
　　重拳整治地产腐败 405
　　"全民公敌"任志强 407
　　绿城上市融资买地 410
　　"地产二代"登场 413

2007 年：物权法终通过　楼股同步暴涨 416
　　中国物权法通过 418
　　碧桂园赴港上市 421
　　中铁建地产亮相 426
　　楼股齐飞陷疯狂 429
　　一个新王朝开始 433

2008 年：全球金融海啸　四万亿大救市 434
　　楼市从冰冻到大地震 435
　　开发商遭遇钱荒 438
　　"地王收割机"信达 442

次贷引发全球金融海啸………………………………………………… 446

无与伦比的北京奥运………………………………………………… 449

2009 年：楼市惊天逆转　亚运城大拍卖　　　　　　　　　　　451

楼市触底强势反弹…………………………………………………… 452

宋卫平豪言超越万科………………………………………………… 455

恒大成功登陆港交所………………………………………………… 459

城市群涌现带来新机遇……………………………………………… 463

"楼脆脆"与"蜗居"………………………………………………… 466

2010 年：国资委退房令　万科突破千亿　　　　　　　　　　　468

央企"退房令"……………………………………………………… 470

地产借壳 ST 重组告吹……………………………………………… 472

宗庆后欲建百个购物中心…………………………………………… 475

中海收购光大地产…………………………………………………… 477

宋广菊掌舵保利地产………………………………………………… 479

世纪超级大盘亚运城开售…………………………………………… 483

三大世界盛会推动城市发展………………………………………… 486

2011 年：保障房大建设　房产电商元年　　　　　　　　　　　488

史上最大规模保障房开建…………………………………………… 489

地产接班人走向前台………………………………………………… 491

周政接任中粮地产董事长…………………………………………… 493

华夏幸福借壳上市…………………………………………………… 496

中交系地产重组大变局……………………………………………… 498

"鬼城"鄂尔多斯…………………………………………………… 501

乐居开启房产电商时代……………………………………………… 503

2012 年：城镇化领风潮　多元化成主流　　　　　　　　　　　507

中国新型城镇化……………………………………………………… 508

旭辉赴港挂牌………………………………………………………… 510

房企抢购矿业能源…………………………………………………… 512

越秀房托基金………………………………………………………… 515

年末楼市突现小高潮………………………………………………… 518

摩天大楼建设热潮 520
　　莫言买房玩笑一场 522

2013 年：房产税停扩围　掘金海外地产　524
　　房地产税的进与退 525
　　房企扎堆出海掘金 528
　　龙光敲响港交所铜锣 531
　　房企与银行联姻 535
　　温州楼市崩盘论 537
　　蓝光重组迪康药业 539
　　中国大妈抄底黄金 541

2014 年：楼市白银时代　彩生活终上市　543
　　雷军"房价跌半论" 545
　　乐居纽交所上市 549
　　城头变幻大王旗 552
　　险资大举入侵房企 555
　　易小迪港交所敲钟 557
　　"90 后"压根不买房 561

2015 年：股权收购迭起　李嘉诚大撤退　563
　　别让李嘉诚跑了 565
　　收购狂人"三连击" 567
　　万宝之争开打 570
　　雷军的小米公寓 574
　　三大千亿房企抢头条 577
　　社区 O2O 上市潮 580
　　地王引发豪宅元年 582
　　侠之大者为国接盘 583

2016 年：房地产"去库存"　万宝股权激战　585
　　楼市加速"去库存" 586
　　万宝之争白热化 589
　　中海并购中信地产 596

房企更名"去地产化" 600
　　两场重量级生日派对 602

2017年："房住不炒"定调　开启租售同权 605

　　中央定调"房住不炒" 606
　　孙宏斌驰援乐视 611
　　王健林壮士断腕 615
　　深圳地铁入主万科 618
　　保利系整合地产业务 620
　　长租公寓风起时 623
　　人生赢家郑渊洁 626

2018年：40载峥嵘岁月　走向美好生活 628

　　深圳"二次房改" 630
　　后五千亿时代 634
　　港交所改革红利 640
　　李嘉诚宣布退休 644
　　超级城市群版图 648
　　地产助力美好生活 651

附录 655

参考文献 696

2001年：

上市禁令解除　粤派房企北伐

2001年，虽然也是由一组普通数字组成的年份，但这个数字，却代表着人类社会终于跨进21世纪。作为新世纪元年，其标志感尤为强烈，以至许多年后，人们回忆起那个年代，仍有数不清的故事可以讲。

好，这一篇，就从2001年发生的房地产企业资本故事开始讲起。如果说20世纪90年代着墨重点是房企诞生阶段的话，那么21世纪第一个十年将迎来波澜壮阔的企业上市大潮。因此，若给2001年的房地产打上个标签，那么这一年堪称中国房地产企业"上市年"。

在《中国地产四十年·2000》已经提到，2000年中国逐步放开了对房地产企业上市的政策限制。进入2001年，酝酿多时的天鸿宝业（首开）、金地集团、天房发展正式登陆资本市场，再加上新城控股也在B股挂牌，2001年可谓是地产界重启上市元年。

每个阶段，都有不同的成长周期，在《中国地产四十年·2001》以前的篇章里，每个年份都会在房企创立上着墨篇幅比例较大，特别是进入20世纪90年代后，时值中国房地产企业成立高峰期，借助改革开放大潮，一大批房企如雨后春笋般涌现而出。

但从2001年开始，新创建的房企越来越少，更多的房地产企业进入了冲刺资本市场的阶段，上市也将成为2001年之后，尤其是21世纪第一个十年，各大房企继创立之后重要的战略目标。因此，《中国地产四十年》此后的篇章报道主要方向将从房企创立向房企上市转变。

把目光重新回到全国房地产发展大势，自从中央提出拉动内需的战略决策之后，从1996年5月1日开始，中国人民银行在此后不到六年的时间里，开启了八次令人眼花缭乱的降息，此举旨在通过低利率分流国民储蓄，拉动中国内需，刺激经济消费。

对于刚刚经历一百多年穷日子的中国人来说，对财富达到前所未有的渴求程度，此前大量国人将赚回来的钱存入银行，但降息之后，银行利息并不能满足财富保值增值的功能。因此，这轮刺激内需的降息，虽然将钱赶出银行，但并未直接进入消费市场，而是很大一部分涌入股市。

投资股市，赚取更多的钱，成为当时国民普遍的选择。1996～2000年五年时间里，虽然股市起伏不定，但中国股市总体震荡上扬，呈现长牛行情。火热的股市更加激活了国人的投资热情，纷纷将银行储蓄进行"乾坤大挪移"，取出存款转投到股市。

2001年6月14日，中国上证综合指数冲上了当时历史最高点：2245点！达到巅峰的股指开始掉头向下，这一天，也为本轮大牛市画上句号。随后，在北京成功申奥以及中国加入世界贸易组织重大利好掩护下，大批机构开始撤离股市，这轮"跌跌不休"的行情持续到2001年10月19日，沪指从2245点峰值狂挫至1514点，50多只股票跌停。

股市与楼市的跷跷板效应开始显现，对股市不再抱希望的国人开始进入另一投资领域——中国楼市。资本市场上的游资撤离股市，逐步向楼市转移，从2001年开始，房地产的投资功能日益显现。与股票仅有单纯投资功能不同，房地产具有居住和投资双重属性，买房子不仅能居住还能让资产保值甚至增值。这也是很多国人在股市与楼市之间最终选择买房的重要原因之一。

在此背景下，进入新世纪的楼市稳步提升，2001年我国房地产投资增长27.3%。其中住宅投资增长更快，2000年增长25.8%，2001年上升为28.9%；从区域上，作为中国经济重要板块的东部地区，投资从2000年增长21.7%上升为2001年增长25.2%。

这归结于福利分房政策的结束、土地交易价格的攀升、股市的不景气以及房改的继续深入。公开资料指出，当年市场需求形势见好。房屋销售价格上扬2.2%，土地交易价格提升1.7%，房屋租赁价格上涨2.8%。

就这样，2001年的中国可谓是举国沸腾。有趣的是，当年沉浸在国富力强、经济前景一片大好的国人们，不曾想到十几年后他们将陷入高速发展的另一个现实困境。

据当地房管局数据显示，，2001年，北京房价不到5000元/平方米；上海一手房均价3500元/平方米；广州市一手房均价为4220元/平方米；深圳一手房均价5531元/平方米。

如今，一线城市房价高企，动辄数万/平方米，逃离北上广深论调甚嚣尘上。但不论如何，在2001年的中国，即便人们还未来得及消化这个令人亢奋的年份，一个风险与机遇并存的全新世纪已经徐徐展开。

上市禁令全面解除

对接资本市场，表面上成为一件赶潮流的事情。但本质上来说，房地产其实是个资金密集型产业，在中国资本市场上，房地产板块始终占据着举足轻重的地位，甚至可以说，上市房企的盈利水平，影响着A股市场指数涨跌走势。证券市场对房地产企业能够起到提高融资能力、降低融资成本的重要作用。

早在《中国地产四十年·1991》里，就写到中国第一支地产股在深圳诞生了，也就是万科A。1992年，随着社会主义市场经济体制的初步建立，房地产业也蓬勃兴起，这是中国房企上市第一个小高潮。

一抓就死，一放就乱，与中国早期诸多行业面临的困境类似，中国房地产行业在20世纪90年代也出现了过热行情，导致1993年6月23日，中央暂停房地产公司上市、全面控制银行资金进入房地产业。

直到2001年3月12日，北京天鸿宝业在上交所挂牌上市，才宣布长达八年之久的房地产公司上市禁令全面解冻。毋庸置疑，房地产市场的高利润率成为这场上市潮争相追逐的标的。据不完全统计，从2001年起往后三年约有250多家非房地产企业上市公司通过收购或直接进入的方式介入房地产业。

先来看看2000年获批的天鸿宝业、金地集团、天房发展三家公司的情况。是的，在2001年这一年他们都顺利如期登陆资本市场，再加上B股上市的新城控股，2001年可谓地产界重启上市元年。

天鸿宝业，后来借壳上市更名为首开股份。这家成立于1993年的北京龙头国企，参与过多个超大社区和国家重点项目的开发建设，2017年实现销售额679亿元，被称为"最懂北京"的房企。

金地集团，到2001年已经成功在房地产行业中闯荡八年了。上市这一年，它的总资产是11.3亿元，营业收入是5.7亿元，营业利润为8400万元。

在金地上市初期的三年，高速发展成为标签之一，这也为它赢得了并列"招保万金"四大天王的美誉。直到2004年，招商、保利、万科、金地的营业收入差距并不大，分别为34.7亿元、45亿元、76.6亿元和31.7亿元。

与此同时，天津本地龙头房企——天房发展在上交所成功发行股票并上市，成为天津市房地产行业首家上市公司。2017年总营收63.49亿元，归属于母公司所有者净利润为2.18亿元。最新消息指出，天津市国资委已于2017年6月7日在天津市产权交易中心公布了天房集团国有企业混改的信息。

紧随其后的新城控股，也在资本市场挂牌，揭开了新一轮房地产市场大规模快速发展的序幕。2001年，新城地产通过重组江苏五菱后在B股借壳上市，成为江苏省首家以房地产开发与经营为主营业务的上市公司，即日后的江苏新城。

2015年12月，江苏新城完成"B转A"，成为第一家获准B转A的民营房企，并更名新城控股。2017年，在克而瑞发布的《2017年度中国房地产企业销售TOP200》排行榜中，新城控股全年销售额达1260亿元，成功晋级千亿军团。

尽管2001年天鸿宝业、金地、新城、天房发展的上市只是房地产行业当中的一点点涟漪，但终究还是改变了潮水的方向。上市，已经不再是新鲜事。

朗诗集团是一家从事绿色科技地产以及相关产业的专业性房地产开发公司，这家公司于2001年12月24日成立。两年后，朗诗首个项目——朗诗熙园在南京面世。

朗诗集团创始人田明有自己非常鲜明的个性特征。这可能与他曾经的公务员身份有关。时值第二波公务员下海潮的末期，40岁的田明终于在2001年年底下定决心，以南京处级干部之身下海。这些年来，田明的目标很明确。"以绿建技术为基础的纵向多元化的绿色集团公司，这是百年企业的基础。"

截至2017年8月，朗诗获得绿色三星的项目有26个，自有绿建研发基地1个，在经济效益和环境效益方面跑赢大部分同行。2017年，朗诗集团实现销售306.2亿元，同比增长13%；实现核心净利润9.3亿元，增长132%。

2001年，成立有些年份的企业又是什么样的景象呢？

2001年，龙湖打造首个别墅项目——重庆香樟林，实现产品战略升级，开始涉足高端住宅业态。龙湖别墅横空出世之后，从此一发不可收拾，一路狂飙，凭其品质成为中国地产界别墅产品标杆之一。

2001年，远洋地产迎来历史性的战略重组，两家中国重量级央企强强联合。中国中化集团以现金3.76亿元增资入股远洋地产，与原远洋地产大股东中远集团各占50%股权。经过资本运作之后，远洋地产转换为红筹结构，并实现在境外注册。

然而，三年之后的2004年，中化集团自己筹建了其境外地产平台方兴地产。并于2007年，方兴地产与远洋地产近乎同步在香港上市。鉴于香港监管当局避免同业竞争的规定，中化集团也逐步退出远洋地产。

华润与华远分道扬镳

在《中国地产四十年·2000》里提到，眼红华远多年的王石，终于为万科找到了华润这棵可以依靠的大树。当时，经过博弈，深特发与华润集团签订了股权转让协议，华润集团及其关联企业合计持有万科15.08%股权，取代深特发成为万科第一大股东。

到了2001年，入主万科的华润与华远分道扬镳，原本不是主角的万科却一度被当成这场分手大戏背后的"第三者"。

华远与华润的合作始于1994年，在长达7年的合作中，华远与华润很好地诠释了共赢这个主题。前者成功地塑造成北京乃至全国的知名地产企业，后者则获得了境外融资，并使其打造华润系地产航母成为可能。

此后，由于北京拆迁货币化的政策变化、三角债中应收款的增加及应付金融危机的紧缩，华远房地产公司遭受重大损失，使项目递延，造成1999年华远房地产公司第一次出现账面亏损。

1999年年底，任志强辞去了华远地产总经理一职，专任董事长。继任的是天津万科总经理郭钧，对于郭钧的继任，众所纷纭。有媒体报道，2000年9月，郭钧出任华远地产总经理后，在北京表示，未来3个月内，华润将斥资20亿到30亿元，将持有的万科股份增加到50%。

在2000年12月，万科发布公告，拟向华润定向增发4.5亿B股，以提高华润对万科的持股比例。如果此次增发完成，华润将成为万科的绝对控股方。此次增发计划最终因小股东反对而流产。打乱了华润想通过此次增发，将万科变成另一个华远、把两者同时置于华润下属的绝对控股子公司的如意算盘。

在万科向华润集团定向增发B股的公告中，华润集团做出了两项针对华远房地产公司的限制性承诺：一是华远房地产公司不得在北京以外发展房地产业务，二是华远或万科在北京新增住宅项目双方都有合作的优先权。

这不仅限制了华远在全国的业务发展，也为日后华远出走埋下了种子，在北方房地产企业中拥有绝对领军地位的华远，自然不愿意万科强插足来分一杯羹。华润、华远、万科这个三角关系将走向何方，成为当时业界和媒体不断猜测的话题。

2001年7月2日，《21世纪经济报道》以《华远并入万科？》为题，将华润、万科与华远三角关系进行大篇幅报道。2001年9月5日，任志强宣布辞去华远地产董事长一职，把华远集团拥有的华远房地产18%的股权转让给华润集团，并收回华远房地产品牌。

任志强辞职一事在当时引起了轩然大波。华润、华远和万科之间在资本、人才、企业文化等多方面形成的复杂关系，使很多人纷纷揣测，是王石最后挤走了任志强？还是万科的介入挑开了华远和华润原本稳固的关系？

而后，在9月8日的新闻发布会上，王石表达了对"华润—万科—华远"三角关系的看法。他认为，华润与华远间的转让到现在为止与万科没有任何关系，如果说与万科有关也只是间接的关系。2000年8月，华润入主万科的主要原因就是要移植嫁接万科适合中国的企业文化。

据王石说，早在1996年，华润的高层人士在与万科的业务接触中就已认识到万科的企业文化是比较符合中国国情的，认为万科在地产经营上的市场模式进行土地贮备及商品房的销售是中国住宅市场的发展方向，同时意识到华远公司主要以拆迁和集团购买的开发模式将会萎缩。

因此，华润希望将华远在北京的强有力的拆迁能力、强有力的建造发展能力与万科所擅长的市场营销能力相结合，以规避市场风险。

离开华润，很多业界人士和媒体又开始担忧华远是否能走远，担心任志强"廉颇老矣，尚能饭否"，而收回华远房地产品牌，也成为中国地产行业和资本市场中的一个重大变动。

任志强在接受一家报社采访时提及，华远和华润之间第一次产生重大分歧是关于凤凰城这个项目。席卷亚洲的金融危机，终止了华远房地产公司经股东大会批准的扩股方案，打乱了公司的经营计划，双方开始对资本的作用和追求产生了不同的认识。作为资本拥有者的大股东第一次与经营班子产生重大分歧，在对凤凰城项目的决策上动用了资本力量的否决权。

"为应对金融危机，为保证充足的现金流，为保证已投入资本的安全性，华润集团一方面决定 1998 年 3 月上市公司扩股的 1.4 亿美元不再投入华远房地产公司，保留作为兑付可换股债券的保证资金，另一方面，在董事会上提出终止华远房地产已投入的 8000 万元人民币的凤凰城整体 80 万平方米的项目投资，提出'在金融危机未来无法预测时，缩小和终止投资是最佳的选择。宁愿造成现有损失，也要防止加大投资后的更大损失'的意见。"

经过管理班子的再三努力才将投资意见修改为：现在只做凤凰城的一期已投入资金的部分，保留今后发展的余地，但不再执行原已签署的承建整个项目的协议。

资本的投资者与资本的经营者，在面临重大抉择时应该听谁的，时至今日或许依然是个世界难题。

2001 年年底，"新华远"公司完成了全部的工商注册等相关手续，名称为"北京华远新时代房地产开发有限公司"，并正式开展业务。任志强重新创业的新时代由此开始了。

重新成立的华远地产，除了品牌，原有家当所剩无几，任志强重新白手起家，开始新一轮艰难创业历程。但是，面对日益激烈的市场竞争和成长迅速的众多房企，华远还是毅然决然地重新起航。

而万科却在更换大股东之后，碰上难得一遇的中国股市飙涨，接连抓住多次扩股增发机会，融资加大投资，迅速扩大地盘，发展势头迅猛。而且，由于华润未能控股万科，所以，也给万科相对宽松的管理机制，获得较大的自主权。

之于华润而言，未实现对万科的控股，也失去了华远地产品牌，未如愿打造万科＋华远联合地产航母，但好在华远房地产剩余的资产和队伍底子还在，借此家当重新打造完全属于华润的地产品牌，加速了华润置地发展速度，并启动全国发展战略。

房企跑马圈地

走过初创期，房企开始跑马圈地。全国楼市看广东，广东楼市看华南。从 1991 年祈福新邨开始算起，2001 年的华南板块已经进入大规模开发的第十个年头。华南板块大盘模式对中国的房地产市场开发产生了极强的示范作用，这也是为什么《中国地产四十年》将花大笔墨描绘这片神奇土地的原因。

得益于改革开放的先机、毗邻港澳的地缘优势使华南成为最容易接受外来文化、市场经济新潮的区域。这个涌现了一批又一批敢闯、务实企业家的地方，迅速走在全国房地产的前列，创造出一个又一个地产神话，至今仍被奉为中国房地产界的一面旗帜。

在《中国地产四十年·2000》里，曾经描述了 2000 年"五一"黄金周，华南碧桂园开盘盛况，看楼车连成长龙，售楼大厅、样板房人山人海，超级大盘模式震撼了每个到场的看楼客，华南碧桂园一战成名，也带动整个华南板块进入高速发展期。

到了2001年，又是在"五一"黄金周期间，以星河湾的高调入市为标志，华南板块被越来越多的人所熟知。开发商口径称，该项目开盘一个月就卖了3个亿。还有几个被广泛引用报道的数据是，"4月28日开盘到5月7日，星河湾样板房鞋套用了近20万对，饮用水用了1200多桶，瓶装水约510箱，纸杯用了20万个，每天240趟看楼车往返广州座无虚席，发放销售资料12万份，约有18万人被星河湾吸引到了现场"。

星河湾这一仗打得漂亮，也为同年下半年入市的南国奥园、锦绣香江、华南新城等大盘开了一个好头。其中，南国奥林匹克花园开盘八天就卖光首期1000套单位，创造了"开盘就封盘"的奇迹。该项目成功地将房地产与教育、高尔夫等产业结合，堪称中国房地产史上复合地产模式下的又一经典之作。同时，锦绣香江花园首批豪华别墅组团率先面世。因首个产品就是顶级别墅，香江地产一开始就定位高端品牌的战略野心可见一斑。

华南板块各大项目有个共同点：规模大，配套多。20世纪90年代早先已经开发的祈福新邨占地6500亩、广地花园1200亩，2000年开售的华南碧桂园2000亩，而2001年加入战局的星河湾也有1200亩、南国奥林匹克花园3000亩、锦绣香江4000亩、华南新城3000亩，再加上即将在2002年开盘的4800亩雅居乐花园，上述八大项目被地产界合称"华南板块八大金刚"。

可以说，研究中国楼市、大盘模式，都绕不开广州华南板块房地产开发，这也是中国城镇化的鲜活标本。"八大金刚"开拓了华南板块的新时代，更是将中国楼市引领进入新的纪元。这个片区缔造了楼市全新的篇章，也掀起中国城镇化进程高潮。

数据也证明了这一切。2001年开始，华南板块不论是一手交易规模还是二手交易规模都位居广州楼市榜首。据当时媒体报道，"2001年广州十强销售楼盘中，华南板块占据7个席位，头五席中华南板块的楼盘又占了四席"。

2002年，番禺区成为广州楼市重量级"粮仓"，源源不断提供房源供应，一手房成交总量约占全广州市商品房成交总量的26%。另外，二手房成交总量更是高达36%，根据最新数据，在2018年上半年二手住宅成交活跃盘TOP 10中，番禺仍占据半壁江山，共占7个盘。

在众多公开资料中，市场如是定义华南板块"广州沿华南快速干线南联番禺区样板景观大道——迎宾路两侧开发的超大规模住宅楼盘集群的总称。该板块地处番禺区南村镇西部、钟村镇东南部，以迎宾路为自然分界，两镇总建设用地约13.5万亩，其中用于房地产开发约4万亩。"

这一板块的开发历程最早可以追溯到1991年的祈福新邨，真正把这个概念宣传开则是在1998年。彼时，广地花园开盘销售，爆炒香港亚洲小姐获奖广地洋楼、别墅的新闻，赢得市场的广泛关注。华南大桥和华南快速干线的开通更是把华南板块所在地——番禺南村置于风口浪尖。路通财通，马达一响黄金万两。在祈福新邨、广地花园之后，华南板块迎来第三个楼盘——2000亩华南碧桂园。这时候，关于华南板块的提法渐渐多了起来。

如今，华南板块已然闻名全国。当时的人们或许还没意识到，这仅仅只是一个开端。

华南板块以后，碧桂园又在新塘征地10000亩，在清远征地15000亩，也就是如今人们所熟知的增城凤凰城项目、碧桂园假日半岛；香江也在新塘征地8000亩，就是如今仍有组团在售的翡翠绿洲。雅居乐惠州一口气将16000亩土地收入囊中，开建惠州雅居乐白鹭湖项目。"八大金刚"走出华南板块，在全国各地复制大盘模式。

当华南板块开发得如火如荼，侨鑫、美林基业、元邦以及新世界也在2001年大放异彩，给了市场足够的话题。

对于侨鑫来说，汇景新城无疑是其豪宅领域的开山之作。1998年，汇景新城开始规划，侨鑫地产不惜花费"千万买图"。前后历经三年，最终十二家国际著名设计公司联袂完成了汇景新城的规划设计。从园林到室内设计，每一处细节都精雕细琢。可以说，2001年汇景新城的出现，塑造了豪宅的新标准，成为广州乃至全国豪宅的典范。

这一年，初进广州楼市的美林基业赶上了楼市好时候。2001年5月，美林海岸花园项目首创365天海岸假期的全新生活方式，2小时售完200套住宅令其在广州地产界引起轰动。这家一贯以营销见长的企业，在往后数年更是打造了中国美林湖这样的经典营销案例。按照美林基业规划，该项目要变身为广州北第一富人区，把都市生活融入生态社区中，走出一条另类的大盘模式。

可惜的是，中国美林湖操盘团队多次更迭，几经周折。2016年，中国美林湖项目终于找到"金主"，广州老牌国企珠江实业出资50亿元收购中国美林湖项目48%股份，双方共同组建美林湖的旅游、产业矩阵。

元邦地产，在2001年可谓是地产界一股清流。当年开发了元邦航空家园后，在广州房地产市场率先树起了房屋10年免费保修的承诺，承诺凡是因施工或产品材料采购引发的质量问题，开发商将提供长达10年期限的免费保修。尽管盘子不大，元邦地产多年来在广州也算是创造了多个脍炙人口的广告语"买别墅送奔驰""以旧换新"等等。

在芳村，新世界地产推出逸彩庭园一期，打破芳村区内无大型住宅项目的局面。2002年，广州岭南新世界家园首期蝶云轩亮相。时至今日，新世界地产成为在广州布局最多的港资房企。

粤军挥师北上

英雄志在四方。《中国地产四十年》为什么要在21世纪的开篇着重写粤派尤其是穗系房企？答案其实不言而喻。作为中国40年来改革开放最前沿阵地，深受港澳影响的广东便一直都是中国房地产40年繁荣的标杆区域。

在这块房地产市场的发轫地，广东诞生了大量的地产巨头，从20世纪90年代的广信、越秀城建、珠江实业早期广州三大房企，到碧桂园、恒大、富力、雅居乐、合生珠江为代表的华南五虎,还有万科、保利、招商、金地组成的"万保招金",现如今碧桂园、万科、恒大联袂占据全国销售前三名领跑全国,华南一直是中国房地产的重要阵地。

第一个走出异地扩张这条路的粤派房企当属万科。1991年,万科在上海成功开发了第一个项目——上海西郊花园,历经艰难,终于在上海占据一席之地,随后粤军北上案例越来越多。1993年,曾经成功把广州淘金花园卖给香港人的金马集团决定挥师北上,先后涉足北京、天津、上海、杭州、无锡等七个城市。

足迹所到之处,项目林立。金马集团先后开发了罗马家园、北京阳光广场、清芷园、天津凯旋门大厦以及上海十大标志性建筑之一的新世界广场等大批住宅及商业项目。其中,金马集团于2003年在河西打造了金马郦城,使之成为赫赫有名的"奥体第一盘"。

这家国内最早期的高端豪宅运营商,起步于广州后,也曾经筹谋过上市。"很遗憾的是,恰逢1998年亚洲金融风暴,帮金马做上市的那家保荐机构没能扛过去,计划好的路演一拖再拖,直到搁置。"这位当过兵、做过记者的金马集团董事局主席冯地,回忆起那段历史,一脸遗憾。

峰回路转的是,冯地后来转身投入高尔夫事业,反而获得不少的掌声。如今,金马集团打造的广州市花都九龙湖项目,建成了15栋不同欧式建筑组成的欧洲小镇、一个主题酒店群、亚太顶级高尔夫球场、六大私属大宅的洲际度假生活平台以及一个风光迤逦的国家4A级景区。

回到粤军北上主题。实际上,在90年代,外地房企进京并不是一帆风顺。哪怕是久经沙场的万科也不例外,它在1994年进入北京,但是在2001年之前的七年间,万科在京总共只开发了三个楼盘,进程缓慢。

不过,如果要谈到2001年的粤军北上运动,那就必须再了解当时广州土地市场的一个大背景。据广州当地媒体报道,"在1998年之前,广州曾经以协议方式出让大量土地,这些被房地产开发商圈起来的土地,一部分因资金实力原因未开发,甚至通过地下市场炒买炒卖,一部分则筹集了资金进行开发,而中途因资金链断裂,成为烂尾楼"。

对此,当时广州市政府收回100平方公里的土地,表明政府加强对土地市场的管理和规范的决心。时间往后推移到2001年,广州市政府由于实施新的缴费制度,提高门槛,导致当年首次举行的国有土地使用权拍卖会上,员村二横路地块以及白云区永泰小区地块均无人应价。

成本提高、利润下降,走出广州寻求更大的突破空间自然成为众多开发商的考量。他们当中的许多人都怀抱着全国布局的野心,其中最为凶猛的属珠江合生系。

2000年,珠江系一举拿下北京珠江骏景地块,建筑面积42万平方米,精装单价仅5600元,拥有岭南园林和星级会所。项目于2001年初面市后,全年销售超过800套,销售额达到6亿元,这为粤军大规模北上拉开序幕。

短短一年时间,珠江系就成为2001年度北京房地产界的圈地之王,一口气拿下五块大型开发用地,总开发面积达到270万平方米。包括朝阳区青年路煤炭一厂项目——占地21公顷、开发面积30万平方米的珠江罗马嘉园,朝阳区建国路梆子井项目——占地24

公顷、开发面积36万平方米的珠江绿洲,朝阳区西大望路化工实验厂项目——占地34公顷、开发面积60万平方米的珠江帝景。

在2001年年底,珠江系又签下北京通州区永顺镇一块占地2000多亩的土地,可开发面积超过100万平方米,这就是后来的通州区珠江国际城。在巅峰时候,珠江系远超海南万通、深圳万科、山东鲁能、福建金源,直逼北京华润、北京城建开发等北京本地大企业。

与其他开发商追求规模不同,合生珠江系并不急于冲量,因此销售业绩并未显山露水。根据克而瑞发布的《2017年中国房地产企业销售金额TOP200》榜单显示,珠江投资2017年全年销售金额为52.1亿元,排名第186位。而合生创展2017年全年业绩则为88.1亿元,排到146位。两家企业销售总金额为140.2亿元,合并业绩之后可以排到第114位。

紧随珠江系进京的是星河湾,它在朝青板块拿下了总建面约60万平方米的地块。值得注意的是,项目在开盘前投入15亿元,以打造现楼实景的开发模式运作四年。三年磨一剑。直到2005年6月,北京星河湾第一期畅园首次公开亮相,以高于周边小区数倍的价格销售一空,开盘六个月更是摘下了北京当年的单盘销售冠军。

当时,北京市规划委员会、北京市城市建设综合开发办公室、北京城市规划学会等部门甚至还联合出版了《走近北京星河湾》一书。值得注意的是,这是北京政府部门第一次出书来推广一个房地产项目,旨在给北京的居住区规划、设计、开发、施工等各部门提供经验。

这股热潮在南派地产界延续很久,另一家大举北上的粤系房企还有富力。2002年,富力以近32亿元底价拍下总建筑面积达150万平方米的广渠门地块,成为当时北京新地王,这也是北京当时国有土地招标额最大的房地产开发项目。在9个月后,该地块被正式命名为富力城。

随后,富力又在北京高价拿下广渠门10号地块,并且接连布局天津。至此,京津区域迅速成为富力地产除大本营广州外的又一销售主战场,成为富力销售业绩全新的增长极。

虽然在2001年前后粤军北上看上去没什么阻碍,但是起初仍然是艰难重重,问题多多。因为"在中国实施房地产市场化改革(1998年)之前,北京的土地主要集中在当地国企手中"。北京市房地产协会副会长兼秘书长陈志曾公开表示。这一境况,直到2004年土地市场真正实施招拍挂改革后才有所改观。大量外地房企才有机会出现在北京土地市场,通过公开市场拿地进驻京城。

城外的人想进去,城里的人想出去。这就是2001年的北京地产围城。当时,活跃在北京房地产市场的潘石屹爆出"撤出北京"重返海南的新闻。他准备在海南博鳌买下1000亩地来开发项目,也就是后来的博鳌蓝色海岸。

同样,被称为"万通六君子"的易小迪也在这一年走出北京把触角伸向山东济南。他主持开发了济南阳光100国际新城,占地1500亩,建筑面积200万平方米,是一个能容纳5万人的大型国际新城社区。

南征北伐，中间还夹杂着几个开始异地扩张、谋局全国的房企。2001年，祈福集团耗资60亿元进军佛山南海房地产市场，以高山豪宅区为目标，打造了祈福南湾半岛。

2001年，在上海本土发展了近10年的绿地开始实施全国化战略。当时，南昌市政府派了几百人到上海招商，当地政府有迫切的招商引资需求，表示什么条件都可以，只要来就行。绿地满足了这种需求，双方达成了合作意向，这成了绿地异地扩张的第一步。

实际上，资源互相流动是好事。人们的普遍认知是：香港、广州、深圳等南方地区为代表的房企开发水平要比北方区域开发商超前至少五年。可以看到，正是粤军北上，刺激了中国房地产事业的全面发展，被视为战略观念上的创新与突破，也让最好的人居环境、居住理念和产品设计得以普及、改进。

另一个有趣的现象则是：沿海地域优势也赋予了粤派房企先知先觉的本领。不难发现，相较于粤派房企的勇猛、积极，北方尤其是京城房企南下布局的战略显得谨慎十足。直到2010年后，才陆陆续续在广东区域看到他们的身影。

左晖正式开办链家

从外部环境来说，申奥成功与成功入世对中国楼市的利好也非常明显。但是在当时的中国来说，即便聪慧如王石，也未曾看透当中的玄机。彼时，王石信誓旦旦地预言，加入WTO之后，房价将下跌15%。后来的事实，不仅令这句话没有兑现，而且结果反差之大，连王石本人也始料未及。

撇开数据不论，2001年全国房地产进行得如火如荼。8月，温州第一支飞机炒房团前往北京，共有134人，创下了过亿元成交额。几天后，另一支火车炒房团前往杭州。温州炒房团开始活跃在中国各大城市，这批在市场经济洗礼中成长起来的温州人，具有先知先觉的经济头脑，在房价还没飞涨之前，已经提前布局投资中国楼市。

在广深二地，也出现了各种新兴名词。比如，深圳"中海阳光棕榈园"开盘，创下数百人排队八天七夜、两日售出305套的纪录。

据媒体报道，"当时中海深圳总经理刘爱民计划组建客户服务部，并与深圳房地产信息网合作运营CRM（客户关系管理）。通过深圳本土网络平台，中海地产不仅成功建立起了与客户的连接，并在一系列的互动活动中进行了项目口碑的传播，不经意间开启了地产网络营销时代"。

2001年10月，广州举办了首届中国广州住宅产业博览会，当时媒体报道称，"在七天的住博会期间，客流量已近200万人次，参展商开出的免费看楼车达5000车次，成交额达5.62亿元，滚滚人潮不仅带旺了房地产业，还拉动了住宅相关产业以及珠江新城一带园博会,购物嘉年华等大型活动的消费"。

2001年11月,广州市政府正式宣布:在五年内把小南沙建成广州的"尖沙咀",大南沙建成广州的"东京湾"。在这一规划的引导下,广州城市"南拓"一时间处于风口浪尖,而南沙也逐渐被视为继华南板块后的又一楼市发力点。不过,在往后十多年里南沙楼市并未达到人们预期的火热。直到2016年前后,南沙才刚刚迎来一波涨价潮。

进入2017年,中央在两会正式提出建设粤港澳大湾区概念,这也是中国唯一一个国家级大湾区,未来将代表中国走向世界,参与全球竞争,与纽约大湾区、东京大湾区、旧金山大湾区同台PK。至此,南沙又借着一波政策利好,加冕中国首个大湾区光环,向着16年前广州政府提出的"东京湾"迈出坚实的一步。

除了住宅市场,2001年的租赁市场同样火热。国家统计局一份研究报告指出,这一年,全国办公用房、厂房仓库等生产性用房的出租率均在80%以上,随着宏观经济转暖、国家投资力度加大和西部大开发重大战略部署的全面实施,以及加入WTO的影响,非住宅市场的需求持续增加,全国生产性用房租赁价格持续保持涨势。

如果看回商业地产,可能大家更能设身处地体会当时国人的热闹。2001年后,国内开发商纷纷进军购物中心。如今为人所熟知的万达、华润、中粮、宝龙等企业都在此后陆续崛起,从二三线城市到一线城市,他们积累了大量开发经验。

2001年,凯德中国(原凯德置地)正式在华成立。第二年,北京雅诗阁服务公寓——北京最大的奢华服务公寓开业;2004年,中国首个来福士综合体——上海来福士广场盛大揭幕。截至2017年年底,凯德在中国12个城市布局了23个综合体,总建筑面积超过620万平方米,成为布局综合体最多的外资发展商。

2001年,由香港瑞安集团开发的上海新天地竣工,这无疑成为港资企业在国内打造的一张城市名片。由此,瑞安商业地产"天地"模式的成功运营,令其在国内各大城市获取一线土地资源如鱼得水。然而,近年来瑞安却接连变卖资产。从2013年至今,瑞安一口气卖完上海、武汉、佛山部分项目,共套现超过250亿元资产。

同在上海,2001年恒隆广场开业。一时间,上海成为中国乃至世界的时尚高地。2017年,上海恒隆广场租金收入14.09亿元,同比增长8%,总业绩高达48.5亿。

再看厦门,SM城市广场开业,这是SM集团第一次进入中国市场。除厦门外,SM城市广场还布局了晋江、成都、苏州、重庆、淄博、天津、扬州等地,运营中的购物中心总建筑面积超过95万平方米。

这家来自菲律宾的商业地产领军企业,其创始人施至成祖籍福建,后逃难到菲律宾以卖鞋起家。在2018年福布斯全球富豪榜中,施至成凭借200亿美元的净资产,位列排行榜第52位。目前拥有数十家公司的股权,包括菲律宾第二大银行,同时在全世界拥有53家大型综合购物中心和东南亚最大的购物城。

2001年,万达开发了第一个万达广场——长春万达项目,标志万达正式进军商业地产领域。同时,万达与沃尔玛签订了合同后,在第二年试水"沃尔玛入驻+底铺销售"的模式中,一层店铺被迅速售完,最高售价达到了6.8万元/平方米。

万达集团在官网上如是定义这个独特的年份，"2001年是万达发展史上非常重要的一年，是转折、起飞的一年，跨区域经营获得了巨大成功。"

回到北京，久负盛名的东方新天地终于亮相了。它坐拥长安街，毗邻天安门广场，坐落在目前亚洲最大的综合性商业建筑群之一的东方广场内，是京城名副其实的商业地标。

在2001年的中国，商业地产初露苗头。时间推移到2010年前后，商业地产将迎来全面爆发式增长。这一点，在往后的《中国地产四十年》系列报道中将有更加详细的篇幅加以介绍。

前文提到，粤军北上以及申奥、入世成功等一系列因素刺激了楼市发展，这里面不仅有一手楼的活跃，还带来二手房交易的火热。在此背景下，大量二手中介公司应运而生了。2001年11月，左晖创立了链家的前身——链家·宝业，从此开始了链家创业之路。

早在1992年，左晖从北京化工大学毕业，就被分配到北京郊区工厂工作，但没多久，他就选择了辞职。手持计算机及应用专业文凭，左晖来到中关村，选择在一家软件公司担任客服，每天的工作就是负责接听电话，收集客户反馈的各种意见。

回忆起早年这段经历，当时才刚毕业的职场"菜鸟"左晖对这种被电话轰炸的工作环境仍心有余悸。一个电话刚拿起，还没来得及说开口问好，旁边不远处的另一个电话已经响起，电话铃那焦急的催促之声，让左晖应接不暇，以致左晖整天耳朵嗡嗡响个不停，脑子经常一片空白。左晖这份工作坚持了3年，最终还是选择了离开。

1995年，左晖转型做市场销售。拼劲十足的他常常为了一个项目可以拼几个月，每个项目都做得比同行客观翔实。但又熬了3年，并未有显著进展。此时的左晖也意识到在自己不擅长的领域里，很难发挥潜力，只有找到发挥自己长处的方向，才能做成事。于是，左晖开始筹划创业。

此前《中国地产四十年》篇章介绍过，郭广昌与校友创办复星，叶惠全跟校友创办中惠熙元，周忻与校友创办易居，提到左晖的创业，也是跟校友有关。不同的是，左晖的创业又是一个"地产+足球"的故事。

就在一个夏季夜晚，左晖跟大学校友一起去看北京国安队的甲A足球联赛，北京队取得一场大胜，让他们看得激情澎湃。于是，当天晚上，左晖跟校友一起畅谈起"25岁出来单干"的约定。在足球激情的刺激下，左晖和两个同学每人拿出5万元，凑钱创业。

他们选择的首个创业项目是卖保险，从此左晖每天沉浸在对冗长枯燥的保险条款研究之中，又花了大量时间培训员工，把手下打造成一支高执行力的团队。时间又过了3年，这次创业让左晖收获颇丰，当他们退出卖保险这个行当时，收益已经是当时投入的100倍。

2000年，左晖找到《北京晚报》合作，举办了房地产个人购房房展会，这次活动出乎意料地火了起来，成千上万的市民闻讯纷纷赶来参会，竞相涌入会场，现场一度失控。这次在房地产领域的小试牛刀给左晖很大启发，他意识到中国购房市场的庞大消费能力正在迅速形成。

2001年11月，左晖正式开办了链家。创立第二年，成为中国建设银行指定按揭代理机构，链家同步推出二手商品房转按揭业务。2003年，成为"中央在京单位已购公房上市出售定点交易"代理服务机构。2004年，左晖把公司正式更名为"北京链家房地产经纪有限公司"。于是，又用了3年时间，链家终于在市场上站稳了脚跟。

在房地产占据一席之地的链家，随后启动了全国中介大并购，先后把上海德佑地产、深圳中联地产、杭州盛世管家、重庆大业兴、济南孚瑞不动产、广州满堂红等各大城市初具规模的中介代理公司收入囊中，一举奠定了行业老大地位。链家最令人侧目的是，在行业里首推"真实房源"倡议，并发动一场场房源大战。

值得注意的是，作为北京化工大学计算机专业毕业的左晖，也在中介行业里率先开发建立了一整套"楼盘字典"大数据系统，整合了全国32个重要城市、8000家中介门店共计8000万套房源。

中国新世纪开门红

2001年，对于世界和中国来说，可谓是冰火两重天。先来看看全球形势，2001年，作为新世纪的第一年，并没有给人带来好运。人们尚未走出2000年纳斯达克股灾的阴影，世界股市崩盘与"9·11"恐怖主义袭击事件接踵而来，给当时的世界经济当头棒喝。

2001年3月，纽约股市受到重挫，道指一度跌破1万点，纳指跌到2000点以下，造成全球股市市值损失近10万亿美元。屋漏偏逢连夜雨，2001年全球最大的能源公司——安然，全美第二大长途电信公司——世通，双双都被发现财务报告作假，欺骗投资人，最后均以破产告终。

经济受重创，政治局势也不稳定。"9·11"事件猝然来袭，令美国雪上加霜。据联合国报告显示，此次恐怖袭击对美国造成经济损失高达2000亿美元，全球经济损失甚至达到1万亿美元，可以说是世界上破坏力最大的一次恐怖袭击。

但是，更令世界动荡不安的是，"9·11"事件发生不到一个月后，美国发动了"反恐战争"，2001年10月7日美国总统乔治·沃克·布什宣布开始对阿富汗发动军事进攻，进军阿富汗以消灭藏匿基地组织恐怖分子的塔利班，对发起这次恐怖袭击的本·拉登实行军事打击。

这就是2001年的美国。囿于政治困局与经济困境，这个全球第一大国剧烈动荡，世界格局风云变幻。也几乎在同一时间，遥远的东方国度却是另一番景象。人们在此间感受到前所未有的喜庆与满足感。

2001年7月13日夜晚，当国际奥委会主席萨马兰奇先生宣布，北京成为2008年奥运会举办城市时，瞬间40万人民群众自发涌向天安门，彻夜狂欢。那一刻，1993年申奥失败，隐忍了八年之久的屈辱终于一夜之间烟消云散，中国人期盼了百年的奥运梦终于得偿所愿。

与申奥成功给国人带来巨大惊喜的重大事件还有中国男足冲出亚洲,跻身世界杯。2001年10月7日,在传奇教练米卢蒂诺维奇率领下,集结了范志毅、郝海东、孙继海、宿茂臻、李玮峰、区楚良、邵佳一、谢晖、杨晨、李金羽、李毅等中国足球黄金一代球员的中国足球队,在中西亚诸强包围中,连克阿联酋、卡塔尔、乌兹别克等强队,并在1-0战胜阿曼后,提前2轮跻身世界杯决赛圈。

2001年10月21日,亚太经济合作组织(APEC)会议在中国举行,成为中国改革开放之后举办最高规格的国际会议,本次会议也让中国登上世界国际峰会舞台,展现中国独特的东方文化,特别是全体与会领导人身着唐装拍摄的大合照,使极具中国元素的"唐装"成为2001年全球一道亮丽的时尚风景线,并将中国文化推广到世界。

接踵而至的好消息是入世,中国经过15年漫长而又艰苦的谈判,终得入世门票。2001年11月10日,在卡塔尔首都多哈举行的世界贸易组织第四届部长级会议上,全体会员国通过协商,审议通过中国入世申请。12月11日,中国正式成为世界贸易组织成员,至此,中国终于也行使世贸组织正式成员的权利,但也承担相关的义务。

全球哀鸿遍野,而中国却一片欣欣向荣。这也无形之中,印证了"21世纪是中国人的世纪"这一说法。而在21世纪第一年里,中国接连四桩喜事降临,迎来开门红。总之,在21世纪开启之年,中国以前所未有的姿态,展现着五千年独特文化魅力和人文底蕴,更迎来千载难逢的发展契机。

2002 年：

借壳曲线上市　京基邀克林顿

2002 年，全球形势总体趋于缓和。经历过 2000 年新千年、2001 年新世纪国内外各种跌宕起伏重大事件的洗礼，尽管国际冲突仍旧错综复杂，各种新旧矛盾还在相互交织演变，但随着全球化前行步伐加快，多元化发展日渐深入人心，世界正从前两年的激荡起伏之中逐步回归平稳态势。

2002 年，中国整体经济发展显得相对平稳。为拉动内需，刺激消费，中国自 1998 年取消福利分房之后，房地产获得持续发展空间。然而，尽管房地产行业被寄予拉动经济发展的厚望，但是，中央对楼市依然保持警惕，始终没有放开调控，显而易见，政府更乐见其成的主旋律是健康发展。

据《朱镕基讲话实录》一书记载，朱镕基总理在 2002 年中央经济工作会议上讲到："在局部地区、个别地区，房地产已经初显一点热。同志们，从一点热到过热是很快的，半年就行，我对此有几十年的经验。这说明一个什么问题呢？就是我们一定要考虑可持续的发展。如果拼命加大投资的强度和力度，拉动的后果是难以设想的，会背上很多包袱。"

大方向把握住了，经济的列车就不会跑偏。2002 年，中国 GDP 实现 7.9% 增长，并历史性突破 10 万亿元大关，创纪录达到 102170 亿的新高点，与此同时，国内人均生产总值也首次迈过 1000 美元门槛。以此为起点，中国经济随后连续多年保持 8% 以上的增速，成为全球经济一道亮丽的风景线，也缔造了新的世界奇迹。

在这一年里，中国十六大胜利召开。中国经过改革开放，走到 2002 年已经 24 个年头，在初步解决温饱问题之后，十六大也将全面建设小康社会作为伟大目标而奋斗，这也明确了中国新时期的发展方向，坚定了改革开放的决心和信念。

到了 2002 年年底，时任中国房地产业协会秘书长顾云昌在《2002 年中国房地产市场回顾及 2003 年展望》一文中提到，"用八个字简单概括 2002 年的中国房地产市场，就是快速增长、供需两旺。"他提到一个数据，2002 年前 11 月，全国房地产投资增长 28.2%，相当于 GDP 增长的 3.5 倍；房地产竣工面积增长 28.3%；销售面积增长 29.8%；销售额的增长则达到 37.1%。

新"土地革命"

在卜凡中所著的《我们房地产这些年》一书中特别提到，业界爆发了一场关于 2002 年房地产冬春激辩。清华大学教授魏杰参加中央电视台节目时，发表了《2002，房地产的冬天》的访谈讲话。

这个观点引发业界热议，华新国际总裁卢铿反对"严冬"的说法，认为整个市场而言应该是春天。建业董事长胡葆森提出两分法看待问题，对于认真做品牌的人来说永远是春天，但对于那些炒家和浑水摸鱼的人，则永远是冬天。关于冬春之争，万科王石："2002 年以来万科接到最多的投诉是，你们的房子怎么卖得这么快，一不留神就买不到。如果是冬天，谁会这样做？"

2002 年 1 月 16 日，时任中国房地产及住宅研究会副会长包宗华在《中国建设报》上发表了《2002 年不是中国房地产的冬天》文章提到："由于 2001 年没有出现'泡沫高潮'，2002 年也就不会出现房地产的冬天。"而时任中房集团董事长孟晓苏提出了"房地产周期论"，提醒政府与产业注意防止出现房地产投资周期性过热，明确提出要理性发展。

业界的争议也引起有关部门的重视，《我们房地产这些年》书里提到，2002 年元旦前后，建设部部委有关负责人带队业内专家及主流媒体记者分赴北京、上海、重庆、广州四个城市进行实地调研。1 月 21 日，建设部向国务院报送了《关于当前房地产市场运行情况的报告》。

国务院领导随即对这份报告批示，提出要重视三个问题，"一是坚持发展城乡居民适用住房为主；二是大力整顿规范建筑市场，改善物业管理，提高建筑的质量和水平；三是采取有效措施控制城市过高的地价，防止房地产的泡沫。"显而易见，这是中央高层希望房地产业健康发展的一个重大信号。

中央除对市场发展保持关注之外，也在推进土地出让改革制度。《中国地产 40 年·1987》中曾经提到，中国过去的土地实行的是单一行政划拨制度、无限期使用、不允许流动的。直到 1988 年，第七届全国人大一次会议对宪法进行了修改，将宪法中禁止出租土地的规定删去，改为"土地的使用权可以依照法律的规定转让"。

后于 1990 年发布了《城镇国有土地使用权出让和转让暂行条例》，标志着中国的土地市场走上了有法可依的轨道，土地禁锢才终于完全放开。这在往后的十来年中，绝大部分土地使用权采取了协议出让的方式进行交易，当中导致的不公平、不公开在此不加以赘述。

到了 2002 年 5 月 9 日，国土资源部签发 11 号令《招标拍卖挂牌出让国有土地使用权规定》，叫停了已沿用多年的土地协议出让方式。从 7 月 1 日起，商业、旅游、娱乐和商品住宅等各类经营性用地，必须以招标、拍卖或者挂牌方式进行公开交易。

然而，任何一项改革都不可能一蹴而就，就连首都北京都特意给协议出让留下了一道口子。同年 6 月 26 日，北京出台了《关于停止经营性项目国有土地使用权协议出让的通知》，规定除小城镇、绿化隔离带、危改、高科技、重大项目以外的经营性用地，必须实行招拍挂出让。

尽管改革难度不小，但该政策也被称为继 1990 年以后的新"土地革命"，被视为加速土地使用权商品化、市场化的一大改变，人们寄予了房地产即将规范化发展的厚望。事实也证明，土地招拍挂的出让方式将给中国房地产业带来巨变。

2002 年的中国房地产市场虽然各地发展互有所长，但是偏安一方的企业众多，类似粤派房企北上全国布局的企业仍然是少数。新的土地政策，给予了透明公平的土地出让环境，对于非国资背景的地产企业来说简直是福音，这也为大多数企业异地开发提供了现实可能。

其中，率先嗅出市场机会的便有如今战绩彪炳的孙宏斌。当时的他，已经带领顺驰在天津驰骋六年，从零起步到占据天津市场 10% 份额，这无疑需要过人的胆识与魄力。孙宏斌认为，属于他的机会来了。2002 年 11 月，孙宏斌在中国（深圳）国际住宅与建筑科技展览会上放话："北京的好房子还没有出现。"

一锤定音。孙宏斌的第一站：北京，如期而至。同年 12 月 8 日，北京市首次拍卖大宗国有土地，顺驰以 9.05 亿元拿下大兴区黄村卫星城北区一号地，高出起拍价 1 倍之多，并且力挫华润、住总、富力等现场 10 家著名房地产开发商。顺驰当天晚上就宣布，6 个月后大兴项目将上市销售。

以此为起点，在整个 2003 年，顺驰如同风暴般崛起、出征、攻城略地，崭露头角。无论是石家庄、上海青浦、南京河西、苏州工业园区还是天津奥林匹克中心配套项目，顺驰所购之地，几乎无一例外都成为当地最贵的地块。

……短短的一年时间，顺驰迅速成长为一家全国性的大型房地产公司，它的土地储备高达 1200 万平方米。2003 年，顺驰的销售额达到了 45 亿元，此时的万科则是 63 亿元。

似乎，那个在 2003 年 7 月中城房网论坛上指着王石，说要超越万科，实现全国第一房地产企业的孙宏斌，离成功只差一步了。只不过，后来因为高速扩张埋下的隐患重重，导致顺驰最终卖身路劲，孙宏斌再以融创起家，一路披荆斩棘，不改其风风火火的企业形象。

尽管如此，新土地革命给予中国房地产企业发展的机遇仍然大于风险，无数个孙宏斌们借以实现做大做强。与此同时，价高者得的竞争环境，后来也衍生出全国各地"天价地王"的现象。

房企找"金"故事

房企上市,已经屡见不鲜。2002年的中国房地产行业,借壳上市的潮流正在显现。包括恒大地产、广州城建、莱茵置业、海德股份等企业,都陆续成为借壳上市的排头兵。

1985年成立于香港的越秀集团,1992年推出香港上市平台——越秀投资。越秀投资后于2002年重组,经国务院批准、广州市运作,收购广州市属房地产开发公司广州市城建开发总公司。由此,广州城建成为香港上市公司"越秀投资"的主体,走了一条借道上市的捷径。

同年借壳成功的还有浙江三家房企。2002年6月28日,莱茵置业(原"辽房天")发出公告,华顿国际投资有限公司以协议方式将其所持有本公司的26747600股法人股,转让给浙江莱茵达投资有限公司。交易完成后,浙江莱茵投资有限公司持有法人股34486750股,占总股本的29.43%,为第一大股东。于此,杭州莱茵置业成功入主辽房天。

如今,莱茵置业更名为莱茵达体育发展股份有限公司,剥离地产,进军体育产业。经营范围变为实业投资,包括体育活动的组织、策划,体育场馆的设计、施工、管理及设备安装等。

2002年8月13日,海德股份(原ST琼海德)公告,浙江省耀江实业集团以51%的股权成为祥源投资控股股东,进而间接控股ST琼海德,代替了原来第一大股东海南祥源投资有限公司的地位。两个月后,浙江耀江实业对海德股份进行了大规模资产重组,使其成为地产公司。

在《2002房地产融资总结:房企找"金"故事》一文中,透露了两点非常有意义的信息。第一点,当时的证监会虽然已经允许房地产企业上市,但是复杂、严格的审核过程,以及漫长的辅导期,使很多房地产开发商望而却步。如果按正常程序上市需要好几年的时间,因此2002年房地产商们选择买壳上市可以节约大量的时间。

第二点,该文援引了一位香港证券业人士披露的数据提到,并不是所有的内地房企都能顺利在香港上市,因为2001年一个"壳股"的收购价为3000万至4000万港元。但在内地民企的追捧之下,2002年已上涨到5000万至7000万港元。

除了上市,2002年这一年仍有不少企业走在初创的路上,包括鲁能集团、鸿坤集团、南益地产、华南城、康桥地产、海航地产、绿都地产、苏宁置业以及海尔地产。

其中,山东鲁能集团成立于2002年12月,官网显示,这是一家国家电网公司的全资子公司,核心业务聚焦地产、能源两大板块。目前,鲁能地产布局全国22个城市,累计开发建筑面积1300万平方米。克而瑞数据显示,2017年鲁能地产销售额达到893亿元。

郑州，康桥地产，2002年成立。业务涉及房地产开发、产业文旅、租赁住宅、大服务、代建、装饰等领域。重点布局京津冀、长三角、珠三角、中原地区、西部省会等城市群。目前累计开发项目40余个，开发面积2000余万平方米，拓展社区3000余万平方米，服务业主27万余户，销售面积1200万平方米。

在克而瑞发布的《2017年度中国房地产企业销售TOP200》排行榜中显示，康桥地产在2017年全年实现销售金额155.39亿元，排名全国第99位。而在郑州市，该销售业绩则位列当地市场第二名，其销售面积和套数都跻身前三。

同样在郑州大地，2002年诞生了绿都地产。作为宇通集团全资子公司，绿都地产是郑州宇通集团房地产板块核心企业，业务涵盖房地产开发、物业管理、商业管理三大板块。如今，绿都地产已经把总部迁到了上海。

2015年，绿都地产全面开启全国化布局。以长三角、中原、环渤海及华南区域为核心，加速进入一二线城市，实施区域聚焦战略。2015~2017年，绿都接连在上海、苏州、杭州、合肥、南京、南通拿下核心地块，强势布局华东，并进入海口，进入长三角布局。

同时，绿都地产也是近10年来首家正式启动A股IPO的河南房地产企业。早在2016年2月1日，该公司已在河南证监局进行辅导备案。据悉，郑州本土地产企业中，鑫苑置业于2007年在美国IPO；建业地产于2008年在香港IPO；正商地产2015年借壳恒辉企业在香港上市。

如今因前万科集团高级副总裁毛大庆、原龙湖集团副总裁袁春的加盟，而被公众广泛熟知的鸿坤集团，也于2002年成立。

鸿坤创始人赵彬是一位资本运作高手，本身就是经济学专业出身。2002年，赵彬从湖南北上进京，成立了北京鸿坤伟业，开始了创业历程。随后，鸿坤很快夺得北京南五环外西红门地块，这幅地有两百万平方米。只不过，那时候的西红门还是阡陌纵横，缺乏配套，生活出行皆多不便。然而，赵彬却从这里发家了，兴建了西红门理想城项目。

2007年赵彬发起中国北方地区第一支有限合伙基金，在近20多个已经投资成功的企业项目里收益超过300%。目前鸿坤伟业至少投资了71家公司，绝大部分是和地产开发业务有关。而今，赵彬逐步传位给自己的儿子赵伟豪。虽然赵彬依然是鸿坤集团高级合伙人、董事长，但鸿坤实际控制人，已经变成现年25岁的赵伟豪。

克而瑞数据显示其2017年全年业绩共计208.8亿元，如今足迹已遍布北京、上海、天津、河北、江苏、安徽、广东、湖北及海南等直辖市和省份。同时，在德国及美国等地均有投资、地产等业务落地。值得一提的是，鸿坤在资本、产业、文旅和地产四大板块的规模发展目标，即2023年实现四个千亿计划。

顺便提一句，2015年，万科高级副总裁、北京区域首席执行官、北京万科董事长毛大庆在"大众创业、万众创新"的感召下，挂冠而去，投身到创业大潮之中，创建了优客工场。在这次创业过程中，毛大庆与鸿坤地产创始人赵彬进行股权互换，交叉入股对方公司。

毛大庆持有鸿坤地产集团股权，从万科职业经理人摇身变为鸿坤集团高级合伙人，并出任鸿坤地产集团执行董事职务，主要负责鸿坤的战略规划和企业转型。同时，鸿坤董事长赵彬成为优客工场的联合创始人，由于赵彬和鸿坤旗下的亿润投资都在优客工场持股，因此，鸿坤一举成为优客工场大股东。

位于福建的南益集团于1992年进入地产行业，经过十年积淀之后，在2002年成立南益地产集团有限公司。目前，集团开发版图分布在福建、山东、天津、湖北等四大区域，开发项目遍及泉州、济南、天津、武汉等多个国内重点城市，已形成全国性战略布局。

这家在泉州起家的房地产企业，也在2009年将总部由泉州迁往深圳嘉里中心。在克而瑞《2017年度中国房地产企业销售排行榜TOP200》中，南益地产年销售面积30.5万平方米，排在第199名。

华南城，2002年5月在香港注册成立。截至2018年3月31日止之2017/18财政年度，华南城全年取得合约销售约120.26亿港元同比上升约39.3%。它以创新商贸模式，促进了中国的商贸物流产业升级转型。

2017年4月，华南城与中洲控股的重组计划告吹。虽然计划显得完美，二者希望结合各自在住宅开发领域和综合商贸物流领域的不同优势，形成业务协同和互补。

实际上，近年来进军商贸物流地产的企业越来越多，其中不乏万科、华夏幸福等行业领军企业。由此，华南城面临的不仅仅是物流地产本身的运营压力，还有来自同行挤占的市场空间份额问题。

2002年，还有两家与家电密切相关的企业，在房地产领域下了关键一棋。其中，苏宁帝国里的苏宁置业成立了。不同于苏宁环球侧重住宅地产发展、定位刚需，苏宁置业走的是中高端综合地产开发路线。

苏宁董事长张近东的目标是，2018年要开新店5000家，打造苏宁置业线下最大的商业连锁商，以及苏宁集团优秀的不动产持有与管理平台。

成立于2002年的海尔地产，是海尔旗下专业从事房地产投资、开发和经营的全资法人单位。虽然成立年份早，但是实际上有迹可循的地产开发举措只能追溯到2007年，彼时，海尔地产刚刚从上实发展手中挖到卢铿，并将地产业务交由其全权掌管。实际上，海尔地产曾提出"3年16倍，5年30倍，用6年时间超过万科"，足以看出海尔集团董事长张瑞敏对地产业务板块的期望很大。

然而自2013年卢铿出走后，海尔地产重新制定了"一店一库智慧家"的产业战略目标。即在全国重要城市建立42家海尔家电家居体验旗舰店、500家社区体验店、100个国际物流库，旨在借助地产实现整个海尔集团大资源互换开发、产业协同开发、合作开发。

海航涉足地产开发

2002年5月28日,海航地产集团有限公司的前身——海口新城区开发建设有限公司注册成立。当时这家公司成立的本意是与广东东莞地产商联华国际一起开发大英山老机场的3000亩土地。

资料显示,海口大英山机场建于20世纪30年代初期,由当时的广东省政府投资兴建。后由于市区的迅速发展制约了机场的发展,1999年5月25日,大英山机场停航,结束了"历史使命"。取而代之的是,海口美兰国际机场。

机场搬迁后,海航集团控股企业海口美兰机场有限责任公司获得了跑道中心线两侧的3000亩土地的开发权。

于是,海口新城区开发建设有限公司应运而生。海航与联华国际双方做了《大英山项目策划报告》,计划建成规模宏大的集商务中心、文化广场、购物天堂、休闲天地等于一体的中央新城,成为"海口之心"。

不过计划未能成行。最后联华国际退出,合资公司被收归海航旗下。2008年,海航地产控股(集团)有限公司成立,隶属于海航集团曾经七大产业板块之一的海航实业。2009年,海航地产获取了这3000亩大英山老机场土地使用权。

依托海航集团在航空、机场、商业及旅游等方面的优势资源以及充足的土地储备,海航地产迅速进行全国扩张,目前经营范围已遍及海南、北京、天津、上海、广州、深圳、四川等全国40余个省市。

官网指出,海航地产着力于发展基础设施投资建设和房地产两大业务。基础设施投资建设业务以PPP模式为方向;房地产业务则以现代房地产发展趋势为导向,打造以中高端住宅、5A写字楼、城市综合体、新型城镇化地产、航空旅游地产、养老地产等为主的核心房地产产品。

据克而瑞发布的《2014年中国房地产企业销售排行榜TOP100》排行榜显示,2014年,海航地产的销售额达到140亿。然而到了2016年,这个数字仅剩下100亿。2017年,海航地产销售额降至81亿元。

截至2017年年底,海航地产拥有房地产项目逾百个,其中持有型项目近60个,可运营面积约220万平方米;在建项目40余个,总建筑面积近450万平方米;总可售面积逾117万平方米,其中大部分位于海南省内。

近年来,海航屡次出手变卖资产。2018年2月,海航集团把香港启德区6565号地块和6562号地块作价159.59亿港元卖给了香港恒基兆业地产(00012.HK);3月,会德丰(00020.HK)又以63.59亿港元的价格从海航集团子公司手中收购香港的一幅地块,位于九龙启德第 1L 区 1 号地盘新九龙内地段第 6564 号。

从香港到内地，海航还在卖卖卖。首当其冲的便是大英山旧机场地块。这个项目对于海航的意义非比寻常。

2012 年 9 月 20 日，海南省人民政府批复海口大英山片区设立海南国际旅游岛中央商务区。同时指出，由海航集团牵头，在海口大英山片区设立和启动海南国际旅游岛中央商务区项目建设。

大英山 CBD 位于海南省省会海口市中心，总用地面积约 8440 亩，核心区域用地面积约 3000 亩。项目划分为 A、B、C、D 四大块，共计 16 个项目，包括了海航中心、海航首府、海航豪庭等，是海口城市中心唯一周边配套成熟的大规模地块集中区。

2018 年 3 月 12 日，海航基础（600515.SH）发布公告称，孙公司海航地产拟与海南融创昌晟置业有限公司签订《股权转让协议》，出售海航地产所持有的海南高和房地产开发有限公司 100% 的股权，转让价款约 11.36 亿元，交易价格与账面价值相比溢价约 4.29 亿元。

同时，海航基础出售海航地产所持有的海南海岛建设物流有限公司（以下简称"海岛物流"）100% 的股权，转让价款约 7.97 亿元（交易价格以海南融创昌晟完成尽职调查之后的结果为准）。两笔交易共计 19.33 亿元。此次交易的买方为融创。融创通过该交易拿下了海口红城湖棚改片区两地块与望海国际广场。

具体来看，海口红城湖棚改片区两地块位于大英山区域，由海航在 2016 年 7 月以 8.15 亿元拍下；海南高和开发的望海国际广场，总用地面积 2.5347 公顷，总建筑面积约 15.5 万平方米，2018 年 1 月的营业收入为 1310 万元，占 2017 年全年营业收入三分之一，净资产 7.07 亿元。

海航地产表示，出售海岛物流预计将增加投资收益 2.87 亿元及净利润 2.15 亿元。

2018 年 4 月，富力地产宣布与海航地产达成一笔 57 亿元的框架协议，用于地上开发建设土地使用权及在建工程合作事宜。该项目正是海航地产位于海口的海航首府。

海航首府毗邻海航的海口双子塔项目，是早年大英山旧机场地块中的一部分。项目由 B18、D16 两个地块构成，曾规划业态集高层住宅、商业及希尔顿酒店等，并于 2016 年 4 月启动建设。

2018 年 5 月，海航系的售卖计划延伸到上海，集团旗下上市公司海航投资（000616，SH）宣布转让上海一个商住项目予福晟集团，涉及资金达 29 亿元。

在海航集团发布的通告中，2018 年上半年累计出售的资产已达 600 亿元，出售量超过集团上半年未合并报表净资产的 10%。

海航集团官网显示，该集团正式成立于 1993 年。不过在 1989 年，如今的海航掌门人陈峰便受命筹建海航。当时，海南省政府拨款 1000 万元，但是仅仅购买一架波音 737 就需要 3 亿元。

这并没有难倒航空专业出身的陈峰。他 1984 年毕业于联邦德国汉莎航空运输管理学院，后来于 1989 年来到海南。时任海南省省长的刘剑锋找到陈峰，希望陈峰能够以多年的航空管理经验,帮助海南建立一家自己的航空公司。

1990年的海南有600万人口,却没有一家航空公司。这个刚成立两年的经济特区,旅游资源丰富,但是航空事业却远远落后。

在"一无资金、二无技术设备、三无人员、四无航道"的情况下,海航硬是拼杀出了一条血路。1992年下半年至1993年年初,陈锋发起了一家私募公司,向社会定向募资2.5亿元,又用这2.5亿作为信用担保,向金融机构贷款6亿元,买下2架波音737。

陈锋是个很聪明的人。他又用仅有的2架波音737作为担保,再订购了2架,诸如此类的杠杆手法撬动了海航初期的发展。

回到20世纪90年代,定向募集,股份制改造、向资本大鳄索罗斯寻求私募资金等手段,让海航如同一颗冉冉升起的新星,照亮了海南的上空。

如今的海航集团,涉足科技、航旅、资本、物流等相关产业。2015年,海航首次登上《财富》世界500强榜单,位列第464位;2017年,海航列《财富》世界500强榜单第170位。

二十几年的时间,陈锋带领的海航集团从一千万元起家,发展到总资产规模约1.6万亿元、年收入近7000亿元的综合性商业集团;从一个名不见经传的地方航空公司,扩张为横跨多个产业的世界级企业。

虽然家业庞大,但海航集团一路疯狂扩张的模式备受关注。光是2017年上半年,海航集团便相继以22.1亿美元收购曼哈顿公园大道245号大楼、增持德意志银行持股比至9.92%、20亿美元收购香港惠理集团、7.75亿收购嘉能可石油存储和物流业务51%股权、13.99亿新加坡元收购新加坡物流公司CWT。

这一系列的"买买买"令人震惊,然而很快随着银监会排查海外并购风险,这家风头正盛的企业扩张模式戛然而止,随即进入"卖卖卖"的节奏,降低负责率。

从"看不懂的海航"到如今变卖资产的背后,是陈锋寄望海航去地产化,聚焦主业的经营战略转型。但无论如何,海航的发展在中国现代商业史上注定会留下浓厚的一笔。

港资卷土重来

在《中国地产四十年》中,港资开发商的笔墨绝对不会少。20世纪90年代,港资开发商首次北上,率先在广州抢滩布局。其中新世界、祈福集团、东讯房地产、廖创兴集团、嘉和集团、丽新集团以及信和集团等企业尤为突出。

在卖方市场上,香港人也非常活跃。以荔湾区的越富广场、世纪广场,越秀区的嘉和苑、东山区淘金坑一带的楼盘为例,在20世纪90年代普遍价格达到6000~8000元/平方米,最巅峰时期达到1万元/平方米。其中,祈福新邨成为第一个掀起港人置业内地热潮、第一个提出"港人度假屋邨"的社区。

邓智仁在《房地产市场引进外资急需建立三项机制》一文中提到一个数据：中国房地产自20世纪80年代末发展至今，所吸引的外资中有95%是港资，当时在内地做房地产的回报是投资的1~2倍，于是大量港资流入内地。

"但是这些进入内地的港资，最终都一败涂地。香港1997年前的一个统计数字显示，那时投向内地的港资95%以上都铩羽而归，大批资金回流香港，这直接导致了1996年至1997年间香港的房地产泡沫。"

到了2002年，港资在内地卷土重来。这一年7月8日，新鸿基地产集团副主席兼董事总经理郭炳联在香港透露，新鸿基会对广州新机场附近住宅项目进行考察。其实早在前一年新鸿基地产就已公布了发展珠江三角洲的大型住宅项目计划，而这也是自开发锦城花园后，新鸿基时隔多年再度涉足广州市场。两年后，新鸿基旗下公司成功收购了广州黄歧高达2500亩的项目。

另一个称得上传奇故事的是霍英东与他的南沙梦，也在2002年得到进一步深化。关于这个梦，在2015年4月21日的挂牌仪式上，霍英东之子、南沙开发建设有限公司董事霍震宇回忆道："我第一次来南沙是1982年，那时真的什么都没有，连路都没有。"父亲霍英东指着南沙对他说："你帮我去开发这里。"

于是，就有了20世纪90年代的一场投资。彼时，霍英东在南沙东部买进约22平方公里土地，其中可开发土地资源超过10平方公里，并且大多位于南沙新区的黄金地段。1992年初，广东省把南沙经济开发区列为全省在20世纪90年代深化改革和扩大开放的四个重点之一。2001年，广州市提出了开发大南沙的理念。

2002年，时任广州市常务副市长、南沙开发建设指挥部总指挥的张广宁曾经公开表示：没有霍英东先生爱国、爱家乡，先做起来这一块，哪有我们现在的大南沙开发概念？

同年，霍英东接受南方都市报专访时曾介绍：从1989年开始，霍英东基金会先后投入资金30多亿元。并定下目标，用5~7年时间展开南沙蒲洲大酒店、南沙新客运港、珠江三角洲世贸中心大厦、英东中学等项目。

2002~2005年，政府在南沙投入300亿元；同期，霍英东基金会投入12亿。按霍英东的设想，南沙将建成一个"小香港"。这只是南沙刚开始的模样，往后中央仍有多项利好光顾南沙，这个粤港澳几何中心，始终是时代发展的热点区域。

卖方市场有一个可以佐证的数据是，中原地产研究部统计，2002年1~9月，广州市共批准12个楼盘外销，总预售面积达43.1平方米。

以一德路的专业商铺"山海城"为例，它不仅仅在香港举行了推介会，还把免费看楼车开到了香港，打出了"在香港买一个厨房的钱到山海城可买一间高回报的商铺"这一口号，成功吸引了不少的投资客。祈福新邨香港人置业的比例也在稳步上升，2004年上半年，单是香港买家就消化了近1000套房。

时间推后两年，和记黄埔在广州全资开发的第一个项目"珊瑚湾畔"于2004年正式对外公开发售，而位于广州黄沙地铁口的项目也进入启动程序，也在2005年正式动工。

该项目便是赫赫有名的西城都荟。从 2005 年动工至 2012 年，它才终于实现了全面开业。后于 2013 年被和黄转给了基汇资本及摩根士丹利房地产基金；2017 年，该项目再度转手于香港领展房地产投资信托基金。

另外，自从 2001 年成功推售出广州的第一个项目恒宝华庭后，沉寂三年的香港恒基地产于 2004 年 7 月正式启动芳村果子厂项目。然而，项目一波三折。启动不久因发现羊城旧八景之一的"烟雨井"而被迫停工一年多。直至 2006 年，该项目才得以入市。

2004 年，香港合和集团在广州开发的项目——合和新城开盘。这是一个位于花都区迎宾大道与镜湖大道交接处、规划规模约 3000 亩的物流商住综合项目。

同期的新世界中国，可谓是在广州港资开发商中默默耕耘的一股清流。在 2004 年前后，新世界中国地产在广州有五六个同时进行的项目，包括珠江新城 CBD 内的凯旋新世界、芳村区的逸彩庭院、白云区的岭南新世界以及天河区的时代新世界、东方新世界等多个项目。

不得不提的是，这一转变有赖于一项政策的实施。2003 年，内地与香港、澳门特区政府分别签署了内地与香港、澳门《关于建立更紧密经贸关系的安排》（以下简称"CEPA"），其中允许香港公司以独资形式在内地提供涉及自有或租赁资产的高标准房地产项目服务等内容，被视为港资地产商大规模进入内地市场的一大契机。

同年的新快报对此跟踪报道提到，时任"和记黄埔地产广州公司总经理欧伟明表示，以前港资地产商进入广州市场一定要以中外合作的方式，在广州开发的上述两个项目，他们只占项目 50% 的股份。新政策的出台，意味着他们进入内地房地产市场多了一个选择。香港公司以独资方式在内地运作，由于涉及股东较少，管理起来会更简便快捷"。

京基"克林顿秀"

2002 年，粤派北上已成定局，广深二地的开发商依然在大本营下足了功夫。这一年有享誉中外的几个项目开盘，分别是广州碧桂园凤凰城、深圳香蜜湖水榭花都、深圳碧海云天。

先看粤派北上，2002 年，华南五虎之一的富力也来到了北京。2 月 28 日，广渠门外东五厂地块出让，商地置业、华润置地、SOHO 中国、富力地产四家公司参与争夺。该地块从底价 29 亿元一路走高，最终被富力以 31.58 亿元收入囊中。

这幅占地面积 48.78 公顷的巨幅地块，由此成为北京当时的总价"地王"，折合楼面地价约为 2747 元/平方米。这个位于广渠门核心地段的项目，后来被开发为大型社区富力城，总建筑面积高达 150 万平方米，也成为富力在北京的扛鼎之作。

值得注意的是，原为朱孟依打下北京江山的珠江北京总经理谢强在这一年加盟了富力，成为富力走出广州后的北京首任总经理。为了邀请谢强加盟，李思廉和张力两位老板联袂出面，与谢强谈至半夜。

谢强原为《海南日报》记者编辑出身，在海南期间，与冯仑、潘石屹、张宝全、曾伟并称海南五兄弟。回到北京之后，其他四位兄弟都成了老板，唯独谢强继续担任职业经理人。

1999年，谢强加入了珠江，从此开启了珠江在北京市场的外挂模式。谢强凭着深厚的人脉资源，带领珠江猛夺北京南三环20公顷地块，随后又迅速推出珠江绿洲、珠江国际城、珠江帝景、珠江罗马嘉园等多个项目，令北京房地产行业惊呼"华南虎来了！"从珠江转会富力之后，谢强再次将拿地、操盘的功力发挥到极致，多次成功拿地，并让产品热销。

2010年1月，原本就是媒体记者出身的谢强出版了《一个文人的地产江湖：回首我在地产圈这十年》纪实图书，描写自己怀揣着文艺的理想，在报界与官场历练之后，来到北京，转投房地产。在珠江、合生和富力地产三家开发商担任高管，助力粤派房企抢占北京市场的历程，也见证了中国房地产业发展的黄金十年。这本书对了解房地产有很高的价值，因此上市20天内就狂销50000册，让出版社一再加印。

说完北京，把眼光放回华南。凤凰城首期开工面积3000亩，开盘首日售出独立别墅260套，联排别墅120套，洋房600套，销售金额超过7.5亿元。同时，客流量与成交金额都刷新了1999年广州碧桂园开盘时创造的奇迹。

南方网记录了几个至今都广被业内传颂的细节：开盘当天看楼人数超过5万人次，到凤凰城的私家车排到了广园东快速路上，一度需要警务人员疏通；几个看楼车接送点都有上不了车的看楼人；售楼部现场更出现了手机因过度繁忙而失去讯号。

而这也被视为"假日地产营销"的巨大成功。可以看到，除了凤凰城以外，早在2001年"五一"黄金周，便已经成就了广州星河湾、同年"十一"成就了广州锦绣香江花园。经此一役，由广州兴起的"五一""十一"、春节等节假日地产营销模式，被全国加以复制、推广，演变成今日"地产人周六保证不休息，周日休息不保证"的谈资。

深圳，香蜜湖水榭花都一期开盘。为什么说这是个里程碑式的事件？因为在当年深圳均价不到6000元/平方米的时候，它创下别墅2.68万/平方米、小高层8000元/平方米的天价纪录。经由水榭花都，香蜜湖豪宅板块的价值一举奠定，无人可破。

除了广州增城凤凰城和深圳香蜜湖水榭花都，还有一个项目，在2002年制造一起轰动性的营销事件。这就是我们之前《中国地产四十年》里提到过的京基地产邀请前美国总统克林顿出席碧海云天活动。

在《中国地产四十年·1994》里提到，1994年12月陈华注册成立了京基集团。这位来自广东湛江的创始人，早年生活坎坷，18岁就出来打工，在工地上打石头、卸水泥、搬钢筋、推车子各种粗活都干。创立京基之后，陈华开发的首个项目金梅花园让其一战成名。

此后，陈华一发不可收，接连拿地开发，只不过，这位擅长整合资源的老板，在

2002年又干了一票大的。这年里，碧海云天计划开盘，初期在做营销推广时，准备邀请周润发作为成功人士代言，但由于双方档期不一致，未能达成。就在这个关头，陈华提出邀请克林顿。这个想法甫一提出，被认为是异想天开，立即遭到强烈反对。

但陈华力排众议，坚决要求邀请克林顿。于是，通过花样年旗下的活动公司与美国方面联系，终于借克林顿出访日本契机，顺道到深圳，出席京基地产举办的活动，并做主题演讲。口才极佳的克林顿大谈全球经济与中国入世的机遇和挑战，博得现场观众阵阵掌声。

这场"克林顿秀"让京基一炮而红，同时也成就了深圳另一地产大佬潘军的花样年，因为帮京基策划组织这场活动的是花样年旗下的深圳星彦地产顾问有限公司。一时之间，业界盛传潘军是请得动美国总统的人。这场克林顿经典营销事件不仅在国内引起轰动，连美国高校也将其此事件收入营销案例。京基地产借着美国总统的光环，一举打响了知名度。

除了"克林顿秀"，京基集团另一让人侧目的事件是兴建深圳第一高楼。陈华开发的京基100楼高441.8米，共100层，2011年封顶时是深圳最高摩天大厦。当然，在飞速发展的深圳，这个纪录没保持多久，就被600米高的深圳平安金融中心大厦打破。

对了，说说万科的"海盗计划"。当时的中海，通过早年在香港的历练，已经形成一整套严密的人才培养体系，无论是基层员工，还是中高级管理层，对系列精细的产品制造培训以及成本和流程，都已经非常深入了解。因此，万科对中海人才垂涎三尺，一直视为挖角的重点对象，甚至在2000年还制定了"海盗行动"。然而，就在中海的预算人员、质量工程师、项目经理甚至一线公司副总级别骨干流向万科时，中海掌门人孙文杰总经理对此相当恼火，甚至发出红头文件，断绝中海与万科关系，这也使万科海盗计划一度受影响。

2002年，中海将业务从香港向内地转移，同时，孙文杰上调至大股东中建总公司，当接任者孔庆平在香港团队和深圳团队之间做抉择，当他最终选择启用香港总部的管理团队作为自己班底时，中海深圳公司总经理刘爱明萌生去意。于是，万科立刻启动刘爱明的引援计划，并成功说服其加盟万科。经过海盗计划的实施，万科相继引进了超过50位来自中海的高管人才，其中包括赫赫有名的肖楠、杜晶、陶翀富与刘爱明等人。

从"海盗计划"到"007行动"再到"千里马行动"，万科每一次大规模招聘人才的举措，都给业内提供了足够的头条素材。这家以情怀著称的企业，每一次人事调整背后都引发了一轮热议，令人津津乐道。

另外，在2002年广州楼市烂尾楼重新启动的现象愈演愈烈。其中，位于东风东路的宝华大厦始建于1993年，当时也属广州的贵价楼盘之一，后因资金缺位而烂尾。2002年10月，宝华大厦以9500万元的价格整体拍出。

同月，广东国际大厦第三次拍卖，广东逸涛集团以11.3亿元买下。然而两年后广东逸涛集团表示无力付清全部款项，并表示正寻找买家转让"63层"。后于2007年2月，由深圳中航以8.475亿元买下其中75%股权，剩余25%股权由广东逸涛继续持有。

2002年11月，东山区大沙头的海印花园200多套住宅整体低价出售，被深圳明斯克航母世界的老板以1.1亿元价格买下，折算下来每平方米价格是3500元。

在2002年的广州房地产市场，还出现了广州首家联合购房超市——保利"阳光屋联合购房超市"。现场有60余家房地产公司表示愿意支持。据悉，阳光屋联合购房超市倡导零散的买家联合起来，形成一个购房团体，以团购的形式让发展商在价格上给予优惠。联合购房最大特点就是"组团购房、享受低价、免费把关、代办手续"，享有物美价廉、免费律师咨询、多快好省等优势。

到了年底，广州地铁迎来了三元里至晓港段开通并试运行。广州地铁最早可以追溯到1993年12月28日，广州地铁1号线破土动工，彼时，广州成为全国第四个开通地铁的城市。有资料显示，广州地铁开工当年和第二年，一号线沿线物业升值15%，1999年一号线正式开通后，地铁沿线物业再次升值15%。其中，天河城和流行前线受益最大。

另一个数据是，广州从1995年人均住房面积不足10平方米，到2002年的15.44平方米，不足10年时间，人均居住面积提高了50%以上。如今，这个数字已经是35平方米。

地铁物业的升值，以及人均居住面积的迅速提高，这当中呈现出来的不仅仅是居住环境的改善，也是对房子作为投资升值属性有了深刻认知的体现。

同年，长春开通轨道交通3号线，成为大陆第一条轻轨线路；北京新增一条13号线，时称城铁；香港新增地铁路线；大连快轨3号线试车，2003年正式运营。

这一年，房地产市场正在发生的故事还有很多。2002年，万科落子佛山。觊觎广州多年的万科，始终无法进入这座房企云集、竞争激烈的省会城市，于是祭出"曲线救国"大招，在毗邻广州的佛山南海，一举拿下黄歧泌冲岗地块，并开发四季花城项目，由此在临广城市建立起桥头堡，这也成为后来万科打入广州城的第一站。

2002年，金地、招商等深圳房企开始进入广州市场；11月7日，国内首笔土地按揭贷款在深圳诞生；12月，恒大在广州土拍上，1.7亿元拿下广船集装箱地块新"地王"，战胜了万科、中海等诸多知名开发商。

说完了深圳、广州，来看看继2001年上海新天地隆重开业后，2002年，诞生在北京的文化地标诞生，即798。该项目原为20世纪50年代创办老字号国有工厂"华北无线电器材联合厂"所在地。这个工厂背景不凡，由苏联负责援建，东德副总理厄斯纳亲自挂帅，堪称全东德最先进的技术、专家和设备生产线集大成者，属于国家重点工业项目。因为带有军工背景，所以拥有充满神秘感的番号"798"。

然而，进入20世纪90年代初，一度令人艳羡的国有工厂也逐步走下坡路，产品跟不上时代需求，订单减少，生产压缩，工人裁汰，陷入半停产状态。就在这种背景下，工厂开始依靠出租场地维生。所幸的是，由于早年建造苏式厂房巨大的现浇架构和明亮的天窗建筑，令厂房显得宽敞明亮、方正实用，所以，也吸引了不少关注者的眼光。

2002年，知名政治家章士钊外孙女、前外交部部长乔冠华女儿洪晃以及美国人罗伯特同时瞄上了798，先后租下了车间厂房、工厂食堂。洪晃把车间改造成自己的艺术工作室，从事中国艺术网站运营的罗伯特则将食堂改成前店后公司的办公场地。

在这里，典型的包豪斯风格，实用和简洁完美结合，都成为艺术家创作理想空间。更难得的是，厂房窗户独特北向布局，利用天光和反射光，使光线保持均匀和稳定，令恒定光产生一种妙不可言的美感，充满艺术奇妙灵感。

于是，继洪晃、罗伯特之后，大批前卫艺术家也竞相前往798租厂房。在艺术家群体带动下，798突然被赋予了全新的功能和定位，摇身变成京城首屈一指的文化时尚地标，甚至有几十年历史的机床、生产线、供热管等设备被作为工业时代标志物保留下，成为798独特文化中不可或缺的一部分。

很快，798声名远播，远在大洋彼岸的《时代周刊》将之列为最有文化标志性的22个城市中心，而《纽约时报》也认为798可以媲美纽约当代艺术家聚集区SOHO项目。2004年，北京政府也顺应形势，将798纳入优秀建筑保留名单，并进行整体规划开发。

对了，2002年还有件让国人记忆犹新的大事。这一年，世界杯第一次来到亚洲举办，中国男足也经过数十年不懈努力，终于实现历史突破，站到世界杯舞台上。同时，中国足球素来有中国房地产足球联赛之称，本次大赛，也让为国足贡献不少国脚的大连万达实德、山东鲁能、天津泰达等球队背后的金主扬名立万。

总之，2002年是个承前启后的年份，在21世纪之交的重要节点里，稳步前行，酝酿新一轮发展动力，为未来新的经济时代到来积蓄力量。

2003 年：

"非典"重挫楼市　确立支柱地位

2003 年，"非典"肆虐。这是一场来自社会与经济领域的双重考验。天佑中华，半年抗战后，世界卫生组织于 6 月 24 日宣布解除对北京的旅游警告，同时将其从疫区名单中删除。

柳暗花明又一村。这一年给出的惊喜是：国民经济得到较快增长，全年国内生产总值 116694 亿元，比 2002 年加快 1.1 个百分点，成为 1997 年爆发亚洲金融危机以来增长最快的年份，财政收入突破 2 万亿元，人均国内生产总值超过 1000 美元。

2003 年，朱镕基从国务院总理一职上卸任。可以说，自 1998 年朱镕基正式就任总理以来，中国经济得到长足发展，房地产也跻身为国民经济主要力量，国企和民企格局更是发生翻天覆地的变化。

根据国家统计局数据显示，2003 年中国房地产开发投资额达到 10153.80 亿元，历史上首次突破万亿大关。商品住宅房屋竣工面积 33774.61 万平方米，商品房屋销售额 7955.7 亿元，相比 2002 年的 6032.3 亿元，涨幅高达 31.88%。商品房屋销售面积 33717.6 万平方米，较 2002 年 26808.3 万平方米增长 25.77%。

1998 年，中国经济遭遇亚洲金融风暴冲击风波未平，国内长江、松花江、嫩江、珠江、闽江等江河，相继发生了百年一遇的特大洪水，直接经济损失高达 2551 亿元人民币。在这种背景下刚刚上任的新一届政府，首先面临着如何扭转经济下行和消费过冷的局面，特别是怎样拉动内需，成为时任总理朱镕基重点需要解决的中国经济发展问题。

朱镕基着手解决三大难题：第一是力保人民币不贬值，帮助亚洲主要国家和地区摆脱金融危机；第二是拉动内需，全面激活中国经济；第三是国有企业改革，计划用三年时间让国企解困。

人民币不贬值让中国成功逃过了金融危机，同时也稳定了香港的经济形势，为亚洲其他国家的经济复苏起到重要推动作用。

而在拉动内需方面，中国以房地产为切入口，在 1998 年取消福利分房，从而激活了房地产消费，带动了建筑、钢铁、家居、建材、装修、物业等多个行业的发展，也就是从

1998年开始，中国房地产企业数量迅速增加。

1998年中国全面启动的国企改革，打破僵化的"铁饭碗"计划经济制度，由此拉开了经济转型过程，中国企业所有制格局，也在这一年里产生根本性变化和调整。从国家统计局数据可以看出，内资房地产开发企业呈现井喷态势，由1998年19960家，激增至2003年33107家。

2003年除开发企业显著增长之外，在谢家瑾所著的《房地产这十年》一书中有个数据值得思考，"全国房地产业增加值2205亿元，占GDP的1.9%，占第三产业增加值的5.6%。2003年，全国来自房地产业的税收收入中，仅契税一项就入库358亿元，同比增长49%。"

不仅如此，从房地产这扇折射社会变迁的窗口望去，2003年无疑也是一个十分特别的年份。这一年，房地产宏观调控初显。其中，121号文件规定对购买高档商品房、别墅或第二套以上（含第二套）商品房的借款人，适当提高首付款比例，不再执行优惠住房利率规定。据悉，此举拉响宏观调控警报，表明中央政府对房地产的态度由支持转为警惕。这也是政府又一次采取抑制房地产过热的措施。

被业界称为"10年未有之铁律"的央行"121号文"和国务院"18号文"一冷一热、双管齐下，既是严冬又是暖流。

国民经济支柱

一晃眼，房改过去五年。房地产行业迎来了规范化、法制化发展的道路。2003年8月31日，国务院下发《关于促进房地产市场持续健康发展》（即"18号文"）称，房地产业关联度高、带动力强。同时，文件首次明确房地产的国民经济支柱地位。

这一举措给房地产市场带来立竿见影的作用。《房地产这十年》一书中提到，2003年城镇人均住宅建筑面积达到23.7平方米，比1997年提高6.1平方米。"截至2003年底，全国已有6045万职工建立了住房公积金个人账户，归集住房公积金5563亿元，累计发放住房公积金个人住房委托贷款2343亿元，贷款余额1583亿元，支持327万户职工家庭购房。"

据国家统计局数据显示，2003年1~7月，全国有11个省份房地产投资增速超过50%，35个大中城市中有10个房地产投资增速超过70%。其中连续每年上涨20%，甚至上涨30%的屡见不鲜。在杭州、上海等地，房地产价格更是几乎翻了一番。

如今，全国房地产开发投资从2003年的万亿达到十万亿的规模；房地产开发企业房屋施工面积从2003年的11.76亿平方米一跃升至2016年的75.89亿平方米；2003~2016年的14年间，全国城市化率从40.53%提高到57.35%，城镇人口从5.24亿增加到7.9

亿人。

　　住房商品化不仅改善人民居住环境，还带来了房地产行业上下游的直接经济效应。自2002年开始，房地产从业者均在各大富豪排行榜上赫赫有名。巅峰时期，2009年胡润富豪榜前10中有8位富豪的主业与房地产开发有密切的联系。不过，随着IT、金融行业的崛起，瑞银联合普华永道发布的《2017年亿万富豪报告》中，仅有9%的富豪来自房地产业。

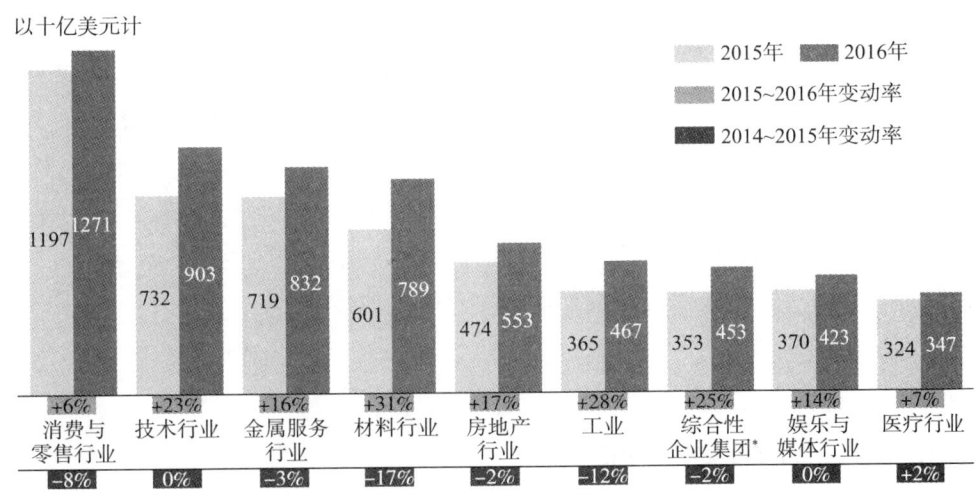

瑞银联合普华永道发布的《2017年亿万富豪报告》

　　在2003年，一件有意思的事情发生了——国内"二手房"逐步走俏。《房地产这十年》一书中对此有一段详尽的描述，"1998年以来，国家逐步完善了鼓励存量住房进入市场交易的相关政策。鼓励居民将已购公房上市出售，通过卖小房，买大房；卖旧房，买新房；卖次房，买好房"。

　　"到了2003年，35个大中城市的二级市场已经全部开放，形成了二手房存量交易市场与新建商品房增量销售市场联动的局面。上海市存量市场与增量市场连续5年持续增长，已购公有住房累计上市达22.5万套，占已购公房总量的15%，存量住房交易面积由1996年的82.29万平方米增加到2003年2306万平方米；商品房销售面积由573.5万平方米增加到2003年2376万平方米，存量房交易与商品房交易面积的比例由1∶6.97变为1∶11.03。"

　　2003年，上至中央，下至各个城市，无一不在为房地产市场的发展做出自己的贡献。在广州市房地产开发史上，汇侨新城成为通过"购房入户"促进销售商品房的最佳代言。在《广州日报》曾经出现了这样一篇报道："买一套房子，同时还可以拥有广州市常住户口，可谓双喜临门。"

　　这源于1998年，广州市政府发布《广州市购买商品房申办蓝印户口暂行规定》称：

外地购房者在购买白云、芳村、黄埔、海珠、天河五区部分区域的商品房可获蓝印户口指标。其中购买建筑面积 50～74 平方米的可申办 1 人，75～99 平方米可申办 2 人，100 平方米以上可申办 3 人入广州市蓝印户口。

当时，白云区的汇侨新城是广州最早一批"侨汇购房入户"的楼盘之一。因缘际会下，"购房入户，有楼有广州户口"的宣传口号，令其瞬时站在广州楼市的风口浪尖。想不到的是，到了 2003 年年底该盘清盘在即的时候，户籍政策风云突变。2004 年 1 月 1 日起，侨汇购房入户等有关规定被取消，申办蓝印户口手续也停止受理。至此，广州购房入户已经全面停止执行。

据统计，汇侨新城约有 90% 的业主是为了入户广州而购买，入住三个月就能拿到广州户口。在 1998 年前后，即使是以买卖方式，一个户口也值 5 万元人民币左右。

还有个细节值得注意，汇侨新城由侨鑫集团投资兴建。彼时，房地产陷入 1995 年间的低潮时，侨鑫投资 16 亿元开发汇侨新城，总建筑面积 120 万平方米。虽然该盘算不上侨鑫的高端系列，但是它创下了广州市 1996 年、1997 年、1998 年连续三年销量第一、入户人数第一等多项纪录，被视为侨鑫初涉房地产的首战告捷。

孙宏斌全新组建融创

随着 1992 年第一波房地产企业初创潮过去，此后每年成立的企业尤其是能后来居上挤进 TOP10 的皆变得寥寥无几。在 2003 年，房地产迎来了房企创办潮的尾声，这年里包括融创、融信、海亮、保利置业、荣盛发展、上实发展以及鑫江置业相继成立。

那个曾拍桌叫板王石的后起之秀——孙宏斌，在 2003 年一手主导了顺驰的全国扩张，也在 2003 年亲自新建了融创中国，主攻高端房地产。新世纪后的每一年，对于孙宏斌来说都独具意义，因为他的传奇人生全面开挂。

几乎没有人知道，当时孙宏斌成立融创这家公司的初衷是什么，但当顺驰一路疯狂扩张，一路风口浪尖，高负债、高杠杆、高财务费用、高土地成本这些定时炸弹爆炸后，人们看到了融创身负的重任，这是孙宏斌留给自己东山再起的一条后路。

不得不说，孙宏斌这招落子下得极有先见之明，2006 年顺驰因扩张太快，陷入困局，当年 9 月路劲收购了顺驰 55% 股权，2007 年 1 月路劲二次认购，又再次将手中顺驰股权增至 94.74%，全面将顺驰收入囊中。卖掉顺驰之后，孙宏斌很快以融创进行二次创业，并迅速带领融创冲进房企前十强。

在福建，融信集团成立于 2003 年 9 月。同年，它开发了第一个项目——融信第一城。2017 年，融信实现 502 亿元的销售业绩，同比增长 104%。2018 年，它的目标是 1200 亿元。业绩迅猛增长的融信，其创始人欧宗洪是近年闽系崛起的代表人物。

《中国地产四十年·1998》篇章提到,在福建莆田市东峤镇汀塘村,欧氏三兄弟是当地无人不知晓的人物。大哥欧宗金于2002年组建福建欧氏投资集团,同时介入房地产开发和教育产业。二哥欧宗荣是人们所熟知的正荣集团创始人,正荣以房地产开发为主业,也是闽系实力派代表。至于融信的欧宗洪,在欧氏家里排行老三,但随着融信业绩快速增长,身家也上升很快。在2017年福布斯中国富豪排行榜上,欧宗荣与欧宗洪分别以92.7亿元、78.1亿元排在第275位、第343位。

有意思的巧合是,创始于1989年的海亮集团,跟融信也有合作往来。海亮作为浙江第二大民营企业,主要产业体系包含有色金属、农业食品、地产建设、环境保护、基础教育。海亮的总资产超过630亿人民币,旗下有海亮股份、四川金顶、海亮国际和海亮交易四家上市公司。

2003年年初,海亮集团正式进入房地产行业。2011年,周迪永出任海亮地产总裁,带领了这家名不见经传的小房企在随后两年崭露头角。2013年,海亮地产首次挤进百亿房企行列。不过,2014年海亮地产全年销售151亿元。

就在2017年7月27日,融信公告称,其以总计28.97亿元收购海亮地产旗下两家子公司安徽海亮和宁波海亮各55%的股权,涉及的项目共35个,分布于苏州、合肥、郑州、西安、兰州、银川等城市,可售面积逾500万平方米。

融信集团和海亮地产,同一年诞生,随后彼此有最密切的交集。一同成长,这大概就是房地产生态圈的良性循环吧。

2003年8月,保利置业正式成立。保利置业原名保利香港,《中国地产40年·1993》提到,保利收购香港上市公司新海康,后更名保利香港。保利置业与保利地产同出保利系统,双方关系一直备受瞩目。

有发展,自然就有竞争。随着保利置业与保利地产业务重叠的城市越来越多,市场对其"同业竞争"的质疑也越来越深。早在2012年左右,保利集团曾出面调解,双方签署了分区域而治的同业竞争协议。据传,协议规定保利置业需撤出北京,而保利地产不得进入深圳、苏州等市场。

只是,来自城市红利的诱惑随时都可能冲破一纸公告。保利集团、保利地产、保利置业三方都明白,这并非是长久之计。2016年5月,保利地产董事长宋广菊在股东大会上明确强调:两个平台的合并要在2018年完成。一年半过去,如宋广菊所愿,2017年11月30日,这场多年的拉锯战以保利地产51.53亿元并购保利置业50%股权,宣告结束。

实际上,在整合之外,留待保利地产与保利置业的仍将是一个不小的难题。目前保利置业共有60个在售项目,除了一个项目在香港外,其他均在内地。由于保利地产也仅仅只是持有控股公司50%的股权,因此两家企业如何进一步携手发展也将经历市场的考验。

2003年,河北。成立于1996年12月30日的廊坊开发区荣盛房地产开发有限公司刚刚完成了手续,变更设立为荣盛房地产发展股份有限公司。据介绍,荣盛发展是河北省首家上市的房地产企业。

以围绕京津冀和长江三角洲两大经济圈为基础,2017年荣盛发展实现营业收入

382.75亿元。作为扎根于廊坊，发迹于环北京地区的房地产开发企业，今年以来受益于京津冀一体化、雄安新区的设立，荣盛发展的资源价值大大提升。

尽管如今的荣盛发展还不能与华夏幸福同日而语，但是其前途也不可估量。截至2017年底，荣盛发展已签约11个产业新城项目，在河北省、安徽省及湖北省等地圈下了超过350平方公里的土地。

提到荣盛发展的老板耿建明，业内也不会陌生。他早年出身于军队，在部队考取军校之后，就读华北航天工业学院建筑技术经济管理专业。毕业后，他进入建筑领域打拼了四年，后考入天津大学工程造价专业继续学习。1996年，他正式下海创立企业，成立了荣盛建筑安装公司。

这位敢想敢做的退伍军人，他的目标正在瞄准"环京一哥"的地位。假以时日，或许可以看到产业新城园区的发展得到更成熟的运营以及盈利模式。

上实发展，2003年由上海上实（集团）有限公司控股收购并改名成立，前身系上海浦东不锈薄板股份有限公司。据了解，上实发展是上实集团旗下在A股的上市房地产公司，而上实城开则是港股上市平台。

中银国际的一份研究报告中认为，上实集团是上海在境外规模最大、实力最强的综合性集团之一，在推动上海建设等方面一直发挥巨大作用，并在新一轮国企改革中担当运作平台。随着上海国企改革的深化，集团优质资产整合也将积极推进。

不过，两大平台也一直被市场视为同业竞争的来源。然而，2017年7月3日，上实发展在临时股东大会宣布，同意延期2年解决同业竞争。目前来看，这场声势浩大的整合大戏，也是业界备受关注的焦点。

从业绩来看，上实发展2017年全年营业收入72.3亿元，同比增长11.46%；归属于上市公司股东的净利润8.72亿元，同比增长47.2%。

而上实城开已成为上海最具代表性房企之一，在2018中国上市房企综合实力100强排行榜中位列第41名。同时，上实城开还拿下了"2018中国房地产上市公司风险控制5强"第3名。

作为青岛本土房企的鑫江置业，也于2003年正式亮相。1995年鑫江集团成立，2003年，鑫江水青木华作为鑫江集团进军地产行业的第一个项目开工建设。除此之外，其开发的项目有鑫江东方城购物中心、鑫江拉菲庄园、鑫江水青花都、鑫江水青花园等。

实际上，从2007年绿城、宝龙、万科、中海、保利等外来品牌房企进入青岛后，本土企业面临激烈竞争已经不再是新鲜事。如今在青岛楼市排行榜名列前茅的基本是万科、融创两家房企轮换。

天地源股份有限公司是西安高科（集团）公司旗下、在上海证券交易所上市的一家股份有限公司（股票代码：600665），是西安高新区房地产业发展的最早建设者和见证者。

他们是西安高新区第一条市政道路的建设者、第一栋厂房的承建方，是全面参与西安高新区土地、房产开发建设的主力军。2018年上半年，天地源实现销售收入315084.89

万元，同比增长 73.71%；实现归属于上市公司股东的净利润 22428.65 万元，同比增长 113.82%。

佳源国际在 2003 年成立，从 2016 年开始走出江苏，并首次进入广东。上半年，佳源国际收入较 2017 年同期增长约 42% 大约人民币 41.3 亿元，股东应占溢利由 2017 年上半年约人民币 5.15 亿元增加约 89% 大约人民币 9.73 亿元；每股基本盈利约为人民币 39.70 分，较 2017 年同期约人民币 26.91 分增加约 48%。

截至 2018 年 6 月 30 日，佳源国际拥有土地储备面积逾 980 万平方米，在中国各大城市的物业组合达到 41 个，包括 29 个住宅综合体项目，及 12 个商业综合体项目，开发区域涵盖江苏省主要城市、粤港澳大湾区城市群以及其他重点省会城市。

中建信和作为中建五局房地产业务的唯一运营平台，从新点苑到中建桂苑再到麓山和苑，从长清湖到梅溪湖中心再到江山壹号，如今发展成为土地储备近 600 万平方米、项目覆盖省内外八个城市的企业。2017 年，中建信和全年完成销售额 103 亿元，销售房屋 14237 套，销售面积 113.7 万平方米，成为湖湘本土房企中首个年销售额破百亿的公司。

首创香港挂牌上市

2003 年房地产行业风起云涌，房地产开发商企业借取消福利分房的房改重大利好，以迅雷不及掩耳之势进行扩张，形成了房地产在中国经济中占据重要版图的格局。

实际上，"非典"以来第一家成功在香港挂牌的内地房地产公司是首创置业，它是首创集团旗下 H 股上市平台。然而，在赴港上市半年后，首创置业便公布了回 A 计划。事与愿违，从 2004 年 2 月公布计划 A 股 IPO 筹资 30 亿元开始，首创置业的回 A 之路走了十来年先后因为 IPO 暂停、国际金融危机、房地产调控等原因未如愿。

2018 年 2 月 27 日，在 2017 年全年业绩会上，首创置业财务总监范书斌透露，公司于 2017 年年底排第 78 位，审核速度加快，但是房地产调控，对地产 IPO 有影响，"我们会跟监管部门保持正常沟通"。同时，首创置业也在积极开拓政府比较支持的文创方面、长租公寓等业务，以对回归 A 股起正面促进作用。

颇为遗憾的是，首创集团原董事长刘晓光未能见证这一步。这位将一个濒临倒闭的企业发展成为 2000 亿资产国际集团的地产元帅，早年当过兵，做过工人，也涉足过官，下过海。

1995 年，北京首都创业集团成立，它原隶属于北京市财政局、北京市计委和市政府办公厅的 17 家国有企业。这一年，刘晓光临危受命，掌舵重建首创集团。自此之后，刘晓光开启了人生中 20 多年的地产生涯。2017 年 1 月 16 日，刘晓光去世，享年 62 岁。

从北京到上海，故事不断。中新地产集团在这一年赴港上市。这家以物业发展、物业投资及酒店经营为主的公司在上市四年后，因债务危机自2008年起开始停牌。

到了2010年，上海实业收购中新地产约45.02%的股权，耗资27.46亿港元。交易完成后，上海实业成为中新地产的第一大股东。2010年6月，中新地产复牌；2010年10月，中新地产集团正式更名为上实城市开发。这就是上实集团旗下港股上市平台的由来。

2003年上市的还有浙江国祥制冷工业股份有限公司，这是当时国内第一家台资控股的上市公司，台湾"制冷大王"陈和贵及其儿子陈天麟是幕后老板。受到2008年金融危机和制冷行业毛利下降的影响，国祥制冷连续亏损。

2009年5月，国祥股份成为*ST国祥；2009年6月，华夏幸福以2.2亿元的价格买下*ST国祥的实际控制人陈天麟所持的21.31%股份；2009年9月，*ST国祥发布公告称，拟以全部资产及负债与华夏幸福持有的京御地产100%股权进行整体资产置换，公司将向华夏幸福发行股份购买置换差额。

交易完成后，华夏幸福成为国祥制冷的第一大股东，国祥制冷的主营业务由空调设备制造安装及配套服务，转型为房地产开发与销售和区域开发。至此，华夏幸福借壳上市。

除了上市，2003年需要注意的一个现象是，民营房企的崛起。以国内房地产开发前沿阵地——广深为例，1997年之前的楼市可以说是国有房企的天下，到了2003年以后，可以说一个公平竞争的市场环境已经完全到来，中国第一批房地产民营企业成为一股不可阻挡的势力。

广东省房地产协会所著《粤派地产敢为人先》一书中援引了《南方周末》的报道，回忆了那个国有房企号令天下的年代。"城建开发集团在20世纪80年代末获得了富足的土地资源，实际上，在当时的深圳房地产开发领域，占据强势地位的是拥有强大资源和政策的政策性国企：此前已经开发了半个深圳的城建开发集团，在20世纪80年代末获得的一批划拨土地资源，让它富足地一直开发到今天。"

"在第一次土地拍卖时出尽风头的深圳特区房地产公司，已经以深圳房地产龙头的身份雄心勃勃地在加拿大、澳大利亚等地开始了跨国房地产开发；而曾经被视为政府代理角色的深圳特区发展公司，则在包括房地产在内的数十个行业里塑造着全能型企业的形象。"

到了20世纪90年代，危机与转机并存。一大批民营企业创办人陆续登上历史舞台，包括杨国强、许家印、李思廉、张力、陈卓林、朱孟依等人，他们大都在一开始就凭借政策春风便完成了原始积累，其麾下碧桂园、恒大、富力、雅居乐、合生珠江五家民营房地产开发企业也凭借着优异的业绩表现，被誉为地产界"华南五虎"。

就这样，中国第一批真正意义上的民营房地产企业在重重压力之下逆势而上、突破重围。《粤派地产敢为人先》书中援引权威机构统计数据显示，2003年广东省房地产开发投资额为1209.92亿元，其中民营经济投资高达603.32亿元，占房地产开发投资总额的49.9%，民营房地产开发企业销售商品房面积则占广东全省商品房销售面积总量的62.9%，民营经济已稳占广东房地产市场"半壁江山"。

以广州为例，多年来广州每年的房地产开发10强企业中，民营企业所占比重均超了一半，到了2017年这个比重是70%。

中国楼市看华南，毗邻港澳台的广东民营企业，其发展可谓是具备了得天独厚的地缘优势。大浪淘沙，狭路相逢勇者胜，民营房地产企业给行业打开了巨大想象空间的同时，也面临优胜劣汰。

2003年年初，星河地产以1.8亿元总价拿下深圳中心区第一块招标拍卖五星级酒店用地，宣布高调进入房地产市场。关于星河地产创始人黄楚龙，《中国地产四十年·1998》曾有过详细的描述。

随后，星河又先后获得中心区东翼的一个写字楼、公寓项目以及购物公园项目。其中，购物公园项目乃是当时深圳赫赫有名的民营房地产企业泰华地产的囊中之物。后来，泰华地产老板因病去世导致购物公园地块长期搁置，媒体大多评价为"这是深圳第一个因为快速成长而又快速倒下的民营房企"。

2004年，星河地产接手了泰华购物公园项目。三年后，星河COCOPARK落成，成为深圳中心区地标式建筑。至此，星河地产也成为深圳中心区开发项目最多的地产商。

温州炒房团

如果说房地产行业每年会出现一个新鲜词汇的话，那2003年"炒房团"、"地王"当之无愧。

在温州，有很多因经商办厂率先富裕起来的人群。1998年房改后，这批民间资本率先嗅到一股不一样的商机，那就是炒房。他们的第一步瞄准了杭州与温州，在1998年到2001年间，杭州房地产价格以每年20%的速度递增，市区房价从2000元/平方米飙升到7000元/平方米以上。

据《南方周末》当时的报道称，温州市建设局统计，1998年，温州民间资本开始在本市炒楼，1999年温州房价增长17%，2000年增长20%，2001年增长22%，投资收益率近20%。

尝到甜头后，他们开始进军距离不远的一线城市——上海。2001年8月18日，第一支温州购房团浩浩荡荡奔赴上海，合计157人，三天买走100多套房子，在上海楼市砸下5000多万元现金。温州炒房团一战成名。2002年8~12月，由温州媒体组织的"温州沪上购房团"，成交270个楼盘，金额2.5亿元。

2003年，就在"非典"肆虐中国的年份里，温州炒房团仍不忘奔波在炒房之路上。2003年2月6~8日，上海陆家嘴102套住宅被温州人一抢而空，成交近亿元；2003年2月9~11日，上海南京路57套房子被温州人买走，成交额6800万元。

吴晓波在《激荡三十年》一书中，援引2003年9月23日上海《东方早报》的一篇刊文《温州千亿民资全国炒楼》,记者称"10万温州人在全国各地炒楼,动用民间资本约1000亿元。按照回报率15%计算,1000亿元投资可净产出150亿元,这比任何一个产业都要赚钱,可谓'温州第一产业'"。

2003年,上海平均房价第一次超过北京,成为中国房价最高的城市。这一年,上海房价涨幅超过了24%,每平方米均价达到了5118元,而同期北京房价每平方米仅4000元左右,全国商品房平均销售价格仅为每平方米2379元。

2003年11月23日,温州炒房团包三架飞机看房,深圳新龙岗商业中心二期的商铺开售当天,被温州人包揽上百套。数年内,温州炒房团所到之处,房价一路狂飙,足迹遍布北京、上海、深圳、成都、海南等15个省市,甚至还走出国门踏足美国、迪拜等地。

作为中国房地产市场的一个独特样本,温州炒房团受到的质疑也铺天盖地,随着房价的突飞猛进,温州炒房团也被当地刚需视为洪水猛兽。为了遏制房价疯涨,中央政府在2005年出台了"国八条"措施,打击炒房推高房价的行为,温州炒房团也一改往日高调作风,逐渐淡化舆论关注焦点。

尽管财富原罪观在中国盛行一时,但最终房地产行业40年当中还是诞生了一个庞大的富豪群体。这个充满野蛮生长与运气垂青的行业,2003年的《福布斯》"中国内地百名富豪榜"上,出现了多达40位以房地产为业务或涉及房地产的富豪。

其中,前十大富豪中,房地产商或涉及房地产的比例是六成。形成鲜明对比的是,同样是2003年度的《福布斯》"全球百名富豪榜"中,TOP10均无一人是靠房地产起家。

这本来就是一场双赢。北京师范大学金融研究中心教授钟伟曾经引用过一个数据表示,在2002~2004年的3年中,全国土地出让金收入累计达9100多亿元,征地卖地已成为地方政府最为重要的"财政支柱",它们也成为房价逐高的最主要的推手。被征土地的收益分配,依次是房地产开发企业、地方政府、村级组织和农民。

孙宏斌则在2003年亲自制造了一起地王事件。2003年12月8日,北京第一次土地拍卖会,天津顺驰以高出起拍价4.75亿元,即9.05亿元的天价中标,改写了北京土地市场价格标准。

时任津顺驰置地(北京)房地产开发有限公司总经理王全存认为9.05亿元的价格"合适"。他在接受媒体采访时强调:"我们这次来北京参与这次竞拍,本身并不是为了盈利,而是为了顺驰的长期发展,所以我们对这次拍卖的态度是无底价。"

一路前行,一路调控。2003年,国土资源部叫停别墅供地;同年9月1日起,国内结束物业管理行业无法可依的局面,第一部关于物业管理的行政法规《物业管理条例》开始正式实施;同月,CEPA的公布,加强了香港与内地房地产业的互动交流,拉动内地与香港的楼市发展,内地房企到香港推介房产,港人北上参展。

战胜"非典"

如果非要给2003年贴个标签,很多人可能会称其为"非典年"。是的,"非典"这场突如其来的高死亡率疫情席卷中国大江南北,一时之间,人人闻"非典"而色变。

这场疫情最初于2002年11月16日在广东发现首例"非典"病例,该病后被世界卫生组织称为严重急性呼吸性综合征,英文名是Severe Acute Respiratory Syndrome,简称SARS,中国称其为"非典"。

该病症最初并无有效的药物可以治愈,而且还存在快速传染、高死亡病发率的特点。2003年春季,广东"非典"进入发病高峰。随后从广东扩散至北京、上海、香港等全国多地,甚至传染到东南亚乃至全球。

与疫情一起传播的还有谣言和恐慌,坊间一度盛传煲醋和喝板蓝根可以预防"非典"怪病,导致广东、江西等多地出现抢购米醋和板蓝根恐慌潮。甚至不少人由于买不到,转而寻求香港亲友在境外代购。

一时之间,各大城市繁华中心区门庭冷落,很多重要景点也一派萧条,公交车、地铁没有了往日的拥挤,甚至不少学校休学、工厂停工,街道上行色匆匆的路人也都戴着口罩,彼此都带着警惕的眼神,唯恐被潜在病患者传染,心理距离严重疏远。

"非典",对于当时中国楼市来说,绝对是一场噩梦。几乎在一夜之间,成交量也从火热状态直接极速冰冻,跌到冰点,原本熙熙攘攘的销售中心,突然门可罗雀。楼盘售楼部里,销售员百无聊赖地守候着,或张望或发呆或闲聊,清洁阿姨则用消毒水擦桌椅、拖地板,哪怕那天根本没有来客,也要一遍又一遍进行消毒。广州、北京、香港可以说是中国受"非典"重创的代表城市,也是当年房地产最为艰难的市场。

广东,作为"非典"疫情发源地,无论是整个经济还是房地产行业,都遭受重创。在重灾区的广州,疫情最重的三四月,不要说销售中心,连平时里人气最旺的茶楼都没人敢去吃饭,走在大街上空荡荡,为数不多的行人也个个戴着口罩、行色匆匆。恐慌状态一直持续到七八月,这也导致销售中心门可罗雀,让阴跌了7年的广州楼价重摔至谷底。

2002年广州楼市"五一"黄金周成色十足,光新开售的碧桂园凤凰城一天就卖了7.5亿元,而在广州知名的各大项目楼巴集中地宏城广场楼巴,各新盘纷纷打出五花八门的优惠折扣招揽顾客,一车车看楼客奔赴不同的项目看房,热闹非凡。而到了2003年"五一"黄金周,因为"非典"禁止人群聚集,楼盘的大型促销活动也销声匿迹,多个项目销售在惨淡中收场。

"非典"集中爆发区北京,房地产市场同样也备受打击。发表在《北京房地产》2003年第7期燕军撰写的《"非典"给北京房地产市场带来多大影响》文章中提到:据北京市房地产信息网数据显示，2003年4月商品房预售总数为5204套，预售面积66.2万平方米，5月商品房预售6346套，预售面积为74.4万平方米，而2003年一季度平均每月预售商品房9044套，预售面积为101.7万平方米，也就是说，4~5月两月商品房月均预售套数比一季度平均水平减少了3296套，减幅达36%。考虑到4~5月本应是销售旺季，而商品房预售不但没有增长，反而大幅下降，由此可见商品房销售受"非典"影响之大。

除此之外，据北京市统计局数据显示，由于北京有近70个工地发现疫情，多达1600余工人被隔离。同时，为了避免进一步扩散疫情，春节后民工返京被阻断，导致大量外来务工人员无法进京，施工人手不足。即便有施工人员的单位，由于实行封闭管理，各工种之间无法转场，工人也没办法正常交流，致使很多工程难以开展。另外，进城的交通运输也受到管制，大量建筑材料进京成问题。这一切，导致北京全市近3000个施工企业中，多个项目进度放缓，甚至处于停产、半停产状态。

香港也是"非典"疫情较为严重的城市，这对当地楼市形成重大打击。自1997~1998年东南亚金融危机同步袭击香港之后，当地经济形势并不乐观。屋漏偏逢连夜雨，进入2003年，又遭遇"非典"侵袭，香港房价重跌，与1997年楼市高位最高峰的6170港元每平方英尺相比，几乎跌去了70%，仅剩下1854港元每平方英尺。

截止到2003年6月，香港全市住宅负资产宗数达到了历史最高的105697宗，占所有按揭22%。房地产价格暴跌让香港的中产阶级承受风险能力变得脆弱，负资产对中产阶级伤害巨大，由此引发一系列资不抵债的破产事件频频发生，这一切，更令香港楼市雪上加霜。

面对这场史无前例的生命、经济抢救大战，抗击"非典"成为全球重大防治疫情头等大事，中国更是罕见进行全国总动员，全面防治"非典"病情。经过不懈努力，这场世纪疫情大战，持续了好几个月，6月24日，世界卫生组织正式宣布解除对北京的旅游警告，这场抗非大战，终于告一段落。

2003年的"非典"疫情直接冲击上半年中国经济，然而，随着疫情结束，中国经济再次展现出强大的生命力，从第三季度开始，实现强势反弹，涨幅超乎全球各大主流媒体、机构预测，最终以9.1%的增长率创下1997年以来最高纪录。

2003年，英国《金融时报》的首席经济评论员马丁沃尔夫发表专栏文章提到，中国为首的亚洲发展中国家将是全球经济的未来。他还引用了世界银行的数据称，"根据购买力平价计算，在中国，每天生活费在一美元以下的人口已从1999年的3.61亿降至2000年的2.04亿"。

与此同时，房地产迅猛增长的大势已经形成，"非典"疫情的干扰也无法阻止房地产行业大跨步前行的趋势。从2003年"非典"之后，楼市从谷底逐步回升，并开启了长达五年的上升期，这波主升浪一直延续到2008年全球金融海啸。

除"非典"之外，无论是炒房团，还是地王，抑或是层出不穷的政策调控，这都是大时代下的产物。正面现状，迎接挑战，就如同迎接2003年里的每个考验一般，清晰而坚定地往前迈步。

2004年：

协议出让叫停　百亿房企诞生

2004年，房屋价格持续上涨一年后，宏观调控进一步加强，国务院指出要通过土地和金融两道闸门的严控，来抑制房地产投资的过快增长。其中，"71号令"下发规定，自2004年8月31日起，所有六类土地全部实行土地出让制度，即采取公开招标、公开拍卖、公开挂牌的方式出让土地。

这场来自地产领域的大考不仅限于此。在人们消化楼市新政的同时，房地产泡沫论也甚嚣尘上。这一观点的论述人包括经济学者易宪容、摩根士丹利董事总经理兼首席经济师史蒂芬·罗奇以及摩根士丹利亚太区首席经济学家谢国忠等经济大牛。

三人成虎。易宪容的看法是，"房地产业正挟持着中国整个经济、挟持着各地方经济。如果让国内房地产的泡沫任意地吹大，泡沫的破灭将不可避免"。史蒂芬·罗奇则称，"泡沫的产生，使中国房地产市场到了看似接近爆炸的边缘"。

最为直观的是谢国忠给出的预言：中国地产泡沫即将破裂。"我认为，这是最后的疯狂。随着中国的通货膨胀和美联储加息的不断发展，离最后算账的日子越来越近了，仅仅是几个月，而不是一年。"

学术的魅力在于言论的公开与自由。时任建设部政策研究中心主任陈淮对上述观点进行了一系列反击，这位在经济领域有卓越成就的焦点人物，即便身处混乱无章的2004年，也仍然对"房地产泡沫"有自己独特的见解。他说，"中国地产泡沫论并不成立，中国房地产金融危机在可控范围内"。

陈淮还举了个例子，"如果说，非要等贷款买房的人发现自己即便把房子卖了，还欠银行的负资产才叫房地产泡沫的话，我想，房地产泡沫是不存在的；如果说，房价高于老百姓能够支付的价格以及房地产产业结构存在偏差算是房地产泡沫的话，我想，房地产泡沫是存在的。争来争去，到最后，还没理清泡沫的概念"。

虽然国内外舆论对泡沫论激烈辩论，但对于公众而言，他们关心的重点不在于泡沫程度，而是自己能不能买得起房。对于当时已经出现房价上涨的苗头，中央也在保持关注。2004年，央行实施了九年来第一次加息，从10月29日起金融机构将5年以下个人住房贷款利率调整为 4.95%，5 年以上 5.31%。

加息利剑，一夜之间挥向市场。时任中国房地产协会副会长顾云昌认为，加息就是为了抑制这部分投资行为，与其控制供应，还不如控制需求，控制一些炒卖炒买的投机行为。而任志强则表示，加息会增加消费者的购房支出，但尚不能在短期或一段时间内改变供求关系。因此住房的供给仍会处于偏紧的情况，需求的旺盛仍使供求不平衡发展，房价仍会继续上升。

不管业界观点如何，经济过热在 2004 年真实存在。房地产的热潮从北上广深这些经济发达城市转向内陆城市，开发商利用外资也成为当时极其重要的融资手段。根据国家统计局数据显示，2004 年全年中国房地产开发利用外资 228.2 亿元，同比增长 34.2%。

涨声一片，有不少声音认为自 2004 年以后，房价再也没有了下跌的机会。以上海、深圳为例，2004 年上海统计局公布的数据显示，上海住宅商品房价格 6385 元/平方米；据《2004 年深圳房地产市场评析》显示，2004 年深圳市商品房销售面积仅 935.85 万平方米，住宅均价仅 5980 元/平方米。如今上海深圳两地商品房均价五六万/平方米不在话下。

831 土地大限

一纸批文协议出让的日子，一去不复返。在"831 大限"之前，开发商获取土地的方式一般有三种，一是无偿划拨，二是招拍挂，三是通过协议的方式。其中，主流渠道便是协议出让土地，由此衍生出来滥用职权批地的问题长期存在，人情地、关系地等屡见不鲜，造成国有资产流失，也造成大部分民营企业无法实现扩张目标。

"831 大限"的意义在于，土地出让公平、公正、公开。从这一天起，沿袭了数十年的土地协议出让制度被彻底瓦解，有效保护了国有资产并实现了房地产业的健康发展。同时，该政策还要求此后发展商须及时缴纳土地出让金，两年不开发的土地政府可收回。

以广州为例，2004 年 7 月 23 日广州市政府召开上半年房地产市场形势新闻发布会，披露了土地新政的最新进展。自 2003 年 6 月到 2004 年 6 月，广州市经调查、取证已认定闲置土地 926 宗，面积 35.7 平方公里，其中已收回土地使用权 233 宗，面积 14.6 平方公里；已注销用地批文 81 宗，面积 2.1 平方公里。

也就是说，广州市仍然有 612 宗面积 19 平方公里的闲置土地尚待清理、整顿、收回。同时，它们也在补办手续之列。

发布会上还提到一个数据，2004 年上半年广州市国有土地使用权转让 28 宗（其中挂牌转让 14 宗、协议转让 10 宗、其他转让 4 宗），成交面积 87.71 万平方米，成交金额 15.40 亿元。其中，广州市挂牌转让土地面积 35.83 万平方米，转让金额为 8.65 亿元。而协议转让及其他转让土地面积达 48.88 万平方米，转让金额合计却只有 6.75 亿元。

这便是协议转让土地的原罪：土地协议出让成交价格远远低于挂牌转让价格。至此，协议出让土地被国家彻底关上大门。面对"831大限"的到来，开发商尽管有焦虑，但还是不得不面对新一轮市场机制的优胜劣汰。他们明白，无论客观环境怎样，生意都还是要继续做的。

2004年，在房地产行业之外，发生了一起违规土地征用处罚事件。这就是连吴晓波《激荡三十年》里也重点提及的铁本事件。农民出身的戴国芳从捡破铜烂铁起家，攒足人生第一桶金之后，于1996年成立铁本公司。

2003年，铁本钢铁厂准备扩建新厂，在当地相关部门的热情推动下，这个新厂规划越做越大，最后产量从200多万吨被拔高到840万吨，占地规模也从2000亩疯狂扩张到9379亩，工程概算达到106亿元。9379亩土地要通过审批，几乎不可能。于是，铁本项目被拆分成7个子项目和1个码头项目分别上报，特别是在建设用地的权证审批上，用地也被化整为零，切分成14个土地报批申请。

这种技术性操作手法，在2004年被媒体曝光出来，由此招致中央高层关注。随后对铁本展开调查，发现违规审批征用土地高达6541亩。铁本事件以戴国芳入狱，当地多位领导和银行高管被惩处而告终。这也是中央在土地审批管理方面的一次亮剑，对屡禁不止的违规征地敲响了警钟。同时也被认为是中央调控的"分水岭"，对当时过热的经济乱象给予制止。

然而，多年以后，这种土地化整为零申报审批的方式在房地产行业仍时有发生，一方面，地方希望通过引进重大项目拉动当地经济；另一方面，中央担心投资虚火过旺将伤害中国经济，同时大规模占用土地也对坚守18亿亩耕地红线造成冲击，影响国家粮食安全问题。

2004年，中国房地产行业迎来了首家年销售额突破百亿的房企——合生创展，在那个年代，这可以说是个神话。百亿业绩令万科地产原董事长王石也不得不赞叹道："合生创展才是中国房地产界真正的航空母舰。"事实上，王石对合生创展的评价并非溢美之词，彼时的万科销售金额为91.6亿元，而碧桂园距离登陆港股还有三个春秋，恒大还在忙着产品升级换代。

合生创展深耕穗京市场，特别凭借在中国楼市发展最前沿的广州市场，一举开发了近20个项目，商品房销售面积远超600万平方米，再加上广州正在开发的项目，以及重兵开拓的北京市场，总额跨过1000万平方米大关，成为中国民营房地产企业之最。

可以说，合生创展在广州一座城市的开发规模，跟万科在全国五大城市的开发总量旗鼓相当。早在1998年、1999年两年时间里，合生创展广州项目的利润就超过万科在全国五大城市的利润总和，令万科望尘莫及。只是，辗转十余年过去，这家不愿意冲规模的企业，仍在按自己的节奏发展着，合生创展在2017年的销售额也为92.28亿元。

风水轮流转。2004年的碧桂园一步步向广佛以外的珠三角地区拓展，在江门、清远、惠州等地布局，开始进入了一年多个大盘项目落地的快速发展阶段。而海伦堡地产终于跨出番禺，2004年8月来到了广州东板块，开发了广州·中颐海伦堡项目。该项目规划用地 325 亩，城堡式建筑风格，于 2005 年 12 月正式亮相。

2004 年，相较于深圳房地产市场的火热，广州算不上高涨，只能说是结束了前几年的一路阴跌。当时，深圳香蜜湖 1 号地块卖出了 7700 元/平方米的楼面价，创下深圳地价新高的纪录。

2004 年，广州八大开发商坐到一起，召开"2004 年广州地产经济峰会"。包括中海地产、合生创展、宏宇集团、恒大地产、保利地产、城启集团、城建地产、富力地产。楼价，成为了这场会议讨论的焦点。在他们看来，2004 年广州楼市走向平稳，楼价将有所上涨。其中，富力集团言之凿凿称，2004 年的成交量预计比 2003 年要增加 10%，同时楼价的上涨幅度也将达到 10%。

一语成谶。根据《广州房地产信息 2004 年汇编》中数据显示，一手住宅成交均价 1998～2003 年连续六年下滑，直到 2004 年出现首次回升。2004 年广州市一手住宅交易均价 4618 元/平方米，较之 2003 年的 3888 元/平的价格，升幅达 18%。

福晟的粤闽双血统

踩着房企诞生潮的尾巴，2004 年有五家企业书写下各自的创立历史，其中包括瑞安房地产、文一地产、福晟集团和中天房产。

瑞安房地产，2004 年成立，为港资瑞安集团在中国内地的房地产公司，早在 1996 年，这家港资企业在内地成功打造了"上海新天地"项目，并成为中国旧城改造的新样板。此后，瑞安房地产也把这种模式复制到重庆、武汉、佛山等城市。

只不过，随着旧改拆迁成本、前期商业物业对资金沉淀的提高，瑞安房地产难以为继。自 2013 年末开始，公司对外出售十余处物业，累计处置的资产总额超过 300 亿元。2017 年，瑞安房地产相继将重庆天地、上海创智天地项目的部分股权出售，同时在瑞虹新城项目中引入了国泰君安。这源自瑞安房地产董事局主席罗康瑞的一个决定，"将瑞安房地产负债比率降至约 50% 至 55%"。

作为香港老牌地产商鹰君集团创始人罗鹰石的第四子，罗康瑞并没有继承父亲庞大的家业，而是在 1971 年向父亲有息借款 10 万港币后，从建筑地产开始起步，并一手创办瑞安集团。目前，旗下拥有瑞安房地产和瑞安建业两大上市公司。

在此期间，罗康瑞发挥了自己与人为善的本色，在沪港两地商界和政界领导人的联系方面发挥了重要作用。因此，被誉为"上海姑爷"。如今，寄望于出售套现摆脱负债高企局面的罗康瑞，一心将轻资产模式进行到底。在他看来，这几年瑞安房地产调整转型速度不够快，相信等新天地模式趋于稳定后，罗康瑞将再度重启新天地分拆上市的计划。

安徽瑞泰置业有限公司，也就是文一集团的前身，在 2004 年成立，如今实现从最早的瑞泰城市家园到目前的全国多城市布局50多个项目。这家出生草根、肥东起家的文一地产，尽管在全国来说名不见经传，但是多年来却稳居安徽本地老大哥的位置。

不过在2017年，文一地产甚至传出资金链承压传言。好在，地产业务之外，文一地产还广泛发展了建筑建工、餐饮旅游、酒业、物流物业、幼教、电力、传媒、体育、矿业等多元化产业。举个例子，目前文一篮球俱乐部是安徽省最早成立的一支职业篮球队；早前公司还成功竞得安徽定远县永康镇大黑山建筑石料用灰岩矿采矿权；拓展物流业务，建立规模型综合物流园区，等等。

本篇要重点谈谈福晟，这是一家跨省发展起来的企业，身上同时具有粤派和闽系血统。起家于广州，2004年搬迁至福州的福晟集团，从一诞生就注定是家有故事的开发商。早在20世纪80年代末90年代初，广东省从化县最年轻的副镇长潘伟明与毕业后进入从化县公安局工作的兄长在机缘巧合之下，萌发了做房地产的想法。

当时，广州正在筹建水电站，潘家原籍的土地也在征收的范围内，按照每人5万元，全村千余人总共获得约5000万元的补偿标准。在安置金无法满足村民的购房需求的情况下，潘氏兄弟想出了一个办法，建议村民将安置资金借给自己，成立房地产公司，在安置房项目开发完毕后，用房扣相应款项或者留在公司享受分红。

这样的模式得到了预想不到的成功。在安置房工程按时完工、交房后，潘氏兄弟决定辞职，投身于房地产事业，并于1993年创办了福晟集团的前身广州云星地产公司。当时的潘伟明还不到三十岁。

在公务员身份带来的人脉资源和第一桶金带来的资金优势下，潘氏兄弟先后在广东省内开发包括星河绿洲、夏日港湾等在内的30多个项目，未移师福州前，就已经发展为总开发面积超过500万平方米，年销售额超过2亿元的粤派房企。

到了2003年云星集团通过拍地正式进入福州，2004年福晟集团成立。随后，又在2006年并购重组了福建六建集团，进军深圳、郑州等一二线重点城市，并开始寻求上市之路。好事多磨。由于先后遭遇金融危机、房企融资渠道收紧等情形，福晟集团上市计划一直未能成行。2012年，福晟挖来金地集团"终身成就董秘"郭国强，主责上市运作，可见其渴望上市融资的心情。

到了2015年，福晟集团上市的步伐逐渐明晰，一度传说即将借壳港股上市公司佑威国际的消息。而后分别又在2016年8月、2017年3月、2017年9月多次向联交所提交上市申请，最终于2017年年底，福晟集团完成对佑威国际的反向收购，成功借壳上市。同时，福晟集团创办人潘伟明，也成为佑威国际的执行董事兼董事会主席。这也意味着福晟集团长达11年的上市之路终于圆梦。

闽系房企对资本市场的先知先觉一直走在业界前列，包括泰禾、阳光城、中骏、旭辉、融信等都早已成功对接资本市场，而且近年在国内房地产市场表现异常勇猛突出。由此可见，留给福晟的考验并不简单。正基于此，早在2015年9月，福晟成立项目并购团队，号称"飞虎队"，由董事长潘伟明亲自挂帅。

因此，这家福晟在过去两年时间并购70余个项目，总货值高达6800亿元，其中深圳就新增 9 个项目,占地面积 200 万平方米。另外,在河南省,福晟已在郑州拥有的土地面积高达 1.62 万亩。在寸土寸金的深圳和中原重镇郑州,有如此丰厚的库存,这也让福晟冲击千亿房企有了足够的底气。

前面提到福晟是家跨省发展的企业,这种特色也给福晟带来意想不到的优势。福晟董事长潘伟明是广东从化土生土长的客家人,随后又到福州创立福晟集团,成为典型闽企代表。客家人和闽商由此成为潘伟明开城扩地的重要助力,尤其是在进入多个重点城市时,都能迅速得到客家人和闽商的帮助。

中天房产,全称浙江中天房地产集团有限公司,成立于 2004 年。总部设于杭州,项目分布在浙江、上海、陕西、湖南、东北、新疆等地,开发产品涵盖住宅、写字楼、酒店式公寓等,年开发商品房 100 万平方米。相继开发了杭州景湖苑、上海中天碧云苑、东阳中天世纪花园、西安中天花园、杭州盛世钱塘、长沙中天广场、淮安中天花园、烟台中天盛世观澜、湖州中天山水华府等一批楼盘。

2017 年,中天房产在《克而瑞 2017 房企销售 TOP200 排行榜》中恰好排第 200 名,实现销售额 45.8 亿元。在这个大者愈大、强者愈强的竞争态势下,《中国地产四十年》中不仅记录了第 1 名碧桂园的成长史,也对第 200 名不吝笔墨,以期对中国房地产市场过去 40 年的完整呈现。

华地置业便是这样的一个角色,尽管它在《克而瑞 2017 年房企销售 TOP200 排行榜》上仅仅名列 183,销售金额仅 55.2 亿元,但它也是 2004 年成立房企中的一员。

华地置业发轫安徽,深耕合肥十四载。先后成功开发了以华地学府名都、华地公馆、华地紫园、华地润园、华地紫金府、华地紫悦府为代表的城市高端住宅物业,累积开发面积超 1000 万平方米,为逾 100000 户家庭铸就健康美好生活。

外资基金收购烂尾楼

上市,对于新世纪来说已经不再是新鲜事。进入 2004 年,迎来了复星集团以及华发股份的上市。回顾一下股票发行制度,可大致分为注册制、核准制和审批制。从 1990 年到 2000 年,国内主要采用审批制这种带有浓厚行政色彩的制度。而 2001 年 3 月 17 日起,中国证监会建立并实施了股票发行上市核准制。

偏安广东珠海一隅的华发股份,在 2004 年这一年看到了对接资本市场的契机。2004 年 2 月,华发股份成功在上海证券交易所上市,成为实行核准制以来全国房地产行业第五家上市公司。因此,华发股份也称得上资本市场中的先行军,一上市便马不停蹄开始融资,光是 2005 年 1 月,华发股份就四次发布筹集大额资金的公告。

不过,从业绩来看,上市第一年,公司实现主营业务收入 5.3 亿元,同比增长

35.03%；实现净利润近 8600 万元，同比增长 52.52%。截至 2004 年年底，公司土地储备占地面积约 110 万平方米，可建筑面积 200 多万平方米。进入 2017 年，华发股份营业收入 199.16 亿元，比上年同期增长 49.76%；归属于上市公司股东的净利润 16.20 亿元，比上年同期增长 59.11%。

可以看到，华发股份虽然保持着一定的稳固发展，但总体而言成绩并不是很抢眼。尽管如此，华发股份仍然是珠海本土房企老大。目前，珠海上市的房地产企业除华发股份外还有三家，分别为格力地产、中珠控股股份有限公司以及广东世荣兆业股份有限公司。

同样在 2004 年 2 月，上海复地也成功登陆资本市场，它的目的地是香港。上市当天，上海复地以 2.60 港元高开，收报 2.525 港元，巅峰涨至 2.65 港元，成交超 3.27 亿股，成交金额达到 8.41 亿元。这并不是复地第一次向港交所进击。早在 2002 年年底，复地就有计划地在准备招股书，但刚好有了中电信 IPO 市场反应冷淡的前车之鉴，复地也只能推迟招股。

后来在 2003 年 2 月底，复地重新计划在 3 月 6 日赴港上市，招股价格区间定为每股 1.95 至 2.55 港元，总发行 4.559 亿股，筹资大约 10 亿港元。但最终复地还是决定再度推迟，给出的官方回复是：因为潜在投资者对美伊可能开战的忧虑，影响投资气氛。

不过对此回复，当时市场的主流分析主要有两方面：一是复地招股定价太高；二是有大部分土地储备尚未取得土地证，遭到投资者的质疑。蝴蝶效应由此而来。与复地同期准备上市的 SOHO 中国，也打消了当年上市的念头。直到 2007 年，潘石屹才得以圆梦。

回到复地。谁也没想到复地的 H 股之旅仅维持了七年。2011 年 5 月 13 日，复地正式撤销其于香港联交所的上市地位。至此，复地集团母公司复星国际以 22 亿港元实现了对复地的私有化。

一个强大的复星系徐徐展开。在《中国地产四十年》多个篇章里，已经详细地描述了郭广昌在 1992 年间创业的故事。这位复星系创始人，被誉为"中国巴菲特"，从医药和地产开始，1998 年将复星医药送进资本市场；2004 年将复地送进资本市场的同时，紧接着收购了豫园商城和南钢联；此后又开始开拓旅游产业、保险事业。

如今，在郭广昌的带领下，复星系已经在全球控股七家保险公司，成为中国资本市场一股神秘的力量。2017 年，时值复星成立 25 周年，郭广昌说"只是复星历史上一个小小的里程碑，未来一定会更加美好"。

回到 2004 年，实际上在资本市场中出现了更多融资手段。的确，在 2004 年之前，中国地产的资金来源大都依赖于商业银行。进入 2004 年，央行银根收紧，对地产信贷进行半路截杀的方式，尤其是在 2013 年 6 月 121 号文件颁布后，全年全国房地产信托募集的资金还不到 70 亿元，地产商依靠信托解决资金问题的做法已经日渐艰难。

这时候，中体奥园成立奥园投资公司，试图找到第三条地产融资之路。比如 A 公司购买了投资公司的股份，则成为奥园的持有者和受益人。当 A 公司想要通过招拍挂拿到土地但资金承压时，奥园投资公司就可以通过借钱给 A 公司帮助它完成买地。等拿到土地使用证明，A 公司就可以把土地押给银行，从而还钱给奥园投资公司。因此，A 公司便可以用最少的资金来开发土地，实现扩张。

活跃在2004年资本市场的还有外资基金。东方早报曾经在一篇报道中提及，进入2004年以后，海外投资基金进入上海的投资份额和资金规模正在发生较大的变化，不少投资公司已将目光转向上海房地产的一级开发市场，投入资金的规模比以往更是迅速地扩大。

《广州房地产协会2004年下半年合订本》一书援引的公开报道给出了一组数据，"在2004年前，外资基金只是进入上海的一些短平快的个别现成高档住宅项目、酒店和写字楼等。近两年来，投入到上海房地产的100亿美元左右的外资中（占同期整个上海开发市场投资总额的13.7%）以海外基金形式出现的仅3亿美元左右"。

变化发生在2004年，光是上半年，就有多家外资基金站在风口浪尖。其中，"摩根士丹利房地产基金、荷兰国际房地产分别与复地集团股份有限公司合作开发位于上海区域的项目公司，前不久，大摩又正式宣布与国内金地集团、盛融投资三家合资组建房地产开发公司，联手收购烂尾楼等。大摩出资最多，占合资公司总股本的55%"。

商业地产造 Mall 新纪元

一路前行，一路生长。商业地产，这位住宅地产的孪生兄弟，到了2004年迎来新一代蓬勃发展。以此为新的起点，中国商业地产走过了黄金十年，在这一路上崛起了一个又一个商业地标，成为一座城市的商业见证。

回顾中国商业地产发展史，最早是在2000年几个经济发达的城市兴起，包括北京、上海、广州等。此后，商业地产在新世纪里的每一年都给国人带来惊喜。

据国家统计局统计数据显示，2001年，中国商业地产投资年均增长率达到33%，超出住宅投资增长率6个百分点；2002年，商业银行开始收缩房地产信贷，商业MALL形式出现，外企连锁行业进军中国；2003年，商业地产投资增长率达到39.5%，国际零售业巨头纷纷抢滩中国商业市场，连续4年商业地产投资增长速度超过房地产开发投资增长速度。

2004年，全国商业地产投资总额达到1723亿元，同比增长32.35%，新竣工商业营业用房面积增幅16.16%。从北到南，这一年迎来了数个著名购物中心的开业。

在北京，世纪金源购物中心正式开业，成为当时全国乃至东南亚最大的购物中心。广州，丽柏广场开业，这家位于越秀区环市东路黄金商圈的购物中心，是广州第一个面世的奢侈品商店，并在后续很长时间成为广州乃至广东的奢侈品高地。

虽然丽柏广场见证了广州商业地产一枝独秀到百花齐放的历程，但好景不长，太古汇在七年后开业，成功将大部分客流拦截。近两年来，随着奢侈品牌在国内收缩战线，丽柏广场的境况也每日俱下。以 LV、Gucci 为例，都已经关闭了丽柏广场门店。

相较于丽柏广场的黯淡，广州天河城倒是一如既往风光无限。在《粤派地产》一书中提到一个数据，2004 年 5 月 1 日天河城的日客流量达到 81 万次，突破此前历史上的 67 万人次的纪录，2004 年 10 月 1 日，国庆黄金周第一天就创出了 83 万人次新高，黄金周七天时间，广州天河城总客流量曾超过 400 万人次。人声鼎沸带来的是实际物质收入。1996 年，天河城的租金收入是 3700 万元，这一数字到了 2003 年、2004 年分别是 3.2 亿元、3.6 亿元。

深圳，华润万象城，2004 年开业，是当时深圳最大、华南最好、中国最具示范效应的大型室内购物中心。作为商业地产的老牌企业，华润早在 1997 年便进军商业地产，这一年上海华润时代广场同期开业，1998 年华润进入北京市场。如今，华润置地已经成功发展出万象城、五彩城以及体验式时尚潮人生活馆三大产品线。

随着各地开发建设，城市面貌焕然一新。兴业地产在一份研究报告中提到，2003 年前后，中国进入商业地产造 Mall 新纪元。这时候，中国各大城市出现一大批巨型 Mall、专业批零市场、住宅社区商业街等。

2004 年国内已经有十余家地产商开始涉足商业，包括万达、龙湖、富力、凯德、印力、SM 以及恒隆、太古等企业，这是国内商业地产加速发展的趋势。

其中，继 2000 年万达开发建设第一代万达广场——长春重庆路万达广场后，再于 2004 年 8 月开发建设首个第三代万达广场——宁波鄞州万达广场，率先在国内提出"城市综合体"的开发模式。第二年，万达进行二次机构改革，将商业、住宅两大公司合为一家公司，即万达商业地产股份有限公司，确立商业地产为核心支柱产业。

至此，万达模式的成功也让王健林一度稳居中国首富的宝座。直到 2017 年 7 月，王健林一口气卖掉万达 70 多家酒店、13 个文旅项目、数间万达广场后，这个曾经的商业帝国号称走上了轻资产的路线。如今，万达还在继续出售海外资产。

2004 年，对于富力地产来说是一个值得纪念的年份。这一年，它已经在北京房地产市场上风生水起，成功实现全国布局。于是，它的下一个目标是，进军商业地产。

早在 20 世纪 90 年代，广州 CBD 建设规划进入刚启动阶段，珠江新城并不被外界看好，甚至受到不少地产商的质疑，对进军 CBD 热情并不高。然而，富力却敏锐地意识到珠江新城之于广州的重要价值，于是，在别人恐慌时富力开始"贪婪"地大手笔布局。

一举拿下了天河 CBD 八幅商业地块，开发甲级写字楼、五星级酒店等商用物业。占得先机之后的数年时间里，富力地产高调亮相，对 CBD 几乎是"逢地必争"，频频拿地，而且拿地价格也随着市场行情持续走高。

经过 CBD 一役，富力在珠江新城总共囊括了 16 个项目，成为珠江新城当仁不让的大地主。并在珠江新城规划建设了两家超五星酒店富力丽思卡尔顿酒店和富力君悦大酒店，甚至有媒体将珠江新城称为"富力新城"，还有人说打车去珠江新城的富力项目，司机要反复确认是哪条路哪个富力，否则很容易送错地点。由此，足见富力在珠江新城项目之多。

以豪宅见长的龙湖地产，在商业地产领域也是当仁不让的领军人物。自2003年进军商业地产，开发重庆北城天街项目算起，龙湖只用了五年时间便把自己的商业版图扩张到长三角。如今，龙湖早已形成了以都市购物中心为主题的天街系列；以社区特色商业为主题的星悦荟系列；以高端家居生活馆为主题的家悦荟系列三大核心产品。

与龙湖同期涉足商业的，还有深国投以及来自新加坡的凯德。其中，深圳国投商用置业发展有限公司在2003年成立，第一个项目沃尔玛单店"深国投宝安购物广场"也在这一年破土动工。

关于深国投的历史，也是相当有趣。2006年，华润17.4亿元收购深国投后，短短十年之间易主了四次。从华润到深圳市龙柏商置产业投资基金，再到黑石集团乃至如今的万科。期间，深国投更名为印力集团。在万科完成收购后，万科将其商业板块与印力进行整合。2017年2月，印力集团董事长丁力业成为万科商业地产的新掌门人。

历史就是这样饶有兴味。2018年开年第一笔收购的主角便是万科、印力与凯德。2018年1月5日，万科83.6亿元收购凯德旗下20家购物中心，印力负责运营。至此，印力在全国持有或管理的商业项目数量达120家，管理面积1000万平方米，管理资产规模逾800亿元，遍布中国58个城市。

除了商业地产收购，2004年这一年还有很多陆陆续续登上或者即将登上历史舞台的人物。以恒隆与太古这类港企为例，精耕细作是他们的开发模式，提到上海恒隆广场、广州太古汇、成都太古里等，无人不知无人不晓。

2004年，已经在国内发展三年的SM集团早已驾轻就熟；那个即将开发出中粮大悦城、祥云小镇系列的中粮地产，距离进军商业地产还有两年；那个在深圳CBD翻云覆雨的星河地产也将在两年后开发第一个标杆商业项目，即《中国地产四十年·2003》篇章里提到的福田COCOPARK。

这一切，都记载在房地产发展过去40年的历史当中。或已传闻天下，或是鲜为人知，俱往矣。数字也许更有说服力，在2004年这波商业地产开发潮过后，仅2005年1月至5月全国商业地产项目开工面积达1.34亿平方米，投资同比增长38.7%。

2004年，世界贸易逐渐走出了两年前的衰退，增速进一步加快。联合国发布的《2004年世界经济形势与展望》报告称，世界经济2004年增长率为4%。这一数字达到过往三十年间的峰值。

世界经济重获活力，中国这台全球发动机也在持续加速。继2001年北京获得奥运会举办权、2002年上海赢得世博会之后，2004年，广州也将亚运会主办权收入囊中，至此北上广三大城市均在世纪之初获得世界级大型活动举办权。成为世界舞台的中国，轮番上演国际顶级盛事。

中国全面崛起，不仅在国际大赛大展上有所体现，连中国企业也不甘寂寞。2004年，同样震惊世界的还有中国联想，这家公司收购了IBM个人电脑事业部。一夜之间，从全球第九大个人电脑商跃居世界前三甲，仅次于戴尔和惠普，直接进入世界500强之列。

回到中国房地产领域，刚刚经历非典考验的国人，生活重回正轨，又把目光瞄回社会经济领域的各种投资渠道。然而，他们并不知道，即将到来的新一轮资产分配比以往任何一次都来得凶猛。

2004年，全国商品住宅施工房屋面积首次突破100000万平方米大关，达到108196.5万平方米的历史新高。商品房销售额同样破万亿门槛，也达到10375.7亿新的交易纪录。

可以看出，自1998年取消福利分房，启动房改以来，商品房市场茁壮成长，中间虽经历"非典"打击，售楼处一度门可罗雀，但随着疫情解除，中国楼市重新恢复增长势头。这波行情，一直延续到2008年全球金融危机，当然，此为后话。

选择哪条赛道，将决定未来到达何方彼岸，2004年不同的抉择都在悄然进行新一轮的资产重新分配。

2005年：

七部委控房价　房产信托旋风

2005年，中国经济过热，仍是个挥之不去的话题。这年1月，甫一开年，著名经济学家吴敬琏就在《财经》年会上表示："中国的经济没有实现软着陆，经济过热的深层原因尚未解决。"

早在此前召开的中央经济会议上，"加强宏观调控"、"转变经济增长方式"，仍传达出中央主政方向，这实际上在向各界传递信号，就是宏观调控仍将在2005年继续引导中国经济健康理性发展。吴敬琏认为，中国经济之所以没有实现软着陆，在于中国经济结构不合理，资源配置效率低下，经济增长方式仍然存在较大问题。

在此背景下，楼市调控同样受到高度关注。自2004年开始，房价飙涨、房地产泡沫等话题就引起社会各界热烈争论，以致在2005年召开"两会"期间，时任全国人大代表、上海发改委副主任俞国生在被媒体追问时也无奈表示："不要谈房价，一谈房价我就晕。"

高不可攀的房价，让透露着民间酸楚的"房奴"一词开始盛行，甚至推后两年，已然成为教育部公布的171个汉语新词之一。于是，新一轮宏观调控的到来就变得顺理成章。更重要的是，这一次不只是央行的"独角戏"，而是七大部委联手作战。

2005年，被行业称为"政策年"，是房地产历史上首个大举"宏观调控"的年份。在这一年中，土地、金融、税收等一系列政策的连番出台，政府与开发商博弈、政策与房价决战，中国房地产发展又进入了一个新周期。

七部委联手控房价

2005年，控房价这个话题几乎贯穿全年。中国中央人民政府网站记载，3月5日，时国务院总理温家宝在第十届全国人民代表大会第三次会议上当中提到,"重点抑制生产资料价格和房地产价格过快上涨。"

2005年3月17日,央行率先行动,宣布调整商业银行自营性个人住房贷款政策,将现行的住房贷款优惠利率回归到同期贷款利率水平。这是继2004年10月29日上调金融机构存贷款基准利率后不到5个月,个人住房贷款利率的又一次上调。

接下来,就是最重磅的"新旧国八条"。2005年3月26日,国务院下发《关于切实稳定住房价格的通知》,俗称"旧国八条",就加强和改善房地产市场宏观调控,解决市场运行重点的突出矛盾,特别是房价上涨过快问题,提出了八项措施,要求各地采取措施抑制房价过快上涨。

在"旧国八条"中,有一条规定尤其抢眼,就是"把稳定房价提高到政治高度,建立政府负责制,省级政府负总责,对住房价格上涨过快、控制不力的,要追究有关责任人。"这是"房价问责制"在中国首次出现,可以看出,中央对于控房价的决心非常大,同时证明这是一场从中央到地方都必须参与的战斗。

"旧国八条"落地还不够一个月,2005年4月28日,国务院又出台《加强房地产市场引导和调控的八条措施》,俗称"新国八条",明确了享受优惠政策的普通商品房的标准,规定自2005年6月1日起两年内转让商品房要征营业税,并且禁止炒地和期房转让。

"新国八条"余温未散,紧接着2005年5月9日,国务院办公厅又转发了建设部、国家发改委、财政部、国土资源部、人民银行、税务总局、银监会等部门《关于做好稳定住房价格工作的意见》,俗称"七部委"文件,从调整供应、调控需求、整顿规范市场秩序三方面入手,对稳定房价采取措施。

这在中国房地产市场上是非常罕见的一件事,以致当年就有业内人士感慨:"七部委能联手出台一个通知,并且规定到如此详细的很少很少。"如此密集和高强度的调控,对房地产行业的短期影响也较为明显。据《我们房地产这些年》一书中提到,5月13日,万科、华侨城和金地集团股价不约而同地出现大幅下跌或接近跌停。

从全年数据来看,各项增长也有所放缓。据国家统计局数据显示,2005年,全国房地产开发完成投资15909.25亿元,比2004年有所回落。另据房地产市场信息系统数据显示,40个大中城市商品住房累计成交面积同比下降3.16%,有18个城市同比下降,北海、温州、杭州、长春、厦门、天津、兰州等7个城市降幅达20%以上。

房价方面,据国家统计局城市司对70个大中城市抽样调查的数据显示,2005年下半年以来,新建商品住房销售价格月环比涨幅平均在0.6%左右,价格涨幅趋缓,12月,新建商品住房销售价格与上年同比上涨7.1%,其中,经济适用房、普通住房和高档住房销售价格分别上涨2.5%、6.4%和8.9%。

上述各项数据虽然增长的速度有所放缓,但上涨势头并没有改变,尤其作为调控重点的房价仍略微上扬。

究其原因,一方面是开发商们抱团应对,《我们房地产这些年》一书提到,当年在对"住交会"的报道中,部分媒体上打出了"开发商结成涨价联盟"的字眼。此外,他们还坚持在成交量下滑的情况下逆市开盘，而且价格并不比调控前低，以此来烘托整个楼市依旧红火的局面。另一方面，有分析人士指出，打击投机行为的交易税收不仅没有控制房价，反而转嫁了成本，加大了新房市场的需求。

在种种原因和各方博弈的影响下，前述一系列政策对房价的打压出现了短期和轻微的效果，但并不能持久，这也成为接下来 2006 年、2007 年房价报复性增长的重要原因。

顺驰上市计划搁浅

来势汹汹的宏观调控，尽管对房价没有带来太大影响，但引发的成交量下滑现象，却直接让那些资金链紧张的企业陷入困境，顺驰无疑是其中打击最大的一个。

经历过 2003 年及 2004 年高价拿地、大举扩张之后，顺驰的资金链已经处于非常紧绷的状态。在 2004 年博鳌房地产论坛上，王石曾说过："有些大量拿地的企业在这个时候肯定很难受，他的资金链会非常紧，如果说不难受，一定是吹牛。"

尽管孙宏斌自信回击"顺驰要在狂风暴雨中长成参天大树"，但事与愿违，孙宏斌的野心远远超过了现实，这直接造成了顺驰的"翻车"。为了"找钱"，自 2003 年开始，顺驰便开始筹备上市，但天意弄人，即使 2005 年上半年，顺驰已经顺利通过港交所聆讯，但最终却因市盈率过低，无法实现募集资金的目的，上市计划被迫"搁浅"。

上市不成，孙宏斌又拉来了摩根士丹利入股，希望通过出售 20% 股权找到"救命钱"，虽然孙宏斌盛意拳拳，但最后双方并没有谈拢。孙宏斌认为摩根士丹利要求太苛刻，摩根士丹利则无法接受顺驰利润率过低的现实。另外，还有报道称，在与摩根士丹利谈判的同时，孙宏斌还曾经向联想求助，但联想公司在考察完顺驰的项目后，并没有资助的意愿。

上市搁浅、融资不顺、销售回款速度放缓，多重打击下，顺驰的资金危机暴露无遗。2005 年年中以后，顺驰的财务状况已经严重恶化。《房地产江湖》一书中披露，当时顺驰苏州凤凰城项目每月销售回款任务是 2 亿元，但每月只能完成 1000 多万元，同时还欠下 10 亿元土地款。到 2005 年年底，最夸张的一天，苏州项目公司的账上只剩下 16 元。

早在 2003 年一次论坛交流过程中，孙宏斌放言顺驰要成为行业第一，超越万科。王石回应："你不可能这么快超过万科，是不是要注意控制风险？"王石一语成谶。快速扩张的风险很快显现，2005 年年底，负债累累的顺驰被迫大规模裁员，比例高达 20%，连工资也改成每季度发放一次。

面对资金链断裂，无能为力的孙宏斌到香港寻找买家，于是乎，就有了路劲收购顺驰的故事，这个故事在《中国地产四十年》前述篇章有提过，后续篇章中也将着重描写。

受宏观调控影响的还有万达，2005 年万达有几个大项目推迟了销售，最终导致地产销售额与 2004 年持平，将近 40 亿元。虽然地产销售未有重大突破，但万达 2005 年在资本运作方面却取得了实质性进展。

据万达集团 2005 年工作报告显示，这年 7 月末该公司拿到了国家有关部门的批准文件，8 月，万达就收到了首批私募资金 28 亿元。与此同时，万达完成了"麦格理中国基金"的组建，2006 年将现有的 6 个项目装进基金以后，四季度还有 50 多亿元的资本收入。

万达强调，这两笔资金，对万达集团来说意义非凡。过去卖房子一年也有百八十亿的收入，但这是万达的资本收入，不是销售收入，万达从此开始了真正国际化的步伐。另一边厢，这一年只有 5 家开业电影院的万达文化产业公司，占领了全国 7% 的票房，名列全国第五。此外，万达还实施了 3 个电影院改造。

2005 年是万科实施新十年中长期规划的第一年，为了抓住未来十年的黄金发展机遇，在竞争中强化领跑地位，万科提出了"颠覆引领共生"的主题词。在接受媒体采访时，王石还特地对这三个主题词做出解释。

他说："颠覆是我们提的很新的概念，颠覆主要是颠覆自己，尽管市场对房地产存在着一些不同的看法，有的人认为存在泡沫，但是房地产还是会有一个比较大规模的增长，它会不断地调整，不断健康地成长。如果还按照原来的状态，粗放式的经济模式肯定是不能再生存下去了，本身要改变的是我们自己。第二是引领，要做行业的领跑者。第三个是企业做了 20 年了，还要走第二个 20 年，第三个 20 年，不单单是要交税、创造利润，给社会提供更高的回报，还应该给生态、环保做一些贡献。"

从最直观的数字来看，万科的领跑者角色确实演得不错。年报数据显示，2005 年万科实现销售收入 139.5 亿元，同比增长 52.3%。净利润达 13.5 亿元，同比增长 53.8%。2005 年，对万科这个品牌来说，有个里程碑的事件。这一年，"万科"商标被国家工商行政管理总局正式认定为驰名商标，这是中国房地产界第一个通过国家认定的驰名商标。

作为引领者，在 2005 年里，万科还做了一项当时业界甚少听闻的住宅产业化研究。这年 8 月 15 日，万科和东莞松山湖科技产业园区管委会签订"万科住宅产业化研究基地项目"土地协议，这也正式拉开了中国房地产行业住宅产业化序幕，万科住宅产业化研究基地项目全面进入规划设计阶段。

在这独特的一年，获得突破进展的企业还真是不少。先来看北京。2005 年 12 月 10 日，由北京城开集团与北京天鸿集团合并重组的北京首都开发控股（集团）有限公司（以下简称首开集团）正式挂牌成立。

合并之前，天鸿集团主要开发中低档房地产项目，而城开集团在土地一级开发方面有丰富经验，曾在北京方庄和望京区进行大规模的土地一级开发。一个有开发能力，一个有地，两者的结合被市场认为是优势互补。

而合并后的首开集团成为了当时全国规模最大的国资房地产开发企业，注册资本为 10 亿元。如今，公司资产总额 1600 多亿元，业务范围主要包括商品房开发、保障房开发、物业经营（含酒店经营）、物业管理等房地产相关业务领域。被誉为京城大地主的首开集团,还一度放出"一部首开史,半座北京城"的豪言,可见其在北京市场的地位。

另一京派房企首创置业也找到了一位"神队友"。2005年7月1日,首创置业宣布与当时世界上最大的房地产业投资公司之———新加坡GIC旗下的RZP再度联手。合作双方将在上海合资成立"新创地产投资",经营范围包括发展、经营及管理国内的住宅、商用及写字楼物业,并从事与房地产相关的投资、收购。

接下来把目光转向上海。2000年离开上房置换的周忻,经过几年打拼,在上海滩已经颇具知名度。彼时,中国楼市营销代理业才起步没多久,开发商对代理商的依赖度较大,因此,很多代理公司日子过得相当不错。不少营销公司老板也对当时的现状非常知足,这种小富即安的心态,导致诸多代理企业没有进行大规模全国扩张。

但周忻的想法不一样,毕竟,他知道未来中国房地产市场拥有巨大发展潜力,绝非偏安一隅、小打小闹就能够高枕无忧。所以,他早已在心里筹划进军全国的公司发展战略。

也正是在这段时间里,他认识了沈南鹏。沈南鹏在创办携程、如家的时候,开始跟周忻有了交集,两者都可以算是房地产相关行业从业者,因此彼此之间有许多共同话题。

2005年元旦,周忻在杭州给沈南鹏打了个电话祝贺新年。沈南鹏顺口问了老友最近在干什么,周忻就讲了自己新一年的计划。听完之后,沈南鹏饶有兴趣,表示想投资。向来大气的周忻也没有计较估值问题,直接让沈南鹏自己开价,很快就达成合作。于是,在携程和如家的联合创始人沈南鹏的助力下,周忻麾下的易居全面升级,同时开启了全国大规模商业扩张。

2005年,易居成立了中国首家具有独立法人实体地位的民办非企业的专业房地产研究机构——上海易居房地产研究院。紧接着,全新打造的房产经纪服务品牌和服务机构"易居臣信"也正式挂牌。尔后,易居CRIC中国房地产决策咨询系统全国推广应用启动仪式举行,易居由此打造了在房地产决策咨询领域全新的服务体系。

可以说,成功引入中国知名天使投资人沈南鹏,对易居是个质的飞跃,不仅为易居全国扩张提供了强有力的资金支持,更是为易居后续多轮融资和最终在美国上市奠定了基础。

《中国地产四十年·1995》里提到中国金茂(原方兴地产),经过10年发展,已经在全国范围具备一定知名度,并于2004年,在香港创立中国金茂香港。进入2005年,经国务院国有资产和监督管理委员会批准,房地产正式列入中国中化集团主营业务范围,这也是中央批准的16家有资格经营房地产业务的央企之一。

这家起步于上海滩的央企,其早期开发的上海金茂大厦迄今仍是上海滩的地标之一。2005年,有了中央授权经营房地产光环加持之后,中国金茂迎来加速发展阶段,当年上海财富广场完成全部销售,并挺进珠海市场,通过招拍挂一举夺得情侣北路契爷岭占地43500平方米的商用土地,该项目被命名为"每一间"花园。

2005年11月,中国水电地产重组成立。中国水电地产是全球500强、国资委直属央企中国电力建设集团旗下房地产开发公司,中国水电地产也是中央批准的首批16家可经营房地产的央企。

2014年,中国水电地产对外宣布更名为"中国电建地产"。经过多年发展,电建地产形成了以北京、天津为核心的环渤海地区,以成都为核心的西南地区,以武汉、长沙为核心的中南地区的区域市场战略布局,围绕"京津冀都市圈""成渝经济区""长株潭城市群""武汉城市圈"等区域打造电建业务圈。

既然前文提到孙宏斌,那绿城也是个绕不开的话题。与正在失意的孙宏斌相比,2005年对于绿城来说是个有特殊意义的份。2005年,绿城成立已经十年。十年间,靠着质量和口碑,绿城积累了一大批"绿粉"。8月18日,绿城会宣告成立,这是由绿城集团的客户俱乐部组织,在2005年已经拥有15万会员。

华南区域的一批房企似乎也春风拂面,招商地产在加大马力。2005年,招商地产宣布在深圳、北京、天津、上海、南京、苏州、广州、重庆、漳州等9大城市共18个项目同时启动,总开工面积达160万平方米。

时代地产2005年营业收入超过15亿元,这家房企开始不满足于传统的住宅开发,开始向商业地产、旅游地产等领域扩张。这一年,美林基业成功进军广州核心区域,开发了美林海岸、美林湖畔花园,这两个项目的热销,让美林基业一战成名,顺利进入广州房地产企业第一阵营。

保利集团对于国内房地产市场应该也是相当看好的。2005年,在夺下香港新海康航业投资有限公司控股权十二年后,保利集团开始对这个香港上市平台进行调整。这一年,香港新海康航业投资有限公司易名为保利(香港)投资有限公司,开始剥离非房地产资产,并策略性参股投资内地房地产开发。

黄文仔的本事确实大。2005年4月,英国恭亲王、外交大臣——迈克尔先生率欧洲财经贵宾团访问星河湾,轰动整个地产圈。趁热打铁,紧接着在2005年6月,北京星河湾一期开盘,当天就收到了一万多张认购登记卡。

在创立五年之后,姚振华麾下的宝能终于有了成名作。2005年,深圳宝能太古城动工。这个由17座24~32高层建筑组成的项目,被媒体誉为是深圳湾区规模最大的建筑群,是深圳唯一的都市综合体,唯一的地铁连体物业,被称为深圳最后一个大型滨海高尚住宅区。

2009年,深圳宝能太古城开盘当日热销15亿元,之后更让宝能获得了数十亿的利润。深圳宝能太古城的成功,让宝能声名鹊起,同时也让姚振华看到了城市综合物业开发的商机,自此踏上综合物业开发的征程,陆续开发了宝能城、宝能城市广场等综合体。

上海国际港务(集团)股份有限公司于2005年6月28日正式成立(简称上港集团)股票代码600018,是上海港公共码头运营商,2006年10月26日在上交所上市,成为全国首家整体上市的港口股份制企业。

目前,上港集团主营业务分四大板块,即集装箱码头业务、散杂货码头业务、港口物流业务和港口服务业务,目前已形成了包括码头装卸、仓储堆存、航运、陆运、代理等服务在内的港口物流产业链。该集团2018年1~6月营业收入175.1亿元,比去年同期增加4.73%;实现归属于上市公司股东的净利润33.9亿元,同比增加0.41%。

顺便说一声，在2005年12月，上海东亚足球俱乐部成立。2012年年末，上港集团对上海东亚足球俱乐部冠名赞助，2013年赛季起以"上海上港队"的名义征战各类赛事。2014年11月18日，上港集团完成了对上海东亚足球俱乐部的整体收购，俱乐部同时更名为"上海上港集团足球俱乐部"。自此，上海上港成为中超又一支劲旅，多次联赛名列前茅，而且代表中超征战亚冠。

郑州市永威置业有限公司成立于2005年，截至2017年房地产板块已建及在售面积近千万平方米，已初步形成了以京津冀、长三角、珠三角为核心的战略部署，目前已在北京、张家口、武汉、广州、海口启动项目开发工作。2018年上半年永威置业全面超额完成目标，销售68.2亿元，位居全国地产第110位。

中冶置业集团是新中国五矿、中冶集团独资的大型国有房地产开发企业，也是中冶集团房地产业务的核心企业。2012年以来，中冶置业集团加快转型发展脚步，着力提升发展质量，联合全球行业优质资源，发挥产业整合优势，以中高端住宅为主，积极开拓文旅地产、康养地产、产业园、主题乐园、教育地产等新领域，成功构建"一主N翼"业务体系。

2018年7月，中冶置业在广州的首次正式亮相，宣告中冶置业在城市开发运营商的道路上步伐愈发稳健。据悉，在广州，中冶·逸璟公馆和中冶·逸璟台根据岭南气候特征，打造出"适温适湿富氧"系统。

张志铭另起炉灶

轰轰烈烈的房企诞生潮已经退去，但每一年，还是会有少量新面孔亮相。2005年，东亚新华地产在北京注册成立。这家在2016年销售额才突破百亿的小房企，在行业内并没有多少人熟知，但提起它的创始人，或许大部分人都会有所耳闻，他就是黄光裕的妹夫张志铭。

在中国商界里，张志铭是一个颇具传奇色彩的人物。他是一名地道的北京人，求学经历不多，中专毕业，1993年加入国美电器，一开始是黄光裕的司机，之后转岗做业务员。踏实肯干的性格，加上与黄光裕小妹黄燕虹相识相恋的际遇，使张志铭在国美的升迁速度如坐火箭般迅速。

1997年，黄光裕提升张志铭为国美电器常务副总经理，将国美电器的工作全权交给他打理。1998年，与黄燕虹结婚后，张志铭正式出任国美电器总经理。在张志铭带领下，国美电器发展迅速，于1999年进军天津，此后开始向全国扩张。

国美的迅猛发展，让张志铭名声大震，成为仅次于黄光裕的"二号"人物。彼时，市场甚至把张志铭与苏宁张近东、三联张继升并称为中国家电零售业"三张"。更有传言称,有一次张志铭与黄光裕一起去天津考察市场,结果下面的员工只叫张总,站一旁的黄光裕竟无人理睬。

2002年10月,黄光裕高调复出,重新担任国美电器总经理一职,张志铭退出,转任北京鹏润投资有限公司常务副总裁,成为国美电器房地产业务的拓荒者,并运作开发了"国美第一城"。

2005年初,在鹏润地产的基础上,黄光裕又成立了明天地产、国美地产和尊爵地产三个地产公司。其中,明天地产的董事长兼总经理为张志铭。据说,当年是黄光裕叫张志铭将持有国美的11%股权兑现,用于注册明天地产,只不过,明天地产控股权依然掌握在黄光裕手中,黄光裕持股60%,张志铭夫妇两人各占20%。

虽说在亲戚家的公司任职,位高权重,但毕竟不属于自己的产业,如果从这个角度猜测的话,或许可以理解为什么在2005年,张志铭成立明天地产的同时,又成立了东亚新华地产,后者由张志铭全资控股,不需再受黄光裕控制。

2008年,在明天又一城进入收尾工作时,张志铭离开了明天地产。但离开明天地产之后,张志铭也没有把全副心思放在东亚新华上。2008年后,张志铭几乎淡出公众视野。

公开资料显示,东亚新华发展主要集中在北京,2008年开始走出北京,布局沈阳、鞍山;2010年在宏观调控环境下,东亚新华逆市扩张,在宿迁、南昌、东营、江阴等地一举拿下7宗地,进行全国布局。2015年,东亚新华拿下印度尼西亚The Nobel项目,进军海外。

官网数据显示,自2005年成立以来,东亚新华先后布局了北京、包头、鞍山、沈阳、宿迁等17个省、市,及一个海外城市,2016年销售规模达到130亿元。官网显示,2017年东亚新华全国总销售额达137亿元。

另一个逆袭传奇由梁光伟创造。2005年,在高科技行业已经混得风生水起的梁光伟,带领着华强集团进入房地产。这一年,深圳华强新城市发展有限公司成立,这是华强集团投资设立的专业产业地产开发运营平台。

毕竟不是华强集团最核心的一个业务,在房地产领域,华强新城市动作不算太大。华强广场是其布局最多的一个产品系列,目前已先后落子深圳、佛山、郑州、芜湖、青岛、沈阳等地。此外,还有产城融合示范区"深圳光明创意产业园",沈阳华强商业金融中心等产品。

值得一提的是,在华强新城市这个产业地产平台之外,华强集团还在2007年开始涉足旅游地产,先后建设了芜湖方特欢乐世界主题公园、伊朗伊斯法罕市方特主题公园。而且,旅游地产称得上是华强集团较为突出的一项地产业务。

根据美国主题娱乐协会(TEA)2016年发布的报告显示,华强方特主题乐园累计接待游客量超过2300万人次,挺进全球8强。同年8月,芜湖方特旅游度假区被国家旅游局批准成为国家5A级景区。

关于梁光伟与华强集团的故事,又是一个励志的范例。梁光伟,1963年出生于浙江临海,18岁在沈阳军区当兵时跟随部队南下深圳,成为深圳开荒的2万名工程兵中的一员。一直想读大学的他，在工作之余刻苦学习，最终于 1985 年被深圳大学电子技术与计算机系录取。

大学毕业后，梁光伟就进入了华强集团旗下的注塑厂车间工作，成为一名流水线工人。天道酬勤，刻苦耐劳又善于创新的梁光伟备受重用，至 2000 年，年仅 37 岁的他已经成为华强集团总裁。

资料显示，华强集团原为广东省政府的国有独资企业，创建于 1979 年，是一家以文化科技产业为主导的大型投资控股集团。2002 年，华强集团进行股份制改革。根据改革方案，广东省政府持股比例仅保留 9%，其余 91% 股权分别转让给华强集团管理层的 10 名自然人和员工出资组建的员工持股公司。2016 年，分别受让金安兴公司及自然人方厚德持有升鸿投资合计 11% 股权后，梁光伟实现了对华强集团的控制，持股比例升至 45%。

从底层员工到企业掌舵人，梁光伟的职业生涯跟张志铭有很多相似之处。不过，比张志铭幸运的是，梁光伟在华强集团的话事权正在一步步加强。若干年后，在接受媒体采访时，梁光伟曾经对他这段励志拼搏的经历做出过简短回应。他说："我相信，每个企业都不会让认真干活的人埋没。"

香港刮起 REITs 旋风

2005 年的香港资本市场，很热闹。继 1992 年越秀地产、1997 年北辰实业、1998 年合生创展、1999 年上置集团、2003 年首创置业以及 2004 年复地在香港成功上市后，2005 年，港交所又迎来了三家内地房企。

2005 年 7 月 14 日，在延期几个月之后，富力地产终于在港交所敲响了上市钟声，募集资金约 20 亿港元，交易代码 02777.HK。"我想你今天肯定没法想象路演是多么辛苦的一件事情。"回忆起富力的上市历程，主席李思廉毫不掩饰当中的艰辛。

这也不难理解，在 2004 年开始的宏观调控影响下，顺驰及世茂两个同行都已经宣布推迟在香港上市，富力在延期之后坚持上市需要面对的挑战可想而知，首要问题就是认购不足。7 月 7 日，是富力上市的定价日，一直到傍晚 6 点，李思廉才被告知欧洲和美国的配售部分认购数目终于可以填补在香港公开招股部分 1839 万股的认购不足之数。

但开心没多久，伦敦遭遇恐怖袭击导致欧洲股市大跌的消息又让李思廉重新陷入焦虑，在紧急磋商后，李思廉决定将富力股票发行价调低到下限 10.8 港元。这一降，富力集资金额比预期减少了 1.1 亿港元。有舍就有得，虽集资额少了，但总算是保证顺利上市了。

相对于富力的一波三折，同在这一年上市的雅居乐就顺利得多。2005 年 12 月 15 日，雅居乐在香港主板上市。根据招股结果，雅居乐全球发售约 9.55 亿股，其中公开发售部分获得241倍超额认购，国际配售获24倍超额认购，并以上限3.3元定价，集资约29.85亿元。

2005年11月2日，华侨城集团旗下的华力控股（集团）公司也成功在香港上市，这家公司一开始经营的是纸制品业务，后更名为华侨城（亚洲）控股有限公司，并于2007年启动战略转型，新增商业综合开发业务。

尽管定位为华侨城集团商业地产的发展平台，但华侨城（亚洲）转型近10年时间里，旗下项目也只有6个，收入也主要来自于住宅销售，在商业地产领域并没什么成绩。另外，纸制品业务也发展缓慢。逐渐地，华侨城集团这个境外上市平台逐渐淡出人们的视野。

作为一个国际级的金融城市，让香港资本市场热闹起来的，当然不仅仅是这三家内地房企。对于港交所来说，2005年是一个具有里程碑意义的年份。在2005年之前，港交所只有一种上市方式，就是企业上市，但2005年之后，信托也可以上市了。而且，仅2005年一年，就有三只房地产信托投资基金（REITs）实现上市。

2005年，领展房产基金（前称领汇房产基金）、越秀房产基金、泓富产业信托分别于11月25日、12月21日、12月26日成功登陆港交所，拉开了房地产信托基金上市的序幕，同时也给中国房地产证券化打开了一片新天地。这三只打头阵的REITs，创造了很多的"第一"。

2004年，在入不敷出，以及香港政府出现财政赤字难以资助的双重打击下，香港的公营机构——香港房屋委员会已经无法维持财政平衡，无奈之下决定断臂求生，将旗下与公屋相连的150个商场、180个停车位及93个街市进行证券化。领展房产基金就是在这种情况下悄然诞生，成为上述资产证券化的平台。

尽管领展房产基金由香港房屋委员会成立，但这只基金是完全由私人和机构投资者持有，公众持股量达100%。正因为这个特殊的性质，领展房产基金自成立之日起，就一直深陷"公共资产私有化"的争议。

争议归争议，但并不妨碍领展房产基金的发展。这只首家在香港上市的REITs，截至2018年上半年，共计持有160项香港物业及3项内地物业，市值高达1500多亿港元，是亚洲市值最大的房地产投资信托基金，同时亦是全球以零售为主最大型的房地产投资信托基金之一。

越秀房产基金成立于2005年12月7日，是全球第一只投资于国内地产的REITs，也是目前国内唯一一只真正意义上的REITs。上市12年，越秀房产基金靠着母公司越秀地产持续的资产注入得以不断壮大，截至2017年底总资产从45亿元上升到350亿元。

提到REITs，不得不说下广州国际金融中心。2005年，越秀地产竞得广州珠江新城西塔地块，也就是后来被命名为广州国际金融中心项目，英文名称为International Finance Centre，简称IFC。

2005年12月，广州国际金融中心正式动工。广州国际金融中心开发期间经历了全球金融危机，遭遇国际原材料价格上涨，同时也面临人工劳动力成本增加、工程预算屡次增加的难题。所幸的是,越秀地产最终克服一系列难关,于2009年建成。

2012年,总资产仅74亿元的越秀房产基金以134亿元的价格收购广州国际金融中心,随后将其纳入REITs资产包中,并与越秀地产通过双平台运作实现资产证券化。这起证券化操作在当时引起业内广泛关注,成为中国房地产行业地产金融化早期样本。

截至2017年,越秀房产基金旗下物业组合包括广州IFC、财富广场、城建大厦、维多利广场、越秀新都会、白马大厦、武汉项目及上海越秀大厦等共八项物业,其中上海越秀大厦为收购所得。

第三只登陆港交所的REITs——泓富产业信托是长江实业旗下的房地产信托基金,成立于2005年,这也是香港首个由私人机构筹组的REITs。泓富产业信托目前在香港非核心商业区拥有七项物业及498个停车位。

REITs兴起,让香港资本市场变得更加丰富,更加热闹。对于这款重要产品,有必要对这种相对陌生的产品进行一下科普。1960年,世界上第一只REITs在美国诞生。但一直到2002~2003年才在中国起步,其中香港是运作相对成熟的一个市场。

REITs,就是房地产信托投资基金,是房地产证券化的重要手段。具体而言,REITs是一种以发行股票或收益凭证的方式汇集众多投资者的资金,由专门投资机构进行房地产投资经营管理,并将投资综合收益按比例分配给投资者的一种信托基金。

收益主要来源于租金收入和房地产升值,收益的大部分将用于发放分红。说得通俗点就是类似"包租公""包租婆",通过向投资人集资然后持有物业收租,最后扣除管理费等费用之后,把90%以上的租金分给投资人。

2002年,随着国内信托业务进入规范期,房地产信托业务开始崭露头角。2003年,REITs在香港开始运作,随后公布的《房地产投资信托基金守则》,对REITs的设立条件、组织结构、从业人员资格、投资范围、利润分配等方面做出了明确规定。

历经两年时间的修订,2005年,香港又发布了新版的《房地产投资信托基金守则》,并对两处地方进行了改动:一是允许内地的商业地产项目以REITs形式到香港上市融资;二是放宽REITs的负债比率至资产总价的45%。其中第一条修订,成为越秀房产基金得以赴港上市的关键。

之后,REITs在香港进入了一个缓慢但平稳的发展进程,截至2017年,总共有10只左右的REITs挂牌上市。其中,2011年上市的"汇贤"成为全球首只以人民币计价的REITs。

反观国内,REITs就没有那么顺利了。同在2005年,中国银监会颁布《加强信托公司部分风险业务提示的通知》(即"212号文件"),对房地产信托发行的门槛进行了严格限制,"212号文"被业内形象地称为"2005年的监管风暴",再加上房地产限制外资政策的发布,国内REITs的发展一度停滞,这也直接导致2006年万达、华银控股、华润等公司效仿越秀集团发行REITs并赴港上市的计划"搁浅"。

尽管后来政府又多次发文鼓励REITs发行,甚至制订试点实施方案,但由于法律体系、税收体系等各方面都没有成熟,真正的REITs始终未能出现。目前包括"中信启航专项资产管理计划""中信华夏苏宁云创资产支持专项计划""招商创融－天虹商场（一期）资产支持专项计划"等，以及首只公募REITs"鹏华前海万科"，都被市场视为只是"类REITs"产品，而不是真正的REITs。

不过，近年来，随着商业地产、长租公寓等业务的兴起，以及房企轻资产转型的迫切，REITs又一次成为金融圈、地产圈热门的话题。市场不少观点认为，REITs是盘活商业地产、发展租赁市场、帮助房企轻资产转型的"法宝"。因此，有市场人士认为，REITs在国内诞生可能只是未来一两年的事。

世间万物都在循环。不管是楼市的调控，还是房企的兴衰，或是那些传奇的打工仔，又或是REITs，都不会专属于哪个年份、哪个时代，而是一直在循环，在重复，尽管不是每一次都那么相似，但总能找到共同点。它们的存在，推动着房地产行业勇往直前，让这个行业变得更健康，更多姿多彩。

2005年，距离2008年北京奥运会还有一段时间，但气氛已经越来越浓了。2005年的11月11日，马云还没发明"双十一"，国民还没机会沉醉在网购狂欢中，但时代永远不缺少惊喜，这天距离奥运开幕恰好1000天的日子里，北京奥运会吉祥物——"福娃"正式揭晓，五只拟人化的娃娃名字是贝贝、晶晶、欢欢、迎迎、妮妮，寓意"北京欢迎你"。

据统计局数据显示，2005年GDP现价总量突破18万亿元，同比增幅继续是两位数。这已经是中国GDP自1997年亚洲金融危机以来连续多年快速增长，惊艳全球。

而根据世界银行公布的数据显示，2005年全球GDP排名座次也发生了不少变化，中国以约2.229万亿美元的GDP总量，大幅超过意大利和法国，并逆转英国，跻身全球第四大经济体。中国经济经过多年发展，终于实现超英赶美第一步。

一个个喜讯在激荡人心，一项项改革在大刀阔斧地推进。

2005年，股权分置改革终于破冰，证监会宣布启动试点工作；银行改革有突破，外资银行和金融机构相继入股建行、中行、工行；汇率改革迎来里程碑，人民币放弃挂钩美元；个税改革、医疗改革、教育改革依然任重道远……与上述各项改革齐头并进的是，牵动着全社会敏感神经的房地产行业，在这一年也面临严格调控，这个推动中国经济增长的引擎出现了"过热"现象，需要减速。

各项经济指标一路向好，改革也进入深水区，中国前行大势已然不可逆转。房地产市场也在经济强劲增长势头支撑下，需求越来越旺。伴随着楼市火爆，房价逐步走高，调控日渐收紧，这一切，都在同步上演，而且将持续多年。

2006年：

整治地产腐败　顺驰卖身路劲

2005年，中国房地产在这一年全面引爆，固定资产投资再冲历史新高。据国家统计局数据显示，2006年中国全社会住宅投资达19333.1亿元，较2005年的15427.2亿元，增幅达到25.3%，远高于同期GDP的增长水平。

除此之外，房价也是备受关注的热门话题。2006年4月26日，深圳市民邹涛在网上发表《关于发起"不买房行动"致全社会的公开信》将社会对房价畸高的不满推上新高峰。

邹涛在信中指出："2006年第一季度，据深圳市国土房产局官方发布的最新数据显示，今年深圳商品住宅价格相比同期上涨了20%，每平方米均价达到8700多元……无论我们在深圳生活了十年还是二十年，直到今天，如果要靠自己的工资收入，即使我们再省吃俭用，依然在这个城市买不起一套房子。"

为了对抗开发商涨价，邹涛号召市民3年内持币待购，不要买房，更强调："深圳楼价一日不降到市民可以接受的程度，我们就坚决不买房。"不仅如此，邹涛还给冯仑和王石写了一封公开信，痛斥房地产是一个暴利行业。

一时间，通过互联网爆发式传播，这位默默无闻的深圳市民迅速化身成广大"房奴"的代言人和意见领袖，成了敢于与"邪恶"开发商斗争的英雄。这也从侧面反映出，2006年房价上涨导致购房者情绪激化到顶点，声讨开发商成为当时一种民意的表达。

楼市火爆往往催生调控。没有最严，只有更严，这句话用来形容2006年中国房地产宏观调控，相信再不为过。半年不到，就有10余项调控政策陆续出台。接踵而至的楼市调控，持续加码，一度令业界应接不暇。

2006年，从上市房企披露的年报数据来看，无论销售额还是利润都实现了大幅增长，攻城略地，储备粮草成了房企们谋求进一步发展的共同动作。与此同时，国内迎来了一波房企上市高潮，共有七家房企敲开资本市场大门。

重拳整治地产腐败

从效果来看，2005年中央狂风暴雨式出台的调控政策只起到了扬汤止沸的作用，但未能做到釜底抽薪。房价在2005年下半年增长放缓之后，于2006年初再次出现反弹，进入新一轮攀升，其中一线城市尤甚。这样的境况，中央当然也是看在眼内，于是，一场比2005年来得更猛烈的调控在2006年拉开序幕。

首先，沉寂多年的廉租房政策在2006年初再度进入公众视野。2006年1月下旬，时任建设部政策研究中心住宅与房地产研究处副处长赵路兴对外宣布，2006年国家将以建设廉租房为重点。

为解决廉租房建设的资金问题，2006年3月1日，时任全国工商联房地产业商会会长聂梅生表示商会正在以廉租房信托为切入点，启动一个全新的房地产金融平台。目前银监会已经把商会起草的提案上报至国务院。截至2006年8月19日，建设部正式印发了《城镇廉租住房工作规范化管理实施办法》。

一方面是通过加强廉租房建设以解决百姓住房难的问题，另一方面中央则试图从供应、需求端入手抑制房价过快增长。

2006年4月28日，央行宣布从即日起房贷利率上调0.27%，达到5.85%。后于2006年8月19日，央行再度宣布一年期存、贷款基准利率均上调0.27%，实现年内两次加息。这是继2004年10月29日、2005年3月17日进入加息周期以来，央行第四次加息。

再之后，一个比一个严厉的政策接踵而来，让人目不暇接。2006年5月17日，国务院出台"国六条"。2006年5月29日，国土、金融、税收、建设等九部委发布"国15条细则"，在套型面积、小户型所占比率、新房首付款等方面都做出详细规定，其中重点是套型建筑面积90平方米以下住房须占开发建设总面积70%以上。2006年5月30日，国土部发文宣布禁止别墅类房地产项目供地和办理用地手续。2006年5月31日，国务院转发建设部等九部门制定的《关于调整住房供应结构稳定住房价格的意见》的37号文件。

2006年7月6日，建设部联合发改委、工商总局下发166号文件，要求房企取得预售证后应10天内开始售房。2006年7月11日，建设部、商务部等六部委共同签发限制外资准入的171号文件。2006年7月24日，国务院发文建立土地监察制度。2006年7月26日，国税局出台对二手房交易征收个人所得税的108号文件。2006年8月1日，国土部发文对招标拍卖挂牌或协议出让国有土地使用权的范围作细化。2006年9月5日，新华社全文播发《国务院关于加强土地调控有关问题的通知》，被视为国家叫停各地"土地财政"的先声。

事实上，从2003年开始启动宏观调控以来，政策一直都不缺，中央也是吃秤砣般铁了心要把房价稳定下来。症诊对了，药也开对了，但这"苦药"要喝起来不容易，各地并未落实。

2006年底，全国房地产市场宏观调控部际联席会议印发了《关于各地区贯彻落实房地产市场调控政策情况的通报》。通报指出，截至2006年10月，全国70个大中城市新建商品住房销售价格同比上涨6.6%，涨幅比上月提高0.3个百分点。其中，部分城市住房价格涨幅仍然偏高。

据了解，建设部等十部门检查发现，截至2006年9月底，全国还有65%的地级以上城市、91.1%的县级城市未公布住房建设规划。时任建设部部长汪光焘在2006年11月30日指出："当前房地产市场运行中还存在不少困难和问题，主要是对政策的认识存在一定差距，这是一些地区落实政策不坚决、调控措施不到位的重要原因。"

早期房地产是权钱交易重灾区，特别是涉及土地出让、银行融资、规划审批等多个部门和机构，中间存在诸多灰色地带，导致贪腐势力频频得手，官员腐败与地产暴利，在房价上涨背景下，显得格外刺眼。因此，中央也开展了一系列整治行动。

2006年4月开始，中央八部委开展联合专项行动，重点打击房地产领域违法违规、权钱交易。把楼市调控中间存在的权钱腐败作为重点整治领域，堪称本轮楼市调控一大亮点。

很快，一大批官员纷纷落马，而每一个落马官员的背后，都牵扯着一个甚至多个房地产开发商。这场浩浩荡荡的反腐行动，算是给老百姓出了一口气，但正如某些房地产专家所言，反腐只能一时大快人心，并不能解决全部楼市问题，房地产业持续健康发展只能依赖于体制的完善和各系统的协调配合。

体制的完善和各系统的协调配合并不是一朝一夕的事。要让这"高烧"的楼市恢复健康，任重而道远。

从总体来看，2006年房地产成交价格和成交量仍呈上升趋势。一线城市中，广州房管局数据显示，年内广州商品房登记成交面积1158万平方米，同比增加2.1%；商品住宅成交均价为6315元/平方米，同比上涨了23.4%。北京房地产交易网数据显示，年内北京房地产市场销售面积2287万平方米，同比增加3%；平均单价8792元/平方米，同比上涨了16.7%。

上海市房地局数据显示，年内上海商品房成交面积2597万平方米，同比增加19%；成交均价8682元/平方米，同比上涨了4.8%。深圳市统计局数据显示，年内全市房屋销售价格总水平比上年上升12.3%，比上年涨幅扩大4.8个百分点。

另据70个大中城市房屋销售价格指数数据显示，仅2006年12月，秦皇岛、北京、深圳3个城市新建商品住房价格指数同比涨幅超过10%。福州、厦门、成都、广州等城市分别达9.8%、9.1%、8.5%和8.3%，深圳、大连、北京等6个城市二手房同比涨幅超过10%。

一路上扬的房价，相信不少炒房者都赚得盆满钵满，在他们看来，房地产泡沫似乎永远不会有破裂的一天,房价也永远只涨不跌。

颇为戏剧性的是,也就在房价压不住上涨的这一年,一度轰动全国的上海集体退房事件迎来终结。2006年9月底,上海市宝山区法院作出一审判决,允许66名大华集团"水岸蓝桥"楼盘的购房者解除购房合同,开发商退还房款。加上此前判结的20例,至此一共有86名"水岸蓝桥"的购房者退房成功。

这些宁愿承担3万~4万余元不等的违约赔偿金都不惜退房的购房者们,给出的理由就是房价下跌了。据公开资料披露,退房人士大多是在2004年底和2005年初上海楼市巅峰时预购的水岸蓝桥,彼时售价9000~14200元/平方米,但从2005年5月开始,也就是新一轮调控到来的时候,该项目售价开始一路狂跌,到2006年9月,已经跌至9000元/平方米左右。周边同类二手次新房的挂牌价大致在8000元/平方米到9500元/平方米。

在这场博弈中,退房人士们算是取得了压倒性的胜利。据了解,该预售合同条款注明:若乙方因自身原因提出解除合同,乙方应承担赔偿责任,赔偿金额为总房价款的3%,并承担由此产生的一切相关费用。因此,连开发商方面也表示,在2005年销售88万平方米的新房中,也只有水岸蓝桥约一百多套房源的预售合同有这种条款。业主正是凭借这个条款,成功打赢官司。

曾经因为帮业主打赢退房官司的律师杜跃平后来表示,"一般来说,我不建议购房者退房"。按照法院判决,退房业主除了要按合同条款赔房价3%罚金外,纠纷期间每套房子还要交4万多元的按揭利息、一半诉讼费、律师费、资金占用的损失……平均算下来,每套房损失10余万元。

退房成功的背后,不由令人反思,房价是涨是跌没有任何人可以打包票,更不是每一次都那么幸运可以在房价下跌时成功退房。虽说投资本有风险,但最起码应该保持理性。当然,如果再把眼光放长远点,当年跌至不足万元的水岸蓝桥,2018年在上海二手放盘价也能达到六七万元,十二年时间涨六七倍,从投资回报率来看,也不算低了。

"全民公敌"任志强

心直口快的任志强,在互联网时代开始登场了,而且以其犀利的观点一度成为网络上的"全民公敌"。特别是任志强在各种场合,频频发表与当时网民难以接受的言论时,更是成为网民口诛笔伐的对象。只不过,随着微博时代的到来,"全民公敌"华丽转身成互联网"意见领袖",圈粉无数。

房价暴涨,引发了全民对炒房行为的痛斥。2005年10月,任志强在接受媒体采访时,挺身而出,为炒房者辩护。他认为,买卖有理、炒房无罪,禁止炒房就是违宪。任志强的理由是,市场有买有卖,没有流通、没有买卖就不叫市场。炒房本质上就是买进和卖出的房产交易行为，商品房是商品，商品就是用来买卖，禁止"炒房"就是禁止商品的买卖，因此违背宪法行为。

进入2006年，任志强更是一发不可收拾。先是在2006年2月上海的房地产论坛上，任志强直言："我没有责任替穷人盖房子，房地产开发商只替富人建房。我是一个商人，我不应该考虑穷人；如果考虑穷人，我作为一个企业的管理者就是错误的。投资者是让我拿这个钱去赚钱，而不是去救济穷人。"任志强的言论，瞬间把开发商和穷人对立起来。网络上顿时骂声一片，纷纷斥责任志强没有为穷人着想，甚至攻击开发商为富不仁。

紧接着，在2006年4月26日南京召开的中国城市房地产开发商策略联盟董事长联席会议上，记者邀请任志强预测房价走势。任志强直接表示："不用预测，历史证明所有的房价永远都是上涨的。从来没有一个国家的房价是下跌的。因为收入是越来越高，而且材料价格也在涨，房子就不可能跌价。全世界范围内都没有一个国家房价是跌价的。"

2006年12月，凤凰卫视结合当时"是否应该公开房屋成本"的热门话题，邀请任志强等作为嘉宾参与讨论。任志强再次站在开发商的立场，持强硬否定态度："成本构成是指一个公共产品普遍的构成是什么，是一个平均值概念，成本是什么概念，成本是具体到某一个单体的时候实际发生的事，这两个完全不是一回事。什么叫实际发生呢？你老婆会告诉大家说她的胸有多大吗？"

2006年，任志强堪称开发商的最强代言人，在各种论坛峰会、媒体采访中频频爆出惊人言论。当然，这仅仅是开始，性格耿直的任志强，在此后很长一段时间里，仍在扮演网络全民公敌角色，甚至一度在参加论坛演讲时被听众抛鞋抗议。

但即便如此，任志强仍不改其直率的风格，并在后来的微博时代成功转型，由全民公敌变成全民热捧的意见领袖，这种出乎意料的转变，快到令人应接不暇。这种转变也预示着网民逐步接受任志强直言直语的风格，更慢慢理解了任志强发表的观点。这也正是互联网的魔力，拉近了博主与粉丝的距离，给博主提供真实发声的机会。

时不时自诩要做中国房地产领路人的万科，在2006年提出了"变革先锋·企业公民"两大关键词，这两个主题词，从万科年内两大举动来看，也得到一定体现。

对于高居不下的房价，与任志强公开发表"房地产就应该暴利""开发商只给富人建房""我没责任给穷人盖房"等在社会上引起轩然大波的言论不同的是，更善于在媒体上表现的王石与他唱了一曲"反调"。

在中央将廉租房重新提上议程的政策背景下，万科也推出了自己的廉租房举措。王石称："2005年之前，万科没有考虑那些买不起房也租不起房的阶层，但是从'企业公民'的角度来思考，这样是失职的。"

据王石介绍，万科今年将着力于三个体现"企业公民责任"的工作：推广廉租房建设；设立专门用于居民旧村落保护的基金；推进节能环保运动。而当年正在开发的深圳"第五园"以及"万科城"成为万科推广廉租房的试点项目。

按照当年的设想，万科将从"第五园"项目中划拨一块用地，建一个大型集体宿舍，解决200～300户人的居住问题。"这不是一个简单的非人性化的联排宿舍，而是一个经过设计，环境比较好的宿舍。"

除廉租房之外，万科在2006年的另一大举动便是住宅工业化的尝试。2006年底，万科推出了集合其工业化生产资源的第一个市场化项目——上海万科新里程二期，该项目将以工厂化的方式建设两栋18层高的高层住宅。

不过，虽然万科口口声声说自己要做"变革先锋·企业公民"，但可以看到，在2006年之后，无论是廉租房还是住宅工业化，并未能在万科的业绩版图中占据核心地位。

更重要的是，2006～2008年被万科拟定为公司快速发展的三年，年报数据显示，2006年，万科销售金额、主营收入、净利润、开工面积、竣工面积同比增长都超过50%，后期要保持这样的发展速度，大面积推广廉租房必定会造成一定阻碍。

相较于万科，其他房企就低调许多。尽管调控越来越严，但市场空间也是巨大的，他们正在抓紧机会，像万科那样谋求快速发展。

2006年，碧桂园开始走出广东，布局全国，第一个省外项目便是坐落在湖南长沙的碧桂园威尼斯城。该项目在这一年国庆期间正式开盘，首期产品两天内便已售罄，成交金额6亿元，创下长沙楼市的一个神话。

招商地产也在2006年进行了全国范围的开发布局，所在城市达到了10个，开发涉及31个项目。时代地产在2006～2007年，以并购、合作等方式进入了佛山、中山、珠海、清远、长沙等市场。

雅居乐通过公开投标或协议转让方式在佛山、惠州、河源、上海、南京等城市拿地，建筑面积930万平方米。截至2006年底，该公司拥有建筑面积逾1616万平方米的土地储备。换言之，单2006年一年，雅居乐土地储备几乎翻了一番。

首创置业尽管因为董事长刘晓光被带走协助调查而连续停牌70天，但公司业绩仍有条不紊地推进，全年销售金额增长265%至85.8亿元。不过实际毛利率由2005年的22.9%降为12%，低于房地产市场35%的平均毛利率。

赛场上的选手们，没有一个想落后，大家都在奋力奔跑。2006年，富力地产销售额增长74%至101.87亿元，毛利润和经营利润分别上涨110%和135%，成为行业内又一家"百亿房企"。

2006年，张玉良统领下的绿地销售额已达190亿元，全年房地产开发面积500多万平方米，成为上海滩最大的本土房企。作为中国房地产业界第一家提出"进军世界企业500强"目标的房企，张玉良意志坚定："中国房地产行业完全有可能出一个世界500强，而绿地集团2011年前后进入世界企业500强的目标也一定会实现。"

佳兆业也很厉害。据其官网透露，2006年佳兆业成功击败万科、华润置地等强敌，登顶深圳市年度销售面积及销售金额"双料冠军"。

从2000年开始转型商业地产的万达，这一年，如愿以偿地打赢了"三大战役"——上海万达商业广场、宁波万达商业广场、北京万达广场三大商业项目顺利竣工开业。

这三个项目的开业，帮助万达实力跃上了一个新台阶。据万达方面介绍，三个项目收租物业面积接近80万平方米，首年租金8亿元，几年以后可能超过10亿元。相当于万达一年增加了 100 亿元资产。

嗅觉灵敏的港资也察觉到了内地市场的巨大商机。2006 年 3 月 23 日，在和记黄埔的年度业绩会上，李嘉诚表示，截至 2005 年，长实及和黄在内地的投资总额已超过 1000 亿港元，2006 年整个集团在内地的投资规模将达到历史高峰期。年报数据显示，2006 年，长实及和黄分别在广州、青岛、上海获得四个项目。

与李嘉诚齐头并进的还有郭氏三兄弟。这一年，新鸿基斥资 36 亿港元从香港万都手中收购了位于上海浦西的"淮海中路 3 号地块"，开发了环贸广场。同年，新鸿基通过收购佛山南海广场，开始在华南布局商业地产。

绿城上市融资买地

如果说 21 世纪的第一个十年是房企的上市潮，那么 2006 年绝对是一个爆发期。不同于前一年只有一两家房企上市的冷清，这一年，共有七家房企先后敲开资本市场的大门。

拔下头筹的是来自新加坡的仁恒置地。这家起源于新加坡，发家于中国内地的房企，于 2006 年 6 月 22 日在新加坡证券交易所主板成功上市，募集净资金为新币 2.65 亿元。

同年 11 月，仁恒置地与新加坡投资公司旗下的房地产投资集团（GICRE）成立合资公司，仁恒占 60% 股权，GICRE 占 40%。12 月，合资公司通过公开竞标以人民币 24 亿元购入位于南京河西新区的土地，总占地面积为 30.61 万平方米，可建筑面积约为 68.8 万平方米。

借助仁恒置地上市，创始人钟声坚的财产变得更加公开透明。在 2006 胡润中国百富榜上，钟声坚以 110 亿元身价排行第八位。而仁恒置地这家由钟声坚一手创办的房企，不仅是当年，也是目前新加坡市值最大的中国私人企业。

2005 年因宏观调控推迟上市的世茂集团卷土重来。2006 年，为推动世茂房地产控股有限公司在香港上市，许荣茂将 A 股上市平台——世茂股份的核心资产分拆，注入世茂房地产。

只不过，苦等一年之后的 2006 年依然不是一个好时机。宏观调控阴影下，香港资本市场的内地房地产股整个 6、7 月走势低迷。有数据显示，6 月，主要内房股股价累计跌幅达到 7% 至 33% 不等。

亦因此，世茂房地产同样遇到了香港公开发售部分认购不足，但好在国际配售获 1.5 倍超额认购。最终，集世茂集团在中国内地所有优质资产于一体的世茂房地产以下限 6.25 港元定价，如期于 7 月 5 日上市，上市集资净额为 35.26 亿港元。

尽管没遇上上市好时机，但上市融资带来的资金优势，确实给了世茂房地产异地扩张的本钱。据 2006 年年报显示，报告期内，世茂房地产拿地力度明显加大，增加土地储备的计划建筑面积为 630 万平方米，分别位于浙江绍兴、安徽、山东烟台、浙江嘉兴、江苏常州等地。

年内结算销售项目也从 2005 年的 3 个增加至 8 个。水到渠成，2006 年世茂房地产销售总额突飞猛进，约 79.27 亿元，同比增长 192.2%，销售面积 67.5 万平方米，同比增长 159.6%。其中，来自上海以外地区的销售金额达到 34.53 亿元，这个数字在 2005 年仅为 6.14 亿元。

与世茂房地产一起"逆水行舟"的还有绿城。2004 年 11 月 3 日，绿城聘任摩根大通作为在香港红筹上市的独家财务顾问、独家保荐人和独家主承销商。一直到 2006 年 1 月 10 日，绿城引入由摩根大通和 STARK 投资基金组成的国际战略投资者，集资 1.5 亿美元后，才高调宣布赴港上市的消息。

一开始，绿城在港公开发售部分同样困难重重，从 7 月 2 日公开招股到 7 月 4 日，认购仍非常冷清，大部分证券行零下单。但 7 月 5 日世茂房地产上市后股价走势理想，最高价开出 7 港元，收盘价 6.6 港元，较发行价仍有 5.6% 涨幅，这直接拉动了绿城的招股。

据香港金融人士透露，在 7 月 5 日截止招股前，各证券行均收到了散户的认购，认购金额较之前有数倍的增长。最终，绿城在香港的公开招股获得了 10 倍的超额认购，国际配售部分则获得 7 倍超额认购，按中间价 8.22 港元定价，募集资金近 26.63 亿港元。

7 月 13 日，绿城如愿登陆港交所。上市当日，股价最高至 8.9 港元，收盘价 8.75 港元，较发行价上涨 6.45%。"绿城上市当然是为了资金，但绝不是为了一个时点的资金。上市是为了与国际资本市场接轨，在现有资金的渠道以外，建立一个稳定的来源。"在一次媒体专访中，时任绿城常务副董事长寿柏年直言不讳地指出绿城上市的目的。

与世茂房地产一样，有了钱之后的绿城，首先要做的就是买地。据年报数据显示，2006 年绿城通过参加招标、拍卖、收购股权、与其他公司合作等方式，新增土地储备约 374 万平方米。截至 2006 年年末，绿城土地储备约 1227 万平方米，比上年增加 39%。

不仅如此，上市之后的绿城有了"进城"的底气。绿城方面表示，公司上市后战略性地增加位居城市中心的标志性住宅项目的土地储备。同年 9 月，绿城取得位于杭州市中心的杭州湖墅项目；12 月，获得温州市市中心的天盛项目。另值得一提的是，在上市这一年，绿城取得了创立 11 年来最高水平的销售额及调整前溢利，分别为 64 亿元、15.03 亿元，同比增长 152%、141%。

这一年，登陆港交所的还有一家房企，那就是罗康瑞旗下的瑞安房地产有限公司。这家成立于 2004 年的公司，是瑞安集团在中国内地的房地产旗舰公司，总部设于上海。眼见世茂房地产和绿城上市之后股价的良好表现，曾经因股市疲软一度推迟发股的瑞安房地产也开始行动。

终于在 10 月 4 日敲响上市的钟声，集资总额达 68 亿港元，成为该年最大型的中国房地产企业上市项目。上市时，瑞安房地产已经持有上海、重庆、武汉和杭州中心地段的六个项目，包括上海新天地、创智天地、瑞虹新城、重庆天地、武汉天地及杭州天地。

同在 10 月，来自上海的另一家房企——盛高置地（控股）有限公司也成功在香港上市。如同世茂房地产、绿城等国内同行一样，盛高置地将上市融资所得的资金用于补充土地储备。上市前，盛高置地仅持有上海六个项目及黄山一个项目，上市后，盛高置地进军昆明，并进一步加码黄山。截至 2007 年 4 月，盛高置地土地储备已达 200 万平方米，高出首次公开招股前 71%。

不过，盛高置地的上市地位也没有持续多久。后来到 2013 年，缺少整体上市条件的绿地集团宣布收购盛高置地 60% 股权，实现借壳上市。自此，盛高置地更名为"绿地香港"。

去香港上市，接轨国际资本市场，这是当年的行业潮流。正当同行们一窝蜂往港交所跑的时候，保利地产、北辰实业选择了 A 股。

2006 年，已经拥有保利置业这个香港上市平台的保利集团，选择让保利地产在 A 股上市。2006 年 7 月 31 日，保利地产在上海证券交易所挂牌上市，正式进入资本市场。上市当日，保利地产股价大涨，收盘价比发行价 13.95 元高出 44.87%，成为房地产行业第二大龙头股，直逼万科。

借助资本之力，保利地产不断加大项目拓展力度，新拓展项目 11 个，占地面积 221 万平方米。与此同时，总资产由 2005 年的 80 亿元增长至 2006 年的 165 亿元，位列中国房地产上市公司综合实力第二名。

而保利集团另一个上市平台保利置业，在 2006 年仍叫"保利（香港）投资有限公司"，这一年，这个平台完成收购保利上海集团，借此获得总部位于上海的房地产开发平台。

彼时，保利香港董事总经理李世亮对外表示，公司已制订 5 年计划。预计 2006 年公司将会在内地开发超过 100 万平方米面积的多个项目，预计未来 5 年总开发量达 800 万平方米，于 2010 年持有物业面积 400 万平方米。

至于北辰实业，回归 A 股之路颇为曲折。历史资料显示，早于 1997 年，北辰实业已经在香港实现上市，是 20 世纪 90 年代少有的几家登陆港交所的房企。只不过，上市的风光并没有持续多久，由于开发规模、公司发展及利润方面的平淡表现，加上香港市场对内房股的信心不足，上市三年来，北辰实业在 H 股市场已经逐渐边缘化。

正因如此，在赴港上市后不久，北辰实业就已经开始计划回 A。据北辰实业内部人士透露，早在 2000 年，北辰实业就已经开展内地上市计划，2003 年差一点就成功，但最后未能如愿，一直到 2006 年才成功。2006 年 10 月 16 日，北辰实业正式在上海证券交易所挂牌上市，成功回 A 之余，北辰实业也成为内地第一家实现了"A+H"模式的房地产上市公司。

资金，是北辰实业迫不及待回 A 股的最主要原因。据了解，2004~2006 年是北京奥运工程的重要建设期，作为唯一一家承建了两个奥运项目开发的企业，北辰实业任务重大，同时所需的建设资金也非常巨大。难以通过 H 股募资的北辰实业只好回归 A 股自救。

有不少市场分析人士认为，回 A 是北辰实业不二之选。

根据北辰实业披露，此次募集的资金将用于建设奥运媒体村和北辰大厦，其中，17.15 亿元投入到奥运媒体村，其余 16.19 亿元则用于兴建由北京康乐宫原址改建的北辰大厦。此外，北辰实业占 80% 股权的北京奥林匹克公园（B 区）国家会议中心也投入建设。

不过，眼看着同行们纷纷大规模扩张，北辰实业也坐不住了，并于 2007 年开始频繁拿地，其中最为市场关注的便是 2007 年竞得的 92 亿元长沙地王。

房地产资本江湖永不缺乏故事，北辰回归 A 股的同时，专注房地产服务领域的易居也启动赴美上市的前期准备。2006 年，在沈南鹏的引荐下，周忻掌舵的易居与瑞士信贷集团之崇德基金、DLJ 房地产基金牵头的等四家国际著名投资公司签署投资协议，引进 2500 万美元的国际战略投资，为 2007 年上市进一步打下坚实基础。

手握重金的易居也不负众望，在 2006 年创造出一个包括营销代理、决策咨询、房产经纪等业务核心，贯通整个产业链的全新房地产流通服务新模式。这套模式，对当时正在大规模拿地进行快速扩张的房地产企业来说，易居这种全流程卖房模式可以帮助诸多房地产企业迅速抢占市场、回笼资金。

事实上，如果将 2006 年房企们这种大规模拿地的逻辑与最近这两年的房地产做对比，会发现很多相似之处，都是处在政府的严格调控之下，都是地价高、房价高，但房企们同样是不惜重金拿地、大力扩张、实现规模快速增长。毕竟，在市场火爆的时候，没有人会愿意错失机会。

"地产二代"登场

除了备受瞩目的房企上市之外，2006 年中国又诞生了实地地产、中迪禾邦两家房企。此外，路劲收购顺驰也成为这年度最具看点的地产兼并案，曾经喊着要超越万科的孙宏斌，卖掉顺驰之后，重新创业，另立门户，开启了融创新历程。

从改革开放算起，中国的第一代地产人已经辛苦打拼多年，在那个工作还可以靠分配的年头，很多人创业时，已经是而立之年。到 2006 年，这批地产"先锋"大多已人到中年，他们的下一代也逐渐成长，并开始出现在聚光灯下。

2006 年，进入公众视野的是富力联席董事长兼总裁张力的儿子——张量。这位出生于 1981 年的"80 后"，性格要强，不愿"拼爹"，独立能力也很强，希望闯出一片属于自己的天地，毅然选择自主创业。

2006 年，实地地产在广州成立。尽管诞生于广州，但在成立近十年里，实地地产都没有在广州市场有过布局。成立之初，实地地产走的就是去中心化发展，在全国开放式布局,首个项目璟湖城落子中山,之后又相继进入遵义、六盘水、无锡等城市。

由于布局分散且项目不多,实地地产在业内并没有什么知名度。一直到2015年9月,实地地产在广州长岭居板块以低价连夺4宗地才开始被市场关注,首个一线城市项目实地常春藤在2016年4月亮相。厚积薄发,自2016年开始,实地地产开始进入成长的"快车道",截至2017年年末,该公司已经进入十四个城市,实现销售额201.1亿元,跻身全国房企100强。

随着实地地产知名度的提高,创始人张量开始越来越受关注。让人们惊讶的是,这位热衷于自主创业的"地产二代",早在2003年便创办了实地建设集团,主营建筑业务,同期还创办电梯媒体飞沙。之后,在2006年成立自己的地产公司,2007年创立网上3D售楼咨询平台租房网及一家饮食集团,2014年底,又创办了黑洞投资。

离开还是留下,这是众多"地产二代"都需要思考的问题。自主创业的张量,无疑是选择离开父辈企业、另立炉灶的重要代表,在这一阵营的还有一个更为高调的人,他就是被称为"国民老公"的王思聪。

与张量一样,王思聪对于子承父业并没有多大兴趣,拿着老爸王健林给的5亿元创业基金,王思聪在2009年创立普思资本,并由此开启了被王健林评价为"还不错"的创业之路。此外,中骏置业二公子黄涛也在2015年9月宣布放弃中骏营销负责人的职务,创办联合办公品牌FUNWORK。

凭着自己的兴趣,那些选择不接班的"地产二代"毅然去开创属于自己的时代。但也有很多"地产二代"决然选择从父辈手中接过担子,担起家族传承的责任。

不知道是父辈耳濡目染让他们有着天生的使命感,还是从小家庭就有意识培养,碧桂园的杨惠妍、世茂集团的许世坛、合生创展的朱桔榕、中骏置业的黄伦、龙光地产的纪凯婷、宝龙集团的许华芳、融创的孙喆、绿景中国的黄浩源……他们都选择了"留下"。

俗话说,创业难,守业更难。所以,对于"地产二代"们来说,无论是另择他业,还是继承家业,在日新月异、变幻莫测的市场面前,要成功都很不容易。

"地产二代"们成功还是失败,有待时间的见证。把目光拉回到2006年,这一年,富力公子张量脱离父荫,选择独自创业,在千里之外的四川达州,一位与张量只差四岁的年轻人李勤却在没有任何背景情况下,白手起家。

李勤,1977年出生于达州的一个小农村,1995年从万县商业专科学校毕业后,果断放弃包分配的机会,进入了当时在达州刚刚兴起的装修行业。成为一名装修工人,让李勤初步接触到了房地产行业,也认识了一帮建筑行业的朋友,2006年,李勤与建筑队伍的几个伙伴一起出资,创办了中迪禾邦集团有限公司。

据李勤回忆,公司创办初期,几个朋友在污水处理厂租了几间平房当办公室,平时家也不回,通宵轮流守工地,有时实在调剂不过来,甚至把各自的家长也喊来当外援。在艰辛的创业期间,李勤还不忘学习,通过努力,他顺利从中国地质大学建筑经济与管理专业本科毕业,并攻读了四川大学EMBA,成功考取高级工程师,国家二级建造师。

天道酬勤。在成立八年后,中迪禾邦为了谋求更大的发展,迁址成都,并开始打造大型商业地产集团。在商业地产领域,中迪禾邦坚持"自建、自营、自持、自有品牌"的战略方针,位于成都的中迪创世纪广场成为试点项目。

据官方资料介绍,截至2016年10月,中迪禾邦在全国八省十七城启动三十余个项目,开发总面积近1100万平方米。克而瑞数据显示,2017年该公司销售总额为110.7亿元,已连续多年入围全国房企200强。

每一位创业者,在创业之初,想必都曾有过宏图伟略,希望自己的企业能做到百年长青,经久不衰。所以实地地产提出了要"弯道超车",中迪禾邦说要做中国商业地产新极,孙宏斌说顺驰要超越万科成为行业第一。

实地地产、中迪禾邦的梦想还在追逐的路上,但孙宏斌的顺驰梦在2006年碎了。2006年9月5日,饱受资金折磨、命悬一线的顺驰最终选择出售。路劲基建宣布以12亿元要约收购顺驰55%股权。次年1月,路劲基建再出资6亿元收购顺驰股份至95%,孙宏斌基本失去了顺驰的控制权。

这笔交易进展不算顺利,由于交易决策时间紧,债务和公司结构复杂,导致收购过程异常困难,双方甚至诉诸公堂,但经过调解,最后双方以和解收场,交易才得以完成。

当所有风波平息后,路劲主席单伟豹在2010年首次袒露当年收购顺驰的心声。他说:"收购顺驰,让我累得半死。2006年时我很后悔,原因是发现收购存在诸多问题;2007年我很开心,因为地价房价都涨了;2008年时我又很后悔,因为全球金融危机,资产价格下降了;2009年时我又很开心。"

尽管心力交瘁,但单伟豹同时也表示,从收购顺驰所获取的资产来看,路劲确实捡了个大便宜。确实,通过收购顺驰,路劲低价收获了大量土地,得以从原来的公路建设转型做房地产。而孙宏斌,只能带着融创东山再起。

2007年：

物权法终通过　楼股同步暴涨

如果将2007年放回漫长的历史长河里，也许不难找出这个特殊年份的坐标，因为这一年除了高速增长的经济之外，疯涨的股市和房价，也同样给予国人留下无比深刻的印象。

在这一年里，世界对中国的关注和讨论异常热烈。2007年，中国经济依然在高速列车上奔驰，GDP站上了11.4%的高点，这是进入21世纪之后，中国经济增长率最高的年份。借着这波高速增长，中国经济总量一举超越德国，成为世界第三大经济力量而被世界瞩目。

据当年美国彭博新闻社报道称：中国国家统计局公布数据显示，中国2007年GDP现价总量达257306亿元（约合3.38万亿美元），超过3.32万亿美元的德国，成为世界第三大经济体。这一数据已获得世界银行的基本认可。该社同时表示2007年中国的经济规模，已经达到1978年改革开放之初的70倍。

事实上，进入新千年之后，中国经济始终保持高增长，可以说在世界经济中处于一骑绝尘地位。自2000年超越意大利开始，2005年至2007年三年里，又先后超越法国、英国、德国。七年时间，以迅雷不及掩耳之势，接连将欧洲四大经济强国远远甩在身后，举世罕见。

与经济同增长的还有中国股市，相对于宏观GDP数据，国人更直观的感受是中国A股飙涨。2007年，中国股市掀起了一波"全民狂欢"潮，上证指数从2700多点节节攀升，一度突破6000点大关，实现了中国股市的历史性跨越。由于股市持续上涨火爆行情，吸引了中国众多人群参与炒股，甚至连卖菜的大妈也不想错过一夜暴富机会。

一首套用摇滚乐队信乐团《死了都要爱》翻唱而来的《死了也不卖》的"股票歌"在网上走红，这首网红歌唱道："死了都不卖，不给我翻倍不痛快，我们散户只有这样才不被打败。"非理性投资情绪弥漫整个资本市场，当时的股民满脑子只想着怎么发财，把毕生积蓄都投入股市，连砸锅卖铁都在所不惜。

就是在这种为股疯狂的背景下，创造了21世纪中国资本市场最大一波行情。到了年底,尽管大盘开始调整,不过,1亿多股民依然缔造了资本大国崛起的奇迹。截至2007年年末,沪深两市上市公司股票总市值达到了32.71万亿元,首次超过了全国GDP总量。

股市攀升的最大受益者除了投资人之外还有企业。而对于房企而言,继2006年"内地赴港上市潮"后,这一年又刮起一阵热风。据不完全统计,2007年内地房企赴境外IPO多达13家。这批IPO名单中,包括今天赫赫有名的碧桂园、SOHO中国、远洋地产、合景泰富和中国奥园。同样值得关注的是,境外上市房企中,选择在香港上市的超过七成。

如果说2007年最值得人们关注并留在国人记忆中最深的事情是股市飙升的话,那么,2007年房价上涨也是一个紧随其后的热门话题。这一年,全国房价延续2006年上涨的态势全面飘红。据当年统计局数据显示,2007年商品房平均销售价格为3885元/平方米,上涨14.9%,涨速比2006年提升2个百分点;其中住宅销售价格为3665元/平方米,上涨17%,涨速比2006年加快4.9个百分点。

一线城市房价涨幅尤为巨大,2007年12月,深圳住宅价格同比涨幅为51%,北京涨幅45%,广州达到30%。各大城市房价涨幅均远高于当地GDP增速,可见房价上涨之快,犹如脱缰野马,一路狂奔。

与房价飙升相对应的是土地市场的疯涨,整个年份时不时会成为头条新闻的是各地层出不穷的地王。以广州为例,2007年全市总共成交住宅用地50余宗,其中就有27块地的地价刷新了区域地价的新高。

"狂涨不需要理由,现在楼盘的利润率已经高到让我们不好意思的程度了。"没想到,开发商在私下说的一句话,竟然成为这一年度最令人震撼的经典名言。

这一年的房地产市场到底有多狂热,从财富榜单中也能洞若观火。当《福布斯》中国富豪排行榜和胡润百富榜相继出炉时,人们发现,在这份榜单中,中国房地产大亨"多的离谱"。在前25位巨富当中,业务主攻房地产或兼营房地产的就有20位之多。

与房地产市场燥热相应的,是紧锣密鼓的房地产调控。一系列金融、税收、土地调控政策密集出台。

在上半年,尤为值得关注的是"限外加码",商务部及外管局等相关部门先后发布了多项"限外"政策,明确提出"严格限制外商投资房地产"。实际上,面对来势汹汹的外资,在2006年就已经出台相关政策,不过仍不能阻挡热钱涌入的步伐。而在2007年经过一系列的政策后,外商投资中国房地产行业已相当困难。

到了下半年,调控丝毫未作停歇,以房贷新政、加息等金融政策影响最为明显。一年时间里,央行就罕见的6次加息,以及10次提高银行存款准备金率,如此大的"动作"让专家、学者、业内人士、房贷消费者等社会各界都"咋舌"。

不过,这一年政策中对楼市影响最为重大的无疑是"9·27房贷新政",央行将第二套住房的首付比例调整至40%以上,同时将住房贷款利率提高至基准利率的1.1倍。二套首付提至四成,利剑一出,市场顿时受到阵阵寒意,这成为"压死骆驼的最后一根稻草",楼市由此开始暗波涌动,酝酿滔天变局。

值得关注的是，业内普遍认为，这一年央行实施房贷新政、国内主要银行纷纷收紧房贷，是受到当时美国次贷危机爆发的直接影响。美国这场因次级抵押贷款机构破产、投资基金被迫关闭、股市剧烈震荡引起的金融风暴，从2006年开始显现，进入2007年逐步蔓延到欧洲、日本等世界主要金融市场，而且有愈演愈烈之势。因此，中央也对此保持高度警惕。

2007年房地产调控还有一个显著特点，就是把重心偏向于保障性住房，国务院发布了《关于解决城市低收入家庭住房困难的若干意见》，该文件可谓是2007年最大的房地产政策，不过，它的主旨却不在房价，而是让老百姓租得起、住得起。以此为开端，中国开始大规模建设保障性住房进程。

或许，这跟2007年"以民为本"的政治大环境有关。所以，还能看到的是，历时14载、8次审议的《物权法》，终于在全国人大五次会议闭幕会上高票通过，并于10月1日起正式实施。作为重要的民事基本法律，《物权法》不仅涉及国家的基本经济制度，也关系到普通民众安居乐业的具体利益，尤其影响到房地产业的发展。

其中涉及的"住宅建设用地使用权期70年满后自动续期""车库归属由当事人用出售出租等方式约定""征收单位、个人房屋等不动产应给予补偿等有关规定"等内容，迈出了保护私有财产里程碑的一步，同时，也为后来房地产一系列纠纷问题的解决，提供了依据和标准。

中国物权法通过

2007年底，北京16家新闻单位与国内知名经济学家联合评出了"2007年中国十大经济新闻"。其中，《物权法》赫然在列，它之所以如此受到关注，是因为其关系到千家万户的切身利益。一部物权法涉及13亿人，涉及极其庞大的公私财产，正因如此，立法过程也较为复杂，必须尽可能听取各方意见、兼顾和协调各方利益。

想要一个完美的结果，过程往往是曲折艰难的。1992年邓小平南方谈话提出市场经济的概念，同年，中共十四大提出建立社会主义市场经济体制目标，这一切成为制定物权法重要背景。进入1993年，《物权法》开始筹备工作。1998年，物权法起草工作正式启动，全国人大法工委委托人民大学王利明教授和中国社科院的梁慧星教授分别进行物权法专家建议稿的起草。后来，王利明在接受媒体采访时提到，"能够起草一部物权法是很多前辈民法学者多年的一个梦想，这是几代人的呼吁"。

就在学者们正为起草物权法奔波忙碌时，一些来自民间的声音，也在全国"两会"中发出。第一个提案的是全国政协委员、江西民生集团董事长王翔。2001年，他提交了一份《关于尽快出台物权法的建议案》，不久后，便收到了全国人大常委会法制工作委员会的回复:"物权法已列入九届全国人大常委会的立法规划。"

2002年12月23日,《物权法》草案终于有了阶段性进展,在第一次审议中,明确规定了对私人财产的保护。随后的三年时间里,《物权法》草案都经过修改和调整,并在全国人大常委会上进行一一审议。

一般来说,在中国,一部法律草案经过全国人大常委会三次审议就会付诸表决。不过,在2005年7月1日十届全国人大常委会十六次会议闭幕会上,最后的决定却是《物权法》草案要向社会全文公布,广泛征求意见。根据2005年公布的数据,《物权法》草案共征集到11543件民意。其中包括了如规划区内的车库、车位的归属问题等。

表达民意的同时,争议之声也随之而来,有人指责物权法草案"违宪"。对此,全国人大常委会还进行了三项重要的相关活动:高层次的座谈会、组织调研组和立法论证会。到2006年,《物权法》草案又经过三次审议,其中尤为值得关注的是,10月所进行的第六次审议,其中删除了住宅用地满70年后续费的条文,这项内容是此前公众特别关心的一个问题。

彼时,对于删除住宅用地满70年后续费的条文,诸多专家持肯定态度。中国社会科学院研究员、中国城市经营学会副会长刘维新认为如果不删除将会对以后的土地制度改革和开征物业税带来很多制约。物权法、物业税、土地制度改革是一环套一环,相互影响、相互制约的,要通盘考虑。据刘维新推测:删去这一条很有可能跟开征物业税有关。

上海复旦大学房地产研究中心主任尹伯成表示,房子是业主一生中最大的消费支出,因此,70年期限到期后,是否应该续费要慎重对待。毕竟中间有很多实际和复杂问题,需要充分调查研究后才能决定。

就这样,在一次次修改调整中,《物权法》总共进行了7次审议,这也创下全国人大立法史上单部法律草案审议次数之最。时间停在2007年3月16日,物权法终于在十届全国人大五次会议获得高票通过,并宣布于2007年10月1日起实施。

对于房地产行业而言,物权法对其也影响重大。《物权法》中与房地产业相关的重要规定包括:征收单位、个人的房屋及其他不动产,应当给予拆迁补偿,维护被征收人的合法权益;征收居民房屋的,还应当保障被征收人的居住条件。

前文提到大众最关心的涉及房屋70年后产权归属问题的条款中,《物权法》公布的第一百四十九条明确规定,住宅建设用地使用权期满的自动续期。这被业界普遍解读为把"私产"变成"恒产"。

正所谓,有恒产者,有恒心。在中国社科院法学研究所研究员、《物权法》起草建议稿负责人梁慧星看来,"这恰恰是制定《物权法》的一个重要目的:就是'要让买了房的人、有了财产的人安心'。只有让人们对自己的财产有信心,并能够作为遗产留给子孙,他们才会积极买房,房地产市场的需求才会不断地旺盛。"

此外,《物权法》还提到业主对建筑物内的住宅、经营性用房等专有部分享有所有权,对专有部分以外的共有部分享有共有和共同管理的权利,比如占用业主共有道路停放汽车的车位,属业主共有。工业、商业、旅游、娱乐和商品住宅等经营性用地以及同一土地有两个以上意向用地者的，应当采取招标、拍卖等公开竞价的方式出让。

上海易居房地产研究院副院长杨红旭认为，"由于不动产产权是《物权法》重点保护对象，这就从法理上理顺了产权关系，必将促进房地产业健康有序发展。《物权法》消除了部分业主对于70年之后产权问题的忧虑；由于确立了私权所有，将促使更多地产商和机构投资者更多地持有物业，进行长期经营；拆迁户可以依托《物权法》维护自己的合法权益，同时也将增加城市动拆迁的难度；为开征物业税创造了前提条件，《物权法》的作用将会在未来进一步有所显现"。

十三年酝酿，终修成正果，物权法由此正式走进人们的生活。无巧不成书，在《物权法》呱呱坠地和实施之年，中国"史上最牛钉子户"几乎在同一时间出现了。

2007年3月，标题为"史上最牛钉子户"的帖子，在互联网上开始流传，这个帖子的内容仅有一张图片：重庆杨家坪"百老汇"项目工地现场，有栋两层高的小楼，孤零零悬立在深达十米大坑的正中央，犹如大海里的一叶孤舟，与周边热火朝天的工地形成鲜明对比。这栋小楼坐落于重庆市九龙坡区杨家坪鹤兴路17号，产权人便是被称为"史上最牛钉子户"的吴苹、杨武夫妇。

整个事件可以追溯到1993年，重庆南隆房地产开发有限公司取得了对杨家坪鹤兴路项目的拆迁开发权。到2004年8月，重庆智润置业有限公司也加入到拆迁开发行列中，与南隆共同取得了九龙坡区房管局于2004年8月31日核发的拆迁许可证。

2005年3月，重庆市出版集团旗下子公司重庆正升置业有限公司也加入到鹤兴路旧城改造项目，成为项目法人和项目质量责任人。当然，从法律意义上来看，重庆杨家坪"百老汇"项目拆迁人仍是南隆公司和智润公司。

2004年9月，九龙谱鹤兴路片区被列拆迁范围，涉及281家拆迁户，根据开发商提供的拆迁补偿方案，有现房安置和货币安置两种方式可以选择。不过，一些拆迁户表示，当时的评估价格很低，几乎所有经营用房的拆迁户都不满意。但经过协商，最终有280户还是搬走了，而唯独剩下吴苹一家。

开发商与吴苹进行了数十次协商，但吴苹始终没有接受安置方案。网络上各种传言也蜂涌而至，比如吴苹夫妇挟房要价高达2000万元，比如吴苹夫妇之所以能如此牛是因为有背景以至于连开发商都不敢动。

不过，在后来接受记者采访时，吴苹对上述传言均予以否认，称"索要2000万元"一说纯属子虚乌有。而对于网传其有背景的质疑，吴苹回应称，她的背景就是法律。"钉子户"男户主杨武22年前曾获首届渝州散打擂台赛重量级冠军。杨武甚至向媒体透露，原本计划要去挑战俄罗斯"散手王"穆斯里斯，但为了捍卫尊严和房产，他忍痛放弃这个机会。

或许正是因为《物权法》的颁布让吴苹夫妇有了底气，因此，在颁布三天后，当地法院一纸强制拆迁通知发出时，吴苹拒绝签字。并在小楼屋顶竖起了国旗，拉出的横幅上写着"公民的合法的私有财产不受侵犯！！！"

"史上最牛钉子户"确实很牛，不仅惊动了重庆市的书记、市长，连全球主要的新闻媒体也高度关注，前后有超过百家中外媒体陆续赶来山城，聚焦在这个"钉子小楼"周围，记录着事态动态，也记载着中国物权发展进程。

藉由《物权法》的颁布，敏感时期的拆迁问题被提到了史无前例的关注高度，而媒体也"一边倒"地支持吴苹夫妇维权。在经过多轮的协商后，吴苹夫妇与开发商终于达成协议。"最牛钉子户"的二层小楼在挖掘机下轰然倒塌。

"钉子"拔了，但这一事件无疑成为中国城市建设进程中"一个标志性事件"，更是中国物权史上代表案例。有评论称，"最牛钉子户"事件成为中国公民权利意识的开始，也正好是对《物权法》进行普及的难得机会。

碧桂园赴港上市

在《中国地产四十年·2006》篇章提到，2006年是房企上市开始爆发的年份，而到2007年，房企上市更是进入巅峰期的高潮，一批房地产企业也纷纷奔赴香港IPO。包括碧桂园、SOHO中国、远洋地产、合景泰富、方兴地产、中国奥园、众安房产、鸿隆控股等9家内地赴港上市房地产企业，总共募资额达629亿港元。在2007年这波上市的房企之中，最值得关注的莫过于碧桂园和SOHO中国。

2007年4月20日，碧桂园在香港联交所上市，这只吸引了超过60万香港股民认购的内地地产股，其总市值在上市首日就飙升了30.11%，达到1163亿港元，成为当时中国内地房企的市值老大，几乎一夜之间塑造了中国地产界又一个全新的资本神话。

实际上，在碧桂园上市前，其企业规模和知名度并不特别突出。2006年时碧桂园销售额为79.4亿元，公司项目布局也才刚迈出广东省外的第一步。且不说与万科对比，当年富力全国销售总额已达到人民币100亿元，把碧桂园抛在了后头。

虽然业绩并非出类拔萃，但碧桂园的上市还是备受追捧，原因是它巨量的土地储备。碧桂园的招股说明书上显示公司土地储备量达1870万平方米。众所周知，对于房地产企业来说，土地可以说是最为重要的生产资料。

据了解，为了筹备上市，碧桂园在上市前一年多的时间里，土地储备量猛增，新增土地储备达到998万平方米。更为难得是，在1870万平方米土地储备中，97%都取得了土地许可证，足够5年以上开发所需。这方面的优势，碧桂园也在招股说明书中留下了浓重的一笔："我们是中国拥有最庞大和低成本土地储备的房地产开发商之一，此等储备为我们未来的增长和盈利能力提供了强有力的支持。"

然而，上市后的碧桂园拿地步伐并没有因此而慢下来。据《中国经营报》报道，截至2007年8月15日，"碧桂园的土地储备已达到5400万平方米。"据当时公开信息显示，碧桂园的土地储备量是第二名——香港长和系全部土地储备的2.5倍。这意味着碧桂园不仅是中国土地储备最多的开发商,而且其增速之快也远超市场想象。

碧桂园在 2007 年猛烈的增长势头不仅表现在拿地上,同时也体现在业绩上。碧桂园对外公布的业绩显示,2007 年销售额增长 123%,至 177.35 亿元。

由新浪与易居研究院联合中国房地产及住宅研究会、中国企业评价协会、北京大学不动产研究鉴定中心等多家知名科研单位中国房地产测评中心,在 2007 年发布的首个研究成果——《中国房地产开发企业销售百亿榜》显示,2007 年仅 11 家房企过百亿,碧桂园凭着高速增长一举跻身前五强。

碧桂园惊人的增长引起了各界的高度关注。在王石后来出版的《大道当然》中回忆,2008 年一次私下场合中讨论到碧桂园时,王石颇草率地给出评价:"没什么了不起。"不久在珠海召开集团季度例会,时任万科战投部副总经理的孙嘉在走访碧桂园后做了一份报告,通过翔实的数据证实,揭开碧桂园高速发展之谜。

这个报告,也推翻了王石对碧桂园的认知。万科珠海例会结束后在回深圳的路上,王石亲自致电碧桂园老板杨国强,诚恳表示:"我原来对碧桂园的看法是错的,希望能与杨先生交流学习。"就这样,杨国强爽快地一口应允。

其实,比业绩更能引爆普罗大众对碧桂园关注的是首富。碧桂园创始人杨国强 26 岁的二女儿杨惠妍,在碧桂园上市当日,杨惠妍凭持有 95.2 亿股,一跃超过玖龙纸业的董事长张茵成为新一代内地女首富,身价约为 666.4 亿港元。

实际上,在碧桂园上市之前,碧桂园低调的创始人杨国强就已将所持碧桂园 59.5% 的股权、最大股东和董事局成员等头衔,悉数转给了杨惠妍。上市后,在福布斯公布的 2007 年中国富豪榜显示,杨惠妍以高达 1211 亿元人民币的财富雄踞中国富豪之首。要知道,这位年轻女富豪在 2006 年仅以 12 亿元人民币身家排名 281 位,一年之间,个人财富激增百倍,堪称房地产黄金时代造富典范。

福布斯在一篇题为《爸爸的女孩》的文章中解读了这位 1981 年出生的新首富,"有个好爸爸"以及"上市带来的财富膨胀"成为杨惠妍的财富密码。当时美国《国际先驱论坛报》则称:杨惠妍的个人财富已经超过索罗斯、苹果的乔布斯和传媒大亨默多克。

与杨国强一样,杨惠妍行事作风也十分低调,鲜少出现在公众媒体的视野中,以至于在网上所能搜索到的资料寥寥无几。仅知道杨惠妍毕业于美国俄亥俄州立大学,获得市场营销及物流专业学士学位,2005 年加入碧桂园担任采购部经理,而在 2007 年时主要负责整体采购监督,企业资源管理。之后,又出任碧桂园董事局副主席一职。

杨国强在培养接班人方式上,一早就倾注了大量心血。在杨惠妍只有十三四岁时,杨国强就把杨惠妍和杨子莹两个女儿带去参加碧桂园董事会,跟着杨国强学习集团发展策略的制定。会后,杨国强还会给这对姐妹详细解释在会上讲话的原因和如何管理团队。

2001 年的时候,杨惠妍赴美国留学。其就读的俄亥俄州立大学背景显赫,是国际顶尖研究型大学联盟 Universitas 21 成员之一,北美五大湖地区最顶尖的公立大学之一。该校办学历史悠久,北美洲顶级的学术联盟美国大学协会(AAU)最早加入(1916 年)的成员以及十大联盟成员,号称公立常春藤。

杨惠妍留学期间，几乎没有跟家里要钱，而是依靠自己打工和奖学金读完大学。在这样一所高水平的院校里，要获取奖学金其实并不容易，但她还是在每次考试中都拿到 A。毕业之际，校长甚至亲自给她颁发证书，而能获此殊荣的学生少之又少。

杨惠妍平时在公司里异常低调，但接触过这位年轻女首富的人都评价很高，说她具备稳重踏实、思路清晰、高效干练等多个优点。同时，自小受杨国强影响，杨惠妍也是个心地善良、热心公益的人，甚至还促成杨国强捐款做公益活动。

2007 年，与新首富杨惠妍同样备受关注的人，还有知名度颇高的 SOHO 中国潘石屹和张欣夫妇。

2007 年 10 月 8 日，潘石屹和妻子张欣，将苦心经营了 12 年之久的 SOHO 中国带上了香港资本市场，正式跻身恒生指数上市公司之列。潘张夫妻二人以张欣的名义，共持有 SOHO 中国 33.241 亿股，占总股本的 66.48%。根据上市时的股价计算，其市值大概为 317.45 亿港元，由此跻身中国富豪榜前列。

SOHO 中国这种夫妻店模式，要由潘石屹和张欣相遇开始说起。1994 年，刚过而立之年的潘石屹在北京与张欣第一次见面。彼时潘石屹刚在海南房地产泡沫之前全身而退，带着第一桶金来到北京发展。

张欣出生于北京，改革开放后随父母移居香港，由于生活困难，张欣曾在香港工厂打工。打工虽然暂保一时温饱，但看不到希望。为了长远发展，张欣带着打工 5 年攒下的工资，飞往英国萨塞克斯大学，攻读经济学。1992 年又通过了英国剑桥大学发展经济学硕士学位。随后张欣前往美国，在全球顶级投行高盛集团和美国华尔街投资银行旅行家集团任职。也正是这段投行工作期间，张欣与潘石屹相识了。

出人意料的是，两人才认识 4 天，潘石屹就向张欣求婚。潘石屹，一个西北甘肃来的草根，未出过国、不会说英语，而张欣则是高盛年轻有为的分析师，堪称华尔街投行精英，凭着流利的英语、扎实的专业素养走遍天下，全球满天飞。一土一洋，这在当时看来完全不搭的组合，结果居然走到一起，并成为最重要的生意合作伙伴。

结婚之后，夫妻俩在 1995 年联手创立了 SOHO 中国。然而两人的性格和阅历决定了双方在管理公司和制定战略上有着各自鲜明的特点。

比如 1997 年开发的北京现代城，张欣倾向于引入大型基金，通过资本的力量一举奠定"中国内地版太古地产"的江湖地位。而潘石屹则认为更适合边卖边开发，持续滚动经营。最后的结果是，由于引进大资金碰壁无数，不了了之。而边卖边开发则让现代城适应当时市场，令 SOHO 中国一炮打响。

逐步站稳脚跟的 SOHO 中国也开始了上市筹备。好事总是多磨，SOHO 中国的上市之路并没有那么通顺。时间轴拉回 2002 年，潘石屹首次宣布要在美国及中国香港同时上市，结果却是折戟而归。

对于其中缘由，张欣曾在地产金融论坛上透露："美国和香港资本市场给 SOHO 中国定的市盈率为 8 倍。按照他们夫妇的设想，市盈率应是 13～15 倍，但当时地产公司的市盈率普遍在 8～12 倍。再加上当时公司声名初起，土地储备少，因而难以吸引海外投资者的注意。"

2005年，潘石屹和张欣同赴以色列海法，在那里接触巴哈伊教。巴哈伊，创立于19世纪，最早诞生于伊朗，后该教将圣地迁至以色列的海法，强调回归人的本性，抛弃偏见，多看到积极的方面。这也让潘石屹、张欣彼此增进融合。

回国后，潘石屹实行无为式管理，而张欣逐步加强对SOHO中国的管理。随后，潘石屹又把SOHO的全部股价悉数划到张欣名下，由张欣重点推进公司上市进程。最终在张欣主导下，SOHO中国在中国香港上市。

一南一北，碧桂园跟SOHO中国在这一年的香港IPO都给资本市场留下了深刻的印象，成为当年内地企业香港IPO的经典案例。其中，SOHO中国成功融资19亿美元，也成为当时亚洲最大的商业地产企业IPO。

相较于其他房企用"圈地"来充实上市资产来说，SOHO中国在这方面一点都不突出。甚至可以说，它还是一个"另类"的存在，核心城区和商用物业是其两大特征。首先，SOHO中国仅有120万平方米土地储备，但几乎都位于北京中心城区。其次，它与其他房企主要集中于住宅房地产开发不同，它将自己定位成为行业领先的商用物业发展商。

实际上，SOHO中国在香港上市的前后，是2007年内地房企赴港的比较集中的时段。前有远洋地产在港募资119亿港元，后有奥园地产上市获得204倍的超额认购。

先来说说远洋地产，在2006年，远洋就开始未雨绸缪，启动了大规模的土地储备计划。一年时间，就从年初的400万平方米增至年底的500万平方米，拿地的渠道主要是并购的方式。此外，还引入几家战略投资者，注资1.7亿美元。这些资金都为远洋扩大土地储备创造了优越的条件。

在远洋地产公开的招股说明书中提到，截至2007年7月31日，公司土地储备的总建筑面积约为860万平方米，一年多的时间里土地翻了一番。预计这些土地可以满足公司未来5年的开发需要。

同样是因为提前进行充足的土地储备，远洋成功在香港掘金。在前期香港机构推介会上，远洋受到多家知名机构认购，包括恒基集团李兆基、新鸿基地产郭氏兄弟等香港本地地产巨鳄，以及全球最大对冲基金之一Och–ziff、新加坡政府投资机构GIC等境外资本竞相追捧，远洋地产完成集资18.72亿元额度，一举占了预期最高集资额的16%。

2007年9月28日，远洋地产发售1.5512亿股，售价为每股7.7港元。最终收盘价是11港元，较招股价高出近43%。之所以远洋股价上市即大涨，除了土地储备，吸引投资者的还有远洋大厦、光华国际、凯晨广场等商业项目，这些持有物业能给公司每年至少2亿元人民币稳定的租金收入。此外，和很多赴港上市的房企有着明显差异的是，远洋当时两大股东都是国企背景。港媒报道称远洋上市前，中远国际及中化集团分别持有其30.8%股权。

远洋之后，奥园地产也赶上了香港上市的末班车，成功挤进资本市场。这也是奥园创始人郭梓文在沉寂4年后的一次翻身。

2003年时，奥园一度寄希望于A股借壳，结果却因各种原因而导致上市暂缓。不过，郭梓文没有放弃上市的目标,并一直在低调运作。2006年初,中国奥园经过多方接触,终于引入战略投资者——美国国泰财富基金,并与旗下国泰中国地产公司合作改善集团内部管理。在国泰基金引荐下,著名国际投行瑞士信贷也成为奥园地产上市策略投资者和保荐人之一。

10月8日,中国奥园成功在香港上市,每股发售定价在价格区间的上限5.20港元,共发行7亿股,总募资金额达36.4亿港元。市道好的时候,做事似乎也比较得心应手。奥园在这一年的上市可谓是天时地利。

至于为什么2007年内地房企都纷纷选择在香港上市,主要是当时房地产公司要想在中国A股直接上市,难度非常大,因此更多只能采取借壳上市的方法,但借壳上市并不容易。而金融、贸易、地产是香港主要的支柱产业,所以香港投资者对地产公司非常熟悉。

相对来说,中国A股融资渠道非常单调,只有一些间接融资方式。但是,如果赴香港上市,则可以接触到国外资本市场,因此,公司融资的量会更大,更有利于公司发展。中国地产公司在国内融资仅银行贷款、信托两种主要模式,其他融资工具较少,而香港资本市场更加健全,选择余地较大,除了发债还有可转债和股本融资等。

事实上,香港资本市场发展多年,监管规范,只要项目做得好,受到投资人认可,公司就不会缺钱。与此同时,香港高效率机制,以及诚信体系,也是资本最为看重的地方,由此,为大量资金进入市场提供通道。

当然,地产公司除了在香港上市,在美国上市也成为这一年中值得关注的一事。与大多数老板就近选择在香港IPO不同,周忻另辟蹊径,远赴美国上市。

2007年8月8日,中国人最喜欢的吉利日子,易居中国成功地拉开了上市的序幕,成为第一只在美国挂牌的中国地产概念股。发行价13.8美元,成功融资约2.01亿美元。其实,易居中国早在2006年就着手准备。在上市后的几年里,易居中国主打的房地产全产业链服务商的概念都颇受市场认可。

只不过,尽管中概股业绩呈现高速增长,但在美国资本市场估值普遍偏低。2015年,中概股私有化掀起一股热潮,而在美国资本市场驰骋8年后,易居中国也乘势决定私有化。对于私有化决定,易居中国董事长、总裁周忻在写给全体员工的公开信中表示,"易居中国的私有化不是简单的资本动作,而是易居中国踏入新征程的重要助力"。

2016年在易居16周年庆典上,周忻宣布,易居私有化完成,并成立全新的易居(企业)集团,丁祖昱出任CEO。易居(企业)集团新增16个股东,在这份新增股东名单分别为恒大、万科、星河湾、富力、融创、雅居乐、旭辉、阳光城、建业、复地、宝龙、正荣和融信13家百强房企,以及云锋、纪源和磐石3家专业投资机构。

2018年1月3日,周忻在上海透露,碧桂园、中南、俊发、中俊、强发和新力6家房企已成为易居中国的新一批股东,同时,易居中国已经启动了再上市进程,并进入静默期。易居股东数量总计27家,其中24家地产商,另有3家投资机构。据不完全统计,易居企业集团这24家百强企业股东2017年销售额高达5万亿元,堪称中国房地产界顶级股东"朋友圈"。

一切都在计划中,2018年7月20日,易居企业集团(2048.HK)成功在香港主板挂牌上市,以14.38港元/股开盘,盘中大涨逾5.29%,最高达15.14港元。此次易居企业集团向全球发售3.2亿股,总募集资金为44.339亿港元。

中铁建地产亮相

在房地产行业"激情燃烧"的日子里,总会看到一些老玩家,只不过,他们都以新面孔亮相。其中,2002年就进军地产的海尔,在2007年请来"新住宅运动"旗手卢铿,准备在地产领域大展身手。

在《中国地产四十年·2002》里,曾记载了海尔地产诞生的历程。实际上,海尔做地产,前后也经历过多轮战略调整。此后五年时间里,海尔地产并未有太多表现。不过,到2007年海尔准备重振房地产业务。

熟谙管理之道的张瑞敏,地产战略布局第一步就是挖人。他首先相中的人选是上海实业地产集团总裁卢铿。双方洽谈顺利,于是在2007年10月10日,卢铿正式加盟海尔地产。

这位"空降"的海尔地产掌舵人是"何方神圣"?据资料显示,卢铿的祖父是中国近代四大实业家之一的"一代船王"卢作孚。而其本人,也被誉为地产界的"思想者"。从事房地产行业二十余年,他已经有百万余字的著述。

据媒体报道,在1999年12月,卢铿首次提倡的"新住宅运动"在全国产生了超越房地产范畴的广泛影响,被誉称为"以住宅产业为载体的一次意义深远的文化创新运动"。卢铿曾经在维信集团有过一段任职经历。六年时间不到,他便带领团队在六省八市开发了10多个大型项目,固定资产达10多亿元。

卢铿本人曾表示,海尔之所以会看中自己,也许很大程度上因为海尔是一个注重文化的企业,而他又是"地产新文化运动"的首倡者。而张瑞敏也是试图把海尔企业文化移植到海尔地产,他给卢铿为数不多的要求之一便是,"我希望海尔地产不只是在盖房子。"

算起来,海尔从2002年介入房地产业务,5年时间业务一直停滞不前。在卢铿入主时,外界对海尔地产所知甚少,其旗下仅有三个限价房项目和三个中档商品房项目。当然,作为空降兵,卢铿要适应的不只是海尔的企业文化那么简单,在上任第一天,卢铿便启动了"300天管理整顿计划",着手重构公司的战略规划、管控模式、规章制度和激励机制。

"新官上任三把火",海尔地产的开局呈现出大鳄潜行之势,巅峰之时,甚至还提出"3年16倍,5年30倍,用6年时间超过万科"这样震撼业界的口号。事与愿违。海尔地产 2008~2010 年的销售业绩分别是 13 亿元、50 亿元、80 亿元,总体呈现快速增长的趋势。特别是到了 2011 年,更是冲上 83 亿元的新高。然而,2012~2013 年回落至 2009 年水平。

2013 年 1 月,海尔地产再次进行调整战略方向,与此同时迎来新的掌舵人。原海尔集团老兵盛中华临危受命。盛中华上任后提出"一店一库智慧家"战略,把海尔地产转型为承载海尔主业、协同集团战略的发展平台,将地产变为海尔家电和智能生活的市场试验地,同时创造新的利润增长点。

海尔地产,经过一轮周折,又回到张瑞敏寄予厚望的重要使命轨道上来。有业内分析人士认为,张瑞敏曾经提到的"我希望海尔地产不只是在盖房子。"背后潜台词实际是:借卖房子,把海尔家电也一起捆绑卖出去。

比较巧合的是,一家河南郑州的房企,在克而瑞 2017 年业绩榜单中与海尔地产业绩不过零头的差别,而这家房企同样也是在 2007 年创建。这家企业是和昌集团,资料显示,和昌集团总部位于北京,是一家集房地产开发、资本金融服务和物业服务等为一体的综合性房地产企业。

成立之时,和昌集团请来了曾在鑫苑置业任总裁的韩恺,担任董事长并成为联合创始人之一;和昌其他创始人,相较于韩恺作风低调,公开资料甚少。韩恺则一度被外界误认为是和昌集团的老板。而事实上,真正的掌控者是和昌的母公司中瑞控股掌门人万永兴。

据了解,韩恺出生在 20 世纪 70 年代,毕业于郑州大学。在郑州地产圈里,郑州大学就好似"黄埔军校",众多开发商掌舵者都毕业于该校。比如建业的胡葆森、正商张敬国、思念系李伟等。说回韩恺本人,曾在当地多个房地产企业任职:由鑫苑行政总监晋升为鑫苑置业总裁,随后在美景集团的短暂供职,再到参与创办和昌地产……

实际上,在韩恺离职鑫苑时,正是鑫苑巅峰时期,因为,它是首家在美国纽约证交所上市的中国房企。放着上市高管不做,为何选择从零开始,这其中也有许多故事可说。当时,韩恺结识了中瑞控股掌门人万永兴。恰好中瑞手上有一块抵债而来的地,不知如何利用,找到韩恺后,双方一拍即合,万永兴拍板韩恺出任怡丰置业董事长。怡丰置业正是和昌集团前身,而中瑞控股后来也成为和昌集团的母公司。

这一块位于郑州黄河南岸的地最终被打造成了如今的怡丰·森林湖,成为和昌的代表作。与此同时,也成为和昌集团的井冈山精神发源地和梦想图腾。从零到年销 60 亿元,一手将和昌打造成郑州房地产界的黑马和明星后,2015 年 7 月,韩恺最终却选择离开。

2016 年 8 月 5 日,财信发展发布公告称,聘请韩恺为公司总经理。财信发展控股股东财信地产成立于 1996 年,是重庆房地产企业前六强之一,主要业务在重庆、北京、河南、四川等区域,开发总量 800 万平方米。只是这段任职也不长,一年多之后,2017 年 10 月 13 日,财信发展披露,董事会收到董事及总经理韩恺递交的辞呈。

把目光放回到和昌,舵手换了,船依然要行驶。2015 年,武磊加盟和昌。武磊掌舵的这三年,和昌实现了质的飞跃。根据和昌披露数据显示,2014 年和昌销售规模 38 亿元,2015 年猛增至 73.2 亿元,几乎翻番,2016 年一举冲上 164.5 亿元,2017 年跨过两百亿门槛，达到201亿元，2018年，和昌全年销售规模预计将达到350亿元。和昌集团董事长武磊曾表示，未来布局扩至20个城市，每个城市实现50亿元销售，计划2020年达到千亿规模。

作为"80"后的地产少帅，武磊虽然年纪不大，却是一名地产"老兵"。和昌的底子并不厚，如何才能在千亿拼杀中冲出重围？2018年8月，在接受乐居财经采访时，武磊透露："我们的竞争对手其实不是那些已经千亿，或者是将要冲千亿的。我们更希望的是，能够在这个行业里面吃掉那些想要退场企业的市场份额，然后让这个行业变得更集中。"

2017年8月，和昌斥资133亿元，一举收购莱蒙国际手中接下8个项目，由此挺进深圳、广州、杭州、南京等6个城市，拿下总计约197万平方米体量的物业，这也是和昌完成公司史上最大一单收购。2018年，和昌的存货已超过1140亿元，为后续业务发展打下坚实基础。

这一年，在大西南的不起眼"角落"，几位乐山人也成立了一家地产公司——四川邦泰置业有限公司，这就是后来邦泰集团的前身。据说，邦泰的几位创始人是名副其实的"草根"一族，有的当过农民、有的则站过讲台、做过小贩。

但经过10年的发展，邦泰从一家名不见经传的小公司，发展成为四川布局最广的开发商。资料显示，邦泰集团是集房地产项目开发、设计、建设、销售、物业服务等房地产全产业链集成服务的企业，现有员工1800余人。

作为西部房企的中坚力量，邦泰亦获评中房协"中国西南品牌10强""中国房地产企业信用等级AA级"等称号。据2017年克而瑞数据显示，邦泰集团销售业绩为85.1亿元，在全国房企排行榜中排名149位。

2007年房地产行业，除了新面孔和制造业巨头的"光顾"，还有来自建筑行业的"铁道兵"。

2007年3月，央企中国铁建股份公司出资40%，下属三家子公司中铁十二局集团、中铁第四察设计院集团和中铁建设集团有限公司共出资60%，成立中铁房地产开发有限公司，同年正式更名为中国铁建房地产集团有限公司。在当时，此公司仅有"长沙山语城"和"北京官园桥西派国际公寓"两个项目，开发面积达100万平方米。

不过，背靠中国铁建股份公司这棵大树，中铁建地产似乎并不担心。一年后，中国铁建股份公司出资受让三家子公司在房地产集团共计60%的股权，将中铁建房地产公司吸收为全资子公司，并为中铁建房地产公司增资15亿元。

2010年国资委重新确定了保利、中海等16家房地产主业央企，中国铁建也榜上有名。而从集团层面来看，中铁建地产的家底也颇为丰厚。据《地产》杂志的报道统计，中铁建27个下属单位，至少十四局、二十二局和中铁建设集团等企业均不同程度地涉足了房地产。

硬币有两面。中铁建地产一方面背倚大树，另一方面也受困于复杂的集团子公司谱系当中。比如，在央企房地产阵营中，中铁建地产与中国中铁旗下的中铁置业有着类似堂兄弟的关系，加上前文所说的27个下属单位，各公司看似有着种种关联，但却都独立运营。

事实上，在中铁建地产成立之时，对于中国铁建的地产业整合高层曾有提及。中国铁建董事长李国瑞就曾强调，不排除将来并购一些房企退出的业务板块，扩大房企规模。"要以中国铁建地产为核心，合力发展房地产业务，打造地产品牌。但由于国企的体制问题，整合起来仍然比较麻烦"。

2017年，央企地产企业整合动作频频，据相关机构统计，包括保利、中航、五矿、中冶等在内至少有10家企业已启动内外整合重组。中铁建地产自然不想落后，不过，中铁建地产整合意图并没有实质性进展。

克而瑞数据显示，中铁建地产2017年销售额为685.3亿元，排名第31位。此外，据新华网报道显示，截至2018年1月，中铁建地产在全国25个城市和1座国家级新区开发建设107个项目，规划建筑面积达3900万平方米，开复工建设面积达2700万平方米。

楼股齐飞陷疯狂

在中国加入世界贸易组织后经济持续高速发展，以及外汇储备快速增加，加之人民币小幅渐进式升值、流动性过剩的经济环境下，一个史无前例的超级牛市终于在2007年诞生了！

进入2007年，中国股市以火箭般的上涨速度不断刷新着各项纪录，股市备受关注的成交量、股指、开户数等相关指标屡创新高。股市气势如虹的上涨态势，超越了当时国人的想象力。上证指数从2007年1月4日开盘的2728点，疯狂飙涨至10月16日的6124点历史高位，十个月左右的时间猛涨3396点，增幅高达124%，最高峰时总市值35.6万亿元。

值得一提的是，6124点这个历史纪录，迄今十余年过去了，截至2018年仍未被打破。

根据中登公司公布的统计数据显示，截至2007年12月6日，沪深两市账户总数达到13643.44万户，59家基金公司的开户数也达到了1亿户。这直接带来了市值的膨胀。据《证券时报》报道，截至2007年12月17日，沪深市场A股总市值达29.35万亿元，占全球股市总市值比例超过6%，中国证券市场成为市值最大的新兴市场和全球第四大市值市场。就拿当年万科的市值为例，已经比美国最大的4家房地产公司市值之和还高40%。

与此同时，股市还迎来了一轮疾风暴雨式的扩容。2007年IPO发行融资不断创下了历史纪录，数据显示，沪深两市IPO家数逾百家，是A股IPO最多的一年。

与沸腾的市场交织一起的是人们情绪的鼓荡，这是一个全民炒股的狂热年份，农民工、公司职员、学生、小商贩、退休老人等，社会各阶层的人们都将自己的工资、零花钱、退休金和毕生的积蓄从银行中取出转投股市。

那时候,"股票涨了吗"代替"您吃了吗"成为大家见面的问候语。很多写字楼办公室却犹如交易大厅一样喧闹,股票成为上班时公然持续谈论的主题;菜市场的商贩更关心股价涨跌,而不是肉菜价格;跳广场舞的大妈个个成为股神,总能头头是道讲出宏观经济对股市影响;街谈巷议中炒股暴富的故事更是五花八门……

有阳光,也有风雨。2007 年的股市疯狂中,"5·30"和 11 月的两次"千点大调整"也让人们措手不及。当时这两次调整也创下本轮牛市以来的最大单日跌幅、单周跌幅和单月跌幅纪录。

经过 2007 年连续突破 3000 点、4000 点、5000 点、6000 点大关,以及"5·30"和 11 月两次千点大跌,2007 年的股市上演了一轮波澜壮阔的旷世行情,到 2007 年年末,中国股市最终收在 5261.56 点,全年比 2006 年涨 96.66%。

与股市一样经历跌宕的,还有楼市,不过,从数据来看,房价上涨之势仍是"高烧不退"。国家统计局公布的数据显示,2007 年全年 70 个大中城市房屋销售价格同比 2006 年上涨 7.6%,涨幅提高 2.1 个百分点。纵观这一年的月度走势可发现,房价涨幅也是呈现逐月放大的趋势。11 月,其涨幅更是达到 10.5%,这也是自 2006 年两年来,房价涨幅首次突破两位数。

这一年的火爆行情,也造就房地产行业的"百亿七雄",分别是万科、中海、富力、保利、碧桂园、绿地、合生七家房企,销售额都突破一百亿大关。其中,万科突破 500 亿元,同比增长 146.63%,创造了业界神话。要知道,在 2006 年时,万科创造的最高纪录为 212 亿元。

业绩表现突出的还有碧桂园,正如上文所提到的,这一年销售额为 177.35 亿元,同比增长 123%。其速度在当年也是相当惊人。

不过,一路飙升的楼市,在接近年底时却有了些踟蹰:北京、上海、广州、深圳等一度房价疯涨的城市,开始出现不同程度的交易量下降和"有价无市"的现象。

中原地产统计,深圳 10 月新房均价回落至 14797 元/平方米,较 9 月下跌约一成;在上海,10 月以后每周销售面积相比高峰时期有所下降,基本维持在日均 800 套的平均水平。

在北京,据北京市房地产交易管理网的数据统计,11 月期房网上日均签约 463 套,日均签约面积 59963 平方米,同比分别下降 20.7% 和 22.5%;而在广州,10 月,十区商品住宅签约量为 4502 套,比 9 月下降 14.77%,进入 11 月后,楼市成交低迷状况更加严重。

楼市由狂热到观望,这背后其实还有一个值得关注的事件,就是美国次贷危机。

公开资料显示,次级贷全称为次级按揭贷款,是给那些信用状况较差、没有收入证明和还款能力证明或其他负债较重的个人的住房按揭贷款。有风险意味着有高回报,次级按揭贷款相对信用较好的贷款比利率更高,所以,在美国房价不断上涨的前提下,许多金融机构都会涉及该项业务。

不过,2006 年,美国房价开始回落,房屋难以出售或抵押,机构的亏损随之而来。2007 年 2 月,美国第二大次级抵押贷款公司新世纪金融公司发出 2006 年第四季度盈利预警,后于 2007 年 4 月申请破产保护,美国次级贷危机浮出水面。2007 年 6 月,美国次级贷危机全面爆发并迅速蔓延,引发美国房价持续下跌,创 16 年来最大跌幅。2007 年 8 月初,美国住房抵押贷款公司申请破产保护。2007 年 8 月 15 日,美国最大抵押贷款公司全国金融公司股价开始暴跌……

后来,美国次贷危机影响到了其他国家的资金流动,中国自然也高度警惕。所以,当"9·27 房贷新政"出台后,不少人都认为,这是美国给发展中的中国房地产市场和信贷市场上了一课。

2007 年 9 月 27 日,为调控疯涨的楼市,规避美国次贷危机,中央出台了限制购买二套房政策。规定要求各大银行将二套房贷首付由三成提高至四成、利率 1.1 倍,这也是央行首次对第二套房贷提出最为严厉调控举措。此举被视为打击当时火爆的炒楼势头,对利用银行杠杆通过炒楼获取暴利的行为进行遏制。

2007 年,央行成为最忙碌的宏观调控部门。从 2007 年 1 月 15 日首次上调金融机构存款准备金率开始,此后几乎每个月上调一次,一直持续到 2007 年 12 月 25 日,全年总共上调金融机构存款准备金率多达 10 次,创下历年之最。

存款准备金率从 2007 年 1 月 15 日前的 9%,经过连续十次加码,一路调整到 2007 年 12 月 25 日之后的 14.5%。一年之间,整整上调了 5.5%。升幅是 2003~2006 年 3% 的增幅总和还要多。粗略估算,假如以 2007 年末中国广义货币供应量(M2)余额约 40.34 万亿元来估算的话,全年上调存款准备金率相当冻结金融机构资金近 2.2 万亿元。

除上调存款准备金减少市场资金流动性抑制通胀之外,对于房地产影响更大的还有上调存贷款利率。2007 年 3 月 18 日开始,央行首次加息,随后存贷款利率又接连上调,直到 2007 年 12 月 21 日,这波上调存贷款利率共进行了六次。

利率六连加,也打破了央行此前的年度加息频次纪录。一直以来,中国利率都相对保持稳定,进入 2007 年,短短 9 个月时间,就加了六次息,平均一个半月就加一次,这种力度,大大超乎国人的想象,可见当时整个经济、楼市虚火之旺,连央行都坐不住了。

2007 年,央行频繁出手,连续六次加息,上调存款准备金十连击,再加上"9·27"房贷新政这个被业界视为"压垮骆驼的最后一根稻草"政策的出台,楼市疯涨势头得到遏制,从 2007 年底开始,中国房地产开始转入低迷。

中介行业向来是楼市的"晴雨表",成交量低迷,引发房地产中介加速退市。轰动全国的是 11 月,曾被评为"全国房地产经纪百强企业"深圳中天置业评估公司在楼市颓势中资金链断裂,总裁蒋飞涉嫌卷巨款逃跑的消息。"中天事件"也由此爆发,中天置业、中天长盛同时倒闭,一时间受骗客户资金高达数千万。

资料显示,2003 年,白手起家的中天置业法人代表、总裁蒋飞从 5 家店铺开始,在短短 3 年内扩至 150 余家门店,扩张触角伸入华东、华南、华西、华北各地,员工逾 2000 人,成为盛极一时的"全国房地产经纪百强企业"。

蒋飞曾是打工励志青年,从一个公园流浪汉,到上百家中介门店的老板,蒋飞一步一个脚印,以敏锐的市场洞察力,抓住房地产发展契机,迅速在代理行业打出一片天地。顶峰时期，蒋飞给自己买了多处物业，包括高尔夫别墅，同时配置多辆豪车。

然而，早期成功来得太容易，让蒋飞野心膨胀，由此进入疯狂无节制的扩张阶段，在新政调控和市场转变的压力下，未能及时调整，导致资金链断裂。然而，蒋飞并未悬崖勒马，而是铤而走险，通过挪用客户资金，寄希望于侥幸翻盘，结果未能如愿，落得卷款潜逃的下场。

法网恢恢，疏而不漏！2013年，外逃六载的蒋飞被追捕归案。2014年，深圳市中级人民法院审理蒋飞案件，检方起诉其涉嫌挪用资金1177万元、合同诈骗1659.34万元、信用卡诈骗8万多元。

对于该事件，业内人士分析认为，"在房价持续上涨的背景下，中天置业盲目扩张，加上未能有效实施资金监管，中介公司可以肆意挪用客户资金，最后宏观调控趋紧，成交量下滑，导致了一系列风险集中爆发，最终发生了卷款逃跑事件"。

"中天事件"在当年无疑成为地产界的标志性事件，与此同时，也敲响了楼市"泡沫"的警钟。中天置业一夜倒闭，促使房产中介业产生"多米诺骨牌"效应。随后相继发生"长河事件""创辉事件"，让房产中介诚信度急剧下降。

实际上，为了拉住房价上涨这匹"野马"。从下半年起，政府宏观调控就一直在加大力度。打击开发商捂盘哄抬房价、采取金融政策平抑房产投机等政策组合拳频频出击。

中国新闻社报道称，2007年11月21日，时任国务院总理温家宝在新加坡参观保障性住房时发出感慨，"老百姓总告诉我，不要忘记房价。"

温和的表述下，是一系列政策调控的出台。建设部联手几大部委接连下发《廉租住房保障办法》《经济适用住房管理办法》两个重要文件，以落实国务院关于住房保障的精神。

可以说，2007年出台的一系列保障房政策也进一步建立健全城市廉租住房制度，同时，也改进和规范经济适用住房相关制度。并且，将逐步改善其他住房困难群体的居住条件，例如加快集中成片棚户区的改造、积极推进旧住宅区综合整治以及多渠道改善农民工居住条件等诸多举措。

据不完全统计，2007年全国计划安排廉租住房资金达到79.4亿元，超过2006年之前廉租住房资金的总额。此外，土地供应上还要求，廉租房、经济适用房和中低价位、中小套型普通商品住房建设用地，每年供应总量不得低于住宅供应总量70%。

中央高举住房保障大旗，加上在年末调控下楼市成交遇冷，关于楼市是否出现拐点的讨论开始热闹起来。有人说，住房开发要向"民生住宅"靠拢，中国房地产业要进入"平民时代"了；也有人评论，中国房地产业要变天了。

而真正将拐点论推向高潮的是王石。2007年12月13日，在清华大学举行的一个关于中英解决城市低收入人群住房问题的研讨会上，王石在回答记者楼市是否出现拐点的提问时，他斩钉截铁地表示："我承认楼市拐点确实已经出现。"

一语掀起千层浪。王石承认楼市已出现拐点的新闻在当时引发不小的震动，拐点争论也成为年末地产圈内最热门的话题，任志强、潘石屹、易宪容等大佬无不满怀热情参与其中，民间调查意见也在网络上热闹非凡。

虽然王石曾在个人博客一再地申明，所指的拐点是针对广深地区，并一再强调自己和万科理解的拐点是指房价的"理性回归"。但"拐点"的出现与否，还是成了人们争论的最热话题。

关于拐点是否存在的争论一直延续到 2008 年，并且，"拐点论"也成了 2008 年中国房地产最重要的关键词之一。

一个新王朝开始

2007 年，作为 2008 年北京奥运会的前奏，中国人在对 2008 年奥运期望的同时，全世界也在期待"中国年"的到来。

2007 年初，美国《时代》周刊便用 11 个页码的篇幅，在《中国：一个新王朝的开始》报道中详细讲述了正在崛起的中国对世界的影响。

2007 年底，就在 12 月 24 日——美国重要的圣诞节日，最具影响力的时政杂志《新闻周刊》封面上却出现一张熟悉的中国面孔——姚明，更引人注意的是，封面上大大的标题——《现在该看中国的了》。

法新社也在 2007 年的年终特稿中描述道："整个中国到处是新建起来的摩天大楼和工厂，现代化体现在它的方方面面。面对批评，这个越发自信的亚洲大国只是耸耸肩，继续赶路。"

全世界都在看中国，那这一年中国又在做些什么呢？

2007 年 10 月 15 日至 10 月 21 日——中国共产党第十七次全国代表大会在北京召开。大会一致同意将科学发展观写入党章，并对科学发展观的时代背景、科学内涵和精神实质进行了深刻阐述，对深入贯彻落实科学发展观提出了明确要求。

科学发展观第一要义是发展，核心是以人为本，基本要求是全面协调可持续，根本方法是统筹兼顾。中国不仅经济崛起，在发展模式上，也为世界树立了榜样。

而在民间，国人正变得越来越自信。著名的财经作家吴晓波在《激荡三十年》一书中，用"大国崛起"为 2007 年做了概括。正如他在书中所说，"在中央台系列纪录片《大国崛起》热议的后背，举国上下都洋溢着喷薄欲出的'大国情结'，中国人开始全面走向自信。"

正是在这样热烈的氛围下，情绪高涨的中国人将更多兴趣与金钱投入于股票与房子上。而作为国人最大额度的消费领域，楼市也成为关注重点，特别是房产本身还具有投资功能。

或许，楼股齐飞仅仅只是 2007 年注脚，从更宏大的层面来看，这个曾历经百年沧桑东方国度，正以充满乐观和自信的姿态，迎接着 2008 年北京奥运全球盛典的到来。

2008 年：

全球金融海啸　四万亿大救市

2008，按照传统的思维，这本该是一个吉祥幸运甚至财运亨通的年份，然而，这一年却不平静，全世界一起遭遇了诸多挑战，国人也经历了一系列刻骨铭心的重大事件。

期盼已久的奥运年终于到来，本来应该沉浸在喜气洋洋氛围里的中国人，却意外面临着巨大考验。2008 年初，百年一遇的雪灾袭击大半个中国，而后"5·12"汶川特大地震更是让全民陷入沉重悲痛之中。经济上由美国次贷危机引爆的金融海啸席卷全世界，中国也受到猛烈冲击，市场上到处弥漫着悲观的情绪。

深水静流，蓦然惊觉，中国改革开放已进入而立之年，然而 2008 年似乎来得太过于沉重。大喜与大悲，起伏与跌宕，聚于一载。在这种背景下，外贸出口、制造业、互联网等多个行业都进入了"寒冬"，作为经济支柱的房地产自然也不例外。

2007 年末，万科王石提出楼市"拐点论"，之后整个房地产市场都笼罩着一种"黑云压城城欲摧"的氛围。到 2008 年 3 月，SOHO 中国潘石屹又抛出"百日剧变说"。他认为，"受国际资本市场惨淡和国内宏观调控银根紧缩的双重夹击，中国很多房地产公司将在百天之内产生剧变，并进入前所未有的融资艰难期"。

"拐点论"和"百日剧变说"在当时引起了极大的争议和质疑，然而真实情况却在此后一一应验。

率先兑现"拐点论"的是楼市成交。2007 年，全国成交量大幅萎缩。根据统计局发布数据显示，2008 年 1 月~12 月，全国商品房销售面积 6.2 亿平方米，同比下降 19.7%，其中，商品住宅销售面积下降 20.3%，住宅销售额下降 20.1%。这是近十年来行业销售首次出现负增长。

一路高昂的房价也开始"低头"。回顾 2001 年到 2008 年的房价表现，2008 年以前的走势如同一条美丽的上升线，而到 2008 年，这条线却被硬生生折了下来，令开发商猝不及防。

至于潘石屹的"百日剧变说"预言，也一言成谶。2008 年，多家房企赴港 IPO 临战折戟，让房地产行业集体感觉到了资本市场的刻骨寒意。而中小开发商资金链不断收紧、出售转让项目的新闻更是屡见报端。

成交遇冷，融资不顺，开发商资金链趋紧，而土地市场也是直接进入"寒冬"，这一年，底价成交、流拍乃至"退地"的现象也是屡见不鲜。

然而尽管市场不景气，但仍有人迎难而上，这一年依旧有一些新血液涌入市场。

例如，中国建筑旗下骨干企业中建八局便在这一年成立了新的房地产公司——中建东孚；国内最大的改性塑料生产厂家金发科技宣布将房地产作为利润第二增长极；中国平安也悄然布局房地产业务；在湖北省政府主导下，湖北省联合发展投资有限公司成立……这些都将在后文中详细讲述。

否极泰来，当所有人都对行业前景茫然失措，悲观失望的时候，年底市场终于迎来了一缕曙光。进入 11 月，免税、降息、降低首付比例、下调公积金贷款利率……政府调控组合拳频出。伴随各种利好政策出台，一场从中央到地方，从行业到整体经济的救市计划轰轰烈烈拉开了序幕。

没有一个冬天是不可逾越的。危机四伏下，政府制定出台了进一步扩大内需、促进经济平稳较快增长的十项措施，根据初步匡算，实施这十大措施，到 2010 年底约需投资 4 万亿元。后来，人们将其简单地解读为"4 万亿计划"。

正是这"4 万亿计划"，将一湖死水重新激活，中国也从经济泥潭中走出来，重新焕发活力，也得益于中国，世界各国经济得于快速重新复苏。尽管"4 万亿计划"后来争议不断，并被不少专家学者诟病，但在当时对经济的推动，令到很多濒临破产的企业挺过严冬，令到中国快速走出金融危机，这是不争的事实。

楼市从冰冻到大地震

2008 年的第一场雪，来得比以往更"猛"一些！这场百年一遇的特大雪灾，从 2008 年 1 月 3 日开始，一直延续到 2008 年 2 月 24 日，在长达一个多月的时间里袭击了上海、江苏、浙江、湖北、湖南、广东、广西、重庆、四川、贵州、云南、青海、宁夏、新疆等 20 多个省份，中国大范围地区出现低温、雨雪、冰冻等灾难性天气。

根据统计，2008 年雪灾导致死亡 129 人，失踪 4 人，紧急转移安置 166 万人，农作物受灾面积 1.78 亿亩，森林受损面积近 2.79 亿亩，倒塌损坏房屋 217.1 万间，受灾人口已超过 1 亿元，直接经济损失 1516.5 亿元人民币。

暴雪肆虐，楼市也迎来了寒冬，首先迎来的是中介公司倒闭潮。

"各店铺基本没有赢利了，大部分店铺每个月只能做一两单生意，难以为继。"新年伊始，拥有 1600 多家分公司、20000 多名员工，号称中国最大的房产中介"创辉"在珠三角的 7 个主要城市纷纷关闭分店。

据《南方都市报》报道，高峰时期，创辉在深圳有 500 多家门店，但在 2008 年时候，仅剩下 90 家。到 2009 年以后，创辉就在中介行业消失了。尽管后来创辉的创始人林凤辉另起炉灶，成立"家家顺"，但这是后话了。

创辉的关店绝非个例，其实在 2007 年，中介关门潮就已甚嚣尘上，比如，在《中国地产四十年·2007》中提到的深圳中天置业。而 2008 年，基本上所有地产中介都在关店裁员节省开支。

以上海为例，中介门店从 2006 年的 1.6 万家左右，减少到 7000 多家，到 2008 年下半年，尚在正常交易运营的中介门店数量仅剩两三千家；在广州，也有近 200 家地产中介关门过冬，其中包括中原地产、满堂红地产、合富置业、万家物业等。中介是房地产行业的"晴雨表"。房地产行业兴旺时候中介门店大肆扩张，而当市场受到冲击时候，首先倒下的却是这些中介公司。

2008 年市场表现实在不尽如人意，购房者观望、成交低迷，以至于引发的降价、促销、退房、土地流拍、退地等，都成为这一年的楼市关键词。

值得关注的是，这一年里土地市场的冷清与 2007 年时的"疯狂"形成鲜明对比。昔日风光无限的"地王"纷纷折戟沉沙，一些拿了地王的企业不惜被扣罚高额土地出让金，以求退地自保。

"普陀地王"也只维持了半年风光，上海志成企业发展有限公司不惜损失 3000 万元保证金也坚持要退还。行业龙头万科虽然没有直接退还地王，但也以股权形式换手。2008 年 5 月，万科将 2007 年时在东莞拍下的地王的 50% 股权转让给了广东宏远。

不惜代价退"地王"，土地市场屡屡"底价"成交也成常态。根据广州国土房管局数据显示，2008 年共计出让 19 宗住宅用地，有 10 宗是以底价成交，其中 7 宗住宅用地成交楼面地价仅 1000 多元/平方米。而南沙区行政中心南侧居住用地折合楼面地价更以 980 元/平方米的价格，创下全年广州住宅用地最低价水平。

不仅是住宅用地出让不易，商业地块也遭遇同样困境。特别是在 2008 年最为重量级地块"东塔项目"尤为明显。

2008 年，广州新中轴线地标、双子塔之一的东塔地块出让。广州东塔规划的建筑总高度 530 米，集超五星级酒店及餐饮、服务式公寓、甲级写字楼、地下商城等功能于一体。该项目位于广州市天河区珠江新城新中轴线东侧，与广州西塔遥相呼应，一江之隔是广州塔，再加上少年宫、歌剧院、博物馆、图书馆，共同构成广州七大新地标。

为此，各路地产诸侯摩拳擦掌，对这个广州规划最高商业综合体项目跃跃欲试。东塔的吸引力甚至远播至大洋彼岸，连美国知名地产商特朗普都有意分"一杯羹"。是的，你没看错，这个特朗普就是 2017 年成功竞选美国总统的那个"川普"。早在东塔公示出让之前，这位后来的美国总统——特朗普就与广州、香港开发商签约结盟，中美共三家房企联合竞标广州珠江新城的东塔项目。

然而，2008 年东塔出让却一波三折，从最开始火爆参与到后来相继离场，也反映了整个房地产市场受次贷危机、中国经济转型的影响，形势急转直下的现状。

2008年9月9日，原本6家提交报名申请的企业，只有5家提交竞买文件，正式成为合格竞买申请人。5家企业分别是越秀城建地产、保利地产、周大福（新世界地产）、毅日集团及新加坡凯斯尼拉集团私人有限公司。新加坡凯斯尼拉集团私人有限公司名字可能比较奇特，但如果提到母公司新加坡嘉德置地集团则不陌生，包括已在广州开发有天河新作等项目的凯德置业，也是这家新加坡地产大鳄在华的全资子公司。

然而，经过市场层层洗礼，到最后参加竞拍环节的企业仅剩下3家。分别是：越秀城建地产、周大福（新世界地产）和毅日集团。

越秀城建地产是广州老牌国企，广州双子塔先前出让的西塔项目就是由越秀城建竞得开发。而周大福则为新世界老板郑裕彤老丈人周至元创办的珠宝公司，此番角逐东塔，也不是周大福首次涉足地产，早在2006年，周大福就在北京投资100多亿元，开发每栋身价超过7000万元的超级豪华别墅。唯有神秘的毅日集团在网络上搜索不到任何相关信息，但该公司提交的竞买文件信封上，印有"华人置业集团"标识，这家香港地产巨头老板就是赫赫有名的刘銮雄。

2008年9月12日上午10点，广州东塔地块出让在珠江新城土地交易中心开幕。原本万众期待的穗、港、新三地开发商激烈争夺大战，却并未上演，全场仅只有周大福举了一次牌，随后场面陷入沉寂。主持人多次提示该地块的核心价值后，仍未有第二家举牌。

最后，主持人按拍卖规则，倒数三声后落锤定音，周大福以底价将广州东塔收入囊中，该地块折合楼面价约为2600元/平方米。

退地、土地流拍、底价成交成为2008年土地最好标注。数字是最好的说明，据国土资源部发布的《2008年国土资源公报》显示，全国出让土地面积同比减少30%，总收入9600多亿元，比2007年近1.3万亿元的土地出让收入大幅减少。

再看看房价方面，据国家统计局数据显示，2008年1月同比增幅为11.3%，达到近几年的高点，但其后增幅加速递减，12月已降到0.4%。从环比增幅来看，8月开始就由正增长变为负增长。

数据是冷的，但感受是真的。"跌得那是相当厉害"，在《中国企业家杂志》一篇调查报道中，不少市民对广州和深圳房价如此惊叹道。2008年，降价由始至终贯穿了整个房地产市场，万科在这其中起了带头作用。

实际上，在2007年末王石提出"拐点论"后，万科就付之于实际行动。率先在广州新开的楼盘包括金域蓝湾、万科金色康苑和万科金色荔苑，全部以低于市场预期的价格开盘。万科金色康苑吹风价2万/平方米，开盘价仅13800元/平方米；万科金域东郡7500元/平方米的低价策略开盘5小时内全部售罄。

从2008年4月开始，万科便在杭州率先开始降价促销，继而推广至全国30多个城市。不过，因为降价，万科也进入多事之秋。比如，在杭州的降价，不仅遭到本土开发商的对抗，还被业主砸毁了售楼处。而在南京，因为降价，政府给万科开了四千万元罚单。

作为地产行业龙头，万科的一举一动都有风向标的意义。自从降价以来，虽然万科几乎遭到全行业的讨伐，但在观望情绪以及低迷的成交下，多个开发商却也只能无奈"跟风"。从年初用促销包装遮遮掩掩,到最后,干脆来个"降得痛快"。

与楼市下跌行情相伴而生的,是一波又一波的业主退房潮、维权潮。"以前买楼都要排队走后门,今年市场换了个样,变成了退房都要走后门"。这是广州一位开发商在当年描述的情况。据《南方都市报》报道,广州无论9月还是10月,退房套数均在50套以上。

实际上,退房增多的现象,不仅在广州,在全国也愈演愈烈。据报道统计显示,2008年上半年北京预售、现售商品房累计退房2144次。

因降价而引发的种种事件,还有一件热闹的事值得一提。2007年7月时,著名经济学家、北大教授徐滇庆和深圳地产人士牛刀就深圳房价会否下跌定下"赌约",徐滇庆坚信深圳房价肯定要涨,因为这是经济发展的必然规律,而牛刀却不这么认为。他们一同约定如果一年后深圳房价跌了,要以报纸整版广告向深圳市民道歉。

时间一晃而过,到2008年,深圳楼市因为政策调控,形式急转而下,房价也一路下跌。根据深圳国土资源和房产管理局公布的数据显示,7月时房价同比跌了2580元/平方米。

事实证明,徐滇庆输了。在2008年7月8日的《南方都市报》上,徐滇庆发表了他的道歉信。在信中,他说"无论(深圳房价)涨还是跌,我都向深圳市民道歉"。

而作为一名学者,他也把深圳房价下跌的原因分析得很透彻,在最后一段提到:"2007年上半年深圳房价暴涨是因为过度投机,把房价炒了上去,2008年出现一些调整也在意料之中,但是,绝对不等于今后不会再度出现炒作。在流动性严重过剩的情况下,金融危机正在我们四周徘徊,朋友们,要警惕啊!"

房价打赌的故事有了结果,或许,当时人们都只记住了徐滇庆是这场赌局的失败者,但很少人记住他致歉信最后敲响了金融危机的警钟,更没想到的是,在他道歉后不到一年时间里"涨价"预言最终还是印证了。

开发商遭遇钱荒

"我们从没有这样缺过钱",一直以来都"财大气粗"的开发商们叫起了"穷"。的确,这一年开发商的日子一点都不好过,甚至用"悲壮"一词形容也不为过。2008年开发商资金紧张在房企年报中显露无遗。据当时《证券日报》的统计,75家房地产类上市公司的2007半年报中,负债共计达到3514.7亿元。从全年年报来看,大部分公司现金流量大幅度缩水。

一般来说,开发商遇"钱荒"时,银行借贷和上市是主要渠道。但在这一年,这两条路都显得举步维艰。

2008年6月,银监会接连下发关于对房地产行业授信风险管理和委托贷款管理的通知,这让开发商们"残存"的资金救急的途径面临窘境。在《21世纪经济报道》的一篇文章中提到,两则通知下发后,从前被忽视的一些审批环节重新被重视,从银行贷款越来越难,直接导致一些开发商进行的融资进程被迫停止。

银行银根紧缩,开发商纷纷谋求上市。但让开发商们雪上加霜的是,资本市场大门也处于关闭状态。

昌盛中国是这一年里首个赴港上市的企业,也是第一个吃闭门羹的。说到昌盛中国,也许现在已经被众人淡忘,甚至不为人所知。但这家公司在广州地产行业发展历程中,却是值得圈点的,而其上市故事更是给了行业很多启示。

在中国房地产业发展最为迅猛的年份里,昌盛中国是广州地产行业第一批闯入者。故事或许会说得有点久远。20世纪90年代初,经营纸箱印刷生意的邹锡昌,也就是昌盛中国的创始人,开始进军地产行业。1991年,广州市旧城改造项目对外招商,邹锡昌成功获得项目改造权,并在广州开发了首个项目天秀大厦和天秀花园。这个项目大获成功,在当时售价就达到1.3万元/平方米,并在一段时间内都保持着广州住宅售价最高纪录。

1992年,邹锡昌在香港成立昌盛集团。1993年7月,邹锡昌决定要做一个更加宏伟的计划,要耗资14亿元打造广州市内规模最大、档次最高的新购物中心——中华广场,在2000年落成。

然而,天有不测风云,中华广场的建设并非一帆风顺。开工后不久,便遇上国家多轮宏观调控。1997年到了开工关键期,又遇上亚洲金融风暴,邹锡昌当年在香港融资的计划告吹。但后来,邹锡昌还是"砸锅卖铁"保住了中华广场。苦日子总算是熬过来了,中华广场终于在1999年封顶,并成为广州除天河城、正佳广场外的商业地标性建筑。

据媒体报道,"中华广场建成推出后成了商家的抢手货,仅仅1/3的商铺,销售收入就突破了6亿元。"而在后来几年里,邹锡昌的中华广场更如同一台收银机,每年为昌盛带来过亿元租金收益。中华广场的成功让邹锡昌一战成名,也奠定了昌盛中国在商业地产界的地位。邹锡昌的野心被激发,2002年,昌盛中国挥师进京,此后,又在中山、太原等城市跑马圈地。但邹锡昌不甘于此,去撬开资本市场的大门才是他的梦想。

就在昌盛准备上市前,也就是2007年房地产市场大热时,邹锡昌也"头脑发热"拿下中山一宗地王,为此还欠下一笔巨债,而昌盛也错过了上市的好时机。

邹锡昌与高盛旗下创投基金签订协议,发行2500万美元可赎回的可转换债券,同时,还与高盛签下"对赌"协议,双方约定,"如若昌盛中国没有在债券的年期内进行首次公开发售,创投基金可要求邹锡昌按预定的价格购买其所持全部可赎回可转换债券。另外,若昌盛中国未能在年期内偿还本金,该项可转债的利息便按每年28%计算"。

2008年1月中旬,昌盛准备赴港上市,计划发行2.5亿股,融资额为23亿~31亿港元。可是,一场金融风暴将一切化为泡影。由于失去信心的投资者们认购不踊跃,集资金额也有限,昌盛中国上市被搁浅,昌盛也由此陷入了债务危机。最终昌盛不得不以出售中华广场偿还欠债。

如今这个曾让邹锡昌呕心沥血的中华广场已易主海印集团,而回忆起当年上市失败一事,邹锡昌曾经对媒体说出了自己总结的经验和教训:"不要轻易接受外国投行的钱,那都是'慢性毒药',企业的发展还是要稳妥,按自己的能力去做事,并且面对各种外国投行的钱,要经得起诱惑。"

2008年,对于恒大自身而言,也是一个关键时刻。早在2004年时,恒大已跻身广东地产界"五虎",不过,土地储备不足600万平方米。2004年后,恒大开启一轮全国式扩张,许家印派出精英团队,在武汉、重庆、成都、沈阳等城市跑马圈地。

2006年和2007年,恒大先后与德意志银行、美林等外资机构合作,融资或借贷以用作扩大土地储备规模。有了雄厚资金支持,恒大加快拿地节奏。2007年土地市场不乏恒大身影,在武汉、重庆等城市,恒大都有斩获。到2008年3月,恒大土地储备已经高达4578万平方米,比2006年土储增长近6倍。

进入2008年,全球金融海啸对中国经济也带来不可避免的影响。在这关键时刻许家印给恒大指明了方向:"一是恒大地产2007年开工、正在建设的36个项目,2008年可售面积共750万平方米,2008年3月,已有近400万平方米物业在建筑进度上达到了预售条件,可以马上销售楼宇回笼资金;二是拿一大批项目进行合作;三是增资扩股。"

许家印人脉颇广,是"大D会"成员之一。这个"大D会",源于香港知名地产商郑裕彤酷爱"锄大地"纸牌桌游,经常和好友组局玩桌牌,牌友包括华人置业刘銮雄、英皇杨受成、中渝实业张松桥等香港商界巨头,许家印也是"大D会"常客。2008年6月,郑裕彤联手美林银行、德意志银行等资金雄厚的投资机构,筹集5.06亿美元一同入股恒大。随后,"大D会"另外一位重量级成员刘銮雄也接连出手,并在之后几年对恒大总投资额近50亿元人民币。

与此同时,恒大也进行一轮快速回款运动,其使用的手段是,"成本价"销售、明星效应、规模开发、集中开盘等。特别是在2008年十一黄金周期间,恒大将广州、成都、沈阳、重庆、武汉等城市的18个楼盘进行集中开盘,不仅进行全线产品85折促销,还在几个重点楼盘请来当红明星造势。这一波操作,使恒大快速回笼资金高达47.9亿元。

而凭借这些"不同寻常"的策略,再加上年末中央推出一系列救市利好政策,恒大在2008年销售额一举突破百亿大关,创下118亿元的销售纪录,并首次跻身国内房企的"百亿俱乐部",恒大逆势求胜,堪称地产界的奇迹。

挺过全球金融海啸的2008年之后,2009年,恒大彻底打赢了一场翻身仗,不仅成功上市,而且一发不可收拾,业绩节节攀升,一举跻身世界500强,在《中国地产四十年》后续的篇章里,将会有大篇幅详细描述这个实现大逆转的神奇房企。

2008年,有一家企业抢到了IPO末班车,这就是建业地产,实现了上市梦。2008年6月6日,建业地产在香港联交所挂牌,成为这一年在港上市的首家内地房地产企业。在2007年资本市场如火如荼时,建业将上市提上日程,2008年成功上市后建业融资规模13.75亿港元。

再看已上市的房企,大幅度降价、缩减开工规模、裁员等成为这一年的关键动作。据

《21世纪经济报道》对2008年中报的统计，在77家地产上市公司中，有16家下调了"支付给职工以及为职工支付的现金。"

2008年让开发商遇到的糟心事还有很多，比如王石的"捐款门"事件。

事实上，早在2007年底，因为王石发表的"拐点论"，以及万科率先在全国范围内多个项目集团降价，王石和万科就承受着来自同行们的诸多质疑和反对声。只不过，这种市场声音也并未对王石和万科造成实质性影响。真正令王石和万科承受史无前例压力的事件，发生在2008年汶川大地震之后。

2008年5月12日汶川地震后，社会各界都踊跃捐助，万科捐款数目为200万元，这被很多网友质疑其数额太少，与万科龙头企业形象不相符合。

2008年5月15日凌晨，王石在回应网友质疑时称："对捐款超过1000万的企业，我当然表示敬佩。但作为董事长，我认为万科捐出200万是合适的，这是董事会授权管理层的最大单项捐款数额。即使授权大过这个金额，我仍认为200万是个适当的数额。中国是个灾害频发的国家，赈灾慈善活动是个常态，企业的捐赠活动应该可持续，而不成为负担。"

随后，王石在博客针对募捐活动又发表了自己的看法，其中有一条提到："每次募捐，普通员工的捐款以10元为限，不要让慈善成为负担，影响个人的生活质量。"

智者千虑，必有一失。王石显然低估了互联网威力，更没有意识到民意表达已经发生翻天覆地变化，舆论导向不再是传统媒体所主导，多元化思维模式通过互联网平台迅速激发传播的时代全面到来。因此，王石上述观点一出，更加引发了网友滔天怒意，铺天盖地的谴责汹涌而来。

一时之间，王石遭受前所未有的压力，他和万科的形象因此一落千丈。在王石《大道当然》一书中回忆，2008年5月15日凌晨发的帖子，迅速在网络上招来各种批评、质疑、嘲讽和谩骂，被全国网民口诛笔伐，随后，强烈的情绪发酵、爆发，酿成了万科史上最大一次舆论危机。15日晚上，万科总部紧急建议王石前往成都参与救灾。

随后几天，王石与郁亮率领万科组建的专业救灾队伍，进入受灾最严重的北川地区，参与当地救援行动。2008年5月19日，灾难发生后的第七天，也是这次大地震死者亡后"头七"的日子里，万科董事会以通信表决方式全票通过决议，决定召集临时股东大会，提请追加1亿元的特别授权额度，用于以遵道镇为重点的临时安置、灾后恢复与无偿援建工作。

5月21日，王石接受凤凰卫视采访过程中，主持人曾静漪突然问："王总您介不介意就那个帖子向网民道歉？"

王石通过凤凰卫视正式对网民道歉："第一，因为我的几句话，使大家的注意力集中在一个帖子上，影响了抗震救灾精力的投入。第二，这个帖子给投资者和消费者造成困惑，给管理层和员工造成压力，这些都是负面的影响。为此，我无条件道歉！"

本来，一家企业无论捐款多少，都是一种爱心的体现，虽然说万科是当时最大的房地产上市公司，网友或许觉得捐款200万元与其身价不符，因为毕竟也没有哪部法律法规制定出要求一家企业必须捐多少的标准。然而，在汶川大地震这种罕见特大灾难面前，尤其全民仍在深切悲痛之中时，王石发表的言论显然并不合时宜。

用王石自己的话说："因为他们（网友）对王石这个人有所期许，但我没有符合这样的期许，还说捐200万就不少，甚至说普通员工捐款不要超过10元。这种反差激起了大家的愤怒情绪。当然，我当时的发言是不合适的，在汶川大地震刚刚发生后那样的时间和场合，讨论这个话题，表现自己的理性，当然是不够谨慎的。无论如何看待慈善，看待赈灾，都不应该在那种时候表达'冷静思考'。"

许多年以后，王石回忆起2008年的"捐款门"事件仍记忆深刻。直至2018年1月23日的跨年演讲会上，王石坦言，"捐款门"事件对他的个人冲击非常大，甚至比"万宝之争"带来的压力还要大，烦恼还要更多，那段时间是他人生中的"至暗时刻"，"当时我做了最坏的准备，如果有必要辞职，我会辞职，甚至是肉体上的消亡"。

"地王收割机"信达

房地产行业骤冷，众多开发商都在为钱而困，此时一股新势力却把目标瞄准房地产，涉及的行业千奇百怪，比如家电、金融业、IT、制药、塑料等。这些公司有的决定在此前基础上加大版图，有的将房地产作为利润增长极。

一家专门从事改性塑料研发、生产和销售的国家级重点高新技术企业——金发科技，2008年初的股东会上表示，投入房地产是寻找第二个利润增长点，原因是2008年原材料上涨等问题，公司面临巨大的经营压力。实际上，在2007年8月，金发科技就开始接触房地产，当时以6千万元的价格收购了长沙高鑫房地产开发有限公司，并斥资10亿元在长沙拿下一宗地块。

2008年，金发科技是铁了心要进军地产，不过，闯进来却不是时候。房地产业低迷的状况下，金发科技并不能独善其身，同样陷入资金链紧张的状况。2008年7月，金发科技只能无奈发行五年期总额10亿元公司债。

金发科技2008年年报显示，长沙高鑫房地产开发有限公司由于房地产市场价格下跌，导致损失12650万元。吃一堑长一智，金发科技在亏钱后就宣布将专注主业，剥离房地产业务。

看完做塑料的企业转型房地产失败案例，再来看看青鸟天桥这家软件企业是如何一步步成功演变为地产公司的。

青鸟天桥，堪称地产界谜一般的存在。20世纪后期，北京大学为了运营庞大的校产，分别成立了北大未名集团、北大青鸟集团、北大明天集团和北大资源集团四大支柱企业集团。其中，北大青鸟集团创立于1994年，经过多年努力，发展成为以软件为主导，同时集软件、微电子、系统集成、嵌入式系统、网络、通信和教育于一体的中国著名高科技企业集团。

在《中国地产四十年·1984》里曾提到，中国第一家股份制企业——北京天桥百货股份有限公司于1984年由中国工商银行总代理，开始发行第一期股票，由此徐徐拉开中国经济体制改革大幕。

1998年底，北大青鸟入主北京市天桥百货股份有限公司，运作借壳上市，并更名为青鸟天桥。2002年11月初，大股东北大青鸟将"上海青鸟"100%股权以2.76亿元的高溢价转让给青鸟天桥，而上海北大青鸟是以房地产为主营业务。

2008年底，青鸟天桥将原有的软件资产置出，同时置入地产资产。根据上市公司与北大青鸟集团签署的《资产转让暨债务转移协议》，青鸟天桥所持有18家与主业经营有关的子公司的股权，全部剥离给北大青鸟集团。随后，置入中国信达下属11家房地产企业，并将公司更名为信达地产。

那么，中国信达又是何来头呢？

20世纪末，为了剥离国有银行巨额坏账，以华融、长城、东方、信达为代表的四大资产管理公司应运而生，负责处理工商银行、农业银行、中国银行、建设银行高达1.4万亿元的不良资产。这四大资产管理公司后来逐步演变成集银行、信托、证券、保险、租赁等各类金融牌照于一身的金融控股集团。

四大资管巨头之一的中国信达1999年4月20日在北京成立，本身就是金控平台，多次收购、受让、托管来自中国建设银行、国家开发银行、中国建设银行、工商银行、上海银行、深圳商业银行等银行的不良资产共1万多亿元。

中国信达商业化其中一大出口就是信达地产，中国信达将全国持有的11家房地产开发企业的全部股权以及资产一并注入信达地产。虽说中国信达名下有庞大不良资产，但注入信达地产的旗下房地产公司及持有的项目却并非不良资产，而是原本属于建设银行下属的三产企业，早在2002年相继被行政划归中国信达子公司。

借壳青鸟天桥上市，资本市场一度对信达地产期望值颇高，将其誉为"未来的一线央企地产股"。然而，最初几年信达地产并未有特殊表现，在土地市场鲜有作为，运营也不温不火，到2015年销售规模仅百亿左右。因此，也逐渐被市场遗忘。

直至2016年，信达地产名声突起，原因归咎于其在土地市场挥金如土，到处大举拿高价地。从2015年6月到2016年6月，信达耗资325亿元在广州、上海、深圳、杭州、合肥这5座城市拿下7个地王。

信达地产的所作所为被业界称为"地王收割机"，而信达的拿地资金来源也备受业界关注。《南方周末》曾对信达做了一篇调查报道，其中提到，信达的"地王"策略，受到了母公司中国信达的全力支持。

中国信达资产管理股份有限公司实力相当雄厚，是国内第一家专门处置不良资产的专业公司，而中国信达最大股东是中国财政部。对于信达地产而言，项目赚不赚钱并非首要考核指标，重要的是盘活不良资产，使信达地产和信达资产同时坐拥收益。

的确，做金融的到了地产行业最大的优势就是三个字——"不差钱"。2008年，对于资金相对充裕的险资企业来说，似乎是个好时机。

中国平安就在默默做大房地产。其在2007年拿下的项目，逐渐在2008年浮出水面。2008年6月，中国平安在北京收购的烂尾项目完工，并更名平安国际金融中心。在当时，该项目写字楼租金就达200元每月每平方米，商业最高达1200元，与核心区域的高端写字楼不相上下。

北京的项目尝到甜头，这也调动了中国平安的胃口。2008年中国平安还在北京拿下东直门的一家宾馆，收购了CBD核心区域的一座写字楼。数据显示，这一年中国平安在房地产的投资总额为65.51亿元，同比增长61.71%。

看好房地产长期收益的中国平安，也一直坚持到现在。后来的局面也正如大家所看到，中国平安目前成为地产行业一个"投资巨头"。中国平安与房企互动十分频繁，入股数十家房企、与房企联合拿地、到数个投资案例，其在房地产行业的资本力量已不容忽视。

2015年是中国平安动作最大的时期，4月，斥资62.95亿元入股碧桂园，成为第二大股东；5月，又声势浩大地推出了"平安好房APP"，一时间搅动了房地产网络平台。2017年，中国平安又将目标锁定冲刺千亿节点的旭辉，增持其股票至10%。据年报显示，2017年，中国平安实现归属母公司股东净利润890.88亿元，同比强劲增长42.78%。

上述的企业或许只是这一年中外行闯入房地产的一个缩影。让我们将目光聚焦一下这一年新成立的房企。

先来看与房地产行业还有点关联的中建东孚。这家企业承属于中建八局，2008年5月在上海注册成立，注册资本金2.98亿元。其官网资料显示，到2017年，中建东孚员工人数发展到近千人，布局了京津冀、长三角、珠三角等城市群，产品线包括"住宅、商业及城市综合体、新型城镇化、综合服务"。

中建东孚在2017~2022年主力在发展新型城镇化项目，其官网资料显示，目前已在上海青浦重固、江苏南京永宁、河北承德丰宁、浙江义乌苏溪、山东青岛胶州、河南郑州荥阳等地实施多个新型城镇化项目。累计合作面积超过900平方千米，投资金额超过千亿。

另一家新成立的企业是湖北联合发展投资有限公司，这是由湖北省政府主导下，武汉城市圈9个城市均有出资成立的公司，是国内首个区域性政企联合投融资平台。湖北联投股东包括湖北省国资委、武汉经济发展投资有限公司、鄂州市城市建设投资有限公司及黄石、孝感、黄冈、咸宁、仙桃、潜江、天门各市国资委，此外还有湖北6大央企，包括武汉钢铁集团、东风汽车、三江航天工业集团、长江三峡工程开发总公司、湖北省烟草公司、葛洲坝集团。阵容可谓非常强大。

2009年5月，湖北联投成立武汉联投置业有限公司，负责联投集团地产板块的建设与经营，主营业务包括房地产开发、商品房销售、酒店管理、物业管理、广告传媒等。联投置业目前项目主要分布在湖北、海南和海外。克而瑞《2017年房企销售金额排行榜》

上，联投置业以 58.2 亿元排名 180 位。

2008 年，跨界这股潮流，不仅是其他行业进入房地产，房地产也在挺进其他行业。其中，易居的周忻跟互联网开始发生关系。

早在筹备易居上市时，易居中国的投资人、周忻的好友沈南鹏找来新浪网 CEO 曹国伟担任易居中国独立董事。曹国伟在考察易居时，兴奋地发现，易居中国旗下的克而瑞已经花费将近五年时间开发了覆盖全国的房地产数据库系统。

于是提出与周忻合作，共同推动克而瑞与互联网结合。一方面可以帮助新浪的房地产信息系统补充资料，奠定房产领域的地位。另外也可以让克而瑞变得更加公众化，而不仅仅是个企业内部的数据库。就这样，周忻和曹国伟这对上海人一拍即合，很快启动了合作。

于是，在 2008 年初，在周忻和曹国伟运作下，易居作为业内跨入互联网领域的企业，先是完成与新浪的合作，随即联合成立新浪乐居平台，开启了"房地产 + 互联网"模式。

同在 2008 年，在大洋彼岸也诞生了一种"房地产 + 互联网"的新模式，这就是共享房屋时代的到来。2008 年 8 月，布莱恩·切斯基在美国硅谷正式推出 Airbnb 平台，这也是后来被中国称为"爱彼迎"的房屋共享网站。

布莱恩·切斯基早年因为生活拮据，于是被逼做起"二房东"生意。2007 年，有个设计师大会在旧金山举行，酒店的房源供不应求。布莱恩·切斯基的老同学乔·格比亚因为没钱支付旧金山的房租，想出一个鬼点子：把他们两个人租来的公寓变成一个提供住宿和早餐的民宿，在设计师大会期间，给租不到酒店的设计师提供无线网、小工作桌、充气床以及早餐。

于是，布莱恩和乔在设计师大会期间，靠这个小创意收到三名租客的房租，这也让他们看这个领域的发展前景。2008 年，他们拉来另一位好友内特，开发共享租房网站，正式开始创业。

眼光重新放回国内，2008 年，有件跨界收购案轰动境内外，这就是邵逸夫计划出售邵氏控股 TVB。彼时 TVB 邵氏公司掌门人邵逸夫爵士已达百岁高龄，由于年事已高，因此市场多次传言其将计划出售 TVB 股权。由此引起了中国和外国买家的兴趣，其中包括百仕通、凯雷和贝恩资本，也包括中国多个知名地产商。

事实上，邵氏旗下香港清水湾价值 54 亿港元的土地是发展商看中的重要资产。杨国强、许荣茂等地产商都加入到竞购行列，香港四大地产天王之一的李兆基也有意参与。原本在 2008 年 8 月奥运期间达成邵氏出售协议，然而，受金融危机影响，2008 年 10 月，邵氏公司发布公告称，基于当前金融市场动荡，所有可能收购邵氏或其附属公司股份的商讨均已终止，其中包括由其控股的香港无线电视台（简称 TVB）。

次贷引发全球金融海啸

2008年，全球金融海啸，用险象环生、惊心动魄来形容都不为过。最早萌芽于2006年的美国次贷危机，经过2007年的发酵蔓延至欧洲、日本，最终在2008年引爆为空前的全球金融海啸，而其中标志性事件是美国雷曼兄弟的倒闭。

次贷即"次级按揭贷款"（Subprime Mortgage Loan），顾名思义，"次级"是相对于"优级"而言，指那些资质较差，信用低、偿还能力弱的按揭贷款。特别是那些工作收入不稳定甚至没有收入的群体，因为信用等级不达标，被列入次级信用贷款者名单，（简称次级贷款者）。这些因信用记录不好或偿还能力较弱的群体，因为银行拒绝提供优质抵押贷款，因此转而向一些贷款机构申请次级抵押贷款购买住房。

《中国地产四十年·2000》里重点提到，由于2000年美国爆发互联网泡沫破裂，严重冲击经济，为了缓解市场压力，美联储连续27次降息，将利率降至1%水平。如此低成本的利率，极大地刺激了房地产市场，大量资金涌入楼市，市场一度出现房价只涨不跌的神话。

在此背景下，很多人担心房价持续上涨而买不起楼，也有人希望借楼市涨价获利，买房热情空前高涨。因此，大量原本不具备还款能力的消费者，竞相通过按揭手段，向机构借钱涌入住房市场。

然而，房价不断上涨，招来了美联储调控。于是，自2003年开始，美国联邦储备委员会又连续17次提息，将联邦基金利率从1%提升到5.25%，利率短时间内的大幅攀升，陡然增加了购房者的还贷负担。

到2006年，美国楼市开始掉头向下，失去了持续增长的动力。这起大幅降温潮中，也导致住房价格下跌，购房者难以将房屋出售或者通过抵押获得融资。受此影响，很多次级抵押贷款市场的借款人，无法按期偿还借款。此外，房价下跌甚至导致资不抵债，很多房子售价远低于贷款额度，也使部分次贷借款人主动违约，拒绝还款。

更为严重的是，为了降低风险，提高收益，放贷机构通常会将次级抵押贷款合约，打包成金融投资产品出售给投资基金等。由于美国金融监管漏洞，甚至还出现同一个次级抵押贷款合约被多次打包重叠售卖。

随着美国次级抵押贷款市场危机日益恶化，连很多买入此类投资产品的美国和欧洲投资基金也受到重创，整个次级抵押贷款市场危机全面显现，并呈愈演愈烈的燎原之势。

根据国际货币基金组织委员会数据显示，2007年全球各国GDP总和也才只有53.6万亿美元。与此形成鲜明对比的是，金融衍生品远超实体经济总量。在华侨大学李拉亚教授在其论著中写道："统计显示，2007年全球金融衍生品场外交易量达到950万亿美元，场内交易量达到 400 万亿美元。2007 年初，美国传统银行系统的资产约为 10 万亿美元。"因此，这个巨大的、缺乏监管的金融衍生品市场被喻为金融界的"大规模毁灭性武器"。

在这场无比复杂的金融连环套中，金融衍生品泛滥和过度杠杆化，最终在房价大跌中引发了史无前例的世纪超级金融大崩盘。而第一张倒下的"多米诺骨牌"，就是前文提到的雷曼兄弟公司。

雷曼兄弟有着 185 年历史，是美国第四大投行，在美国的行业声誉也一向良好。随着 2007 年次贷危机蔓延，持有大量次贷产品的雷曼兄弟因此遭受巨大损失，其在 2007 年 9 月的财报显示，相较于年初的股价，暴跌了 95%。

2008 年，绝对是雷曼兄弟值得铭记的一年。从年初开始，雷曼兄弟就陆续出现裁员、大幅巨亏、更换高管等现象。最终于 2008 年 9 月 15 日在纽约破产法院申请破产保护，其破产金额创下历史纪录，高达 6390 亿元。

雷曼兄弟的轰然倒塌，全球金融危机疯狂肆虐。远在大洋西岸的中国感受了阵阵凉意：连续两位数增长的经济突然下滑到 6%、房地产市场成交低迷、股市一泻千里、出口订单骤降……

除此之外，雷曼兄第倒闭对各国央行的货币政策也造成了重大影响。据英国金融时报报道，自雷曼兄弟破产后，世界各国央行共降息高达 672 次，降息的幅度和频率，都超过史上的任何一个阶段。

世界各国纷纷采取行动应对，日本向短期金融市场注入 1.5 万亿日元的资金；俄罗斯财金融市场注资 4750 亿卢布以保障俄罗斯银行系统的流动性；欧洲央行向欧元区市场注入三百亿欧元资金；英伦银行亦向市场注资五十亿英镑……

而在中国，当雷曼兄弟宣布破产后几小时，央行便宣布下调金融机构人民币基准利率，金融机构 1 年期贷款基准利率由 7.47% 下调至 7.20%。

实际上，就在几天前，央行行长周小川还在公开场合坚决表明，不会下调利率。不过，这个曾经被认为是"最坚定的央行行长"，在面对复杂的经济环境下，也无奈食言。有媒体报道，一个月时间不到，周小川形象大变，从黑发儒雅转为鹤发苍颜。

周小川这种迅猛的转变，正反映出央行货币政策的变化。在《中国地产四十年·2007》中曾提到，2007 年，为了抑制通胀和经济过热，央行频繁出手，连续六次加息，上调存款准备金十连击，再加上"9·27"房贷新政，堪称楼市"杀手"，希望全力遏制房价疯涨势头。

即便到 2008 上半年央行仍未罢手，从 2008 年 1 月 25 日开始，持续到 2008 年 6 月 7 日，接连五次提高存款准备金率。将存款准备金率从 14.5% 提高至 17.5%，大概冻结了 1.2 万亿元流通资金。

然而，自从 2008 年 9 月 16 日迈出下调利率的步伐，央行用更加迅猛的速度，火速降息，到 2008 年 12 月 23 日，在不足 100 天内，就紧急出手，连续 5 次降息，几乎不到 20 天就降息 1 次。

与 2007 年历时九个月六次降息相比，频率更紧、节奏更快，这也预示着在全球金融海啸冲击、中国经济转型阵痛所带来的影响已经远超人们的意料。

也正是从2008年9月16日开始，中国宏观经济也开始发生了大转折和大调整。"金融和经济危机到来的时候，信心比黄金更重要"。时任国务院总理温家宝一番话暖人心扉，而又掷地有声。

千军万马向前冲。为了应对金融危机，2008年11月5日，时任国务院总理主持召开国务院常务会议，在会议上确定了进一步扩大内需、促进经济增长的十项措施。同时还决定在四季度先增加安排中央投资1000亿元，并在2009年时带动地方和社会投资，总规模达4000亿元。

这十项措施，内容包含了要加快建设保障性安居工程；加大金融对经济增长的支持力度；加快农村基础设施建设；加快铁路、公路和机场等重大基础设施建设；加快医疗卫生、文化教育事业发展；加强生态环境建设；加快自主创新和结构调整等。如要实施这些工程建设，根据初步匡算，到2010年底约需投资4万亿元。

4万亿投资计划出炉后，立即引发各界的高度关注和讨论。普遍的观点是，中国正从外贸拉动为主的经济增长模式，转变成以内需增长为主。几月后，又一庞大的刺激产业发展的"十大产业振兴计划"出台，不过，这一次，房地产没有入选，也因此，关于是否应该刺激房地产行业这一话题又吵得不可开交。

任志强曾在公开场合直言，"中国经济复兴的唯一标志是房地产的复兴"；而住房和城乡建设部政策研究中心副主任王珏林也曾表示，"在国家的4万亿元投资计划中，与房地产业有直接关系的占32%，可以看出中央对房地产业的重视程度远远高于其他行业。"

实际上，为了刺激房地产市场，2008年10月22日，财政部就已出台一系列刺激购房消费的政策，主要内容包括如个人首次购买住房的契税税率下调到1%；对个人销售或购买住房免征收印花税、土地增值税。央行也同步宣布，首次置业和普通改善型置业贷款利率下限为基准利率的0.7倍，最低首付比例降至20%。另外，公积金贷款利率下调0.27%。

一时之间，整个楼市政策出现180度大逆转，从2007年9·27新政提高二套首付比例，以及六连加息，到2008年"10·22"救市和五次降息，房地产市场出现惊天大反转。

久旱逢甘露，上述的这些政策对众多开发商而言，如在干涸的信心土壤上浇灌了一场"及时雨"，更是为持续多时的萎靡楼市注入一剂强心针。而"4万亿计划"，更是让此前不抱任何幻想的开发商们，再次燃起希望的"火焰"。2008年底，整个市场开始全面行动起来，在中央政府指示下，银行开始积极放贷。

彼时，发改委成为中国最忙的部门。各地争相上报的重大项目，发改委几乎来者不拒，一口气将积压多年的报告急速批复开建，光28座城市的轨道规划项目批复总投资规模就超过1万亿元，批复速度之快，也为历年所罕见。

在2009年政府工作报告中，提到要新增5万亿贷款规模，而仅在1~2月，新增贷款规模就已经达到了2.69万亿元。

除了实体经济，数以万计的银行贷款也投向房地产，资金池活跃了，开发商们一直缺钱的状态得到缓解。而房地产市场也从2008年底开始回暖，到2009年又火爆起来，以至于出现抢房、抢地大战的局面，更加具体的内容将在《中国地产四十年·2009》中呈现。

"4万亿计划"使中国逐步走出了2008年那场金融危机，不过，在后来几年却遭受不少争议。部分经济学家质疑声不断，代表人物有经济学家吴敬琏、郎咸平等。

吴敬琏曾指出该计划的弊端，他认为，4万亿是后来房价暴涨和鬼城出现的一大原因，"国企当年拿到4万亿都不知干吗，只能投房地产"。而郎咸平则在后来多个公开场合发表犀利和过激的言论，比如"4万亿毁了中国""4万亿救市是一锤子买卖"等。

的确，反观4万亿计划实施后的几年里，猛力开火的后遗症——显露，其中，讨论最多的就是产能过剩、房地产泡沫加聚、地方政府债务连带的银行坏账风险等。但在当时全球严峻的经济形势下，如果不救市，又能做什么？

无与伦比的北京奥运

2008年3月18日，十一届全国人大一次会议在北京人民大会堂闭幕。人民网报道称，会后时任国务院总理温家宝会见中外媒体，在回答记者提问时坦承："今年恐怕是中国经济最困难的一年！"

也许当时还有人甚至对"经济最困难一年"的预判半信半疑，但当真正体验过2008年的残酷市场经济之后，很多人才真正领悟这句话的含义。笔者作为亲历过2008年万千群体中的一员，写到这个篇章的时候，当年楼市在惨淡中的煎熬仍历历在目，那种劫后余生，深入骨髓，迄今未敢忘怀。

许多年以后，人们以各种不同的视角评价"4万亿救市计划"。但如果当年没有这剂猛药，中国经济会是怎样？这将永远是个未知的谜，因为历史没有假设，一切未曾发生的可能，都有无数个完全不同的结局。

2008年8月8日8时，在这个世纪难得一遇的无比吉利时刻，北京奥运会如约而至。本次举世瞩目的盛典上，精彩绝伦的开幕式引发全球惊叹，故宫、天坛、天安门广场、人民大会堂、鸟巢、水立方等建筑组成的恢宏壮观而又不失现代国际范的北京城，成为世界最为耀眼的大都市。

中国运动健儿更是不负重望，在16天的比赛中一举夺得51枚金牌，击败此前长期霸占金牌榜首多年的美国代表队，跻身全球金牌榜之首，获得中国参加奥运会后最好成绩，同时也是亚洲国家中首个获得金牌榜桂冠的国度。

在2008年奥运会闭幕仪式上，国际奥委会主席罗格由衷称赞：北京奥运会"是一届真正的无与伦比的奥运会"。其他奥组委重要官员也在各个场合都反复重申"北京奥运会将很难被超越"。

北京奥运会的成功举办,可以说是百年来受尽各种屈辱、磨难后的中国重新崛起,屹立于世界之林的标志性里程碑。许多年过去了,人们回忆起北京奥运会,心中仍能激起无比自豪之情。

虽然,2008年遭遇各种天灾人祸,从特大雪灾到超级大地震,从楼市"拐点论"到地产百日剧变,从A股暴跌到楼市下挫,从IPO全面暂停到全球金融海啸,这一年里,走过的每个脚印,都充满不易。

但是,无论路有多难,仍阻挡不了中国大跨步前行的信念。也是在这个艰辛的年份,无论是中国北京奥运会,还是神舟七号实现中国首次太空漫步,都振奋着国人,倍增迈向未来的勇气。

2009年：

楼市惊天逆转　亚运城大拍卖

2009年，中华人民共和国迎来60华诞。六十年，整整一个甲子，在悠久的历史长河中却只是弹指一挥间。从1949年中华人民共和国成立时一穷二白的"烂摊子"，到2009年跻身为世界第三大经济体，中国变化惊人，飞速成长振奋了国人，也震惊了世界。

凭借国人的团结努力终于坚强熬过了多灾多难的2008年，然而进入2009年压力依旧不小，在世界一片哀鸿遍野的经济大萧条之中，中国经济领跑全球，兑现了经济增长"保八"的承诺。

数据显示，2009年中国经济一路走高，第一季度增长率跌至谷底的6.1%，随后第二季度增长率反转为7.9%，三季度增长率更是飙升至8.9%，进入四季度增长率直接跳上两位数的11.9%，交出一份令各国无比艳羡的成绩单，全年实现国内生产总值33.5万亿元，同比增长8.7%，为全球经济增长贡献超过50%。

回顾2008年中国GDP四个季度增长率，分别为10.6%、10.1%、9%、6.8%，总体呈现不断下滑趋势，从两位数的增长跌至不足7%。如果把2008~2009年八个季度的GDP增幅连成一条曲线，可以看到，这幅图是清晰的V字形，2009年无疑是大转折的一年。

中国经济的强力崛起，受到全球各国政要、国际组织、主流媒体等各方高度评价，认为中国在引领世界经济走出全球金融海啸危机中做出了重要贡献。

总部设在巴黎的经济合作与发展组织秘书长安赫尔·古里亚也发文表示："感谢中国，经济复苏已得到确认并扩散至所有发达国家，这要部分归功于中国经济的活力。"

2009年12月16日，美国《时代》周刊揭晓2009年度人物，作为榜单中唯一一个群体——中国工人登上了亚军之位。在阐释他们的获奖理由时，《时代》周刊总编辑理查德·斯坦格尔说："没有中国工人，就没有中国保八的成功，世界经济也会处于最糟糕的境地，这种影响是无法估量的。"

经济发展一直以来都与房地产有着千丝万缕的关系。2008年国际金融爆发后，全球经济受到猛烈冲击。在中国，政府率先在两大重要行业出台救市政策，它们是房地产和汽车。这两个行业都有消费额度大、关联产业多的特点。

特别是房地产，住房一直都是国民消费中最大额支出，作为国民经济支柱产业之一，其上下游产业链颇为广泛，包括钢铁、水泥、建筑、装修、家居、家电等多个行业。因此，房地产市场发展对拉动内需有着重大的推动作用。当人们分析2009年中国经济的时候，房地产成为不可或缺的一项。事实上，2009年经济繁荣的背后，也确实是房地产行业的一次狂欢。

2009年，中国房地产可谓柳暗花明，年初还受2008年全球金融海啸余波影响，寒意袭人。然而没过多久，在国家"4万亿计划"刺激下，加上一系列救市政策出台，房地产市场直接从寒冬进入盛夏。

全国各地楼市量价齐升，一些城市甚至出现抢房的现象，沉寂一年多的土地市场也随之火爆起来，地王纪录不断被刷新。这一年里，房价再一次紧紧揪住了国人的心。

2009年12月13日，美国耶鲁大学著名金融学教授罗伯特·希勒在北京的一个论坛上表示，中国的房地产市场已深陷"非理性繁荣"的状态。他认为，投资者并非人人都是理性和精明的，正是他们的非理性和从众行为催生了投机性泡沫。

楼市触底强势反弹

对楼市而言，这是极具转折意义的一年。2009年初，不少业内人士都给2009年的楼市定下了悲观的基调。据国家统计局数据显示，1月，全国70个大中城市房屋销售价格同比下降0.9%，环比下降0.2%；2月同比下降1.2%，环比下降0.2%。

然而随着"四万亿计划"的发酵，以及房贷7折优惠等一系列刺激政策，楼市从第二季度开始回暖，从开始的小阳春，到后来的疯狂爆发。买家们的心态也从年初的"是否入市"发展到后面的"恐慌性抢购"。

市场火爆到让北京多年的烂尾楼起死回生，烂尾近10年的海天广场更名"光耀东方广场"重新亮相，停工7年的森豪公寓更名为"朝阳首府"重新开盘，"最老的烂尾楼"京泰自主城也在年底开始销售。

广州CBD核心区域，新开项目甚至出现一天涨一千的疯狂行情，国庆黄金周七天连涨七千。上海豪宅盘扎堆入市，星河湾一天卖出了40亿元，单价高达10万元/平方米的汤臣一品短短四天售出10套。杭州楼市直接进入房源库存严重不足状态。

历经了2008年的"关门潮"的中介又重新活跃起来，而且不只是大城市，《我们房地产这些年》一书中提到，从2009年初到10月，在那个全国最先迈出住房商品化改革步伐的县级市瑞安，一条仅500米长的街道竟然出现了70多家房地产中介公司，而且，几乎每天这条马路上都人声鼎沸，横七竖八地"躺"着许多私家轿车。

据国家统计局数据显示，2009年，全国完成房地产开发投资36232亿元，比上年增长16.1%；值得一提的是，商品住宅完成投资25619亿元，增长14.2%，比重占房地产开发投资的70.7%。从全国商品房销售面积来看，2009年销售面积高达93713万平方米，比上年增长42.1%。其中，商品住宅销售面积增长43.9%；商品房销售额43995亿元，比上年增长75.5%，商品住宅销售额更是增长80.0%。

进入2009年第四季度，全国70个大中城市房屋销售价格同比上涨5.8%，其中新建住宅销售价格上涨6.4%。作为衡量房地产市场的权威指标"国房景气指数"，从3月起连续9个月保持回升，12月达到103.66，比2008年12月上升了7.2个点。

楼市的热火朝天带动了土地市场的"风生水起"。这一年中，从南到北、从东到西，单价地王和总价地王频频被刷新。如果说"流拍"和"底价"是2008年的主基调，那"地王"和"天价"则成为2009年的新标签。

2009年5月21日，富力经过89轮激烈角逐后，以15141元/平方米楼面价夺下北京广渠门外10号地，成为年内北京首个单价地王；6月25日、7月26日和9月8日，保利地产相继拿下重庆、成都、南京区域地王；7月9日，良志集团抢得兰州地王；7月23日，义乌小商品城房地产公司刷新杭州地王；9月9日，绿地拿下合肥单价地王……需要特别指出的是，部分地王保持的纪录并不长久，它们在这一年内一直处于被不断刷新的状态中。

在这一大批地王制造者中，央企、国企绝对是主角。有统计数据显示，从全国的土地成交看，至少六成以上的地王都由"国字号"的开发商夺得。

压轴地王出现在广州，2009年12月22日，底价165亿元的亚运城地块正式拍卖。由于占地面积庞大、开发周期长、出让总价高昂，再加上亚运会光环加持，亚运城地块出让素有"中国第一拍"之称。这场全国甚至全世界都瞩目的世纪大拍卖，同时吸引了中信地产、保利联合体、富力联合体三大势力集团角逐。

从牌面来看，中信地产、保利联合体都有央企背景，各方面实力非比寻常，而富力联合体却略显底气不足。

中信地产来自有"共和国长子"之称的中信集团，中信集团的主要业务集中在金融、实业和其他服务业领域。其中，金融由商业银行、证券、保险、信托、租赁等金融机构组成。实业与其他服务业方面，中信在信息产业、基础设施、能源、房地产等领域均有布局，堪称央企巨无霸。

再来看保利联合体，汇集了保利、中海、万科三大顶尖房地产巨头。保利、中海同为央企，并且深耕地产多年。此外，万科其大股东华润也是央企担当，而且万科已经是多年的地产一哥，长期占据中国房地产销售排行榜头号交椅。因此，保利联合体成为业界看好的夺标最大热门。

富力联合体则由富力、雅居乐、碧桂园组成。前文提到5月富力刚拿下广渠门外10号地北京单价地王，雅居乐也在2009年夺得总地价43.41亿元广州萝岗地王。相比之下，碧桂园鲜有拿地王的先例。他们意气风发，但在国企频频击败民企夺地王的2009年，外界并未十分看好。

备受瞩目的亚运城地块终于开拍,令人大跌眼镜的是报价阶段报出180亿元高价的中信地产在拍卖现场全程保持沉默,未举过一次牌。于是这场"三国演义"变成了"双雄争霸"。从180亿元开始,富力联合体率先发力,将价格抬上190亿元,随后保利联合体刷新至200亿元,双方你来我往,谁也不甘落后。

当地价飙升至236亿元时,发生了一个小插曲,富力联合体代表突然举手发问:"可以调低竞价阶梯吗?"拍地主持人当场决定,将竞价阶梯从2亿元调整为1亿元。

很快双方就将价格拍至250亿元高点,富力联合体报出251亿元,现场气氛极其紧张,当保利联合体继续跟进报出252亿元时,上百家媒体握紧手中"长枪短炮",将镜头对准保利联合体,静候历史性时刻到来。

然而,富力联合体不甘示弱,又一次举牌。保利联合体思索片刻后,也举起了手中的牌子,全场一片轰然。经过短暂沉默之后,富力联合体再次出手,"255亿!"主持人喊出了震撼全场的天价!

现场陷入长时间寂静,当人们还处在震惊之中时,主持人开始报倒计时:"255亿,第一次……255亿,第二次……255亿,第三次,成交!"伴随着一记响亮的锤声,全场所有人才从震惊中恢复过来,爆发出雷鸣般的掌声和惊呼。

历经半小时,鏖战47轮,富力、雅居乐、碧桂园组成的民企联合体最终以255亿元一举拿下广州亚运城地块,全国总价地王就此定格在255亿元!

亚运城255亿元全国总价地王纪录保持七年之久,一直维持到2016年8月29日才被打破,招商蛇口和华侨城联合体以高达310亿元的天价,竞得深圳新会展中心(一期)配套商业用地。2017年6月29日,万科以551亿元大手笔收购广信资产包里的1500亩靓地,再次将全国总价地王抬至551亿元新高。

回到2009年,从年初到年末,房地产市场来了个180度转变,业界人士们的态度也随之逆转,从年初的悲观转变为担忧。他们认为,过快上涨的房价、地价,预示着房地产市场蕴藏着巨大的泡沫风险,将严重影响房地产行业的健康发展。

更令人担忧的是,2009年,千里之外的迪拜给了中国一个活生生的教训。2009年11月25日,负债累累的迪拜酋长国宣布将重组其最大的企业实体迪拜世界,迪拜世界欠下的590亿美元债务将至少延期6个月偿还。

迪拜世界最大的主营业务就是房地产,著名的人工棕榈岛、帆船酒店、迪拜塔便是由其开发。随着迪拜世界的重组,迪拜当地的房地产市场亦遭受重创,房价几乎"腰斩",超400个工程被迫取消或停工。迪拜房地产的崩溃震惊了世界,也为中国敲响了警钟。眼看着一片向好的房地产市场正在走向"疯狂",中央政府再一次出手调控楼市,从年初的"救市"变成了"遏制"。

2009年12月,中央紧急加强调控,短短一个月内,接连祭出多项政策,包括提出加大商品房供应,对愈演愈烈的炒地炒房行为进行严厉打击等多项举措。接下来,回顾接踵而至的楼市调控政策。

2009年12月7日，2009年中央经济工作会议提出要关注民生，特别是增加普通商品住房供给，支持居民自住和改善性购房需求。

2009年12月9日，时任国务院总理温家宝主持召开国务院常务会议，明确要求个人住房转让营业税征免时限由2年恢复到5年。同一天，国家发展和改革委员会主任张平称，明年（2010年）中国将完善住房消费和调控政策，增加中低价位和限价商品房的供应，并重点抑制投机性购房。

2009年12月14日，国务院常务会议上正式提出楼市调控"国四条"，对促进房地产市场健康发展提出增加供给、抑制投机、加强监管、推进保障房建设四大举措，并明确表态"遏制房价过快上涨"。

2009年12月17日，中央财政部等5部委，联合要求地方政府，必须将土地出让收支全额纳入地方基金预算管理。除此之外，还规定开发商拿地，首次缴款比例不得低于全款的50%，土地出让价款缴纳期限原则上不得超过1年。

2009年12月18日，住建部全国建设会议在北京召开。时任住建部部长姜伟新约见200位副市长，并在会上强调：严格监督地方政府加快清理各种房地产优惠政策。另外，经济适用房面向范围扩大，从原来的低收入者提升为中低收入者。

2009年12月23日，财政部、国税总局联合宣布，2010年1月1日起，个人转让不足5年非普通住房全额征税。

2009年底一个月之内，楼市政策大反转，纷至沓来的调控，与2008年底救市形成鲜明对比。从低谷冲向顶峰，2009年房地产市场像坐过山车，大落大起，变幻莫测。伴随市场急剧膨胀甚至奔向疯狂，楼市政策也在2009年里发生了180度的大转变。

宋卫平豪言超越万科

2009年，在这个充满机遇又暗藏风险的年份，不同房企给出了不同抉择，有的选择大举进攻、积极拿地，有的选择谨慎防守、持币观望。

央企保利地产称得上是其中最勇猛的一个。2009年报数据显示，保利地产拿地足迹遍布全国，分布均匀，不仅有北京、上海、广州等一线城市，还包括天津、杭州、重庆、成都、沈阳、佛山、阳江等二三线城市。

2009年，保利地产全年拿地金额高达413.6亿元，销售金额为433.82亿元，拿地金额占到销售金额95.3%，几乎可以说把全年卖房子的钱都拿去买地了，这也使保利地产成为2009年拿地最多的房地产央企。

2009年10月20日，广州另外一块巨无霸地块——琶洲村地块让保利底价夺得，这属于三旧改造项目，地块面积超过64万平方米，虽然底价只有1.42亿元，但要承担总约

44.7亿元的改造成本。保利地产也因此正式进入旧改领域。之后在大本营广州陆续拿下冼村、小新塘城中村旧改等项目，2014年，保利也正式成立了保利城改投资有限公司，负责旗下的城市改造项目。

来自民企的杭州绿城也毫不示弱，拿地金额456亿元。2009年绿城销售金额创下新高，同比增长238%至513亿元，增速惊人。克而瑞发布的《2009年中国房地产企业销售排行榜TOP20研究报告》显示，绿城业绩仅次于万科，排名全国第二名。销售规模和土地储备的大幅增长，让绿城老板宋卫平变得傲娇起来。他曾公开放下豪言，以这样的速度，绿城在3~5年内超越万科成为行业老大是没问题的。

这还不止，志得意满的宋卫平甚至公开弹劾万科的质量。2009年1月，在绿城的恳谈会上，宋卫平直言："我们去看过杭州万科的房子，我们要是造出万科那么粗糙的房子，我们的项目经理要跳楼自杀N次！"

宋卫平太自信了，当年的他绝对没有想到，仅一年之后，绿城会因为新一轮宏观调控的到来而变得焦头烂额，最终被迫出售股份给九龙仓，以致后来的"融绿大战""中交入局"等事件的发端都在这一年都埋下了伏笔。

前文提到全国楼市火爆现象一大特征是地王频出，尤其是亚运城这个巨无霸地王更是震惊全国，这也与各大房企扩张战略息息相关，下文将重点描述这些房企在扩张过程中的抢地大战。

2009年，拿地的大户基本是央企、国企以及大房企，除保利、绿城之外，进入前五名单的还有万科、中海和金地，这五家房企拿地的金额超过1400亿元。《中国地产40年·1995》里曾提到，自称为"小房企"的方兴地产（"中国金茂"），2009年凭借夺得北京地王而名声大震。

2009年6月30日，北京东四环广渠门15号地块出让，吸引了众多知名开发商云集现场，包括万科、保利、华润、远洋、中信、华远、金融街、首开、SOHO中国等11家房地产企业同场竞拍。连潘石屹夫妇、毛大庆等地产大腕都亲自到场观战，阵容相当豪华。

拍地前发生了一个戏剧化的场景，在京城识人无数的潘石屹偶遇方兴地产代表时，觉得脸生，于是主动打招呼，询问对方背景。方兴地产代表低调回答："我们是小公司。"

听完之后，潘石屹也没怎么放在心上。只是没想到的是，拍地开始后，正是这家"小公司"击破了潘石屹夺地美梦。在竞价环节，不管是SOHO中国还是保利地产举牌，方兴都立刻跟进。

在价格抬至36.7亿元时，远洋提前退出这场土地大战。地价拍至39.5亿元后，SOHO中国也撤出战场。之后的竞拍变成了方兴与保利双雄争霸的局面，只不过，同为央企的保利地产每次报价都略显犹豫。而方兴则异常坚决，出价果断。

当价格突破40亿元大关时，在旁边观战已久的时任万科北京总经理毛大庆接连摇头直呼："疯了！"而退出战局的潘石屹则激动地跳起来对着方兴代表大喊："你牛！"这场地王大战最终价格锁定在40.6亿元，楼面价达15321元/平方米，赢家就是拍地前自称"小公司"的方兴地产。

该价格出来之后，同时刷新了北京总价和楼面价双料地王的纪录。成为北京土地市场当年最令人印象深刻的事件。方兴夺地王，让这家蛰伏房地产多年的央企一战成名，令业界为之侧目，之后方兴地产开始迅速攻城略地，发展壮大，后来并更名为中国金茂。

方兴地王之战，也拉开了不差钱的央企在全国各地竞相抢地王的序幕。一时之间，全国地王频出，而中标者多为国企背景。

先后斩下合肥、上海地王的绿地集团，自2009年初就已经定下宏伟目标，提出"保10%、争20%、突破三个500亿"经营目标，即在2008年基础上，确保主要经济指标突破10%以上的增长速度，争取实现20%以上的增长速度，业务经营收入、资产规模、经营性现金流量三个指标突破500亿元。

2009年底，绿地集团官网公布，公司实现业务经营收入超过740亿元，其中房地产主业销售额突破422亿元。

万达在2009年进一步加码全国布局，正式挺进广州，其进驻羊城的第一站选在了白云新城，这也是广州原旧机场重新规划推出的城市核心板块，此举意味着万达广场在全国范围的布局基本完成。截至2009年底，除贵州、青海、西藏、新疆四个省和自治区外，万达广场已遍布全国其他省市自治区及其主要城市。

同在广州，老牌房企越秀集团这一年也做了个重要决定。2009年，越秀集团将旗下H股上市平台——"越秀投资有限公司"更名为"越秀地产股份有限公司"，同时正式分拆公路业务，促使越秀地产成为一家专注地产业务的房地产开发公司。

至于保守派的代表SOHO中国，尽管手握大把现金，SOHO中国还是不敢冒险。整个2009年，潘石屹仅在北京获得望京B29地块，成为最有钱的看客。值得安慰的是，在公开拍卖市场无多大作为的SOHO中国，还是通过收购方式获得了SOHO东海广场项目，这个项目位于上海，是SOHO中国在北京之外的首个项目，算是踏出了异地扩张的第一步。

2009年潘石屹刚刚落子上海，而星河湾却在同年一战成名。2009年8月8日，浦东星河湾"开盘6小时销售40亿"的业绩震撼整个上海滩。

早在2006年7月，浦东星河湾所在的花木新民北块土地使用权转让招标公告公布，吸引了金地、华润、星河湾、仁恒等多家地产企业竞夺。花木板块周边的环境比较老旧，附近房龄超十年的房子比比皆是，而稍微较新的"上海绿城""爱家亚洲花园"等楼盘均价皆不到2万元/平方米。

拿下地块后，星河湾将京穗打造的成名之作复制到了上海，在建材的选材、规划上独具匠心，并以高端绿化设计为卖点，同时在空间尺度上进行拓展，令整个项目在上海市场独树一帜。与此同时，为了更好地打开上海市场，星河湾找来深耕上海市场多年的易居合作。擅长大开大合的易居，充分调动人手，整合资源，精心策划，与星河湾联手，发动万人看星河湾主题活动。

据媒体报道，8月4日开始，远在千里之外的北京、广州等地星河湾老业主就提前飞往上海。而到了8月8日早上，上海星河湾销售现场停满了雷克萨斯、奔驰、法拉利、宝马、沃尔沃等新款名车。销售现场人山人海,当天成功认购265套,总销售金额高达40亿元。

同为粤派发展商,星河湾在上海扬名立万,碧桂园却于同年收缩了战线。根据年报披露,尽管2009年碧桂园省外项目已经初具规模,销售占比达到33%。但需要特别指出的是,这些项目大多处于开盘一年左右的时间。换言之,在一年多的时间里,碧桂园省外几乎没有全新项目入市。

长期深耕广东的碧桂园,结合市场情况,对总体土地储备量和各区域项目收入回报周期进行评估之后,把新增土地储备战略性选择放回广东本省。2009年底的时候碧桂园拥有65个处于不同发展阶段的项目,而广东省就占到36个。因此,随着广东省土地储备的增加,碧桂园新开盘项目也将主要集中在广东省。

归根结底,不管是大举进攻还是谨慎防守,为的都是企业的长久发展而已,称不上哪种选择是正确还是错误,关键是要量力而行。

2009年,暂且不论还处于风光状态的绿城,但确实有自不量力的房企栽了跟头。这一年,曾经因大肆扩张而名噪一时的中新地产,即使遇到了2009年房地产大牛市,仍然未能恢复元气,陷入了债务危机。

偿债出现问题的中新地产屡屡卖地自救。据不完全统计,自2009年6月始,中新地产累计抛售了至少5个项目,回笼资金38.45亿元。彼时,关于中新地产"破产"的消息频频传出,尽管官方多次否认,但纸包不住火,一年后中新地产被上实城开借壳上市,而中新地产也自此消失在地产江湖。

有消失也有新生,这一年看到房地产的火爆场景,知名家居商城运营品牌红星美凯龙在上海成立了自己的地产运营公司——红星地产。红星地产依托红星美凯龙家居的强大品牌背书,迅速在全国铺开市场,包括北京、上海、天津、重庆、成都等城市。

红星地产业务涵盖不动产开发和商业运营管理等领域。其中住宅业务重点开发了"天铂""天悦"产品系,文旅板块开发有"源筑"系,商业方面则重点打造"爱琴海"品牌。在地产行业中红星地产可以说是后来者,但它发展却非常迅速,后来居上,在克而瑞《2017年房企销售金额排行榜》上,红星地产以318亿元排行63名。

同样在上海,这一年还有另外一家地产品牌成立了,它就是上坤集团。上坤创始人朱静是房地产界又一名女将,她出生于军人家庭,曾任建业住宅集团副总裁,2009年与盈信集团创始人林劲峰合作创办了上坤。

上坤目前业务重点涉及两大板块,一是开发类,二是资产运营管理类。上坤2010年成功收购改造1919创意园区项目,打响了头炮,紧接着成功收购上坤城市广场,开发上坤公园天地等项目。目前上坤已成立上海、江苏、河南、湖北、广东、浙江、安徽7大区域事业部,目前开发30多个项目,遍布8个省会15个城市。上坤发展迅猛,上海业绩曾一度进入区域前十,2017年,在克而瑞销售额排行榜单上,上坤以51.5亿元排行189位。

恒大成功登陆港交所

随着楼市和资本市场的回暖，2008年因全球金融危机拖累而不得不搁置上市计划的房企们开始纷纷重启上市或借壳上市，融资成本更低、效率更高的境外资本市场依然是房企们的首选。

根据统计，2009年赴港上市的房企一共有10家。只不过，由于公司自身资质有优有劣，加上新股大量涌入，市场消化能力有限，这年上市的房企在市场上自然无法享受一样的待遇。2009年，一出出的造富传奇常常在资本市场上演，最风光的要数恒大和龙湖。

2009年11月5日，恒大终于成功登陆港交所。由于恒大早在2008年已经通过上市聆讯，所以，2009年准备重新上市的工作较为顺利，相对于其他全新申请的企业而言，两度冲刺上市的恒大只需递交最新的财务年度报表。回过头来看，此次恒大上市选择的机遇非常好，堪称天时、地利、人和。

从天时来看，正值中国房地产市场全面回暖，楼市异常火爆，销售中心从2008年门可罗雀到2009年人满为患，多城房价迅猛上涨，成交量接连冲顶，整体行情一路走高。

就地利而言，香港是内地首选的境外上市窗口，众多在香港上市的内地房企股备受市场青睐，市盈率一度被炒高20倍甚至30倍。再加上香港适逢新股炽热期，2009年在港上市有十六只新股均高于招股价，令投资者对新股情有独钟。而且，已经很长时间没有内地房股在港上市，所以香港资本市场对于内地房企新股的渴求程度远超以往任何节点，这一切，都有利于恒大上市。

谈到人和，恒大保荐人瑞银、美林、中银国际，集欧洲、美国及中国主要投资银行鼎力支持，恒大上市一路顺畅。更关键的是，许家印的面子很大，在恒大上市前夕，就已经邀请到三大牌友——新世界集团郑裕彤、华人置业刘銮雄、中渝置地张松桥，分别认购5000万美元的股票，成为恒大的基础投资者。而且，在上市当日，这三大牌友以及英皇集团掌门人杨受成还亲自到场，为恒大站台。

在多重利好因素加持下，恒大果然不负众望。2009年11月5日，上市首日股价大涨，收报4.7港元，较招股价高出34.3%，总市值冲高至705亿港元，刷新了内地在港市值最大海外企业的纪录。

财富金手指这回点中了许家印，他凭借着手中持有的102亿股恒大股份，以高达479亿港元的身家一举成为2009年内地新首富。从1996年创办公司，到2009年上市，短短十三年，许家印从一无所有，到479亿港元身家登顶中国首富，创造了全新的财富神话，也成为国人励志的代表。

紧随着恒大的脚步，被誉为"重庆一哥"的龙湖地产在暂停上市一年多后，于2009

年 11 月 19 日正式在香港联交所主板挂牌。

龙湖上市，同样在资本市场引起轰动，香港市民超过 2 万人次围堵，更有龙湖铁杆粉丝 30 亿港资曲线赴港争购，同时多家投行机构竞相逐鹿，而最大牌的堪称金融巨鳄索罗斯，调动 2 亿港元火速入股。

火爆的认购行情，令资本市场对龙湖上市充满想象力，同样不负重望，龙湖开盘 7.20 港元，并开启了猛冲模式，飙升至 8.19 港元，涨幅高达 15%，当天一直保持在高位震荡，报收 8.01 港元，上市首日上涨 13.2%，全天成交额达 43.34 亿港元。尽管涨幅比不上恒大，但不阻碍吴亚军凭 312 亿港元的身家，成为当年的中国房地产女首富。

7 月 29 日赴港上市的金隅股份虽然没有造就财富传奇，但上市首日股价大涨 56.27% 的表现也是相当出色。当时的金隅股份，已经是中国其中一家最大的及北京环渤海地区最大的建筑材料生产商，同时还是北京地区最大的保障性住房开发企业之一。

与恒大一样享受"众星捧月"待遇的花样年无论是国际配售还是公开发售，都获得了相当有力的追捧，公开发售超额认购高达 159 倍，其中张松桥、刘銮雄、泰国华人巨富严彬、旭日集团蔡志明均认购约 7800 万港元。不过上市首日股价则表现平平，收盘报 2.23 港元，较发行价 2.18 港元上涨约 2.29%。

又是股价大涨，又是荣升首富，又是超额认购，上述这几家房企的欢欣喜悦，对于 2009 年的港交所来说，不是常态。

2009 年 9 月 16 日，华南城在香港联交所主板挂牌。但首日收盘价为 1.62 港元，较招股价 2.1 港元下跌 22.86%，成为当时港股历史上首日表现最差的新股。港股分析师指出，定价偏高，公司发展前景不明朗，是华南城"遇冷"的主要原因。

据了解，上市时，华南城在深圳、河源、南昌、南宁、西安 5 个城市分别有一个项目，但除开发成熟的深圳项目和已经取得土地的河源项目外，其余三个只是签订框架协议，并不保证能最终获得。这样的资产组合没有得到资本市场追捧也不足为奇。

不过，即使有着上海实业、远洋地产、中国南方基金以及香港南丰集团做基础投资者，还有李兆基、郑裕彤、刘銮雄、西京投资女掌门人刘央等商界名流参与认购股份，恒盛地产表现也同样不理想。

2009 年 10 月 2 日，恒盛地产在港交所敲响上市锣声，上市首日即跌发行价，收盘报 3.76 港元，较招股价 4.4 港元跌 15.5%。

2009 年，厦门三大房企迎来了集体上市潮。率先亮相的是宝龙地产，虽没有遭遇"破发"的尴尬，但为实现上市，也做出了一番妥协。

2009 年 10 月 6 日，宝龙地产宣布将原计划在 3.3~4.9 港元的招股价，大幅度下调到 2.75 港元后，于 10 月 14 日如愿上市。宝龙地产上市成为第一家在香港上市的商业地产公司，也拉开了厦门房企上市潮序幕。同年，其创始人许健康以 80 亿元身家位列胡润富豪榜第 26 位。

紧接着，作为厦门三大开发商之一的禹洲地产于 2009 年 11 月 2 日在港上市，收盘价为 2.68 港元，较招股价 2.7 港元低 0.74%。

虽然股价表现差强人意，但禹洲地产2009年的业绩表现算是可圈可点。2009年，该公司合约销售面积约为49万平方米，而合约销售金额则为人民币约38.52亿元，同比分别大涨393%及247%。

同样来自厦门的明发集团，在正式上市前已经因认购不足而推迟上市，最后将原定于3.03~3.79港元的招股价格调整为2~2.89港元，才总算实现上市。即使以中下限2.39港元定价，但11月13日挂牌当日，股价仍跌10.04%至2.15港元。

2009年12月9日，上市的佳兆业则股价上下震荡。上市首日先升后跌，收盘报3.44港元，较发行价微降0.29%。但凭借着上市带来的资金优势，让佳兆业得以在2009年全面启动全国扩张阶段，先后落子成都、上海、江阴、沈阳、长沙。

可是，不是每家房企都愿意做出妥协。2009年10月27日，因国际配售部分的出价未达到预期，但又不想以下限定价，卓越置业宣布放弃上市。据总裁李晓平透露，放弃主要因为市盈率比较低。"最初的市盈率是12.5倍，前面几家跌破发行价后，又被降到8.5倍，最终选择放弃。"这一放弃，就拖延了将近10年，截至2018年卓越置业仍未实现上市。

无独有偶，第二次发起上市冲击的融创再度折戟。由于保证金认购远未足额，公开发售仅获得足额认购，冻结资金约2.22亿港元，融创于2009年12月15日宣布由于资本市场情况不佳，公司上市计划被搁置。

围观完冰火两重天的港股市场，再来看看大洋彼岸的纳斯达克交易所。继2007年带领易居中国在美国成功上市，成为在美国第一家上市的中国轻资产地产概念股之后，周忻在2009年带着他的第二件"杰作"登上了纳斯达克的舞台。

在《中国地产四十年·2008》里提到，周忻和曹国伟联手打造了"房地产+互联网"新模式，全新诞生的中国房产信息集团（英文简称CRIC）由克而瑞和新浪乐居合并而成。

易居中国为控股股东，占51%股份；新浪为第二大股东，占33%的股份。时任易居董事局执行主席周忻任CEO和新浪CEO曹国伟共同担任CRIC的联席董事长，时任克而瑞CEO丁祖昱和新浪乐居总经理罗军担任CRIC联席总裁。

针对外界关心的这次合作以及发展前景的疑问，周忻表示，看重合作双方实现的协同效应，CRIC将围绕着房地产行业及其相关产业链上下游市场，运用数据、调研、咨询、活动、呼叫中心、互联网营销等多渠道综合信息服务。

周忻在接受采访时重点强调，对中国房地产信息集团未来的发展充满信心。首先，CRIC拥有全球最庞大的房地产市场。同时，CRIC已经打造了翔实、齐全的中国房地产信息服务互联网数据库。此外，优秀卓越的执行团队也是确保在未来发展道路上，能够取得非常好成果的重要因素。

2009年10月16日，中国房产信息集团正式在美国纳斯达克挂牌上市，股票代码CRIC。CRIC共发行美国存托股票（ADS）1800万股，发行价12美元，约募集资金2.16亿美元。这只被称为"中国在美国的地产科技第一股"备受追捧，在整体市场不太景气的情况下，CRIC 开盘价 12.28 美元，高于发行价 0.28 美元，最终报收 14.2 美元，逆市上涨 18.3%。

周忻对中国房地产信息集团的信心，体现在 CRIC 的市值表现上。上市首日，CRIC 市值就超过拥有其 51% 股份的易居中国。第二天，持股量 33% 的第二大股东新浪也被超越。

炫目的股价表现，令全球主要资本市场分析人士惊叹中国"房地产+互联网"的魔力，认为 CRIC 为纳斯达克终结了"破发潮"厄运，给美国 IPO 市场带来新气象。2009 年，全球 15 家在纳斯达克挂牌 IPO 的公司中有 13 家破发，此外，包括盛大游戏、CDC 软件和康鹏化学等中国概念股在美国上市 IPO 后均出现 17% 以上的跌幅。

由此可见，不仅美国资本市场整体行情受全球金融海啸危机冲击仍未恢复元气，连中国概念股也难以独善其身，然而，中国房产信息集团的上市表现，说明了中国房地产市场受到资本市场的高度认可，尤其是结合科技概念，更令市场为之振奋。

中国房产信息集团美国成功上市，也刺激了国内其他同类型企业，与新浪乐居同为地产科技概念的搜房网（后更名为房天下）创始人莫天全宣布加快上市步伐。事实上，搜房网上市备受市场关注，此前曾多次准备上市，因为各方面原因均未能如愿。

最后，把目光放回到国内。2009 年，通过 IPO 登陆 A 股市场的房企一家也没有，也正是因为 A 股的困难重重，才造就了 H 股的热闹。不过倒有两家跟房地产关系密切的企业成功 IPO。

2009 年 7 月 29 日，历经整整三年筹备，中国建筑终于在上海证券交易所成功上市，募集资金 501.6 亿元，创造了当时全球建筑及地产行业最大的 IPO 纪录。这一年，中国建筑的房地产开发与投资业务增长迅猛，实现营收 383 亿元，同比增长 103.7%，占比从上年的 9.3% 提升到 14.7%。

更值得注意的是，在成功上市这一年，中国建筑连续第四次进入"世界 500 强"，2009 年排名更是跻身至第 292 位，提前实现了"跨入世界三百强"的战略目标。

就在中国建筑上市一个月后，一家叫世联地产的房地产中介公司创造了另一个纪录。2009 年 8 月 28 日，世联地产在深交所中小板上市，成为首家登陆 A 股的房地产综合服务提供商。上市首日世联地产收盘价 26.38 元，较发行价上涨 36.33%。

同年，"手中有粮"的世联地产开始大规模扩张，募集资金，并以珠三角区域、长三角区域、环渤海区域和西南城市群为中心，向其周边经济辐射区范围内的二、三线城市扩张，投资增建新的分支机构，进行以区域中心城市为管理支持平台的网状布局，即强化"咨询（顾问策划业务）+实施（代理销售业务）"的经营模式。

条条大路通罗马。尽管在 2009 年，房地产企业要通过 IPO 登陆 A 股市场依旧困难重重，但上市的渴求迫使着他们求变，借壳成为一条重要的捷径。

2009 年 6 月，成功信息产业（集团）股份有限公司（简称甬成功）宣布完成第二次资产重组，向荣安集团股份有限公司定向发行 82800 万股 A 股购买其拥有的八家房地产公司股权和三处房产。交易完成后，甬成功将全面退出通信相关设备制造业，进军房地产业。随后 6 月 16 日，甬成功更名为"荣安地产股份有限公司"。

9 月 11 日，荣安集团董事长王久芳在深圳交易所敲响了荣安地产的上市钟声，荣安地产通过借壳成功登陆 A 股市场，成为宁波第一家以房地产为主业的上市公司。

金科股份也是在这一年踏上借壳上市之路。只不过，稍晚一步的它没有荣安地产那么幸运。2009 年 11 月 30 日，金科与 *ST 东源资产重组方案已经获得证监会有条件通过，根据重组方案，*ST 东源拟定向增发 9.08 亿股，吸收合并金科集团超过 47 亿元资产，从而实现金科股份的整体上市。

但随着 2010 年国家新一轮调控的到来，涉及房地产业务的上市公司的重组申请被证监会冻结，金科股份的借壳最终被迫延期一年，直到 2011 年 8 月 23 日才正式亮相深交所。

行业的趋势、公司的进一步发展、资金、融资等一系列因素，让房企们前赴后继地走向上市的道路。事实上，2009 年有意通过借壳实现曲线上市的房企数量不在少数。

有媒体报道，包括 *ST 琼花、*ST 科苑、*ST 联油、*ST 兴业、*ST 国药、*ST 海星、*ST 商务、*ST 炎黄等一大批带着"*ST"帽子的企业，都成为房企迂回登陆 A 股的目标"壳"。以至于有一段时间，"炒壳"成为中国房地产市场一种奇特现象。

城市群涌现带来新机遇

在中国房地产发展历程中，城市与城市之间联动往往会对两城之间的楼市产生深刻的影响。最新的一个例子就是粤港澳大湾区，随着 2017 年这个概念在"两会"报告上提出，可以发现，肇庆、江门、中山等位置较为偏远的城市都迎来了楼市的春天。

如果把目光放在 2009 年，这个例子会是广州和佛山。这一年，对于广州、佛山这两个相邻的城市来说，是具有里程碑意义的一年，因为广佛同城化终于迈出了坚实的一步。

广州，广东省第一大城市；佛山，广东省第三大城市，自古以来，这两个在地理位置上紧挨着的城市，就有着很深的历史渊源和血脉关系。两市语言相通，同根同源，都是广府文化。自古把南海、番禺、顺德合称为"南番顺"的传统叫法，更是表明了两地的整体性。

两者的合作也是由来已久。早在 2000 年，广州已经提出"东进、西联、南拓、北优、中调"发展战略，其中"西联"指的就是与佛山联动发展。三年后，广佛共同举行了"广佛区域合作与协调发展研讨会"，探索研究"建设广佛都市圈"；佛山呼应广州"西联"战略，提出"东承"战略，主动接受广州辐射带动。

直至 2008 年，广东省出台《珠江三角洲地区改革发展规划纲要（2008～2020 年）》，要求强化广州佛山同城效应，携领珠江三角洲地区打造布局合理、功能完善、联系紧密的城市群。

口号喊了那么多年，最具实质性的一步，终于在 2009 年迈出。2009 年 3 月 19 日，一个春意盎然的日子，广州市政府、佛山市政府共同签署了《广佛同城化建设合作框架协议》，以及城市规划、产业协作、交通基础设施、环境保护 4 个专项协议。此举标志着广佛同城化建设开始进入全面启动和加速推进的阶段。

2009 年 12 月，两市共同编制的《广佛同城化发展规划（2009~2020 年）》正式出台，提出建立健全同城化发展的体制机制，全面推进城乡规划、基础设施、产业协作、社会事业、公共服务等同城化。也就是说，广佛同城化有了具体的操作指引。

2011 年 11 月 3 日，广佛地铁一期工程首通段（魁奇路站—西朗站段）的正式开通试运营，这是中国国内第一条跨越两个城市的全地下城际快速轨道交通线路。这条地铁线，就像一条纽带一样，把两个城市的命运紧紧连在了一起。

要探讨广佛同城化，对两个城市楼市的影响，始终站在同城化桥头堡位置的金沙洲板块是最值得研究的样本。早在 2004~2005 年，金沙洲楼市已经初具雏形，有万科四季花城等项目在售，之后一路发展平稳。

直到 2009 年，广佛同城化敲定，加上地铁 6 号线的重大交通利好，金沙洲开始进入真正意义上的高速发展阶段，市场认为，2009 年是金沙洲楼市"膨胀"的开端。在地理位置上，金沙洲与广州白云区仅一河之隔，交通的重大利好，让两地无论地理还是心理上距离都明显缩短，金沙洲成为广州刚需客最重要的一个外溢市场。

2009 年始，合生君景湾、中信山语湖、珠江科技数码城、碧桂园山水桃园、海逸锦绣蓝湾、万科金色溪谷、广物金沙山海名门等一大批房地产项目拔地而起，金沙洲板块不断壮大。有统计数据显示，金沙洲板块广佛客户比例最高可达到 9∶1。2009 年，佛山新房成交达到 968.6 万平方米，逼近广州的 978.3 万平方米，这一定程度得益于大量广州客涌入金沙洲板块置业。

根据佛山南海区房地产协会数据显示，2010 年上半年佛山市南海区新建商品房合同登记销售金额 110.66 亿元，其中包括金沙洲板块在内的里水镇，以约 37.77 亿元的销售额位居全区之首。

2014 年的一组成交数据，或许更能反映广佛楼市之间的外溢和承接效应。这年，在成交萧条的情况下，佛山松绑限购措施，但广州作为一线城市，限购依然从严执行。一松一紧，效果是立竿见影的，2014 年，佛山市住建管理局数据显示，佛山全年新房成交量达 1002.47 万平方米，而根据阳光家缘数据，广州一手楼成交面积仅 823.74 万平方米，这是佛山第一次超越广州，夺得全省成交面积第一。

有佛山业内人士分析指出，广佛交界片区的楼市是最火热的，成为佛山楼市 2014 年取得突破的拉动引擎。

正因为广佛之间这种特殊的协同效应，很多难以进入广州市场的外来房企选择绕道行驶，先落子佛山再伺机进入广州。据不完全统计，近两年，包括新城控股、绿城、电建地产、融创、泰禾、五矿地产、当代置业、金辉、金科等外来房企都已经先后进驻佛山市场。

　　经过这么多年的磨合和协同发展，广佛之间的联动已经越来越合拍，"广佛同城"已经从 2009 年的初步对接逐步发展到如今的全面共融。仅从交通方面看，两城无缝对接指日可待，广佛地铁前两期已经开通运营，第三期亦将于 2018 年底建成开通，广州 7 号线西延顺德段已经动工，广佛环线（佛山西至广州南段）有望在今年内通车，到时，佛山西站到广州南站 20 分钟内即可到达。

　　正所谓，路通财通。在一系列交通利好之下，2016 年底，广佛两市政府提出推进更高层次的同城化，提出联手打造"超级城市"，共同参与国际竞争。可以预见，这两个城市的楼市将来会有更大的想象空间。

　　同在 2009 年，除广佛同城之外，相距不远的深莞惠一体化也正式出炉。在这一年里，深圳、东莞、惠州三市先后三次召开三市党政主要领导联席会议，正式提出深莞惠一体化，提议携手密切协作。

　　深圳、东莞、惠州三地同处珠江入海口东岸，深莞惠三市总面积高达 1.56 万平方千米，相当于 15 个香港面积那么大。彼时深莞惠区域内常住人口将近 2000 万人，2008 年 GDP 总量高达 12797 亿元，占广东省 GDP 总量的 35.8%。

　　追溯起来，深莞惠原本就是一家人，在改革开放之前，皆属于惠阳地区管辖。1979 年，深圳成为中国首批设立的经济特区之一，从此与惠州各立门户，深圳特区也借着改革开放的千年一遇历史契机，开启了火箭般的发展速度，迅速从偏安一隅的小渔村迅速跻身为中国四大一线城市之列，成为全国乃至全球的创新中心。

　　1988 年，东莞也正式脱离惠州，独立建市。1987 年，新华社广东分社记者王志纲在采访珠三角之后，发布了题为《广东跃起四小虎》的专题报道。从 20 世纪 80 年代开始，广东珠三角经济发展迅猛，尤其是东莞，与南海、中山、顺德皆因经济快速增长，被并称为"广东四小虎"。

　　这里提到的王志纲，实际上在《中国地产四十年·1992》里就有写过，当年碧桂园杨国强为了卖楼，曾经请他出手帮忙策划。后来的广州华南板块楼市包装营销，也屡现他的身影。

　　再来看看湖南。2009 年 1 月 4 日，湖南省政府召开长株潭两型办成立授牌暨国务院批准长株潭城市群"两型"社会建设改革试验总体方案新闻发布会，此举也正式宣告了谋划长达半个多世纪的长株潭一体化进入全新发展阶段，改革方案和区域规划全面实施，湖南省长株潭两型办挂牌成立。

　　长株潭，是指长沙、株洲、湘潭三大城市，三市位于湖南省中东部地区，是全省经济发展核心增长极。更为关键的是，这三座城市紧密相连，中心城区彼此相距不足 20 千米，呈"品"字形分布，产业结构、经济模式等诸多领域互补性强。

　　早在 20 世纪 50 年代，三市合一建的构想就已经提出来。1997 年，湖南省委、省政府提出建设长株潭经济一体化的战略决策。2008 年 12 月 22 日，经国务院正式批准，筹备多年的《长株潭城市群资源节约型和环境友好型社会建设综合配套总体方案》及《长株潭城市群区域规划（2008~2020年）》发布。

随着由湖南省领导挂帅的湖南省长株潭"两型"协调委成立，顶层设计开始制度化，整个一体化进程也持续加速。2009年6月28日，成功实现长株潭三市长途区号统一为0731，电话号码升8位，长株潭通信一体化步伐加快，成为全国唯一统一区号的城市群。2009年9月30日，国家发改委正式批复《长株潭城市群城际轨道交通网规划（2009~2020年）》，合计里程760千米，更是大大缩小了三地距离。

长株潭一体化经历半个多世纪的历史进程，在行政区划与经济发展不协调背景下，通过项目推动一体化，堪称中国城市群大融合的代表，也为其他城市群提供了新的思路，被《南方周末》评价为"中国第一个自觉进行区域经济一体化实验的案例"。

20年前，谁也不会想到，曾经被戏称为"西伯利亚"孤岛的广佛交界处金沙洲会变成如今的一片投资热土，深圳经济发展溢出效应带动了东莞、惠州房价全面上涨，长株潭一体化催生了区域楼市爆发。

时代的巨轮不断往前，科技在进步，城市在发展，交通在完善，城市与城市之间的距离变得越来越短，互动也将变得更加频繁。随着经济发展，分工逐步细化，区域之间往来增强，中国也出现越来越多城市群。

这一切，也给予房地产全新的机遇，在这场世纪罕见的城市融合大潮中，中国楼市发展空间也变得更加广阔。

"楼脆脆"与"蜗居"

本章行文将结，最后再提2009年两个网络热议现象，一个是"楼脆脆"，另一个是"蜗居"。

2009年6月，上海闵行区莲花南路、罗阳路口西侧"莲花河畔景苑"小区中一幢13层在建商品楼整体倒塌，虽然该楼未交付使用没有业主入住，未酿成大规模居民伤亡事故，但还是导致一名施工人员死亡。

莲花河畔景苑是上海梅都房地产开发有限公司投资开发，上海众欣建筑有限公司承建，上海光启监理有限公司监理，该项目原定于2010年5月交房。

上海市随后公布调查结果显示，房屋倾倒的主要原因是大楼两侧压力差超过桩基抗侧力导致楼宇倾倒。据了解，该楼北侧在短期内堆土过高，最高处达10米左右，土方在短时间内快速堆积，产生了3000吨左右的侧向力。

与此同时，紧临该楼南侧的地下车库基坑正在开挖，开挖深度达4.6米。两侧的压力差导致楼房产生10厘米左右的位移，过大的水平力超过了桩基的抗侧能力，引起楼房整体倒覆。

2009年10月，武汉同样发生类似事件，该市新洲区邾城街南街社区振兴里，一栋新建6层楼房正在进行粉刷装修，然而该楼房却突然发生倒塌事故，幸运的是未出现人员伤亡意外。

武汉规划部门透露，在建的6层楼房的户主，事先并没有取得相关主管部门的批准，违规将原有平房推倒重建，事故发生时已经完成主体工程，进入后期外墙粉刷装修阶段。

2008年汶川大地震倒塌的部分未达标建筑，以及2009年接连出现的"楼倒倒""楼脆脆"事件不仅在业界引起巨大震荡，更是在网络上形成爆发式传播，引发全民关注。

虽然主管部门最终对上述当事方进行了处罚，但网民普遍关注的是房屋质量问题。事实证明，作为国民大宗消费，买房不仅倾注了每个家庭大量的积蓄财富，同时，作为朝夕相处的安身立命之地，也与人身安全息息相关。因此，买房不再仅仅只是考虑价格、地段，购房者更是把质量作为重要的参考依据。

2009年楼市的火爆现象，有一部电视剧可以充分体现，这就是2009年风靡全国的电视剧《蜗居》。如果非要用一句话来介绍这部电视剧，那么用"一个关于买房残酷现实的故事"这句话或许可以概括。

这部都市无房族一波三折的买房故事，频爆经典台词，像"攒钱的速度永远赶不上涨价的速度""如果30年还完贷款，利息都滚出一套房子来了"之类的对话，无不道出"房奴"的心声。

事实上，该剧的编剧六六在接受媒体采访时表示，自己写这部作品的时候，做了广泛的楼市调查，海萍夫妇的情况很正常，绝对是靠工资买房的主流家庭的真实反映，而因房子闹出家庭矛盾也绝非少数。由此可见，高房价重压之下，各地催生出来竞相上演的楼市疯狂和苍凉，是《蜗居》的最真实蓝本。

现实世界中一骑绝尘的房价，荧幕世界里"蜗居"的残酷现实，让房子成为中国人一个无法避开的沉甸甸的话题，有多少人在望"楼"兴叹，又有多少人在买房路上苦苦挣扎。

2010年：

国资委退房令　万科突破千亿

2010年是进入21世纪第十个年头，这一年里，中国再次惊艳全球，一方面中国经济再攀新高峰，超日追美；另一方面，上海世博会、广州亚运会接连举办，向世界展示中国力量。

先来看看中国经济，回首新千年伊始，2000年初，中国经济也仅列世界第七位。然而，中国经济随后引擎持续加速，接连实现超车，先后把意大利、法国、英国、德国欧洲四大经济强国接连抛在身后，终于在2007年首次跻身全球前三甲，与美国、日本形成三国鼎立之势。

2008~2009年受全球金融海啸冲击，从2001年GDP增长率连续七年递增的势头被阻，中国经济发展有所放缓。但到2010年，中国又迎来爆发，经济再上一个台阶，GDP总量攀升至397983亿元人民币，增幅超过两位数，高达10.3%。

2010年，日本名义GDP为54742亿美元，比中国少4044亿美元，意味着中国一举超越日本，这也是1968年以来日本经济首次退居世界第三。而中国也成为全球GDP排名第二的经济大国，至此，世界经济全面进入中美两强争雄时代。

虽然国力增强，在2010年成绩单出来后，中国外交部在回答中外媒体提问时，仍再三强调，尽管中国经济发展取得显著成就，但中国仍为发展中国家的属性没有变，中国处于并将长期处于社会主义初级阶段的基本国情没有变。

根据国际组织数据显示，2010年中国人均GDP世界排名在第100位上下浮动，中国人均GDP仅为4560美元，同年美国人均GDP高达48373美元，也就是说，中国人均值还不足美国的1/10，也不及全球9513美元平均水平的一半。按照每人每天1美元收入的联合国标准，当时的中国仍有1.5亿贫困人口。总体来看，中国发展中不平衡、不协调、不可持续问题仍然突出。

2010年，中国经济惊艳世界的同时，房地产的"一骑绝尘"火爆场景也让大家惊叹不已。国家统计局显示，这一年全国房价增长6.4%，全国房地产开发投资48267亿元，同比增长33.2%，其中，商品住宅投资34038亿元，同比增长32.9%。

楼市延续了 2009 年的热度，宏观调控也继承了 2009 年的力度。说到宏观调控，2010 年可谓有过之而无不及，以 1 月 7 日 "国十一条"、4 月 17 日 "新国十条"、9 月 29 日 "新五条" 为标志的三轮调控贯穿全年。

这当中，2010 年 4 月 17 日由国务院发布的 "新国十条" 被称为史上最严厉的房地产调控。也正是从这一天开始，"限购" 一词出现在了中国房地产市场，并在全国范围内迅速铺开。统计数据显示，截至 2011 年 1 月，中国出台 "限购令" 的城市已有 24 个。

再之后，政策越发严厉，二套房房贷首付比例和利率纷纷上调，三套及以上房贷全面叫停，央行连加两次息，六次上调存款准备金率，保障房建设不断加码，国土部出台 "19 条" 整治 "囤地""炒地" 行为，国土部联合监察部、人力资源和社会保障部三部委正式启动土地违规问责……

与此同时，房地产税改革得到空前关注。5 月 31 日国务院在《国务院批转发展改革委关于 2010 年深化经济体制改革重点工作意见的通知》中提出 "逐步推进房产税改革，研究开征环境税，以及研究实施个人所得税制度改革"。后来，重庆市政府、上海市政府先后明确于 2011 年 1 月 28 日起正式试点开征房产税。

不过，宏观调控从来都不是房企放慢脚步的理由。在 2010 年一片调控声中，中国首家千亿房企诞生了。这一年，万科销售额达到 1081.6 亿元。这是当时中国房地产行业的最高海拔线，甚至是当时世界企业住宅年销售额的历史巅峰。

亮眼业绩背后的秘密，郁亮归纳为三点：第一，以普通住宅为主，万科 90% 是普通住宅；第二，积极合理定价；第三，强调快速周转。问鼎千亿军团第一企的万科，尤其感慨，这家企业在致股东书中写道："这个难以平凡的时代还并未结束；这个难以平静的行业还将继续不平静下去。"

是的，2010 年是个难以平静的时代，特别是低碳经济到来，也给中国房地产带来一场产业革命。2010 年，在第六届国际绿色建筑与建筑节能大会上，中国住建部副部长仇保兴透露，中国是全球每年新建建筑量最多的国家，每年 20 亿平方米新建面积，相当于消耗了全世界 40% 的水泥和钢材，而中国建筑平均寿命却仅有 30 年。

仇保兴提出，中国建筑垃圾的数量已占到城市垃圾总量的 30%～40%。在每万平方米建筑的施工过程中，仅建筑垃圾就会产生 500～600 吨；而每万平方米拆除的旧建筑，将产生 7000～12000 吨建筑垃圾。因此，仇保兴呼吁把只有 30 年建筑寿命提高到 100 年，为世界节能环保做出自己的贡献。

与此同时，2009 年 12 月 7～18 日，《联合国气候变化框架公约》第 15 次缔约方会议暨《京都议定书》第 5 次缔约方会议，在丹麦首都哥本哈根召开。全球 192 个国家代表共同商讨《京都议定书》一期承诺到期后的后续方案，即 2012 年至 2020 年的全球减排协议。

这次气候大会之后，"低碳" 成了世界各国关注焦点。2010 年，全国 "两会" 更是多位政协委员、人大代表热议的重要议题。因此，在 2010 年，多家房地产企业也纷纷推出节能环保、质量过硬的产品，降低资源损耗，提高建筑寿命，改善自然环境，落实低碳发展战略，为购房者提供优质低碳居住产品，促使社会改变观念，倡导低碳生活。

央企"退房令"

大刀阔斧的调控之下，央企也成为"被开刀"的一员。财大气粗，是央企给市场留下的一贯印象。在地王满天飞的2009年，这个印象得到进一步固化。

统计数据显示，2009年全国诞生的90多个地王，有超过六成都是央企制造的。这在社会上引起了重大非议，原本应该充当稳定楼市、稳定资产价格中坚力量的央企，如今却变成了推高房价的罪魁祸首。

2010年3月3日，全国政协委员张泓铭提交的一份"关于央企退出房地产市场"的提案，再度将"央企推高房价"的话题推上了舆论的风口浪尖。张泓铭公开发声，表示央企应该退出房地产行业。"目前央企进入房地产市场已经完全没有必要，而且造成过度竞争，搞乱正常市场秩序，是时候该退出了"。

张泓铭坦承，在提交这份提案的时候，个人承担了很大风险，好像自己用手触动了大象一样，不知道会有什么反应，一些亲朋好友甚至还为他的人身安全担忧。但他同时强调："作为一名全国政协委员，又是一位研究房地产市场20多年的专业人士，我愿意做让央企退出房地产的第一人。"

这边还在呼吁央企退出房地产市场，那边却继续在制造"地王"。3月15日，就在全国两会结束后的第一天，北京一日连出了三宗地王，全部为"央企制造"。这天上午，远洋地产以40.8亿元夺得北京朝阳区崔各庄乡大望京村地块，27529元/平方米的楼面价刷新北京单价地王纪录。10点45分，中信地产豪掷52.4亿元夺得北京大兴区亦庄地块，成为北京新总价地王。

远洋地产的单价地王纪录仅仅保持了6个小时。下午，大股东为中国兵器装备集团的世博宏业以17.6亿元拍得海淀东升乡蓟门桥地块，楼面价高达30197元/平方米，远超大望京村地块，成为新一任单价地王。

一天拍出三地王，再次将央企推上舆论的风口浪尖。2010年3月18日，国务院国资委召开新闻发布会宣布，除16家以房地产为主业的中央企业外，78家不以房地产为主业的中央企业在完成企业自有土地开发和已实施项目等阶段性工作后要退出房地产业务。2010年3月19日，国资委官网公告，要求78家央企加快结构调整步伐，15个工作日内制订有序退出方案。2010年3月26日，银监会相关负责人表示，对国资委公布的78家央企停止授信。

"劝退令"一出，部分央企的响应速度也非常快。2010年3月18日，中国航天科工集团公司将其旗下3级子公司北京金中都置业有限公司80%股权挂出。

2010年3月19日,中国核工业集团公司下属的北京新润房地产开发有限公司8%股权挂牌转让。中国石化集团旗下北京燕山石油化工有限公司,以1元挂牌转让珠海市华瑞物业建设有限公司50%股权,另外还转让1460万元债权。

2010年3月29日,中石油发出紧急通知宣布,坚决、彻底退出以营利为目的的商业性房地产业务。紧接着在2010年5月8日,中石油下属房地产公司北京都市圣景房地产开发有限公司100%股权在北京产权交易所公开挂牌转让,成为第一家将子公司100%股权转让的央企。

只不过,有卖也要有买才行。公开资料显示,这些率先出让旗下房地产业务的央企并没有在2010年内实现交易。在2010年真正"全身而退"的央企只有一家,就是中远集团。

12月21日,中远集团旗下中远国际宣布,公司已经在当日完成出售远洋地产近9.5亿股股份,完成出售后,集团不再持有任何远洋地产的股份,并正式退出房地产业务。中远集团成为被要求退出房地产市场的78家央企中的第一家。

劝退央企,稳定土地价格,促进市场健康发展,出发点是好的,但可惜的是,实际意义并不大。回望整个2010年,土地市场依然狂热不止,在各大房企的激烈角逐中,区域单价、总价地王纪录不断被刷新。有分析指出,2010年是当时地王诞生最多的一年。

在广州,白云新城同日出让的三宗地成交价格一宗比一宗高,单价地王被三度刷新,广州楼面地价从此迈入"2万时代";温州市诞生了楼面价高达3.7万元/平方米的浙江省单价地王;南京200亿元总价地王被中冶置业独吞;港商和记黄埔以高达192%的溢价率抢得上海青浦地王;华侨城豪掷70.2亿元夺得上海苏河湾地块,问鼎全国年度单价地王;绿城仅用6分钟,便将青岛单价地王收入囊中……

地王迭出,势不可当。事实上,地王频出,最根本的原因并不在于得主是谁,而在于市场的供求关系。正如任志强所言:"减少央企进入地产的家数、规范央企的行为是件好事,但不要指望这能解决央企拍出天价地的问题。也许央企进入落后地区与城市是件好事,但不解决土地供不应求就无法平抑价格。"

或许正是因为不是病根所在且难言有效,这场声势浩大的"央企清退"行动在经历完"雷声大"的2010年之后,便进入了长时间的"雨点小"阶段。2011年,获准经营房地产业务的央企还从原来的16家增加至21家,新成员包括鲁能集团、中航工业、神华集团、中煤集团和新兴集团。

2012年2月中旬,是国务院国资委唯一一次披露央企的"退地"进展。报告指出,航天科工等27家非房地产主业的央企在2011年就退出了房地产项目,未完成房地产项目退出的央企剩51家。

央企退出房地产进展缓慢的原因并不难理解。有分析人士指出,部分实力雄厚的央企本身手中土地储备相对充足,加上每一个项目都有生产周期,不可能说退就退。即使直接出售,市场也不是一下子可以完全吸收。另外,部分央企手中握有的土地资源利润可观,在利益驱动下,他们也不愿意马上退出。

事实上，在"劝退令"实施这么多年来，甚至出现"先退后增"或"不退反增"的现象。曾经在2011年挂牌转让中金地100%股权的中国黄金集团，在2013年10月22日，以另一子公司中国黄金集团建设有限公司的名义与西安市临潼区人民政府展开合作，推进临潼新区城镇化建设。

2015年10月21日，中国航天科工集团公司收到了中央第三巡视组的反馈意见，后者特别指出前者"尚有9家三级企业从事房地产开发，有的在禁令出台后仍在拿地"的问题。要求前者对所属单位房地产业务进行了清理整顿，并于2016年9月30日前完成其余企业退出或转型。

央企中国诚通控股集团有限公司旗下的上市公司中储股份也是此类代表。物流地产是该公司其中一项主营业务，2017年曾两度购入物流仓储用地。此外，年报数据显示，2016年该公司购买了两宗住宅商服用地。

从现有例子看，这些被要求退出却还在房地产市场有所动作的央企，实际上已经在行业中逐渐式微，基本失去市场话语权，他们是否要全面退出房地产，或许已经不再重要。

地产借壳 ST 重组告吹

号称史上最严调控政策的"新国十条"中，有一条这样的规定：对存在土地闲置及炒地行为的房地产开发企业，证监部门暂停批准其上市、再融资和重大资产重组。

这条规定，对于想在国内融资或者上市的房地产企业来说，简直是致命一击。

自2010年5月开始，房企增发计划失败的消息屡见报端，房企增发融资"闸门"被紧紧闭上。2010年5月13日，招商地产宣布撤销募资规模达50亿元的非公开发行股票方案，成为首个主动终止定向增发的A股地产上市公司。一石激起千层浪，2010年6月世茂股份宣布取消A股定增；2010年7月迪马股份、苏宁环球和华业地产表示暂停房地产项目增发方案；2010年9月中航地产增发工作宣告失败，万科A增发112亿元的方案也宣布流产；2010年10月深振业终止增发融资计划；2010年12月中天城投放弃定增……

已经上市的房企融资无望，那些未上市又寄望借壳上市的房企更是绝望。

在"新国十条"的基础上，2010年10月15日，证监会官网宣布暂缓受理房地产开发企业重组申请，并对已受理的房地产类重组申请征求国土资源部意见，这对于那些希望通过借壳登陆资本市场的房企来说无疑是当头一棒。与此同时，一大批想借房企重组从而摆脱退市风险的*ST公司陷入迷茫，部分直接发起了"退房潮"，放弃与房企重组。

可供佐证的例子不在少数。2010年10月21日，*ST白猫宣布终止与两家地产公司股权置换，当月底，*ST白猫旋即宣布与浙报传媒控股集团进行重组，换了交易方之后，*ST白猫重组飞快，于2011年9月29日便恢复上市同时更名为浙报传媒。

2009 年希望通过重组发行股份购买北京天润置地房地产开发（集团）有限公司 100% 股权的 * ST 嘉瑞亦于 2010 年 11 月 10 日宣布终止该交易，最后于 2012 年被华数数字电视传媒集团成功借壳。

这只是冰山一角，除此之外，同在 2010 年，还有紫薇地产同意与 * ST 东碳终止重组协议，S * ST 聚友解除与中锐控股的重组协议；* ST 方向与上海高远置业重组宣布失败；与大洲集团交易的 * ST 兴业向中国证监会申请撤回重大资产重组行政审批申报材料；* ST 九发与重组方南山集团"分手"；多次重组未成的 * ST 炎黄宣告与鲁地控股筹划的重组无奈中止，最终被迫退市……

根据 Wind 数据显示，自 2009 年至 2010 年底，拟定向增发房企的 * ST 公司约有 57 家，4 家获批、21 家停止实施或未通过，另有 32 家定向增发方案处于胶着状态。

这样的僵局，直至今日仍未打破。无论是 IPO 还是借壳，登陆 A 股市场对于房企来说，依然是一个世纪难题。只不过，A 股这扇大门不管闭得有多紧，也还是有那么一丝缝隙可以让房企钻进去，有时候拼的，可能只是耐性。2010 年，艰难钻过这条缝隙的有中弘股份和泰禾。

2010 年 2 月 8 日，历经两年时间，中弘卓业与 ST 科苑的重组终于迎来胜利的一刻。这一天 ST 科苑恢复上市，随后 2010 年 3 月 30 日，ST 科苑正式更名为"中弘地产"，之后于 2011 年 9 月又更名为"中弘股份"。

据了解，中弘卓业主营项目有房地产开发、汽车加油站、汽车保洁、金融、文化、矿业等，与 ST 科苑重组部分主要是房地产业务。正因如此，2010 年 4 月"新国十条"后，中弘股份一度被市场认为拿到了国内地产公司借壳的"最后一张通行证"。

市场的担忧不是没有道理，毕竟继中弘股份之后，下一个借壳成功的案例已经是 7 个多月之后的事情了，这段空白期称不上很长，但也不能说短。

在暂定上市 40 个月后，S * ST 三农终于在 2010 年 9 月 30 日迎来重生。这一天，S * ST 三农成功摘星并恢复上市，复牌首日大涨 263.16%，报收于 12.42 元，此举意味着泰禾集团成功借壳。

回忆起当初的上市之路，泰禾集团董事长黄其森直言这是一个非常艰辛的过程。据其介绍，重组谈判工作量非常大，三农这个企业有将近 14 亿元的债务，牵扯到十几家银行，债权方分布在十几个省市，最终，在政府的支持下，泰禾一家一家地谈判下来，替原来的大股东清偿了 4.8 亿元，让三农的股改得以顺利推进。

泰禾做出的让步还不只是真金白银地替 ST 三农还债，由其注入上市平台的资产估值也一再缩水。据黄其森透露，最初泰禾认为装入上市公司的资产估值最低不能低于 40 亿元，但受金融危机影响，监管层认为必须打折，后大幅调低至 27 亿元，最终定在了 24 亿元。除此之外，泰禾还有 6 亿元土地增值税的计提。

"我们真的是扒了一层又一层皮，一步步退到现在这个局面，非常不容易。"经此一役，黄其森表示深深理解好友胡葆森在建业地产上市时的心情。

这种夹杂着无奈与喜悦的矛盾心情，相信孙宏斌也是深有体会。屡败屡战的孙宏斌，终于在2010年敲开了港交所的大门。2010年10月7日，融创成功登陆香港联交所主板市场。

值得一提的是，这已经是孙宏斌第四次冲击港交所。2005年，受宏观调控影响，顺驰赴港上市计划搁浅，孙宏斌首战失利。2008年，全球金融危机爆发，融创上市不了了之。2009年，因不想以下限定价，融创上市再度搁置。

2010年，孙宏斌总算是成功了，但也被扒了好几层皮。公开资料显示，为了赢得投资者的青睐，融创招股价定为3.48港元，较资产净值折让50%~60%，低于香港上市房企的平均折让价。

对于这段屡败屡战的经历，孙宏斌也很豁达："说我几次上市都无所谓，上市就像晾衣服，第一天下雨，回来了；第二天下雨，又回来了；第三天太阳出来了又去晾，人家说晾几次了，你能说晾好几次吗，肯定是第一次啊。这一次，融创的天晴了。"

的确，在残酷的商业社会中，相较于过程，结果更引人关注。不管怎样，融创上市成功，孙宏斌算是放下一块心头大石。据说，在上市当晚的庆功宴上，孙宏斌兴之所至，喝得酩酊大醉。

机会有时真的是可遇不可求，就在泰禾资产估值一降再降方才实现借壳，融创招股价大幅折让讨好投资者的这一年，上实控股却捡了个便宜。

2010年1月19日，深陷资金泥潭的中新地产无奈"低价卖身"。上实控股发布公告称，将收购中新地产前执行董事及主席郦松校所持有的5亿股旧股及由中新地产发行的6.84亿股新股，收购价为27.46亿港元。该收购价相对于中新地产停牌前4.95港元价格折让53.13%。

收购完成后，上实控股跃升为中新地产第一大股东，持股45%。同年10月，中新地产正式更名为"上海实业城市开发集团有限公司"，简称"上实城开"。

上市是房地产企业做大规模的重要方式。此番入主中新地产，上实控股不但实现借壳上市，同时还获得了中新地产原有的大规模土储。据了解，在收购之前，上实控股的土地储备仅为420万平方米，收购完成后，剔除市场化运作的珠海淇澳岛项目，上实控股土地储备将增加2.7倍，达到1580万平方米。

而中新地产持有的13个项目分布在国内多个一、二线城市，上实控股也乘机从地方性房企一跃成为全国性房企。

2009年，整合了新浪乐居和克而瑞两大板块的中国房产信息集团（简称中房信）上市，成为"中国在美国的地产科技第一股"，开创了房地产科技股上市新时代。进入2010年，筹备多年的搜房网也抓住难得的机会，正式上市，这里提到的搜房网也就是后来的房天下。

《中国地产四十年·1999》里提到，早在1999年6月，莫天全创办了房天下的前身——搜房控股。2000年3月，房天下获得高盛投资银行500万美元投资。手握资本的房天下开始了全国大规模扩张，从2001~2005年，房天下把站点开到北京、上海、深圳、重庆、香港、广州等数十个城市。

2005年,法国传媒巨头Trader Classified Media注资2250万美元,购入房天下15%股权。2006年9月,澳大利亚电讯Telstra以高达2.54亿美元投资房天下51%的股份,一举成为房天下控股股东。此后,房天下又开启新一轮扩张,推出百城战略。

从房天下发展历程来看,在2004年、2006年、2008年都有机会上市,但因资本市场变动、房地产调控、楼市剧变等各种各样原因,最终选择放弃。到2010年,房地产市场好转,地产科技股迎来新契机,房天下因此加快上市步伐。

2010年9月17日,搜房网(SFUN)正式登陆纽交所,在IPO中出售290万份美国存托股票(ADS),每份ADS的发行价为42.50美元,募集资金约1.247亿美元。

上市时搜房网同步披露了存在商标争议的信息,这也是后来搜房网改名为房天下的原由。2014年开始,莫天全运营的搜房网全面改名为"房天下",网址也变更为"fang.com"。至此,"搜房"商标之争才尘埃落定。

宗庆后欲建百个购物中心

在"限购"政策的主导下,国内住宅市场呈现明显的抑制状态,投资者需要另寻投资渠道,开发商需要另辟蹊径保持业绩增长。因此,不在政策调控范围内的商业地产成为了开发商们的"避风港",一场进军商业地产的"转型风潮"不期而至。

首次突破千亿销售额的万科是决意要布局商业地产的一个。尽管此前王石曾公开放出狠言"如果有一天万科不走住宅产业化的道路了,我即使躺在棺材里,也会举起手来反对",但郁亮掌舵下的万科还是决定尝试商业突破。

在2009年年度报告中,万科首次透露了进军商业地产的想法,只是表述有点隐晦。起因有两点:一是出让土地中的商业配套占比日渐提升,二是随着开发规模扩大,万科旗下的商业配套物业也日益增多。既是为了未来项目的获取,也是为了提升现有项目的价值,万科急需提升自身的商业运营能力。"基于这些需要,公司将在继续坚持主流住宅开发的业务模式基础上,尝试与住宅相配套的其他物业类型,逐步培养非住宅业务相关能力。"

2010年,想法变成了行动,一线城市分公司成了"开荒牛"。这年上半年,郁亮授予深圳、上海、北京三家分公司"改革特区"的权力,成立商业地产筹备小组,先行摸索商业地产运营经验。

到2010年底,快人一步的深圳万科单独成立了深圳市万科商业管理有限公司,原来的筹备小组"进阶"成了独立的法人公司。后来在2011年6月28日,深圳万科率先发布了购物中心"万科广场"、写字楼"万科大厦"、社区商业"万科红"在内的三大商业产品系列。

不过，当年在大胆试水的同时，万科强调，公司仍以住宅开发为主，商业仅为附属配套，未来商业地产占业务总量也不会超过20%。自此之后，万科在商业地产进行过一段很长时间的摸索，而将商业地产定为优势业务，并有意朝数一数二目标去发展已经是2017年的事了。

在各大场合表示"商业地产价值被低估"的潘石屹，2010年在上海上演"帽子戏法"，先是6月以22.5亿元购入上海外滩204地块61.5%股权，然后是8月以15.6亿元摘得虹桥临空15号地块，最后是10月以12亿元收购上海卢湾区43号街坊项目48.48%股权。三个项目均为商业、办公性质。

同在这一年，世茂股份明显加快了商业物业的开发步伐和开发力度。2010年报数据显示，报告期内，世茂股份在建项目13个，完成了5家世茂广场、4家世茂百货、4家影院、2家乐乐城（儿童亲子乐园）的开业运营。

世茂股份特意组建了商业物业管理部，专门为出售的商业物业提供专业的管理服务，以此来缩短养商期，尽快形成成熟商圈。

世茂股份表示，公司要紧紧围绕"发展现代服务业"的政策导向，重点落实以商业房地产开发为主线，以广场、百货、影院和儿童事业等多元业态经营为抓手，打造独具特色的全商业产业链经营的商业运营模式，力争尽快实现以商业地产开发与多元商业业态的快速发展和业绩增长。

中天城投也表示，在政策紧缩背景下，公司将逐步转变经营模式，选择向商业地产和旅游地产横向延伸。2010年，中天会展城和贵阳国际会议展览中心成为中天城投在房地产板块的重点开发项目。

金地集团多年来的商业发展战略在这一年落地。2010年，金地集团明确了"以住宅业务为核心，以商业地产和金融业务为两翼，协同发展，成为复合型地产开发商"的一体两翼发展战略，此举标志着商业地产业务正式进入创业实操阶段。

2011年，金地集团正式提出，计划2011年投资1~2个综合体项目，力争在五年内使商业地产的投资占整个集团的20%，在5年后，金地的商业地产总资产将达到600亿元。

在这波商业地产热潮中，央企也是其中的活跃分子。中粮集团计划在未来5~10年在全国拓展20个大型商业地产项目，总资产达到700亿元规模，占中粮集团总资产的30%。

2010年4月，保利地产高调宣布，未来3~5年，公司持有性商用物业的投资比例将增大到全部投资的30%，并将持有部分核心地段的高品质物业。

零售巨头同样来势汹汹。华润万家旗下首个购物中心——深圳欢乐颂购物中心（南山店）2010年10月1日正式开业，TESCO乐购启动其在华南首家买地自建的综合性购物中心——LifeSpace乐都汇购物广场。

就连娃哈哈集团董事长宗庆后也同样没抵挡住诱惑。2010年6月，宗庆后对媒体表示，为改变制造业受制于外商影响的局面，娃哈哈计划在3~5年内，在河南的地县市共投建100个大型购物中心，首个项目将落地河南商丘。

只是，这个计划后来多次调整，区域从河南变成全国，第一个项目不是在商丘，而是杭州的娃欧商场。而且，这个项目并没有给娃哈哈打响头炮，经营不佳的现实甚至让宗庆后打起了退堂鼓，当初的雄心壮志最后不了了之。

后浪汹涌而至，前浪难免忧心忡忡。2010年，自称在商业地产领域已是天下无敌的万达强调，并不能高枕无忧。王健林表示："虽然现在没有强有力的竞争者，但是万达独占市场的局面不可能持久。三五年内，会有相当一批企业像万达一样，在商业地产方面取得长足进展。"

为此，万达在2010年7月进行了历史上最大规模的一次机构调整。一是将集团和商业地产总部机构彻底分设。二是商管和院线机构调整，从原有的二级管理模式调整为总部、区域公司和单店三级管理模式。三是由于项目众多，管理将分成南方项目管理中心和北方项目管理中心两大区。

在巩固商业地产的优势之余，王健林提出，要使2009年就开始布局的旅游度假区业务成为万达下一个十年甚至更长远时间内核心竞争优势的储备。"假如十年后，全国多数企业开发商业地产，也许那时万达就不玩商业地产了，去做别人搞不了的产业"。

2004～2014年被视为国内商业地产发展的黄金十年。如果说2004年是崛起之年，那2010年算是重大转折年，无论是被动还是主动，这一年的商业地产市场出现了明显升温，选择商业地产的房企越来越多，甚至零售、餐饮品牌、服装品牌等行业的企业也都加入竞争，期望分"一杯羹"。在《中国地产四十年》后续篇章中，还将重点讨论。

中海收购光大地产

2010年，深圳特区成立三十周年。为此，《深圳特区报》特意推出专题"特区拓荒牛，卅载竞风流"，以记录深圳特区发展30年来的30位优秀房地产企业家。

榜单中，王石位列第一，比王石年轻19岁的姚振华位列第八。当时，姚振华被称为隐形的地产大鳄，尽管房地产事业称不上出众。事实上，姚振华擅长的从来都不是房地产，而是精通资本。资本运作高手的标签，从2010年开始就打在他身上。

2010年5月，"宝能系"旗下核心公司钜盛华首度亮相资本市场，以接近市价的19.35元/股，共约3.5亿元的价格从原大股东华星集团手中收购ST湖科（现名大晟文化）18.86%股权，成为第一大股东，之后又持续增持股份至19.99%。

收购之初，钜盛华表示将对ST湖科进行资产重组，只是尚未形成具体的方案。这种"迷茫"从ST湖科的业务变更可以明显看出。

2010年7月9日，ST湖科简称变更为ST宝诚，经营范围变更为电线电缆制造的投资以及住宿业、餐饮业的投资。随后2010年12月，经营范围再度变更，开始从事钢材贸易。只是，变来变去，ST湖科经营惨淡，连年亏损的境况却始终没变。在外界看来，ST湖科一直以来的身份都是一个"壳公司"而已。

或许，从一开始宝能系就没想过要怎么好好经营这家壳公司。在入主四年后，宝能系于2014年10月出局，将持有ST湖科的股份以24.3元/股的价格悉数转让给大晟资产。凭此，宝能系每股净赚近5元，账面盈利6300多万元。

由于直接从原大股东手中收购，宝能系对待ST湖科的态度相对"温和"，强势的一面在入侵深振业的时候才开始展现。

就在入主ST湖科一个月后，2010年6月宝能系通过钜盛华和傲诗伟杰（原名"银通投资"）开始在二级市场对深振业的控股权发起收购。年内两度举牌深振业，2010年7月15日，钜盛华和傲诗伟杰合计持股达到5%，2010年12月6日，持股比例升至10%。

2011年，宝能系派出另一位得力助手——华利通投资暗中吸纳深振业的股份，并成功晋升为深振业第九大股东。截至2012年3月25日，宝能系旗下三家公司合计持有深振业股份达到15%，实现第三次举牌。

宝能系步步紧逼，但深振业的大股东深国资也是不好惹的。从宝能系持股达5%之后，深国资已经立即展开反击，在随后几年中不断地增持深振业的股权。至2014年10月15日，深国资及其一致行动人致远投资持股比例从最初的22%上升至34%。

面对着势头同样凶猛的深国资，处于下风的宝能系最终落荒而逃。从2014年11月开始陆续抛售深振业股票，到12月10日，持股比例降至4.99%，并最终出清全部股权。这场持续了四年之久的股权争夺战，以宝能系撤军告终。

当然，并不是所有的股权收购都是恶意的。2010年3月，中海地产完成蚬壳电器50.1%股权的收购，获得蚬壳电器绝对控股权。至此，中海地产历史上第一笔大型收购宣告成功。同年6月，蚬壳电器正式更名为"中国海外宏洋"。

控股蚬壳电器，中海地产瞄准的是光大地产。蚬壳电器创立于1952年，以生产风扇起家，创始人为有"风扇大王"之称的翁祐，后来转型做起了房地产，光大地产是其最重要的一笔资产，持股达到70%。

蚬壳电器2008年年报显示，光大地产在北京、广州等城市持有土地储备近300万平方米。中海地产完成本次收购后，将相应获得光大地产手中持有的170万平方米土地储备。

同在蚬壳电器出售内地房地产业务的这一年，香港另一家企业也选择退出内地房地产市场。

2010年1月18日，东方海外（国际）有限公司与凯德中国签署协议，以22亿美元（约合150亿元人民币）的价格将旗下全资子公司东方海外发展（中国）有限公司（以下简称东方海外发展）100%股权出售给凯德中国。

公告显示，此次交易涉及东方海外发展在内地的7个房地产项目，总建筑面积约148万平方米，包括上海卢湾区长乐路项目、浦东南码头住宅项目、长宁区综合项目、衡山路项目、昆山双树酒店项目、昆山花桥镇项目以及天津一综合体项目。上述资产近一半为住宅项目，其余则为办公楼、商场、服务公寓及酒店，上海地区土地储备多达52万平方米。

交易完成后，东方海外国际在内地的房地产物业几乎出清，仅剩下北京东方广场的7.9%股权。除此之外，还有在美国纽约市全资拥有的Wall Street Plaza商业项目。另外，凯德中国则凭借此举进一步巩固内地市场，收购完成后，凯德中国的资产值占凯德集团总资产值比从28%提升至36%。

而广州老牌国企越秀集团为了更好地培育房地产、交通基建和金融证券三大核心产业，决定剥离水泥和超市两大非核心业务。

2010年12月5日，华润集团与越秀集团签署合作框架协议，后者拟将旗下连锁超市宏城超市和越秀水泥两部分业务全部转让给前者，并正式退出水泥和超市业务。

根据双方签订的协议，华润水泥将以12.46亿港元收购越秀水泥50%的股权，另外50%的股权由独立的第三方公司CIMENTERIES所有。与此同时，越秀地产旗下全资附属公司城建中国BVI向华润集团出售广州宏城超市股98.13%股权其股东贷款，总价约3669.9万元。

一个瘦身，一个增肥。收购完成后，华润水泥"三到五年产能超2000万吨"的目标将加快完成，而华润万家将宏城超市旗下107个网点收入囊中后，成为广州当时拥有零售网点数量最多的零售企业。在此之前，华润万家在广州仅有23家大卖场、30多家小店。

宋广菊掌舵保利地产

2010年，房地产行业发生的事还有很多，先来看看新力置地、隆基泰和置业、鸿通集团这三位地产新兵。

新力置地投资有限公司于2010年在南昌注册成立，自此一步步走上成为江西本土最具实力综合型发展商的道路。

在成立初期，新力地产发展速度缓慢，在市场并没有什么知名度。官方资料显示，成立当年的8月，新力地产拿下了第一个项目南昌新力帝泊湾，但直到2012年这个项目才正式亮相，2013年，第二个项目新力洲悦奠基，2014年，丰城新力帝泊湾、新立方、新力愉景湾三大项目入市。

转变发生公司成立第六个年头。由2015年开始，新力地产不再是一家小打小闹的开发商，从原来的三盘运作激增到十五盘联动，销售面积更是挤入了江西地产前三甲。2016年，新力地产走出江西，落子武汉、惠州、苏州。

2017年6月，新力地产将总部搬至上海，开启品牌全国化战略。同年，新力地产用堪称传奇的"新力速度"震惊地产圈。这一年，这家房企已经布局12个城市，持有60

个开发项目。官方口径显示，该公司销售额从2016年的161亿元暴涨至2017年的457亿元，还雄心勃勃地提出，3年后的2020年，将实现1000亿元的发展规模。

在2008年开始进军新能源领域的隆基泰和，为了将旗下业务厘清，在2010年专门成立了保定隆远房地产开发有限公司，以承接集团的地产板块业务。2016年保定隆远更名为隆基泰和置业。

历经多年发展，隆基泰和置业的足迹遍布天津、成都、西安、石家庄、唐山、保定、沧州、邯郸、承德、秦皇岛、廊坊等20余个城市。2017年7月，该公司借壳通达动力成功上市，并计划将160亿元资产注入上市平台。

四川眉山，一家叫鸿通集团的房地产公司也在2010年成立了。尽管总部在2013年搬到了成都，但鸿通集团成立这么多年来，始终未走出四川，项目集中布局在眉山内江、乐山、宜宾、泸州、南充等城市，即使在总部成都也没有项目。2016年，这家偏安四川的房企第一次进入克而瑞排行榜，年销售额56.9亿元，排名第186位。

说完新面孔，来看看那些已经混迹地产圈多年的老兵们。2009年11月20日，大龙地产挥金55.5亿元夺下北京顺义区后沙峪镇地块，成为当时北京楼面地价、总价双料地王，一时名震京城。

只可惜，风光维持不了多久。2010年2月1日，北京市国土局发布公告称，由于大龙地产逾期未签订《国有建设用地使用权出让合同》及《土地开发建设补偿协议》，按照规定收回大龙房地产开发有限公司竞得的顺义区后沙峪镇天竺开发区22号住宅用地，同时，大龙地产已缴纳的2亿元竞买保证金不予退还。

这是2010年首例退地事件，大龙地产成为北京土地市场典型。在此之后，也接连出现土地退还、转让情况。

2010年9月19日，中冶置业以总价200.43亿元拿下南京下关区滨江1号和3号地块，成为南京总价地王。随后2012年又以56.2亿元拍下2号地块。此后，3幅地块连成一体，总面积达到236万平方米，土地出让金超256亿元，成为当年总价最高的全国地王。

2013年，南京滨江2号地因开发建设条件发生变化被政府收回。与此同时，中冶将滨江1号地块分割成6个资产包、34幅小地块对外招商。滨江地块所处地理位置优越，坐拥江景，因此吸引了包括龙湖、恒大、证大、深业、南京长航建设等房企参与开发。

上海证大胆子更大。2010年2月，上海证大以92.2亿元拿下了位于上海外滩的8-1地块，刷新了上海地王的纪录。可是，当年的上海证大账上现金仅5.99亿元，总资产也不过33.72亿元。

2011年10月，一年多后，上海证大将外滩地王转手，引入了复星、绿城还有磐石投资参股，出售了65%的股权。2011年12月，上海证大和绿城又把股权全部出售给SOHO中国，并由此引发了复星与SOHO中国之间一场历时三年的股权之争。

提及绿城，也算是2010年的一个激进者。尽管已经被评定为在港上市的内房企中杠杆率最高的公司，但宋卫平依旧自信地认为绿城资金没有问题。所以，继2009年耗资

456 亿元拿地之后，绿城又于 2010 年在杭州、上海、北京、温州等地新增了 18 个项目，按权益计算，绿城需承担 128 亿元地价。

然而，在宏观调控影响下，绿城 2010 年的销售额仅比 2009 年增长 6% 至 542 亿元，同比基本持平。资金回笼速度不够快，直接导致了绿城在 2011 年陷入资金泥潭，最终被迫断臂求生——卖项目、卖公司股权。

绿城在 2010 年 9 月还正式成立了代建公司——绿城建设管理公司（绿城建设）。据绿城披露，自 2010 年 9 月成立以来，截至 2011 年 2 月底，绿城建设已签约项目达到 27 个，总建筑面积已超过 490 万平方米。

葛洲坝地产选择在调控之年加速扩张。2010 年，葛洲坝地产启动全国发展战略，确立了"重点布局一线城市、谨慎发展二线城市、严格禁止进入三四线城市"的布局战略。同年，房地产业务走出武汉、宜昌，拓展至北京、新疆、海南等地。

雅戈尔继 2004 年进入苏州，2007 年进入杭州之后，又于 2010 年进入上海，通过竞价获得的上海普陀区长风生态商务区 8 号东地块，初步完成了长三角的战略布局。

碧桂园则在 2010 年迈出了职业经理人专业管理模式的重要一步。2010 年 7 月，来自中建五局的莫斌加盟碧桂园，担任总裁及执行董事一职。

莫斌，早年毕业于南华大学（原衡阳工学院）工业与民用建筑专业，拥有中南财经政法大学研究生学历，后晋升为教授级高级工程师。1989 年加入中建五局，开始了中建五局长达 21 年的工作生涯。2003 年升任中建五局副局长，2007 年起担任中国建筑第五工程局有限公司董事、总经理要职。

重量级央企出身的莫斌熟谙管理、办事严谨、执行力超强。莫斌将完善的央企制度流程、严格的工程质量管控以及更开放的公司文化引入碧桂园，就此激发了碧桂园新的活力。莫斌到了碧桂园之后，将原来的总部高度集权管理模式改成"三级管控"模式：总部精干高效，区域做实做强，项目责任到人。

一方面，充分放权给地方，激活地方积极性、主动性，使地方团队更加快速应对市场变化。另一方面，也解放了集团总部，减少海量工作，从而能够给地方提供更加专业高效支持。同时，让责任到人，将项目与负责人紧密联系起来，彻底解决了各个环节中"漏防"的问题，让项目进一步高效运转。

莫斌加盟被外界认为是杨国强打造"家族化 + 职业经理人"管理机制的开始。后来，碧桂园又于 2013 年邀请朱荣斌出任碧桂园联席总裁，并于 2014 年请来吴建斌担任首席财务官。

因为莫斌、朱荣斌、吴建斌三个人名字中都有个"斌"字，所以被合称为碧桂园"三斌"组合。杨国强将"三斌"招至麾下委以重任，让碧桂园"家族化 + 职业经理人"管理机制得到进一步强化，这也被视为碧桂园千亿巨变的重要转型点。

说到人员变动，2010 年房企频繁调整高管。2010 年 6 月 1 日，保利地产发布公告称，李彬海因年龄原因辞去保利地产董事长、董事职务，由宋广菊接任董事长一职。与此同时，朱铭新接任宋广菊原保利地产总经理职务。

李彬海曾历任广州军区司令部参谋、科长、技术局后勤部部长。在《中国地产40年·1992》里提到，在1992年，李彬海奉命在广州组建保利地产，即原保利南方集团房地产部。2002年，保利地产股份制改造成功，成为保利集团旗下房地产开发业务运营平台，李彬海出任董事长，同时兼任保利集团总经济师职务。

在李彬海带领下，2009年保利地产实现签约金额433.82亿元，较2008年增长141.38%，全年销售金额仅次于万科、绿城，跻身房地产企业前三甲之列。

2010年接任保利地产董事长之职的宋广菊，1977年参加工作，本科学历，中山大学EMBA，历任国防科工委31训练基地司令部宣传处干事，广州军区技术局参谋，历任广州保利房地产开发公司办公室主任、总经理助理、副总经理、常务副总经理等多个职位。

2010年，曾经"万保招金"之一的金地也走马换将。金地董事长凌克、金地总裁张华纲、高级副总裁兼上海分公司总经理赵汉忠是金地创业元老，被誉为推动金地发展的"三驾马车"。

再加上金地股权结构向来分散，拥有国资背景的第一大股东深圳福田区政府也只拥有7.85%的股权。因此，金地从一家小企业发展壮大，更多的是倚仗高管团队多年来的打拼，也因此形成了"强高管、弱股东"的局势。在这样的背景下，金地"三驾马车"在公司里的地位举足轻重。

2010年6月20日，因为一封针对高管举报信，金地紧急召开董事会，在四个多小时的激烈争论中，高管层无法达成共识。随后张华纲、赵汉忠提交辞职信，离开曾经奋斗多年的金地。凌克则任命更为年轻的搭档——黄俊灿担任新总裁，并于2010年7月5日火速上岗。

这位还不到40岁的新总裁，在金地高层中素有"少将"之称。黄俊灿拥有显赫学历背景，毕业于同济大学工业与民用建筑工程专业，英国威尔士大学MBA研究生。1992年7月，从同济大学毕业的黄俊灿被分配到金地。他从工地上最基层的技术员干起，先后在公司的工程、设计、运营、财务、金融等多个岗位上经历了全方位历练。

这位工程师出身的总裁在房地产金融领域更为引人注目，他带领的金地打造了房地产界两个第一：第一个与瑞银共同发起房地产投资基金；第一个与平安信托搭建信托融资项目合作平台。这一切，都是在黄俊灿主导下取得的成绩。

人事动荡的房企还有合生创展，2010年素有"打工皇帝"之称的陈长缨辞任合生创展执行董事兼行政总裁，这是继2008年初总裁武捷思、2009年初集团副主席赵海等离职之后，合生创展的第三次重大人事震荡。

朱孟依紧急提拔薛虎升任合生创展集团行政总裁之职。临危受命的薛虎毕业于广州中山大学，并获得工商管理硕士学位，为高级经济师。

薛虎曾就职于国内高等院校及大型国有企业，早在1994年加盟合生创展集团，在房地产投资、经营管理及企业管理方面有突出的经验，也是合生创展元老级功臣。

世纪超级大盘亚运城开售

正当其他房企频频进行人事调整之际,许家印则把更多的心血倾注在营销领域。为了快速回笼资金,保证公司现金流,恒大自2010年4月"新国十条"出台后就推出"八五折优惠"促销活动,成为全国积极响应政府调控楼市的先行者。

2010年9月,恒大又再次启动"全国促销"活动。11月5日,恒大再次推出"全国联销10亿大优惠活动",参与联销活动楼盘共计60个,分布在广州、重庆、成都、武汉等全国22座城市。不难看出,"促销"成为恒大这一年的主旋律。

除此之外,恒大体育营销在2010年再次引爆舆论。2010年,对中国足球和恒大来说,都是意义非同寻常的一年。深受假球之害的广州足球俱乐部在2010年被勒令降级,就在广州足球陷入泥潭之际,恒大伸出援手。

2010年3月1日下午4时,全国各大媒体云集广州体育局一间不起眼的礼堂里,"恒大集团入主广州足球俱乐部、广汽集团冠名广州足球队签约仪式"在上百名来自全国各地的记者关注下正式启动,广州足球发展中心分别与广汽集团和恒大地产集团签署了俱乐部冠名协议与俱乐部股权转让协议。

发布会宣布,恒大集团注资1亿元人民币买断广州俱乐部全部股权,广汽集团斥资2500万元获得广州足球队2010赛季的冠名权。恒大入主广州足球队的消息,不仅在足球圈,甚至在整个社会都引起轰动。

一直以来,中国足球长期低迷,黑色三分钟、恐韩症、恐伊症等惨淡战绩常常成为国人心头之痛,更令人无法忍受的是,赌球假球恶习成风。此后,在国家相关部门的重拳整治下,中国足球打决定赌扫黑将规则推倒重建。广州足球队因为此前参与假球,导致被罚降级,正处于最低迷之际,外界无人看好。

而当时的恒大,可谓意气风发。在刚刚过去的2009年11月,恒大刚刚完成IPO,许家印也一举成为中国首富,资金实力雄厚。而且,同样在2009年,许家印力邀长期在国外执教的中国女排传奇人物郎平回国,执掌广东恒大女排教练,此举轰动世界,全球各大主流媒体竞相报道,也令恒大一时之间成为家喻户晓的品牌。

郎平体育营销带来的轰动效应,让恒大名声大振。当然,对于志向远大的恒大来说,并不会因为一个女排而满足。因此,在中国足球处于低谷时,恒大调动巨资,抄底球市,其轰动效应,再次震撼世人。

面对来自全国各地上百名记者,许家印成为全场焦点,几乎所有的话筒、摄像机都对准了这位广州足球俱乐部新东家。许家印讲述了自己入主广州足球的心路历程,表示并非心血来潮,而是经过多年思考,一直在等待机会。

直至广州足球跌入低谷，许家印出于社会责任感，觉得应该帮一把。"因为恒大起源于广州、发展在广州，在广州足球遭遇困难的时候，恒大应该伸出援手，扶一把"。许家印特别强调，"压根没想过收回成本的事，只是希望广州足球早日冲出国门，走向亚洲和世界"。

恒大进军足坛，可以称得上是中国足球发展史上里程碑式的重大事件。在《中国地产四十年》此前多个篇章里曾提到，中国足球联赛1989年成立甲级A组联赛，1994年开始职业化，2003年改制成中国足球超级联赛。在这个发展历程中，中国房地产起到巨大推动作用，多家足球俱乐部背后，直接或间接都有地产商的身影，以至于外界将中国足球联赛称为"中国地产商足球联赛"。

在1994年首个职业化赛季，万达集团便进军足球圈，当年全新改组的大连万达勇夺甲A冠军，随后连续多次称霸中国足坛，迄今八冠王的纪录仍未被破，成就了中国足坛第一代霸主地位。甚至扬威海外，获得多项国际赛事殊荣。

1998年，同样有地产业务的鲁能集团接手山东足球，这个中国足坛第二代霸主同样出手不凡，在1999年便荣膺中国职业联赛历史上首个双冠王，豪夺甲A联赛、足协杯赛两项桂冠。此后十余年间，总共斩获四项中国顶级联赛冠军。

历史总在不经意间巧遇，2010年，就在恒大入主广州足球的同一年里，山东鲁能第四次夺得中国顶级联赛冠军头衔。自此之后，中超联赛进入恒大称霸时代。2011年，广州恒大便创造了"凯泽斯劳滕"神话，刚刚升级进入中超联赛第一年就夺得这项中国足坛顶级赛事冠军。

作为中国足坛第三代霸主，从2011年到2017年，广州恒大一口气刷出七连冠，这种恐怖的稳定性统治力，不仅在中国足坛，连全球各大联赛都极其罕见。更难得的是，广州恒大不仅国内夺魁，在国际赛场上，也同样披荆斩棘、所向无敌，两夺亚冠大赛冠军。

说到地产界的体育营销，同样在广州，诞生另一个经典案例，这就是广州亚运会。

2010年，中国历史上举办的第二场亚运会在广州隆重开幕，亚洲各国运动健儿在赛场上挥洒汗水，创造一个又一个的运动传奇。与此同时，一个与广州亚运会息息相关的楼盘也在创造销售神话。

在《中国地产四十年·2009》里提到，2009年12月，富力、雅居乐、碧桂园三大民企联合体以255亿元的天价，将广州亚运城收入囊中。

2010年6月，为平衡风险，富力、碧桂园、雅居乐联合体引入了另外两个合作伙伴——世茂房地产和中信地产。与此同时，组建广州利合房地产开发有限公司，简称为广州利合，作为亚运城项目公司。5大股东公司各持广州利合20%的股份，分工明确、各司其职。其中，富力负责报建规划，雅居乐负责营销，碧桂园负责工程和物管，中信地产负责融资，世茂负责设计。

2010年9月25日，世纪超级大盘——广州亚运城产品发布会在广州大剧院隆重举行。亚运城五大股东高层悉数亮相，富力地产联席董事长李思廉、雅居乐集团董事局主席陈卓林、碧桂园董事局主席杨国强、世茂集团董事局副主席兼执行董事许世坛以及中信地产财务总监吴岚首次携手登场,出席本次产品会。

发布会司仪、凤凰卫视主持人胡一虎在开幕时动情地说道:"今天在写下广州新的历史,你我都是参与者!"1800座的广州大剧场座无虚席,来自亚洲各界嘉宾以及上百家主流媒体记者,共同见证、参与了这一地产界罕见历史盛会。

发布会现场气势磅礴的场面及精彩绝伦的项目宣传片,震撼每位到场的嘉宾。据宣传片介绍,广州亚运城占地2.73平方千米,总建筑面积达438万平方米,在政府鼎力支持下,首批已建成8000余套现房,同时综合体育馆、国际商业中心、学校、医院在内的配套也一并成型。

由富力、雅居乐、碧桂园、世茂、中信地产界五大巨头共同开发一个项目,这样强强联手开发组合,在此前中国房地产发展史上前所未有,在整个社会也引起了巨大的反响。

2010年9月26日,被誉为"中国第一盘"广州亚运城正式入市,首批推出四千多套房源。

房源以媒体村和运动员村为主,其中,媒体村面积70~90平方米,运动员村面积90~130平方米。媒体村南区价格在1.2万~1.3万元/平方米,运动员村则在1.3万~1.4万元/平方米,折后均价1.1万~1.3万元/平方米,开盘当天可享8.8折再9.8折,一次性付款还可额外9.8折。

开盘销售主战场分别在花园酒店及富力盈信大厦。作为广州亚运城的两个代理商,合富辉煌和易居中国可谓是拼足全力。其中,合富辉煌牵头花园酒店认购专场,易居中国组织富力盈信大厦认购专场。

大本营在广州的合富辉煌几乎是倾巢而出,一二手代理人员、外地公司、甚至客服和按揭等系统人员都加入了战斗。一方面,他们在广州最繁华的地段租赁场地当售楼部进行推广;另一方面,他们在2010年国庆期间把战线拉到香港、深圳、天津、南京、成都等12座城市,进行同步路演推广。

首次进入华南市场的易居中国,对亚运城项目异常重视。不断调动全国"空降兵"到广州支援,周忻将时任易居中国代理总裁臧建军调往广州,亲自督战亚运城销售,并首次在广州投入数百名易居销售人员。同时,还找来了广州本土二手代理公司——满堂红一起合作,以求更好地了解广州市场,拓展客源。不仅如此,易居中国还巧妙地把广州亚运城的营销活动与媒体、互联网结合起来,通过媒体和互联网的宣传,广州亚运城品牌效应立竿见影。

亚运城销售前期宣传预热也是不惜血本,合作媒体当中包括网络、户外、短信、电视、报纸、杂志等,各大房地产互联网媒体平台竞相重磅报道,全程直播销售盛况,可以说,互联网媒体大出风头,乐居更在报道中抢得头筹,第一时间直播亚运城销售信息。

除了网络、报纸外,电视广告也是全方位轰炸,翡翠台、本港台、珠江台、南方电视、中央电视台、凤凰卫视、东方卫视、浙江卫视等多家电视台均在黄金时段播出。

政府支持,配套齐全,五强联手,营销得力,媒体造势……一切房地产所能想得到的利好因素集于一身后,广州亚运城一炮而红是意料之中的事。亚运城开盘第四天,就已经售出3500多套，占首期货量九成。此后在不到半个月的时间里，首期4300多套产品基本去化，回笼资金近60亿元。

三大世界盛会推动城市发展

在本章前言提到，2010年，中国先后举办了上海世博会和广州亚运会，再加上2008年北京奥运会，短短两年多的时间里，三大世界顶级盛会齐聚中国。

中国城市运营专家王志纲认为，21世纪是中华民族复兴和崛起的最佳机会，全世界最好的超级法宝中国都拿到了：北京奥运会、上海世博会、广州亚运会。怎样通过中国三个龙头城市、这三大超级引擎活动向世界展示自己的魅力和形象，意义十分重大。反过来，这三大龙头城市也要为整个中华民族的复兴创造尽可能多的机会。

中国火箭般的城市化进程，吸引着世界关注目光，在惊叹中国城市发展神速的同时，全球多位顶级专家敏锐地意识到，中国城市化的方向及其模式正极大改变传统认知，这种全新发展走势将成为全球化背景下，世界未来城市成长方式。

随着经济发展，北京城市迅速向周边扩展，东抵通州、西至门头沟、南到大兴、北达亚奥，这几个区域构筑起北京城拓主要承接功能。其中，亚奥板块可以说是因亚运、奥运而兴的区域。

北京亚运村，兴建于20世纪80年代，主要承担1990年亚运会主要场地功能，当时作为运动员的住宿场所，在亚运结束后，这一地区逐渐发展成为北京的大型高档居住社区。

2008年北京举办奥运会，鸟巢、水立方等一系列奥运场馆兴建，同步推进的奥林匹克森林公园、奥体中心、国家会议中心、国家科技馆等众多重点基础设施逐步落实，周边各大房地产项目也纷纷建成投入使用，促使亚奥区域正式兴起。

可以说，北京城市格局的北扩，也得益于亚运会、奥运会两大盛事，在前后约二十年内，先后带动整个区域的崛起。亚奥板块房地产发展也风生水起，据数据显示，亚奥区域的房价从2008年底至2011年初亚奥区域房价近120%的大幅上涨。

广州城市规划提出十字方针：东进、西联、南拓、北优、中调，这也是全国首个明确提出城拓发展方向功能的城市。广州亚运城，便是在这种背景下推出，也是中国运动会住宿场所首次实现由"村"向"城"的飞跃。打破传统单一的居住社区功能，将之置于整个广州城市南拓发展方向主轴上，重点规划为广州新城的启动区，全力打造集体育比赛、工作商务、休闲居住等多种功能于一体的新城区。

亚运城位于珠三角经济腹地，雄踞几何中心位置，与东莞、深圳、惠州、佛山、中山、珠海等粤港澳大湾区诸多重镇均能形成便捷的联系。而且，周边可供开发土地面积广衷、环境优越，是广州未来发展的核心力量，肩负启动周边228平方千米广州新城的历史使命。

同样，亚运城也给房地产提供一片开发的热土。前文详细介绍过，2009年亚运城出让，拍出255亿元天文数字，创下当时中国土地出让最高纪录。2010年亚运城开售一度万人空巷，蜂拥抢购，短短两个星期就销售近60亿元。

上海世博会带来的城市改造、交通配套等基础设施建设拉动了经济发展，也给百姓生活提供便利。世博园区规划用地范围为5.28平方千米，世博会场地位于上海南浦大桥和卢浦大桥之间，沿着黄浦江两岸进行布局。

这一带在20世纪80年代，原本是低矮平房、棚户房聚集区，居民没有厨卫设施，社区脏乱差。工业厂房及船坞遍布，环境污染，嘈杂混乱。随着世博园项目的开建，作为上海最大的一个单体动迁项目，先后拆迁1.8万户居民及272家企业。

经过改造，世博周边环境得到极大改观，世博概念也使周边的地产显著升值，吸引购房者的眼球。2001年至2009年，世博园南边三林地区房价年增长率高达24%，明显快于上海16%的平均年增长率。

国力强盛起来的中国，越来越自信地站在世界的舞台上展示自己。同时，也在抓住每个机遇，将每次盛会转化成发展契机，带动经济增长，调整产业结构，优化城市布局，缩小城乡差距。

2011年：

保障房大建设　房产电商元年

2011年，21世纪第二个十年由此启幕。大戏上演，有人赤手空拳，有人磨刀霍霍，也有人临阵退缩。不管怎样，心态与实力总归都要等到潮水退去才能一见高下。

新年伊始，2011年1月26日，国务院推出八条房地产市场调控措施，包括要求对购买第二套住房首付款比例不低于60%，贷款利率不低于基准利率的1.1倍。同时对各直辖市、计划单列市、省会城市和房价过高、上涨过快的城市，实行住房限购政策。

可以说，2011年的房地产市场全方位受限。尤其是2011年新"国八条"相较于2010年的"国四条"而言，无论是力度还是广度，都已全面升级。

一方面，信贷政策日趋紧缩，央行三次加息、七次上调存款准备金率。自2010年10月20日，央行重新启动加息以来，延续到2011年7月7日，央行在九个月时间里，接连五次加息。这波加息潮，也是继2008年12月23日降息潮之后，又一次大规模利率调整。五年以上商业贷款利率从2008年12月23日的5.94%一直加到2011年7月7日的7.05%，提高了1.11%。

与加息相伴而行的是上调存款准备金率，从2010年1月18日开始，大型金融机构上调存款准备金率0.5%，一年之内上调六次。进入2011年，这波势头有增无减，连续上调七次，一直延续到2011年12月5日。两年时间，央行共出手十三次，大型金融机构存款准备金率从15.5%低点开启"十三连加"，一直调到21%。

回过头来看，2011年的无论是贷款利率，还是存款准备金率，都成为此后数年最高点，迄今仍未能破。

另一方面，为遏制日渐失控的投机炒房势头，全国有超过120个城市制定了房价调控目标，46座大中城市重磅祭出"限购令"，10座城市针对楼盘强制执行"限价令"，目标直指炒房客，限制哄抢房源、制造紧张气氛。

随着限购、限贷、限价等多种限制举措接连出招，房地产市场交易全面受挫，调控效果逐步显现。在这样的背景下，2011年的房地产市场可谓是一片凄凉。

从2011年3月开始，全国各大主要城市商品房成交量普遍下跌，这种势头延续到

2011年11月，中国楼市全线遭遇寒潮，多个城市成交滑落谷底。房地产开发进度也相继放缓，甚至连上下游相关产业也受影响。

据国家统计局数据显示，2011年全国房地产开发投资61740亿元，增速比2010年回落5.3个百分点；2011年全国房地产开发企业房屋施工面积50.80亿平方米，增速比2010年回落1.2个百分点；2011年商品房销售额59119亿元，增速比2010年回落6.8个百分点。

史上最大规模保障房开建

经过2009~2010年连续两年房价飙涨，2011年中央除了继续加强调控的同时，启动史上最大规模保障房建设。根据中央政府规定，"十二五"期间要建设3600万套城镇保障性住房，其中前两年是重点开建年份，2011年和2012年分别建设1000万套，2013年至2015年再建1600万套。

"十二五"纲要还明确提出分级保障举措，对于城镇低收入住房困难家庭实行廉租房制度，提供廉租房。向城镇中等偏下收入住房困难家庭实行公租房制度，提供公共租赁住房。给中高收入家庭实行租赁和购买相结合的商品房制度，引导合理住房消费。

作为大规模兴建保障房开局之年，"保障房"成为2011年房地产市场的关键词。2011年2月24日，国家保障性安居工程协调小组与各省级政府签订了"军令状"，"将1000万套保障房建设任务分解到各地"。

2011年2月24日，新华社报道称，时任中共中央政治局常委、国务院副总理李克强出席全国保障性安居工程工作会议并讲话。他强调，要认真贯彻落实党中央、国务院的决策部署，大规模实施保障性安居工程，加大投入，完善机制，公平分配，保质保量完成今年开工建设1000万套的任务，努力改善群众住房条件。

新华社还报道称，2011年3月6日，时任国务院总理温家宝在十一届全国人大四次会议提出的政府会进一步落实保障性住房建设，重点发展公共租赁住房，让全体人民住有所居。

一时间，有关保障房概念的股票也是风头无两。不得不说，在2010年之后，保障房的数量逐年递增，数字令人吃惊。在2010年，国务院确定建设保障性住房和改造各类棚户区住房580万套，当时的建设规模已经称得上是历史之最。

2011年，这一数据是"1000万套"，比2010年增长70%以上，刷出新的历史纪录。尽管上至中央下至地方压力巨大，但到11月，这一目标也圆满达成。提前了一个月，住建部便官方公布了2011年全国开工建设保障房超过1000万套。

随着2011年1000万套保障房任务收官，监管工作也被提上议事日程。北京、上海等多地也于 2011 年 12 月开始，相继出台加强保障房管理新政，重点整治保障房资格造假、骗购骗租分配等各种乱象。

"保障房元年"的头衔下，侧面反映了政府寄望楼市健康发展的决心。这一年，还有一件大事同时发生在重庆和上海，那就是房地产税。

这项喊了多年，迟迟没有动作的决策在 2011 年又一次"狼来了"。实际上，早在 1986 年便有了该项政策的相关规定。《中华人民共和国房产税暂行条例》指出，个人出租房屋、购买商办房，理论上都要交房产税，而自己用来居住的住宅免征。

到 2011 年 1 月 27 日，重庆和上海开始试点对居民住宅征收。其中，上海税率暂定 0.6%，征收对象为本市居民新购房且属于第二套及以上住房和非本市居民新购房；重庆税率为 0.5%~1.2%，征收对象是独栋别墅高档公寓，以及无工作户口无投资人员所购二套房。

不过，上海重庆两地政策有本质差异。上海的关注点主要在于增量房产税，也就是说新购房才会征税；重庆是存量房产税，无论是以前买入的房产还是新购入的房产，只要多套就可以进行征税。

尽管沪渝两地试点多年，但是房地产税始终无法落地全国。这当中阻力之大，非同小可。无论是征收对象、征收手段、征收方式，都存在各种难以划清的边界和平衡度。最新消息是，尽管短期无望，但长远来看，仍然是大势所趋。

政策频繁，多方调控之下，开发商的日子并不好过。2011 年，售楼部维权事件屡见不鲜，上至品牌房企下至中小房企，都没有逃过 2011 年销售魔咒。

2011 年的金九银十，估计是大部分开发商不想面对的回忆。彼时，仲量联行数据显示，第三季度传统的销售旺季的成交量反而小于第二季度，于是进入 9 月，更多的开发商开始降价。

对于老业主来说，开盘降价不可容忍。于是，一边是开发商忙着促销降价；另一边是老业主的维权房闹。这一幕在 2011 年的售楼处连番上演。

尽管如此，时任住房和城乡建设部政策研究中心主任陈淮在公开中讲话提到，房价的涨与跌并不是调控的目的。不能回避的现实是，目前的住宅总量依然处在绝对短缺的状态，有人依然没有房住。

在肯定了房地产市场的巨大前景以外，陈淮也犀利地指出，2011 年的房地产调控政策，没有打算让所有的开发商都活下去。在他看来，推动楼市的优胜劣汰已经成为迫在眉睫的任务。

沧海横流，方显英雄本色。自 1998 年房改以来，房地产企业迎来高速发展的"快车道"。据国家统计局年鉴显示，从房企数量来看，1998 年房企仅 24378 家，到 2016 年这一数字是 94948 家。14 年增加 70570 家，复合增长率是 11.0%。

这当中，有破败也有新生。2011 年无疑就是那个大浪淘沙的关口。这一年的潘石屹亲身说法是，"我从北京到上海，一下火车，无数个电话打进来。都是需要救一把的开发商。现在很多开发商就差那么一口气。资金接上了就活了"。

潘石屹说："负债率高,手里没钱。"这两样加起来,就成为房企2011年过不去的坎。

项目降价、企业收购、资产包出售,在2011年变得见怪不怪。以广州为例,仲量联行的报告中提到,在第四季度,广州房地产投资市场录得几单大宗交易,包括粤海地产收购原广东置地资产包,以及越秀地产出售东方宝泰项目等。

其中,粤海以3.27亿元收购了广东置地旗下的广州天源投资管理、广州金东源房地产开发、广东三诚经济发展三家公司的100%股权。

据了解,三家公司名下分别拥有北京路动漫星城广场、北京路广州名城商业广场,以及珠江新城1幅面积约2.2万平方米的土地,拟建商业物业。

越秀地产在2011年出售了东方宝泰购物广场项目95%股权,售价4.94亿元。尽管这次交易被多数业内视为越秀地产的一次资产优化,但是在2011年大环境下无疑将被进一步放大。仲量联行提到,"在资本值方面,由于部分发展商在年底出于回笼资金需要,项目的资本值出现一定幅度的下降,刺激部分投资者入市投资,令到交投量稍微上升"。

实际上,东方宝泰自2004年开始便三次更改自身定位,起初的经营并不顺利。当时项目还叫"天汇城"。它希望打造当年广州最大的玩具批发市场,便以"亚洲玩具礼品博览总部""广州国际玩具城"的定位对外招商。

到2006年,玩具市场不景气,天汇城又重新定位为"全球时装服饰交易中心",以广州火车站的天马服装批发中心、白马服装批发中心为对标,重新进行招商。

2009年10月,天汇城正式更名"东方宝泰购物广场"重新开业,主打"非MALL"概念。至此,这个项目才得以活跃。

地产接班人走向前台

2011年,第一代地产领袖淡出,新一代接班人正加速走向前台,这既是挑战也是机会。

王石如愿开始了三年的游学生涯。海外期间,他除在管理层面负责国际业务外,万科的大权几乎都掌握在继任者郁亮的手中。尽管1999年王石便已经辞去总经理职务,但是他作为万科精神领袖的形象一直深入人心。

尽管万科对外的正式回应一再声称,王石主席到哈佛求学,不是淡出,他在万科的职位和角色没有任何变化。这也无法阻止业内对万科的未来浮想联翩。"能到世界名校求学,是王石主席年轻时候就有的梦想。大家都知道,渴望学习、更新自我、挑战自我,一直是他性格中最鲜明的部分"。

相较于王石身上的英雄气、理想化,郁亮一直被定义为细腻、踏实。无论是20世纪90年代刚进万科跟随王石打江山的阶段,还是王石登山、求学期间的隐退阶段,抑或是从 2015 年开始持续两年的宝万之争阶段，郁亮都展现了中国企业第一经理人的职业风范。其中，那场教科书式的中国商业地产大战在《中国地产四十年》后面的文章中不吝笔墨。

万科从百亿级到千亿级，再到如今的五千亿量级，这当中离不开王石打下的坚实地基，也离不开一砖一瓦往上砌高楼的郁亮。

2017 年 6 月 30 日，66 岁的王石将一手打拼了 33 年的地产帝国——万科，正式交给了郁亮。从此，郁亮接任董事长，万科进入郁亮时代。按郁亮的说法是，万科将计划建立一个万亿规模的生态。

与此同时，碧桂园杨国强选择把担子交给了自己的女儿杨惠妍。2011 年，年仅 30 岁的杨惠妍掌管着碧桂园的采购业务，主要跟着父亲学习集团发展策略的制定。这是她进入碧桂园的第六个年头。

公开资料显示，杨惠妍在美国俄亥俄州立大学毕业后便担任碧桂园采购部经理一职；2006 年 12 月，杨惠妍获委任为碧桂园执行董事，并兼任碧桂园集团若干成员公司的董事；到 2007 年获得父亲杨国强赠送的碧桂园 70% 股份，在集团上市后一跃成为中国内地女首富。

对于为何将价值数百亿的股权、最大股东和董事局成员的头衔一并打包送给二女儿杨惠妍，杨国强的回答是："其实我到一百岁也是要给她们的，自己人信得过！"他在上市招股书中写明了家族传承的计划："将股权转让给女儿杨惠妍，是希望训练她成为碧桂园继承人。"

杨国强说到做到。2012 年 3 月 27 日，碧桂园便公告宣布委任杨惠妍为公司副主席。尽管杨惠妍相当低调，至今都没能在公开媒体中找到一个合乎发表规格的照片，但首富、接班人的身份就足够让这位杨小姐的名字出现在聚光灯之下。

创业难，守业更难。作为少有的不到 30 岁便接过企业权杖的二代接班人，杨惠妍要思考的不仅仅是做大做强碧桂园，更多的是如何离开父辈的光环，闯出自己的一片天地。

《中国地产四十年》多个篇章中如实地记录了杨国强如何走出顺德走向全球，也如实地记录了碧桂园这家企业从零到五千亿元的光荣与梦想。2011 年，杨国强在把权杖一步步交给杨惠妍的时候，恐怕自己也没预想到两年后碧桂园便突破千亿，并一路高歌猛进成为房地产龙头老大。

龙湖地产吴亚军把首席执行官的位置让了出来，邵明晓是她看中的接班人。此次高管调整，被业内一直视为吴亚军寄望龙湖在去家族化和机构深度职业化方面提速。

按吴亚军自身的说法是："我希望龙湖真正成为一个机构化的公司，摆脱创业期的特征，创建深度机构化。不依赖于创始人和精英，而是进一步集团化和职业化。"从龙湖上市伊始，吴亚军的丈夫退出管理层便可以看出龙湖去家族化的心思。这一点到 2011 年更加明显，吴亚军正在试图削弱创始人对公司的影响力。

邵明晓，这位 2006 年加入龙湖地产的少帅，凭借着在北京市场的出色表现，在 2011 年实现了由龙湖北京公司总经理升任龙湖集团常务副总裁，再升任首席执行官的"两级跳"。

他回忆初到龙湖，便接到了开拓北京市场的重任。2007 年龙湖·滟澜山开盘，热卖

28亿，这仗邵明晓打得漂亮。该项目的成功令龙湖地产在北京一战成名，并成为北京中央别墅区新的价格标杆。自此，北京龙湖步入了快速发展的通道，在邵明晓担任北京龙湖总经理期间，实现了3年销售额超百亿的业绩。

就是这样一个有勇有谋的领导者，从2011年上任CEO至今，邵明晓带领龙湖稳扎稳打，从容跻身第一梯队，并于2017年突破千亿销售额，迎来新的里程碑，邵明晓也因此荣获"2017中国十大地产年度CEO"。

2011年的地产圈并不平淡。除万科、碧桂园、龙湖这样的重量级房企领袖有所调整动作以外，万通的冯仑、华远的任志强也引发了足够的话题热点。

在2011年3月30日万通地产第五届董事会上，冯仑辞任万通地产董事长，11名董事全票通过原万通地产总经理许立担任新一届董事会董事长。至此，冯仑正式退隐万通地产管理层。

就在冯仑退隐不久，华远集团董事长任志强2011年4月1日在微博上宣布自己正式退去华远集团董事长一职，华远地产上市公司的职务暂时不变。到2015年，任志强也在华远地产董事长的职位上光荣退休。

冯仑、任志强这两位曾经驰骋在地产界的风云人物，双双在2011年宣布宣告隐退，也为这一年增添了几分值得怀念的元素。要知道，冯仑早年在天涯海角掘金的事迹依然留存在《中国地产四十年》的文章当中。而任志强这位素来爱说真话的学者也为《中国地产四十年》贡献了不少笔墨。

周政接任中粮地产董事长

有人的地方就有江湖。2011年的中国房地产市场，调控再度加码，房企进一步分化，职业经理人压力剧增。面对这样的艰难开局，多家房企高管人事变动频繁，人才流动成为了这一年的常态。

从2011年1月开始，以中粮地产、招商地产、万科、佳兆业为首的房企拉开了高管变动潮序幕。上海证券报当年做过统计称，开年不到三个月的时间沪深两市上市公司中已有44名高管离职，涉及30家公司。离职人员中，有董事长、副董事长、总经理，也有董秘、监事、独立董事以及财务总监。

2011年1月5日，中粮地产原董事长孙忠人退休，时年48岁的周政继任。周政拥有航空宇航工程与工商管理双硕士学位，曾在航空航天部第609研究所担任过航空高级工程师，享受国务院政府特殊津贴专家。1993年加入中粮，周政在中粮包装领域一干就是15年。2008年，周政接手中粮的地产酒店业务，开始进军地产界。2013年，周政兼任中粮置地（大悦城地产）董事长。

中粮集团一直致力于整合旗下中粮地产、中粮置地两大地产业务平台。中粮地产是住宅地产平台，中粮置地是商业地产平台，看起来权属明晰，但是多年来整合与业务梳理声音不断。早在2004年宁高宁入主中粮集团便开始牵头酝酿整合计划，到2006年中粮地产借壳深宝恒成功登陆A股，再到2013年中粮置地登陆港股，直至更名为大悦城地产。

周政作为中粮集团地产业务的领航者，凭借多年房地产管理经验，带领公司不断前行。根据中粮地产发布年报显示，2017全年实现签约金额261.59亿元，营业收入140.42亿元，利润总额23.95亿元，净利润实现17.35亿元。大悦城地产公布2017年度业绩显示，实现营业收入为人民币117亿元，较2016年同比上升67%。核心净利润为人民币19亿元，同比上升220%。周政的努力，令中粮地产板块整合得以顺利进行，业绩逐步提升，他也因此而被评为2017中国十大地产年度CEO。

2018年7月24日，中粮地产公布称，拟144.47亿元收购大悦城地产64.18%股份。交易完成后，大悦城地产将成为中粮地产的控股子公司。中粮地产称，本次交易将为上市公司主营业务注入新的商业地产元素，释放住宅、商业板块整合的协同效应。交易完成后上市公司将成为中粮集团旗下融合住宅地产与商业地产一体化的全业态房地产专业化公司。

2011年1月28日，万科执行副总裁徐洪舸、副总裁肖楠离职，原万科副总裁、深圳万科总经理杜晶上任执行副总裁。

作为万科老将，徐洪舸是曾经继王石、郁亮、丁福源之后的第四号人物，早在1994年便加入万科，一路从设计师到执行副总裁，十七年兢兢业业，王石甚至将其视为第三代接班人。

2006年，王石在《光荣与梦想》一书中提及徐洪舸：自2001年以来，小徐显示出出色的管理才能，无论在技术专业还是在业务拓展方面，都显示出万科第二代职业经理人的成熟。

肖楠则在2000年加入深圳万科，高级建筑师出身，万科曾经的第十六号人物。在2005年，身为万科深圳区域副总经理的他跟总经理徐洪舸一起上调集团，分管产品、营销、设计、工程等方面。

虽然升到集团任职，但两人最后还是在2011年离职。2011年，徐洪舸、肖楠二人创办了深圳市里城地产顾问有限公司。两年后，与中航国际、中航地产合资设立中航里城，中航方面持股80%，徐洪舸、肖楠等人持股20%。

巧合的是，当时徐洪舸的接任者，杜晶也在2012年7月提出了离职。同样地，这位曾经将万科在深圳区域的销售额提升到100亿元的实干家，在离开万科后也成立了自己的企业——同创地产。

至于中航里城与同创地产后来发展的故事，在《中国地产四十年》后续的篇章中将详细表述。

回到2011年，万科在这一年面临的考验比想象中严峻。继徐洪舸、肖楠离职后，刘爱明、袁伯银先后于六月、八月离职，分别加盟协信地产、红星美凯龙。

在《中国地产四十年·2002》中提到万科推出的"海盗计划",吸引了超过50位高管的加盟,其中便包括了2011年离职的肖楠、杜晶、刘爱明等人。而袁伯银则是2007年万科通过"007行动"将其挖过来的高管。

短短一年时间,前后四位高管离职,作为行业龙头,万科不禁反思:是企业机制遭遇"瓶颈",还是高管个人遭遇职业天花板?强大如万科,高管流失对其来说,只是阵痛,并没有对业绩造成实质性的影响。2011年,万科仍然交出了千亿答卷,而且仍然是唯一一家。

在2011年,还有多家房企同样在历经人事变动。2011年1月21日,奥园发布公告,执行董事郭梓宁获委任公司行政总裁,以替代郭梓文。而郭梓文继续担任公司执行董事兼主席。此外,杨忠获委任为执行董事及营运总裁。2011年3月16日,瑞安房地产发布公告,罗康瑞不再兼任行政总裁,但继续担任公司主席一职,李进港接任公司行政总裁及董事总经理。

此外,招商局地产原董事长孙承铭辞任,原公司董事总经理林少斌升任董事长,原副总经理贺建亚升任总经理;复地集团范伟卸任集团董事长一职,张华接任。

前文提到,冯仑辞任万通地产董事长之职,2011年3月30日,万通地产董事会通过原万通地产总经理许立担任新一届董事会董事长,原常务副总经理姚鹏担任副董事长,原财务总监云大俊担任万通地产总经理。

房地产江湖,人来人往实属常态。但是在2011年一系列宏观调控的大背景下,各大房企也相继传出各种备受争议的事件。

其中,绿城在2011年的经历尤为坎坷。9月便传出海航30亿元收购的风声;十天后再传出绿城因房地产信托问题被银监会调查,至此股票大跌17%;9月底,甚至有消息称绿城将在港交所退市;11月,破产的消息不胫而走,一时间绿城成为众矢之的。

这口气忍不下去了。宋卫平曾连夜辟谣撰写《从绿城"被破产"说起》,辟谣破产传闻。强调"绿城目前一切尚好",尽管他明白绿城确实存在销售的困境。"今日今时,绿城的难处,是整个行业共同的难处。……市场若一直处于如此萧条状态,停留于谷底,恐怕一些企业真就会走上绝路。销售不畅,加上信贷紧缩,一个最符合逻辑的推断就是企业过不了年关。届时,有的企业或许申请倒闭,有的则是开发商跑路,更有甚者,怕有更多的悲剧要发生"。

从当时绿城的财报也可以看出,"绿城的难处"压力并不小。2011年上半年绿城的净资产负债率从2010年底的132%飙升到163.2%。到2011年10月,绿城的新盘去化率最低点竟然萎缩了20%。

绿城的品质与宋卫平的调性,都被一个人看在眼里,他就是孙宏斌。经历过数次大起大落的孙宏斌虽然没有改掉自己风风火火的习惯,但是做生意的眼光着实更好了。他又一次看到,自己的机会来了。

2012年6月,融创收购绿城旗下9个项目股权,双方成立了各占50%股权的上海融绿,交易代价是33.7亿元。绿城的品质加上融创的营销,让宋卫平渡过了最初那段危险的日子。

2014年5月，宋卫平一度将孙宏斌视为绿城的托付对象，人算不如天算，到2014年10月，双方翻脸、分手，收购剧情反转，引入中交混战，一出出大戏堪比宫斗片。这一切会在《中国地产四十年》的后续文章中，有更精彩的呈现。

华夏幸福借壳上市

《中国地产四十年》陆续写过2001年以及2007年两波上市潮，随着老牌房企完成上市，大家会发现到2010年以后，每年上市的房企相对减少，但新崛起的房企很快接过棒，开启新一轮的上市势头。

其实，上市早晚，跟企业业绩其实并没有必然联系。2011年后上市的房企，就有多家闽系黑马，如旭辉、正荣、融信、三盛等。除此之外还有龙光、时代、东原、当代、朗诗、景瑞、福晟、国瑞、亿达、中洲、中天、蓝光等企业。而在2011年，宋都股份、金隅股份、金科赶上了这趟上市新机遇。

早在2006年，宋都就把上市视为此后5～10年发展战略之一。到2009年，宋都集团决定借壳ST百科。当时，宋都控股以3亿元的价格，拿下了ST百科原大股东百科投资管理有限公司持有的2789.65万股。

股份转让后，宋都控股成为ST百科控股股东。此后，百科集团置出百科集团全部原有资产和负债。同时以每股8.63元的价格，分别向宋都控股、平安置业和郭轶娟累计新发行3.78亿股，以注入上述三家所持有的宋都集团100%股权。

经过两年漫长的等待，宋都借壳ST百科上市终于获得证监会审批通过；2011年10月22日，重大资产重组完毕；12月30日，宋都集团董事长俞建午先生和总裁汪萍敲响上交所开市锣声，百科集团正式更名为"宋都股份"。

继2009年7月29日在港交所上市后，金隅股份又一次在资本市场亮相。2011年1月31日，金隅股份公告称拟通过换股吸收合并太行水泥，发行约4.1亿股A股。2月1日，是太行水泥股票的最后一个交易日，当天金隅股份将进行网上路演，换股完成后A股再无太行水泥。

就这样，拔得2011年H股回A头筹的金隅股份，因房地产业务收入及利润占了当中三成比例，一度被视为房企A股IPO开闸的信号。要知道，继南国置业2009年11月6日成功以IPO的方式在内地资本市场上市，以及中弘地产2009年12月25日成功实现借壳上市后，房企A股在很长一段时间内几乎都销声匿迹。

2010年1月，证监会联合国土资源部，彻查申请上市房企和再融资房产公司用地是否有违规行为。此后，房地产公司IPO和再融资，都需要征求国土资源部意见，开发行为需要住建部进一步检查认定。

在这样的政策基调下，境内房地产企业 IPO 基本停滞。2010 年后有多家房企拟从 H 股回 A 股均未能成行，其中包括富力、万达、龙光地产、首创置业、恒大等。目前，距离 2007 年第一次申请回 A，截至 2017 年富力已经是第五次冲击 A 股 IPO，最终结果令人期待。

金科股份是当中深受 2010 年调控政策影响的一员。2009 年，金科借壳 ST 东源的多项议案，就一致在 ST 东源股东大会上获得了高票通过。当时的重组方案是，ST 东源拟定向增发 9.08 亿股，吸收合并金科集团超过 47 亿元资产，从而实现金科股份的整体上市。

人算不如天算。在获批前，中国房地产迎来了重大调控。该资产重组计划一度搁浅，直到 2011 年 5 月 27 日 ST 东源才收到证监会批文。2011 年 8 月 23 日，金科正式亮相深交所，上市路画上句号。

当时，金科还做出承诺，若 2011 年至 2013 年实现净利润不能达到预测的 20.99 亿元，将以对应股份作为补偿。据财务报表显示，金科 2011 年度、2012 年度及 2013 年度，净利润分别为 10.7 亿元、12.79 亿元和 9.84 亿元。这意味着金科在此后三年都保持了相对稳健走势。

上市后，金科创始人黄红云夫妇成为继龙湖吴亚军夫妇的又一重庆地产富豪。但是，黄红云也没想到，金科关于股权重大变动会发生在 2016 年的盛夏，这又是一个与孙宏斌有关的故事，在《中国地产四十年》后续的文章中将详细披露。

华夏幸福借壳成功。2011 年 8 月 29 日，浙江国祥制冷工业股份有限公司公告称，证监会已经批复公司向华夏幸福发行 3.55 亿股购买相关资产的文件。这即是，华夏幸福借壳 ST 国祥上市尘埃落定。同时，华夏幸福也成为继荣盛发展和天山发展后，河北地区第 3 家房地产上市公司。

关于 ST 国祥的前世今生，《中国地产四十年·2003》中曾经提到，当时这家台资控股的上市公司连年亏损，到 2009 年便开始转让股份给了华夏幸福。

尽管华夏幸福成为 2011 年成功借壳上市的幸运儿，但是直到 2015 年，华夏幸福才得以实现第一次股权融资。当时已经是九月了，华夏幸福公告称 70 亿元定增预案终获得中国证监会发审委审核通过。

依靠"产业新城"模式，华夏幸福走出了一条成功典范的道路。固安产业新城作为其中的样本，对于当下各类产业新城的发展具有实践意义。2016 年，固安县财政收入达到 80.9 亿元，大约是 2002 年的 80 倍。截至 2017 年 6 月底，有超过 580 家企业入驻固安产业新城，项目签约投资额超过 1400 亿元。

中交系地产重组大变局

除了上市，2011年还有刚刚成立的房企。2011年3月6日，中交地产有限公司（以下简称中交地产）正式揭牌，这也代表着中交集团全面进军房地产业，培育和发展中交房地产板块。

实际上，中交集团旗下房地产业务颇为繁多，长期存在同业竞争问题，此外，监管层也在加强楼市调控和持续力推国企改革，因此，中交系房地产整合成为必然趋势。

早在2010年8月，国资委宣布，把中房集团以无偿行政划拨的方式整体并入中交集团。彼时的中房集团，已经持有中房置业股份有限公司、中房重实房地产股份有限公司两家房地产公司。

在整合中房集团之后，中交集团又于2011年成立了中交地产有限公司。也就是说，2011年中交集团旗下共计拥有三家房地产公司，同业竞争问题突出。

先来看看中房集团。作为中字头央企，中房集团拥有显赫历史。在《中国地产40年·1981》里特别提到，1981年1月16日经国务院批准组建，中房集团以建设福利房为使命而成立，是中国成立最早的房地产开发企业，原名为中国房屋建设开发公司。

20世纪80年代，中国房地产开发刚起步，全国仅1亿平方米的开发总量时，中房集团开发量就已达1800万~2000万平方米。据原中房集团董事长孟晓苏透露："当时全国1/5的福利房都是中房集团盖的。"

历史资料显示，中房集团资产遍布全国200个大中城市，拥有340家下属企业，累计开发建筑面积超过3亿平方米，年均开工、竣工面积分别为1300万平方米和600万平方米，年销售房屋8万套，截至2008年，资产规模已达1500亿元。

就像中国足球一样，拥有良好的开局，不代表有完美的结局。拥有无数光环加持的中房集团并没有保持优势局面，在此后的发展中更是举步维艰，长期停滞不前。

中房旗下共有ST中房和重庆实业两大上市公司。早在2003年，中房集团收购长春长铃实业股份有限公司29.78%股份，随后更名为中房置业股份有限公司（股票简称ST中房），中房集团借壳上市。中房置业旗下拥有4家子公司：北京中房长远房地产开发有限责任公司、中房集团华北城市建设投资有限公司、上海中房恒诚企业管理有限公司和中房上海房产营销有限公司。

然而，ST中房从2004年起就连年亏损，甚至于2009年4月21日被实行股票交易退市风险警示的特别处理，变更为*ST中房。侥幸的是，2009年*ST中房终于扭亏为盈，实现营业收入11149万元，营业利润4741万元。但好景不长，仅仅过了一年，2010年ST中房年报再次披露亏损，营业收入同比减少90.12%，仅1101万元，净利润亏损2355

万元。

事实上，在这个过程中，中房集团原本有机会打响翻身仗。2004年，国资委发布当年104号国资函，要求央企剥离非主业资产，由中房集团、保利集团、中国建筑等以地产为主业的央企整合其他央企的地产业务。这对中房集团本来是个千载难逢的契机，中房掌舵人孟晓苏希望将央企的地产公司通过股权重组，有效整合央企房地产资源实现集团"多赢"。

虽然该建议并未被采纳，但2005年1月，华能地产业务还是被划归中房集团，并更名为中住地产。只不过，2005年4月，孟晓苏从中房集团董事长的职位退下来，转任理事长。这轮重大人事变动后，中房集团整合央企动作也陷入停滞状态。

2007年，通过定向增发的方式，划入中房集团的中住地产借壳重庆实业成功上市，意欲借机整合中房资产。事与愿违，重庆实业也是个亏损户，一直到2010年底，才扭亏为盈成功"脱帽"，开始进入盈利状态，经营状况相对优于ST中房。

2010年，国资委宣布要求78家央企退出地产业务，仅保留16家央企继续从事房地产开发。在这轮重组博弈中，中交集团全面胜出。2010年8月，国资委宣布，将以无偿行政划拨的方式把中房集团整体并入中交集团。

整合中房集团之后，中交集团为避免同业竞争，将中房股份卖给了"建银系"，仅保留中房地产。因此，中房地产也成为中交系地产业务唯一A股上市平台。

前文提到2011年3月中交集团独资成立中交地产，注册资本金50亿元，中交集团将华通置业、中国城乡发展建设总公司、中国住房投资建设公司等原中房集团优质资产注入中交地产中。

2013年1月22日，中房集团宣布将持有中房置业股份有限公司的18.96%股权悉数转让给嘉益（天津）投资管理有限公司。2013年6月25日，买卖双方完成过户手续。

2013年12月，中房集团旗下另一地产公司——中房重实房地产股份有限公司发公告称，将公司名称由"中房重实地产股份有限公司"变更为"中房地产股份有限公司"（以下简称中房地产），启用日期为2013年12月12日。

截至2013年12月12日，中交集团旗下地产平台缩减至两个，分别为中交地产和中房地产。

但很快，这个格局又被打破，随着2014年入主绿城，中交集团的同业竞争问题又开始变得复杂。于是，中交集团踏出了梳理房地产业务的第二步。

2015年3月，为加快整合中交旗下房地产业务，中交集团成立全资子公司中交房地产集团有限公司，将旗下多个房地产公司的资产统一划归到中交房地产集团上。

中交房地产集团官网显示，于2015年6月，原来直属于中交集团的中交地产全部资产被无偿划拨至中交房地产集团，同时中房地产也从中房集团无偿被划拨至中交房地产集团旗下。

重组之后的中交房地产集团一举拥有7家子公司，其中包括中交地产、中房集团、中住地产、中国城乡建设发展有限公司四家子公司为100%持股。同时，持有中交海外地产

51%股份，以及2014年和2015年两次收购在H股上市的绿城中国28.9%股份。另外，中住地产持有中房地产53.32%股份。

中交集团希望通过这轮整合，将旗下的优质房地产主业资产注入中房地产，把中房地产、绿城中国、中交海外地产打造成中交系三个主要房地产开发平台。这三个平台互为犄角之势，不仅打通了内地和香港两大资本市场，同时占据了国内外房地产市场，构建起"资本+市场"完整产业布局。

2016年2月，中房地产发公告称拟购买中交集团有限公司旗下优质地产项目，包括中交地产100%的股权。后因债权人的反对，重组叫停。2017年1月15日，中房地产发布公告透露，中交房地产集团拟将中交地产委托给中房地产代为经营管理。2017年4月21日，三方签署《托管协议》，中房地产每年收取托管费用400万元，对中交地产不合并报表。

2017年9月13日，中房地产（代码000736）发布公告，将公司中文名称由"中房地产股份有限公司"变更为"中交地产股份有限公司"，与此同时证券简称也由"中房地产"变更为"中交地产"。

2018年4月，中交房地产集团旗下上市公司平台——中交地产（代码000736）更名后首度披露2017年销售业绩突破百亿元，实际签约销售额106.71亿元。归属于上市公司股东的净利润约为6.2亿元，同比增长5124%。中交地产已经布局长沙、重庆、苏州、天津等15座城市，共持有23个项目，规划总建筑面积为795.42万平方米，在建及待建面积约626.95万平方米。

值得一提的是，中交集团旗下还有个中交城投平台，也参与经营房地产开发业务。2015年5月18日，中交城市投资控股有限公司在广东注册成立，主要包括项目投资、实业投资、房地产开发投资、境内外交通等。

与传统地产公司不同，中交城投以城市综合开发运营为主线，依托城市区域开发实现一二级联动，深耕区域，协调发展房地产开发和基础设施投资业务，大力培育产业发展业务，做强金融，实现科学发展和做大做强。目前在广州、珠海、佛山、顺德、宁波、惠州、深圳等多个城市开拓市场，已经拥有在建（中标）投资项目13个，合同投资额过千亿元。

2011年还有一家新公司成立了，它就是南京金融城建设发展股份有限公司，主要从事商业开发，自成立后2012年承接河西CBD金融城项目，致力于打造具有国际水准、地标性的金融企业集聚区。

这家主攻商业开发，而至今未涉及过居民住宅领域开发的房企，在克而瑞公布的2017年房企销售业绩排行中位列第199位，销售额47.6亿元。

"鬼城"鄂尔多斯

2011年，不得不提到的是星河湾在鄂尔多斯的一场大战。这一年，对于整个市场来说，中国经济进入转型关键期，传统产业、资源型产业备受煎熬。加上楼市调控波及面甚广，各地房地产行情趋冷。

在这种背景下，多家房地产企业在鄂尔多斯遭遇"滑铁卢"，原因并非是自身营销能力的问题，而是鄂尔多斯城市产业结构遭遇中国经济转型冲击，同时受调控影响，导致连一度经济快速增长的鄂尔多斯火爆楼市急转直下。

鄂尔多斯，位于内蒙古西部，原为伊克昭盟，2001年4月30日，经国务院批准正式改名为鄂尔多斯市，下辖东胜区、康巴什区、准格尔旗、达拉特旗等7旗2区。总面积8.67万多平方千米，地域之大几乎接近浙江全省或者江苏全省10万平方千米的面积。

与此形成鲜明对比的是，2008年末，鄂尔多斯全市常住人口159.13万人。根据深圳市统计局2008年公布的国民经济和社会发展统计公报显示，下辖的龙岗区常住人口都有198.76万，也就是说，整个鄂尔多斯人口总和还不如深圳一个龙岗区。

面积大如省，人口不及区，鄂尔多斯用地广人稀来形容一点不为过。但是，鄂尔多斯之所以在短短几年迅速崛起，关键在于有"羊煤土气"重要经济支柱型产业支撑，这也着实让鄂尔多斯在全国人民面前"扬眉吐气"了一番。

先看"羊"，羊绒也是鄂尔多斯重要经济支柱。中国是世界上第一产绒大国，年产原绒约8000~10000吨，占世界总产量的3/4，而内蒙古羊绒产量占世界的40%、中国的70%，其中，鄂尔多斯市的羊绒制品产量又占全国的1/3、世界的1/4。

提到"煤"，鄂尔多斯煤炭储量1496亿多吨，约占全国总储量的1/6。如果计算到地下1500米处，总储量约近1万亿吨。在鄂尔多斯市87000多平方千米土地上，70%的地表下埋藏着煤。

至于"土"，鄂尔多斯已探明稀土高岭土储量占全国1/2。稀土有工业"黄金"之称，能有效提高坦克、飞机、导弹的钢材、铝合金、镁合金、钛合金的性能，也是电子、激光、核工业、超导等诸多高科技的润滑剂。中国一度是全球最大的出口国，而鄂尔多斯便是最为重要的来源地。

说到"气"，鄂尔多斯天然气储量丰富，探明储量8017亿立方米，占全国1/3。中国最大的整装气田苏里格气田在鄂尔多斯境内，这也是国家西气东输的重要气源地。

坐拥如此丰厚的资源优势，鄂尔多斯还在等待一个机会。有个巧合之处是，2001年，伊克昭盟更名为鄂尔多斯市，也就在这一年里，中国正式成为世贸组织成员。加入世界贸易组织之后的中国，经济有如插上翅膀，飞速发展，独秀全球。在这种背景下，全国甚至全球各种大宗原材料、能源价格也被带飞起来。而作为资源型城市，拜全国经济高速发展所赐，鄂尔多斯短短几年时间里GDP迅速飙涨。

进入2008年，全球金融海啸全面爆发，这场源于美国次贷危机的金融灾难，很快席卷世界，一时之间，各大主要经济体股市暴跌，企业倒闭，金融崩盘，经济倒退，作为新兴发展国家佼佼者，中国也受到严重影响。

为了摆脱全球金融海啸冲击，中国推出史无前例的救市计划，四万亿救市隆重登场。当是时，全国上下各项重大产业振兴计划、基础设施建设纷纷上马。

从建筑到房地产、从钢铁到有色金属，从石化到轻工，从汽车到船舶……多个重量级产业接连获得扶持，重点建设工程也开足马力，受此刺激煤、油等资源价格持续攀升，拥有多种资源于一身的鄂尔多斯再次充分享受政策带来的巨大发展契机，冲向巅峰。

鄂尔多斯发展高潮出现于2009年12月5日。在第八届中国企业家领袖年会上，内蒙古自治区人民政府副主席、内蒙古大学校长连辑语出惊人，公开宣称："今年（2009年），鄂尔多斯的人均GDP超香港"。

连辑解释称，内蒙古已经连续七年在中国这个大的经济体里全国第一，人均水平已经进入全国前八位，世界增速最快的是中国，中国增速最快的是内蒙古，内蒙古增速最快的是鄂尔多斯。

连辑把鄂尔多斯跟香港相提并论，甚至提到超越香港的观点，可以说是当时中国引领全球经济走出泥潭的一剂兴奋剂，因此，在媒体竞相报道下，一夜之间全国人民都知晓了这个中国西部才更名不到十年的城市。

与此同时，关于鄂尔多斯人炫富性消费的传说更是层出不穷，而且越说越玄乎。鄂尔多斯成为全球最大的露天豪车展，走在大街小巷从英菲尼迪、悍马、帕杰罗、奔驰，到各种名贵的越野车，都可以在这座城市里看到。鄂尔多斯的有钱人集体包机，飞到广州、北京购物，甚至买遍海外。至于鄂尔多斯购房团的足迹，更是踏遍了大连、青岛、厦门、深圳、三亚等沿海城市。

然而，这座被视为超越香港的城市好景不长，仅仅四五个月之后，鄂尔多斯不再跟香港联系在一起，取而代之的是"鬼城"。

2010年4月5日开始，"鄂尔多斯+鬼城"这对关键词在百度搜索上突然直线飙升。这一切，源于美国时代杂志名为《中国鄂尔多斯：一个现代鬼城》的摄影报道出街。这篇报道用了14张摄影作品展现了鄂尔多斯的"鬼城"现象。

文章这样描述道："鄂尔多斯是一座现代化的空城，作为100万人新家的康巴什新区鲜有人居住，15分钟内不见一个行人，驶过的汽车不到10辆。"

随后，多家媒体相继曝光鄂尔多斯高利贷崩盘、楼市泡沫、油矿产能过剩、环境污染等诸多问题。

据《中国民间资本投资调研报告》分析称，鄂尔多斯通过煤矿产生财富，支撑政府改造城市。通过拆迁，分配给更多的人，再通过民间借贷聚集资金，贷给房地产和新的煤矿，令更多的人分享到高收益。而由于缺乏更多可供投资的产业，大量鄂尔多斯人选择将闲置资金投入到房地产中。这相当于将地下的煤转变为财富，然后存入地上的存钱罐——那些永远也不开灯的房子。

值得注意的是，多家当地开发商以及外来房企，在2011年，都受到楼市行情下行的影响，导致销售业绩不佳。客观地说，这些房企在鄂尔多斯受挫，非战之罪，而是中国经济转型阵痛的代表。作为资源型城市，鄂尔多斯在中国"入世"，尤其是中国2008年"四万亿救市计划"启动之后，可以说是无与伦比的政策受益者。

然而，成也萧何，败也萧何。进入2011年之后，四万亿救市红利全面消褪，全国经济也有所回落，对原材料、能源需求显著减弱。依靠"羊煤土气"资源建立起来的财富神话瞬间坍塌，民间资金链断裂，2011年刚开年，资金就紧起来，"银行里贷不出钱了"成为普遍现象。

进入2011年8月，鄂尔多斯市开始摸查相关民间借贷的情况，并将涉案商人分为已经崩盘的、抗风险能力差的和抗风险能力一般的三类，并采取不同措施。民间没有钱，大量新建楼盘也被闲置。

乐居开启房产电商时代

2011年，随着调控层层加码，保障房大规模兴建，中国房地产市场由此前疯狂逐步降温。与此同时，房企营销费用也普遍缩减。另外，如何吸引购房者关注，传统的营销手段已经遇到"瓶颈"。尤其是"80后""90后"购房群体涌现，这批互联网原住民更倾向于网络购房习惯。

中国互联网经过多年发展，已经拥有全球最大规模的互联网用户数量。据中国互联网络信息中心发布《第29次中国互联网络发展状况统计报告》显示，截至2011年12月底，中国网民规模达到5.13亿，全年新增网民5580万；互联网普及率较上年底提升4个百分点，达到38.3%。2011年，中国团购用户数达到6465万，年增长高达244.8%，团购用户热情不减。

2010年，中国电子商务行业呈现出量变到质变的飞跃，被业界称为电子商务"发展元年"。2011年，中国电商继续高歌猛进，特别是互联网开启O2O（Online to Offline）时代，从此中国互联网全面驶入线上和线下结合航道。

最早成立于2008年11月的美国Groupon（中文名：高朋网）团购模式在2011年时风靡全球，这家公司被《福布斯》评为"历史上增长最快的公司"，Groupon在全球150多个城市为用户提供团购交易，其折扣为50%甚至更多。

受Groupon团购启发，中国出现了一大批追随者，以王兴创立的美团网和吴波成立的拉手网为代表，由此拉开中国团购领域"千团大战"序幕。2011年8月，全国出现高达

5000多家团购网站,并在全国火速布局,攻城略地。

这里提到的吴波或许大家还有印象,在之前《中国地产四十年·1999》里提到,吴波曾创立了焦点房地产网,后来将焦点房地产网转手卖给张朝阳,改为搜狐焦点网,与乐居、房天下(曾名:搜房网)并称中国房地产三大互联网平台。

吴波与王兴引领的团购大战也全面引燃了中国电商大爆发,各行各业也相继触网,纷纷推出不同行业的电商团购平台,在房地产领域,周忻旗下的乐居率先推出房产电商。

2011年4月23日,潘石屹与乐居合作,将北京朝阳门SOHO二期和北京东二环银河SOHO两套商铺拿到网上拍卖,每间商铺经过数十轮竞拍,分别以720万元、1202万元成交。潘石屹首开先河在网上卖房的举动,成为2011年房地产界最具影响力互联网营销事件,不仅引起了网友和业内的强烈关注,全国各大媒体更是连篇累牍报道。

为了扩大网上卖房效果,潘石屹亲自挂帅上阵。5月5日,SOHO中国微博发布了潘石屹为网上卖房录制的宣传片《我为什么在网上卖房子》。不久又发布了一则名为《潘石屹网上卖房雄心壮志挑战大海表决心,任志强羡慕嫉妒恨兄弟情深大助威》的视频短片,这部片子将潘石屹和任志强变成动画形象出镜,精心设计好的台词向外界传达了潘石屹将网上卖房进行到底的决心。

乐居与SOHO中国联手进行的网上卖房成为中国地产界首次真正意义上实现了纯互联网全程交易及异地参与。据说,这个模式源于潘石屹和周忻在吃饭的时候,潘石屹提到想把房子放到网上卖,周忻认为此想法可行,于是立刻着手筹备,由此造就了中国首次房产电商。

网上卖房从此一发不可收拾,2011年5~6月,SOHO中国与乐居电商又连续两度联手,总成交额分别达到1.3亿元以上。2011年5月25日,南国威尼斯城作为首个旅游地产项目登陆电商频道,当日超过两千名网友参加了竞买。

2011年5月29日,网络专卖店"游站"正式开盘,千余意向客户蜂拥至现场,与在线两万多名网友共同进行网上抢房,仅2分钟180套房源被抢购一空,创下首个全国网上整盘销售奇迹。2011年6月12日,中南西海岸开盘发售,一天时间就卖出360套房源的佳绩。

房产电商的火爆行情,连"地产界思想家"冯仑也不甘寂寞,他充分发挥了房产电商跨时空的优势。2011年7月16日,万通台北项目登陆乐居电商平台,成为全球华人首个通过网络购买的不动产项目。

2011年12月21日,在新浪乐居举办的创新峰会上,潘石屹坦承:"半年时间SOHO中国和新浪乐居有几次的合作,都是一步一步艰难走过来。第一次合作中,很多人认为房屋放到互联网上销售,基本上不太可能,给我们提出了各种各样的质疑,我们一步步走过来,到今天认为传统行业跟互联网行业结合得非常好!"

同场对话的冯仑将电商打了个形象比方:"电子商务特别像世纪佳缘里的事情,就是在网上认识,开始眉目传情约会,但是见面生孩子一定要炕上。实事要找办实事的地方干,虚事可以在网上开始,炕上进行,最后埋单结束还要在网上,这是移动的状态。电子商务大体上也是这样的过程，有一些地方推荐，最后要有一个选择的过程。"

乐居开启的这波电商潮流，很快传遍整个互联网，房天下、搜狐焦点、网易房产等多个平台也相继跟进，纷纷推出自家房产电商平台，参与到网上房产交易行列中，甚至连传统纸媒也美其名曰搞起"房产电商"，一时之间房产电商成为多家房地产媒体兵家必争之地。

为了打好房产电商这场关键大战，素来擅长战略布局的乐居CEO贺寅宇，从2011年开始，对房产电商进行全国布局。贺寅宇督战全国，频繁飞往各地考察市场、下达指标。面对激烈竞争，贺寅宇带领乐居创新升级，推出"房产电商3.0"，即为平台电商。打开门做生意，以开放姿态，跟各家开发商、媒体共同服务购房者，中国商品房电商体系就此建立。

房产电商具有划时代的意义，不仅帮忙开发商开辟了全新的营销战场，在行情惨淡的2011年市场中，摸索出一条新的道路。同时，也让众多房地产互联网平台由早前单纯的广告业务转变为"广告+电商"两条腿走路，甚至不少平台电商业务占到总体业绩2/3以上。

而在贺寅宇主导下，乐居电商从1.0到3.0快速迭代创新，也一举奠定了乐居在房地产电商领域老大的地位。2014年4月乐居控股纽交所上市，当年中报显示，电商收入同步增长188%，即在此业务上实现弯道超车，超越主要竞争对手。

2011年，对于房地产行业乃至整个中国社会而言，有个非常重要的数据不容忽视。

这一年中国城镇人口首次超过农村人口。国家统计局发布数据称，2011年中国大陆总人口为134735万人，其中，城镇人口为69079万人，乡村人口为65656万人，也就是说城镇人口占总人口比重迈过50%大关，冲上51.27%的城市化率意义重大，这是具有里程碑式的历史意义。

中国是个具有几千年农业文明历史的农耕大国，农村人口一直都是全国总人口中最为重要的组成部分。改革开放之后，中国经济社会发展迅猛，取得举世瞩目的巨大成就，工业化、现代化进程得到极大提升，而城市化水平更是中国崛起最有力的佐证。

2011年，可以说是中国由农村社会全面进入城市社会为主的新成长阶段，这个历史进程并非简单的城镇人口百分比的变化，更代表中国的生产方式、消费行为、生活习惯、价值观念、就业结构等诸多领域正发生极其深刻的转变。

在这场千载难逢的机遇面前，中国首先要防止世界各国城市化进程中出现的"贫民窟大军"。像拉美等国家，因为城市化率高于经济增长速度，导致大量农村人口涌入城市，这些失地农民缺乏城市谋生手段，逐步沦为城市中的底层贫民。

另外，城乡二元化体制也进入新的调整期，已经在城镇就业的农民工成为产业工人之后，也开始享受现代城市文明，能够获得教育、医疗、培训等诸多服务，丰富就业选择，完善社保体系，提高经济收入，让农民工与城里人拥有同等"国民待遇"。

与此同时，还有个值得关注的问题，也随着城市化减速而凸显。城市人口超过农村人口，也意味着中国城市化进程进入相对平稳期，农民涌入城市速度同比下降。

此外，中国老龄化程度日趋严峻，甚至部分城市出现日本"少子化"现象，这导致中国人口变化已由快速增长转变为低速增长，东北三省、西部地区不少地方还出现负增长。这一切，也宣告中国人口红时代持续衰减。

人口红利的消退，对中国造成了全方位影响，最直观的是人力成本上涨。特别是在制造业、建筑业等劳动密集型产业，一方面是市场不景气，另一方面是人工成本持续提升。

受诸多因素影响，处于多层重压之下的中国经济，增速开始回落，在2010年GDP达到峰值10.30%之后，2011年跌回个位数增长，报收9.20%。此后几年，都一减再减，2012~2014年在保七段位徘徊，2015~2017年连续三年停留在保六水平。

而对于多个依赖房地产业的城市来说，在人口红利退潮面前同样受到前所未有冲击。因此，要实现经济腾飞，中国必须力争加快推进经济发展方式转变和经济结构调整，才能实现经济平稳较快发展。

当然，与发达国家70%~80%的城镇化率相比，中国城镇化其实还有很漫长的道路要走，这也是未来房地产仍有机会发展的想象空间。

相关数据显示，中国的城镇化率每增加1%，就相当约有2000万农村人口进入城镇居住就业。如果按每增加1个城镇人口可以带动10万元城镇固定资产投资、城镇基础设施等来估算，每年能有超2万亿元的内在消费驱动，这无论对中国经济还是房地产行业来说，都是无比巨大的潜在市场。

也许，路遥才能知马力。

那么，处在城镇化、老龄化夹缝之间行驶的中国房地产这班列车将会跑出什么速度？将由时间检验，也由时间见证。

2012 年：

城镇化领风潮　多元化成主流

历史的车轮终于驶进 2012 年，全球在憧憬期待与忐忑不安中迎来了新的一年。

早在 2009 年 11 月 13 日，一部名为《2012》的电影在全球同步上映，随后这部好莱坞大片风靡世界各国。根据古老而神秘的玛雅预言，2012 年 12 月 21 日将是世界末日，玛雅人的日历也到这一天为止，预示世界到此终结。

在这部影片的影响下，很多人对 2012 年充满复杂的感情，而发生在 2011 年 3 月 11 日的日本 9.0 级大地震，引发超级海啸等系列灾难，也令《2012》影片中的梦魇萦绕在世人脑海中。

刚刚经历过 2011 年狂风暴雨式调控的中国楼市，进入 2012 年会不会遭遇毁灭式灾难？这是每个关注房地产的人心中最大的疑问。

2012 年央行两次降准、两次降息、住宅限购、企业资金不畅的情景都像极了刚刚过去的 2011 年。就在人们怀疑还能不能过好这个年的时候，出乎很多人意料的是，楼市在年底迎来暖冬，不仅销售回正，房企也传来了在资本市场上 IPO、融资发债的好消息。

这个趋势让人们对未知的市场感到兴奋的同时，也感到忧虑。随着调控的不断深入，行业洗牌的步伐越来越快，房企业绩分化也愈演愈烈。标杆房企以价换量，业绩大幅提升；中小房企开启并购、合作风潮，与此同时，房企谋求多元化发展的路径也越发清晰。

从数据来看，2012 年全国房地产开发投资 71804 亿元，比 2011 年名义增长 16.2%；商品房销售额突破 6 万亿元，增长 10%；商品房销售面积突破 11 亿平方米，比 2011 年增长 1.8%，均创出了历史新高。

是困难，也是机遇。在大部分房企站在断臂求生、抱团取暖的十字路口时，2012 年有两家房企独立鳌头、不畏风雨，跨过香江登陆了港交所，这就是旭辉和新城控股。

在这样的大背景下，对接海外资本，在 2012 年被大部分房企视为逃生窗，尽管他们都为此付出了高昂的融资成本。这一年，河南建业发行 1.75 亿新加坡元 2016 年到期优先票据，年利率为 10.75%；合景泰富发行总值 4 亿美元 2017 年到期的优先票据，年利率高达 13.25%。

此外，还有花样年、龙湖、佳兆业集团、路劲、富力地产及华润置地等房企先后加入融资大军，或发行优先票据或签订银行贷款。巅峰时期，光是2012年9月，房企对外公布的海外融资计划额就已超过百亿元。

到了2012年底，中国共产党第十八次全国代表大会隆重举行，这是在中国改革发展关键阶段召开的一次十分重要的大会。党的十八大给整个中国带来全方位的影响，对中国现代化建设的持续发展具有重要意义。与此同时，中国经济和房地产行业也都迎来新的契机。

中国新型城镇化

2012年11月8日，中国共产党第十八次全国代表大会在北京召开。2012年11月15日，中共十八届一中全会选举习近平为新一任中共中央总书记。中国共产党第十八次全国代表大会，是在全面建成小康社会关键时期和深化改革开放、加快转变经济发展方式攻坚时期召开的一次十分重要的大会。

党的十八大特别强调，要坚持走中国特色新型城镇化道路，推动工业化和城镇化良性互动、城镇化和农业现代化相互协调，促进工业化、信息化、城镇化、农业现代化同步发展。

此外，党的十八大还特别指出，新型城镇化突出的是"新"，即城乡统筹、城乡一体、城乡互动、节约集约、生态宜居、和谐发展，是大中小城市、小城镇、新型农村社区协调发展，互促共进的城镇化。

2012年12月15～16日，在北京举行的中央经济工作会议上，明确提出要积极稳妥推进城镇化，着力提高城镇化质量。

会议认为，城镇化是我国现代化建设的历史任务，也是扩大内需的最大潜力所在，要围绕提高城镇化质量，因势利导、趋利避害，积极引导城镇化健康发展。要构建科学合理的城市格局，大中小城市和小城镇、城市群要科学布局，与区域经济发展和产业布局紧密衔接，与资源环境承载能力相适应。

因此，会议要求把有序推进农业转移人口市民化作为重要任务抓实抓好。将生态文明理念和原则全面融入城镇化全过程，走集约、智能、绿色、低碳的新型城镇化道路。

党的十八大也由此拉开了中国新型城镇化的序幕，这也标志着新型城镇化正式成为中国发展战略。此后，新型城镇化成为社会各界频繁提及的热词。

2013年11月，党的十八届三中全会明确要求，坚持走中国特色新型城镇化道路，随后召开的中央城镇化工作会议进一步强调"走中国特色、科学发展的新型城镇化道路"。

2014年3月16日，新华社发布《国家新型城镇化规划（2014～2020年）》，这也是指导全国城镇化健康发展的宏观性、战略性、基础性规划。

新型城镇化给房地产行业带来巨大机遇，主要亮点是强调以人为本的指导思想，全面推进以人为核心的城镇化建设。围绕三个"1亿人"这个核心重点解决农业转移人口落户城镇、城镇棚户区和城中村改造、城市群建设、房地产低碳节能集约化等诸多问题，推进城镇化沿着正确方向发展。

首先，城镇化率将使农村人口向城镇转移，拉动城镇住房需求增长。《国务院关于深入推进新型城镇化建设的若干意见》提出，到2020年，常住人口城镇化率要达到60%左右，户籍人口城镇化率达到45%左右，户籍人口城镇化率与常住人口城镇化率差距缩小2个百分点左右，努力实现1亿左右农业转移人口和其他常住人口在城镇落户。

如果按2020年中国城市人均住宅建筑面积将达到35平方米来估算的话，这1亿落户城市人口的住房需求约为35亿平方米，平均每年约为5亿平方米。

根据易居房地产研究院报告数据显示，截至2012年12月末，全国商品住宅的待售面积为23619万平方米，连续5年攀升。因此，1亿新增城镇人口住房需求是2012年商品住宅存货的两倍还多，这对去库存是个莫大的利好。

同时，新型城镇化规划也提到，将加快城镇棚户区改造逐步将其他棚户区、"城中村"改造统一纳入城市棚户区改造范围，到2020年基本完成城市棚户区改造任务。

易居房地产研究院报告预测，自规划发布之后的十年城镇住宅拆旧和棚户改造的理论需求总量约为30亿平方米，年均约3亿平方米，这对房地产市场来说也是个强有力的支撑。

再者，新型城镇化规划强调以城市群为主体形态，推动大中小城市和小城镇协调发展。中国以"两横三纵"为主体的城镇化战略格局基本形成，城市群集聚经济、人口能力明显增强，东部地区城市群一体化水平和国际竞争力明显提高，中西部地区城市群成为推动区域协调发展的新的重要增长极。

"两横三纵"是指构建以陆桥通道、沿长江通道为两条横轴，以沿海、京哈京广、包昆通道为三条纵轴，以轴线上城市群和节点城市为依托、其他城镇化地区为重要组成部分，大中小城市和小城镇协调发展的"两横三纵"城镇化战略格局。

首先，优化提升东部地区城市群，京津冀、长江三角洲和珠江三角洲城市群，要以建设世界级城市群为目标，继续在制度创新、科技进步、产业升级、绿色发展等方面走在全国前列，加快形成国际竞争新优势，在更高层次参与国际合作和竞争，发挥其对全国经济社会发展的重要支撑和引领作用。

其次，培育发展中西部地区城市群，加快培育成渝、中原、长江中游、哈长等城市群，使之成为推动国土空间均衡开发、引领区域经济发展的重要增长极。依托陆桥通道上的城市群和节点城市，构建丝绸之路经济带，推动形成与中亚乃至整个欧亚大陆的区域大合作。

新型城镇化对中国推进的重点区域，发展前景长期向好，为今后房地产的区域拓展和布局指明方向，这也是众多房地产企业随后竞相拿地开发项目的重点区域。

此外，新型城镇化规划提出健全节约集约用地制度，建立城镇用地规模结构调控机制。加快绿色城市建设，将生态文明理念全面融入城市发展，构建绿色生产方式、生活方式和消费模式。严格控制高耗能、高排放行业发展。

《中国地产四十年·2010》里提到，房地产业是中国耗能最大的产业。中国是全球每年新建建筑量最多的国家，消耗了全世界40%的水泥和钢材，同时，中国建筑垃圾的数量已占到城市垃圾总量的30%~40%，而中国建筑平均寿命却仅有30年，造成大量资源浪费和环境污染。

由此可见，城市发展转向集约紧凑模式，房地产业走向集约化转型也是必然趋势。同时，大力发展低碳节能环保型住宅，提高住宅的安全性能、耐久性能、经济性能、舒适性能和环境性能，也成为众多房地产企业转型目标。

总的来说，党的十八大启动的新型城镇化对中国房地产影响深远，成为此后房地产行业转型升级的重要方向。

旭辉赴港挂牌

据北京中原市场研究部统计数据显示，仅2012年上半年，全国房地产市场公开的规模股权交易达到了51宗，已经公开的总交易额就达到了205亿元，同比2011年上半年的42宗、131亿元上涨了21%及56%，股权变动明显增加。

到2012年第三季度，清科研究中心数据指出三季度中国房地产行业共有23起并购案例，涉及14.43亿美元，占当季所有行业并购总额的22%，成为当年三季度并购金额最高的行业。

这仅仅是房地产行业整合的冰山一角。以万科为例，该公司2003年的市场销售额为63亿元，市场占有率为0.82%，而2012年万科销售额增长至1412亿元，增长了22倍，市场占有率为2.26%。

再从2009~2012年房企十强占整个市场份额的对比数据可以发现，行业集中度已悄然提高。前十强市场份额从2009年的8.57%升至2012年的9.98%，虽然这一数字与当年美国房企十强27%的占有率相比还有很大差距。但是，毋庸置疑，房地产行业即将进入一个漫长的深度调整期。

断臂求生，成为大多数房企的无奈选择。其中，最为人所熟知的便是绿城"壮士断腕"的故事。2012年6月8日，绿城向九龙仓定向增发股份和可换股证券，交易金额总计约51亿港元。配发完成后，九龙仓集团持有绿城中国24.6%的股份，一跃成为第二大股东。

不到半个月时间，绿城在2012年6月22日将上海、苏州、无锡、常州、天津等地的

9个项目的一半股权转让给融创中国,套现33.7亿元。此外,上半年绿城先后还转让了上海外滩地王、绿城广场、无锡香樟园、台州等地的项目股权,交易对价约51.1亿元。

对于这个时期的绿城来说,似乎只剩下生存还是毁灭这两个问题。值得一提的是,跟绿城一样走上卖项目这条路的还有荣安地产、中华企业、名流置业、沿海家园和冠城大通。

2012年10月8日,荣安地产将其所持有的江苏荣安置业有限公司及公司全资子公司宁波荣安房地产开发有限公司90%、10%股权出售给杭州富展投资有限公司,分别为2.889亿元及0.321亿元,总共获得转让款3.21亿元。

据荣安地产2012年半年报显示,公司一年内到期的流动负债达到15.33亿元,而截至6月底公司现金及现金等价物余额仅约3000万元。

巨大的偿债压力,在2012年不是个案。国泰君安孙建平透露,2012年中国房地产市场的资金需求将达到10.84万亿元,而包括开发商自有资金、商品房销售、银行贷款以及信托贷款等途径,房地产企业只能筹集9.49万亿元的资金。

这是一个不小的资金缺口。以中华企业为例,公司半年报披露2012年6月底现金仅为26.7亿元,短期借款和一年到期借款为64.6亿元。无奈之下,继上半年卖掉了上海项目公司套现8.17亿元后,中华企业2012年10月10日又宣布出售中华企业大厦相关物业予天津畅和股权投资基金管理有限公司,价格为7.9亿元。

2012年10月26日,名流置业将西安全资子公司的项目公司100%股权以及4.33亿元债务转让给保利地产;负债居高不下的沿海家园也采取出售部分资产方式回笼现金,将苏州商业项目以5.5亿元价格卖给深圳控股,沿海家园再以2.15亿元的对价收购深圳控股惠州项目的30%股权,一来一回,沿海家园获得3.35亿元资金。

2012年11月29日,冠城大通将持有的深圳冠洋房地产有限公司100%股权转让给上海诚盈一期股权投资中心,交易对价为7.33亿元。冠洋地产的主要资产T101-0047宗地项目,地处南山月亮湾,紧邻前海,土地用途为居住、商业和服务业,土地面积为4.96万平方米,建筑面积20.57万平方米。

后来,该地块被开发成综合体项目山海美域。在2014年7月,冠洋地产再次易主佳兆业之后,该项目正式更名为佳兆业前海广场。

市场不好过,房企也各出各招,于是联合开发成为2012年流行的新趋势。对品牌房企来说,通过合作可以缓解融资困难的境况;对中小房企来说,他们手中有地但是没有余钱。

就拿万科来说,2012年年报显示公司该年新增的78个开发项目中,合作开发的项目就有47个。其中最为著名的便是2012年万科通过收购济南天泰置业公司约60%股权,正式进入济南。

保利地产更是联合开发模式中的佼佼者。2012年前后,保利地产与朗诗、首开、融创、万科等多家企业建立了亲密的合作关系。到2015年,当时统计的数据是:保利在北京拿下的10个项目便有6个是和首开联合获取。

2012年，方兴与融创在北京联合推出了"东府西悦"项目，通过优势互补谋求产品升级；绿地联合万科以及九龙仓等多家房企拿下上海新地王，总价54.31亿元；绿地还与五矿拿下湖南长沙金融生态区核心地块，成交价格达7.2亿元；保利联合万科拿下湖南长沙滨江新城地王，摘牌成功后，总价32亿元。

有钱的出钱，有地的出地。相较于新世纪以来房企间零星的合作案例，2012年众多房企的抱团取暖、各取所需，成为普遍现象。

早在2004年，万通集团与天津泰达集团就曾经在土地一级开发的过程中谋求过合作。当时的协议相对简单：泰达集团作为天津市从事土地一级开发的国有企业，经其平整后的优质土地优先提供给万通使用。

到2009年，这种合作模式进一步扩大到优势互补。以外高桥与金地集团的合作为例，由外高桥提供土地使用权，而金地则投入建设开发资金，两家共同开发森兰·外高桥北部住宅地块。

在资金紧张的2012年，除甩卖项目、联合开发之外，上市融资同样是房企突破资金瓶颈的重要途径。

旭辉，在A股门口徘徊三年后，终于下定决心转战香港。2011年4月，旭辉重启香港上市，计划于当年5月中旬挂牌。意料之外的是，调控突如其来令上市计划受影响。但不到一年时间，也就是2012年4月，旭辉重启IPO。2012年11月23日，旭辉正式挂牌上市，成为2012年首家赴港上市的内地房企。六天后，来自江苏的新城发展控股也登陆了港交所。

旭辉以每股1.33港元的下限发行，集资净额18.96亿港元，据招股书，旭辉的净资产110.36亿港元，折让率为69.5%。新城控股也同样以招股价下限1.45元发行，集资净额15.3亿港元。

考虑到汇率因素，旭辉、新城控股的市盈率均不到5倍。与此前上市房企动辄20倍市盈率相比，无论从融资规模还是发行价格来看，都没有当时的盛况。但对于房企来说，即便以低估值叩开境外资本市场的大门，也已经属于幸运。

房企抢购矿业能源

21世纪的第二个十年，渐行渐远。传统地产行业面临黄金十年过去的利润摊薄化以及前所未有的竞争压力，转型成为了每家房企不得不面对的话题。

2012年，房企给出的答案是"多元化"。其中，豪宅专家星河湾在这一年公开卖起了白酒，其董事长黄文仔多次为自家——星河湾老原酒站台。

这是一款看似朝阳产业的产品，2011年全国白酒产量同比增长30.7%，茅台、五粮液、洋河、郎酒、泸州老窖5家白酒厂商销售额均破百亿。2012年前三季度,贵州茅台、五粮液、洋河股份、泸州老窖四家白酒企业平均毛利率约为66%,而"招保万金"前三季度的平均毛利率仅为28%。谁高谁低,一见便知。

在市场调控加码的背景下,各大房企竞相寻找出路,星河湾迈出这一步,也是为行业多元化模式进行探索。当然,房企多元化成效如何?将由时间来做评判。

矿业,也是2012年的聚焦点。富力地产总裁张力旗下的力量矿业2012年3月14日在香港上市,张力拥有力量能源63%的股权。彼时,力量能源主要持有内蒙古鄂尔多斯准格尔旗大饭铺煤矿。

除此之外,还有新湖中宝、华业地产、万通、中茵股份、鼎立股份、西藏城投、中润资源等中小上市房企也在2012年前后发展矿业。易居研究院企业研究中心2011年发布的相关报告就显示,在沪深股市132家房地产上市公司中,有1/6的房企已经或即将涉足矿业能源领域。

只是,矿业这条路并不如想象中好走。以原中润地产为例,为了转型矿业甚至不惜在2011年更名为中润资源。但是业绩连年亏损,直到2014年9月不得不将旗下子公司中润矿业悉数卖给山东卓瑞实业,尽管后来该交易突生变故,但中润资源也算得上一手结束了矿产开发的业务。

遍地亏损的不只是中润资源一家。华业地产、中弘股份都双双公告透露,矿业开发处于亏损状态,其中,中弘矿业在2014年上半年亏损了262万元。

作为房企跨界代表的恒大,是2012年多元化绕不开的话题。继2010年恒大文化产业集团横空出世后,再爆出恒大音乐在2012年迎来了宋柯、高晓松两位名人的加盟。

时任恒大音乐董事长宋柯曾经向媒体公开表达了自己对恒大业务的期望,未来版权收购和管理、演唱会、艺人经纪三大业务将齐头并进。

另外,已经入主广州足球队两年的恒大在这一年也迎来新的收获。2012年广州恒大足球队一举拿下了中超联赛、足协杯两项冠军,打破了广州职业足球比赛纪录,为国内"地产足球"积攒了不少赞誉与先例。

至此,广州恒大、杭州绿城、河南建业、上海绿地、大连万达、华夏幸福、富力等房地产企业纷纷亮起了"足球+地产"的新型营销模式,同时也是进军体育产业的又一个发展新思路。

与此同时,在2013年亚冠足球决赛赛场上亮相的恒大冰泉,也曾经被许家印寄予厚望。当时,恒大每位球员胸前都挂着"恒大冰泉"的广告,使这个初次亮相的品牌一炮而红,这也标志性着恒大正式进入快消领域。后来,恒大又用同样的营销手法先后推出了乳业和粮油。

到2015年,恒大多元化的触角已经伸到了大健康领域、保险领域等。彼时,恒大健康借壳新传媒在港上市,同年恒大宣布全面进军保险产业,并收购中新大东方人寿,打造"恒大人寿"。

随后恒大系发展出6家境内外上市公司,包括中国恒大、恒大健康、恒腾网络、嘉凯城、恒大淘宝、恒大文化。恒大所涉及的业务涵盖了住宅、商业、旅游、酒店、足球、音乐、矿泉水、农产品、整形医院等业务形态。

通过多元化来支撑企业发展，分散风险，扩宽盈利渠道，塑造品牌成为 2012 年以来屡见不鲜的战略手段。但是，多元化路径下有多少盈利的成分，是锦上添花还是雪上加霜，看起来只有企业自己能回答这个问题了。

万达的海外战略缘起于 2012 年 5 月，万达以 26 亿美元并购全球第二大院线 AMC，并借此成为全球规模最大的电影院线运营商；2012 年 6 月，万达第二笔海外投资出炉，向俄罗斯北高加索旅游业投资 30 亿美元。

一发不可收拾。2013 年，万达再次收购英国圣汐游艇公司近 92% 的股权，耗资 3.2 亿英镑，同时投资 7 亿英镑在泰晤士河边建设豪华酒店和公寓综合项目；2016 年，万达继续斥资 35 亿美元收购好莱坞制片公司传奇娱乐。

到 2017 年，万达开始从海外收缩战线。万达在 7 月一口气卖掉了 13 个文旅项目和 77 个酒店资产，套现了 650 亿元资金。2018 年开年，万达"卖卖卖"的节奏并未停止。在 2018 年 1 月 22 日的万达年会上，王健林亲口放话称，2018 年决定清偿海外债务。虽然王健林没有透露具体数字，但是他也透露，卖一半海外资产就能把全部债务偿清，说明万达集团在买和卖之间赚钱了。

2012 年的绿城，刚刚套现完毕，缓了一口气过来。宋卫平做完教育和搞完足球后，说要把一部分精力放在现代农业上。他把第一步放在了自己的老家——绍兴嵊州。宋卫平是认真的。2012 年 11 月 14 日，绿城现代农业开发有限公司在嵊州正式揭幕，还有绿城现代农业院士专家工作站、浙江省农业科学院嵊州综合试验站一同亮相。

绿城计划投入 20 亿元。这是宋卫平推出养老地产后，又一多元化发展战略的落地。嵊州 5000 多亩土地，不仅仅是农业发展的基地，也是宋卫平蓝城版图上的重要一环。如今，在特色小镇亿万级的风口之下，凭借全域旅游、现代农业、休闲康养等产业为基础的绿城小镇，成为绿城业务的新爆发点。

几人欢喜几人愁。2012 年初，那个公开向万科的高管团队喊话的王石还令人记忆犹新。他说："就算我死了，你们搞多元化，我还是会从骨灰盒里伸出手来干扰你。"

尽管王石一直强调万科要做减法，但是面临新形势下的房地产市场，郁亮不得不思考多元化问题。在《中国地产四十年·2010》中提到，万科已经开始布局商业地产。到 2014 年前后，万科陆续传出了各类业务进展的消息。比如入股徽商银行、筹建儿童医院、涉足产业地产养老地产教育产业等。

2017 年 6 月 30 日，郁亮当选为万科新董事长，王石正式卸任。郁亮与他的"新万科"在规模上失去行业老大这把交椅的背景下，会给市场一个怎样的惊喜值得期待。

对面竞争，面对压力，众多房企以多元化发展谋求转型，但也有初生牛犊不怕虎的新生力量踏足房地产行业，以黑马姿态闯入全国百强房企行列。

在2012年,有一家年轻的房地产公司成立了——华鸿嘉信集团,作为房地产行业的后起之秀,随后仅用了三年时间,做到销售金额超过百亿元,从容跻身温州一线房企阵容,成为浙南房地产界的龙头企业。

据克而瑞地产研究中心统计数据显示,2017年华鸿嘉信集团销售金额232.9亿元,冲进中国房地产销售排行百强榜,列中国房企第79位。

越秀房托基金

"最好的开发商都去搞商业了"。任志强曾经一句调侃的话拿来形容2012年的商业地产市场再合适不过。

是的,在《中国地产四十年·2004》中曾提过,商业地产正在崛起。国际零售业巨头纷纷抢滩中国商业市场,部分房企也刚刚接触这个不同于住宅地产的全新市场。八年过去,2012年国内商业地产已经发展到百花齐放的盛景了。

这其中有两方面原因。一是政府在土地出让结构方面做出了调整,出让的土地至少有20%~30%的商业配套,所以开发商不得不开发商业项目;二是随着国家对住宅市场的调控政策频出,变相缩小了住宅开发的利润,提高了住宅开发的风险。上述因素导致开发商被迫转型商业,以开拓业务增长点和利润空间。

不过,从房企自身的角度出发,开发商业地产对企业后续价值的提升有很好的促进作用。中国住宅开发一直以"短平快"的模式运作,但是自从政府加强调控之后,这种传统模式遭遇重大挑战。因此,很多房地产企业也在积极寻求未来可持续发展的方向。

随着商业地产逐步进入开发商的视野,尤其是商业地产租金回报率是住宅物业租金回报率的1倍以上,能达到6%的稳定收益。于是在住宅开发之外,开拓商业运营,可以实现平衡收益、规避风险,对房地产企业来说不失为一个两全其美的选择。

更为重要的是,随着人民生活水平提高,已经不再满足于居住需求,而希望提高配套设施。因此,诸多城市全新规划都要求开发商做好商业配套,这也导致商业地产一时之间成为香饽饽,前景看好。

据中原地产全国商业地产监测报告显示,从2010年开始,国内商业地产的月均开发增速达到25%以上,是同期住宅开发投资增速的1.5倍。到2012年上半年,这个数据拉大到2倍。

在广州,商业春风来得尤为猛烈。富力地产在珠江新城这片寸土寸金的土地上,拿下近20栋高端商业物业。作为珠江新城拥有写字楼数量最多的开发商,从2008年的富力盈泰广场,到2011年的富力盈凯广场,再到2014年的富力盈耀大厦,光带"盈"字的写字楼,富力就已经开发了不下10个。

当然，这也为富力带来了丰厚的收入。2012年富力中期业绩会报告指出，富力商业地产对集团利润贡献的比例进一步加大，其中酒店收入增加了6%。

如今的富力，更是在2017年7月23日以199.06亿元收购了万达旗下77家酒店。加上2017年中期报告中透露富力地产处于经营状态的16间酒店，富力将持有近百家酒店，一跃成为全球最大五星级酒店业主之一，看齐希尔顿、万豪等国际知名品牌商。

在2017年中期业绩会上，富力集团联席董事长李思廉强调，由于报表看不到归属业主利润，所以未能真正反映出业主多年来的实际营收。他对富力酒店业务的前景相当乐观，"77家酒店有一个中长期目标，就是将利润变为15亿元，平均每个酒店2000万元"。

保利地产与雅居乐是2012年前后在商业地产板块的两匹黑马。

在保利地产"十二五"规划中，可以发现把商业地产开发的比例提升至30%。这是一个商业与住宅并行的战略高度，保利地产计划在"十二五"期间增加9个酒店和12个购物中心，同时商业地产年经营收入达到20亿元以上。

2012年，保利商业地产投资管理有限公司正式成立，这也标志着保利地产在商业地产板块发展到了一个全新的阶段。

雅居乐集团在商业地产上取得新突破也同样在2012年。当时，雅居乐在广州的首个综合体——花都"雅居乐锦城"正式启动对外招商。这个项目被打造成集大型超市、影娱中心、酒店、公寓等业态于一体的综合体，总建筑面积达17.5万平方米。

2013年，雅居乐在广州市中心首个纯商业超甲级写字楼——雅居乐中心正式封顶，总建筑面积约12万平方米。

彼时，雅居乐公开表示，发力商业地产已经成为雅居乐未来的战略性目标之一，其未来商业地产开发占比将从目前的5%提升到15%。

继环宇城购物中心发布后，中海商业地产版图的思路在2012年正式得到明确。这一年，中海商业作为中海地产的全资子公司于深圳成立。也正是在这一年，中海地产计划投资物业业务占总经营利润的份额上调至20%。

同样悄然把商业地产比重提升的还有绿地、华润、龙湖以及凯德置地。其中，绿地集团表态称商业地产的开发比例将提升到整体开发投资的40%，这也意味着绿地战略转型，开始大力发展商业地产。

华润置地给出的目标更为明确。他表示5年后持有型物业将占集团整体资产比例的40%。2012年3月，华润置地在2011年全年业绩发布会上表示，公司在去年加大了在三线城市获取"住宅+五彩城"项目的力度，同时将缩短万象城开发周期，加快商业地产开发速度。

同在2012年，龙湖地产表示，未来10~15年商业地产利润将提升至30%；凯德置地提到，未来3~5年，在华商业地产项目数量将增至100个；万科在2012年拿下了商业用地共30宗，拿地面积约457万平方米，总金额约387亿元。

起家于广州的老牌房企——越秀地产，实际上早在1994年便涉足商业地产的开发业务。从2005年拿下广州国际金融中心项目以来，越秀地产商业地产进入发展的"快车道"。六年后，越秀地产营收的一半来源于此。

到 2012 年，越秀旗下广州地标建筑广州 IFC 正式开业。10 月，越秀地产将 IFC 注入越秀房托基金。交易完成后，IFC 预计投资回收周期从原来的 15 年大幅缩减到 3 年多，也成为了后续多年内为越秀房托贡献盈利最多的物业。

至此，越秀地产确立了"开发＋运营＋金融"的商业地产发展模式。2017 年，越秀房托资产规模超 350 亿元，物业收入净额 13.14 亿元，同比 2016 年增长 3.6%。除税后净溢利 14.37 亿元，同比增长 101.8%。

2012 年，见证了品牌房企在商业地产上的跨步，也目睹了中小房企在商业地产上的曲折，创鸿集团便是其中之一。

1999 年，创鸿在揭阳正式成立。创鸿的诞生，可以说与揭阳城市大开发的进程同步而起，通过开发御景花园、御景湾、御龙湾等项目，奠定了在当地的房地产龙头企业地位。

随着企业不断发展壮大，创鸿在扎根揭阳的基础上，于广东省内布局多个项目，并且在佛山接连拿下多幅地王项目。2010 年，创鸿把集团总部迁至省府广州，在珠江新城 CBD 挂牌。2012 年，商业地产成为行业发展新趋势，创鸿也大力推行战略转型。

根据创鸿开发的商业地产产品线可以看出，主要分为创鸿中心、创鸿城和创鸿汇。而在 2012 年 3 月，广州市创鸿商业发展有限公司正式挂牌成立，更是创鸿正式进军商业地产的标志。2012 年 6 月，创鸿与梅州市政府签约，打造的世界客都项目占地约 2.2 平方公里，计划投资超过 200 亿元。开足马力的创鸿，旗下广州番禺·创鸿城、佛山千灯湖·创鸿汇、揭阳进贤门·创鸿城等 12 个多元化商业综合体项目相继动工建设，总建筑面积超过 300 万平方米。

同时，为了实现大举进军商业地产和文化旅游地产领域的目标，创鸿不惜重金，其先后从国内商业地产老大万达引进数名高管。2012 年，创鸿挖来了原万达集团副总裁王寿庆，任职创鸿集团执行总裁。王寿庆，这位于 2002 年便第一次加盟万达的老员工，在运营上海万达广场期间功绩不菲。

效力万达十年之后，王寿庆选择了创鸿集团作为下家。当时的他，踌躇满志，也曾经想过要让创鸿集团"麻雀变凤凰"。事与愿违，2013 年 11 月 14 日，创鸿因涉嫌行贿事件发展受挫。王寿庆与遭受重创的创鸿度过了最艰难的两年，最终 2015 年 11 月，王寿庆再度回归万达集团，任职万达文化产业集团副总裁兼万达主题娱乐有限公司总经理。2017 年 8 月 7 日，王寿庆正式入职宝龙地产，担任宝龙地产控股副总裁兼商业集团总经理。

而原创鸿创始人黄鸿明，也在 2017 年再次进入公众视野，他成立坤山集团，并担任坤山集团董事长兼总裁。坤山企业官方网站显示，坤山集团成立于 2017 年，注册资金 1 亿元。以地产投资与开发运营为主营业务，涵盖众多支柱产业领域。坤山集团总部设在广州，总资产超过 100 亿元。2018 年 5 月 8 日，坤山集团将总部乔迁至广州珠江新城环球都会广场 48 层。

目前坤山集团已经确立了扎根于广东、实施"深耕一湾，兼顾两翼"战略。"一湾"

指大湾区城市群，即广州、佛山、深圳、东莞、珠海、中山、惠州、江门、肇庆；"两翼"指粤东和粤西两翼。为实现战略目标，坤山在广州、深圳、粤东、粤西设立区域公司。除此之外，坤山在北京等省外重点城市也已展开产业布局和项目储备。

全新开始的坤山集团一方面抓好在建项目尽早结项，同时开发新资源，新增土地储备，为后续发展增强后劲。另一方面，瞄准国家政策扶持方向，布局文化旅游、生态农业、养生养老地产项目。产品业态上，在巩固住宅、商业地产的基础上，发力文旅、产业特色小镇，整合形成了一批具有全国影响力的特色项目资源。另外，坤山集团积极寻求与卓越企业合作，已先后与泰银投、保利粤东公司、深圳华地集团、合景泰富等公司达成了合作。

年末楼市突现小高潮

经历 2012 年几乎全年的行情萧条，楼市在年末突然爆发，龙年翘尾，始料未及。

以万科、保利、恒大为例，房企 11 月的销售业绩大幅增加。其中，万科 11 月销售金额 171.3 亿元，同比增长 106.63%；保利销售金额 87.03 亿元，同比增长 76.66%；恒大销售金额 117.9 亿元，同比大幅上涨 850.8%，同比增长率行业最高。

量价齐升，市场基本面好转，成为当时的共识。但是由此衍生了另一个现象——两极分化。

2012 年，国内房地产企业 TOP10 的销售总额是 8405 亿元，比 2011 年的 6657 亿元增长 26.3%。从集中程度看，TOP10 占企业市场份额的 12.76%，比 2011 年提升了 2 个百分点，TOP20 集中度达到了 17.62%，比 2011 年上升了 3 个百分点。

根据克而瑞的统计数据显示，2012 年第一梯队企业与 2011 年一致，依旧是万科、绿地、保利、万达、恒大、中海，但是名次略有变化。老大位置一如既往是万科，只是它的销售金额从 1210 亿元上升到 1418 亿元。

2011 年，第六名万达与第七名碧桂园的业绩相差只有 130 亿元；到 2012 年，第六名万达与第七名绿城的业绩相差了近 400 亿元。

2011 年超过千亿元跟百亿元的企业分别是 1 家和 41 家，2012 年这个数字分别是 3 家和 57 家。这一年，万科不再孤独，绿地、保利联袂冲上千亿大关，分别以 1078 亿元和 1018 亿元的业绩，名列克而瑞发布的《2012 年中国房企住宅销售 TOP50》排行榜第二名和第三名的位置。

大者越大，强者越强。市场集中度越来越高的情况下，踏错一步，就意味着再也追赶不上。

《中原地产研究 2012 年年刊》的统计结论与上文基本一致，2012 年全国商品房销售面积与去年持平，但万科、保利、招商、华润、中海、恒大等十大标杆房企前10月依然取得平均23%的增长率，逆势增长显著。标杆房企的全国市场份额也进一步提升，销售额占有率从2008年的7%上升到2012年的12%。

不过，中原地产还提到一点，标杆房企的销售净利率呈现明显下滑趋势，已从2007年的24%下滑到2012年的18%。

是的，在以价换量的2012年上半年，就算是品牌房企也无法维持利润与规模的平衡。以万科为例，半年报显示，企业上半年实现结算面积263.8万平方米，同比大增90.7%；但销售均价10380元/平方米和26.5%的毛利率，同比分别下降了10.6%和5.6%。

尽管如此，2012年的中国房地产圈依然星光璀璨，有太多人和事值得记入《中国地产四十年》。

前文提到"新型城镇化"第一次被写入十八大政治报告，引发了地产商新一轮的战略追逐。报告明确提出"科学规划城市群规模和布局，增强中小城市和小城镇产业发展、公共服务、吸纳就业、人口集聚功能"。

然而，这并没有缓解房企重回一、二线城市的风潮。据了解，自2010年宏观调控开启以来，房企纷纷抢滩三、四线城市，寄望于三、四线城市宽松的政策以及购房需求可以拉动业绩增长。

可惜，三、四线城市购买力有限，随着一线城市销售回暖，一大批房企均宣称要把重心调整回一线城市。包括保利、金地、佳兆业等。其中，佳兆业明确表示2012年集团再度专注于一线城市及省会城市的商机，以达至均衡的土地储备组合。

恒大的调整也相对明显。2011年，恒大新增土地储备有61%在三、四线城市，到2012年，这个数字变成28%。而71%的新增土地储备在二线城市。许家印明确表态，"集团不得不改变策略，加强在一二线城市的布局"。

2012年，恒大海上威尼斯成为恒大加强一、二线城市布局的代表。这个"准一线城市"项目，位于长江入海口上海市崇明岛的北岸，拥有超级体量。恒大找来易居合作，通过网络、报纸、社区、楼宇、地推等多样化、立体式宣传，进行地毯式轰炸。首次开盘当天人数破万，取得了超过20亿元的销售总额，这无疑成为超级大盘营销的教科书。

2012年的故事还有很多。在广州，南沙终于荣升为继上海浦东新区、天津滨海新区、重庆两江新区、浙江舟山群岛新区、兰州新区之后的中国第六个国家级新区，其开发建设上升到国家战略。

南沙新区的规划明确提出，要建成深化粤港澳全面合作的国家级新区，打造粤港澳优质生活圈、新型城市化典范、以生产性服务业为主导的现代产业基地，具有世界先进水平的综合性服务枢纽和社会管理服务创新试验区。

这对于南沙来说，是个里程碑式的节点。早在1990年6月，广东省、广州市分别确定南沙为重点对外开放区域和经济开发区。实际上，南沙大规模开发的序幕始于1993年，当时国务院批准设立南沙经济技术开发区，南沙发展由此上升到国家层面。

20余年，南沙新区这幅蓝图终于开始下笔。2014年，南沙再度迎来发展的关键节点——南沙自贸实验区获批。

截至2018年4月末，落户南沙的金融及类金融企业共4390家，比自贸区挂牌前增加了36倍，形成了银行、证券、保险、基金、融资租赁、保理、小额贷款等传统金融机构和金融新业态共同发展的多层次金融服务组织体系。目前，南沙已经拥有世界500强企业投资项目超过90个。

时间长河之中，地产潮涌、风流人物辈出，那个拿了一块地便能摇旗呐喊的年代终究一去不复返了，在2012年以后的中国房地产不光要比拼卖房子，还要拼多元化。

摩天大楼建设热潮

20世纪30年代，处于快速成长中的美国，对摩天大楼的崇拜达到无以复加的地步，全美竞相兴建高楼大厦。

而进入21世纪，中国也全面迎来摩天大楼兴建热潮。摩天大楼，是最直观的现代化产物，第一高楼往往也是城市最重要的地标，甚至是当地政绩的体现。因此，很多城市将兴建全市、全省、全国、全球第一高楼作为追逐目标。

这股热潮到2012年冲至顶峰，中国各地纷纷祭出兴建超高楼宇的计划，连内地城市长沙都提出将建全球最高楼的宏伟蓝图。

2012年6月5日，远大科技举行了世界第一高楼"天空城市"启动和签约仪式。2012年11月26日，长沙远大科技集团公布了将建造全球最高摩天大楼的宏伟计划，拟建造高达838米的超高楼宇，共计地上202层、地下6层，目标是超越828米的迪拜塔成为世界第一高楼。项目计划于2013年7月20日正式开工，而建造工期只要七个月！

消息传出，举世震惊！惊人的高度加惊人的速度，瞬间吸引了全球关注的目光。这已经不是远大第一次被各界注意，早在2011年，长沙远大科技集团就凭借15天内建造一座30层大楼的逆天效率，成为各大媒体的头版头条。提到远大，更多人第一时间联想到的是远大中央空调，以及远大创始人张跃——首位拥有私人飞机的中国人。

1988年，辞职下海已经四年的张跃与刚刚从哈尔滨工业大学毕业的弟弟张剑一起研制出无压锅炉，并获得专利，依靠这项技术，兄弟俩赚到人生第一桶金。1992年，张跃兄弟来到湖南长沙，创办远大空调有限公司，到1996年远大直燃机技术达到世界领先水平，产销量全球第一。

2009年3月，远大科技集团创立全资子公司远大可建公司，"可建"意即：专门经营9度抗震、5倍节能、20倍净化、90%工厂制造、1%建筑垃圾的可持续建筑。2013年7月20日，天空城市项目开工仪式在长沙望城区举行，宣称2014年1月完成基础设施施工，2014年4月封顶，预计造价90亿元。然而，之后几年，该项目暂无其他消息。

远大天空城市项目，是2012年前后，中国兴建高楼大厦的其中一个典型代表。在那个热衷兴建摩天大楼的时代，全国各地纷纷对标国际知名高楼，竞相拔高楼宇层数和高度。

由"摩天城市网"发布的《2012摩天城市报告》显示，如果按以500英尺（152米）摩天大楼为统计研究基线，美国现有533座摩天大楼，是全球首屈一指的摩天大楼大国，中国则有470座摩天大楼。

但是，中国潜力十足，2012年在建摩天大楼多达332座，另有516座已经完成土地拍卖、设计招标或已奠基。而同期的美国，在建及规划的摩天大楼仅为30座。这意味着，中国将以1318座超过152米的摩天大楼总数跃居世界第一，是美国的2倍多。

中国共有10座城市欲建设总高超过美国第一高楼541.3米纽约新世贸中心的第一高楼，这里面包括660米的深圳平安金融中心、636米的武汉绿地中心、632米的上海中心大厦、597米的天津117大厦等多座摩天大楼。而且2012年中国（内地）摩天大楼投资总额估值，更是达到令人咋舌的17062亿元。

2011年，中国第三产业总额为204983亿元人民币，中国以相当美国26.8%的第三产业总额，支撑起470座相当于美国88%规模总量的摩天大楼。但美国平均每座摩天大楼对应的第三产产值为1431亿元人民币，而中国仅为436亿元/座。

据"摩天城市网"估算，至2022年，中国第三产业需按照年均14%的速度增长，才能接近2011年美国762722亿元人民币的水平。但届时中国摩天大楼数量为美国的2.3倍，平均每座摩天大楼对应的第三产业产值为576亿元/座，仅为美国2012年对应值的40%。

如此众多的摩天大楼落成，对中国经济究竟有什么影响呢？早在1999年，经济学家劳伦斯总结出一个"摩天大楼指数"，他发现，摩天大楼立项之时，是经济过热时期；而摩天大楼建成之日，即是经济衰退之时。

意思就是世界最高大楼的开工建设，与商业周期的剧烈波动高度相关，大楼的兴建通常都是经济衰退到来的前兆，这个"百年病态关联"被称为"劳伦斯魔咒"。

"劳伦斯魔咒"具有一定的道理，并在以往摩天大楼建成时屡次应验。比如，美国纽约胜家大厦和大都会人寿大厦在1908年前后落成，而在1907年10月，美国银行危机就开始爆发，数百家中小银行接连倒闭，一时之间金融市场陷入恐慌。

最具代表性的是20世纪20年代末至30年代初，就在华尔街克莱斯勒大厦和帝国大厦落成之际，而这个时间段，美国股市出现毁灭性崩盘，并蔓延全球引发世界经济大萧条。

20世纪70年代中期，纽约世贸中心和芝加哥西尔斯大厦再夺全球最高，后发生石油危机，全球经济陷入衰退。1997年吉隆坡双子塔楼建成使用，并成为当时全球最高楼宇，然而1998年就发生亚洲金融风暴。

在中国，"摩天大楼指数"也有一定的参考价值，但相对来说，"劳伦斯魔咒"在中国的应验程度并不明显，尤其是进入21世纪，中国经济全面加速，摩天大楼接踵而来，经常在同一个年份里既有高楼开建，也有高楼落成，因此，很难界定同一个年份究竟应该算是摩天大楼立项年？还是建成年？

比如，深圳平安国际金融中心，于2009年8月奠基，建成后总高度达到592.5米，计划在2016年4月竣工。而2009年9月，广州周大福金融中心正式动工，建成高度冲刺530米目标。同在2009年11月，高达440.75米的广州国际金融中心竣工，但中国经济在2008年全球金融海啸冲击下却逆势上扬，引领世界经济冲出阴霾。

2010年3月，广西防城港市也加入到摩天大楼建设行列，设计楼高528米、共109层的亚洲国际金融中心正式开工建设。2010年9月，南京紫峰大厦落成，这座450米的摩天大楼成为南京新地标，而中国经济也未低迷，反而在2010年GDP取得10.6%的双位数增长率。

2014年开始，中国摩天大楼建设进程加速。2014年，天津周大福金融中心塔楼大底板混凝土开始浇筑，计划建成高达530米的标杆建筑，预计2018年竣工，届时将成为世界第九高楼，也是天津滨海新区主体建筑群中的核心地标。与此同时，重庆环球金融中心总体于2014年交付使用，该楼宇以339米高度成为重庆及西部地区第一高楼。

因此，无论是中国经济，还是中国房地产，甚至于摩天大楼的建设，能否折射出未来中国前行方向，这是个非常有技术含量的话题。总的来看，对于处于高速发展车道上的中国，自有其成长轨迹，很难简单套用西方传统的经济学模型。

莫言买房玩笑一场

2012年10月11日，是中国文学史值得铭记的一天，瑞典文学院宣布：莫言获得诺贝尔文学奖！消息传过来，举国欢腾，这是中国籍本土作家首次荣获诺贝尔文学奖。

大奖降临，莫言也获得750万元的巨额奖金。当记者连线采访莫言拿奖后有什么打算时，曾经"为能够一天吃上三顿饺子而奋斗写作"的莫言提出的需求很实在，他不假思索地表示，"我准备在北京买套房子，大房子"。

记者朋友善意提醒莫言，北京房子不便宜，按五六万一平方米来算，其实750万元也只能买个中等户型，大房子还买不了。

消息传开，网络上一片热议，甚至很多网友还在讨论，身为山东人的莫言有没有北京买房资格，就连SOHO中国的潘石屹都参与其中，笑问：您有北京户口吗？毕竟，北京这种一"限"城市，不是外地人想买就能买的地方。

虽然后来莫言通过媒体淡然回应称，用诺贝尔奖奖金买房子只是开个玩笑。但关于买房的话题仍在互联网上持续发酵。甚至网友用"莫言买房，玩笑一场"作为上联，在网上征集下联。只不过，时至今日仍未能征集到合适的下联，也许，买房在中国，仍是个无解的答案。

几乎在全民热议莫言买房的同时，广州"房叔"事件也在网络上引起了公众和媒体高度关注。2012年国庆节过后，网民"广州正义者联盟K"在天涯社区上爆料称：番禺一个城管队长就有20多套房产，广州的房价怎能不高？按当时市值估算，21套房产的价值约4000万元。2012年10月11日，番禺区纪委正式通报：经查核情况属实。坐拥如此多房产，当事人被网友们称为"房叔"。

一个普通的城管队长可以坐拥21套房产，身家高达4000多万元。而拥有百年历史的诺贝尔奖首次花落中国，不仅巨额奖金令人艳羡，随之而来的身份和地位提升更是常人无法企及。然而这一切，却无法换来北京一套大房子。大涨国人志气的诺贝尔奖获得者，还不如个城管队长，在残酷现实面前显得如此心酸与无奈。

无独有偶的是，三年之后中国另一位诺贝尔奖得主拿到奖金之后，同样首先想到的也是买房。2015年10月8日，屠呦呦获得诺贝尔生理医学奖，这是第一位获得诺贝尔科学奖项的中国籍本土科学家，也是第一位获得诺贝尔生理医学奖的华人科学家。

然而，当屠呦呦在家中通过电视得知自己获得诺贝尔奖的消息，面对记者同样提到"诺贝尔奖奖金会怎么使用"的问题时，屠呦呦和先生李廷钊开玩笑地说："这点奖金还不够买北京的半个客厅吧?！太少了啊！"

中国两位诺贝尔奖获得者在回答媒体奖金如何花费时，不约而同谈到买房，显然这是个值得全民深思的问题。由此可见，这些诺奖得主虽然在文学、医学等领域成绩斐然，但仍深受社会环境影响。

这种现象，也从侧面反映出连莫言、屠呦呦这批社会精英、国家栋梁、世界名人都非常重视居住环境。只是，如何为包括莫言、屠呦呦在内的中国广大家庭提供称心如意的商品房，改善国人居住需求，让房价回归合理，走健康发展道路，使老百姓住得起房子，是政府、房企、购房者等社会各界所共同期望的目标。

正如新华网报道，2012年3月14日，温家宝在人大闭幕答记者问时解释"合理的房价"，即"应该是使房价与居民的收入相适应，房价与投入和合理的利润相匹配"。

这是个艰巨的使命，任重而道远。

2013年：

房产税停扩围　掘金海外地产

2013年，中国让世界各国的心揪了一下。

虽然这一年距离2008年全球金融危机爆发，已经过去整整五年之久，但全球经济仍处在非常脆弱的时期。这个时候，如果一直被视为带领全球经济复苏"发动机"的中国都放缓脚步的话，后果无疑是雪上加霜。

国家统计局数据显示，2013年中国GDP为59.52万亿元，同比增长7.8%。这样的增长率与全球其他经济体相比，仍然突出，但就中国而言，这已经是近十年来，继2012年第二次增长速度低于8%，即便爆发全球金融海啸的2008年，中国GDP都有9%。

2012~2013年连续两年增幅低于8%，中国经济增长放缓的迹象越发明显，担忧的情绪无可避免地绵延，毕竟在2013年中国经济总量占了全球12.3%，地位举足轻重。《华尔街日报》认为，房地产市场下行、国内需求放缓、企业及地方政府债务负担沉重、众多制造业和资源行业呈现产能过剩等都是造成近年中国经济下行的主要原因。

2013年，虽然经济下行压力大，但中国房地产宏观调控没有放松的迹象，虽然新政策不多，但趋势依然是越来越严格。

2013年2月20日国务院出台的"新国五条"是第一个重磅炸弹，重申坚持执行以限购、限贷为核心的调控政策，坚决打击投资投机性购房，要求各地公布年度房价控制目标。细则中，还提出了二手房交易中的个人所得税将会按照个人所得的20%征收，这被称为政府使用税收手段调节房地产的最严厉之举。

为了给高温的房价、地价降温，"霸气十足"的国土资源部于2013年9月25日发文要求，供求紧张的城市务必做到年内不再出"地王"。同在9月，国务院提出将展开"以房养老"试点。

之后，2013年11月9日召开的十八届三中全会成为年内另一个重要调控节点，会议强调市场在资源配置中起决定性作用，旨在促进房地产长效机制建立。随后，上海、广州、武汉、厦门、沈阳、长沙、南京等城市相继推出新一轮调控政策，主要内容均为收紧限购政策及加大土地供应，截至2013年12月3日，16个城市楼市调控再加码。

不过，某种程度上说，政府多年调控还是取得了一定成效。2013年开始，中国房地产市场出现了明显的区域分化，房价由此前的"普涨时代"进入了"分化时代"。2013年一、二线城市住宅的平均价格远远高于三线城市住宅的平均价格，区域分化现象明显，使那些曾经希望遍地开花的房企们，开始收缩战线，回归一、二线城市。

不过，虽然区域分化现象开始显现，但总体来看，2013年是中国房地产市场收获的一年。根据国家统计局数据显示，2013年全国新房销售面积超过13亿平方米，同比上升17%，销售金额超8万亿元，同比上升26%，增速均创四年来新高。

与此同时，房地产行业的集中度进一步提高。千亿军团扩容至7家，万科依然稳坐榜首，销售总额达1709.4亿元，绿地1625亿元，保利1252.89亿元，新成员万达、中海、碧桂园、恒大分别为1264.5亿元、1385.2亿港元、1060亿元、1003.97亿元。其中，被称为"千亿黑马"的碧桂园可谓震惊全行，因为一年前，这家房企销售额只有476亿元。从不到五百亿一步跨入千亿规模，堪称业界传奇。

逆境中成长已经成为中国房企的常态。日益壮大的它们，有了走向世界的底气。2013年，在世界的房地产市场，以及境外融资队伍中，中国房企成为一道亮丽的风景线。

当然，小产权房和房产税也是房地产关注的重头戏。2013年底，十八届三中全会在京召开，一直悬而未决的小产权房被全面叫停，"转正"之路终结。与此同时，房产税不再扩围，改而加快房地产税立法。

房地产税的进与退

2013年11月，十八届三中全会在北京举行，本次会议通过了《中共中央关于全面深化改革若干重大问题的决定》（以下简称《决定》），与房地产行业相关的房地产税、小产权房等问题受到社会各界广泛关注。

十八届三中全会通过的《决定》重点提出完善税收制度，其中特别指出要加快房地产税立法并适时推进改革。

房地产税，是个综合性概念，即一切与房地产经济运动过程有直接关系的税都属于房地产税。在中国包括房地产业增值税、企业所得税、个人所得税、房产税、城镇土地使用税、城市房地产税、印花税、土地增值税、投资方向调节税、契税、耕地占用税等。

对于广大购房者而言，最受关注的是房产税。1949年新中国成立不久，政务院发布《全国税政实施要则》将房产税列为开征的14个税种之一。1951年，政务院发布《中华人民共和国城市房地产税暂行条例》，把房产税与地产税合二为一，统并为房地产税。

改革开放之前，因历史原因，房地产税一度暂停。1984年，改革工商税制，国家决定恢复征收房地产税，但是将房地产税分为房产税和城镇土地使用税两个税种。1986年9

月15日国务院发布《中华人民共和国房产税暂行条例》，同年10月1日起施行。

进入21世纪，相关税制又有新的变化。2011年1月，上海、重庆相继启动房地产税改革试点。其中，上海征收对象为本市居民的二套房及非本市居民新购房，适用税率暂定为0.6%。重庆征收对象为主城九区内存量增量独栋别墅、新购高档商品房、外地买家在重庆购第二套房，其税率为0.5%~1.2%。

在上海、重庆房产税试点一年之后，2012年11月，时任财政部部长谢旭人透露，房地产税改革试点经验将在全国范围内推开。2012年底，时任住建部部长姜伟新也表示，正在研究房地产税试点，并计划于2013年推进城镇个人住房信息系统建设、编制实施好住房发展和建设规划。

进入2013年，有关房产税话题的热度达到历年来高峰。2013年2月，人民网报道称，时任国务院总理温家宝在主持国务院常务会议时强调，要扩大个人住房房产税改革试点范围。2013年5月，国务院批转的国家发改委《关于2013年深化经济体制改革重点工作的意见》中，对将扩大房地产税改革试点范围进行重申。

2013年7月，国家税务总局再次强调，正在研究扩大个人住房房地产税改革试点范围。2013年8月，财政部透露，将扩大个人住房房地产税改革试点范围，为全面推进房地产税改革进一步积累经验。

然而，随着2013年底十八届三中全会召开，提出加快房地产税立法后，房产税扩围暂停，因此，杭州、青岛、深圳、北京等多个城市上报的城市房产税试点征收的"技术性方案"无一被批准。而重庆、上海在内的已试点房产税的城市，则是按照新法实施。

导致房产税扩围暂停的原因，正是十八届三中全会召开后，"房地产税"立法的提出，已逐步在最高决策层中形成主导地位。按照这一总体思路，房地产税改革的工作量极大，不仅涉及新增房屋持有环节税负，还将涉及"城镇土地使用税"等土地税费的归并工作等。

2018年9月7日，《人民日报》报道公布了十三届全国人大常委会立法工作会议规划，包括房地产税法在内的十部税法进入深化审核，拟在本届人大常委会任期内提请审议。其中，房地产税法属于第一类项目，即"条件比较成熟、任期内拟提请审议的法律草案"。因此未来5年内，房地产税法或将提请审议。

十八届三中全会另一个广受关注的话题是"小产权房"。所谓"小产权房"，是个约定俗成的称谓，通常指在农民集体所有土地上建设的、向本集体经济组织以外居民销售的住宅。在商品房价格高涨的背景下，小产权房因价格低廉而备受欢迎，但却违反了《土地管理法》。

2013年，对于小产权房来说，可谓一波三折，从一度呼声很高的"具有合理性"，到"基础数据不明转正方案难"等，各方观点竞相博弈。到2013年底，十八届三中全会前后，盛传小产权房有转正可能，然而中央两部委又连续三天两次出手，紧急叫停在售小产权房。

早在2007年，原建设部发布预警，提示城市居民勿购买在集体土地上建设的房屋后，小产权房便一直是各界关注焦点。2008年1月，国务院在《关于严格执行有关农村集体建设用地法律和政策的通知》里提到，任何涉及土地管理制度的试验和探索，都不能违反国家的土地用途管制制度。

进入2008年，国土部对小产权房整治工作全面升级。2008年7月15日，国土部要求尽快落实农村宅基地确权发证工作，但明确指出不得为小产权房办理任何形式的产权证明。2009年9月1日，国土部下发《关于严格建设用地管理促进批而未用土地利用的通知》，坚决叫停各类小产权房。2010年1月31日，国土资源部强调着手重点清理"小产权房"。

2013年，在十八届三中全会前期，官方高层智囊机构国务院发展研究中心公布了其为全会提交的改革方案总报告，其中建议"构建平等进入、公平交易的土地市场。在规划和用途管制下，允许农村集体土地与国有土地平等进入非农用地市场，形成权利平等、规则统一的公开交易平台，建立统一土地市场下的地价体系"。"在集体建设用地入市交易的架构下，对已经形成的'小产权房'，按照不同情况补缴一定数量的土地出让收入，妥善解决这一历史遗留问题"。

上述建议立刻在社会上引起广泛关注，如果按照此方案执行，那就意味着允许小产权房可以有条件进入市场交易，甚至此前多次被叫停整治的小产权房，有通过相关手续可以"转正"的可能。

2013年11月12日，十八届三中全会通过《中共中央关于全面深化改革若干重大问题的决定》（以下简称《决定》）。其中，涉及建立城乡统一的建设用地市场方面，《决定》强调在符合规划和用途管制前提下，允许农村集体经营性建设用地出让、租赁、入股，实行与国有土地同等入市、同权同价。《决定》提出的是土地制度改革的方向，但未谈及如何解决"小产权房"具体问题。

2013年11月22日，国土资源部、住房城乡建设部联合发布《关于坚决遏制违法建设、销售小产权房的紧急通知》，明确强调小产权房不存在"转正"的可能性。2013年11月24日，国土资源部、住房城乡建设部联合召开坚决遏制违法建设、销售小产权房问题视频会议，部署小产权房整治工作，"对在建、在售的坚决叫停，并依法查处"。

国土资源部、住房城乡建设部接连出手，旨在要求各地、各界全面、正确地领会十八届三中全会关于建立城乡统一的建设用地市场等措施，严格执行土地利用总体规划和城乡建设规划，严格实行土地用途管制制度，严守耕地红线，坚决遏制在建、在售"小产权房"行为。

房企扎堆出海掘金

从2012年掀起的房企"出海"掘金潮流，在2013年大有愈演愈烈之势。据不完全统计，在2012年或更早前，包括绿地、碧桂园、万通、中坤、中国建筑、光耀地产、万达等在内的十余家房企已经把战旗插到了世界各地，但基本为首单。

进入2013年，房企们的胆子更大了。在小心翼翼踏出第一步后，他们的脚步开始加快。如果说2012年房企出海是"小试牛刀"，那2013年可以说是大显身手。因为，大宗投资计划几乎都是在这一年发生的。

正因如此，2013年被称为中国房企大规模出海的"元年"。

在众多"出海"房企中，绿地的表现最为抢眼。2013年3月，绿地落实了在澳洲的第一个项目——悉尼绿地中心；5月自主酒店品牌铂骊在德国法兰克福正式挂牌；7月，绿地宣布投资10亿美元收购美国洛杉矶中心区大都会项目，同月通过股权置换方式入股西班牙马德里、巴塞罗那两家酒店；8月，绿地与泰国正大集团合作，拟投资120亿元人民币在泰国曼谷、芭提雅合作投建房地产项目。

第四季度依然冲劲十足，2013年10月，绿地在美国落下第二子，以50亿美元收购纽约布鲁克林大西洋广场地产项目70%股权，这是纽约20年来最大规模的房地产单体项目，也是截至2013年中国房企在美国最大的一笔投资。11月，绿地加码韩国，投资60亿元建韩国济州最高双子塔，同月从维多利亚赛马俱乐部手中收购了毗邻墨尔本赛马场的两宗地块。

仅一年时间，绿地就完成了亚洲、大洋洲、欧洲、北美洲四大洲六个国家的布局。

绿地速度很快，万科动作也不慢。早在2012年万科已经成立了海外业务推进小组，2013年正式进入实操阶段，并一口气拿下三个项目。2013年1月，万科联手新世界发展以34亿港元竞得香港荃湾西站项目；2月，万科宣布与美国铁狮门公司合作，开发美国旧金山Lumina项目；4月，万科又与吉宝置业达成了战略联盟，开发新加坡林曦阁（The Glades）项目。

还有，泽信控股于2013年4月出资15亿美元收购美国奥克兰65英亩土地；总部基地（中国）控股集团在6月与英国伦敦市政府签署协议，将投资10亿英镑改造伦敦东部废弃已久的皇家码头，打造成"亚洲商务港"。

万达在2013年9月获得了海外布局的第一个房地产项目——伦敦ONE，在当时是中国开发商在欧洲投资的最大单体项目。根据计划，万达将投资10亿英镑，打造一栋200米城市塔楼，一栋165米河景塔楼，分别建造439套公寓和一家五星级万达文华酒店。最新消息显示，这个项目已在2018年1月被万达全部出售。

复星国际在 2013 年 10 月斥资 7.25 亿美元买下了纽约曼哈顿摩根大通第一大楼；富力地产在 2013 年 11 月 30 日耗资 85 亿美元收购了马来西亚新山市一幅土地。

新华联也在 2013 年迈出海外扩张第一步，在香港成立全资子公司——新华联国际置地有限公司。随后于 2014 年 1 月先后斥资 3 亿元在马来西亚柔佛州买地、斥资 2 亿元在韩国开发锦绣山庄国际度假区项目。

2013 年，SOHO 中国 CEO 张欣以私人名义在美国砸下了两笔大投资。先是挥金 2600 万美元买下了纽约曼哈顿东 74 街的一座建于 19 世纪的住宅楼，之后在 6 月又联手巴西财团以 7 亿美元拿下美国通用大楼 40% 的股权。

关于房企扎堆布局海外市场的原因，市场众说纷纭，有的认为是海外市场更稳定，不像国内市场那么波动；有的认为国内房地产存在泡沫，出海是为了分散投资，规避风险；有的认为这是抄底海外市场的好时机；还有的认为这是一个尝试，跟房企进行全国布局一个道理……

每一种观点都有道理，但归根结底，还是因为有需求。随着中国人民富裕起来，越来越多的财富阶层选择移民海外或者进行海外置业投资，这对于中国房企来说，是一个巨大商机。

谈及进军海外的原因，绿地集团的掌舵者张玉良在 2014 年接受《时代周报》采访时说了句实话："我们感兴趣的是中国人多的地方，你不去赚，这部分钱就被外国人赚走了。"

张玉良还称："现在有几个数字非常令我们兴奋，一是中国的出境旅游，目前有 1 亿人次，未来三年会发展到 2 亿，而且成长速度非常快；中国由于各种因素，有大量的移民，这个市场也很大。还有我们有大量的留学生，曾经我到美国一所大学做演讲，1000 人当中有 80% 是中国的留学生。他们说，好像在北大或者清华听演讲。"

王石也曾经表示，不少万科的客户将移民海外，其中，30% 选择北美地区，对此万科会跟随这些客户进军北美地区。

数据也说明这一点。来自 Dealogic 的数据显示，2012 年中国人在海外的房地产交易规模达到 18.6 亿美元，这一数字在 2011 年为 5.47 亿美元，2010 年为 9000 万美元。两三年时间，就获得 20 多倍的增长，速度之快，令外国人都惊讶不已。

除此之外，在 2013 年进入收割期的碧桂园应该也是一个很好的佐证例子。早在 2011 年 12 月，碧桂园就已走出国门，布局马来西亚的雪兰莪州，开发首个海外项目"碧桂园钻石城"。至 2012 年，海外项目仍在建设中，尚未对业绩产生贡献，但碧桂园步伐没有放缓。

2012 年 12 月 4 日，碧桂园在马来西亚新山举行签约仪式，宣布正式购入马来西亚柔佛州新山金海湾项目。提到新山，可能很多国人会比较陌生，但如果说新加坡，也许妇孺皆知。没错，新山就位于新加坡北边，两者之间只隔着一道宽度仅 1.2~4.8 千米的柔佛海峡。

事实证明，碧桂园的到来，给马来西亚带来的影响是全方位的。首先是带来了世界级的速度,中国发展素来以高速冠绝全球,特别是房地产建筑行业,更是取得举世瞩目成就。2012年12月碧桂园才拿地,2013年8月金海湾就已经开盘销售。

很多人无法想象,金海湾如何在国外也做到了不足10个月就可以开售的"碧桂园速度"。举个简单例子,这个超级临海大盘,体量高达100万平方米,光施工人员就是个庞大数字。然而,碧桂园紧急从国内征调人手驰援马来西亚,单单中建五局就派出超过5000人的队伍,而这背后,碧桂园以令人咋舌的效率搞定全部劳务签注。

相比之下,当地房地产企业开发节奏非常缓慢。在碧桂园进军新山的一年里,邻近碧桂园的竞品——丽阳公寓只有一栋楼还在施工,至于项目配套的会所与私家湖泊的水域,杂草丛生,一片落寞,周边步行道破败不堪,几乎成为碧桂园的背景板。

其次,碧桂园的产品更是给马来西亚同行上了深刻的一课。当地开发商对项目产品装修品质并未重视,表面上强调现代简约风格,但实际上,从家具到装修材料的运用,都未倾注心血打造。这一切,与碧桂园产品形成了非常强烈的对比。

金海湾的产品多是高层,主力户型60~120平方米,而且带豪华装修,与此同时项目还配备了30万平方米的商业配套,包括中西餐厅、健身场地、拳击台、咖啡厅、酒吧等。

此外,在营销环节,碧桂园更是发挥到极致。在东南亚这片相信传奇的土地上,碧桂园给所有的投资者讲述一个中国深圳与香港的传奇故事。比如,现今的新山特区是柔佛州重点支持的区域,紧邻新加坡,将大力建设成新加坡经济腹地。这种关系,有点像早年的深圳,改革开放初期,深圳只是南海边陲的一个小渔村。但在中央政策支持下,深圳特区横空出世,通过借力香港,短短二三十年,就迅速跻身为中国四大一线城市。

对于很多国内投资者或者海外华人来说,深圳与香港无疑是个非常感性的案例。其实,只要看看河对岸新加坡高达5万元/平方米以上的商品房均价,这个故事也不难理解,因为刚开盘时的金海湾价格仅1.6万~2万元/平方米,中间的差价空间巨大。

做好一切铺垫之后,2013年8月,金海湾推出9000套房屋,一个月时间就有6000套房被抢购,出货值高达70亿元。对于整个新山来说,以往全年地产销售也不过70亿元,因此,碧桂园一跃成为马来西亚最大开发商。

难能可贵的是,从碧桂园金海湾的业主结构来看:马来西亚客户比例最高,高达40%,这40%的客户里有95%是华人。来自中国的客户占25%,大部分是碧桂园老业主,八成是广东客。新加坡客户占到30%,此外剩下的5%是其他国际客户。

可以说,得到马来西亚、新加坡以及中国买家竞相抢购,金海湾作为碧桂园首个开盘的海外项目,获得空前成功,而70亿元的销售额也为碧桂园走向海外市场奠定了信心。

另据碧桂园方面介绍,第二个马来西亚项目——碧桂园钻石城也在2013年10月30日实现开盘,当时推货4.8亿元左右,一个月之内售罄。截至2013年底,碧桂园已经在马来西亚落下三子,第三个是位于雪兰莪州的双文丹项目。除此之外,在2015年启动的巨无霸项目——碧桂园森林城市。

有机遇,就有挑战。海外是一个充满诱惑的市场,也是一个充斥着风险的市场。在海外攻城略地的过程中,有房企赚到了不少钱,也有房企摔得头破血流。

龙光敲响港交所铜锣

海外市场对房企的诱惑是巨大的,它不仅仅是一个投资新大陆,更是一个巨大的"抽水机"。

2013年,在宏观调控的主旋律下,国内融资政策虽有所放松,但依然偏紧。与此同时,海外市场却"钱潮涌动",自2012年下半年开始海外市场普遍实施宽松的货币政策,而且利率出奇得低,与国内形成鲜明对比。

历史资料显示,2012年7月5日,英国央行将量化宽松规模扩大500亿英镑至3750亿英镑,基准利率维持0.5%不变。美联储于2012年9月推出第三轮量化宽松计划,具体措施为每月购买400亿美元的抵押贷款支持证券,延长超低利率政策至2015年中期,并于同年12月开始将收购规模扩大至850亿美元。2013年,日本央行公布每月承购长期国债7万亿日元,预计两年内将基础货币投放规模扩大一倍并达成2%的通胀目标。欧盟继2012年7月5日降息后,又于2013年5月再次下调基准利率至历史新低0.5%。

其中,以美国为例,一组对比数据可以最直观地观察到国内外市场融资成本的差距。2008年,中国1年、5年期国债到期收益率平均水平分别为3.06%、3.64%,而美国对应数字为1.83%、2.8%,两者间利差分别为1.23个和0.84个百分点。2013年上半年,中国1年、5年期国债到期收益率平均为2.86%和3.24%,美国为0.14%、0.87%,两者间利差为2.71个、2.38个百分点。

很显然,从2008年至2013年上半年,中国与美国之间的利率差异在逐渐拉大。

国内"钱少且贵",国外"钱多又便宜"。就是在这样的宽松货币政策引致低利率的背景下,2013年以来的房企海外融资潮应运而生,尤其是那些拥有海外上市平台的房企们,纷纷吹响了"出海"筹钱的号角。

据不完全统计,仅2013年1月,就已经有恒大、富力、上实控股、越秀地产、世茂房地产、雅居乐、佳兆业等在内的17家房企进行海外融资,募集资金约合420亿元人民币。这只是冰山一角。2013年,还有合生创展、金地、中骏置业、花样年、合景泰富、华南城、建业地产、龙湖地产、首创置业、万科等一批大中小型房企扎堆进行海外融资。

有统计数据显示,截至2013年5月,已经有27家中国上市房企发起海外融资计划,融资金额约759亿元人民币,超过2012年全年600亿元人民币的融资规模。另据链家地产市场研究部数据显示,2013年前11月,40家上市房企海外债券融资额达1238亿元人民币,同比去年上涨153.1%,平均利率为7.65%,较2012年下降1.35个百分点。

一时间,"想快速发展,就必须打通海外融资平台"成为中国房企们的共识,那些还没上市的房企也是深受鼓舞。2013年,与海外融资浪潮同时兴起的,还有新一轮的赴港上市潮。

2012年11月旭辉成功上市，打破了连续16个月没有内房企登陆港交所的空白，也开启了中小房企赴港上市的序幕。进入2013年，共计有7家房企通过IPO、5家房企通过借壳敲开了港交所的大门，打通了海外融资渠道。

第一个登场的是来自江苏的金轮天地。2013年1月16日，金轮天地控股有限公司在香港联交所正式挂牌。作为年内首家在港IPO的内房企，金轮天地备受追捧，公开发售获80.41倍超额认购，最终发行价逼近上限，达1.68港元/股。上市首日股价一路走高，最终报收2.04港元/股，较发行价上涨21.43%。

真正热闹起来的是下半年。2013年6月13日，同样来自江苏的五洲国际控股有限公司在香港主板上市，发行股票11.41亿股，发行价1.22港元/股，共募集资金13.92亿港元。

五洲国际以开发商业地产为主业，旗下拥有两大类型商业地产项目，一类为以"五洲国际"命名的专业批发市场，另一类是以"五洲国际"和"哥伦布"为品牌的城市综合体。截至2013年6月30日，该公司共有27个发展项目，包括13个专业批发市场和14个城市综合体。

专注于绿色地产的当代置业在2013年7月12日登陆港交所。由于募资额较小，当代置业此番上市被业内戏称为"迷你版IPO"。招股材料显示，当代置业股票发行规模为4亿股，以下限1.49港元/股定价，净筹资5.45亿港元。

2013年10月31日，继2009年华南城之后，又一家以开发商贸物流城为主业的房企毅德国际控股有限公司在港上市，募集资金15.81亿元。这也是赣州首家在香港上市的民营企业。

毅德控股是一家大型商贸物流开发商和运营商，由香港豪德集团与联想控股旗下弘毅投资共同投资设立，到2013年底已经在宁乡、济宁、玉林、绵阳、赣州等10个城市拥有10个商贸物流中心，以及豪德银座一个商住项目。

与毅德控股同日上市的还有景瑞地产，这是景瑞地产奋斗了近7年的成果。

早在2006年12月，景瑞地产就对外放话：公司已在全国储备土地5000亩，拟在2008年完成海外上市，可惜未能成行。2009年起，景瑞地产放弃海外上市，转投A股，再次失败而归，2011年10月中信证券撤回了景瑞地产的A股IPO申请。最终，在两年后的2013年，景瑞地产还是选择了海外上市，终于得偿所愿。

对于时代地产来说，上市同样是一场持久战。公开资料显示，早在2007年初，时代地产已经传出欲赴港上市的消息，随后2009年和2010年也曾传闻正在积极筹备上市。

时至2013年12月11日，这个传了那么多年的消息终于变成了现实。这一天，时代地产在港交所挂牌上市，发行股票4.31亿股，发行价3.6港元/股，募集资金约14.4亿港元。

时代地产此次顺利上市，离不开背后那帮地产同行们的鼎力相助。据悉，富力地产主席李思廉及其妻持有的FusionCapital、广州海印实业集团、熊海涛及越秀企业（集团），分别斥资 1.163 亿元、1.163 亿元、1 亿元及 1.163 亿元认购了时代地产的股份，成为时代地产的四名基础投资者。

压轴出场的是来自深圳的龙光地产。

这家房企上市之路也是筹措良久。与时代地产一样，龙光地产也在 2007 年初就已经开始筹备上市，并于 2010 年首次披露上市进展"上市申报材料准备、公司治理结构完善等工作已经完成。"2012 年，为了更好地推进上市，龙光地产在大规模补充土储之余，还专门在香港设立公司，老板纪海鹏也开始长期在香港办公。

2013 年是最后的冲刺时刻，但也难防意外发生。由于路演认购不足，龙光地产原定在二季度完成上市的计划延迟。幸运的是，在重新酝酿半年后，龙光地产最终还是在 12 月 13 日如愿敲响了港交所的上市锣声，集资 14.84 亿港元。

龙光地产成功上市，纪海鹏之女纪凯婷一夜成名。2014 年，纪凯婷以 24 岁之龄、约 13 亿美元的身家登上了美国《福布斯》杂志 2014 年全球亿万富豪榜，并成为榜上最年轻的富豪。据悉，当时纪凯婷在龙光地产担任非执行董事，通过不同的公司及家族信托持有龙光地产 85% 的股权。

赴港 IPO 的队伍人多势众，通过借壳曲线登陆港交所的房企也不在少数。

在 A 股苦等四年仍看不见希望曙光的万达，于 2013 年转身投向了 H 股的怀抱。2013 年 3 月 22 日，恒力商业地产（集团）有限公司发公告宣布，万达集团拟收购该公司控股股东陈长伟所持的 65% 股份。交易于 6 月 25 日完成交割，自 8 月 9 日起，恒力商业地产正式更名为"万达商业地产（集团）有限公司"。

但没多久，这个上市平台又于 2014 年 10 月更名为"万达酒店发展有限公司"。2017 年 12 月 4 日，万达酒店发展（00169.HK）发布公告，母公司万达海外拟将公司 65.04% 股权转让予王健林全资持有的新公司——万达投资控股有限公司，每股作价 1.2 港元。这意味着王健林对万达酒店发展由间接管理变成为直接管理，控制力增强。受此影响，当时股价也应声上涨。

2017 年 7 月，万达虽把文旅资产卖给融创、酒店资产卖给富力，但仍是"万达城"的品牌拥有者和经营管理者，同时还手握万达酒店的管理权。这两项轻资产被装进万达酒店发展（00169.HK）里，由此可见，万达酒店发展作为万达轻资产运作平台思路日益明晰。

绿地集团的掌舵者张玉良在年初就透露了借壳上市的想法。2013 年 1 月，张玉良公开表示："快在上半年，绿地旗下的海外业务、酒店资产等部分将在香港市场上市，有可能是采取收购一家公司、借壳上市的模式。"

随后 2013 年 3 月 18 日，张玉良再次强调："绿地集团今年计划将部分海外资产在香港上市，为集团在离岸市场融资铺平道路。"成功上市的日子定在 2013 年 8 月 27 日，这天绿地集团斥资 30 亿港元认购盛高置地扩大后 60% 股权的交易正式完成，盛高置地更名为"绿地香港"。

湖北蓝鼎控股主席仰智慧对资本市场抱有很强烈的憧憬。继 2012 年 6 月收购湖北迈亚股份登陆A股后，仰智慧乘胜追击，又于2013年向H股发起冲击。

2013年6月28日，嘉辉化工控股有限公司公告披露，蓝鼎国际有限公司已经以13.24亿港元向嘉辉化工原第一大股东收购了27.75亿股股份，占嘉辉化工经配发及发行扩大后已发行股本的74.90%，成为新任第一大股东。这标志着仰智慧成功搭建了地产"A+H"双平台。

朗诗地产是另一个借壳上市的代表。2013年7月31日，郎诗地产收购香港上市公司深圳科技控股有限公司63.4%股权成功收官，8月5日始，深圳科技更名为"朗诗绿色地产有限公司"。

在2013年8月7日举办的"成功登陆香港资本市场"答谢会上，董事长田明表示："朗诗地产未来将是朗诗集团住宅发展业务的唯一上市平台，集团将在资金、人才、技术上全力支持上市公司投资发展新项目，并将择机注入部分优质资产，待上市公司具备实力后，择机恢复上市公司的融资功能。"

最后出场的是宇业集团。2013年9月23日，宇业集团香港附属公司U–Home Group及集团实际控制人周旭洲正式完成对香港主板上市公司积华生物医药控股有限公司的要约收购。交易完成后，宇业集团及周旭洲将合计持有积华生物71.54%股权。11月4日，积华生物更名为"宇业集团控股有限公司"。

虽然不是出于借壳目的，但已经在2003年登陆港交所的首创置业，在十年之后，又通过收购获得了一个新的海外上市平台。

2013年11月12日早间，首创置业宣布，拟以3.51亿港元收购钜大国际控股有限公司66%股权。2015年3月26日，钜大国际正式更名为"首创钜大有限公司"。之后，首创置业开始逐步将旗下商业地产业务注入首创钜大，自此，首创置业商业地产板块正式纳入首创钜大，全力打造以奥特莱斯、城市核心综合体及创新业务为主的商业地产平台。

在这股前赴后继的赴港上市浪潮中，还有一个特殊分子不得不提，那就是万科。他的方式既不是IPO，也不是借壳，而是B转H。

2013年1月18日晚间，万科对外公布B转H方案，拟申请将已发行的B股转换上市地，以介绍方式在香港联交所主板上市及挂牌交易。具体价格将在公司B股股票停牌前股票收市价基础上溢价5%，即每股13.13港元。

截至2012年12月26日停牌前，万科已发行B股总数为1314955468股，占总股本的比例为11.96%，B股市值达164亿港元，为沪深两市中B股市值第二大的上市公司。万科表示，B股转H股是非常简单的转板，这个转板的目的主要是增强B股流动性。B股转换上市地之后，当前B股流动性和交易活跃程度将有望得到改善。

王石曾经说过："房地产说到底是金融问题，将来的房地产市场，没有几千亿的融资平台，你只是一个打工的。"那么，在境外融资如此便利的情况下，万科"弃B选H"也就不难理解。

最终，在长达一年多的等待后，万科H股于2014年6月25日在香港联交所主板上市并挂牌交易。

房企与银行联姻

资金密集型,是房地产行业一个最为显著的特点,保证融资渠道的畅通,可以说是开发商最重要的任务之一。上述一系列融资、IPO上市、借壳上市案例都在说明这一点。正是在这种强烈的融资诉求下,房地产金融化成为行业大趋势。

事实上,房企与银行联姻称不上是什么新鲜事。在2013年之前,就有绿地入股呼和浩特市商业银行、上海市农村商业银行、东方证券等,星河集团参股深圳福田银座村镇银行、阳光保险、深圳创新投,栖霞建设认购河北银行股份,侨鑫和升龙集团入股广东华兴银行,合生创展认购北京农村商业银行等一系列先例。

2013年,在楼市供需两旺的市场背景下,越来越多的房企踏上了这条金融化之路。

一早就将金融业务定为集团三大核心产业之一的越秀集团,于2013年10月25日宣布向创兴银行股东收购最多3.2625亿股股份,占已发行股本75%,收购作价约116.44亿港元。

2013年10月29日,新华联不动产发公告称,湖南省人民政府已正式向国务院推荐新华联为湖南省长沙市拟设立民营银行的发起股东之一,目前拟持股10%。在此之前的2012年,新华联已经通过股权收购持有长沙银行股份。

几乎同时,万科在2013年10月30日晚间宣布,拟通过旗下子公司,以基石投资者身份参与徽商银行股份有限公司H股在香港的公开发行,预计认购的股份数量不超过8.84亿股。

2014年1月24日,恒大透露,2013年11月13日至2014年1月24日,公司购入华夏银行4.03亿股华夏银行,占总股份4.522%。恒大表示,与华夏银行的合作将加强两个行业的关系及将增强各合作方的房地产发展及银行业务发展。

除联姻银行之外,地产金融化的另一个样本就是:房企借力基金资本撬动房地产项目。

尽管不是行业第一,但在2013年,把"地产+基金"这种模式玩得淋漓尽致的,应数越秀地产。这一年,是越秀地产首次尝试与投资基金合作拿地,并一口气拿下了杭州、佛山、武汉、广州四个项目。

从这四次合作方式中,可以看到越秀地产的资金压力得到了大大舒缓。其中,杭州江干三堡项目成交总价5.8亿元,佛山禅城项目成交总价17.72亿元,越秀地产持股均为20%;武汉精武路地王成交总价90.1亿元,越秀地产持股仅8%;广州萝岗云埔项目成交总价43.5亿元,越秀地产持股10%。

另外在共计157.12亿元的拿地款中,越秀地产只需要支付16.26亿元。更重要的是,在减轻拿地负担的同时,越秀地产还可以凭借资金优势斩获更多优质地块。

但在2014年1月获得杭州余杭古墩路项目之后,越秀地产这种"地产+基金"的方式暂停使用。2014年12月,广州越秀产业投资基金在一份资产评估说明中指出,基金投放将审慎进入房地产行业,未来不再考虑将基金投向主动要求投资的房地产企业。

如果把房地产金融化理解为房企规避资金风险的一个途径,那么回归一、二线就可以理解为房企防范市场风险的一种手段。前文提到,2013年的房地产市场已经出现区域分化,这成为了房企调整战略的重要导火线,尤其是那些在三、四线城市布局过多的房企。

首次进入千亿军团的恒大是一个。2013年,恒大新获取项目66个,其中一、二线城市项目34个,数量占比为51.5%,较2012年上升23.9个百分点。截至2013年底,恒大项目数量总计291个,一、二线城市项目占比为45.4%。

许家印强调:"集团已完善三线城市布局,以往三线城市销售占比达70%,比例失衡,故调整策略,未来希望将一、二线及三线城市的占比变为各占50%,以至于销售在市场任何变化下保持增长。"

粤派房企新力军佳兆业是另一个。为了躲避一、二线城市更为严格的调控政策,从2010年开始,佳兆业开始将拿地重点转向三、四线城市,并于2011年在江阴、鞍山、营口、葫芦岛、东莞等地获得大量土地。

很快,佳兆业就意识到三四线城市并没有想象中美好,风险反而更大。于是从2012年开始,佳兆业再次将战场拉回一、二线城市。在年报中,佳兆业如此表述"于2012年本集团再度专注于一线城市及省会城市的商机,以达至均衡的土地储备组合"。2012年佳兆业购入的21个项目中,73%位于一、二线城市。

进入2013年,佳兆业回归之心更加坚决。据年报数据显示,2013年佳兆业购入32幅土地,总代价141亿元,其中92.3%位于一、二线城市。值得高兴的不单是更加安全的城市布局,还有佳兆业等待多年的"深圳一哥"之位。

据深圳房地产信息网数据显示,2013年佳兆业以29.45万平方米,3358套成交量,以及62.35亿元成交总额,首次超越万科,成为深圳市场销冠。

考虑到一线城市有巨大的刚性及改善性需求,且市场稳定,2013年泰禾没有进入新城市,而是选择在已布局的城市加大拿地力度,全年共获得12宗土地,拿地金额共195.3亿元,其中福建区域拿地金额为100.72亿元、北京63.35亿元、上海31.23亿元。可见,北京上海两大一线城市拿地金额已经占到泰禾总支出一半。

曾经在2012年提出因北京处于限购重灾区所以暂无在京拿地计划,但会积极在二、三线城市寻求低价土地的新华联,在2013年思路大转,表示要坚持"北京、上海"等一线城市为核心的扩张战略。同年,新华联在北京、上海分别斩获一宗地块。

融创在研判了340个项目之后,最终在天津、上海、重庆、北京、杭州五个一、二线城市精挑细选出了19个项目。一、二线城市竞争激烈,"疯狂"的融创为夺好地也是不惜成本。

2013年8月,融创以近2.8万元/平方米的楼面地价拿下北京亦庄地块,创下区域单价新高；9月，融创又以7.3万元/平方米楼面价夺得北京农展馆项目，刷新全国住宅地单价纪录，同月，融创再以103.2亿元总价夺下天津南开区天拖地块，成为天津2013年的总价地王；时隔不久，融创在11月以25082元/平方米的楼面价拿下天津南开区手表厂地块，成为天津单价地王。随后12月，融创联合住总、骏洋以58.66亿元总价拍得北京门头沟新城MC16-073地块，成为北京2013年的总价地王。

尽管在市场看来，如此凶猛拿地的融创在重走顺驰的旧路，但融创方面却不以为然。"融创只是恰好在那个时间，那个地点，拿了那块地，换谁拿，都是这个价格。"融创团队如是说。

温州楼市崩盘论

2013年，中国房地产市场整体向上，尽管涨幅不一，但绝大多数城市房价均呈上升态势，"量价齐飞"成为2013年中国房地产市场的主要特征。但在这一片繁荣之外，有两个特殊的例子值得重视，一个是深陷腰斩论、崩盘论的温州楼市；另一个是李嘉诚踏出了他撤离内地市场的第一步。

曾几何时，温州称得上是中国楼市一个神话般的存在。据浙江大学房地产研究中心数据显示，2010年温州商品房均价为25306元/平方米，同比上涨16.3%，其中市区房价一度突破3万元大关，成为"三线城市，一线房价"的一个典型代表。

只涨不跌的神话从来不存在，温州不会是例外。自2011年9月开始，温州住宅价格开始雪崩式下跌，而且这一跌就跌了近四年。

据国家统计局历年数据显示，截至2015年3月，温州住宅价格环比下跌的月份达到34个，环比持平月份7个，环比上涨月份2个。一直到2015年4月，温州住宅价格才呈现持续上升的态势。若从同比角度来看，温州住宅价格自2011年9月开始连续下跌50个月，直到2015年11月才止跌回升，该月同比升幅为0.8%。

把目光拉回到2013年，这一年的温州住宅价格已经下跌了一年多，受此影响，部分购房者开始停止支付按揭贷款"弃房"而逃。据温州市中级人民法院统计，2013年1月至8月，温州全市法院委托拍卖的财产共1244件。在这些委托拍卖的财产中，约80%为房产。其中有断供房，也有很多因为其他纠纷引发的房屋产权拍卖。

同样受房价下滑影响，温州悄然放松了号称全国最严的限购令。2013年8月8日，温州市房屋登记中心政策法规处有关人员向媒体证实，新措施已经开始执行，名下有两套房产的不能再买，名下有一套房子的可以再买一套，已经签订购房合同但未取得房产证的也算在内。在此之前，温州市户籍居民家庭及能够提供1年以上本市纳税证明或社保缴纳证明的非本市户籍居民家庭，只能新购买一套商品住房。

在房价持续下跌，"弃房"案例不断涌现的背景下，关于温州楼市崩盘的言论甚嚣尘上，有分析指出，温州或将成为国内房地产市场风险的样本。

"买涨不买跌"是房地产市场交易的普遍原则，但奇怪的是，这个原则放在温州市场却不奏效。据温州市住建委房屋登记中心公布的《2013年温州楼市白皮书》显示，2013年温州商品住房均价为22626.15元/平方米，同比下降了12%，最低的11月已经降至2万元/平方米以内。

与之相悖的是，年内新建商品住房交易套数、成交金额同比却出现明显上涨，成交套数为10287套，成交金额为265.25亿元，同比分别增了73%、82%。

针对房价与成交量截然相反的表现，多位开发商及房地产业内人士都普遍认为，温州楼市存在被妖魔化的倾向，在经过前几年非理性的炒作之后，温州楼市已经在逐渐回归正轨，虽然投资性需求被挤走，但当地楼市需求仍在，这也是成交量不跌反升的重要原因。

在这成交火爆的楼市中，温州起家的中梁地产成为最大的受益者。据中梁地产市场部数据统计显示，2013年，该公司成交量超过3000套，总销售额近100亿元，占据温州市场总成交量的1/3及温州总成交金额的近四成，并成为温州史上第一家百亿房企。

作为全国唯一一个房价连续下跌的城市，温州楼市引起全城热议也是理所当然的事。但作为多年蝉联华人首富，被视为商界神话的李嘉诚，他开始抛售内地物业的举动，毫无疑问也给市场带来了重大冲击。

2013年，李嘉诚连续开展了四次抛售内地资产和香港资产的行动。7月，和记黄埔被媒体爆出，正计划出售百佳超市，叫价10亿~20亿美元。

2013年8月29日，和记黄埔、长江实业双双发布公告宣布，将各持有的广州西城都荟广场50%股权出售，总交易金额为25.78亿元人民币。这被视为李嘉诚第一次抛售内地资产。

2013年10月18日，就在和记黄埔宣布由于潜在买家出价不理想，放弃出售百佳超市的同一天，和记黄埔、长江实业再度联合发公告宣布，以约70亿元人民币整栋出售位于上海陆家嘴的东方汇经中心，接盘方为中国光大控股。

随后12月31日，2013年的最后一日，李嘉诚旗下ARA基金宣布出售其在南京的唯一物业——国际金融中心大厦。交易在次年2月10日完成，成交价24.8亿元人民币，买家为三胞集团。

短短一年内，李嘉诚已经出售了价值超过120亿元的内地物业。对于李嘉诚这种在商界有着举足轻重地位的企业家来说，他的一举一动都会引发市场极大的猜想。针对李嘉诚接连抛售内地物业的举动，王石曾在微博上直言："这是一个信号，小心了！"

尽管李嘉诚多次否认逃离内地市场，但自2013年开始，李嘉诚确实一直在出售内地物业，新增投资几乎为零，另一边厢，李嘉诚在欧洲大手笔并购，甚至有英国媒体指出，李嘉诚要并购"整个英国"。正是从2013年开始，李嘉诚抛售国内资产、投资英国的策略，开始在网络上引发各种争议。

枪打出头鸟，同在2013年，完成两项内地商业物业整体出售的罗康瑞，受到的非议就没有那么大了。这一年，瑞安房地产先于 11 月 29 日以 24.12 亿元将重庆天地—企业天地 2 号售予阳光寿险。后于 12 月 4 日以 33 亿元将上海太平桥 126 号地块售与中国人寿。此外，罗康瑞旗下另一公司瑞安建业于 12 月 3 日以 11.68 亿元将沈阳项目二期出售。

与李嘉诚一手抛售内地和香港资产，一手加码海外资产的商业布局不同，罗康瑞频繁出售内地物业更多是出于无奈。罗康瑞曾公开指出，造成瑞房业绩止步不前的症结在于"资产重、周转慢"，而通过出售资产套现是瑞房得以长久发展的不二之选。

就在李嘉诚、罗康瑞一年抛售内地三物业的 2013 年，另一港资大鳄新鸿基反而大举挺进。

2013 年 9 月 5 日，新鸿基以 217.7 亿元，溢价 24.2% 的价格摘下上海徐家汇街道 57、150、151 街坊地块，即"徐家汇中心"。这个巨无霸项目被称为"上海市中心面积最大、最后一块黄金地块"，总占地面积约 13.2 公顷。

正因为这个项目足够大，对于开发速度偏慢的港资房企来说，消化的时间变得更加长。自拿下徐家汇中心之后，新鸿基在内地至今未有新投资，以发展现有项目为主。

蓝光重组迪康药业

先来看看终于找到借壳上市机会的蓝光集团。自 2008 年入主迪康药业成为第一大股东时，蓝光集团已经有打算借壳上市的计划，但之后一直未找到合适机会，直到 2013 年才有了实施方案。

2013 年 11 月 18 日，停牌四个月的迪康药业发布重组预案，拟以 4.66 元/股的价格发行 19.36 亿股，收购蓝光和骏存续公司 100% 股权。其中分别向蓝光集团、平安创新资本及杨铿发行 14.58 亿股、3.18 亿股、1.59 亿股；收购蓝光和骏存续公司 75.31%、16.44% 和 8.25% 股权。

资料显示，蓝光和骏存续公司主要业务是从事房地产开发，且主要运营民生住宅、社区商业，是四川省最大的房地产开发企业之一。截至 2013 年 10 月 31 日，蓝光和骏共有 36 个在建和拟建的房地产项目，在建和拟建的项目占地面积约为 5700 亩。

2015 年 4 月 13 日晚间，随着迪康药业宣布更名为"四川蓝光发展股份有限公司"，蓝光集团的 7 年借壳之路终于画上圆满的句号。

早于 2012 年便实现借壳登陆港交所的招商地产，在 2013 年通过反向收购方式向香港上市平台东力实业控股股份有限公司注入位于广州、佛山、重庆、南京四个城市的 11 个房地产项目，完成向房地产业务转型的东力实业正式更名为招商置地。

再来看看 2013 年房地产行业的两位新成员。2013 年 4 月 26 日，中航地产宣布，拟与其实际控制人中国航空技术国际控股有限公司、深圳市里城投资发展有限公司在深圳设立有限责任公司。6月8日，一家名为"中航里城有限公司"的新房企诞生。

这家房企从诞生那一刻开始就不缺乏关注的目光，因为有两名股东是来自万科的旧将——徐洪舸和肖楠。

工商资料显示，中航里城由中航国际投资、中航地产、里城公司三方共有，分别占股50%、30%和20%。其中里城公司正是徐洪舸和肖楠离开万科之后创办的公司，两人分别持股60%和40%。到2017年，保利地产入主中航，已是后话了。

《中国地产四十年·2011》里提到，徐洪舸离职前就任万科执行副总裁一职，曾是万科领导层第4号人物，居王石、郁亮、丁福源之后。市场甚至一度传言，徐洪舸将成为万科第三代接班人。而肖楠离职前已经官至万科副总裁，是万科领导层的第16号人物。

但两人最后都没有向万科更高的职位发起冲击，却在2011年春节前夕双双提出辞职。对于辞职原因，肖楠曾如此解释："创业是肯定的，如果没有干一番事业的打算，我们也不会从万科的位置上退下来了。"

自2012年下半年开始筹划转型的方正数码，在2013年得偿所愿。2013年1月2日方正数码完成一项重大收购，将北大方正集团地产板块旗下的湖北项目、昆山项目，以及武汉一栋写字楼收入囊中，同时获得位于北京中关村核心地带的方正国际大厦的经营权。这是方正数码首次进军房地产。

公开资料显示，方正数码为北大方正集团旗下的H股平台，2013年之前以数码产品的分销和服务为主营业务。2013年初转型成功后开始逐步拓展房地产业务，这一年，除了母公司注入房地产资产外，方正数码还于5月和10月在湖南长沙、青岛竞得两宗地块。2013年11月，方正数码正式更名为北大资源（控股）有限公司。

借助收购母公司资产，方正数码在2013年成功扭亏为盈，中期报告显示，2013年上半年该公司股东应占溢利5980万港元，这是方正数码自2011年以来首次实现扭亏为盈。

多年来，无论是北大资源，还是中航里城，两大地产公司发展都比较稳健。据克而瑞数据显示，2017年，中航里城销售额为202.3亿元，北大资源为267.3亿元，都属于200亿元梯队。

2013年，值得记载的房企还有很多。被万达集团称为创新产品的"万达城"，在2013年迎来了三个项目开工，分别为哈尔滨、南昌和合肥。在以售养租的发展模式下，合肥万达城和南昌万达城在开工的同年实现了入市销售。据万达集团官方披露，前者销售超过40亿元，后者销售超过30亿元。

此外，在2012年被万达集团收入囊中的全球第二大院线AMC于2013年实现上市，同年实现扭亏为盈，创造利润5000万美元。AMC不到一年半就实现收益翻倍的成绩，让王健林颇为自豪，他说这是"教科书式的经典案例"。

在广州市场埋头苦干的敏捷地产，在2013年一跃成为全城焦点。据阳光家缘数据显示，截至2013年12月29日，敏捷地产在广州累计销售10783套商品房，共95.19万平方米，112亿元，其中销售面积位列全市第一，销售套数和销售金额位列第二。

这是敏捷地产第一次登上广州房企销售排行榜榜首，被视为广州市场上一匹"黑马"。同在这一年，敏捷地产累计销售总额超过210亿元，这是其首次突破200亿元大关。

在住宅开发领域颇有成就的保利地产，在2013年正式发布"以全产业链方式进军养老产业，打造机构养老、社区养老和居家养老'三位一体'的中国式养老体系"的养老产业战略，"和熹会"成为其养老品牌。据保利地产透露，早于2012年年底开始运营的北京西山林语乐龄中心，一年后入住率已接近60%。

连续7年没在北京拿地的华远地产，终于在2013年咬咬牙，一口气拿下了四个项目，包括北京密云澜悦项目、北京大兴孙村B-17地块、北京门头沟地块，以及通州梨园一个一级开发项目。

从7年空窗到连下四子，任志强直言，2013年华远拿地已经超标，但是因为以前的土地储备太少，再不拿地就没有活干了。从这不难看出，华远地产此番一改疲态也是为势所迫。

中国大妈抄底黄金

2013年，"中国大妈"再次成为全球网红。说起中国大妈，很多人首先联想到的是闻名全球的"广场舞"，但在2013年，中国大妈惊艳世界的表现是——抄底黄金。这一切源于网络上引用美国媒体报道中国中年妇女大量收购黄金而产生的新兴网络词汇，《华尔街日报》甚至专创英文单词"dama"来形容"中国大妈"。

2013年，经过长时间酝酿，华尔街大鳄们联手做空黄金，国际金价"跌跌不休"，在"空军"疯狂围剿之下，频频高台跳水。然而，就在金价动荡异常、举世哗然之际，半路突然杀出一群"中国大妈"，逆势抄底。

尤其是在2013年4月15日，黄金价格一天暴跌20%，一度下探到了1321美元/盎司（约合人民币261元/克），大量中国人借机抢购，纷纷涌入各大金店狂买黄金制品，甚至一买就是几千克。这个群体中，中年女性占了绝大多数，因为被媒体称为抄底黄金的中国大妈。

2013年五一期间成为名副其实的"黄金周"，趁放假促销，中国大妈成群结队杀入黄金市场，攻陷各大商场黄金饰品店，将黄金制品抢购一空，甚至奔赴港澳台乃至海外，争相狂买黄金。令人惊叹的是，这群中国大妈出手阔绰。据多媒体报道引用的网络段子称，中国大妈豪掷1000亿元人民币，瞬间狂扫300吨黄金，全球黄金市场为之震撼，华尔街抛售多少黄金，中国大妈悉数收入囊中。

从实际情况来看，国际机构似乎也对中国大妈强大的购买力预估不足，在这场多空大战前期猝不及防，金价一度止跌反弹，甚至创下2013年度最大单日涨幅，2013年4月29日已收于1467.4美元/盎司。各大媒体迫不及待宣称在这场黄金阻击大战中，中国大妈抢金完胜华尔街做空大鳄。

但是好景不长,金价反弹只是昙花一现,随后价格继续跳水,2013全年大跌28%,当时的这一跌幅创下了1981年以来最大的年度跌幅。2013年12月31日,黄金于1204美元/盎司价位徘徊。2014年4月15日,在中国大妈炒金一周年之际,金价跌至1289.30美元/盎司左右。进入2014年,多家媒体又接连报道中国大妈炒金套牢的新闻。

中国大妈作为一个时代经济现象,背后折射出来的是中国投资渠道的匮乏。事实上,经过改革开放数十年发展,中国解决温饱问题,步入小康社会,富裕起来的中国人逐步重视理财投资。截至2012年底,中国居民个人储蓄余额已高达41万亿元,巨额的储蓄蕴藏着中国潜在的巨大投资需求。

然而,在当时股市不景气、实业转型阵痛、房地产限购等多种投资渠道充满不确定性的情况下,不差钱的中国大妈只能扑到并不擅长的黄金市场。当然,在金市上受挫的中国大妈并未气馁,她们随后转战楼市、股市、P2P、比特币等领域,可以说,只要是有投资的地方,就有中国大妈。民间资本陷入投资恐慌,在这种有钱不知如何投的压力下,变成一股规模庞大的游资,时刻追逐市场上出现的每一个存在可能性的投资机会。

事实上,房地产与其他诸多商品不同,同时兼具消费属性和投资属性。甚至可以说,在中国投资机会匮乏的情况下,房地产长期承担着重要投资渠道的功能。在中国,较为主流的投资方式主要是炒股或者买房。

然而,中国股市跌多涨少,散户通常成为庄家围猎的对象,因此炒股成为并非普通人可依靠的投资理财方式。相反,中国楼市涨多跌少,即使是价格回调,至少还可以用于居住,不至于一无是处。所以,这就是多年以来,为什么中国房地产常常成为"中国大妈"投资青睐对象的原因。

2014年：

楼市白银时代　彩生活终上市

2014年6月23日，《人民日报》刊发了一篇题为《我国楼市进入"白银时代"》文章，里面写道："房地产行业已经度过了最黄金的岁月，但也绝不是就要撞上冰山的泰坦尼克号。只不过，人人弯腰就可以捡到黄金的时代结束了，房地产行业进入了白银时代。"

这篇稿件的作者就是万科总裁郁亮，他提出的"白银时代"也为2014年的中国房地产定下基调。可以说，从2014年开始，伴随着中国经济从高速增长转向中高速增长的"新常态"，中国房地产也从黄金时代进入白银时代。

2014年，对于中国房企来说，是曲折、艰辛的一年。这一年，楼市陷入了前所未有的低迷，寒风凛凛，行业预期的风光不再，开始有房企黯然退场。甚至有不少业内人士将2014年视为房地产步入下行通道的元年。

传统的"金三银四红五月"齐齐失色，让整个房地产市场笼罩在悲观的氛围中，购房者的观望情绪越来越重，开发商为了尽快回笼资金，以价换量成为最直接的手段。

2014年2月18日，杭州楼市率先降价，有项目降幅高达4000元/平方米，成为"马年第一跳"。据公开信息显示，在2月18日至20日三天内，杭州累计有8个楼盘宣布降价，降幅最高达到5000元/平方米。紧接着，2月21日，常州部分楼盘也跟着跳水。

很快，杭州、常州两地的降价风潮开始向全国蔓延，有的楼盘直接降价，有的楼盘加大优惠力度，有的楼盘精装转毛坯，暗中降价。

当开发商纷纷以价跑量自救的同时，政府也出台了一系列救市政策。在2014年3月全国两会中，中央对房地产调控开始有所放松，从以往的"一刀切"变成了"分类调控"，政策导向也从以往的"控房价、抑需求"转变成"促改善、稳消费"。

于是，从2014年中开始，"限购""限贷""限价"等各项行政干预手段相继退出。2014年6月27日，呼和浩特正式发文宣布取消限购，成为全国首个取消限购的城市，由此推动了限购松绑的"多米诺骨牌"。

自2010年全国启动限购以来，共有46个城市实施了限购政策，直至2014年末，除北上广深四大一线城市及三亚以外，其余城市都陆续取消了限购。

央行也在2014年9月30日出大招，与银监会联合通知：对于贷款购买首套普通自住房的家庭，贷款最低首付款比例为30%，贷款利率下限为贷款基准利率的0.7倍。对拥有1套住房并已结清相应购房贷款的家庭，为改善居住条件再次申请贷款购买普通商品住房，银行业金融机构执行首套房贷款政策。

为稳住楼市成交，央行再出大招，宣布自2014年11月22日起下调金融机构人民币贷款和存款基准利率。金融机构一年期贷款基准利率下调0.4个百分点至5.6%；一年期存款基准利率下调0.25个百分点至2.75%。同时，利率市场化更进一步，浮动区间上限扩大至1.2倍。

然而，尽管政府救市之心强烈，开发商为促进成交也是百招其出，但仍难力挽狂澜，楼市2014年全年度的下行趋势已经无法扭转。

据国家统计局数据显示，2014年，全国商品房销售面积120649万平方米，比上年下降7.6%。其中，住宅销售面积下降9.1%。商品房销售额76292亿元，下降6.3%，其中，住宅销售额下降7.8%。

在国家统计局公布的全国70个大中城市新建商品住宅价格指数中显示，从5月起连续7个月出现环比下跌，其中8月环比跌幅达到1.2%，创2011年以来新高；至于环比下跌的城市数，9月、10月均达到69个，同样创下2011年以来之最。

经历过十年黄金时期之后，2014年成为中国房地产下调最明显的一年，量价齐跌成为了2014年全国楼市的最主要特征。与此同时，区域分化愈加严重，一、二线城市楼市尚且低迷，三、四线城市则陷入高库存泥潭。

更让房地产商们感到失落的是，在2014年12月11日一年一度的中央经济工作会议上，2015年经济工作的5项主要任务敲定，然而，有关房地产的字眼却只字未提。

就在这灰色的2014年，万科稳坐多年的盟主之位也被抢走了。根据万科、绿地各自公布的2014年报，万科的销售额为2151.3亿元，因此，绿地凭借着2408亿元销售额取代万科成为行业老大。

尽管郁亮多次强调不在意行业第一的位置，但他同时又以"销售回款"肯定了万科，认为"只有获得回款才是真正的销售，当我们的传统业务进入白银时代，尤其当市场处于调整期的时候，我们需要加倍重视经营性现金流的健康，需要用更严谨的尺度来测度我们取得的销售业绩"。

外界未曾料到强大如万科的大哥地位也会有被抢走的一天。其实这一年没料到的事时常发生，比如宋卫平没料到他会再一次卖掉绿城，孙宏斌没料到嘴边的鸭子也会飞掉，郭英成没料到自己会差点卖掉佳兆业，整个房地产行业或许也没有料到会被互联网席卷……

在2014年这场"生存大挑战中"，每一家房企都过得心惊胆战。

雷军"房价跌半论"

各行各业在寒冬中的阵亡者比比皆是,那么如何熬过地产严冬?自从 2010 年以来各种调控接连出手,特别是 2013 年下半年,中国房地产行业调控层层加码。到 2014 年初,调控效果显现,楼市持续走弱,房地产市场量价齐跌,同比均出现下滑,开发投资增速放缓。

与此同时,互联网思维概念全面兴起。早在 2013 年 11 月 3 日,中央电视台新闻联播发布了专题报道《互联网思维带来了什么?》。节目播出后,互联网思维开始走红。特别是进入 2014 年,各行各业无不提及互联网思维,而房地产也不甘落后。

调控政策带来的房地产"拐点",让每一家房企都在思考出路,思考如何面对全新的房地产开发模式。尽管已经不是历史上的第一次,但 2014 年大火大热的互联网,又一次让处于寒冬中的房企看到了未来的希望。

从 2014 年初开始,开发商们开口闭口都在强调"互联网思维",一时之间,没有拿出"互联网+"战略的房企似乎都不好意思说自己紧跟时代的潮流。

前有调控压力,后有互联网追兵。于是,在紧接而来的 2014 年,房地产行业老大万科率先发起一轮互联网思维运动。一直担心房地产行业会出现类似"小米"这种搅局者的郁亮,早早就给自己贴上了一个"互联网信徒"的标签。从 2013 年底开始,郁亮便踏上互联网取经之路,带领着万科的管理层团队遍访阿里、腾讯、小米、海尔、百度等众多互联网标杆公司。

在郁亮看来,阿里、腾讯等互联网企业之所以成长迅猛,最重要的思想是平台、生态系统。他认为,与新兴的互联网企业相比,传统企业未来的方向也将是打造生态系统平台。郁亮以传统制造企业海尔为例,指出海尔的改造,也是改造成为平台。因此,郁亮也准备把万科变成一个平台。

郁亮带队前往海尔考察交流过程中,海尔的"日日顺"业务受到了万科高层重点关注。据海尔介绍,日日顺业务打造出全国唯一覆盖三、四线城市甚至农村的大件物流网。日日顺成一个"开放平台",不仅配送海尔产品,还将配送家具、装修材料,甚至其他家电企业的产品。这种日日顺平台模式也为海尔带来了包括 KKR、阿里巴巴等在内的战略投资。

2014 年初,万科总裁郁亮率领大批管理层前往小米"取经",小米董事长雷军到场给万科高管做了一个小时的演讲,分享了小米创业历程、小米商业模式特点和他对互联网思想的理解。

小米借助互联网思维,创造出以往不敢想象的高性价比产品。小米除了核心的研发、用户维护等功能外，所有生产环节全部外包出去，销售环节也实现互联网销售。但最关键的是，与传统制造企业不同，小米定价策略是"平进平出"，不依靠卖手机硬件赚钱，而是依靠硬件先抢占用户入口，在基于这个阵地，把软件与互联网应用等增值服务源源不断打入用户消费习惯。

交流过程中，雷军当场提问郁亮："你们盖的房子价格能不能跌一半？"雷军提出如此"语不惊人死不休"的问题，把郁亮当场问愣住了。然而仔细思考之后，郁亮觉得这个可能性不是完全没有。

郁亮认为，"现有的体系解决不了的问题，有人用新方式解决了，有什么不好呢？至于审批环节，如果按照互联网思维，都在网上公布，审批实时透明，看哪个环节慢，不是也能加快审批吗？问题不在于互联网思维能不能让房价跌一半，而在于，用这种思维看未来，现在所有的模式未必就是合理的、不能改变的"。

其实，从 2013 年 10 月底开始，万科在与投资人交流时，时常提到万科手里有个"金矿"——这就是万科 1999 年以来竣工的 48 万套数物业，且万科为其中大多数提供物业服务。而在接下来 5 年，万科服务的社区可能增加到 500 个至 600 个，其中包含了 100 万住户、约 800 万的人口规模。

在平台为王的互联网中，这意味着庞大的"流量"，那么，守着如此庞大的金矿，如何有产出呢？在 2013 年万科营销系统年会上，万科把腾讯开放平台总监陈鹏邀请到现场，做主题为《平台、能力、生态》报告。

据《平台战略》一书阐述，平台战略的核心就是要打造一个"生态圈"，它拥有独树一帜的精密规范和机制系统，能有效激励多方群体间互动以达成平台企业的愿景，平台盈利至关重要的一点是平台的生态圈达到一定规模。

遍访名师，取得真经之后，万科很快就开始了多种"互联网+房地产"的尝试，包括与阿里云合作打造国内首批联网小区；与百度合作发布 V-In，为万科商业地产引入大数据管理；与淘宝合作，推出淘宝消费抵购房款；与微信合作，推出基于微信平台的房地产金融产品……

事实上，万科的谋划早早就已经开始了，而且对于"使用"其社区的客户越来越关注。2011 年万科在广东清远用一个大项目的部分土地，尝试开发"养老地产"。其实万科对负责策划的顾问公司提出一个额外要求，除惯常的销售率外，万科还要求该社区必须达到一个高比例的入住率。"我们过去说盖有人住的房子，现在改成有人'用'的房子。"郁亮如是道。

这有着庞大基数的社区客户，在万科看来就是待挖掘的金矿。2013 年万科开始提出社区服务全面升级。北京房山区的中粮万科项目就是其社区商业化的一个试点，该社区建设了社区菜市场、第五食堂、华润万家、洗衣店、药店、银行，这被万科戏称为"五菜一汤"。据说这一商业模式将成为标配，出现在其他万科开发的住宅小区中。"我们 2014 年还会突出关于社区的普通惠民医疗和社区老人的居家护理。"时任万科集团执行副总裁、北京万科总经理毛大庆表示。

资料显示，美国房地产开发业务只占房地产业的 30%，其余全部为房地产相关服务。中国房地产企业目前多数还是以住宅销售为核心的发展和赢利模式。未来随着一手住宅市场的饱和，房地产企业必定要转型升级。目前主流思路是强化互联网思维，以平台战略整合各类资源，由卖房子逐步转变为物业的持有、运营和服务商，企业的利润由销售房屋逐步转变为销售服务。

从快速盖房卖房，到如何将房子卖出去之后的业主运营起来，并持续产生价值，这成为众多开发商新的思考方向。

而在这一方面，跟万科同样从深圳起家的花样年则早在 2002 年就开始布局，彼时花样年启动轻资产转型，从开发商的单一定位转变为全链条的社区平台服务商，为此成立了彩生活物业服务平台，只不过，与传统物业管理不同，彩生活是个集物业服务、资产运营、社区服务为一体的科技型、综合型物业服务运营集团。

经过多年发展，彩生活在传统物业管理模式中嵌入互联网思维取得了实质性成效，成为社区 O2O 的行业代表，并迅速攻城略地，成为中国最大的物业服务平台。

2014 年，彩生活迎来重大转折。2014 年 6 月 30 日，彩生活服务集团有限公司在香港上市，发行价 3.78 港元/股，共发行 2.50 亿股，总计募集资金金额 9.45 亿港元，成为中国首家上市的社区 O2O 概念公司。

上市之后的彩生活，进一步加速全国布局，提高市场占有率。据 2018 年 3 月 19 日公布的彩生活 2017 年财报显示，营收净利规模实现进阶，成长指标显著提升。

从财报来看，彩生活交出一份漂亮的成绩单，年营收 16.29 亿元，同比增长 21%，从 2014 年上市至 2017 年以来复合增长率高达 61.1%。净利润 3.5 亿元，同比增长 62.3%，毛利润达 7.3 亿元，同比增长 24.7%。而 2017 年总成本仅占总收入 18.6%，创近上市四年来新低。

据彩生活年报显示，截至 2017 年 12 月 31 日，彩生活的平台服务面积累计达到 900.2 百万平方米，同比增长 17.0%。其中，包括自管面积 436.0 百万平方米，2384 个社区，分别同比增长 10.4% 和 1.9%，大部分增长是通过全权委托方式获得，体现了彩生活品牌、服务质量、市场扩张等核心竞争力。

更为重要的是，彩生活平台注册用户数达到 1034 万人，同比增长 241.7%，月活跃用户数达到 349.4 万人，同比增长 101.2%，活跃度达到 33.8%。从这个意义上来说，彩生活已不是家传统物业公司，而是家互联网公司。

2018 年 2 月 28 日，彩生活召开特别股东大会，会议全票通过以人民币 20.13 亿元的对价向花样年收购万象美。这标志着彩生活正式并表万象美，有望在 2018 年财报中带来业绩数据上的体现。

当然，对于彩生活来说，收购万象美的意义并不限于财务利润并表上的增长。万象美的前身是万达物业管理有限公司，拥有中国一、二线城市大量高端社区资源，这对优化彩生活城市项目布局起到巨大帮助作用。通过这次并购，彩生活将形成"彩生活""开元国际""万达物业"三大品牌，在中端、中高端、高端等细分化市场将有更强的竞争力，继续夯实"全球最大的社区服务平台运营商"的市场地位。

彩生活通过互联网，搭建线下及线上服务平台，连接社区住户与各类商品和服务供应商，为社区住户提供社区服务体验。2017年，彩生活生态圈不断优化和扩展，其中以E能源、E停车、E租房、E理财等为代表的"现金牛"业务，保持较高收入和利润增速，服务社区数量快速提升；E电梯、E维修、微享空间等为代表的新型业务，也迅速成长为各自细分行业的龙头。

彩生活董事局主席兼非执行董事潘军表示："彩生活自2014年上市以来，伴随生态圈发展的日渐成熟，彩生活推出平台输出战略，逐渐从一家社区服务企业转型为一家平台型企业。"彩生活开创了以互联网思维为导向和以"免费"为目标的全新模式，颠覆物业服务的既有惯例，把传统的旧社区改造成为以移动互联作为基础运营体系的平台。

凭借着互联网的加持，一度被边缘化的物业管理突然之间成为房地产行业内的"香饽饽"，一股社区O2O热潮随之掀起，包括万科、绿地、保利等在内的房企都纷纷试水。

万科推出一款名为"住这儿"的社区生活APP，希望打造物业服务、社区交流与商圈服务平台的O2O闭环商业。保利以社区超市为切入点，通过"若比邻"社区超市和若比邻APP打通线上线下交易。新城控股则在2015年1月推出了"新橙社"宣布进入社区O2O领域，"新橙社"是新城控股社区O2O项目线上线下的核心链接和实施平台。

在冲刺"社区最后100米"的过程中，众多地产商、互联网企业正通过软硬件产品，将触角伸向社区家庭，易居也成为这股浪潮的弄潮儿。

2014年，易居、新浪、微博、分众传媒、申通快递强强联合，共同推出了移动生活O2O服务平台"实惠APP"。被《互联网周刊》评选为"未来人物100"的实惠COO杨熙特别解释了实惠平台诞生的背景："未来这些卖出去的房子都会住上人，那么社区就会产生很多需求，我们正是在社区需求中寻找机遇，所以产生了实惠。"

王健林麾下的万达在互联网转型尝试上也是不甘人后。2014年8月29日，万达、腾讯、百度宣布共同出资在香港注册成立万达电商公司，实体为上海飞凡电子商务，计划一期投资人民币50亿元，其中万达持70%股份，百度、腾讯各持15%股份。

万达集团董事长王健林、百度公司董事长兼首席执行官李彦宏、腾讯公司董事会主席兼首席执行官马化腾——中国三大富豪牵手，关注度是空前的，目标是宏大的。拥有全球最大线下商业平台的万达，将联手百度、腾讯这两大互联网巨头，目标是把万达电商打造成全球最大的O2O电商平台，真正实现O2O落地。

"腾百万"视为含着金钥匙而生，毕竟，万达已经成为中国实体商业领域的佼佼者，腾讯则是中国最大的互联网社交平台，而百度手握最大互联网搜索引擎利器。这个组合从一诞生，就被认为冲着中国电子商务老大阿里巴巴而来。由于万达、腾讯、百度三大公司名首个拼音分别是W、T、B，因而除了有"腾百万"这个外号之余，还被网友戏称为"玩（W）淘（T）宝（B）"。

事实上，在"2012年CCTV中国经济年度人物"颁奖过程中，马云与王健林现场约定1亿赌局。以2012年起算，10年以后，也就是2022年，如果电商在中国零售市场份额占不到50%，马云就输给王健林1个亿；如果超过50%，则王健林输给马云1个亿。

一个是新兴互联网电商大佬，另一个是地产商业领军人物，中国两大首富马云与王健林1亿元豪赌可谓赚足了眼球。然而，谁能想到，仅仅过了两年，王健林也主动触网，亲自挂帅做起了电商生意。尽管王健林在多个场合强调，万达电商一定不是卖商品，他认为O2O就是在移动互联网时代，线上线下相互融合，提升消费的新商业模式。

甚至到2015年4月，王健林与马云一同出席论坛活动时，当场对马云发问："去年（2014年）我跟百度腾讯成立一个公司，假设我们三个是梁山的晁盖、宋江和吴用，现在想拉你入伙，你上不上梁山呢？"面对王健林身体力行的凌厉攻势，马云直言，"腾百万"的合伙是凑拢班子，没有共同价值观、共同愿景。

对于王健林用梁山好汉来做比，马云也没有买账，他说："任何一个组织，首先要问你的使命是什么，愿景是什么，共同的价值观是什么，要得到的结果是什么，只有这样，才能建立一个了不起的作用。梁山108将，合在一起的核心是替天行道，他们共同的价值观是江湖义气，兄弟为大，他们很遗憾，没有建立一个真正的愿景。所以我觉得这个组织的问题在这。"

两年之后，陆续有媒体爆料"腾百万"组合因腾讯和百度两方均不愿意再投资，万达单独注册了一家名为"上海新飞凡电子商务有限公司"（简称上海新飞凡）的公司，继续运营飞凡电商。2016年7月7日，上海新飞凡董事备案更改，原腾讯、百度的代表同时退出董事，这也意味着腾讯、百度低调退出。

与万达拉上腾讯、百度合资组建新公司不同，深圳本地商业地产代表房企——华南城则是直接引入了腾讯做"合伙人"，腾讯两次合计收购了华南城11.55%股份。利用腾讯的技术优势和资源，双方将对华南城O2O商业模式进行新探索。

乐居纽交所上市

除房地产企业接连上市之外，房地产互联网平台也在资本市场颇受青睐。2014年4月17日，乐居控股登陆美国纽交所。首次公开发行的1000万股美国存托凭证（ADS，每股存托股代表乐居的一股普通股）定价为每股10.00美元，开盘价10.8美元，开盘涨幅8%。

有意思之处在于，2014年4月17日，同一天之内，除了乐居，微博也在美国挂牌。这两家源自新浪母体的公司各有千秋，微博代表全球最大社交媒体平台的上升势头，而乐居则打造中国成熟的房产交易O2O模式。

特别值得一提的是，就在乐居控股上市前，2014年3月21日，腾讯以1.8亿美元从易居购买全面摊薄后15%的乐居股份，从而成为乐居重要股东之一。

对于这次投资，时任易居董事局联席主席及CEO的周忻表示："我对腾讯成为乐居的战略合作伙伴及投资者感到十分振奋。这是对乐居在房地产线上线下电子商务领域取得的成功的认可。我们对这个巨大的市场机会非常有信心，并将借助于腾讯强大的微信平台，努力打造一个领先的移动房产电商平台。同时，我们期待与腾讯在未来几年更为深入广泛地开展战略合作。"

周忻提到房产电商平台，在乐居发展史上具有举足轻重的作用。自从2011年与潘石屹合作网上卖房之后，乐居一直是房产电商的领跑者。可以说也正是因为有了房产电商，乐居才成为一家真正意义上的互联网公司。

乐居CEO贺寅宇在上市接受媒体采访中透露，乐居把房产电商从大家不太看好变成规模巨大、增长迅速的领域，引领行业发展，今后，乐居会用持续创新继续推动行业前进。

互联网跑步进入移动时代后，微博与微信成为两大现象级的平台入口，乐居表现出先人一步的敏锐嗅觉，由于与微博同出新浪体系，因此乐居抢先联合微博，共同推出了移动电商1.0产品。随着2014年获得腾讯战略入股之后，乐居更是加快移动电商步伐，重点启动微信房产布局。

腾讯总裁刘炽平认为，"腾讯投资乐居的战略合作，将为微信用户提供乐居丰富的房产信息，通过微信公众账号加强乐居和微信用户的联系，并同时为乐居用户提供微信支付解决方案。期待与合作伙伴共同搭建一个繁荣的互联网生态体系"。

通过在微博、微信两大平台开设成千上万一站式网上售楼处，乐居最大程度地吸引房产买家注意力，成为每个购房者进入置业环节后的首站。通过这样的资源整合，乐居成就了自己的"整合者"身份，也将自己打造成为一个拥有数千万客户数据库的大平台公司，其对地产商拥有致命的黏性。

除了打造房地产生态系统平台，房地产的互联网思维还有很多，比如房地产互联网营销。在这股"互联网+"浪潮中，还有一个现象是尤其突出的，那就是各大电商平台成了开发商卖房的重要渠道。

在网络购物狂欢节"双十一"期间，开发商与众多淘宝商家一起发了各种促销活动。方兴地产（后更名中国金茂）拿出了4400套房源在淘宝上发起了一场"双十一光盘节"的促销；远洋地产与京东合作，以1.1折的价格众筹包括北京在内的十余个城市的特价房。

粤派房企中，保利地产以全系项目6%专属优惠等优惠推出了"双11购房月"；富力旗下18城30个项目参与了"双11微信购房节"；雅居乐推出了"双11"至"双12"的"终极置业节"；合生创展也在网上弄了个"乐透"促销平台，推出了5%~20%的购房优惠。

市场形势突变，传统营销模式受到冲击，不仅开发商积极求变，一大批中介公司也在寻求出路。与此同时，网络电商平台更加不甘落后，迅速进行战略转型，以期突破市场"瓶颈"。

2014年，链家开始转型，确定了三条业务线：交易、资产管理、金融。其中，交易主要是打造二手房和新房交易平台，资产管理则是自如友家，金融则包括家多宝、理房通等。在此过程中，发展线上成为链家重点布局的方向。

其实，早在2011年，左晖召集链家总部高管连续开了几天的闭门会，当时他将高管们分为两队，一队考虑用互联网思维来干掉链家，另一队则从传统中介角度考虑如何破局。这场左右手互搏的内部沙盘推演中，最终以互联网派取得了压倒性胜利而告终。

受此启发，左晖由此开始加大互联网布局，向链家在线网站投入更多资源。2014年6月，链家网数据中心成立，着手布局全国楼盘字典数据收集，把楼盘字典数据建设提上议事日程。2014年11月1日，伴随链家在全国进行品牌升级，链家在线更名为链家网，并独立出来运作，大批BAT精英+链家在线核心团队共同主导链家O2O战略落地，也由此开启"互联网+经纪人"的集团发展策略。

依托于链家网这个互联网平台的整合，链家实现华丽转身，业绩大幅增长。数据显示，2014年，链家入账39.3亿元营业收入，而转型之后的2015年，全年取得销售收入高达155.2亿元，接近前一年的400%。

传统中介在往线上走，互联网公司也在往线下布局。2014年，拥有众多线上用户资源的搜房网也加速转型，首先从中介代理公司的阵营中找来了两名合作伙伴。

2014年7月10日，合富辉煌、世联行两家知名房产中介双双发公告宣布，将通过发行新股的方式引入搜房控股有限公司。交易完成后，搜房网将持有合富辉煌于发行新股后14.80%股权，及持有世联行10%股权。

紧接着2014年8月，搜房网宣布，公司将向房产交易平台转型，并要求员工"人人会卖房"。董事长莫天全还公开表示，其实两年前就应该转型，但过去的日子太舒服，导致转型晚了。这意味着，搜房网将从线上平台全面向线下业务延伸。值得一提的是，搜房网同期更名为"房天下"，为转型投下坚定的一票。

很明显，转型后的房天下代表着搅局者闯入房产交易环节，与传统中介公司"抢蛋糕"。更重要的是，在这些搅局者中，搜房网不是孤军。前文提到，在互联网热潮兴起，楼市下行之际，各大房产网络平台成为开发商卖房的重要渠道，这是一项创新的营销方式，也是一个不可多得的商机，嗅觉灵敏的人早已开始行动。

房产交易网站进入2014年迎来全新契机，爱屋吉屋、房多多、Q房网、平安好房网、好屋中国、美澳居……各种各样的房产交易网站如雨后春笋般涌现。这些新兴房产交易平台，都不同程度地吸引着资本的眼球，美澳居在2014年3月获得5000万元A轮融资、房多多在2014年6月获得8000万美元B轮融资、爱屋吉屋在2014年10月获得数百万美元A轮投资……

有着资本的支撑，这些房产交易互联网公司迅速在行业中形成威胁，它们大多不设线下门店，纷纷提出零中介费、去中介化，大有一副革传统中介命的架势。由于没有门店的租金成本压力，这类房产交易公司为了抢占经纪人资源，往往在佣金上大做文章，甚至有房产交易互联网公司提出中介费只收0.5%，经纪人提成高达80%，即经纪人提佣金为总房款的0.4%。

房产交易互联网公司高佣金的诱惑又让传统中介公司陷入另一个困境。对此，传统中介公司也迅速调整策略。2014年12月，链家地产宣布将经纪人佣金提成提高到70%；思源经纪宣布二手房买卖佣金从原来的2.7%下降至1.5%，租房佣金减半。中原地产则在2015年1月提出在6大城市全面提高佣金，最高可至40%，并拿出24.9%股份，让核心骨干认购。

总的来说，房地产中介在发展，互联网电商也在成长，两者碰撞激发出各种新模式，都给行业在前行的道路上积累宝贵的经验。无论是互联网公司的创新探索，还是传统中介的自我变革，都为整个市场注入新的力量，推动中国房地产市场在竞争中不断走向成熟。

城头变幻大王旗

在2014年中国楼市进入低谷之际，绿城也受市场影响，屡遭挫折，从宋卫平到融创，再变为中交，城头变幻，几度易帜。

因激进扩张与调控压顶，绿城一步步陷入资金泥潭中，无法自拔。为了求生，宋卫平已经在2012年将绿城24.3%股权出售给九龙仓，同时将旗下9个优质项目50%股权出售给融创。但壮士断腕，仍然无法将绿城于危机中彻底拯救。

2014年，楼市寒冬骤然而至，已经脆弱不堪的绿城雪上加霜。不得已，宋卫平再次踏上了卖绿城的"不归路"。2014年5月22日，融创发公告宣布，已与绿城签订协议，以约63亿港元的代价收购绿城24.313%的股份。交易完成后，将与九龙仓并列为第一大股东，宋卫平及其一致行动人寿柏年等成为第三大股东。

在2014年5月23日举行新闻发布会上，宋卫平坦言称："这里面是一个综合考量。比如说我跟寿总（寿柏年）加起来快120岁，总是要退休的。另外一个原因，只有舍去，才能得到。我和股东之间有分歧，我希望将养老、教育、商业配套等内容整合到上市公司里面去，成为中国不但能造最好的房子，还能提供最好的服务的开发商，但其他股东很犹豫。"

提到为什么将股权卖给孙宏斌时，宋卫平特别强调："我跟老孙既是商业上的合作伙伴，又是朋友加兄弟，有这样一份情谊和信任在里边。这不是一般的选择，因为这毕竟是20年的心血，关系到5000多名员工，100万左右的业主，这是很重的一个担子。我找老孙谈（转让股权的事），他没有犹豫，很快就答应了。"

而发布会上孙宏斌则谦逊地表示："我觉得这个交易是宋总在选择我们，而不是我们选择了绿城。我们从2011年年底就开始合作，这两年多，在我们上海这个平台，宋总都给了我很大的信任,所以我想,可能这种信任,这种托付,是我这一生中最大的成就了。"

在将自己苦心经营20年的绿城出售后,尽管宋卫平仍担任绿城董事会联席主席,但该职位显然已名存实亡,宋卫平也为自己找好了退路。一直认为"蓝比绿好"的宋卫平,在离开绿城之后,终于创立他更喜欢的"蓝城",准备专心做代建、农业、养老、医疗。后来,蓝城又成为宋卫平打造理想小镇的重要平台。

然而,这场收购大戏,很多人猜中了开头,却猜不到结局,这正是其精彩之处。

从2014年8月开始,融创收购绿城开始陷入僵局。2014年8月24日,香港证监会认为,融创与宋卫平属于一致行动人,持股超过三成,需提出全面收购要约。

一致行动人问题尚未解决,从2014年10月开始,宋卫平回归绿城的传言开始散开。2014年11月19日晚间,宋卫平公开发表——《我的检讨与反省》,直指当初出售绿城股份给融创是一个错误的决定,并表示下决心要回绿城。至此,传闻被坐实。

在公开自己的回归之外,宋卫平同时还发布一份人事任免通知,将孙宏斌亲信、绿城时任总经理田强罢免,同时任命自己的旧将接任总经理。

数小时后,田强带领11位融创高管团队在绿城OA系统进行反击,称:"现有管理团队是受各方股东领导下,唯一的、合法的管理团队。其他任何一方股东单方提出的人事任免要求,现任管理团队是不予采纳的。"

纷纷扰扰,争权夺势一个月后,孙、宋双方宣布"离婚"。2014年12月19日早间,绿城发公告宣布,终止5月22日签署的关于融创收购绿城的协议。

市场没想到宋卫平会反悔,更想不到他会将绿城再卖一次。在与融创正式"离婚"四天后,绿城就和中交集团于2014年12月23日迅速举行了"二婚"仪式,此前准备卖给融创的24.313%股权转手又卖给了中交集团。

随后于2015年5月18日,中交集团进一步增持绿城至28.912%,超过原并列第一大股东九龙仓的股份,成为绿城第一大股东。自此,宋卫平开始逐渐淡出这家由其一手创立、又一手卖出的房企,绿城的"宋卫平时代"开始进入中交时代。

绿城不是孤例,那些比其规模更小的房企,甚至输得更惨。

从2014年2月开始,惠州光耀集团的资金问题逐渐暴露,旗下多个项目相继传出停工、停售或延期交楼的消息,部分业主甚至在网络媒体和政府网络问政平台陆续发帖维权。尽管光耀集团发表官方声明强调,公司融资渠道依然畅通,网传濒临停业或已经停业消息不实,但其同时也承认近年因调控致使公司在资金层面存在较大压力。

光耀集团于2002年诞生于惠州,在创始人郭耀名的带领下,这家房企发展迅猛,从2007年到2013年一直是惠州的销量冠军。

在惠州市场功成名就之后,光耀集团开始走向全国,成为惠州第一家走出去的房企。只不过,郭耀名偏偏把扩张时间选在了被称为史上最严厉调控启动的2010年,这一年开始,光耀集团陆续把触角延伸到了深圳、东莞、佛山、湛江、汕尾、上海、杭州、北京、天津、临沂、威海等城市。

扩张时机欠佳，加上速度太快，光耀集团的资金链很快就出现了问题。据郭耀名介绍，从2011年开始光耀就借了大量的民间借贷，规模达15亿元，而利息也高达十几亿元。

与此同时，光耀曾经两次尝试通过重组上市打通融资渠道，第一次是2011年，收购新都酒店借壳上市，但收购完成后，政策又不支持重组，导致3年投资的10亿元打了水漂。第二次花了2亿元在湖南买了两个矿井，希望通过矿业来重组上市，但后来矿业走下坡路，直接导致第二次重组失败。两次重组上市均以失败告终，光耀也为此付出了15亿元的金钱代价，资金链进一步受压。

在资金问题全面爆发的2014年，郭耀名在接受媒体采访时无奈表示，光耀资金缺口有3亿~5亿元，只要能借到这笔钱，光耀就能缓过来，就有信心度过这个冬天。同时，只要能解决光耀的问题，让项目全面复工，光耀愿意接受其他企业的收购。

只可惜，深陷各种负面传闻的光耀始终未找到这3亿~5亿元"救命钱"，也没有找到可以解决问题的收购方。在苦苦挣扎三年后，光耀最终走向了破产重组。

2018年1月4日，惠州市中级人民法院对外公布，已于2017年12月11日正式受理光耀集团申请破产重整案。截至2016年6月30日，光耀集团资产清查总额约64亿元，包括位于惠州的"翡俪港"在建商品房及两块总面积约4.5万平方米的储备用地，负债清查总额达到79.7亿元，另外关联公司提供担保产生的负债达到26.2亿元，总负债额达到105.94亿元。换言之，光耀集团已经处于资不抵债状态。

同在2014年，浙江奉化，一家如今说起或许没多少人听说过的小房企也倒下了。2014年3月，奉化市政府宣布，当地头号开发商浙江兴润置业公司及其关联公司资金链断裂。

据公开资料显示，兴润置业为奉化当地最大房企，开发项目均在奉化当地，自1988年以来，已相继开发了十多个楼盘。尽管盘子不大，但高价拿地、旧改投入巨大、资金回笼慢、银行信贷收紧等种种原因，最终还是压垮了这家开发商的资金链。

据奉化市国土资源局官方网站显示，2010年1月11日，兴润置业以6.6亿元总价、7852元/平方米楼面价摘得"桃源府邸"项目。但2013年12月11日，世茂以5.8亿元总价，3204元/平方米楼面价拿下了桃源府邸旁的另一个项目。不到四年，在同一地方，两家房企拿地单价少了一半不止。

高价拿下的桃源府邸因售价过高陷入滞销，至2013年完全停工，同一时间在售的香山美邸项目又陷入延期交楼困境，加上2007年介入的长汀村旧改项目只见投入，不见产出，还有一系列的高成本民间借贷，导致兴润置业的资金链一直处于紧绷状态，并最终于2014年彻底断裂。

根据官方数据显示，在2014年3月出事时，兴润置业总资产27亿~30亿元，总债务为35亿元。债务包括银行逾24亿元，工程及材料款约4亿元，已确认的民间借贷约7亿元。总共涉及19家银行机构。银行贷款额度最大的建行涉及12亿元债权。而民间借贷的借款利息为年利率18%~36%不等，共牵涉98人。

市场有不少观点认为，兴润置业事件在行业中具有典型性，是三四线小规模房企在调控中陷入资金难题的一个缩影。据《华夏时报》报道，据不完全统计，仅 2014 年 3 月以来，被曝光的房企资金链断裂的案例就有 10 余起，涉及浙江、江苏、安徽、湖北、海南等多个省份。

瑟瑟寒冬，即使对于大房企来说，也是一个大难关，更何况中小型房企。优胜劣汰是亘古不变的生存规则，谁没有办法应对变化，谁就只能接受无情的淘汰。

险资大举入侵房企

伴随着楼市寒冬的到来，地产公司在股市上的表现难有好起色。2014 年新年伊始，A 股市场地产板块就迎来了连续 16 个交易日的下跌，此后一直表现低迷，"跌跌不休"成为这个板块的主基调。

借着地产股萎靡不振的机会，以安邦、生命人寿为首的保险机构向地产股发起了猛烈攻击。金地集团、金融街这两家 A 股公司成为"出头鸟"，被"野蛮人"频繁光顾。

早在 2014 年 3 月 15 日万科春季例会上，郁亮就已经警示"野蛮人"三五成群来敲门，职业经理人与"野蛮人"肉搏，将凶多吉少。

话音刚落不久，警示就变成了现实。

生命人寿增持金地，最早可以回溯至 2013 年 1 月，彼时生命人寿首次吸纳金地股份，累计持股比例为 5%。之后持续增持，及至 2013 年 11 月 1 日，生命人寿持股比例已经默默上升至 7.852%，超过第一大股东福田投资 7.851% 的持股比例。

面对着生命人寿的步步紧逼，福田投资在 2013 年 11 月 4 日宣布与自然人股东何大江结成一致行动人关系，两者持股比例合计为 8.023%，暂时保住了第一大股东位置。这是福田投资唯一一次公开抵抗，在后续的股权争夺中，福田投资反而沦为看客。

一开始，或许生命人寿真的处于财务投资的目的，看福田投资有所抵抗，生命人寿于 2013 年 11 月 15 日主动让渡 4.81% 的表决权予福田投资。

相对于生命人寿的高调，潜伏在金地的另一险资势力——安邦就显得低调得多。据公开资料显示，自 2012 年三季度以来，安邦财险开始出现在金地十大股东之列，此后一直增持，至 2013 年 12 月 3 日，增持至 5%，达到了举牌线。

在 2013 年，除了福田投资的一次公开反抗外，一切看来还是相对平静的。然而，平静之下，暗涌渐生，进入 2014 年，金地股权争夺战开始升级，无能为力的福田投资一直保持沉默，财大气粗的生命人寿与安邦财险倒是争个你死我活。

从 2014 年年初开始，生命人寿的加仓动作不断，且相当迅速，2 月 11 日，持股比例升至 10%；3 月 5 日，升至 15.516%；4 月 10 日，再升至 17.67%；4 月 22 日，已经高达

19.81%。

眼看着与生命人寿的持股比例差距不断拉大，安邦无法冷眼旁观。4月10日，安邦一口气买下金地5%股权，持股比例升至10%，随后的4月23日，又进一步增持至15%，进一步缩小与生命人寿的差距。

就这样，你一来，我一往，生命人寿与安邦的股权争夺持续了整整一年，一直到2014年底才平息。截至12月31日，生命人寿持有金地股权比例达到29.9%，稳坐第一大股东之位，安邦持股20%，位居第二，福田投资及其一致行动人持股8.023%，退居第三。

这样的股东格局一直持续至今，尽管期间出现轻微变动。截至2018年3月31日，生命人寿持有金地股权比例为29.84%，安邦持股为20.44%，福田投资及其一致行动人持股仍为8.023%。

安邦在金地股权争夺战中，一直未能超越生命人寿，一个很重要的原因是，安邦在狙击金地的同时，还看上另一个目标——金融街，既然想鱼与熊掌兼得，就不可能厚此薄彼。

与金地同病相怜，京派房企金融街在2014年也是深陷股权危机。只不过，相较于金地，金融街还是幸运一点的，因为大股东金融街集团从一开始就不是一个容易对付的对手。

从2014年4月25日开始，安邦及其一致行动人和谐健康保险就持续买入金融街股票。仅2014年内，安邦及其一致行动人累计四次举牌金融街，持股比例达到20%。

对于安邦的强势入侵，大股东金融街集团自然无法听之任之，先后于5月及11月通过增持及股份回购的方式进行反击。截至2014年11月，金融街集团及其一致行动人持股比例上升至30.12%。

就如当初觊觎金地第一大股东之位一样，安邦对于金融街的控股权也是垂涎三尺，因此，与金融街集团的斗争并没有随着2014年的结束而偃旗息鼓。

在之后的四年，安邦与金融街集团一直都在暗中较劲，金融街集团在2%的上限内不断小幅增持，安邦则又发动了两次举牌。

继2017年11月30日至2018年2月9日最新一次增持后，金融街集团及其一致行动人合计持有金融街34.1170%，而安邦持股比例达到29.99%。

尤其值得一提的是，在金融街的前十大股东中，除了安邦及其一致行动人和谐健康保险，还有中国人寿、富邦人寿两大险资机构，持股比例分别为0.67%、0.43%。不难看出，金融街已经成为险资争食的肥肉。

上文曾言，早在3月，郁亮已经给行业提出了警示，只不过没到事情发生的那一步，或许大家容易掉以轻心，金地、金融街无奈成为"炮灰"。而早早意识到危机的万科，曾经采取过一定行动。

2014年4月，万科正式推出事业合伙人制度，该制度包括事业合伙人持股计划和项目跟投两部分。其中，项目跟投制度发生在项目层面，公司员工在一定比例内可以投资公司的新项目，而项目的管理人员必须投资。而事业合伙人持股计划发生在公司层面，即公司合伙人通过券商集合计划购入股票。

如果说项目跟投制度目的是激励一线工作人员，那合伙人持股计划的目的就是解决万科股权分散的隐患。

根据万科计划，首批1320位事业合伙人将其在经济利润奖金集体奖金账户中的全部权益，委托给深圳盈安财务顾问企业（有限合伙）（"盈安合伙"）的普通合伙人进行投资管理。

自启动事业合伙人持股计划之后，盈安合伙多次增持万科A股股票，截至2015年1月27日，盈安合伙持有万科股权比例达到4.48%。

只可惜，临阵磨枪，为时已晚。尽管万科敏感地嗅到了危机的到来，但受制于资金筹集额度和速度，2015年1月之后，盈安合伙就再也没有增持动作。而凭借着微薄之力，盈安合伙根本无法与凶猛的宝能系对抗，最终，"野蛮人"三五成群来敲门成为万科的真实写照。

险资的"野蛮人"本色在2014年初显，并在随后的2015年达到高峰。据中房网统计数据显示，截至2015年12月底，全国196家A股、H股上市房企中，有41家前十大股东中存在险资身影。

而且，入股并不是险资染指房地产的唯一途径，凭借着充裕的现金，险资在土地市场表现也是相当活跃，创下不少地王纪录。有趣的是，在拿地方面，房企对险资就没有了原来的敌意，险资往往成为了房企们的合作伙伴，有险资的支持，房企降低了拿地成本，有房企的加持，险资投资房地产似乎变得更有胜算。

当然，夺权归夺权，拿地归拿地，两者性质不一样，也就决定了险资的不同角色。但不可否认的是，自2014年以来，险资成为房地产市场中不可忽视的一支力量。一直到2016年11月4日，保监会向各保险集团、保险公司、保险资产管理公司下发"自查令"后，险资的活跃度才开始降低。

"自查令"要求，各类保险机构在11月15日前应当就不动产及基础资产为不动产的金融产品投资情况开展自查，旨在规范保险资金不动产投资行为，防范投资运作风险。业内分析人士指出，"自查令"实质上就是限制险企投资房地产。

易小迪港交所敲钟

楼市骤然降温的2014年，对房企们的资金链带来极大挑战。一方面是销售不佳导致资金回笼速度放缓，另一方面从2013年下半年房贷开始收紧导致的融资不畅，都大大增加了房企们的资金压力，其中尤以中小房企为甚。

在《中国地产四十年·2003》里提到，欧美等国家宽松的货币政策为内房企们提供了极大的融资便利，吸引了一大批中小房企赴港上市。2014年，在楼市寒冬中，这种现象有过之而无不及。从年初开始，就不断有内房企通过借壳或IPO的方式登陆港交所，试图境外觅金。

2014年2月6日，香港上市公司升冈国际有限公司宣布，现任大股东兼主席刘锡康等已与内地房地产开发商辽宁实华集团签署协议，刘锡康等同意向后者悉数出售约53.9%权益，另外，辽宁实华集团将须提出无条件强制性现金全面收购建议。同年10月，升冈国际更名为"实华发展有限公司"。后于2016年8月再度更名为"中国华星集团有限公司"。

据华星集团介绍，该公司项目主要分布在辽宁省内沈阳、本溪、鞍山、本溪县、桓仁等地，同时还持有一定商用物业。据2017/2018中期报告显示，该公司物业投资及物业租赁均录得亏损。

2014年2月18日，绿景集团同样以借壳方式登陆港交所。壳公司新泽控股有限公司当日宣布，绿景地产将收购其8.59亿股股份，占公告日期全部已发行股份约64.83%。7月7日晚间，新泽控股宣布，公司拟更名为"绿景（中国）地产投资有限公司"。

不过，执行董事叶兴安强调，未来不会将绿景集团全部地产业务注入上市公司，日后仍将由两个平台协同发展。一个是上市公司，另一个是绿景集团。2017年，上市平台绿景中国总收益同比下降约35.3%至29.68亿元，毛利同比减少15.6%至19.38亿元。不过绿景中国管理层在业绩会上提出的2018年销售目标将是100亿元。

2014年3月13日，以运营主题公园和配套商业物业为主业的海昌控股有限公司在香港联合交易所挂牌交易，成为国内首家在港上市的主题公园运营商。后来于2015年6月30日，海昌控股有限公司更名为"海昌海洋公园控股有限公司"，以进一步反映出公司的主要业务及特点。

截至2017年底，海昌海洋公园在大连、青岛、天津、武汉、成都、烟台及重庆分别经营着八个主题公园，同时在上海、三亚和郑州有三个在建项目。

与海昌海洋公园同日敲响港交所上市钟声的还有阳光100，这已经是阳光100自2007年以来第四次赴港上市，总算得偿所愿。据历史资料显示，阳光100赴港上市计划曾在2008年、2009年及2010年均未实现。

成功上市之后，阳光100的主营业务由住宅变为街区综合体。在2014年3月13日挂牌仪式上，总裁易小迪透露，未来阳光100的商业物业持有比例将达到30%左右。

据易小迪分析，从发达国家走过的历程看，做非住宅的房地产企业才有真正的盈利空间。尽管许多二、三线城市，商业综合体的建设已呈现过剩之势，同质化严重，但贴近生活需求、有特色的街区型商业却是短缺的。这种街区型商业的存在，不仅可以使一个住宅区变得更有活力、带来新的生活方式，也同时能够成为一个小型区域生活中心和城市公共客厅。

来自武汉，从事开发及运营大型产业园的光谷联合，在2014年3月28日正式在港交所挂牌交易。尽管主打大型产业园概念，但光谷联合并未受到市场追捧。招股期间在港公开发售仅获606份申请，占在港公开发售股份约39%，最终以下限0.83港元/股定价。在上市当日，股价表现再度"遇冷"，报收0.76港元，较0.83港元发行价下跌8.43%。

上市显然未能解决光谷联合的资金问题。2015年12月15日，在财务需求压力增大情况下，光谷联合宣布出售31.9%股份予中国电子科技开发有限公司，后者将取代创始人黄光平成为光谷联合控股股东。2016年11月9日，"光谷联合控股有限公司"更名为"中电光谷联合控股有限公司"。

进入下半年，一家与光谷联合性质相似，且遭遇相似的内房企也正式成为港交所一员。6月27日，亿达中国控股有限公司在香港主板上市，当天收报2.21港元，而发行价为2.45港元。在招股期间，同样因为在港公开发售部分认购不足，亿达中国定价2.45港元，接近下限2.3港元。

亿达中国定位为商务园区运营商，截至上市前的2014年3月31日，亿达中国已经拥有包括大连软件园在内的6个正在或者将要开发商务园项目，此外还已经签署协议的上海和苏州两个园区。

从上市以来，亿达中国的净负债比率一直居高不下，2014年150%、2015年137.3%、2016年上半年151%、2017年122%。为解决资金难题，亿达中国与光谷联合一样，选择引入投资者。2016年11月17日，亿达中国控股股东宣布将53.02%股权售与中民投旗下的中民嘉业。

手持大量优质项目的国瑞置业表现就好很多了。2014年7月7日，北京二环路内第二大物业开发商的国瑞置业在港交所挂牌上市，当日股价大涨5%。

据招股书披露，截至2014年3月31日，国瑞置业土地储备总建筑面积680万平方米，拥有北京二环内4.1%市场份额，同时为北京第45大开发商，占整个北京市场份额为0.34%。

早在2007年已经在港整体上市的众安房产，于2014年通过分拆商业物业再度敲响港交所上市锣声。2014年7月10日，由众安房产分拆的"中国新城市"在联交所挂牌。分拆后的"中国新城市"将主要从事众安集团商业物业的投资、开发、运营和以浙江为主要区域进行新型城镇化相关产业投资，包括农业产业化、养生养老健康产业和小城镇综合开发业务。

2014年一家家中小内地房企接连赴港上市，并没有引起港交所的多大波澜，毕竟这些公司的关注度或者集资额都较小。

好在，年底上演的一场压轴大戏终于让沉闷的港交所热闹起来了。

2014年12月23日，万达商业在港交所主板挂牌上市，港交所人头汹涌，董事长王健林及其子王思聪同时现身，吸引了无数的摄像头和聚光灯，场面相当壮观。

尤其值得一提的是，万达商业（03699.HK）招股价48港元，集资总额高达288亿港元，一举成为港股近三年来最大IPO，王健林的身家也增至248亿美元，尽管未能超越马云成为内地首富，但王健林也成功跻身亚洲富豪排行榜第三位。

《中国地产四十年·2013》篇章提到，为圆上市梦，万达商业也一直在寻求多方尝试。早在2013年收购香港上市公司恒力商业地产（集团）有限公司（00169.HK）时，市场已经指出，万达商业有意借壳上市，随后，恒力商业更名为"万达商业地产（集团）有限公司"（00169.HK）则进一步验证了市场猜测。

只不过，到2014年，王健林又选择直接IPO，于是有了"大连万达商业地产股份有限公司"（03699.HK）的上市，而为了明晰两个港股上市平台的关系，"万达商业地产（集团）有限公司"于2014年10月更名为"万达酒店发展有限公司"（00169.HK），定位为万达自有品牌酒店在海外投资和运营的平台。

但最终事实还是证明，虽然在港交所又是尝试借壳，又是尝试IPO，但王健林钟爱的依然是A股。仅仅上市15个月后，万达商业（03699.HK）便于2016年3月29日宣布私有化，之后又再向A股发起冲击。2018年3月1日，大连万达商业地产股份有限公司（原03699.HK）公告称，公司更名为大连万达商业管理集团股份有限公司。

从一系列赴港上市的企业来看，除了绿景中国及国瑞置业外，其余几家登陆港交所的企业主营业务都不是传统的住宅开发，阳光100也宣称上市之后将转型商业地产。实际上，在2014年的楼市寒冬中，资本市场普遍对内地房地产市场持悲观态度，对内房企也是普遍"看淡"，亦因此，这些赴港上市的企业都纷纷打出了不同于"住宅开发"的概念，以求讲述新故事重新吸引投资者们的目光，虽然最后投资者也不是全部埋单。

而A股市场尽管难关重重，但每年还是有那么一两位幸运儿的，只是成功的途径不是理想的IPO，是次之的借壳而已。

经过2013年以来受让深圳国资委股份及数度增持，加上原第一大股东联泰系的主动减持股份撤退，中洲地产终于成功上位，拿下"深圳市长城投资控股股份有限公司"（以下简称"深长城"）的控股权。

2014年2月13日，深长城宣布，因公司股东结构发生重大变化，结合公司品牌发展需要，董事会同意公司将变更为"深圳市中洲投资控股股份有限公司"。此次更名，标志着中洲地产借由深长城实现A股借壳上市。

中洲控股主营业务为住宅开发，从2016年开始，中洲控股表示将由传统住宅开发模式逐渐向住宅地产、商业地产等多元化开发模式转变。截至2017年底，中洲控股已先后布局深圳、佛山、重庆、成都、上海、青岛、惠州、无锡及香港等城市。2017年，中洲控股全年实现营业收入86.67亿元，同比增长6.79%；实现利润总额10.01亿元，同比增长90.36%。

迪马股份的地产资产重组在历经4年长跑之后，也总算在2014年画上了句号。

2014年4月17日，迪马股份42亿元资产重组+13.8亿元募集配套资金暨关联交易事宜获得证监会通过。5月，迪马股份通过非公开增发11.8亿股向东银控股、江苏华西集团、华西同诚购买其持有的同原地产、国展地产、深圳鑫润以及东银品筑的100%股权。交易完成后，41.5亿元的房地产资产包正式注入A股上市公司迪马股份。

之后2014年9月3日，为解决控股股东东银控股的同业竞争问题，迪马股份发公告宣布收购江苏江动集团有限公司持有的重庆东原地产22.44%的股权。至此，东原地产全部股权完成注入迪马股份，实现整体上市，迪马股份成为东银控股旗下唯一从事房地产开发的平台。

东原地产此次借壳上市与一般的借壳上市存在一点特别，因为除了东原地产这部分房地产业务外，迪马股份原来的专用车制造业务也始终保留，前者与后者业务收入分别占比为88.47%和11.21%。

从一开始，这个A股上市平台并不纯粹以房地产开发为主。"重组后的所有地产业务全是迪马股份100%控股，从广义上来讲东原地产是迪马股份开发的所有项目的品牌的总称。"东原地产总裁曾如此阐述东原地产和迪马股份的关系。

"90后"压根不买房

2014年2月，"90后"话题人物马佳佳，应邀前往万科做演讲。马佳佳在演讲时旗帜鲜明地提出"'90后'压根就不买房"的观点，这一言论如重磅炸弹，地产界引起一场大地震。

马佳佳，原名张孟宁，2008年以云南省高考语文状元身份，考入中国传媒大学文学院。2012年毕业后，马佳佳便在学校旁边开了一家创意情趣用品店。她在微博、微信上进行性教育答疑，原创搭讪指南，语言犀利，又幽默风趣，把原本晦涩隐秘的情趣用品以健康阳光的方式进行"互联网+"模式进行营销推广，一度成为媒体争相报道的焦点。2013年，亮相江苏卫视《非诚勿扰》，成为相亲女嘉宾，以女神形象惊艳荧屏。

高考状元、情趣用品、女神、创业达人、网红、非诚勿扰……—系列标签让马佳佳迅速在网上吸粉无数，成为社会关注的话题人物，堪称当时"90后"网红达人代表。

马佳佳在万科演讲过程中，给地产圈详细剖析"90后"人群。她强调人们以前热衷买房，是因为传统的恋土情结和婚姻观念，或者看中房产的投资增值功能。相比之下，"90后"是理想化、个性化的一代，更愿意将赚来的钱花费在享受美好生活上。但是，房产属于重资产，购房会产生沉重的生活负担，意味着可支配费用大幅减少。另外，买房还将限制自由，"90后"不愿意长期待在同个地方，而希望到不同地方体验生活。此外，不愿受传统观念束缚的"90后"更不想被婚姻、家庭等因素限制，所以，买房结婚需求也在降低。在阐述各种理由之后，马佳佳得出的结论是："90后"压根不买房！

经历多年调控，市场遭遇"瓶颈"，销售举步维艰，紧接着又受到互联网思维冲击，众多房地产企业陷入迷茫。在这种大背景下，马佳佳抛出"90后"不买房言论，令地产界一片哗然。

一石激起千层浪，对于"90后"不买房的言论，时任中国房产信息集团联席执行总裁丁祖昱认为"90后"不买房是个伪命题。在中国,买房是永恒的主题,无论是现在的"90后"还是未来的"00后",这已经是刻到国人骨子里的概念,除非你不承认自己是中国人。

据克而瑞研究中心提供的数据显示,2014年北上广一线城市中,80%的购房者是20~40岁的群体。虽然这个年龄段覆盖比较广,但贸然说"90后"不买房,确实也有失偏颇。

任志强则说得更直接,他认为"90后"不是不买房,而是还没有能力买房,也没到买的时候。对于他们而言,现在谈论买不买得起,未免太贪心了。

任志强的观点直指问题的核心,在高昂的房价面前,"90后"的收入仍不足以承担,另外,2014年年龄最大的"90后"也仅24岁。而中国平均购房年龄大概在27岁,这已经是全球最年轻的平均购房年龄,但24岁离27岁仍有三年的时间,所以,对于"90后"来说,买房确实为时过早。

与此同时,网络上也有观点认为,"90后"不是不买房,而是不缺房。因为"90后"的父母"60后""70后"已经买了多套房子,完全可以给"90后"的子女居住,因此,不需要再重复购买房子。

2017年底,在乌镇互联网大会上,链家董事长左晖表示,"并不是'90后'不愿意买房,实际上买不起房"。据链家庞大的买房大数据显示,"90后"的购买意愿和购买力是客观存在,看房、买房的"90后"群体为数不少,但大部分"90后"最终受困于房价和收入的反差,只能"望房兴叹"。

但无论是点赞或是反对,都没有影响房地产企业重新审视"90后"新一代消费群体。中国房地产此前十几年的高速发展,主力购房群体是"70后""80后",但随着"90后"成长起来,这个群体将成为房地产主力消费群。因此,如何了解并结合"90后"消费观念、生活习惯、兴趣爱好等诸多领域,开发"90后"需要的居住产品,成为房地产企业研究的重要方向。

2015年：

股权收购迭起　李嘉诚大撤退

2015年，股市如同过山车，从疯狂的牛市到股灾的爆发，一瞬间金钱仅仅只是纸面上的数字，转眼灰飞烟灭；楼市宏观调控政策频出，330新政、降息降准、不动产登记拉开帷幕，房价冰火两重天，惊心动魄。

分化越来越明显。从全国数据来看，2015年各项指标增长速度并不好看。其中，全国房地产开发投资95979亿元，比上年名义增长1.0%，增速比1~11月回落0.3个百分点；商品房销售面积128495万平方米，比上年增长6.5%，增速比1~11月回落0.9个百分点；销售额49888亿元，增长23.1%，增速回落2个百分点。

股市大跌，救市不断。与此同时，开发商迎来了又一个销售大年。2000亿军团的成员扩充至三位。分别是万科、恒大和绿地，其中万科以第一名的姿态稳稳屹立榜首。

这是销售的大年，也是政策的大年。2015年，从年头到年尾政策都没有停下来过。降准5次、降息5次、营业税5改2、二套房首付比例下调、公积金新政、房贷利率下降……无一不在宣告全国楼市迎来政策宽松期，去库存成为关键目标。

具体来看，2015年，为了缓解中国经济下行压力，央行频频出手，接连降准降息，从2015年2月5日第一次调整存款准备金率开始，到2015年10月24日重磅双调，存款准备金率和贷款利率双双同步调整，在近十个月左右的时间里降准降息总共加起来有10次之多，几乎可以说平均每个月就有一次调整。

央行公告称，自2015年2月5日起下调金融机构人民币存款准备金率0.5个百分点，这次调整也拉开了央行连续33个月来首次降准，释放出7000多亿元资金。随后4月20日又一口气下调金融机构人民币存款准备金率1个百分点，大概释放资金1.5万亿元左右。6月28日，央行贷款和存款基准利率下调0.25个百分点，9月6日，中国人民银行下调金融机构人民币存款准备金率0.5个百分点。这波下调存款准备金率延续到年底10月24日，总计释放约4.2万亿元资金，大大降低企业融资成本。

2015年首次降息出现在3月1日，央行宣布自2015年3月1日起下调金融机构人民币贷款和存款基准利率0.25个百分点，个人住房公积金存贷款利率相应调整。虽然2015

年降息比降准晚了二十多天，但实际上，在2014年央行就已经出手降息，当时央行宣布自2014年11月22日起，下调金融机构人民币贷款和存款基准利率0.4个百分点，这是2012年7月后，两年多来央行首次降息。这波降息从2014年11月22日持续至2015年10月24日，备受关注的五年及以上贷款利率由2012年的6.55%一路狂降至4.9%，这也是近年来罕见降至5.0%以下水平。

央行一系列降准降息行为，重点是货币政策的引导作用，有针对性地引导市场利率和社会融资成本下行，促进实际利率逐步回归合理水平，缓解企业融资成本压力，遏制经济下行势头，助力经济触底回稳，为经济持续健康发展提供中性适度的货币金融环境。

央行出手救市，不仅对整个国民经济有巨大的带动作用，而且也利于房地产市场行情好转。降低购房者成本，减轻人们置业负担，从而刺激消费者买房。同时，对于房地产企业来说，融资成本也显著下降。

2015年除了央行频频出手之外，还有一个政策值得房地产市场注意。在经历了迅速从高生育率到低生育率的转变之后，我国人口的主要矛盾已经不再是增长过快，而是人口红利消失、临近超低生育率水平、人口老龄化、出生性别比失调等问题。

由于新增人口不足，中国老龄化问题日益严重。根据《2015年国民经济和社会发展统计公报》数据：2015年，中国60岁及以上的老人占总人口比例为16.1%，65岁及以上人口数占比为10.5%。而联合国标准认为，65岁以上的老人所占比重超过7%就意味着进入老龄化社会，由此可见，中国的老龄化程度已达到国际标准的1.5倍。

国内众多顶尖人口学者历经两年的研究指出，中国的人口政策亟待转向，尤其是生育政策应该调整。因此，从2011年11月开始，中国各地全面实施双独二孩政策。紧接着2013年12月，又开始实施单独二孩政策。并最终在2015年，全面放开二孩政策。

房地产高速发展，也离不开人口红利，未来随着人口红利逐步褪去，人口危机负面影响日益突出，此外，广大乡村以及小城镇流失化、老龄化、空心化，大量人口往大中型城市聚集。房地产行业在不同城市也将呈现迥乎异然的发展道路。

中国城市发展将严重分化，一线城市对高素质人才仍有较大吸引，因此人口将会持续增长，只是速度相对放缓，经济稳步增长。二、三线城市特别是省会城市，将形成新的人口聚集高地，人口和经济将全面迎来爆发式增长。四、五线及以下的城市人口将会出现滑坡，经济停滞甚至回落。房地产发展也跟城市前程息息相关，哪些城市仍在持续吸引人口，哪些城市房产前景将持续发展；反之亦然。

因此，放开二孩政策，对房地产影响深远，放在当下最为直接的影响就是户型设计出现重大调整。此前房地产主流产品是两房或小三房，基本以满足一家三口为主，而随着二孩政策出台，众多开发商纷纷将户型升级为大三房或者四房。

别让李嘉诚跑了

资本市场上，年头到年尾，重组、上市、退市大戏从未间断。2015年2月25日，长和系股东大会批准了合并重组的议案。根据议案内容，长江实业与和记黄埔进行合并、重组及再分拆后，成为两家香港上市公司。其中，长地持有两个集团的所有房地产业务，长和将持有长实及和黄的所有非房地产业务。

这场世纪大重组于2015年6月4日基本画上句号。彼时，和记黄埔正式摘牌，终结上市37年的历史，并入长江和记实业有限公司。长实地产正式挂牌，接手长江实业与和记黄埔的全部房地产业务。

然而，由于重组后的长和与长地注册于开曼群岛，这再次被公众视为李嘉诚撤资内地的又一大举措。

2015年9月12日，一篇《别让李嘉诚跑了》的文章突然刷爆朋友圈，对李嘉诚撤资的行为进行了严厉的批评，认为是"失守道义"的行为。

《别让李嘉诚跑了》开篇就直言：李嘉诚想去哪里就去哪里。但是，鉴于李嘉诚最近20年在中国获取财富的性质，似乎不仅仅是商业那么简单。众所周知，在中国，地产行业与权力走得很近，没有权力资源，是无法做地产生意的。由此，地产的财富，并非完全来自彻底的市场经济。恐怕不宜想走就走。

全文对李嘉诚连续多年抛售大陆资产、大规模撤资行为进行了诸多批判，特别指出李嘉诚"不顾念官方此前对其在基础设施、港口、地产等领域的大力扶持，在中国经济遭遇危机的敏感时刻，不停抛售，造成悲观情绪在部分群体中蔓延，其道义的高点，已经失守"。

这篇稿件发布机构是新华社旗下"瞭望智库"，由于发布单位特殊，因此市场上传出该文章是"上层风向"的解读，甚至认为透露了"高层深意"，因此，该文成为市场关注热点，甚至引发境外众多媒体报道。对此，中央相关部门以及央视随即做出了回应。

2015年9月16日，在国务院新闻办公室举行的发布会上，有香港记者对已经炒得沸沸扬扬的李嘉诚撤资事件进行提问："关于香港作为国家经济改革定位的问题，早前香港首富李嘉诚有一个计划，把部分资产撤走，有一些内地的智库评论说，随着中国的经济发展，香港所发挥的角色大不如前，还有中国也不会像以前一样照顾，请问你对于这个观点的看法？"

时任国家发改委副主任连维良回应称：我想要强调的是涉及利用外资和外商投资企业在华利益的问题，我们现在推进的改革非常重要的目标就是构建开放型经济新体制，而且要形成更加法制化、更加国际化的营商环境。在这个过程当中，各项改革一个很重要的出发点就是要惠及更多的外来投资者，而且一系列的改革和成效在陆续显现。

2015年9月17日，央视特约评论员杨禹专门就该事件做了评论，杨禹表示《别让李嘉诚跑了》作为某位学者的一家之言，倒也不是什么大事。但这篇缺少基本法治理念和市场经济思维的文章，倘若是真的被纳入有国家背景的智库，似为不妥。

杨禹对李嘉诚的投资行为提出评价标准在于：交给市场、交给法治、交给历史。他强调，甭管一位投资者"跑来"还是"跑去"，都是市场主体的自主行为。甭管李嘉诚是不是真的"有意脱离中国市场"，只要其每一个行为"合法合规合程序"，就是在享用市场主体的基本权利。至于李嘉诚该以哪种方式回馈社会、报效祖国，这一切，自当交给历史去评说。

随着文章持续发酵，2015年9月29日，李嘉诚终于对撤资传闻做正式回应，发布了一份长达三页的声明。针对《别让李嘉诚跑了》一文，李嘉诚表示，"我明白言论自由是一把'两刃刀'，因此一篇似是而非的文章，也可引发热烈讨论，这是可以理解的，文章的文理扭曲，语调令人不寒而栗，深感遗憾"。

在声明中，李嘉诚也解释了对房地产业务的战略调整："过去两年，集团对全球地产业务持审慎态度，加上内地房地产方面，部分城市出现供求失衡风险，故减少买入土地，但集团在内地的发展中及将发展的总楼面面积远高于2000万平方米。"

对于前文引发争议的离岸操作模式，李嘉诚也强调，过去十年在香港上市的公司，有超过70%（包括国企）的架构，也选择离岸设立公司，目的是让企业取得更现代化架构和更高效运作模式。在重组过程中，他个人并没有减少持股比例，也没有从中套现，所谓"撤资"指控，完全不成立。

李嘉诚忙着重组长江实业与和记黄埔，张玉良则集中精力借壳上市。2015年8月18日，绿地成功借壳金丰投资于上交所实现整体上市，更名为绿地控股，结束耗时一年半的A股史上最大借壳上市案例。

为了谋划上市，绿地提前做足了功课。特别是在2014年，全年销售业绩获得大幅增长，并一举反超万科，勇夺行业销售之冠。

《中国地产四十年·2014》里提到，2014年是中国房地产销售史上又一个里程碑。在急转直下的房地产环境中，多家房地产企业经受住了来自政策、去化、资金等各方面的多重考验，不仅没有收缩战绩，同时还实现了业绩的逆势增长，而且千亿房企阵营继续扩大。

继2010年万科首次跨过千亿门槛之后，2014年，中国房地产企业首次突破两千亿大关，而且，同时有绿地、万科两大房企双双跻身两千亿俱乐部阵营。只不过，以往万科一枝独秀的局面被打破，绿地接棒地产武林盟主地位，取代蝉联冠军多年的万科成为房地产销售榜新的王者。

据绿地集团披露，在新常态的背景下，2014年绿地继续保持强劲增长势头，其中，房地产业务全年实现预销售金额2408亿元，较上年增长50%；实现预销售面积2115万平方米，较上年增长30%，两项指标均保持连续多年高速增长，齐攀历史新高，绿地登顶全球最大房企。

而万科公布2014年年度业绩显示，2014年万科实现销售金额2151.3亿元，同比增长25.9%，在全国商品房市场的占有率由2.09%提升至2.82%。虽然万科也取得不错的增长，但与绿地高达50%增速相比，仍相形见绌，这也使绿城成功超越万科，历史首次登顶中国房地产销售排行榜首。

手握出色成绩单，再加上全球最大房企光环加持，绿地上市成为水到渠成的事情。当然，作为上海国资领域影响力最大的一次重组，早在2014年3月17日便率先披露了方案；3个月后，金丰投资股东大会审议通过了该方案；到2015年4月，方案得到了中国证监会上市公司并购重组审核委员会的认可；最后直至2015年6月18日，中国证监会正式下发重组方案核准批复。

上市当天，绿地控股开盘价25.1元/股，动态市值达到3054亿元，一举跃升成为全球最大房企。除了A股平台外，绿地还有两个H股平台，分别是绿地香港（00337.HK）和润东汽车（01365.HK）。

《证券时报》统计数据显示，中国千亿市值房企已经有18家。在全球房企市值排行榜Top10中，有7家是中国企业。其中万科已经成为全球房企市值冠军，达到4026亿元。排名第四位的是李嘉诚的长和，总市值3240亿元。除此之外还有新鸿基、碧桂园、恒大、中海和长实集团。

同年10月，招商局蛇口吸收合并招商地产的重组方案在招商地产2015年第三次临时股东大会上通过。11月，该方案获得证监会审核通过。至此，招商局蛇口将发行A股股份为对价换股吸收合并招商地产，同时将旗下所有不确定性的资产，注入了新上市平台，并解决招商地产B股转A股的问题。

2015年12月30日，招商蛇口正式挂牌上市，招商地产正式退出中国房地产历史舞台。这也意味着，继绿地控股后，国内房地产市场又出现一位巨无霸房企。

收购狂人"三连击"

2015年，房企股权大战发生的故事越发精彩。这一年，融绿之争尘埃落定、佳兆业迎来重组曙光、万科股权争夺战陷入漫长的攻坚战。这些都成为2015年最鲜活的企业案例素材。

2015年5月5日，融创与绿城分别发布公告，就双方合营的上海融创绿城归属权做了明确划分。其中，融绿平台属融创，上海黄浦湾等三个项目归绿城。

在《中国地产四十年·2014》篇章里，详细描述了融创收购绿城过程。自从调控层层加码，2012年开始绿城面临着严峻的市场危机：销售停滞、现金流不足、破产忧虑，等等。2012年，宋卫平出售部分股份给九龙仓，但这还不足以弥补资金缺口。于是2014年6月，融绿平台成立。绿城旗下9个项目注入，估值450亿元，这时候的孙宏斌花了33.7亿元真金白银。

在绿城最困难的时期，宋卫平从孙宏斌身上看到了他所不具备的商人特征——杀伐果决、有豪情也有热血。于是，宋卫平萌生了让孙宏斌成为绿城接班人的想法。2014年5月，融创中国以62.98亿港币收购绿城24.313%的股份，成为绿城第一大股东。然而，不到半年后绿城与融创再起风波，从2014年10月底开始，宋卫平不断向外界释放出回归的意愿，随后融创宣布退出该项股权交易。

2014年12月23日，中交集团以超过60亿港元的代价入股绿城，中交成为绿城新的第一大股东。宋卫平如愿了，他再度执掌绿城权杖。作为毁约的代价，他还必须给孙宏斌一个交代，也即是融绿平台的归属。因此，在2015年，双方花了将近半年时间厘清了分手问题。

至此，这场持续了一年多的收购大战总算画上句号。虽然孙宏斌没有达成全面收购绿城的预期目标，但无论从2012年开始介入绿城组建融绿的魄力，还是从宋卫平撤销交易宣布回归绿城后的霸气回应"生意再大还是生意"，都可以看出孙宏斌的胸怀与气魄。

2015年，孙宏斌几乎占据了所有地产版面的头条。因为除了绿城，他还打算买下佳兆业。就在收购绿城受阻后不久，孙宏斌很快把目标转向佳兆业。2014年，遭遇多重危机的佳兆业经营举步维艰。在这种背景下，"收购狂人"孙宏斌再一次以"白武士"的姿态出现了。刚刚从收购绿城的失意中走出来的孙宏斌，没有留下阴影，依然果断决绝。

2015年1月30日，融创公告正式宣布收购佳兆业49.25%股份。计划于2015年3月底和佳兆业境内外债权人达成协议，并于4月完成重组。然而就在并购关键期间，融创方面强势提出的债务重组条约，导致佳兆业境外债权人与融创并购团队对立。

2015年4月13日，佳兆业宣布，郭英成重任董事会主席。因为与债权人的僵持，再加上团队管理持续动荡，并未立稳脚跟的融创再次出局，三天之后，就传出了融创团队连夜撤出佳兆业集团总部办公大楼的消息。由于债权人要求的条件远远高于孙宏斌的预期，如果强行收购佳兆业，将使融创背上巨大的债务包袱。几经取舍下，孙宏斌于2015年5月28日宣布，放弃收购。

融创黯然退出，孙宏斌并购又一次遭遇失败。但对职业生涯多次受挫的孙宏斌来说，这只是他诸多商业大战中的一个插曲。孙宏斌对并购大战评价：这就是生意，无关成败。尽管孙宏斌企图借佳兆业之力南下布局广深二地的希望落空，但也为融创博得了一定知名度。

2015年3月23日，雨润集团创始人被执行指定居所监视居住措施，再加上雨润快速扩张导致财务紧张，这家起步于肉类食品加工，并扩展至地产、商业、物流、旅游、金融、建筑七大产业的多元化公司，面临前所未有的危局。

据悉，雨润集团旗下拥有雨润食品和中央商场两家上市公司。虽然是做肉类食品加工起家，但雨润的房地产业务也占据集团举足轻重的地位。其中，中央商场和农产品物流都为房地产相关业务，房地产板块合共占比达70%，开发领域在江苏、浙江和山东拥有34个项目。

雨润经营情况并不理想，销售业绩持续下滑，亏损严重。雨润食品财务报表显示，2015年上半年营收为95.84亿港元，微增6%，实现净利润亏损达7.24亿港元；中央商场业绩同样不容乐观，2015年上半年营业收入为34.84亿元，同比减少7.70%，实现归属于上市公司股东的净利润1.65亿元，同比大幅减少48.98%。

雨润集团还背负着庞大债务包袱，截至2015年9月末，雨润总负债为95.47亿元，短期借款为24.08亿元，其他应付款为44.20亿元，一年内到期的非流动负债为22.99亿元，如果算到2017年，仍有60多亿元的债务需要清偿。巨额债务负担，令整个雨润帝国处于风雨飘摇困境。

这一切，都令这起并购复杂程度激增，也更增加了投资者对此笔收购案的悲观情绪。因此，融创中国宣布收购雨润复牌后，资本市场立刻用资金投票，其股价大幅跳水10%。

紧接着，在宣布收购雨润仅10天后，融创中国突然退出对雨润集团的重组。与此同时，融创董事长孙宏斌的个人公司——融创国际投资控股有限公司参与介入。这意味着，孙宏斌将以个人形式单独与雨润的谈判，洽谈合作和其他相关事宜。

2016年1月11日，雨润旗下中央商场发布公告称，1月8日公司接到雨润控股集团有限公司通知，雨润集团于2016年1月8日，与融创中国主要大股东融创国际投资控股有限公司就前期签署的《合作备忘录》签署了终止协议。

历时4个月后，融创中国董事长孙宏斌对雨润集团并购最终以叫停结束。这也是融创继收购绿城、佳兆业后融创之后，两年内第三起失败案例。孙宏斌透露，在参与雨润重组时，相关投行的高层都语重心长对其表示："老孙啊，这回一定得做成，第一次没做成，第二次没做成，第三次要做成了。"

对于投行高管想法，孙宏斌则坚持自己的商业原则，特别强调："我为什么要做成？我说合就干，不合就不干，这是一个买卖，我跟谁较劲，我给谁证明？它就是一个买卖，说起来容易，什么东西可以舍得，我们经济可以舍，我们费用可以舍，但你的投资不能错。"

尽管在整体收购上屡屡碰壁，融创2015年在项目收购方面仍然大有建树。分别同中渝置地、西安天朗、江苏四方、武汉美联以及烟台海基置业达成并购协议。其中，光是下半年便以32亿元拿下了中渝置地在成都的7个项目，随后又收购了天朗多个项目股权，并以5.7亿元加码了浦东东郊项目股权。

融创先后出手并购绿城、佳兆业、雨润，可以称得上是中国房地产历史上赫赫有名的三笔并购案。经此一役，国内谁人不识融创，谁人不识孙宏斌，"收购狂人"称号由此传开，此后孙宏斌还将重磅出手，大规模收购万达文旅项目，以及注资乐视，此为后话，在《中国地产四十年》后续篇章中将详述。

万宝之争开打

2015年,房企股权收购重头戏不能漏了"万宝之争"。多年以后,人们想起这场股权争夺战,无论加上什么修饰极限词都不为过。因为,这确实是一场世纪收购与反收购大战,是存留在诸多知名商学院教科书里的经典案例。

万宝之争贯穿2015~2018年共计四个年度,《中国地产四十年》将分别以2015年万宝之争发轫期、2016年万宝之争高潮期、2017年万宝之争收尾期、2018年万宝之争余波期进行梳理,为读者全方位展现这场中国史无前例的经典商业大战。

万宝之争是中国A股市场迄今为止,规模最大、斗争最激烈、参与方最复杂的一场公司并购与反并购攻防大战。这场大战导火索缘于2015年12月17日,王石在内部讲话中,公开挑战宝能系,万宝之争正式浮出水面,并迅速激起多方参与混战。

2015年1月,宝能系旗下前海人寿即开始通过证券交易所,大量购买万科股份。此后前海人寿于2015年1月、2月、3月、4月、6月和7月均有大笔交易产生。根据万科公告显示,截至2015年7月10日,宝能系通过二级市场,豪抛80亿元巨资,购入万科A约5.52亿股,占万科总股本约5%,构成第一次举牌。

然而,这仅仅只是开始,此后仅仅过了两周时间,2015年7月24日,宝能系前海人寿及其一致行动人钜盛华对万科二度举牌,将万科11.05亿股收入囊中,此时的宝能系已经占有万科10%的股份。而前海人寿与钜盛华的实际控制人均为宝能创始人姚振华。

经历过1994年君万大战洗礼的万科,已经敏锐嗅到"战争"的味道,2015年7月29日,王石在北京向大股东华润董事长傅育宁汇报,傅育宁表示支持万科,但是华润目前一是缺乏增持资金;二是正在整合旗下业务板块,地产不是方向,即使有资金也只能酌情增持万科;三是不反对引进新的战略投资者。

2015年8月13日,郁亮再次赴香港向傅育宁等华润高层汇报公司增发案和潜在增发对象事宜。8月14日董事会上,郁亮向全体董事汇报了增发想法。2015年8月20日,华润通知万科不同意增发,理由是发行H股会导致华润的权益被摊薄,万科对华润的业绩贡献度会下降等,所以华润方董事将投反对票。同时,建议万科先回购A股,再发行相同数量H股。

向华润求救无果,万科大股东终于易主。2015年8月26日,前海人寿、钜盛华通知万科,截至当天,两家公司又增持了万科5.04%的股份,加上此前已经持有10%的股份,宝能系合计拥有万科15.04%的股份,并以0.15%的微弱优势,而华润集团彼时持有的万科股份为14.89%。也就是说,宝能系超越了华润集团,首次成为万科第一大股东。

多年来的大股东,首次易主,对此市场颇为关注。为此,2015年8月31日,在万科临时召开的股东大会上，时任万科董事会主席王石表示，万科过去一直是股权分散的公司，万科的大股东就是中小股东；万科一直没有绝对控股和实际控制人，但有相对控股，无论第一大股东是谁，管理层仍有积极的发言权。

只不过，宝能系这个第一大股东并未坐稳，华润便接连出手，分别于2015年8月31日和9月1日两次增持，斥资4.97亿元，新增万科约0.4%的股份，使其持股由14.89%增至15.29%，反超宝能系15.04%，重新夺回第一大股东之位。

此举迅速引发热议，中国房地产行业销售排名第一的万科股权大战愈演愈烈，当大家都在猜测会否成为华润与宝能系之间的拉锯战时，宝能系果然不负众望。2015年11月27日至12月4日，宝能系又一次开启"买买买"节奏，旗下钜盛华大举购得万科5.49亿股，宝能系总计拥有万科股票约22.1亿股，占万科股份20.008%，从而迅速拉开了与华润15.29%的距离，以4.718%的明显优势，又一次取代华润成为万科第一大股东。

2015年12月8日，又一险资企业加入到万科股权争夺之中。据万科公告显示，截至2015年12月7日，安邦保险集团通过其旗下安邦人寿保险、安邦财产保险、和谐健康保险及安邦养老保险合计持有公司股份55252.63万股，占万科总股本5%。万科，已成A股市场风暴中心，然而就在华润与宝能系两强争霸时，安邦保险陡然闯入，一时之间，与宝能系同为险资背景的安邦动向成为各方关注焦点，甚至被视为可能是宝能系的险资同盟。

根据香港联交所资料披露，惠理基金、贝莱德、瑞银、汇丰银行等多家机构于2015年12月15~16日先后买入万科H股，总共买入3507.42万股，如果按照12月15日及12月16日的股价平均值20.9港元作价，涉及交易资金达到7.33亿港元。

其中惠理集团场内增持331万股，耗资6987.41万港元。交易后惠理持股6614.4558万股，持股量由4.77%增至5.03%。对于内地来说，对惠理并不十分了解，2012年正式收购金元比联基金中比利时联合投资公司的49%的股权，才逐步为内地所关注。此外，至2015年12月16日，澳大利亚联邦银行按每股20.32港元，增持290.27万股万科H股，持股量为6.93%。

虽然有安邦以及境外资本意外插足，但宝能系在与华润争夺中，已经处于较大幅度的领先优势。对此，王石也终于坐不住了，他在2015年12月17日北京万科内部谈话中表示，宝能系增持到10%的时候，自己曾在冯仑的办公室见过宝能系的老板姚振华，双方谈了4个小时。宝能系掌门人姚振华对王石创办万科表示了钦佩之情，同时也郑重承诺，宝能系成为大股东之后，王石还是旗手。

但是，生性耿直的王石当场对姚振华表态，在那个时间点上选择万科的股票、增持万科是万科的荣幸，"但是你想成为第一大股东，我是不欢迎的。"王石称，宝能系用短债长投方式强行进入万科，风险极大，就是一场赌博。

当时王石表明不欢迎宝能的四大理由是：（1）信用不足，会影响万科信用评级，提高融资成本。（2）能力不够，地产领域年销售额几十亿元的宝能，能力不足以管控万科。(3) 以短期债务,进行长期股权投资,风险非常大,是不留退路的赌博。(4) 华润在万科的发展中,无论是在万科股权结构的稳定、业务管理还是国际化都扮演着重要的角色。

就在王石明确表态"不欢迎"宝能的第二天,整个战事全面爆发,万科抢先停牌,宝能发布官方声明,证监会表态关切。

2015年12月18日,王石及万科管理团队对宝能系反击正式开战,万科A发布临时停牌公告称,对外宣称正在筹划股份发行,用于重大资产重组及收购资产。希望摊薄股权,迫使第一大股东宝能系远离召集临时股东大会、继而改组董事会的触发点。郁亮也发声表明自己的立场,称将和王石站在同一战线,并表示敌意收购都不会成功。

2015年12月18日,宝能集团在官网发表声明称,公司重视风险管控,重视每一笔投资,恪守法律,尊重规则,相信市场的力量。明修栈道,暗度陈仓。宝能系在发公告同时,通过二级市场加速增持万科,持股比例已经增至22.45%。

2015年12月18日,证监会首度对备受各界关注的万宝之争发言,证监会新闻发言人张晓军表示,市场主体之间收购、被收购的行为属于市场化行为,只要符合相关法律法规的要求,监管部门不会干涉。

2015年12月23~24日,王石密集拜票,争取各方支持。先是跑到香港拜访瑞士信贷,并与投资者交流。紧接着,原本被视为险资阵营的安邦,与万科同时发布公告,表达双方结盟意图。万科表态,欢迎安邦成为万科重要股东。而安邦也发布声明,称看好万科发展前景,会积极支持万科发展,希望万科管理层、经营风格保持稳定。平安夜,王石继续奔走,王石一行去了香港外资公司和深圳国泰君安拜票。

就在万科拉拢到安邦之际,钜盛华公告披露,12月7~24日,买入万科4.7亿股A股,占其总股本4.256%。截至2015年12月24日,钜盛华持有万科19.45亿股,占其总股本17.605%;加上一致行动人前海人寿所持7.35亿股,占股本6.659%,宝能系共计持有万科24.26%的股份。

虽然华润已经没有任何增持动作,此举也进一步巩固了宝能系第一大股东地位。但随着安邦保险的"倒戈",也令对阵双方力量对比发生变化。安邦与华润、万科管理层三大同盟总共持有万科股份26.43%,超过了宝能系24.26%股份,双方博弈的天平重新向万科管理层倾斜。

与王石公然不欢迎态度相比,姚振华则相对低调得多,此前一直未有任何表态,直至2015年12月23日,时值深圳市第四届金融发展决策咨询委员会全体会议召开,时任深圳副市长徐安良特意向刚刚当选为咨询委员的姚振华询问外界传得沸沸扬扬的万宝之争情况。"其实没有那么激烈,主要是媒体炒作,我们一直与万科在做良好的沟通。"姚振华说,"王石是我非常尊敬的人,他是地产界的老大哥。"

除了资本较量之外,舆论大战也一触即发。2015年12月23日上午,《钜盛华巨额融资源头及绝技》的匿名稿件在多个自媒体平台传播,详细说明了钜盛华如何利用质押融资、资管计划、信托产品等通道放大杠杆，层层穿透之后，最终资金来源指向浙商银行，涉及金额超过 300 亿元。

随后，财新、界面、乐居等多家媒体相继参与解密"宝能系"举牌资金来源新闻追踪，报道称钜盛华拿出了 67 亿元资金作为劣后级向华福证券融资 133 亿元，合计出资 200 亿元成立深圳市浙商宝能产业投资合伙企业（有限合伙），通道穿透后，明确该基金的资金来自浙商银行理财资金。

2015 年 12 月 24 日，浙商银行回应表示，浙商银行与万科、宝能均有正常的业务合作。同时解释称理财资金投资认购华福证券资管计划 132.9 亿元作为优先方，仅用于钜盛华整合收购非上市金融股权，不可用于股票二级市场投资，也不作为其他资管计划的劣后资金。只不过，对于宝能的操作细节以及资金最终来源，并未公开。

就在舆论聚焦宝能系资金来源之谜时，2015 年 12 月 23 日，华润信托为宝能地产第二大股东的消息也在市场迅速蔓延开。据媒体报道，此前深圳市市场监督管理局公布信息显示，华润信托曾出资 2 亿元持有宝能地产 18% 股权，为宝能地产第二大股东。

对此，华润信托于 2015 年 12 月 24 日紧急发布澄清公告称："近日有媒体报道，'华润信托持有宝能地产股权，华润为宝能地产第二大股东'，本公司特此声明，本公司不持有宝能地产股权。公司曾设立一信托计划，由信托计划持有部分宝能地产股份。该信托计划已于 2015 年 6 月结束，信托计划持有的宝能地产股份已于 2015 年 7 月全部转出，并已在深圳联合产权交易所完成交割。"

这一转向也令外界猜测：华润不满足于此前只做财务投资的角色，而希望更多地介绍万科管理事务，但碍于此前约定俗成的不成文规则，不便直接动手。此番借道宝能系发起突袭，实则希望加强对万科管理层的掌控。一时间，市场传言四起，令这场万宝之争看点颇多，连业内人士也惊叹称这真是"神一样"的剧情走向。

各方激战日趋剧烈，2015 年 12 月 25 日，证监会发言人张晓军一改此前不会干预的态度，强调证监会一直高度关注宝能举牌万科一事，正会同银监会、保监会联手对此事进行核实研判，以更好地维护公开、公平、公正的市场秩序，更好地维护市场参与各方特别是广大中小投资者的合法权益。

是的，这是一场资本与情怀的战斗。尽管王石乃至万科毋庸置疑代表着过去一个大时代下中国企业的图腾，他们也要面对一个上市公司需要面对的风险与挑战。万科与宝能之间的博弈，是市场经济前行的一个标志性事件。

这场仗，一旦开打便不会轻易停下来。2016 年，万科反击，引入深圳地铁。华润与万科反目、独董华生披露万字长文、宝能罢免王石和郁亮等万科管理层、万科举报宝能资管计划违规、恒大举牌等一系列事件，精彩绝伦，绝无仅有。这些都将在《中国地产四十年·2016》《中国地产四十年·2017》《中国地产四十年·2018》三大篇章中有更精彩的呈现。

雷军的小米公寓

2015年5月13日，时代地产正式宣布，与因获得雷军投资而声名鹊起的"YOU+"公寓签署投资协议，时代地产成为了与"YOU+"合作的第一家地产商。"YOU+"是什么来历，能成为首家吸引开发商来战略投资的公寓？

把时间拨回2014年11月26日，知名自媒体账号@广州房产微信公众号转载了《邦地产》一篇关于"YOU+"公寓的报道，并将标题起为《哦，这就是雷军投资的小米公寓》，这篇新闻甫一发出立刻刷爆微信朋友圈，并迅速在地产界引发广泛关注，阅读量迅速突破200多万，一时之间，把地产界、互联网、创投圈、租房客等多个群体都吸引进来。

那么，小米公寓到底有什么魔力让各界如此疯狂？这还得从雷军谈起。雷军，1987年考入武汉大学计算机系，在校期间就对技术无比痴迷，这位计算机天才只用了两年时间就修完了大学四年的学分。1992年，毕业没多久的雷军加盟金山公司。

金山创建于1988年，由香港金山公司衍化而来，是一家提供应用软件产品和服务供应商，先后开发 WPS、金山 I 型汉卡、中国第一款商业游戏、《剑侠情缘》《金山词霸》《金山毒霸》等多款互联网产品，还投资创建卓越网，这家几乎无所不能的公司，彼时是中国 IT 巨无霸级别互联网公司。

而雷军凭着出色的计算机技术，一路扶摇直上，1998年8月，年仅29岁的雷军已经升至金山公司总经理要职，名震 IT 圈。而1998年的马化腾刚在深圳创办腾讯，1999年马云还在组建阿里，2000年李彦宏的百度才诞生。可以说，雷军成名之早，远早于双马一李。

除了在金山工作，雷军还兼职干着天使投资人的活，并成功入股多家有潜力的创业公司，包括猎豹移动、YY等。实际上，30多岁的雷军已经实现财务自由，生活得相当自在。但就在快40岁时，雷军觉得已经闲得太久了，还是想要创业，让自己忙起来。

2010年，41岁的雷军开始了再创业之旅，成立了小米公司，主攻国内智能手机市场。当时中国智能手机市场基本被苹果和三星垄断，国产手机质量参差不齐，无力抗争。然而，雷军把互联网思维发挥到极致，给小米手机制定七字诀"专注、极致、口碑、快"。

在这互联网思维七字诀的指引下，小米手机有如神助。2011年8月16日，小米在北京正式发布小米手机，当年卖出30万台。2012年售出719万台。2013年卖到1870万台，销售额达到316亿元。进入2014年，更是冲破6112万台的纪录，增长227%，含税收入743亿元，增长135%。

小米在短短4年时间，从一个全新创办起来的公司几乎从0直接以火箭般的速度跃过

700亿元大关。事实上，房地产从1978年改革开放直到2004年，用了26年才有合生创展首个突破100亿元的房企出现。到2009年，中国房地产销售排名第一的万科也只有630亿元。相比之下，小米手机只用了4年时间走完房地产31年还未完成之路。

小米手机所带来的互联网思维神话，一时之间为各行各业所追捧，社会各界纷纷以雷军为榜样，被称为中国的"雷布斯"。在《中国地产四十年·2014》篇章里提到，万科郁亮亲率高管团队赴小米向雷军取经，碧桂园杨国强也专门向雷军请教如何用互联网思维卖房。仿佛一夜之间，雷军成为各大行业的救世主，互联网思维变为包治百病的良方。

2014年8月初，在车库咖啡创始人苏菂推荐下，雷军会见了"YOU+"公寓创始人刘洋，只花5分钟，便决定了对"YOU+"公寓领投A轮融资，斥资1亿元入股"YOU+"公寓，同时亲自出任顾问。雷军显然也对房地产颇有兴趣，甚至认为，这极有可能是一项比小米手机更伟大的事业。

手握资本的"YOU+"公寓迅速启动扩张计划，推出"三不租"公寓：一是45岁以上不租；二是带孩子的不租；三是不爱交朋友的不租。打造年轻、社交、愉快的公寓社区，让年轻人下班回到公寓不仅能居住，还能认识更多的朋友，开拓社交圈，共同营造充满生活乐趣的居住环境。

这种模式受到雷军的高度认可，一再叮嘱"YOU+"公寓创始人刘洋，"YOU+"国际青年公寓最需要的不是急着赚钱，而是用心地把这个年轻人的社区搭建好，要在2015年落地更多的项目，让更多刚在社会起步的年轻人能加入到"YOU+"的大家庭。由于有"雷布斯"的加持，小米公寓受到前所未有的高度关注。再加上媒体连篇累牍地宣传，"YOU+"公寓成了整个房地产转型的标杆。

对于时代地产为什么会投资"YOU+"公寓，时代地产集团主席岑钊雄介绍说，双方合作早在一年前（2014年）就开始有接触，时代地产恰逢公寓产品更新换代，岑钊雄亲自考察了"YOU+"公寓，觉得青年社区的理念能给房地产行业带来新的机会。于是先拿出两个物业，交由"YOU+"进行设计改造和管理运营，经过双方磨合，最终敲定入股"YOU+"。时代地产将与"YOU+"公寓联手共同推出更多国际青年社区和青年创业社区。

除了雷军、小米公寓与时代地产的故事外，房地产企业跨界互联网的案例越来越多，成为了2015年一道独特的风景线。BAT纷纷进入房地产领域，包括万科与阿里巴巴也在"双十二"当天举行了一场线下卖房活动；华远地产和360正式结盟、卓越集团与途家网战略合作、万达正式与腾讯达成合作，等等。

实际上，无论是联姻，还是运用互联网营销手段，都在印证着地产白银时代下，房企跨界转型成为寻找新利润增长点的战略。"+互联网""+保险""+金融""+养老"等模式都是接下来的新变革方向。

这股互联网风潮实际很早就吹向了房地产中介领域。早在2014年，市场就把这一年定义为房地产互联网O2O元年，彼时Q房网、爱屋吉屋、房多多等占领了二手房江湖的话题焦点。到2015年，互联网中介崛起、传统中介并购潮成为不可回避的大趋势。

2015年3月，爱屋吉屋在北京、上海两地宣布以1%的低佣金进入二手房买卖业务。4月，爱屋吉屋宣布进军深圳中介市场。这个成立仅仅一年多的互联网房产中介风云代表，由于收费低廉，早在2014年11月就占据上海租房市场逾28%的份额，成为上海租房市场的老大。

当年另一个风云代表，无疑是房多多。万科一代元老肖莉的加盟，曾经一度让房多多站在风口浪尖。到2015年这一年，房多多启动了二手房业务。这个依托互联网的新型房产中介，从诞生开始便独树一帜、自成一派。然而，经历过种种尝试后，房多多褪去了O2O光环，2016年转型包销，2017年收缩多个城市业务。曾经盛极一时的房地产互联网平台"领头羊"，未来的市场与机会在哪里，成为亟待回答的问题。

在当时的2015年，面对互联网新锐中介机构的崛起，传统中介巨头确实遭遇了一次前所未有的危机。他们也在开始推行一系列诸如收购兼并、降佣金、发力线上平台等变革。

以链家为例，这一年它实现了六次并购。2015年2月，链家收购上海同行德佑地产；3月，链家收购深圳中联地产，其次还有北京易家、深圳中联、广州满堂红、杭州的盛世管家等公司。至此，链家打造万亿级O2O平台的全国布局也初步完成。

谋变与整合。世联行也在2015年3月宣布投资4.2亿元人民币，收购深圳Q房网15%的股权。不过，不到一年，世联行又宣布决定终止这项收购。2015年3月2日，58同城宣布斥资2.67亿美元并购安居客。4月，赶集网正式宣布和58同城合并。原赶集CEO杨浩涌随后出走，创办了瓜子二手车网。这也是后话。

还有个有趣的现象值得说一说。2015年出现了一大批从房企离职的高管人员，他们深受互联网思维的影响，纷纷出走后创立了与互联网有关的平台。包括世茂高管蔡雪梅的Elab平台、绿地总建筑师胡京的"90后""写字楼"、万科副总裁毛大庆的优客工场等。在互联网浪潮与双创浪潮下应运而生，他们既是传统地产行业对"互联网+"方向探索的最好代表，又是对2015年这个"共享元年"最好的诠释。

由毛大庆创立的优客工场，如今已经成为中国首家联合办公独角兽企业，布局6个国家及地区、35个城市，估值13亿美元。2018年1月3日，优客工场与洪泰创新空间合并，这是中国联合办公领域迄今为止最大的一起交易，也意味着共享办公行业开始进入"巨头"时代。

同时，由潘石屹在2015年2月创办的SOHO 3Q，被视为SOHO中国的第二次转型。目前，依托自持的SOHO物业，SOHO 3Q已经成为北京、上海最大的共享办公空间，拥有19个中心，超过1.7万个可出租工位。

除了跨界联姻，房企之间的合作也不少见。2015年5月14日，万达集团和万科集团宣布建立战略合作关系，计划在国内外项目开展深度合作。2015年6月3日，中国中铁与碧桂园集团宣布联手，双方首个合作项目中铁国际生态城·碧桂园天麓1号也于当天启动。

三大千亿房企抢头条

2015年4月15日,在中国房地产营销史注定将留下独特的一笔。这一天,保利、万科、恒大三大千亿房企轮流刷屏抢头条,接连轰动地产界,更在社会各界引发轩然大波,堪称地产界热门频出的一天。

4月15日上午,在没有任何征兆和解释的情况下,保利地产董事长宋广菊在其个人认证的新浪微博上发了一句:"保利是个P。"该推文引起了强烈反响,加上专业房地产媒体平台乐居迅速跟进报道,一时间,网友都惊呆了,没想到平时极其低调的保利董事长居然会在微博上发布这么劲爆的言论,原推文引发了10000多条转发和评论。

就在各方议论纷纷之际,宋广菊又突然把这条微博删除。此举更引外界的好奇,猜测宋广菊是误发?还是被盗号?连保利地产的官方微博与微信都被"求真相"的热心网友攻陷,甚至惊叹:"看来保利地产要出大事了!"

就在"保利是个P"事件疑云未定时,4月15日中午,乐居独家报道了万科发布《万科集团内部创业管理办法》,积极鼓励员工在万科生态圈内创业,协助万科构建、丰富生态系统,为客户创造价值。值得注意的是,这份文章由万科总裁郁亮亲自签署批准,这也代表着此前一直传闻中的万科全民创业计划付诸实施。

自2014年底,中央提出"大众创业,万众创新"的口号之后,社会各界也积极投身到双创之中。而在房地产领域,辞职创业的房企高管也为数不少,万科便有徐洪舸、肖楠、毛大庆、肖莉等多位高层转投创业领域。正所谓肥水不流外人田,与其白白坐视人才流失,不如效仿腾讯、阿里,支持有创业想法的员工,联合创业,让这些创业人才一起为母公司打造生态系统平台。

虽然,万科在刚刚过去2014年丢掉了房地产销售排行榜第一的桂冠,但在行业仍具有"风向标"作用。因此,万科这份鼓励内部创业计划发布出来之后,顿时成为地产界热议的话题。

先有"保利是个P",紧接着万科鼓励全民创业,不甘寂寞,恒大也在4月15日下午登场亮相。向来擅长组织大场面的恒大事先邀请了全国600多家新闻媒体到恒大总部——广州恒大中心。只不过,新闻发布会背景板全部用红色幕布蒙起来,现场无法提前看到发布会主题。

就在近千名记者纷纷猜测恒大到底有什么重大动作之时,恒大集团董事局副主席、总裁夏海钧和恒大集团执行董事、副总裁何妙玲登场揭幕,活动背景板上"恒大集团无理由退房新闻发布会"主题也震撼呈现,这也正式宣告了从2015年4月16日8:00,凡是购买恒大地产全国住宅产品,均可无理由退房。

紧接着，恒大集团执行董事、副总裁何妙玲宣读《关于全面实施无理由退房的重大决定》：凡购买恒大所有楼盘住宅的客户，履行《楼宇认购书》和《商品房买卖合同》的各项义务，并且无任何违约行为，则自签署《商品房买卖合同》及无《理由退房协议书》之日起，至办理入住手续前的任何时间，均可无理由退房。

在随后举行答记者问环节，恒大地产董事局副主席、总裁兼执行董事夏海钧指出，之所以敢承诺无理由退房，首先，对房地产市场充满信心。其次，对恒大品质有信心。再者，在新一届领导的领导下，对中国房地产健康发展有信心。所以恒大制定了2015年1500亿元的目标，以往目标每年都超额完成，2015年有信心超额完成目标。夏海钧同时强调，"住宅是商品的一种，理应像其他商品一样获得'包退'承诺，我们希望更多同行都加入'无理由退房'阵营，让住宅'包退'成为市场新常态"。

整个新闻发布会仅短短十来分钟，但震撼性却超乎想象。在这场600多家媒体报道大战中，@广州乐居微信公众号在与数百家媒体同场PK中脱颖而出，成为第一家快速发布新闻的媒体，抢先推出题为《"大事件"恒大宣布全国楼盘无理由退房！》的报道，并迅速在全国进行推广，这条劲爆新闻连多位地产大佬也竞相转发，阅读量以惊人的速度直线上升，这篇新闻被全国上百家媒体转载、引用，成为轰动业界的重磅猛料，总阅读量猛飙至数百万。

可以说，在2015年4月15日这个看起来普通的日子，因为保利、万科、恒大三大巨头在同一天轮流发布重磅新闻而变得不平凡，"保利是个P""万科创业计划"、恒大无理由退房一波接一波的震撼事件，接连轰击地产界，三大千亿元房轮流抢头条也被业界津津乐道。

而在这三场重大事件中，作为房地产互联网媒体的代表——乐居，在这三场媒体大战中全面完胜，引领整个房地产媒体报道趋势。与报纸电视台等传统媒体相比，互联网媒体优势更为明显，这也代表着房地产行业媒体主阵地全面转移到互联网媒体、特别是移动互联网媒体上来，几大事件在微博、微信等平台累计总阅读超千万级别。

保利悬疑式营销，也在第二天揭晓。2015年4月16日上午，宋广菊微博和保利地产官方微信同步发布了信息：保利地产正式推出"5P计划"，即象征Peiban（陪伴）的养老地产、代表Promise（承诺）的全生命周期绿色建筑、成为业主好Partner（拍档）的社区O2O、让便捷生活瞬达的PloyAPP、在国际舞台上充满Power（力量）的海外地产。

保利"5P计划"公布的同时，时任保利地产品牌管理中心总经理何智韬对外表示，这次活动也是想整合集团和各城市公司的营销品牌部门的力量，为临近"五一"的销售热点做一次动员。宋广菊微博中的"P"，与保利的英文名称"Poly"的首字母一致。

与很多人印象中央企传统保守的风格不同，这次保利"5P计划"以互联网制造悬念的形式揭晓，通过微博、微信矩阵等移动互联网产品传播，体现了保利在互联网营销上的娴熟水平。据了解，宋广菊对这次"5P方案"给予了很大的支持。正是高层这种开明的态度，让保利本次互联网营销颇为接地气，受到市场广泛认可。

到2015年末，恒大又一次抢头条。这次是来自恒大海花岛一笔122亿元的销售额，顿时让海南岛成为全国头条。这是一个号称投资1600亿元的超级旅游地产项目，一夜之间红遍大江南北。

官方资料显示，恒大海花岛位于海南省儋州市排浦港与洋浦港之间的海湾区域，南起排浦镇，北至白马井镇，距离海岸大于600米，总跨度约6.8千米。

具体来看，恒大海花岛总占地8平方千米，建筑面积1300多万平方米，是迪拜棕榈岛的1.5倍；拥有全球最大人工岛、会议城、酒店群以及原创世界童话主题乐园和全球最刺激水上乐园。

有意思的是，恒大海花岛整个项目俨然为一朵盛开的花朵，左、右两边分别为别墅、公寓、洋房；花瓣中间部分，便是未来的酒店、购物中心、商业街、影视基地、博物馆、歌剧院、游乐场、婚礼庄园等。

其中，酒店的造型也以花朵为原型，每一座酒店均按照花形设计。项目未来将建成全球最大的会议城，项目拥有108座会议厅，6000人国际大会堂，8000人国际宴会厅。

无论是在规模方面，还是设计上，恒大海花岛都超越一般性质旅游地产项目。可想而知，恒大海花岛的前期开发、营销、后期运营难度有多大。为了做好周密的部署，恒大聘请易居3000人的营销团队。

从11月7日开始，恒大在25个重点城市展厅开放288个售楼部同步展开联销方式进行推广等。"中国海南海花岛"这个名字以迅雷不及掩耳之势成为全民话题，报纸、网络、电视、户外广告等铺天盖地都是这个项目的宣传。

2015年12月28日，恒大海花岛开盘前3小时，已经聚焦两万多人，提前等待摇号抢房，整个现场到处人挤人，堪比中国返乡春运，售楼中心数十米长购房者队伍，人潮汹涌。当时，易居董事局主席兼总裁周忻发朋友圈表示，今日恒大海花岛正式开盘，恒大人一切已准备就绪，易居3000人的营销团队！目标是120亿元！！

最终这场战役定格在122亿元，成为无数地产人心中的经典案例。对于恒大来说，这可谓是实力与品牌的双丰收。

时任海花岛产业集团董事长肖恩提道："恒大集团的实力和品牌有吸引力，旅游度假产品的定位和营销策略也比较成功，填补了中国高端文化旅游的市场空白；同时，海南国际旅游岛的发展有着强大的吸引力，大家对文化旅游产业升值空间普遍看好。"

世界纪录协会认证官麦克·温森特（Michael Vincent Heister）特地为恒大海花岛颁发"世界之最"证书，中国海南海花岛创三大世界之最：开盘销售金额122.05亿元、开盘销售面积136万平方米、认筹到访人数10万。

2016年，恒大海上威尼斯再创奇迹。这一次，他的队友还是擅长"大开大合"营销的易居。在项目开盘前期，恒大海上威尼斯通过网络、报纸、社区、楼宇广告、地推等多样化、立体式宣传，进行地毯式轰炸，达到无人不知无人不晓的境界。

据悉，项目当日销售4000余套房源，销售总额已达28.3亿元。作为一个超级体量复发项目，无论是2012年海上威尼斯首次开盘，还是2016年项目三期入市，两场开盘的人数规模都破万，都取得了超过20亿元的销售总额。

社区O2O上市潮

以彩生活2014年6月30日上市为标志,将传统的物业管理行业带进了一个全新的社区O2O时代。用"乌鸦变凤凰"来形容,一点也不为过。

2015年,是物业管理华丽转身为社区O2O后迎来的大年。这一年,东光股份、开元物业、丹田股份、华仁物业先后在"新三板"上市。同时,万科、中海、绿城等一大批品牌房企也正在筹划上市事宜。

2015年2月,彩生活以3.3亿元并购深圳开元国际物管公司100%股权,并购面积达3170万平方米,占彩生活总管理面积的10.5%。这是彼时国内物业管理行业出现的规模最大的一宗并购案例。

如今这个纪录已经被打破。2017年6月30日,绿地控股将其全资子公司绿地物业100%股权转让给雅居乐旗下物业集团雅生活集团。这一交易的代价是10亿元。

无论如何,对于2015年来说,物业管理行业是一个新风口。有研究数据表明,未来五年全国基础物业管理市场规模约为1.2万亿元,2020年社区增值服务市场规模也将达万亿元,社区O2O将成为万亿级的市场蓝海。

鸡肋变鸡腿,并非一朝一夕。《住宅与房地产》2011年第2期文章详细说明了物业管理行业的历史与由来:1981年3月10日,经深圳市编制委员会批复同意,全国第一家物业管理企业——深圳市物业管理公司(后经改制规范登记,改名为深圳市物业管理有限公司)成立,中国内地物业管理行业由此诞生。

到2003年,《物业管理条例》出台,标志物管行业进入规范化、法制化发展的时代,对物业管理行业具有里程碑式的意义。这一点,在《中国地产四十年·2003》中有所提及。

互联网思维加持的物业行业,大有可为。上市以来,彩生活业绩连年增长。2015年营收8.276亿元同比上升112.6%。毛利4.545亿元,同比增长46.7%。2016年营收收入13.42亿元,同比增长62.2%。实现毛利5.85亿元,增幅达28.9%。截至2017年12月31日,彩生活实现主营业务收入约人民币16.287亿元,较2016年上升21.4%。毛利增加24.7%,约人民币7.307亿元。服务面积累计达到9.002亿平方米。

在彩生活的"刺激"下,资本市场重新审视了物业管理这只潜力股。翻开2015年以后物业管理公司的上市记录,无疑也从侧面印证了物管这个资本宠儿已经成为竞相追逐的对象。

2015年10月,中海物业上市。成为第二家在香港上市的内地物业管理公司。与彩生活不同的是,中海物业从中海地产中分拆出来,以介绍方式上市,不涉及新股发行。

分拆完成后，中海物业与中海地产属于平级关系，为中国海外集团的非全资附属公司。中国海外集团持有中海物业61.18%的股份。

2015年11月25日，中奥到家正式登陆港交所，成为继彩生活、中海物业之后，国内第三家敲钟上市物业管理公司。一年多的时间，中国物业管理行业从一枝独秀，到两强争霸，最后形成三足鼎立局面。只不过，与彩生活、中海物业形成鲜明区别的是，中奥到家并没有地产母公司的资源支持。

但是，作为独立物业管理公司，中奥到家在上市之前，就提前选择了与易居中国建立社区O2O战略合作关系。

2015年5月12日，"嘉御基金、易居资本战略投资中奥到家，打造互联网生活服务平台，暨1号店、易居、实惠战略合作签约仪式"——这场主题超长的新闻发布会在广州举行。发布会上，易居董事局主席兼总裁周忻联手嘉御基金董事长卫哲投了数亿元给一家物业公司——中奥到家。

"线上有实惠，线下有管家（服务），贯通物业管理公司O2O。正如58到家，他们能够从线上走到线下，中奥到家可以从线下走到线上。"周忻介绍，易居与中奥将会在这方面有更多的结合，比如易居中国可以利用好所拥有的开发商资源、实惠APP的平台资源等，与嘉御基金找来的团队结合在一起，线上有团队和线下有服务，打造社区O2O闭环。

在彩生活、中海物业、中奥到家成功上市之后，绿城服务、祈福生活服务、浦江中国先后在2016~2017年敲开了港交所的大门。

到2018年，雅居乐旗下物业雅生活成为开年第一家物业港股。1月29日至2月2日，雅生活进行全球发售，发售价每股12.30港元，香港国际均获超额认购。2月9日在香港联交所主板开始公开交易。

有趣的是，在物业上市潮的三年后，国内A股市场才迎来"物业第一股"——南都物业。

2018年2月1日，南都物业服务股份有限公司在上海证券交易所敲锣。这家起家于浙江杭州的物管企业，知名度不算高，2016年营收为5.8亿元，净利润为0.63亿元，能够从物业激烈竞争中脱颖而出，需要实力，也需要运气。

楼市下半场，"搭上了互联网快车"的物业管理行业，一时间风生水起。"社区O2O""社区金融"概念一夜间风靡整个地产圈，无论是彩生活开发的"彩之云APP"，还是保利"若比邻"，还是祈福生活"一万响"等，各种APP层出不穷，一大波物业公司试图抢占社区"最后一公里"生态圈。

是挑战，也是机会。"互联网+"的到来也给物业管理行业带来了全新的商业模式与管理模式。如何加快提升物业服务管理水平，如何提升社区居民生活幸福指数，这是摆在这批社区O2O企业面前的首要问题。

地王引发豪宅元年

《中国地产四十年·2013》里提到接踵而至的地王现象，到2015年是地王项目开售的时候了。2015年，随着地王项目陆续上市，业内人士普遍将这一年定义为"豪宅元年"。

根据上海易居房地产研究院发布的报告指出，2015年第四季度，四个一线城市单价6万元以上的楼盘累计成交量达到6159套。至此，一线城市2015年豪宅成交量达到13770套，同比2014年增长了3.5倍。

"从单价来看，2015年北上广深共有24个楼盘的成交均价超过10万元/平方米。前三甲分别为汤臣一品、中央公园广场和北京壹号院。在最贵的50个豪宅中，22个来自上海，21个来自北京，深圳和广州各有9个和2个。"

以北京为例，2013年以来，北京四环平均地价为5万元/平方米，四环到五环之间平均地价是3万元/平方米。到2015年，地王项目入市价格在无形中便把一手房拔高了2万~3万/平方米。

从2015年的北京土地市场来看，商品房价格上涨空间犹在。这一年，北京诞生了七个地王，分别是丰台花乡白盆窑地块、丰台南苑A组团地块、丰台南苑B组团地块、丰台花乡樊家村地块、朝阳常营地块、朝阳东坝南区地块和朝阳孙河北地块。

面对如此巨大的土地成本，联合拿地成为常态。其中，"华润+首开+平安"在开年1月就拿下了丰台区花乡白盆窑地块，总价86.25亿元，单价4万元/平方米；到年底11月，"保利+首开"以33亿元竞得朝阳区常营地块，楼面价约为6.7万元/平方米。

土地溢价，成为2015年的关键词。据克而瑞研究中心数据显示，2015年全国土地市场溢价率为18%，较上一年有所上升。从各能级城市看，一线城市土地市场溢价率最高，为25%，其后是二线城市19%，三、四线城市7%，二线城市土地溢价率逐季快升，并接近一线城市水平。

这一现象背后折射出的是，一、二线城市与三、四线城市分化愈加严重的趋势。三、四线城市土地市场无人问津，而库存量却与日俱增。国家统计局数据显示，2015年年末，商品房待售面积为71835万平方米，2016年2月商品房待售面积增加至73931万平方米，达到历史最高点。

实际上，中央政治局在2015年4月30日召开会议分析研究当前经济形势和经济工作时就首次提出要盘活存量，建立房地产健康发展的长效机制。

2015年12月18~21日，中央经济工作会议在北京举行。本次会议对2016年经济工作进行了全面部署，包括通过加快农民工市民化，推进以满足新市民为出发点的住房制度改革，扩大有效需求，稳定房地产市场。

其中，"化解房地产库存"被写入 2016 年经济工作的"五大任务"中，并以罕见的大篇幅对房地产"去库存"进行了论述。这一切，将在《中国地产四十年·2016》篇章里有更详细的描述。

为了"去库存"，政府也做了不少努力。2015 年，原 46 个限购城市仅剩北京、上海、广州和三亚等 5 个城市仍限购。其他城市都在政府"化解房地产库存，促进房地产业持续发展""以加快户籍制度改革带动住房等消费"的宏观指引下，加快去库存措施出台。

2015 年 8 月，六部委联合发文宣布调整"限外令"。通知明确了有资格的境外机构和个人可在中国境内购房。据了解，这是自 2006 年颁布"限外令"以来，首次在全国范围内"松绑"。

冰火两重天。2015 年，深圳在 330 新政出台后，经历了一轮疯狂暴涨。中原地产数据显示，2015 年 4 月，深圳新房均价 2.6 万元/平方米，2016 年 3 月达到近 5.4 万元/平方米，涨幅高达 107.7%；二手房则是从 3.4 万元/平方米涨到了 5.2 万元/平方米，涨幅 52.9%。一年间，楼价翻番。刚需被深圳抛弃的话题受到广泛关注，二手卖家交易违约案例比比皆是，令人唏嘘不已。

从 2015 年限购松绑到 2017 年限购重新升级，限售、限价、限贷各类政策层出不穷，这也不过两年光景。每一场调控的轮回，都将于《中国地产四十年·2016》中记录在册。

侠之大者为国接盘

2015 年见面语：你炒股了吗？

回首 2015 年，如果说有什么重大事件令人刻骨铭心的话，那中国股市可以高票当选，因为这一年的股市在疯涨疯跌之中，令中国数千万个家庭损失惨重，这足让股民一辈子记忆犹新。据《CCTV 中国经济生活大调查》对十万受访家庭调查数据显示，2015 年最受中国百姓追捧的投资品，股票独占鳌头。就是在这种全民沉迷炒股的狂热氛围中，一场狂风暴雨般的股灾猝然降临。

从开年牛市起步，到奋蹄狂奔的疯牛，猛涨至 5178 点高位。紧接着迎来上蹿下跳的"猴市"，进入史无前例的"花千股"时代：千股跌停，千股涨停，千股停牌，千股复牌！之后又是"跌跌不休"的"熊市"，接连探底，绵延不停。年中创下多项纪录：逾 100 万亿元史上年度最高成交量，还有 3 个月近 17 次千股跌停。

这期间，从杠杆融资催旺股市，到监管层频频出手救市，从别有用心的国家队倒戈一击，到公安部紧急拘捕恶意作空分子……2015 年的中国资本市场，接连上演各种剧情曲折、惊人惊叹的大片，令所有参与者都终身难忘的股市投资体验，这也注定载入史册。正如老股民在网络上的感慨：炒了二十多年股，如此惊心动魄还是头一遭！

回想 A 股在开启"杠杆牛市"模式后，沪深两市日成交额一再刷新纪录，各项指数也节节攀升，创业板、中小板指数以令人完全无法理喻的速度飙涨。一时间，逢人必谈股，无人不炒股，就连前两年还在大战华尔街金融巨头炒黄金的中国大妈也转投到炒股阵营。只不过，这一切好运在 6 月 12 日股指创出 5178 点新高后戛然而止，中央重拳整治场内外配资，上证综指应声大跌，在两个多月的时间之内狂挫了 45% 之多。

侠之大者，为国接盘。中国 A 股市场经历巨幅震荡，股民损失惨重，这场规模空前的股灾之所以产生如此大的灾难，在于很多股民运用杠杆，在配资叫停后，这场"击鼓传花"的游戏玩不下去了，再加上空军肆虐，散户几乎全体壮烈牺牲，血本无归，还负债累累，深度套牢者不计其数。

这场股灾的影响，不仅对资本市场，更是对整个国民经济产生了不可估量的创伤。在这场财富粉碎机面前，数千万股民财富大幅缩水，大量中产家庭一夜回到解放前，多年辛勤工作积蓄化为灰烬，更有甚者借资炒股，背上沉重的债务负担。这也一度导致国民消费水平下降，影响各行各业稳定发展。

股灾对房地产的影响也是显而易见，一直以来，楼股之间就有"跷跷板效应"，在这场痛彻心扉的股灾面前，很多人意识到，还是房地产相对安全。从中国楼市、股市发展来看，楼市涨得多跌得少，股市跌得多涨得少。因此，部分残存的资金上演敦刻尔克大撤退，从股市转战楼市，从而也带旺了 2016 年中国楼市，这一切将在《中国地产四十年·2016》篇章里展现。

2016年：

房地产"去库存"　万宝股权激战

2016年楼市主题是"去库存"，这是2015年12月中央经济工作会议为2016年提出的"三去一降一补"五大重点任务之一，成为了贯穿整个2016年房地产市场主旋律。

中国社会科学院城市与竞争力研究中心主任倪鹏飞接受《人民日报》采访时表示：截至2015年底，我国商品住房总库存预计达到39.96亿平方米。其中，现房库存约4.26亿平方米，去化周期23个月；期房库存约35.7亿平方米，需要4.5年来消化。2015年房地产住宅投资同比增幅持续下滑，已快接近2009年2月的历史最低值。

除了"去库存"周期长的难题之外，区域分布不均衡也是"去库存"主要难点。2016年全国两会期间，中国人民银行副行长潘功胜就强调，中国房地产市场总量过剩、区域分化。7.18亿平方米的库存房中，70%分布在三、四线城市。由此推算，预计约有5亿平方米的库存分布在三、四线城市。正是这种供需配比错位，导致2016年中国楼市面临着高库存压力。

中国房地产及住宅研究会副会长、全国房地产商会联盟执行主席顾云昌解释称，始于2010年的一、二线城市调控政策，导致众多房企转战三、四线市场，经过近5年的积累，形成楼市"堰塞湖"，给房地产健康发展造成巨大隐患。"但当时开发企业忽略的一点是，真正的购房需求实际上仍停留于一线城市以及一些重点二线城市。由此一来，限购既造成了高库存又导致了一二线城市住房市场的房源出现结构性短缺。"

由此可见，2016年楼市面临着"去库存"压力巨大，更为严重的是，由于房地产投资地经济增长的直接贡献率也直线下降，创2000年以来新低，甚至快跌落至负增长的贡献轨道。因此，对于2016年来说，楼市"去库存"不仅关系到房地产能否规避泡沫的问题，也将影响到整个国民经济健康运行。

2015年中央经济工作定下的基调，成为2016年楼市走势的剧本，2016年，房地产调控政策不断。上半年，各地政府针对"去库存"问题频发大招，降首付、减契税、补贴购房等"一揽子"政策层出不穷。

于是，2016年初的楼市如同2015年初的股市，只不过"人人炒股"切换成"人人买房"。在全国各种政策刺激下，中国楼市一路狂奔，在前三个季度里迅速消化库存，火爆场面甚至导致一房难求，各城地王频现，房价飙涨。

在这种背景下，从2016年第三季度底开始，中央及时调整政策，各项调控相继收紧，2016年9月底和整个国庆期间，各大主流媒体基本每天都在跟踪报道各个城市出台限购限贷等调控政策。与此同时，打击"首付贷"、限制资金流入房地产行业……一年内，楼市政策形成了泾渭分明的两个时间段。

在忽冷忽热的政策调控中，2016年楼市最终还是交出了一份破纪录的成绩单——"突破11万亿元的销售金额、15万亿平方米销售面积"，这是个里程碑式的数字，代表着中国房地产行业在改革开放第38个年头销售金额终于跨进10万亿元时代。

正所谓水涨船高，在全行业冲进10万亿元的大关背景下，恒大、万科、碧桂园在2016年集体发力，三大房企齐迈进三千亿元俱乐部。从2010年万科冲上千亿，到2014年绿地、万科双双破两千亿，花了四年时间。而从2014年绿地、万科跻身两千亿元再到2016年恒大、万科、碧桂园联袂越过三千亿元门槛，只用了两年时间，由此可见，中国房地产企业业绩增速越来越快。

中国房地产既不是"大鱼吃小鱼"，也不是"快鱼吃慢鱼"，而是"大快鱼吃小慢鱼"，并购和行业洗牌在加速。正如中央经济工作会议提到的"促进房地产业兼并重组"，房地产行业集中度在不断提高，大房企占据的市场份额越来越大，一时风光无两，小房企要么被收购，要么艰难求生，日渐式微。

总的来看，房地产企业良好的销售业绩也是2016年"去库存"初见成效的重要体现。2017年2月23日，在国新办举行新闻发布会，住建部部长陈政高也强调，2015年末商品房待售面积是7.18亿平方米，2016年末下降到6.95亿平方米。这个数虽然不大，但是一个动态的过程，这边往外卖，那边还往里进，还有进入市场的房子，所以它的一个动态的数。商品住宅待售面积2015年末是4.52亿平方米，去年年末降到4.03亿平方米，下降11%，所以我们叫作初步成效。

更为重要的是，随着房地产行业的强势表现，对中国经济增长也起到巨大支持作用。2017年1月20日，在2016年国民经济运行情况发布会后，国家统计局新闻发言人、国民经济综合统计司司长盛来运特别指出，2016年房地产行业对GDP增长贡献率是7.8%，较2015年增加5.4个百分点。

楼市加速"去库存"

延续2015年的救市政策，2016年上半年，中央主要目的还是刺激购房需求，各种利好政策陆续出台，对楼市成交起到了重大推动作用。

首先，在2016年1月1日正式实施的"全面二孩政策"，在一定程度上刺激了购房者对改善户型的需求。从长远时间来看，这部分人口的增长带来的需求，也让房地产的前景变得更加可观。

紧接着，继2015年下调首付比例最低至25%之后，央行和银监会又于2016年2月2日联合发布了《关于调整个人住房贷款政策有关问题的通知》，宣布不限购城市首付比例可向下浮动5个百分点。这意味着，不限购城市首付比例最低可达20%。

2016年2月17日，央行官网再发通知，从2月21日起，调整职工住房公积金账户存款利率。据了解，原当年归集和上年结转的分别按活期存款和3个月定期存款基准利率计息，分别为0.35%和1.10%。此次调整后，职工住房公积金账户存款利率将统一按一年期定期存款基准利率执行，当年为1.50%。

其后，2016年2月22日契税新政颁布，对于首套住房，面积为90平方米及以下的，减按1%的税率征收契税；面积为90平方米以上的，减按1.5%的税率征收契税。对于二套住房，面积为90平方米及以下的，减按1%的税率征收契税；面积为90平方米以上的，减按2%的税率征收契税。

2016年3月1日起，央行再降准，普遍下调金融机构人民币存款准备金率0.5个百分点；5月1日，"营改增"全面实施，交易税负较之前再降4.8%。

紧随中央脚步，上半年30多个省市先后出台政策加快"去库存"，主要包括调减乃至暂停土地供应，鼓励农民进城买房，给予购房补贴，等等。

冲在最前面的是沈阳，2016年3月1日下午发布的《沈阳市人民政府办公厅关于促进房地产市场健康发展的实施意见（试行）》，意见指出，支持高校、中等职业学校在校生、新毕业生购房，并首付比例可以"零首付"。只是该政策一出，便迅速在社会各界引起轩然大波。当天晚上10时36分，沈阳市政府在官方微博宣布，"零首付"政策还处于前期调研论证阶段，暂不具备出台条件。

楼市宽松政策最直接的成果就是成交量的快速增长。根据CRIC监测的57个城市成交数据显示，2016年上半年商品住宅成交2.06亿平方米，同比增长33%，其中南京、武汉、天津、郑州等热门二线城市成交量同比涨幅超过50%。

"去库存"威力巨大，2016年以来，全国商品住房销售面积呈现了一波"井喷式"的波动增长过程，各地楼市纷纷上演热销行情，翻看2016年各大媒体报道，楼市火热场面迄今仍能感受到那个年代穿透时空的震撼感。

然而，楼市一味过热并不是一个好现象，因为这里面往往蕴含着风险和泡沫。面对楼市虚火过旺，中央及时出手整治。从第三季度开始，中央为狂奔的楼市踩了个急刹车，楼市政策从渐趋宽松瞬间收紧。

2016年8月16日，七部委联合发文，针对发布虚假房源、强制收费、提供首付贷等违规行为的中介进行整治。

2016年9月30日又是调控一个重要"分水岭"，这一天，北京率先开启"史上最严限购"，将二套房首付比例提高至50%，之后迅速向其他热点城市蔓延。9天内，天津、苏州、广州、南京、深圳等22城先后发布楼市调控政策，多城重启限购限贷。

典型如南京、苏州二套房首付比例可达80%，上海、郑州等城市也在年末进入了"认房又认贷"的严限贷款模式，甚至连北京周边的河北小县城怀来也加入"限购"行列。

2016年10月14日，国务院发布《互联网金融风险专项整治工作实施方案》，明确表示未取得相关金融资质的房地产企业不得利用P2P以及众筹平台从事房地产业务，严禁"首付贷"；取得相关金融资质的，不得违规开展地产金融相关业务。

在国务院发文整治互联网金融后，10月21日，银监会又召开第三季度经济金融形势分析会，会上提出了7项措施，其中第二条就是严控房地产金融业务风险，严格执行房地产贷款业务制度要求与调控政策；规范各类贷款业务管理，严禁违规发放或挪用信贷资金进入房地产领域；加强理财资金投资管理，严禁银行理财资金违规进入房地产领域。

2016年12月14~16日召开的中央经济工作会议上，强调要促进房地产市场平稳健康发展，强调坚持"房子是用来住的，不是用来炒的"的定位。重点提出，将综合运用金融、土地、财税、投资、立法等手段，加快研究建立符合国情、适应市场规律的基础性制度和长效机制，既抑制房地产泡沫，又防止出现大起大落。这次会议同时明确了2017年中国楼市发展方向，"房住不炒"也成为2017年楼市的主基调。

一年之内，楼市政策差异如此之大，历年罕见。但从整体情况来看，2016年依然是一个不可多得的"牛市"，中国房地产市场在"去库存"的推动下，又一个历史高峰如期而至。

国家统计局数据显示，2016年全国商品房销售额达到117627亿元，接近12万亿元，同比增长34.8%，销售面积15.73亿平方米，较上年增长22.5%，双双刷新历史纪录。这也是全国商品房销售额首次突破10万亿大关。

全国房地产开发投资102581亿元，比上年名义增长6.9%（扣除价格因素实际增长7.5%），值得一提的是，2015年时房地产开发投资增速名义增长仅为1.0%，增幅明显。

楼市热闹非凡，土地市场也跟着旺季。一、二线城市回归号角已经吹响，债市宽松为储粮加持。融信以14.6万元/平方米单价拿下上海静安商住地，问鼎单价地王。招商蛇口联合华侨城310亿元夺标深圳新会展中心（一期）配套商业用地，刷新全国总价地王。

一场又一场强悍的夺地大战在轮番上演，逢拍必抢的格局已经形成，房企争地早已不再是新闻。这是中国房地产有史来土地交易异常密集的一年。数据也在证明这一点，全国卖地千亿元以上的城市达到9个，创下历史最高纪录。

除却讨论度最高的火爆楼市之外，2016年的房地产行业，还有一件事值得关注，那就是土地使用权到期和续期的问题。

2016年4月，有媒体报道称，在温州市主城区横河北新村、水心、上陡门等社区，部分居民房屋的20年期限土地使用证从去年开始陆续到期。此外，温州市主城区20年期限土地使用证到2017年底到期有600多宗，到2019年底到期有1700多宗，主要是集中在鹿城区、龙湾区、瓯海区等特定区域、特殊时期的特定房屋。

没多久，媒体又曝出"温州部分市民因为土地到期，正常买卖房屋却无法完成交易，想续期，又被告知需缴纳数十万元的出让金"。土地使用证到期，这在国内属于先例，因此当时并没有相应的解决办法。

但问题始终还是要解决的，没有办法就要想办法。最终，在民间和学界的一片讨论声中，国土部终于在2016年12月23日发表官方声明，时任副部长王广华在《自然资源统一确权登记办法（试行）》新闻发布会上表示，针对温州当地20年住房土地使用权到期问题，国土资源部和住建部会商后回复，可以采用"两不一正常"的过渡性办法处理，即不需要提出续期申请，不收取费用，正常办理交易和登记手续，涉及"土地使用期限"，仍填写该住宅建设用地使用权的原起始日期和到期日期。

温州市这件事情，为2017年《物权法》的修改和出台奠定了重要基础。《物权法》（2017版）第一百四十九条规定：住宅建设用地使用权期间届满的，自动续期。

就政策层面，2016年初还有个关于取消封闭住宅小区建设的文件出台，引发各界广泛议论。2016年2月20日，国务院印发《中共中央 国务院关于进一步加强城市规划建设管理工作的若干意见》，不仅"新建住宅要推广街区制，原则上不再建设封闭住宅小区"，还要求"已建成的住宅小区和单位大院要逐步打开"。据悉，《若干意见》的出台，这是时隔37年重启的中央城市工作会议配套文件。

万宝之争白热化

在《中国地产四十年·2015》里提到，由宝能系入股万科引发的股权争夺战，到2016年全面进入白热化状态，并成为贯穿全年的重头戏，情节跌宕起伏，意外丛生，参战方持续增加，事态发展越来越复杂，形势越发看不清，甚至监管层介入，一直持续至2017年，才暂告一段落，延续至2018年才全面结束。2016年是万宝之争高潮期，在2016年本篇章里，将系统梳理整个事件从酝酿到对决、从引爆到激战、从高潮到收尾全过程。

进入2016年，万宝之争进入白热化阶段。万科1月5日深夜发布公告中称，在咨询香港地区及中国大陆的监管机构后，公司向联交所提出申请，将于1月6日早上9时开始恢复H股的买卖。与此同时，由于有关潜在重大资产重组受深圳证券交易所的《上市公司业务办法指南第10号——重大资产重组》的规定，经公司申请，A股继续维持停牌。

同家公司A股与H股不同步复牌的情况极为少见，因此这则公告立刻让市场炸开了锅：为何只复牌H股，而A股却要继续停牌？这会给"万宝之争"带来什么影响……一系列疑问接踵而来。

对此，市场分析认为，2015年12月18日万科股票停牌后，万科王石曾亲自率队奔赴香港。或许已经争取到H股的重要机构投资者力挺万科管理层，所以，H股复牌可以对宝能系打个措手不及,难以筹措资金应对,而万科管理层的同盟军则可抢购万科 H 股,增强对抗宝能系的力量。

2016 年 1 月 16 日,万科 A 股发布公告称,因本次筹划的重大资产重组极为复杂,涉及境内外多项资产、多个相关方,公司与多个潜在交易对手方已持续进行谈判和协商,但截至目前具体交易对价、支付方式、交易结构、目标资产具体范围等仍在谈判过程中。因涉及的资产、业务、财务等各方面核查工作量较大,相关工作难以在 1 月 18 日前完成并实现 A 股复牌,公司股票申请继续停牌。

自 2015 年 12 月 18 日停牌之后,原本有望于 2016 年 1 月 18 日复牌的万科继续停牌,但万科 A 股公告也让很多小散松了一口气。因为,延续 2015 年"跌跌不休"的行情,2016 年中国 A 股开年持续下跌,再加上万科管理层与宝能系多轮恶战,在内外交困的重重阻击下,很多中小投资担心复牌后万科股份大跌。所以,万宝激战导致的停牌,也间接保护了中小投资者。

2016 年 3 月 8 日,正在参加全国两会的全国政协委员、华润集团董事长傅育宁首次发声力挺万科,并明确表示,现在市场比较敏感,不想多说,但其认为万科是个好企业,华润集团会全力支持。只不过,面对宝能系的咄咄逼人,虽然有华润傅育宁声援,但万科始终未得到华润实质性支持,因为自 2015 年 8 月 31 日和 9 月 1 日两次增持之后,华润再无增持动作。

于是,万科开始寻找"外援"。2016 年 3 月 13 日,万科发布公告称,已与深圳地铁集团于 12 日签署战略合作备忘录。公司或将购买地铁集团下属公司的全部或部分股权,初步预计交易对价介于 400 亿~600 亿元之间。公司拟采取以向地铁集团新发行股份为主,如有差额以现金补足的方式收购上述股权。

2016 年 3 月 14 日,万科临时取消了原计划于当天下午召开的战略合作媒体见面会,原因是"时间仓促,双方还未做好充分准备"。郁亮解释称,万科与深圳地铁谈判,拟引入后者为最大股东。万科与深圳地铁仍在就后者是否成为最大股东进行谈判。万科希望在重组中为股东营造"双赢"局面;未来将逐步增加派息。

2016 年 3 月 17 日,万科举行临时股东大会,审议"关于申请万科 A 股股票继续停牌的议案",表决结果显示,逾 97% 的投票股东赞成万科继续停牌,万科管理层和宝能系在此问题上达成共识,均投了赞成票。因此,万科 A 将继续停牌至 2016 年 6 月 18 日。

在股东大会召开前,万科陆续放出风声,希望最终能够成为"双赢"局面,此举似乎也是为日后可能与宝能系存在某些合作留下回旋的余地。因此,在股东大会答股东问环节,王石正式回应"不欢迎民营企业"的争议,再次就此前发表的涉民企言论致歉。王石称应该为股东负责,并再次为之前的言论道歉,同时绝对欢迎民营企业在混合所有制中扮演主要角色。

就在万科管理层与宝能系关系走向缓和,外界认为万宝之争各方或已达成某种默契时,事态却急转直下。在股东大会结束后,华润集团出席大会的代表在接受《第一财经日报》采访时公开发声:"万科与深圳地铁的合作公告,没有经过董事会的讨论及决议通过,是万科管理层自己做的决定,华润派驻万科的董事已经向有关监管部门反映了相关意见,要求万科经营依法合规。"

与深铁合作意向甫一面世,便率先遭到了一直被视为万科管理层阵营的华润集团公然反对,这令万科管理层始料未及,也使万宝之争骤生变数。万宝之争升级为万华之争,由万科管理层与宝能直接对抗外,新增了深铁与华润间接较量。

万科管理层也紧急回应称,此次重组事宜,早就和华润董事进行过沟通。2016年春节前,公司管理团队拜会华润董事时,曾经明确提到公司有意和深圳市地铁集团进行战略合作,并提到了存在向地铁集团增发股票的可能性。且此次与深圳地铁的合作仅为初步意向,不具法律约束力,在程序上无须经过董事会的审议。

2016年3月19日下午,华润集团董事长傅育宁接受《腾讯财经》专访,就万宝之争强调自己有四句话要说:第一句话,万科做得不错,管理团队也很专业,我们一直支持万科发展。第二句话,17日的万科临时股东会后,我们的股东代表向媒体披露的事实,这些股东代表说的是事实。第三句话,华润支持万科发展,同时也高度关注良好的公司治理制度。第四句话,如此重大的事情在3月11日的董事会议上只字未提,第二天就签订了一个又是股权对价,又是交易资产的规模,又是支付方式的备忘录,这合适吗?

华润接连发声反对,令整个局面走势变数丛生。市场传言称,姚振华曾于2016年元宵前后赴华润与傅育宁密谈,虽然具体商谈内容未知,但这个举动也被认为是极大的信号。同时,在网络上广为流传的华润前海中心项目的合作方就是宝能,而且华润还给宝能提供了大量的资金优惠和融资。宝能系原本是不请自来的大股东,甚至将华润多年万科第一大股东的位置取而代之,外界普遍将华润与宝能系视为对立的两方,随着万宝之争剧情的发展,却发现两者有千丝万缕的联系,着实令人大跌眼镜。

2016年4月9日,华润方面约深圳地铁集团会谈。华润表达了想重回万科第一大股东地位的想法,并让深圳地铁退出万科重组。深圳地铁集团则坚称参与万科重组,是经万科请求支持的情况下介入的,战略合作意向书已公告,深圳地铁尚未收到万科让地铁退出的意见,深圳地铁不能自己单方公告退出,至于届时能否通过,让董事会、股东大会投票来定。这次会谈不欢而散,未达成各自预期目标。

2016年6月2日,由深圳国资委出面,组织华润、深圳地铁召开协调会,华润明确必须保留第一大股东地位,并要求如万科向地铁定增后,地铁持股不能超过10%,且将投票权委托华润,以便华润获得25%的投票权,回到第一大股东地位。否则,华润将对重组预案投反对票。

2016年6月13日,深圳市主要领导就万科重组方案与华润董事长傅育宁会谈,希望获得支持。傅育宁表示,同意地铁集团参与万科重组的前提是万科向地铁集团定增20%之后,地铁集团将其中10%以市场价格转给华润,华润要求上述协议和万科定增协议同时生效。2016年6月16日,深圳市领导表示,深圳市支持万科的重大资产重组,深圳国资委协调深圳地铁集团入股万科后,在依法依规的前提下,支持华润成为万科第一大股东。

种种迹象表明万华之争正逐步走向和解，然而，事态发展还是出乎外界意料。2016年6月17日中午，华润向万科提出建议于当天下午的万科董事会探讨新的方案。华润新方案的要点为：（1）万科以现金支付方式购买深圳地铁集团本次纳入重组方案的两块土地资产；（2）在第一步交易完成后，可考虑在适当时机向深圳地铁集团及华润方非公开定向增发，各10%，现金认缴。

由于事出突然，双方并未达成一致。而在下午如期举行的万科董事会上，意外频出，其中华润推荐的独立董事张利平在电话参会时称：我新的工作在黑石，目前对两大股东都有交易，特别是目前有一个数额较大的和万科在进行，所以我已征求我律师的意见，我有利益冲突，所以我弃权。

由于回避利益冲突与投弃权票有天壤之别，万科董秘朱旭马上追问："那您这样的话，属于利益关联，您就属于回避表决，是这样吗？"在万科董秘再三确认下，张利平最后答："就是我刚才讲的理由，因为利益冲突，所以我必须回避表决。我会提供书面意见，你们给我一个时间，我会提供。"

在这场万科董事会上，华润率先发难，旗帜鲜明表态华润方3名董事将投票反对万科重组方案。但华润的反对并没有阻止万科与深圳地铁的合作，具体重组方案在2016年6月17日正式披露，收购标的为深圳地铁100%控股的前海国际，前海国际的主要资产为位于深圳前海枢纽和安托山的两个项目，初步交易价为456.13亿元，万科将定向增发28.7亿股A股，每股15.88元。同日，万科方面还宣称，该重组方案最终董事会以超过2/3的票数通过。

毫无意外地，华润再一次表达了反对的态度。除在董事会上投了3票反对票外，华润方面还公开质疑投票结果，认为与会11人，赞成票仅7张，所以坚称重组预案未获得2/3的票数通过，并向万科发送了律师函。而万科方面则强调，由于独董张利平回避原则，所以，11个董事，1票回避表决，那就是10票有效，7票赞成，7 > 10 × 2/3，议案通过。但华润还是重申反对万科重组预案的立场，并高度关注万科存在的内部人控制等公司治理问题。

2016年6月23日，一直沉默的宝能突然深夜公告，明确反对万科重组预案。同时强调，作为有高度社会责任感的企业，钜盛华、前海人寿于2015年中国资本市场遭遇重大下挫、极其困难的时刻，响应国家号召，立场坚定、持续增加对资本市场的投资，以实际行动提振资本市场信心，做长期的资本市场投资人。

曾经的盟友变成了敌人，曾经"沉默是金"的敌人开始发怒，顷刻间，万科管理层孤立无援。愈演愈烈的万宝之争、万华之争全面走向失控，参与此前董事会的万科独董华生于2016年6月24日，在《上海证券报》上连发长文，披露他所参加万科重组方案董事会讨论全程与投票思考。

这篇《我为什么不支持大股东意见——作为独立董事就万科董事会投票立场的说明》两万字文章，堪称字字珠玑，全面展现了万宝之争、万华之争此前很多不为人知的秘密，包括华润与宝能系若即若离的关系、王石傲慢轻敌、华润多年来对万科的芥蒂等，各种剧情串联起来足以拍一部中国商业史上难得一见的商战大片,此前很多谜团也在这篇文章中找到答案,因此,若想要系统了解万宝之争,强烈推荐阅读此文。

2016年6月26日上午,王石不禁在朋友圈发文感慨:"天要下雨,娘要改嫁。还能说什么?当你曾经依靠、信任的央企华润毫无遮掩地公开和你阻击的恶意收购者联手,彻底否认万科管理层时,'遮羞布'全撕去了。""人生就是一个大舞台,出场了,就有谢幕的一天。但还不到时候,着啥子鸡(急)嘛"。

2016年6月26日晚间,也就是后文将提到恒大20周年庆典同一天,宝能系发布针对万科管理层战斗檄文,一口气提请罢免王石、郁亮等董事、监事,并指责王石2011～2014年,前往美国、英国留学,脱离工作岗位仍拿酬金5000多万元。

2016年6月27日下午,万科召开股东大会。华润、宝能联手否决万科年度董事会、监事会报告。6月27日,深交所向宝能系及华润下发关注函和问询函,要求其自查涉嫌形成关联和一致行动人关系。双方复函均否认宝能系和华润为一致行动人。如果双方被认定为一致行动关系,以华润宝能合计持有超过40%股份将触发30%红线的要约收购。

三天后或许为撇清与宝能系的关系,华润开始与宝能系拉开距离。2016年6月30日,华润发表声明称对宝能全部罢免案有异议,表示"华润会从有利于公司发展的角度,考虑未来董事会、监事会的改组"。并在2016年7月1日董事会开会讨论宝能要求罢免董监事的议案时,华润方面的董事首次投票反对宝能,华润与宝能也公开对抗。

2016年7月3日,万科董事会全票否决宝能提请召开临时股东大会罢免目前公司所有董事的议案,华润方面的董事通过投票正式与宝能划清界限。华润通知万科准备部分改组董事会。华润与宝能系联手对战万科管理层的合作也暂告一段落,从此华润逐渐淡出万科股权之争。

2016年7月4日下午,署名为"刘元生等股东"的一封公开信发出,向证监会、银监会、保监会、国务院国资委、深圳证券交易所、香港联交所和深圳证监局七个监管部门抛出五点疑问,质疑华润、宝能之间的关联关系。当天晚间,华润集团迅速回应称:该举报信中的揣测、臆断及造谣中伤,已构成对本公司声誉的负面影响。华润将对刘元生先生采取法律行动,追究法律责任,以维护华润的声誉。

虽然没有了华润的联手,但宝能系仍是万科管理层最大的挑战。2016年7月4日,万科A迎来停牌半年以后的首日复牌,如业界预期,万科A开盘一字跌停。2016年7月6日,宝能系继续增持万科,股比升到25.4%,这也是宝能系最后一次增持,此后未再增持。

万科管理层抵御住罢免危机后,迅速反击,2016年7月19日,举报宝能资管计划违法违规。万科发布了《关于提请查处钜盛华及其控制的相关资管计划违法违规行为的报告》,并提交给中国证监会、证券投资基金业协会、深交所、证监会深圳监管局。

整个局势日趋复杂,也引起中央高层注意。2016年7月21日,深交所发监管函批评万科、钜盛华。深交所称,万科于7月19日向非指定媒体透露了未公开重大信息。钜盛华经我部多次督促,仍未按要求上交股份权益变动书。

2016年7月21日，同一天，时任保监会主席项俊波在"十三五"保险业发展与监管专题培训班上说："这几年，少数公司进入保险业后，在经营中漠视行业规矩、无视金融规律、规避保险监管，将保险作为低成本的融资工具，以高风险方式做大业务规模，实现资产迅速膨胀，完全偏离保险保障的主业，蜕变成人皆侧目的暴发户、野蛮人。这些保险公司激进的经营策略和投资行为，引起了社会的广泛关注。对于这些热点事件，如果不积极主动加以应对，就会产生大范围的不良影响，甚至造成严重风险。"

就在万华之争渐趋降温、万宝之争持续升级之际，又一"程咬金"加入战局。从2016年8月4日开始，恒大入场收购万科股份，8月9日，恒大举牌万科5%。而在2016年8月28日，易居16周年庆现场，万科总裁郁亮和恒大总裁夏海钧均到现场，并一度密切交谈，令外界遐想连篇。恒大突然插足，让万科股权之争变得更加扑朔迷离，衍生出万恒之争的新状况。

2016年10月2日，恒大公告计划借壳深深房，进军A股。据《财新网》报道，深圳市政府早先同意将国资房企深深房这一"壳资源"给予中国恒大，交换条件是中国恒大退出万科股权之争，将所持万科股份转给深圳地铁，以换得借壳深深房回A的机会。值得一提的是，深深房控股股东即为深圳国资委。

中国恒大刚开始应允，后来却多次增持万科。11月10日，恒大增持万科股份至8.285%。11月18日，恒大增持万科股份至9.452%。11月23日，恒大第二次举牌万科到10%。11月18日，恒大持有万科14.07%股份，摇身一变，成为仅次于宝能系、华润的万科第三大股东，觊觎万科控制权。

关于万宝之争、万华之争、华宝之争、万恒之争等越来越复杂的走势与可能出现的结局，可谓众说纷纭，有从法律角度解读，有从资本方探讨，有从国企民企站队，有从性格分析，堪称中国商业史上经典的MBA案例。然而，谁能想到最后把王石从股权大战救出来的人，居然是位女强人。就在万宝之争打得难解难分之际，姚振华却在关键时刻犯了一个不该犯的错误：他在收购万科股份的同时，瞄上了格力电器。

彼时，格力董明珠刚被珠海市国资委免去格力集团董事长职务，同时收购珠海银隆受挫并因此被深交所问询之际，处于内外交困局面，外界普遍不看好格力电器未来发展。战万科、斗王石，华润搅局，安邦、恒大助攻，深铁插足，一时热闹非凡，宝能姚振华也因此一战成名，挟万宝大战威名强势入股格力电器，可以说姚振华选择的抄底时机还是相当精准。两相对比，格力与宝能的博弈似乎不占优势，然而人算不如天算。

2016年11月30日晚间，格力电器发布公告，证实姚振华掌舵的宝能系资本确实在持续举牌格力，持股比例已接近5%的举牌线。公告显示，前海人寿保险股份有限公司自2016年11月17日公司股票复牌至2016年11月28日期间，大量购入公司股票，持股比例从三季度末的0.99%大幅上升至4.13%。财大气粗的姚振华花了约47亿元，仅用了8天时间就由格力电器第六大股东一跃成为第三大股东。

由于此前宝能系入股南玻A之后曾有血洗董事会、导致南玻A从此走下坡路的前科，因此，宝能系染指格力，立刻引起各界高度关注，尤其是中央高层，更是对格力相当重视。

2016年12月3日，时任证监会主席刘士余突然公开发声痛批"野蛮人"，"我还是希望或者说要求不当奢淫无度的土豪，不做兴风作浪的妖精，不做谋财害命的害人精"。并指出用来路不正的钱，从门口的"野蛮人"变成行业的"强盗"，这是不可以的。挑战了国家法律法规的底线，也挑战了做人的底线，当你挑战刑法的时候，等待你的就是开启的牢狱大门。证监会主席用如此严厉的措辞，在整个证监会监管历史上也甚是罕见。

2016年12月5日，保监会网站发布消息，针对万能险业务经营存在问题，并且整改不到位的前海人寿，采取停止开展万能险新业务的监管措施。同时，叫停前海人寿、恒大人寿等6家险企的互联网保险业务。2016年12月9日，宝能系发公告称，不再增持格力电器，并将逐步退出。

紧接着，在2016年12月10日《中国企业家杂志》主办的"2016（第十五届）中国企业领袖年会"上，面对有人问道："在面临野蛮人敲门时怎么办？"董明珠霸气回应："我说他如果真正是投资者，是谁都没有关系，格力电器依然坚持创造者，成为创造型的企业，我希望所有人要牢牢记住自己的社会责任，你是中国人，你要为一个国家的发展去思考，你的行为要跟国家的发展结合在一起。所以，我说希望这些不要破坏中国制造，成为社会的罪人。"

高手对弈，高下立见。电影《英雄》中秦始皇说过剑有三重境界"第一重境界，手中有剑，心中亦有剑；第二重境界，手中无剑，心中有剑；第三重境界，手中无剑，心中亦无剑"。境界的提升，来源是胸怀与格局，同样面对来势汹汹的宝能，当其他人还在跟宝能纠结谁资本多、谁贡献大、谁有道德、谁违规时，董明珠直接把这场股权之争上升到中国实业兴衰成败的高度。

格力电器与万科相似之处在于，股权结构分散，管理层未能拥有绝对控制权，但又拥有着良好的现金流和利润能力，同时市盈率却偏低。正所谓匹夫无罪，怀璧其罪。格力良好的现金流和盈利能力，最终招来了宝能系的青睐。

事实上，宝能系对格力觊觎已久，最早可追溯到2014年即开始对格力股票进行投资。2015年四季度末，前海人寿旗下的保险产品"海利年年"以持有格力电器1.14%的股份，首次出现格力电器前十大股东名单中，排名第六。2016年一季度，前海人寿—海利年年继续增持，股份比例提至1.5%，由第六大股东跃进到第四大股东位置。2016年三季度末在万宝大战白热化之际，前海人寿—海利年年突然减持，股比降至0.99%，跌回第六大股东的位置。

宝能系入股之后，外界也一度为格力担忧。而时任格力电器董事长董明珠在2016年5月19日的格力电器股东大会上，还特别就此事做了回应，强调称：不会有"野蛮人"进入格力，格力是制造业公司，与万科有本质区别。

除了公开场合的回应之外，据证监会相关人士透露，曾经接到过多家公司举报野蛮人举牌的案例，其中以董明珠的影响力最大。而且，董明珠多次抨击野蛮人行径，甚至严重警告："野蛮人"不要成为破坏中国制造业的罪人。因此，引起了高层注意，特别是格力作为一家优秀实业公司代表,更是受到前所未有的关注。

格力意外加入战局,也加速了万宝之争进程。2016 年 12 月 17 日,恒大向深圳方面表示愿从大局出发,并做出五点承诺:"不再增持万科;不做万科控股股东;可将所持股份转让于深圳地铁;也愿遵照深圳市委、市政府安排,暂时持有万科股份;后续坚决听从市委、市政府统一部署,全力支持各种万科重组方案。"

2016 年 12 月 18 日晚间,在局势趋于缓和的情况下,万科 A 发布公告称,其与深圳地铁集团的重组预案未得部分主要股东同意,难以在规定时间内召开股东大会。经董事会同意,公司终止了与深铁集团的重组。

至此,贯穿整个 2016 年的万宝之争高潮迭起,从最早万科管理层与宝能系激烈对决,到中途华润公然呛声万科管理层。紧接着深铁入局,华润、宝能系联手阻挠。随后华润反戈一击,对抗宝能系。继而恒大挤入战团,在深深房与万科之间抉择。其间,宝能系血洗南玻 A,分兵攻打格力,终招致高层重拳整治……

剧情峰回路转,大大出人意料,成为改革开放 40 年来,中国房地产股权争夺绝佳经典大战案例。当然,事情还没有结束,在《中国地产四十年·2017》《中国地产四十年·2018》篇章里,还将描写各方如何收尾和再起波澜。

中海并购中信地产

2016 年称得上是房地产行业的并购年,"大鱼吃小鱼",兼并重组成为新常态。有数据显示,2016 年房地产行业境内外完成并购案例 197 起,涉及金额高达 4014 亿元。其中在国内并购上的支出超过 420 亿美元,较 2015 年增加 32%,创下历史新高。

在资源稀缺与资金宽松的影响下,大型房企凭借规模、资金等优势成为房地产行业的并购主力军。而没有品牌和拿地实力的中小型房企,要么卖项目断臂求生,要么直接出售公司股权退出房地产。

都说没有永远的敌人,只有永远的利益。时隔 26 年,孙宏斌与柳传志这对亦师亦友亦敌的"老冤家"来了一次相逢。2016 年 9 月 18 日,融创斥资 137.88 亿元收购联想旗下的融科智地 41 家目标公司的相关股权及债权。

借此交易,融创将获得融科智地在北京、天津、重庆、杭州等 16 个城市的 42 个项目,总占地面积 693.72 万平方米,总建筑面积约 1802.22 万平方米,未售面积为 730.05 万平方米,得以向规模进一步冲刺,而联想也终于可以把发展长期不温不火的地产板块剥离。

从此,在孙宏斌与柳传志那些不得不说的故事中,除了"25 岁成为联想接班人""27 岁被柳传志送入监狱外"外,将翻开新篇——"53 岁收购联想房地产"。

2016年，融创动作频频。2月，收购德尔集团位于苏州的两个项目，以及收购郑州美盛旗下一个郑州项目；5月，收购莱蒙国际位于三河、上海、南京、杭州、深圳及惠州的7个项目公司的所有股权，首次进入深圳；6月，拿下成都本地房企天合房产旗下三个项目所有股权；11月，竞得嘉凯城青岛项目；12月，接盘金成集团位于杭州余杭的三个项目，准备冲击杭州市场前三甲……

这一年，同样出现股权争夺的企业还有金科。此前，金科创始人黄红云在2016年8月辞去公司董事会主席、董事及董事会专门委员会相关职务，紧接着，又在9月以定增方式引入融创。9月21日，融创以40亿元代价获得金科16.96%股份，成为金科第二大股东。

尽管融创声称入主金科是出于财务投资的目的，但外界普遍认为没那么简单。2016年10月17日，金科修改公司章程，规定董事会成员中应有不少于1/5的职工代表担任董事，担任董事的职工代表须由在本公司连续工作满5年以上的职工通过职工代表大会民主选举产生后，直接进入董事会。

此次修改公司章程被市场解读为黄红云防止金科控股权旁落的一个手段。金科董事会共9名董事，不少于1/5即至少2名董事为金科老职工，此外，黄红云及一致行动人持股近30%，也至少可以获得2名董事名额。

同时，金科又于2016年11月15日宣布以4.9亿元增资南宁融创，双方将合作开发广西南宁市的安吉南项目。同日，金科董事会会议同意提名商羽、张强为公司第九届董事会董事候选人，这两人均来自融创。

黄红云的态度让外界一时摸不着头脑，而精明的孙宏斌已经在悄悄发起"袭击"，2016年11月30日，融创旗下的天津聚金突然披露详式权益变动报告书称，融创旗下另外两家子公司——天津润泽和天津润鼎在11月11~28日一共增持了金科3.04%股权。

至此，融创持有金科股权上升至20%，加上2016年12月1日，商羽、张强正式当选金科董事会董事，融创在金科的话语权进一步加强。正是从融创此次增持开始，黄红云与孙宏斌的股权争夺升级，黄红云的控制人地位岌岌可危。

从2017年3月底开始，黄红云开始正式打响金科股权保护战，先是与陶虹遐解除婚姻关系，强化黄红云个人对金科的控制，紧接着又于2017年4月引入第三方投资人——广州安尊贸易，并协议双方三年内保持一致行动个人关系。

融创方面则不断增持金科股份，截至2017年4月28日，融创合计持有25%金科股权。之后，黄红云一直以个人名义持续少量买入金科股票，希望与融创拉大差距，但融创也一直在后面穷追不舍。2018年10月25日，融创增持金科至27.6783%，成最大股东。2018年10月28日，黄红云与黄斯诗签署《一致行动协议》，持股总占比29.99%，黄红云重夺大股东席位。

与融创相比，有过之而无不及的是阳光城。2016年，这家闽系房企在并购市场上也是相当活跃，为行业上演了一幕幕"攻城拔寨"的大戏。

2016年5月收购长沙中泛置业100%股权，阳光城成功将18宗地块收入囊中，首次进入长沙；2016年6月收购广州四家房地产公司，闯入广州市场；2016年9月收购苏州新万益房地产旗下两地块，2016年11月收购天安福州163万平方米商住项目，进一步加码长三角和福建大本营。

压轴大戏在2016年11月29日上演，这一天，阳光城耗资104.69亿元成功竞得物产中大出让的资产包。通过此次收购，阳光城共计获得13宗处于不同开发阶段的土地，进一步巩固杭州及成都市场之余，还首次进入武汉、南昌。

年报数据显示，2016年阳光城获得25个项目，其中13个项目（55宗地块）是通过收购方式获取，并购价共计124.96亿元，计容建面835.9万平方米。凭借着2016年的大手笔并购，阳光城首度完成了"3+1+X"战略布局，即重点深耕大福建，加码长三角、京津冀和珠三角三大核心区域的开发，寻找其他城市的发展机会点。

恒大在搅局万科股权之争的同时，还先后四次举牌廊坊发展，超越廊坊控股，夺下第一大股东之位。同年砸下36亿元将嘉凯城半数以上股权收入囊中。手握大量土地储备的恒大此番大举收购A股房地产公司，意不在储粮，而是在回归A股。只不过，计划赶不上变化，恒大最终选择借壳对象是深深房。

绿地则通过入股重庆协信布局商业、产业地产平台。2016年11月10日，绿地宣布，将通过股权转让及增资的方式获得重庆协信远创房地产的40%股权。交易完成后，绿地与汉威公司将并列为协信远创第一大股东。此外，中民投也通过收购亿达中国，成功布局产业地产。

除此之外，2016年房企收购步伐持续加快，新城控股收购美好置业项目，参与武汉旧改；华润置地联姻申江集团，获得陆家嘴三地块开发权；碧桂园收购瑞安岭南天地项目，加码佛山；金科收购青岛海尔地产在山东的三个项目；华远地产通过收购大一山庄，进入广州市场……

一向中规中矩的央企，也不愿错过2016年这个并购的好时机，掀起了另一波并购潮。

2016年3月14日，还在郝建民带领下的中海地产，迎来了三年内的第二次地产业务整合。耗资310亿元并购中信地产，中海创下了截至2016年中国房地产史上规模最大的一宗央企并购案。

在《中国地产四十年·1986》里提到，1986年中信地产正式成立，但在经营30年后，被中海收购。通过此次并购，中海获得了中信旗下大量优质土地，这些土地分布在内地25个城市，总建筑面积约2400万平方米，大部分位于一、二线城市。这将有效解决中海地产的"土地荒"问题。年报数据显示，截至2015年底，中海地产土地储备4144万平方米，中海宏洋1093万平方米。并购中信完成后，中海土地储备将增长58%。

不过，寄望带领中海披荆斩棘的郝建民未能得偿所愿。2016年11月，在毫无预兆的情况下，郝建民辞任中海地产一切职务。

2013年8月，郝建民接替孔庆平出任中海地产董事局主席，中海地产进入"郝时代"。上任不久，郝建民便开始进行大刀阔斧的改革，先是成立了战略管控委员会，接着担任该委员会主席。

彼时，中海地产经历一场人事巨震，从2015年开始，中海一批元老功臣先后离职。2015年9月，主管营销的曲咏海出走，2015年10月中海地产原助理总裁、副总建筑师范逸汀离职转战旭辉，2015年11月，朱明辉辞任原中海美国公司副总裁职务。2016年1月，中海执行董事兼总裁陈谊也宣布离开。这波高管动荡潮一直延续到2016年11月郝建民离任。

郝建民闪电去职之后，中海旧将颜建国宣布回归，取代前者执掌中海地产。与郝建民管理风格大相径庭的颜建国，将中海带入了一个新时代。

甫一上任，颜建国便对中海内部管控体系进行大尺度改革，一改郝建民时代的中央集权模式，放权于区域公司。与此同时，在土地市场上中海也一改以往的保守，开始频繁拿地，并重新对规模提出要求，目标直指2020年冲刺4000亿元。

颜建国一系列举措，及时稳定了团队，同时也让中海重新焕发活力，凭借着出色的管理能力，颜建国荣获"2017中国十大地产年度CEO"。

中海之外，另一央企大鳄保利地产也在2016年圣诞节前两天公布了并购方案。根据协议，中航地产将成都航逸、江苏中航、九江中航等9个资产包，以近20.3亿元的价格卖给保利地产。交易完成后，中航地产完全剥离地产开发业务，聚焦物业资产管理业务。

不过，相较于中海，保利地产此次并购的资产称不上有多大规模。据了解，中航地产此次转让的资产大多位于成都、九江、昆山、赣州等三、四线城市，总建筑面积331万平方米，其中约215万平方米待售。

除了轰轰烈烈的并购行动外，央企之间的整合也在继续。

2016年4月13日，广宇发展发公告称正在筹划重大资产重组事项，拟向大股东鲁能集团发行股份购买重庆鲁能34.5%的股权、宜宾鲁能65%的股权、鲁能亘富100%的股权、顺义新城100%的股权。

不过，由于未获证监会批准，广宇发展很快对重组方案进行调整。据7月6日公布的预案显示，除继续向鲁能集团购买上述四公司外，还将向世纪恒美发行股份，购买其持有的重庆鲁能英大公司30%的股权。总体交易作价87.29亿元。

值得一提的是，这已经是鲁能集团第三次对旗下地产业务进行整合，上两次分别是在2009年和2013年。不过，这第三次也不是一帆风顺，其间多次调整，一直到2017年11月才宣告成功。

2016年6月2日，中国五矿集团公司与中国冶金科工有限公司重组大会在北京召开。重组完成后，五矿集团的总资产达到7000亿元。更重要的是，这两家均涉足房地产业务的企业在完成合并后，业界更期待看到的五矿地产和中冶置业的整合，能给行业贡献一家什么量级的房企？

五矿集团成立于1950年，是以金属、矿产品的开发、生产、贸易和综合服务为主，兼营金融、房地产、物流业务，进行全球化经营的大型企业集团。五矿地产目前在22个城市布局，并拥有北京、香港等核心地段写字楼、酒店等物业。据财年报显示，截至2017年底，五矿地产货值近900亿元，土地储备约为386万平方米。

2005年5月12日,中冶置业有限责任公司在北京挂牌成立,主营房地产开发、销售商品房、房地产信息咨询、物业管理等业务。中冶置业在这几年中,一直进行积极扩张。2017年,中冶置业揽获11宗土地,新增总建筑规模约225万平方米。截至2017年底,中冶置业资产总额近700亿元,土地储备总量近2000万平方米。

然而,五矿地产和中冶置业庞大体系,决定了两个业务平台整合必然是个漫长过程。对此,五矿地产副主席兼董事总经理及执行董事何建波透露涉及地产业方面,目前还没具体的计划,但首先要做的事情就是业务协同,这样会收到好的效果。

房企更名"去地产化"

2016年除了"并购","跨界多元化"也是这一年的关键词。房地产市场早已过了"黄金时代"。为了寻求新的利润增长点,房企纷纷开始谋求多元化,这一点首先可以从名字上可以看出来。

"恒大地产"变更为"中国恒大集团","远洋地产"更名为"远洋集团","雅居乐地产"变身为"雅居乐集团"。2015年方兴地产中国有限公司更名为中国金茂控股集团有限公司,也悄悄把"地产"两个字去掉了。

在方兴地产更名发布会上,金茂CEO李从瑞表示,在"销售+持有"的原有战略基础上,中国金茂将加入"金融+服务"两大元素支持其城市开发运营业务。

恒大的多元化战略从2014年便开始实施,在先后涉足互联网、文化旅游、健康、农牧、保险等业务之外,2016年恒大宣布进军互联网金融,"恒大金服"于3月17日正式上线。

远洋从2015年初开始进行业务调整,推出"海鸥Ⅳ"新战略,明确在未来五年内,将构建住宅开发、不动产开发投资、客户服务业、房地产金融在内的四元业务格局。以权益资本计算,住宅开发占比40%,不动产开发投资业务包括大型的集中式商业和写字楼占比30%,客户服务业务包括传统的物业服务、养老地产等创新型服务业务占比20%,房地产金融业务占比10%。

雅居乐战略由"以地产为重"调整为"以地产为主,多元业务并行"的运营模式,而多元业务就包括物业、教育、环保、建设四大产业。

从1996年诞生开始算起,中国奥园走到2016年正好花了20个年头,这家企业一步一个脚印走出了一条"中国复合地产领跑者"的发展之路。从2016年开始,奥园集团大力发展住宅开发、商业运营、健康养生、文化旅游、跨境电商、物管服务六大核心业务。2017年11月2日,随着广东奥园金控成立,奥园旗下正式形成"地产、商业、国际投资、奥买家、文旅、金控"六大集团,上述六大板块成为奥园多元化的突破口,开启奥园全新的业务增长点。

龙湖宣布正式进入长租公寓和联合办公领域；融信涉足金融，参设保险合营公司；泰禾投资美国医疗公司、成立影视公司……

王健林麾下的万达，也是多次喊话要脱离房地产属性。将文娱作为转型重要方向的万达，2016年继续在全球豪掷千金"买买买"。

7月，万达35亿美元并购美国传奇影业，创中国企业最大规模文化业并购纪录。随后，万达与维亚康姆磋商收购好莱坞八大影业公司之一派拉蒙49%的股份，市场估值80亿~100亿美元。紧接着，万达又豪掷11亿美元，收购美国连锁影院Carmike Cinemas。旋即，万达又与索尼影视娱乐旗下Motion Picture Group达成战略合作。

与此同时，万达挥金10亿美元，买入金球奖颁奖礼制作公司Dick Clark影业。此外，万达与法国欧尚集团在巴黎签订协定，合作投资巴黎大型文化旅游商业综合专案。万达这架"收割机"马不停蹄，并购欧洲第一大院线——Odeon & UCI院线。万达洽购美国终极格斗锦标赛公司，估值达35亿~40亿美元……

尽管因证监会新规变化，万达院线收购美国传奇影业被迫中止，但万达频频购买不同业务公司，推动万达转型已成为不争的事实。

再看回佳兆业，2016年，历经一系列风波的佳兆业迎来了"重生"。2015年12月，中信银行深圳分行联合信托公司对佳兆业伸出援手，为其提供300亿元资金助其脱险。根据双方约定，300亿元资金中163.5亿元将用于债务重组，其余用于后续开发。中信银行开了个好头。2016年1月，佳兆业再获平安银行支持，获得平安银行授信500亿元人民币。

这对于佳兆业来说无异于"救命稻草"。在两大银行的帮助下，佳兆业公布，于2016年6月27日，总金额为465亿元的境内债务已经办理完相关手续，完成重组。紧接着的2016年7月，佳兆业完成境外债务重组，包括重组现有优先票据、可换股债券及其他境外融资。

艰难的债务重组完成后，佳兆业的经营活动开始恢复正常。从2016年9月开始，佳兆业旗下众多项目传来动工消息。与此同时，佳兆业开始活跃在全国各地的土地市场，先后于惠州、武汉、重庆等城市拿地，此外，还与天健集团合作开发深圳福田城市更新项目。

2017年3月27日，在佳兆业2016年年度业绩会上，淡出公众视野多时的郭英成也首度现身。历经两年沧桑的他，面对媒体一路笑容满面。回首过去，郭英成表示感受是酸甜苦辣。展望未来，郭英成则称："未来我们的压力不大，但是有挑战，公司未来的发展我是充满了信心。"

重新回归的郭英成还为佳兆业定下了一个新目标：三年冲刺一千亿。佳兆业显然是不甘落后，房地产主业才刚刚恢复元气，佳兆业就迅速开展了一系列多元化布局。

2016年初，佳兆业收购了深圳市足球俱乐部，组建深圳佳兆业足球队征战中甲，并高调招兵买马，目标直指中超。2016年7月12日，作为进军互联网金融领域的重要平台——佳兆业金服正式上线。2016年11月，佳兆业进军医疗行业，增持美加医学合共21.72%股权，成为第一大股东。

可以预见，历经风雨的佳兆业成为房地产行业中一名有力的竞争者。

两场重量级生日派对

2016年，中国地产界有两场生日派对震撼业界：一场是恒大20周年庆，一场是易居16周年庆。之所以震撼原因有二：其一为出席嘉宾级别，其二是宣布重大战略。前者如恒大，后者推易居。

2016年6月26日，恒大集团迎来成立20周年盛大庆典。单看贺电贺信名单和出席嘉宾名单，就知道这场活动影响力分量。致贺的名单跨越国内外各界人士，包括全国政协副主席董建华、黑龙江省省长陆昊、腾讯董事会主席马化腾、英国安德鲁王子、哈佛大学校长福斯特等政要、精英和国际友人先后发来贺电贺信300多份。这场声势浩大的盛典迎来了全球的1800多位重量级嘉宾出席，广东省委、省政府代表许瑞生副省长，贵州省委、省政府代表刘远坤副省长等全国各省市多位政府领导参加活动。

地产界知名的"大D会"俱乐部成员全国政协常委、新世界集团主席郑家纯，英皇集团主席杨受成，中渝置地控股主席张松桥，纷纷到场见证恒大20周年盛况。2008年就是这"大D会"力撑许家印，最终助恒大在2009年成功上市，从此许家印走上中国首富之路。因此，在恒大20周年这个重要的日子，"大D会"一如既往为恒大站台，一起走过风雨，一同见证彩虹，或许也是当年"大D会"努力的最好结果。

阿里巴巴董事局主席马云也来了！原本地产、互联网不沾边的许家印和马云走到一起，不得不提恒大足球队。2014年6月，阿里巴巴与恒大足球俱乐部"闪婚"，马云出资12亿元买下恒大足球50%的股权。在此之前，马云也曾一度与宋卫平洽谈入股浙江绿城足球队事宜，然而，仅仅不到两周时间阿里便转投恒大，因此，这桩婚事一度令宋卫平声称将率两万浙江球迷声讨马云"不爱浙江爱美人"。

事实证明马云入股恒大确实有眼光，2015年11月6日，恒大淘宝正式上市，登陆新三板，成为亚洲足球第一股，市值一度超过超越皇马，成为当时世界足坛市值最高的足球俱乐部。2015年11月21日，广州恒大主场1-0战胜阿赫利，继2013年之后，3年内第二次捧得亚冠冠军，现场观战的许家印和马云兴奋异常，这段情谊也让两位首富此后互动颇多。

参加活动的还有学界泰斗清华大学校长邱勇、哈佛大学教授丘成桐，以及许家印母校武汉科技大学校长、党委书记孔建益。此外，新浪董事长兼首席执行官、微博董事长曹国伟、复星集团董事长郭广昌、易居主席周忻这三位好哥们也同场亮相。

中国房地产业协会会长刘志峰、碧桂园董事局主席杨国强、富力集团董事长李思廉、富力集团联席董事长兼总裁张力、雅居乐集团董事局主席陈卓林、世茂集团董事局主席许荣茂、星河湾集团董事长黄文仔、香江集团董事局主席刘志强、建业地产董事局主席胡葆森、保利地产集团董事长宋广菊、新鸿基地产执行董事郭基辉等地产界重量级人物也都到场。

金融界巨头也共飨盛宴，包括泰康人寿董事长陈东升、太平保险总经理李劲夫、中国农业银行副行长蔡华相、中信银行常务副行长孙德顺、中银香港总裁岳毅、中国邮储银行行长吕家进、东方资产总裁张子艾、华安基金董事长朱学华等，来自各大银行、四大资产管理公司、保险、投行、证券等国内外金融界的350多位大佬等350多位金融大腕悉数到场。

一场企业20周年庆，邀请众多政坛高层、商界领袖、学界泰斗、金融界巨头及战略合作伙伴等纷纷出席，强大的嘉宾阵容也全面彰显出恒大的非凡实力与品牌影响力。

前文写万宝之争提到，2016年6月26日注定不平静，除了恒大在广州举办20周年盛典之外，就在同一天，宝能抛"重磅炸弹"，一口气提议罢免万科包括王石、郁亮等在内的十位董事，其罢免王石的理由为王石长期脱岗仍领5000万元薪酬。与此前宝能系低调默言不同，罢免议案如同战斗檄文，全面拉开了宝能系与万科管理层正面火拼。

中国房地产企业排名第一的恒大与排名第二的万科在同一天里境况迥然，许家印的盛宴上高朋满座，万科则面临着管理层控制权被夺的挑战。而这只是起点，在一个多月后，恒大也加入万科股权大战之中，迅速抢购万科股份，成为万科第三大股东，令市场一度猜想，腰缠万贯的中国首富许家印会否把万科买下来，与恒大合并，一举打造"全宇宙无敌超级房企"。

说完恒大生日派对，再来看易居16周年庆典。

2016年8月28日，易居16周年庆开场，同样气势恢宏场面，同样众多明星献唱。出席嘉宾同样在行业具有举足轻重的影响力，前文万宝之争提过，连深陷万宝之争泥潭中的万科总裁郁亮来了，刚刚入股万科的恒大总裁夏海钧也到场，跟马云联合成立公司、打理一批中国顶级企业家资金的云锋基金发起人、主席虞锋出现了，新浪董事长兼首席执行官、微博董事长曹国伟、"中国巴菲特"复星集团董事长郭广昌、红杉资本全球执行合伙人沈南鹏都出席帮周忻站台。

来宾还包括向来很少参加其他企业活动的"并购狂人"融创董事会主席孙宏斌，另外，富力董事长李思廉、雅居乐董事会主席兼总裁陈卓林、旭辉董事长林中、阳光城创始人、董事局主席林腾蛟、宝龙集团总裁许华芳等多位开发商大佬汇聚一堂。磐石资本董事长王力群、思格资本董事长卓福民等金融界大腕也前来捧场。

但是就在庆典即将走向高潮时，易居创始人周忻上台公布了一个重磅消息。这则消息非常具有震撼力，首先周忻宣布易居中国完成私有化，并将易居旗下易居营销服务集团与克而瑞信息集团合并成立易居（中国）企业集团。当然，最具爆炸性新闻是：恒大、万科、云锋基金领投，包括16家房企与投资机构入股易居（中国）企业集团。

根据周忻公布的信息，联手入股易居的企业多达16家，包括恒大、万科、星河湾、富力、融创、雅居乐、旭辉、阳光城、建业、复地、宝龙、正荣、融信共13家百强房企，以及云锋、纪源、磐石共3家专业投资机构，这16家企业与新易居已达成战略合作。

2016年8月5日，易居中国召开股东大会，完成私有化。2016年8月26日，正式宣布16家企业联手投资新易居。周忻只用了21天时间就完成如此大调整，周忻把功劳让给战略投资伙伴："他们给我面子，亲自来为易居站台、背书，我很感激！从2015年宣布私有化，他们就想参与易居的私有化。易居中国，是他们最熟悉的一家公司。他们都不用讨论，不用做尽职调查。这也是为什么他们这么快投资易居中国企业集团的原因。"

新易居本轮估值80亿元，上述16家企业参股不到50%，易居中国董事长周忻依然控股新易居。"易居中国企业集团，估值才80亿元，我依然是大股东。这16家公司的总投资额，还不如买一块地的钱"，周老板调侃，"未来，服务越来越值钱。易居最重要的是人。"诚如周忻所言，与分众传媒、巨人网络等公司私有化回归后动辄上千亿元的估值，易居80亿元估值背后还有不少空间了！

出任易居企业集团CEO的人选，是被任志强誉为舆论领袖接班人的丁祖昱。刚刚走马上任的丁祖昱也将带领易居企业集团把新房营销代理、房地产大数据和二手房交易服务业务整合，通过优势互补与资源整合在房地产交易服务领域产生更大协同效应。

2017年：

"房住不炒"定调 开启租售同权

2017年，史无前例的房地产调控全面降临！如果说2016年房地产行业的主题是"去库存"，那2017年中国楼市主旋律则是"房住不炒"。为了实现"房住不炒"，中国楼市调控全面升级。一年之内，从"去库存"到调控加码，楼市模式切换速度之快令人咋舌。而本轮调控与以往调控不同的是，强调"分类调控、因城施策"的指导思想。

2016年年底中央经济工作会议首次提出："房子是用来住的，不是用来炒的。"2017年3月，"房住不炒"成为全国两会热议话题，加强楼市调控成为共识。自3月开始，新一轮政策调控席卷中国内地。

在楼市调控加码之际，行业加速洗牌，集中度进一步提升。2017年房地产销售业绩再创新高，碧桂园以5508亿元位居榜首，万科、恒大紧随其后，以5298.8亿元、5009.6亿元分列第二位和第三位，中国房企前三甲均突破5千亿元。融创、保利、绿地也跻身3000亿元阵营，而千亿元房企数量也达到17家。

与此同时，并购重组案例层出不穷，并购狂人孙宏斌接连出击，年初携150亿元以白武士之姿驰援乐视，年中以438亿元大手笔收购万达文旅项目，只是两场并购结果迥然，年底这位地产硬汉也不禁为乐视困局潸然泪下。

逐步走出万宝之争泥潭的万科出手阔绰，豪抛551亿元收购破产的广信资产包，将广州花地湾1500亩靓地收入囊中。保利重组步伐加速，保利地产整合保利置业，避免同业竞争同时又增加土储，还能冲刺业绩，一举三得。融信收购海亮，泰禾收购北科建，阳光城也接连出手，在市场四处出击。

2017年，中央公布两大国家级战略规划，分别是：粤港澳大湾区和雄安新区，一南一北，成为年度最热门区域。粤港澳大湾区比肩纽约、旧金山、东京三大世界级湾区，将会发展为世界上最发达的城市群。而雄安新区更是被提到"千年大计，国家大事"战略高度，是继深圳经济特区和上海浦东新区之后又一具有全国意义的新区。

这一年，国家加强了对商住公寓的调控，但对长租公寓来说却迎来了春天。2017年，中央九部委发文，在广州、深圳、南京、杭州、厦门等12个城市试点发展租赁市场，目前深圳等地方政府已经出台相关政策。政策利好密集出台，龙头房企竞相加码布局，银行融资大力支持，长租公寓风头一时无两。

2017年10月18日，举世瞩目的中国共产党第十九次全国代表大会在人民大会堂开幕。习近平代表第十八届中央委员会向大会做了题为《决胜全面建成小康社会　夺取新时代中国特色社会主义伟大胜利》的报告。

党的十九大报告做出了"中国特色社会主义进入新时代，我国社会主要矛盾已经转化为人民日益增长的美好生活需要和不平衡不充分的发展之间的矛盾"的重大判断，明确指出这个新时代"是全国各族人民团结奋斗、不断创造美好生活、逐步实现全体人民共同富裕的时代"，并要求"全党同志一定要永远与人民同呼吸、共命运、心连心，永远把人民对美好生活的向往作为奋斗目标"。

党的十九大报告提出的"美好生活"成为全社会广泛热议的高频词，而对于房地产行业来说，更是成为业界讨论热门话题。事实上，作为美好生活最重要的容器，房产、家居、物业行业应该能为人民实现美好生活做出卓越的贡献。因此，包括中交、碧桂园、万科、融创等多家房地产企业也竞相参与到建设美好生活的奋斗目标中来。

美好生活的提出，给转型中的房地产行业带来新的思路，加速了行业发展进程。特别是进入2018年，美好生活更是受到诸多房地产企业的重视，同时，由乐居财经发起的美好生活品牌计划也成为业界亮点。这一切，将在《中国地产四十年·2018》篇章里呈现。

中央定调"房住不炒"

对于2017年楼市，为了贯彻"房住不炒"全面落实房地产调控政策，楼市调控持续升级，几乎贯穿整个2017年。而2017年调控有三大看点：重点城市调控同步，区域联防形成合力效应；调控由限购升级为限售；商住物业列入调控范围。

首先，调控由点及面，区域联防，全力调控。2016年930调控主要集中在一线城市和二线城市等热点城市，而2017年这波调控全面由一、二线热点城市扩散到三、四线城市，从东部深入到了中西部。可以看出，本轮调控呈现新的走势，中心城市和周边城市政策同步调控，防止楼市虚火外溢，形成"合力效应"。

2017年3月17日，北京、广州两个一线城市率先祭出了调控大旗。以北京为例，提高二套首付比例、认房认贷等政策令人措手不及。随后，短短18天内北京相关部门先后出台了不下10个房地产调控措施，包括对"假离婚"的监控、对贷款发放的限制、对"商住限购"、非京籍购房需连缴个税60个月、禁止中小学与房地产商合作办学等。

广州则经历了有史以来最严厉的调控政策，接连出台"317新政""330新政"两轮新政，明确规定：将外地产人购房资格从3年社保提高到5年，而本地单身人士限购1

套。差别化房贷政策，认房又认贷。另外，一直作为广州不限购的增城、从化区域，也对开始限购。甚至市场一度吃香的公寓，也不能再卖给个人了，需要企业才能购买。

就这样，从北、上、广、深等一线城市开始，加上南京、厦门、杭州、青岛等楼市火爆的二线城市，以及合肥、西安、武汉、郑州、成都等中西部城市，还有环京、环沪、临广、临深等一线城市周边城市群，纷纷出台政策，调控同步加码，成为房地产调控主旋律。重拳之下，楼市降温立竿见影。

其次，楼市调控全面由限购向限售升级。2017年，调控最为鲜明的特征是由限购升级为限售，精准打击投资炒房需求。此前多轮调控均从购买环节进行限制，比如限制本地人购房套数、提高外地人社保年限等方式，打击炒房，减少购房需求，但仍屡禁不止。因此，2017年多个城市竞相出台限售措施，如房产证出证后两年才能转售等方式。

据克而瑞研究中心统计显示，经过2017年密集调控，国内共有46个城市相继落地限售令，其中大多数城市要求产权证要满2年或者3年以上才能上市交易。北京"317新政"中提到，企业购买的商品住房再次上市交易，需满3年及以上；厦门规定新购买住房需取得产权证后满2年方可上市交易；广州规定新购住房满2年方可转让。此后，不少城市陆续跟进，没有最严厉，只有更严厉。而石家庄、北海、三亚、泉州等城市甚至需要5年以上才能转卖。

限售主要目的是更加精准抑制投资客。要求达到规定的年限，业主才能将房屋出售或者办理转让公证手续，对于很多炒家来说，如果是买新房，一般要等1.5~2年才有可能出证，然后按规定再等2~3年。房产持有周期长达4~5年，炒楼资金周转降低，风险变大。

再者，商住物业也成为调控对象。商住物业在2017年迎来了冬天，北京、广州限定在建商办项目销售对象为法人单位。北京更是发文要求个人购买二手商办项目，需在京无房并且社保连续缴满5年。至此，商办类项目正式纳入限购范围。

这一轮政策调控席卷中国内地。中原地产研究中心统计数据显示，截至2017年12月13日，年内全国房地产调控政策发布接近110个城市与部门（县级以上），发布的调控政策次数多达270次以上。

整整一年，"限购、限贷、限售、限签、限离、限价、限商"等政策层出不穷、步步紧逼，严厉程度都是史上罕见。

土地市场沿袭了调控的气氛。从过去"竞拍地价"的土拍模式摇身一变为竞拍"自持面积或保障房面积"，再加上首创的"卖地摇号"方式，成为土拍市场上另一道亮丽的风景线。

自北京在2016年11月成交首个自持地块以来，全国多个城市先后推出租赁用地。包括北京宣布未来5年将提供1300公顷土地用于租赁，可建设约50万套租赁住房；广州宣布提供825公顷地块，建设15万套租赁住房；上海计划建设70万套租赁住房，占地1700公顷。

万科身体力行，在短短半年内拿下了5幅自持地块。2016年12月，万科和住总集团以109亿元拿下海淀永丰两幅宅地和综合用地，自持70年；2017年4月，万科以36亿元再度于广州拿下白云与黄埔两宗自持宅地，自持比例分别为50%、55%；2017年6月上旬，万科拿下佛山自持宅地，70年100%的自持比例令业界一片哗然。

尽管楼市压力重重、地市也受到限制。但这一点也不妨碍中国房地产市场又一次迎来销售的大年，2017年楼市成交额再创新高。从全国数据来看，2017年商品房销售面积共计169408万平方米，比上年增长7.7%，首次突破16亿平方米；商品房销售额133701亿元，增长13.7%，继2016年突破11万亿之后，2017年进一步迈过13万亿门槛，再次创造全新的房地产销售纪录。

2017年，随着政策持续偏紧，以及地价接连走高，"大者愈大，强者恒强"的房地产行业分化与集中度提升局面已经持续数年，而这一切，在2017年显得更为突出，一举催生了三家500亿元房企。

根据克而瑞公布行业集中度数据，选取2017年销售排行前200强房企销售业绩占国家统计局公布的全国商品房销售金额比例进行推算，TOP10房企集中度高达24.1%，TOP30房企接近40%，TOP50房企集中度提升幅度较大，提升近10.6个百分点至45.9%，而TOP100房企集中度达55.5%。

另外，从金额门槛来看，TOP30梯队房企门槛提升幅度最大达51%。TOP50房企门槛从2016年的310亿元提升23%至381亿元。从面积门槛来看，各梯队中，TOP20和TOP30房企门槛提升幅度最大，TOP20房企从2016年的647亿元提升到2017年的910亿元，而TOP30房企则由2016年的455亿元增至2017年的689亿元，分别增长42%和59%。值得注意的是，TOP100和TOP200房企的金额、面积门槛都较2016年降低，中国房地产前50强企业市场占有率持续提升，而第51~200名的房地产企业则在下降，这表明TOP200，甚至TOP100房企内部格局也在分化。

2017年大部分房企都超额完成了全年预定目标。从克而瑞发布的2017年度销售排行榜来看，除了三家突破5000亿元的房企外，突破千亿规模的房企总共有17家。而在2016年，中国房企前三甲的销售额仅3000亿元。一年间，前三甲的门槛整整提升了2000亿元，这几乎是以"宇宙第一"的速度在飞奔狂飙。

这里要重点提到的企业是碧桂园，这家堪称近年来发展最快的企业，2013年首次跻身千亿房企之列，2016年销售业绩大涨至3088.4亿元，直接由2015年的1401.6亿元猛冲进2016年的3000亿元俱乐部，一年之内接连越过两千亿、三千亿门槛，与恒大、万科并称中国房企前三甲。然而，2017年又再次接连越过四千亿、五千亿门槛，以5508亿元登顶中国房企销售排行榜首。

碧桂园狂飙突进的发展势头，与其均衡的区域布局、充足的土地储备分不开。2017年碧桂园内地项目总数达到1456个，同比增长102%，进入220个内地城市，覆盖768个区/县，布局区域十分广泛，是国内布局最均衡的房企，高覆盖率有助于抵御单个城市房地产市场的波动。同时，碧桂园在一、二、三、四线城市全面出击，并重点深耕受调控影响较少的三、四线城市。2017年，碧桂园位于三、四线城市的项目贡献了58%的销售。

此外，碧桂园在成本管控方面也颇有建树，加权融资成本下降44个基点至5.22%，创历史新低。以大规模、低价拿地，控制土地成本；采用低价快速去化、高周转以降低财务费用及销售费用；通过一体化开发，全产业链实现流水线式生产，控制生产过程成本，聚集上下游利润；采用集中式采购和ERP系统降低材料成本。因此，碧桂园通过低价策略迅速抢占市场，销售均价维持十强房企的最低水平。

至于万科，2017年终于从2015~2016年的万宝之争困局中逐步恢复过来，受股权大战冲击，已经连续第二年让冠军旁落，屈居第二名。但是5299亿元的销售业绩也是难能可贵，毕竟这也是郁亮获任万科董事长之后带领万科首次突破五千亿大关。

恒大业绩同样获得长足增长，但不同的是，2017年的恒大更注重效益。早在2016年勇夺中国房地产销售排行榜冠军之后，许家印在恒大集团2017年度工作会议上宣布，从2017年开始，将在保持规模适度增长的基础上更注重效益，实施"规模+效益"的发展战略。恒大转型之后，负债率显著降低，净利润明显提高，在中国排名前十大房企里，以高达378.73%的净利润增长率位居榜首。

除了碧桂园、万科、恒大之外，融创借助其大举收并购、充足可售货值的方式，2017年业绩同比大幅增长140.3%，以3620亿元的销售业绩排名第四位。此外，保利、绿地及中海则各自迈入3000亿元和2000亿元房企阵营。同时，龙湖、华夏幸福、华润、绿城、金地、新城、招商、旭辉、世茂、泰禾10家房企分列第八位至第十七位，业绩规模也都突破千亿。

2017年，千亿房企数量恰巧达到17家，或许是数字上的巧合，但也是体现出千亿房企数量越来越多。冲千亿成为众多中等规模房企的目标。据不完全统计，2018年明确提出冲千亿的房企有29家，包括阳光城、正荣、富力、雅居乐等已经超过800亿元的房企，距离目标仅咫尺之间，也有中梁、远洋、融信、金茂、蓝光、金科、滨江等600亿元以上规模的公司。

事实上，千亿已经成为行业一道"分水岭"，迈过去了，将在未来竞争中占一席之地，在拿地土储、融资授信、人才招聘、品牌推广等诸多领域具有优势；反之，则日渐式微，慢慢被边缘化，甚至淘汰出局。

面对白热化的竞争房企在积极求变，而"房地产+互联网"领域发展也在进行变革。在"致敬致远"2017年地产新时代盛典暨新浪乐居创新峰会上，乐居CEO贺寅宇发布了乐居2018年"新媒体、新生态、新交易"发展战略构想，通过旗下全新"智慧赋能系统"助力实现新战略落地。为房产家居企业带来更加卓越的营销效果，为购房者提供更好的购房服务。

2017年还有两大重磅国家级区域规划公布，粤港澳大湾区、雄安新区这两个时代感极强的概念横空出世，战略高度极其罕见。

2017年全国两会上，粤港澳大湾区被首次写入《政府工作报告》，正式成为国家战略。粤港澳大湾区囊括深圳、东莞、惠州、广州、佛山、肇庆、珠海、中山、江门等珠三角九市和香港、澳门两个特别行政区，是中国建设世界级城市群和参与全球竞争的重要空间载体，与美国纽约湾区、旧金山湾区和日本东京湾区比肩的世界四大湾区之一。

2017年4月1日中共中央、国务院决定设立河北雄安新区，该区域所承载的发展规划与定位，注定成为继深圳经济特区和上海浦东新区之后，又一具有全国意义的新区。

雄安新区，"千年大计、国家大事"，规划未来20年4万亿元投资，先行开发起步区面积约100平方千米，中期发展区面积约200平方千米，远期控制区面积达到2000平方千米。关于粤港澳大湾区和雄安新区两大重要战略规划我们在《中国地产四十年·2018》篇章里会有详细描述。

"房子是用来住的、不是用来炒的"，这是党的十九大强调的精神所在。"加快建立多主体供给、多渠道保障、租购并举的住房制度，让全体人民住有所居。"在这样的基调下，2017年全年再无"日光盘、地王、坐地涨价、千人排队"诸如此类的新闻报道，连海外置业热潮都开始降温。

年初，胡润研究院在2017年1月发布的《2017中国高净值客户海外置业展望》报告中指出，有接近一半的中国高净值人群将海外房地产投资作为最主要标的，他们平均拥有2.3套海外房产，且拥有4套及以上海外房产的人群占比为15.6%。从购置房产类型来看，公寓和别墅以明显的优势成为高净值人群购置最多的海外房产类型。

然而，随着国家对个人购汇用途的严控以及CRS（共同申报原则）政策的实施，海外置业的难度在与日俱增。虽然每年每人仍有5万美元个人购汇的额度，但手续烦琐严格了许多。

中国企业海外投资方面，商务部统计数据显示，2017年上半年，中国境内投资者对全球的非金融类直接投资，累计投资额481.9亿美元，同比下降45.8%。其中，房地产业对外投资同比下降82.1%，文化、体育和娱乐业对外投资同比下降82.5%。

海外市场遇冷，资本也在寻找其他出路。除了国家层面的雄安新区与粤港澳大湾区，特色小镇作为房地产行业的突围路径也被视为新"风口"之一。

出台于2016年的特色小镇方案，在2017年得到了质的飞跃。一场轰轰烈烈的"造镇"建设开干了。2017年7月27日，住建部公布第二批中国特色小镇名单，北京市怀柔区雁栖镇等276个镇认定为第二批全国特色小镇。

同年12月，住建部等四部委联合发布《关于规范推进特色小镇和特色小城镇建设的若干意见》，并提出"坚持产业建镇，防止千镇一面和房地产化"。

据了解，到2020年我国将培育1000个左右特色小镇。2018年特色小镇白皮书中提到，截至2017年12月底，TOP100房企进入比例达6成，共签约项目已经超过150个。明确提出小镇计划的房企有20多家，其中华夏幸福、华侨城、绿地等房地产企业落地项目均已超过10个。

房企在小镇项目上的布局有两大策略，以华侨城、碧桂园、蓝城等聚焦某一类产业，如旅游、科技、农业；以华夏幸福等为代表的通过产业链思维，打造主题产业小镇，例如机器人小镇等。

其中，较有代表性的是碧桂园在2016年8月发布的以"科技小镇计划"为代表的产城融合战略，主要集中在珠三角城市圈、京津冀城市圈、长三角城市圈和武汉等地。2017年8月29日，碧桂园主导的惠州潼湖科技小镇入选广东特色小镇创建工作示范点。

孙宏斌驰援乐视

中国房地产经过改革开放40年发展，各种商业大战形式层出不穷，之前《中国地产四十年》用非常大的篇幅描写万宝之争的来龙去脉，接下来将会重点报道"并购狂人"孙宏斌和融创所展开的一系列眼花缭乱收购。

关于孙宏斌，相信读者都不陌生了。回顾他的职业生涯，可谓历尽磨难，但屡败屡战，诸多挫折不仅没有将其打倒，反而令其更加强大。从清华大学天之骄子进入联想当接班人到锒铛入狱，可谓从天堂到地狱，出狱后创立顺驰风光无限再到资金链断裂被路劲收购，人生再从巅峰到谷底，尔后凭借融创东山再起，短短10年，将一间初创公司迅速发展为全国重量级房地产企业，2017年凭借3620亿元销售额位居房产排行榜第四，孙宏斌的韧性和强大在中国企业史绝对可以留下浓厚一笔。

从2014年开始，孙宏斌开始带领融创启动"并购"模式，绿城、佳兆业、雨润、融科、金科等，与姚振华被王石称为"野蛮人"不同，孙宏斌扮演的角色更像"白武士"。

"野蛮人"和"白武士"的区别在于："野蛮人"是不请自来，对原本不愿意被收购的公司发动敌意收购，当然这个概念也只是行业术语，本身没有贬义。而"白武士"则是对可能严重负债，甚至可能已经破产的公司进行善意收购，本身承受很高风险，收购完成后会重组或者合并收购标的公司。

作为"白武士"，2017年，孙宏斌继续将"并购"进行到底。而这一次的对象是万达文旅项目和乐视网，这又是两个充满故事的经典案例。

2017年1月，孙宏斌携150亿元紧急驰援乐视，斥资60.41亿元收购乐视网8.61%的股权；投入79.5亿元获得增发后乐视致新33.5%的股权；耗资10.5亿元收购乐视影业15%的股权。这几笔投资完成之后，融创成为乐视网的第二大股东，也是乐视超级电视和影业板块的重要股东。同时，派驻董事和财务人员，乐视网和乐视影业、乐视致新成为融创中国的联营公司。

从销售业绩体量上，乐视不是融创的对手，2016年，乐视网年报显示实现营业总收入219.50亿元，而同年融创全年实现营业收入353.4亿元，合同销售金额更是达到1506亿元。但融创毕竟是房地产企业，产品门槛较高，客户群较小，而乐视主营的电视、手机、影视、体育等产品和服务却在日常生活中出镜率很高，称得上是家喻户晓。因此，孙宏斌突然跨界入股乐视，引起各界轰动。而融创之所以入股乐视，还要从乐视遭遇的危机开始谈起。

乐视创始人贾跃亭，21 岁开始在山西垣曲县地方税务局担任网络技术管理员。后来下海创业，几经打拼，2004 年创建乐视网，并推出了互联网视频、影视制作与发行、智能终端、大屏应用市场、电子商务、互联网智能电动汽车等多种业务，构建起庞大的产业链生态系统。旗下公司包括乐视网、乐视致新、乐视影业、网酒网、乐视控股、乐视投资管理、乐视移动智能等多家子公司。

用贾跃亭的话来说，就是打造"生态化反"，基于视频产业、内容产业和智能终端的"平台+内容+终端+应用"完整生态系统，相较于其他视频网站的横向加法联合，乐视网的垂直产业链整合相当于乘法效应，统领上下游将产业链各节点的效能加倍释放。

"生态化反"这种听起来神乎其神的概念，其实就是生态化学反应的简称，整个模式被业界统称为"乐视模式"，其中最为人所知的包括乐视超级电视、乐视电影、乐视体育等，以及后来跟美国合作开发的智能汽车。在贾跃亭讲故事的推动下，2013 年乐视从上市时市值 50 亿元狂飙到最高 1600 亿元，成为仅次于阿里、腾讯、百度、京东，排名第五的中国互联网公司。

乐视还有个别称"会神"，被媒体誉为中国召开发布会最多的公司，几乎一年到头都在开各种产品发布会。据称，2014 年因贾跃亭滞留海外，一时传言四起，乐视网股价接连下挫，为了拯救股价，乐视接连召开名目繁多的发布会，以各种理由借机停牌，延缓股价"跌跌不休"的速度。

贾跃亭回国后，渡过危机的乐视发现召开发布会的甜头，加上贾跃亭本身是位思维跳跃且擅长演讲的创始人，因此，他所描绘的乐视生态化反模式包揽电视机、手机、汽车、自行车、体育、影业等各项业务，正好借助发布会扩大宣传，因此乐视各个板块竞相召开发布会。

翻开乐视发布会的主题，充满"超曲速、软的力量、春天的故事、玩大的、生态疯狂季、进化、王者归来、触摸未来、聚变、核爆、颠覆日"等各种夸张奇异、炫酷另类的修饰词汇。在一系列发布会的推动下，乐视网股价满血复活，通过发布会包装的新奇概念迎合了资本市场对题材的渴求，使股价疯狂飙涨，从 2014 年 12 月 23 日最低 28.2 元，冲到 2015 年 5 月 12 日最高 179.03 元（不除权），半年时间涨幅高达 535%。

然而与其他公司举办发布会纯烧钱不同，乐视发布会还会卖广告赚钱。以 2015 年 10 月 27 日乐视 4.14 超级手机发布会为例，吸引了 1700 多人媒体记者参与报道，几乎把国内主流媒体、港澳台媒体，以及大量来自亚洲、美洲、欧洲等国外媒体都邀请到现场。

能调动起如此庞大规模的媒体资源，乐视也顺势将这种影响力变现成实际收入。乐视称这是史上第一场有广告赞助的发布会，也是史上第一家举办发布会还能挣钱的公司。当时包括耐克、七匹狼、雷克萨斯等知名品牌自愿掏钱赞助，据坊间猜测该发布会广告收入预计突破 2000 万。

这种既能宣传产品，又能带动股价飙升，还能赚钱营收的行为，可谓一举三得。乐视对发布会这种形式乐此不疲，据称乐视每年举办发布会数以百计，因此乐视还被誉为"PPT 驱动型公司"。

这一切，在 2016 年达到顶点。为了实现贾跃亭"生态化反"目标，乐视马不停蹄大规模扩张，特别是在 2016 年重金投入造车神话中，更进一步加剧原本紧张的资金链。2016 年，乐视接连被爆供应链账款逾期、美国工厂停工、资金链紧张等诸多问题，宛如一部剧情跌宕起伏的连续剧，持续上演，而且愈演愈烈。

长期累积的矛盾终于迎来爆发的一刻，而贾跃亭则亲自引燃这场危机导火索。2016 年 11 月 6 日，贾跃亭向全员发布一封题为《乐视的海水与火焰：是被巨浪吞没 还是把海洋煮沸？》的内部信，在信中贾跃亭反思公司发展节奏过快导致资金不足，宣布要停止烧钱扩张。

在贾跃亭发内部信之前，金融机构尽职调查报告显示，截至 2016 年 9 月末，"乐视系"总资产约为 670 亿元，总负债为 630 亿元，2016 年前三季度实现营业收入约 400 亿元，整个体系亏损高达 97.3 亿元。其中，手机业务是最大亏损源，约亏损 56.6 亿元，占总亏损 58.17%。其次，乐视体育亏损的 26.3 亿元，占比也超过 1/4。多次高调宣传的乐视汽车亏损 13.4 亿元，这令资金紧缺中的乐视雪上加霜。

在多家媒体追踪报道下，贾跃亭的内部信很快变成公开信，此前积累的诸多问题集中爆发，2016 年四季度起，机构开始大量撤出乐视网，比 2016 年三季度末减少了 24 只。加上乐视手机的供应链厂商长期收不到钱，断货止血，并聚集到乐视公司讨债，由此乐视债务危机全面爆发。

巧合的是，在贾跃亭发公开信之际，2016 年 11 月 5 日，是长沙商学院第六期培训班五周年庆典，而贾跃亭是 2011 年培训班的一员。因此，在乐视出现严重问题艰难时刻，长江商学院参与五周年庆典的同学顺便组队参观了乐视，并表示在必要的时候愿为贾跃亭提供帮助。

2016 年 11 月 15 日，乐视控股正式确认，海澜集团、恒兴集团、宜华集团、敏华控股、鱼跃集团、绿叶集团等十几家企业的创始人、高管汇聚乐视大厦，与乐视控股达成战略投资合作，对乐视的投资总额为 6 亿美元，将分为两期，第一期 3 亿美元将在 2016 年 11 月之内到账，资金主要投向乐视汽车生态和 LeEco Global（乐视全球）。

这次投资乐视的出资方，多为贾跃亭长江商学院同学。长江商学院于 2002 年获得中国政府正式批准，由李嘉诚基金会捐资创办，是拥有独立法人资格的非营利性教育机构，会聚了中国商界的顶级大佬，包括马云、牛根生、王石、冯仑、陈鲁豫等多位知名人士均为长江商学院校友。

当然，对于乐视巨额债务，长江商学院这批"中国好同学"提供的 6 亿美元远远无法满足，在这种背景下，同为山西人的孙宏斌正式登场，上演"中国好同乡"并购续集。2017 年 1 月 13 日孙宏斌投入 150 亿元抢救乐视，这两家气质迥异的公司走到一起，并不是单纯的"白武士"情节，对于在商场摸爬滚打二十多载的孙宏斌而言，并购本质上就是一盘生意。在商言商，与此前五次并购一样，融创看中的还是乐视手里的土地。

打着互联网旗号大肆扩张的乐视，一直是地方政府招商部门的座上宾，各地竞相引入乐视洽谈合作，乐视也乐于在全国买地建楼，用于产业基地、生态城、生态产业园等项目开发。据不完全统计，乐视接连在北京、上海、深圳、重庆、天津、海口、贵阳、张家口、临汾、德清等十来个城市通过直接拿地或以产业投资等方式低价拿下土地，拥有土地已经超 25000 亩。

一家互联网公司，却拥有连很多房地产企业都难以企及的巨量土储，这令浸淫地产多年的孙宏斌垂涎不已，他曾在公开场合提道：融创在莫干山拿地不过 1000 亩，乐视轻松圈了 10000 亩。融创将会加入乐视在莫干山的汽车基地项目，共同开发汽车生态小镇。

由此可见，孙宏斌之所以愿意为贾跃亭接盘，更多的是看中乐视手里有地。然而，据孙宏斌透露，投资乐视后，也只在重庆、上海有过土地方面的合作。融创公告显示，2017年 3 月其下属公司分别以 2.2 亿元、3 亿元的代价，收购了乐视投资持有的重庆乐视界置业发展有限公司、上海隆视投资管理有限公司各 50% 股权。

融创入股之后，乐视危机并没有解除，投资的钱很快就花完了，紧接着高管集体离职，乐视电视销售猛跌，被爆出挪用易道用车资金，美国、印度等分公司裁员，数十家乐视供应商上门讨债，法拉第未来 FF91 迟迟未有进展，乐视的多重危机爆发。

2017 年 7 月 6 日，乐视网公告称，贾跃亭将辞去乐视网董事长及上市公司的一切职务，改任乐视汽车生态全球董事长，贾跃亭也发布公开信："乐视至今日之巨大挑战，我会承担全部的责任，会对乐视的员工、用户、客户和投资者尽责到底。" 2017 年 7 月下旬，贾跃亭所持乐视网股份被全部冻结。2017 年 7 月 21 日，前两天刚刚收购中国首富王健林万达文旅项目的孙宏斌，接替贾跃亭出任乐视网董事长。

掌权后，孙宏斌加快了收地步伐。2017 年 8 月 31 日，融创的公告中特别提到，融创将成为乐视系公司在房地产领域的唯一合作方，将在地产产业（包括但不限于影视产业、汽车产业、体育产业、互联网生态等方面）深度合作，同时天津嘉睿汇鑫将就乐视系的其他股份拥有优先投资权。2017 年 12 月 14 日，融创全资持有重庆乐视界，从而也将 382 亩土地储备全部收至麾下。

由于资金压力巨大，孙宏斌力劝贾跃亭变卖资产，然而贾跃亭并未听其建议。2017 年 9 月 1 日，在香港召开的融创中期业绩说明会上，出任乐视董事长才两个月的孙宏斌，已经被乐视各种难题折腾得心力交瘁。他说："连一根羽毛都不愿意失去，这是最大的问题。很遗憾的是，他处理得不坚决，你看老王（指王健林），对吧！"

在这场融创业绩会上，孙宏斌用很大篇幅解释投资乐视的原因，说到动情处，不由地哽咽："在投资乐视之后，如果不把这个公司搞好，我这辈子就真的有遗憾了。"说到此处，他当着现场几百人流泪，随后摘下眼镜捂住了眼睛，现场无不为其感动鼓掌。

然而，商战不相信眼泪，乐视泥潭越陷越深，孙宏斌也无力破局，特别是进入 2018 年，乐视各种危机迟迟未能解决，乐视影业收购终止，复牌遭遇十几轮跌停。贾跃亭股权质押爆仓，2017 年巨亏 138 亿元……在《中国地产四十年·2018》篇章里，将还会继续讲述融创和乐视未完的故事。

王健林壮士断腕

接着看看融创收购万达文旅项目的案例,融创发布公告称,2017年7月10日,与万达订立框架协议,融创收购万达13个文化旅游项目91%权益和76家酒店100%权益,代价分别为295.75亿元和335.9526亿元,总计631.7026亿元。这起高达631.7亿元的收购交易,成为2017年房地产行业最具震撼力的并购案例。

按照摩根大通发布报告显示,宝能系共投入约451亿元巨额资金收购万科25.4%股份。也就是说,那场旷日持久、轰动各界的万宝之争中,财大气粗的姚振华也就分批调动了451亿资本,而融创与万达收购案就直接把新的纪录冲至631.7亿元。因此,"白武士"孙宏斌再次成为市场主角,成为各方瞩目焦点。

事实上,作为中国首富,王健林此次抛售资产更为外界所关注。2017年可以说是万达游走于钢丝线上、风波四起、险象环生的危情一年。这一切的征兆,在2017年初就开始预警。此前在全球开启"买买买"节奏的王健林,几乎顺风顺水,先后与境外多家知名公司达成收购、入股、洽购、战略合作等多种模式。

这个名单包括全球排名第二的美国AMC影院公司、欧洲足坛传统豪强的马德里竞技足球俱乐部、享誉全球的专业体育营销公司的瑞士盈方体育传媒集团、美国著名影视制作企业的美国传奇影业、好莱坞影业公司霸主派拉蒙、美国连锁影院Carmike Cinemas、索尼影视娱乐旗下Motion Picture Group战略合作、金球奖颁奖礼制作公司Dick Clark影业、法国欧尚合作开发巴黎大型文化旅游商业综合专案、欧洲第一大院线——Odeon & UCI院线、美国终极格斗锦标赛公司……

然而,2017年伊始,万达拟斥资10亿美元收购DCP的交易破裂,主要是因为收购资金出境和监管审批方面的问题。在频繁资本运作后,万达海外资本布局扩张步伐持续加速,但也伴随跨国并购风险,资本方面的运作处理更为复杂。中央财经大学文化经济研究院院长魏鹏举认为,由于国内经济处于转型过渡期,发展预期并不乐观,如果资本大量外流,对国家金融安全将会造成影响。在这种背景下,国家也会加强对外汇资本的管制。

2017年6月22日上午,大连万达系列债券突然同步暴跌,股票方面万达电影(002739)逼近跌停,市值缩水超60亿元。与此同时,网上疯传浦发银行、工行资管、建行上海等多家机构要求其管理人清仓与大连万达相关的债券。

2017年6月22日下午,据《第一财经》报道,银监会大行监管部此前电话通知"要求提供对海航集团、安邦集团、万达集团、复星集团、浙江罗森内里投资公司的境外投资借款情况及风险分析,并重点关注所涉及并购贷款、内保外贷等跨境业务风险情况"。

传闻陡起,打了万达措手不及,导致万达在资本市场上遭遇了2017年以来规模最大

"股债双杀"。对此,万达集团紧急发布声明强调,万达集团经营一切良好,希望大家不信谣、不传谣。

随着监管层持续收紧,情境剧变,形势急转直下。面对资金链问题,王健林决断速度相当迅速,直接将万达原先有钱任性的"买买买"模式切换成火速回款的"卖卖卖"模式。率先变卖的资产,就是前文提到的万达文化旅游项目和酒店物业。

在这种背景下,地产界首屈一指的并购狂人——孙宏斌再次上演"白武士"角色。为了尽快售出手中资产,王健林几乎以成本价抛售,所有项目均按公司注册资本出售,把万达多年来从各地获取的招商优势和品牌红利尽数转手。

壮士断腕。为了回笼资金、降低负债困境,万达旗下没有非卖品,连王健林一度寄予厚望的万达文旅项目也沦为与融创交易的最重要筹码。万达甚至通过银行贷款296亿元,将钱借给融创完成这次收购,万达急售资产心态可见一斑。

只不过,631.7亿元对融创来说也不是一笔小数目,哪怕有万达借来的296亿元,对于原本也在高速扩张中的融创而言,要一口气吞下如此多的资产,还是有些吃力。更何况长期从事住宅开发的融创,真正目标是万达文旅项目背后海量的土地储备,对酒店物业并不在行。

2017年7月19日下午,这场规模空前的并购交易就要签约了。谁知,这场签约新闻发布会一波三折,接连两次推迟发布时间。更具看点的是,现场印着签约主题的背景板也连续更换了两次。

原来签约仪式定下午16点举行,按之前公告,万达将把高达632亿元的资产转让给融创,因此众多媒体前往现场,准备见证万达与融创签约仪式。然而,到了现场被通知签约仪式推后半小时举行,最早在现场等候的媒体突然发现场内背景板主题赫然写着:"万达商业·融创中国·富力地产战略合作签约仪式",富力突然加入,令众多媒体感到非常意外。

然而,这仅是开始,没多久,主办方工作人员再次通知签约仪式还要再推后一个小时,于是,这场应在16:00举行的签约仪式改到了17:30。就在等待期间,媒体又惊奇发现,场内背景板正在紧锣密鼓更换成"万达商业·融创中国战略合作签约仪式",不到一个小时内,富力又神奇消失。

专业人员表示,这种背景板最快喷绘也需要两个小时。由此可见,对于富力最终是否入局,三家似乎还未定,以至于主办方工作人员为此做了两手准备。

更具有戏剧意味的是,现场传出消息称,三位房企创始人所在的会议室传出争吵和摔杯子的声音,这个传言随即被编造成各种绘声绘色的三家争吵不休甚至怒摔杯子的情节。

下午17:30,签约仪式正式开始,进入现场的媒体再次发现,背景板又换回了"万达商业·融创中国·富力地产战略合作签约仪式"主题。在这关键时刻,富力闪亮登场,加入到这场重磅交易中。

其实,富力跟万达早就有交情,在2016年底就签约合作,计划5年投资300亿元,每年共同开发5个商业综合项目,5年共计开发25个商业综合项目。因此,万达准备转让酒店更适合的对象并不是融创而是曾经有过合作的富力。于是，万达抛售物业变成类似美国 NBA 三方交易，融创买走自己心仪的万达文旅项目，而富力则将酒店物业收入囊中。

只不过，交易跟十天前公告有所不同，现场签约价格有所调整。13 个文旅项目交易价格从十天前的 296 亿元增加到 438.44 亿元，而原来准备交易的 76 个酒店则增加 1 个，达到 77 个酒店，价格也从 336 亿元降到 199.06 亿元。此次总价 637.5 亿元，比之前万达与融创谈定 631.7 亿元的价格略高。

10 天之内，76 个酒店不仅多加了 1 个，更令媒体关心的价格也降了 137 亿元，而融创买的 13 个文旅项目数量不变，但价格则增加了 143 亿元。也就是说，富力把酒店价格压下来部分，基本转移到融创头上。王健林在现场也做了解释：富力将折价的方式获取酒店资产，价值约为 199 亿元，剩余的 100 多亿元将由融创做出补偿。

由双方交易切换成三方交易，变化的关键因素还在于资金。表面上是三方联合交易，实质上，是万达把 13 个文旅项目和 77 家酒店卖给融创，融创再将 77 家酒店打六折转手给富力，富力支付现金款。

对于万达来说，虽然迫于资金紧缺，以近乎成本价出让，但通过这轮交易，可以快速回笼 600 多亿元资金，有效清偿债务。更为重要的是，引入富力之后，万达不用再去通过银行贷款借给融创来买自己的物业，避免负债率仍居高不下。

王健林表示万达商业贷款加债券近 2000 亿元，万达商业账面现金 1000 多亿元，加本次转让收回现金 680 多亿元（含回收往来款），现金共计约 1700 亿元，万达商业计划年内清偿绝大部分银行贷款。而且，万达商业还有 1300 亿元销售物业存货，全部卖掉也可以收回几百亿元。

虽然从发布公告到签约仅 10 天 13 个万达文旅项目就涨价 143 亿元，融创似乎有点像冤大头。但孙宏斌获得梦寐以求的万达文旅项目巨量土储，而且，主要还是分布在一、二线城市建筑面积高达 5897 万平方米土地，其中，可售面积约 4973 万平方米，79% 为住宅，5% 为可售商业。剩下 16% 为自持面积，约 927 万平方米。

孙宏斌认为放弃不专业的酒店业务，留下 13 个文旅项目，融创负债水平会降低，现金流会很充足。凭借 13 个文旅项目，融创甚至可能在两年内进入房企收入前两名。同时也承担了原酒店交易对价的折让部分，是可以接受的溢价，是融创对富力接盘酒店资产的补偿，这种交易安排三方都很满意。

这场新闻发布会，最大的意外就是富力的参与，特别是会场背景板接连更换，也可以看出富力直至最后一刻才敲定达成交易。而且，作为救火队员，手握现金入局的富力颇具议价能力，要知道，十天前万达 76 家酒店要价 335.9 亿元。而签约时富力获得 77 家酒店，价格却降至 199 亿元，猛跌 40.75%，以六折价格收购万达酒店物业。

富力长期涉足商业地产，与融创不同，它本身具有经营酒店经验，在全球已开业和建设的高级酒店已有 24 家。从融创手中以六折接手 77 家万达酒店后，富力手里的酒店数量超过 100 家，一举成为全球最大的五星级酒店业主。李思廉强调，收购 77 个酒店可以帮助富力继续扩展酒店业务，实现多元化布局。

"我们是三赢！"王健林、孙宏斌和李思廉异口同声表示。万达火速回款，清偿债务，缓解监管层对万达系资金外流监管的加码，同时，实现向轻资产转型。富力低价收购万达酒店，着实是捡了个大便宜，按交易价推算，平均一个酒店才卖2.58亿元，这是成本价再打对折的连环优惠。

在拿地成本居高不下的中国市场，融创很少参加公开土地拍卖，更多的是希望并购其他房企大规模扩充土地储备，所以，这次融创收获5897万平方米土地，成功跻身中国土储前三甲，为往后实现孙跨越式发展奠定坚实基础。

签约现场，三方大佬兴致极佳，频频与媒体互动。孙宏斌现场自曝，参加发布会宣布合作内容时，是"这一辈子第一次念稿"。李思廉连叹："放眼全球，这样低价的收购机会百年难遇。"

至于此前媒体传闻争吵声、摔杯声等插曲，王健林当场辟谣，笑称大会推迟主要是打印的时间慢了一点，当时他们是在等打印机把合同打印好后签字，几个人一直谈笑风生，而且还边等边看网上直播。

虽然多交了143亿元，但孙宏斌第七次并购收获颇丰，毕竟，能一次性拿下5897万平方米的土地，这种机会可遇不可求，而且，相比绿城、佳兆业、雨润、乐视等历经反复、变数难测，万达抛售资产加速回款清偿债务的决心和魄力更为坚决，也少了很多日后不必要的风险。

深圳地铁入主万科

顺便说一声，进入2017年，万宝之争已经走到尾声，经过2015年冲突陡起以及2016年连番激战之后，在高层监管下，各方相对克制，接下来的剧情基本按照事先预设好的剧本来走。

2017年1月12日晚间，万科发公告称，万科第二大股东华润，拟将所持15.31%股份悉数转让于地方国企深圳市地铁集团有限公司，以22元/股价格协议作价约372亿元。交易完成后将意味着，持有万科股份长达17年之久、后被"宝能系"挤至第二大股东之位的华润，全面从股权纷争中正式离去。

2017年1月13日，宝能表态：欢迎深圳地铁！同时首次正式声明自己财务投资者身份。2017年1月25日，华润转让万科股权完成过户登记，深圳地铁持有万科15.31%股份，取代华润正式成为万科第二大股东。

2017年2月24日，保监会对前海人寿进行现场检查，发现前海人寿存在六项违规行为。随即对前海人寿及其董事长姚振华开出行政处罚书，前海人寿被罚80万元，前董事长姚振华撤销任职资格以及10年禁入保险业。其中，对姚振华的处罚是保监会近年来所罕见。2017年2月25日，恒大人寿被保监会限制股票投资1年。恒大人寿也迅速回应，称将坚决贯彻落实，认真整改。

华润转让股份之后，恒大也将自己手里的股权逐步转给深圳地铁。2017年3月16日，恒大先把手中持有14.07%万科股份表决权、提案权及参加股东大会的权力，委托给深圳地铁集团。2017年6月9日，恒大以292亿元转让所持全部万科股权转给深圳地铁。加上此前接盘华润的股份，深圳地铁拥有万科股份高达持股29.38%，由此超越宝能系25.4%，正式成为万科的第一大股东。至此，万科各大股东格局变为：深圳地铁29.38%、宝能系25.4%、安邦6.73%。

2017年6月30日下午2点30分，万科2016年度股东大会在深圳万科总部召开，王石作为万科董事会主席主持会议，万科董事、总裁郁亮等高层及新一届董事会候选人集体亮相，第一大股东深圳市地铁集团有限公司董事长、党委书记林茂德出席大会。宝能、安邦无人出席。

大会公布新董事会当选结果，万科管理层郁亮、王文金、张旭，深圳地铁林茂德、肖民、陈贤军，以及来自赛格集团的孙盛典获任非独立董事。另外，康典、刘姝威、吴嘉宁、李强成为独立董事。第二大股东宝能和第三大股东股东安邦并无董事当选。同时，这次会议也宣布王石不再担任万科董事。

深圳地铁董事长林茂德向宝万之争中的每一方都表达了谢意，甚至特别提到宝能。林茂德说，已就改选董事提案与宝能进行书面沟通、确认，他感谢姚振华和宝能的理解和支持。因此，投票当天，宝能还投下了赞成票。

至此，历时将近两年时间的万宝之争终于走出迷雾，只是一桩桩缠斗往事仍如潮水般不断翻涌，曾经的惊涛骇浪仍然历历在目。万科、宝能系、华润、恒大、安邦、深铁几乎所有参与过这场股权大战，甚至跟踪报道的媒体记者，仿佛还能感受到曾经激烈较量。每位参与者在多少个彻夜达旦的焦虑中度过，更有那只看不见的命运之手在时时撩动人们的心弦。

这场大战，万科找到了未来转型升级的"物业+轨道"模式。宝能系一战成名，被各地招商局奉为座上宾。恒大暗度陈仓，借道深深房回归A股。华润终结在万科与华润置业两者摇摆不定，从此全力扶持华润置业发展。深铁将万科这个优秀企业收入囊中，获益颇丰。安邦不动声色中坐实了万科第三大股东的地位，而且自始至终均未受到牵涉，这份沉稳堪称老练。

万宝之争，走到2017年，基本已经暂告一段落。这场意想不到的冲突，以迥乎异常的走势，上演中国乃至世界均始料未及的并购混战。当然，这场扑朔迷离、多方博弈、旷日持久的大戏，并未因深圳地铁入主、万科董事会换届和王石卸任而终结。

只不过，这次股东大会还是埋下两处伏笔：①宝能系未来何去何从？②刘姝威当选独立董事之后又会干什么？2018年万宝之争还将再起波澜，在《中国地产四十年·2018》篇章里，会继续详细展现。

2017年还有多起并购案例值得回味，普华永道提到一个数字值得思考。2017年上半年，中国房地产相关的并购交易总金额达到445.6亿美元（约合人民币2921亿元），同比增加78.5%；交易数量207宗，同比增加24.7%。这其中由公司主导的并购交易金额约367亿美元（约合2406亿元），同比增加68.7%。

到第三季度，明源地产研究院统计称，房企并购总金额超过900亿美元，占全部并购交易20.2%的市场份额，创房地产行业年度前3季度历史新高！

7月14日，万科携手厚朴投资、高瓴资本、中银投宣布以总价116亿美元对普洛斯进行私有化收购。借此，万科获得两个董事席位，同时一举问鼎物流地产龙头企业。

这笔交易在2018年1月22日正式告一段落。当日，普洛斯宣布从新加坡证券交易所退市，标志着私有化进程全面完成。

实际上，早在2014年5月16日，万科在签约河北廊坊项目时，就宣布学习普洛斯进军物流地产。而后万科在2015年正式成立了物流地产发展有限公司，表态将加速发展集团物流板块。如今，成为普洛斯最大股东的万科，无异于拿下了物流的天下。

然而，物流地产普遍存在的低周转、低回报问题，也成为万科百尺竿头更进一步的首要问题。

万科在2017年还花大价钱在广州做了一笔交易。6月29日，万科大笔一挥，以551亿元总价买下广信资产包，令行业惊叹不已。关于万科与广信，两个90年代地产龙头房企的故事，在《中国地产四十年·1997》便有所提及。

保利系整合地产业务

保利地产与保利置业的整合，也是2017年最大的看点之一。作为中国保利集团唯一的海外上市房企，保利置业前身是香港上市公司新海康航空投资有限公司，1993年被保利集团旗下公司保利投资收购，在2005年后改名为保利香港。此后数年间，集团陆续注入资产，并在2012年正式更名为保利置业。

2017年11月30日，保利地产宣布将以51.53亿现金收购保利集团持有的保利香港控股50%的股权，其所持有资产正是保利置业。

至此，这两个地产平台整合终于有了实质性的进展。国泰君安研究报告指出，保利置业2016年底拥有1000万平方米的待开发土储，2017年底拥有土地储备及在建项目约2000万平方米，一旦整合到保利地产A股上市公司，至少可以增加2000万平方米的待结算土储。

对于2017年刚刚迈入3000亿元阵营的保利地产来说，成功整合保利置业不仅仅可以增加现成的土地储备，还能打破同业竞争的困扰，进入更多的可拓展城市。这两点，对于宋广菊"未来三五年内，保利地产再站到前三位置"的目标大有裨益。

在2017年12月20日第二次临时股东会上，宋广菊表示："去年（2016年）收购中航、今年（2017年）整合保利置业，未来还会有更多的收购兼并大动作，助推保利地产快速发展"。

闽系的并购术，在2015年以来屡见不鲜。2017年更是将其发挥到了极致。其中，融信以28.97亿元分别受让安徽海亮房地产有限公司、宁波海亮房地产投资有限公司等55%的股权。

收购完成后，融信新增土地储备逾500万平方米，这几乎是融信2016年所获土储的一半。同时，这也意味着融信将进一步巩固原有海西以及长三角的布局，进军全国。

作为被收购对象，海亮早在2003年初就正式进入房地产行业。在2014年前后两年，海亮已经有了冲关200亿元的态势，只是近两年海亮地产业绩增长乏力。克而瑞发布的《2017年度中国房地产企业销售TOP200》中，海亮地产全年销售额近62.1亿元，名列第175位。

同样闽系出身的泰禾，同年收购了北科建集团23.32%股权，成为合作伙伴北科建集团的第二大股东。广发证券的研究报告显示，截至2017年第三季度，泰禾通过4次招拍挂以及29个收购项目，大量补充土地资源，新增土地储备683.9万平方米，计容建面938.3万平方米，合计投入金额444.1亿元。

尝到并购甜头的泰禾近一两年内已经很少出现在招拍挂市场。泰禾董事长黄其森更是坦称，2016年泰禾获得土地储备的80%都是由收购并购所得。

并购带来的好处非常显著。根据克而瑞发布的《2017年度中国房地产企业销售TOP200》中，泰禾首次跨越千亿房企门槛，以1007.2亿元的成绩排在第17位。

阳光城也是并购大军中的佼佼者。阳光城先后收购佛山禅城区绿岛湖壹号项目、上海静安寺商圈君御豪庭项目、北京密云区君山别墅项目、武汉中华城项目、成都半山艾马仕等优质资源。成功被市场誉为继融创、恒大之后的又一个"并购王"。

按阳光城执行董事长朱荣斌的想法，未来阳光城将是以"3+1+X"（长三角、京津冀、珠三角+大福建+战略城市）为根据地，在此基础上再向周边三、四线城市渗透。

毋庸置疑，这场以并购为旗号的新一轮规模大战已经打响。"大鱼吃小鱼"已经成为房地产行业主流的当下，并购重组将成为未来几年的关键词。

面对调控频出、动荡反转的市场，房企铆足了劲找钱、买地、卖房。于是，在2017年，高管离职变动、企业收并购等事件屡见不鲜。

前文刚刚提到的阳光城，在2017年经历一场管理层大换血。2017年1月，碧桂园前CFO吴建斌从碧桂园离职，5月转战阳光城，担任执行副总裁一职。2017年5月，前碧桂园联席总裁兼执行董事朱荣斌也离开碧桂园，6月同样加盟阳光城，就职执行董事长。除此之外，曾任世茂房地产副总裁、执行董事阚乃桂于2017年10月加入阳光城，出任执行副总裁。

值得注意的是，朱荣斌、吴建斌、阚乃桂均来自中海系。中海，这家改革开放之初就在香港房地产市场打磨历练的团队，一直是中国房地产行业的标杆企业，早年万科就专门制订过"海盗计划",专门引进中海人才。此番阳光城三名核心高管,更是打着中海烙印。朱荣斌也将全面统筹公司管理工作,着眼于战略布局。吴建斌负责财务、金融、法律、信息化等方面。阚乃桂则执掌分管集团营运管理中心、合约管理中心和工程及酒店管理中心。

公开媒体报道,这家离千亿军团只差临门一脚的闽系房企,自2015年开始便走上了发展的"快车道",全国各地都能看到阳光城并购的身影。最巅峰的时候,2016年阳光城并购土储面积达到835.9万平方米,在新增土储中占比超过85%。

新官上任三把火。按吴建斌提出的设想,2018~2020年阳光城的销售目标将分别为1500亿元、2500亿元和3500亿元。让我们拭目以待。

原红星商业总裁李嘉于2017年4月6日,在他的朋友圈透露已经辞去红星商业总裁职务,并回归万达商管集团。

这位早年于2009年便加盟万达集团的商业精英,在3年内实现了从项目总到区域总再到集团运营副总的跳跃。到2014年,李嘉决意换一个工作环境,于是转投上海红星美凯龙商业管理有限公司,担任总经理,负责爱琴海购物公园在全国的拓展以及商管公司的运营发展。三年过去,李嘉再次回归刚成立不久的万达商管集团。

保利余英转投宝能麾下,也称得上2017年的大事之一。这位活跃在地产圈的营销老手,2007年加入保利地产,担任保利地产集团副总经理、华中华南片区董事长。曾经,他带领广东保利团队业绩从50亿元、80亿元、100亿元翻番到150亿元、200亿元、300亿元、500亿元。其中,广州区域连续多年保持市场销冠位置。

十年保利,余英头顶的光环多多。2017年11月14日,深圳市宝能投资集团有限公司发布的一则任命通知显示,余英正式被任命为宝能投资集团高级副总裁、宝能地产总裁、宝能城市发展集团总裁。

同年出走老东家的还有来自龙湖地产的袁春,他被誉为最有可能晋升CEO之位的副总裁,继颜建国离职赴任中海后,袁春也找到了另一个合乎自己心意的老板——鸿坤董事长赵彬。

这并不是一家财大气粗的企业。在刚刚过去的2017年,鸿坤集团才完成了200亿元的销售额。对于早已迈入房企TOP10阵营的龙湖地产来说,不是一个量级。

赵彬有"四个千亿"的目标:到2023年,鸿坤将实现开发销售、产业投资、基金管理规模分别达到千亿元。如今,接过指挥棒的袁春,将率先从哪一个板块开始发力,是市场关注的焦点。

明星经理人陈凯,2017年赴任中南置地董事长。这位出生于1969年的地产老江湖,是一名理科男。他毕业于浙江大学建筑系,取得工程硕士学位,建筑科班的出身对其日后的崭露头角大有裨益。

从华润分公司老总、龙湖执董、到复星地产总裁、阳光城总裁,再到如今的中南置地董事长,陈凯的跳跃节奏每一步都堪称"教科书"。

真正让他大放异彩的还是阳光城。2012年,陈凯进入阳光城之后,阳光城的销售直线上升，三年时间销售规模从 20 亿元迅速增长至 200 亿元，增长近 10 倍。

如今，身为中南置地董事长的陈凯正在带领企业走向一个新的台阶。这家有着"在 2020 年前跻身行业前十"这一目标的企业，究竟是不是陈凯下一个地产界传说，令人期待。

地产江湖，人事沉浮。事实上，职业经理人一直是推动行业发展的重要力量，在行业发展的数十年里，起到不可磨灭的贡献。为了表彰这批人士，2017 年一场历时近半年的评选活动在中国地产、家居、物业三大行业同步启动。

2017 年 12 月 12 日，由新浪财经、乐居控股、中房研协、上海证券报、中国企业家杂志联合主办的"致敬致远"2017 地产新时代盛典，在北京雁栖湖国际会展中心隆重召开。盛典现场，邀请了地产、家居、物业三大行业的塔尖人物齐聚一堂，共同回顾业界从改革开放以来的发展历程。见证备受业界关注的"2017 中国十大地产年度 CEO/2017 中国百强地产经理人""2017 中国家居十大产业人物/2017 中国家居品牌经理人 100 强""2017 中国十大物业 CEO/2017 中国物业经理人百强"评选榜单最终荣耀揭晓。

其中，中国恒大集团董事局副主席、总裁夏海钧，碧桂园执行董事、总裁莫斌，万科集团董事会主席、首席执行官郁亮，融创中国执行董事、行政总裁汪孟德，保利地产董事、总经理刘平，中海发展董事局主席、行政总裁颜建国，龙湖集团执行董事、首席执行官邵明晓，旭辉控股执行董事、行政总裁林峰，中粮集团副总裁、中粮地产董事长、大悦城地产董事长周政，中国金茂执行董事、首席执行官李从瑞，共同荣膺 2017 中国十大地产年度 CEO 大奖。

中国房地产业协会会长刘志峰出席了本次活动，他表示 CEO 和职业经理人是房地产行业的重要人才，是行业的佼佼者。当前，中国进入社会主义进入新时代，房地产行业转变发展方式，提高产品质量的关键时期，大家面临任务很重、担子也很重。人们对美好生活的需求日益增强，本次评选旨在挖掘行业优秀的经理人，为腾飞中的房产、家居和物业加强专业人才库建设，为行业的可持续发展奠定坚实基础。

长租公寓风起时

前文提到，2017 年长租公寓的风口已经来临。自 1998 年住房制度改革以来，中国房地产行业经历了狂飙猛进的 20 年。随着房价一路上扬、城市流动人口规模不断扩大，如何解决这一庞大人群的居住需求成为了重中之重。

克而瑞 2017 年度中国租赁住宅行业白皮书提到，当前全国租赁人口已达 1.89 亿人，租赁市场总规模已达 1.6 万亿元，其中一、二线城市占比合计超五成。而据初步统计，我国规模化住房租赁企业市场份额只占 2% 左右，相较于发达国家成熟市场 20%~30% 的比例，差距非常大。对标国际成熟城市，中国的租赁市场仅仅处于起步阶段，未来发展空间无比广阔。

从政策层面来看，早在2015年1月住建部就曾经发表《加快培育和发展住房租赁市场的指导意见》，这一意见到了2016年正式进入政府工作报告中。

2017年5月19日，住建部就《住房租赁和销售管理条例（征求意见稿）》公开征求意见；两个月后，住建部等九部委发布《关于在人口净流入的大中城市加快发展住房租赁市场的通知》，要求大中城市加快发展住房租赁市场，并把广州、深圳、南京、杭州、厦门、武汉、成都、沈阳、合肥、郑州、佛山、肇庆12个城市列为首批试点。

距离公布试点城市不到一周时间，住建部有关负责人在2017年7月26日接受采访时表示将立法明确租售同权；2017年8月28日，国土部与住建部共同印发《利用集体建设用地建设租赁住房试点方案》，根据地方自愿的原则，确定第一批在北京等13个城市开展利用集体建设用地建设租赁住房试点。

一时间，上至中央下到地方都出台了大量租房新政。包括广州市政府办公厅印发的《广州市加快发展住房租赁市场工作方案》提出租房人子女可就近入学；还有上海发布的《上海市住房发展"十三五"规划》，大幅增加了租赁住宅的土地供应，等等。

随着政策利好，住房租赁市场自然成为"香饽饽"。最早涉足该领域的大多数是以"魔方公寓、'YOU+'国际社区"这类轻资产运营公司或互联网创业公司。他们以风投为资金来源，在克而瑞2017年度中国租赁住宅行业白皮书中提到，2014~2016年，公寓行业共录得53笔融资，其中以华平投资领投的魔方公寓B轮融资为代表，融资总金额近2亿美元。

不过，华菁证券认为虽然目前创业背景的长租公寓参与者数量最多，但与其他市场参与者相比而言，他们在资源端和资金端都没有先发优势。然而，凭借创业经营思路和灵活方式，通常能在一个细分子领域中实现超速跨越。

"YOU+"创始人刘洋的忧患意识很足。他曾经公开表示，全球都没有YOU+这样的模式，"YOU+"每天都在探索新的路径，前面根本没有人走过，所以YOU+才要更加小心。未来要实现"让100万年轻人生活在YOU+的旗帜下"。

除了创业类型的公寓商，目前国内活跃在长租公寓市场的玩家主要还有三类：以世联红璞、链家自如为代表的中介类；以城家、窝趣为代表的酒店类；还有开发商类型。

酒店类背景的公寓商如华住的城家公寓、铂涛的窝趣公寓等，他们显而易见的优势集中在管理与运营经验方面。以铂涛为例，早在2015年5月就爆出正式进入长租公寓行业的消息，成为公寓行业首个吃连锁加盟"螃蟹"的品牌，采用直营、连锁加盟相结合的模式抢占市场。

中介背景的公寓机构目前包括链家的自如、我爱我家的相寓，等等。华菁证券指出，他们主要由租赁中介业务延展而来，有天然的客源和分散式房源获取渠道。不过中介背景的公寓商最大挑战来自运营。

实际上，到2016年前后，一些标杆房企不断加码长租公寓市场。其中一种是自营类，单独成立长租公寓品牌。开发商代表机构主要有碧桂园 BIG + 碧家国际社区、万科泊寓、招商壹栈、龙湖冠寓、旭辉领寓、佳兆业寓享空间等。

另一种以保利、绿城、阳光城、复星为代表的和专业长租公寓运营公司合作模式。也就是房企提供房源，运营公司提供运营、管理等专业服务。包括目前保利地产成都公司与四川优客逸家进行合作，联手打造的"UOKO 公寓"；以及阳光城选择寓见公寓合作打造的项目。

看起来殊途同归，但两者投入的精力不可同日而语。以万科为例，早在 2015 年，万科就单独成立了租赁公寓业务部发展长租公寓，推出品牌"万科驿"，随后在广州、厦门、上海、西安、重庆等 10 余个重点城市落地了长租公寓项目。

2016 年，"万科驿"正式更名为"泊寓"。根据万科披露，泊寓计划至 2018 年拓展 45 万间房源，预计年租金收入 94 亿元。未来目标则是计划提供 100 万套公寓，年收入达到 155 亿元，为一半以上城市新进入者提供长期租住空间及服务。

相较于万科泊寓的全国"开花"，龙湖和旭辉主要集中在长三角区域布局。其中，龙湖在 2016 年 8 月的中期业绩会上，董事长吴亚军宣布推出长租公寓"冠寓"品牌。不到半年，龙湖冠寓就先后在成都和重庆落子。

据龙湖长租公寓负责人韩石透露，目前已布局 16 座城市，开业 12 家门店。力争用三年时间，跻身中国长租公寓市场前列。

克而瑞披露的报告指出，旭辉领寓目前已有上海、苏州、杭州、南京等地的 20 多个项目正在筹建中，规模超过 2 万间，有希望五年内达到 20 万间规模，未来完成国际化布局并进行 IPO 上市。

碧桂园属于后来居上的类型。万科、龙湖、旭辉在长租公寓领域玩得不亦乐乎之际，碧桂园给出了 100 万套的"小目标"。

2017 年 12 月 20 日，在首届中国住房租赁高峰论坛上，碧桂园发布其长租公寓品牌——BIG + 碧家国际社区，并宣布其 3 年内建设 100 万套长租公寓，其中 40 万自主开发，60 万靠创新模式拓展。

同时，碧桂园提出将联合居住、物业、金融、商娱、健康等领域 20 个行业 500 家供应商，共同打造"BIG +"寓乐圈。除此之外，在论坛现场，碧桂园也与美的、OFO 等三十余家企业签订战略合作。

作为首家跨越五千亿门槛的龙头房企，碧桂园也带来了长租公寓市场的合作新模式，积极与金融机构探索银企合作的新路径。

早在 2017 年 10 月 30 日，碧桂园便与中信银行成立 300 亿元长租住宅保障基金，共同发力"租购并举"。后于 11 月 3 日，碧桂园又在深圳与建设银行达成融资合作。

群雄逐鹿。无论是"鸡肋变鸡腿"的物业行业，还是全新的长租公寓领域，这注定是一场不会轻松的战争。现已加入战局还有招商蛇口推出的"壹栈""壹间"和"壹棠"三大系列产品；佳兆业推出的寓享空间；远洋打造的精英白领社区邦舍 Boonself。

只有想不到，没有做不到。2017 年，阿里巴巴与京东双双进军房地产，首选的发力点便是房屋租赁市场。

2017年8月9日，杭州市房管局和阿里巴巴集团旗下创新业务事业部、蚂蚁金服集团旗下芝麻信用达成战略合作，打造全国首个"智慧住房租赁平台"，把公共租赁住房、长租公寓、开发企业自持房源、中介居间代理房源、个人出租房源全部纳入平台管理。两个月后，支付宝宣布，租房全部免押金。目前，上海、北京、深圳、杭州、南京、成都、西安、郑州8个城市已经率先推广信用租房。

2017年10月20日，京东旗下全资控股的北京京东尚科信息技术有限公司中选北京住房租赁监管平台技术合作项目。这一举措被市场解读为涉足房屋租赁市场的信号。四天后，京东于24日在北京宣布房地产业务上线。目前，京东房产频道业务只有新房买卖一项，仅在京东APP上推出。

人生赢家郑渊洁

2017年1月15日，著名童话作家郑渊洁的父亲郑洪升在自己的微信公众号上讲述了郑渊洁买房的故事。

20世纪八九十年代，郑渊洁创造包括《魔方大厦》《舒克贝塔》《鲁西西系列》《皮皮鲁日记》等脍炙人口的童话作品，受到广大小朋友的追捧。因此，经常收到大量小读者来信，以至于北京市邮局还专门设立了郑渊洁邮箱。最多的时候，每天的小读者来信数以千计，郑渊洁还因此请了4名助理帮忙拆信和归纳。

对于这些来自祖国大江南北的小朋友信件，郑渊洁非常珍惜，不舍得丢弃。郑渊洁认为，这些信绝对不能丢，一是小读者信任我，才给我写真情实感的信，我必须善待。二是给我写信的小读者会有未来的大科学家、大作家、国家领导人，我珍藏着这些信，将来可以拍卖啊。

因此，为了存放这些信件，郑渊洁在北京买了10套房子，当时每平方米才1400元，在现在看来，这个房价简直便宜得不要不要的！有网友做了推算，假设郑渊洁1987年买房，每套房子按50平方米计，当时买房的成本为70万元，以2017年北京房价均价6.6万元/平方米计算，这10套房子至少达到3300万元。

虽然说房产帮郑渊洁身家涨了不少，但实际上，郑渊洁最大的财富来源于自己的奋斗。作为最早一批作家红人，郑渊洁在1985年就创办了一份属于自己的刊物《童话大王》，并坚持创作多年。时至今日，《童话大王》总计出版高达1.8亿册，创造了童话读物纪录。此外，郑渊洁笔下塑造的皮皮鲁、鲁西西、舒克和贝塔等经典童话人物，更是陪伴了一代代读者童年成长。

2009年，郑渊洁便以2000万版税，力压知名作家郭敬明，跃居中国作家富豪榜榜首。2011年,在联合国评选出的世界十大图书榜单中,郑渊洁成名作《皮皮鲁总动员》和《哈利波特》同列第4名。2012年,郑渊洁再度登顶中国作家富豪榜第一人宝座,年度版税高达2600万元。

在郑渊洁的儿子郑亚旗运营下,郑渊洁创作的多个童话形象IP获得丰厚回报,其中仅卖"皮皮鲁"这个IP的衍生品年收1.5亿元,以至于郑渊洁也不得不感叹:"是儿子让我变成了富一代"。正所谓"上阵父子兵",父亲努力写作,儿子精通运营,有这样奋斗组合,其实就算没有房产升值,郑渊洁也一样堪称人生赢家。

2018 年：

40 载峥嵘岁月　走向美好生活

2018 年如期而至。在改革开放 40 周年里，世界经济风云再起，尤其以美国总统特朗普发起的中美贸易大战更是让中国经济承受巨大的挑战。然而，中国经济历经改革开放 40 年来的考验与洗礼，已经逐步成长壮大，不仅承压能力日益提升，而且引领全球经济走向新纪元。

从贫穷到富强，从落后到繁荣，国家强大，经济腾飞，房地产行业功不可没。四十年时光荏苒，纵使风云变幻，房地产行业始终是国民经济重要支柱，更是为提升人民生活水平贡献力量。

2018 年上半年，国家统计局数据显示，中国国内生产总值为 418961 亿元，同比增长 6.8%。而全国房地产开发投资 55531 亿元，同比名义增长 9.7%。其中，住宅投资 38990 亿元，增长 13.6%，增速回落 0.6 个百分点。住宅投资占房地产开发投资的比重为 70.2%。

2018 年上半年，全国楼市卖了 6.69 万亿元，增长 13.2%。其中，住宅销售额增长 14.8%，办公楼销售额下降 3.2%，商业营业用房销售额增长 5.7%；商品房销售面积 77143 万平方米，同比增长 3.3%。

从整体数据来看，房地产行业对经济支持作用仍较为明显。但作为国民经济重要组成部分，房地产行业保持平稳发展，是 2018 年调控的宗旨。中央进一步强调"房子是用来住的，不是用来炒的"功能定位，各地也继续加紧调控，促进房地产市场理性健康发展。

2018 年上半年，楼市调控政策累计高达 192 次，远远超出 2017 年上半年的 116 次调控，几乎增长了 65%。仅在 6 月，全国就有超过 25 个城市发布调控政策，累计房地产调控政策内容多达 32 次，从哈尔滨到海南，从北京到天津，从杭州到武汉，从长沙到西安，囊括东西南北中，覆盖面极广。

2018 年，央行接连降准。2018 年 10 月 7 日，央行宣布从 10 月 15 日起，下调大型商业银行、股份制商业银行、城市商业银行、非县域农村商业银行、外资银行人民币存款准备金率 1 个百分点，当日到期的中期借贷便利（MLF）不再续做。

截止到 2018 年 10 月 15 日，央行已经接连四次下调存款准备金率，此前 1 月 25 日、4 月 25 日、7 月 5 日分别进行降准。中国人民银行强调，将继续实施稳健中性的货币政策，不搞大水漫灌，注重定向调控，保持流动性合理充裕，引导货币信贷和社会融资规模合理增长，为高质量发展和供给侧结构性改革营造适宜的货币金融环境。

房贷利率方面，2018 年以来持续走高。截至 2018 年 7 月，全国首套房贷款平均利率为 5.67%，相当于基准利率的 1.157 倍，环比上升 0.53%，同比上升 13.63%。自 2017 年 1 月起，全国首套房贷款平均利率已经连续 19 个月上升。

中国人民银行公布数据显示，从房地产贷款来看，2018 年 6 月末，人民币房地产贷款余额 35.78 万亿元，同比增长 20.4%，增速比上年末回落 0.5 个百分点，上半年增加 3.54 万亿元，占同期各项贷款增量的比重比 2017 年占比水平低 1.9 个百分点。值得注意的是，2018 年上半年个人住房贷款增速也有所回落，贷款余额 23.84 万亿元，同比增长 18.6%，增速比上年末回落 3.6 个百分点。

数据同时显示，房地产开发贷款余额 9.63 万亿元，同比增长 24.1%，增速比上年末高 7 个百分点，其中保障性住房开发贷款余额 4.08 万亿元，同比增长 37.4%，增速比上年末高 4.8 个百分点。这也体现了调控对房地产贷款差别化政策，特别是在保障性住房方面支持力度较大，贷款额获得迅猛增长。

从中央、地方颁布的政策来看，调控"稳"字当先，房地产行业在因城施策的背景下，楼市销售额实现新的突破。与此同时，房地产行业历经数十年发展，行业集中度进一步提高。尤其是强者恒强，龙头房企逆市上行、快速增长，房地产行业集中程度正加速攀升。

从 1978 年改革开放，到 2004 年合生创展成为首家破百亿房企，跨越了 26 年；从百亿到 2010 年万科将房地产行业带入千亿时代，经历了 6 年；从千亿到 2014 年万科、绿地双双破两千亿元大关，又过了 4 年；从两千亿元，到 2016 年恒大、万科和碧桂园三强联手超过三千亿元，只用了 2 年；而从三千亿元，到 2017 年碧桂园、万科和恒大三甲再次携手破五千，仅 1 年时间。

而从五千亿元到万亿元，似乎也近在眼前。2018 年上半年，碧桂园销售额突破 4000 亿元，恒大、万科紧随其后突破 3000 亿元，规模房企的实力正全面增强。可以看到，前 6 个月第一梯队的房企三强总销售额已突破 1 万亿元，而去年达到这个数需要 8 个月。

其中，碧桂园 2018 年上半年共实现合同销售金额约 4124.9 亿元，领先第二名万科及第三名恒大一千亿元，稳坐行业大哥的位置。2018 年以来，碧桂园平均每月销售额达 500 亿元以上，这个数字早已超过大部分房企一年的销售额。尤其是 2018 年 6 月碧桂园销售额更是高达 778.1 亿元，再创单月成绩纪录。

2018 年 7 月 10 日，2018 年度《财富》中国 500 强企业排行榜发布。房地产仍然是中国经济的支柱行业，从榜单数据看，2018 年的中国 500 强榜单共有房地产企业 55 家，房企上榜公司数量占比连续第二年超过 10%，上榜公司数量居各行业首位。房地产企业中，恒大表现最好，以 3110.2 亿元的营业收入位列榜单第 22，较去年上升 7 位。其次是万科与碧桂园，分别名列 31 位、36 位。

2018 年 7 月 19 日，2018 年度《财富》世界 500 强企业排行榜发布。中国公司在各项指标榜单均位列前茅，在上榜公司数量上，中国公司占到 120 家，距离榜首美国 126 家已经近在咫尺，而将第三位日本 52 家远远甩在后面。有个特别现象是，跻身全球 500 强的房地产企业全部来自中国。包括中国房地产销售业绩领先的恒大、万科、碧桂园、绿地等房地产开发商均入围榜单，除此之外，中国华润有限公司、中粮集团、中国保利、招商局等多家企业也含有房地产业务。

颇受关注的房地产税法在 2018 年又有了新进展，房地产税法的立法工作由全国人大常委会预算工作委员会和财政部负责。2018 年 3 月，财政部有关负责人在十三届全国人大一次会议记者会上透露，全国人大常委会预工委、财政部以及其他有关方面正在抓紧起草和完善房地产税法草案。

2018 年 9 月 7 日，十三届全国人大常委会立法规划中，包括房地产税法在内的 11 部税法拟在本届人大常委会任期内提请审议。此举向外界释放出了房地产税法目前进展情况。

2018 年的故事，除了万亿市场与"房住不炒"，还有很多很多。这一年，改革开放走过了四十个年头。人生可称不惑，国家可见枯荣。

深圳"二次房改"

"房住不炒"，依然是 2018 年调控总基调。从"四限"政策来看，上半年限贷政策、限价政策仍然易紧难松；限购、限售城市再扩容，大连、沈阳、太原等市相继落地限购令，成都、青岛、三亚等市先后升级限购；兰州、长春、大连等多市相继落地限售令，甚至下沉到阜南、景洪这类县级市。

作为中国楼市先锋军，深圳在本年度调控中，再次冲到最前线。2018 年 3 月，深圳二手房交易启动"三价合一"新政，成交价、评估价、网签价三种价格都统一，即"银行评估价＝实际成交价＝网签备案价"。此举旨在重点弥补"阴阳合同"操作漏洞，压缩高杠杆投资投机炒房空间，落实差别化住房信贷政策执行。

紧接着，在 2018 年 6 月，被视为深圳历史上仅次于第一次房改的重要文件出台，媒体甚至称此次楼市调控文件为深圳第二次房改。该文件旨在重塑整个住房供应体系，确立租购并举下，各类住房改革的硬性供应指标。计划到 2035 年，深圳将筹集建设各类住房 170 万套，其中人才住房、安居型商品房和公共租赁住房总量不少于 100 万套。

深圳住房制度改革文件还提出，商品房与政策房比例为 4∶6。其中，市场商品住房占住房供应总量的 40%，而人才住房、安居型商品房、公共租赁住房三类政策保障住房各占20%。政策保障住房总比例达到60%，虽然没有新加坡80%保障住房比例高，但已经超过香港50%保障住房占比。

深圳除房改之外，"摇号买房"当之无愧名列各界关注前茅。其中，深圳的"5千万蹲"远近驰名。2018年5月30日，深圳限价后首个政府监管公开摇号的项目——双玺时光道，正式启动公证摇号的开盘方式。167套，建筑面积205～424平方米，5000万元的房款，现场需要缴纳500万元诚意金。然而最后到场的客户达到666个号，中签率25%。

据南方都市报、中国基金报、新浪乐居等多家媒体记者追踪报道提到，深圳楼市在限价调控下，新房与二手房价格倒挂，同区域新房比二手房价格便宜很多，与此同时，购房群体远大于房源数量，因此，每当有新房源推出，往往市场呈现一房难求的现象。网络上广为流传一个段子称：在俺们老家，能够拿出5000万元，都是人中龙凤，出则前呼后拥，入则高朋满座。而在深圳人山人海的销售中心，也只能找个角落蹲一下，等待摇号。"5千万蹲"这个充满画面感的叫法，也因此传遍中国，成为中国楼市又一独特景观。

不到一个月，深圳又再次创造出全民话题。2018年6月21日，华润城润府三期发布销售公示方案，通过采用"诚意登记""公证摇取选房顺序号"，线下"公证选房"的方式对外销售。华润城三期只有741套房子，共诚意登记6776人，光是认筹准备工作就成为多家媒体头条。

"先在网上诚意登记，然后准备200万元现金放中国银行卡，打印征信报告，房产登记中心打印房产证明，离婚证结婚证。"由于限价出售，华润城润府三期新房与此前已开盘的一期二期以及周边二手房在价格上倒挂。根据深圳房地产信息网数据，华润城润府三期均价为8.55万元/平方米，但链家的成交数据显示，一期的二手房成交价已达10万～11万元/平方米。

有当地媒体报道称，为了认筹华润城，打印无房证明排队5千米、大雨中婚姻登记处排队离婚买房成了再也正常不过的大事。对此，2018年6月22日深圳市规划国土委南山管理局特地出来辟谣称：发现有自媒体发文传播"打印无房证明排队5千米""婚姻登记处排队离婚买房"等信息，涉嫌通过恶意夸大或歪曲事实扰乱我市房地产市场秩序。

实际上，这场摇号买房始于2017年5月，在上海宣布实施，接着在南京、长沙、成都、武汉、杭州、西安等二线省会城市也宣布采用。新开盘的商品住房采取由公证机构主持的摇号方式公开销售，并且严格落实购房实名制，不得以任何名义收取价外价。

比如深圳海上世界双玺花园要求购房者先打500万元意向金。杭州的柳岸晓风要求购房者将意向金存入开发商指定的银行账户，首套房用户存款金额为500万元，二套房1000万元，一次性付款用户存款金额为1700万元。

房价居高不下，房租也开始过来凑热闹。据中国房价行情网数据统计，2018年成都、深圳、重庆三地房租同比上年涨幅分别达到30.98%、29.68%、26.44%。诸葛找房数据显示，2016年至2018年4月，北京租房均价大体在70～80元/月/平方米波动，但在2018年7月租金涨至90.12元/平方米，同比上涨25.8%。中国房地产测评中心发布的《2018年8月中国城市租赁价格指数报告》显示，北京、深圳的租赁价格指数同比持续上涨态势已经超过了20个月。虽然各方数据均有不同，但都体现出中国大中城市租金进入2018年后上涨势头明显。

2018年8月17日，针对房租大涨，原我爱我家副总裁胡景晖在会议中表示，自如、蛋壳公寓等长租公寓运营商，为了扩大规模，以高于市场正常价格的20%~40%争抢房源，人为抬高收房价格，此外，这些长租公寓重装修、"N+1"出租模式加剧了租房价格上涨。此后，胡景晖在个人媒体会上声称："长租公寓爆仓，一定比P2P爆雷更厉害"。同时，建议迅速建立全国房租指导价机制，防止异常交易哄抬价格。

胡景晖的言论引起监管部门高度重视，北京市住建委约谈自如、相寓、蛋壳公寓等主要住房租赁企业负责人，明确不得恶性竞争抢占房源。否则，一经查实，将从严处罚、联合惩戒。自如也发布声明表示进行深刻自查。房价在控，那租金是否也应该进行调控也成为新的讨论话题。

胡景晖提到的长租公寓爆仓来得比想象中还快，杭州一家名为鼎家网络科技有限公司长租公寓公司宣布破产，约4000户租户蒙受损失，多数还被房东赶出公寓。

鼎家长租公寓经营模式是通过租户进行网络贷款，一次性付1年的租金，分12期还款。而贷款都被鼎家拿走，然后，鼎家再逐月或者逐季支付房东租金，鼎家把截留剩余租金去租更多的房子。这实际上就是借助网络贷款进行杠杆操作，可以快速扩充房源。但也存在巨大风险，一旦长租公寓运营商资金链出现问题，无法继续支付房东租金，就会发生房东驱赶租户的纠纷。

2018年，在租金上涨话题传得沸沸扬扬之际，共有产权房也加速推进，受到市场广泛关注。共有产权房是指中低收入住房困难家庭购房时，可按个人与政府的出资比例，共同拥有房屋产权。房屋产权可由政府和市民平分，市民可向政府"赎回"产权。

2007年起，共有产权房在江苏省淮安市进行试点；2012年起在上海、贵州等地得到推广；2017年后在北京房地产市场所占的比例逐步提高。

2018年7月20日，北京市住房和城乡建设委员会正式发布《关于优化住房支持政策服务保障人才发展的意见》。北京市住建委指出，将"产城融合、职住平衡，租购并举、以租为主"的原则，在就业创业人才聚集区域布局，筹集房源就近解决人才居住需求，聚焦符合条件人才的职住平衡。以配租公共租赁住房为主，配售共有产权住房、发放人才租房补贴为辅，按照尽力而为、量力而行的原则，对符合条件的人才给予住房支持。

《意见》强调，共有产权住房购房人原则上不得出租，确需出租的，应征得代持机构同意。购房人取得不动产权证未满5年，因特殊原因确需转让的，由代持机构按规定价格回购。购房人取得不动产权证满5年的，可通过市级交换服务平台面向本区或园区符合购买条件的人才家庭出售。房屋产权性质仍为"共有产权住房"，产权份额比例不变。

我爱我家研究院统计数据显示，今年上半年，北京市新房成交均价为43198元/平方米，比去年下半年降了5.84%，成交量也较去年下半年跌了23.34%。共有产权住房在新房供应中所占比例逐渐加大，拉低了新房成交价格。

作为广东省5个共有产权住房政策探索试点城市之一，佛山市于2018年6月26日公布住房和城乡建设管理局发布《佛山市开展共有产权住房政策探索试点工作方案（征求意见稿）》，明确指出共有产权房售价将低于市场价10%～20%！其中，个人出资不低于60%。

除佛山外，广州、珠海也已先后落实共有产权住房试点工作。其中，广州首个共有产权住房试点项目为南沙首筑花园，计划年内接受申购。

2018年7月12日，备受关注的棚改政策得到了住建部的表态。住建部表示，接下来要加快建设续建项目，加大棚改配套基础设施建设力度，努力做到配套基础设施建设与棚改安置住房同步规划、同步报批、同步建设、同步交付使用，严格工程质量监督管理。

同时，要因地制宜推进棚改货币化安置。商品住房库存不足、房价上涨压力较大的地方，应有针对性地及时调整棚改安置政策，采取新建棚改安置房的方式；商品住房库存量较大的地方，可以继续推进棚改货币化安置。

住建部数据显示，2008年至2017年，全国棚改累计开工3896万套，帮助约1亿人"出棚进楼"；2013年至2017年，全国棚改完成投资约6万亿元；今年1月至6月，全国棚户区改造已开工363万套，占今年目标任务的62.5%。

这对于"国开行各地棚改贷（PSL）审批暂停，审批权回收总行，全国'一刀切'"的传闻是有力的反击。截至2018年5月末，国开行今年发放棚改贷款4369亿元，有力支持了棚改续建及2018年580万套新开工项目建设，目前各项工作正在有序开展。

2018年，网络上广为流传还有"西安抢人"段子，引发了各界对城市人才争夺大战的关注。为了争夺人才，西安公安局举行隆重誓师大会，计划至2020年底，实现西安主城区人口达到1000万人、全域人口达到1500万人的目标任务。西安并非最早意识到人才重要性的城市，但却是本轮抢人大战中用力最猛的城市。

根据媒体报道，此前2009年至2014年，西安人口仅增长了19万人，在中国内地一二线城市中排名倒数第三。

事实上，西安遇到的问题，也是全国普遍现象，特别是经过数十年计划生育后，中国此前急剧增长的人口势头已经得到缓解，甚至多地出现低增长率，人口红利接近尾声。国家统计局《2017年国民经济和社会发展统计公报》数据显示，截至2017年末，全国60岁以上人口已经超过2.4亿人，约占总人口的17.3%。

因此，如何在老龄化时代全面降临前，将高素质年轻人口抢到"碗里"来，将决定一座城市未来成长潜力和空间。据不完全统计，中国内地累计超50个城市先后公布各类人才引进政策，特别是进入2018年后，更呈上升势头，各大城市陆续推出40多次人才政策。

人才争夺战愈演愈烈，多个城市甚至降低人才落户门槛，"送户口""送房补""免费租借办公区"等大招轮番上演。2018年5月16日，天津高调发布"海河英才"行动计划，放宽落户条件。对普通高校毕业的学历型人才落户，全日制本科生40岁以下，硕士45岁以下，博士不受年龄限制，均可直接落户，这对于非本地籍人才来说，无疑降低了购房门槛。同时，允许各区、企事业单位在符合相关规划的前提下用自有用地建设人才公寓。新引进的高层次人才，在本市购买首套自住用房不限购。

后五千亿时代

2017年，以碧桂园、万科、恒大为代表的房企竞相突破五千亿销售大关。进入2018年，后五千亿时代中国前三甲房企将会把新的销售纪录定格在哪个级别？是突破六千亿？还是冲上七千亿？抑或是八千亿？甚至有没有可能达到万亿？除此之外，其他房企2018年又将会晋级到哪个千亿级别？这一些悬念，都成为整个业界关注的焦点。

易居中国企业集团CEO丁祖昱认为，16亿平方米销售面积和13万亿元销售金额也许是中国房地产真正的天花板。销售一旦达到16亿平方米之后，再往上的空间愈加逼仄。这也意味着行业集中度越来越高的同时，分化格局持续，留给每个梯队房企往上走的空间将越来越有限。

在房企TOP5当中，万科、碧桂园已经明确表示不设定目标；恒大的5500亿元目标与保利的4000亿元目标上半年都已经完成过半。千亿阵营中，新城控股、招商蛇口、世茂房地产、阳光城、正荣集团、中国金茂、金科集团、中梁地产合计八家房企目标完成率超过50%。

业内预计，2018年全年千亿房企数量将达到30家以上。克而瑞研究中心提到，下半年TOP100房企仍会保持规模分化的格局，各梯队集中度也将进一步提升。

"未来在行业集中度不断提升的背景下，标杆房企将依托自身品牌、产品、资源整合等优势，通过高周转和全国化的布局战略实现逆势扩张，达到规模新高度。下半年，在融资收紧、短期偿债压力增加、预期项目去化率下降的情况下。三四季度将会有更多持货观望的房企或加大供应量、尽可能的多推项目；或选择以价换量，通过降低预售价格加速项目入市，尽早抢收业绩以完成全年的销售目标"。

如果光靠卖房子，可以卖出几个一万亿的房企？作为新三强的恒大，给出了答案。在2018年上半年它除了卖房子还干了不少事情，全面加速布局多元化产业，打造全新业绩增长极，为冲刺新的业绩纪录提前练好内功。

首先是商业。2018年6月22日，苏宁易购、恒大共同出资200亿元设立恒宁商业，拟发展苏宁易购广场。其中，恒大地产拟以现金方式出资102亿元，持有恒宁商业51%的股权。

公告显示，恒宁商业设立的主营业务仅为以苏宁易购线上线下融合运营所需之苏宁易购广场的开发和运营，不从事其他任何地产业务。所有项目的投资方向必须为以开设苏宁易购广场为目的，均以"苏宁易购广场"命名。

发展商业之外，许家印的目光瞄准了高科技产业。2018年6月25日，恒大以67亿港元的代价，正式入主美国新能源汽车公司 Faraday Future（简称 FF）。

许家印是很认真的。在购买 FF 汽车 20 天之后，许家印于 2018 年 7 月 16 日亲往美国考察 FF 总部，无论是生产制造、动力总成、电池电控、车辆安全、电气实验室，还是设计工作室、车联网、自动驾驶这样的核心研发部门，许家印都亲自过一遍，FF 的 CEO 贾跃亭也带着一众高管向许家印展示了 FF 汽车的细节。

而在正式宣布入主美国新能源汽车公司 FF 两个月后，恒大便吹响了中国市场的"冲锋号"。2018 年 8 月 14 日，恒大在广州举行了恒大法拉第未来智能汽车（中国）集团即揭牌仪式。这次仪式上，恒大披露了恒大法拉第未来的十年规划，计划在全国建设五大研发生产基地，十年后，年产能计划达到 500 万辆，产品面向全球市场，满足快速增长的不同市场需求。

在许家印未来发展规划中，已经把高科技产业视为重要的一环。2018 年 4 月 9 日，许家印表示，未来十年，恒大将投资 1000 亿元发展生命科学、航空航天、集成电路、量子科技、新能源、生命科学、人工智能、机器人、现代农业科技等重点领域。

同时，恒大与中科院在三大基地上展开合作，分别为科学技术研究基地、科研孵化基地、科研成果产业化基地，将为科学家团队建设世界一流的孵化基地，提供世界一流的后勤保障和灵活的激励机制，把三大基地建设成为全球顶级科学家的聚集地。

这两件代表性事件，将在恒大企业发展史上占据重要地位，成为里程碑式的标杆，为恒大冲刺万亿时代带来新增长动力。

实际上，跨界加入造车大军的不止许家印一人。马化腾、刘强东、雷军、李彦宏等投资了蔚来；马云、IDG 青睐小鹏汽车；董明珠、王健林也纷纷宣布投资珠海银隆，生产新能源汽车；碧桂园杨国强的千亿汽车小镇也备受关注。

在《中国地产四十年·2017》里，曾重点写了 2017 年 1 月孙宏斌斥资 150 亿元入股乐视，2017 年 7 月孙宏斌更是从贾跃亭手里接任乐视董事长一职，一度希望拯救乐视危局。

然而，到 2018 年，孙宏斌彻底告别乐视。2018 年 3 月 14 日晚，乐视网发布公告称，董事长孙宏斌辞职，不再在乐视网担任任何职务。孙宏斌直言，"科技创新我们从来不看，我看不懂那玩意，贾跃亭造车，让我投是不可能的"。这也不怪孙宏斌，毕竟他刚在贾跃亭的乐视身上栽了一个大跟头。从 2017 年 7 月开始到 2018 年 3 月辞任，孙宏斌接手乐视八月有余。

2018 年 3 月 29 日，孙宏斌在融创中国于香港召开业绩发布会上，谈及这段历程，按孙宏斌的话来说，乐视是一个失败的投资，165 亿元都亏损，计提为零了，这不是壮士断臂，而是断头了。谁愿意接盘乐视我打折卖给他，价格好商量。

孙宏斌曾经救乐视于危难之中，然而，最终的结果却是孙宏斌洒泪离场。谁知，几个月之后，恒大也陷于同样困局。前文提到恒大在 FF 汽车岌岌可危的形势下，不惜重金入股，一度缓解了 FF 汽车资金压力。但距离恒大入股 FF 汽车公告才过去不到三个月的时间，双方合作陡然生变。

2018年10月7日晚间，恒大健康产业集团有限公司发布内幕消息及恢复买卖公告。公告显示，恒大旗下子公司"时颖有限公司"于2017年11月30日与贾跃亭控制下的FF Top公司签订合并与认购协议。恒大计划三年内投资20亿美元，占合资公司45%股份，按照协议约定在2018年底前支付8亿美元、2019年支付6亿美元、2020年支付6亿美元。恒大在2018年5月25日已提前支付完毕2018年底前应支付的8亿美元。

未曾料想，贾跃亭"烧钱"速度迅猛，很快将恒大投入的8亿美元基本用完。2018年7月，贾跃亭要求恒大再提前支付7亿美元。恒大为了最大限度支持合资公司的发展，与贾跃亭签订了补充协议，在满足支付条件的情况下，提前支付7亿美元。

恒大健康公告称，贾跃亭利用其在合资公司多数董事席位的权利操控合资公司，在没达到合约付款条件下，坚持要求恒大付款，并以此为借口于2018年10月3日在香港仲裁中心提出仲裁，要求剥夺恒大作为股东享有的有关融资的同意权，并解除所有协议，剥夺恒大在相关协议下的权利。

作为回应，恒大在10月7日的公告中称，已履行相关协议项下的责任，已聘请国际律师团队，将采取一切必要的行动，捍卫恒大在相关协议下持续享有的权利，保障公司及股东的利益。

万亿市场之下，企业间的收购成为家常便饭，2018年上半年有三笔收购值得一提。

2018年1月29日，腾讯联合苏宁云商、融创中国和京东340亿元入股万达商业。万达宣布，在引入新战略投资者后，万达商业将更名为万达商管集团，各方将推动万达商管集团尽快上市。

其中，腾讯投资100亿元，持股比例为4.12%，苏宁和融创中国分别投资95亿元，持股比例3.91%，京东投资50亿元，持股比例2.06%。

2018年2月11日，广东省物资产业集团挂牌转让其持有的45%的广物地产股份。经过497轮激烈竞拍，深圳卓越集团以51.02亿元的最高报价胜出。事与愿违，由于竞价之后的5个交易日内，原始股东行使了优先购买权，卓越集团未能入主。

广物地产股价转让前拥有三大股东，分别为：广东省物资产业集团45%、广州汇萌置业有限公司40%、广州市潮越财务咨询服务有限公司15%。

据国家企业信用信息公示系统显示，2018年5月8日广物地产的股东变更为广州市潮越财务咨询服务有限公司和天津汇萌置业有限公司，两者分别持股15%和85%。天津汇萌置业有限公司即为原来的广州汇萌置业有限公司，是碧桂园100%控股的子公司，这也意味着碧桂园间接持有广物地产85%股权。

2018年5月9日，保利入股合富成为二股东。保利地产称，本次合作符合保利地产的战略发展需要，有利于发挥双方在一手及二手物业代理业务的优势，推动公司房地产相关业务市场化发展，促进公司"一主两翼"战略落地。

实际上，无论是发展规模还是收购，需要用到钱的地方越来越多。2018年，对于很多房企来说无疑是一个缺钱的年份。

克而瑞研究中心数据指出，2018年上半年融资总额5679亿元同比增长9.7%。从各企业来看，上半年融资规模同比上升的企业总共有50家，占比将近60%。这说明在上半年融资环境收紧的趋势下，大多数房企还是抓紧窗口期进行融资。在融资受限的情况下，部分企业也选择和基金公司合作设立并购基金以助力其发展。

以招商蛇口和泰禾集团为例，2018年1月招商蛇口公告称，与招商资本、联合平安银行东莞分行，共同设立招商澎湃系列股权投资基金，投资于招商蛇口房地产项目，基金总规模为不超过人民币100.075亿元。

泰禾集团也在5月出资40亿元与泰禾投资集团有限公司共同投资设立产业并购基金，总规模为不超过200.05亿元。

境内融资政策持续收紧的情况下，2018年上半年房企境外融资规模达到2000亿元，占融资总量的34.3%，较2017年再度上升近11个百分点。

大量开发商从2018年初便已转向海外融资。中原地产研究中心统计，2018年前5月，房企海外资本市场融资数据达到了71笔，共293.72亿美元，同比2017年1~5月的31笔、127.85亿美元上涨幅度达到了130%。5月单月发行金额就达到了32.9亿美元。

然而，这一情况预计在下半年会得到进一步的限制。发改委和财政部5月下旬联合发布了《关于完善市场约束机制，严格防范外债风险和地方债务风险的通知》，6月的答记者问会上进一步明确"房企境外发债不得投资境内外房地产项目、补充运营资金，仅限归还存量债务"。

实际上，资产证券化、租赁专项债券以及基金合作、与金融机构合作将成为房企未来发展的一大方向。

在中国社科院上市公司预测中心市值管理中心主任杜丽虹看来，销售额过百亿元的地产上市公司中，98%都拓展进入了住宅以外的地产市场；其中，2/3除了传统的商业地产领域，还拓展了其他特色化物业领域，部分企业甚至广泛布局了多个新型物业市场。诸如长租公寓、文化地产、旅游地产、物流地产、养老地产、小镇/产业园区等领域。

她进一步指出，在销售额过百亿元的地产上市公司中，有18%的企业已经或拟将物业服务分拆上市；物业服务之外，还有12%的企业致力于建筑技术的创新推广，包括工厂化住宅、绿色节能技术等；有12%的企业涉足了地产基金之外的金融领域，包括小额贷款、社区金融、供应链金融等，部分企业拥有了自己的金融牌照。

碧桂园农业算是其中最为特别的案例。2018年6月15日，杨国强宣布碧桂园正式进军现代农业。

据介绍，碧桂园的未来农业蓝图，包括现代设施农业、现代化农机、物联网和智慧农业等，将覆盖从土壤、种子、品质到生产流通的全过程。这将是科技与农业的高度融合，同时尽力为社会为每一个家庭提供健康、安全、好吃、适价、实惠的食品。

杨国强特别强调，"碧桂园有条件有责任去为乡村振兴做点什么。40年前我种田，40年后我还是回去种田！"

做农业，是一个很朴实的想法。尽管这样的举措给碧桂园加分不少，但是2018年对于碧桂园来说，无疑是多事之秋，多宗工地事故直接将碧桂园推上了风口浪尖，曾经的

"高周转"一下子成为"罪魁祸首",面对舆论风暴,碧桂园第一次表态:"提质控速。"

把安全质量提上去,成为碧桂园重点主抓的工作内容。在2018年上半年业绩会上,碧桂园集团总裁莫斌说,根据集团董事局主席杨国强定下的主基调——行稳致远,未来碧桂园将把安全和质量放在第一位的同时,腾出时间做好质量管控,一切不能保障安全的施工都必须停止。

为此,莫斌用了"追根溯源、刮骨疗伤"八个字,阐述了碧桂园目前正在用什么样的决心来重新审视自己的管理系统。"只有安全与质量有保障才能成就百年企业。"

碧桂园认为,大力推广SSGF高质量的建造体系是安全、质量、环保、提升质量的根本途径。除了加强管控,碧桂园将通过增加对技术创新的投入与使用,以减少对人力的依赖,进而减少事故的发生。

据悉,碧桂园目前正在超过400个项目试点推广创新SSGF高质量建造体系,成熟后将于更大范围内使用。该工法运用包括建筑工业化技术在内的多项核心工艺,可在提高建筑质量的同时有效保障安全和节能减排。

在提质控速、零伤亡的长期目标下,莫斌表达了对碧桂园未来发展的信心。"任何企业长远健康发展,必须把安全放在第一位,因为生命是无价的,要敬畏生命。"

2018年8月21日,碧桂园官方公众号发布的《行稳致远——杨国强致投资者的一封信》,备受瞩目。在信中杨国强表示:"今天的碧桂园所吸引的社会关注度更高,规模增长以外,公司也一定要成为行业内安全和质量的楷模。碧桂园有志成就百年基业,为社会和资本市场创造长久效益,公司同仁更要众志成城,凝聚一心,将'对人好、对社会好'的经营主张铭刻于心。"

经此一役,碧桂园正在朝着更稳、更好的方向挺进。

越来越多的迹象可以看出,房企间的比拼已经不仅限于那一串数字,他们都着眼于更远的未来。

据乐居财经独家发布的《中国房企更名榜》显示,在2018年,有超过9成的房企更名是为了去掉"地产"标签。其中,保利地产"去地产化"更名为"保利发展",已经是2018年以来的第11家"去地产化"更名的房企,也是第9家在房地产业务基础上因拓展多元化业务而更名的企业。

在此之前的2016年,也曾出现房企"去地产化"的更名风潮。包括恒大地产更名为中国恒大集团,远洋地产更名为远洋集团,雅居乐地产更名为雅居乐集团等。这一点,在《中国地产四十年·2016》中有所提及。

实际上,在房企转型,加速去地产化的背后,不光有外部调控的因素,也有行业本身存在发展瓶颈的因素。这已经逐渐成为行业共识、大势所趋。

目前,很多房企的定位从"地产开发商"转型升级为"城市运营商""美好生活服务商"等,经营模式也从以往单一的拿地开发的发展逻辑开始转向多元化发展的其他运营方式。他们,都在寻找另一条出路……

乐居财经独家发布的《中国房企更名榜》

中国房企更名榜			
序号	原名称	变更后名称	股票代码	更名时间
1	保利地产	保利发展	600048.SH	2018年9月
2	中骏置业	中骏集团	01966.HK	2018年7月
3	合景泰富地产	合景泰富集团	01813.HK	2018年6月
4	龙湖地产	龙湖集团	00960.HK	2018年6月
5	中航地产	中航善达	000043.SZ	2018年5月
6	美的地产	美的置业集团	—	2018年5月
7	银亿房地产	银亿股份	000981.SZ	2018年3月
8	时代地产	时代中国	01233.HK	2018年3月
9	朗诗绿色地产	朗诗绿色集团	00106.HK	2018年2月
10	万达商业地产	万达商管集团	—	2018年2月
11	力高地产	力高集团	01622.HK	2018年1月

房地产开发商在积极应变，房地产互联网平台也在锐意进取。面对未知的市场变局，中国领先的互联网平台——乐居，已做好充分准备迎接2018年。

深耕房产家居O2O领域多年，乐居始终坚持走在行业创新和突破自我的前列。为更好地迎接2018年市场中的机遇与挑战，乐居以在行业中多年来的数据挖掘能力、技术研发能力、资源整合能力、产品创新能力为基础，在"新媒体、新生态、新交易"的战略方针下，通过一套完整涵盖房产家居营销全周期的服务协同网络"乐居赋能系统"进行贯穿。

乐居控股CEO贺寅宇表示，"乐居赋能系统"将成为新乐居的服务核心体，通过智慧媒体、智慧广告、智慧交易三大板块，贯穿乐居旗下的所有产品与服务品类，为房产家居行业带来媒体、广告、交易的全新营销方式与体验场景，着力打造中国房地产交易基础设施服务平台。

新媒体领域，乐居通过对内容的生产、运营、分发三步骤，为开发商提供品牌影响力建设、新闻影响力提升、营销内容智能分发、潜在用户引流等全方位支持的媒体赋能系统。帮助开发商更便捷、高效地使用多媒体平台资源，并通过AI人工智能、直播VR等创新技术手段，实现品牌推广、营销传播和舆情运营的智能升级。值得注意的是，乐居新媒体将形成乐居财经、乐居买房两翼齐飞的格局，分别面向B端和C端，打造乐居影响力全方位媒体覆盖矩阵。

新生态领域，乐居将以开放赋能姿态重塑地产家居广告，联动旗下用户数据平台、产品研发平台、运营管理平台、广告资源平台，为房产家居客户品牌曝光和营销推广提供全方位支持的开放体系。借此，乐居推出"AD.MALL乐居房产广告开放平台"，旨在以高效的服务与转化为目标，向资源方与广告主双向开放的智慧平台。基于乐居鲜活房产家居数据的充分挖掘，凭借乐居在优质广告资源平台的产品创新，促使开发商、家居厂商能够在最佳的营销场景下,一站触达目标客户,可视化效果追踪,以大数据成就营销效果转化。

新交易领域,乐居重点丰富、升级、整合在房产家居交易过程中核心环节的服务内容与体验,打造房产新交易客户闭环系统。为开发商、家居企业降低交易环节中的沟通成本,服务成本,时间成本,提供智慧开盘、智慧案场、智慧锁客、智慧渠道四大核心板块的智慧交易的"一站式"解决方案,实现对购房者服务的贴心周到,对案场管理的公正、省时、省心,智能营销渠道资源的最大户,以及最优传播场景的智能覆盖。

港交所改革红利

作为全球举足轻重的资本市场,自2018年香港宣布IPO制度改革以来,港交所热闹非凡,大批企业蜂拥赴港上市。普华永道统计数据显示,2018年上半年香港高达108只新股上市,同比增幅50%,IPO数量创同期新高,位于世界第一。另据不完全统计,上半年有20家中资公司登陆港交所,虽然数量占比不足20%,但募集资金约占港股半年募资总额七成以上。

在2018年这波上市热潮中,包括小米、美团、蚂蚁金服、汇付天下、猎聘网、同程艺龙、宝宝树、维信金科、沪江教育、51信用卡、陆金所、点融网、映客、拼多多等中国内地多家企业竞相启动上市步伐。但中资公司赴港上市潮的高潮,将于下半年来临。普华永道预计2018年全年将有220家企业赴港上市,全年集资总额预计将达到2000亿港元至2500亿港元,使香港有望再次成为全球最大的IPO市场。

2018年7月,港交所迎来两家行业重量级代表企业:小米和易居。这两家公司均为各自领域翘楚,小米是中国新经济——"互联网+"行业领军公司,易居是中国经济压舱石——房地产行业代表企业。除此之外,双方背后股东阵容强大,均有知名风投机构、重量级互联网公司、地产巨头等雄厚实力型股东加持。另外,两者都在打造创新生态圈模式,小米通过投资210家创业公司组成生态系统,易居引入26家百强房企缔结战略同盟,搭建以房地产为核心生态链条。因此,这两家不约而同选择在下半年第一个月份上市的公司,吸引了众多媒体舆论眼光,成为2018年港交所异常火爆的重磅新闻话题。

雷军曾说过一句话,被很多人疯传:"站在风口上,猪都能飞起来。"这一次,雷军当了一回风口的猪,2018年7月9日小米公司正式登陆港交所。雷军对小米的定位是:"小米应当是等于苹果+腾讯,因为小米是一家全球罕见的全能型公司。"雷军强调小米是新物种,硬件是小米根基,尤以手机为首,驱动整个品牌生态链快速增长。因此,小米作为中国新经济代表,也作为香港资本市场第一家"同股不同权"创新试点,小米IPO受到了市场的极大关注。其发行价17元港币,估值543亿美元,小米跻身全球科技股有史以来前三大IPO，为中国新经济树起一面旗帜。

虽然小米是"互联网+企业"，但早在2014年，地产界就曾掀起一股"学习小米好榜样"的热潮。当时小米创立只有三年多时间，销售额从0元直接冲到743亿元，这是中国多少房地产企业奋斗二三十年都难以企及的高度。在《中国地产四十年·2014》篇章中提到，郁亮一直担心房地产行业会出现类似"小米"这种搅局者，因此在那一年郁亮成为虔诚的互联网信徒，走访各大互联网企业。而碧桂园杨国强也亲自带队，走访小米，请雷军分享创业经验。

2014年，雷军在与郁亮、杨国强交流时，提到想把中国房价降到1/2甚至1/3。尽管这一理想目前还没看到实现的曙光，但雷军似乎并没有放弃入局房地产的决心。2011年，雷军成立了一家叫作"顺为资本"的风投公司，2014年9月，顺为资本就砸下1亿元投资"YOU+国际青年公寓"。

同在2014年，小米先后在北京、南京分别与华润置地、银城地产在智能家居领域展开合作。往后几年，小米与美的、金地、成都仁恒地产、正荣等房企都有过合作。无论是长租公寓，还是智能家居，雷军给出的蓝图都很美。"我做房地产的口号是解放一代年轻人，让大家不要为这种事情操心，全部解放"。

小米代表的新经济给予中国未来发展提供了新的发展模式，但作为中国改革开放40年来经济主力军，房地产仍是一个举足轻重的行业。2018年7月16日，国家统计局公布宏观数据显示，上半年GDP同比增长6.8%。国民经济延续总体平稳、稳中向好的发展态势，结构调整深入推进，新旧动能接续转换，质量效益稳步提升，经济迈向高质量发展起步良好。但是，近期美国在全球各地频频挑起的贸易大战，给中国经济带来极大不确定性。

对此，国家统计局新闻发言人毛盛勇特别指出，2018年下半年，房地产投资有望保持一个比较快的增长，对外贸易确实面临一些挑战，总体还是有望保持平稳较快的增长。由此可见，房地产行业对中国经济稳定发展仍起着不可磨灭的作用。而素有"中国房地产最好服务生"之称的易居企业集团，也在这个关键节点赴港上市，成为行业的风向标。

与雷军浸淫互联网二十多年如一日相似，易居创始人周忻在房地产领域也深耕了二十余载，有意思的是，雷军是1992年加盟金山，开始了互联网职场生涯，周忻同在1992年开始涉足房地产服务业。"专注"是两人身上共同的标签，也在行业里积累了深厚人脉，双方在这次上市中，均展示出豪华朋友圈阵容。

小米总共完成9轮融资，融资总额达15.47亿美元，包括晨兴资本、启明创投、IDG、高通、淡马锡、DST、厚朴投资等多家国内外知名投资机构。除此之外，雷军上市时还特别感谢了李嘉诚、马云和马化腾等投资者。李嘉诚作为华人世界首屈一指的地产大佬，曾长期称雄华人首富，地位超然。而马云、马化腾所代表的阿里、腾讯同样是威震四方的世界级互联网巨头。

易居股东方阵同样庞大，包括26家中国百强房企为背景的企业和5家机构组成，其中，中国房地产销售排名前三甲恒大、碧桂园和万科三家房企巨头均分别持股15%。雅居乐、富力、星河湾、融创、旭辉、阳光城、复星地产、建业、融信、宝龙、正荣、正恒、泰禾、景瑞、福晟、俊发、新力、祥生、三盛、中骏、禹洲、龙光、中南建设等房企也均入股。此外，云峰基金、纪源资本、磐石投资等权威投资机构联袂入股易居。与此同时，易居还发展了四大基石投资者：华侨城、阿里巴巴、恒基、新加坡城市发展集团，这背后的实际控制人包括马云及李兆基家族，以及中国国资背景企业和新加坡郭氏家族。

在强大股东阵营支持下，2018年7月20日，易居（中国）企业控股有限公司（以下简称"易居企业"）成功登陆港股市场。易居企业旗下拥有三大业务体系：第一板块是一手房的销售代理以及营销，第二板块是数据和咨询板块克而瑞，第三板块是二手房服务平台易居企业集团房友。

在周忻庞大的"易居系"业务中，如今易居企业的业务只是易居中国业务的一部分。易居中国作为中国领先的房地产全产业链服务商，旗下除了易居企业之后，还拥有乐居、实惠、钜派金融、筑想科技、太德励拓等上下游链条公司，同时还投资了众多创新公司。可以说，易居中国已经布局了房地产营销、新媒体推广、互联网电商、金融服务、二手房交易、家居装修、社区生活等全产业链，形成了覆盖齐全的房地产服务生态圈。

在《中国地产四十年》多篇文章中，提到过20世纪末和21世纪初地产上市潮，也提到了2010年以后上市房企逐渐减少。不过，在2018年春夏之际，这股潮流有了逆转的趋势。2017年末以来三盛、福晟、正荣接连上市，给了许多还未上市的房企极大的信心。

进入2018年，香港资本市场更加热闹，正荣、弘阳、大发、美的置业等内地房地产企业相继上市，为港交所增添了不少亮点。

2018年1月16日，新一年里首家上市房企诞生了，正荣地产（06158.HK）在香港成功IPO。首日开盘，正荣股价为4.06港元/股，公司市值接近160亿港元。公告显示，正荣地产全球发售的股份数目为10亿股，其中香港发售的股份为1亿股，国际发售的股份为9亿股。公司股票定价为每股3.99港元，在香港及国际发售均录得超额认购，募得款项净额约为38.43亿港元。

1998年，欧宗荣创办正荣集团。2015年7月，正荣地产控股成立，承接了正荣集团旗下所有地产业务，并着手筹备上市。根据招股书，正荣创始人欧宗荣及其家族持有正荣地产95%的股权，战略投资者福建省华闽进出口公司持有5%的股权。

2018年7月12日，弘阳地产（1996.HK）如愿登陆港交所。2018年4月4日，弘阳提交IPO招股书。三个月后，弘阳上市成功，成为2018年第二支在港交所上市的内地房地产股。弘阳全球发售共8亿股，定价为每股2.28港元。挂牌首日大涨12.28%，收盘价为2.56港元，以首日收盘价计算，弘阳地产的市值达到了81.92亿港元。

从弘阳的股票代码可以看出，这家企业成立于1996年。上市首日的答谢晚宴上，弘阳地产董事局主席曾焕沙透露，1996的代码，是弘阳起步创业的年份。作为南京代表性房企，2016年才走出江苏，布局全国，短短两年之后，就实现上市梦想，速度之快，业界罕见。克而瑞《2018上半年中国房地产企业销售TOP200排行榜》数据显示，2018年上半年弘阳完成169.2万亿元，仅用半年时间就已经完成去年总销售金额的95%，行业排名也上升至64位。

2018年10月11日，港交所一天之内同时迎来两家内地开发商上市。先来看看同样创立于1996年的大发地产（6111.HK），上市首日开盘股价上扬。据公开信息显示，大发地产发售2亿股股份，包括2000万股香港发售及1.8亿股国际发售，新股发行定价为4.20港元/股。

1996年大发地产成立，2001年于上海建立总部。作为一家根植上海，深耕长三角区域的住宅房地产开发商，大发地产表示，借助资本市场，大发地产将继续深耕长三角区域，并在华南的广州、华中的武汉、西北的西安及西南的成都等市寻求机会，努力成为中国领先的住宅房地产开发商。

10月11日上午9点30分，港交所重头戏上演。美的置业（03990-HK）正式挂牌，美的创始人何享健携美的置业总裁赫恒乐共同敲钟。美的置业每股定价17港元，集资约30.6亿港元，联合保荐人为法巴和中信里昂证券。

美的置业为全国性的大型房地产开发商，成立于2004年，起步于佛山顺德，先后开发美的君兰江山、美的鹭湖等代表性楼盘。经过十余年的稳健发展，已形成以房地产开发为主，同时涉及物业管理、智慧家居、商业物业、文旅、装配式产业等多元业务体系。据克尔瑞的公开数据，公司在2015~2017年度的合同销售额分别约115亿元、213亿元及450亿元。2018上半年的合同销售额约372亿元，位居第35名，同比增长62%。

易居（中国）控股有限公司执行总裁丁祖昱认为，房地产行业经过这十多年的快速发展，TOP100房企中还没有上市的房企已经不多了。目前除了恒大、富力、首创、万达等在回A股市场的进程中，越来越多排在销售榜前列的非上市房企也都有上市的意愿。

实际上，截至2017年末绝大部分TOP30房企都已经处于上市行列，TOP50中上市房企的比例近8成，TOP51至TOP100中这一比例是将近一半。当然，还有部分房企也在谋求回归A股，包括前文提到恒大、富力、首创、万达等公司。

除此之外，分拆上市也是不少房企瞄准的目标。SOHO中国在3月20日表示，SOHO3Q从创办开始，无论是财务上还是法律上都是非常独立的，计划等规模进一步扩大后，再把这块业务分拆上市。

说到做到的是雅居乐与碧桂园。2018年2月9日，雅居乐旗下雅生活正式分拆上市。相较于已上市的多家物业管理公司，雅生活"不是一个人在战斗"。2017年6月，雅居乐集团完成对上海绿地物业服务有限公司100%股权收购。两个月之后，上海绿地控股集团反过来以10亿元参股雅生活，占20%股份，成为雅生活第二大股东。因此，雅生活是目前中国地产行业唯一一家背靠雅居乐、绿地两个一线开发商支持的物业服务企业。

当然，对于雅生活来说，港交所并不是其终点。雅生活执行董事兼首席执行官刘德明表示，在合适的时机，为争取国内更大的物业市场，雅生活将寻求在A股上市，打造成为"A+H"架构物业公司第一股。按照刘德明的规划，雅生活将在2020年实现100亿元收入规模。其中自营、外拓业务及收并购目标分别为40亿元、20亿元以及40亿元。

从当前中国物业服务行业市场来看，百亿元收入的公司还未出现。即便早在几年前就已经登陆资本市场的物业上市公司——彩生活、中海物业、绿城服务等多家公司中，最高也在 51 亿元左右。因此，雅生活百亿目标颇具挑战性，但雅生活也确实有这个底气，毕竟雅生活可以得到自雅居乐和绿地两大股东的全力支持。

2018 年 6 月 19 日，碧桂园服务（HK. 6098）正式在港交所主板挂牌上市，开始交易。它以介绍形式登陆港股，开市每股高达 10 港元，总市值一度冲上 281.5 亿港元，一举登上港股物业服务板块第一的位置。

随着中国内地房地产进入存量时代，物业管理业务变身"香饽饽"，成为房企业绩持续爆发的重要增长极。素有宇宙第一房企之称的碧桂园，称雄房地产销售排行榜，名下拥有大量新增社区，可以并入碧桂园服务管理版图。招股书显示，截至 2018 年 4 月 30 日，公司的合同管理总面积已经扩大到约 3.654 亿平方米，覆盖超过中国 28 个省、市及自治区的 260 多个城市。

最新消息显示，佳兆业物业于 6 月 25 日向港交所递交上市申请。目前，华润置业、富力、万科都在分拆物业上市方面有所部署。

资本市场里的风，或许从来就没停过。

李嘉诚宣布退休

有人的地方就会有江湖。《中国地产四十年》当中不乏对多位地产人物的大篇幅刻画。2018 年，需要浓墨重彩的还是他们。

2018 年上半年，香港的主角是李嘉诚。2018 年 3 月 16 日，李嘉诚在长和系的 2017 年财年业绩会上，宣布正式辞任长江和记实业及长江实业集团主席，由长子李泽钜接任，自己转任公司资深顾问。

这位在各大财富排行榜上屹立不倒，常年保持华人首富、亚洲首富的地位无人可破的商业巨子，连《福布斯》富豪榜的创立者斯蒂夫·福布斯都曾经称赞："李嘉诚不仅是我们时代最伟大的企业家，在任何时代都是最伟大的企业家。"

李嘉诚的退休公告很短。他说，"本人自 1950 年创业开始，1972 年长江实业（集团）有限公司上市，于过去 68 年，一直带领长江集团稳步发展"。

李嘉诚的创业故事，《中国地产四十年》早前的文章也有不少描述。他出生于广东潮州的一个教师家庭，11 岁的时候，因为日军占领潮州而逃难到香港投奔舅舅庄静庵。在香港打工积累后，22 岁的李嘉诚开始创业。通过生产塑料花赚取了第一桶金之后，李嘉诚开始涉足房地产行业，这个足以影响他一生的决定，来得自然而惊喜。

股神巴菲特有句名言："在别人贪婪时恐惧，在别人恐惧时贪婪。"回顾李嘉诚的投资生涯，他把这句话用到了极致。20 世纪 50 年代末香港开始兴起制造业，别人纷纷投资办厂，李嘉诚却大量建造工业大厦，把大厦租给别人作工厂赚取利润。

1979 年，李嘉诚声东击西，为了收购汇丰持有的和记黄埔股份，先是收购当时香港最大的货运码头九龙仓。九龙仓见势不妙，连忙找到汇丰银行支援。李嘉诚自然给了汇丰银行面子，把已经收购的股份悉数转让给香港船王包玉刚。

后来，汇丰为了报答李嘉诚，把持有的和记黄埔股份卖给了李嘉诚，促成李嘉诚收购英资老牌商行"和记黄埔"。这也让李嘉诚成为第一位收购英资商行的华人。这笔交易在《中国地产四十年·1979》中有所提及。

1986 年，国际油价大跌。李嘉诚却在这时入手石油业，以 32 亿港元的价格购入加拿大赫斯基石油 52% 股份。李嘉诚称这次交易是他"一生最伟大的投资之一"。

在科技领域，2007 年，李嘉诚以 1.2 亿美元买下 Facebook 的 0.8% 股份；2009 年，李嘉诚以 1550 万美元投资了语音识别系统 Siri，该公司于 2010 年以 2 亿美元的价格被苹果收购。

2008 年经济危机，欧洲国家债务缠身之时，李嘉诚二话不说，连续几年时间都在收购抄底，几乎买下半个英国。最新消息指出，李嘉诚旗下香港长江实业集团于 2018 年 6 月 14 日再度斥资 10 亿英镑（约合 85 亿元）收购了位于英国伦敦金融城的写字楼 5 Broadgate。据悉，该楼为瑞银（UBS）的伦敦总部所在地。

从传统制造业到地产业，从能源到新兴互联网，成立李嘉诚基金会，创办汕头大学，李嘉诚头顶的光环从来都不少。从香港起家，进军中国内地，开拓欧美，遍布在全球数十个地区、国家，连续 15 年蝉联华人首富榜首。对于许多人来说，李嘉诚所代表的就是一个时代。如今，李嘉诚的退休也意味着一个时代的落幕。

"我非常感恩，一生可以有这个福分，创立长江集团，为股东创造价值，能够服务社会，这是我一个最大的光荣。我衷心感谢大家对我的厚爱和支持，一点一滴在我心头。以后，我会披上新的战衣，专注于基金会的工作，尤其是医疗、教育。"李嘉诚谦逊的谢幕辞同时也昭示其新的人生角色诞生，这位勤勉一生的商业巨头将重新启程，在年逾 90 岁的高龄仍不忘为社会继续发光发热。

王石，这个同样在中国房地产历史上绕不过的名字，从创办万科、股份制改革、君万之争、万科减法、登顶珠峰、不行贿、汶川捐款门到宝万之争等一系列重大事件里，他的一举一动都是各界关注的焦点。

在万宝之争逐步走向缓和之后的王石，一度出奇沉默，在舆论中神隐。然而，进入 2018 年，王石上演"王者归来"。2018 年 1 月 23 日，在水立方 3500 人的见证下，王石现身"回归未来"2017～2018 年跨年之夜，开始这场长达 3 个多小时的王石"专场"演讲。

"过去一年对于我来讲，是非常重要的一个时刻"，自称比较羞涩、内敛的王石特别提到自己想感谢多年来，对他和万科的成长给予友谊、关注、帮助甚至批评的人，"我感到没有你们，万科不可能有今天，没有你们我也不可能这样堂堂彩彩地站在这里"。

在随后的演讲中，王石将自己的人生按三个 33 年来划分，第一个 33 年讲自己的家族、情感,第二个33年讲创业打拼发展,第三个33年讲未来健康愉悦的生命。

第一个33年,王石从父母双亲讲起,提到母亲对年轻时的自己管束颇多,后来,他将母亲接到深圳,平时由于工作忙碌,与母亲甚少交流,但有一天,发现母亲在深夜注视着自己的睡姿。1988年,万科增发股票,销路不畅,姐姐告诉王石,"咱妈把她的积蓄全拿出来,买了你万科的股票"。

第二个33年,王石从自己创业如何通过倒卖玉米赚到第一桶金,到创办万科,建立起一整套现代企业制度。为了把万科建成伟大公司,和万科的团队疏离,开始到社会上去做公益,到社会上去做慈善。参加户外运动,去做个人儿时实现不了的梦想,登山飞伞,帆船赛艇。

不可避免,王石也讲到自己的至暗时刻,他强调,不是万宝之争,而是汶川大地震的捐款门事件。因为发了一个帖子,提到万科捐款200万元认为是合适的,另外,要求提示员工捐款不要超过十块钱。就两点让王石成了历史罪人,成为众多网民声讨对象,王石坦言:"我也是人,我不是圣人,突然被网民,被主流否定的时候,我是非常痛苦的。"他甚至在演讲中表示当时"我做了最坏的打算,甚至准备肉体上被消灭"。

第三个33年,也是王石重点要谈到未来自己想做的事情。"未来怎么回归?我想回到生命的本源,就个体而言,认识自我,发现自我,自我成就,就社会而言,尊重每一个个体生命的力量,承担自己的社会责任;就人类而言,尊重自然的力量,人与自然和谐共处。"王石如是说。

对于王石来说,万科之外,天大地大,卸任万科之后,他在2018年的头衔又有了新的变化。2018年1月19日,王石因个人原因申请辞去华大基因独立董事职务。紧接着,2018年4月27日,王石宣布出任远大科技集团联席董事长;他表示,自己被远大的环保理念和生态农场建设所感动,愿意为实现远大理想而奋斗。

2018年8月4日,王石重返华大,正式宣布出任华大基因第一大股东华大控股的联席董事长。

王石有了新的人生角色,但没有了王石的万科,会是个什么模样的万科?

郁亮说,十年后,万科不会再是一家地产公司。"未来,万科要做美好生活的服务商。"在2018年6月29日万科召开的2017年年度股东大会上郁亮提到,"十年后,如果万科还是地产公司,那也是惨淡经营了"。

万科出现了一位新总裁——祝九胜。就是这样一个对大众来说原本陌生的名字,在2018年1月31日万科公告中赫然在列。2018年2月1日,万科正式对外召开新任总裁媒体见面会,成为祝九胜履新后正式对外亮相。

为什么选择祝九胜做总裁,万科董事局主席郁亮在见面会现场提到三点:一是祝九胜管的部门,在他管理的时间里一直是最佳部门;二是九胜是一个很犀利的,经常发出不同意见的人;三是他爱读书,他的思考能力、总结能力和理论功底都是非常非常不错的。

这位与郁亮相差四岁,同为经济学专业出身,曾经有过银行从业背景的万科新任总裁,在万科待了7年,一看上去似乎并不擅长运动。但他展现出来的精神面貌似乎比郁亮还要更沉稳、务实。

万科新任独董刘姝威在2018年上半年也没停下来。本已平息的宝万之争，因刘姝威在网上的连番炮轰再次掀起高潮。

刘姝威，师从著名经济学家陈岱孙教授和厉以宁教授。早在2001年10月，刘姝威撰写过一篇仅有600字的短文，这篇题为《应立即停止对蓝田股份发放贷款》的文章对蓝田神话直接提出了质疑。2002年1月，蓝田股份被强制停牌。

中央电视台把"2002中国经济年度人物"评给刘姝威，颁奖辞称：她是那个在童话里说"皇帝没穿衣服"的孩子，一句真话险些给她惹来杀身之祸。她对社会的关爱与坚持真理的风骨，体现了知识分子的本分、独立、良知，与韧性。

这位敢于说真话的经济学者在2018年4月8日发表题为《宝能的"颜色革命"》一文，措辞严厉地指出宝能身负"四宗罪"：其一，宝能系屡次举牌上市公司并赶走公司创业团队的行为，有损中国实体经济；其二，宝能买入上市公司股票的资金来源成谜；其三，宝能动用巨额保险及银行资金收购上市公司股份，其中存在违规操作；其四，宝能与华润置地之间的土地开发合作有国有资产流失的嫌疑。

然而，刘姝威的发文并未引发大规模舆论参与，除了华润的否认、反击之外，2018年4月，宝能系开始减持万科A。2018年8月13日，港交所披露"宝能系"持有万科股份已降至19.32亿股，占万科总股本17.50%。这一切似乎都有了翻篇的迹象。

到了下半年，万科郁亮在南方区域9月例会上讲话时表示：在当前的局势下，万科要做四件事——战略检讨、业务梳理、组织重建、事人匹配。"这次三年事业计划书的制定把'活下去'作为基本要求，我们的战略围绕'活下去'而展开，这是最底线的战略。"他还强调，这是真正意义上第一次检讨万科的整个战略，因为行业的转折点实实在在到来了。

紧接着，在9月28日举行的万科2018秋季例会中，一张红底白字现场主题标语——"活下去"迅速刷爆互联网，不禁令人对房地产行业的现状和未来有所思考。在房地产行业浸淫多年的万科，历来具有较高的危机意识，因此，其喊出的"活下去"口号也令业界震撼不已。

事实上，万科公司2018上半年财报数据显示，半年营收为1059.75亿元，同比增长51.8%。净利为91.24亿元，同比增长24.94%。各项数据都显示万科总体发展良好，远未到遭遇危机的境地。但万科还是坚决执行"活下去"战略，开始在各地加速去化。9月26日，厦门"首开万科白鹭郡"推出了107套特价别墅，原价500万，中间套一口价278万，边户一口价298万。

总之，关于万科的话题，一直都是业界关注的焦点。不管是祝九胜上任，还是万宝之争翻篇，不管是"活下去"，还是加速去化，都预示着一个崭新的万科，一个新时代，近在眼前。

超级城市群版图

在改革开放四十年之际，中国在一年多的时间里，接连推出三大国家级重大战略规划区域：粤港澳大湾区、雄安新区、海南自由贸易试验区。这三大国家级规划区域，自北向南，由内陆到沿海再往深海，肩负着不同的战略历史使命，却又共同引领中国经济新一轮腾飞重任。

四十年前的1977~1978年，中国改革开放前夜，中央酝酿在南中国开启改革开放试验田，敢为天下先的广东成为时代幸运儿，与毗邻的港澳携手共进，为中国经济发展杀出一条血路来。四十年后的2017~2018年，中央把改革开放再出发的战略重任又一次交给这片富有开创精神的粤港澳地区，在万众瞩目中，粤港澳大湾区闪耀登场。

建设粤港澳大湾区，是习近平总书记亲自谋划、亲自部署、亲自推动的国家战略，既是新时代推动形成全面开放新格局的新举措，也是推动"一国两制"事业发展的新实践。

早在2017年3月，粤港澳大湾区正式写进政府工作报告，自此大湾区正式进入发展快车道，作为中国第一湾区，粤港澳大湾区是中国经济转型升级的重要试验田，也是打破粤港澳制度藩篱、加速区域经济融合的利刃，更是未来城市群发展的范本。因此，在中国粤港澳大湾区拥有独一无二的地位，将代表中国参与全球竞争。

进入2018年，粤港澳大湾区规划细则发布成为市场屡被提及的热点。世纪超级工程——港珠澳大桥也建成通车，全长142公里的广深港高速铁路通车全面提速区域交通，香港、澳门与大陆的交流更加紧密，大湾区一体化继续深化。2018年7月13日广东省政府官网挂出《广东省人民政府关于印发实施粤澳合作框架协议2018年重点工作的通知》，涵盖交通、规划以及各地区域协调发展各方面，也被视为粤港澳大湾区顶层设计的又一大信号。

自粤港澳大湾区提出以来，各种关于粤港澳大湾区的专家论坛、区域峰会、学术研讨、商业活动非常多，由此可见，大湾区在各界心目中的分量。在多个场合上，凡提到粤港澳大湾区，很多人会将之比肩纽约湾区、旧金山湾区、东京湾区，号称世界第四大湾区。然而，粤港澳大湾区经济总量远超旧金山湾区，与纽约湾区不相上下，按照现在发展速度，未来6年它将超越东京湾区，成为全球经济总量最大的湾区。

由此可见，对粤港澳大湾区更确切表述应该称之为世界湾区4.0模式的代表。这也意味着，粤港澳大湾区将在建立纽约湾区、旧金山湾区、东京湾区三大湾区的基础上，迎来战略升级，开启湾区4.0时代。暨南大学教授、华南城市研究会会长、中国城市规划学会会员胡刚认为，粤港澳大湾区把广州、深圳、香港等城市包括在内，可将产业、物流、科技、金融和贸易等资源高度集聚，打造成全新的世界级湾区。

对于房地产而言，大湾区已成兵家必争之地，截至2018年初，中国前100强房企有67家布局大湾区，前50强有43家挺进大湾区。因此，关于大湾区的发展一直是房地产行业关注的焦点。2018年3月31日，由广州乐居倡议，乐居财经、新浪财经、广东省社会科学院《新经济》杂志社、广东省房地产行业协会、克而瑞联合主办，雅居乐集团总冠名的"粤港澳大湾区一周年高峰论坛暨湾区时代首航盛典"，在广州隆重举行。

本次高峰论坛上，著名经济学家、中国经济体制改革研究会副会长樊纲强调，粤港澳大湾区的发展一定要有融合的眼光，这是世界上最大的湾区。一定要共同发展，共同融入大都市群，解决一些观念上的障碍。中国行政体制改革研究会副会长迟福林教授提出，要以服务贸易为重点推进粤港澳大湾区一体化，既有利于加快粤港澳大湾区一体化进程，也有利于提升粤港澳大湾区的国际竞争力。

雅居乐集团副总裁兼雅居乐地产集团总裁王海洋认为，最重要是理念的问题，粤港澳大湾区11个城市在经济方面是各有千秋，产业结构上面也不尽相同。因此，在顶层设计上如何形成产业互补，同时又能够结合本身顶层设计的理念，最终得以让人员、物品、信息、资金流动起来。乐居控股有限公司副总裁王合群也表示："如果广州、深圳和香港，这三个城市联合起来以后，粤港澳大湾区一定会发展得更精彩。"广东省社会科学院副院长赵细康设想："粤港澳三地应该联合成立一个超越三地的协商机构，能够制定出有规则的东西，有这样的政策之后，所有的问题都会迎刃而解。"

广东省房地产行业协会会长王韶指出，要打造高效的行政服务体系，要打破粤港澳大湾区的发展，必须要打破利益和行政的壁垒。同时，只有房住不炒才会吸引更多优秀人才到湾区。人在哪里，需求就在哪里，投资就在哪里。房地产发展，短期看政策，中期看金融，长期看人口。因此，现在粤系、京派、闽系、川派等各地房地产企业都跟着人走，加大粤港澳大湾区布局。

2017年4月1日，于无声处听惊雷，河北白洋淀的宁静一夜之间被打破。中共中央、国务院印发通知，宣布在河北雄县、安新、容城三县以及周边部分区域设立雄安新区。雄安新区就这样横空出世，从设立开始更具备着极高的战略定位。

官方媒体报道中提到，雄安新区是以习近平同志为核心的党中央做出的重大战略决策。被定位为继深圳经济特区和上海浦东新区之后又一具有全国意义的新区，也是继规划建设北京城市副中心后又一京津冀协同发展的历史性战略选择，是千年大计、国家大事。雄安新区对于集中疏解北京非首都功能，探索人口经济密集地区优化开发新模式，调整优化京津冀城市布局和空间结构，培育创新驱动发展新引擎，具有重大现实意义和深远历史意义。

纵观中国历史，能冠以"千年大计"的事件寥寥无几，足以见得它的重要性。设立雄安新区消息一出，立刻引发全国舆论热潮，各大国内外媒体竞相报道，朋友圈疯狂转发刷屏。市场各方解读虽不尽相同，但却也一度引发"去雄安买房！"的热潮。

只不过，在2017年4月2日，雄县和安新、容城都召开房地产整顿紧急会议，先后出台强力禁止炒房令，宣布停止一切住房销售交易、冻结所有房地产交易过户、就连在建的房子也一律停工、农民的自建房也不允许，二手房中介全部关门停业。与之呼应的是，中央政府要求严格控制新区大规模的房地产开发，但同时也提出改革创新住房制度。

2018年4月21日，《雄安新区规划纲要》正式发布，这份累计共10个篇章、2.3万多字的文件，与一年前雄安新区成立时一样，举世瞩目。蓝图跃然呈现，这份纲要详细地规划了雄安新区在未来17年里将如何建、怎么建的问题。而针对房地产，规划中明确指出："要改革创新住房制度。建立多主体供给、多渠道保障、租购并举的住房制度和房地产市场调控长效机制，严禁大规模房地产开发。"

实际上，从雄安新区一年的发展就能看出对房地产思路的转变。一年间，众多企业落户雄安，全部都为高端、高新企业、绿色科技等，其中包括阿里巴巴、腾讯、百度、中船重工、中国电信等48家企业。值得注意的是，这些名单中，房企身影甚少。其中仅有绿地、万科、中海、华润置地、华夏幸福，这些房企或通过设立分公司，或通过竞标项目方式进入雄安新区。

首吃"螃蟹"的是万科，2017年10月10日，万科在雄安新区以注册资本20亿元，成立雄安新区第一家房地产公司。尽管这些企业已经进驻雄安新区，不过在雄安新区严禁搞大规模房地产开发的明确定位下，它们主营业务并不是商品房项目的销售运营，而更多的是从事基础设施建设、居住生活服务、研究中心、政务服务中心等。

2018年4月，春意盎然，粤港澳大湾区、雄安新区成立满一周年之际，已处而立之年的海南则重新扬帆起航。《中国地产四十年》中，也有不少篇章中提及海南这个特殊的区域，可以看到的是，海南经历40年的发展，已从一个边远落后的边陲岛屿，发展成为中国改革开放的重要标志。这其中所发生的种种故事也足见海南的沧桑巨变与起伏沉浮，从广东省拆分出来独立设省，到获批创建经济特区，不管是洋浦风波、还是经历过的那些房地产泡沫、金融风险……

改革不是完成时，而是进行时。2018年4月13日，恰逢海南经济特区30周年，在庆祝大会上，中共中央决定支持海南全岛建设自由贸易试验区，支持海南逐步探索、稳步推进中国特色自由贸易港建设，分步骤、分阶段建立自由贸易港政策和制度体系。

对海南而言，这无疑又是一个巨大的利好。按照以往，每一次收获政策礼包，海南房地产市场都会应声大涨，不过，这一次海南及时对房地产进行调控，杜绝再次因为房地产过热而导致海南经济泡沫出现。

2018年4月22日晚，海南省政府发布《关于进一步稳定房地产市场的通知》，这份被称为史上最严的调控宣布：要实施海南岛全域限购，非海南省户籍居民家庭在新增限购区域购买住房的，须提供至少1名家庭成员在海南省累计24个月及以上个人所得税或社会保险缴纳证明，此前已实施限购区域则需要提供60个月相关证明。

2018年5月13日，海南省发布了推进自贸区（港）建设的46条举措，值得一提的是，在这份长达1.6万多字的文件中，"地产"这个关键词只出现了四次，但三次都与"调控"相连。由此可见，海南自贸区的发展，将保持对房地产行业调控态势，进行理性引导，促进海南经济健康成长。

2018年，恰逢改革开放40年，中国经济又一次站在历史的转折点，改革再出发成为时代新的召唤，国家先后发布粤港澳大湾区、雄安新区、海南自由贸易试验区，也是在启动新一轮的探索，中国将打造全新的超级城市群，构建互联互通的供应链枢纽，参与到全球化竞争之中。

美国经济学家帕拉格·康纳在《超级版图：全球供应链、超级城市与新商业文明的崛起》一书中提到，全球化正在进入超级全球化阶段，一幅全世界范围内互联互通的超级版图正在形成。在这张版图上，也能看到超级城市的出现。到2030年，全球将会出现50个超级城市群。

帕拉格·康纳认为，未来竞争取胜关键不在于军事力量，而看经济规划。中国目前正在建设20多个超级城市群，每个城市群都有望成为电子、建筑、能源、金融、电信等其他行业的供应链枢纽，中国正在这些行业领域开展全球化竞争。超级城市群是一连串基础设施最便利、供应链网络最发达的全球地理节点，超级城市群吸引着全球的资金、资源、人才、技术，小城市也必须将自身融入超级城市群，这是获得繁荣的唯一方法。

由此可见，尽管粤港澳大湾区、雄安新区、海南自由贸易试验区三个区域有着不同背景、定位和使命，但它们身上都肩负着区域协同发展，打造超级城市群，成长为中国新经济增长极，跻身世界超级城市群之列，架构互联互通枢纽网络的重要使命。或许在多年以后再往回看，又能看到中国改革开放进程中更多令人回味无穷的故事。

地产助力美好生活

《中国地产四十年》写到了2018年，可以看到房地产行业的萌芽、诞生、发展与高潮。早年中国内地的房企学习美国、日本、新加坡、中国香港等国家和地区，如今随着中国房地产行业迅猛发展，人民居住环境全面提高，多家房企接连跻身全球500强，中国房地产从"追随者"变为"领跑者"。

以中国香港为例，随着中国房企的壮大，近两年，在粤港澳大湾区的利好驱动下，香港也成为房企争相进入的市场，包括龙湖、海航、合景泰富、龙光地产等房企都不惜高价赴港夺地。

与此同时，港资撤离中国内地市场成为常态。除了最引人关注的李嘉诚之外，中渝置地、华人置业、恒基兆业等港资大鳄都在陆续抛售内地资产，即使部分香港开发商不出售资产，但亦少见投资。在新的市场格局下，这些曾经在内地叱咤风云的香港房企先行者已经跟不上中国内地房地产行业发展节奏。

对内地而言，40年最大的变化莫过于住房改革制度带来的影响。从1978年城镇居民人均住房建筑面积仅为6.7平方米，到现在人均住宅近40平方米，这其中不仅仅是人们居住条件的改善，更是整个房地产行业的变迁过程。

原建设部副部长，现任中国房地产行业协会会长的刘志峰颇有感触，作为中国住房改革制度的早期设计者之一，他不仅亲历房地产行业的变迁，在推动行业发展进程中，也贡献良多。

这位在房地产行业堪称元老级人物的刘志峰，2018年6月在接受乐居财经采访时谈道，房地产行业对于改革开放的贡献非常大，主要体现在四个方面：第一是极大地改善了老百姓的居住条件；第二，通过40年的住房制度改革，适应市场经济体制的城镇住房制度已经基本建立；第三，城市面貌发生了巨大变化；第四，老百姓的居民家庭财产发生了很大变化。

这一年，房贷租金抵个税终于要落地了。2018年6月19日，新华社消息显示，个人所得税法修正案草案19日提请十三届全国人大常委会三次会议审议。这是个税法自1980年出台38年来的第七次修正，也将开启我国个税制度的一次根本性改革。除了备受关注的个税起征点由每月3500元提高至每月5000元之外，住房贷款利息和住房租金等专项附加扣除，对广大购房者尤其是刚需购房者，无疑是重大利好消息。

这一年，住房租赁资产证券化领域的首份政策文件落地。2018年4月24日，《关于推进住房租赁资产证券化相关工作的通知》指出，将重点支持住房租赁企业发行以其持有不动产物业作为底层资产的权益类资产证券化产品，推动多类型具有债权性质的资产证券化产品，试点发行房地产投资信托基金（REITs）。

这一年，房地产税立法提速。2018年3月召开的两会指出，目前房地产税立法正在加快进行起草完善法律草案、重要问题的论证、内部征求意见等方面的工作，力争在2020年前完成。

这一年，全国不动产登记工作，进入全面运行阶段。2018年6月17日，央视援引自然资源部消息报道称，全国统一的不动产登记信息管理基础平台，目前已实现全国联网。实际上，自2014年正式启动不动产登记制度以来，该举措一直被人们视为房价涨跌的信号，以及是否影响和促成房产税落地及财产公开体系的建立的标志。

自然资源部数据显示，全国335个地市、2853个县区共设立3001个不动产登记办事大厅、3.8万个窗口，8万多一线登记工作人员平均每天为30多万企业和群众提供不动产登记服务。

在租售并举的背景下，买房需求向租房需求转化，各大房地产企业也加大长租公寓的开发力度。2018年4月，万科宣布在北京的首个长租项目启动预租，有90平方米的三居室和180平方米的四居室两种户型，每月房租1.5万~4万元，10年租金最低180万元，需要一次性付清。

10年180万元的"天价"租金，无疑把万科推向风口浪尖。公开资料显示，万科于2016年12月以59亿元拿下翡翠书院所属的海淀永丰地块，建设面积用地约8.5万平方米，每平方米接近6.89万元，而且，该地块为100%自持。项目周边的新房房源，目前售价也在8万元/平方米左右。

租房贷，也是中国房地产市场创新产品。早在2017年11月，建行广东省分行率先与佛山市联合推出国内首个政银合作的住房租赁监管及交易服务平台。

同月，建行在深圳开启银企合作，首批推出5481套长租房源，并发布国内首款个人住房租赁贷款产品"按居贷"。建行与11家房企合作，为长租客户提供无抵押、无担保的个人住房租赁贷款。

据了解，建行推出的个人租房贷款"按居贷"主要基于借款人资信状况，采用"信用+保证"的形式，根据借款人的工作年限、收入、公积金缴存、央行征信等情况，可给予期限最长10年、额度最高100万元的贷款。

截至2018年6月末，建行已与320个地级市及以上行政区合作签约，基本实现签约合作全覆盖，其中243个城市平台已上线。在平台上，建行与近1500家企业合作，其中住房租赁企业近千家，累计上线房源77万余套，储备房源29万套，已出租超过15万套。

2018年上半年的故事说完，对于2018年下半年展望，克而瑞研究报告指出，虽然当前多数热点城市房价上涨透支购买力，但居民信贷资金转向宽松预期不断强化，"降准"效果必将进一步显现，不难预测下半年楼市仍将"高位运行"，全年销售金额有望再创新高，面积同比持平甚至微增，房价整体仍将保持小幅增长。

细心的人会发现，在克而瑞研究报告中，政策调控、座次轮换、业绩沉浮、战略调整、创新变革是常有的事情。每家房企都在试图找到合适自身的发展路径，随着人民对生活水平要求越来越高，房地产行业内容也在变得越来越丰富，这也是时代的另一产物。

在《中国地产四十年·2017》中提到，党的十九大报告提出"永远把人民对美好生活的向往作为奋斗目标"之后，包括万科、碧桂园、融创、中交地产等多家房企积极响应，竞相参与到建设美好生活的奋斗目标中来。

2017年10月28日，中交地产举办全球品牌发布会，以"走进新时代，贯彻新思想，发布新品牌，肩负新使命，引领新地产，美好新生活"作为主题贯穿始终。本次盛典将中交地产新品牌定位为"美好生活营造者"，并进一步明确了中交房地产集团将打造以中交地产、绿城中国以及CHINAHOUSING（中国住房）为品牌架构的国内和海外三大地产开发业务品牌。

2017年11月2日，碧桂园、美的联合启动战略合作，达成共筑"美好生活"的奋斗目标。双方将在产城融合、科技小镇、智能家电、智慧家居、海外项目等细分领域进行多维度的合作，为社会大众创造美好生活体验，并进一步巩固双方的市场地位。

2017年11月10日，万科集团一年一度的媒体交流会在宁波召开，首次以万科集团董事会主席身份出席的郁亮为万科描绘新的发展未来，并明确提出万科要成为美好生活的场景师。

2017年11月15日，融创中国控股有限公司董事会主席、创始人孙宏斌，在"中国不动产金融年会2017"会议上演讲时称，房地产下半场要投资消费升级、投资美好生活。融创下一步的做法，投资美好生活，就是消费升级，买好房子，看电影，买电视，去旅游，这就是美好生活。

进入2018年，加入美好生活奋斗阵容的房地产企业越来越多，特别是乐居财经发起美好生活品牌计划之后，更是带动整个行业掀起轰轰烈烈的美好生活建设高潮。

2018年1月23日，2018年中国"美好生活"品牌计划由乐居财经发起，在新浪财经、《上海证券报》、中房网的支持下，中国房地产业协会、全国工商联家具装饰业商会、中国建筑材料流通协会、中国物业管理协会的共同指导下全面启动，这是继央视"国家品牌计划"、新华社"民族品牌工程"之后，首个面向房产、家居、物业行业围绕"美好生活"的领先品牌计划。

2018年4月2日，碧桂园、福晟、华夏幸福、俊发、龙光、绿城、美的置业、融创、泰禾、星河湾、远大住宅工业、金茂、中交房地产、中粮置地、卓越置地15家房地产企业率先加入中国"美好生活"品牌计划行列。中国房地产业协会会长刘志峰在接受乐居财经采访时表示："要将房地产的短板升级换代当作新的市场机会，打造满足群众美好生活需求的高品质住房体系。"

在改革开放40年历程中，中国房地产行业几乎从零开始，一直发展到如今十几万亿元的"巨无霸"规模。进入2018年，中国房地产行业没有停止过探索的步伐，依旧在前行的道路上，一步一个脚印，坚定走向远方。

地产40年，是座里程碑，也是道起跑线，新时代向美好生活再出发的召唤，震撼每位地产人的心扉。

对于历经洗礼、奋勇向前的中国房地产而言，将是全新的历史使命，更是重任在肩的责任！

心怀美好，阳光生活！

附 录

表1 GDP、全社会固定资产投资和房地产开发情况

项目	GDP		全社会固定资产投资		房地产开发投资		房企个数	房地产从业人数	房地产开发投资占全社会固定资产投资比重（%）	房地产开发投资占GDP比重（%）
年份	总量（亿元）	增长率（%）	总量（亿元）	增长率（%）	总量（亿元）	增长率（%）				
1978	3678.7	11.7								
1979	4100.5	7.6								
1980	4587.6	7.8	910.9							
1981	4935.8	5.2	961	5.5						
1982	5373.4	8.9	1230.4	28						
1983	6020.9	10.8	1430.1	16.2						
1984	7278.5	15.1	1832.9	28.2						
1985	9098.9	13.4	2543.2	38.8						
1986	10376.2	8.9	3120.6	22.7						
1987	12174.6	11.7	3791.7	21.5	149.9	48.4			3.95	1.23
1988	15180.4	11.2	4753.8	25.4	257.2	71.6			5.41	1.69
1989	17179.7	4.2	4410.4	-7.2	272.7	6			6.18	1.59
1990	18872.9	3.9	4517	2.4	253.3	-7.1			5.61	1.34
1991	22005.6	9.3	5594.5	23.9	336.2	32.7			6.01	1.53
1992	27194.5	14.2	8080.1	44.4	731.2	117.5			9.05	2.69
1993	35673.2	13.9	13072.3	61.8	1937.5	165			14.82	5.43

续表

项目 年份	GDP 总量（亿元）	GDP 增长率（%）	全社会固定资产投资 总量（亿元）	全社会固定资产投资 增长率（%）	房地产开发投资 总量（亿元）	房地产开发投资 增长率（%）	房企个数	房地产从业人数	房地产开发投资占全社会固定资产投资比重（%）	房地产开发投资占全社会投资比重（%）	房地产开发投资占GDP比重（%）
1994	48637.5	13.1	17042.1	30.4	2554.1	31.8			14.99		5.25
1995	61339.9	10.9	20019.3	17.5	3149	23.3			15.73		5.13
1996	71813.6	9.9	22913.5	14.5	3216.4	2.1			14		4.48
1997	79715	9.2	24941.1	8.8	3178.37	-1.2	21286	683217	12.74		3.99
1998	85195.5	7.8	28406.2	13.9	3614.22	13.7	24378	825888	12.72		4.24
1999	90564.4	7.7	29854.7	5.1	4103.2	13.5	25762	880257	13.74		4.53
2000	100280.1	8.5	32917.73	10.3	4984.05	21.5	27303	971942	15.14		4.97
2001	110863.1	8.3	37213.49	13	6344.11	27.3	29552	1062319	17.05		5.72
2002	121717.4	9.1	43499.91	16.9	7790.92	22.8	32618	1134009	17.91		6.4
2003	137422	10	55566.61	27.7	10153.8	30.3	37123	1205355	18.27		7.39
2004	161840.2	10.1	70477.4	25.8	13158.25	29.6	59242	1585428	18.67		8.13
2005	187318.9	11.4	88773.62	26	15909.25	20.9	56290	1516150	17.92		8.49
2006	219438.5	12.7	109998.2	23.9	19422.92	22.1	58710	1600930	17.66		8.86
2007	270232.3	14.2	137323.94	24.8	25288.84	30.2	62518	1719666	18.42		9.36
2008	319515.5	9.7	172828.4	25.9	31203.19	23.4	87562	2100362	18.05		9.78
2009	349081.4	9.4	224598.77	30.1	36241.81	16.1	80407	1949295	16.1		10.38
2010	413030.3	10.6	251683.77	12.1	48259.4	33.2	85218	2091147	19.2		11.68
2011	489300.6	9.5	311485.13	23.8	61796.89	28.1	88419	2256964	19.8		12.63
2012	540367.4	7.9	374694.74	20.1	71803.79	16.2	89859	2386772	19.2		13.29
2013	595244.4	7.8	446294.09	19.1	86013.38	19.8	91444	2591814	19.3		14.45
2014	643974	7.3	512020.65	14.7	95035.61	10.5	94197	2760070	18.6		14.76
2015	689052.1	6.9	561999.83	9.8	95978.85	1	93426	2738454	17.1		13.93
2016	744127.2	6.7	606466	7.9	102580.61	6.9	94948	2752298	16.9		13.8
2017	827122	6.9	641238	7	109799	7			17.4		13.27

资料来源：国家统计局。

表 2　中国人口数及城市化水平

年份	年底人口数（万人）	城镇人口数（万人）	乡村人口	城镇人口比重（%）
1949	54167	5765	48402	10.64
1950	55196	6169	49027	11.18
1953	58796	7826	50970	13.31
1960	67207	13073	54134	19.75
1965	72538	13045	59493	17.98
1970	82992	14424	68568	17.38
1975	92420	16030	76390	17.34
1978	96259	17245	79014	17.92
1979	97542	18495	79047	18.96
1980	98705	19140	79565	19.39
1981	100072	20171	79901	20.16
1982	101654	21480	80174	21.13
1983	103008	22274	80734	21.62
1984	104357	24017	80340	23.01
1985	105851	25094	80757	23.71
1986	107507	26366	81141	24.52
1987	109300	27674	81626	25.32
1988	111026	28661	82365	25.81
1989	112704	29540	83164	26.21
1990	114333	30195	84138	26.41
1991	115823	31203	84620	26.94
1992	117171	32175	84996	27.46
1993	118517	33173	85344	27.99
1994	119850	34169	85681	28.51
1995	121121	35174	85947	29.04
1996	122389	37304	85085	30.48
1997	123626	39449	84177	31.91
1998	124761	41608	83153	33.35
1999	125786	43748	82038	34.78
2000	126743	45906	80837	36.22
2001	127627	48064	79563	37.66
2002	128453	50212	78241	39.09
2003	129227	52376	76851	40.53
2004	129988	54283	75705	41.76
2005	130756	56212	74544	42.99
2006	131448	58288	73160	44.34
2007	132129	60633	71496	45.89
2008	132802	62403	70399	46.99

续表

年份	年底人口数（万人）	城镇人口数（万人）	乡村人口	城镇人口比重（%）
2009	133450	64512	68938	48.34
2010	134091	66978	67113	49.95
2011	134735	69079	65656	51.27
2012	135404	71182	64222	52.57
2013	136072	73111	62961	53.73
2014	136782	74916	61866	54.77
2015	137462	77116	60346	56.1
2016	138271	79298	58973	57.35
2017	139008	81347	57661	58.52

资料来源：《中国统计年鉴（2017）》《2017年国民经济和社会发展统计公报》。

表3 全国土地出让情况以及房企土地开发、购置

年份	全国土地出让金额（亿元）	全国土地出让面积（公顷）	本年完成开发土地面积（万平方米）	土地购置费用（亿元）	待开发土地面积（万平方米）	本年购置土地面积（万平方米）
1997			7371.3	247.6	17670.1	6641.7
1998			7730.1	375.4	13530.7	10109.3
1999			9319.6	500	13505.2	11958.9
2000			11666.1	733.9	14754.8	16905.2
2001	492	6609	15315.8	1038.8	14582.1	23409
2002	969.24	1.809万	19416	1445.8	19178.7	31356.8
2003	5421.3	18.68万	22166.3	2055.2	21782.6	35696.5
2004	5894.14	17.87万	19740.2	2574.5	39653.3	39784.7
2005	5505.15	16.32万	22676.2	2904.4	27522	38253.7
2006	7676.89	23.25万	27128.4	3814.5	37523.7	36573.6
2007	1.276	22.65万	27566.2	4873.2	41484	40245.8
2008	9397	16.31万	28709.8	5995.6	48161.1	39353.4
2009	1.717万	22.08万		6023.7	32816.5	31909.5
2010	2.71万	29.15万		9999.9	31457.95	39953.1
2011	3.15万	33.39万		11527.3	40220.76	44327.4
2012	2.69万	32.28万		12100.15	40195.99	35666.8
2013	4.20万	36.70万		13501.73	42280.47	38814.38
2014	3.34万	27.18万		17458.53	42136.28	33383.03
2015	2.98万	22.14万		17675.44	36638.48	22810.79
2016	3.56万	20.82万		18778.68	35121.01	22025.25
2017	4.99万	22.54万				25508

资料来源：国家统计局：《中国国土资源公报》。

表4　全国商品房开工、竣工、销售情况

年份	本年新开工房屋面积（万平方米）	竣工房屋		房屋销售		商品房销售	
		面积（万平方米）	增长率（%）	面积（万平方米）	增长率（%）	金额（亿元）	增长率（%）
1987	39856.6			2697.24		110.1	
1988	42735.2			2927.33	8.5	147.22	33.72
1989	40649.9			2855.36	-2.5	163.75	11.23
1990	37923			2871.54	0.4	201.83	23.25
1991	41054.2			3025.46	5.6	237.86	17.85
1992	51885.4			4288.86	41.8	426.59	79.35
1993	65374.2			6687.91	55.9	863.71	102.47
1994	78032.2	11637		7230.35	8.1	1018.5	17.92
1995	89862.8	14873.9	27.8	7905.94	9.3	1257.73	23.49
1996	129087	15365.7	3.3	7900.41	-0.1	1427.13	13.47
1997	14026.98	15819.7	3	9010.17	14	1799.48	26.1
1998	20387.9	17566.6	11	12185.3	35.2	2513.3	39.7
1999	22579.4	21410.8	21.9	14556.53	19.5	2987.87	18.9
2000	29582.6	25104.9	17.3	18637.13	28	3935.44	31.7
2001	37394.2	29867.4	19	22411.9	20.2	4862.75	23.6
2002	42800.5	34975.8	17.1	26808.29	19.6	6032.34	24.1
2003	54707.5	41464.1	18.6	33717.62	25.8	7955.66	31.9
2004	60413.9	42464.9	2.4	38231.64	13.4	10375.71	30.4
2005	68064.4	53417	25.8	55486.22	45.1	17576.13	69.4
2006	79252.8	55830.9	4.5	61857.07	11.5	20825.96	18.5
2007	95401.5	60606.7	8.6	77354.72	25.1	29889.12	43.5
2008	97574	58502	-3.5	62089	-19.7	24071	-19.5
2009	115400	70200	5.5	93713	42.1	43995	75.5
2010	163800	76000	4.5	104300	10.1	52500	18.3
2011	190100	89200	13.3	109366.75	4.9	59119	12.1
2012	177334	99425	7.3	111304	1.8	64456	10
2013	201207.84	101434.99	2	130550.59	17.3	81428	26.3
2014	179592.49	107459.05	5.9	120648.54	-7.6	76292	-6.3
2015	154453.68	100039.1	-6.9	128494.97	6.5	87281	14.4
2016	166928.13	106127.71	6.1	157348.53	22.5	117627	34.8
2017	178654	101486	-4.4	169408	7.7	133701	13.7

资料来源：国家统计局。

表5 中国城镇新建住房与人均住房建筑面积

年份	城镇新建住房面积（亿平方米）	城市人均住房建筑面积（平方米）	住宅价格（元/平方米）
1978	0.38	6.7	
1980	0.92	7.2	
1985	1.88	10	
1986	2.22	12.4	
1987	2.23	12.7	377
1988	2.4	13	464
1989	1.97	13.5	529
1990	1.73	13.7	648
1991	1.92	14.2	756
1992	2.4	14.8	996
1993	3.08	15.2	1208
1994	3.57	15.7	1194
1995	3.75	16.3	1509
1996	3.95	17	1605
1997	4.06	17.8	1790
1998	4.76	18.7	1854
1999	5.59	19.4	1857
2000	5.49	20.3	1948
2001	5.75	20.8	2017
2002	5.98	22.8	2092
2003	5.5	23.7	2197
2004	5.69	25	2608
2005	6.61	26.1	2937
2006	6.3	28.5	3119
2007	6.88	30.1	3645
2008	7.6	30.6	3576
2009	8.21	31.3	4459
2010	8.69	31.6	4725
2011	9.49	32.7	4993
2012	10	32.9	5430
2013			5850
2014			5933
2015			6473
2016		36.6	7203
2017			

资料来源：国家统计局。

表6 近三十年来各地区生产总值对比

年份	中国（亿元人民币）	中国台湾（亿元新台币）	中国香港（亿港元）	中国澳门（亿澳门元）	日本（亿美元）	美国（亿美元）
1989	17179.7	40293.0	5365.6	220.6	30523.0	56576.0
1990	18872.9	44120.0	5992.6	261.8	31399.0	59795.0
1991	22005.6	49278.0	6913.2	303.3	35781.0	61740.0
1992	27194.5	54598.0	8071.3	389.0	38978.0	65392.0
1993	35673.2	60322.0	9310.1	448.2	44665.0	68787.0
1994	48637.5	65710.0	10496.1	498.8	49070.0	73087.0
1995	61339.9	71291.0	11190.1	557.4	54491.0	76640.0
1996	71813.6	77876.0	12353.0	567.4	48337.0	81002.0
1997	79715.0	84174.0	13730.8	575.1	44147.0	86085.0
1998	85195.5	90066.0	13080.7	538.0	40325.0	90891.0
1999	90564.4	97314.0	12859.5	518.7	45620.0	96606.0
2000	100280.1	101716.0	13375.0	539.4	48875.0	102847.0
2001	110863.1	100542.0	13211.4	547.2	43035.0	106218.0
2002	121717.4	105358.0	12973.4	588.3	41151.0	109775.0
2003	137422.0	110251.0	12566.7	657.3	44456.0	115106.0
2004	161840.2	117374.0	13169.5	849.2	48151.0	122749.0
2005	187318.9	123831.0	14121.3	968.7	47554.0	130937.0
2006	219438.5	129525.0	15033.5	1183.4	45303.0	138558.0
2007	270232.3	137398.0	16507.6	1473.8	45152.0	144776.0
2008	319515.5	134656.0	17074.9	1677.6	50379.0	147185.0
2009	349081.4	133757.0	16592.5	1714.7	52313.0	144187.0
2010	413030.3	135489.0	17763.3	2250.5	57000.0	149643.0
2011	489300.6	147006.0	19344.3	2943.5	61574.0	155179.0
2012	540367.4	151411.0	20371.0	3438.2	62032.0	161552.0
2013	595244.4	156546.0	21383.0	4118.7	51557.0	166915.0
2014	643974.0	165824.0	22600.0	4420.7	48487.0	173931.0
2015	689052.0	173179.0	23984.0	3626.4	43830.0	180366.0
2016	744127.0	177166.0	24910.0	3582.0	49393.0	185691.0

资料来源：中国统计局、世界银行。

表7 克而瑞房企销售排行榜（2014－2017）

2014年中国房地产企业销售金额TOP100排行榜		
排名	公司名称	销售金额（亿元）
1	万科地产	2120.0
2	绿地集团	2080.2
3	万达集团	1501.0
4	恒大地产	1376.3
5	保利地产	1361.6
6	碧桂园	1250.1
7	中海地产	1152.0
8	世茂房地产	707.8
9	华润置地	699.8
10	融创中国	658.0
11	富力地产	550.0
12	绿城中国	525.3
13	华夏幸福	520.0
14	龙湖地产	510.0
14	招商地产	510.0
16	金地集团	486.7
17	雅居乐	430.0
18	远洋地产	360.0
19	九龙仓	296.6
20	金科集团	288.0
21	荣盛发展	282.9
22	佳兆业	282.0
23	中国铁建	272.1
24	中国中铁	252.3
25	新城控股	251.0
26	首创置业	248.6
27	保利置业	245.0
28	金隅股份	234.0
29	阳光城	230.7
30	旭辉集团	223.0
31	越秀地产	220.6
32	中信地产	215.2
33	方兴地产	215.0
34	蓝光实业	210.1
35	合景泰富	208.7

续表

排名	公司名称	销售金额（亿元）
36	中南集团	207.0
37	复地集团	205.6
38	首开股份	205.0
39	泰禾集团	201.0
40	华侨城	187.1
41	敏捷地产	180.0
42	正荣集团	169.0
43	电建地产	168.6
44	融信集团	167.0
45	金辉地产	165.5
46	建业地产	157.2
47	时代地产	156.0
48	协信集团	155.3
49	雨润地产	155.1
50	中粮集团	154.3
50	升龙集团	154.3
52	世纪金源	154.0
53	海亮地产	151.0
54	中天城投	146.7
55	卓越集团	143.0
56	俊发地产	141.9
57	金融街	141.0
58	路劲基建	140.5
59	海航地产	140.3
60	建发房产	140.2
61	融侨集团	138.3
62	五矿地产	126.0
63	仁恒置地	122.3
64	中国奥园	122.2
65	禹洲地产	121.0
66	花样年	120.0
67	和记黄埔	117.7
68	雅戈尔	116.6
69	中骏置业	111.1
70	宝龙地产	111.0
71	龙光地产	110.0

排名	公司名称	销售金额（亿元）
72	新世界中国	109.7
73	文一地产	107.0
74	朗诗集团	106.2
75	深业集团	106.0
76	大华集团	105.0
77	正商地产	97.0
78	滨江集团	96.3
79	景瑞地产	91.7
80	京投银泰	90.8
81	新湖中宝	86.7
82	鲁商置业	82.8
83	宏立城	82.4
84	鑫苑中国	82.3
85	瑞安房地产	81.7
86	华宇地产	80.5
87	奥克斯置业	80.0
88	北京住总	79.7
89	国贸地产	78.3
90	农工商房产	76.4
91	嘉凯城	75.0
92	亿达中国	74.2
93	星河湾	73.5
94	华发股份	73.3
95	一方集团	73.2
96	当代置业	72.8
97	新鸿基地产	72.5
98	凯德置地	72.1
99	中航地产	71.6
100	苏宁环球	70.3

2014年中国房地产企业销售面积TOP100排行榜

排名	公司名称	成交面积（万平方米）
1	绿地集团	2010.8
2	恒大地产	1901.7
3	碧桂园	1880.7
4	万科地产	1783.9
5	万达集团	1183.8

续表

排名	公司名称	成交面积(万平方米)
6	保利地产	1065.6
7	中海地产	950.6
8	华润置地	659.5
9	世茂房地产	583.4
10	华夏幸福	570.0
11	龙湖地产	470.9
12	荣盛发展	467.6
13	雅居乐	442.0
14	金科集团	427.0
15	富力地产	396.0
16	金地集团	393.8
17	招商地产	351.7
18	中国铁建	321.0
19	融创中国	315.5
20	新城控股	295.0
21	中国中铁	285.0
22	佳兆业	275.6
23	中南集团	263.8
24	绿城中国	260.5
25	蓝光实业	259.6
26	远洋地产	257.0
27	世纪金源	252.0
28	首创置业	247.1
29	保利置业	240.0
30	建业地产	225.0
31	九龙仓	216.9
32	俊发地产	212.7
33	海亮地产	212.3
34	中天城投	209.6
35	敏捷地产	202.4
36	中信地产	201.0
37	越秀地产	191.6
38	金辉地产	190.0
39	旭辉集团	186.0
40	阳光城	175.8
41	宏立城	170.3

续表

排名	公司名称	成交面积（万平方米）
42	文一地产	160.0
43	雨润地产	158.9
44	花样年	158.7
45	电建地产	156.6
46	首开股份	154.7
47	正荣集团	150.8
48	合景泰富	149.7
49	升龙集团	148.3
50	时代地产	147.4
51	复地集团	146.4
52	金隅股份	145.0
53	中国奥园	136.9
54	路劲基建	130.0
55	龙光地产	128.8
56	协信集团	125.8
57	宝龙地产	125.0
58	中骏置业	121.3
59	海航地产	121.1
60	禹洲地产	117.0
61	正商地产	113.5
62	泰禾集团	113.4
63	融侨集团	111.5
64	五矿地产	111.0
65	融信集团	103.3
66	景瑞地产	101.6
67	深业集团	95.2
68	卓越集团	93.5
69	华宇地产	88.9
70	方兴地产	87.9
71	新世界中国	86.0
72	中粮集团	85.7
73	朗诗集团	84.0
74	阳光100	81.0
75	农工商房产	80.1
76	鲁商置业	79.2
77	中渝置地	77.6

续表

排名	公司名称	成交面积（万平方米）
78	鑫苑中国	76.3
79	当代置业	75.7
80	和记黄埔	74.5
81	宝能集团	74.4
82	奥克斯置业	73.2
83	新湖中宝	73.0
84	建发房产	70.3
85	雅戈尔	67.6
86	隆鑫地产	67.3
87	大华集团	62.8
88	苏宁环球	61.6
89	华侨城	61.2
90	美好置业	61.1
91	亿达中国	59.1
92	蓝润集团	56.9
93	鲁能置业	55.0
93	湖北联投	55.0
95	恒基兆业	53.9
96	信达地产	49.0
97	仁恒置地	48.6
98	国贸地产	48.5
99	天朗地产	48.1
100	中航地产	47.8

2015 年中国房地产企业销售金额 TOP100 排行榜

排名	公司名称	2015 年销售金额（亿元）
1	万科地产	2627.0
2	恒大地产	2050.4
3	绿地集团	2015.1
4	万达集团	1512.6
5	中海地产	1492.3
6	保利地产	1471.1
7	碧桂园	1401.8
8	华润置地	851.1
9	融创中国	731.2
10	华夏幸福	725.1

续表

排名	公司名称	2015年销售金额（亿元）
11	绿城中国	723.8
12	世茂房地产	670.5
13	金地集团	621.2
14	招商蛇口	570.1
15	龙湖地产	542.8
16	富力地产	535.7
17	雅居乐	429.3
18	远洋地产	421.2
19	中国铁建	372.5
20	荣盛发展	358.0
21	新城控股	323.8
22	泰禾集团	323.3
23	首创置业	323.2
24	保利置业	313.1
25	旭辉集团	312.5
26	正荣集团	306.3
27	中国金茂	303.0
28	阳光城	300.1
29	融信集团	295.3
30	首开股份	295.1
31	金科集团	293.0
32	仁恒置地	291.0
33	中国中铁	290.9
34	九龙仓	280.0
35	复地集团	260.4
36	越秀地产	248.0
37	建发房产	239.1
38	龙光集团	235.3
39	滨江集团	234.9
40	卓越集团	233.1
41	中信地产	231.3
42	中南集团	229.0
43	升龙集团	223.1
44	深业集团	220.8
45	鲁能置业	220.7
46	金辉地产	220.6

续表

排名	公司名称	2015年销售金额（亿元）
47	中粮集团	215.0
48	融侨集团	206.0
49	电建地产	202.1
50	时代地产	196.3
51	中天城投	193.1
52	合景泰富	191.5
53	蓝光实业	183.7
54	朗诗集团	180.0
55	五矿地产	178.1
56	中骏置业	175.3
57	华侨城	175.0
58	路劲基建	174.1
59	瑞安房地产	173.8
60	和记黄埔	173.7
61	海亮地产	171.1
62	禹洲集团	170.2
63	建业地产	165.7
64	世纪金源	164.6
65	金融街	160.5
66	新世界中国	158.3
67	北京城建	158.1
68	中国奥园	151.0
69	红星地产	145.1
70	陆家嘴	144.2
71	鸿荣源地产	142.4
72	宝龙地产	140.3
73	鑫苑中国	135.6
74	敏捷地产	135.3
75	金隅股份	134.2
76	正商地产	130.3
77	协信集团	129.4
78	光明地产	129.1
79	东原地产	128.0
80	星河房地产	126.2
81	融科智地	125.0
82	凯德置地	121.8

续表

排名	公司名称	2015年销售金额（亿元）
83	海尔地产	120.6
84	华发股份	118.0
85	泛海建设	117.2
86	大华集团	116.1
87	美的地产	115.4
88	花样年	115.0
89	文一地产	113.2
90	合生创展	112.1
91	当代置业	112.0
92	新湖中宝	110.8
93	中交地产	110.0
94	俊发地产	107.7
95	京投银泰	107.0
96	绿都地产	106.2
97	信达地产	105.8
98	蓝润地产	105.7
99	宏立城	104.2
100	厦门国贸	103.8

2015年中国房地产企业销售面积TOP100排行榜

排名	公司名称	2015年销售面积（万平方米）
1	恒大地产	2628.6
2	碧桂园	2182.8
3	万科地产	2094.9
4	绿地集团	1820.0
5	万达集团	1574.8
6	中海地产	1285.9
7	保利地产	1160.5
8	华润置地	668.9
9	华夏幸福	665.0
10	荣盛发展	577.9
11	世茂房地产	554.8
12	雅居乐	493.7
13	金科集团	455.8
14	金地集团	455.1
15	龙湖地产	431.0
16	富力地产	410.0

续表

排名	公司名称	2015年销售面积（万平方米）
17	绿城中国	394.5
18	中国铁建	383.4
19	融创中国	357.8
20	中国中铁	356.6
21	招商蛇口	356.3
22	新城控股	351.0
23	远洋地产	340.0
24	建业地产	296.8
25	中南集团	279.1
26	龙光集团	271.6
27	首创置业	261.3
28	保利置业	260.2
29	正荣集团	235.0
30	中天城投	231.5
31	阳光城	228.8
32	越秀地产	227.4
33	蓝光实业	227.2
34	时代地产	223.8
35	旭辉集团	223.2
36	鲁能置业	219.0
37	中信地产	216.2
38	世纪金源	215.4
39	金辉地产	208.3
40	海亮地产	207.5
41	升龙集团	195.6
42	电建地产	188.9
43	首开股份	187.9
44	中国奥园	187.0
45	美的地产	183.2
46	泰禾集团	181.0
47	融侨集团	180.6
48	复地集团	180.3
49	路劲基建	165.8
50	融信集团	162.9
51	正商地产	161.2
52	九龙仓	159.8

续表

排名	公司名称	2015年销售面积（万平方米）
53	禹洲集团	158.4
54	宝龙地产	152.8
55	建发房产	150.8
56	红星地产	145.8
57	宏立城	145.7
58	文一地产	145.6
59	合景泰富	145.2
60	敏捷地产	143.1
61	蓝润地产	142.5
62	绿都地产	141.8
63	雨润地产	141.2
64	鑫苑中国	140.3
65	五矿地产	136.8
66	东原地产	135.3
67	中交地产	135.0
68	深业集团	134.3
69	花样年	134.0
70	中骏置业	131.9
71	新世界中国	129.5
72	朗诗集团	128.5
73	当代置业	126.8
74	俊发地产	123.8
75	中粮集团	123.0
76	中国金茂	120.1
77	融科智地	120.0
78	光明地产	114.3
79	信达地产	112.9
80	金融街	112.0
81	北大资源	110.1
82	邦泰集团	109.3
83	海尔地产	109.0
84	协信集团	108.3
85	海伦堡地产	107.6
86	广电地产	103.1
87	华发股份	103.0
88	华强新城市	101.9

续表

排名	公司名称	2015年销售面积（万平方米）
89	和昌地产	101.5
90	仁恒置地	101.3
91	和记黄埔	99.1
92	合生创展	98.1
93	阳光100	97.7
94	滨江集团	97.5
95	卓越集团	95.2
96	五洲集团	94.4
97	新湖中宝	93.7
98	联发集团	92.6
99	佳兆业	90.0
100	星河房地产	89.7

2016年中国房地产企业销售金额TOP200排行榜

排名	企业简称	销售金额（亿元）
1	中国恒大	3731.5
2	万科地产	3622.0
3	碧桂园	3090.3
4	绿地集团	2513.1
5	保利地产	2203.2
6	中海地产	1925.1
7	融创中国	1500.3
8	华夏幸福	1200.1
9	绿城中国	1136.1
10	万达集团	1100.2
11	华润置地	1080.1
12	金地集团	1006.3
13	龙湖地产	858.1
14	招商蛇口	735.2
15	新城控股	685.2
16	世茂房地产	681.1
17	首开股份	654.1
18	旭辉集团	653.2
19	富力地产	651.3
20	鲁能集团	646.7
21	雅居乐	530.2

续表

排名	企业简称	销售金额（亿元）
22	远洋地产	526.1
23	中南置地	502.3
24	正荣集团	490.1
25	荣盛发展	489.1
26	阳光城	487.2
27	中国金茂	485.4
28	中国铁建	476.8
29	融信集团	460.5
30	首创置业	455.2
30	金科集团	455.2
32	泰禾集团	400.1
33	复地集团	381.2
34	华发股份	370.5
35	龙光集团	370.2
36	融侨集团	362.5
37	保利置业	362.1
38	九龙仓	361.3
39	蓝光实业	339.1
40	中梁地产	336.8
41	仁恒置地	333.1
42	滨江集团	330.0
43	卓越集团	325.1
44	建发房产	324.8
45	越秀地产	318.1
46	佳兆业	317.1
47	电建地产	316.1
48	升龙集团	313.2
49	时代地产	312.1
50	路劲基建	310.3
51	中粮集团	310.1
52	金辉地产	307.2
53	朗诗集团	302.1
54	天房发展	291.7
55	长实地产	290.0
56	中国中铁	289.5
57	合景泰富	289.3

续表

排名	企业简称	销售金额（亿元）
58	金融街	286.6
59	禹洲集团	283.8
60	深业集团	283.1
61	中天城投	276.9
62	华侨城	275.3
63	中骏集团	272.2
64	正商地产	261.2
65	中国奥园	256.2
66	和裕地产	242.3
67	瑞安房地产	239.7
68	中航里城	233.3
69	隆基泰和	227.3
70	海亮地产	227.1
71	福晟集团	226.7
72	东原地产	226.2
73	北辰实业	225.8
74	建业地产	221.4
75	新世界中国	220.7
76	中冶置业	220.4
77	金隅股份	214.7
78	美的地产	212.7
79	五矿地产	210.3
80	海尔地产	203.1
81	景瑞地产	202.7
82	鸿荣源	201.5
83	北大资源	191.3
84	鑫苑中国	190.7
85	国贸地产	190.2
86	俊发地产	190.1
87	上海地产	186.8
88	海伦堡地产	185.7
89	敏捷地产	185.3
90	文一地产	184.2
91	红星地产	180.1
92	宝龙地产	174.9
93	大华集团	169.1

续表

排名	企业简称	销售金额（亿元）
94	方圆地产	167.4
95	当代置业	165.7
96	和昌地产	164.5
97	新力置地	161.3
98	信达地产	160.2
99	绿都地产	156.9
100	弘阳集团	156.8
100	德信地产	156.8
102	北京城建	156.2
103	鸿坤集团	154.2
104	三盛宏业	153.9
105	苏宁置业	152.8
105	星河湾	152.8
107	联发集团	152.1
108	凯德置地	149.2
109	新湖中宝	147.9
110	深圳地铁	147.7
111	光明地产	145.3
111	新希望地产	145.3
113	联泰地产	144.3
114	蓝润地产	143.1
115	三盛地产	138.1
116	东亚新华	137.9
117	京投发展	137.8
118	宝能集团	137.4
119	新华联	136.4
120	荣和集团	135.5
121	新鸿基地产	129.2
122	中迪禾邦	128.1
123	花样年	123.2
124	中华企业	120.7
125	嘉里建设	119.6
126	泰达股份	119.1
127	世纪金源	118.7
128	国瑞置业	115.2
129	葛洲坝	114.6

续表

排名	企业简称	销售金额（亿元）
129	泛海建设	114.6
131	中建东孚	110.5
132	协信集团	110.2
133	云南城投	108.1
134	北京住总	106.1
135	中洲控股	105.4
136	上海建工	102.9
137	珠江投资	101.2
138	海航地产	100.7
139	福星股份	99.9
140	星河地产	97.0
141	阳光100	94.4
142	华宇集团	94.1
143	中惠熙元	91.7
144	上实城开	91.1
145	国购集团	90.7
146	信义地产	90.1
147	宏立城	89.5
148	华远地产	87.5
149	大唐地产	86.1
150	翠屏国际	85.9
151	置地集团	85.7
152	亿达中国	85.1
153	南益地产	84.9
154	合生创展	84.4
155	保集集团	82.8
156	雅戈尔	82.7
157	陆家嘴	81.8
158	海信地产	80.6
159	明发集团	80.2
160	上实发展	80.1
161	邦泰集团	78.2
162	华强新城市	76.5
163	象屿集团	76.2
164	世荣兆业	75.6
165	嘉华国际	73.2

续表

排名	企业简称	销售金额(亿元)
166	张江高科	72.7
167	南山控股	72.3
168	彰泰集团	70.7
169	恒基兆业	70.1
170	华业地产	69.4
171	光大地产	69.0
172	大家房产	67.8
173	重庆隆鑫	67.2
174	番禺地产	65.9
175	国浩中国	65.7
176	奥克斯置业	65.6
177	天地源	64.7
178	苏州高新	64.5
179	苏宁环球	62.0
180	海沧投资	61.1
181	银亿股份	61.0
182	众安房产	59.3
183	中天房产	58.4
184	银城地产	57.2
185	华南城	57.1
186	鸿通集团	56.9
186	嘉和集团	56.9
188	中庚集团	56.7
189	宋都房产	56.5
190	汤臣集团	56.3
191	重庆泽京	55.1
192	吉宝置业	54.9
193	亚星置业	54.1
194	珠光集团	54.0
195	天津住宅集团	53.8
196	万业企业	53.5
197	荣安地产	53.3
198	大名城	52.3
199	顺发恒业	51.9
200	青岛银盛泰	51.3

2016 年中国房地产企业销售面积 TOP200 排行榜

排名	企业简称	销售面积（万平方米）
1	中国恒大	4467.6
2	碧桂园	3782.7
3	万科地产	2756.0
4	绿地集团	2015.4
5	保利地产	1664.6
6	中海地产	1335.8
7	万达集团	1221.0
8	华夏幸福	975.2
9	华润置地	780.6
10	融创中国	726.7
11	金科集团	694.9
12	金地集团	665.9
13	绿城中国	624.5
14	荣盛发展	606.7
15	新城控股	594.9
16	龙湖地产	594.2
17	雅居乐	540.7
18	富力地产	491.7
19	世茂房地产	491.6
20	鲁能集团	475.0
21	招商蛇口	468.7
22	中南置地	450.6
23	中国铁建	420.1
24	旭辉集团	369.1
25	中国中铁	354.1
26	阳光城	353.1
27	中天城投	324.8
28	龙光集团	320.1
29	隆基泰和	314.2
30	蓝光实业	313.8
31	正荣集团	313.2
32	首开股份	305.7
33	建业地产	301.7
34	金辉地产	296.9
35	中国奥园	296.6
36	融侨集团	292.3

续表

排名	企业简称	销售面积(万平方米)
37	美的地产	290.5
38	保利置业	289.3
39	复地集团	279.1
40	时代地产	271.4
41	正商地产	270.7
42	远洋地产	270.2
43	电建地产	268.5
44	泰禾集团	268.3
45	俊发地产	262.8
46	海亮地产	257.5
47	越秀地产	256.0
48	佳兆业	240.6
49	中国金茂	238.8
50	融信集团	237.7
51	升龙集团	237.2
52	路劲基建	229.9
53	禹洲集团	225.2
54	九龙仓	223.0
55	首创置业	220.5
56	中梁地产	208.5
57	福晟集团	205.4
58	海伦堡地产	202.7
59	敏捷地产	201.3
60	建发房产	200.9
61	合景泰富	199.6
62	景瑞地产	195.6
63	东原地产	193.0
64	北大资源	192.4
65	绿都地产	192.0
66	鑫苑中国	188.7
67	和昌地产	183.4
68	中迪禾邦	180.5
69	中骏集团	179.7
70	中航里城	179.5
71	文一地产	177.5
72	华发股份	175.8

续表

排名	企业简称	销售面积（万平方米）
73	海尔地产	172.6
74	红星地产	165.4
75	朗诗集团	165.2
76	新力置地	164.7
77	金融街	161.3
78	联发集团	160.3
79	中冶置业	158.5
80	北辰实业	154.9
81	蓝润地产	153.3
82	方圆地产	151.7
83	宝龙地产	150.8
84	长实地产	150.6
85	深业集团	149.8
86	信达地产	149.7
87	新世界中国	149.3
88	卓越集团	149.2
89	三盛宏业	148.5
89	新华联	148.5
91	光明地产	144.5
92	当代置业	143.6
93	天房发展	142.5
94	滨江集团	137.6
95	五矿地产	135.8
96	协信集团	134.5
97	花样年	130.1
98	中建东孚	129.1
99	苏宁置业	129.0
100	国购集团	128.7
101	中粮集团	127.2
102	邦泰集团	125.8
103	仁恒置地	122.5
104	国贸地产	119.5
105	彰泰集团	118.4
106	三盛地产	113.9
107	世纪金源	113.1
108	鸿通集团	112.7

续表

排名	企业简称	销售面积(万平方米)
109	国瑞置业	111.6
110	华强新城市	110.7
111	联泰地产	109.5
112	弘阳集团	106.6
113	宏立城	105.8
114	荣和集团	105.1
115	新希望地产	104.7
116	新湖中宝	103.7
117	阳光100	103.6
117	金隅股份	103.6
117	凯德置地	103.6
120	德信地产	102.6
121	瑞安房地产	102.3
122	北京城建	101.6
123	福星股份	96.7
124	鸿坤集团	95.1
125	和裕地产	93.1
125	云南城投	93.1
127	华宇集团	92.2
128	大唐地产	89.6
129	中洲控股	86.1
130	合生创展	84.4
131	置地集团	83.4
132	宝能集团	81.4
133	嘉和集团	81.3
134	恒基兆业	80.6
135	亿达中国	78.3
135	重庆泽京	78.3
137	保集集团	77.7
138	大华集团	77.4
139	东亚新华	77.1
140	五洲国际	76.9
141	明发集团	73.8
142	华远地产	73.1
143	星河湾	72.1
144	重庆隆鑫	69.1

续表

排名	企业简称	销售面积（万平方米）
144	南益地产	69.1
146	新鸿基地产	67.9
147	星河地产	66.8
148	华南城	66.5
149	海航地产	64.2
150	葛洲坝	63.4
151	泰达股份	63.0
152	天津住宅集团	62.5
153	海信地产	62.4
154	珠江投资	60.5
155	上实发展	59.5
156	上海地产	59.2
157	华侨城	58.5
158	银丰投资	57.3
159	亚星置业	57.1
160	中惠熙元	55.4
161	世荣兆业	54.8
162	京投发展	54.4
163	嘉里建设	54.1
164	美好置业	53.0
165	雨润地产	52.9
166	上海建工	51.3
167	天地源	50.9
168	众安房产	50.7
169	奥克斯置业	50.6
170	中天房产	48.6
171	雅戈尔	48.5
172	翠屏国际	48.3
173	融汇集团	47.9
174	珠光集团	47.2
174	鲁商置业	47.2
176	苏宁环球	47.1
177	宋都房产	45.7
178	上置集团	45.6
179	青岛银盛泰	45.5
180	番禺地产	45.3

续表

排名	企业简称	销售面积（万平方米）
181	湖北联投	44.9
182	苏州高新	44.2
183	南山控股	43.9
184	天安投资	43.8
185	中庚集团	42.6
186	名城地产	41.6
187	象屿集团	41.3
188	银亿股份	40.6
189	中华企业	40.3
190	光大地产	40.1
191	中交地产	39.8
192	北京住总	39.0
193	深振业	38.4
194	澳海控股	38.1
195	置信集团	36.8
196	新华房地产	36.3
197	力高集团	35.9
198	海沧投资	35.6
199	吴中地产	35.1
200	银城地产	34.7

2017年中国房地产企业销售金额TOP200排行榜

排名	企业简称	销售金额（亿元）
1	碧桂园	5500.1
2	万科地产	5239.0
3	中国恒大	5131.6
4	融创中国	3620.0
5	保利地产	3150.1
6	绿地控股	3042.1
7	中海地产	2013.7
8	龙湖地产	1560.3
9	华夏幸福	1538.0
10	华润置地	1512.0
11	绿城中国	1457.1
12	金地集团	1403.2
13	新城控股	1260.1

续表

排名	企业简称	销售金额（亿元）
14	招商蛇口	1126.3
15	旭辉集团	1040.0
16	世茂房地产	1010.2
17	泰禾集团	1007.2
18	中南置地	963.2
19	阳光城	915.3
20	正荣集团	910.2
21	鲁能集团	893.7
22	万达集团	891.2
23	富力地产	883.0
24	雅居乐	866.1
25	中梁地产	757.9
26	荣盛发展	730.2
27	远洋集团	723.0
28	融信集团	703.1
29	中国金茂	693.0
30	蓝光发展	689.1
31	中国铁建	685.3
32	金科集团	681.2
33	首开股份	679.1
34	滨江集团	615.1
35	祥生地产	567.6
36	融侨集团	562.1
37	龙光集团	560.1
38	首创置业	558.0
39	佳兆业	467.1
40	中国奥园	455.9
41	美的地产	450.1
42	金辉集团	445.1
43	新力地产	428.1
44	时代地产	426.4
45	保利置业	410.2
46	合景泰富	409.0
47	越秀地产	408.7
48	福晟集团	396.2
49	中粮集团	386.0

续表

排名	企业简称	销售金额（亿元）
50	俊发地产	381.3
51	复地集团	379.1
52	建业地产	370.8
53	路劲基建	368.2
54	卓越集团	367.1
55	电建地产	365.2
56	禹洲集团	361.1
57	海伦堡地产	351.1
58	华发股份	350.2
59	中骏集团	344.6
60	联发集团	343.2
61	建发房产	341.3
62	中国中铁	322.3
63	红星地产	318.0
64	朗诗集团	306.2
65	正商地产	295.3
66	九龙仓	276.4
67	光明地产	268.1
68	北大资源	267.3
69	德信地产	265.1
70	仁恒置地	264.8
71	中冶置业	264.0
72	东原地产	262.6
73	金融街	260.5
74	中天金融	246.6
75	金隅股份	244.3
76	鸿荣源	243.1
77	隆基泰和	235.1
78	鑫苑中国	233.1
79	华鸿嘉信	232.9
80	北辰实业	226.4
81	当代置业	221.9
82	宝龙地产	220.2
83	中交地产	217.2
84	华侨城	215.3
85	敏捷地产	211.6

续表

排名	企业简称	销售金额（亿元）
86	鸿坤集团	208.8
87	三盛集团	203.3
88	中航里城	202.3
89	实地集团	201.1
90	海尔地产	198.1
91	和昌集团	198.0
92	中建东孚	197.6
93	协信控股	195.5
94	华宇集团	180.8
95	弘阳集团	178.1
96	中庚集团	175.1
97	大华集团	172.1
98	景瑞地产	171.2
99	康桥地产	155.4
100	绿都地产	152.6
100	新鸥鹏地产	152.6
102	信达地产	151.9
103	领地集团	151.6
104	深业集团	149.5
105	升龙集团	149.3
106	长江实业	149.1
107	北京城建	148.1
108	花样年	145.0
109	大唐地产	144.7
110	文一地产	142.8
111	新湖中宝	142.5
112	新希望地产	141.5
112	国瑞置业	141.5
114	天房集团	140.1
115	永威置业	136.4
116	苏宁置业	135.8
117	五矿地产	135.4
118	三盛宏业	129.0
119	彰泰集团	128.4
120	新世界中国	127.3
121	方圆地产	124.2

续表

排名	企业简称	销售金额（亿元）
122	星河地产	122.2
123	香港置地	120.8
124	力高地产	120.3
125	国贸地产	120.1
126	星河湾	118.7
127	荣和集团	118.5
128	恒盛地产	117.8
129	葛洲坝	117.4
130	凯德置地	112.9
131	中洲控股	112.3
132	中迪禾邦	110.7
133	新鸿基	107.8
134	北科建集团	105.6
135	上海建工	104.2
136	恒泰集团	102.1
137	中星集团	98.5
138	新华联	98.4
139	瑞安房地产	96.3
140	保集集团	93.9
141	上实城开	92.9
142	华远地产	92.5
143	福星股份	92.1
144	阳光100	91.5
145	中华企业	91.4
146	合生创展	88.1
147	雅戈尔	87.3
148	鲁商置业	86.4
149	邦泰集团	85.1
150	大名城	82.6
151	海航地产	81.2
152	佳源国际	79.2
153	嘉里建设	77.4
154	北京住总	76.6
155	明发集团	74.6
156	中环投资	72.2
157	鸿通集团	72.1

续表

排名	企业简称	销售金额（亿元）
158	云南城投	71.1
159	亿达中国	71.0
160	大家房产	70.8
161	华南城	70.0
162	宋都房产	69.9
163	恒基兆业	69.2
164	嘉和集团	69.1
165	众安房产	68.7
166	银亿股份	67.8
167	苏州高新	67.4
168	张江高科	66.8
169	宏立城	64.3
170	泰达股份	64.2
171	青岛银盛泰	62.9
172	安徽置地	62.7
173	融汇集团	62.4
174	南山控股	62.3
175	海亮地产	62.1
176	正弘置业	60.6
177	翠屏国际	59.5
178	天恒置业	59.1
179	荣安地产	58.5
180	湖北联投	58.2
181	华强新城市	57.2
182	中建信和	56.5
183	华地置业	55.2
184	深圳地铁	53.1
185	上海城投	52.5
186	珠江投资	52.1
187	海信地产	51.7
188	吉宝置业	51.6
189	上坤置业	51.5
190	上实发展	51.4
191	祈福集团	51.3
192	天誉置业	50.9
193	天地源	49.2

续表

排名	企业简称	销售金额（亿元）
194	银城地产	49.0
195	天津住宅集团	48.9
196	上港集团	48.8
197	珠光集团	48.4
198	光大地产	48.2
199	南京金融城	47.6
200	中天房产	45.8

2017年中国房地产企业销售面积TOP200排行榜

排名	企业简称	销售面积（万平方米）
1	碧桂园	6016.2
2	中国恒大	5162.1
3	万科地产	3519.8
4	绿地控股	2463.1
5	保利地产	2287.7
6	融创中国	2144.5
7	中海地产	1475.4
8	龙湖地产	1023.4
9	华夏幸福	988.0
10	华润置地	968.1
11	新城控股	896.2
12	金科集团	887.3
13	万达集团	864.0
14	中南置地	855.3
15	绿城中国	818.5
16	金地集团	756.3
17	雅居乐	718.4
18	蓝光发展	713.1
19	荣盛发展	690.5
20	富力地产	676.1
21	鲁能集团	662.7
22	阳光城	659.4
23	中梁地产	623.0
24	旭辉集团	621.8
25	世茂房地产	604.9
26	建业地产	590.9
27	招商蛇口	554.6

续表

排名	企业简称	销售面积（万平方米）
28	正荣集团	519.1
29	中国铁建	510.8
30	祥生地产	499.9
31	美的地产	476.2
32	融信集团	449.4
33	中国奥园	448.8
34	泰禾集团	443.2
35	远洋集团	401.7
36	俊发地产	374.4
37	金辉集团	370.1
38	融侨集团	366.1
39	福晟集团	349.6
40	海伦堡地产	332.8
41	中国中铁	318.9
42	新力地产	317.8
43	中天金融	291.7
44	时代地产	291.4
45	复地集团	291.3
46	佳兆业	290.1
47	首开股份	288.3
48	龙光集团	286.1
49	中国金茂	283.7
50	保利置业	270.1
51	红星地产	269.6
52	正商地产	263.6
53	领地集团	255.6
54	联发集团	250.9
55	电建地产	248.4
56	光明地产	247.3
57	禹洲集团	244.3
58	首创置业	241.8
59	合景泰富	239.2
60	路劲基建	230.1
61	越秀地产	229.8
62	东原地产	223.5
63	建发房产	216.4

续表

排名	企业简称	销售面积（万平方米）
64	隆基泰和	214.8
65	北大资源	209.3
66	华宇集团	204.6
67	中冶置业	204.1
68	中骏集团	200.8
69	敏捷地产	200.7
70	滨江集团	195.1
71	当代置业	180.7
72	新鸥鹏地产	179.9
73	中交地产	178.2
74	彰泰集团	175.2
75	中庚集团	174.6
76	协信控股	172.8
77	鑫苑中国	172.1
78	宝龙地产	165.2
79	德信地产	160.2
80	和昌集团	159.8
81	华鸿嘉信	150.2
82	中航里城	147.9
83	华发股份	147.8
84	花样年	144.1
85	三盛集团	142.4
86	朗诗集团	140.7
87	金隅股份	140.1
88	大唐地产	137.8
89	卓越集团	137.1
90	中粮集团	132.2
91	鸿坤集团	131.4
92	海尔地产	130.3
93	恒泰集团	129.1
94	中迪禾邦	129.0
95	北辰实业	128.1
95	中建东孚	128.1
97	实地集团	127.4
98	邦泰集团	125.7
99	九龙仓	120.2

续表

排名	企业简称	销售面积（万平方米）
100	鸿通集团	120.1
101	力高地产	117.3
102	文一地产	116.5
103	新希望地产	112.5
104	升龙集团	111.6
105	福星股份	110.1
106	永威置业	109.4
107	鲁商置业	108.2
108	三盛宏业	107.5
109	弘阳集团	107.2
110	新湖中宝	103.3
111	金融街	101.3
112	信达地产	97.7
113	康桥地产	93.1
114	佳源国际	93.0
115	中洲控股	90.9
116	香港置地	90.7
117	五矿地产	90.3
118	方圆地产	89.6
119	景瑞地产	88.6
120	国瑞置业	86.0
121	新世界中国	85.5
122	星河地产	84.5
123	苏宁置业	83.1
123	嘉和集团	83.1
125	北京城建	81.1
126	长江实业	80.6
127	深业集团	79.8
128	大华集团	78.5
129	华侨城	78.4
130	国贸地产	78.1
131	明发集团	77.7
132	绿都地产	77.6
133	阳光100	75.2
134	融汇集团	74.1
135	大名城	73.9

续表

排名	企业简称	销售面积（万平方米）
136	仁恒置地	73.5
137	荣和集团	70.6
138	华强新城市	70.5
139	华南城	69.9
140	新华联	69.6
141	海亮地产	69.5
142	凯德置地	69.0
143	宏立城	68.6
144	合生创展	68.1
145	中建信和	64.5
146	华远地产	63.0
147	安徽置地	62.4
148	恒基兆业	62.1
149	星河湾	61.9
150	保集集团	61.1
151	亿达中国	58.6
152	葛洲坝	56.4
153	上实城开	54.8
154	苏州高新	53.9
155	云南城投	53.1
156	华地置业	52.5
157	天房集团	51.1
158	天津住宅集团	50.5
159	宝能集团	49.4
160	众安房产	49.1
160	青岛银盛泰	49.1
162	中天房产	49.0
163	天地源	48.1
164	宋都房产	47.8
165	湖北联投	45.7
166	雨润地产	45.2
167	南山控股	45.1
168	国购集团	45.0
169	北科建集团	44.9
170	珠江投资	44.6
171	海信地产	44.0

续表

排名	企业简称	销售面积（万平方米）
172	银亿股份	42.5
173	正弘置业	41.4
174	海航地产	41.2
175	雅戈尔	41.1
176	永泰集团	40.7
177	天誉置业	40.5
178	大众置业	39.2
179	合能地产	38.8
180	鸿荣源	37.7
181	银丰投资	37.6
182	新鸿基	37.4
183	重庆隆鑫	37.2
184	恒盛地产	36.5
185	联泰地产	36.1
186	光明置业	36.0
187	上海建工	34.7
188	中星集团	34.3
189	上海城建	34.0
190	庙山投资	33.7
191	子元集团	33.3
192	澳海控股	33.1
193	泰达股份	32.5
194	光大地产	32.4
195	鑫江置业	32.2
196	珠光集团	31.2
197	嘉里建设	30.8
198	翠屏国际	30.7
199	南益地产	30.5
200	大家房产	30.1

数据来源：易居企业集团旗下克而瑞联合中国房地产测评中心共同发布

参考文献

卜凡中著:《我们房地产这些年》,浙江大学出版社,2010 年版。

陈国强著:《房地产江湖》,中国法制出版社,2010 年版。

陈海、金凌云所著:《一九八四:企业家归来》,东方出版社,2016 年版。

陈威如、余卓轩著:《平台战略:正在席卷全球的商业模式革命》,中信出版社,2013 年版。

成思危主编:《中国城镇住房制度改革——目标模式与实施难点》,民主与建设出版社,1999 年版。

池田信夫著,胡文静译:《失去的十年》,机械工业出版社,2018 年版。

《邓小平文选》,人民出版社,2009 年版。

杜博奇著:《越秀三十年》,中信出版集团,2017 版。

冯邦彦著:《香港地产业百年》,东方出版中心,2007 年版。

傅高义著:《日本第一》,上海译文出版社,2016 年版。

高波等著:《转型期中国房地产市场成长:1978 – 2008》,经济科学出版社,2009 年版。

葛璐著:《包玉刚新传》,中国商业出版社,2014 年版。

顾洪章著:《中国知识青年上山下乡始末》,人民日报出版社,2009 年版。

广东省房地产行业协会著:《粤派地产敢为人先》,汕头大学出版社,2011 年版。

郭宏文、徐亚辉著:《恒大许家印:苦难是我珍贵的财富》,台海出版社,2017 年版。

国家城市建设总局房产住宅局,北京日报社理论部编:《城镇住房问题》,北京日报出版社,1981 年版。

何南著:《传奇许家印》,中国言实出版社,2012 年版。

黄越胜编著:《投资台湾房地产 10 堂课》,中国法制出版社,2014 年版。

金虎主编:《从推销员到华人首富》,金城出版社,2010 年版。

李宏新著:《潮汕华侨史》,暨南大学出版社,2016 年版。

李咏涛、汪开诚著:《提问万科》,辽宁教育出版社,2005 年版。

李忠海著:《李嘉诚传》,国际文化出版公司,2016年版。
冷夏、晓笛著:《世界船王包玉刚传》,广东人民出版社,1995年版。
刘志彪、陈启斐主编:《市场取向 改革的胜利——纪念中国改革开放40周年》,中国财经经济出版社,2018年版。
罗伯特·M·哈达威著,陆小斌译:《美国房地产泡沫史》,海峡出版发行集团,2014年版。
龙平平著:《中国1978-2008》,湖南人民出版社,2009年版。
帕拉格·康纳著,崔传刚、周大昕译:《超级版图:全球供应链、超级城市与新商业文明的崛起》,中信出版集团股份有限公司,2016年版。
潘石屹著:《我用一生去寻找》,江苏文艺出版社,2008年版。
任志强著:《野心优雅 任志强回忆录》,江苏文艺出版社,2013年版。
施展著:《枢纽》,广西师范大学出版社,2018年版。
苏文著:《潘石屹:永远不做大多数》,人民文学出版社,2005年版。
涂俏著:《袁庚传·改革现场》,海天出版社出版,2016年版。
王朝柱著:《我心目中的黄如论》,中国青年出版社,2009年版。
王石、缪川著:《道路与梦想:我与万科20年》,中信出版社,2006年版。
王伟群著:《艰难的辉煌:中信30年之路》,中信出版社,2010年版。
吴阿仑著:《105亿传奇:黄光裕和他的国美帝国》,中信出版社,2005年版。
吴晓波著:《激荡三十年》,中信出版集团股份有限公司,2014年版。
吴晓波著:《激荡十年:水大鱼大》,中信出版集团股份有限公司,2017年版。
《习近平谈治国理政》,外文出版社,2017年版。
《习仲勋主政广东》,中共党史出版社,2007年版。
谢家瑾著:《房地产这十年》,中国市场出版社,2009年版。
谢强著:《一个文人的地产江湖》,东方出版社,2010年版。
杨少龙著:《华为靠什么》,中信出版社,2014年版。
中国房地产杂志社编:《中国房地产》1987年月刊、1988年月刊。
《朱镕基答记者问》,人民出版社,2009年版。
《朱镕基谈话实录》,人民出版社,2011年版。